本书的出版得到

国家重点文物保护专项补助经费资助

科技部中国-中亚人类与环境"一带一路"联合实验室、文化遗产研究与保护技术教育部重点实验室专项经费资助

新疆文物考古研究所丛刊之十二

西北大学考古学系列报告 第5号

新疆哈密天山北路墓地

（上册）

新疆维吾尔自治区文物考古研究所
西北大学文化遗产学院
哈密市文化体育广播电视和旅游局
哈密市博物馆
南京大学历史学院

编著

科学出版社
北 京

内 容 简 介

本报告由新疆维吾尔自治区文物考古研究所、西北大学文化遗产学院、哈密市文化体育广播电视和旅游局、哈密市博物馆、南京大学历史学院共同编著，是对1988年、1989年、1992年、1993年和1997年新疆维吾尔自治区文物考古研究所等单位联合发掘的天山北路墓地资料的全面公布。天山北路墓地是迄今为止哈密绿洲发现的年代最早、规模最大的青铜时代墓地，共发掘墓葬706座，出土彩陶、铜器、玉器、石器等各类人工制品万余件，为研究中国西北地区早期青铜时代文化发展、技术传播、文化交流等问题提供了翔实的资料。

本报告适合从事考古学、博物馆学、历史学等研究的专家、学者及大专院校相关专业的师生阅读、参考。

图书在版编目（CIP）数据

新疆哈密天山北路墓地：全3册 / 新疆维吾尔自治区文物考古研究所等编著. -- 北京：科学出版社，2024.10. -- （新疆文物考古研究所丛刊）（西北大学考古学系列报告）. -- ISBN 978-7-03-079274-7

Ⅰ. K878.85

中国国家版本馆CIP数据核字第2024R4W814号

责任编辑：孙　莉　赵　越 / 责任校对：邹慧卿

责任印制：肖　兴 / 封面设计：张　放

封面题签：罗　丰

科学出版社 出版

北京东黄城根北街 16 号

邮政编码：100717

http://www.sciencep.com

北京汇瑞嘉合文化发展有限公司印刷

科学出版社发行　各地新华书店经销

*

2024年10月第　一　版　　开本：889×1194　1/16

2024年10月第一次印刷　　印张：82　插页：388

字数：3 700 000

定价：1280.00元（全三册）

目　录

上　册

中　册

插图目录

插表目录

图版目录

下　　册

第一章　墓地概况

一、自然环境

　　哈密市位于新疆维吾尔自治区东部，东部与甘肃省为邻；南接巴音郭楞蒙古自治州；西部与昌吉回族自治州、吐鲁番市毗邻；北部与蒙古国接壤。哈密市辖境东西宽约404千米，南北长约440千米，总面积15.3万平方千米[①]。哈密市辖一区两县，分别为伊州区、巴里坤哈萨克自治县和伊吾县。

　　天山山脉东段的巴里坤山、喀尔里克山横贯哈密市全境，将其分为南、北两个地理环境单元。巴里坤山海拔在2500米以上，最高处4308.3米；喀尔里克山的海拔在4000米以上，最高处4888米[②]，山体陡峭，沟谷纵横，终年积雪，在山顶形成冰川。东天山北麓水量充沛、植被土壤垂直分布明显，草场发育较好，适宜畜牧业发展；南麓降水量少，气候干旱，多为山体剥蚀形成的岩石、粗砾，沿山地带分布少量草场[③]。哈密市的河流大多发源于喀尔里克山和巴里坤山，均为季节性河流，主要分布在天山及其支脉的两侧[④]，呈梳状排列，流量大小根据季节变化，水资源补给以雨水和季节性积雪融水为主[⑤]，径流年际变化不大，但年内变化和区域差异性较大[⑥]。

　　天山北路墓地所处的哈密盆地，位于东天山山脉南侧，地形北高南低。盆地北部高大的山脉阻挡了北方冷湿气流的南下，使得哈密盆地的气候相对温暖干旱，以荒漠地貌为主。年平均气温10℃左右，降水量不足40毫米，无霜期180天[⑦]。来自天山山脉的冰雪融水流出山口后渗漏到地下形成潜流，潜水到达冲积扇下部和扇缘时，潜水位升高，溢出地面，形成河流，哈密盆地主要为白杨河和泉水河，河流流域周围发育成天然绿洲[⑧]，土壤肥沃，适合农业发展。

---

① 哈密地区地方志编纂委员会：《哈密地区志》，新疆大学出版社，1997年，第1页。
② 胡汝骥：《中国天山自然地理》，中国环境科学出版社，2004年，第49页。
③ 哈密地区地方志编纂委员会：《哈密地区志》，新疆大学出版社，1997年，第91页。
④ 高颖、吕惠萍：《哈密地区地表水资源现状分析》，《水文》2007年第4期，第92页。
⑤ 哈密地区地方志编纂委员会：《哈密地区志》，新疆大学出版社，1997年，第107、108页。
⑥ 刘虹、张洪燕：《哈密区域河流水文特性分析》，《黑龙江水利科技》2011年第2期，第178、179页。
⑦ 哈密地区地方志编纂委员会：《哈密地区志》，新疆大学出版社，1997年，第1页。
⑧ 胡汝骥、王亚俊、姜逢清：《哈密——一个典型的地下水补给型荒漠绿洲区》，《干旱区地理》2003年第2期，第136~142页。

二、历史沿革

哈密市地处天山廊道东端，东通河西走廊、北接阿尔泰山东南麓荒漠戈壁，是东西方文化交流、南北方农牧互动的重要区域。

七角井镇和三道岭镇发现的细石器遗址是哈密市目前发现时代最早的人类遗存，年代可追溯到公元前七八千年[①]。据考古调查，在东天山地区山前、山间草原、绿洲盆地已发现公元前2000年至公元前后（青铜时代至早期铁器时代）的遗址200余处[②]。在巴里坤草原、伊吾河流域，典型的遗址有南湾墓地[③]、石人子沟遗址[④]、红山口遗址[⑤]、海子沿遗址[⑥]、阔腊遗址[⑦]、拜其尔遗址[⑧]等；天山以南的哈密盆地有焉不拉克墓地[⑨]、五堡墓地[⑩]、艾斯克霞尔墓地[⑪]、艾斯克霞尔南墓地[⑫]、萨伊吐尔墓地[⑬]等遗址，以农业为主要经济生产方式，兼营畜牧业，并掌握了彩陶器、金属工具和装饰品等器具的生产与制造。

西汉文帝四年（公元前176年），匈奴冒顿单于派遣右贤王西击大月氏，西域诸国役属匈

---

① 伊弟利斯·阿不都热苏勒：《新疆地区细石器遗存》，《新疆文物》1993年第4期，第15~59页；朱之勇、王赫、马健等：《新疆哈密七角井细石器遗址石制品研究》，《西域研究》2022年第3期，第99~105页。

② 据全国第三次文物普查及东天山考古队2000年以来考古调查结果，参见任萌：《公元前一千纪东天山地区考古学文化遗存研究》，西北大学博士学位论文，2012年。

③ 新疆维吾尔自治区博物馆：《巴里坤南湾墓地66号墓清理简报》，《新疆文物》1985年第1期，第4、16页；新疆考古研究所：《新疆巴里坤县南湾M95号墓》，《考古与文物》1987年第5期，第7页。

④ 任萌：《公元前一千纪东天山地区考古学文化遗存研究》，西北大学博士学位论文，2012年。

⑤ 马健、习通源、任萌等：《新疆巴里坤红山口遗址2008年调查简报》，《文物》2014年第7期，第17~30页。

⑥ 任萌、马健、习通源等：《新疆巴里坤海子沿遗址2017年发掘简报》，《文物》2020年第12期，第21~36页。

⑦ 习通源、付一豪、肉孜·买合买提等：《新疆伊吾阔腊遗址2017~2018年调查简报》，《文物》2020年第8期，第14~28页。

⑧ 新疆文物考古研究所、西北大学文化遗产学院、哈密市文物局等：《新疆拜其尔墓地：2004~2005年度发掘报告》，文物出版社，2020年。

⑨ 新疆维吾尔自治区文化厅文物处、新疆大学历史系文博干部专修班：《新疆哈密焉不拉克墓地》，《考古学报》1989年第3期，第325~362页。

⑩ 新疆文物考古研究所：《新疆哈密五堡墓地151、152号墓葬》，《新疆文物》1992年第3期，第1~10页。

⑪ 周金玲、于建军、张成安等：《新疆哈密市艾斯克霞尔墓地的发掘》，《考古》2002年第6期，第30~41页。

⑫ 王永强、党志豪：《新疆哈密五堡艾斯克霞尔南墓地考古新发现》，《西域研究》2011年第2期，第134~137页。

⑬ 于建军、胡望林、王永强等：《2013年哈密花园乡萨伊吐尔墓地发掘简报》，《中国国家博物馆馆刊》2014年第9期，第24~38页。

奴①，匈奴日逐王置僮仆都尉向西域诸国征收赋税②。此后，哈密成为西汉与匈奴右部争夺的重要区域。汉武帝元狩二年（公元前121年），骠骑将军霍去病将兵逾居延，过小月氏，至东天山打击匈奴③。天汉二年（公元前99年），贰师将军李广利将三万骑至天山打击匈奴右贤王④。征和三年（公元前90年），重合侯马通将四万骑追匈奴至天山⑤。西汉神爵二年（公元前60年），匈奴日逐王降汉，汉王朝在乌垒（今轮台县）设置西域都护，伊吾（今哈密市）归属西域都护管辖⑥。王莽时期，西域诸国怨叛，哈密役属匈奴⑦。

东汉初年，西域三绝三通，汉王朝逐渐巩固、加强了在西域的有效治理。东汉明帝永平十六年（公元73年），奉车都尉窦固命班超率兵大破匈奴呼衍王于蒲类海（今巴里坤湖），于伊吾置宜禾都尉，驻兵屯田⑧。章帝建初二年（公元77年），撤出伊吾屯兵，伊吾遂被匈奴占据。和帝永元元年（公元89年），窦宪大破匈奴，随后（公元90年）遣副校尉阎槃率两千余骑收复伊吾⑨。永元三年（公元91年），右校尉耿夔大破匈奴北单于，右谷蠡王于除鞬自立为单于，率部驻扎蒲类海。永元四年（公元92年），汉王朝立于除鞬为北单于，遣中郎将任尚持节卫护屯伊吾。一年后，于除鞬叛变北逃，为长史王辅、中郎将任尚斩灭⑩。安帝永初元年（公元107年），西域诸国叛汉，多次包围都护任尚、段禧等人，朝廷下诏撤去都护，北匈奴趁机收服西域诸国⑪，伊吾再次役属匈奴。延光二年（公元123年），以班勇为西域长史，管辖西域⑫。顺帝永建元年（公元126年）冬，班勇发西域诸国兵打击匈奴呼衍王，将匈奴逐出西域⑬。永建六年（公元131年），汉恢复伊吾屯田，置伊吾司马实施有效管辖⑭。

曹魏黄初三年（公元222年），西域复通，置戊己校尉⑮。此后，伊吾先后隶属西晋、前凉、前秦、后凉、西凉、柔然、北魏、高车、突厥。

---

① 《史记》卷110《匈奴列传》，中华书局，1959年，第2896页。

② 《汉书》卷96《西域传》，中华书局，1962年，第3872页。

③ 《史记》卷111《卫将军骠骑列传》，中华书局，1959年，第2930、2931页；林梅村：《祁连与昆仑》，《敦煌研究》1994年第4期，第113~116页；余太山：《塞种史研究》，中国社会科学出版社，1992年，第53~56页；王建新、王茜：《"敦煌、祁连间"究竟在何处？》，《西域研究》2020年第4期，第27~38页；李艳玲：《西汉祁连山考辨》，《敦煌学辑刊》2021年第2期，第14~26页。

④ 《史记》卷110《匈奴列传》，中华书局，1959年，第2917、2918页。

⑤ 《汉书》卷6《武帝纪》，中华书局，1962年，第209页。

⑥ 《汉书》，中华书局，1962年，第3873、3874页。

⑦ 《后汉书》卷88《西域传》，中华书局，1965年，第2909、2910页。

⑧ 《后汉书》卷2《显宗孝明帝纪》，中华书局，1965年，第120页；卷88《西域传》，第2909页。

⑨ 《后汉书》卷88《西域传》，中华书局，1965年，第2910页。

⑩ 《后汉书》卷89《南匈奴列传》，中华书局，1965年，第2954页。

⑪ 《后汉书》卷88《西域传》，中华书局，1965年，第2911页。

⑫ 《后汉书》卷88《西域传》，中华书局，1965年，第2912页。

⑬ 《后汉书》卷47《班勇列传》，中华书局，1965年，第1590页。

⑭ 《后汉书》卷88《西域传》，中华书局，1965年，第2912页。

⑮ 《三国志》卷2《文帝纪》，中华书局，1959年，第79页。

隋大业四年（公元608年），薛世雄取伊吾，于汉旧伊吾城东筑新城，留兵戍守，号新伊吾县，境属隋[1]，后隋置伊吾郡。隋亡，伊吾复为突厥所据。

唐贞观四年（公元630年），置西伊州，并东置柔远县（今哈密市沁城乡）、西置纳职县（或为今哈密市五堡镇博斯坦村拉甫却克古城）[2]。贞观六年（公元632年），改称伊州，辖伊吾、纳职、柔远三县[3]。安史之乱时，吐蕃趁机广攫河陇诸州，宝应年间（公元762～763年）攻取伊州，后于大中四年（公元850年）又被张议潮率归义军收复[4]。

北宋咸通七年（公元866年），仆固俊建立西州回鹘政权，并于乾符三年（公元876年）攻陷伊州[5]，此后伊州便一直为西州回鹘所据。北宋宣和六年（公元1124年），耶律大石建立西辽政权，西州回鹘臣属西辽。

南宋嘉定二年（公元1209年），高昌亦都护巴而术阿而忒的斤杀死西辽派驻高昌监国，归顺蒙古[6]。此后，伊州称哈密力，隶属甘肃行省。

明永乐四年（公元1406年），置哈密卫[7]。清康熙十八年（公元1679年），准噶尔汗噶尔丹占据哈密。康熙三十五年（公元1696年）哈密伯克额贝都拉归附清朝，次年被赐封为一等札萨克。乾隆二十四年（公元1759年），设哈密厅。光绪十年（公元1884年），新疆建省，哈密升为直隶厅[8]。

民国二年（公元1913年），改厅为县[9]。民国二十三年（公元1934年），成立哈密行政区，管辖哈密、镇西两县[10]。

1949年9月，哈密解放。1950年，成立哈密县人民政府[11]。1983年，撤销哈密县，并入哈密市[12]。2016年，哈密地区撤地设市，辖伊州区、巴里坤哈萨克自治县、伊吾县。

---

① 《隋书》卷65《薛世雄列传》，中华书局，1973年，第1533、1534页；《资治通鉴》卷281《隋纪》，中华书局，1956年，第5642页。

② 《新唐书》卷221《西域传》，中华书局，1975年，第6257页。

③ 《旧唐书》卷40《地理志》，中华书局，1975年，第1643、1644页。

④ 据英国图书馆藏斯坦因获敦煌文书，编号0367《沙州伊州地志》，参见唐耕耦、陆宏基：《敦煌社会经济文献真迹释录》（一），书目文献出版社，1986年，第39、40页。

⑤ 据法国国立图书馆藏伯希和获敦煌文书，编号P5007，参见荣新江：《归义军史研究：唐宋时代敦煌历史考索》，上海古籍出版社，2015年，第8页。

⑥ 《元史》卷1《太祖本纪》，中华书局，1976年，第14页；《元史》卷122《巴而术阿而忒的斤列传》，第2999、3000页。

⑦ 《明史》卷329《西域列传》，中华书局，1974年，第8512页。

⑧ 《清史稿》卷76《地理志》，中华书局，1977年，第2378、2379页。

⑨ 哈密地区地方志编纂委员会：《哈密地区志》，新疆大学出版社，1997年，第37页。

⑩ 哈密地区地方志编纂委员会：《哈密地区志》，新疆大学出版社，1997年，第40页。

⑪ 哈密市地方志编纂委员会：《哈密县志》，新疆人民出版社，1989年，第29、30页。

⑫ 哈密地区地方志编纂委员会：《哈密地区志》，新疆大学出版社，1997年，第58页。

三、发现与发掘经过

天山北路墓地位于哈密市伊州区哈密火车站以南的天山北路及道路两侧原林场、雅满苏矿办事处、西河坝上游小河沟西侧居民区一带。

1988年,哈密雅满苏矿和哈密林场办事处实施改建工程,新疆维吾尔自治区文物考古研究所(以下简称"新疆文物考古研究所")馆员常喜恩在施工现场发现彩陶和人骨残片,立即向原哈密地区文物管理所(现哈密市文化体育广播电视和旅游局)汇报,天山北路墓地被首次发现,时称林场-雅满苏墓地(或称雅林办墓地、林雅墓地)。

为配合基本建设,1988年7~12月,新疆文物考古研究所、原哈密地区文物管理所清理墓葬35座。发现墓葬密集分布,存在早晚打破关系,墓地延续时间较长。墓葬上部均在历次动土中扰动,未发现任何地表标识,仅存墓坑。发掘的墓葬均为竖穴土坑,长1~2米,宽0.6~1米,部分以土坯砖砌筑的椁室为葬具,流行单人葬,死者均为侧身屈肢葬,头向东北或西南,随葬彩陶、素面陶器,以及青铜、骨制的人身装饰品。发掘者认为天山北路墓地年代上限与五堡水库墓地相当或略早,下限与焉不拉克墓地相当或略早,三者埋葬习俗相同,应属同一考古学文化[①]。

1989年、1992年、1993年、1997年,为配合哈密火车站南侧天山北路道路扩建及道路两侧建筑改造施工,新疆文物考古研究所、原哈密地区文物管理所对该墓地进行了大规模发掘,5次发掘共清理墓葬706座,发掘面积约5500平方米,因墓葬多集中分布于天山北路,将该墓地正式更名为天山北路墓地。

新疆文物考古研究所常喜恩为天山北路墓地田野考古发掘工作的领队,参与发掘的人员有新疆文物考古研究所羊毅勇、郭建国、托乎提·吐拉洪、李文瑛、杨文、肖小勇、吴勇、张川、刘学堂、周金玲、佟文康、王宗磊、再帕尔、邢开鼎、贺新,原哈密地区文物管理所的刘国瑞、周晓明、王一龙、艾买提·索巴、艾合买提·牙合甫、于建军、高伟林、张成安、亚合甫江·排都拉、张彩云、李美江、杨静、唐光先、马迎霞。

四、资料整理与报告编写

天山北路墓地的发掘资料由新疆文物考古研究所负责整理,并编写、出版发掘报告。

1989年7~8月,新疆文物考古研究所对1988年7~12月、1989年2~6月合计发掘的250余座墓葬资料进行初步整理。参与整理工作的人员有新疆文物考古研究所的常喜恩、李文瑛、吴

---

① 常喜恩:《哈密市雅满苏矿、林场办事处古代墓葬》,《中国考古学年鉴》(1989),文物出版社,第294、295页。

勇、肖小勇、贺新、金琴香、尼加提·肉孜，原哈密地区文物管理所和原哈密地区博物馆（现哈密市博物馆）的刘国瑞、王一龙、周晓明、艾买提·索巴，以及北京大学考古学系实习生王霞。

2004年7月～2005年5月，新疆文物考古研究所、原哈密地区博物馆和南京大学历史系考古教研室成立联合工作小组，在原哈密地区博物馆对天山北路墓地资料进行了第一次系统性整理。参与此次整理工作的人员有新疆文物考古研究所的常喜恩，新疆龟兹石窟研究所的刘国瑞，原哈密地区文物管理所和原哈密地区博物馆的亚合甫江·排都拉、艾合买提·牙合甫、马迎霞、张成安、严枫、于建军、周晓明，南京大学历史系考古教研室的水涛、宋莹、徐燕、孙明利等人。这次整理工作将全部库存文物按墓葬单位顺序上架，核对编号；核对了工地总平面图、历年各发掘区位置图；核对、整理了工地照相资料；核对了全部墓葬的打破关系；扫描了所有墓葬线图；完成了库存文物的器物线图绘制和数码照片拍摄，并扫描；对陶器进行了初步的类型学分析；初步确定了报告的编写体例。以上工作为天山北路墓地后续的资料整理工作打下了坚实的基础。

2016年，受新疆维吾尔自治区文物局、新疆文物考古研究所和原哈密地区博物馆委托，西北大学文化遗产学院继续对天山北路墓地资料进行整理。时任新疆维吾尔自治区文物局办公室主任的刘国瑞，将以往汇集的天山北路墓地电子资料共4张光盘交付西北大学王建新教授，为本次整理工作提供了重要基础。

2016年4～8月，王建新教授委托西北大学教师马健牵头成立报告整理工作小组，带领研究生佟建一、王远之，本科生王睿哲、王泽祥、魏梦怡赴原哈密地区博物馆，对照电子资料清点核查天山北路墓地原始记录，包括墓葬、器物登记表、图纸、照片；清点核查原哈密地区博物馆在库和在展文物，并对文物重新进行描述、记录；随后，马健委派佟建一和王远之赴乌鲁木齐市对新疆文物考古研究所、新疆维吾尔自治区博物馆藏天山北路墓地文物进行拍照和记录。考虑到以往天山北路墓地测年数量少，且与考古类型学研究存在较大出入，工作小组结合天山北路墓葬打破关系、典型陶器出土情况，确定70座典型墓葬，后赴吉林大学，在魏东教授协助下，采集了39座墓葬的人骨标本进行科学测年，最终获得37份测年数据。

2016年7月～2017年5月，完成各类资料的汇总和核查，制作墓葬登记表与器物登记表，确定发掘墓葬共706座。同时，对墓葬平、剖面图和上万件遗物线图进行修订和电子化，对历年发掘的探方平面图进行拼接，运用地理信息技术制作墓地总平面图，完成遗迹和遗物文字描述，共计30余万字。

2017年6月～2022年11月，对报告体例、分类标准、遗物定名等进行反复讨论、修订，对报告文字、插图、照片进行排版，完成了墓地考古系络图制作、墓地年代学、类型学研究等基础工作。

参与本次报告资料整理与报告编写的人员有西北大学文化遗产学院教师马健，研究生佟建一、朱江嵩、王远之、王睿哲、韩烁、阿丽沙·阿力、邓博文、李禹峤等，本科生王泽祥、魏梦怡、葛昕炜，哈密市文博院马迎霞、艾合买提·牙合甫，哈密市博物馆严枫、库尔班·热合曼、张成安、木拉提·司马义，西安承知考古技术服务公司的方丹、姜淼等。

五、体例与编写说明

本报告本着客观全面、科学准确的原则，对记录不准确、遗漏和冲突的部分尽可能去完善、补充、核查。本报告出版之后，有关天山北路墓地的发掘资料均以本报告为准。

在现有的墓葬档案资料中，或缺失文字记录，或缺墓葬平、剖面图，还有的既缺文字又无平、剖面图，个别墓葬的随葬文物资料也有缺失。究其原因，有的可能是工程施工导致墓葬破坏严重而无法绘图；有的可能是因为发掘工期紧张没有做文字记录和绘图，只有出土文物登记表；也不排除档案遗失等原因。本报告尽可能科学准确地核查原始档案资料，依据现有的墓葬资料，完善、补充缺失的墓葬描述、遗物描述、绘制墓葬平、剖面图及遗物线图。

根据墓地平、剖面图及墓葬登记表、器物登记表等原始发掘资料，共确定天山北路墓地实际发掘墓葬706座。在资料整理过程中，发现M38的原始资料中有编号为M38和M38A的两份发掘资料，按照墓葬按顺序编号原则，将编号为M38A的墓葬更改为编号M706。在706座墓葬中，有12座墓葬的原始发掘资料缺失（M023、M063、M113、M282、M291、M417、M418、M419、M543、M576、M578、M600），故现有记录可寻的墓葬共计694座。

本报告的整理与编写主要根据原始发掘资料，现将有关问题作如下说明。

（1）关于出土器物编号

发掘者在提取出土器物时考虑到遗物集中出土的组合关系，将部分集中出土的不同材质、不同类型的器物编为同一编号。例如，M043：2，包含2件铜管、15件铜珠。考虑到这些遗物可能存在的组合关系，本报告的编写依从原始编号，未作改动。

（2）关于出土器物绘图

滑石串珠、绿松石串珠、玉髓串珠、铜珠、铜泡等文物出土数量较多，报告整理过程中仅绘制了部分特征明显的器物线图。

（3）关于陶器数量统计

本报告统计数量的陶器包括保存状况良好的完整陶器、破碎但可复原的陶器、破碎不可复原但可辨识器形的陶器。另有47座墓葬在填土中出土零星陶器碎片，数量少、不可复原、辨识器形，未纳入陶器数量统计。

（4）关于采集器物

墓地采集器物共176件，其中陶器73件，陶片5件，铜器49件，骨器30件，石器18件，蚌器1件，均附述于墓葬分述之后，并发表图版。

（5）关于墓葬间层位关系

报告中所列的墓葬层位关系均由原始发掘记录和原发掘领队整理所得，并结合墓葬原始线图、墓葬分布平面图进行勘校。但仍有少数墓葬间的层位关系无法体现在墓葬平、剖面线图中，只存在于记录中。

　　在章节设置方面，本报告兼顾墓地总体情况的介绍和单个墓葬完整信息的发布，第一章介绍了墓地的自然环境、所在区域的历史沿革、发掘与资料整理经过和报告编写说明。第二章介绍了墓地概况、墓葬间的打破关系、墓葬形制和埋葬方式、动物牺牲及随葬器物的总体情况。第三章按照墓葬编号的顺序，逐一介绍每座墓葬的各类信息，并尽可能将以往开展的体质人类学、冶金考古等测试分析与研究成果汇集融入其中，以供阅读者参考。第四章是工作小组结合相关资料，对该墓地的年代、文化属性、埋葬习俗及与周边考古学文化的关系等相关问题开展的初步分析和研究。

　　本报告整理、编写人员具体分工如下：

　　第一章：李文瑛、马健、佟建一、朱江嵩

　　第二章：马健、朱江嵩、佟建一、艾合买提·牙合甫

　　第三章：常喜恩、周晓明、刘国瑞、李文瑛、于建军、马迎霞、艾合买提·牙合甫、亚合甫江·排都拉、库尔班·热合曼、张成安、严枫、木拉提·司马义、水涛、宋莹、徐燕、孙明利、佟建一、朱江嵩、王远之、王睿哲、王泽祥、魏梦怡、葛昕炜、韩烁、李达仁、王晓菲、阿丽沙·阿力、邓博文、李禹峤、张书月、肖益高、田宜亮、李军、习通源、任萌、马健、王建新

　　第四章：马健、佟建一、朱江嵩

　　附表一：佟建一、朱江嵩

　　附表二：朱江嵩、佟建一

　　遗存线图绘制：常喜恩、李文瑛、吴勇、肖小勇、贺新、金琴香、尼加提·肉孜、刘国瑞、王一龙、周晓明、艾买提·索巴、王霞、亚合甫江·排都拉、马迎霞、艾合买提·牙合甫、张成安、严枫、于建军、水涛、宋莹、徐燕、孙明利、佟建一、王远之、王睿哲、王泽祥、魏梦怡、韩烁、葛昕炜、方丹、姜淼

　　遗存摄影：祁小山、刘玉生

　　图版排图：朱江嵩、佟建一

第二章　墓地综述

一、墓地概况

　　天山北路墓地位于哈密市伊州区哈密火车站以南，伊州区天山北路道路内及其两侧。1988年首次发现于哈密林场、雅满苏矿办事处院内，时称林场-雅满苏墓地或林雅墓地[①]，后改称为天山北路墓地（图一；图版一；图版二，1；图版四~图版七）。

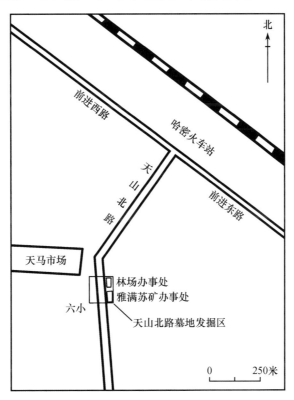

图一　天山北路墓地位置示意图

---

　　① 常喜恩：《哈密市雅满苏矿、林场办事处古代墓葬》，《中国考古学年鉴》（1989），文物出版社，1990年，第274页。

为配合基本建设，新疆文物考古研究所、哈密地区文物管理所于1988~1997年先后在天山北路墓地开展了5次考古发掘，共清理墓葬706座[①]（图二；图版二，2；图版三）。为清晰呈现天山北路墓地各墓葬的相对位置，将天山北路墓地分为四个区域（图三~图六）。

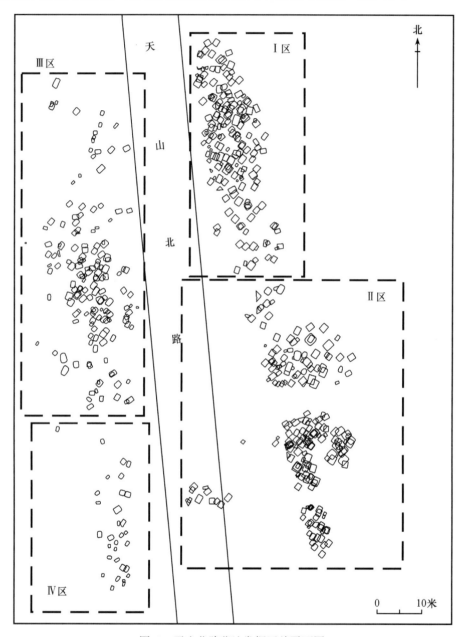

图二　天山北路墓地发掘区总平面图

---

① 在706座墓葬中，有12座墓葬的原始发掘资料缺失（M023、M063、M113、M282、M291、M417、M418、M419、M543、M576、M578、M600），故现有记录可寻的墓葬共计694座。

图三　天山北路墓地Ⅰ区平面图①

① 有部分墓葬被现代建筑打破，结构已不完整，如M156、M157等，同样情况也见于图四至图六。为简洁图三至图六中均省去M。

图四 天山北路墓地 Ⅱ 区平面图

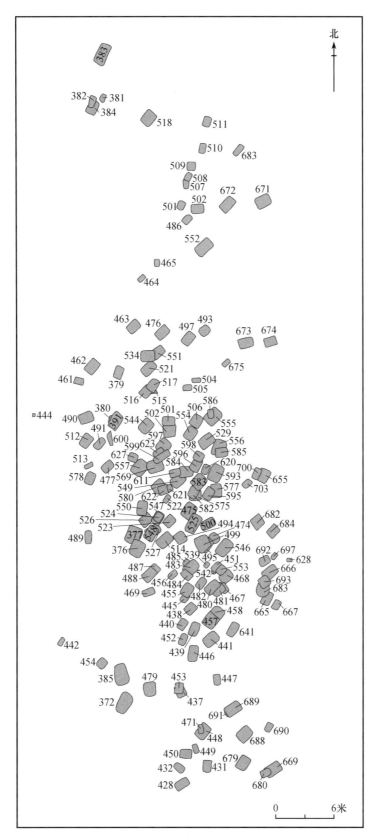

图五 天山北路墓地Ⅲ区平面图

图六 天山北路墓地Ⅳ区平面图

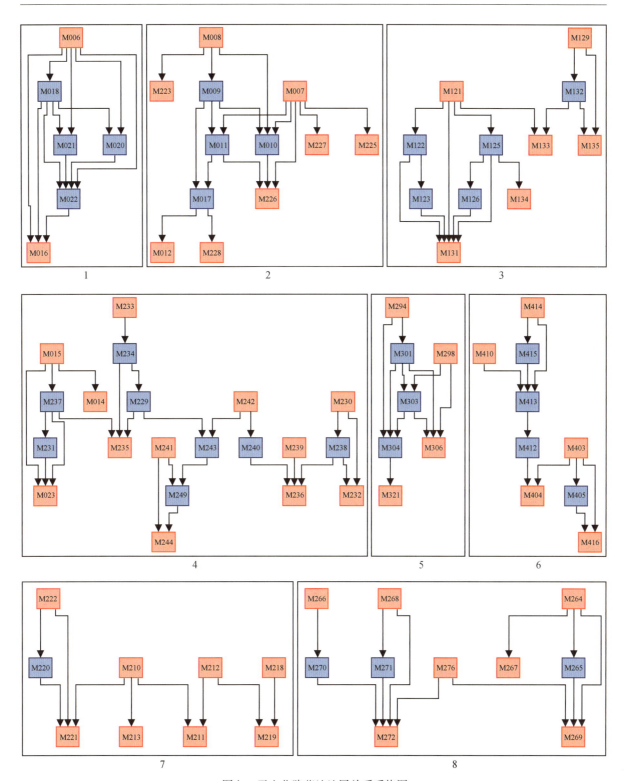

图七　天山北路墓地地层关系系统图

（本系统图使用Harris Matrix Composer软件制作）

二、层位关系

天山北路墓地延续时间长，墓葬数量众多且分布密集，多有晚期墓葬打破早期墓葬的现象。根据墓葬发掘记录，共确认打破关系354组（表一），涉及墓葬413座。以下将8组复杂地层关系以系络图形式展示（图七）。

表一　天山北路墓地墓葬打破关系表

M006→M016	M006→M018	M006→M020	M006→M021
M006→M022	M007→M010	M007→M011	M007→M225
M007→M226	M007→M227	M008→M009	M008→M010
M008→M223	M009→M010	M009→M011	M009→M017
M010→M226	M011→M017	M011→M226	M015→M014
M015→M023	M015→M237	M017→M228	M017→M012
M018→M016	M018→M020	M018→M021	M018→M022
M019→M005	M020→M022	M021→M022	M022→M016
M024→M028	M026→M027	M029→M030	M029→M031
M032→M037	M033→M036	M038→M706	M042→M043
M046→M047	M046→M049	M047→M049	M050→M048
M054→M073	M055→M058	M056→M057	M056→M059
M056→M078	M057→M059	M064→M065	M066→M067
M066→M071	M069→M070	M069→M073	M072→M073
M074→M094	M075→M077	M076→M077	M076→M084
M086→M087	M089→M090	M089→M091	M090→M091
M096→M100	M096→M101	M097→M108	M098→M113
M099→M102	M100→M101	M101→M102	M103→M107
M104→M114	M105→M107	M106→M112	M110→M113
M111→M112	M118→M120	M121→M122	M121→M125
M121→M131	M121→M133	M122→M123	M122→M131
M123→M131	M125→M126	M125→M131	M125→M134
M126→M131	M127→M117	M128→M137	M129→M132
M129→M135	M132→M133	M132→M135	M138→M139
M138→M146	M139→M146	M140→M145	M143→M119
M144→M186	M149→M150	M149→M151	M150→M151
M153→M154	M156→M167	M157→M167	M159→M167
M159→M185	M160→M184	M160→M185	M161→M163
M161→M166	M163→M166	M168→M169	M168→M176
M170→M174	M179→M180	M179→M181	M180→M181

M182→M184	M182→M185	M184→M185	M190→M191
M195→M196	M195→M197	M196→M202	M198→M200
M198→M204	M198→M207	M199→M202	M200→M204
M201→M203	M204→M208	M209→M215	M210→M211
M210→M213	M210→M221	M211→M212	M212→M219
M218→M219	M220→M221	M222→M220	M222→M221
M224→M007	M224→M225	M224→M227	M225→M227
M226→M227	M229→M235	M229→M243	M230→M232
M230→M238	M231→M023	M233→M234	M234→M229
M234→M235	M237→M023	M237→M231	M237→M235
M238→M232	M238→M236	M239→M236	M240→M236
M241→M244	M241→M249	M242→M240	M242→M243
M243→M249	M245→M247	M245→M248	M247→M248
M249→M244	M250→M251	M252→M254	M252→M255
M253→M256	M256→M291	M257→M258	M257→M259
M257→M261	M257→M263	M258→M261	M258→M263
M259→M258	M259→M261	M259→M263	M261→M263
M264→M265	M264→M267	M264→M269	M265→M269
M266→M270	M268→M271	M268→M272	M270→M272
M271→M272	M276→M269	M276→M272	M277→M278
M280→M284	M282→M283	M285→M286	M288→M289
M292→M293	M294→M301	M294→M304	M295→M299
M298→M303	M298→M306	M301→M303	M301→M304
M301→M306	M303→M304	M303→M306	M304→M321
M305→M308	M311→M322	M311→M323	M311→M326
M312→M313	M314→M324	M314→M325	M315→M320
M315→M321	M316→M318	M317→M319	M317→M320 M317→M321
M320→M321	M322→M323	M322→M326	M324→M325
M329→M347	M330→M345	M330→M367	M331→M343
M332→M344	M333→M343	M336→M338	M337→M350
M338→M353	M339→M341	M341→M342	M348→M333
M351→M352	M359→M398	M362→M387	M366→M395
M369→M362	M369→M388	M369→M390	M374→M378
M317→M376 M377→M411	M380→M391	M382→M384	M387→M351
M358→M388	M388→M390	M394→M393	M394→M398
M397→M402	M399→M400	M401→M371	M403→M404

M403→M405	M403→M416	M405→M416	M406→M407
M410→M413	M412→M404	M413→M412	M414→M413
M414→M415	M415→M413	M426→M425 M429→M430 M437→M453	M445→M455
M448→M471	M451→M542	M451→M553	M457→M458 M459→M473
M466→M472 M467→M480	M467→M481	M468→M467	M468→M553
M474→M495	M475→M525	M481→M480	M483→M484
M485→M483	M488→M487 M492→M496 M495→M499	M507→M508	M515→M516
M515→M517	M516→M517	M521→M534	M526→M547
M526→M550	M527→M528	M527→M547	M527→M548
M530→M531	M530→M559	M531→M559	M532→M533
M536→M537	M540→M562	M547→M524	M549→M584
M549→M611	M551→M534	M553→M542 M555→M586	M556→M529
M556→M585	M557→M569	M557→M627	M569→M599
M569→M623	M575→M582	M575→M583	M577→M595
M580→M622	M582→M583	M584→M596	M584→M611
M596→M598	M597→M599	M597→M612 M597→M623	M602→M601
M603→M604	M603→M659	M604→M659	M621→M622
M623→M599	M639→M681	M655→M700	M662→M668
M663→M668	M665→M686	M666→M693	M669→M680 M678→M662
M686→M693	M691→M689	M703→M700	

三、墓葬形制

　　天山北路墓地694座墓葬均为竖穴土坑墓，墓圹上部均被晚期不同程度扰动、仅存墓圹下部。墓圹平面绝大多数呈圆角长方形或长方形，少数呈椭圆形（仅M594）、半圆形（仅M632）。墓圹内填充包含细砾的黄褐色砂土。墓室长1～2米，宽0.6～1.2米，深0.2～1.7米。

　　部分墓葬在墓圹底部设生土或熟土二层台，其中设生土二层台的墓葬共50座，二层台在坑底的位置和形制特征有三类情况（表二）。

（1）墓圹底部四周设生土二层台。共35座墓葬。其中，22座墓葬二层台内侧有竖立的土坯、二层台上平铺1~3层土坯；9座墓葬仅在二层台上平铺1~3层土坯；3座墓葬中有土坯，但结构不明。此类情况的生土二层台主要起到支撑其上部平铺的土坯，形成墓室的作用。此外，M197虽然不使用土坯，但在生土二层台上铺设一周红色沙质黏土和小卵石，很可能是模仿上述墓葬在二层台上平铺土坯的做法。

（2）墓圹底部两侧设生土二层台。仅3座墓葬（M022、M148、M369），墓圹底部对向两侧或紧临两侧设生土二层台，二层台内侧竖立土坯，二层台上平铺1~2层土坯；墓圹另外两侧自下而上平铺3~4层土坯，其中M022无二层台的两壁为竖砌2层土坯。这类墓葬二层台的功能应与第一类情况接近，主要是为了结合土坯建筑材料，共同形成墓圹底部中央的墓室。

表二 天山北路墓地生土二层台统计表

二层台位置	数量	土坯椁		墓葬编号
		坑内立坯	台上平坯	
坑底四周	23座	有	有	M006、M021、M041、M045、M054、M064、M115、M214、M268、M274、M276、M329、M331、M359、M377、M382、M388、M426、M460、M546、M681、M682、M687
	8座	无	有	M089、M210、M376、M503、M587、M636、M647、M650、M687
	3座	土坯结构不明		M172、M629、M663
	1座	无		M197
坑底两侧	3座	有	有	M022、M148、M369
坑底一侧	9座	无	无	M028、M036、M306、M310、M334、M375、M404、M420、M696
	3座	无	有	M053、M311、M498

（3）墓圹底部一侧设生土二层台。共12座墓葬。均是在墓圹一侧壁面下部设生土二层台，其中9座墓坑内无土坯，3座墓有土坯椁室。其中，M311一侧设生土二层台，其他三侧设熟土二层台。与上述两类情况略有不同，单侧二层台的设置主要是为了在墓圹底部的另一侧形成墓室空间（图九，1、5、6）。

同时，另有96座墓葬在墓圹底部设置熟土二层台，其中82座墓葬在墓圹底部四周设熟土二层台（如M007、M206、M312等），3座墓葬在墓圹底部三侧设熟土二层台（M005、M140、M241），4座墓葬在墓圹底部对向或紧邻两侧设熟土二层台（M085、M122、M178、M243），7座墓葬在墓圹底部一侧设熟土二层台（如M011、M168、M240、M374等）。功能结构与第一种情况的生土二层台接近，二层台与土坯结合围砌出墓室。

可见，在墓圹底部设置生土或熟土二层台，主要是为了形成墓室的空间。

墓葬的朝向以椁室内埋葬人骨的颅骨朝向为基准，无人骨的墓葬则以长轴方向为基准，天山北路墓地的墓葬多为东北—西南向。其中，墓向0°~89°的墓葬计有391座；90°~179°的墓葬计有9座；180°~269°的墓葬计有264座；270°~359°的墓葬计有22座；另有8座墓向不明（图八）。

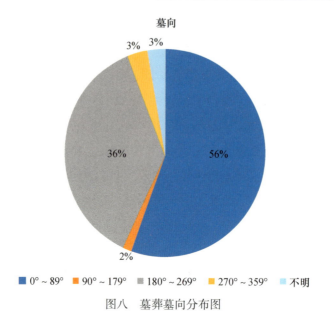

图八　墓葬墓向分布图

　　天山北路墓地中，248座墓葬无葬具，1座墓葬葬具情况不明，445座墓葬以土坯①椁为葬具
（图九，2、4）。土坯尺寸一般为长0.3～0.5米，宽0.2～0.3米，厚0.1米左右。土坯椁室垒砌
方式多样，有对缝、错缝平铺、侧立等多种，常见对缝或错缝平铺4～5层土坯，深40～50厘米
的土坯椁；或下部侧立围砌一周，上部平铺1～3层，深35～45厘米的土坯椁。少数墓葬为将土
坯椁室修筑的深广，还在墓坑底部设二层台，如M311（图九，1）、M546。椁室顶部用土坯
封盖的现象仅见于M004、M061和M069，其余墓葬椁室如何封盖尚不明晰。

四、埋葬方式

　　天山北路墓地694座墓葬中，622座出土人骨，其中2座墓葬（M029、M598）出土人骨情
况不明。620座墓葬共出土人骨658具。其中，591座墓葬仅出土1具人骨，23座墓葬出土2具人
骨，4座墓葬出土3具人骨，1座墓葬出土4具人骨、1座墓葬出土5具人骨。

　　在人骨出土位置方面，658具人骨中，411具出土于椁室中，224具出土于墓圹底部，1具
出土于土坯椁室西壁顶层土坯之上（M053），22具出土于墓圹填土之中（M004、M005、
M006、M032、M038、M044、M051、M127、M230、M266、M267、M298、M365、M473、

---

　　①　本报告所称土坯，中国汉代称"墼"，指未经烧制的砖坯。最早见于公元前四千纪前的中亚、西亚，也称
泥砖，手制或模具成形，晾晒干后使用，是当地建筑的重要材料。中国土坯最早见于新石器时代的仰韶文化、屈家
岭文化、良渚文化，土坯的制作多有夯打技术传统。夏商周时期，中国土坯建筑发展形成东西两大技术体系，西北
地区的西部技术体系或可能吸收、融合了中亚叠砌、单层墙的土坯建筑形式。参见：李晓杨：《中国早期土坯建筑
发展概述》，《草原文物》2016年第1期，第78～86页；葛承雍：《"胡墼"传入与西域建筑》，《胡汉中国与外
来文明：艺术卷·拂林花乱彩》，生活·读书·新知三联书店，2020年，第221～229页。

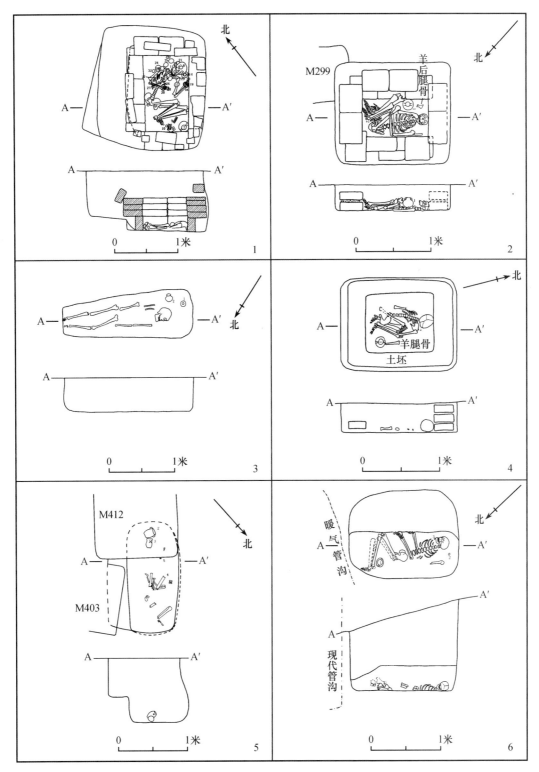

图九　墓葬形制与葬式

1. M311（单侧生土二层台、土坯棹、一次葬）　2. M295（土坯棹、一次葬）　3. M599（仰身直肢、一次葬）
4. M223（土坯棹、一次葬）　5. M404（单侧生土二层台、扰乱葬）　6. M310（单侧生土二层台、一次葬）

M682）。

在人骨埋葬特征方面，658具人骨中，331具人骨保存基本完整且放置有序；64具人骨局部位移或缺失，仍可辨识葬式；其余263具人骨凌乱且严重缺失。

葬式可辨识的395具人骨中，220具为左侧身屈肢，171具为右侧身屈肢，1具为仰身直肢（M599，图九，3），2具为仰身右屈肢（M535、M660），1具为俯身屈肢（M205）。这些人骨的头向，216具朝向东北，6具朝向东南，166具朝向西南，5具朝向西北，2具朝向不明。

五、动物牺牲

天山北路墓地122座墓葬出土数量不等的动物骨骼，种属有羊、马、牛。其中，羊骨数量最多。墓葬中均不见完整个体的动物骨骼，随葬动物骨骼以羊腿骨为主，另有少量的肩胛骨、距骨、椎骨、蹄骨、骶骨，它们多与陶器等其他随葬品共出，放置在人骨周围，应为随葬的牲肉。

动物骨骼在墓葬中出土的位置主要有以下三种情况。

（1）出土于墓室内，共64座墓葬。其中，56座墓葬的动物骨骼放置于人骨面向前侧（如M014、M017），5座墓葬的动物骨骼放置于人骨背后（如M198、M310），1座墓葬（M074）出土羊腿骨放置于随葬陶器内。其余2座墓葬（M303、M304）因人骨被扰动，动物骨骼原始出土位置不明。

（2）出土于墓圹填土中，共5座墓葬（M076、M079、M358、M517、M542）。

（3）出土位置不明，共53座墓葬。

六、随葬器物

天山北路墓地694座墓葬中，604座墓葬出土各类人工制品共10963件/颗，其中陶器615件、铜器3190件/颗、玉石器5879件/颗、金器8件、铅器35件、骨器1085件、贝器97件、蚌器54件；1座墓葬（M528）出土碳化植物种子42粒；90座墓葬未出土任何随葬品。

随葬遗物大部分出土于墓室底部，少数出土于被扰动的墓坑填土中，以日用陶器和随身佩戴、携带、装饰的骨、金属、宝玉石质地的装饰品、工具为主。

此外，墓地还有采集遗物176件，其中陶器73件、陶片5件，铜器49件、骨器30件、石器18件、蚌器1件（图版七四八～图版七六九）。

1. 陶器

共688件，其中墓葬出土615件（533座墓葬），墓地采集73件[①]。

陶器多放置于墓室一角的人骨头侧或脚侧，绝大多数墓葬（506座，95.83%）仅出土1件陶器，随葬2件陶器的墓葬有19座（3.60%），随葬3件及以上陶器的墓葬有3座（0.58%）[②]。

陶器绝大多数为陶容器，另有1件陶埙（M434：2）、1件陶纺轮（采集：073；图版七六〇，3）外。陶器均为手制，以夹砂红陶为主，夹砂灰陶次之。

陶容器主要有罐、壶、杯、钵四类，另有2件双耳陶盆（M032：2、M310：1；图一一，19）。

陶罐，共650件（发掘581件、采集69件）。根据形态特征可分为双耳陶罐（发掘468件，采集49件；图一〇，1~3、6~30）、单耳陶罐（发掘62件，采集3件；图一一，1~10）、筒形陶罐（发掘18件，采集12件；图一〇，4、5）、四耳陶罐（发掘1件；图一一，20），无法判断具体形制的陶罐共37件（发掘32件、采集5件）。

陶壶，共8件。根据形态特征可分为双乳钉陶壶（发掘2件；图一一，21、22）和双腹耳陶壶（发掘5件；图一一，23、24），此外，M018还出土1件双颈耳陶壶。

陶杯，共19件（发掘17件、采集2件）。根据形态特征可分为单耳陶杯（发掘14件，采集2件；图一一，11~14）和无耳陶杯（发掘2件；图一一，15），此外，M112还出土1件双耳陶杯。

陶钵，共7件（发掘6件、采集1件）。根据形态特征可分为单耳陶钵（发掘4件，采集1件；图一一，17、18）和无耳陶钵（2件；图一一，16）。

陶器装饰有彩绘、刻划纹、附加堆纹、戳印纹等类。

彩陶，共200件（发掘174件、采集26件），占墓地出土陶器总数29%。是以黑色单彩线条绘制于夹砂红陶器的口沿、颈部、腹部、耳部，纹样主要有三角纹、菱形网格纹、叶脉纹、水波纹、折线纹、人物纹和手形纹等。少量制作精美的彩陶表面施黄褐色或红褐色陶衣。彩陶器类以双耳陶罐居多（共157件：发掘143件、采集14件）、筒形陶罐次之（共22件：发掘12件、采集10件）。此外，单耳陶罐（共9件：发掘8件、采集1件）、陶杯（发掘6件）、陶钵（共4件：发掘3件、采集1件）和陶壶（发掘2件）也有一些彩陶（图一二）。

刻划纹一般施于陶容器耳部或肩部，多为"X"形图案；附加堆纹多施于陶器口沿外侧或肩部，在附加泥条上捺印、戳印出连续折线纹；戳印纹饰多施于陶器口沿外侧、肩部和耳部，呈连续或不连续的小圆点。还有部分陶双耳罐在耳下方的腹部对称留出两个泥突。

---

① 陶器数量的统计包括：保存状况良好的完整陶器、破碎可复原器形或可辨识个体的陶器。此外，19座墓葬中零星发现的陶器碎片不计入统计范畴。

② 多件陶器随葬仅统计多件陶器同时摆放在椁室内或墓室底部的情况，对出土情况不明、出土于填土中的多件陶器随葬的情况未做统计。

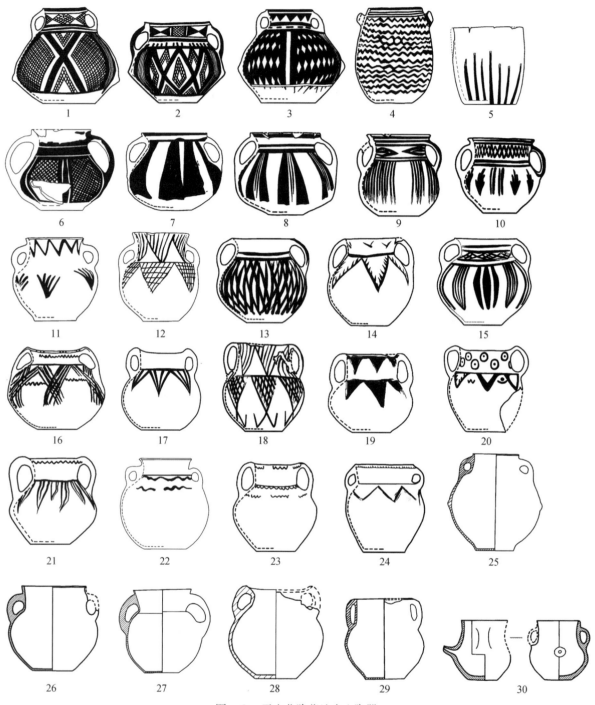

图一〇　天山北路墓地出土陶器

1. 双耳陶罐（M599：1）　2. 双耳陶罐（M550：2）　3. 双耳陶罐（M550：1）　4. 筒形陶罐（M221：1）

5. 筒形陶罐（M452：1）　6. 双耳陶罐（M048：1）　7. 双耳陶罐（M178：2）　8. 双耳陶罐（M322：1）

9. 双耳陶罐（M580：11）　10. 双耳陶罐（M689：4）　11. 双耳陶罐（M260：1）　12. 双耳陶罐（M620：5）

13. 双耳陶罐（M483：31）　14. 双耳陶罐（M644：1）　15. 双耳陶罐（M111：2）　16. 双耳陶罐（M698：5）

17. 双耳陶罐（M555：1）　18. 双耳陶罐（M597：1）　19. 双耳陶罐（M281：1）　20. 双耳陶罐（M635：3）

21. 双耳陶罐（M051：1）　22. 双耳陶罐（M198：11）　23. 双耳陶罐（M298：1）　24. 双耳陶罐（M599：2）

25. 双耳陶罐（M220：1）　26. 双耳陶罐（M230：1）　27. 双耳陶罐（M502：1）　28. 双耳陶罐（M289：1）

29. 双耳陶罐（M159：1）　30. 双耳陶罐（M317：3）

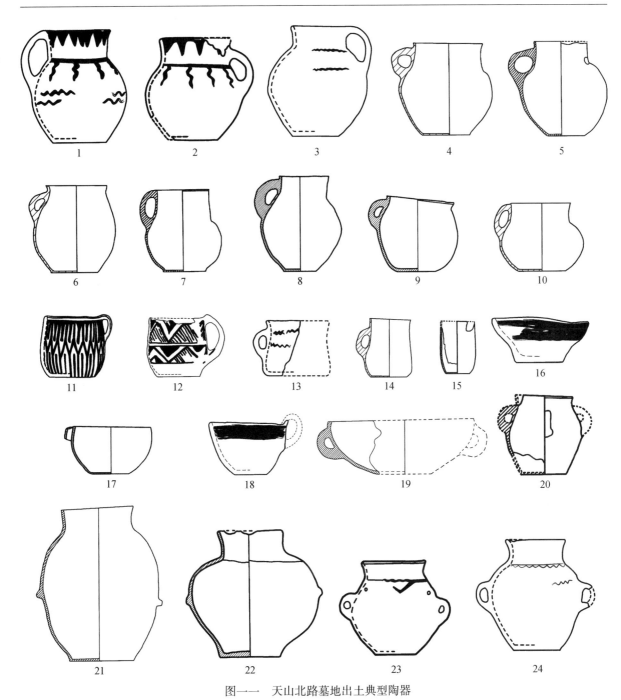

图一一　天山北路墓地出土典型陶器

1.单耳陶罐（M472：1）　　2.单耳陶罐（M658：1）　　3.单耳陶罐（M013：12）　　4.单耳陶罐（M476：1）　　5.单耳陶罐（M219：1）

6.单耳陶罐（M486：1）　　7.单耳陶罐（M217：1）　　8.单耳陶罐（M527：1）　　9.单耳陶罐（M548：1）　　10.单耳陶罐（M429：1）

11.单耳陶杯（M036：1）　　12.单耳陶杯（M461：4）　　13.单耳陶杯（M277：6）　　14.单耳陶杯（M473：2）　　15.无耳陶杯

（M138：1）　　16.无耳陶钵（M461：1）　　17.单耳陶钵（M525：1）　　18.单耳陶钵（M452：2）　　19.双耳陶盆（M032：2）

20.四耳陶罐（M109：6）　　21.双乳钉陶壶（M031：1）　　22.双乳钉陶壶（M353：1）　　23.双腹耳陶壶（M252：1）

24.双腹耳陶壶（M682：1）

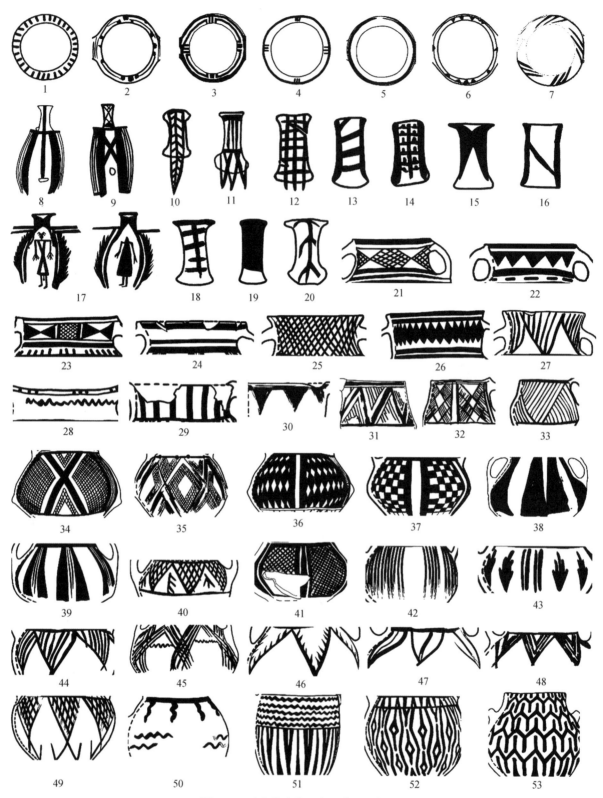

图一二　天山北路墓地常见陶器纹饰

1~7.口沿内彩绘：短线纹、斜线纹、圆周纹及组合（M599：1、M525：2、M178：2、M529：1、M085：4、M571：1、M144：7）　8~20.耳部及延伸彩绘：竖线纹、"X"形纹、叶脉纹、网格纹、短线纹、三角纹、"N"形纹、人物纹、树草纹及组合（M599：1、M550：1、M411：1、M322：1、M638：1、M384：6、M689：4、M483：31、M441：5、M214：4、M005：2、M431：2、M571：1）　21~30.颈肩部位彩绘：菱形网格纹、三角纹、弦纹、宽带纹、网格纹、菱形纹、竖线纹、水波纹及组合（M599：1、M550：1、M550：2、M322：1、M327：1、M529：1、M620：5、M698：5、M682：3、M281：1）
31~53.腹部及器身彩绘：网格纹、菱形纹、棋盘格纹、垂带纹、竖线纹、网格纹、手形纹、各式变体三角纹、水波纹及组合（M411：2、M579：2、M442：1、M599：1、M525：2、M550：1、M411：1、M178：2；M322：1、M327：1、M48：1、M580：11、M689：4、M627：1、M698：5、M644：1、M246：1、M279：1、M597：1、M472：1、M375：1、M375：2）

2. 铜器

共3242件，其中墓葬出土3190件，墓地采集52件。可分为工具、武器和装饰品。工具有铜刀、铜锥、铜锛和铜凿等；武器有铜短剑、铜斧和铜镞；装饰品有铜镜、铜牌饰、铜泡、铜管、铜珠、铜耳环、铜手镯、铜铃等。

其中，铜刀出土于人骨腰部、头部前侧、胸前，多与砺石共出；铜锛、铜凿多共出与人骨腿部；铜短剑出土于人骨腰部；铜镞出土于人骨腰部、腿部。

铜刀，共71件，形制特征典型，可分为有无环首、直背和弧背（图一三，1～12）。

铜锥，共43件，呈细长圆锥状，前段锥尖部分较长，切面圆形，后半段切面近似方形，尾部原先可能套木柄（图一三，18）。

铜锛，共2件，顶部有一椭圆形、上下贯通的銎孔，刃部正面横切面呈圆弧形，纵切面圆锥形，弧形刃，銎孔下端有一狭窄台面（图一三，15）。

铜凿，共3件，刃部比顶部略窄，顶部为不贯通的銎孔，两侧有凸起（图一三，16）。

铜短剑，共1件，剑首形制不清，柄素面，剑格为三叉护手，直刃（图一三，13）。

铜斧，共1件，正锋，刃部宽于顶部，顶部有一贯通的銎孔，呈锥状，銎侧双系，弧刃

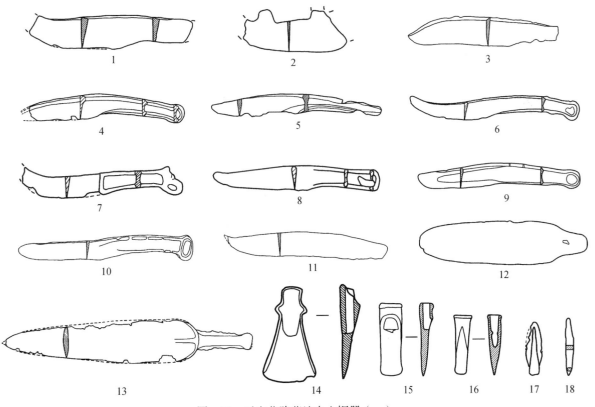

图一三 天山北路墓地出土铜器（一）

1. 铜刀（M325：9） 2. 铜刀（M375：9） 3. 铜刀（M071：2） 4. 铜刀（M529：3） 5. 铜刀（M362：9）
6. 铜刀（M679：4） 7. 铜刀（M131：3） 8. 铜刀（M457：5） 9. 铜刀（M341：22） 10. 铜刀（M053：8）
11. 铜刀（M384：4） 12. 铜刀（M384：2） 13. 铜短剑（M626：2） 14. 铜斧（M325：3） 15. 铜锛（M341：14）
16. 铜凿（M341：13） 17. 铜镞（M127：4） 18. 铜锥（M275：6）

（图一三，14）。

铜镞，共10件（发掘9件，采集1件），平面近圆锥状，横断面近菱形，中央纵向贯通一突脊，两侧尾翼出锋，下端有一短銎孔（图一三，17）。

铜质装饰品数量众多，多发现于人骨头、胸、腰、腿部，多有穿孔或系纽，佩戴于人身或缝缀在衣物上。

铜耳环，共344件（发掘339件，采集5件），分为两类：一类为细铜丝弯曲锻打制作而成。耳环两端头被锻打砸扁展宽，横断面为片状，其余部位断面为圆形，整体近椭圆形或桃形，下部两端合拢（图一四，22）。另一类为一端呈喇叭状，另一端呈尖锥状，两端合拢成椭圆形（图一四，23）。

铜泡，共401件，可分为铜泡（发掘297件，采集3件）和联珠铜泡（101件）。铜泡，一般为圆形，泡状，较小，正面圆弧，背面内凹，中心位置有一桥形小纽，纽下有穿。联珠铜泡可分为双联铜泡（73件）和三联铜泡（28件），整体为长条状，背面平整，亦有背面内凹的，正面为两个或三个相连在一起的突起状圆珠（图一四，16~18）。

铜牌饰，共443件，分为三类：盾形铜牌饰19件（发掘18件，采集1件），平面呈亚腰状或圆角长方形，两侧宽，向中变窄，正中有一系孔，以素面为主，部分有一圈甚至数圈凸棱（图一四，12、13）；圆形铜牌饰346件（发掘341件，采集5件），根据背面有无桥形纽也分为两类，无纽者为素面圆牌，一般为片状，圆形，正面略圆弧，背面略内凹，也有正反两面水平者，一般在边缘处有对称的两个穿孔，有纽者形制与素面铜镜相同，直径在5厘米以下（图一四，5~7）；方形铜牌饰78件（发掘72件，采集6件），呈圆角长方形，两端有对称穿孔，四周有数圈小圆点，圆点正面凸、背面凹（图一四，8~10）。

铜镜，共54件，圆形，直径在5厘米以上，按有无柄分两类：有柄者，素面无纽（图一四，1）；无柄者，背部均有桥形纽，多数素面，少数背面饰辐射状凸条纹（图一四，2~4）。

铜管，共369件（发掘354件，采集15件），分为两类：一类用薄铜片平卷而成，呈细管状（图一四，20）；另一类用薄铜片或铜条斜卷呈螺旋状（图一四，19）。

铜珠，共1264件/颗（发掘1257件/颗，采集7件/颗），短圆柱状，中有小孔（图一四，21）。

铜手镯，共120件（发掘116件，采集4件），细铜丝或铜片锤碟而成（图一四，24）。

此外，铜质装饰品还有铜环62件、铜铃2件、铜指环1件、铜别针13件、铜海贝1件、铜片19件、铜饰件14件、铜丝5件（发掘3件，采集2件）、铜器残件1件（采集1件）、铜渣2件（采集2件）等（图一四，14、15）。

据科学分析研究，天山北路墓地出土铜器的材质最主要是锡青铜，红铜也是重要的材质，砷铜占一定比例，多种三元合金共存。制作工艺上，铸造和锻造并行，锻造的比例比铸造稍高，并出现了铸造、热锻后冷加工的技术[①]。

---

① 潜伟：《新疆哈密地区史前时期铜器及其与邻近地区文化的关系》，知识产权出版社，2006年，第41~59页。

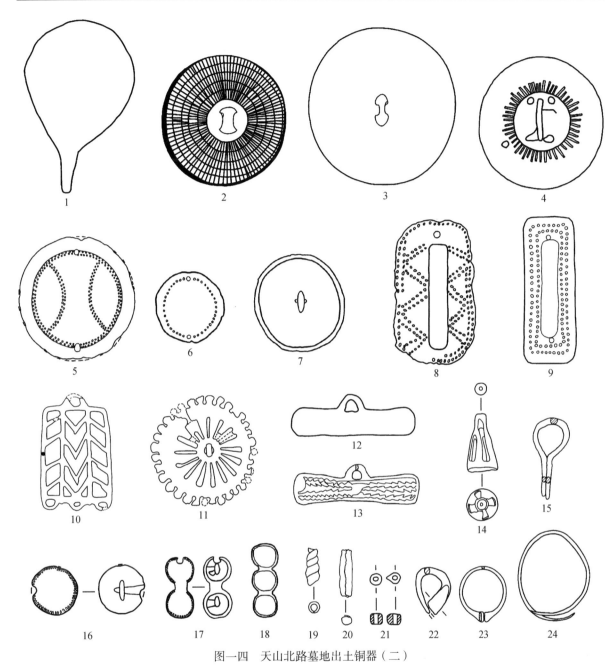

图一四 天山北路墓地出土铜器（二）

1. 铜镜（M36：2） 2. 铜镜（M400：5） 3. 铜镜（M400：38） 4. 铜镜（M483：1） 5. 圆形铜牌饰（M400：12）
6. 圆形铜牌饰（M125：2） 7. 圆形铜牌饰（M125：10） 8. 铜牌饰（M109：8） 9. 铜牌饰（M200：2） 10. 镂空铜牌（M207：3）
11. 铜牌饰（M685：1） 12. 盾形铜牌饰（M683：8） 13. 盾形铜牌饰（M625：3） 14. 铜铃（M361：7） 15. 铜别针（M16：5）
16. 铜泡（M224：1） 17. 铜泡（M483：26） 18. 铜泡（M529：3） 19. 铜管（M200：6） 20. 铜管（M200：6）
21. 铜珠（M210：3） 22. 铜耳环（M090：3） 23. 铜耳环（M263：2） 24. 铜手镯（M400：28）

3. 铅器

共35件，有耳环、手镯和别针三类。

铅耳环一般出土于人骨头侧，铅手镯出土于腕部。铅别针多出土于人头骨附近。

铅耳环，共6件，用铅丝弯曲锤揲，呈圆形或椭圆形，有的两端锻打呈扁平状（图一五，3）。

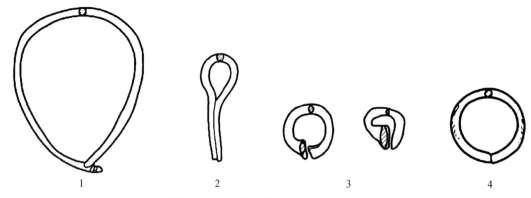

图一五　天山北路墓地出土铅器和金器

1.铅手镯（M380：6）　2.铅别针（M249：1）　3.铅耳环（M222：2）　4.金耳环（M325：2）

铅手镯，共3件，用铅丝弯曲锤揲，呈圆形或椭圆形（图一五，1）。

铅别针，共26件，用铅丝弯曲锤揲，上部呈圆形，下部并拢延伸（图一五，2）。

4. 金器

共8件，均为金耳环，出土于M325、M375、M446。由金丝弯曲锤揲而成，出土于人骨头侧（图一五，4）。

5. 玉石器

共5897件，其中墓葬出土5879件/颗，墓地采集18件/颗。可分为工具和装饰品。工具有石杵、砺石、化妆棒、石球和石镞等，装饰品以滑石串珠、绿松石串珠、玉髓串珠、水晶串珠和费昂斯串珠等为主。串珠绝大多数出土于人骨颈部、腕部，为项链或手链等人身佩戴装饰品，也不排除一些是缝缀在衣物上的装饰品。

滑石串珠，共3922件/颗（发掘3913件/颗，采集9件/颗），骨白色，圆柱状，中心有穿孔。从断面观察，是在烧制之后切割而成，质地细腻，表面光滑，在装饰珠中数量最多。同类穿系成串或与其他质地的串珠搭配，在各墓出土数量多寡不等，少则一件，多则数百件（图一六，4）。

绿松石串珠，共1287件/颗（发掘1284件/颗，采集3件/颗），青绿色，圆柱状，中心有穿孔，或一墓一件，或与其他类别珠饰共出，多则数件（图一六，1~3）。

玉髓串珠，共272件/颗（发掘269件/颗，采集3件/颗），肉红色，半透明状，中心穿孔，墓葬中少则一件，多则数件（图一六，5~8）。

水晶串珠，共4件/颗（发掘3件/颗，采集1件/颗），仅出土于M99、M361、M363，乳白色和青色，圆柱状，中心有穿孔（图一六，9）。

费昂斯串珠，共4件/颗，仅在M200出土，蓝青色，管状（图一六，10）。

此外，还有黑色石串珠356件/颗。

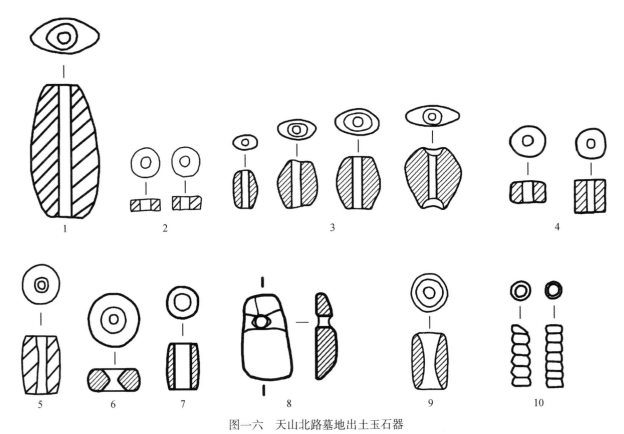

图一六 天山北路墓地出土玉石器

1. 绿松石串珠（M193：3） 2. 绿松石串珠（M227：2） 3. 绿松石串珠（M190：6） 4. 滑石串珠（M17：3）

5. 玉髓串珠（M186：5） 6. 玉髓串珠（M701：6） 7. 玉髓串珠（M701：9） 8. 玉髓串珠（M286：5）

9. 水晶串珠（M99：5） 10. 费昂斯串珠（M200：5）

石杵，共12件（发掘11件，采集1件），圆柱状，头部宽扁外弧，通体磨光（图一七，6）。

砺石，共14件（发掘13件，采集1件），长条方柱状，横断面为长方形，一端有穿系的钻孔，器表打磨光滑（图一七，1~3）。

石化妆棒，共5件，长条圆柱状，一端呈锥形，有的在另一端刻凿一周绑系绳索的凹槽（图一七，4）。

石箭镞，共4件，平面呈三角形，中部起脊，镞锋打制锋利（图一七，8）。

此外，还有石球4件（图一七，5），石饰件3件（图一七，7），石磨盘2件，石磨棒1件，以及其他类别小型石器7件。

6. 骨器

共1115件，其中墓葬出土1085件/颗，墓地采集30件/颗。以骨牌饰为主，另有少量的骨锥、骨针、骨条、骨管、骨纺轮、骨带扣和羊距骨等。

骨牌饰，共1072件（发掘1045件，采集27件），平面呈长方形、梯形或椭圆形。由动物骨骼打磨而成，边缘较薄，表面光滑，一端有圆形穿孔。长4厘米以下，宽2厘米以下，墓葬中多则数百件，少则数件，多成排成列分布于人骨腰部和胸部（图一八，1）。

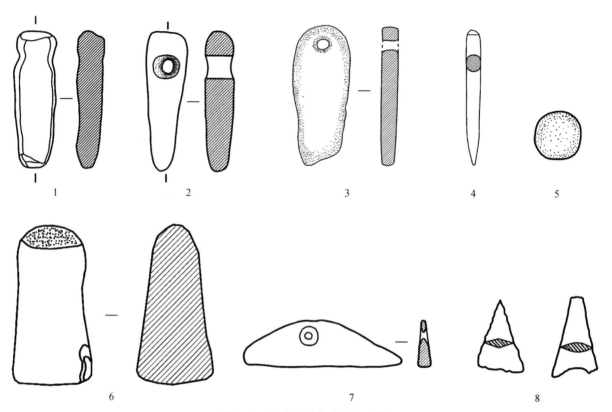

图一七　天山北路墓地出土石器

1. 砺石（M305：2）　2. 砺石（M312：4）　3. 砺石（M66：3）　4. 石化妆棒（M375：6）　5. 石球（M434：4）
6. 石杵（M42：5）　7. 石饰件（M564：1）　8. 石箭镞（M446：7）

骨锥，共32件（发掘29件，采集3件），一端尖锐，另一端圆钝，多由动物肢骨切割、打磨而成（图一八，2）。

骨针，1件，出土于M307，已残（图一八，3）。

骨纺轮，1件，出土于M561，已残。扁圆饼状，中部对钻1孔（图一八，6）。

骨管，2件，均出土于M315，由动物肢骨打磨而成，中空（图一八，7）。

骨带扣，2件，均出土于M319，一面凸起，另一面略凹，中部有方形穿孔（图一八，5）。

此外，还有羊距骨2件和其他类别骨器3件（图一八，4）。

7. 贝器和蚌器

贝器，共97件，均为海贝，或将壳凸面磨去、穿孔，保留壳框，或未加工（图一八，8）。

蚌器，共55件（发掘54件，采集1件），均为蚌饰，磨制呈圆形或椭圆形片状，中部穿孔（图一八，9）。

海贝和蚌饰均出土于人骨头部和胸前。

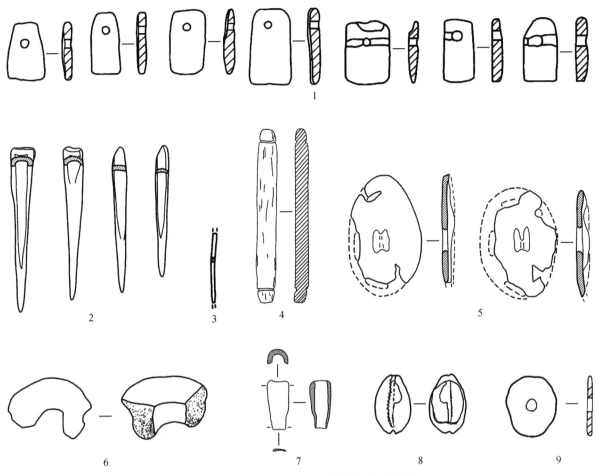

图一八　天山北路墓地出土骨器和贝、蚌器

1. 骨牌饰（M110：2）　2. 骨锥（M643：4）　3. 骨针（M307：1）　4. 骨条（M193：5）　5. 骨带扣（M319：2）

6. 骨纺轮（M561：5）　7. 骨管（M315：15）　8. 海贝（M529：5）　9. 蚌饰（M620：8）

第三章 墓地分述

M001

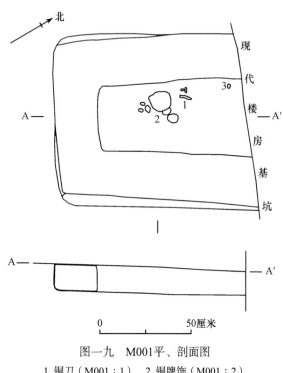

图一九　M001平、剖面图
1.铜刀（M001：1）　2.铜牌饰（M001：2）
3.玉髓串珠（M001：3）

（一）形制结构

长方形竖穴土坑墓。墓坑北部被现代楼房基坑打破。墓向30°。墓口距地表0.7米，残长1.12米，宽0.92米，墓坑深0.17米。墓坑内填充夹杂砾石的灰色沙质土，质地较硬。墓坑底部置一具长方形土坯椁室，残损严重，形制不明。椁室内周残长0.85米，宽0.4米。椁室内放置人骨1具，仅存颅骨及零星碎骨骼，未成年（图一九）。

（二）出土遗物

共5件。铜器4件，其中铜刀1件（M001：1），出土于椁室中部；铜牌饰3件（M001：2），出土于椁室中部。石器1件，为玉髓串珠（M001：3），出土于椁室北部。

1. 铜器

M001：1，铜刀。1件。整体呈长条弧状，柄端为圆环状，刃端内弧，背部有脊。长11.8厘米，刃宽2.1厘米，柄宽1.5厘米（图二〇，1；图版八，2）。

M001：2，铜牌饰。3件。均呈圆形，泡状，近边缘处有一对对称的圆孔。1件直径5厘米，其余2件直径均为3.5厘米，孔径均为0.2厘米（图二〇，3；图版八，1）。

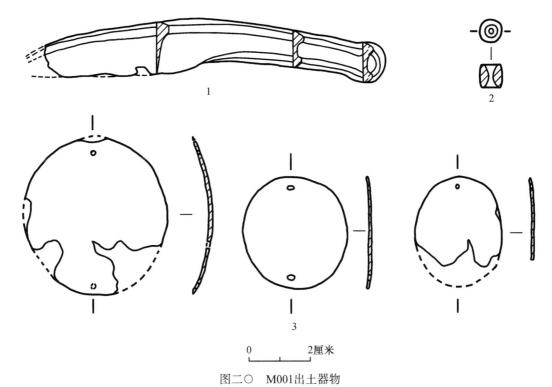

图二○ M001出土器物

1. 铜刀（M001：1） 2. 玉髓串珠（M001：3） 3. 铜牌饰（M001：2）

2. 石器

M001：3，玉髓串珠。1件。红色半透明，圆柱状，中部对钻穿孔，表面打磨光滑。高0.9厘米，直径0.9厘米，孔径0.2厘米（图二○，2；图版八，3）。

M002

（一）形制结构

长方形竖穴土坑墓。墓向45°。墓口距地表约0.65米，长1.9米，宽1.32米，墓坑残深0.1米。墓坑填土为包含砾石的灰砂土。墓坑底部置一具长方形土坯椁室，残损严重，形制不明，椁室内周残长1.45米，宽0.9米。椁室内放置人骨1具，左侧身屈肢，头向东北，面向东，女性（图二一）。

（二）出土遗物

共3件。陶器1件，为双耳陶罐（M002：1），出土于人骨膝部。铜器1件，为铜耳环（M002：2），出土于人骨头部。羊腿骨1件，出土于人骨手臂处。

1. 陶器

M002：1，双耳陶罐。1件。夹砂红陶，手制，侈口，束颈，沿肩双耳，鼓腹，平底。口径9.2厘米，底径7.2厘米，高15.6厘米（图二一，1；图版八，4）。

2. 铜器

M002：2，铜耳环。1件。圆环形，铜丝环绕而成，接口处扁平。耳环直径2.8厘米，铜丝直径0.2厘米（图二一，2；图版八，5）。

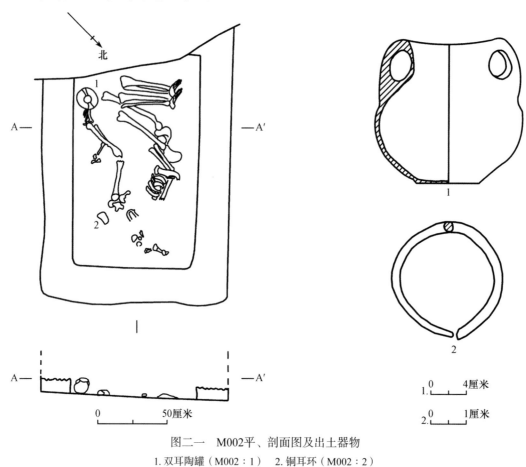

图二一　M002平、剖面图及出土器物
1. 双耳陶罐（M002：1）　2. 铜耳环（M002：2）

M003

（一）形制结构

长方形竖穴土坑墓。墓向25°。墓口距地表0.65米，长1.34米，宽1.16米，墓坑残深0.14米。墓坑填土为包含砾石的较致密的灰砂土。墓坑底部为长方形土坯椁室，椁室上半部被破坏，土坯间界限难辨，层数不明。椁室内周长0.76米，宽0.56米。椁室底部出土人骨1具，左侧身屈肢，头向东北，面向东，未成年（图二二）。

（二）出土遗物

共2件。陶器1件，为双耳陶罐（M003：1），出土于人骨膝盖处。羊腿骨1件，位于人骨小臂处。

M003：1，双耳陶罐。1件。夹砂红陶，小直口，颈肩双耳，弧腹，腹部两侧有乳突，平底。口径6.6厘米，腹径12.6厘米，高12厘米（图二二，1；图版八，6）。

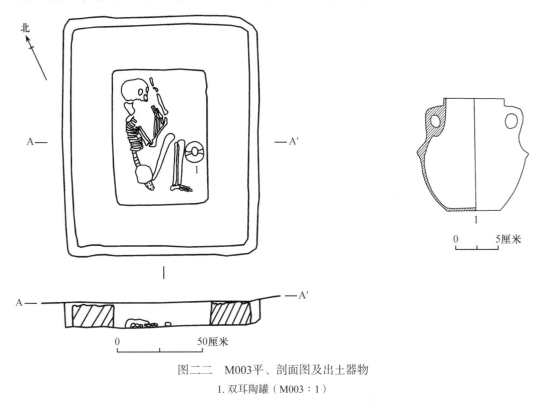

图二二　M003平、剖面图及出土器物

1. 双耳陶罐（M003：1）

M004

（一）形制结构

长方形竖穴土坑墓。墓向221°。墓口长0.85米，宽0.63米，墓坑深0.36米。墓坑填土为包含砾石的较致密灰砂土。墓坑底部为长方形土坯椁室，椁室四壁均竖立1层土坯，顶部平铺1层土坯封盖椁室。椁室内周长0.5米，宽0.36米。共出土人骨2具，1具出土于填土中，分布散乱，保存状况较差，为未成年个体；另1具出土于椁室底部，保存完整，右侧身屈肢，头向西南，面向东，也为未成年个体（图二三）。

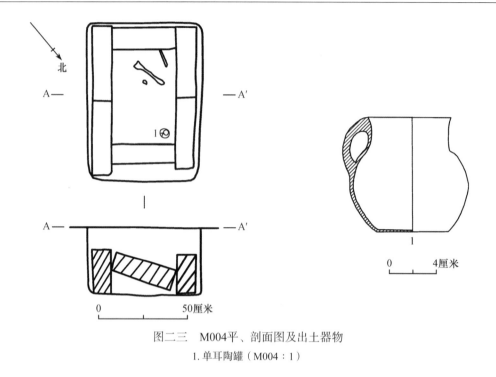

图二三　M004平、剖面图及出土器物
1. 单耳陶罐（M004∶1）

（二）出土遗物

共1件。陶器1件，为单耳陶罐（M004∶1），出土于椁室北侧。

M004∶1，单耳陶罐。1件。夹砂红陶，手制，侈口，方唇，微束颈，沿肩单耳，鼓腹，平底。口径7.6厘米，腹径11厘米，高10厘米（图二三，1；图版九，1）。

M005

（一）形制结构

长方形竖穴土坑墓。被M019打破。墓向30°。墓口距地表0.08米，长1.64米，宽1.1米，墓坑深0.46米。墓坑填土为包含砾石、陶片的较致密灰沙土。墓圹底部南、西、北三侧设熟土二层台，二层台内侧竖立1层土坯，二层台上平砌1层土坯；墓圹东壁自下而上错缝平砌4层土坯。椁室内周长0.96米，宽0.56米，土坯长0.4米，宽0.24~0.3米，厚0.1米。共出土2具人骨，1具出土于墓坑填土中，分布散乱，保存状况较差，为女性个体；另1具出土于椁室底部，左侧身屈肢，头向东北，面向东，也为女性个体（图二四）。

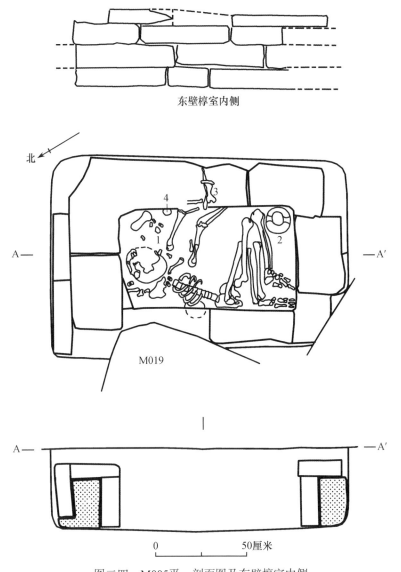

东壁椁室内侧

北

A —— —— A'

M019

A —— —— A'

0   50厘米

图二四 M005平、剖面图及东壁椁室内侧

1. 骨牌饰（M005：1） 2. 双耳陶罐（M005：2） 3. 铜手镯（M005：3） 4. 铜耳环（M005：4）

（二）出土遗物

共61件。陶器1件，为双耳陶罐（M005：2），出土于人骨膝盖处。铜器2件，其中铜手镯1件（M005：3），出土于人骨左上肢处；铜耳环1件（M005：4），出土于人骨上肢骨处。骨器57件，均为骨牌饰（M005：1），出土于人骨胸前至头部。羊腿骨1件，出土位置不明。

1. 陶器

M005：2，双耳陶罐。1件。夹砂红陶，手制，侈口，圆唇，束颈，斜肩，鼓腹，平底，沿肩双宽扁耳。表面施红衣黑彩，双耳外侧绘短线纹，口沿内绘一周弦纹，颈部饰一道弦纹，其下腹部有六组实心倒三角纹。口径9.5厘米，高12.3厘米（图二五，1；图版九，2）。

2. 铜器

M005：3，铜手镯。1件。铜丝环绕而成，圆环形，接口处扁平并交错相交。直径6厘米，铜丝直径0.45厘米（图二五，4；图版一〇，2）。

M005：4，铜耳环。1件。铜丝环绕而成，圆环形，接口处变粗且呈圆形平面。直径4.2厘米，铜丝直径0.3厘米（图二五，3；图版一〇，3）。

3. 骨器

M005：1，骨牌饰。57件。均为动物骨骼打磨而成，一面光滑，长方形，一端有穿孔。长1.9～3.6厘米，宽1.1～2厘米（图二五，2；图版九，3；图版一〇，1）。

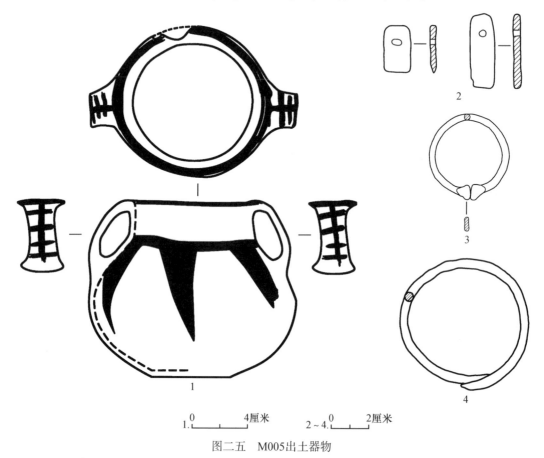

图二五　M005出土器物

1. 双耳陶罐（M005：2）　2. 骨牌饰（M005：1）　3. 铜耳环（M005：4）　4. 铜手镯（M005：3）

M006

（一）形制结构

长方形竖穴土坑墓。打破M016、M018、M020、M021和M022。墓向45°。墓口长1.38米，宽1.1米，墓坑深0.69米。墓坑底部四周均设生土二层台，二层台内侧竖立1层土坯，二层台上平砌1层土坯，围砌成长方形土坯椁室。椁室内周长0.82米，宽0.6米，土坯长0.3~0.48米，宽0.26米，厚0.1米。共出土2具人骨，1具出土于墓坑填土中，分布散乱，保存状况较差，仅存部分股骨、胫骨、肱骨等，为男性个体；另1具出土于椁室底部，左侧身屈肢，头向东北，面向下，为男性个体（图二六）。

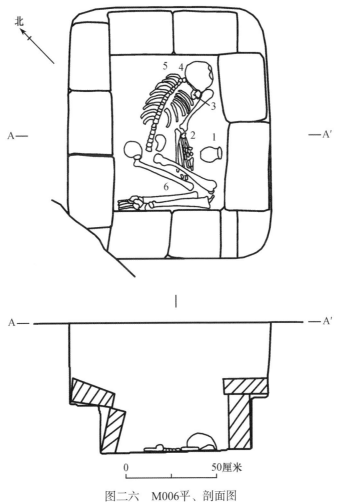

图二六　M006平、剖面图

1.单耳陶罐（M006：1）　2.铜管（M006：2）　3.铜耳环（M006：3）　4.铜耳环（M006：4）　5.滑石串珠（M006：5）
6.滑石串珠（M006：6）

（二）出土遗物

共21件。陶器1件，为单耳陶罐（M006∶1），出土于人骨腹部东侧。铜器6件，其中铜管2件（M006∶2），出土于人骨右手腕处；铜耳环3件（M006∶3、M006∶4），出土于头骨两侧耳部；铜丝1件（M006∶7），出土位置不明。石器14件，均为滑石串珠，其中13件（M006∶5）出土于人骨颈部；1件（M006∶6）出土于人骨左手腕处。

1. 陶器

M006∶1，单耳陶罐。1件。夹砂红陶，手制，侈口，圆唇，微束颈，沿肩单耳，鼓腹，平底，口径10.4厘米，腹径17.2厘米，底径7.6厘米，高19.6厘米（图二七，1；图版一一，1）。

2. 铜器

M006∶2，铜管。2件。均为铜片卷曲而成，圆筒状。口径0.55厘米，长1.9厘米，铜片厚0.05厘米（图二七，4；图版一一，2）。

M006∶3，铜耳环。2件，铜丝环绕而成，圆环形，接口处扁平。直径分别为2.5、3厘米，铜丝直径均为0.2厘米（图二七，2；图版一一，3）。

M006∶4，铜耳环。1件。圆环状，铜丝环绕而成，一端加工成扁头，不规则圆。直径3.1厘米（图二七，3；图版一一，4）。

M006∶7，铜丝。1件。推测为铜耳环残件，仅余两段铜丝（图二七，5；图版一二，1、2）。

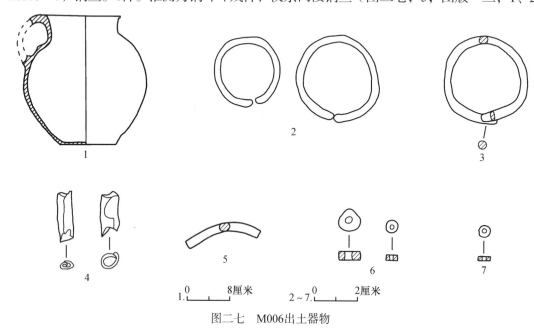

图二七　M006出土器物

1. 单耳陶罐（M006∶1）　2. 铜耳环（M006∶3）　3. 铜耳环（M006∶4）　4. 铜管（M006∶2）　5. 铜丝（M006∶7）

6. 滑石串珠（M006∶5）　7. 滑石串珠（M006∶6）

3. 石器

M006：5，滑石串珠。13件，均为圆饼状，表面打磨光滑，中心穿孔。直径0.5～0.8厘米，厚0.2～0.5厘米，孔径0.2～0.25厘米（图二七，6；图版一一，5）。

M006：6，滑石串珠。1件。圆饼状，表面经过打磨，中心穿孔。直径0.6厘米，孔径0.15厘米，厚0.15厘米（图二七，7；图版一一，6）。

附：M006铜管（卷）经金相检验和成分分析，其材质为Cu（As）（含砷杂质的红铜），制作技术为热锻（潜伟，2006：44）。

M006墓主人经分子遗传学鉴定，性别为男性（高诗珠，2009：56）。

M007

长方形竖穴土坑墓。打破M010、M011、M225、M226、M227，被M224打破。墓向216°。墓口距地表0.16米，长1.52米，宽1.2米，墓坑深0.42米。墓坑底部四周设熟土二层台，二层

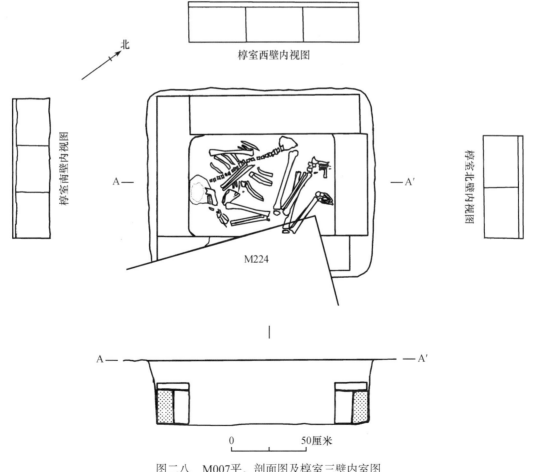

图二八 M007平、剖面图及椁室三壁内室图

台内侧竖立1层土坯，二层台上平砌1层土坯。椁室保存较差，土坯间界限不明。椁室内周长0.94米，宽0.66米。椁室底部出土人骨1具，右侧身屈肢，头向西南，面向东，为男性个体（图二八；图版一二，3）。

无出土遗物。

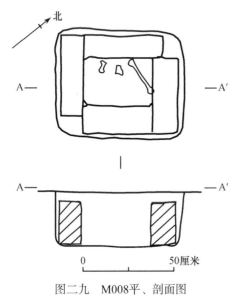

图二九　M008平、剖面图

M008

长方形竖穴土坑墓。打破M009、M010和M223。墓向37°。墓口距地表0.05米，长0.71米，宽0.58米，墓坑深0.28米。墓坑内填充包含砾石的砂土。墓坑底部为长方形土坯椁室，椁室四壁均竖立1层土坯。椁室内周长0.38米，宽0.24米，土坯长0.4米，宽0.22米，厚0.14米。椁室底部出土人骨1具，保存情况差，仅存部分肱骨、脚趾骨，为未成年个体（图二九）。

无出土遗物。

M009

（一）形制结构

长方形竖穴土坑墓。被M008与现代坑打破，打破M010、M011和M017。墓向36°。墓口距地表0.05米，长1.26米，宽1.18米，墓坑深0.48米。墓坑内填充包含砾石的灰砂土。墓坑底部为长方形土坯椁室，东壁自下而上错缝平砌4层土坯；西壁自下而上错缝平砌2层土坯；南、北两壁破坏严重，土坯层数不明。椁室内周长0.68米，宽0.56米。椁室底部出土人骨1具，保存状况极差，分布散乱，仅存部分肋骨、肢骨及头骨，为男性个体（图三○）。

（二）出土遗物

共1件。羊腿骨1件，出土位置不明。

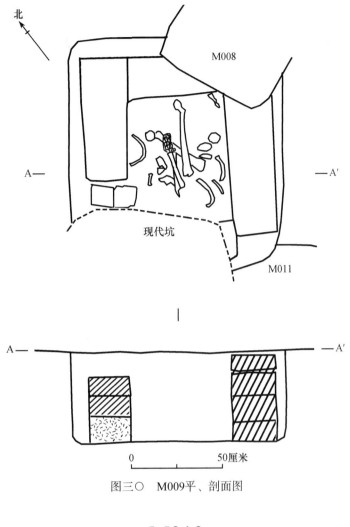

图三〇　M009平、剖面图

M010

（一）形制结构

长方形竖穴土坑墓。位于T3，被M007、M008和M009打破，打破M226。墓向32°。墓口距地表0.05米，长0.97米，宽0.68米，墓坑深0.34米。墓坑底部为长方形土坯椁室，椁室四壁均竖立1层土坯。椁室内周长0.68米，宽0.46米，土坯平均长0.4米，宽0.36米，厚0.24米。椁室底部放置人骨1具，左侧身屈肢，头向北，面向东（图三一）。

（二）出土遗物

共2件。陶器1件，为双耳陶罐（M010：1），出土于墓口填土中。羊腿骨1件，出土于人骨膝盖东侧。

M010：1，双耳陶罐。1件。夹砂红陶，手制，微侈口，方唇，颈肩双耳，弧腹，平底。下腹部有烟炱痕迹。口径9.2厘米，腹径13.8厘米，底径6.4厘米，高14.2厘米（图三一，1；图版一三，1）。

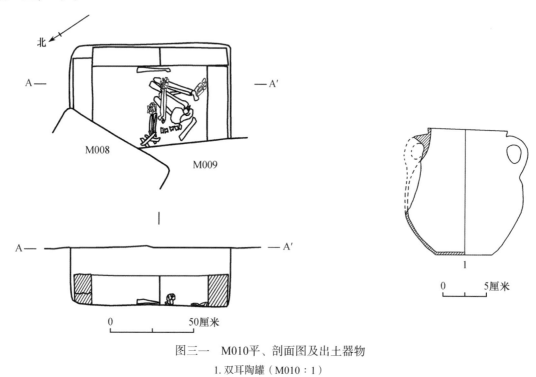

图三一　M010平、剖面图及出土器物
1. 双耳陶罐（M010：1）

M011

（一）形制结构

长方形竖穴土坑墓。位于T3，被M007和M009打破，西壁被现代扰坑打破，打破M017和M226。墓向24°。墓口距地表0.05米，长1.62米，宽1.36米，墓坑深0.36米。墓圹底部北壁设熟土二层台，二层台内侧竖立1层土坯，二层台上平铺1层土坯；东壁自下而上错缝平砌3层土坯；南壁自下而上错缝平砌2层土坯；西壁因破坏情况不明。椁室内周长1米，宽0.86米；土坯平均长0.36米，宽0.24米，厚0.1米。椁室底部放置人骨1具，左侧身屈肢，头向东北，面向南，性别男（图三二）。

（二）出土遗物

共4件。陶器1件，为双耳陶罐（M011：2），出土于人骨手部。石器1件，为玉髓串珠（M011：1），出土于人骨颈部。羊肩胛骨1件、羊腿骨1件，出土于人骨身前侧。

1. 陶器

M011：2，双耳陶罐。1件。夹砂红陶，手制，侈口，圆唇，束颈，沿肩双耳，鼓腹，平底。表面施红衣黑彩，口沿内绘短线纹，自口沿至肩部饰3道弦纹，其下饰横竖短线纹，耳部饰1道斜线纹和4条短竖线纹。口径9.6厘米，底径6.2厘米，高12厘米（图三二，2；图版一四，1）。

2. 石器

M011：1，玉髓串珠。1件。圆饼状，表面打磨光滑，红色半透明状，中心对钻穿孔。直径1.3厘米，厚0.6厘米，孔径0.2厘米（图三二，1；图版一三，2）。

附：M011墓主人经分子遗传学鉴定，性别为男性（高诗珠，2009：56）。原记录与魏东（魏东，2009：129）鉴定为女性。

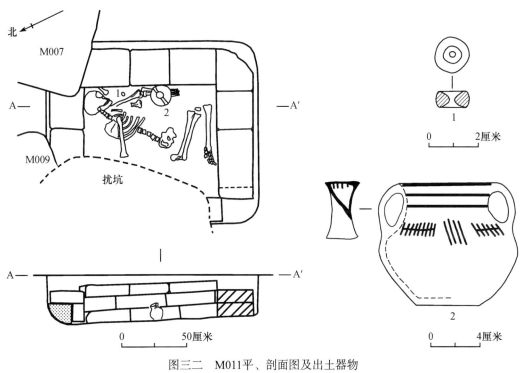

图三二　M011平、剖面图及出土器物
1. 玉髓串珠（M011：1）　2. 双耳陶罐（M011：2）

M012

　　长方形竖穴土坑墓。东壁被M017与现代坑打破。墓向44°。墓口长1.46米，宽1.15米，墓坑深0.5米。墓坑内填充包含砾石的灰色沙质土。墓坑底部为长方形土坯椁室，南、北两壁自下而上错缝平砌3层土坯；西壁自下而上错缝平砌2层土坯；东壁被现代坑破坏，情况不明。椁室内周长0.88米，残宽约0.7米。椁室底部放置人骨1具，左侧身屈肢，头向东北，面向南（图三三）。

　　无出土遗物。

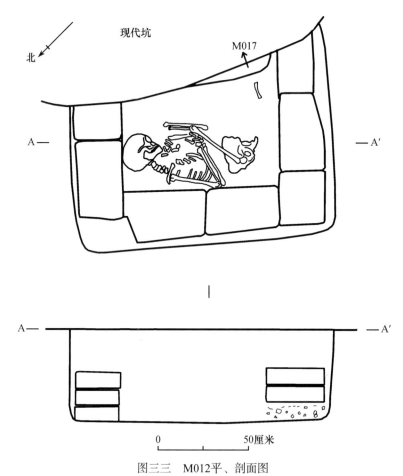

图三三　M012平、剖面图

M013

（一）形制结构

长方形竖穴土坑墓。位于T3。墓向42°。墓口长1.67米，宽1.36米，墓坑深0.9米。墓坑内填充细沙土，夹杂碎土坯、陶片、零散人骨、砾石等。墓坑底部为长方形土坯椁室，北壁自下而上错缝平砌4层土坯，其上再竖立1层土坯；东壁自下而上错缝平砌5层土坯；西壁自下而上错缝平砌4层土坯；南壁自下而上错缝平砌3层土坯。椁室内周长1.06米，宽0.76米，土坯均呈长方形，长约0.4米，宽约0.24米，厚约0.1米。椁室底部放置人骨2具，分别编号为A（南）、B（北），个体A呈左侧身屈肢，头向东北，面向东，成年女性；个体B呈左侧身屈肢，头向东北，面向东，为未成年个体（图三四；图版一三，3）。

（二）出土遗物

共84件，陶器3件，其中单耳陶罐1件（M013：12），出土于人骨膝部；双耳陶罐1件（M013：13），出土于人骨足部；残陶罐1件（M013：17），出土于墓葬上层填土中。铜器16件，其中铜耳环4件，2件（M013：1、M013：2）出土于头骨两侧；2件（M013：6、M013：7）出土于人头骨片旁；铜手镯2件（M013：4），出土于人骨左臂处；铜泡2件，1件（M013：10）出土于人头骨前侧，1件（M013：11）出土于人骨颈部；铜珠8件（M013：14），出土于头骨处。石器61件，其中绿松石串珠60件，43件（M013：3）出土于人骨颈部，1件（M013：5）出土于人骨膝部，15件（M013：8），出土于人骨颈部，1件（M013：9）位于股骨处；玉髓串珠1件（M013：15），出土于填土中。骨牌饰2件（M013：16），出土位置不明。羊肩胛骨1件、羊腿骨1件，出土位置不明。

1. 陶器

M013：12，单耳陶罐。1件。夹砂红陶，手制，微侈口，圆唇，束颈，沿肩单耳，弧腹，平底。肩部绘2道横向水波纹，耳部绘十字纹。口径11.2厘米，腹径19.2厘米，底径8.8厘米，高19.2厘米（图三五，1；图版一四，2）。

M013：13，双耳陶罐。1件。夹砂红陶，手制，侈口，圆唇，束颈，颈肩双耳，鼓腹，腹部正中有1个流嘴（残），平底。通高10厘米（图三五，2；图版一四，3）。

M013：17，残陶罐。1件。为陶器口沿，夹砂红陶，手制，仅剩腹部以上部分。侈口，圆唇，束颈，沿肩双耳，弧腹。肩部绘平行斜线三角纹和横向水波纹的组合纹样（图三五，3；图版一四，4）。

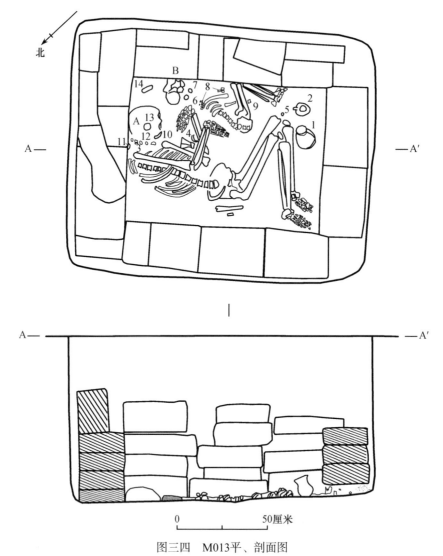

图三四　M013平、剖面图

1. 单耳陶罐（M013：12）　　2. 双耳陶罐（M013：13）　　3. 绿松石串珠（M013：3）　　4. 铜手镯（M013：4）　　5. 绿松石串珠（M013：5）　　6. 铜耳环（M013：6）　　7. 铜耳环（M013：7）　　8. 绿松石串珠（M013：8）　　9. 绿松石串珠（M013：9）　　10. 铜泡（M013：10）　　11. 铜泡（M013：11）　　12. 铜耳环（M013：1）　　13. 铜耳环（M013：2）　　14. 铜珠（M013：14）

2. 铜器

M013：1，铜耳环。1件。铜丝环绕而成，圆环状，接口处扁平相交。直径4.8厘米，铜丝直径0.5厘米（图三五，4；图版一四，5）。

M013：2，铜耳环。1件。铜丝环绕而成，近圆环状，接口处扁平。直径3.1厘米，铜丝直径0.3厘米（图三五，7；图版一四，6）。

M013：4，铜手镯。2件。铜丝环绕而成，圆环状。直径分别为7.5、7厘米，铜丝直径分别为0.5、0.4厘米（图三五，5；图版一五，2）。

M013：6，铜耳环。1件。铜丝环绕而成，圆环状。直径2.1厘米，铜丝直径0.4厘米（图三五，8；图版一六，2）。

M013：7，铜耳环。1件。铜丝环绕而成，圆环状。直径3.2厘米，铜丝直径0.3厘米（图三五，6；图版一六，3）。

M013：10，铜泡。1件。圆泡状。背部有纽。直径2厘米（图三五，10；图版一六，6）。

M013：11，铜泡。1件。圆泡状，正面中部凸起，背部有纽，直径2.2厘米（图三五，11；图版一七，1）。

M013：14，铜珠。8件。圆柱状，中部有孔。直径0.5～0.6厘米，厚0.3～0.4厘米，孔径0.15厘米（图三五，16；图版一七，2）。

3. 石器

M013：3，绿松石串珠。43件。圆饼状，表面经打磨，中部穿孔。直径0.6～0.7厘米，厚0.15～0.4厘米，孔径0.2～0.25厘米（图三五，12；图版一五，1）。

M013：5，绿松石串珠。1件。扁圆柱状，表面打磨光滑，中部穿孔。长0.8厘米，长径0.7厘米，短径0.3厘米，孔径0.2厘米（图三五，13；图版一六，1）。

M013：8，绿松石串珠。15件。圆饼状，表面经过打磨，中心穿孔。直径0.4～0.6厘米，厚0.15～0.4厘米，孔径0.1～0.2厘米（图三五，14；图版一六，4）。

M013：9，绿松石串珠。1件。扁圆柱状，表面打磨光滑，中部穿孔。长0.8厘米，长径0.7厘米，短径0.4厘米，孔径0.3厘米（图三五，15；图版一六，5）。

M013：15，玉髓串珠。1件。圆柱状，中部有孔，表面打磨光滑。直径0.7厘米，长0.55厘米，孔径0.25厘米（图三五，17；图版一七，3）。

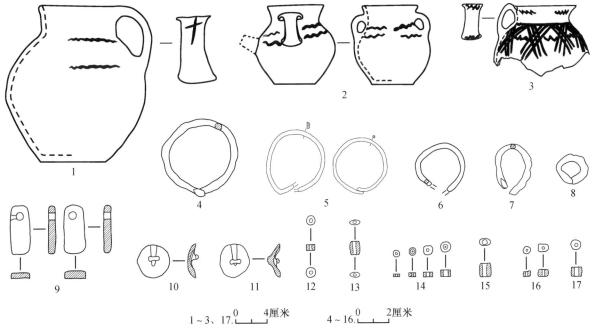

图三五 M013出土器物

1. 单耳陶罐（M013：12） 2. 双耳陶罐（M013：13） 3. 残陶罐（M013：17） 4. 铜耳环（M013：1） 5. 铜手镯（M013：4）
6. 铜耳环（M013：7） 7. 铜耳环（M013：2） 8. 铜耳环（M013：6） 9. 骨牌饰（M013：16） 10. 铜泡（M013：10）
11. 铜泡（M013：11） 12. 绿松石串珠（M013：3） 13. 绿松石串珠（M013：5） 14. 绿松石串珠（M013：8）
15. 绿松石串珠（M013：9） 16. 铜珠（M013：14） 17. 玉髓串珠（M013：15）

4. 骨器

M013：16，骨牌饰。2件。均为动物骨骼打磨而成，一面光滑，长方形，一端有穿孔。长3厘米，宽1.3厘米（图三五，9；图版一七，4）。

M014

（一）形制结构

长方形竖穴土坑墓。位于T3，被M015打破。墓向49°，墓口距地表0.74米，长1.1米，宽0.76米，墓坑深1.06米。墓坑底部放置人骨1具，左侧身屈肢，头向东北，面向南，为成年女性（图三六）。

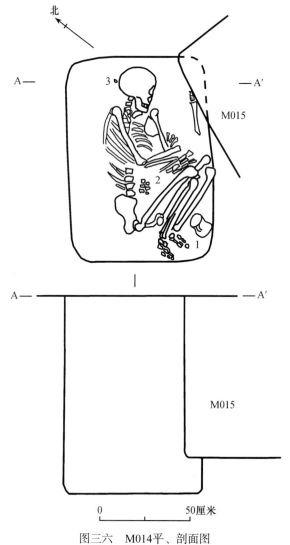

图三六　M014平、剖面图

1. 双耳陶罐（M014：1）　　2. 骨牌饰（M014：2）　　3. 玉髓串珠（M014：3）

（二）出土遗物

共32件。陶器1件，为双耳陶罐（M014：1），出土于足东。骨器29件，均为骨牌饰（M014：2），出土于股骨处。石器1件，为玉髓串珠（M014：3），出土于人骨后颈处。羊腿骨1件，出土于人骨上肢骨左侧、面向前侧。

1. 陶器

M014：1，双耳陶罐。1件。夹砂红陶，手制，口沿残，侈口，方唇，束颈，颈肩双耳，鼓腹，圈足。口径10厘米，腹径14厘米，底径7厘米，高14厘米（图三七，1；图版一七，5）。

2. 石器

M014：3，玉髓串珠。1件。圆饼状，红色半透明状，中心对钻穿孔。直径0.9厘米，厚0.6厘米，孔径0.1厘米（图三七，3；图版一七，6）。

3. 骨器

M014：2，骨牌饰。29件。多为椭圆形或方形，一端均有圆形穿孔。长2.5～2.8厘米，宽1.5～1.8厘米，厚0.5厘米，孔径0.2～0.4厘米（图三七，2；图版一八，1）。

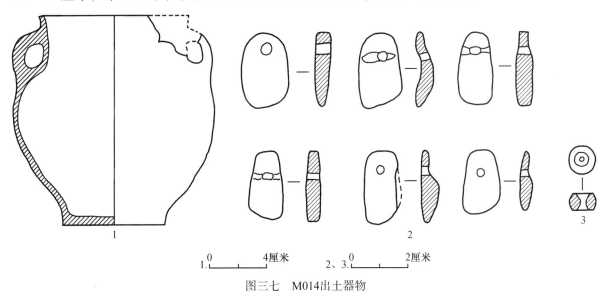

图三七　M014出土器物

1. 双耳陶罐（M014：1）　2. 骨牌饰（M014：2）　3. 玉髓串珠（M014：3）

M015

（一）形制结构

长方形竖穴土坑墓。位于T3，打破M014、M023和M237。墓向25°，墓口长1.86米，宽1.48米，墓坑深0.83米。墓坑底部为长方形土坯椁室，四壁自下而上均错缝平砌5层土坯。椁室内周长1.06米，宽0.8米；土坯均为长方形，长0.4米，宽0.26米，厚0.12米。椁室底部放置人骨1具，左侧身屈肢，头向东，面向南，为成年女性（图三八）。

（二）出土遗物

共92件。陶器1件，为双耳陶罐（M015：1），出土于人骨膝部。铜器27件，其中铜镜1件（M015：2），出土于头骨前侧；铜泡15件，其中3件（M015：3～M015：5）出土于头骨前侧，2件（M015：6、M015：7）出土于上臂处，1件（M015：8）出土于人骨胸前，8件（M015：9、M015：10、M015：12、M015：14、M015：16、M015：23～M015：25）均出土于人骨背部，1件（M015：21）出土于人骨颈部；铜镜2件（M015：11、M015：13），出土于人骨背后侧；双联铜泡4件，其中2件（M015：15）出土于人骨腹部前侧；2件（M015：17）出土于人骨胸前；方形铜牌饰1件（M015：19），出土于人骨小臂下；铜耳环2件（M015：22），出土于头骨耳部；铜管2件（M015：18），出土位置不明。石器64件，均为串珠（M015：20），位于人骨颈部。

1. 陶器

M015：1，双耳陶罐。1件。夹砂红陶，手制。侈口，束颈，沿肩双耳，鼓腹，平底。口沿处绘一周水波纹，颈部绘一道弦纹，其下绘连续的叶脉三角纹，三角纹之间绘水波纹。耳部饰填充斜线的倒三角纹。口径10厘米，底径8.2厘米，通高18厘米（图三九，1；图版一八，2）。

2. 铜器

M015：2，铜镜。1件。圆盘形，正面平直，背面有桥形纽。直径8.3厘米，厚0.3厘米（图三九，21；图版一八，3）。

M015：3，铜泡。1件。圆形泡状，正面边缘有一圈凸点纹，背部有纽。直径3.3厘米，厚0.15厘米（图三九，2；图版一九，1）。

M015：4，铜泡。1件。圆形泡状，正面边缘有一圈凸点纹，背部有纽。直径3.1厘米，厚

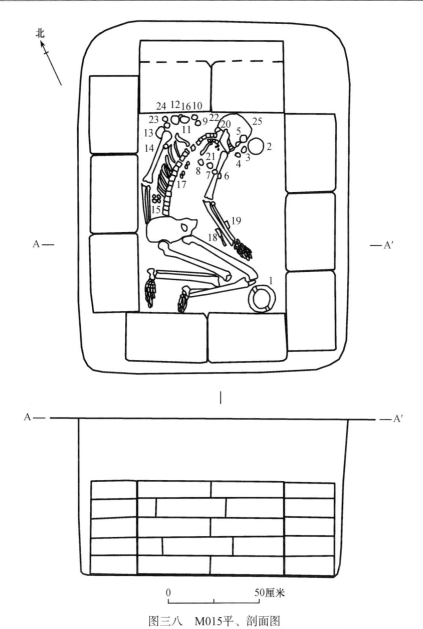

图三八 M015平、剖面图

1. 双耳陶罐（M015：1） 2. 铜镜（M015：2） 3. 铜泡（M015：3） 4. 铜泡（M015：4） 5. 铜泡（M015：5）

6. 铜泡（M015：6） 7. 铜泡（M015：7） 8. 铜泡（M015：8） 9. 铜泡（M015：9） 10. 铜泡（M015：10）

11. 铜镜（M015：11） 12. 铜泡（M015：12） 13. 铜镜（M015：13） 14. 铜泡（M015：14） 15. 双联铜泡（M015：15）

16. 铜泡（M015：16） 17. 双联铜泡（M015：17） 18. 铜管（M015：18） 19. 铜牌饰（M015：19） 20. 串珠（M015：20）

21. 铜泡（M015：21） 22. 铜耳环（M015：22） 23. 铜泡（M015：23） 24. 铜泡（M015：24） 25. 铜泡（M015：25）

0.2厘米（图三九，3；图版一九，1）。

M015：5，铜泡。1件。圆形泡状，正面边缘有一圈凸点纹，背部有纽。直径3.3厘米，厚0.1厘米（图三九，4；图版一九，1）。

M015：6，铜泡。1件。圆形泡状，背部有纽。直径约3.5厘米，厚0.15厘米（图三九，11；图版一九，2）。

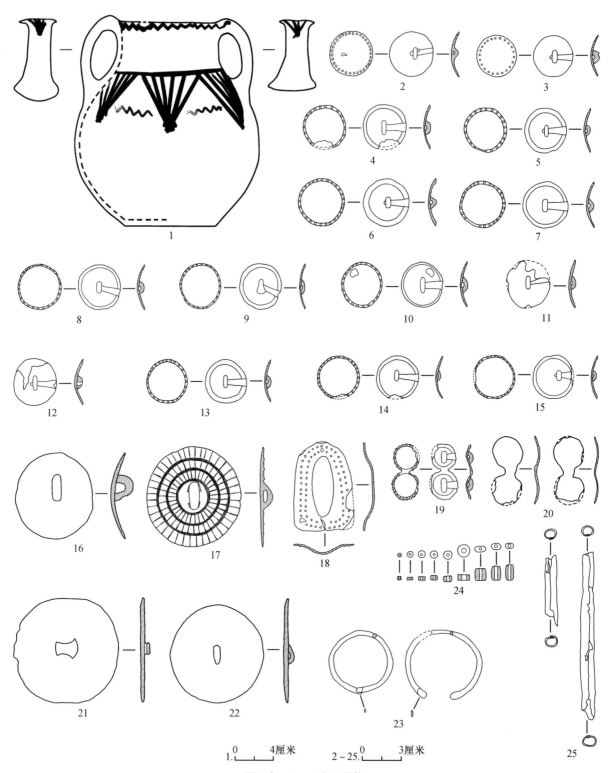

图三九　M015出土器物

1. 双耳陶罐（M015：1）　2. 铜泡（M015：3）　3. 铜泡（M015：4）　4. 铜泡（M015：5）　5. 铜泡（M015：9）
6. 铜泡（M015：10）　7. 铜泡（M015：14）　8. 铜泡（M015：23）　9. 铜泡（M015：24）　10. 铜泡（M015：25）
11. 铜泡（M015：6）　12. 铜泡（M015：7）　13. 铜泡（M015：8）　14. 铜泡（M015：16）　15. 铜泡（M015：21）
16. 铜泡（M015：12）　17. 铜镜（M015：13）　18. 铜牌饰（M015：19）　19. 双联铜泡（M015：17）　20. 双联铜泡
（M015：15）　21. 铜镜（M015：2）　22. 铜镜（M015：11）　23. 铜耳环（M015：22）　24. 绿松石串珠（M015：20-2）
25. 铜管（M015：18）

M015：7，铜泡。1件。圆形泡状，背部有纽。直径3.4厘米，厚0.15厘米（图三九，12；图版一九，3）。

M015：8，铜泡。1件。圆形泡状，正面边缘有一圈凸点纹，背部有纽。直径3.3厘米，厚0.1厘米（图三九，13；图版一九，1）。

M015：9，铜泡。1件。圆形泡状，正面边缘有一圈凸点纹，背部有纽。直径3.3、厚0.1厘米（图三九，5；图版一九，1）。

M015：10，铜泡。1件。圆形泡状，正面边缘有一圈凸点纹，背部有纽。直径3.5、厚0.1厘米（图三九，6；图版一九，1）。

M015：11，铜镜。1件。圆盘状，背部有桥形纽。直径7.3厘米，厚0.5厘米（图三九，22；图版二〇，1）。

M015：12，铜泡。1件。圆形泡状，背部有纽。直径6厘米，厚0.4厘米（图三九，16；图版二〇，2）。

M015：13，铜镜。1件。圆盘状，背面从内到外均分为三层，自纽部向边缘分布辐射状凸棱，背部有桥形纽。直径7.7厘米，厚0.5厘米（图三九，17；图版二〇，3）。

M015：14，铜泡。1件。圆形泡状，背部有纽。直径3.5厘米，厚0.1厘米（图三九，7；图版一九，1）。

M015：15，双联铜泡。2件，均为两件铜泡连缀而成，长5.1厘米，宽2.6厘米，厚0.1厘米（图三九，20；图版二〇，4）。

M015：16，铜泡。1件。圆形泡状，背部有纽。直径3.1厘米，厚0.15厘米（图三九，14；图版一九，1）。

M015：17，双联铜泡。2件，均为两件带纽泡状铜泡连缀而成，正面边缘有一圈凸点纹。长4厘米，宽2.3厘米，厚0.1厘米（图三九，19；图版二〇，5）。

M015：18，铜管。2件，均为铜片卷曲而成，长分别为5.6、7.9厘米，直径分别为0.9、1厘米（图三九，25；图版二〇，6）。

M015：19，铜牌饰。1件。方形，中部有脊，正面边缘有两圈凸点纹，一端有穿孔。长6.7厘米，宽4.7厘米，厚0.1厘米（图三九，18；图版二一，1）。

M015：21，铜泡。1件。圆形泡状，正面边缘有一圈凸点纹，背部有纽。直径3.2厘米，厚0.15厘米（图三九，15；图版一九，1）。

M015：22，铜耳环。2件，均为圆环状，铜丝卷曲而成，接口处扁平。直径分别为4.9、6厘米，铜丝直径0.3厘米（图三九，23；图版二一，2）。

M015：23，铜泡。1件。圆形泡状，正面边缘有一圈凸点纹，背部有纽。直径3.3厘米，厚0.1厘米（图三九，8；图版一九，1）。

M015：24，铜泡。1件。圆形泡状，正面边缘有一圈凸点纹，背部有纽。直径3.3厘米，厚0.1厘米（图三九，9；图版一九，1）。

M015：25，铜泡。1件。圆形泡状，正面边缘有一圈凸点纹，背部有纽。直径3.4厘米，厚0.1厘米（图三九，10；图版一九，1）。

3. 石器

M015：20，串珠。64件。M015：20-1，玉髓串珠，3件，圆饼状，红色半透明，直径0.5～0.9厘米，厚0.3～0.5厘米，孔径0.1～0.3厘米。M015：20-2，绿松石串珠，61件，其中55件呈圆饼状，直径0.4～0.5厘米，厚0.2～0.5厘米，孔径0.1～0.15厘米；其余6件呈椭圆饼状，长0.4～1.2厘米，长径0.9～0.6厘米，短径0.3～0.5厘米，孔径01～0.2厘米（图三九，24；图版二一，3）。

附：M015铜泡经金相检验和成分分析，其材质为Cu-Sn-Sb（As，Pb）（含砷，铅杂质的锑锡青铜），制作技术为铸造（潜伟，2006：44）。

M016

（一）形制结构

长方形竖穴土坑墓。位于T3，被M006、M018和M022打破。墓向37°。墓口距地表0.05米，长1.43米，宽1.15米，墓坑深0.37米。墓坑内填充夹杂砾石的沙质土。墓坑底部为长方形土坯椁室，西、北、东三壁自下而上错缝平砌4层土坯；南壁自下而上错缝平砌3层土坯。椁室内周长0.86米，宽0.66米；土坯均为长方形，平均长0.4米，宽0.26米，厚0.1米。椁室底部放置人骨1具，左侧身屈肢，头向东，面向南，为成年女性（图四〇）。

（二）出土遗物

共13件。陶器1件，为双耳陶罐（M016：4），出土于人骨小腿东侧。铜器9件，其中铜珠8件（M016：2），出土于人骨左手腕处；铜牌饰1件（M016：3），出土于人骨左小臂处。石器2件，其中玉髓串珠1件（M016：1），出土于人骨后颈处；绿松石串珠1件（M016：6），出土位置不明。铅器1件，为铅别针（M016：5），出土于人骨后颈处。

1. 陶器

M016：4，双耳陶罐。1件。夹砂红陶，手制，侈口，束颈，颈肩双耳，弧腹，平底。口径9厘米，腹径11.6厘米，底径7.2厘米，高11.2厘米（图四一，1；图版二二，4）。

2. 铜器

M016：2，铜珠。8件，均呈中空圆柱状，直径0.8～0.9厘米，长0.7～2.2厘米（图四一，

6；图版二二，2）。

M016：3，铜牌饰。1件。呈长方形，中部起脊，脊两侧各有两列凸点纹。脊一端有圆形穿孔。长8.3厘米，宽4.9厘米，厚0.1厘米（图四一，2；图版二二，3）。

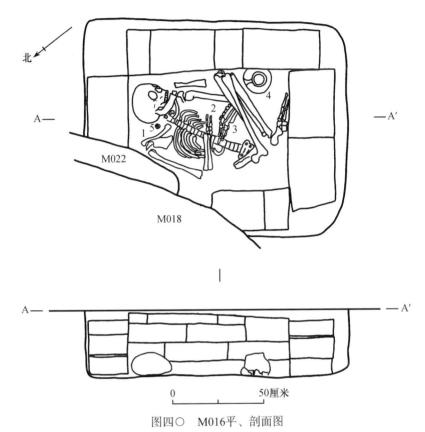

图四〇 M016平、剖面图

1. 玉髓串珠（M016：1） 2. 铜珠（M016：2） 3. 铜牌饰（M016：3） 4. 双耳陶罐（M016：4） 5. 铅别针（M016：5）

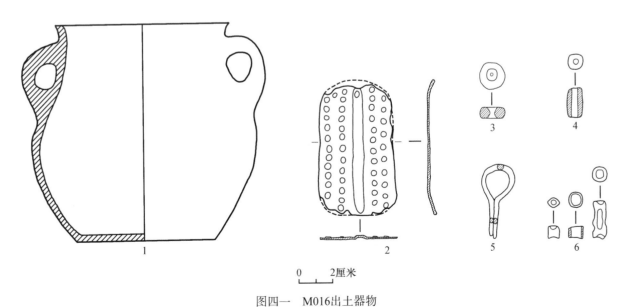

图四一 M016出土器物

1. 双耳陶罐（M016：4） 2. 铜牌饰（M016：3） 3. 玉髓串珠（M016：1） 4. 绿松石串珠（M016：6）

5. 铅别针（M016：5） 6. 铜珠（M016：2）

3. 铅器

M016：5，铅别针。1件。门鼻形，两端略尖，体圆形。通长4.5厘米（图四一，5；图版二二，5）。

4. 石器

M016：1，玉髓串珠。1件。圆饼状，红色半透明，中心对钻穿孔。直径1.6厘米，厚0.6厘米，孔径1.5厘米（图四一，3；图版二二，1）。

M016：6，绿松石串珠。1件。圆柱状，表面打磨光滑，中部穿孔。长2厘米，直径1厘米，孔径0.3厘米（图四一，4；图版二二，6）。

M017

（一）形制结构

长方形竖穴土坑墓。位于T3，被M009和M011打破，打破M012、M228。墓向44°。墓口距地表0.05米，长1.55米，宽1.28米，墓坑深0.57米。墓坑内填充夹杂砾石的灰色细沙土，出土少量碎土坯、人骨、陶片。墓圹底部四周设熟土二层台，二层台内侧竖立1层土坯，二层台上平砌2层土坯。椁室内周长0.9米，宽0.7米；土坯平均长0.4米，宽0.28米，厚0.1米。椁室底部放置人骨1具，左侧身屈肢，头向东，面向南，为老年女性（图四二）。

（二）出土遗物

共18件。陶器2件，其中双耳陶罐1件（M017：2），出土于人骨膝部前方；陶片1件（M017：6），出土于墓葬填土中。铜器2件，均为铜耳环（M017：1、M017：4），出土于头骨左右耳处。石器13件，其中滑石串珠12件（M017：3），出土于人骨左腕处；绿松石串珠1件（M017：5），出土于人骨颈部。羊腿骨1件，出土于人骨左侧面向前侧，陶器旁。

1. 陶器

M017：2，双耳陶罐。1件。夹砂灰陶，手制，侈口，圆唇，束颈，沿肩双耳，鼓腹，平底。口径8厘米，腹径16厘米，底径8厘米，高15.2厘米（图四三，1；图版二三，2）。

M017：6，陶片。1件。夹砂灰陶，仅剩部分口沿及一耳。侈口，方唇，束颈，颈肩宽扁耳，颈部有一圈戳刺纹（图四三，2；图版二三，6）。

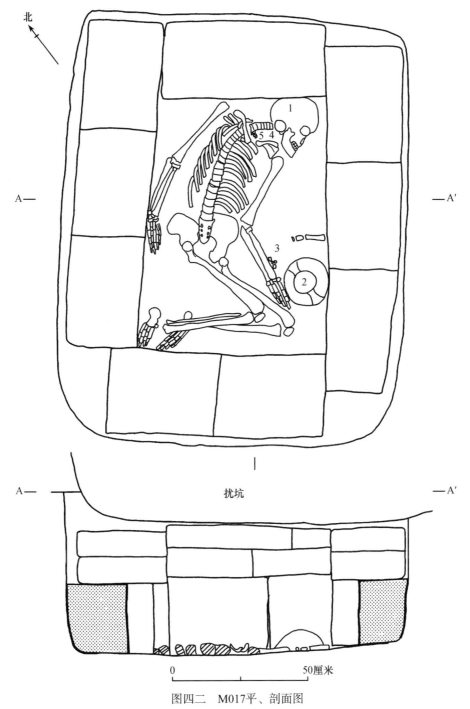

图四二 M017平、剖面图

1. 铜耳环（M017：1）   2. 双耳陶罐（M017：2）   3. 滑石串珠（M017：3）   4. 铜耳环（M017：4）   5. 绿松石串珠（M017：5）

2. 铜器

M017：1，铜耳环。1件。圆环状，铜丝卷曲而成。直径3.6厘米，铜丝直径0.4厘米（图四三，6；图版二三，1）。

M017：4，铜耳环。1件。圆环状，铜丝卷曲而成，接口处扁平相交。直径2.5厘米，铜丝直径0.25厘米（图四三，5；图版二三，4）。

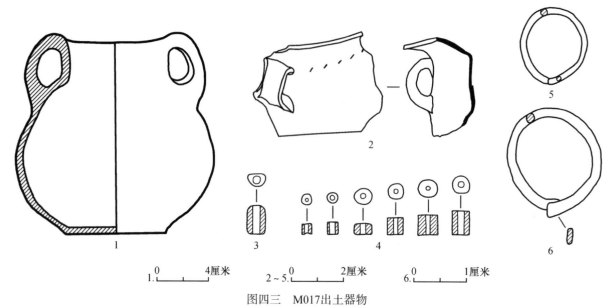

图四三　M017出土器物

1. 双耳陶罐（M017∶2）　2. 陶片（M017∶6）　3. 绿松石串珠（M017∶5）　4. 滑石串珠（M017∶3）
5. 铜耳环（M017∶4）　6. 铜耳环（M017∶1）

3. 石器

M017∶3，滑石串珠。12件，均为圆柱状，中心有穿孔。直径0.3~0.6厘米，高0.4~0.9厘米，孔径0.1~0.15厘米（图四三，4；图版二三，3）。

M017∶5，绿松石串珠。1件。扁圆柱状，中部穿孔。长1.1厘米，长径0.6厘米，短径0.4厘米，孔径0.2厘米（图四三，3；图版二三，5）。

M018

（一）形制结构

长方形竖穴土坑墓。位于T3，被M006打破，打破M016、M020、M021和M022。墓向50°。墓口距地表0.05米，长1.5米，宽1.16米，墓坑深0.85米。墓坑内填充包含砾石的灰色沙质土。墓坑底部为长方形土坯椁室，椁室四壁均自下而上错缝平砌4层土坯。椁室内周长1.1米，宽0.66米；土坯平均长0.4米，宽0.26米，厚0.1米。椁室底部放置人骨1具，左侧身屈肢，头向东北，面向南，为成年女性（图四四；图版二四，1）。

（二）出土遗物

共12件。陶器1件，为双颈耳陶壶（M018∶2），出土于人骨胸前。铜器2件，均为铜耳环

北

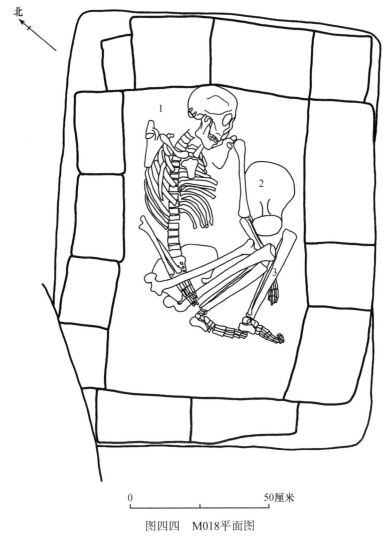

0　　　　　　　　　　50厘米

图四四　M018平面图

1. 铜耳环（M018：1）　2. 双颈耳陶壶（M018：2）　3. 串珠（M018：3）

（M018：1），分别出土于人骨左右耳处。石器9件，均为串珠（M018：3），出土于人骨胫骨处。

1. 陶器

M018：2，双颈耳陶壶。1件。夹砂红陶，手制，微侈口，直颈，斜肩，颈肩双耳，弧腹，平底。口径9.1厘米，腹径16.2厘米，底径8.1厘米，高18.6厘米（图四五，1；图版二四，3）。

2. 铜器

M018：1，铜耳环。2件。圆环状，铜丝卷曲而成。直径分别为4.2、3.3厘米，铜丝直径为0.3～0.5厘米（图四五，2；图版二四，2）。

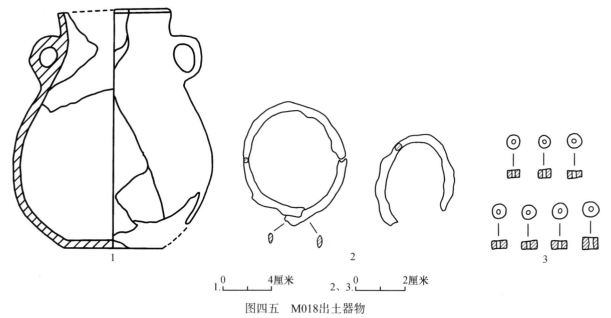

图四五　M018出土器物

1. 双颈耳陶壶（M018：2）　2. 铜耳环（M018：1）　3. 滑石串珠（M018：3-1）

3. 石器

M018：3，串珠。9件。滑石串珠7件（M018：3-1），玉髓串珠2件（M018：3-2）。均为圆柱状，中心有穿孔。直径0.5～0.6厘米，厚0.3～0.5厘米，孔径0.1～0.2厘米（图四五，3；图版二五，1）。

M019

（一）形制结构

长方形竖穴土坑墓。位于T3，打破M005。墓向47°。墓口距地表0.08米，长1.3米，宽1.16米，墓坑深0.78米。墓坑内填充包含砾石的灰色沙质土，夹杂碎土坯、人骨等。墓圹底部为长方形土坯椁室，被楼基坑打破，现仅存东、北两壁，均自下而上错缝平砌4层土坯。椁室内周残长0.8米，残宽0.7米；土坯长0.44米，宽0.3米，厚0.1米。椁室底部放置人骨1具，左侧身屈肢，头向东，面向南，为老年女性（图四六）。

（二）出土遗物

共5件。陶器1件，为双耳陶罐（M019：3），出土于人骨胸前。铜器2件，均为铜耳环（M019：1、M019：4），分别出土于填土及头骨左耳处。石器2件，其中滑石串珠1件（M019：2），出土于填土中；玉髓串珠1件（M019：5），出土于人骨后颈处。

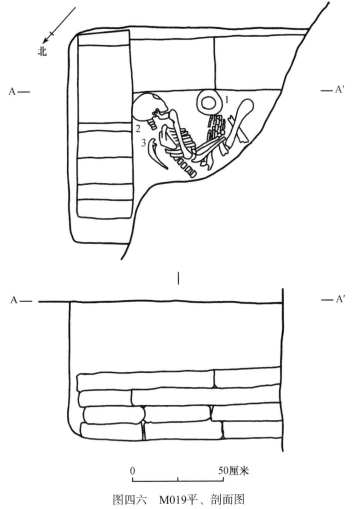

图四六 M019平、剖面图

1. 双耳陶罐（M019：3） 2. 铜耳环（M019：4） 3. 玉髓串珠（M019：5）

1. 陶器

M019：3，双耳陶罐。1件。完整，夹砂红陶，手制，红底黑彩。侈口，方唇，束颈，颈肩双耳，圆腹，腹部正中有一流嘴，平底。口沿处饰四组短竖点纹，颈肩处和腹折处饰横向水波纹。口径7.8厘米，底径6.7厘米，高11.2厘米（图四七，1；图版二五，4）。

2. 铜器

M019：1，铜耳环。1件。圆环状，铜丝弯曲而成，接口处扁平相交。直径3.2厘米，铜丝直径0.3厘米（图四七，4；图版二五，2）。

M019：4，铜耳环。1件。圆环状，铜丝弯曲而成，接口处扁平相交。直径3.4厘米，铜丝直径0.3厘米（图四七，5；图版二五，5）。

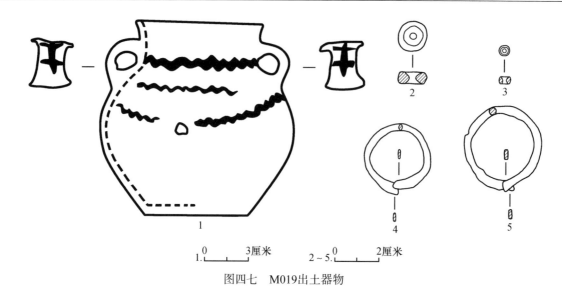

1.　　0　　　3厘米
2~5.　0　　2厘米

图四七　M019出土器物

1. 双耳陶罐（M019：3）　2. 玉髓串珠（M019：5）　3. 滑石串珠（M019：2）　4. 铜耳环（M019：1）　5. 铜耳环（M019：4）

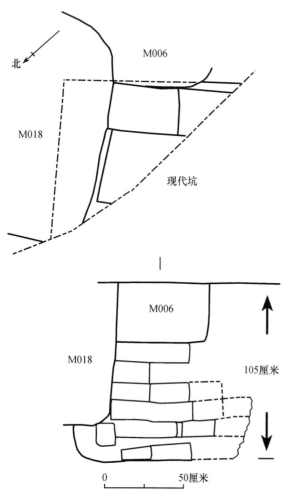

0　　　50厘米

图四八　M020平面图及土坯椁室东壁外视立面图

3. 石器

M019：2，滑石串珠。1件。圆饼状，中心有穿孔。直径0.45厘米，厚0.3厘米，孔径0.15厘米（图四七，3；图版二五，3）。

M019：5，玉髓串珠。1件。圆饼状，红色半透明，中心对钻穿孔。直径1.3厘米，厚0.5厘米，孔径0.3厘米（图四七，2；图版二五，6）。

M020

长方形竖穴土坑墓。位于T3，打破M022，被M006和M018打破。墓向35°。墓口距地表0.05米，残长1.1、残宽0.98米，墓坑深1.05米。墓坑底部为长方形土坯椁室，被楼基坑及墓葬打破，仅存东、北两壁，东壁自下而上错缝平砌6层土坯；北壁自下而上错缝平砌5层土坯。无人骨（图四八）。

无出土遗物。

M021

　　长方形竖穴土坑墓。打破M022，被M006和M018打破。墓向41°。墓口长1.4米，宽1.07米，墓坑深0.8米。墓圹内填充包含砾石的灰砂土，夹杂零星人骨。墓圹底部四周设生土二层台，二层台内侧竖立1层土坯，二层台上平砌1层土坯，围砌成长方形土坯椁室。椁室内出土零散人骨，保存状况差，仅存部分指骨、肱骨及头骨片（图四九）。

　　无出土遗物。

M022

　　长方形竖穴土坑墓。打破M016，被M006、M018、M020和M021打破。墓向47°。墓口长1.6米，宽1.08米，墓坑深0.74米。墓圹底部南北对向两侧设生土二层台，北壁二层台内侧竖立1层土坯，二层台上平砌1层土坯；东壁自下而上竖立2层土坯；南、西两壁被破坏。椁室内周长1.16米，宽0.86米；土坯长0.4米，宽0.2米，厚0.14米。无人骨（图五○）。

　　无出土遗物。

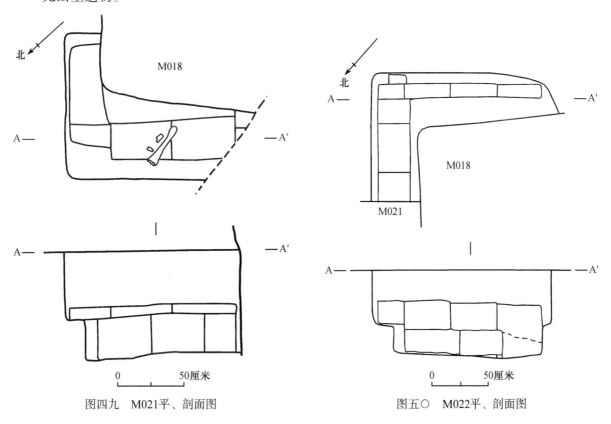

图四九　M021平、剖面图　　　　　图五○　M022平、剖面图

M023

原始发掘资料缺失。

M024

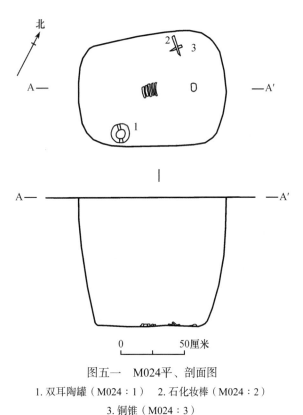

图五一　M024平、剖面图
1. 双耳陶罐（M024：1）　2. 石化妆棒（M024：2）
3. 铜锥（M024：3）

（一）形制结构

长方形竖穴土坑墓。打破M028。墓向62°。墓口距地表0.35米，长1.16米，宽0.86米，墓坑深0.98米。墓坑内填充包含砾石的沙土。墓坑底部出土零散人骨，保存状况极差，仅存部分肋骨及头骨片（图五一）。

（二）出土遗物

共3件。陶器1件，为双耳陶罐（M024：1），出土于墓坑南壁。铜器1件，为铜锥（M024：3），出土于墓坑西侧。石器1件，为石化妆棒（M024：2），出土于墓坑西侧。

1. 陶器

M024：1，双耳陶罐。1件。夹砂红陶，手制，直口，圆唇，颈肩双耳，鼓腹，鼓腹两侧各有一乳突，平底。口径9厘米，腹径13.6厘米，底径6.4厘米，高12.2厘米（图五二，1；图版二六，1）。

2. 铜器

M024：3，铜锥。1件。长条锥状，中部有槽。长6.8厘米，直径0.3厘米（图五二，3）。

3. 石器

M024：2，石化妆棒。1件。通体打磨光滑，一端尖锐，另一端圆钝，靠近圆钝一端处有一圈凹痕。长6.8厘米，直径0.45厘米（图五二，2；图版二六，2）。

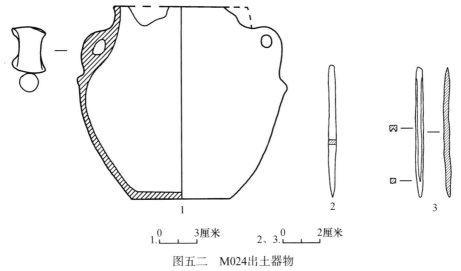

1. |0 ___ 3厘米　　2、3. 0 ___ 2厘米
1.

图五二　M024出土器物

1. 双耳陶罐（M024：1）　2. 石化妆棒（M024：2）　3. 铜锥（M024：3）

M025

（一）形制结构

长方形竖穴土坑墓。墓向40°。墓口距地表0.18米，长1.68米，宽1.3米，墓坑深1.24米。墓坑内填充包含砾石、碎土坯的灰砂土。墓圹底部为长方形土坯椁室，四壁均自下而上错缝平砌5层土坯。椁室内周长0.9米，宽0.6米。椁室底部放置人骨1具，仅存颅骨，头向东，面向南，为女性个体（图五三）。

（二）出土遗物

共36件。陶器1件，为双耳陶罐（M025：5），出土位置不明。铜器2件，其中铜耳环1件（M025：1），出土于头骨右耳处；铜手镯1件（M025：4），出土于头骨右耳处。石器33件，其中玉髓串珠1件（M025：2），出土于头骨后侧；滑石串珠32件（M025：3），出土于颈部。

1. 陶器

M025：5，双耳陶罐。1件。残损严重，仅存口沿、耳部及部分腹部残片，夹砂红陶，手制，直口，圆唇，沿肩双耳，鼓腹（图版二六，6）。

2. 铜器

M025：1，铜耳环。1件。圆环状，铜丝环绕而成，接口处扁平相交。直径5.4厘米，铜丝直径0.3厘米（图五三，1；图版二六，3）。

M025：4，铜手镯。1件。圆环状，铜丝环绕而成。直径6.6厘米，铜丝直径0.4厘米（图五三，3；图版二六，5）。

3. 石器

M025：2，玉髓串珠。1件。圆饼状，红色半透明，中部对钻穿孔。直径1.3厘米，厚0.6厘米，孔径0.2厘米（图五三，2；图版二六，4）。

M025：3，滑石串珠。32件。均为圆柱状，中心有穿孔。直径0.4～0.55厘米，厚0.3～0.6厘米，孔径0.1厘米（图五三，4；图版二七，1）。

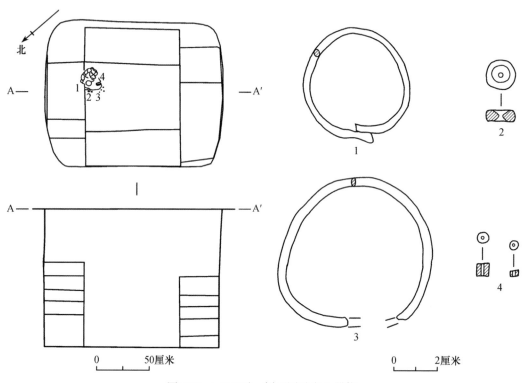

图五三　M025平、剖面图及出土器物

1. 铜耳环（M025：1）　2. 玉髓串珠（M025：2）　3. 铜手镯（M025：4）　4. 滑石串珠（M025：3）

M026

（一）形制结构

长方形竖穴土坑墓。打破M027。墓向264°。墓口距地表0.15米，长1.44米，宽1.14米，墓坑深0.96米。墓圹内填充包含砾石的灰黄色沙土，夹杂零星陶片、人骨。墓圹底部四周设熟土二层台，二层台内侧竖立1层土坯，二层台上平砌1层土坯。椁室内周长0.76米，宽0.56米；土坯长0.38～0.56米，宽0.3米，厚0.1米。椁室内出土零散人骨，保存状况极差，仅存部分头骨片（图五四；图版二七，2）。

（二）出土遗物

共3件。陶器1件，为双耳陶罐（M026：1），出土于椁室西侧。铜器2件，其中铜耳环1件（M026：2），出土于头骨附近；铜泡1件（M026：3），出土于头骨附近。

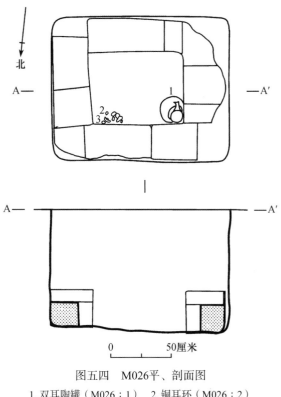

图五四 M026平、剖面图
1.双耳陶罐（M026：1） 2.铜耳环（M026：2）
3.铜泡（M026：3）

1. 陶器

M026：1，双耳陶罐。1件。夹砂红陶，手制，侈口，束颈，颈肩双耳，鼓腹，平底。口径10.8厘米，腹径20厘米，底径7.7厘米，高25厘米（图五五，1；图版二八，1）。

2. 铜器

M026：2，铜耳环。1件。残，仅剩一半，直径2.2厘米，铜丝直径0.3厘米（图五五，2；图版二八，2）。

M026：3，铜泡。1件。平面呈圆形，圆泡状，背部有纽。直径2.3厘米，厚0.2厘米（图五五，3；图版二八，3）。

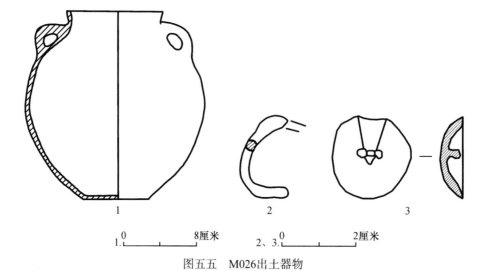

图五五　M026出土器物

1. 双耳陶罐（M026：1）　2. 铜耳环（M026：2）　3. 铜泡（M026：3）

M027

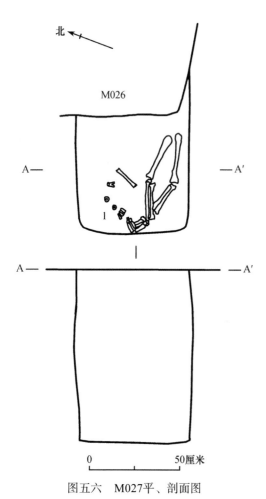

图五六　M027平、剖面图

1. 玉髓串珠（M027：3）

（一）形制结构

长方形竖穴土坑墓。被M026打破。墓向70°。墓口距地表0.15米，长0.84米，宽0.62米，墓坑深0.92米。墓坑内填充包含砾石的黄沙土，夹杂零星人骨和残铜器。墓圹底部出土人骨1具，保存状况极差，仅存上肢骨、下肢股骨及部分牙齿，为男性个体（图五六；图版二九，1）。

（二）出土遗物

共5件。铜器3件，其中铜泡2件（M027：1），铜管1件（M027：2），均出土于填土中。石器2件，均为玉髓串珠（M027：3），出土于手骨附近。

1. 铜器

M027：1，铜泡。2件。平面呈圆形，正面呈凸镜状，背面呈凹镜状，背部有纽。其一为一字形纽，其一为桥形纽。直径2厘米，厚0.5～0.7厘米（图五七，1；图版二八，4）。

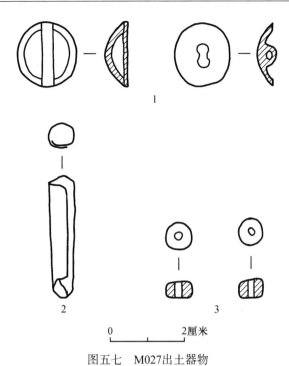

图五七 M027出土器物

1. 铜泡（M027∶1） 2. 铜管（M027∶2） 3. 玉髓串珠（M027∶3）

M027∶2，铜管。1件。圆筒状，铜片卷曲而成，长3.3厘米，直径0.7厘米（图五七，2；图版二八，5）。

2. 石器

M027∶3，玉髓串珠。2件。均为圆饼状，红色半透明，中心有对钻穿孔。直径0.7厘米，厚0.4厘米，孔径0.15厘米（图五七，3；图版二八，6）。

M028

（一）形制结构

长方形竖穴土坑墓。被M024打破。墓向10°。墓口距地表0.35米，长1.44米，宽0.9米，墓坑深1.12米。墓圹内填充包含砾石的黄沙土，夹杂尺骨，尺骨附近有一层红色土。墓圹东壁底部设生土二层台。墓圹底部出土人骨1具，保存状况极差，仅存尺骨、桡骨、肱骨、锁骨，分布散乱（图五八）。

（二）出土遗物

共90件。陶器1件，为筒形陶罐（M028：1），出土于头骨东侧。石器89件，其中玉髓串珠1件（M028：2），滑石串珠88件（M028：3），均出土于头骨旁。

1. 陶器

M028：1，筒形陶罐。1件。夹砂红陶，红底黑彩，手制。敛口，口沿处饰双横贯耳，弧腹，平底。口沿处饰两道弦纹，弦纹间为竖线纹，腹部为竖列水波纹，水波纹之间夹长竖线纹。口径14.4厘米，腹径15.6厘米，底径9.6厘米，高16厘米（图五八，1；图版三〇，1）。

2. 石器

M028：2，玉髓串珠。1件。算珠状，红色半透明，中心有穿孔。直径1厘米，厚0.85厘米，孔径0.1厘米（图五八，3；图版三〇，2）。

M028：3，滑石串珠。88件。均呈圆饼状，中部有穿孔。直径0.3～0.6厘米，厚0.1～0.3厘米，孔径0.1～0.2厘米（图五八，2；图版二九，2）。

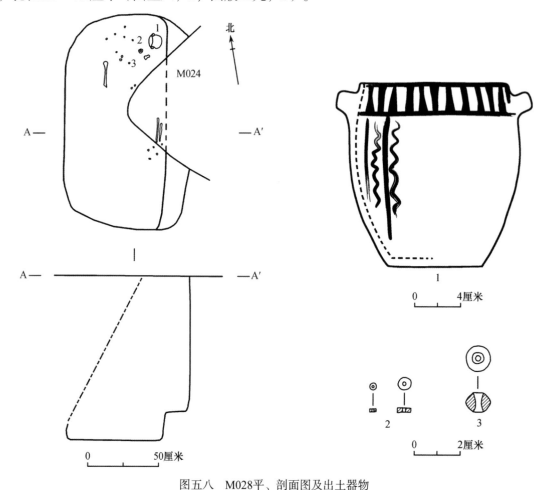

图五八　M028平、剖面图及出土器物

1. 筒形陶罐（M028：1）　2. 滑石串珠（M028：3）　3. 玉髓串珠（M028：2）

M029

（一）形制结构

长方形竖穴土坑墓。打破M030、M031。墓向35°。墓口距地表0.26米，长1.74米，宽1.6米，深1.25米。墓坑内填充包含砾石的灰砂土，夹杂散乱零星人骨。墓坑底部为长方形土坯椁室，椁室南、北两壁自下而上错缝平砌4层土坯；东、西两壁自下而上错缝平砌3层土坯。椁室内周长1米，宽0.76米。椁室内人骨情况不明（图五九）。

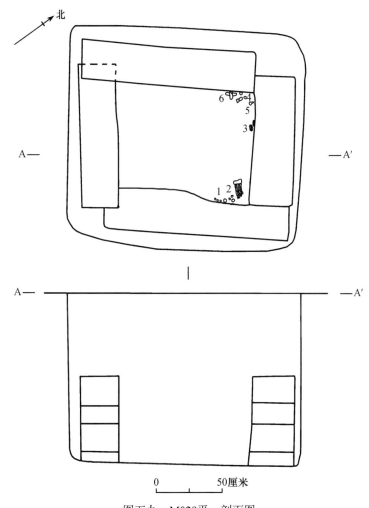

图五九　M029平、剖面图

1.串珠（M029：1）　2.铜泡（M029：2）　3.海贝（M029：3）　4.铜牌饰（M029：4）　5.铜锛（M029：5）
6.铜凿（M029：6）

（二）出土遗物

共19件。铜器6件，其中铜泡3件（M029：2），出土于足骨处；圆形铜牌饰1件（M029：4），出土于椁室西北角；铜锛1件（M029：5）、铜凿1件（M029：6），均出土于椁室西北角。石器10件，其中串珠8件（M029：1），出土于足骨处；石杵2件（M029：7），出土于椁室西北角。贝器3件，均为海贝（M029：3），出土于椁室西北角。

1. 铜器

M029：2，铜泡。3件。平面均呈圆泡状，背部有纽。M029：2-1，正面呈凸镜状，背面呈凹镜状，直径1.7厘米，厚0.4厘米；M029：2-2，表面平整，直径2.3厘米，厚0.3厘米；M029：2-3，表面平整，残损较为严重，直径2.1厘米（图六〇，2；图版三〇，4）。

M029：4，铜牌饰。1件。平面呈圆形，背部有纽。直径3.7厘米，厚0.3厘米（图六〇，

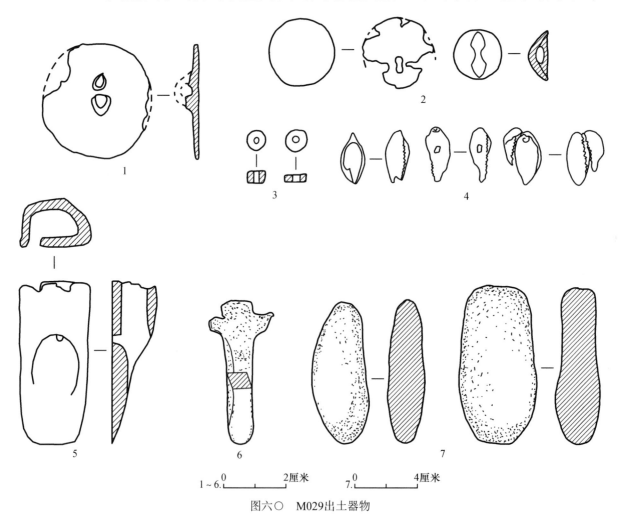

图六〇　M029出土器物

1. 铜牌饰（M029：4）　2. 铜泡（M029：2）　3. 滑石串珠（M029：1-1）　4. 海贝（M029：3）　5. 铜锛（M029：5）

6. 铜凿（M029：6）　7. 石杵（M029：7）

1；图版三〇，6）。

M029：5，铜锛。1件。整体近似长方形，顶部有一椭圆形、上下贯通的銎孔，刃部正面横切面呈圆弧形，纵切面呈圆锥形，弧形刃。銎孔下端有一狭窄台面。长5厘米，宽2.4厘米，厚1.4厘米（图六〇，5；图版三一，1）。

M029：6，铜凿。1件。呈梯形，一端平直，另一端斜刃。平直的一端两侧有残状的钉状物。长4.6、最宽处0.9厘米（图六〇，6；图版三一，2）。

2. 石器

M029：1，串珠。8件。均呈圆饼状，中部有穿孔。M029：1-1，滑石串珠，5件，直径0.6～0.7厘米，厚0.2厘米；M029：1-2，绿松石串珠，3件，直径0.5～0.6厘米，厚0.3～0.4厘米（图六〇，3；图版三〇，3）。

M029：7，石杵。2件。均呈椭圆形。长分别为4.4、3.9厘米，宽分别为1.8、2.5厘米（图六〇，7；图版三一，3）。

3. 贝器

M029：3，海贝。3件。海贝，长1.8厘米，宽1.3厘米（图六〇，4；图版三〇，5）。

附：M029：2铜泡，经成分检验，合金类型为Cu-Sn（锡青铜）（梅建军，2002：4）。

M030

（一）形制结构

长方形竖穴土坑墓。被M029打破。墓向49°。墓口距地表0.1米，长1.5米，宽1米，墓坑深0.74米。墓坑内填充包含砾石的灰黄沙土，墓坑周围有一圈红色土。墓圹底部出土人骨1具，左侧身屈肢，头向东，面向南（图六一；图版三二，1、2）。

（二）出土遗物

共60件。陶器1件，为双耳陶罐（M030：1），出土于椁室西南角。石器1件，为绿松石串珠（M030：3），出土于人骨后颈处。骨器58件，均为骨牌饰（M030：2），出土于人骨腰部。

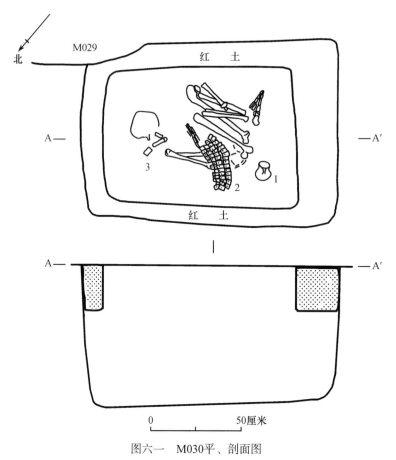

图六一　M030平、剖面图

1. 双耳陶罐（M030：1）　2. 骨牌饰（M030：2）　3. 绿松石串珠（M030：3）

1. 陶器

　　M030：1，双耳陶罐。1件。夹砂红陶，手制，直口，方唇，颈肩双耳，鼓腹，平底。口径8厘米，腹径13厘米，底径5.6厘米，高11.6厘米（图六二，1；图版三一，4）。

2. 石器

　　M030：3，绿松石串珠。1件。扁圆柱形，中心有穿孔。长2厘米，长径1.4厘米，短径0.4厘米，孔径0.3厘米（图六二，2；图版三一，5）。

3. 骨器

　　M030：2，骨牌饰。58件。均呈长方形，由动物骨骼打磨而成，一端有圆形穿孔。长1.9～3.1厘米，宽1.3～2厘米，厚0.3～0.4厘米（图六二，3；图版三三，1）。

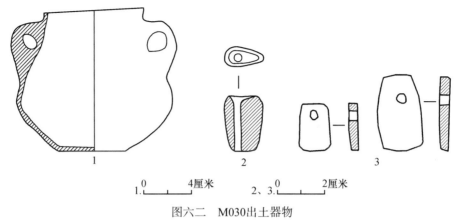

图六二　M030出土器物

1. 双耳陶罐（M030：1）　2. 绿松石串珠（M030：3）　3. 骨牌饰（M030：2）

M031

（一）形制结构

长方形竖穴土坑墓。北部被M029打破。墓向36°。墓口距地表0.3米，长1.16米，宽0.52米，墓坑深1.04米。墓坑底部有零星人骨（图六三）。

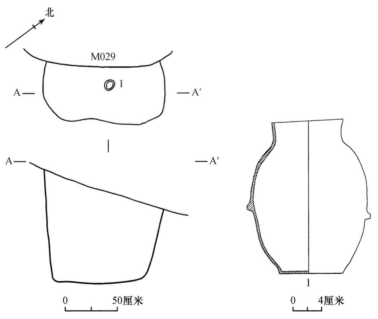

图六三　M031平、剖面图及出土器物

1. 双乳钉陶壶（M031：1）

（二）出土遗物

共1件。陶器1件，为双乳钉陶壶（M031：1），出土于墓坑中部。

M031：1，双乳钉陶壶。1件。夹细砂红陶，手制。直口，圆唇，直颈，弧腹，腹部有两突起，平底。通高19.8厘米，口径9.2厘米，腹径15.6厘米，底径7.2厘米（图六三，1；图版三一，6）。

M032

（一）形制结构

长方形竖穴土坑墓。打破M037。墓向52°。墓口距地表1.19米，长1.38米，宽1.18米，墓坑深0.58米。墓圹内填充包含砾石的灰色沙质土，夹杂人骨、陶片。墓圹底部四周留熟土二层台，二层台内侧竖立1层土坯，二层台上平砌1层土坯。椁室内周长0.76米，宽0.5米；土坯平均长0.46米，宽0.3米，厚0.1～0.14米。共出土人骨2具，其中1具出土于墓圹填土中，骨骼散乱，残损严重；另1具出土于椁室底部，左侧身屈肢，头向东，面向南，性别为女（图六四）。

（二）出土遗物

共65件。陶器3件，其中双耳陶罐1件（M032：1），出土于填土中；双耳陶盆1件（M032：2），出土于墓坑填土中；双耳陶罐1件（M032：3），出土于人骨腹部东南侧。铜器4件，其中铜耳环2件（M032：4），出土于人骨耳部；铜手镯2件（M32：6），出土于人骨右臂。石器58件，均为滑石串珠，其中10件（M032：7）出土于人骨左臂，48件（M032：5）出土于人骨颈部。

1. 陶器

M032：1，双耳陶罐。1件。夹细砂红陶，手制。微侈口，圆唇，微束颈，沿肩双耳，圆腹，平底。一耳附近有三处不规则孔。口沿处绘一周水波纹，肩腹处绘连续的叶脉三角纹，三角纹之间为横向水波纹，耳部绘小叶脉三角纹。通高12.6厘米，口径9厘米，腹径13.6厘米，底径7厘米，重565克（图六五，2；图版三三，2）。

M032：2，双耳陶盆。1件。夹细砂红陶，手制。侈口，方唇，斜腹，腹部双耳，平底。通高8.2厘米，口径21.8厘米，底径8厘米，重685克（图六五，3；图版三三，3）。

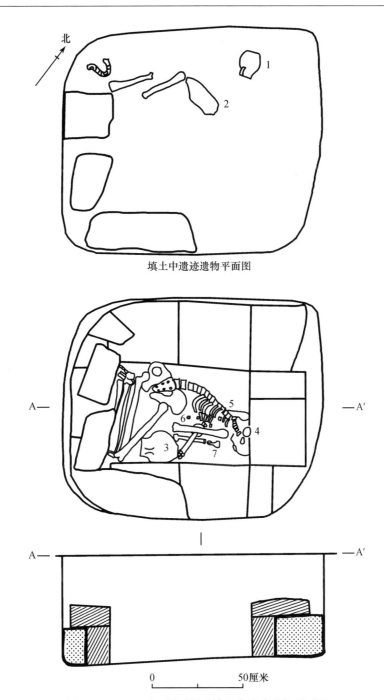

填土中遗迹遗物平面图

图六四　M032平、剖面图及填土中遗迹遗物平面图

1. 双耳陶罐（M032：1）　2. 双耳陶盆（M032：2）　3. 双耳陶罐（M032：3）　4. 铜耳环（M032：4）
5. 滑石串珠（M032：5）　6. 铜手镯（M032：6）　7. 滑石串珠（M032：7）

M032：3，双耳陶罐。1件。夹细砂红陶，手制。侈口，方唇，束颈，颈肩双耳，圆腹，平底。通高20.8厘米，口径11.2厘米，腹径21.2厘米，底径8.4厘米，重980克（图六五，1；图版三四，1）。

2. 铜器

M032：4，铜耳环。2件。其一无法绕成闭合的圆形，其二为环形，均为铜丝绕成，接口扁平。直径3.9～4.5厘米，铜丝直径0.3厘米，重2.23～4.49克（图六五，5；图版三四，2）。

M032：6，铜手镯。2件。环状，铜丝绕成，完整者接口扁平，残者接口处残。直径6.6～6.8厘米，铜丝直径0.3～0.4厘米，重10.87～11.79克（图六五，4）。

3. 石器

M032：5，滑石串珠。48件。圆柱状或矮岩柱状，风化严重，中部穿孔。直径0.4～0.6厘米，长0.15～0.6厘米，孔径0.1～0.3厘米，重不足0.1～0.3克（图六五，6；图版三四，3）。

M032：7，滑石串珠。10件。白色，矮圆柱状或圆柱状，中部穿孔。直径0.4～0.5厘米，长0.3～0.7厘米，孔径0.2～0.3厘米，重不足0.1～0.3克（图六五，7；图版三五，1）。

附：M032：4铜耳环，经成分检验合金类型为Cu-Sn（Pb）（含铅杂质的锡青铜）（梅建军，2002：4）。

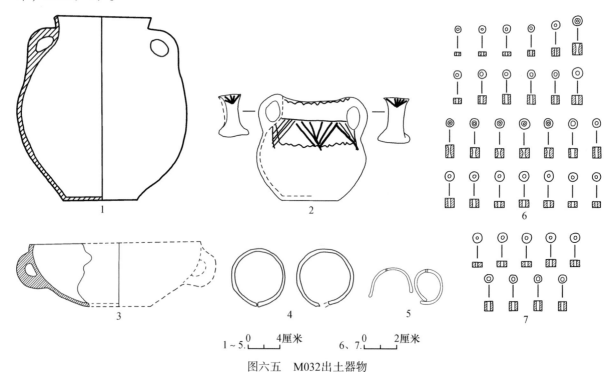

图六五　M032出土器物

1. 双耳陶罐（M032：3）　2. 双耳陶罐（M032：1）　3. 双耳陶盆（M032：2）　4. 铜手镯（M032：6）　5. 铜耳环（M032：4）

6. 滑石串珠（M032：5）　7. 滑石串珠（M032：7）

M033

（一）形制结构

长方形竖穴土坑墓。打破M036。墓向48°。墓口距地表0.91米，长1.42米，宽1.16米，墓坑深0.6米。墓圹内填充包含砾石的灰色沙土。墓圹底部为长方形土坯椁室，破坏严重，形制不明。椁室内周长0.88米，宽0.58米。无人骨（图六六）。

（二）出土遗物

共41件。陶器1件，为双耳陶罐（M033：1），出土于椁室中部。铜器2件，其中铜泡1件（M033：3），出土于椁室中部；铜管1件（M033：4），出土于椁室中部。石器38件，其中绿松石串珠1件（M033：5），出土于椁室中部；滑石串珠10件（M033：2），出土于椁室中部；滑石串珠27件（M033：6），出土于椁室中部。

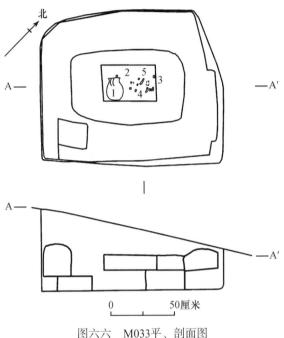

图六六 M033平、剖面图
1. 双耳陶罐（M033：1） 2. 滑石串珠（M033：2）
3. 铜泡（M033：3） 4. 铜管（M033：4）
5. 绿松石串珠（M033：5）

1. 陶器

M033：1，双耳陶罐。1件。夹细砂红陶，手制。微侈口，方圆唇，直颈，颈肩双耳，鼓腹，小平底。通高16.2厘米，口径11厘米，腹径16.3厘米，底径6.8厘米，重730克（图六七，1；图版三五，2）。

2. 铜器

M033：3，铜泡。1件。圆泡状，边缘残损变形，无纽。残径1.7～2厘米，重1.82克（图六七，4；图版三五，4）。

M033：4，铜管。1件。管状，一端直径较大，一侧壁面较平直，另一侧中部似有菱形小孔，残长2.7厘米，直径0.6～0.9厘米，壁厚0.1厘米，重2.36克（图六七，2；图版三五，5）。

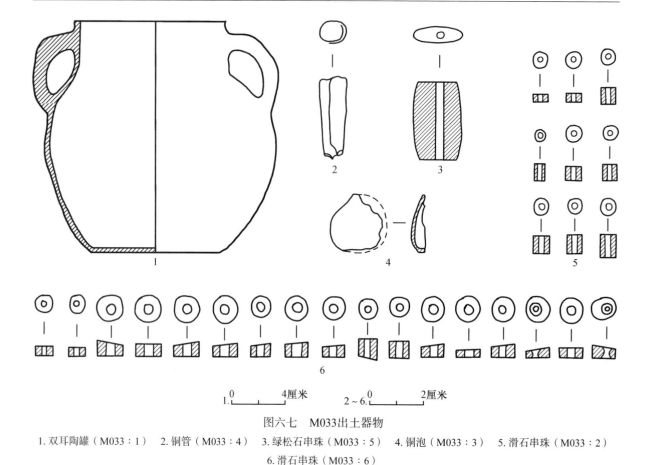

图六七　M033出土器物

1. 双耳陶罐（M033：1）　2. 铜管（M033：4）　3. 绿松石串珠（M033：5）　4. 铜泡（M033：3）　5. 滑石串珠（M033：2）
6. 滑石串珠（M033：6）

3. 石器

M033：2，滑石串珠。10件。矮圆柱形或圆柱形，中部穿孔。长0.2～0.8厘米，直径0.3～0.6厘米，孔径0.2～0.3厘米，重0.1～0.4克（图六七，5；图版三五，3）。

M033：5，绿松石串珠。1件。浅绿色，长方形，截面穿孔。长2.8厘米，宽1.9厘米，厚0.5厘米，重5.31克（图六七，3；图版三五，6）。

M033：6，滑石串珠。27件。白色，矮圆柱状或圆柱状，部分表面风化严重，中部穿孔。直径0.4～0.8厘米，长0.3～0.7厘米，孔径0.2厘米，重0.1～0.5克（图六七，6；图版三六，1）。

M034

（一）形制结构

长方形竖穴土坑墓。墓向43°。墓口距地表0.54米，长1.6米，宽1.35米，墓坑深1.06米。墓圹内填充包含砾石的灰黄色沙质土，夹杂人骨、陶片。墓圹底部四周设熟土二层台，二层台上平砌3层土坯，围砌成土坯椁室。椁室内周长、宽均为0.9米；土坯长0.3~0.6米，宽0.3米，厚0.1~0.15米。椁室底部放置人骨1具，颅骨缺失，左侧身屈肢，根据现存骨骼推测头向东北，性别为女性（图六八）。

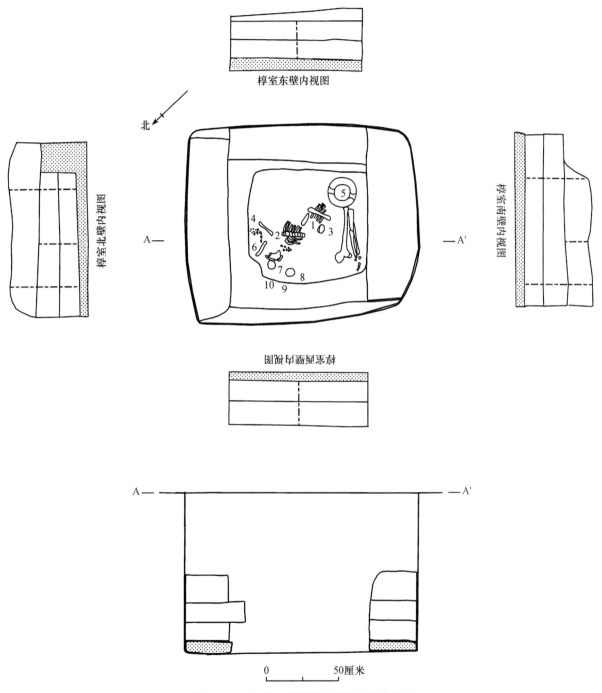

图六八 M034平、剖面图及椁室四壁内视图

1. 铜手镯（M034：1） 2. 圆形铜牌饰（M034：2） 3. 铜牌饰（M034：3） 4. 串珠（M034：4） 5. 双耳陶罐（M034：5）
6. 铜耳环（M034：6） 7. 圆形铜牌饰（M034：7） 8. 铜牌饰（M034：8） 9. 铜珠（M034：9） 10. 圆形铜牌饰（M034：10）

（二）出土遗物

共64件。陶器2件，均为双耳陶罐，其中1件（M034：11）出土于填土中，另1件（M034：5）出土于膝盖前侧。铜器10件，铜手镯1件（M034：1），出土于人骨腕部；铜牌饰1件（M034：3），出土于人骨腹部；铜耳环1件（M034：6），出土于人骨耳部；圆形铜牌饰3件，分别出土于人骨腹部（M034：2）、肩部（M034：7）及背部（M034：10）；铜牌饰1件（M034：8），出土于人骨肩部；铜珠3件（M034：9），出土于人骨背部。石器51件，其中串珠50件（M034：4），出土于人骨颈部；玉髓串珠1件（M034：12），出土于人骨颈部。羊肩胛骨1件，出土位置不明。

1. 陶器

M034：5，双耳陶罐。1件。夹细砂红陶，手制。微侈口，方唇，束颈，沿肩双耳，弧腹，平底。口沿内有烟炱。通高15.9厘米，口径9.2厘米，腹径15.2厘米，底径6.8厘米，重690克（图六九，2；图版三六，2）。

M034：11，双耳陶罐。1件。夹细砂红陶，手制，直口，圆唇，颈肩双耳，溜肩，鼓腹，小平底。通高12.4厘米，口径8厘米，腹径13.2厘米，底径5.2厘米，重485克（图六九，1；图版三六，3）。

2. 铜器

M034：1，铜手镯。1件。环状，铜丝绕成，铜丝粗细不一，较扁平，接口扁平相错。直径5.9厘米，铜丝直径0.3～0.4厘米，重11.33克（图六九，6；图版三七，1）。

M034：2，铜牌饰。1件。平面呈圆形，一面内凹，近边缘处有两孔。直径4.9～5.4厘米，重7.52克（图六九，7；图版三七，2）。

M034：3，铜牌饰。1件。残损严重，平面呈长方形，素面，残长3.7厘米，残宽3.1厘米，重3.89克（图六九，9；图版三七，3）。

M034：6，铜耳环。1件。环状，铜丝绕成，铜丝粗细不一，接口扁平相错。直径3.9厘米，铜丝直径0.1～0.2厘米（图六九，3；图版三七，4）。

M034：7，铜牌饰。1件。平面呈圆形，素面，残损严重。直径约5厘米（图六九，5；图版三七，5）。

M034：8，铜牌饰。1件。平面呈圆形，边缘锐薄，部分残，素面，背部有桥纽。直径4.5～5.6厘米，重16.35克（图六九，8；图版三七，6）。

M034：9，铜珠。3件。圆柱形，中部有孔。直径0.3～0.4厘米，长0.4～0.5厘米，壁厚0.1厘米，重0.35克（图六九，11；图版三八，1）。

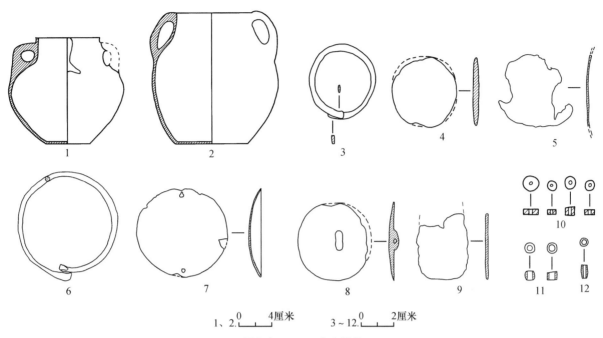

图六九 M034出土器物

1. 双耳陶罐（M034：11） 2. 双耳陶罐（M034：5） 3. 铜耳环（M034：6） 4. 铜牌饰（M034：10） 5. 铜牌饰（M034：7）
6. 铜手镯（M034：1） 7. 铜牌饰（M034：2） 8. 铜牌饰（M034：8） 9. 铜牌饰（M034：3） 10. 滑石串珠（M034：4-1）
11. 铜珠（M034：9） 12. 玉髓串珠（M034：12）

M034：10，铜牌饰。1件。平面呈圆形，素面，两面平直。直径3.2厘米，重6.22克（图六九，4；图版三八，2）。

3. 石器

M034：4，串珠。50件。M034：4-1，滑石串珠，45件，白色，矮圆柱形或圆柱形，中部穿孔，长0.1～0.6厘米，直径0.4～0.6厘米，孔径0.2～0.3厘米。M034：4-2，绿松石串珠，5件，浅绿色，圆柱状或片状，中部穿孔，直径0.5～0.9厘米，长0.1～0.3厘米，孔径0.2～0.3厘米，重不足0.1～0.5克（图六九，10；图版三八，3）。

M034：12，玉髓串珠。1件。红色半透明，圆柱状，鼓腹，中部穿孔，壁薄。直径0.3～0.4厘米，长0.8厘米，孔径0.25厘米，重0.4克（图六九，12；图版三八，3）。

M035

（一）形制结构

长方形竖穴土坑墓。墓向215°。墓口距地表0.14米，长1.28米，宽0.76米，墓坑深1.06米。墓圹内填充包含砾石的黄色沙质土。墓圹底部放置人骨1具，右侧身屈肢，头向西南，面向东，为成年男性（图七〇）。

（二）出土遗物

共1件。陶器1件，为单耳陶罐（M035：1），出土于人骨膝部。

M035：1，单耳陶罐。1件。夹细砂红陶，手制。微侈口，方唇，束颈，颈肩单耳，鼓腹，平底。通高11.4厘米，口径8.1厘米，腹径13.2厘米，底径7.2厘米，重565克（图七〇，1；图版三九，1）。

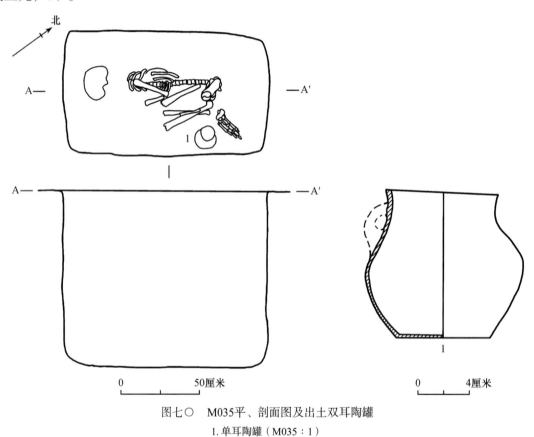

图七〇　M035平、剖面图及出土双耳陶罐
1. 单耳陶罐（M035：1）

M036

（一）形制结构

长方形竖穴土坑墓。西壁被M033打破。墓向37°。墓口长1.52米，宽1.16米，墓坑深0.55米。墓圹内填充包含砾石的黄沙土。墓圹底部东壁设生土二层台。墓圹底部放置人骨1具，保存较差，分布散乱，葬式不明（图七一）。

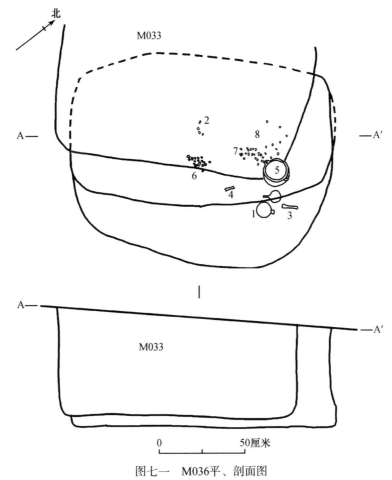

图七一　M036平、剖面图

1. 单耳陶杯（M036：1）　　2. 铜镜（M036：2）　　3. 石化妆棒（M036：3）　　4. 铜锥（M036：4）　　5. 筒形陶罐（M036：5）
6. 串珠（M036：6）　　7. 串珠（M036：7）　　8. 串珠（M036：8）

（二）出土遗物

共155件。陶器2件，单耳陶杯1件（M036：1），出土于二层台上；筒形陶罐1件（M036：5），出土于人骨头部东侧。铜器2件，铜镜1件（M036：2），出土于椁室中部；铜锥1件（M036：4），出土于椁室东壁。石器151件，其中串珠150件，出土于椁室中部（M036：6、M036：7、M036：8）；石化妆棒1件（M036：3），出土于二层台上。

1. 陶器

M036：1，单耳陶杯。1件。夹细砂红陶，手制。微敛口，圆唇，直腹，腹上部单耳，近底处内收，平底。红衣黑彩，口沿内绘一周弦纹，间隔8组双短线纹，杯身满绘几何折线纹和竖线纹的组合纹样，耳部绘连续的折线纹。通高8.6厘米，口径8厘米，底径6厘米（图七二，2；图版三九，2）。

M036：5，筒形陶罐。1件。夹细砂红陶，手制。微敛口，圆唇，弧腹，口沿下饰双横耳，平底。红衣黑彩，口沿处绘三周弦纹，其下满身绘几何折线纹。通高14.2厘米，口径11.4厘米，腹径14.4厘米，底径7.4厘米（图七二，1；图版三九，6）。

2. 铜器

M036：2，铜镜。1件。圆形，一端有长条状柄，素面。长11厘米，圆形部分直径7.2厘米左右（图七二，3；图版三九，3）。

M036：4，铜锥。1件。四棱柱状，一端残，另一端平锐。残长7.9厘米，宽0.4厘米，重8.53克（图七二，12；图版三九，5）。

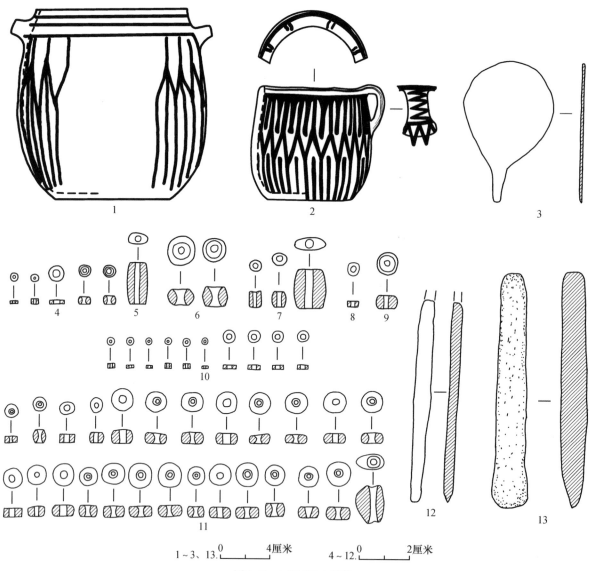

图七二　M036出土器物

1. 筒形陶罐（M036：5）　　2. 单耳陶杯（M036：1）　　3. 铜镜（M036：2）　　4. 滑石串珠（M036：6-3）
5. 绿松石串珠（M036：6-1）　　6. 玉髓串珠（M036：6-2）　　7. 绿松石串珠（M036：7-1）　　8. 滑石串珠（M036：7-2）
9. 玉髓串珠（M036：7-3）　　10. 滑石串珠（M036：8-2）　　11. 绿松石串珠（M036：8-1）　　12. 铜锥（M036：4）
13. 石化妆棒（M036：3）

3. 石器

M036：3，石化妆棒。1件。圆柱状，一端打磨成斜尖锐，似刻刀刃部状。长18.2、宽2厘米（图七二，13；图版三九，4）。

M036：6，串珠。23件。M036：6-1，绿松石串珠，1件，扁圆柱形，中部穿孔，长1.7、宽0.8厘米，孔径0.3厘米（图七二，5）；M036：6-2，玉髓串珠，3件，呈中部折棱的算珠状，中部穿孔，长0.6~0.8厘米，直径0.6~1.1厘米，孔径0.3厘米（图七二，6）；M036：6-3，滑石串珠，8件，折棱算珠状或片状，中部穿孔，长0.2~0.4厘米，直径0.4~0.6厘米，孔径0.2厘米（图七二，4）；M036：6-4，黑色石串珠，11件，矮圆柱状或片状，中部穿孔，直径0.2厘米，厚0.1厘米，孔径0.1厘米，重不足0.1~1.1克（图版四〇，1）。

M036：7，串珠。7件。M036：7-1，绿松石串珠，3件，圆柱形或扁圆柱形，中部穿孔，长0.5~1.5厘米，宽0.5~1.2厘米，孔径0.2厘米（图七二，7）；M036：7-2，滑石串珠，3件，圆片状，直径0.4厘米，厚0.1~0.2厘米（图七二，8）；M036：7-3，玉髓串珠，1件，直径0.8厘米，厚0.4厘米，孔径0.2厘米，重0.1~0.8克（图七二，9；图版四〇，2）。

M036：8，串珠。120件。M036：8-1，绿松石串珠，34件，鼓腹、折腹圆片状或不规则圆柱状，不规则圆柱状长1.9厘米，宽1.2厘米，厚0.5厘米，孔径0.2厘米，片状直径0.4~0.8厘米，厚0.3~0.6厘米（图七二，11）；M036：8-2，滑石串珠，15件，圆片状，直径0.3~0.4厘米，厚0.1~0.2厘米，孔径0.1~0.2厘米（图七二，10）；M036：8-3，黑色石串珠，71件，圆柱状或片状，直径0.2厘米，厚0.1厘米，孔径0.1厘米，重0.1~1.39克（图版四〇，3）。

M037

（一）形制结构

长方形竖穴土坑墓。北部被M032打破，墓向29°。墓口距地表0.95米，长1.39米，宽1.05米，墓坑深0.4米。墓圹底部出土人骨1具，分布凌乱，保存状况极差（图七三）。

（二）出土遗物

共19件。陶器1件，为双耳陶罐（M037：1），出土于墓坑北部。铜器18件，其中铜管10件（M037：2-1、M037：2-2）、铜环7件（M037：2-3）、铜珠1件（M037：2-4），均出土于墓坑中部。

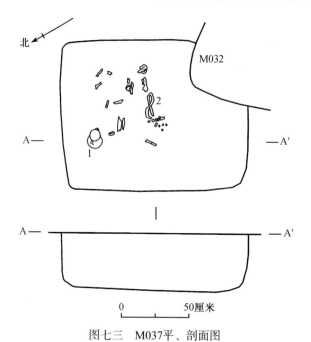

图七三　M037平、剖面图

1. 双耳陶罐（M037：1）　2. 铜管、铜环、铜珠（M037：2-1、M037：2-2、M037：2-3、M037：2-4）

1. 陶器

M037：1，双耳陶罐。1件。夹细砂红陶，手制。直口，圆唇，颈肩双耳，平肩，鼓腹，鼓腹处两侧各有一乳突，平底。通高12.8厘米，口径7.2厘米，腹径7.2厘米，底径4厘米（图七四，1；图版四一，1）。

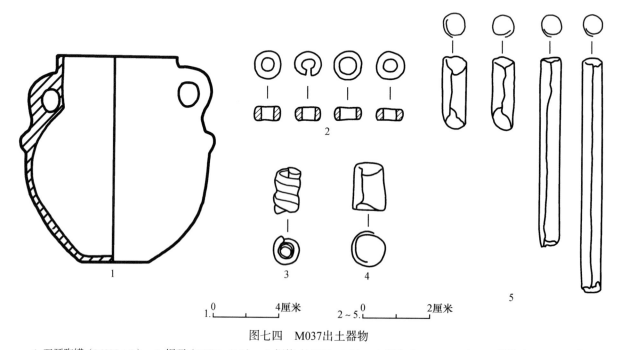

图七四　M037出土器物

1. 双耳陶罐（M037：1）　2. 铜环（M037：2-3）　3. 铜管（M037：2-2）　4. 铜珠（M037：2-4）　5. 铜管（M037：2-1）

2. 铜器

M037：2-1，铜管。9件。铜片卷制，接缝明显，长1.9~6.9厘米，直径0.6~0.9厘米，重1.6~5.2克（图七四，5；图版四一，2）。

M037：2-2，铜管。1件。铜条卷制，呈螺旋状，长1.4厘米，直径0.6厘米，重0.8克（图七四，3；图版四一，3）。

M037：2-3，铜环。7件，直径0.7~0.9厘米，铜丝直径0.3厘米，部分有明显的接缝，重2.28克（图七四，2；图版四一，4）。

M037：2-4，铜珠。1件，用铜片对卷一圈而成，长1.3厘米，直径0.8厘米（图七四，4；图版四一，5）。

M038

（一）形制结构

长方形竖穴土坑墓。M038打破M706。墓向223°。墓口距地表0.4米，长1.42米，宽1.14米，墓坑深1.06米。墓圹内填充包含砾石的灰色沙土，夹杂人骨。墓圹底部四周设熟土二层台，其中北壁在二层台内侧竖立1层土坯，二层台上平砌4层土坯；西壁在二层台内侧竖立1层土坯，二层台上平砌3层土坯；东、南两壁在二层台上平砌1层土坯。椁室内周长0.96米，宽0.76米；土坯长0.3~0.5米，宽0.3米，厚0.12米。共出土人骨2具，其中1具出土于墓圹填土中，分布散乱；另1具出土于椁室底部，右侧身屈肢，头向西南，面向东南（图七五）。

（二）出土遗物

共2件。陶器1件，为双耳陶罐（M038：1），出土于颅骨东侧。铅器1件，为铅手镯（M038：2），出土于人骨腕部。

1. 陶器

M038：1，双耳陶罐。1件。略残，夹细砂红陶，手制。侈口，方唇，束颈，沿肩双耳，圆腹，平底。口沿外侧绘横向水波纹，肩部绘一道弦纹，其下为连续的叶脉三角纹，三角纹之间绘横向水波纹，耳部绘竖线纹。通高16.4厘米，口径11.2厘米，腹径18厘米，底径8.4厘米，重875克（图七五，1；图版四一，6）。

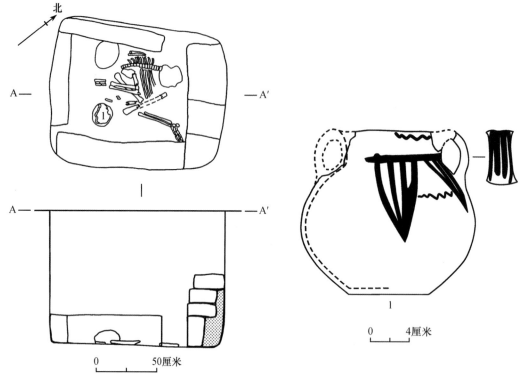

图七五　M038平、剖面图及出土双耳陶罐
1. 双耳陶罐（M038：1）

2. 铅器

M038：2，铅手镯。1件。环状，铅丝绕成，接口扁平。直径5.8厘米，丝径0.4厘米，重19.15克。

M039

（一）形制结构

长方形竖穴土坑墓。墓向251°。墓口距地表0.91米，长1.26米，宽1.02米，墓坑深0.58米。墓圹底部出土人骨1具，保存较差，仅存部分股骨、尺骨及桡骨（图七六）。

（二）出土遗物

共4件。陶器1件，为双耳陶罐（M039：1），出土于墓坑西部。铜器3件，均为铜泡（M039：2），出土于尺骨处。

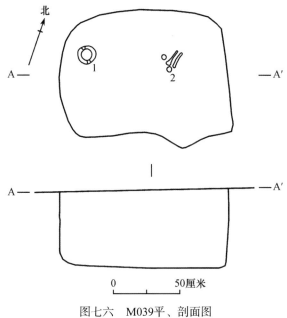

图七六 M039平、剖面图

1.双耳陶罐（M039：1） 2.铜泡（M039：2）

1. 陶器

M039：1，双耳陶罐。1件。夹细砂红陶，手制。直口，方唇，直颈，颈肩双耳，弧腹，平底。通高19.4厘米，口径8.3厘米，腹径16.8厘米，底径5.6厘米，重1090克（图七七，1；图版四二，1）。

2. 铜器

M039：2，铜泡。3件。铜泡状，背部有桥纽。直径3.7~4厘米（图七七，2；图版四二，2）。

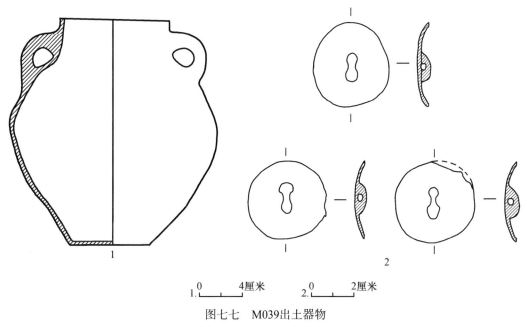

图七七 M039出土器物

1.双耳陶罐（M039：1） 2.铜泡（M039：2）

M040

（一）形制结构

长方形竖穴土坑墓。墓向221°。墓口距地表0.46米，长1.55米，宽1.37米，墓坑深1.26米。墓圹内填充包含砾石的黄沙土，夹杂零星陶片。墓圹底部为长方形土坯椁室，椁室四壁均自下而上错缝平砌4层土坯。椁室内周长0.96米，宽0.60米；土坯长0.3～0.4米，宽0.3米，厚0.1米。椁室底部出土人骨1具，右侧身屈肢，头向西南，面向东（图七八）。

（二）出土遗物

共5件。陶器1件，为双耳陶罐（M040：1），出土于人骨足部。铜器2件，铜耳环1件

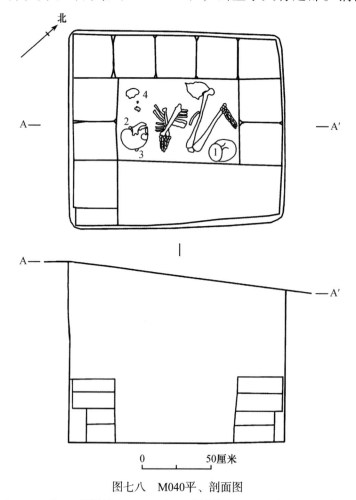

图七八　M040平、剖面图

1. 双耳陶罐（M040：1）　2. 铜耳环（M040：2）　3. 铜牌饰（M040：3）　4. 滑石串珠（M040：4）

（M040∶2），出土于人骨耳部；铜牌饰1件（M040∶3），出土于额骨处。石器2件，为滑石串珠（M040∶4），出土于人骨颈部。

1. 陶器

M040∶1，双耳陶罐。1件。夹细砂红陶，手制。微侈口，圆唇，束颈，沿肩双耳，弧腹，平底。通体部分有烟炱。通高17.7厘米，口径9.5厘米，腹径17.2厘米，底径8.6厘米，重705克（图七九，1；图版四二，3）。

2. 铜器

M040∶2，铜耳环。1件。环状，铜丝绕成，接口扁平相错。直径2.5厘米，铜丝直径0.4厘米，重3.07克（图七九，2；图版四二，4）。

M040∶3，铜牌饰。1件。平面呈椭圆形，泡状，长径两侧近边缘处有圆形小孔。直径3～3.9厘米，重2.97克（图七九，4；图版四二，5）。

3. 石器

M040∶4，滑石串珠。2件。圆柱状，中部穿孔。直径0.6厘米，长0.3～0.45厘米，孔径0.2厘米，重0.35克（图七九，3；图版四二，6）。

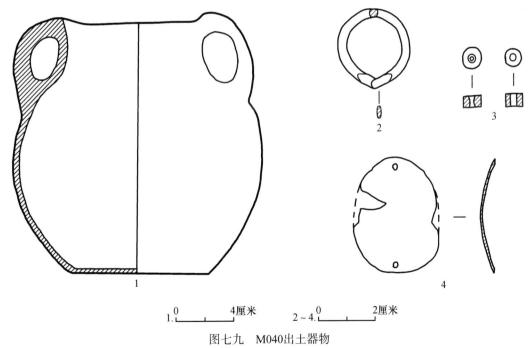

图七九　M040出土器物

1. 双耳陶罐（M040∶1）　2. 铜耳环（M040∶2）　3. 滑石串珠（M040∶4）　4. 铜牌饰（M040∶3）

M041

（一）形制结构

长方形竖穴土坑墓。墓向42°。墓口距地表0.9米，长1.68米，宽1.2米，墓坑深0.84米。墓圹内填充包含细砾的黄灰色沙土，夹杂零星人骨。墓圹底部四周设生土二层台，二层台内侧竖立1层土坯，二层台上平砌1层土坯。椁室内周长0.6米，宽0.4米，深0.32米；土坯长0.36~0.4米，宽0.3米，厚0.12米。椁室底部放置人骨1具，保存状况极差，仅存零星骨骼（图八〇）。

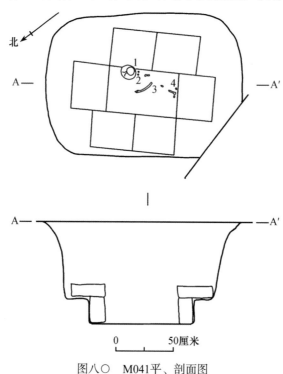

图八〇　M041平、剖面图

1.单耳陶罐（M041:1）　2.滑石串珠（M041:2）　3.铜锥（M041:3）　4.绿松石串珠（M041:4）

（二）出土遗物

共6件。陶器2件，其中单耳陶罐1件（M041:1），出土于椁室东北部；残陶罐1件（M041:5），出土位置不明。铜器1件，为铜锥（M041:3），出土于椁室中部。石器3件，其中滑石串珠2件（M041:2），出土于椁室中部；绿松石串珠1件（M041:4），出土于椁室南部。

1. 陶器

M041：1，单耳陶罐。1件。夹细砂红陶，手制。微侈口，圆唇，颈肩单耳，鼓腹，平底。通高12.4厘米，口径8.4厘米，口径11.6厘米，重460克（图八一，1；图版四三，1）。

M041：5，陶罐。1件。残损严重，仅存器物底部。夹细砂红陶，手制，鼓腹，平底。残高10.1厘米，底径6.4厘米，重270克（图版四三，5）。

2. 铜器

M041：3，铜锥。1件。铸造而呈。呈四棱柱，一端较尖。长9.2厘米，最宽处1.6厘米（图八一，2；图版四三，3）。

3. 石器

M041：2，滑石串珠。2件。片状，中部穿孔。直径0.2厘米，孔径0.1厘米，厚0.1厘米，重不足0.1克（图八一，4；图版四三，2）。

M041：4，绿松石串珠。1件。浅绿色，不规则片状，中部穿孔。长0.8～1厘米，厚0.2厘米，孔径0.15厘米，重0.47克（图八一，3；图版四三，4）。

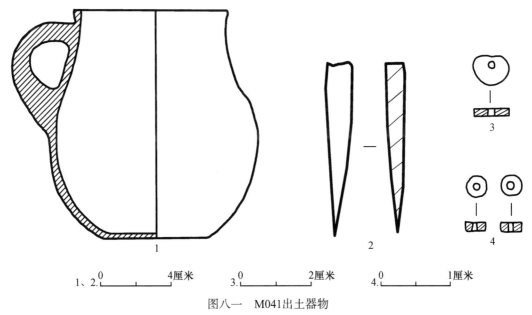

图八一　M041出土器物

1.单耳陶罐（M041：1）　2.铜锥（M041：3）　3.绿松石串珠（M041：4）　4.滑石串珠（M041：2）

M042

（一）形制结构

长方形竖穴土坑墓。打破M043。墓向246°。墓口长1.78米，宽1.2米，墓坑深1.1米。墓圹内填充质地较硬的沙质土，填土上层出土部分人体骨骼和残损陶器。墓圹底部四周设熟土二层台，二层台内侧竖立2层土坯，二层台上平砌2层土坯。椁室内周长0.94米，宽0.54米；土坯长0.36～0.4米，宽0.2～0.3米，厚0.1米。椁室底部出土人骨1具，右侧身屈肢，头向西，面向南，性别为男（图八二；图版四四，1）。

（二）出土遗物

共9件。陶器2件，均为双耳陶罐，其中1件（M042：1）出土于填土中，1件（M042：3），出土于人骨膝部。铜器5件，其中铜刀1件（M042：4），出土于颅骨附近；铜锥1件（M042：6），出土于颅骨附近；铜泡2件（M042：7），出土于颅骨附近；铜耳环1件（M042：8），出土于人骨耳部。石器2件，其中玉髓串珠1件（M042：2），出土于颅骨附近；石杵1件（M042：5），出土于髋骨附近。

1. 陶器

M042：1，双耳陶罐。1件。夹细砂红陶，手制。侈口，方唇，束颈，沿肩双耳，弧腹，平底。表面粗糙。通高17.8厘米，口径10厘米，腹径16.2厘米，底径7.2厘米，重890克（图八三，1；图版四三，6）。

M042：3，双耳陶罐。1件。夹细砂红陶，手制。微侈口，方唇，直颈，沿肩双耳，鼓腹，平底。通体烟炱。通高14.9厘米，口径8.4厘米，腹径16.8厘米，底径8.4厘米，重745克（图八三，2；图版四四，2）。

2. 铜器

M042：4，铜刀。1件。直柄，直刃，柄刃分界明显，刃尾部两侧收窄，柄部一侧中部内凹，尾端分叉。残长9.2厘米，刃长4.9厘米，最宽处1.8厘米，柄宽1.2厘米，重14.39克（图八三，3）。

M042：6，铜锥。1件。四棱锥状，一侧扁平，另一侧尖锐。长5.5厘米，宽0.3厘米，重2.74克（图八三，7）。

M042：7，铜泡。2件。其一较为完整，呈泡状，背部有桥纽和明显的铸造槽，直径2.4厘米，重5.04克（图八三，4）；另一件残损，形制不明，重3.4克。

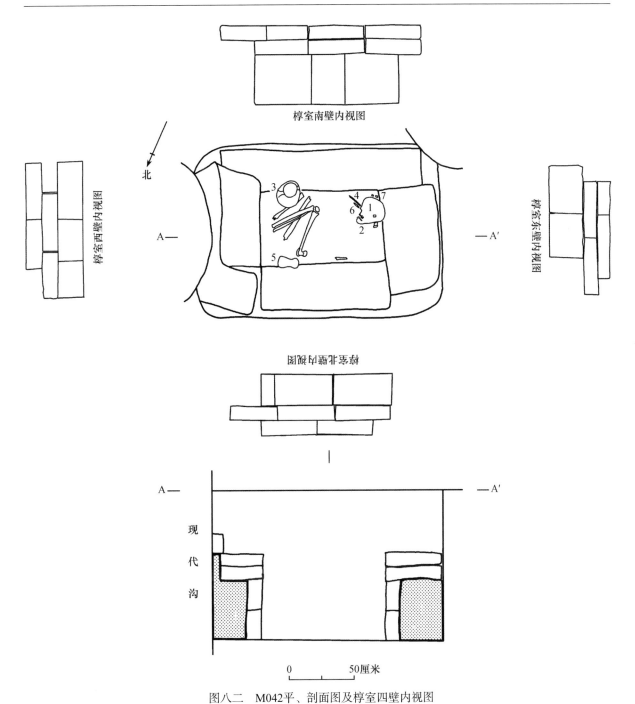

图八二　M042平、剖面图及椁室四壁内视图

1. 铜耳环（M042：8）　　2. 玉髓串珠（M042：2）　　3. 双耳陶罐（M042：3）　　4. 铜刀（M042：4）　　5. 石杵（M042：5）

6. 铜锥（M042：6）　　7. 铜泡（M042：7）

　　M042：8，铜耳环。1件。环状，铜丝绕成，接口无特殊形制。直径2.1厘米，铜丝直径0.2厘米，重1.31克（图八三，6）。

3. 石器

　　M042：2，玉髓串珠。1件。红色半透明，较通透。鼓腹算珠状，对钻穿孔。直径1.3厘

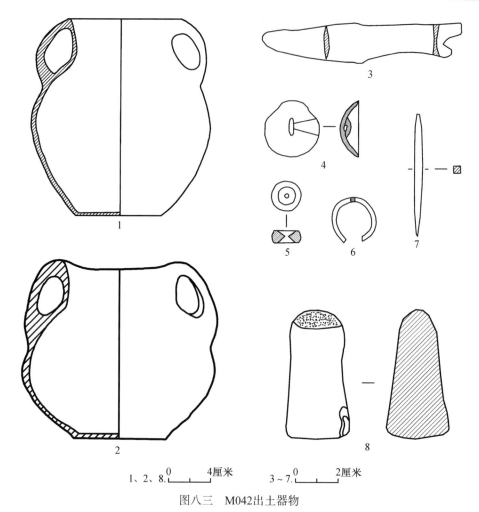

1、2、8. 0 ____ 4厘米　　3~7. 0 ____ 2厘米

图八三　M042出土器物

1. 双耳陶罐（M042：1）　　2. 双耳陶罐（M042：3）　　3. 铜刀（M042：4）　　4. 铜泡（M042：7）　　5. 玉髓串珠（M042：2）
6. 铜耳环（M042：8）　　7. 铜锥（M042：6）　　8. 石杵（M042：5）

米，孔径0.7厘米，厚0.5厘米，重1.57克（图八三，5）。

M042：5，石杵。1件。圆柱状，一端呈球状，另一端平直，表面光滑。长11.2厘米，宽8厘米（图八三，8；图版四四，3）。

M043

（一）形制结构

长方形竖穴土坑墓。M043东北角及北壁大部被M042打破。墓向222°。墓口距地表0.52米，长1.85、宽1.4米，墓坑深1.04米。墓圹内填充包含砾石的黄沙土，墓圹底部铺1层约0.15米厚的纯净细黄沙土。墓圹底部四周设熟土二层台，二层台高0.52米，二层台上平砌1层土坯。椁室底部放置人骨1具，保存情况较差，葬式不明，头向西南，为成年男性（图八四）。

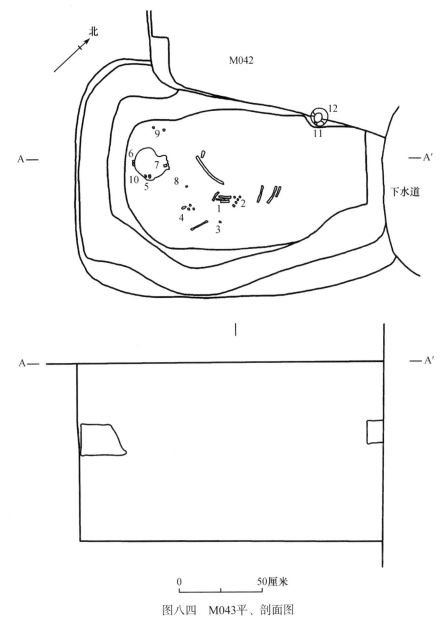

图八四 M043平、剖面图

1. 铜管（M043：1） 2. 铜管、铜珠（M043：2） 3. 铜泡（M043：3） 4. 铜泡（M043：4） 5. 海贝（M043：5）
6. 绿松石串珠（M043：6） 7. 绿松石串珠（M043：7） 8. 绿松石串珠（M043：8） 9. 绿松石串珠（M043：9）
10. 铜牌饰（M043：10） 11. 蚌饰（M043：11） 12. 双耳陶罐（M043：12）

（二）出土遗物

共38件。陶器1件，为双耳陶罐（M043：12），出土于墓坑北侧。铜器25件，其中铜管3件（M043：1）出土于人骨胸部，铜管、铜珠17件（M043：2）出土于人骨胸部，铜泡4件（M043：3、M043：4）出土于人骨胸部，铜牌饰1件（M043：10）出土于人骨头部。石器9件，均为绿松石串珠（M043：6~M043：9），出土于人骨颈部。贝器1件，为海贝（M043：5），出土于人骨头部。蚌器2件，为蚌饰（M043：11），出土于陶罐旁。

1. 陶器

M043：12，双耳陶罐。1件。夹细砂红陶，手制。侈口，圆唇，束颈，颈肩双耳，鼓腹，平底。口沿内及耳部为短斜线纹，颈部上下各一周宽带纹，之间为折线纹，腹部为垂带纹。通高9.4厘米，口径6.8厘米，腹径11.2厘米，底径3.8厘米（图八五，1；图版四八，1）。

2. 铜器

M043：1，铜管。3件。管状，铜片卷制，接缝明显。长4.4～5.6厘米，直径0.6～0.7厘米，重2.82～3.08克（图八五，2；图版四五，1）。

M043：2，铜管、铜珠。17件。M043：2-1，铜管，2件，均呈螺旋状，铜条螺旋卷制，残长3.5～4.5厘米，重3.9～5.1克；M043：2-1，环状铜珠，15件，直径0.8～1厘米，厚0.2厘米，重0.8克（图八五，11；图版四五，3）。

M043：3，铜泡。2件。圆泡状，背部有直纽。直径2.2厘米，重6.1克（图八五，3；图版

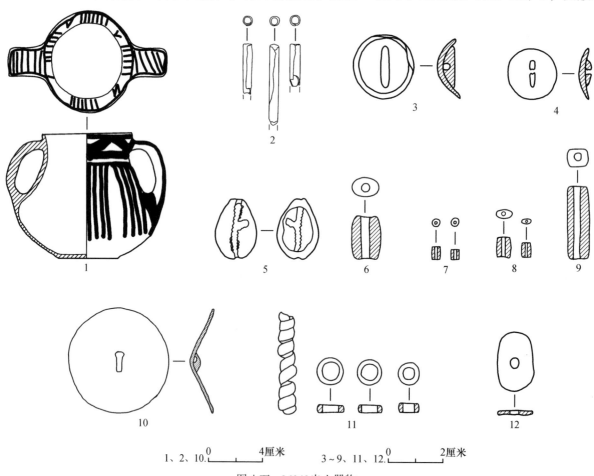

1、2、10. 0 —— 4厘米　　3～9、11、12. 0 —— 2厘米

图八五　M043出土器物

1. 双耳陶罐（M043：12）　2. 铜管（M043：1）　3. 铜泡（M043：3）　4. 铜泡（M043：4）　5. 海贝（M043：5）
6. 绿松石串珠（M043：7）　7. 绿松石串珠（M043：8）　8. 绿松石串珠（M043：9）　9. 绿松石串珠（M043：6）
10. 铜牌饰（M043：10）　11. 铜管、铜珠（M043：2）　12. 蚌饰（M043：11）

四五，2）。

M043：4，铜泡。2件。圆泡状，背部有直纽。直径1.5～2厘米，重3.4克（图八五，4；图版四五，2）。

M043：10，铜牌饰。1件。圆泡状，背部有桥形纽。直径7.5厘米（图八五，10；图版四六，5）。

3. 石器

M043：6，绿松石串珠。1件。圆柱状，由柱状磨扁两侧而成，中部穿孔。长2.5厘米，宽0.8厘米（图八五，9；图版四六，2）。

M043：7，绿松石串珠。1件。圆柱状，中部穿孔。长1.3厘米，宽1厘米（图八五，6；图版四六，3）。

M043：8，绿松石串珠。3件。均为圆柱状，中部穿孔。直径0.25～0.3厘米，长0.35～0.5厘米（图八五，7；图版四六，4）。

M043：9，绿松石串珠。4件。均为圆柱状，中部穿孔。长0.3～0.4厘米，直径0.2厘米，孔径0.2厘米，重0.1～0.2克（图八五，8；图版四六，4）。

4. 贝蚌器

M043：5，海贝。1件。表面磨光。长2.2厘米，宽1.5厘米，重1.56克（图八五，5；图版四六，1）。

M043：11，蚌饰。2件。呈长方形，中部穿孔。长2.1厘米，宽1.3厘米，孔径0.3厘米，重1.1克（图八五，12；图版四六，6）。

M044

（一）形制结构

长方形竖穴土坑墓。墓向45°，墓口距地表0.23米，长1.8米，宽1.2米，墓坑深0.9米。墓圹内填充包含砾石的细砂土，夹杂人骨、陶片。墓圹底部四周设熟土二层台，二层台内侧竖立1层土坯，二层台上平砌2层土坯。椁室内周长0.84米，宽0.64米；土坯长0.4米，宽0.24米，厚0.1米。共出土人骨4具，分别编号为A、B、C、D。人骨A出土于墓圹填土中，保存较差，仅存颅骨，为成年女性；人骨B出土于墓圹填土中，保存较差，仅存颅骨碎片及部分牙齿，为成年男性；人骨C出土于椁室中，保存较差，仅存桡骨，部分髋骨被扰乱至墓圹填土中，为未成年个体；人骨D出土于椁室底部，左侧身屈肢，头向东北，面向东南，为成年女性个体（图八六；图版四七，1、2）。

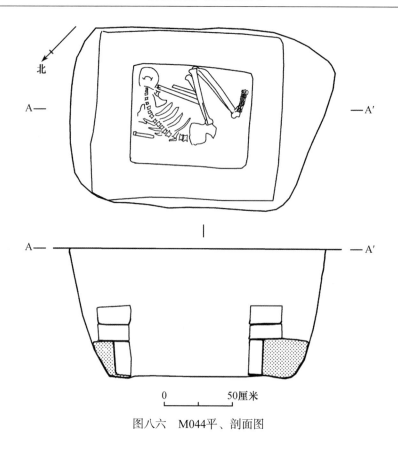

图八六　M044平、剖面图

（二）出土遗物

共10件。陶器1件，为双耳陶罐（M044：1），出土于填土中。石器6件，其中滑石串珠5件（M044：2、M044：4）、绿松石串珠1件（M044：3），出土于填土中。骨器3件，均为骨牌饰（M044：5），出土位置不明。

1. 陶器

M044：1，双耳陶罐。1件。夹细砂红陶，手制。侈口，圆唇，束颈，沿肩双耳，鼓腹，平底。颈部绘一道弦纹，两耳处各有两道和三道小短线，腹部有两道小斜线。通高15厘米，口径11.4厘米，腹径16.8厘米，底径7.2厘米，重665克（图八七，1；图版四八，2）。

2. 石器

M044：2，滑石串珠。2件，白色，圆柱状，中部穿孔。直径0.6厘米，长0.2～0.5厘米，重0.2～0.48克（图八七，4；图版四八，3）。

M044：3，绿松石串珠。1件。白色夹杂部分浅绿色，圆柱状，弧腹，中部穿孔。长1.6厘米，直径0.6～0.7厘米，孔径0.2厘米，重1.74克（图八七，5；图版四八，4）。

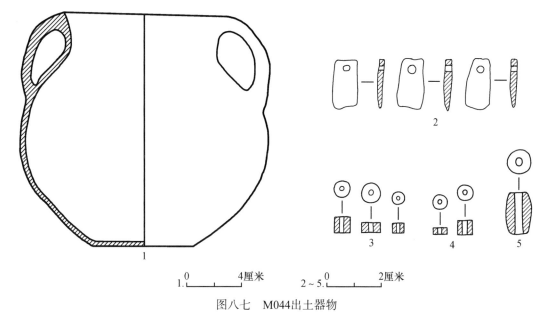

图八七　M044出土器物

1. 双耳陶罐（M044：1）　2. 骨牌饰（M044：5）　3. 滑石串珠（M044：4）　4. 滑石串珠（M044：2）
5. 绿松石串珠（M044：3）

M044：4，滑石串珠。3件，矮圆柱状或圆柱状，中部穿孔。直径0.4～0.6厘米，长0.3～0.6厘米，孔径0.2厘米，重0.1～0.5克（图八七，3；图版四八，5）。

3. 骨器

M044：5，骨牌饰。3件。长方形或梯形，一端穿孔。长1.7厘米，宽1厘米，厚0.2～0.4厘米（图八七，2）。

M045

（一）形制结构

长方形竖穴土坑墓。墓向52°。墓口距地表0.5米，长1.72米，宽1.36米。墓坑深0.8米，坑底长0.88米，宽0.56米。墓圹内填充包含砾石的黄沙土，夹杂人骨、陶片。墓圹底部四周设生土二层台，现仅北、南两壁，形制明确。北壁自下而上呈阶梯状设2层生土二层台，第1层生土二层台内侧竖立1层土坯，第1层生土二层台上平铺2层土坯，第2层生土二层台上再竖立1层土坯；南壁自下而上呈阶梯状设3层生土二层台，第1、2层生土二层台内侧各竖立1层土坯，二层台上平砌1层土坯，其上再竖立1层土坯。土坯长0.35米，宽0.24米，厚0.1米。椁室底部放置人骨1具，左侧身屈肢，头向东，面向南（图八八；图版四九，1）。

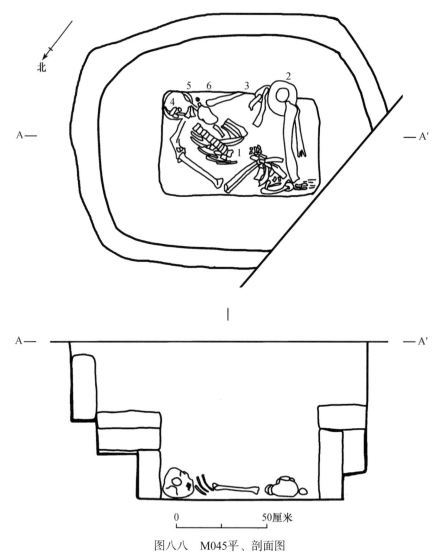

图八八　M045平、剖面图

1. 滑石串珠（M045∶1）　2. 双耳陶罐（M045∶2）　3. 铜手镯（M045∶3）　4. 铜耳环（M045∶4、M045∶7）
5. 玉髓串珠（M045∶5）　6. 绿松石串珠（M045∶6）

（二）出土遗物

共8件。陶器1件，为双耳陶罐（M045∶2），出土于椁室东南角。铜器3件，其中铜手镯1件（M045∶3），出土于人骨左腕；铜耳环2件（M045∶4、M045∶7），出土于人骨耳部。石器4件，其中玉髓串珠1件（M045∶5）、绿松石串珠1件（M045∶6），均出土于人骨颈部；滑石串珠2件（M045∶1），出土于人骨右腕。

1. 陶器

M045∶2，双耳陶罐。1件。夹细砂红陶，手制。侈口，尖唇，束颈，沿肩双耳，圆腹，平底。口沿内绘一周弦纹，颈部绘一周弦纹，肩腹处为交错平行线三角纹，耳部为竖线纹。通高13.6厘米，口径9.2厘米，腹径15.2厘米，底径6.4厘米，重625克（图八九，1；图版四九，2）。

2. 铜器

M045：3，铜手镯。1件。环状，片状铜条卷制，接口处残。直径6.2厘米，宽1.1厘米，重23.14克（图八九，5；图版四九，3）。

M045：4，铜耳环。1件。环状，铜丝绕成，接口扁平。直径2.6～2.9厘米，铜丝直径0.3厘米，重3.4克（图八九，7；图版五○，1）。

M045：7，铜耳环。1件。环状，铜丝绕成，接口一端扁平，另一端残。直径3.2厘米，铜丝直径0.3厘米，重2.86克（图八九，6；图版五○，4）。

3. 石器

M045：1，滑石串珠。2件，圆柱形或扁圆柱形，中部穿孔。长0.5～0.6厘米，宽0.3～0.4厘米，孔径0.1厘米，重0.1克（图八九，4；图版四八，6）。

M045：5，玉髓串珠。1件。红色半透明，圆柱形，微鼓腹，中部穿孔。直径1厘米，孔径0.6厘米，厚0.5厘米，重1.16克（图八九，3；图版五○，2）。

M045：6，绿松石串珠。1件。浅绿色，磨光，扁圆柱形，长1.3厘米，宽1.1厘米，厚0.4厘米，孔径0.15厘米，重1.41克（图八九，2；图版五○，3）。

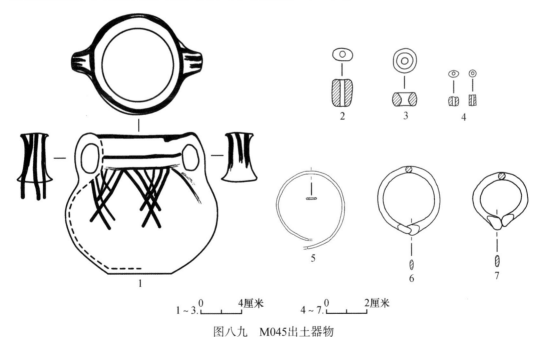

图八九　M045出土器物

1. 双耳陶罐（M045：2）　2. 绿松石串珠（M045：6）　3. 玉髓串珠（M045：5）　4. 滑石串珠（M045：1）

5. 铜手镯（M045：3）　6. 铜耳环（M045：7）　7. 铜耳环（M045：4）

M046

（一）形制结构

长方形竖穴土坑墓。打破M047、M049。墓向232°。墓口距地表0.2米，长1.02米，宽0.74米，墓坑深0.26米。墓圹内填充包含砾石的黄色土，质地疏松。墓圹底部为长方形土坯椁室，椁室四壁均竖立1层土坯。椁室内周长0.68米，宽0.44米；土坯长0.4米，宽0.27米，厚0.11米。椁室底部放置人骨1具，为未成年个体，保存状况较差（图九〇；图版五一，1）。

（二）出土遗物

共4件。陶器1件，为单耳陶罐（M046：1），出土于椁室东壁。石器3件，其中滑石串珠2件（M046：2），出土于椁室东南角；绿松石串珠1件（M046：3），出土于单耳陶罐旁。

1. 陶器

M046：1，单耳陶罐。1件。夹细砂红陶，手制。微侈口，圆唇，直颈，沿肩单耳，弧腹，平底。通高11.8厘米，口径6.8厘米，腹径11.2厘米，底径5.6厘米，重300克（图九〇，1；图版五〇，5）。

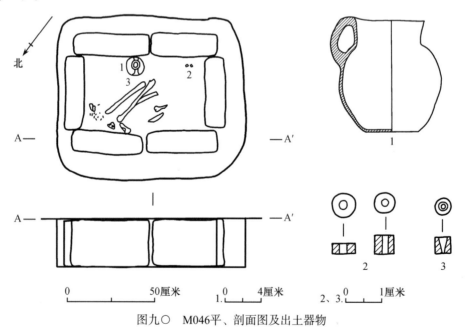

图九〇　M046平、剖面图及出土器物

1.单耳陶罐（M046：1）　2.滑石串珠（M046：2）　3.绿松石串珠（M046：3）

2. 石器

M046：2，滑石串珠。2件。白色，圆柱状或片状，中部穿孔。直径0.5~0.6厘米，长0.3~0.5厘米，孔径0.2厘米，重0.1克（图九〇，2；图版五〇，6）。

M046：3，绿松石串珠。1件。浅绿色，圆柱状，中部穿孔。直径0.4厘米，长0.5厘米，孔径0.2厘米，重0.14克（图九〇，3；图版五一，2）。

M047

（一）形制结构

长方形竖穴土坑墓。被M046打破，打破M049。墓向67°。墓口距地表0.3米，长1.62米，宽1.34米，墓坑深0.96米。墓圹内填充黄色沙质土，夹杂部分碎土坯、人骨和陶片。墓圹底部四周设熟土二层台，二层台内侧竖立1层土坯，二层台上平砌2层土坯。椁室内周长0.8米，宽0.58米；土坯长0.35~0.4米，宽0.3米，厚0.1米。椁室底部放置人骨1具，左侧身屈肢，头向东，面向南，为成年女性（图九一；图版五二，1、2）。

（二）出土遗物

共6件。陶器1件，为双耳陶罐（M047：1），出土于椁室东南角。铜器2件，均为铜耳环（M047：2），出土于人骨耳部。石器3件，玉髓串珠（M047：3）、绿松石串珠（M047：4）各1件，出土于人骨颈部；滑石串珠1件（M047：5），出土于人骨右臂。

1. 陶器

M047：1，双耳陶罐。1件。夹细砂红陶，手制。微侈口，方唇，束颈，沿肩双耳，鼓腹，平底。通高14.6厘米，口径9.4厘米，腹径15.2厘米，重645克（图九二，1；图版五一，3）。

2. 铜器

M047：2，铜耳环。2件。其中一件为环状，铜丝绕成，接口一端扁平，直径3.6厘米，铜丝直径0.3厘米，重5.57克。另一件也为环状，铜丝绕成，接口扁平，半圆径4.9厘米，铜丝直径0.4厘米，重5.2克（图九二，2；图版五三，1）。

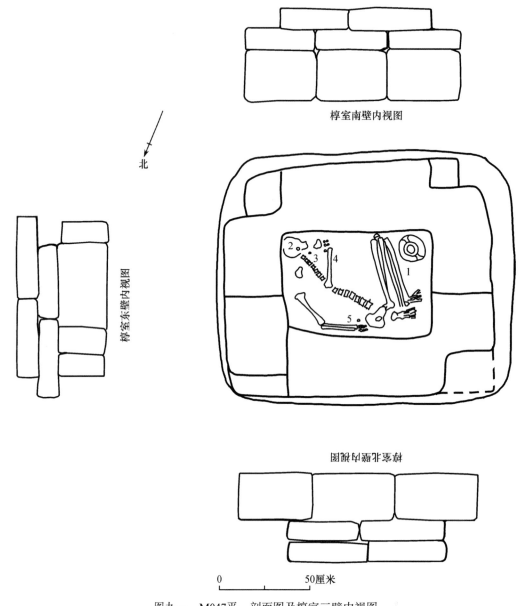

图九一　M047平、剖面图及椁室三壁内视图

1. 双耳陶罐（M047：1）　　2. 铜耳环（M047：2）　　3. 玉髓串珠（M047：3）　　4. 绿松石串珠（M047：4）

5. 滑石串珠（M047：5）

3. 石器

M047：3，玉髓串珠。1件。红色，较通透，折腹算珠状。直径0.9厘米，孔径0.3厘米，高0.3厘米，重0.52克（图九二，4；图版五三，2）。

M047：4，绿松石串珠。1件。浅绿色，圆柱状，中部穿孔。长0.8厘米，直径0.4厘米，孔径0.2厘米，重0.35克（图九二，5；图版五三，3）。

M047：5，滑石串珠。1件。白色，风化严重，圆柱状，中部穿孔。直径0.7厘米，厚0.4厘米，孔径0.2厘米，重0.3克（图九二，3；图版五三，4）。

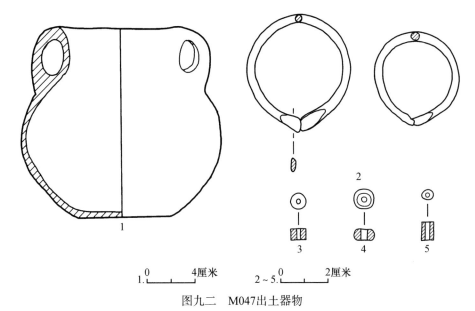

图九二 M047出土器物

1. 双耳陶罐（M047：1） 2. 铜耳环（M047：2） 3. 滑石串珠（M047：5） 4. 玉髓串珠（M047：3）
5. 绿松石串珠（M047：4）

M048

（一）形制结构

长方形竖穴土坑墓。墓向44°。M050打破M048。墓口距地表0.3米，长1.4米，宽0.94米，墓坑深0.64米。墓圹内填充包含砾石的黄沙土，质地疏松。墓圹底部放置人骨1具，分布散乱，保存较差，葬式不明（图九三；图版五四，1）。

（二）出土遗物

共43件。陶器1件，为双耳陶罐（M048：1），出土于墓坑南部。铜器32件，其中铜珠28件（M048：4、M048：5），出土于墓坑中部；铜牌饰1件（M048：9）、铜管3件（M048：10）出土于墓坑中部。石器1件，为绿松石串珠（M048：8），出土于墓坑中部。蚌器5件，均为蚌饰，出土于陶罐旁（M048：2、M048：3）及墓坑中部（M048：6）。贝器4件，均为海贝（M048：7），出土于陶罐旁。

1. 陶器

M048：1，双耳陶罐。1件。夹细砂红陶，手制。侈口，尖唇，束颈，颈肩双耳，折腹，平底。口沿内外各有一周或多周黑色宽带纹，双耳各有三道宽带纹，中间一道较窄，腹部用黑

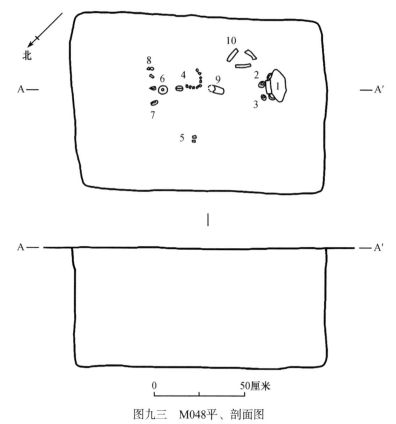

图九三　M048平、剖面图

1. 双耳陶罐（M048：1）　2. 蚌饰（M048：2）　3. 蚌饰（M048：3）　4. 铜珠（M048：4）　5. 铜珠（M048：5）
6. 蚌饰（M048：6）　7. 海贝（M048：7）　8. 绿松石串珠（M048：8）　9. 铜牌饰（M048：9）　10. 铜管（M048：10）

色框线分为两个单元，其间填充密集的网格纹。通高8.2厘米，口径6.2厘米，腹径9.8厘米，底径4.4厘米（图九四，1；图版五三，5）。

2. 铜器

M048：4，铜珠。24件。环状，部分接缝明显。直径0.8～1.1厘米，壁厚0.1厘米，宽0.4～0.6厘米，重1.1～1.4克（图九四，9；图版五五，1）。

M048：5，铜珠。4件。环状，接缝明显。直径0.4～0.5厘米，铜丝直径0.1厘米，厚0.1～0.2厘米，重0.3克（图九四，8；图版五四，3）。

M048：9，铜牌饰。1件。平面呈长方形，中部一面内凹。残长4.4厘米，残宽4.4厘米，重12.61克（图九四，4；图版五六，2）。

M048：10，铜管。3件。管状，接缝明显。长4.4～11.1厘米，直径0.6～0.8厘米，重5.58～11.86克（图九四，10；图版五六，3）。

3. 石器

M048：8，绿松石串珠。1件。浅绿色，扁圆柱状，中部穿孔。长0.7厘米，宽0.5厘米，孔径0.15厘米，重0.27克（图九四，7；图版五六，1）。

4. 蚌器

M048：2，蚌饰。1件。白色，圆片状，偏离中心处穿孔。直径2.1厘米，孔径0.4厘米，重1.38克（图九四，5；图版五三，6）。

M048：3，蚌饰。1件。白色，椭圆片状，中部穿孔。直径1.3～1.7厘米，孔径0.4厘米，重0.76克（图九四，2；图版五四，2）。

M048：6，蚌饰。3件。白色，椭圆形或圆形，中部穿孔。M048：6-1，直径1.5～1.7厘米，孔径0.7厘米，重1.49克；M048：6-2，直径2.9厘米，孔径0.7厘米，重3.38克；M048：6-3，残损严重（图九四，3；图版五五，2）。

5. 贝器

M048：7，海贝。4件。残损严重。长2.1厘米，宽1厘米（图九四，6；图版五五，3）。

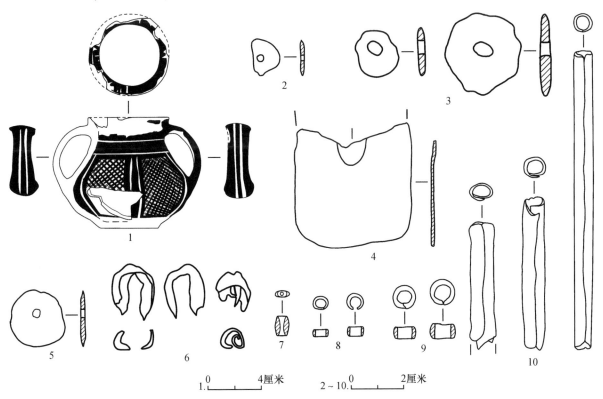

0 ____ 4厘米
1.

2～10. 0 ____ 2厘米

图九四　M048出土器物

1. 双耳陶罐（M048：1）　2. 蚌饰（M048：3）　3. 蚌饰（M048：6）　4. 铜牌饰（M048：9）　5. 蚌饰（M048：2）

6. 海贝（M048：7）　7. 绿松石串珠（M048：8）　8. 铜珠（M048：5）　9. 铜珠（M048：4）　10. 铜管（M048：10）

M049

（一）形制结构

长方形竖穴土坑墓。被M046和M047打破。墓向57°。墓口距地表0.3米，长1米，宽0.9米，墓坑深1.03米。墓圹内填充包含砾石的黄沙土，土质疏松，夹杂碎土坯和彩陶片。墓圹底部为长方形土坯椁室，仅存西、北两壁，均自下而上竖立2层土坯。椁室内周残长1米，宽0.64米；土坯长0.44米，宽0.22米，厚0.1米。椁室底部放置人骨1具，保存较差，分布散乱，仅存零星骨骼，葬式不明（图九五）。

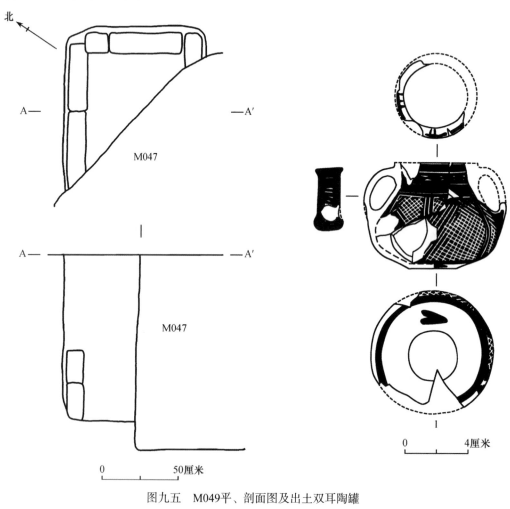

图九五　M049平、剖面图及出土双耳陶罐

1. 双耳陶罐（M049：1）

（二）出土遗物

共1件。陶器1件，为双耳陶罐（M049：1），残片散落在墓坑中。

M049：1，双耳陶罐。1件。夹细砂红陶，侈口，尖唇，束颈，颈肩双耳，扁圆腹，平底。口沿内部有一周黑色纹饰，间隔短竖线；颈部上下两道宽带纹，之间为窄带纹，其间为一周连续菱形纹，耳部为夹杂短横线的轮廓黑色彩绘，腹部用黑色框线划分为三个单元，其间填充密集的网格纹，底部轮廓一周黑色彩绘，其内现存一组平放的"V"形纹饰。通高8.8厘米，口径6.9厘米，腹径11厘米，底径4厘米（图九五，1；图版五六，4）。

M050

（一）形制结构

长方形竖穴土坑墓。M050打破M048。墓向50°。墓口长1.54米，宽1.27米，墓坑深0.47米。墓圹内填充包含砾石的黄土，土质较致密。墓圹底部为长方形土坯椁室，椁室四壁自下而上为4层土坯，最下面2层位错缝平砌，其余均为平砌。椁室内周长0.88米，宽0.6米；土坯长0.4米，宽0.28米，厚0.11米。椁室底部放置人骨1具，保存较差，分布散乱，仅存零星骨骼，葬式不明（图九六）。

（二）出土遗物

共6件。铜器4件，铜管1件（M050：1），出土于椁室中部；铜珠1件（M050：2），出土于椁室东壁中部；铜镞1件（M50：4），出土于椁室中部；铜泡1件（M050：5），出土于椁室东南部。石器2件，均为滑石串珠（M050：3），出土于椁室南部。

1. 铜器

M050：1，铜管。1件。圆锥管状，一侧直径较小，另一端较大，接缝明显。长3.8厘米，直径0.4～0.7厘米，重3.34克（图九六，1；图版五六，5）。

M050：2，铜珠。1件。圆柱状，无接缝，似为铸造成型，孔极小。直径0.5厘米，厚0.5厘米，孔径不足0.1厘米，重0.6克（图九六，2；图版五六，6）。

M050：4，铜镞。1件。圆柱形鋌，平尖。残长2.1厘米，宽0.6厘米，鋌径0.4厘米，重0.83克（图九六，5；图版五七，2）。

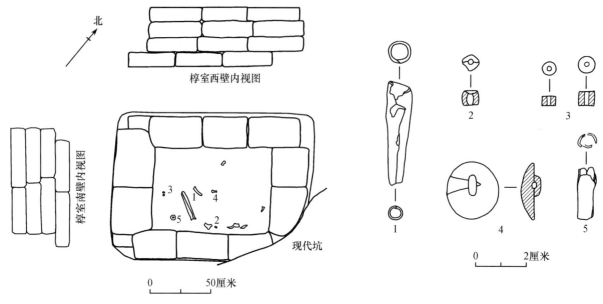

图九六　M050平、剖面图及出土器物

1. 铜管（M050：1）　2. 铜珠（M050：2）　3. 滑石串珠（M050：3）　4. 铜泡（M050：5）　5. 铜镞（M050：4）

M050：5，铜泡。1件。圆泡状，背部有桥纽和明显的铸造槽。直径1.9厘米，重5.54克（图九六，4；图版五七，3）。

2. 石器

M050：3，滑石串珠。2件。圆柱形，中部穿孔。直径0.5~0.6厘米，厚0.3~0.6厘米，孔径0.1~0.2厘米，重0.2~0.37克（图九六，3；图版五七，1）。

M051

（一）形制结构

长方形竖穴土坑墓。墓向240°，东南部被现代建筑打破。墓口距地表1.3米，残长1.39米，宽1.26米，墓坑深0.94米。墓圹内填充包含砾石的红色砂质黏土，夹杂零星人骨。墓圹底部为长方形土坯椁室，椁室四壁自下而上错缝平砌4层土坯。椁室内周长1米，宽0.6米，深0.4米；土坯长0.2~0.24米，宽0.16~0.2米，厚0.1米。共出土人骨3具，其中2具出土于墓圹填土，分布散乱；1具出土于椁室底部，右侧身屈肢，头向南，面向东（图九七；图版五九，1）。

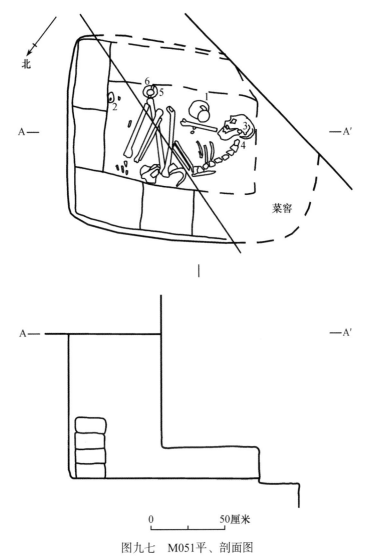

图九七 M051平、剖面图

1. 双耳陶罐（M051：1） 2. 滑石串珠（M051：2） 3. 铜耳环（M051：3） 4. 铜耳环（M051：4） 5. 滑石串珠（M051：5）
6. 双耳陶罐（M051：6）

（二）出土遗物

共7件。陶器3件，双耳陶罐1件（M051：1），出土于人骨胸部前侧；双耳陶罐1件（M051：6），出土于人骨膝部；陶罐1件（M051：7），出土位置不明。铜器2件，均为铜耳环（M051：3、M051：4），出土于人骨耳部。石器2件，均为滑石串珠，出土于椁室东北部（M051：2）及人骨膝部（M051：5）。

1. 陶器

M051：1，双耳陶罐。1件。夹砂红陶，红底黑彩，手制。敞口，束颈，沿肩双耳，折腹，平底。口沿有一道水波纹，颈部一道弦纹，弦纹下为连续的叶脉三角纹。口径10厘米，高

15.5厘米（图九八，1；图版五七，4）。

M051：6，双耳陶罐。1件。夹细砂红陶，手制，口沿残。直口，圆唇，直颈，颈肩双耳，鼓腹，小平底。通高9厘米，口径5.5厘米，腹径10.5厘米，底径4厘米，重280克（图九八，2；图版五八，3）。

M051：7，陶罐。1件。夹细砂红陶，手制，残。圆腹，小平底。残高10.8厘米，腹径14.4厘米，底径6.5厘米，重335克（图版五八，4）。

2. 铜器

M051：3，铜耳环。1件。残。用细铜丝绕成。残径2.2厘米，铜丝直径0.2厘米，重1.02克（图九八，3；图版五七，6）。

M051：4，铜耳环。1件。残成两段，用细铜丝绕成。残长1.3厘米，铜丝直径0.3厘米，重0.8克（图九八，4；图版五八，1）。

3. 石器

M051：2，滑石串珠。1件。完整。圆柱状，中部穿孔。长1.3厘米，直径0.6厘米，孔径0.3厘米，重1.15克（图九八，5；图版五七，5）。

M051：5，滑石串珠。1件。完整。圆柱状，中部穿孔。长1.2厘米，直径0.8厘米，孔径0.2厘米，重1.41克（图九八，6；图版五八，2）。

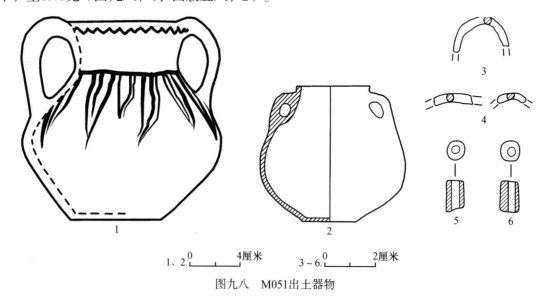

1、2.　0 ——— 4厘米　　　3~6.　0 ——— 2厘米

图九八　M051出土器物

1. 双耳陶罐（M051：1）　2. 双耳陶罐（M051：6）　3. 铜耳环（M051：3）　4. 铜耳环（M051：4）　5. 滑石串珠（M051：2）

6. 滑石串珠（M051：5）

M052

（一）形制结构

长方形竖穴土坑墓。墓葬北部被现代管道打破。墓向48°。墓口距地表0.56米，长1.53米，宽1.1米，墓坑深1.06米。墓圹填土内出土大量零乱人骨。墓圹底部四周设熟土二层台，二层台内侧竖立1层土坯，二层台上平砌2层土坯。椁室内周长0.9米，宽0.52米；土坯长0.3米，宽0.18～0.2米，厚0.1米。椁室底部放置人骨1具，被扰乱，仅存盆骨以上部分，仰身右屈肢，头向东北，面向西（图九九；图版五九，2）。

（二）出土遗物

共15件。陶器1件，为双耳陶罐（M052：2），出土于填土中。铜器1件，为铜耳环（M052：4），出土于耳部。石器13件，其中滑石串珠1件（M052：1）、绿松石串珠1件（M052：3），出土于填土中，绿松石串珠5件（M052：5）出土于颈部，滑石串珠6件（M052：6），出土于头骨上端。

1. 陶器

M052：2，双耳陶罐。1件。夹砂红陶，红底黑彩，手制。侈口，束颈，沿肩双耳，鼓腹，平底。肩腹处绘连续的叶脉三角纹，耳部饰竖线纹。口径9.2厘米，底径6.8厘米，高13.6厘米（图一〇〇，1；图版五八，6）。

2. 铜器

M052：4，铜耳环。1件。完整。环形，用细铜丝绕成，接口处扁平。直径2.4厘米，铜丝直径0.3厘米，重2.37克（图一〇〇，2；图版六〇，2）。

3. 石器

M052：1，滑石串珠。1件。完整。柱状，中部穿孔。长0.5厘米，直径0.4厘米，孔径0.15厘米，重0.24克（图一〇〇，5；图版五八，5）。

M052：3，绿松石串珠。1件。完整。不规则柱状，中部对钻穿孔。长0.9厘米，宽0.8厘米，孔径0.3厘米，重0.96克（图一〇〇，6；图版六〇，1）。

M052：5，绿松石串珠。5件。其中4件呈饼状完整。中部穿孔。长0.3～0.4厘米，直径0.5～0.8厘米，孔径0.15厘米，重0.27克。1件呈半圆柱状，完整。上部穿孔。由中部对钻穿孔

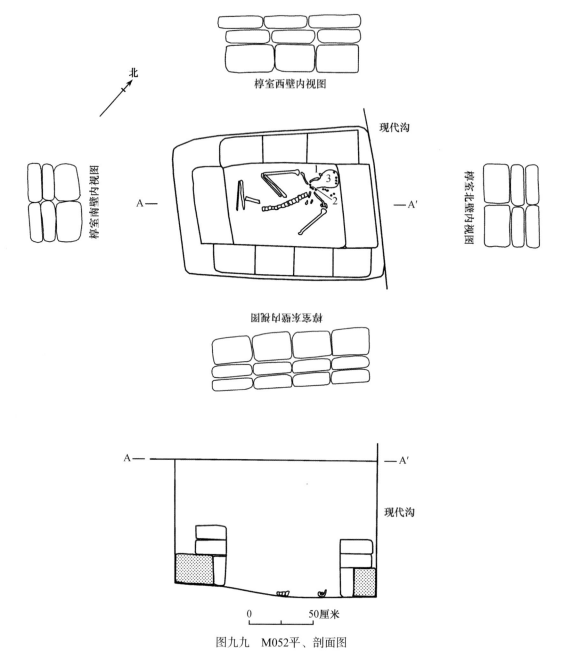

图九九　M052平、剖面图

1. 铜耳环（M052：4）　2. 绿松石串珠（M052：5）　3. 滑石串珠（M052：6）

的圆柱状切割而成。长1.3厘米，直径0.8厘米，孔径0.1厘米，重0.66克（图一〇〇，4；图版六〇，3）。

　　M052：6，滑石串珠。6件。完整。大小不一，中部穿孔，柱状。长0.2~0.6厘米，直径0.2~0.4厘米，孔径0.1厘米，总重0.67克（图一〇〇，3；图版六〇，4）。

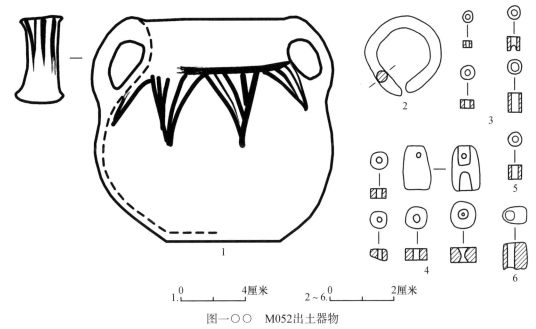

图一〇〇　M052出土器物

1. 双耳陶罐（M052：2）　2. 铜耳环（M052：4）　3. 滑石串珠（M052：6）　4. 绿松石串珠（M052：5）　5. 滑石串珠（M052：1）
6. 绿松石串珠（M052：3）

M053

（一）形制结构

长方形竖穴土坑墓。北部被现代建筑打破。墓向236°。墓口距地表0.44米，残长1.75米，宽1.28米，墓坑深0.76米。墓圹填土中夹杂大量残损人骨。墓圹底部南壁设生土二层台，二层台内侧自下而上错缝平砌4层土坯；西壁自下而上错缝平砌4层土坯；东、北两壁自下而上错缝平砌5层土坯。椁室内周长0.9米，宽0.66米；土坯长0.42米，宽0.2米，厚0.1米。共出土2具人骨，其中1具出土于土坯椁室西壁顶层土坯之上，分布散乱，胫骨、下颌骨被扰乱至墓圹填土中，为成年女性；另1具出土于椁室底部，右侧身屈肢，头向东南，面向东，性别不明（图一〇一；图版六一，1、2）。

（二）出土遗物

共11件。陶器2件，均为双耳陶罐，出土于填土（M053：11）和足部（M053：10）。铜器5件，其中铜牌饰4件（M053：1、M053：2、M053：3、M053：4），出土于头骨附近；铜刀1件（M053：8），出土于人骨头部。石器2件，其中绿松石串珠1件（M053：5），出土于头骨附近；滑石串珠1件（M053：9），出土于头骨附近。铅器2件，均为铅别针（M053：6、M053：7），出土于耳部。

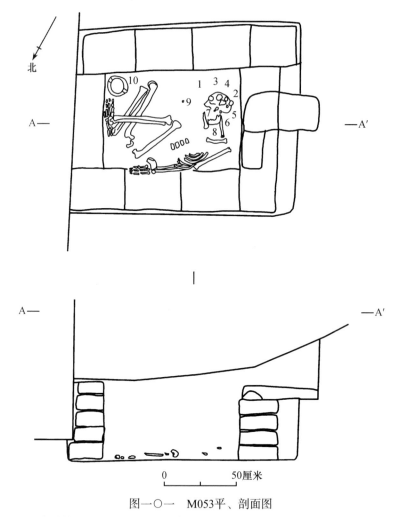

图一〇一　M053平、剖面图

1. 铜牌饰（M053：1）　　2. 铜牌饰（M053：2）　　3. 铜牌饰（M053：3）　　4. 铜牌饰（M053：4）　　5. 绿松石串珠（M053：5）
6. 铅别针（M053：6）　　7. 铅别针（M053：7）　　8. 铜刀（M053：8）　　9. 滑石串珠（M053：9）　　10. 双耳陶罐（M053：10）

1. 陶器

M053：10，双耳陶罐。1件。夹细砂红陶，手制，完整。侈口，方唇，束颈，颈肩双耳，鼓腹，平底。通高13.2厘米，口径10.3厘米，腹径13.5厘米，底径6.4厘米，重630克（图一〇二，1；图版六二，6）。

M053：11，双耳陶罐。1件。夹细砂红陶，手制，完整。直口，方唇，直颈，颈肩双耳，鼓腹，平底。通高11.3厘米，口径7.6厘米，腹径11.6厘米，底径5.8厘米，重450克（图一〇二，2；图版六三，1）。

2. 铜器

M053：1，铜牌饰。1件。残。圆形，边缘略弧。直径5.6厘米，重15.6克（图一〇二，7；图版六〇，5）。

M053：2，铜牌饰。1件。完整。圆形，一面平整，一面有纽。直径4.6厘米，重22.8克

（图一○二，3；图版六○，6）。

M053：3，铜牌饰。1件。完整。圆形，近边缘处有四个相对位置的小孔，其中一对与边缘不封口。一面略弧。直径5.5厘米，孔径0.1厘米，重17.35克（图一○二，4；图版六二，1）。

M053：4，铜牌饰。1件。完整。圆形，近边缘处有四个相对位置的小孔，其中一对与边缘不封口。一面略弧。直径5厘米，孔径0.1厘米。

M053：8，铜刀。1件。环首，弧柄，直背，刀背较厚。长16.3厘米，宽1.9厘米（图一○二，10）。

3. 铅器

M053：6，铅别针。1件。完整。门鼻状，用细铅丝绕成。长2.6厘米，宽1.6厘米，铅丝直径0.2厘米，重1.79克（图一○二，8；图版六二，3）。

M053：7，铅别针。1件。完整。门鼻状，用细铅丝绕成。两端尖锐。长3.2厘米，宽1.4厘米，铅丝直径0.2厘米，重2.13克（图一○二，9；图版六二，4）。

4. 石器

M053：5，绿松石串珠。1件。完整。长方体，中部穿孔。长1.1厘米，宽1厘米，孔径0.3厘米，重1.45克（图一○二，6；图版六二，2）。

M053：9，滑石串珠。1件。完整。饼状，中部穿孔。厚0.2厘米，直径0.7厘米，孔径0.15厘米，重0.35克（图一○二，5；图版六二，5）。

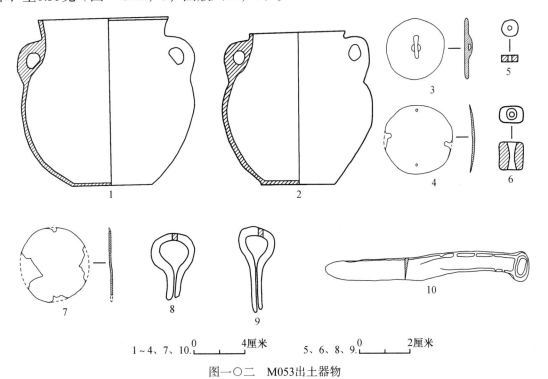

1~4、7、10.0 ⌐————4厘米　　5、6、8、9.0 ⌐————2厘米

图一○二　M053出土器物

1. 双耳陶罐（M053：10）　2. 双耳陶罐（M053：11）　3. 铜牌饰（M053：2）　4. 铜牌饰（M053：3）　5. 滑石串珠（M053：9）　6. 绿松石串珠（M053：5）　7. 铜牌饰（M053：1）　8. 铅别针（M053：6）　9. 铅别针（M053：7）　10. 铜刀（M053：8）

M054

（一）形制结构

长方形竖穴土坑墓。M054打破M073，椁室北部被现代沟打破。墓向34°。墓口距地表0.45米，长1.5米，宽1.2米，墓坑深1.46米。墓坑底长1.2米，宽0.9米。墓圹内填充包含砾石的黄沙土，椁室内及其上0.1米均为包含细砾的黄色细砂土。墓圹底部四周设生土二层台，二层台内侧竖立1层土坯，二层台上平砌2层土坯。椁室内周长0.96米，宽0.59米；土坯长0.26米，宽0.3米，厚0.1米。椁室底部放置人骨1具，左侧身屈肢，头向东北，面向南，为成年男性（图一〇三；图版六三，3）。

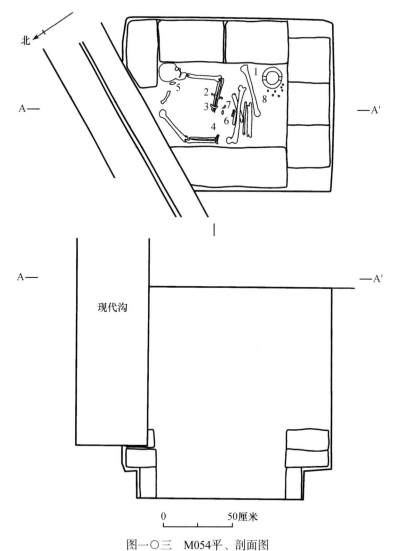

图一〇三　M054平、剖面图

1. 双耳陶罐（M054：1）　　2. 铜珠（M054：2）　　3. 铜手镯（M054：3）　　4. 铜手镯（M054：4）　　5. 铜耳环（M054：5）
6. 铜牌饰（M054：6）　　7. 铜管（M054：7）　　8. 滑石串珠（M054：8）

（二）出土遗物

共32件。陶器1件，为双耳陶罐（M054：1），出土于椁室东南角。铜器24件，其中铜珠17件（M054：2），出土于椁室中部桡骨旁；铜手镯3件（M054：3、M054：4），出土于腕部；铜耳环2件（M054：5），出土于耳部；铜牌饰1件（M054：6），出土于股骨附近；铜管1件（M054：7），出土于股骨附近。石器7件，均为滑石串珠（M054：8），出土于陶罐旁。

1. 陶器

M054：1，双耳陶罐。1件。夹细砂灰陶，手制，完整。侈口，圆唇，束颈，沿肩双耳，圆腹，平底。通高13.8厘米，口径9.5厘米，腹径14.4厘米，底径7.6厘米，重615克（图一〇四，1；图版六三，2）。

2. 铜器

M054：2，铜珠。17件。完整。不规则柱状，中部有孔。长0.3~0.9厘米，直径0.5~0.7厘米，重0.83克（图一〇四，2；图版六四，1）。

M054：3，铜手镯。1件。残，近椭圆形，用细铜丝绕成。长径6.2厘米，短径4.8厘米，铜丝直径0.4厘米，重7.12克（图一〇四，6；图版六四，2）。

M054：4，铜手镯。2件。完整。近椭圆形，用细铜丝绕成，一件接口扁平相错。长径5.3、5.6厘米，短径4.7、4.5厘米，铜丝直径0.3厘米，重6.02、6.96克（图一〇四，7；图版六四，3）。

M054：5，铜耳环。2件。1件完整，1件残损。环形，用细铜丝绕成，接口处扁平相错。直径4.6厘米，铜丝直径0.3厘米，重6.43克（图一〇四，8；图版六五，1）。

M054：6，铜牌饰。1件。残，平面呈梯形，中部起脊，近边缘处有对小孔，四周有一周压点纹，一面分别有四个三角形压点纹，每两组压点纹之间用一排压点纹隔开。长7.5厘米，宽4.5~5厘米，孔径0.3厘米，重12.48克（图一〇四，4；图版六五，2）。

M054：7，铜管。1件。残，管状，用薄铜片卷成，两端近边缘处有一小孔。残长4.3厘米，直径0.7~1厘米，孔径0.2厘米，重6.29克（图一〇四，5；图版六五，3）。

3. 石器

M054：8，滑石串珠。7件。完整。柱状，中部穿孔。长0.3~0.5厘米，直径0.4厘米，孔径0.2厘米，重0.14克（图一〇四，3；图版六五，4）。

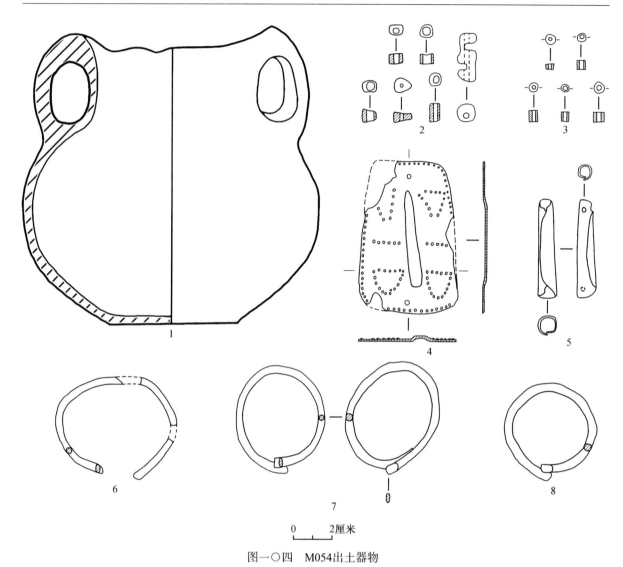

图一〇四　M054出土器物

1. 双耳陶罐（M054：1）　2. 铜珠（M054：2）　3. 滑石串珠（M054：8）　4. 铜牌饰（M054：6）　5. 铜管（M054：7）

6. 铜手镯（M054：3）　7. 铜手镯（M054：4）　8. 铜耳环（M054：5）

M055

（一）形制结构

长方形竖穴土坑墓。墓坑东北部被现代坑打破，打破M058。墓向228°。墓口距地表0.4米，残长0.6米，宽0.6米，墓坑深0.32米。墓圹周围残存土坯的痕迹。墓圹底部放置人骨1具，左侧身屈肢，头向西南，面向东南，未成年个体（图一〇五；图版六六，1）。

（二）出土遗物

共3件。陶器1件，为单耳陶罐（M055：1），出土于膝部。铜器2件，均为铜耳环（M055：2），出土于耳部。

1. 陶器

M055：1，单耳陶罐。1件。夹细砂红陶，手制，口部残。侈口，圆唇，直颈，颈肩单耳，圆腹，腹部一侧有流，平底。通高10厘米，口径8厘米，腹径11.1厘米，底径5.3厘米，重265克（图一〇六，1；图版六五，5）。

2. 铜器

M055：2，铜耳环。2件。1件完整，1件残损。环形，用细铜丝绕成，接口处尖锐。直径2厘米，铜丝直径0.2厘米，重1.3克（图一〇六，2；图版六五，6）。

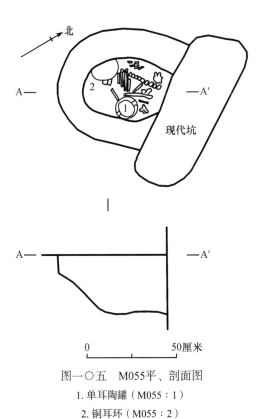

0   50厘米

图一〇五 M055平、剖面图
1.单耳陶罐（M055：1）
2.铜耳环（M055：2）

1. 0   4厘米　　2. 0   2厘米

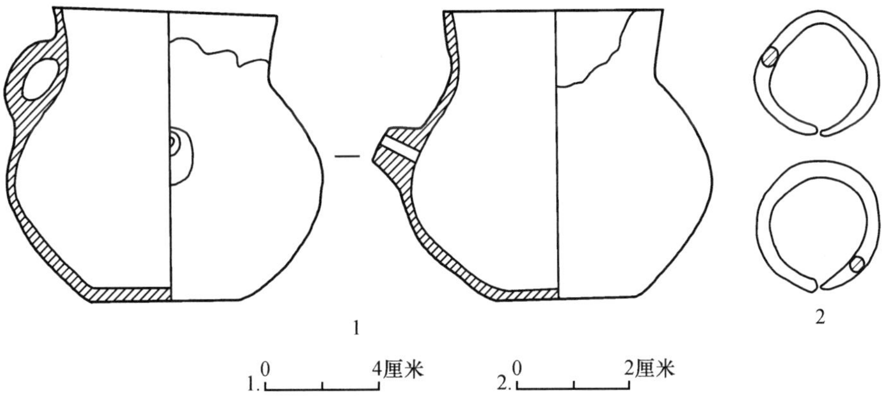

图一〇六 M055出土器物
1.单耳陶罐（M055：1）　2.铜耳环（M055：2）

M056

（一）形制结构

长方形竖穴土坑墓。M056打破M057、M059和M078。墓向222°。墓口距地表0.42米，长1.28米，宽1.16米，墓坑深1.09米。墓圹内填充包含砾石的灰砂土，夹杂碎土坯和零星人骨。墓圹底部四周设熟土二层台，二层台内侧竖立1层土坯，二层台上平砌2层土坯。椁室内周长0.78米，宽0.6米；土坯长0.32~0.35米，宽0.18~0.22米，厚0.1米。椁室底部放置人骨1具，颈部至髋骨缺失严重，右侧身屈肢，头向东南，面向北（图一○七；图版六六，2）。

（二）出土遗物

共6件。陶器1件，为双耳陶罐（M056：1），出土于股骨处。铜器3件，铜耳环2件

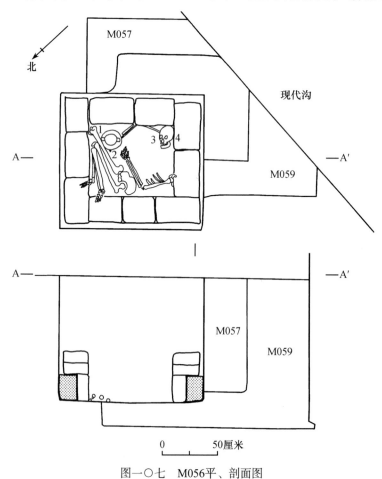

图一○七　M056平、剖面图

1. 双耳陶罐（M056：1）　2. 滑石串珠（M056：2）　3. 铜耳环（M056：3）　4. 铜耳环（M056：4）

（M056：3、M056：4），出土于耳部；铜丝1件（M056：5），出土于填土。石器2件，均为滑石串珠（M056：2），出土于股骨处。

1. 陶器

M056：1，双耳陶罐。1件。夹细砂红陶，手制，完整。直口，方唇，直颈，颈肩双耳，鼓腹，小平底。通高17.7厘米，口径11.8厘米，腹径20厘米，底径9厘米，重1170克（图一○八，1；图版六七，1）。

2. 铜器

M056：3，铜耳环。1件。完整，用铜丝绕成，接口处扁平。直径2.6厘米，铜丝直径0.2厘米，重2.08克（图一○八，4；图版六七，3）。

M056：4，铜耳环。1件。完整，用铜丝绕成，接口处扁平。直径2.6厘米，铜丝直径0.2厘米，重2.08克（图一○八，5；图版六七，4）。

M056：5，铜丝。1件。残，近"S"形。残长3.9厘米，铜丝直径0.2厘米，重0.59克（图一○八，3；图版六七，5）。

3. 石器

M056：2，滑石串珠。2件。完整，一件呈饼状，其表有几道凹槽，中部穿孔；另一件柱状，中部穿孔。长0.2、0.7厘米，直径0.5厘米，孔径0.2厘米，重0.16、0.24克（图一○八，2；图版六七，2）。

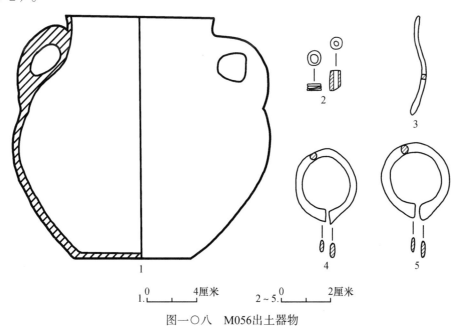

图一○八 M056出土器物

1. 双耳陶罐（M056：1） 2. 滑石串珠（M056：2） 3. 铜丝（M056：5） 4. 铜耳环（M056：3） 5. 铜耳环（M056：4）

M057

长方形竖穴土坑墓。打破M059，被M056打破，南部被现代水沟打破。墓向44°。墓口距地表0.43米，残长1.45米，残宽1.27米，墓坑深1.07米。墓圹内填充包含砾石的黄沙土。墓圹底部为长方形土坯椁室，西壁被破坏，东、南、北三壁均为自下而上错缝平砌的4层土坯。椁室内周长0.9米，宽0.65米；土坯长0.36米，宽0.3米，厚0.1米。椁室底部放置人骨1具，保存较差，分布散乱，仅存零星人骨（图一〇九）。

无出土遗物。

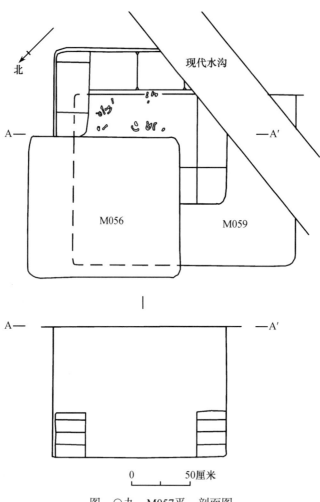

图一〇九　M057平、剖面图

M058

（一）形制结构

长方形竖穴土坑墓。被M055打破，南部被现代管道打破。墓向37°。墓口距地表0.4米，残长1.27米，残宽1.3米，墓坑深0.56米。墓圹内填充包含细砾的黄沙土，夹杂陶片。墓圹底部为长方形土坯椁室，椁室北壁自下而上错缝平砌3层土坯，东、南、西三壁自下而上错缝平砌4层土坯。椁室内周残长0.64米，残宽0.58米，土坯长0.4~0.44米，厚0.1米。椁室底部放置人骨1具，保存较差，分布散乱，仅存零星骨骼，葬式不明（图一一○；图版六八，1）。

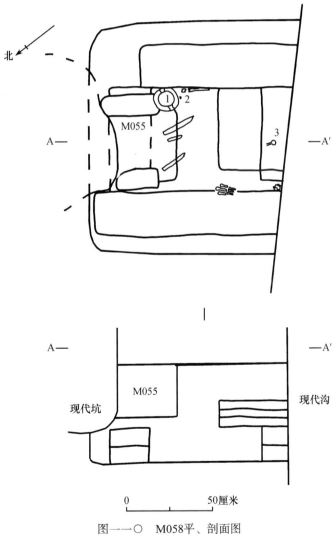

图一一○　M058平、剖面图

1. 双耳陶罐（M058：1）　　2. 滑石串珠（M058：2）　　3. 铅别针（M058：3）

（二）出土遗物

共4件。陶器1件，为双耳陶罐（M058：1），出土于椁室东北角。铜器1件，为铜牌饰（M058：4），出土于填土。铅器1件，为铅别针（M058：3），出土于椁室南部。石器1件，为滑石串珠（M058：2），出土于陶罐旁。

1. 陶器

M058：1，双耳陶罐。1件。夹细砂红陶，手制，完整。微侈口，方唇，束颈，沿肩双耳，鼓腹，平底。腹部绘连续的树草纹，耳部绘竖线纹。通高14厘米，口径11厘米，腹径16.2厘米，底径7厘米，重740克（图一一一，1；图版六七，6）。

2. 铜器

M058：4，铜牌饰。1件。残，应为圆形，一面略弧，另一面略凹，凹面有纽。直径4.5厘米，重6.65克（图一一一，4；图版六九，1）。

3. 铅器

M058：3，铅别针。1件。完整，门鼻形，用细铅丝绕成。长2.7厘米，宽1.2厘米，铅丝直径0.2厘米，重2.48克（图一一一，3；图版六八，3）。

4. 石器

M058：2，滑石串珠。1件。完整，饼状，中部穿孔。长0.2厘米，直径0.8厘米，孔径0.3厘米，重0.12克（图一一一，2；图版六八，2）。

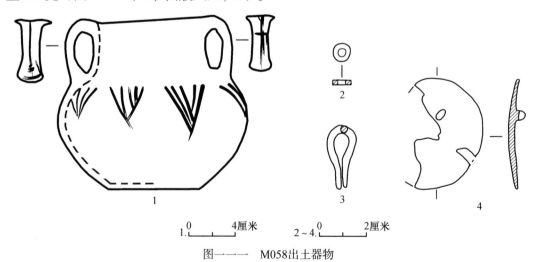

图一一一　M058出土器物

1. 双耳陶罐（M058：1）　2. 滑石串珠（M058：2）　3. 铅别针（M058：3）　4. 铜牌饰（M058：4）

M059

（一）形制结构

　　长方形竖穴土坑墓。被M056、M057打破。墓向211°。墓口距地表0.57米，残长1.9米，残宽1.44米，墓坑深1.48米。墓圹内填充包含砾石的黄沙土。墓圹底部为长方形土坯椁室，东、南、西三壁被打破，形制不明；北壁自下而上错缝平砌5土坯。椁室内周长1.08米，宽0.84米；土坯长0.4米，宽0.26米，厚0.1米。椁室底部放置人骨1具，保存较差，分布散乱，仅存零星骨骼（图一一二）。

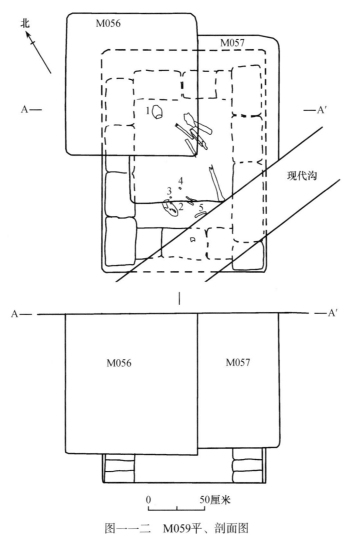

北

M056

M057

A—

—A′

现代沟

1

4

3

2

5

A—

—A′

M056

M057

0　　　　　50厘米

图一一二　M059平、剖面图

1. 双耳陶罐（M059：1）　　2. 玉髓串珠（M059：2）　　3. 玉髓串珠（M059：3）　　4. 绿松石串珠（M059：4）

5. 铜刀（M059：5）

（二）出土遗物

共5件。陶器1件，双耳陶罐（M059:1），出土于椁室西北角。铜器1件，为铜刀（M059:5），出土于椁室南部。石器3件，玉髓串珠2件（M059:2、M059:3）、绿松石串珠1件（M059:4），均出土于头骨附近。

1. 陶器

M059:1，双耳陶罐。1件。夹细砂红陶，手制。直口，方唇，颈肩双耳，鼓腹，鼓腹两侧各有一乳突，平底。通高13.2厘米，口径6.8厘米，腹径13.6厘米，底径5.2厘米（图一一三，1；图版六九，2）。

2. 铜器

M059:5，铜刀。1件。残，刀尖上翘，弧背，弧刃，柄部残。残长12.2厘米，宽1～2.7厘米，重37.98克（图一一三，5；图版六九，5）。

3. 石器

M059:2，玉髓串珠。1件。完整，红色半透明，圆柱状，中部对钻穿孔。长0.8厘米，直径0.8厘米，孔径0.3厘米，重1.18克（图一一三，2；图版六九，3）。

M059:3，玉髓串珠。1件。完整，红色半透明，圆柱状，中部对钻穿孔。长0.7厘米，直径0.9厘米，孔径0.3厘米，重0.98克（图一一三，3；图版六九，3）。

M059:4，绿松石串珠。1件。完整，近腰鼓状，中部对钻穿孔。长1.2厘米，直径1.1厘米，孔径0.3厘米，重1.52克（图一一三，4；图版六九，4）。

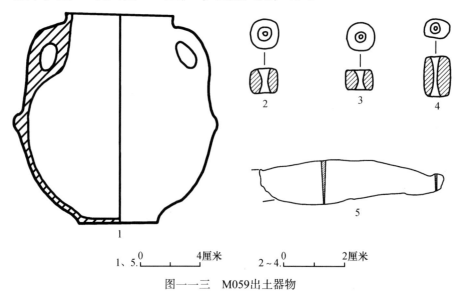

图一一三　M059出土器物

1.双耳陶罐（M059:1）　2.玉髓串珠（M059:2）　3.玉髓串珠（M059:3）　4.绿松石串珠（M059:4）　5.铜刀（M059:5）

M060

（一）形制结构

长方形竖穴土坑墓。墓向0°。墓口距地表0.4米，长0.45米，宽0.41米，深0.4米。墓圹内填充包含砾石的黄沙土，夹杂人骨、陶片。距墓圹底部约0.1米处，有厚约0.08米的土坯盖板。墓圹底部放置人骨1具，仅存部分残片，未成年个体（图一一四）。

（二）出土遗物

共1件。石器1件，为绿松石串珠（M060：1），出土于头骨附近。

M060：1，绿松石串珠。1件。完整，柱状，中部穿孔。长1厘米，直径0.7厘米，孔径0.2厘米，重0.96克（图一一四，1；图版六九，6）。

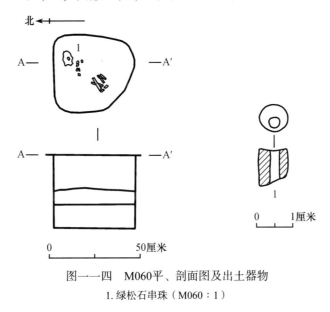

图一一四　M060平、剖面图及出土器物

1.绿松石串珠（M060：1）

M061

（一）形制结构

长方形竖穴土坑墓。墓向27°。墓口距地表0.65米，长0.7米，宽0.56米，墓坑深0.34米。墓圹底部为长方形土坯椁室，四壁均竖立1层土坯。椁室顶部用一块土坯封盖。椁室内周长0.4米，宽0.24米；土坯长0.3～0.42米，宽0.22米，厚0.1米。椁室底部放置人骨1具，右侧身屈肢，头向北，面向西，未成年个体（图一一五）。

（二）出土遗物

共1件。石器1件。为绿松石串珠（M061：1），出土于人骨颈部。

M061：1，绿松石串珠。1件。完整。不规则柱状，中部穿孔。长0.5厘米，宽0.3厘米，厚0.3厘米，孔径0.1厘米，重0.87克（图一一五，1；图版七○，1）。

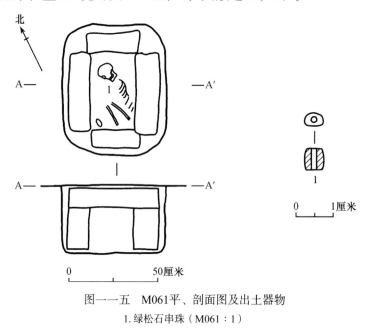

图一一五　M061平、剖面图及出土器物
1.绿松石串珠（M061：1）

M062

（一）形制结构

长方形竖穴土坑墓。墓向47°。墓坑西部被现代坑打破。墓口距地表0.76米，长1.52米，宽1.2米，墓坑深0.56米。墓圹内填充包含砾石的黄沙土，略呈黑色。墓圹底部为长方形土坯椁室，椁室四壁均自下而上错缝平砌4层土坯。椁室内周长0.96米，宽0.74米，土坯长0.4米，宽0.26米，厚0.1米。椁室底部放置人骨1具，左侧身屈肢，头向东北，面向东，未成年个体（图一一六；图版七○，3）。

（二）出土遗物

共4件。陶器1件，为双耳陶罐（M062：3），出土于人骨膝部。铜器1件，为铜耳环（M062：1），出土于头骨耳部。石器2件，其中绿松石串珠1件（M062：2），出土于颈部；滑石串珠1件（M062：4），出土于颈部。

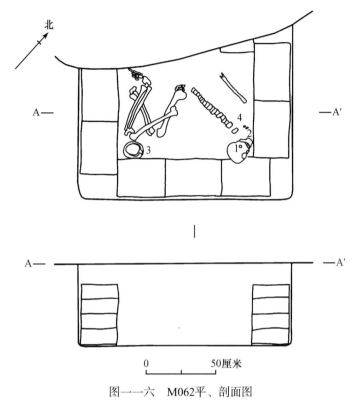

图一一六　M062平、剖面图

1.铜耳环（M062：1）　2.绿松石串珠（M062：2）　3.双耳陶罐（M062：3）　4.滑石串珠（M062：4）

1. 陶器

M062：3，双耳陶罐。1件。夹细砂红陶，手制，完整。侈口，圆唇，束颈，沿肩双耳，圆腹，小平底。通高15.2厘米，口径11厘米，腹径19.6厘米，底径7厘米，重800克（图一一七，1；图版七一，2）。

2. 铜器

M062：1，铜耳环。1件。残。环形，用细铜丝绕成。直径3.8厘米，铜丝直径0.3厘米，重3.32克（图一一七，4；图版七〇，2）。

3. 石器

M062：2，绿松石串珠。1件，完整。柱状，中部穿孔。长1.4厘米，直径0.9厘米，孔径0.3厘米，重2.84克（图一一七，3；图版七一，1）。

M062：4，滑石串珠。1件。完整，柱状，中部穿孔。长1.2厘米，直径0.9厘米，孔径0.2厘米，重1.69克（图一一七，2；图版七一，3）。

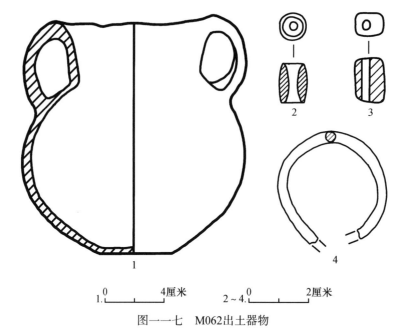

1. $\underline{\quad 0 \qquad 4厘米}$　　2～4. $\underline{\quad 0 \qquad 2厘米}$

图一一七　M062出土器物

1. 双耳陶罐（M062：3）　2. 滑石串珠（M062：4）　3. 绿松石串珠（M062：2）　4. 铜耳环（M062：1）

M063

原始发掘资料缺失。

M064

（一）形制结构

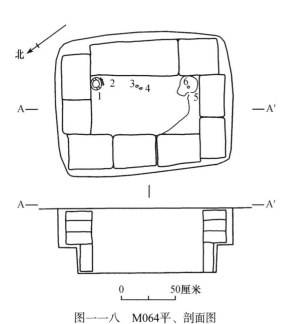

图一一八　M064平、剖面图

1. 双耳陶罐（M064：1）　2. 滑石串珠（M064：2）

3. 玉髓串珠（M064：3）　4. 铜锥（M064：4）

5. 铜耳环（M064：5）　6. 铜耳环（M064：6）

长方形竖穴土坑墓。打破M065。墓向215°。墓口距地表0.44米，长1.64米，宽1.24米，墓坑深0.56米。墓圹内填充包含砾石的黄沙土，略呈黑色。墓圹底部四周设生土二层台，二层台内侧竖立1层土坯，二层台上平砌3层土坯。椁室内周长1米，宽0.52米；土坯长0.4～0.5米，宽0.32米，厚0.1米。椁室底部放置人骨1具，头向西南，葬式不明，保存状况极差，男性个体（图一一八；图版七二，1）。

（二）出土遗物

共8件。陶器1件，为双耳陶罐（M064：1），出土于椁室东北角。铜器3件，其中铜锥1件（M064：4），出土于椁室东部；铜耳环2件（M064：5、M064：6），出土于头骨耳部。石器4件，其中滑石串珠3件（M064：2），出土于双耳陶罐旁；玉髓串珠1件（M064：3），出土于椁室东部。

1.陶器

M064：1，双耳陶罐。1件。夹细砂灰陶，手制，残。侈口，圆唇，束颈，沿肩双耳，鼓腹，平底。通高13.7厘米，口径10厘米，腹径14.1厘米，底径8.4厘米，重605克（图一一九，1；图版七一，4）。

2.铜器

M064：4，铜锥。1件。完整，四棱锥状，一端尖锐。长3.6厘米，宽0.5厘米，重2.89克（图一一九，6；图版七二，2）。

M064：5，铜耳环。1件，残，环形，用细铜丝绕成，一端尖锐，另一端扁平。残径1.7厘米，铜丝直径0.2厘米，重0.64克（图一一九，2；图版七二，3）。

M064：6，铜耳环。1件。残，环形，用细铜丝绕成。残径3.3厘米，铜丝直径0.2厘米，重1.6克（图一一九，3；图版七三，1）。

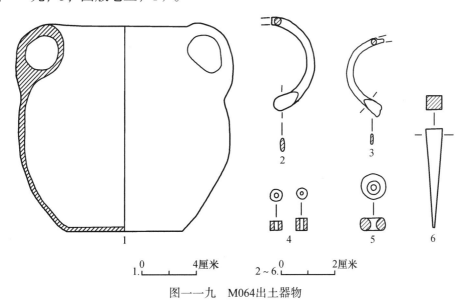

图一一九　M064出土器物

1.双耳陶罐（M064：1）　2.铜耳环（M064：5）　3.铜耳环（M064：6）　4.滑石串珠（M064：2）　5.玉髓串珠（M064：3）
6.铜锥（M064：4）

3. 石器

M064：2，滑石串珠。3件，完整，白色，柱状，中部穿孔。长0.3～0.5厘米，直径0.4厘米，孔径0.15厘米，重0.11克（图一一九，4；图版七一，5）。

M064：3，玉髓串珠。1件。完整，红色半透明，柱状，中部对钻穿孔。长0.4厘米，直径0.9厘米，孔径0.2厘米，重0.66克（图一一九，5；图版七一，6）。

M065

（一）形制结构

长方形竖穴土坑墓。被M064打破。墓向41°，墓口距地表0.6米，长1.53米，宽1.15米，墓坑深0.5米。墓圹内填充包含砾石的沙土，墓圹中部东、南、西三壁有很薄的包含砾石的红色土。墓圹底部放置人骨1具，腐朽严重，保存状况极差（图一二○）。

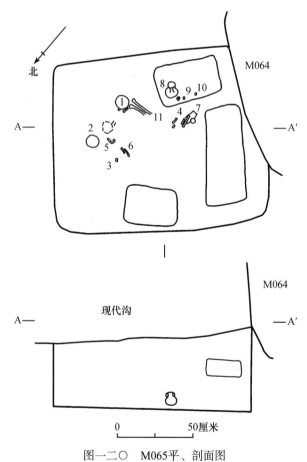

图一二○　M065平、剖面图

1. 铜镜（M065：1）　2. 铜镜（M065：2）　3. 玉髓串珠（M065：3）　4. 铜管（M065：4）　5. 铜手镯（M065：5）
6. 铜手镯（M065：6）　7. 铜牌饰（M065：7）　8. 双耳陶罐（M065：8）　9. 蚌饰（M065：9）　10. 蚌饰（M065：10）
11. 蚌饰（M065：11）

（二）出土遗物

共11件。陶器1件，为双耳陶罐（M065：8），出土于墓坑东部。铜器6件，铜镜2件（M065：1、M065：2），出土于墓坑东部和北部；铜管1件（M065：4），出土于墓坑东南角；铜手镯2件（M065：5、M065：6），出土于墓坑中部；铜牌饰1件（M065：7），出土于墓坑东南角。石器1件，为玉髓串珠（M065：3），出土于墓坑中部。蚌器3件，均为蚌饰（M065：9、M065：10、M065：11），出土于墓坑东南角。

1. 陶器

M065：8，双耳陶罐。1件。夹细砂红陶，手制，一耳残。侈口，尖唇，束颈，颈肩双耳，折腹，小平底。口沿内绘一周短竖线纹，颈部及腹部绘连续的内填斜线三角纹，腹部三角纹之间绘"X"形纹，腹径最大处绘一周带短线纹的弦纹，耳部饰网格纹。通高10厘米，口径7厘米，腹径10.2厘米，底径3.6厘米，重310克（图一二一，1；图版七四，3）。

2. 铜器

M065：1，铜镜。1件。圆形，中部凸起，截面呈明显的折线状，中部较厚，边缘锐薄，背部有桥形纽。直径8.9厘米，壁厚0.1～0.6厘米（图一二一，6；图版七三，2）。

M065：2，铜镜。1件。圆形，正面平直、素面，背部有桥形纽（图版七三，3）。

M065：4，铜管。1件。残，管状，用薄铜片卷成，有接缝。长7厘米，直径0.6厘米，重5.14克（图一二一，4；图版七三，5）。

M065：5，铜手镯。1件。残，用细铜丝绕成。残径6厘米，铜丝直径0.5厘米，重6.63克（图一二一，3；图版七三，6）。

M065：6，铜手镯。1件。残，用细铜丝绕成。残径4.3厘米，铜丝直径0.5厘米，重5.3克（图一二一，2；图版七四，1）。

M065：7，铜牌饰。1件。残，平面呈方形，中部起脊，两平行边近边缘处各有一小孔。边缘有两周压点纹。长10厘米，宽3.7～4厘米，孔径0.3厘米，重30.86克（图一二一，5；图版七四，2）。

3. 石器

M065：3，玉髓串珠。1件。完整，红色半透明，长方体，中部对钻穿孔。长1.3厘米，宽1.1厘米，厚0.9厘米，孔径0.4厘米，重2.79克（图一二一，7；图版七三，4）。

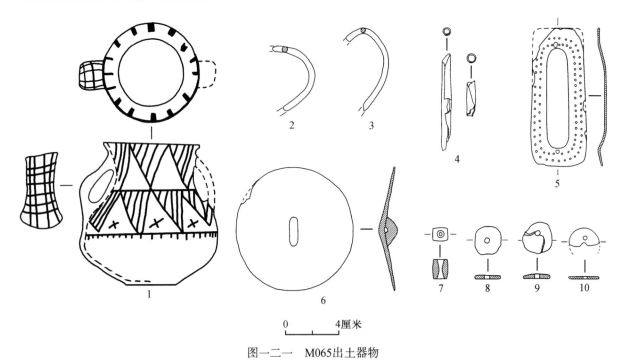

图一二一　M065出土器物

1. 双耳陶罐（M065∶8）　2. 铜手镯（M065∶6）　3. 铜手镯（M065∶5）　4. 铜管（M065∶4）　5. 铜牌饰（M065∶7）
6. 铜镜（M065∶1）　7. 玉髓串珠（M065∶3）　8. 蚌饰（M065∶9）　9. 蚌饰（M065∶10）　10. 蚌饰（M065∶11）

4. 蚌器

M065∶9，蚌饰。1件。完整，饼状，中部穿孔。直径2.2厘米，孔径0.4厘米，重1.4克（图一二一，8；图版七四，4）。

M065∶10，蚌饰。1件。完整，饼状，近边缘处有一穿孔。直径2.3厘米，孔径0.4厘米，重1.98克（图一二一，9；图版七四，5）。

M065∶11，蚌饰。1件。残损严重，看不出形状，重1.42克（图一二一，10；图版七四，6）。

M066

（一）形制结构

长方形竖穴土坑墓。打破M067、M071。墓向238°。墓口距地表0.36米，长1.58米，宽1.24米，墓坑深0.93米。墓圹内填充灰黄色沙土。墓圹底部为长方形土坯椁室，椁室四壁自下而上错缝平砌4层土坯。椁室内周长1米，宽0.74米；土坯长0.36米，宽0.22米，厚0.1米。椁室底部放置人骨1具，保存较差，仅存零星人骨，头向西南，面向东（图一二二）。

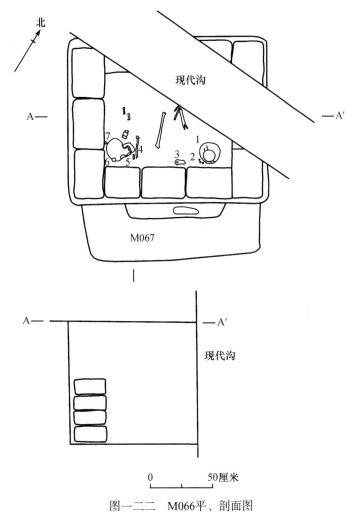

图一二二 M066平、剖面图
1. 双耳陶罐（M066：1） 2. 滑石串珠（M066：2） 3. 砺石（M066：3） 4. 铜刀（M066：4） 5. 铜锥（M066：5）
6. 铜牌饰（M066：6） 7. 铜泡（M066：7）

（二）出土遗物

共8件。陶器1件，为双耳陶罐（M066：1），出土于椁室东南角。铜器4件，铜刀1件（M066：4），出土于颈部；铜锥1件（M066：5）、铜牌饰1件（M066：6）、铜泡1件（M066：7），均出土于头骨处。石器3件，其中滑石串珠2件（M066：2），出土于双耳陶罐旁；砺石1件（M066：3），出土于椁室东部。

1. 陶器

M066：1，双耳陶罐。1件。夹细砂红陶，手制，残。侈口，方唇，束颈，沿肩双耳，圆腹，平底。颈部绘一周横向水波纹，肩部绘一周弦纹，其下为连续的锯齿三角纹。通高15.8厘米，口径10.8厘米，腹径16.6厘米，底径8厘米，重705克（图一二三，1；图版七五，1）。

2. 铜器

M066：4，铜刀。1件，完整，弧背，直刃，直柄，柄部内凹，环首。长16.1厘米，宽0.6~1.7厘米，背厚0.5厘米，环长1.5厘米，环宽1厘米，重36.67克（图一二三，6；图版七五，4）。

M066：5，铜锥。1件。残，四棱锥状，一端尖锐，另一端残。残长3.6厘米，宽0.3厘米，重1.54克（图一二三，7；图版七五，5）。

M066：6，铜牌饰。1件。完整，平面呈圆形，一面平整，另一面有纽。直径3.3厘米，重5.65克（图一二三，4；图版七五，6）。

M066：7，铜泡。1件。完整，圆形，泡状，背部有纽。直径2.5厘米，重3.62克（图一二三，3；图版七六，1）。

3. 石器

M066：2，滑石串珠。2件。完整，白色，柱状，中部穿孔。长0.3、0.5厘米，直径0.4厘米，孔径0.15厘米，重0.1克（图一二三，5；图版七五，2）。

M066：3，砺石。1件。残，长方形，一侧近边缘处有一对钻穿孔。残长9.2厘米，宽2.1厘米，孔径0.4厘米，重27.09克（图一二三，2；图版七五，3）。

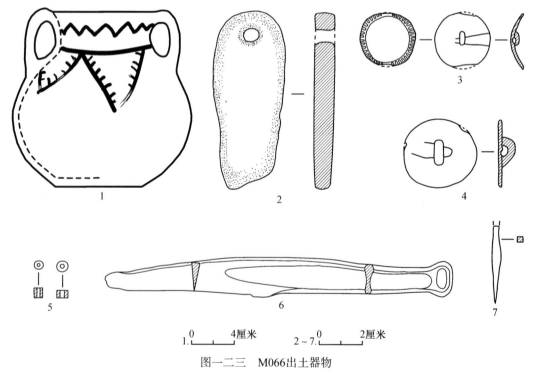

图一二三　M066出土器物

1. 双耳陶罐（M066：1）　2. 砺石（M066：3）　3. 铜泡（M066：7）　4. 铜牌饰（M066：6）　5. 滑石串珠（M066：2）
6. 铜刀（M066：4）　7. 铜锥（M066：5）

M067

（一）形制结构

长方形竖穴土坑墓。被M066打破。墓向255°。墓口距地表0.5米，长1.4米，宽0.48米，墓圹深0.8米。墓圹内填充包含砾石的灰砂土。墓圹底部为长方形土坯椁室，仅存东半部分，南、东、北三壁均自下而上平铺4层土坯，最下层为错缝，其上三层为对缝。椁室内周长0.8米，残宽0.16米。椁室底部放置人骨1具，保存较差，仅存零星骨骼（图一二四）。

（二）出土遗物

共8件。陶器1件，为双耳陶罐（M067：1），出土于椁室东北角。石器7件，其中滑石串珠6件（M067：2），出土于陶罐旁；石杵1件（M067：3），出土于椁室口。

1. 陶器

M067：1，双耳陶罐。1件。残，无法复原。

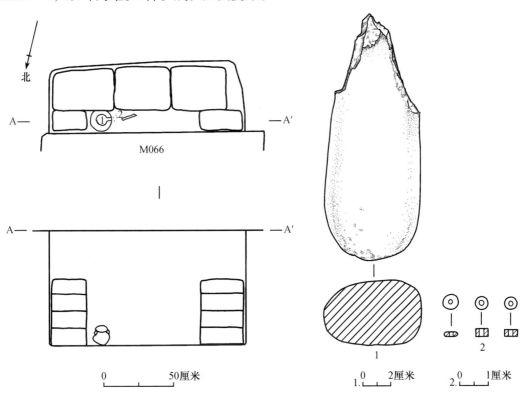

图一二四　M067平、剖面图及出土器物

左侧：1.双耳陶罐（M067：1）　2.滑石串珠（M067：2）

右侧：1.石杵（M067：3）　2.滑石串珠（M067：2）

2. 石器

M067：2，滑石串珠。6件。完整，圆形，饼状，中部穿孔。长0.1～0.3厘米，直径0.4～0.5厘米，孔径0.1厘米，总重0.43克（图一二四，2；图版七六，2）。

M067：3，石杵。1件。残，扁圆柱状，一端残，另一端圆润，有人工加工痕迹。残长17厘米，宽7厘米，重920克（图一二四，1）。

M068

（一）形制结构

长方形竖穴土坑墓。墓坑西南角被现代下水井打破。墓向213°。墓口距地表0.5米，长1.62米，宽1.18米，墓坑深1.28米。墓圹内填充包含砾石的灰沙土。墓圹底部为长方形土坯椁室，椁室四壁自下而上错缝平砌4层土坯。椁室内周长0.98米，宽0.58米；土坯长0.4米，宽0.36米，厚0.1米。椁室底部放置人骨1具，保存较差，仅存零星人骨（图一二五）。

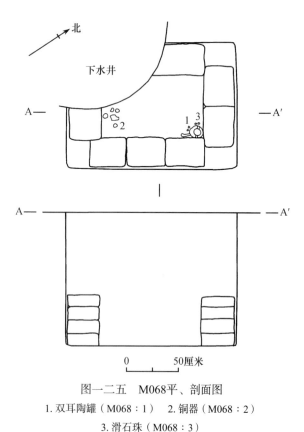

图一二五　M068平、剖面图
1.双耳陶罐（M068：1）　2.铜器（M068：2）
3.滑石珠（M068：3）

（二）出土遗物

共9件。陶器2件，其中双耳陶罐1件（M068：1），出土于椁室东北角；陶罐1件（M068：4），出土于填土中。铜器3件（M068：2），出土于椁室东南角。石器4件，均为滑石串珠（M068：3），出土于双耳陶罐旁。

1. 陶器

M068：1，双耳陶罐。1件。夹细砂红陶，手制，完整。直口，圆唇，直颈，沿肩双耳，圆腹，平底。器表有烟熏痕迹。通高14.8厘米，口径10.8厘米，腹径16厘米，底径7.2厘米，重660克（图一二六，1；图版七六，3）。

M068：4，陶罐。1件。缺失严重，仅存口沿、耳部及腹部。夹细砂红陶，手制，残。微侈口，圆唇，束颈，鼓腹。重305克（图版七六，6）。

2. 铜器

M068：2，铜器。3件。其中铜泡1件（M068：2-1），圆泡状，背部有拱纽，一道铸槽穿过纽孔。直径2.8厘米，重10.66克。铜牌饰2件（M068：2-2、M068：2-3），圆形，正面平直，素面，背部有桥纽。直径约3.6厘米，重5.54克、8.1克（图一二六，4、5；图版七六，4）。

3. 石器

M068：3，滑石串珠。4件。完整，白色，圆饼状，中部穿孔。长0.15～0.4厘米，直径0.6～0.8厘米，孔径0.15厘米，总重1.08克（图一二六，2；图版七六，5）。

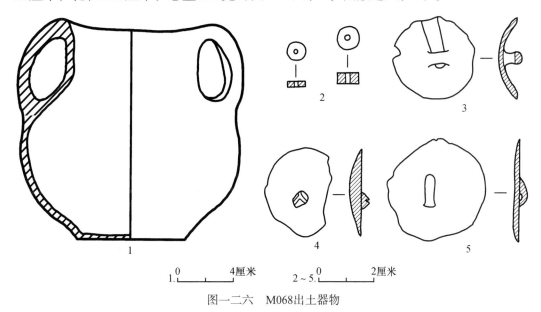

图一二六　M068出土器物

1. 双耳陶罐（M068：1）　2. 滑石串珠（M068：3）　3. 铜泡（M068：2-1）　4. 铜牌饰（M068：2-2）　5. 铜牌饰（M068：2-3）

M069

（一）形制结构

长方形竖穴土坑墓。打破M070、M073。墓向229°。墓口距地表0.5米，长0.8米，宽0.6米，墓坑深0.34米。墓圹内填充包含砾石的沙土。墓圹底部为长方形土坯椁室，椁室四壁均竖立1层土坯，椁室顶部平铺2块土坯封盖椁室。椁室内周长0.56米，宽0.32米；土坯长0.37米，宽0.18米，厚0.1米。椁室底部放置人骨1具，保存较差，仅存少量碎骨（图一二七；图版七七，1、2）。

（二）出土遗物

共1件。陶器1件，为双耳陶罐（M069:1），出土于椁室西北角。

M069:1，双耳陶罐。1件、夹细砂红陶，手制，残。直口，方唇，短颈，颈肩双耳，鼓腹，腹部有一流嘴，平底。通高10.4厘米，口径8.4厘米，腹径10.5厘米，底径4.8厘米，重315克（图一二七，1；图版七八，1）。

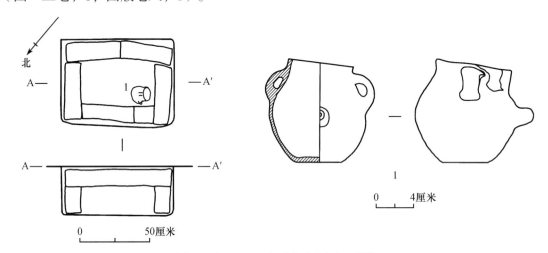

图一二七　M069平、剖面图及出土器物

1. 双耳陶罐（M069:1）

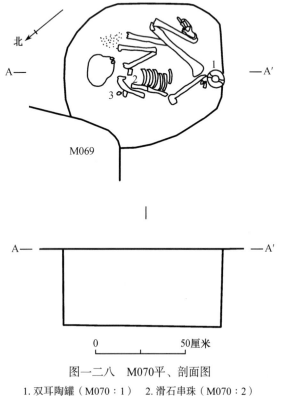

图一二八　M070平、剖面图

1. 双耳陶罐（M070:1）　2. 滑石串珠（M070:2）

3. 石饰件（M070:3）

M070

（一）形制结构

长方形竖穴土坑墓。被M069打破。墓向38°。墓口距地表0.8米，长0.88米，宽0.76米，墓坑深0.4米。墓圹内填充包含砾石的沙土。墓圹底部放置人骨1具，左侧身屈肢，头向东北，面向东（图一二八；图版七八，3）。

（二）出土遗物

共3件。陶器1件，为双耳陶罐（M070:1），出土于墓坑南部。石器2件，其中滑石串珠1件（M070:2），出土于人骨颈部；石饰件1件（M070:3），出土于人骨肩部。

1. 陶器

M070：1，双耳陶罐。1件。夹细砂红陶，手制，口沿残。微侈口，方唇，微束颈，颈肩双耳，鼓腹，平底。通高12厘米，口径8.5厘米，腹径11.5厘米，底径4.8厘米，重415克（图一二九，1；图版七八，2）。

2. 石器

M070：2，滑石串珠。1件。完整，卵圆形，上部有一穿孔。一面中部有一凹槽。长径2.5厘米，短径1.6厘米，孔径0.3厘米，重3.28克（图一二九，2；图版七九，1）。

M070：3，石饰件。1件。完整，黑色，不规则形，上部有一穿孔。长4.2厘米，宽2.7厘米，孔径0.2厘米，重10.49克（图一二九，3；图版七九，2）。

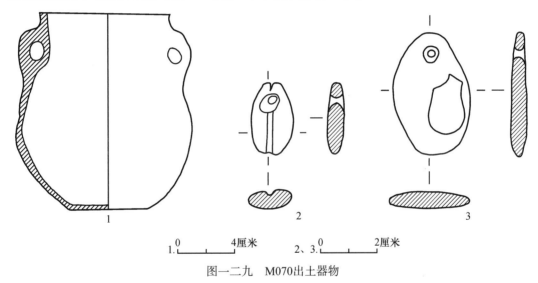

图一二九　M070出土器物

1. 双耳陶罐（M070：1）　2. 滑石串珠（M070：2）　3. 石饰件（M070：3）

M071

（一）形制结构

长方形竖穴土坑墓。被M066打破，墓坑东南部被现代管道打破，东北角被现代扰坑打破。墓向216°。墓口距地表0.33米，长1.38米，宽1.2米，墓坑深1.04米。墓圹内填充包含砾石的黄灰色土。墓圹底部放置人骨1具，右侧身屈肢，头向南，面向东（图一三〇；图版七九，3）。

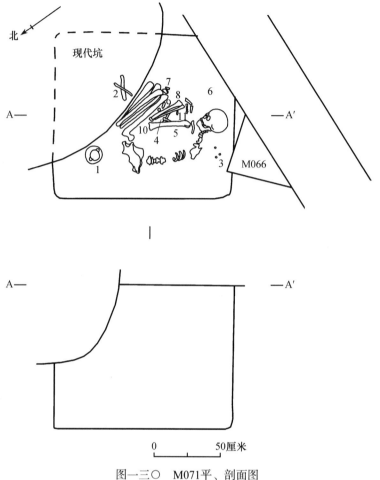

图一三〇　M071平、剖面图

1. 双耳陶罐（M071：1）　2. 铜刀（M071：2）　3. 绿松石串珠（M071：3）　4. 铜管（M071：4）　5. 绿松石串珠（M071：5）
6. 铜泡（M071：6）　7. 铜管（M071：7）　8. 绿松石串珠（M071：8）　9. 铜管（M071：9）　10. 铜泡（M071：10）
11. 铜管（M071：11）

（二）出土遗物

共22件。陶器1件，为双耳陶罐（M071：1），出土于墓坑西北角。铜器15件，其中铜刀1件（M071：2），出土于胫骨处；铜管4件（M071：4），出土于肱骨处；铜泡1件（M071：6），出土于头骨旁；铜管1件（M071：7），出土于人骨膝部；铜管6件（M071：9），出土于人骨小臂处；铜泡1件（M071：10），出土于人骨小臂处；铜管1件（M071：11），出土于人骨肱骨处。石器5件，均为绿松石串珠，其中3件（M071：3）出土于头骨后侧，1件（M071：5）出土于人骨肱骨处，1件（M071：8）出土于人骨腕部。羊腿骨1件，出土位置不明。

1. 陶器

M071：1，双耳陶罐。1件。夹细砂红陶，手制，完整。小直口，方唇，颈肩双耳，鼓腹，平底。颈部绘内连续的内填斜线三角纹。通高12厘米，口径6.6厘米，腹径11.1厘米，底径4.8厘米，重470克（图一三一，1；图版八〇，1）。

2. 铜器

M071：2，铜刀。1件。残，弧背，直刃，柄部残。残长16.2厘米，宽1.3～2.9厘米，厚0.5厘米，重85.48克（图一三一，2；图版八〇，2）。

M071：4，铜管。4件。其中直管状2件，用薄铜片卷成，有接缝。残长3.6、7.8厘米，直径0.5厘米，重2.28、5.97克；螺旋管状2件，用薄铜片斜卷而成，残长0.7～3厘米，直径0.6～0.8厘米，铜片宽0.2～0.6厘米，重1.32、4.08克（图一三一，3；图版八〇，3）。

M071：6，铜泡。1件。残，圆形，泡状，背部有纽。残径2.2厘米，重2.24克（图一三一，11；图版八一，3）。

M071：7，铜管。1件。残，管状，用薄铜片卷成，有接缝。残长5.6厘米，直径0.5厘米，重4.61克（图一三一，8；图版八〇，3）。

M071：9，铜管。6件。其中直管状5件，用薄铜片卷成，有接缝。残长2～3.8厘米，直径0.5～0.7厘米，重1.72～3.86克；螺旋管状1件，用薄铜片斜卷而成，残长3厘米，直径0.5厘米，铜片宽0.6厘米，重1.77克（图一三一，9；图版八〇，3）。

M071：10，铜泡。1件。残，圆形，泡状，背部有纽。残径3厘米，重6.08克（图一三一，10；图版八一，5）。

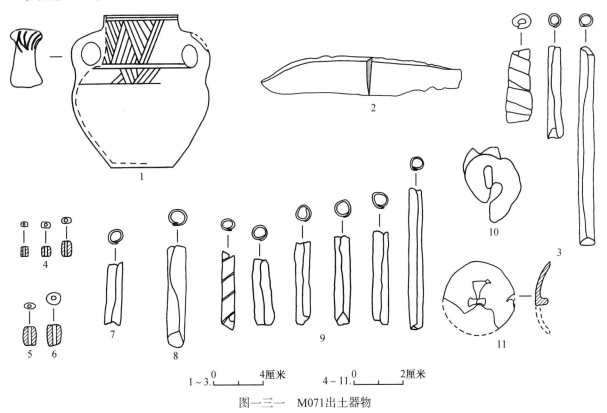

图一三一　M071出土器物

1. 双耳陶罐（M071：1）　2. 铜刀（M071：2）　3. 铜管（M071：4）　4. 绿松石串珠（M071：3）　5. 绿松石串珠（M071：8）　6. 绿松石串珠（M071：5）　7. 铜管（M071：11）　8. 铜管（M071：7）　9. 铜管（M071：9）　10. 铜泡（M071：10）　11. 铜泡（M071：6）

M071：11，铜管。1件。残，管状，用薄铜片卷成，有接缝。残长2.35厘米，直径0.8厘米，重5.26克（图一三一，7；图版八〇，3）。

3. 石器

M071：3，绿松石串珠。3件。完整，不规则柱状，中部穿孔。长0.4～0.5厘米，宽0.3～0.5厘米，孔径0.1厘米，总重0.41克（图一三一，4；图版八一，1）。

M071：5，绿松石串珠。1件。完整，不规则柱状，中部穿孔。长0.9厘米，直径0.7厘米，孔径0.15厘米，重0.52克（图一三一，6；图版八一，2）。

M071：8，绿松石串珠。1件。完整，长方体，中部穿孔。长0.8厘米，宽0.6厘米，厚0.2厘米。孔径0.15厘米，重0.24克（图一三一，5；图版八一，4）。

M072

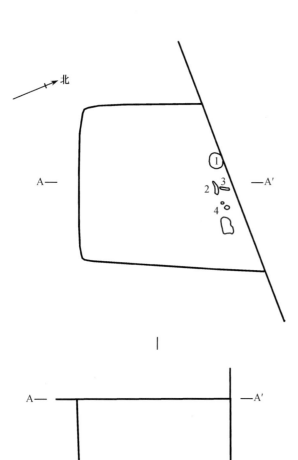

图一三二　M072平、剖面图
1. 双耳陶罐（M072：1）　2. 铜刀（M072：2）
3. 铜锥（M072：3）　4. 玉髓串珠（M072：4）

（一）形制结构

长方形竖穴土坑墓。打破M073。墓向202°。墓口距地表0.4米，长1.07米，宽0.95米，墓坑深0.54米。墓圹底部放置人骨1具，头向南，保存状况极差（图一三二）。

（二）出土遗物

共5件。陶器1件，双耳陶罐（M072：1），出土于墓坑北部。铜器2件，其中铜刀1件（M072：2），出土于墓坑北部；铜锥1件（M072：3），出土于墓坑北部。石器2件，均为玉髓串珠（M072：4），出土于墓坑北部。

1. 陶器

M072：1，双耳陶罐。1件。夹细砂红陶，手制，残。侈口，圆唇，束颈，颈肩双耳，圆腹，小平底。口沿及肩腹有黑色彩绘纹饰。通高12.9厘米，口径9.6厘米，腹径14.6厘米，底径4.7厘米，重460克（图一三三，1；图版八一，6）。

2. 铜器

M072：2，铜刀。1件。残，直背，弧刃，直柄，环首，环残。柄部两面内凹。残长16.6厘米，刃宽2厘米，柄宽1.6厘米，背厚0.1～0.6厘米，重49.08克（图一三三，4；图版八二，1）。

M072：3，铜锥。1件。残，四类锥状，一端尖锐，另一端残。残长5.5厘米，宽0.4厘米，重3.42克（图一三三，2；图版八二，2）。

3. 石器

M072：4，玉髓串珠。2件。完整，红色半透明，算珠状，中部对钻穿孔。厚0.4、0.6厘米，直径1.2、1.4厘米，孔径0.2、0.15厘米，重1.02、1.72克（图一三三，3；图版八二，3）。

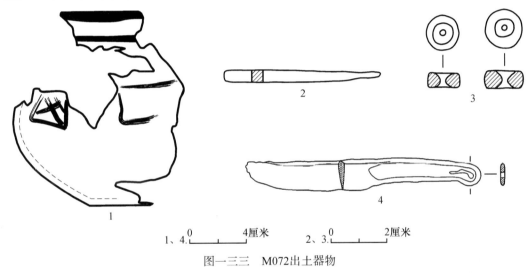

图一三三　M072出土器物

1.陶片（M072：1）　2.铜锥（M072：3）　3.玉髓串珠（M072：4）　4.铜刀（M072：2）

M073

（一）形制结构

长方形竖穴土坑墓。被M054、M069和M072打破，中部被现代沟打破。墓向42°。墓口距地表0.4米，长1.5米，宽1.22米，墓坑深0.4米。墓圹底部放置人骨1具，头向东北，保存状况极差（图一三四）。

（二）出土遗物

共13件。陶器1件，为双耳陶罐（M073：1），出土于墓坑南部。铜器2件，其中铜镜1件（M073：4），出土于墓坑北部；铜泡1件（M073：7），出土于墓坑北部。石器1件，为绿松

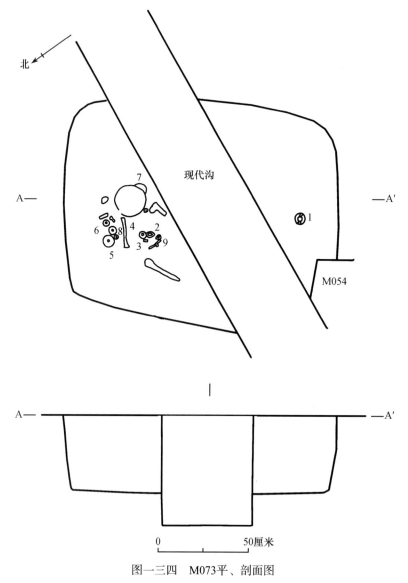

图一三四　M073平、剖面图

1. 双耳陶罐（M073∶1）　2. 海贝（M073∶2）　3. 蚌饰（M073∶3）　4. 铜镜（M073∶4）　5. 蚌饰（M073∶5）
6. 蚌饰（M073∶6）　7. 铜泡（M073∶7）　8. 绿松石串珠（M073∶8）　9. 蚌饰（M073∶9）

石串珠（M073∶8），出土于墓坑北部。贝器2件，为海贝（M073∶2），出土于墓坑北部。蚌器7件，为蚌饰（M073∶3、M073∶5、M073∶6、M073∶9），均位于墓坑北部。

1. 陶器

M073∶1，双耳陶罐。1件。夹细砂红陶，手制，完整。直口，方唇，长颈，颈肩双耳，鼓腹。平底。颈部绘连续的内填斜线三角纹，耳部饰斜线纹。通高8厘米，口径5.2厘米，腹径7.4厘米，底径4.3厘米，重155克（图一三五，1；图版八二，4）。

2. 铜器

M073：4，铜镜。1件。完整，圆形，一面平整，另一面有纽。直径7厘米，重55.77克（图一三五，7；图版八三，1）。

M073：7，铜泡。1件。略残，圆形，一面略弧，另一面略凹，凹面有纽。直径5.7厘米，重22.65克（图一三五，8；图版八三，4）。

3. 石器

M073：8，绿松石串珠。1件。完整，不规则柱状，中部穿孔。长2厘米，宽1.5厘米，厚0.8厘米，孔径0.3厘米，重4.13克（图一三五，5；图版八三，5）。

4. 贝器

M073：2，海贝。2件。完整，卵圆形，表面有人工磨制痕迹。长2.3厘米，宽1.5厘米，重1.39、0.67克（图一三五，9；图版八二，5）。

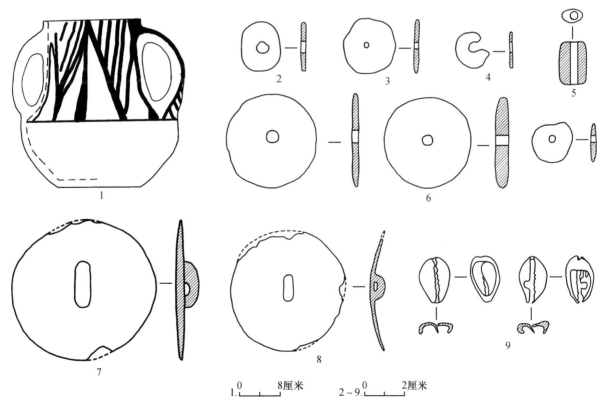

图一三五　M073出土器物

1. 双耳陶罐（M073：1）　2. 蚌饰（M073：9）　3. 蚌饰（M073：6）　4. 蚌饰（M073：3）　5. 绿松石串珠（M073：8）
6. 蚌饰（M073：5）　7. 铜镜（M073：4）　8. 铜泡（M073：7）　9. 海贝（M073：2）

5. 蚌器

　　M073：3，蚌饰。1件。残，圆饼状，中部有孔。直径1.8厘米，孔径0.5厘米，重0.56克（图一三五，4；图版八二，6）。

　　M073：5，蚌饰。3件，其中，2件完整，1件残，圆饼状，中部穿孔。直径2.2～4.5厘米，厚0.2～0.5厘米，孔径0.3～0.5厘米，重0.93、9.7、17.77克（图一三五，6；图版八三，2）。

　　M073：6，蚌饰。2件，其中，1件完整，1件残，圆饼状，中部穿孔。完整者直径2.7厘米，孔径0.3厘米，重2.11克（图一三五，3；图版八三，3）。

　　M073：9，蚌饰。1件。完整，长方形，中部有孔。长2.4厘米，宽1.9厘米，孔径0.6厘米，重1.5克（图一三五，2；图版八三，6）。

M074

（一）形制结构

　　长方形竖穴土坑墓。打破M094。墓向230°，墓口长1.3米，宽1.06米，墓坑深0.38米。墓圹内出土零星人骨、双耳陶罐、铜器和滑石串珠，因M074未打破M094墓室，推测M074填土中出土的人骨、遗物应来自M074打破的另一座未记录墓葬。墓圹底部为长方形土坯椁室，北壁自下而上错缝平砌3层土坯；东、南、西三壁自下而上错缝平砌4层土坯。椁室内周长0.62米，宽0.59米；土坯长0.24～0.36米，宽0.24米，厚0.1米。椁室底部放置人骨1具，右侧身屈肢，头向西南，面向东，为未成年个体（图一三六；图版八四，3）。

（二）出土遗物

　　共7件。陶器2件，双耳陶罐1件（M074：1），出土于人骨膝部；双耳陶罐1件（M074：6），出土于填土中。铜器3件，其中铜耳环1件（M074：2），出土于填土中；双联铜泡1件（M074：4），出土于填土中；铜片1件（M074：5），出土于填土中。石器1件，为滑石串珠（M074：3），出土于填土中。羊腿骨1件（M074：7），出土于陶罐内。

1. 陶器

　　M074：1，双耳陶罐。1件。夹细砂红陶，手制，残。微侈口，方唇，束颈，颈肩双耳，鼓腹，平底。器表有烟熏痕迹。通高15.7厘米，口径11.9厘米，腹径15.8厘米，底径9厘米，重800克（图一三七，1；图版八四，2）。

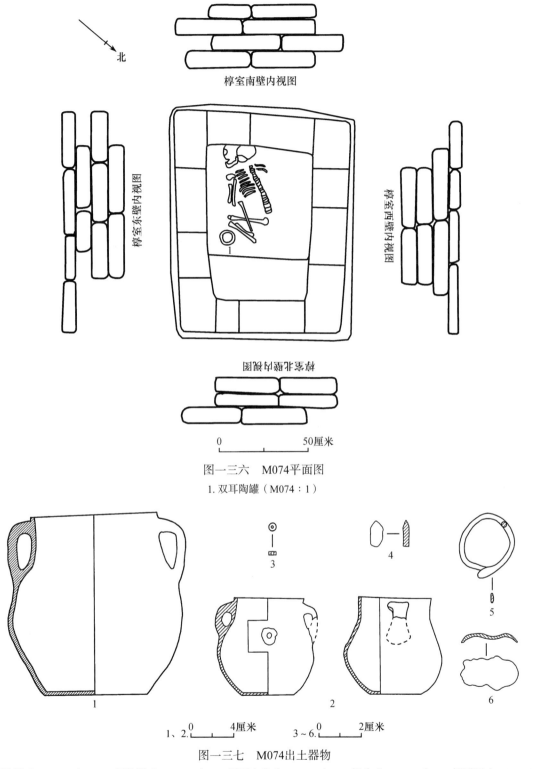

图一三六 M074平面图
1. 双耳陶罐（M074：1）

图一三七 M074出土器物
1. 双耳陶罐（M074：1） 2. 双耳陶罐（M074：6） 3. 滑石串珠（M074：3） 4. 铜片（M074：5） 5. 铜耳环（M074：2）
6. 双联铜泡（M074：4）

  M074：6，双耳陶罐。1件。夹细砂红陶，手制。微侈口，圆唇，直颈，颈肩双耳，鼓腹，腹中部有一流嘴，疑有流，平底。通高8.6厘米，口径6.2厘米，腹径8.6厘米，底径4.6厘米（图一三七，2；图版八五，5）。

2. 铜器

M074：2，铜耳环。1件。完整，环形，用细铜丝绕成，接口处一端扁平，相错。直径2.7厘米，铜丝直径0.2厘米，重1.87克（图一三七，5；图版八五，1）。

M074：4，双联铜泡。1件。残，"8"形，一面略弧，另一面略凹。长2.6厘米，宽1.5厘米，重1.67克（图一三七，6；图版八五，3）。

M074：5，铜片。1件。残，不规则形。残长1.1厘米，宽0.6厘米，重0.37克（图一三七，4；图版八五，4）。

3. 石器

M074：3，滑石串珠。1件。完整，圆饼状，白色，中部穿孔。长0.1厘米，直径0.3厘米，孔径0.1厘米，重量不足0.1克（图一三七，3；图版八五，2）。

M075

（一）形制结构

长方形竖穴土坑墓。打破M077。墓向25°，墓口距地表0.2米，长1.52米，宽1.05米，墓坑深0.41米。墓圹内填充包含砾石的灰砂土。墓圹底部为长方形土坯椁室，椁室四壁均自下而上对缝平砌3层土坯，椁室中部竖立1列土坯将椁室分割成南北两部分。椁室内周长1米，宽0.6米；土坯长0.45～0.55米，宽0.2米，厚0.1米。椁室底部放置人骨2具，1具位于椁室南部，为成年女性，仅存头骨；1具位于椁室北部，左侧身屈肢，头向东北，为未成年（图一三八；图版八六，1）。

（二）出土遗物

共11件。陶器1件，为双耳陶罐（M075：1），出土于椁室东部。铜器5件，其中双联铜泡2件（M075：2），出土于头部前侧；铜牌饰1件（M075：3），出土于头骨前侧；铜耳环2件（M075：5），出土于头骨耳部。石器5件，其中滑石串珠4件（M075：4），出土于头骨前侧；绿松石串珠1件（M075：6），出土于头骨后侧。

1. 陶器

M075：1，双耳陶罐。1件。夹细砂红陶，手制，完整。侈口，方唇，束颈，颈肩双耳，

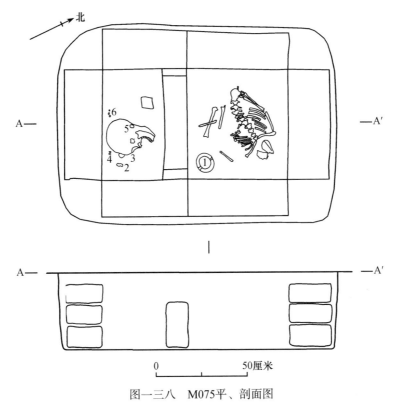

图一三八　M075平、剖面图

1. 双耳陶罐（M075：1）　　2. 双联铜泡（M075：2）　　3. 铜牌饰（M075：3）　　4. 滑石串珠（M075：4）

5. 铜耳环（M075：5）　　6. 绿松石串珠（M075：6）

圆腹，腹正中有一流嘴，平底。器表有烟熏痕迹。通高9.3厘米，口径7.9厘米，腹径10.4厘米，底径4.7厘米，重280克（图一三九，1；图版八六，2）。

2. 铜器

M075：2，双联铜泡。2件。完整，近"8"形，一面平整，另一面凸起。长2.6、2厘米，宽1、0.9厘米，重2.42、1.36克（图一三九，2；图版八六，3）。

M075：3，铜牌饰。1件。残，平面呈圆形，一面略弧。边缘处有一小孔。直径4.4厘米，孔径0.8厘米，重11.5克（图一三九，6；图版八七，1）。

M075：5，铜耳环。2件。1件完整，1件残，环形，近椭圆形，用细铜丝绕成。长径2.8厘米，短径2.2厘米，铜丝直径0.2厘米，重1.13克（图一三九，3；图版八七，3）。

3. 石器

M075：4，滑石串珠。4件。完整，白色，柱状，中部穿孔。长0.3～0.4厘米，直径0.3～0.4厘米，孔径0.15厘米，总重0.53克（图一三九，5；图版八七，2）。

M075：6，绿松石串珠。1件。完整，柱状，中部穿孔。长0.4厘米，直径0.6厘米，孔径0.15厘米，重0.44克（图一三九，4；图版八七，4）。

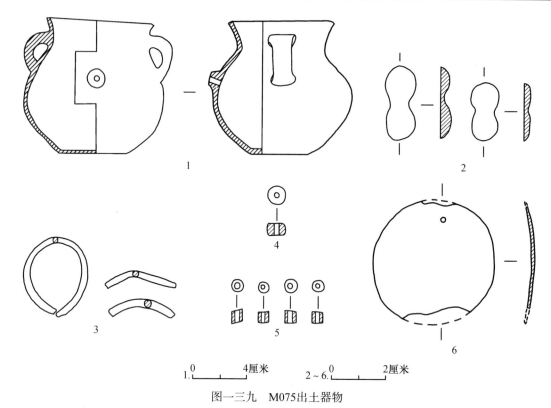

图一三九 M075出土器物

1. 双耳陶罐（M075：1） 2. 双联铜泡（M075：2） 3. 铜耳环（M075：5） 4. 绿松石串珠（M075：6） 5. 滑石串珠（M075：4）
6. 铜牌饰（M075：3）

M076

（一）形制结构

长方形竖穴土坑墓。打破M077和M084。墓向24°。墓口距地表0.6米，长1.52米，宽1.32米，墓坑深0.58米。墓圹内填充细砂土，夹杂零星人骨、动物骨骼和串珠。墓圹底部为长方形土坯椁室，椁室四壁均自下而上错缝平砌4层土坯。椁室内周长0.8米，宽0.7米；土坯平均长0.34～0.42米，宽0.3米，厚0.44米。椁室底部放置人骨1具，左侧身屈肢，头向东北，面向东（图一四〇）。

（二）出土遗物

共12件。陶器1件，为双耳陶罐（M076：1），出土于椁室东南角。铜器3件，其中铜手镯1件（M076：4），出土于人骨腕部；铜耳环1件（M076：5），出土于头骨耳部；铜耳环1件（M076：7），出土于头骨下颌骨处。石器8件，玉髓串珠2件，其中1件（M076：2）出土于头骨前侧，1件（M076：9）出土于填土中；滑石串珠4件（M076：3），出土于陶罐旁；绿松石串珠2件，其中1件（M076：6）出土于头骨下颌骨处，1件（M076：8）出土于填土中。

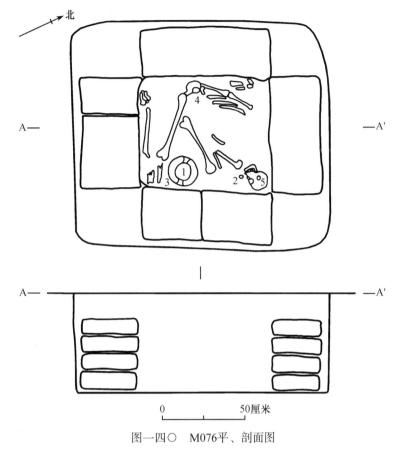

图一四〇 M076平、剖面图

1. 双耳陶罐（M076：1） 2. 玉髓串珠（M076：2） 3. 滑石串珠（M076：3） 4. 铜手镯（M076：4） 5. 铜耳环（M076：5）

1. 陶器

M076：1，双耳陶罐。1件。夹细砂红陶，手制，完整。侈口，短束颈，沿肩双耳，圆腹，小平底。口沿内外各绘一周弦纹，口沿至腹部饰垂带纹，其间有树草纹，耳部饰三道竖线纹。通高15厘米，口径9.3厘米，腹径15厘米，底径6.4厘米（图一四一，1；图版八七，5）。

2. 铜器

M076：4，铜手镯。1件。完整，环形，用细铜丝绕成，接口相错。直径5.6厘米，铜丝直径0.4厘米，重12.77克（图一四一，2；图版八八，2）。

M076：5，铜耳环。1件。完整，环形，用细铜丝绕成，接口处扁平。直径3.5厘米，铜丝直径0.2厘米，重2.71克（图一四一，4；图版八八，3）。

M076：7，铜耳环。1件。残，环形，用细铜丝绕成，接口处扁平。直径3.3厘米，铜丝直径0.2厘米，重1.73克（图一四一，3；图版八八，5）。

3. 石器

M076：2，玉髓串珠。1件。完整，红色半透明，算珠状，中部对钻穿孔。厚0.7厘米，直径1.2厘米，孔径0.2厘米，重1.43克（图一四一，8；图版八七，6）。

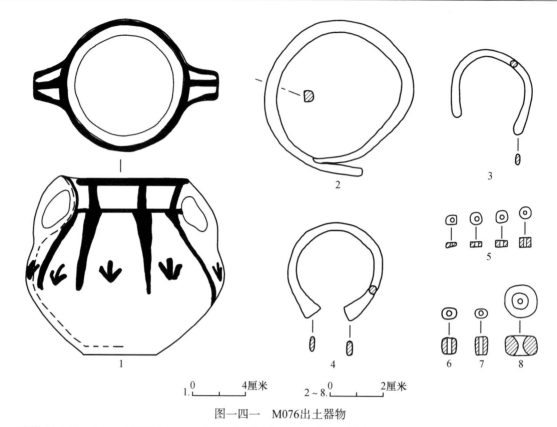

图一四一　M076出土器物

1. 双耳陶罐（M076：1）　2. 铜手镯（M076：4）　3. 铜耳环（M076：7）　4. 铜耳环（M076：5）　5. 滑石串珠（M076：3）
6. 绿松石串珠（M076：6）　7. 绿松石串珠（M076：8）　8. 玉髓串珠（M076：2）

　　M076：3，滑石串珠。4件。完整，白色，柱状，中部穿孔。长0.2～0.4厘米，直径0.4厘米，孔径0.15厘米，总重0.39克（图一四一，5；图版八八，1）。

　　M076：6，绿松石串珠。1件。完整，扁腰鼓状，中部穿孔。长0.5厘米，宽0.6厘米，厚0.3厘米，孔径0.1厘米，重0.31克（图一四一，6；图版八八，4）。

　　M076：8，绿松石串珠。1件。完整，扁腰鼓状，中部穿孔。长0.7厘米，宽0.6厘米，厚0.2厘米，孔径0.15厘米，重0.36克（图一四一，7；图版八八，6）。

　　M076：9，玉髓串珠。1件。完整，红色半透明，算珠状，中部对钻穿孔。长0.35厘米，直径0.9厘米，孔径0.2厘米，重0.66克（图版八九，1）。

M077

（一）形制结构

　　长方形竖穴土坑墓。被M075、M076打破。墓向215°。墓口距地表0.3米，长1.98米，宽1.6米，墓坑深1.03米。墓圹底部放置人骨1具，保存较差，仅存部分头骨及肩胛骨，为成年男性（图一四二）。

（二）出土遗物

共5件。陶器1件，为双耳陶罐（M077：1），出土于墓坑西南部。蚌饰1件（M077：3），出土于头骨下颌骨处。石器3件，其中滑石串珠2件（M077：2）出土于头骨下颌骨处；石杵1件（M077：4），出土于墓坑北壁外。

1. 陶器

M077：1，双耳陶罐。1件。夹细砂红陶，手制，完整。直口，方唇，束颈，沿肩双耳，鼓腹，平底。通高11.7厘米，口径8.6厘米，腹径11.4厘米，底径5.8厘米，重415克（图一四三，3；图版八九，2）。

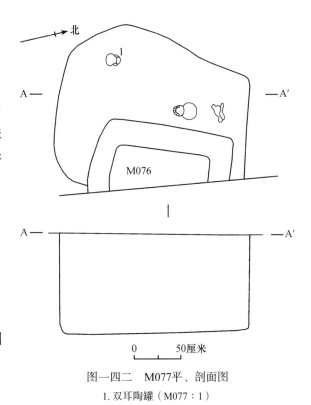

图一四二　M077平、剖面图
1. 双耳陶罐（M077：1）

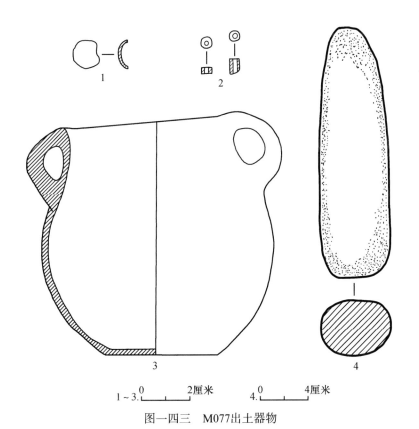

图一四三　M077出土器物

1. 蚌饰（M077：3）　2. 滑石串珠（M077：2）　3. 双耳陶罐（M077：1）　4. 石杵（M077：4）

2. 石器

M077：2，滑石串珠。2件。残，圆形，泡状。残径0.47厘米，重0.29克（图一四三，2；图版八九，3）。

M077：4，石杵。1件。完整，略呈三棱柱状，有人工加工痕迹。长22.8厘米，宽7.4厘米，重1850克（图一四三，4）。

3. 蚌器

M077：3，蚌饰。1件。完整，白色，饼状，中部穿孔。长1.11厘米，直径0.4厘米，孔径0.15厘米，总重0.28克（图一四三，1；图版八九，4）。

M078

（一）形制结构

长方形竖穴土坑墓。被M056打破。墓向207°。墓口长1.6米，宽1.3米，墓坑深0.7米。墓圹底部放置人骨1具，右侧身屈肢，头向西南，面向东（图一四四）。

（二）出土遗物

共3件。陶器1件，为双耳陶罐（M078：1），出土于墓坑西北部。石器1件，为绿松石串珠（M078：2），出土于墓坑西部。羊腿骨1件，出土位置不明。

1. 陶器

M078：1，双耳陶罐。1件。夹细砂红陶，手制，完整。直口，方唇，长颈，颈肩双耳，鼓腹，圈足。颈部绘内填斜线三角纹。通高10.8厘米，口径6.3厘米，腹径11厘米，底径6厘米，重325克（图一四四，2；图版八九，5）。

2. 石器

M078：2，绿松石串珠。1件。完整，扁腰鼓状，中部穿孔。长0.8厘米，宽0.5厘米，厚0.2厘米，孔径0.1厘米，重0.2克（图一四四，1；图版八九，6）。

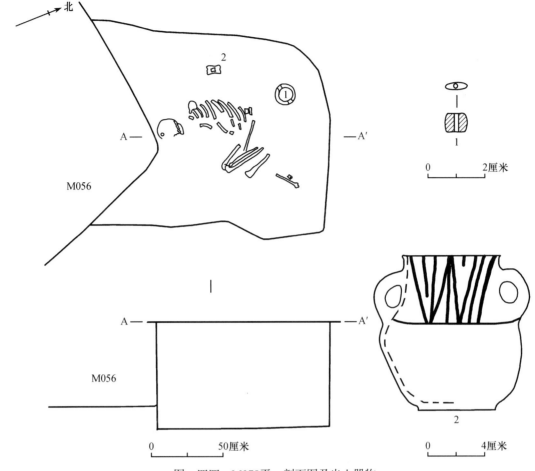

图一四四　M078平、剖面图及出土器物
1.绿松石串珠（M078：2）　2.双耳陶罐（M078：1）

M079

长方形竖穴土坑墓。墓向227°。墓口长
0.68米，宽0.5米，墓坑深0.28米。墓圹内填
充包含砾石的沙质土，出土陶片、动物骨
骼。墓圹底部为长方形土坯椁室，椁室四壁
由土坯砌筑而成，因保存较差，砌筑方式不
明。椁室内周长0.28米，宽0.15米。椁室底部
放置人骨1具，头向西南，面向东，仅残存头
骨片、肱骨、尺骨、桡骨，未成年个体（图
一四五；图版九〇，1）。

无出土遗物。

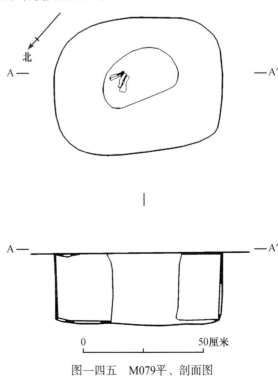

图一四五　M079平、剖面图

M080

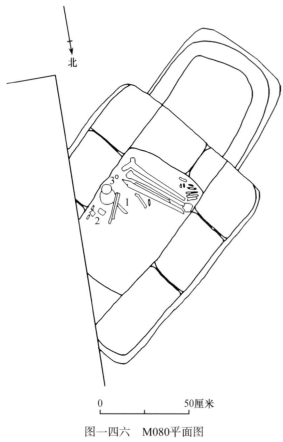

图一四六　M080平面图
1. 铜管（M080：1）　　2. 铜牌饰（M080：2）
3. 双耳陶罐（M080：3）

（一）形制结构

长方形竖穴土坑墓。墓坑东北角被现代墙基打破。墓向47°。墓口长1.2米，宽1.02米，墓坑深0.44米。墓圹底部为长方形土坯椁室，椁室四壁均自下而上错缝平砌3层土坯。椁室内周长0.8米，宽0.47米；土坯长0.4米，宽0.28米，厚0.1米。椁室底部放置人骨1具，仅存下肢骨，左侧身屈肢，保存较差（图一四六；图版九一，1）。

（二）出土遗物

共12件。陶器1件，为双耳陶罐（M080：3），出土于椁室东部。铜器4件，其中铜管1件（M080：1），出土于椁室中东部；铜牌饰1件（M080：2），出土于椁室中东部；铜管2件（M080：5），出土于陶罐下。石器7件，均为滑石串珠，其中5件（M080：4）出土于陶罐旁，2件（M080：6）出土于填土内。

1. 陶器

M080：3，双耳陶罐。1件。夹细砂红陶，手制，完整。侈口，方唇，束颈，沿肩双耳，圆腹，平底。口沿内有4组向内的竖向短线纹黑色彩绘，肩部有一周宽带纹，其下绘垂带纹。通高13厘米，口径10.4厘米，腹径13.6厘米，底径7厘米，重540克（图一四七，1；图版九一，2）。

2. 铜器

M080：1，铜管。1件。完整，管状，用薄铜片卷成，有接缝。长7.5厘米，直径0.5厘米，重14.85克（图一四七，5；图版九〇，2）。

M080：2，铜牌饰。1件。残，长方形，中部起脊，一短边近边缘处有一小孔。边缘有两周压点纹，中部有四组，每组3道的压点纹。长7.5厘米，宽5.8厘米，孔径0.4厘米，重24.48克（图一四七，4；图版九〇，3）。

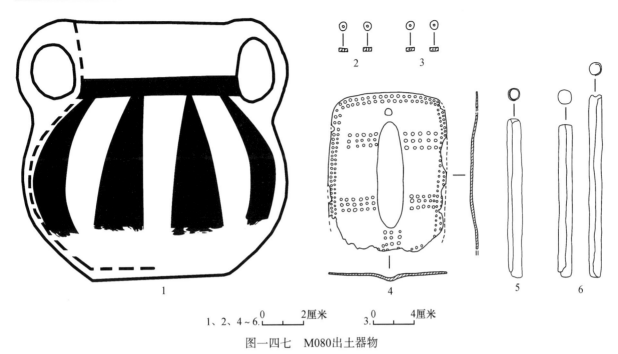

图一四七 M080出土器物

1. 双耳陶罐（M080:3） 2. 滑石串珠（M080:4） 3. 滑石串珠（M080:6） 4. 铜牌饰（M080:2） 5. 铜管（M080:1）
6. 铜管（M080:5）

M080:5，铜管。2件。完整，管状，用薄铜片卷成，有接缝。长10厘米，直径0.7厘米，重11、26.76克（图一四七，6；图版九二，1）。

3. 石器

M080:4，滑石串珠。5件。完整。白色，饼状，中部穿孔。长0.1~0.2厘米，直径0.4厘米，孔径0.1厘米，总重0.35克（图一四七，2；图版九一，3）。

M080:6，滑石串珠。2件。完整。白色，饼状，中部穿孔。长0.1、0.2厘米，直径0.4厘米，孔径0.15厘米，总重0.1克（图一四七，3；图版九二，2）。

M081

（一）形制结构

长方形竖穴土坑墓。墓向202°。墓口长1.46米，宽1.06米，墓坑深0.54米。墓圹底部为长方形土坯椁室，椁室四壁均自下而上错缝平砌4层土坯。椁室内周长0.8米，宽0.56米；土坯长0.4米，宽0.22米，厚0.1米。椁室底部放置人骨1具，右侧身屈肢，头向南，面向东（图一四八）。

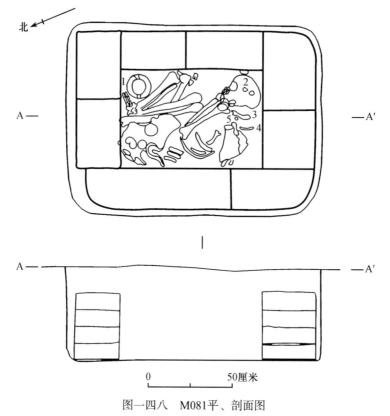

图一四八　M081平、剖面图

1. 双耳陶罐（M081：1）　2. 铜泡（M081：2）　3. 铅别针（M081：3）　4. 绿松石串珠（M081：4）　5. 滑石串珠（M081：5）

（二）出土遗物

共11件。陶器1件，为双耳陶罐（M081：1），出土于人骨足部。铜器3件，其中铜泡1件（M081：2），出土于头骨前侧；铜牌饰2件（M081：6、M081：7），出土于头骨前额处。铅器1件，为铅别针（M081：3），出土于颈部。石器5件，绿松石串珠1件（M081：4），出土于颈部；滑石串珠3件（M081：5），出土于颈部；石杵1件（M081：8），出土于填土中。羊腿骨1件，出土位置不明。

1. 陶器

M081：1，双耳陶罐。1件。夹细砂红陶，手制，完整。微侈口，方唇，束颈，沿肩双耳，鼓腹，平底。口沿内绘一周弦纹，颈部绘网格三角纹，耳部绘黑色块状。通高14厘米，口径10.8厘米，腹径13.8厘米，底径7.2厘米，重610克（图一四九，1；图版九二，3）。

2. 铜器

M081：2，铜泡。1件。完整，圆形，泡状，背部有纽。直径3厘米，重8.15克（图一四九，5；图版九二，4）。

M081：6，铜牌饰。1件。残，原应为圆形，一面略弧。直径4.5厘米，重9.9克（图一四九，3；图版九三，2）。

M081：7，铜牌饰。1件。残，圆形，一面略弧，近边缘处有两个相对位置的小孔。长径5.5厘米，短径5.2厘米，孔径0.2、0.3厘米，重11.6克（图一四九，6；图版九三，3）。

3. 铅器

M081：3，铅别针。1件。完整，门鼻形，用细铅丝绕成。长2.8厘米，宽1.5厘米，铜丝直径0.2厘米，重2.96克（图一四九，8；图版九二，5）。

4. 石器

M081：4，绿松石串珠。1件。完整，圆饼状，中部穿孔。厚0.15厘米，直径0.6厘米，孔径0.15厘米，重0.07克（图一四九，4；图版九二，6）。

M081：5，滑石串珠。3件。完整，白色，柱状，中部穿孔。长0.3～0.7厘米，直径0.4厘米，孔径0.1厘米，重0.07～0.11克（图一四九，7；图版九三，1）。

M081：8，石杵。1件。残，略呈三棱柱状，表面有人工加工痕迹。残长7.9厘米，宽3.8厘米，重1130克（图一四九，2）。

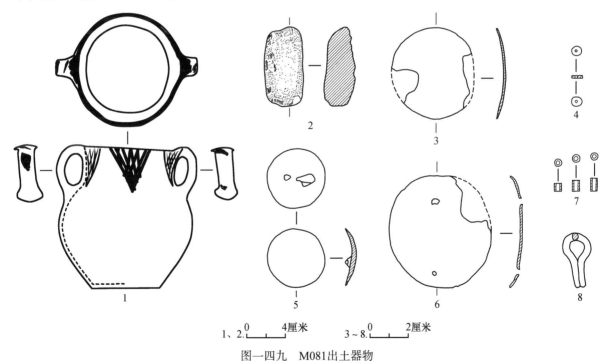

图一四九 M081出土器物

1. 双耳陶罐（M081：1） 2. 石杵（M081：8） 3. 铜牌饰（M081：6） 4. 绿松石串珠（M081：4） 5. 铜泡（M081：2）
6. 铜牌饰（M081：7） 7. 滑石串珠（M081：5） 8. 铅别针（M081：3）

M082

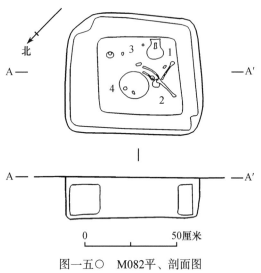

图一五〇　M082平、剖面图

1. 双耳陶罐（M082：1）　2. 铜手镯（M082：2）
3. 铜耳环（M082：3）　4. 铜珠、三联铜泡（M082：4）

（一）形制结构

长方形竖穴土坑墓。墓向225°。墓口长0.72米，宽0.61米，墓坑深0.2米。墓圹底部为长方形土坯椁室，椁室四壁均竖立1层土坯，保存较差，土坯间界限不明。椁室内周长0.44米，宽0.4米。椁室底部放置人骨1具，为未成年个体，骨骼散乱，保存极差（图一五〇；图版九四，1）。

（二）出土遗物

共15件。陶器1件，为双耳陶罐（M082：1），出土于椁室东南角。铜器11件，其中铜手镯2件（M082：2），出土于椁室西部；铜耳环1件（M082：3），出土于椁室东部；铜珠、三联铜泡共6件（M082：4），出土于头骨下；铜耳环2件（M082：5），出土于头骨处。石器2件，均为滑石串珠（M082：6），出土于陶罐旁。骨器1件，为骨牌饰（M082：7），出土于填土中。

1. 陶器

M082：1，双耳陶罐。1件。夹细砂红陶，手制，完整。侈口，方唇，颈肩双耳，鼓腹，平底。通高8厘米，口径6.6厘米，腹径8.5厘米，底径4.2厘米，重170克（图一五一，1；图版九三，4）。

2. 铜器

M082：2，铜手镯。2件。残，环形，用细铜丝绕成。残径3.8厘米，铜丝直径0.4厘米，重4.68克（图一五一，2；图版九三，5）。

M082：3，铜耳环。1件。残，环形，用细铜丝绕成。残径2厘米，铜丝直径0.2厘米，重0.75克（图一五一，4；图版九三，6）。

M082：4，铜珠、三联铜泡。6件。三联铜泡1件，残。柱状，中部有孔，长2.4厘米，直径0.8厘米，重2.07克。铜珠5件，残。不规则柱状，中部有孔。长0.4~0.8厘米，直径0.7~1.2厘米，总重3.88克（图一五一，5；图版九四，2）。

M082：5，铜耳环。2件。残，环形，用细铜丝绕成。直径2.6厘米，铜丝直径0.2厘米，重1.19、1.03克（图一五一，3；图版九四，3）。

3. 石器

M082：6，滑石串珠。2件。完整，白色，柱状，中部穿孔。长0.4~0.7厘米，直径0.4厘米，孔径0.15厘米，重0.03、0.12克（图一五一，6；图版九五，1）。

4. 骨器

M082：7，骨牌饰。1件。长方形，两端较锐薄，一端对钻穿孔。长2.8厘米，宽1.4厘米，孔径0.5~0.7厘米。

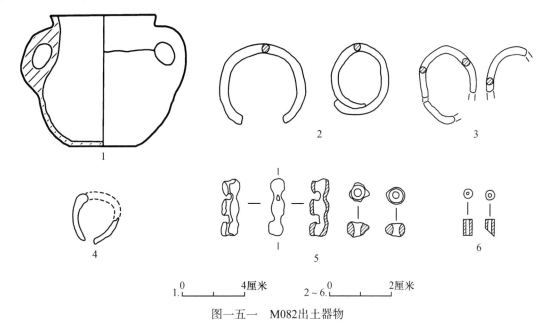

图一五一　M082出土器物

1.双耳陶罐（M082：1）　2.铜手镯（M082：2）　3.铜耳环（M082：5）　4.铜耳环（M082：3）　5.铜珠、三联铜泡（M082：4）
6.滑石串珠（M082：6）

M083

长方形竖穴土坑墓。墓向315°。墓口长1.16米，宽0.9米，墓坑深0.42米。墓圹底部为长方形土坯椁室，椁室四壁均竖立1层土坯，四壁土坯在四角处不错缝，土坯之间的界限已难以辨清。椁室内周长0.6米，宽0.46米。椁室底部放置人骨1具，保存较差，分布散乱，仅存肩胛骨、肱骨、肋骨、椎骨等（图一五二；图版九六，1）。

无出土遗物。

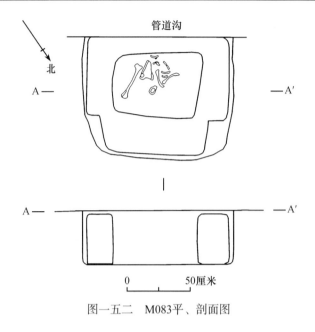

图一五二　M083平、剖面图

M084

（一）形制结构

长方形竖穴土坑墓。被M076打破。墓向211°。墓口距地表0.3米，长1.5米，宽1.18米，墓坑深1.11米。墓圹内填充沙质土。墓圹底部为长方形土坯椁室，椁室东壁被打破仅剩底层土坯，南、西、北三壁均自下而上错缝平砌5层土坯。椁室内周长0.96米，宽0.62米，土坯宽0.33米，厚0.12～0.17米。椁室底部放置人骨1具，右侧身屈肢，头向南，面向东，为成年男性（图一五三；图版九六，2；图版九七，1）。

（二）出土遗物

共5件。陶器1件，为双耳陶罐（M084∶1），出土于椁室西北角。铜器2件，为铜牌饰（M084∶2），出土于头骨前侧。骨器1件，为骨牌饰（M084∶3），出土于填土中。羊腿骨1件，出土于人骨膝盖上端。

1. 陶器

M084∶1，双耳陶罐。1件。夹细砂灰陶，手制，残。直口，方唇，颈肩双耳，鼓腹，平底。通高13.7厘米，口径9厘米，腹径11.2厘米，底径5.5厘米，重640克（图一五四，1；图版九五，2）。

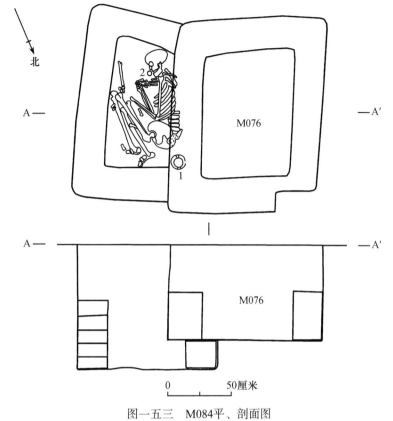

图一五三 M084平、剖面图
1.双耳陶罐（M084：1） 2.铜牌饰（M084：2）

2. 铜器

M084：2，铜牌饰。2件。平面均呈圆形。一件一面略弧，近边缘处有一对相对位置的小孔。另一件平整，近边缘处有一个小孔。直径4.6、5.2厘米，孔径0.2厘米，重13.75、12.78克（图一五四，3；图版九五，3）。

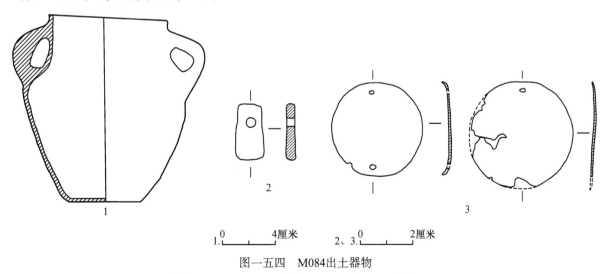

图一五四 M084出土器物
1.双耳陶罐（M084：1） 2.骨牌饰（M084：3） 3.铜牌饰（M084：2）

3. 骨器

M084：3，骨牌饰。1件。完整，长方形，一短边近边缘处有一小孔。长2.7厘米，宽1.3厘米，孔径0.5厘米，重1.7克（图一五四，2；图版九五，4）。

附：M084墓主人经分子遗传学鉴定，性别为男性（高诗珠，2009：56）。

M085

（一）形制结构

长方形竖穴土坑墓。墓向225°。墓口长1.5米，宽1.14米，墓坑深0.72米。墓圹内填充较致密的沙土。墓圹底部南北对向两侧设熟土二层台，二层台内侧竖立1层土坯，二层台上平砌1层土坯；墓圹东、西两壁自下而上错缝平砌4层土坯。椁室内周长0.84米，宽0.52米；土坯长0.4～0.6米，宽0.3米，厚0.1米。椁室底部放置人骨1具，右侧身屈肢，头向西，面向南（图一五五，图版九七，2）。

（二）出土遗物

共11件。陶器1件，为双耳陶罐（M085：4），出土于足部。铜器2件，其中铜刀1件（M085：3），出土于人骨胸前；铜锥1件（M085：5），出土于人骨胸前。石器8件，其中滑石串珠7件（M085：1），出土于人骨足部；砺石1件（M085：2），出土于人骨膝部。

1. 陶器

M085：4，双耳陶罐。1件。夹细砂红陶，手制，残。侈口，方唇，短束颈，沿肩双耳，圆鼓腹，平底。口沿内绘一周弦纹，颈部绘连续的实心倒三角纹，腹部有一道横向水波纹，耳部饰竖线纹。通高15.3厘米，口径11.3厘米，腹径18厘米，底径8.4厘米，重730克（图一五六，1；图版九八，2）。

2. 铜器

M085：3，铜刀。1件。残，刀尖上翘，直柄，弧刃，柄部有双孔，柄面两侧起棱，刃部截面呈三角形。残长15.2厘米，宽0.8～2厘米，孔长2.6厘米，宽0.3厘米，重33.2克（图一五六，2；图版九八，1）。

M085：5，铜锥。1件。完整，四棱锥状，两端尖锐。长6.6厘米，宽0.3厘米，重3.68克（图一五六，5；图版九八，3）。

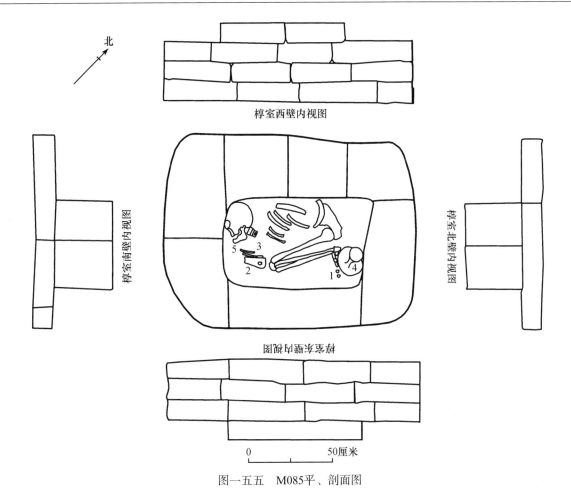

椁室西壁内视图

北

椁室南壁内视图

椁室北壁内视图

椁室半面内视图

0   50厘米

图一五五 M085平、剖面图

1. 滑石串珠（M085：1） 2. 砺石（M085：2） 3. 铜刀（M085：3） 4. 双耳陶罐（M085：4） 5. 铜锥（M085：5）

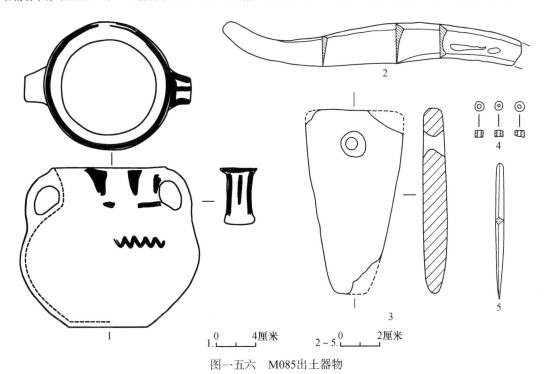

0   4厘米
1.

0   2厘米
2～5.

图一五六 M085出土器物

1. 双耳陶罐（M085：4） 2. 铜刀（M085：3） 3. 砺石（M085：2） 4. 滑石串珠（M085：1） 5. 铜锥（M085：5）

3. 石器

M085：1，滑石串珠。7件。完整，白色，柱状，中部穿孔。长0.1～0.3厘米，直径0.4～0.5厘米，孔径0.1～0.2厘米，总重0.46克（图一五六，4；图版九五，5）。

M085：2，砺石。1件。残，近三角形，近短边边缘处有圆形穿孔。长9厘米，宽2.8～5.5厘米，孔径0.6厘米，重79.53克（图一五六，3；图版九五，6）。

M086

（一）形制结构

长方形竖穴土坑墓。打破M087。墓向232°。墓口距地表0.2米，长1.42米，宽1.14米，墓坑深0.54米。墓圹内填充包含细砾、粗砾的较致密沙土。墓圹底部四周设熟土二层台，二层台内侧竖立1层土坯，二层台上平砌2层土坯。椁室内周长0.9米，宽0.6米；土坯长0.4米，宽0.26米，厚0.1米。椁室底部放置人骨1具，保存较差，分布散乱，仅存盆骨、肋骨及部分碎骨片（图一五七；图版九九，1）。

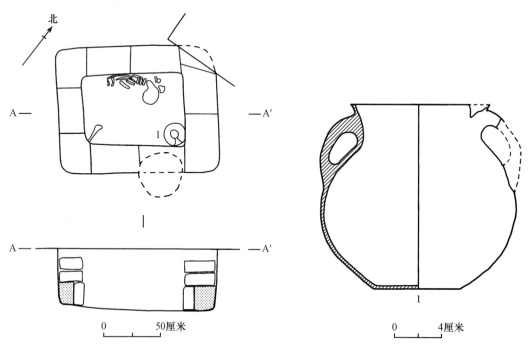

图一五七　M086平、剖面图及出土器物

1. 双耳陶罐（M086：1）

（二）出土遗物

共1件。陶器1件，为双耳陶罐（M086：1），出土于椁室东北角。

M086：1，双耳陶罐。1件。夹细砂红陶，手制，残。侈口，方唇，束颈，颈肩双耳，圆腹，平底。器表有烟熏痕迹。通高15厘米，口径11.8厘米，腹径16.6厘米，底径7.3厘米，重595克（图一五七，1；图版九八，4）。

M087

（一）形制结构

长方形竖穴土坑墓。被M086打破。墓向218°。墓口距地表0.2米，长1.39米，宽1.17米，墓坑深0.5米。墓圹内填充包含砾石的较致密灰黄色土，夹杂陶片。墓圹底部为长方形土坯椁室，椁室四壁均自下而上错缝平砌3层土坯。椁室内周长0.76米，宽0.54米，土坯长0.4～0.5米，宽0.34米，厚0.1米。椁室底部放置人骨1具，保存状况极差，仅存头骨及部分肋骨、椎骨，头向西南，面向西（图一五八；图版九九，2）。

（二）出土遗物

共2件。陶器1件，为双耳陶罐（M087：1），出土于椁室西北角。铜器1件，为铜牌饰（M087：2），出土位置不明。

1. 陶器

M087：1，双耳陶罐。1件。夹细砂红陶，手制，残。直口，方唇，颈肩双耳，鼓腹，平底。通高12.2厘米，口径8.8厘米，腹径11.4厘米，底径5.6厘米，重500克（图一五八，1；图版九八，5）。

2. 铜器

M087：2，铜牌饰。1件。完整，圆形，一面平整，另一面有纽。直径4.6厘米，重10.9克（图一五八，2；图版九八，6）。

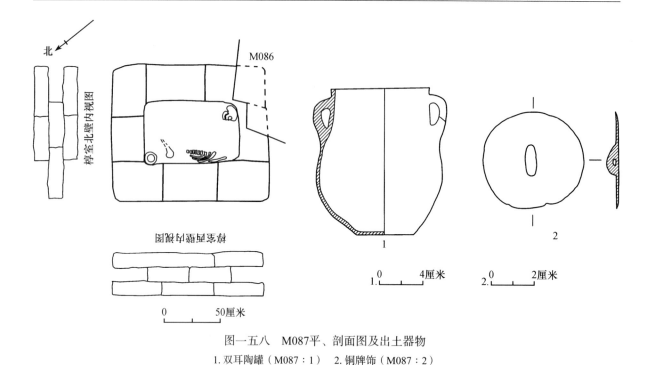

图一五八　M087平、剖面图及出土器物
1. 双耳陶罐（M087：1）　2. 铜牌饰（M087：2）

M088

（一）形制结构

长方形竖穴土坑墓。墓向35°。墓口长1.5米，宽1.14米，墓坑深0.56米。墓圹填土中出土碎土坯、人骨、陶片。墓圹底部四周设熟土二层台，西、北两壁熟土二层台上错缝平砌2层土坯；东、南两壁熟土二层台上错缝平砌3层土坯。椁室内周长0.8米，宽0.5米；土坯长0.5米，宽0.36米，厚0.1米。椁室底部放置人骨1具，保存状况极差，仅存部分肢骨（图一五九；图版一〇〇，1）。

（二）出土遗物

共5件。陶器1件，为双耳陶罐（M088：1），出土于椁室东部。铜器2件，为铜耳环（M088：2），出土于头骨耳部。石器2件，其中玉髓串珠1件（M088：3），出土于椁室北部；滑石串珠1件（M088：4），出土于陶罐旁。

1. 陶器

M088：1，双耳陶罐。1件。夹砂灰陶，手制。侈口，短束颈，沿肩双扁耳，圆鼓腹，平底。口径11.6厘米，底径6.8厘米，高15.6厘米（图一六〇，1；图版一〇〇，2）。

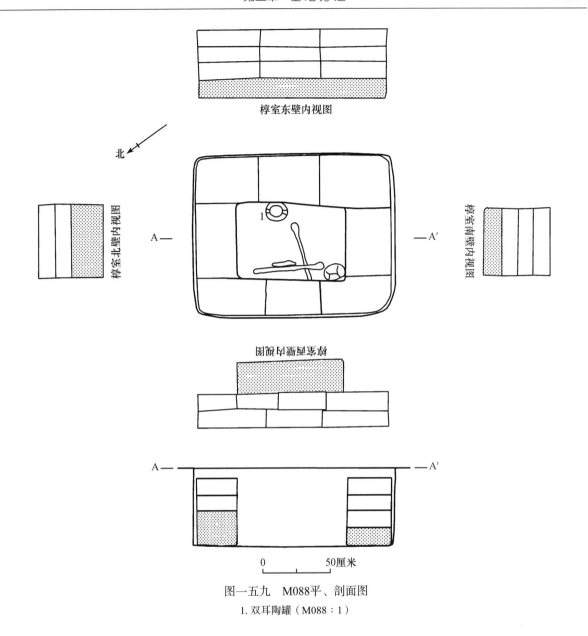

图一五九 M088平、剖面图
1. 双耳陶罐（M088：1）

2. 铜器

M088：2，铜耳环。2件。完整，环形，用细铜丝绕成，接口处扁平。直径3.3、3.5厘米，铜丝直径0.2厘米，重2.12、2.6克（图一六○，2；图版一○○，3）。

3. 石器

M088：3，玉髓串珠。1件。完整，红色半透明，柱状，中部穿孔。长0.7厘米，直径1.2厘米，孔径0.3厘米，重1.61克（图一六○，3；图版一○一，1）。

M088：4，滑石串珠。1件。完整，白色，柱状，中部穿孔。长0.2厘米，直径0.4厘米，孔径0.1厘米，重0.07克（图一六○，4；图版一○一，2）。

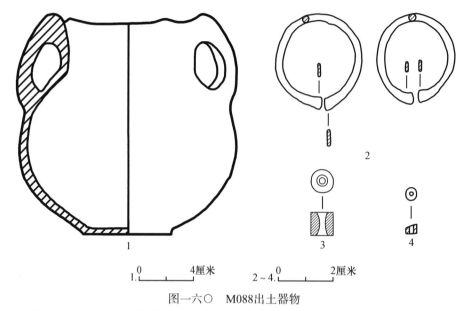

图一六〇　M088出土器物

1. 双耳陶罐（M088：1）　2. 铜耳环（M088：2）　3. 玉髓串珠（M088：3）　4. 滑石串珠（M088：4）

M089

（一）形制结构

长方形竖穴土坯。打破M090、M091。墓向276°。墓坑墓口距地表0.47米，长1.79米，宽1米，墓坑深0.66米。墓圹内填充包含砾石的较致密灰砂土，夹杂碎土坯、陶片。墓圹底部四周设生土二层台，二层台上平砌1层土坯，土坯间边界难以辨清。椁室内周长0.9米，宽0.64米。椁室底部放置人骨1具，保存较差，仅存下肢骨、右侧尺骨、桡骨、掌骨和指骨，右侧身屈肢，头向西南（图一六一）。

（二）出土遗物

共1件。陶器1件，为双耳陶罐（M089：1），出土于椁室东部。

M089：1，双耳陶罐。1件。夹细砂红陶，手制，完整。侈口，方唇，束颈，沿肩双耳，圆腹，平底。口沿外及肩部绘连续的实心倒三角纹，耳部涂满。通高17厘米，口径11.5厘米，腹径17.2厘米，底径8.1厘米，重810克（图一六一，1；图版一〇一，3）。

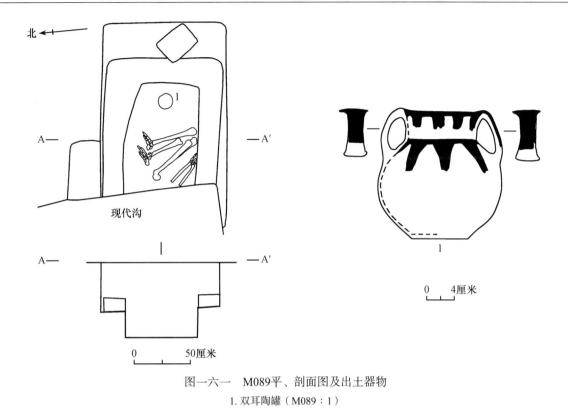

图一六一　M089平、剖面图及出土器物
1. 双耳陶罐（M089：1）

M090

（一）形制结构

长方形竖穴土坑墓。被M089打破，打破M091。墓向116°。墓口距地表0.47米，长0.9米，宽0.7米，墓坑深0.89米。墓圹底部为长方形土坯椁室，椁室西、南两壁被打破，形制不明；东、北两壁残存1层平砌的土坯，土坯间的界限不明。椁室底部放置人骨1具，保存较差，分布散乱，仅存头骨、股骨、椎骨等（图一六二）。

（二）出土遗物

共3件。铜器2件，为铜耳环（M090：2、M090：3），均出土于头骨耳部。石器1件，为玉髓串珠（M090：1），出土于填土中。

1. 铜器

M090：2，铜耳环。1件。完整，近椭圆形，环状，用细铜丝绕成，接口处扁平相错。长径2.3厘米，短径1.9厘米，铜丝直径0.2厘米，重1.16克（图一六二，1；图版一〇一，5）。

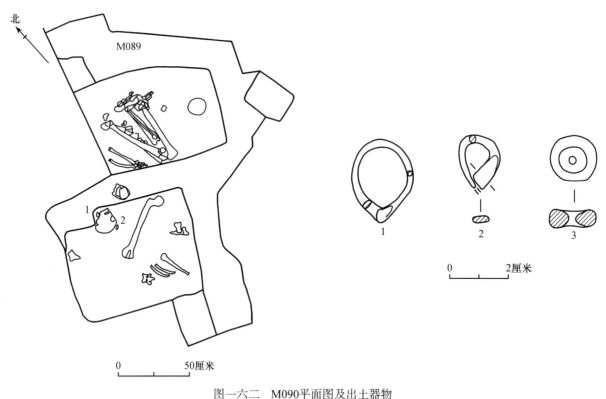

图一六二　M090平面图及出土器物
1. 铜耳环（M090：2）　2. 铜耳环（M090：3）　3. 玉髓串珠（M090：1）

　　M090：3，铜耳环。1件。完整，近椭圆形，环状，用细铜丝绕成，接口处一端扁平。长径1.8厘米，短径1.4厘米，铜丝直径0.2厘米，重0.97克（图一六二，2；图版一○一，6）。

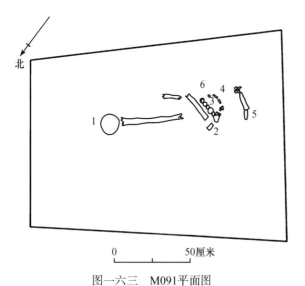

图一六三　M091平面图
1. 双耳陶罐（M091：1）　2. 绿松石串珠（M091：2）
3. 铜泡（M091：3）　4. 铜管（M091：4）
5. 铜刀（M091：5）　6. 玉髓串珠（M091：6）

2. 石器

　　M090：1，玉髓串珠。1件。完整，红色半透明，算珠状，中部对钻穿孔。厚0.5厘米，直径1.5厘米，孔径0.2厘米，重2.07克（图一六二，3；图版一○一，4）。

M091

（一）形制结构

　　长方形竖穴土坑墓。被M089、M090打破。墓向232°。墓口距地表0.28米，长1.7米，宽1.34米，墓坑深1.1米。墓圹底部放置人骨1具，保存状况极差，仅存股骨及部分碎骨，分布散乱（图一六三；图版一○二，1）。

（二）出土遗物

共14件。陶器1件，为双耳陶罐（M091：1），出土于股骨处。铜器11件，其中铜泡6件（M091：3），出土于墓坑南部；铜管4件（M091：4），出土于墓坑南部；铜刀1件（M091：5），出土于墓坑南部。石器2件，其中绿松石串珠1件（M091：2），出土于墓坑中部；玉髓串珠1件（M091：6），出土于墓坑南部。

1. 陶器

M091：1，双耳陶罐。1件。夹细砂红陶，手制，完整。小直口，方唇，颈肩双耳，鼓腹，平底。通高14.5厘米，口径9厘米，腹径14厘米，底径8厘米，重860克（图一六四，1；图版一〇二，2）。

2. 铜器

M091：3，铜泡。6件。5件完整，1件残损，圆形，泡状，背部有纽。直径2.5～3厘米，重2.65～6.03克（图一六四，6；图版一〇三，1）。

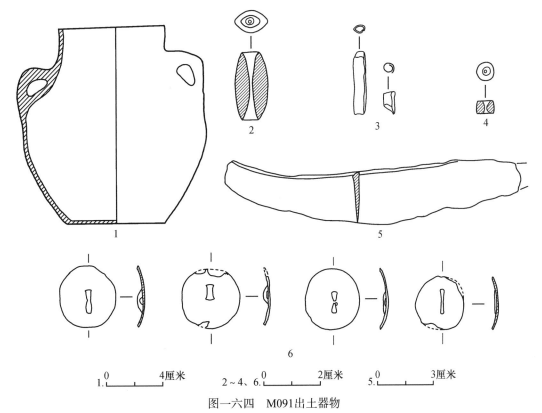

图一六四 M091出土器物

1. 双耳陶罐（M091：1）　2. 绿松石串珠（M091：2）　3. 铜管（M091：4）　4. 玉髓串珠（M091：6）　5. 铜刀（M091：5）
6. 铜泡（M091：3）

　　M091：4，铜管。4件。残损严重。管状，用薄铜片卷成，有接缝。残长1～3厘米，直径0.5～0.7厘米，重0.33～1.14克（图一六四，3；图版一〇三，2）。

　　M091：5，铜刀。1件。残，刀尖上翘，直背，弧刃，刃部截面呈三角形，柄部残。残长10.6厘米，宽1.2～2.4厘米，重51.2克（图一六四，5；图版一〇三，3）。

3. 石器

　　M091：2，绿松石串珠。1件。残，扁腰鼓状，中部穿孔。长3.2厘米，宽1.8厘米，孔径0.3厘米，重6.45克（图一六四，2；图版一〇二，3）。

　　M091：6，玉髓串珠。1件。完整，红色半透明，柱状，中部穿孔。长0.7厘米，直径0.8厘米，孔径0.45厘米，重0.85克（图一六四，4；图版一〇四，1）。

M092

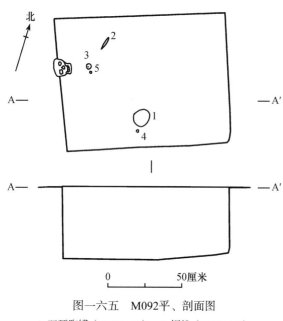

图一六五　M092平、剖面图
1. 双耳陶罐（M092：1）　2. 铜锥（M092：2）
3. 玉髓串珠（M092：3）　4. 滑石串珠（M092：4）
5. 绿松石串珠（M092：5）

（一）形制结构

　　长方形竖穴土坑墓。墓向253°。墓口长1.13米，宽0.88米，墓坑深0.48米。墓圹底部放置人骨1具，保存状况极差，仅存头骨（图一六五）。

（二）出土遗物

　　共6件。陶器1件，为双耳陶罐（M092：1），出土于墓坑南部。铜器1件，为铜锥（M092：2），出土于墓坑西北角。石器4件，其中玉髓串珠2件（M092：3），出土于墓坑西部；滑石串珠1件（M092：4），出土于陶罐旁；绿松石串珠1件（M092：5），出土于墓坑西部。

1. 陶器

　　M092：1，双耳陶罐。1件。夹细砂红陶，手制，残。侈口，圆唇。束颈，沿肩双耳，鼓腹，平底。口沿内有一周黑色彩绘，向内有竖短线纹黑色彩绘。颈肩处绘两道宽带纹，其间绘菱格纹，其下绘垂带纹，耳部饰"X"形纹。通高12.3厘米，口径9.3厘米，腹径13.8厘米，底径6.8厘米，重420克（图一六六，1；图版一〇四，2）。

2. 铜器

M092：2，铜锥。1件。完整，四棱锥状，一端尖锐。长5.3厘米，宽0.5厘米，重5.2克（图一六六，2；图版一〇四，3）。

3. 石器

M092：3，玉髓串珠。2件。完整，红色半透明，算珠状，中部对钻穿孔。厚0.4、0.6厘米，直径1、1.4厘米，孔径0.15、0.2厘米，重0.67、1.69克（图一六六，5；图版一〇四，4）。

M092：4，滑石串珠。1件。完整，白色，饼状，中部穿孔。厚0.2厘米，直径0.7厘米，孔径0.2厘米，重0.3克（图一六六，4；图版一〇四，5）。

M092：5，绿松石串珠。1件。完整，扁腰鼓状，中部穿孔。长0.9厘米，宽0.8厘米，孔径0.2厘米，重0.42克（图一六六，3；图版一〇四，6）。

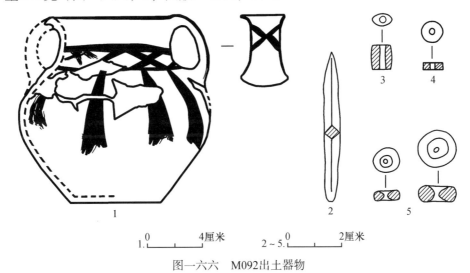

图一六六　M092出土器物

1. 双耳陶罐（M092：1）　2. 铜锥（M092：2）　3. 绿松石串珠（M092：5）　4. 滑石串珠（M092：4）　5. 玉髓串珠（M092：3）

M093

（一）形制结构

长方形竖穴土坑墓。墓向240°。墓口长1.5米，宽1.02米，墓坑深0.25米。墓圹底部放置人骨1具，保存状况极差，均已朽呈粉末状（图一六七）。

（二）出土遗物

共8件。陶器1件，为单耳陶罐（M093：1），出土于墓坑东部。铜器6件，其中铜耳环1

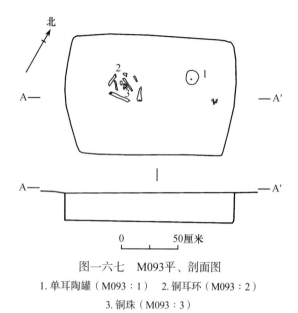

图一六七　M093平、剖面图
1. 单耳陶罐（M093：1）　2. 铜耳环（M093：2）
3. 铜珠（M093：3）

件（M093：2），出土于墓坑中西部；铜珠5件（M093：3），出土于墓坑中部。石器1件，为绿松石串珠（M093：4），出土于墓坑中西部。

1. 陶器

M093：1，单耳陶罐。1件。夹细砂红陶，手制，残。微侈口，方唇，长颈，颈肩单耳，弧腹，平底。通高15.3厘米，口径8.6厘米，腹径12.3厘米，底径5.8厘米，重555克（图一六八，1；图版一〇五，1）。

2. 铜器

M093：2，铜耳环。1件。残，原应为环形，用细铜丝绕成。残径2.1厘米，铜丝直径0.2厘米，重2.35克（图一六八，2；图版一〇五，2）。

M093：3，铜珠。5件。完整，柱状，中部有孔。长0.3～0.5厘米，直径0.6厘米，孔径0.3厘米，总重2.26克（图一六八，4；图版一〇五，3）。

3. 石器

M093：4，绿松石串珠。1件。完整，不规则柱状，中部穿孔。长1.2厘米，直径0.8厘米，孔径0.2厘米，重1.35克（图一六八，3；图版一〇五，4）。

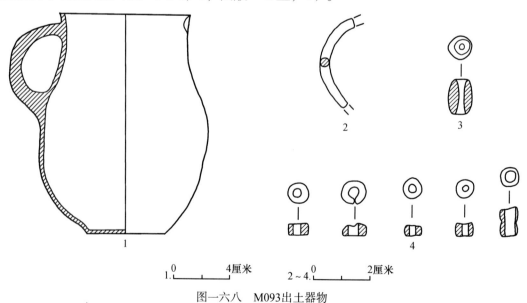

图一六八　M093出土器物
1. 单耳陶罐（M093：1）　2. 铜耳环（M093：2）　3. 绿松石串珠（M093：4）　4. 铜珠（M093：3）

M094

（一）形制结构

长方形竖穴土坑墓。被M074打破。墓向225°。墓口长1.48米，宽0.64米，墓坑深0.44米；墓圹底部四周设熟土二层台，仅存西、南、北三壁，二层台内侧竖立1层土坯，二层台上平砌1层土坯。椁室内周长0.92米，残宽0.44米；土坯长0.3～0.4米，宽0.2米，厚0.1米。椁室底部放置人骨1具，右侧身屈肢，头向西南，面向南（图一六九；图版一〇六，1）。

（二）出土遗物

共1件。陶器1件，为双耳陶罐（M094：1），出土于骶骨后侧。

M094：1，双耳陶罐。1件。夹细砂红陶，手制，完整。直口，方唇，长颈，颈肩双耳，鼓腹，平底。通高12.8厘米，口径8.2厘米，腹径11.9厘米，底径6.8厘米，重450克（图一六九，1；图版一〇五，5）。

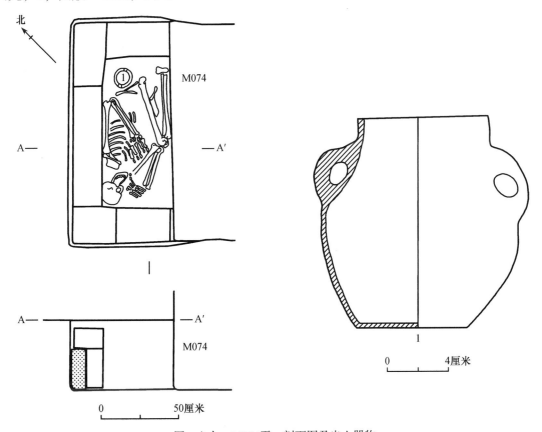

图一六九 M094平、剖面图及出土器物
1. 双耳陶罐（M094：1）

M095

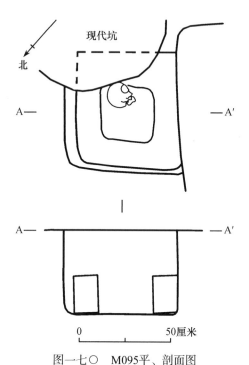

图一七〇　M095平、剖面图

长方形竖穴土坑墓。墓向138°。墓口长0.68米，宽0.62米，墓坑深0.44米。墓圹底部为长方形土坯椁室，椁室四壁均竖立1层土坯，土坯间界限不明。椁室内周长0.28米，宽0.3米。椁室底部放置人骨1具，保存状况极差，仅存头骨（图一七〇）。

无出土遗物。

M096

（一）形制结构

长方形竖穴土坑墓。打破M100、M101。墓向20°。墓口距地表0.42米，长1.37米，宽1米，墓坑深0.58米。墓圹内填充包含砾石的细砂土，夹杂碎土坯。墓圹底部为长方形土坯椁室，椁室东、北两壁为竖立2列土坯，其上平砌1层土坯；西、南两壁为竖立1层土坯。椁室内周长0.9米，宽0.7米；土坯长0.34米，宽0.24米，厚0.1米。椁室底部放置人骨1具，左侧身屈肢，头向北，面向东（图一七一）。

（二）出土遗物

共3件。陶器1件，为双耳陶罐（M096：1），出土于人骨膝部。铜器1件，为铜耳环（M096：2），出土于头骨耳部。石器1件，为滑石串珠（M096：3），出土于人骨腕部。

1. 陶器

M096：1，双耳陶罐。1件。夹砂红陶，手制。凹口，短束颈，沿肩双扁耳，鼓腹，平底。器身略倾斜。口径8.8厘米，底径5.2厘米，高13厘米（图一七一，1；图版一〇五，6）。

2. 铜器

M096：2，铜耳环。1件。残，原应为环形，用细铜丝绕成。残径3.2厘米，铜丝直径0.4厘米，重1.53克（图一七一，3；图版一〇六，2）。

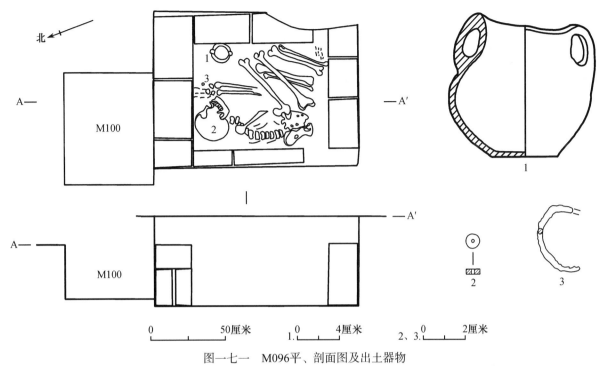

图一七一　M096平、剖面图及出土器物

1. 双耳陶罐（M096：1）　2. 滑石串珠（M096：3）　3. 铜耳环（M096：2）

3. 石器

M096：3，滑石串珠。1件。完整，白色，圆饼状，中部穿孔。厚0.2厘米，直径0.7厘米，孔径0.15厘米，重0.17克（图一七一，2；图版一〇六，3）。

M097

（一）形制结构

长方形竖穴土坑墓。打破M108。墓向54°。墓口距地表0.55米，长1.3米，宽1.06米，墓坑深0.3米。墓圹内填充包含砾石的细砂土，夹杂碎土坯。墓圹底部为长方形土坯椁室，椁室四壁自下而上错缝平砌3层土坯。椁室内周长0.9米，宽0.6米；土坯长0.36～0.4米，宽0.22米，厚0.08～0.12米。椁室底部放置人骨1具，左侧身屈肢，头向东北，面向南（图一七二；图版一〇七，1）。

（二）出土遗物

共1件。陶器1件，为双耳陶罐（M097：1），出土于胫骨处。

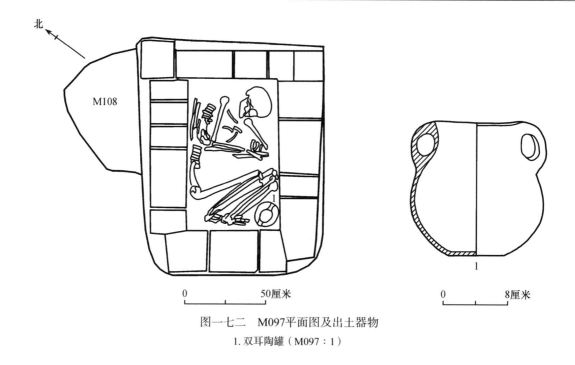

图一七二　M097平面图及出土器物

1. 双耳陶罐（M097：1）

　　M097：1，双耳陶罐。1件。夹细砂红陶，手制。微侈口，圆唇，短束颈，沿肩双耳，圆鼓腹，平底。通高16厘米，口径10厘米，腹径16.4厘米，底径10.8厘米，重790克（图一七二，1；图版一〇七，2）。

M098

（一）形制结构

　　长方形竖穴土坑墓。打破M113。墓向81°，墓口长0.98米，宽0.76米。墓圹底部放置人骨1具，左侧身屈肢，头向东，面向南，为女性个体（图一七三）。

（二）出土遗物

　　共3件。陶器1件，为双耳陶罐（M098：1），出土于人骨膝盖处。铜器1件，为铜珠（M098：3），出土于头骨附近。石器1件，为绿松石串珠（M098：2），出土于头骨耳部。

1. 陶器

　　M098：1，双耳陶罐。1件。夹细砂红陶，手制。侈口，方唇，短束颈，沿肩双耳，鼓腹，平底。通高17.6厘米，口径11.6厘米，腹径17.2厘米，底径6.8厘米，重815克（图一七三，1；图版一〇七，3）。

2. 铜器

M098：3，铜珠。1件。圆柱状，中部有空，似无接缝。直径0.5厘米，厚0.4厘米，壁厚0.1厘米，重0.32克（图一七三，2；图版一〇八，2）。

3. 石器

M098：2，绿松石串珠。1件。绿色，扁圆柱状，中部穿孔，表面似磨光。长1.2厘米，宽0.8厘米，厚0.5厘米，孔径0.3厘米，重0.9克（图一七三，3；图版一〇八，1）。

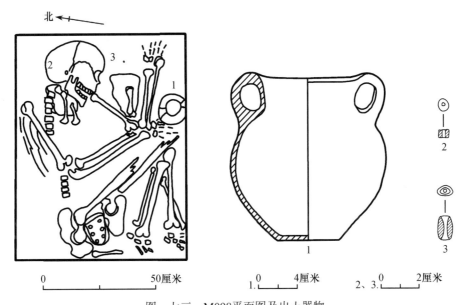

图一七三　M098平面图及出土器物

1. 双耳陶罐（M098：1）　2. 铜珠（M098：3）　3. 绿松石串珠（M098：2）

M099

（一）形制结构

长方形竖穴土坑墓。打破M102。墓向35°，墓口距地表0.4米，长1.3米，宽1.03米，墓坑深0.3米。墓圹内填充包含砾石的致密红色黏土。墓圹底部四周设熟土二层台，二层台内侧竖立1层土坯，二层台上平砌1层土坯。椁室内周长0.76米，宽0.54米；土坯长0.2～0.4米，宽0.2～0.38米，厚0.1～0.2米。椁室底部放置人骨1具，保存状况差，仅存椎骨、部分肢骨及头骨片，左侧身屈肢，头向东北，面向南，为未成年个体（图一七四；图版一〇八，3）。

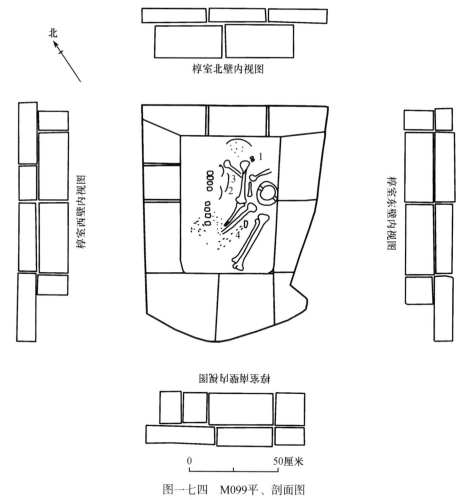

图一七四　M099平、剖面图

1. 玉髓串珠（M099：1）　2. 铜牌饰（M099：2）　3. 双耳陶罐（M099：3）　4. 铜牌饰（M099：4）

（二）出土遗物

共5件。陶器1件，为双耳陶罐（M099：3），出土于人骨胸部。铜器2件，均为铜牌饰，1件（M099：2）出土于人骨胸部，1件（M099：4）出土于胫骨处。石器2件，其中玉髓串珠1件（M099：1），出土于颈部；水晶串珠1件（M099：5），出土于人骨颈部。

1. 陶器

M099：3，双耳陶罐。1件。夹细砂红陶，手制。微侈口，方圆唇，沿肩双耳，鼓腹，平底。通高10.8厘米，口径8.4厘米，腹径10.3厘米，底径5.1厘米，重260克（图一七五，1；图版一〇九，3）。

2. 铜器

M099：2，铜牌饰。1件。圆形，素面，背部桥纽，边缘锐薄。直径3.9～4.1厘米，厚0.2～0.3厘米，重16.95克（图一七五，2；图版一〇九，2）。

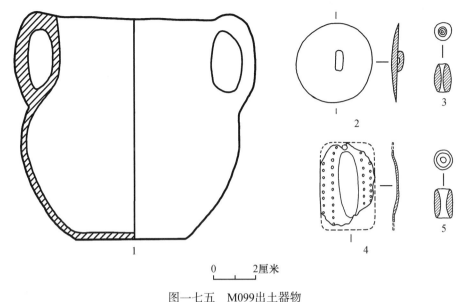

0 　 2厘米

图一七五　M099出土器物

1. 双耳陶罐（M099：3）　2. 铜牌饰（M099：2）　3. 玉髓串珠（M099：1）　4. 铜牌饰（M099：4）　5. 水晶串珠（M099：5）

M099：4，铜牌饰。1件。长方形，中部起脊，一端穿孔。残长4.2厘米，残宽3厘米，孔径0.3厘米，重4.92克（图一七五，4；图版一〇九，4）。

3. 石器

M099：1，玉髓串珠。1件。深红色半透明，圆柱状，但不规则，中部穿孔。长1.4厘米，直径0.7～1厘米，孔径0.4厘米，重1.81克（图一七五，3；图版一〇九，1）。

M099：5，水晶串珠。1件。淡绿色，通透度很高，圆柱状，鼓腹，中部穿孔。长1.5厘米，直径0.7～1厘米，孔径0.3厘米，重2.65克（图一七五，5；图版一〇九，5）。

M100

（一）形制结构

长方形竖穴土坑墓。打破M101，被M096打破。墓向40°。墓口距地表0.5米，长1.28米，宽0.99米，墓坑深0.35米。墓圹内填充包含砾石的致密红色黏土。墓圹底部为长方形土坯椁室，椁室四壁自下而上错缝平砌多层土坯，具体层数不明。椁室内周长0.9米，宽0.5米；土坯长0.3米，宽0.3米，厚0.1米。椁室底部放置人骨1具，保存状况极差，分布散乱（图一七六）。

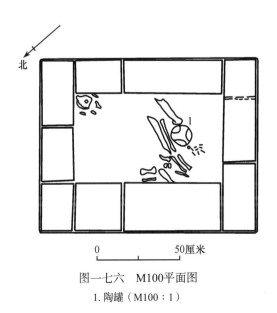

北

0 　 50厘米

图一七六　M100平面图

1. 陶罐（M100：1）

（二）出土遗物

共1件。陶器1件，为陶罐（M100∶1），出土位置不明。

M100∶1，陶罐。1件。夹细砂红陶，手制。残，仅存底部与部分腹部，平底。残高10.4厘米，底径8.6厘米，残存腹径12.2厘米，重210克。

M101

（一）形制结构

长方形竖穴土坑墓。位于T16，被M096、M100打破，打破M102东侧。墓向227°。墓口距地表不明，长1.56米，宽1.14米，墓坑残深0.3米。墓圹底部放置人骨1具，右侧身屈肢，头向西南，面向东（图一七七）。

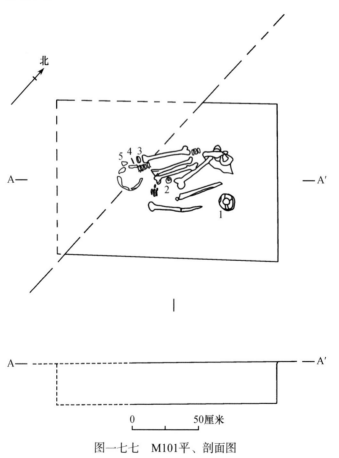

图一七七　M101平、剖面图

1. 双耳陶罐（M101∶1）　2. 铜泡（M101∶2）　3. 绿松石串珠（M101∶3）　4. 铜锥（M101∶4）　5. 铜片（M101∶5）

（二）出土遗物

共5件。陶器1件，为双耳陶罐（M101：1），出土于人骨小腿骨旁。铜器3件，其中铜泡1件（M101：2），出土于人骨手腕旁；铜锥1件（M101：4）、铜片1件（M101：5），出土于人骨头骨后。石器1件，为绿松石串珠（M101：3），出土于人骨颈后。

1. 陶器

M101：1，双耳陶罐。1件。夹粗砂红陶，手制，一侧腹部至口沿缺失。直口，短颈，颈肩双耳，鼓腹，鼓腹两侧各有一乳突，小平底。通高12.4厘米，底径5.7厘米，腹径12.4厘米（图一七八，1；图版一〇九，6）。

2. 铜器

M101：2，铜泡。1件。铜制，泡形，阴面有桥形纽，素面无纹。直径2.2～2.6厘米，厚0.2厘米（图一七八，4；图版一一〇，1）。

M101：4，铜锥。1件。四棱锥，一端残。残长5厘米，径0.3厘米（图一七八，3；图版一一〇，3）。

M101：5，铜片。1件。疑为铜矛，形状近三角形，中部起脊。长5.3厘米，宽3.6厘米，最厚处0.3厘米（图一七八，2；图版一一〇，4）。

3. 石器

M101：3，绿松石串珠。1件。淡绿色，长方体扁圆状，中心穿孔。高3.2厘米，短径1.2厘米，长径1.8～2.3厘米，孔径0.4～0.6厘米（图一七八，5；图版一一〇，2）。

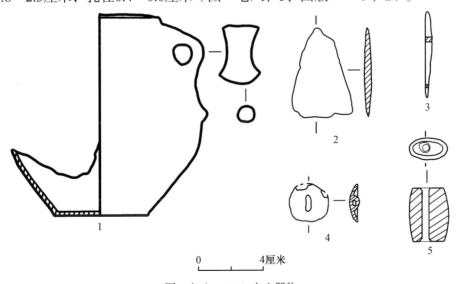

0　　　　4厘米

图一七八　M101出土器物

1. 双耳陶罐（M101：1）　2. 铜片（M101：5）　3. 铜锥（M101：4）　4. 铜泡（M101：2）　5. 绿松石串珠（M101：3）

M102

（一）形制结构

长方形竖穴土坑墓。位于T16，被M099打破西北侧，被M101打破东侧。墓向39°。墓口距地表不明，残长1.54米，宽1.2米，墓坑深0.24米。墓圹底部放置人骨1具，左侧身屈肢，头向东北，面向东南（图一七九）。

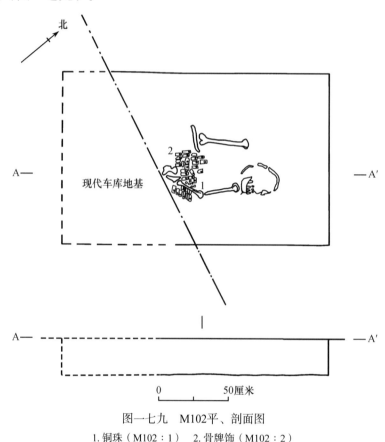

图一七九　M102平、剖面图
1. 铜珠（M102：1）　2. 骨牌饰（M102：2）

（二）出土遗物

共25件。陶器1件，为单耳陶罐（M102：3），出土位置不明。铜器10件，均为铜珠（M102：1），出土于人骨左臂旁。骨器14件，均为骨牌饰（M102：2），出土于人骨腹部。

1. 陶器

M102：3，单耳陶罐。1件。夹细砂红陶，手制。直口，长颈，颈肩单耳，圆鼓腹，小平底。通高15.3厘米，口径9.4厘米，底径8.2厘米，腹径13.8厘米，重785克（图一八〇，1；图版一一〇，6）。

2. 铜器

M102：1，铜珠。10件。其中8件较完整，2件残损。空心圆柱状，素面。由长条形铜片卷曲制成。直径0.6～0.8厘米，高0.5～0.6厘米（图一八〇，2；图版一一〇，5）。

3. 骨器

M102：2，骨牌饰。14件。现存13件较完整，其余残损者无法计数。近长方形，较窄一端有一个穿孔。长2.9～4.2厘米，宽1.2～2.1厘米，厚0.3～0.6厘米，孔径0.3～0.4厘米（图一八〇，3；图版一一一，1）。

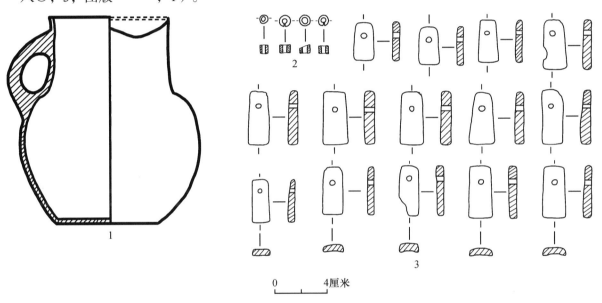

图一八〇 M102出土器物

1. 单耳陶罐（M102：3） 2. 铜珠（M102：1） 3. 骨牌饰（M102：2）

M103

（一）形制结构

长方形竖穴土坑墓。位于T16，打破M107东部。墓向168°。墓口长1.24米，宽1.08米，墓坑深不明。墓圹底部为长方形土坯椁室，椁室四壁均自下而上错缝平砌3层土坯，每边每层铺设3～5块。椁室内周长0.88米，宽0.64米；土坯长0.35米，宽0.2米，厚0.14米。椁室底部放置人骨1具，右侧身屈肢，头向南，面向东（图一八一；图版一一一，2）。

（二）出土遗物

共1件。陶器1件，为双耳陶罐（M103：1），出土于人骨小腿旁。

M103：1，双耳陶罐。1件。夹粗砂红陶，手制。微侈口，短颈，颈肩双耳，圆腹，小平底。通高13厘米，口径10厘米，底径6厘米，腹径13.2厘米（图一八一，1；图版一一二，1）。

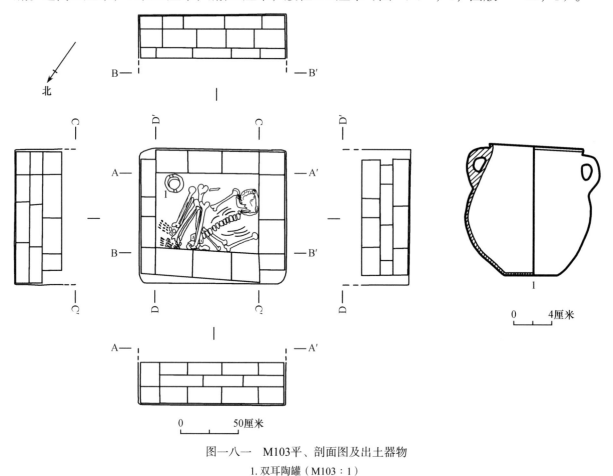

图一八一　M103平、剖面图及出土器物
1.双耳陶罐（M103：1）

M104

（一）形制结构

长方形竖穴土坑墓。位于T16，打破M114。墓向185°。墓口长1.3米，宽1.12米。墓圹底部为长方形土坯椁室，椁室四壁均为土坯垒砌，形制不明。椁室内周长0.86米，宽0.6米。椁室底部放置人骨1具，左侧身屈肢，头向南，面向西（图一八二）。

（二）出土遗物

共1件。陶器1件，为双耳陶罐（M104∶1），出土于人骨颅骨后。

M104∶1，双耳陶罐。1件。夹粗砂红陶，手制。侈口，微束颈，颈肩双耳，圈足。高13.9厘米，口径10厘米，底径7.6厘米，圈足高1.2厘米，腹径14厘米，重700克（图一八二，1）。

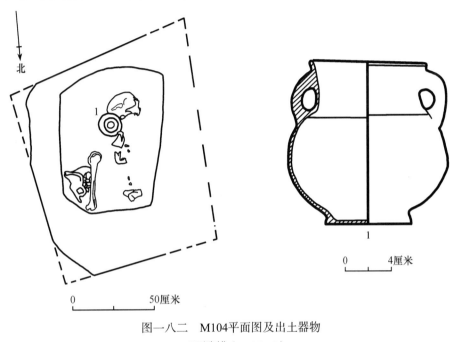

北

0   50厘米

0   4厘米

图一八二　M104平面图及出土器物
1. 双耳陶罐（M104∶1）

M105

（一）形制结构

长方形竖穴土坑墓。位于T16，打破M107南侧。墓向218°。墓口长1.5米，宽1.1米。墓圹底部四周设熟土二层台，二层台内侧竖立1层土坯，二层台上平砌1层土坯，每边每层铺设2～5块。椁室内周长0.96米，宽0.6米；土坯长0.35米，宽0.2米，厚0.1米。椁室底部放置人骨1具，右侧身屈肢，头向南，面向东（图一八三；图版一一二，3）。

（二）出土遗物

共8件。陶器1件，为双耳陶罐（M105∶1），出土于人骨小腿外侧。铜器1件，为铜耳环（M105∶3），出土于人骨面颊左侧。石器6件，均为滑石串珠（M105∶2），出土于人骨小腿外侧。

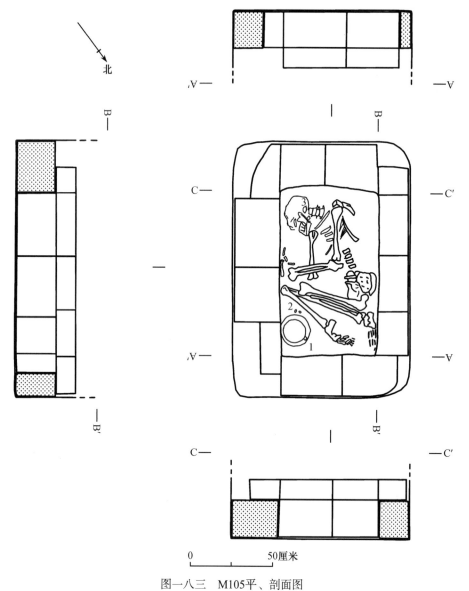

图一八三　M105平、剖面图

1. 双耳陶罐（M105：1）　2. 滑石串珠（M105：2）　3. 铜耳环（M105：3）

1. 陶器

M105：1，双耳陶罐。1件。夹细砂灰陶，手制。凹口，短束颈，沿肩双耳，鼓腹，小平底。通高13.6厘米，口径10.2厘米，底径6.5厘米，腹径16.5厘米（图一八四，1；图版一一二，2）。

2. 铜器

M105：3，铜耳环。1件。铜制，圆环状。用细圆柱状铜条绕成，一端尖，一端扁平。环径3～3.3厘米，铜条直径约0.3厘米（图一八四，2；图版一一三，2）。

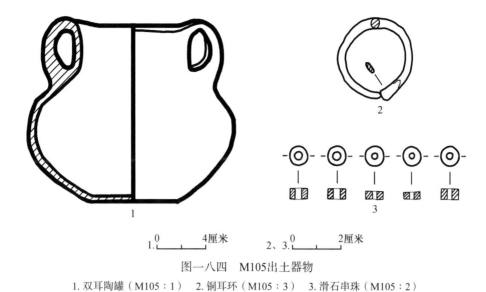

图一八四 M105出土器物

1. 双耳陶罐（M105:1） 2. 铜耳环（M105:3） 3. 滑石串珠（M105:2）

3. 石器

M105:2，滑石串珠。6件。短圆柱状，中心穿孔。高0.2～0.4厘米，直径0.6～0.7厘米，（图一八四，3；图版一一三，1）。

M106

（一）形制结构

长方形竖穴土坑墓。位于T16，打破M112东侧。墓向206°。墓坑长约1.12米，宽约0.84米。墓圹底部为长方形土坯椁室，椁室四壁均自下而上错缝平砌3层土坯，每边每层铺设2～5块。椁室内周长0.78米，宽0.46米；土坯长0.4米，宽0.18米，厚0.1米。椁室底部放置人骨1具，右侧身屈肢，头向西南，面向东（图一八五；图版一一三，3）。

（二）出土遗物

共3件。陶器2件，其中双耳陶罐1件（M106:1），出土于人骨小腿旁；陶片1件（M106:3），出土于陶罐内。铅器1件，为铅别针（M106:2），出土于人骨耳部附近。

1. 陶器

M106:1，双耳陶罐。1件。夹细砂红陶，手制。微侈口，短颈，颈肩双耳，鼓腹，小平底。高9.5～9.8厘米，口径6.6～7.3厘米，底径5.5厘米，腹径9.7厘米，重285克（图一八五，

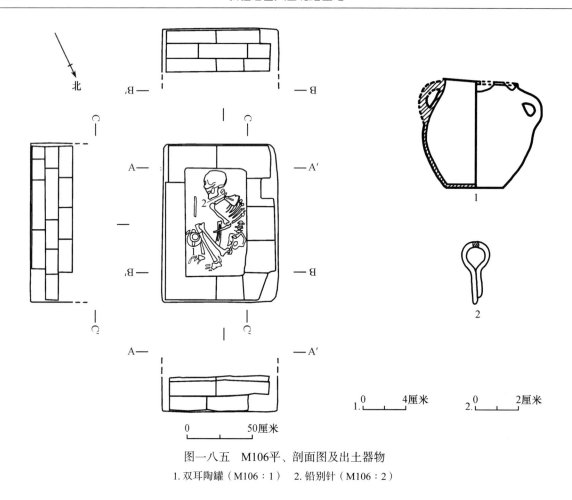

图一八五　M106平、剖面图及出土器物

1. 双耳陶罐（M106：1）　2. 铅别针（M106：2）

1；图版一一四，1）。

　　M106：3，陶片。1件。加粗砂红陶，表面似有红色彩绘。出土于M106：1陶罐内。长6.2
厘米，宽4厘米，厚1.2厘米。

2. 铅器

　　M106：2，铅别针。1件。铅质，门鼻状，一端为圆环状。用铅丝对绕而称。长2.5厘米，
环径1.1厘米，铅丝径0.2厘米（图一八五，2；图版一一四，2）。

M107

（一）形制结构

　　长方形竖穴土坑墓。位于T16西侧扩方，被M103、M105打破。墓向211°。墓口距地表深
0.55米，长1.04米，宽0.66米，墓坑深0.56米。墓圹内填充包含少量红色土与卵石的灰色沙质
土。墓圹底部放置人骨1具，右侧身屈肢，头向西南，面向东（图一八六；图版一一四，3）。

（二）出土遗物

共2件。陶器1件，为双耳陶罐（M107：1），出土于人骨足部。羊腿骨1件（M107：2），出土于人骨小腿旁。

M107：1，双耳陶罐。1件。加粗砂红陶，手制。直口，短颈，颈肩双耳，鼓腹，鼓腹两侧各有一乳突，小平底。通高11.4厘米，底径4厘米，口径6厘米，腹径12厘米，重335克（图一八六，1；图版一一五，1）。

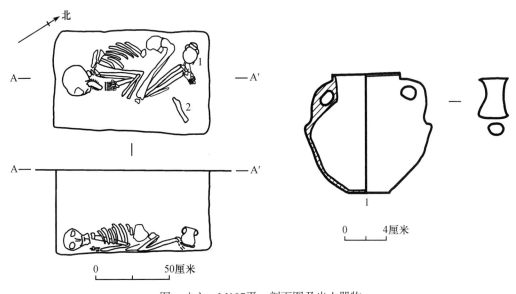

图一八六　M107平、剖面图及出土器物

1. 双耳陶罐（M107：1）　2. 羊腿骨（M107：2）

M108

长方形竖穴土坑墓。位于T16，被M097打破。墓向196°。墓口距地面深0.36米，长0.86米，宽0.6米，墓坑深0.5米。墓圹底部放置人骨1具，右侧身屈肢，头向西南，面向上（图一八七；图版一一五，3）。

无出土遗物。

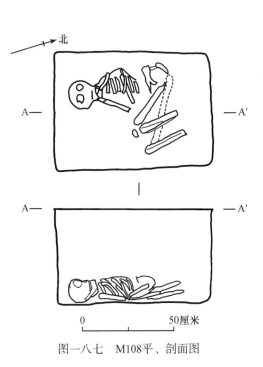

图一八七　M108平、剖面图

M109

（一）形制结构

长方形竖穴土坑墓。位于T16。墓向237°。墓口距地面深0.52米，长1.25米，宽1.05米，墓坑深0.34米。墓圹底部为长方形土坯椁室，椁室四壁均自下而上不错缝平砌2层土坯，每边每层铺设2块。椁室内周长0.64米，宽0.44米；土坯长0.45米，宽0.26米，厚0.15米。椁室底部放置人骨1具，右侧身屈肢，头向西南，面向南（图一八八；图版一一六，1）。

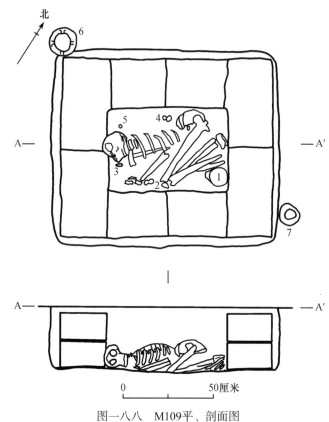

图一八八　M109平、剖面图

1. 双耳陶罐（M109：1）　2. 双联铜泡（M109：2）　3. 铜牌饰（M109：3）　4. 铜牌饰（M109：4）　5. 玉髓串珠（M109：5）
6. 四耳陶罐（M109：6）　7. 陶罐（M109：7）

（二）出土遗物

共8件。陶器3件，双耳陶罐1件（M109：1），出土于人骨小腿旁；四耳陶罐1件（M109：6），出土于椁室西北角；陶罐残片1件（M109：7），椁室东南角。铜器4件，其中双联铜泡2件（M109：2、M109：4），分别出土于人骨腕部和腰椎；铜牌饰2件（M109：3、M109：8），分别出土于头前和墓葬填土中。石器1件，为玉髓串珠（M109：5），出土于人骨头后部。

1. 陶器

M109：1，双耳陶罐。1件。夹细砂红陶，手制，直口，短颈，沿肩双耳，鼓腹，小平底。腹部及耳部有彩绘。通高12厘米，口径7.9厘米，腹径12厘米，底径5.2厘米，重315克（图一八九，1；图版一一五，2）。

M109：6，四耳陶罐。1件夹砂红陶，手制，直口，长颈，颈肩有四耳，弧腹，平底，底部有烟熏痕迹。通高9.8厘米，口径7.4厘米，腹径8.8厘米，底径5.8厘米（图一八九，2；图版一一七，3）。

M109：7，陶罐。1件。为陶罐残片。无实物及线图等。

2. 铜器

M109：2，双联铜泡。1件。双联珠，正面弧起，背面平直，素面。通长2.1厘米，宽1.3厘米，最厚处0.6厘米（图一八九，7；图版一一六，2）。

M109：3，铜牌饰。1件。平面呈圆形，表面微弧，素面，近边缘处有一孔。直径4.8～5厘米，厚0.1厘米（图一八九，4；图版一一六，3）。

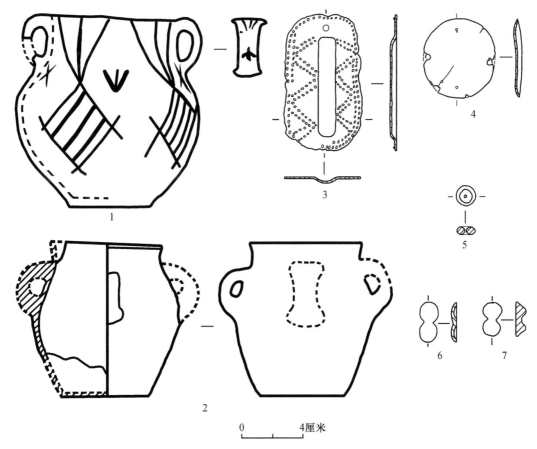

0   4厘米

图一八九　M109出土器物

1. 双耳陶罐（M109：1）　2. 四耳陶罐（M109：6）　3. 铜牌饰（M109：8）　4. 铜牌饰（M109：3）　5. 玉髓串珠（M109：5）

6. 双联铜泡（M109：4）　7. 双联铜泡（M109：2）

M109：4，双联铜泡。1件。双联珠，素面，正面弧起，背面内凹。通长2.5厘米，宽1.3厘米，最厚处0.4厘米（图一八九，6；图版一一七，1）。

M109：8，铜牌饰。1件。平面呈长方形，正面起脊，一端有圆形穿孔，铜牌正面有由背面敲击而成的两排小铜泡，脊两侧铜泡呈折线状。长约8.8厘米，宽约5.1厘米，厚0.5厘米，重22.36克（图一八九，3；图版一一七，4）。

3. 石器

M109：5，玉髓串珠。1件。环形中部有孔。直径1.3厘米，孔径0.2厘米，厚0.5厘米，重1.25克（图一八九，5；图版一一七，2）。

M110

（一）形制结构

长方形竖穴土坑墓。位于T16，打破M113西部。墓向14°。墓口距地表0.84米，长1.24米，宽0.72米，墓坑深0.46米。墓圹底部放置人骨1具，左侧身屈肢，头向东北，面向南（图一九〇；图版一一八，1）。

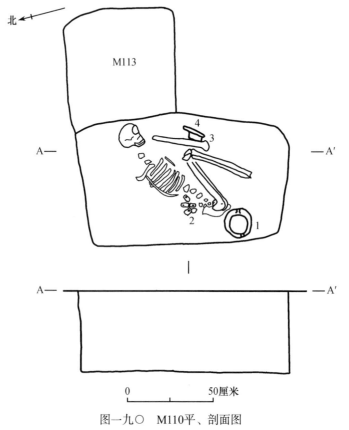

图一九〇　M110平、剖面图

1. 双耳陶罐（M110：1）　2. 骨牌饰（M110：2）　3. 铜牌饰（M110：3）　4. 铜锥（M110：4）

（二）出土遗物

共60件。陶器2件，均为双耳陶罐，1件（M110∶1）出土于人骨骶骨后，1件（M110∶5）出土位置不明。铜器2件，其中铜牌饰1件（M110∶3），出土于人骨手肘部；铜锥1件（M110∶4），出土于人骨小臂处。骨器56件，均为骨牌饰（M110∶2），出土于人骨腰椎。

1.陶器

M110∶1，双耳陶罐。1件。夹细砂红陶，手制。直口，短颈，颈肩双耳，鼓腹，小平底。通高13.2厘米，口径8.7厘米，腹径13.3厘米，底径7.3厘米，重590克（图一九一，1；图版一一七，5）。

M110∶5，双耳陶罐。1件。夹细砂红陶，手制。残，微侈口，方唇，短束颈，沿肩双耳，鼓腹，平底。通高11.2厘米，口径6.5厘米，腹径10.9厘米，底径5.5厘米，重435克（图一九一，2；图版一一八，3）。

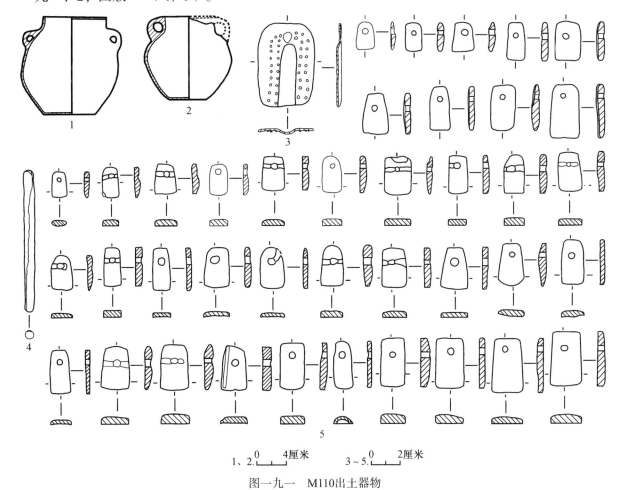

图一九一 M110出土器物

1.双耳陶罐（M110∶1） 2.双耳陶罐（M110∶5） 3.铜牌饰（M110∶3） 4.铜管（M110∶4） 5.骨牌饰（M110∶2）

2. 铜器

M110：3，铜牌饰。1件。长方形，中部起脊，一端有穿孔，正面有由背面敲击而成的两排铜泡。长5.4厘米，宽3.8厘米，厚0.1厘米，重10.27克（图一九一，3；图版一一七，6）。

M110：4，铜管。1件。圆柱状，中空，为铜片卷起而成。长9.2厘米，直径0.6厘米，壁厚0.15厘米，重8.77克（图一九一，4；图版一一八，2）。

3. 骨器

M110：2，骨牌饰。56件。完整骨牌饰有56件，其余残不可数。形状呈长方形，一侧有穿孔。长1.5～3.5厘米，宽1～2厘米，厚0.2～0.4厘米（图一九一，5；图版一一九，1）。

M111

（一）形制结构

长方形竖穴土坑墓。位于T18，打破M112北部。墓向48°。墓口长1.55米，宽1.21米，墓坑深0.37米。墓圹底部为长方形土坯椁室，椁室四壁均自下而上不错缝平砌2层土坯，每边每层铺设2～3块。椁室内周长0.92米，宽0.62米；土坯长0.5米，宽0.24米，厚0.1米。椁室底部放置人骨1具，左侧身屈肢，头向东，面向南，性别为女（图一九二；图版一二〇，1）。

（二）出土遗物

共11件。其中陶器1件，为双耳陶罐（M111：2），出土于人骨右腕。铜器3件，其中铜管1件（M111：1），出土于人骨右腕；铜耳环2件（M111：4），出土于人骨耳部。石器6件，其中滑石串珠5件（M111：5），出土于人骨腕部；玉髓串珠1件（M111：3），出土于人骨颈部。羊腿骨1件，出土位置不明。

1. 陶器

M111：2，双耳陶罐。1件。夹细砂红陶，手制。侈口，短束颈，沿肩双耳，鼓腹，平底。口沿内绘短斜线纹，颈部绘弦纹和网格菱形纹，腹部绘垂带纹，耳部绘对顶三角纹。通高15厘米，口径11厘米，腹最大径16.2厘米，底径6.6厘米，重760克（图一九三，1；图版一一九，3）。

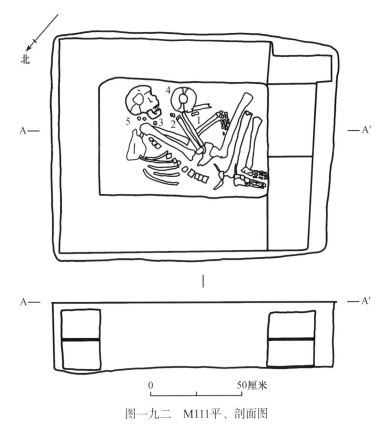

0　　　　　　50厘米

图一九二　M111平、剖面图

1. 铜管（M111：1）　2. 双耳陶罐（M111：2）　3. 玉髓串珠（M111：3）　4. 铜耳环（M111：4）　5. 滑石串环（M111：5）

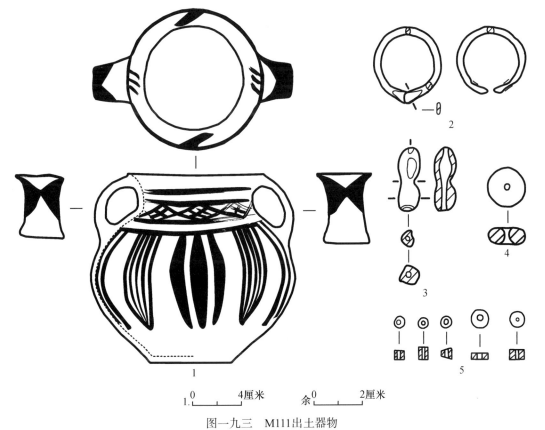

0　　4厘米　　　余0　　2厘米
1.

图一九三　M111出土器物

1. 双耳陶罐（M111：2）　2. 铜耳环（M111：4）　3. 铜管（M111：1）　4. 玉髓串珠（M111：3）　5. 滑石串环（M111：5）

2. 铜器

M111：1，铜管。1件。圆柱形，中空，分两节，一节一侧有孔。长2.4厘米，宽0.8厘米，孔径约0.25厘米，重4.83克（图一九三，3；图版一一九，2）。

M111：4，铜耳环。2件。均为环形，铜丝绕制而成，接口处扁平。其一完整，直径2.8厘米，粗2.5厘米；另一残，直径2.7厘米，分别重2.54、1.57克（图一九三，2；图版一二〇，3）。

3. 石器

M111：5，滑石串珠。5件。白色滑石质，圆柱状，中心穿孔。直径0.3～0.7厘米，孔径0.2～0.25厘米，厚0.2～0.4厘米，重0.1克左右（图一九三，5；图版一二一，1）。

M111：3，玉髓串珠。1件。红色，半透明，环状，中心穿孔。直径1.5厘米，厚0.6厘米，孔径0.25厘米，重2.25克（图一九三，4；图版一二〇，2）。

M112

（一）形制结构

长方形竖穴土坑墓。位于T16，椁室北部被M111打破，东壁被M106打破。墓向200°。墓口距地表0.67米，长1.57米，宽1.3米，墓坑深0.56米。墓圹底部为长方形土坯椁室，椁室四壁均自下而上错缝平砌3层土坯，每边每层铺设2～3块。椁室内周长0.86米，宽0.62米；土坯长0.4米，宽0.3米，厚0.1米。椁室底部放置人骨1具，右侧身屈肢，头向西南，面向东，为成年男性个体（图一九四；图版一二二，1）。

（二）出土遗物

共19件。陶器1件，为双耳陶杯（M112：1），出土于人骨盆骨外侧。铜器7件，其中铜牌饰1件（M112：2），出土于人骨胸前；三联铜泡1件（M112：3）、双联铜泡2件（M112：6、M112：7），均出土于人骨胸前；铜牌饰2件（M112：5、M112：8），分别出土于人骨右股骨与额部；铜耳环1件（M112：10），出土于人骨右耳。石器6件，其中玉髓串珠5件（M112：9），出土于人骨颈部；绿松石串珠1件（M112：12），出土于人骨颈部。贝器5件（M112：4、M112：11），出土于人骨胸前与头前。

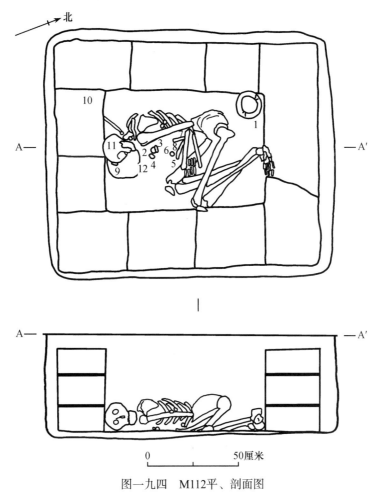

图一九四 M112平、剖面图

1. 双耳陶杯（M112：1） 2. 铜牌饰（M112：2） 3. 三联铜泡（M112：3） 4. 海贝（M112：4） 5. 铜牌饰（M112：5）
6. 双联铜泡（M112：6） 7. 双联铜泡（M112：7） 8. 铜牌饰（M112：8） 9. 玉髓串珠（M112：9） 10. 绿松石串珠
（M112：12） 11. 铜耳环（M112：10） 12. 海贝（M112：11）

1. 陶器

M112：1，双耳陶杯。1件。夹细砂红陶，手制，口沿残。微敛口，方唇，微弧腹双耳，平底。通高11.3厘米，口径8.5厘米，腹径9.5厘米，底径6.4厘米，重485克（图一九五，1；图版一二一，2）。

2. 铜器

M112：2，铜牌饰。1件。圆形，背部有纽。直径3.6厘米，厚0.3厘米，重7.04克（图一九五，6；图版一二一，3）。

M112：3，三联铜泡。1件。扁圆柱形，分三节，每节均为圆形。长2.4厘米，宽0.6厘米，重1.35厘米（图一九五，8；图版一二一，4）。

M112：5，铜牌饰。1件。圆泡状，两侧有穿孔，直径2.5厘米，厚0.37厘米，重3.25克（图一九五，7；图版一二一，6）。

M112：6，双联铜泡。1件。分两节，每节均为圆泡形。长3.5厘米，宽1.8厘米，重4.13克（图一九五，9；图版一二二，2）。

M112：7，双联铜泡。1件。分两节，每节均为圆泡形。长3.4厘米，宽1.9厘米，重5.08克（图一九五，10；图版一二二，3）。

M112：8，铜牌饰。1件。平面呈圆形，中部穿孔，表面凹凸不平。直径5.25厘米，厚0.1厘米，重13.73克（图一九五，11；图版一二三，1）。

M112：10，铜耳环。1件。环形，接口处残，由圆柱形铜条卷曲而成。直径3厘米，铜条粗0.3厘米，重4.33克（图一九五，12；图版一二三，3）。

3. 石器

M112：9，玉髓串珠。5件。环形，中部穿孔，直径0.9～1.4厘米，厚0.4～0.6厘米，孔径0.1～0.2厘米，重0.57～2.09克（图一九五，3；图版一二三，2）。

M112：12，绿松石串珠。1件。扁圆柱状，中部穿孔，长0.4厘米，宽0.3厘米，孔径0.1厘米，重不足0.1克（图一九五，4；图版一二三，5）。

4. 贝器

M112：4，海贝。2件。长均2厘米，一件宽1.4厘米，重1.3克；另一件宽1.6厘米，重1.73克（图一九五，5；图版一二一，5）。

M112：11，海贝。3件。均椭圆形，长1.8～2厘米，宽1.4～1.8厘米，重1.03～1.25克（图一九五，2；图版一二三，4）。

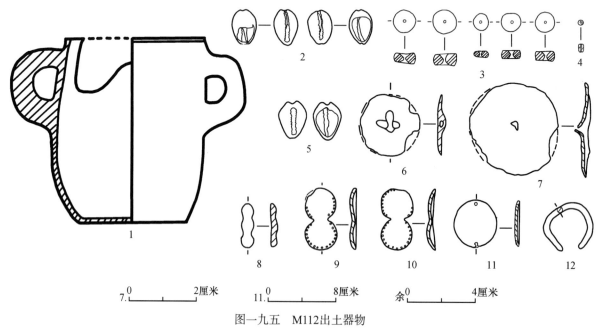

图一九五　M112出土器物

1. 双耳陶杯（M112：1）　2. 海贝（M112：11）　3. 玉髓串珠（M112：9）　4. 绿松石串珠（M112：12）　5. 海贝（M112：4）
6. 铜牌饰（M112：2）　7. 铜牌饰（M112：5）　8. 三联铜泡（M112：3）　9. 双联铜泡（M112：6）　10. 双联铜泡（M112：7）
11. 铜牌饰（M112：8）　12. 铜耳环（M112：10）

M113

原始发掘资料缺失。

M114

（一）形制结构

长方形竖穴土坑墓。位于T16，东北部被M104打破。墓向48°。墓口距地表0.4米，长1.68米，宽1.4米，墓坑深0.76米。墓圹内填充包含砾石的灰色土。墓圹底部为长方形土坯椁室，椁室四壁均自下而上错缝平砌4层土坯，每边每层铺设2~3块。椁室内周长0.84米，宽0.58米；土坯长0.57米，宽0.4米，厚0.1米。椁室底部放置人骨1具，左侧身屈肢，头向东北，面向南（图一九六；图版一二七，3）。

（二）出土遗物

共6件。陶器1件，为双耳陶罐（M114：3），位于人骨左臂外侧。铜器3件，其中铜耳环1件（M114：4），出土于人骨面颊右侧；铜管2件（M114：2），出土于人骨小臂。石器2件，其中绿松石串珠1件（M114：1），出土于人骨下颌前方；玉髓串珠1件（M114：5），出土于墓坑填土中。

1. 陶器

M114：3，双耳陶罐。1件。夹砂红陶，手制，表面施红色陶衣。侈口，圆唇，短束颈，沿肩双耳，圆腹，平底。器底有黑灰色烟炱。通高13.4厘米，口径10厘米，腹径14厘米，底径8厘米，重670克（图一九七，1；图版一二四，3）。

2. 铜器

M114：2，铜管。2件。铜制，均为铜片卷曲制成。长2厘米，口径0.6厘米，重量分别为1.12克、1.27克（图一九七，2；图版一二四，2）。

M114：4，铜耳环。1件。近圆形，由细铜丝弯曲制成，一端残断。铜丝直径0.3厘米，重1.86克（图一九七，4；图版一二五，1）。

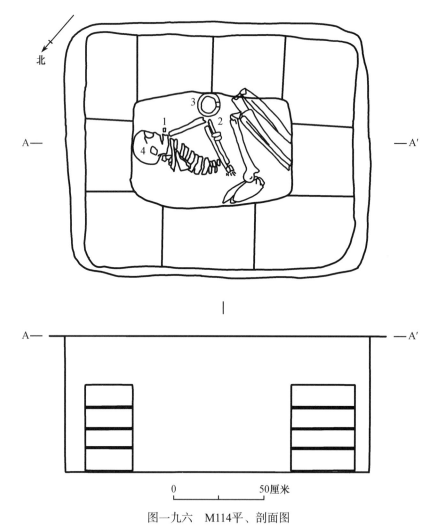

图一九六　M114平、剖面图

1.绿松石串珠（M114：1）　2.铜管（M114：2）　3.双耳陶罐（M114：3）　4.铜耳环（M114：4）

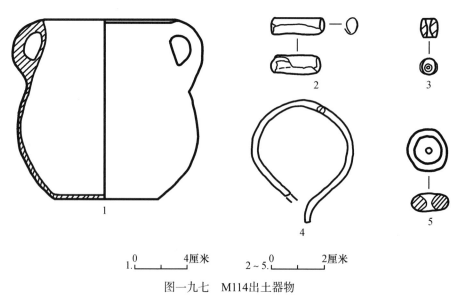

图一九七　M114出土器物

1.双耳陶罐（M114：3）　2.铜管（M114：2）　3.绿松石串珠（M114：1）　4.铜耳环（M114：4）　5.玉髓串珠（M114：5）

3. 石器

M114：1，绿松石串珠。1件。青色圆柱状，中部对钻穿孔，表面打磨光滑。长0.8厘米，直径0.7厘米，孔径0.2厘米，重0.5克（图一九七，3；图版一二三，6）。

M114：5，玉髓串珠。1件。红色半透明圆饼状，中部对钻穿孔，表面打磨光滑。直径1.5厘米，孔径0.2厘米，厚0.7厘米，重2.36克（图一九七，5；图版一二五，2）。

M115

（一）形制结构

长方形竖穴土坑墓。位于T17中部。墓向33°。墓口距地面深0.37米，长1.83米，宽1.28米，墓坑深0.68米。墓圹底部四周设生土二层台，北壁二层台内侧竖立1层土坯，二层台上平砌1层土坯；东、南、西三壁二层台上平砌1层土坯，土坯间界限不明。椁室内周长0.82米，宽0.68米，土坯长0.35米，宽0.24米，厚0.14米。椁室底部放置人骨1具，仅存胫骨和1枚牙齿（图一九八）。

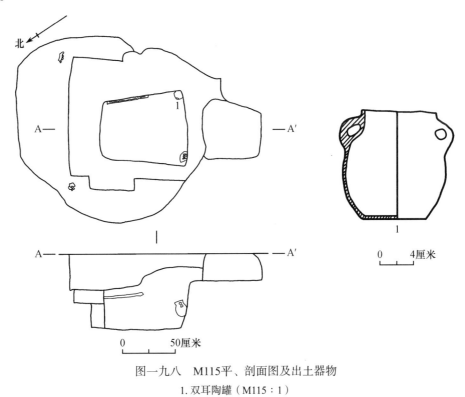

图一九八 M115平、剖面图及出土器物
1. 双耳陶罐（M115：1）

（二）出土遗物

共1件。陶器1件，为双耳陶罐（M115：1），出土于椁室东南角。

M115：1，双耳陶罐。1件。夹细砂红陶，手制，直口，方唇，颈肩双耳，鼓腹，小平底。高12.7厘米，口径8.7厘米，腹径12.4厘米，底径8厘米，重545克（图一九八，1；图版一二五，3）。

M116

（一）形制结构

长方形竖穴土坑墓。位于T17东南角，大部分被现代坑打破。墓向315°。墓口距地表0.37米，长1.28米，残宽0.88米，墓坑深0.55米。墓圹底部为长方形土坯椁室，残存西、南、北三壁均有土坯，北壁自下而上错缝平砌3层土坯，其余情况不明。椁室内周长不明，残宽0.7米，土坯长0.34米，宽0.25～0.3米，厚0.2～0.25米。椁室底部放置人骨1具，仅存头骨及部分牙齿（图一九九）。

（二）出土遗物

共12件。铜器1件，为铜耳环（M116：2），出土于人骨耳部。石器11件，均为玉髓串珠（M116：1），出土于人骨颈部。

1. 铜器

M116：2，铜耳环。1件。扁圆形，铜条绕制而成。长2.5厘米，宽1.5厘米，直径1.3厘米，重3.4克（图一九九，2；图版一二五，5）。

2. 石器

M116：1，玉髓串珠。11件。红色，半透明，环状，中部有孔。直径1～1.2厘米，厚0.5厘米，孔径0.1～0.2厘米，平均重量1.21克（图一九九，1；图版一二五，4）。

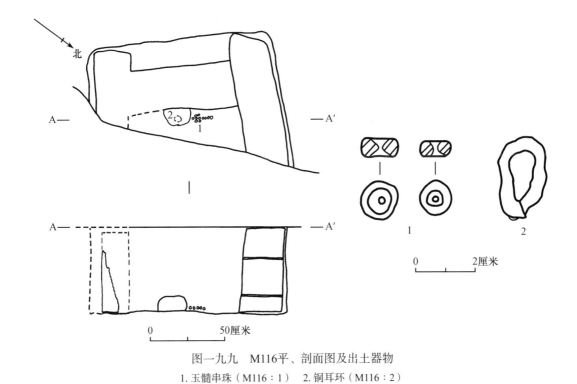

图一九九 M116平、剖面图及出土器物

1. 玉髓串珠（M116∶1） 2. 铜耳环（M116∶2）

M117

（一）形制结构

长方形竖穴土坑墓。位于T17，西壁被M127打破。墓向210°。墓口距地表0.38米，长1.12米，残宽0.76米，墓坑深0.4米。墓圹底部为长方形土坯椁室，椁室东壁自下而上平砌3层土坯，其他三壁情况不明。椁室内周长0.68米，宽0.42米，土坯长0.36米，宽0.22米，厚0.27米。椁室底部放置人骨1具，仅存零星骨骼（图二○○）。

（二）出土遗物

共4件。陶器1件，为双耳陶罐（M117∶1），出土于椁室东北角。铜器2件，为铜耳环（M117∶2），出土于人骨头部。石器1件，为玉髓串珠（M117∶3），出土于人骨头部。

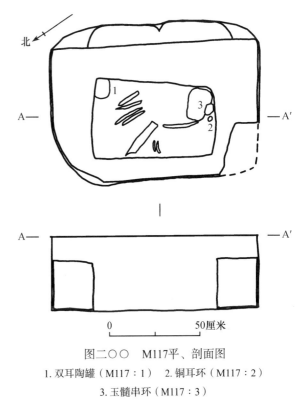

图二○○ M117平、剖面图

1. 双耳陶罐（M117∶1） 2. 铜耳环（M117∶2）

3. 玉髓串环（M117∶3）

1. 陶器

M117：1，双耳陶罐。1件。灰陶，手制。凹口外侈，短束颈，沿肩双翘耳，鼓腹，小平底。通高14.2厘米，口径9.6厘米，腹径14厘米，重655克（图二〇一，1；图版一二五，6）。

2. 铜器

M117：2，铜耳环。2件。M117：2-1，较完整，扁圆环形，铜条卷曲而成，长4厘米，最宽处1.2厘米，重2.34克；M117：2-2，残断，仅存部分环状，铜条卷曲而成，铜条直径0.3厘米，重1.41克（图二〇一，2；图版一二六，1）。

3. 石器

M117：3，玉髓串珠。1件。红色，半透明，环状。中部有孔，对钻而成。直径2.1厘米，厚0.8厘米，孔径1厘米，重5.24克（图二〇一，3；图版一二六，2）。

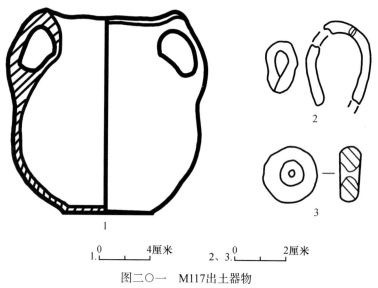

图二〇一　M117出土器物

1. 双耳陶罐（M117：1）　　2. 铜耳环（M117：2）　　3. 玉髓串珠（M117：3）

M118

（一）形制结构

长方形竖穴土坑墓。位于T17，打破M120。墓向56°。墓口距地表0.38米。墓坑深0.48米，长1.3米，宽0.94米。墓圹内填充灰色沙质土，夹杂碎骨。墓圹底部放置人骨1具，左侧身屈肢，头向东北，面向南，为成年男性个体（图二〇二；图版一二七，1）。

（二）出土遗物

共4件。陶器1件，为双耳陶罐（M118：1），出土于人骨右膝处。铜器1件，为铜珠（M118：2），出土于股骨下人骨。石器1件，为绿松石串珠（M118：3），出土于陶罐内。羊腿骨1件。出土于人骨胸前。

1. 陶器

M118：1，双耳陶罐。1件。夹细砂红陶，手制。侈口，短束颈，沿肩双耳，鼓腹，平底。口沿外绘宽带纹，腹部正中绘重叠"V"形纹，耳部绘斜线纹。通高13.2厘米，口径11厘米，腹径16.4厘米，底径6.4厘米，重550克（图二〇二，1；图版一二六，3）。

2. 铜器

M118：2，铜珠。1件。近圆柱形，中部穿孔。长0.9厘米，宽0.7厘米，孔径0.2厘米，重1.02克（图二〇二，2；图版一二六，4）。

3. 石器

M118：3，绿松石串珠。1件。扁圆柱形，中部穿孔。直径0.5厘米，高0.3厘米，孔径0.15厘米，重1.05克（图二〇二，3；图版一二六，5）。

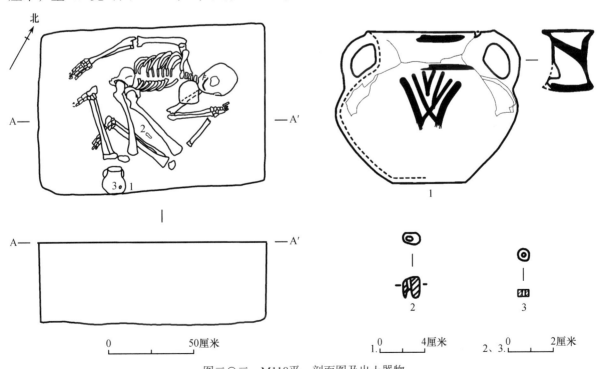

图二〇二　M118平、剖面图及出土器物

1. 双耳陶罐（M118：1）　2. 铜珠（M118：2）　3. 绿松石串珠（M118：3）

M119

（一）形制结构

长方形竖穴土坑墓。位于T17，北侧被M143打破。墓向55°。墓口距地表0.38米，长1.41米，宽1.16米，墓坑深0.34米。墓圹底部为长方形土坯椁室，椁室四壁均自下而上错缝平砌3层土坯，每边每层铺设3块。椁室内周长0.76米，宽不明；土坯长0.4米，宽0.2米，厚0.14米。椁室底部放置人骨1具，保存较差，仅存零星骨骼（图二〇三）。

（二）出土遗物

共1件。陶器1件，为双耳陶罐（M119∶1），出土位置不明。

M119∶1，双耳陶罐。1件。夹细砂红陶，手制，侈口，尖唇，短束颈，沿肩双耳，球腹，平底。颈部绘三道弦纹，其下腹部绘两个叶脉三角形彩绘。通高12.6厘米，口径10.2厘米，腹径14厘米，底径6.2厘米（图二〇三，1；图版一二六，6）。

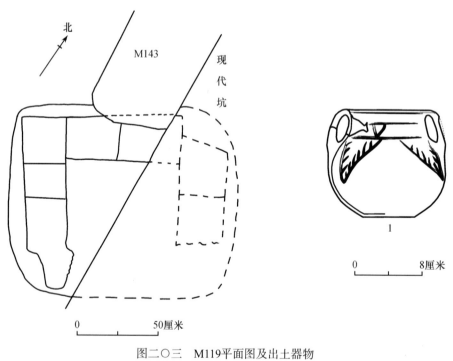

图二〇三　M119平面图及出土器物

1. 双耳陶罐（M119∶1）

M120

（一）形制结构

长方形竖穴土坑墓。位于T17，被M118叠压打破。墓向197°。墓口距地表0.38米，长1.95米，宽1.26米，墓坑深0.56米。墓圹底部放置人骨1具，保存较差，仅存零星骨骸（图二〇四）。

（二）出土遗物

共7件。陶器1件，为双耳陶罐（M120∶4），出土于人骨膝盖旁。铜器1件，为铜刀（M120∶1），出土于人骨肱骨旁。石器3件，为玉髓串珠（M120∶3、M120∶5），出土于人骨颈部。贝器1件，为海贝（M120∶2），出土于人骨颈部。羊腿骨1件，出土位置不明。

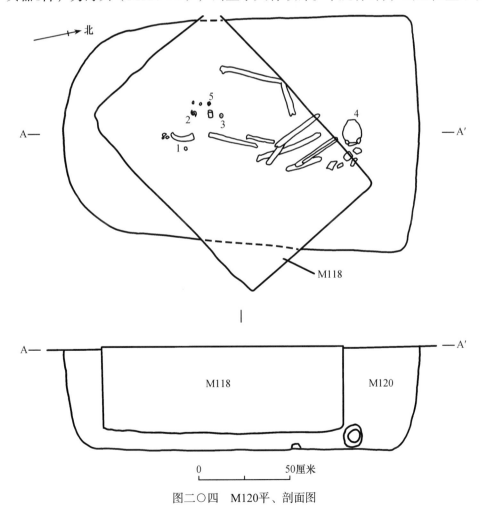

图二〇四　M120平、剖面图

1.铜刀（M120∶1）　2.海贝（M120∶2）　3.玉髓串珠（M120∶3）　4.双耳陶罐（M120∶4）　5.玉髓串珠（M120∶5）

1. 陶器

M120：4，双耳陶罐。1件。夹细砂红陶，手制。微侈口，方唇，短颈，沿肩双耳，鼓腹，小圈足。腹部绘连续的内填斜线三角纹。通高13.6厘米，口径8.6厘米，腹径13.3厘米，底径6.2厘米（图二〇五，1；图版一二八，2）。

2. 铜器

M120：1，铜刀。1件。长条状，尾部呈弧形上翘，直柄弧刃，剖面呈三角形，柄部一侧内凹。长11.3厘米，柄端宽1.7厘米，刃端宽1厘米，背部厚0.3厘米（图二〇五，5；图版一二七，2）。

3. 石器

M120：3，玉髓串珠。1件。红色半透明，环形。直径1.7厘米，厚0.8厘米，孔径1厘米，重3.79克（图二〇五，4；图版一二八，1）。

M120：5，玉髓串珠。2个。红色半透明，均为环形，一件较大，直径1.1厘米，高0.5厘米，孔径0.6厘米，重0.79克；一件较小，直径0.7厘米，厚0.7厘米，孔径0.3厘米，重0.3克（图二〇五，3；图版一二八，3）。

4. 贝器

M120：2，海贝。1件。残，椭圆状。长2.1厘米，重0.55克（图二〇五，2；图版一二七，3）。

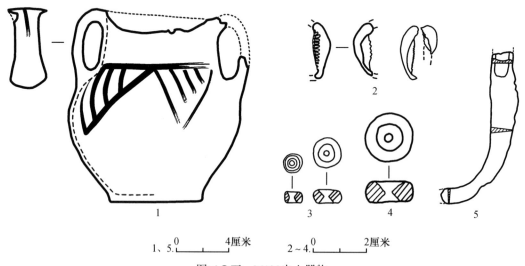

图二〇五　M120出土器物

1. 双耳陶罐（M120：4）　2. 海贝（M120：2）　3. 玉髓串珠（M120：5）　4. 玉髓串珠（M120：3）　5. 铜刀（M120：1）

M121

（一）形制结构

长方形竖穴土坑墓。位于T18，打破M122、M125、M131、M133。墓向40°。墓口长1.4米，宽1.26米，墓坑深0.52米。墓圹底部四周设熟土二层台，二层台内侧竖立1层土坯，二层台上平砌1层土坯。椁室内周长0.72米，宽0.5米；土坯长0.38～0.4米，厚约0.1米。椁室底部放置人骨1具，左侧身屈肢，头向东，面向南，性别女（图二〇六；图版一二九，1）。

（二）出土遗物

共2件。陶器2件，其中双耳陶罐1件（M121：1），出土于颅骨旁；陶杯1件（M121：2），出土于颅骨旁。

M121：1，双耳陶罐。1件。夹砂红陶，手制。残，仅存口耳及部分腹部。微侈口，束颈，沿肩双耳，鼓腹（图版一二八，4）。

M121：2，陶杯。1件。灰陶，手制。微侈口，直壁，平底。通高6厘米，口径7.2厘米，底径5.2厘米（图二〇六，1；图版一二八，5）。

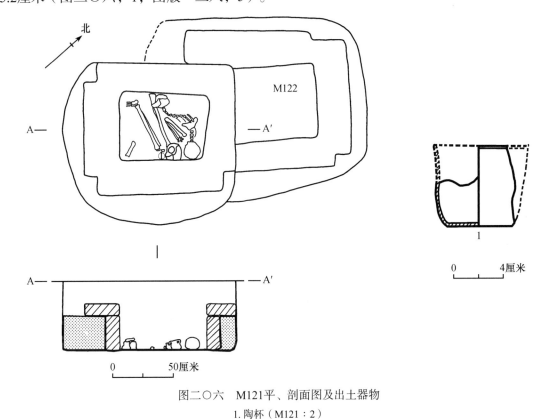

图二〇六 M121平、剖面图及出土器物
1.陶杯（M121：2）

M122

（一）形制结构

长方形竖穴土坑墓。位于T18，南部被M121打破，打破M131西侧，打破M123西南角。墓向220°。墓口距地表0.24米，长1.67米，宽1.48米，墓坑深0.38米。墓圹底部南北对向两侧设熟土二层台，二层台内侧竖立1层土坯，二层台上平砌1层土坯；墓圹东、西两壁自下而上错缝平砌3层土坯。椁室内周残长0.67米，宽0.64米，土坯长0.36米，宽0.25米，厚0.8米。椁室底部放置人骨1具，右侧身屈肢，头向西南，面向东（图二〇七；图版一二九，2）。

（二）出土遗物

共1件。陶器1件，为双耳陶罐（M122：1），出土于小腿骨侧。

M122：1，双耳陶罐。1件。夹细砂红陶，手制。微侈口，方唇，短束颈，沿肩双耳，鼓腹，小平底。通高12.2厘米，口径9.2厘米，腹径13厘米，底径3.1厘米（图二〇七，1；图版一二八，6）。

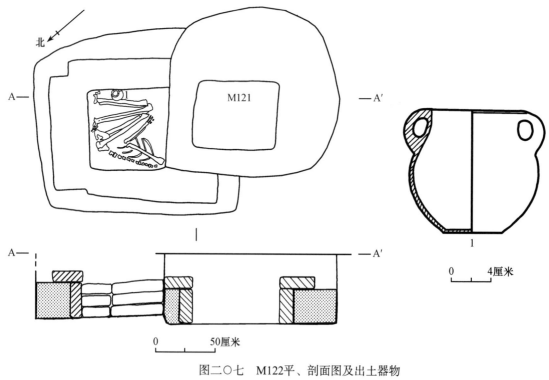

图二〇七　M122平、剖面图及出土器物
1. 双耳陶罐（M122：1）

M123

（一）形制结构

长方形竖穴土坑墓。位于T18，打破M131北部，被M122打破。墓向43°。墓口长1.82米，宽1.32米，墓坑深0.42米。墓圹底部为长方形土坯椁室，椁室四壁均自下而上错缝平砌3层土坯，每边每层铺设3块。椁室内周长0.82米，宽0.6米，土坯长0.35米，宽0.25～0.37米，厚0.1～0.14米。椁室底部放置人骨1具，左侧身屈肢，头向东北，面向南（图二〇八）。

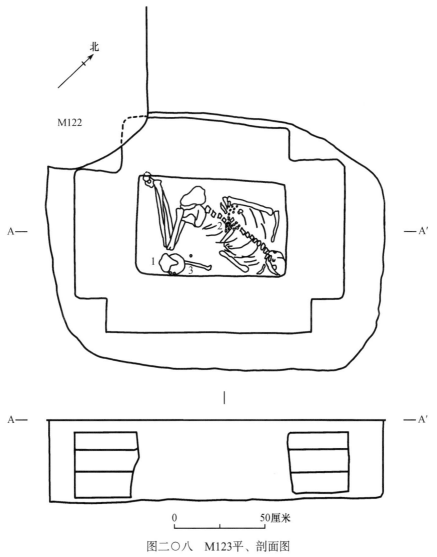

图二〇八 M123平、剖面图

1.双耳陶罐（M123：1） 2.铜珠（M123：2） 3.滑石串珠（M123：3）

（二）出土遗物

共45件。陶器1件，为双耳陶罐（M123：1），出土于人骨骶骨处。铜器41件，其中铜牌饰1件（M123：4），出土位置不明；铜珠40件（M123：2），出土于人骨腰椎处。石器3件，为滑石串珠（M123：3），出土于陶器旁。

1. 陶器

M123：1，双耳陶罐。1件。夹细砂红陶，手制。微侈口，方唇，短颈，沿肩双耳，鼓腹，平底。腹部绘连续的网格三角纹。通高14.6厘米，口径8.6厘米，腹径13.8厘米，底径7.2厘米（图二○九，1；图版一三○，1）。

2. 铜器

M123：2，铜珠。40件。呈圆柱形，两侧有突起，中部有孔。直径约1厘米，孔径0.1厘米，平均重量0.97克（图二○九，4；图版一三○，3）。

M123：4，铜牌饰。1件。圆形，两侧有两个穿孔，素面，正面突起，背面内凹。直径4.8厘米，厚0.1厘米，孔径0.21厘米（图二○九，3；图版一三一，1）。

3. 石器

M123：3，滑石串珠。3件。扁圆柱形，中部穿孔。直径0.45厘米，高0.1厘米，孔径0.1厘米，重0.03～0.05克（图二○九，2；图版一三○，2）。

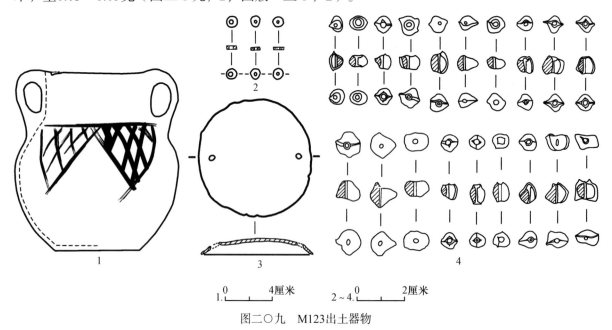

图二○九　M123出土器物

1. 双耳陶罐（M123：1）　2. 滑石串珠（M123：3）　3. 铜牌饰（M123：4）　4. 铜珠（M123：2）

M124

（一）形制结构

长方形竖穴土坑墓。位于T18。墓向223°。墓口距地表0.5米，残长1.58米，宽1.32米，墓坑深0.4米。墓圹底部为长方形土坯椁室，椁室四壁自下而上均错缝平砌3层土坯。椁室内周长0.8米，宽0.5米。土坯长0.36米，宽0.26米，厚0.15米。椁室内上下放置人骨2具，上层人骨右侧身屈肢，头向西南，面向不明；下层人骨保存极差，仅存头骨及零星骨骼（图二一〇）。

（二）出土遗物

共21件。陶器1件，为双耳陶罐（M124：1），出土于人骨头骨旁。铜器1件，为铜耳环（M124：4），出土于人骨面颊右侧。石器19件，其中玉髓串珠1件（M124：2），出土于陶罐内；滑石串珠18件（M124：3），出土于人骨头骨附近。

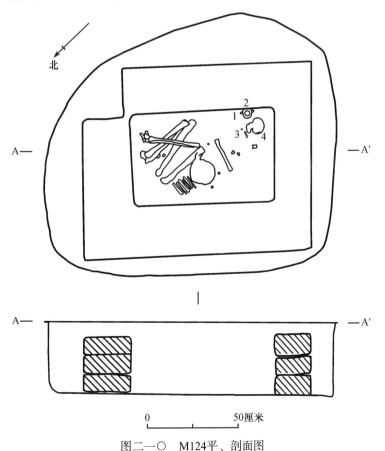

图二一〇　M124平、剖面图

1. 双耳陶罐（M124：1）　2. 玉髓串珠（M124：2）　3. 滑石串珠（M124：3）　4. 铜耳环（M124：4）

1. 陶器

M124：1，双耳陶罐。1件。夹细砂红陶，手制。微侈口，圆唇，短束颈，沿肩双耳，鼓腹，小平底。通高9.4厘米，口径8厘米，腹径11.6厘米，底径3厘米（图二一一，1；图版一三一，2）。

2. 铜器

M124：4，铜耳环。1件。平面呈椭圆形，接口处残，为圆柱状铜条卷曲而成。长2厘米，宽1.4厘米，铜条直径0.15厘米，重0.9克（图二一一，3；图版一三一，5）。

3. 石器

M124：2，玉髓串珠。1件。红色半透明，环形。中部穿孔。直径1.3厘米，厚0.5~0.7厘米，孔径0.7~0.9厘米，重1.59克（图二一一，2；图版一三一，3）。

M124：3，滑石串珠。18件。18件完整，其余无法计数。圆柱状，中部穿孔，直径0.3~0.4厘米，高0.35厘米，孔径0.1厘米，重0.04~0.06克（图二一一，4；图版一三一，4）。

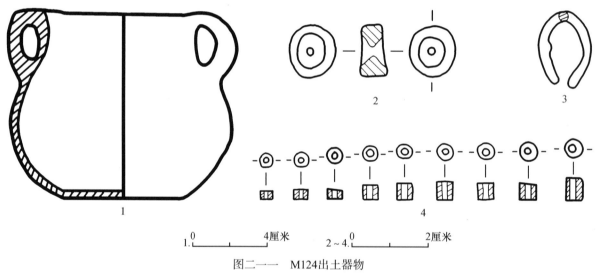

图二一一　M124出土器物

1. 双耳陶罐（M124：1）　2. 玉髓串珠（M124：2）　3. 铜耳环（M124：4）　4. 滑石串珠（M124：3）

M125

（一）形制结构

长方形竖穴土坑墓。位于T18，打破M126、M131南部、M134西北角，被M121打破西侧。墓向38°。墓口长2.15米，宽1.73米，墓坑深0.74米。墓圹底部为长方形土坯椁室，椁室四壁均平砌1层土坯。椁室内周长1.24米，宽0.9米。土坯长0.35米，宽0.35米，厚0.12米。椁室底部放置人骨1具，左侧身屈肢，头向东北，面向东南（图二一二；图版一三二，1）。

（二）出土遗物

共122件。陶器1件，为双耳陶罐（M125：1）出土于人骨小腿骨外侧。铜器113件，其中铜牌饰16件（M125：2、M125：4、M125：5、M125：6、M125：19、M125：20、M125：21、M125：7、M125：8、M125：9、M125：11、M125：13、M125：18、M125：22、M125：29、M125：37）、铜泡1件（M125：3）、铜镜4件（M125：10、M125：12、M125：31、M125：36），出土位置遍布人骨全身附近；铜管7件（M125：14、M125：15、M125：16、M125：23、M125：24、M125：25、M125：26），分散于人骨下肢骨附近；铜珠84件（M125：27、M125：28、M125：35），出土于颈部和髋骨处；铜泡1件（M125：30），出土于人骨小臂旁。石器7件，其中滑石串珠5件（M125：17），出土于陶罐下；绿松石串珠1件（M125：34），出土于人骨颈部处；玉髓串珠1件（M125：33），出土于人骨颈部处。贝器1件，为海贝（M125：32），出土位置不明。

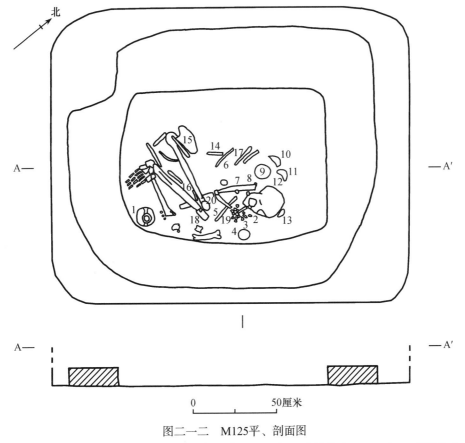

图二一二 M125平、剖面图

1.双耳陶罐（M125：1） 2.铜牌饰（M125：2） 3.铜泡（M125：3） 4.铜牌饰（M125：4） 5.铜牌饰（M125：5）
6.铜牌饰（M125：6） 7.铜牌饰（M125：7） 8.铜牌饰（M125：8） 9.铜牌饰（M125：9） 10.铜镜（M125：10）
11.铜牌饰（M125：11） 12.铜镜（M125：12） 13.铜牌饰（M125：13） 14.铜管（M125：14） 15.铜管（M125：15）
16.铜管（M125：16） 17.滑石串珠（M125：17） 18.铜牌饰（M125：18） 19.铜牌饰（M125：19） 20.铜牌饰（M125：20）

1. 陶器

M125∶1，双耳陶罐。1件。夹细砂红陶，手制。侈口，圆唇，短束颈，沿肩双耳，鼓腹，平底。红衣黑彩，口沿内绘弦纹和短斜线纹，颈部上下部各绘两道弦纹，其间网格菱形纹，腹部正中绘网格菱形纹及竖线纹，两侧各绘两个树草文，耳部绘"Z"形纹。通高10.6厘米，口径7.8厘米，腹径12.6厘米，底径5.8厘米（图二一三，1；图版一三一，6）。

2. 铜器

M125∶2，铜牌饰。1件。圆形，略弧，边缘两侧有小孔及一周压点纹。直径4.4厘米，孔径0.2厘米（图二一三，27；图版一三二，2）。

M125∶3，铜泡。1件。圆泡状，边缘略残，无纽，直径2.7厘米（图二一三，17；图版一三二，3）。

M125∶4，铜牌饰。1件。正面平直，背部有桥形纽。直径为4.3厘米（图二一三，24；图版一三三，1）。

M125∶5，铜牌饰。1件。正面平直，背部有桥形纽，直径4厘米（图二一三，21；图版一三三，2）。

M125∶6，铜牌饰。1件。圆形，正面平直，背部有桥形纽。直径为4厘米（图二一三，22；图版一三三，3）。

M125∶7，铜牌饰。1件。圆形，两侧边缘处有小孔，略弧，弧线圆滑。直径5厘米（图二一三，31；图版一三三，4）。

M125∶8，铜牌饰。1件。正面平直，背部有桥形纽。直径4.8厘米（图二一三，29；图版一三三，5）。

M125∶9，铜牌饰。1件。圆形，平直，边缘处有两小孔。直径6.6厘米（图二一三，34；图版一三三，6）。

M125∶10，铜镜。1件。正面平直，素面，背部有桥形纽。直径7.1厘米（图二一三，37；图版一三四，1）。

M125∶11，铜牌饰。1件。圆形，略弧，边缘处有两小孔，边缘处有一周压点纹。直径3.2厘米（图二一三，18；图版一三四，2）。

M125∶12，铜镜。1件。正面平直，素面，背部有桥形纽。直径6.4厘米（图二一三，33；图版一三四，3）。

M125∶13，铜牌饰。1件。圆形，略弧，边缘处有两小孔。直径4.8厘米（图二一三，28；图版一三四，4）。

M125∶14，铜管。1件。管状，铜片卷制，接缝明显。直径0.7厘米（图二一三，14；图版一三四，5）。

M125∶15，铜管。1件。管状，铜片卷制，接缝明显。直径0.7厘米（图二一三，15；图版

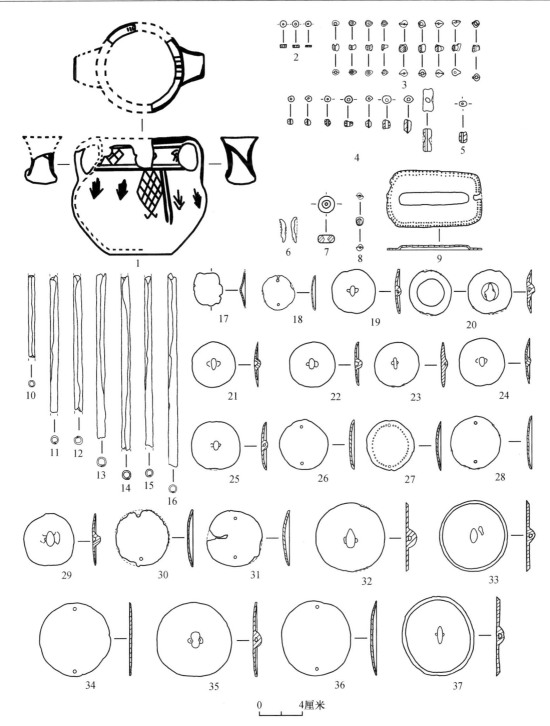

图二一三 M125出土器物

1. 双耳陶罐（M125：1） 2. 滑石串珠（M125：17） 3. 铜珠（M125：27） 4. 铜珠（M125：35） 5. 绿松石串珠（M125：34）

6. 海贝（M125：32） 7. 玉髓串珠（M125：33） 8. 铜珠（M125：28） 9. 铜牌饰（M125：18） 10. 铜管（M125：16）

11. 铜管（M125：24） 12. 铜管（M125：23） 13. 铜管（M125：25） 14. 铜管（M125：14） 15. 铜管（M125：15）

16. 铜管（M125：26） 17. 铜泡（M125：3） 18. 铜牌饰（M125：11） 19. 铜牌饰（M125：30） 20. 铜牌饰（M125：19）

21. 铜牌饰（M125：5） 22. 铜牌饰（M125：6） 23. 铜牌饰（M125：20） 24. 铜牌饰（M125：4） 25. 铜牌饰（M125：21）

26. 铜牌饰（M125：29） 27. 铜牌饰（M125：2） 28. 铜牌饰（M125：13） 29. 铜牌饰（M125：8） 30. 铜牌饰（M125：37）

31. 铜牌饰（M125：7） 32. 铜镜（M125：36） 33. 铜镜（M125：12） 34. 铜镜（M125：9） 35. 铜镜（M125：31）

36. 铜牌饰（M125：22） 37. 铜镜（M125：10）

一三四，6）。

M125：16，铜管。1件。管状，铜片卷制，接缝明显。直径0.7厘米（图二一三，10；图版一三五，1）。

M125：18，铜牌饰。1件。圆角方形，中部起脊，边缘处似有一孔，残，边缘有两周压点纹。长9厘米，宽5厘米（图二一三，9；图版一三五，3）。

M125：19，铜牌饰。1件。圆形，略弧，背部有不规则纽。直径4厘米（图二一三，20；图版一三五，4）。

M125：20，铜牌饰。1件。圆形，略弧，边缘略翘，背部有桥形纽。直径4厘米（图二一三，23；图版一三五，5）。

M125：21，铜牌饰。1件。圆形，略弧，背部有桥形纽。直径4.3厘米（图二一三，25；图版一三五，5）。

M125：22，铜牌饰。1件。圆形，略弧，边缘有两小孔。直径6.8厘米（图二一三，36；图版一三六，1）。

M125：23，铜管。1件。管状，铜片卷制，接缝明显。直径0.7厘米（图二一三，12；图版一三六，2）。

M125：24，铜管。1件。管状，铜片卷制，接缝明显。直径0.7厘米（图二一三，11；图版一三六，3）。

M125：25，铜管。1件。管状，铜片卷制，接缝明显。直径0.7厘米（图二一三，13；图版一三六，4）。

M125：26，铜管。1件。管状，铜片卷制，接缝明显。直径0.7厘米（图二一三，16；图版一三六，5）。

M125：27，铜珠。50件。不规则圆柱状，部分两侧有脊或双脊，中部有孔。直径约0.6~0.8厘米（图二一三，3；图版一三七，1）。

M125：28，铜珠。1件。不规则圆柱状，中部有孔。直径0.7厘米（图二一三，8；图版一三六，6）。

M125：29，铜牌饰。1件。圆形，略弧，边缘处有两孔。直径4.5厘米（图二一三，26；图版一三七，2）。

M125：30，铜牌饰。1件。圆形，略弧，背部有桥纽。直径4厘米（图二一三，19；图版一三七，3）。

M125：31，铜镜。1件。圆形，微弧，背部有桥形纽。直径6.6厘米（图二一三，35；图版一三八，1）。

M125：35，铜珠。33件。圆柱状或矮圆柱状，较规则，中部有孔。直径0.6~1厘米（图二一三，4；图版一三九，1）。

M125：36，铜镜。1件。圆形，正面素面，平直，背部有桥形纽。直径6.2厘米（图二一三，32；图版一三八，5）。

M125：37，铜牌饰。1件。圆形，略弧，边缘处有两小孔。直径5厘米（图二一三，30；图版一三八，6）。

3. 贝器

M125：32，海贝。1件。贝壳表面磨光，仅存半个（图二一三，6；图版一三八，2）。

4. 石器

M125：34，绿松石串珠。1件。扁圆柱状，中部穿孔。直径0.7厘米（图二一三，5；图版一三八，4）。

M125：33，玉髓串珠。1件。红色半透明，矮圆柱状，中部对钻穿孔。直径1.5厘米（图二一三，7；图版一三八，3）。

M125：17，滑石串珠。5件。白色，圆片状，中部穿孔。直径0.6厘米（图二一三，2；图版一三五，2）。

M126

（一）形制结构

长方形竖穴土坑墓。位于T18，被M125打破，打破M131南侧。墓向202°。墓口距地表0.92米，长1.64米，宽1.16米，墓坑深0.28米。墓圹底部为长方形土坯椁室，椁室四壁自下而上均错缝平砌3层土坯，南北两壁每边每层铺设2块，东西两壁每边每层铺设3块。椁室内周长1.04米，宽0.68米。椁室底部放置人骨1具，右侧身屈肢，头向西南，面向东，性别为女（图二一四）。

（二）出土遗物

共29件。陶器1件，为双耳陶罐（M126：2），出土于人骨胫骨旁。铜器21件，其中铜镜1件（M126：1），出土于人骨额骨处；铜牌饰1件（M126：7），出土

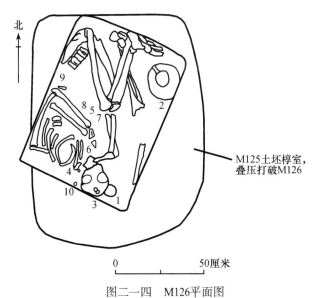

北

M125土坯椁室，叠压打破M126

0   50厘米

图二一四　M126平面图

1. 铜镜（M126：1）　2. 双耳陶罐（M126：2）
3. 三联铜泡（M126：3）　4. 绿松石串珠（M126：4）
5. 三联铜泡（M126：5）　6. 玉髓串珠（M126：6）
7. 铜牌饰（M126：7）　8. 铜刀（M126：8）　9. 绿松石串珠（M126：9）　10. 绿松石串珠（M126：10）

于人骨手臂处，三联铜泡18件（M126：3、M126：5），出土于人骨头骨和手臂处；铜刀1件（M126：8），出土于人骨手臂处。石器7件，其中绿松石串珠5件（M126：4、M126：9、M126：10），出土于人骨颈部；玉髓串珠2件（M126：6），出土于人骨腰部。

1. 陶器

M126：2，双耳陶罐。1件。夹细砂红陶，手制，侈口，圆唇，短束颈，颈肩双耳，垂腹，小平底。口沿内外及颈部绘弦纹，耳部绘竖线纹。通高13.2厘米，口径8.6厘米，腹径15.6厘米，底径7.2厘米（图二一五，1；图版一四〇，2）。

2. 铜器

M126：1，铜镜。1件。圆形，背部有纽。直径6.7厘米，厚0.2厘米；纽平面呈长方形，长1.4厘米，宽0.6厘米，重39.27克（图二一五，3；图版一四〇，1）。

M126：3，三联铜泡。7件。每件分三节，每节均为圆泡形，长2.9厘米，宽0.7～0.9厘米，厚0.1～0.4厘米，重1.88～2.45克（图二一五，4；图版一三九，2）。

M126：5，三联铜泡。11件。每件分三节，每节均为圆泡形，长2.9厘米，宽0.7～0.9厘米，厚0.1～0.4厘米，重1.88～2.45克（图二一五，5；图版一四〇，3）。

M126：7，铜牌饰。1件。圆形，一面突起，另一面内凹。直径2.9厘米，最厚处2厘米，重

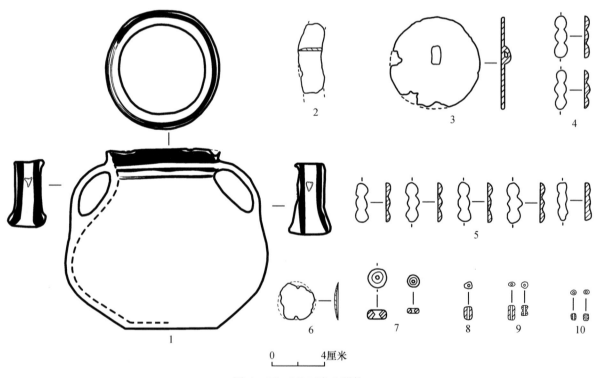

图二一五　M126出土器物

1. 双耳陶罐（M126：2）　2. 铜刀（M126：8）　3. 铜镜（M126：1）　4. 三联铜泡（M126：3）　5. 三联铜泡（M126：5）　6. 铜牌饰（M126：7）　7. 玉髓串珠（M126：6）　8. 绿松石串珠（M126：9）　9. 绿松石串珠（M126：10）　10. 绿松石串珠（M126：4）

2.11克（图二一五，6；图版一四一，3）。

M126：8，铜刀。1件。两端均残，残余部分呈弧形。长5.1厘米，宽1.8厘米，刀背厚0.2厘米，重8.02克（图二一五，2；图版一四一，4）。

3. 石器

M126：4，绿松石串珠。2件。圆柱形，中部穿孔，直径0.4厘米，高0.4～0.5厘米，孔径0.15厘米，重约0.17克（图二一五，10；图版一四一，1）。

M126：6，玉髓串珠。2件。红色半透明，环形，较大一件直径1.4厘米，高0.6厘米，孔径0.8厘米，重1.88克；较小一件直径0.9厘米，高0.4厘米，孔径0.5厘米，重0.4克（图二一五，7；图版一四一，2）。

M126：9，绿松石串珠。1件。呈圆柱形，中间穿孔，直径0.6厘米，高0.95厘米，孔径0.1厘米，重0.53克（图二一五，8；图版一四一，5）。

M126：10，绿松石串珠。2件。一件呈圆柱形，中间穿孔，直径0.35～0.5厘米，高1.1厘米，孔径0.1厘米，重0.53克；另一呈葫芦形，直径0.5厘米，宽0.3～0.5厘米，高0.75厘米，孔径0.1厘米，重0.54克（图二一五，9；图版一四一，6）。

附：M126墓主人经分子遗传学鉴定，性别为女性（高诗珠，2009：56）。

M127

（一）形制结构

长方形竖穴土坑墓。位于T18，打破M117西侧。墓向33°。墓口距地表0.2米，长1.6米，宽1.2米，墓坑深0.6米。墓圹内填充包含细砾的黄色沙质土，土质较疏松。墓圹底部放置人骨两具。人骨A呈左侧身屈肢，头向东，面向南，性别女；人骨B散落于墓坑中，葬式不明，性别男，保存状况较差（图二一六；图版一四二，1）。

（二）出土遗物

共24件。陶器1件，为双耳陶罐（M127：1），出土于墓底中央。铜器15件，其中铜牌饰1件（M127：2），出土于A个体

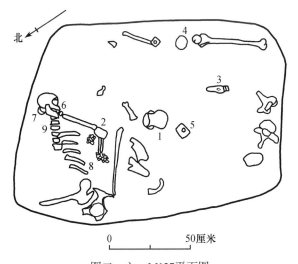

图二一六 M127平面图

1. 双耳陶罐（M127：1） 2. 铜牌饰（M127：2） 3. 铜镞（M127：4） 4. 铜牌饰（M127：5） 5. 骨牌饰（M127：6） 6. 绿松石串珠（M127：7） 7. 铜耳环（M127：8） 8. 铜珠（M127：9） 9. 绿松石串珠（M127：10）

肱骨处；铜镞1件（M127：4），出土于墓坑底东南；铜牌饰1件（M127：5），出土于墓坑底东侧；铜耳环2件（M127：8），出土于A个体颞骨处；铜珠8件（M127：9），出土于A个体手腕部；铜牌饰1件（M127：14），出土位置不明；铜手镯1件（M127：3），出土位置不明。骨器1件，为骨牌饰（M127：6），出土于陶罐旁。石器7件，其中绿松石串珠3件，1件（M127：7）出土于A个体下颌骨处，另2件（M127：15、M127：16）位于墓坑南部；玉髓串珠1件（M127：10），出土于A个体颈部；滑石串珠3件，1件（M127：17）出土于墓坑底南部，2件（M127：12、M127：18）出土位置不明。

1. 陶器

M127：1，双耳陶罐。1件。夹细砂红陶，手制。微侈口，方唇，直颈，沿肩双耳，鼓腹，平底。颈部绘一周折线纹，颈腹部绘连续的内填网格三角纹。通高13.5厘米，口径8.2厘米，腹径13.4厘米，底径6.2厘米（图二一七，1；图版一四二，1）。

2. 铜器

M127：2，铜牌饰。1件。圆角长方形，中部起有一条长4.6厘米，宽1.1厘米的脊，一端穿孔，孔径0.5厘米。铜牌正面边缘有一周两排铜泡，中部脊两侧各有三组小铜泡，每组约为3排6列。铜牌长8.1厘米，宽5.4厘米，厚不足0.1厘米，重26.75克（图二一七，6；图版一四二，2）。

M127：3，铜手镯。1件。由直径0.4厘米的铜丝卷曲而成，接口相错。直径5.4～6.5厘米，重13.53克（图二一七，5；图版一四三，1）。

M127：4，铜镞。1件。圆锥形，圆锥形銎。长4.4厘米，最宽处1.4厘米，銎孔直径0.6～0.7厘米，重6.14克（图二一七，4；图版一四三，2）。

M127：5，铜牌饰。1件。圆形，背部有纽。直径3.4厘米，厚0.1厘米，重7.55克（图二一七，8；图版一四三，3）。

M127：8，铜耳环。2件。M127：8-1，完整，直径2.6～3.5厘米，由直径0.3厘米的铜丝卷曲而成，接口处扁平，重2.12克；M127：8-2，残断，直径3.7厘米，由直径0.3厘米的铜丝卷曲而成，接口扁平，重4.19克（图二一七，2；图版一四三，6）。

M127：9，铜珠。8件。由5件单体铜珠、1件三联铜珠、2件四联铜珠组成，单体铜珠呈圆柱状，三联及四联呈多节状，均有穿孔。单体铜珠长0.4～0.6厘米，连珠形铜珠长1.7～2.8厘米，孔径0.1～0.3厘米，重3.91克（图二一七，11；图版一四四，1）。

M127：14，铜牌饰。1件。圆形，背部有纽。直径3.6厘米，厚0.1厘米，重8.51克（图二一七，3；图版一四四，4）。

3. 骨器

M127：6，骨牌饰。1件。长方形，两端均残，侧面呈梯形，穿孔。残长3.1厘米，宽1.6厘米，厚0.4～0.7厘米，孔径0.6厘米，重2.88克（图二一七，7；图版一四三，4）。

4. 石器

M127：7，绿松石串珠。1件。扁圆柱形，浅绿色，中部穿有直径0.45厘米的孔。长1.4厘米，宽1厘米，厚0.6厘米，重1.4克（图二一七，9；图版一四三，5）。

M127：10，玉髓串珠。1件。红色，半透明，呈圆柱状，两端小，中间大。中部有直径0.3厘米的孔，顶部穿有1孔径0.2厘米的小孔，似为三通。长1.4厘米，直径0.9～1.1厘米，重1.95克（图二一七，12；图版一四四，2）。

M127：12，滑石串珠。1件。白色，呈圆柱状，中部穿有孔径0.15厘米的孔。长0.4厘米，截面直径0.3厘米（图二一七，16；图版一四四，3）。

M127：15，绿松石串珠。1件。浅绿色，圆柱形，中部有孔径0.3厘米的孔。长0.7厘米，直径0.45厘米，重0.6克（图二一七，13；图版一四四，5）。

M127：16，绿松石串珠。1件。扁圆柱状，直径0.75厘米，厚0.3厘米，中部穿有0.2厘米的孔，重0.48克（图二一七，14；图版一四四，6）。

M127：17，滑石串珠。1件。白色，呈圆柱状，中部穿有孔径0.15厘米的孔。长0.4厘米，截面直径0.3厘米，重0.2克（图二一七，15；图版一四五，1）。

M127：18，滑石串珠。1件。白色，呈圆柱状，中部穿有孔径0.15厘米的孔。长0.6厘米，截面直径0.4厘米，重0.1克（图二一七，10；图版一四五，2）。

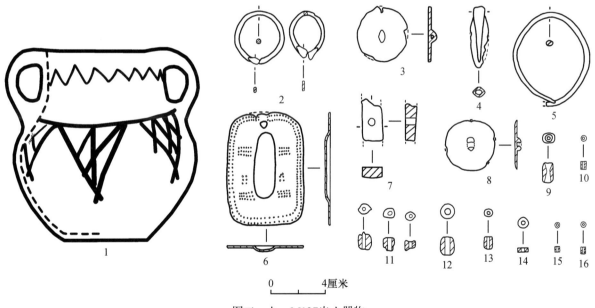

0   4厘米

图二一七　M127出土器物

1. 双耳陶罐（M127：1）　2. 铜耳环（M127：8-1、M127：8-2）　3. 铜牌饰（M127：14）　4. 铜镞（M127：4）　5. 铜手镯（M127：3）　6. 铜牌饰（M127：2）　7. 骨牌饰（M127：6）　8. 铜牌饰（M127：5）　9. 绿松石串珠（M127：7）　10. 滑石串珠（M127：18）　11. 铜珠（M127：9）　12. 玉髓串珠（M127：10）　13. 绿松石串珠（M127：15）　14. 绿松石串珠（M127：16）　15. 滑石串珠（M127：17）　16. 滑石串珠（M127：12）

M128

（一）形制结构

长方形竖穴土坑墓。位于T18，打破M137。墓向31°。墓口距地表0.5米，长1.73米，宽1.45米。墓坑深0.46米。墓圹底部为长方形土坯椁室，椁室四壁自下而上均错缝平砌3层土坯，每边每层铺设2块。椁室内周长0.7米，宽0.52米；土坯长0.4米，宽0.26米，厚0.1米。椁室底部放置人骨1具，左侧身屈肢，头向东，面向南（图二一八；图版一四六，1）。

（二）出土遗物

共12件。陶器1件，为双耳陶罐（M128：1），出土于人骨膝部。铜器5件，其中铜管1件（M128：2），出土于人骨脊柱；铜珠3件（M128：4），出土于人骨手腕；铜牌饰1件（M128：5），出土于人骨髋骨。石器6件，其中滑石串珠4件（M128：3），出土于陶罐；绿松石串珠2件（M128：6），出土于人骨下颌。

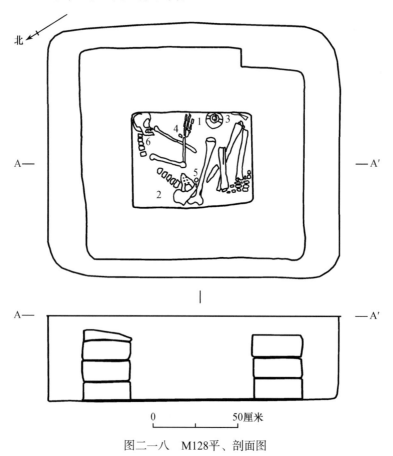

图二一八　M128平、剖面图

1. 双耳陶罐（M128：1）　2. 铜管（M128：2）　3. 滑石串珠（M128：3）　4. 铜珠（M128：4）　5. 铜牌饰（M128：5）

6. 绿松石串珠（M128：6）

1. 陶器

M128：1，双耳陶罐。1件。夹细砂红陶，手制。侈口，圆唇，短束颈，沿肩双耳，鼓腹，小平底。口沿内绘短斜线纹，颈部绘三道弦纹，其下腹部正中绘一道垂直的连续菱格纹组合纹饰，两侧绘垂带纹，耳部绘对顶三角纹。近底部有烟熏痕迹。高14.4厘米，口径11厘米，腹径15.3厘米，底径5.4厘米（图二一九，1；图版一四五，3）。

2. 铜器

M128：2，铜管。1件。圆柱形铜管，中有孔径0.3厘米的孔。用铜片卷成，有不明显接缝，略残。长8.2厘米，直径0.4厘米（图二一九，5；图版一四五，4）。

M128：4，铜珠。3件。圆柱形，中部有孔。长0.5厘米，直径0.5厘米，孔径0.3厘米，重0.61克（图二一九，3；图版一四五，6）。

M128：5，铜牌饰。1件。平面呈长方形，中部起脊，一端有小孔，正面有若干由背面锤击而成的铜泡。长7.8厘米，宽4.9厘米，厚不足0.1厘米，孔径0.1厘米，脊长4厘米，脊宽0.5厘米，重15.31克（图二一九，6；图版一四六，2）。

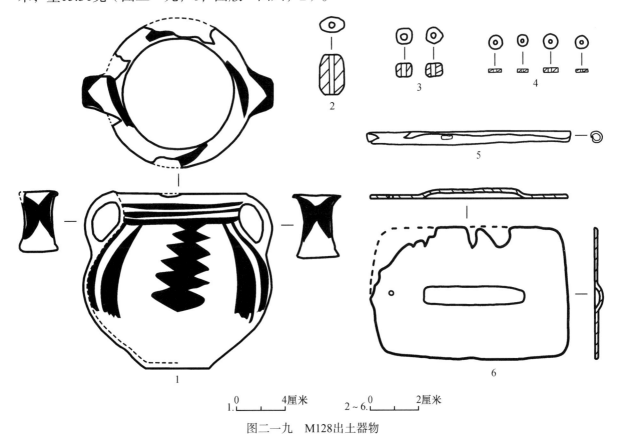

图二一九　M128出土器物

1. 双耳陶罐（M128：1）　2. 绿松石串珠（M128：6-1）　3. 铜珠（M128：4）　4. 滑石串珠（M128：3）　5. 铜管（M128：2）
6. 铜牌饰（M128：5）

3. 石器

M128：3，滑石串珠。4件。扁圆柱形，中部穿孔，孔径0.1厘米。直径0.6厘米，厚0.2厘米，重0.11克（图二一九，4；图版一四五，5）。

M128：6，绿松石串珠。2件。M128：6-1，呈扁圆柱形，中部穿孔，长1.5厘米，宽1厘米，孔径0.3厘米，重1.6克（图二一九，2）；M128：6-2，呈圆柱形，中部穿孔，直径0.3厘米，厚0.3厘米，孔径0.1厘米，重不足0.1克（图版一四六，3）。

M129

（一）形制结构

长方形竖穴土坑墓。位于T18西北角。打破M132、M135北部。墓向225°。墓圹深0.54米，长1.58米，宽1.2米。墓圹底部四周设熟土二层台，二层台内侧竖立1层土坯，二层台上平砌1层土坯，每边每层铺设土坯数量不明。椁室内周长0.74米，宽0.48米，土坯长0.35米，宽0.29米，厚0.1米。椁室底部放置人骨1具，右侧身屈肢，头向南，面向东（图二二○）。

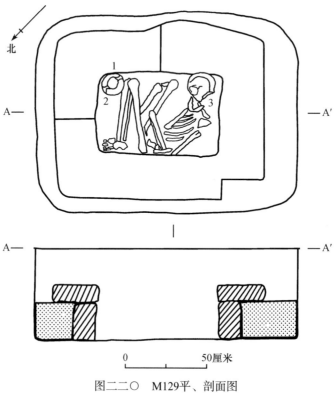

图二二○　M129平、剖面图

1. 双耳陶罐（M129：1）　　2. 滑石串珠（M129：2）　　3. 铜耳环（M129：3）

（二）出土遗物

共4件。陶器1件，为双耳陶罐（M129：1），出土于人骨膝部。铜器1件，为铜耳环（M129：3），出土于人骨耳部。石器2件，均为滑石串珠（M129：2），出土于罐内。

1. 陶器

M129：1，双耳陶罐。1件。夹砂红陶，手制。微侈口，圆唇，沿肩双耳，鼓腹，小平底。通高13.8厘米，孔径10.5厘米，腹径13.5厘米，底径5厘米（图二二一，1；图版一四七，1）。

2. 铜器

M129：3，铜耳环。1件。用直径0.1厘米的圆柱形细铜丝卷成，两端呈尖状，重1.36克（图二二一，2；图版一四七，3）。

3. 石器

M129：2，滑石串珠。2件。圆柱形，中部穿孔。直径0.4厘米，厚0.2～0.3厘米，孔径0.2厘米，重0.1～0.15克（图二二一，3；图版一四七，2）。

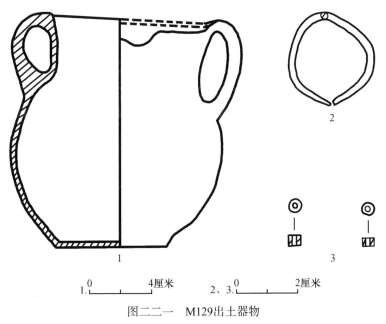

图二二一　M129出土器物

1. 双耳陶罐（M129：1）　2. 铜耳环（M129：3）　3. 滑石串珠（M129：2）

M130

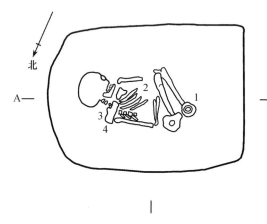

（一）形制结构

长方形竖穴土坑墓。位于T18东北角与T19西北角间。墓向66°。墓口距地表0.23米，墓坑深0.7米，长1.06米，宽0.76米。墓圹内填土上层为黄砂土沙砾层，下层为料姜石层。墓圹底部放置人骨1具，左侧身屈肢，头向东，面向南（图二二二；图版一四八，1）。

（二）出土遗物

共4件。陶器1件，为双耳陶罐（M130：1），出土于人骨足部。铜器2件，均为铜牌饰（M130：3、M130：4），出土于人骨肩部。石器1件，为滑石串珠（M130：2），出土于人骨肘部。

1. 陶器

M130：1，双耳陶罐。1件。夹细砂红陶，手制，一耳残。微侈口，短颈，颈肩双耳，鼓腹，小平底。残高8.9厘米，腹径8.9厘米，底径3.6厘米（图二二三，1；图版一四七，4）。

图二二二　M130平、剖面图

1.双耳陶罐（M130：1）　2.滑石串珠（M130：2）

3.铜牌饰（M130：3）　4.铜牌饰（M130：4）

2. 铜器

M130：3，铜牌饰。1件。平面呈盾形。面背向稍变形（向面向稍翘）。背平、面平凹。铸造。两端宽，向中部渐窄。系孔斜椭圆形，素面。横长8.14厘米，总高（系面高点至两端下缘距离）2.9厘米。最大翼宽2.41（右）～2.66厘米，最小翼宽2（右）～2.31厘米，厚（面、背向）0.26（右）～0.34厘米（图二二三，3；图版一四七，6）。

M130：4，铜牌饰。1件。平面呈盾形。局部翼缘，系残。面背向稍变形（向面向稍翘）。翼左右不对称。与M130：3形态基本相同。背平，面沿缘有稍突起的脊，横长8.98厘米，系面高点至两翼下缘距2.5厘米，最大翼宽2.5～2.75厘米（右），最小翼宽1.66（右）～1.47厘米（左），面、背向厚0.29（右）～0.32厘米（左）（图二二三，4；图版一四八，2）。

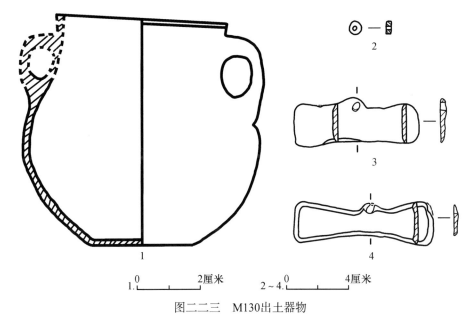

图二二三　M130出土器物

1. 双耳陶罐（M130：1）　2. 滑石串珠（M130：2）　3. 铜牌饰（M130：3）　4. 铜牌饰（M130：4）

3. 石器

M130：2，滑石串珠。1件。圆柱形，中部穿孔，直径0.4厘米，孔径0.1厘米，厚0.1厘米，重0.1克（图二二三，2；图版一四七，5）。

M131

（一）形制结构

长方形竖穴土坑墓。位于T18。墓葬北部被M123打破，南部被M125打破，同时也被M122、M126打破。墓向227°。墓口距地表0.56米，墓坑深0.78米，长1.62米，宽1.32米。墓圹内填土上层为砾石层，下层为细黄沙土层。墓圹底部放置人骨1具，右侧身屈肢，头向南，面向东（图二二四；图版一四九，1）。

（二）出土遗物

共5件。陶器1件，为双耳陶罐，出土于人骨足部（M131：1）。铜器1件，为铜刀（M131：3），出土于墓坑东南。石器3件，其中滑石串珠1件（M131：2），出土于人骨颈部；玉髓串珠2件（M131：4、M131：5），出土于人骨肩颈部。

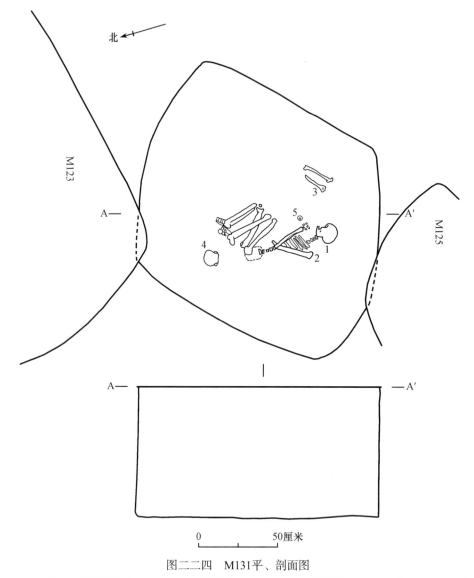

图二二四　M131平、剖面图

1.玉髓串珠（M131：4）　2.滑石串珠（M131：2）　3.铜刀（M131：3）　4.双耳陶罐（M131：1）　5.玉髓串珠（M131：5）

1. 陶器

M131：1，双耳陶罐。1件。夹砂红陶，手制。小直口，圆唇，颈肩双耳，鼓腹，鼓腹两侧各有一乳突，小平底。高12.6厘米，口径7.5厘米，腹径12.2厘米，底径4.3厘米（图二二五，1；图版一四八，3）。

2. 铜器

M131：3，铜刀。1件。锋利，局部刃残。铸造。锈蚀经去锈，翘锋。凹弧方背，凸弧正刃，柄稍弧，正背面边缘各一道凸脊，刀首为动物形，或为鹰、马，格的部位柄比刀体厚，且刃部收缩。残长12.7厘米，背刃向宽1.5～1.6厘米，背厚0.25～0.45厘米，柄宽1.25～1.62厘米，柄厚（边缘两面凸脊厚）0.37～0.64厘米，刀首咀边缘厚0.21厘米，重23.62克（图二二五，5；图版一四九，3）。

3. 石器

M131：2，滑石串珠。1件。圆柱形，中部穿孔。直径0.4厘米，厚0.1厘米，孔径不足0.1厘米，重0.1克（图二二五，3；图版一四九，2）。

M131：4，玉髓串珠。1件。红色，半透明，短圆柱形，中部对钻穿孔。直径0.9厘米，厚0.6厘米，孔径0.3厘米，重0.94克（图二二五，4；图版一五○，1）。

M131：5，玉髓串珠。1件。红色，半透明，短圆柱形，中部对钻穿孔。直径0.9厘米，高0.6厘米，孔径0.6厘米，重0.9克（图二二五，2；图版一五○，2）。

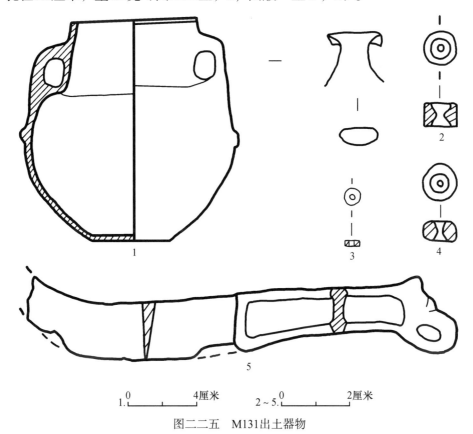

图二二五　M131出土器物

1. 双耳陶罐（M131：1）　2. 玉髓串珠（M131：5）　3. 滑石串珠（M131：2）　4. 玉髓串珠（M131：4）　5. 铜刀（M131：3）

M132

（一）形制结构

长方形竖穴土坑墓。位于T18。北部被M129打破，打破M133西侧和M135。墓向20°。墓口距地表0.2米，墓坑深0.44米，残长1.44米，宽1.24米。墓圹底部为长方形土坯椁室，椁室北壁被打破，情况不明，东、南、西三壁均自下而上错缝平砌4～5层土坯，每边每层铺设土坯2～3

块。椁室内周长0.92米，宽0.51米，土坯长0.4米，宽0.3米，厚0.1米。椁室底部放置人骨1具，左侧身屈肢，头向东北，面向东（图二二六；图版一五一，1）。

（二）出土遗物

共10件。陶器2件，均为双耳陶罐，其中1件（M132：1）出土于填土中，另1件（M132：3）出土于人骨左足部。铜器2件，其中铜手镯1件（M132：4），出土于人骨腕部；铜牌饰1件（M132：5），出土于人骨腰部。石器4件，其中滑石串珠3件（M132：7、M132：8），出土于人骨髋骨或膝部；石器1件（M132：9），出土位置不明。骨器2件，均为骨牌饰（M132：2、M132：6），出土于填土或罐内。

1. 陶器

M132：1，双耳陶罐。1件。夹砂红陶，手制。小直口，颈肩双耳，鼓腹，平底。通高11.2厘米，口径9.2厘米，腹径10.4厘米，底径5.6厘米（图二二七，1；图版一五〇，3）。

M132：3，双耳陶罐。1件。夹细砂红陶，手制。微侈口，方唇，微束颈，颈肩双耳，鼓腹，圈足。通高11厘米，口径8.2厘米，腹径11.2厘米，底径7.7厘米（图二二七，2；图版一五〇，5）。

2. 铜器

M132：4，铜手镯。1件。环状，用铜丝绕成。直径7.4厘米，铜丝直径0.3厘米，重13.37克（图二二七，4；图版一五〇，6）。

M132：5，铜牌饰。1件。粘起，缘稍残。平面呈上窄下宽梯形。中部一道纵向凸脊，短边近中心一孔，沿边缘两排泡点。背面与正面正相反，中部为一道纵向凹坑，边缘两排凹坑。本牌正面泡点和相应的背面凹坑排列显疏稀，面积显大。似为由背向正面敲击而成。长8.5厘米，上宽4.39厘米，下宽5.08厘米，重23.54克（图二二七，3；图版一五一，2）。

3. 石器

M132：7，滑石串珠。1件。完整，短柱状，一孔。直径0.4厘米，厚0.3厘米，重不足0.1克（图二二七，5；图版一五二，1）。

M132：8，滑石串珠。2件。完整，短柱状，一孔。大者，直径0.36厘米，厚0.24厘米。小者，直径0.34厘米，厚0.2厘米，重不足0.1克（图二二七，6；图版一五二，2）。

M132：9，石器。1件。长条状石器，人工痕迹不明显。长9.7厘米，宽4.6~5.5厘米，厚4.6厘米，重498克（图版一五二，3）。

第一层平面图

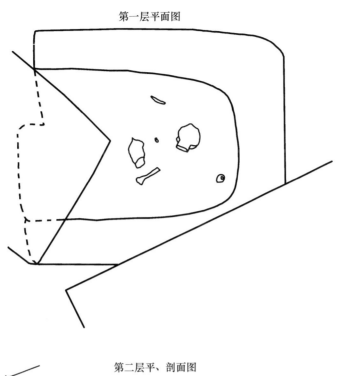

第二层平、剖面图

北

A—

M129

—A'

现代坑

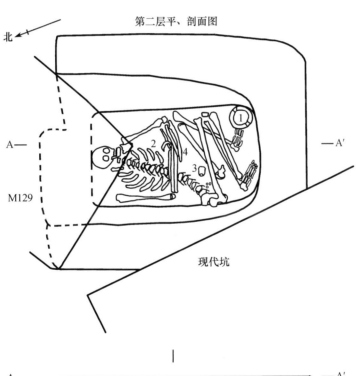

A—   —A'

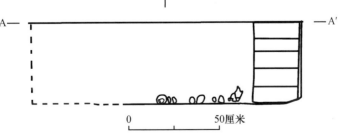

0   50厘米

图二二六 M132平、剖面图

1. 双耳陶罐（M132：3）   2. 铜手镯（M132：4）   3. 铜牌饰（M132：5）   4. 滑石串珠（M132：7）

4. 骨器

　　M132：2，骨牌饰。1件。用动物肢骨加工而成，面为原骨骼外表，故凸。背为原骨髓腔，故凹。平面大致呈菱形，与对角线之一端单向钻一孔，以孔为中心线，正面原骨骼左右弧鼓，纵向近平，背面左右向凹，纵向近平。长2.99厘米，宽1.94厘米，重2.98克（图二二七，8；图版一五〇，4）。

　　M132：6，骨牌饰。1件。完整，用动物骨加工而成，面为原来骨骼表面。背面为骨髓面（凹凸麻面），平面呈下大上小的椭圆形，近上缘单向钻一孔（由背向正面单向钻）。长3.5厘米，最大横宽2.6厘米，面背向最大厚6.5厘米，重5.07克（图二二七，7；图版一五一，3）。

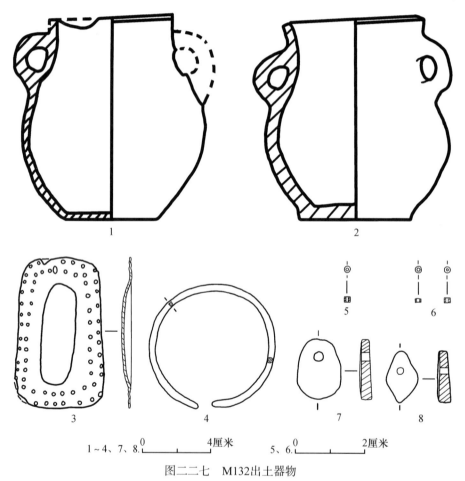

图二二七　M132出土器物

1. 双耳陶罐（M132：1）　2. 双耳陶罐（M132：3）　3. 铜牌饰（M132：5）　4. 铜手镯（M132：4）　5. 滑石串珠（M132：7）
6. 滑石串珠（M132：8）　7. 骨牌饰（M132：6）　8. 骨牌饰（M132：2）

M133

（一）形制结构

长方形竖穴土坑墓。位于T18。西部被M132打破，东部被M121打破。墓向25°。墓口距地表0.5米，墓坑深0.6米，长1.32米，宽0.92米。墓圹内填充包含卵石的黄色砂土，夹杂陶片。墓圹底部放置人骨1具，左侧身屈肢，头向东北，面向东南，为成年女性个体（图二二八；图版一五三，1）。

（二）出土遗物

共1件。陶器1件，为双耳陶罐（M133：1），出土于人骨足部外侧。

M133：1，双耳陶罐。1件。夹细砂红陶，手制，口沿及一耳残。直口，方唇，短颈，颈肩双耳，鼓腹，小平底。残高9.1厘米，口径6.5厘米，腹径9.1厘米，底径4.7厘米（图二二八，1；图版一五二，4）。

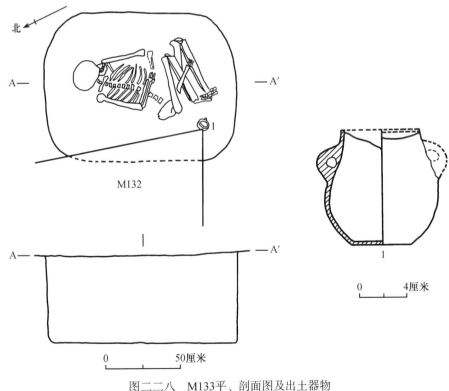

图二二八　M133平、剖面图及出土器物
1. 双耳陶罐（M133：1）

M134

（一）形制结构

长方形竖穴土坑墓，位于T18，被M125打破西北角。墓向223°。墓口距地表0.48米，墓坑深0.6米，长1.42米，宽1.02米。墓圹底部放置人骨1具，右侧身屈肢，头向西南，面向东（图二二九；图版一五三，2）。

（二）出土遗物

共4件。陶器1件，为双耳陶罐（M134∶1），出土于人骨足部。石器2件，其中石杵1件（M134∶3），出土于人骨手臂；绿松石串珠1件（M134∶4），出土于人骨手臂。蚌器1件，为蚌饰（M134∶2），出土于人骨胸前。

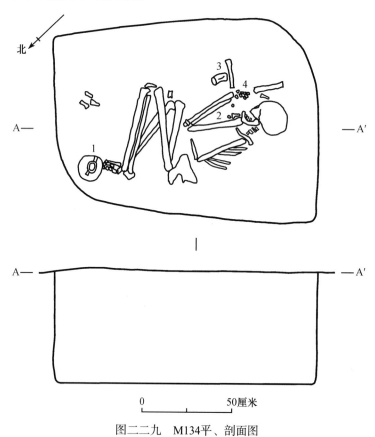

图二二九　M134平、剖面图

1. 双耳陶罐（M134∶1）　2. 蚌饰（M134∶2）　3. 石杵（M134∶3）　4. 绿松石串珠（M134∶4）

1. 陶器

M134：1，双耳陶罐。1件。夹细砂红陶，手制，口沿及一耳残。微侈口，方唇，短颈，颈肩双耳，鼓腹，小平底。残高9.1厘米，口径6.5厘米，腹径9.1厘米，底径4.7厘米（图二三〇，1；图版一五二，5）。

2. 石器

M134：3，石杵。1件。圆柱状，人工加工痕迹不明显。长10.6厘米，宽5.4厘米（图二三〇，4；图版一五四，1）。

M134：4，绿松石串珠。1件。呈扁圆柱状，淡蓝色，中部有一穿孔。长1.2厘米，宽0.5厘米，孔径0.2厘米，重0.58克（图二三〇，3；图版一五四，2）。

3. 蚌器

M134：2，蚌饰。1件。一半残损，残留直径0.7厘米，厚0.2厘米（图二三〇，2；图版一五二，6）。

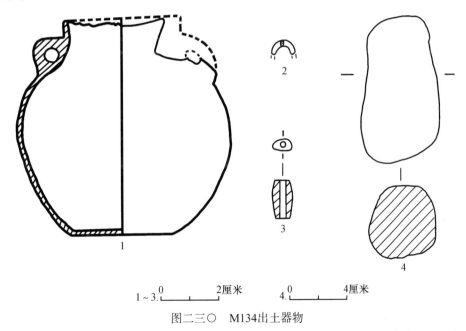

图二三〇　M134出土器物

1.双耳陶罐（M134：1）　2.蚌饰（M134：2）　3.绿松石串珠（M134：4）　4.石杵（M134：3）

M135

（一）形制结构

长方形竖穴土坑墓。位于T18。被M129、M132打破。墓向44°。墓坑深0.76米，长1.65米，宽1.24米。墓圹底部放置人骨1具，保存较差，仅存零星骨骼（图二三一）。

（二）出土遗物

共4件。铜器1件，为铜珠（M135：1），出土于椁室中部。石器2件，其中玉髓串珠1件（M135：2），出土于椁室中部；绿松石串珠1件（M135：3），出土于椁室中部。骨器1件，为骨牌饰（M135：4），出土于椁室北部。

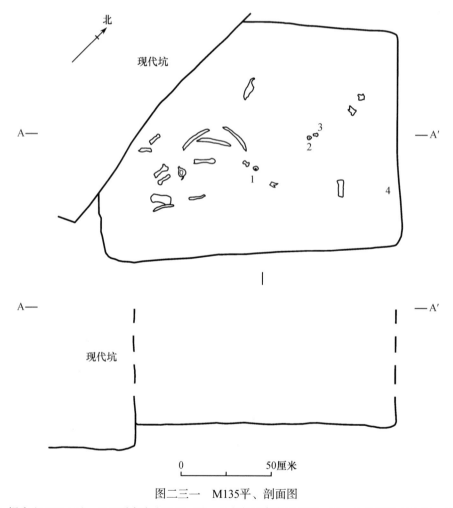

图二三一　M135平、剖面图

1.铜珠（M135：1）　2.玉髓串珠（M135：2）　3.绿松石串珠（M135：3）　4.骨牌饰（M135：4）

1. 铜器

M135：1，铜珠。1件。完整。呈短圆柱状，中间有一穿孔。直径0.6厘米，厚0.2厘米，孔径0.2厘米，重0.5克（图二三二，2；图版一五四，3）。

2. 石器

M135：2，玉髓串珠。1件。完整。红色，半透明，呈短圆柱状，中部有一穿孔。直径0.6厘米，厚0.4厘米，孔径0.2厘米，重0.4克（图二三二，3；图版一五四，4）。

M135：3，绿松石串珠。1件。残。呈圆柱状，中间有一圈凹槽，中部穿孔。残长0.5厘米，直径0.3厘米，重0.1克（图二三二，4；图版一五四，5）。

3. 骨器

M135：4，骨牌饰。1件。缘残。平面略呈梯形（上窄下宽）。顶面斜，下缘呈弧形，上部近中一孔。用动物骨做成，面为原骨表面，背为髓面。高3.22厘米，上宽1.7厘米，下残宽2.02厘米，最大厚5.88毫米（图二三二，1；图版一五四，6）。

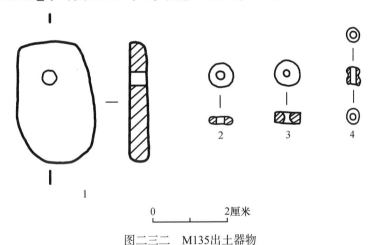

图二三二　M135出土器物

1. 骨牌饰（M135：4）　2. 铜珠（M135：1）　3. 玉髓串珠（M135：2）　4. 绿松石串珠（M135：3）

M136

（一）形制结构

长方形竖穴土坑墓。位于T18。墓向251°。墓口长1.42米，宽1.25米，墓坑深0.42米。墓圹底部为长方形土坯椁室，椁室四壁自下而上均错缝平砌3层土坯，每边每层铺设2～3块。椁室内周长0.86米，宽0.56米；土坯长0.4米，宽0.24～0.28米，厚0.1米。椁室底部放置人骨1具，右侧身屈肢，头向西南，面向东（图二三三；图版一五五，1）。

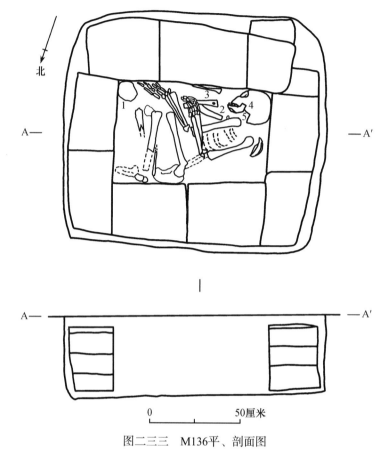

0　　　　　　50厘米

图二三三　M136平、剖面图

1. 双耳陶罐（M136：1）　2. 铜刀（M136：2）　3. 骨器（M136：3）　4. 铜饰件（M136：4）　5. 玉髓串珠（M136：5）

（二）出土遗物

共5件。陶器1件，为双耳陶罐（M136：1），位于人骨膝盖外侧。铜器2件，其中铜刀1件（M136：2），出土于人骨胸前；铜饰件1件（M136：4），出土于人骨头部。石器1件，为玉髓串珠（M136：5），出土于人骨颈部。骨器1件（M136：3），出土于人骨胸前。

1. 陶器

M136：1，双耳陶罐。1件。夹细砂红陶，手制，完整。微侈口，方唇，长颈，沿肩双耳，鼓腹，平底。通高11.6厘米，口径9.2厘米，腹径11厘米，底径5.5厘米，重275克（图二三四，1；图版一五五，2）。

2. 铜器

M136：2，铜刀。1件。残。刀锋，刃、首残。略有锈蚀。刃虽然残，由保存完整处仍可看出刃为凸弧正刃，背稍凹，柄稍弧。现存柄到刃向一道合范尖脊，柄下端亦一道合范尖脊。残长17.7厘米，宽1.2～2.1厘米，厚0.1～0.7厘米，重62.01克（图二三四，2；图版一五五，3）。

M136：4，铜饰件。1件。残。残弯曲铜丝一段，圆体，锈蚀严重。残长2.2厘米，直径0.17厘米，重0.49克（图二三四，4；图版一五六，2）。

3. 石器

M136：5，玉髓串珠。1件。完整。算盘珠形（鼓腰），对钻孔。直径1.19厘米，厚0.46厘米，重0.91克（图二三四，5；图版一五六，3）。

4. 骨器

M136：3，骨器。1件。残。为截取动物肢骨制作而成。除截断部位，余处均为原骨面。粗端关节面钻出一只圆孔与髓腔相通，细端近缘侧面亦钻出一只圆孔与髓腔相通，与关节面圆孔亦可相通。截断之细端顶面髓腔部位加工成长方形，与关节面通过髓腔相通。长11.5厘米，关节面最大径20.3厘米，截断面最大径10.9厘米，重19.85克（图二三四，3；图版一五六，1）。

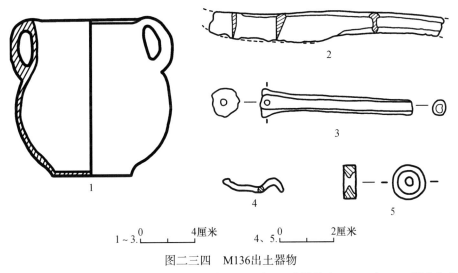

图二三四　M136出土器物

1. 双耳陶罐（M136：1）　2. 铜刀（M136：2）　3. 骨器（M136：3）　4. 铜饰件（M136：4）　5. 玉髓串珠（M136：5）

M137

（一）形制结构

长方形竖穴土坑墓。位于T18。被M128叠压打破。墓向41°。墓口长1.49米，宽1.16米，墓坑深0.3米。墓圹底部放置人骨1具，左侧身屈肢，头向东北，面向南（图二三五；图版一五七，1）。

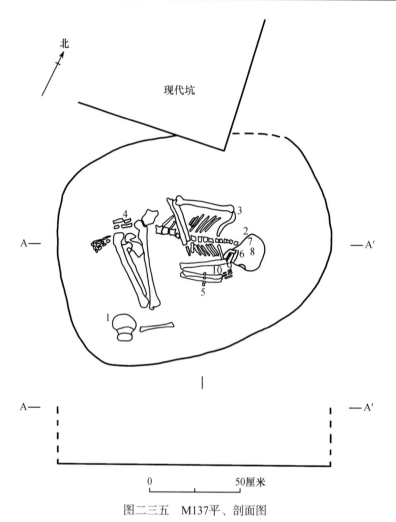

图二三五　M137平、剖面图

1. 单耳陶罐（M137：1）　2. 铜牌饰（M137：2）　3. 铜牌饰（M137：3）　4. 铜管（M137：4）　5. 铜珠（M137：5）
6. 铜耳环（M137：6）　7. 铜耳环（M137：7）　8. 铜牌饰（M137：8）　9. 玉髓串珠（M137：9）　10. 绿松石串珠（M137：10）

（二）出土遗物

共32件。陶器1件，为单耳陶罐（M137：1），出土于人骨膝前。铜器29件，其中铜牌饰3件（M137：2、M137：3、M137：8），出土于头骨后和人骨右肩、耳部；铜管4件（M137：4），出土于人骨足后；铜珠20件（M137：5），出土于人骨左臂；铜耳环2件（M137：6、M137：7），出土于人骨耳部。石器2件，其中玉髓串珠1件（M137：9），出土于下颌骨前；绿松石串珠1件（M137：10），出土于腕部。

1. 陶器

M137：1，单耳陶罐。1件。夹细砂红陶，手制，口沿及耳残。直口，方唇，长颈，颈肩单耳，鼓腹，平底。高16.5厘米，口径8.8厘米，腹径15.4厘米，底径6.9厘米，重825克（图二三六，1；图版一五六，4）。

2. 铜器

M137：2，铜牌饰。1件。残。边缘略有残损。锈蚀严重且起疙瘩。平面呈圆形，面稍鼓，对称边缘，计2孔，背稍凹。直径3.05厘米，厚约0.25厘米，重3.52克（图二三六，8；图版一五六，5）。

M137：3，铜牌饰。1件。完整。局部缘，孔缘残，锈蚀严重且起疙瘩。平面圆形，面稍鼓，对称近缘计2孔，背凹。因锈蚀严重，不明面是否有纹饰。直径3.68～3.77厘米，厚约0.3厘米，重8.21克（图二三六，9；图版一五六，6）。

M137：4，铜管。4件。完整，锈重已刮。粗细匀称，胎显厚，无卷曲痕迹。故不明是卷还是铸。最大长2.3厘米，直径0.67厘米。其二重4.56、4.04克（图二三六，10；图版一五七，2）。

M137：5，铜珠。20件。完整。右臂：6件，完整，都是用内（指环内）外稍弧鼓的稍厚铜片卷成，且每根铜片两端均稍窄（即由中部向两端渐窄）。直径0.94～0.95厘米，孔向厚（高）0.37～0.48厘米（厚均为每件铜片最大宽处），胎厚大致在0.14～0.19厘米。左臂：14件，用内（指环内）外稍弧鼓的稍厚铜片卷成，且每根铜片两端均稍窄（即由中部向两端渐窄）。直径0.94～1.1厘米，孔向高（厚）0.31～0.47厘米，胎厚大致在0.13～0.22厘米，重1.07

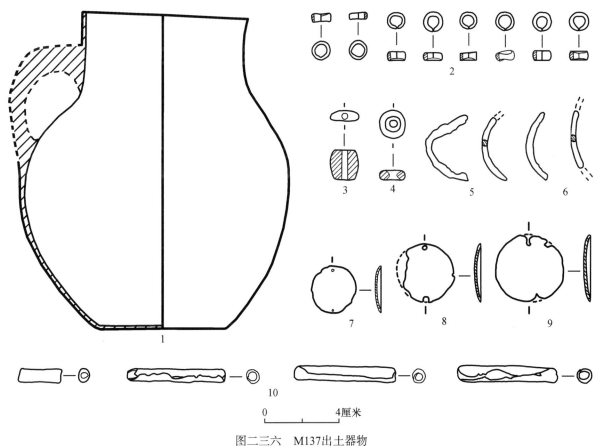

图二三六　M137出土器物

1.单耳陶罐（M137：1）　2.铜珠（M137：5）　3.绿松石串珠（M137：10）　4.玉髓串珠（M137：9）　5.铜耳环（M137：6）
6.铜耳环（M137：7）　7.铜牌饰（M137：8）　8.铜牌饰（M137：2）　9.铜牌饰（M137：3）　10.铜管（M137：4）

克（图二三六，2；图版一五八，1）。

M137：6，铜耳环。1件。残。已残为长短13段，皆锈蚀严重，粘对不起，似均为圆丝，一段最长者为端头，端头圆尖，似圆形铜耳环之残段。最大弦长3.5厘米，直径0.3厘米（图二三六，5；图版一五七，3）。

M137：7，铜耳环。1件。残。已残为长短13段，皆锈蚀严重，粘对不起，似均为圆丝，一段最长者为端头，端头圆尖，似圆形铜耳环之残段。最大弦长3.5厘米，径0.3厘米（图二三六，6）。

M137：8，铜牌饰。1件。完整。局部缘交叉残，锈蚀严重，底缘稍变形。平面近圆形，面稍鼓，近缘对称计2孔。背稍凹，薄胎。长径2.49厘米，短径2.28厘米，泡高0.31厘米，重1.77克（图二三六，7；图版一五八，2）。

3. 石器

M137：9，玉髓串珠。1件。完整。深紫红色，算盘珠状（将鼓腰者称算盘珠状下同），对钻孔（两面均大坑，中部小孔）。直径1.46厘米，厚0.53厘米，重1.69克（图二三六，4；图版一五八，3）。

M137：10，绿松石串珠。1件。完整。平面呈椭圆形，整体呈椭圆腰鼓状，横向剖为一面近平，另一面略鼓。长1.59厘米，最大宽（中鼓部）1.55厘米，厚0.54厘米，重2.27克（图二三六，3；图版一五九，1）。

M138

（一）形制结构

长方形竖穴土坑墓。位于T19。打破M139、M146。墓向236°。墓口长0.82米，宽0.92米，墓坑深0.54米。墓圹底部为长方形土坯椁室，椁室四壁平砌1层土坯，每边各1块。椁室内周长0.24米，宽0.2米；土坯长0.4～0.42米，宽0.22～0.24米，厚0.1米。椁室底部放置人骨1具，仅见头骨和部分碎骨，保存状况较差（图二三七）。

（二）出土遗物

共1件。陶器1件，为陶杯（M138：1），出土于椁室东北角。

M138：1，陶杯。1件。夹细砂红陶，手制，圆唇，直壁，平底，近底处有一道切痕（图二三七，1；图版一五九，2）。

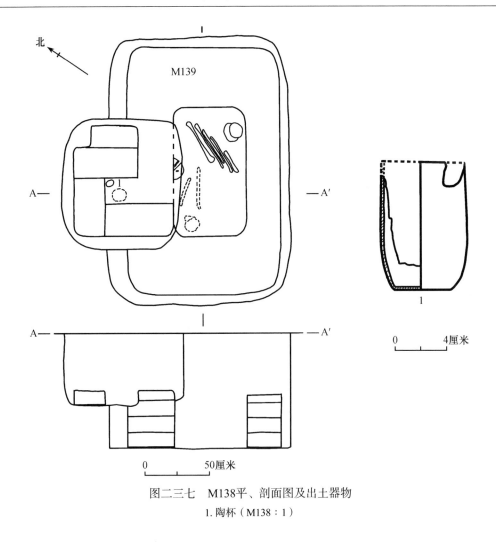

图二三七 M138平、剖面图及出土器物
1. 陶杯（M138∶1）

M139

（一）形制结构

长方形竖穴土坑墓。位于T19。被M138打破，打破M146东半部。墓向236°。墓口距地表0.4米，长1.94米，宽1.4米，墓坑深0.87米。墓圹内填充包含细砾的灰色砂质土。墓圹底部为长方形土坯椁室，椁室四壁自下而上均错缝平砌4层土坯，每边每层铺设2～3块。椁室内周长0.96米，宽0.56米；土坯长0.4～0.42米，宽0.22～0.24米，厚0.1米。椁室底部放置人骨1具，腐朽严重，被扰乱，保存状况极差（图二三八；图版一五九，3）。

（二）出土遗物

共2件。陶器1件，为单耳陶罐（M139∶1），出土于椁室东南角。铜器1件，为铜牌饰（M139∶2），出土于头骨处。

1. 陶器

M139：1，单耳陶罐。1件。夹细砂红陶，手制，口部及一耳残。微侈口，方唇，短颈，颈肩单耳，鼓腹，平底。高12.3厘米，口径7.8厘米，腹径12.4厘米，底径5.6厘米，重320克（图二三八，1；图版一六〇，1）。

2. 铜器

M139：2，铜牌饰。1件。残。圆形，带一柄，柄残断。残长2.7厘米，圆径2.29～2.35厘米，胎厚0.2厘米，重2.96克（图二三八，2；图版一六〇，2）。

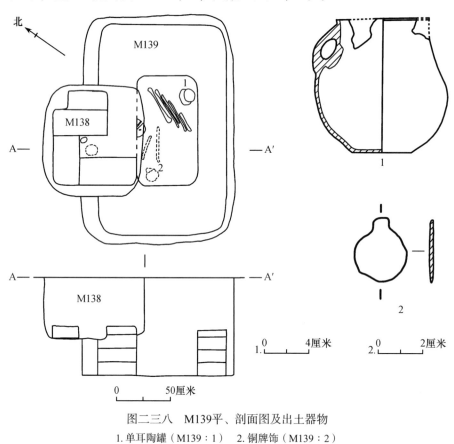

图二三八　M139平、剖面图及出土器物
1.单耳陶罐（M139：1）　2.铜牌饰（M139：2）

M140

（一）形制结构

长方形竖穴土坑墓。位于T19。打破M145。墓向64°。墓口距地表0.22米，长1.4米，宽1.41米，墓坑深0.37米。墓圹内填充包含细砾的灰色砂质土。墓圹南、西、北三壁底部设熟土二层台，南壁二层台外侧竖立1层土坯，二层台上平砌2层土坯；西壁二层台外侧竖立1层土坯，二层台上平砌1层土坯；北壁二层台外侧竖立1层土坯，二层台上平砌3层土坯；东壁自下而上平砌3层土坯。椁室内周长0.9米，宽0.52米；土坯长0.3～0.52米，宽0.22～0.24米，厚0.1米。椁室底部放置人骨1具，左侧身屈肢，头向东，面向南（图二三九）。

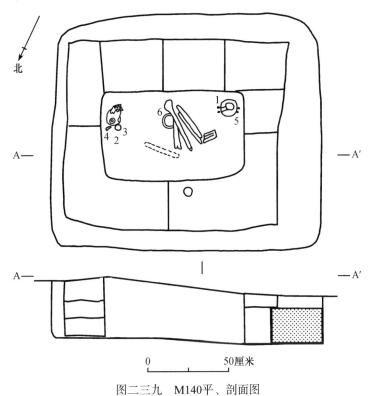

图二三九　M140平、剖面图

1. 双耳陶罐（M140：1）　　2. 铜耳环（M140：2）　　3. 玉髓串珠（M140：3）　　4. 铜耳环（M140：4）　　5. 滑石串珠（M140：5）
6. 铜手镯（M140：6）

（二）出土遗物

共17件。陶器1件，为双耳陶罐（M140：1），出土于椁室西南角。铜器3件，其中铜耳环2件（M140：2、M140：4），分别出土于颅骨和枕骨；铜手镯1件（M140：6），出土于人骨腕部。石器13件，其中玉髓串珠1件（M140：3），出土于枕骨后；滑石串珠12件（M140：5），出土于双耳陶罐内。

1. 陶器

M140：1，双耳陶罐。1件。夹砂灰陶，手制，口肩残。凹口微侈，方唇，短束颈，沿肩双耳，鼓腹，平底。高14.4厘米，口径10.3厘米，腹径14.5厘米，底径6.9厘米，重615克（图二四〇，1；图版一六〇，3）。

2. 铜器

　　M140：2，铜耳环。1件。残。由直径0.2厘米的铜丝绕成，重1.04克（图二四〇，3；图版一六〇，4）。

　　M140：4，铜耳环。1件。完整。由直径0.4厘米的铜丝绕成，接口扁平相错。重1.61克（图二四〇，4；图版一六〇，6）。

　　M140：6，铜手镯。1件。完整。用直径0.35厘米的铜丝绕成，接口处残。重12.21克（图二四〇，6；图版一六一，2）。

3. 石器

　　M140：3，玉髓串珠。1件。完整。红色，半透明，中部有一对钻穿孔。直径1.5厘米，厚0.6厘米，孔径0.8厘米，重2.77克（图二四〇，5；图版一六〇，5）。

　　M140：5，滑石串珠。12件。完整。扁圆柱形，中部穿孔。直径0.4厘米，厚0.1～0.3厘米，孔径0.15厘米，均重0.08克（图二四〇，2；图版一六一，1）。

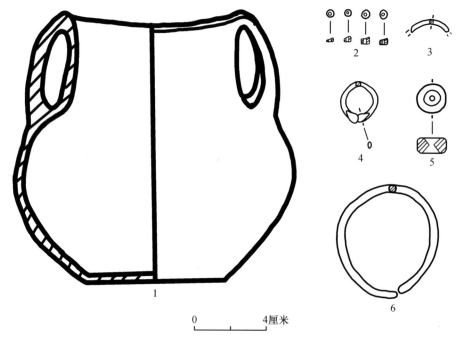

图二四〇　M140出土器物

1. 双耳陶罐（M140：1）　2. 滑石串珠（M140：5）　3. 铜耳环（M140：2）　4. 铜耳环（M140：4）　5. 玉髓串珠（M140：3）

6. 铜手镯（M140：6）

M141

（一）形制结构

长方形竖穴土坑墓。位于T19。椁室东南部被现代坑打破。墓向68°。墓口长1.55米，宽1.12米，墓坑深0.34米。墓圹内填充包含细砾的灰色砂质土。墓圹底部为长方形土坯椁室，椁室北、西两壁自下而上错缝平砌3层土坯；南、东两壁被打破，形制不明。椁室内周残长1米，宽0.79米；土坯长0.32～0.4米，宽0.34米，厚0.1米。椁室底部放置人骨1具，保存状况较差，仅存零星骨骼（图二四一）。

（二）出土遗物

共4件。铜器2件，为铜饰（M141：2），出土于椁室中部。石器2件，为滑石串珠（M141：1），出土于扰坑内。

1. 铜器

M141：2，铜饰。2件。残损严重。残长1厘米，重0.21克（图二四一，2；图版一六一，4）。

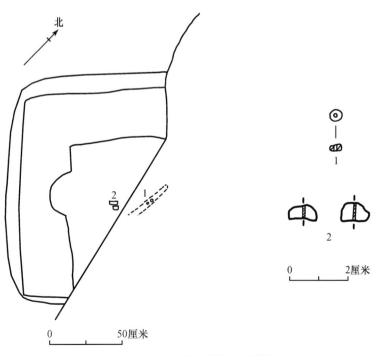

图二四一　M141平面图及出土器物
1.滑石串珠（M141：1）　2.铜饰（M141：2）

2. 石器

M141：1，滑石串珠。2件。残。扁圆柱形，中部穿孔。直径0.4厘米，厚0.1～0.3厘米，孔径0.15厘米。均重0.08克。直径0.3厘米，高0.2厘米，孔径0.2厘米，总重0.2克（图二四一，1；图版一六一，3）。

M142

（一）形制结构

长方形竖穴土坑墓。位于T19。墓向16°。墓口长1.63米，宽1.33米，墓坑深0.4米。墓圹内填充包含细砾的黄灰色砂质土，土质疏松。墓圹底部四周设熟土二层台，西、北、东三壁二层台内侧竖立1层土坯，二层台上平砌2层土坯；南壁二层台内侧竖立1层土坯，二层台上平砌1层土坯。椁室内周长0.84米，宽0.56米；土坯长0.38～0.4米，宽0.26～0.32米，厚0.1米。无人骨（图二四二）。

（二）出土遗物

共2件。陶器2件，其中双耳陶罐1件（M142：1），出土于椁室东北角；陶片1件（M142：2），出土于填土。

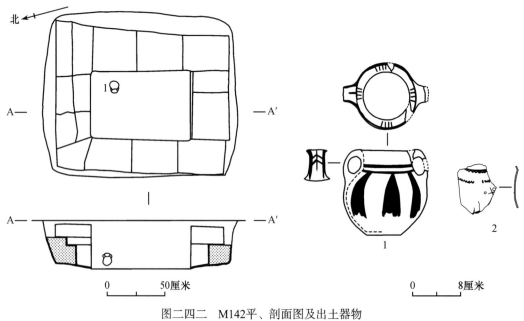

图二四二　M142平、剖面图及出土器物

1. 双耳陶罐（M142：1）　2. 陶片（M142：2）

M142∶1，双耳陶罐。1件。夹细砂红陶，手制，口沿及一耳残。微侈口，圆唇，短束颈，沿肩双耳，鼓腹，小平底。口沿内绘弦纹及四组对称的短斜线纹，肩部绘两道弦纹，其下为宽垂带纹，耳部绘树草纹。通高13.4厘米，口径10.2厘米，腹径13.2厘米，底径5.2厘米，重570克（图二四二，1；图版一六一，5）。

M142∶2，陶片。1件。陶罐的肩腹部残片。夹细砂红陶。绘横向水波纹，有两个小乳钉，肩部有十字形刻划纹。重335克（图二四二，2；图版一六一，6）。

M143

（一）形制结构

长方形竖穴土坑墓。位于T19。打破M119西侧。墓向345°。墓口残长0.83米，宽0.63米，墓坑深0.21米。墓圹底部为长方形土坯椁室，仅存北、东、西三壁，均竖立1层土坯，每边铺设1~2块。椁室内周长0.58米，宽0.32米，土坯长0.28~0.38米，宽0.12~0.14米，厚0.1米。椁室底部放置人骨1具，保存状况较差，仅存零星骨骼（图二四三）。

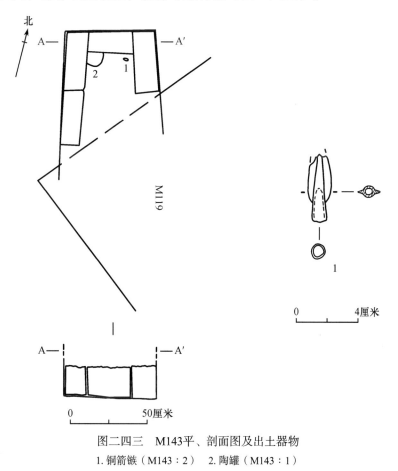

图二四三　M143平、剖面图及出土器物

1. 铜箭镞（M143∶2）　2. 陶罐（M143∶1）

（二）出土遗物

共2件。陶器1件，为陶罐（M143：1），位于椁室西北角。铜器1件，为铜箭镞（M143：2），出土于椁室东北角。

1. 陶器

M143：1，陶罐。1件。不在库，无照片、绘图及文字记录。

2. 铜器

M143：2，铜箭镞。1件。残。圆锥形，圆锥形銎，中部起脊。残长4.3厘米，翼宽0.9厘米，銎口直径0.6厘米，翼厚0.1厘米，重7.21克（图二四三，1；图版一六二，1）。

M144

（一）形制结构

长方形竖穴土坑墓。位于T19。打破M186。墓向220°。墓口长1.4米，宽1.24米，墓坑深0.56米。墓圹内填充包含细砾的灰色砂质土。墓圹底部四周设熟土二层台，二层台内侧竖立1层土坯，二层台上平砌1层土坯，每边每层铺设2~3块。椁室内周长0.85米，宽0.72米，土坯长0.36~0.4米，宽0.14~0.2米，厚0.1米。椁室底部放置人骨1具，右侧身屈肢，头向西南，面向东，性别不明，保存状况较差（图二四四）。

（二）出土遗物

共15件。陶器3件，其中双耳陶罐2件，1件（M144：7）出土于椁室东北角，1件（M144：11）出土于椁室外；陶杯1件（M144：8），出土于盆骨处。铜器3件，其中铜刀1件（M144：3），出土于人骨胸部；铜锥1件（M144：4），出土于人骨胸部；铜别针1件（M144：9），出土于枕骨后。铅器1件，为铅别针（M144：1），出土于头骨西。石器8件，其中玉髓串珠1件（M144：2），出土于头骨西侧；滑石串珠7件（M144：6、M144：5、M144：10），分别出土于陶罐内、膝部和头部。

1. 陶器

M144：7，双耳陶罐。1件。夹细砂红陶，手制。侈口，短束颈，沿肩双耳，垂腹，平

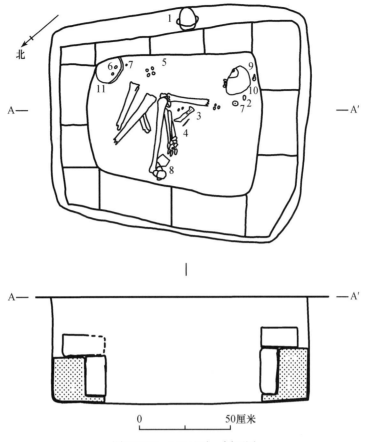

图二四四　M144平、剖面图

1. 双耳陶罐（M144∶7）　2. 玉髓串珠（M144∶2）　3. 铜刀（M144∶3）　4. 铜锥（M144∶4）　5. 滑石串珠（M144∶5）
6. 滑石串珠（M144∶6）　7. 铅别针（M144∶1）　8. 陶杯（M144∶8）　9. 铜别针（M144∶9）　10. 滑石串珠（M144∶10）
11. 双耳陶罐（M144∶11）

底。口沿内绘四组短斜线纹，腹部绘连续的斜向"Z"形纹，耳部绘斜线纹。通高12.6厘米，口径9.9厘米，腹径13.5厘米，底径6.8厘米，重465克（图二四五，1；图版一六三，2）。

M144∶8，陶杯。1件。夹砂红陶，手制，残。直壁，平底，底部有烟熏痕迹。通高9.8厘米，重95克。

M144∶11，双耳陶罐。1件。夹细砂红陶，手制。直口，方唇，溜肩，颈肩双耳，鼓腹，平底。高11.7厘米，口径7.8厘米，腹径12厘米，底径6.7厘米，重460克（图二四五，9；图版一六三，4）。

2. 铜器

M144∶3，铜刀。1件。完整。直背，翘刃，圜首，刀柄两侧起棱，中部有一小孔。长11.8厘米，宽1.9~2厘米，孔径0.5厘米，重39.12克（图二四五，8；图版一六二，4）。

M144∶4，铜锥。1件。残。四棱锥状，尾端扁平。残长4厘米，重2.94克（图二四五，7；图版一六二，5）。

M144：9，铜别针。1件。完整。门鼻状，用0.3厘米的细铜丝绕成。长2.7厘米，直径0.3厘米，重1.08克（图二四五，5；图版一六三，3）。

3. 铅器

M144：1，铅别针。1件。完整。门鼻状。长3.6厘米，宽2.5厘米，直径0.3厘米，重3.98克（图二四五，6；图版一六二，2）。

4. 石器

M144：2，玉髓串珠。1件。完整。红色，半透明，圆柱状，鼓腹，中部有一对钻穿孔。直径0.9厘米，厚0.4厘米，孔径0.15～0.7厘米，重0.74克（图二四五，4；图版一六二，3）。

M144：5，滑石串珠。4件。完整。三件为扁圆柱形，一件为圆片状，中部穿孔。直径0.4～0.7厘米，孔径0.15～0.4厘米，厚0.1～0.5厘米，均重0.08克（图二四五，2；图版一六二，6）。

M144：6，滑石串珠。2件。完整。扁圆柱状，中部穿孔。直径0.5厘米，孔径0.1厘米，厚0.1厘米，重不足0.1克（图二四五，3；图版一六三，1）。

M144：10，滑石串珠。1件。完整。扁圆柱状，中部穿孔。直径0.5厘米，孔径0.15厘米。

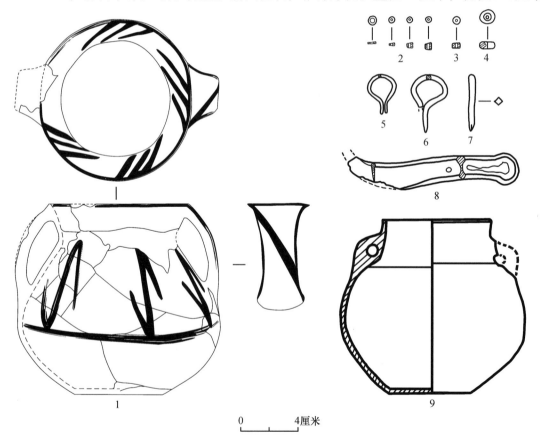

0 ___ 4厘米

图二四五　M144出土器物

1. 双耳陶罐（M144：7）　2. 滑石串珠（M144：5）　3. 滑石串珠（M144：6）　4. 玉髓串珠（M144：2）　5. 铜别针（M144：9）
6. 铅别针（M144：1）　7. 铜锥（M144：4）　8. 铜刀（M144：3）　9. 双耳陶罐（M144：11）

M145

（一）形制结构

长方形竖穴土坑墓。位于T19。被M140打破。墓向195°。墓口距地表0.2米，长1.7米，宽1.3米，墓坑深0.95米。墓圹内填充包含细砾的黄灰色砂质土，夹杂零星陶片。墓圹底部放置人骨1具，右侧身屈肢，头向西南，面向东（图二四六）。

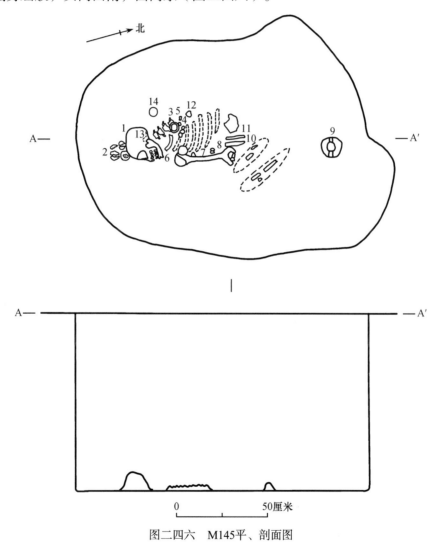

图二四六　M145平、剖面图

1. 铜牌饰（M145：1）　2. 贝器（M145：2）　3. 铜牌饰（M145：3）　4. 玉髓串珠（M145：4）　5. 绿松石串珠（M145：5）　6. 铜牌饰（M145：6）　7. 铜泡（M145：7）　8. 铜泡（M145：8）　9. 双耳陶罐（M145：9）　10. 铜刀（M145：10）　11. 铜锥（M145：11）　12. 铜泡（M145：12）　13. 铜耳环（M145：13）　14. 铜牌饰（M145：14）

（二）出土遗物

共22件。陶器1件，为双耳陶罐（M145：9），出土于人骨足底。铜器11件，其中铜牌饰4件（M145：1、M145：3、M145：6、M145：14），出土于人头骨后、胸部、肩胛骨处和背部；铜泡4件（M145：7、M145：8、M145：12），分别出土于肱骨附近和脊椎后；铜刀1件（M145：10），出土于肱骨附近；铜锥1件（M145：11），出土于肱骨附近；铜耳环1件（M145：13），出土于人骨耳部。石器5件，其中玉髓串珠3件（M145：4），出土于人骨胸部；绿松石串珠2件（M145：5），出土于人骨脊柱附近。贝器5件（M145：2），出土于人骨头顶。

1. 陶器

M145：9，双耳陶罐。1件。夹细砂红陶，手制，口沿、耳部及腹部残。侈口，方唇，短束颈，颈肩双耳，鼓腹，平底。口沿绘一周弦纹，颈部绘连续的竖菱格纹，肩部绘两道弦纹，其下腹部正中绘竖列的连续7个倒"T"形纹及两侧各两道竖线纹的组合纹样，组合纹样两侧各绘一个树草纹。通高9.8厘米，口径7.9厘米，腹径10.1厘米，底径4.6厘米，重190克（图二四七，1；图版一六五，1）。

2. 铜器

M145：1，铜牌饰。1件。完整。椭圆形，背面光滑，正面粗糙，略凸，边缘稍卷，近边处有两个相对的小孔。直径3.9～4.4厘米，孔径0.3厘米，重6.35克（图二四七，13；图版一六三，5）。

M145：3，铜牌饰。1件。完整。圆形，背部有纽，中部有椭圆形孔及明显的铸造槽。直径4.2厘米，厚0.2厘米，孔长2厘米，重11.61克（图二四七，14；图版一六四，1）。

M145：6，铜牌饰。1件。残。圆形，正面平直，素面，背部有纽。直径3.4厘米，重6.18克（图二四七，11；图版一六四，4）。

M145：7，铜泡。1件。残。直径1.4厘米，重2.5克（图二四七，7；图版一六四，5）。

M145：8，铜泡。1件。残。直径1.4厘米，重2.6克（图二四七，8；图版一六四，6）。

M145：10，铜刀。1件。残。长条形，无柄，截面呈三角形。残长8.2厘米，刀背宽0.8厘米，重10.86克（图二四七，10；图版一六五，2）。

M145：11，铜锥。1件。残。长4.2厘米，直径0.2厘米，重1.14克（图二四七，5；图版一六五，3）。

M145：12，铜泡。2件，1件完整，1件残。完整者圆泡形。直径1.6厘米，重1.75克（图二四七，6；图版一六五，4）。

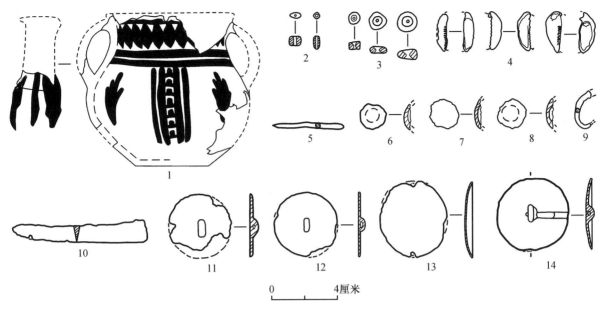

图二四七 M145出土器物

1. 双耳陶罐（M145∶9） 2. 绿松石串珠（M145∶5） 3. 玉髓串珠（M145∶4） 4. 海贝（M145∶2） 5. 铜锥（M145∶11）
6. 铜泡（M145∶12） 7. 铜泡（M145∶7） 8. 铜泡（M145∶8） 9. 铜耳环（M145∶13） 10. 铜刀（M145∶10）
11. 铜牌饰（M145∶6） 12. 铜牌饰（M145∶14） 13. 铜牌饰（M145∶1） 14. 铜牌饰（M145∶3）

M145∶13，铜耳环。1件。残。用0.15厘米的铜丝绕成。重0.82克（图二四七，9；图版一六五，5）。

M145∶14，铜牌饰。1件。完整。圆形，背部有纽，素面。直径3.7厘米，均重6.71克（图二四七，12；图版一六五，6）。

3. 石器

M145∶4，玉髓串珠。3件。完整。两件为鼓腹扁圆柱形，深红色，半透明。一件为圆柱形，红色，半透明。直径0.8～1.1厘米，厚0.3～0.4厘米，孔径0.5～0.6厘米，均重0.82克（图二四七，3；图版一六四，2）。

M145∶5，绿松石串珠。2件。完整。一件为圆三棱柱形，中部穿孔。长0.7厘米，宽0.4厘米，孔径0.2厘米。另一件为扁圆柱形，中部穿孔。长0.6厘米，宽0.6厘米，孔径0.2厘米（图二四七，2；图版一六四，3）。

4. 贝器

M145∶2，海贝。5件，完整。贝饰，无人工加工痕迹。长2.4厘米，宽0.7～0.9厘米，均重0.74克（图二四七，4；图版一六三，6）。

M146

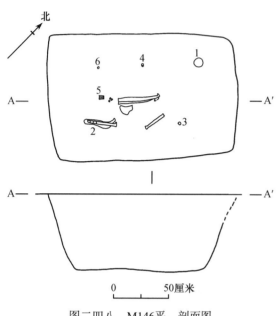

图二四八　M146平、剖面图

1. 双耳陶罐（M146：1）　2. 铜刀（M146：2）

3. 绿松石串珠（M146：3）　4. 玉髓串珠（M146：4）

5. 铜管（（M146：5）　6. 玉髓串珠（M146：6）

（一）形制结构

长方形竖穴土坑墓。位于T19。被M138、M139打破。墓向225°。墓口长1.66米，宽1.1米，墓坑残深0.6米。墓圹底部放置人骨1具，保存状况较差，仅存零星骨骼（图二四八；图版一六六，1）。

（二）出土遗物

共6件。陶器1件，为双耳陶罐（M146：1），出于墓坑西北角。铜器2件，其中铜刀1件（M146：2），出土于墓坑东南部；铜管1件（M146：5），出土于墓坑中南部。石器3件，其中绿松石串珠1件（M146：3），出土于墓坑东部；玉髓串珠2件（M146：4、M146：6），出土于墓坑西北部和西南部。

1. 陶器

M146：1，双耳陶罐。1件。夹细砂红陶，手制，完整。直口，方唇，颈肩双耳，鼓腹，小平底。通高11.7厘米，口径7.9厘米，腹径12.4厘米，底径5.6厘米，重580克（图二四九，1；图版一六六，2）。

2. 铜器

M146：2，铜刀。1件。略残。直背环首，翘刃，柄部两侧边缘有棱，一侧中部饰有折线纹15条。长24.1厘米，柄长10.6厘米，刃宽1.5～2.3厘米，环首直径1.6厘米，重95克（图二四九，6；图版一六六，3）。

M146：5，铜管。1件。残。残断为三段，由薄铜片卷曲而成。残长1.5～4.6厘米，直径0.3～0.5厘米，重0.29～2.39克（图二四九，5；图版一六七，3）。

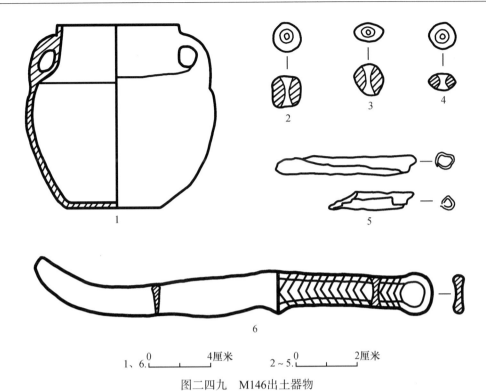

1、6. 0 ⊢──┴──┴──┤ 4厘米　　　2 ~ 5. 0 ⊢──┴──┴──┤ 2厘米

图二四九　M146出土器物

1. 双耳陶罐（M146：1）　2. 玉髓串珠（M146：6）　3. 绿松石串珠（M146：3）　4. 玉髓串珠（M146：4）

5. 铜管（M146：5）　6. 铜刀（M146：2）

3. 石器

M146：3，绿松石串珠。1件。完整。浅绿色，不规则扁圆柱状，中部穿孔。长1厘米，宽1厘米，孔径0.2厘米，重0.97克（图二四九，3；图版一六七，1）。

M146：4，玉髓串珠。1件。完整。红色半透明，圆柱状，鼓腹，中部对钻穿孔。直径0.9厘米，厚0.5厘米，孔径0.2厘米，重0.69克（图二四九，4；图版一六七，2）。

M146：6，玉髓串珠。1件。略残。圆柱状，鼓腹，一端略残，中部对钻穿孔。直径0.8厘米，厚0.8 ~ 1厘米，孔径0.3克，重1.23克（图二四九，2；图版一六七，4）。

M147

（一）形制结构

长方形竖穴土坑墓。位于T21。墓向222°。墓口距地表0.3米，长1.54米，宽1.18米，墓坑深0.5米。墓圹内填土上层为黄色砂质土，土质较硬；下层土质发黄变软。墓圹底部为长方形土坯椁室，椁室四壁自下而上均错缝平砌3层土坯，每边每层铺设2 ~ 3块。椁室内周长1米，宽0.6米；土坯长0.36 ~ 0.4米，宽0.22 ~ 0.24米，厚0.1米。椁室底部放置人骨1具，保存状况较差，仅存颅骨与其他零星骨骼（图二五〇）。

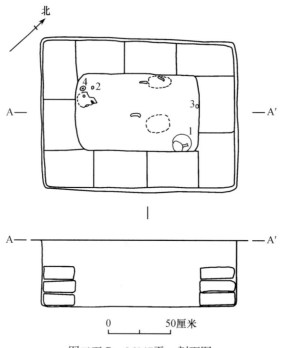

图二五〇　M147平、剖面图

1. 双耳陶罐（M147：1）　2. 滑石串珠（M147：2）　3. 玉髓串珠（M147：3）　4. 铜耳环（M147：4）

（二）出土遗物

共4件。陶器1件，为双耳陶罐（M147：1），出土于椁室东北角。铜器1件，为铜耳环（M147：4），出土于人骨耳部。石器2件，其中滑石串珠1件（M147：2），出土于人骨颈部；玉髓串珠1件（M147：3），出土于椁室东北部。

1. 陶器

M147：1，双耳陶罐。1件。夹细砂红陶，手制，口部略残。侈口，方唇，短颈，颈肩双耳，球腹，平底。口沿内绘弦纹，肩部绘一道弦纹，其下腹部绘网格纹，耳部三条直线交错。通高11.4厘米，口径8.8厘米，腹径12.7厘米，底径6.8厘米，重450克（图二五一，1；图版一六七，5）。

2. 铜器

M147：4，铜耳环。1件。残断。由直径0.3厘米的铜丝绕制而成。重0.28克（图二五一，4；图版一六八，2）。

3. 石器

M147：2，滑石串珠。1件。完整。圆柱状，中部穿孔。直径0.4厘米，厚0.5厘米，孔径0.2厘米，重0.18克（图二五一，2；图版一六七，6）。

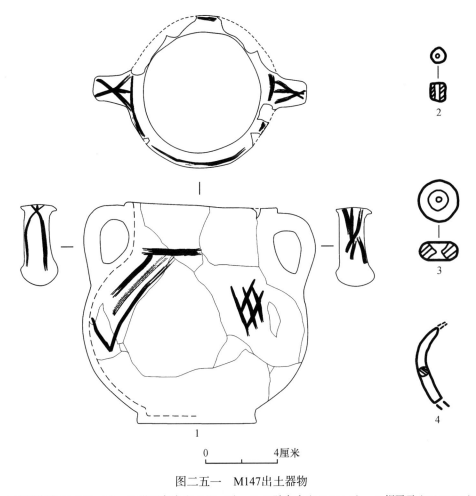

图二五一 M147出土器物
1. 双耳陶罐（M147：1） 2. 滑石串珠（M147：2） 3. 玉髓串珠（M147：3） 4. 铜耳环（M147：4）

M147：3，玉髓串珠。1件。完整。浅红色，半透明。扁圆柱状，鼓腹，对钻穿孔。直径1.2厘米，厚0.5厘米，孔径0.3厘米，重0.98克（图二五一，3；图版一六八，1）。

M148

（一）形制结构

长方形竖穴土坑墓。位于T21和T22中间。墓向244°。墓口距地表0.32米，长1.7米，宽1.2米，墓坑深0.58米。墓圹南、东两壁底部设生土二层台，二层台内侧竖立1层土坯，二层台上平砌2层土坯；墓圹西、北两壁自下而上错缝平铺4层土坯，每边每层铺设2~4块。椁室内周长1.14米，宽0.74米；土坯长0.36~0.4米，宽0.2~0.24米，厚0.1米。椁室底部放置人骨1具，仅存颅骨与其他零星骨骼，葬式不明，保存状况差（图二五二；图版一六八，3）。

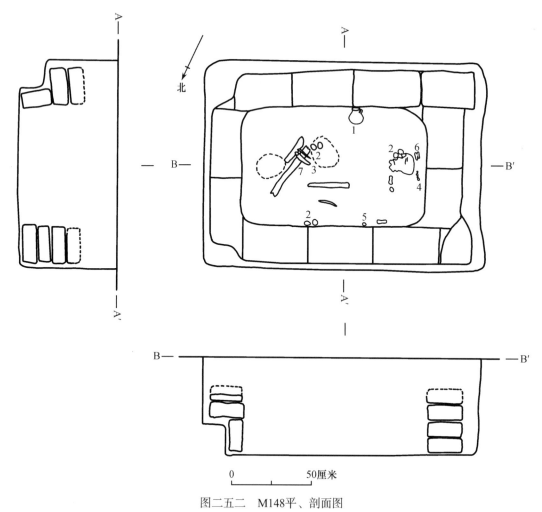

图二五二　M148平、剖面图

1. 双耳陶罐（M148：1）　2. 铜牌饰（M148：2）　3. 铜锥（M148：3）　4. 铜泡（M148：4）　5. 绿松石串珠（M148：5）
6. 海贝（M148：6）　7. 铜刀（M148：7）

（二）出土遗物

共16件。陶器2件，均为双耳陶罐（M148：1、M148：8），分别出土于胸部和填土。铜器11件，其中铜牌饰2件（M148：2），出土于椁室中部；铜锥1件（M148：3），出土于人骨股骨；铜泡4件（M148：4），出土于头骨附近；铜镜2件、铜牌饰1件（M148：2），铜镜出土于椁室北壁中部，铜牌饰出土于颅骨侧出；铜刀1件（M148：7），出土于人骨股骨处。石器2件，均为绿松石串珠，1件（M148：5）出土于椁室西北部，另1件（M148：9）出土位置不明。贝器1件，为海贝（M148：6），出土于人骨头顶。

1. 陶器

M148：1，双耳陶罐。1件。夹细砂红陶，手制，完整。直口，方唇，沿肩双耳，鼓腹，平底。通高9.4厘米，口径8.2厘米，腹径10.7厘米，底径5.5厘米，重240克（图二五三，1；图版一六九，1）。

M148：8，双耳陶罐。1件。夹细砂红陶，手制，残。颈腹双耳，鼓腹，小平底。残高9.3厘米，腹径10厘米，底径3.6厘米，重185克（图二五三，2；图版一七〇，4）。

2. 铜器

M148：2，铜牌饰、铜镜。5件。铜牌饰3件，完整，位于椁室中部。其中M148：2-1、M148：2-2为圆泡形，边缘有对称的两孔，直径4.6厘米，孔径0.2厘米，重14.47克；M148：2-3，平面呈圆形。背部有纽。直径4厘米，厚0.2厘米，重10.18克。铜镜2件，完整，出土于椁室北壁中部。M148：2-5，圆形，背部有纽，厚重。直径6.4厘米，厚0.4～0.6厘米，重63.85克；M148：2-4，近圆形，背部有纽，略弧。直径5.5～6.2厘米，厚0.2厘米，重41.27克（图二五三，3；图版一六九，3）。

M148：3，铜锥。1件。完整。四棱锥，两侧尖锐。长6.25厘米，最大径0.5厘米，重15.5克（图二五三，9；图版一六九，2）。

M148：4，铜泡。4件。完整。三联铜泡，2件，分三节，每节均为圆形，背部平。长1.5厘米，宽0.5厘米，重2.33克。双联铜泡，2件，分两节，每节均为圆形，背部平。其一，长1.6

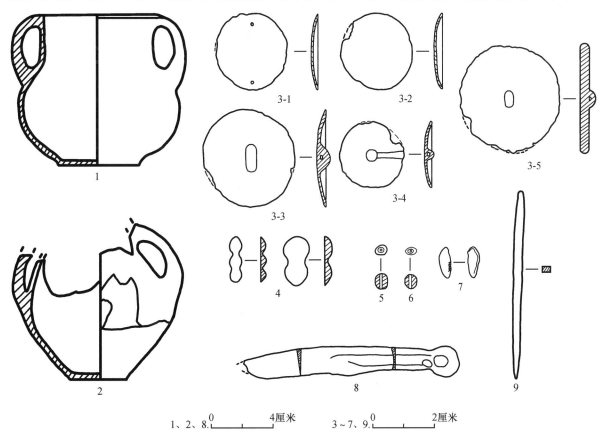

1、2、8. |0_____4厘米|　　3～7、9. |0_____2厘米|

图二五三　M148出土器物

1. 双耳陶罐（M148：1）　2. 双耳陶罐（M148：8）　3-1、3-2、3-4. 铜牌饰（M148：2-1、M148：2-2、M148：2-3）
3-3、3-5. 铜镜（M148：2-4、M148：2-5）　4. 铜泡（M148：4）　5. 绿松石串珠（M148：5）　6. 绿松石串珠（M148：9）
7. 海贝（M148：6）　8. 铜刀（M148：7）　9. 铜锥（M148：3）

厘米，宽0.75厘米，重6.85克；其二，长3.8厘米，宽1.6厘米，重6.81克（图二五三，4；图版一七〇，1）。

M148：7，铜刀。1件。略残。弧背环首，刃端内弧，柄部两侧边缘有棱。长13.1厘米，柄长7.2厘米，刃宽1.6厘米，环首直径1.9厘米（图二五三，8）。

3. 石器

M148：5，绿松石串珠。1件。残。浅绿色。扁圆柱形，鼓腹，略残，对钻穿孔。长0.5厘米，宽0.37厘米，孔径0.12厘米，重0.41克（图二五三，5；图版一七〇，2）。

M148：9，绿松石串珠。1件。完整。绿色，不规则圆柱状，中部穿孔。长0.5厘米，宽0.37厘米，孔径0.2厘米，重1.06克（图二五三，6；图版一七〇，5）。

4. 贝器

M148：6，海贝。1件。残。半月形，边缘处似有打磨痕迹。长0.18厘米，宽0.37厘米，重0.47克（图二五三，7；图版一七〇，3）。

M149

（一）形制结构

长方形竖穴土坑墓。位于T21西南。打破M150北部、M151北部。墓向65°。墓口长1.34米，宽0.9米，墓坑残深0.56米。墓圹底部放置人骨1具，上半身被扰，左侧身屈肢，头向东，面向西，性别为男（图二五四；图版一七一，1）。

（二）出土遗物

共7件。陶器1件，为双耳陶罐（M149：1），出土于膝部。石器6件，其中滑石串珠4件（M149：2），出土于陶器内；玉髓串珠1件（M149：3），出土于胸部；绿松石串珠1件（M149：4），出土于右侧肱骨处。

1. 陶器

M149：1，双耳陶罐。1件。夹细砂红陶，手制，耳部残。侈口，方唇，短束颈，沿肩双耳，鼓腹，平底。口沿内侧耳部连接处绘短线纹，腹部绘树草纹，耳部绘竖线纹，口径5.3厘米、腹径15.5厘米，底径6.2厘米，重615克（图二五四，1；彩版一七〇，6）。

2. 石器

　　M149：2，滑石串珠。4件。无照片、绘图及文字记录（图二五四，2）。

　　M149：3，玉髓串珠。1件。无照片、绘图及文字记录（图二五四，3）。

　　M149：4，绿松石串珠。1件。无照片、绘图及文字记录（图二五四，4）。

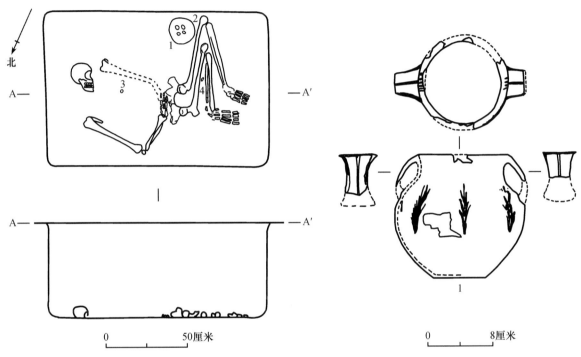

图二五四　M149平、剖面图及出土器物

1. 双耳陶罐（M149：1）　2. 滑石串珠（M149：2）　3. 玉髓串珠（M149：3）　4. 绿松石串珠（M149：4）

M150

（一）形制结构

　　长方形竖穴土坑墓。位于T21西南部。北部被M149打破，打破M151西部。墓向225°。墓口距地表0.2米，长1.45米，宽1.05米，墓坑深0.44米。墓圹内填充黄色砂质土。墓圹底部为长方形土坯椁室，椁室四壁均自下而上错缝平砌3层土坯，每边每层铺设2～3块。椁室内周长0.93米；宽0.5米，土坯长0.36米，宽0.24～0.26米，厚0.1米。椁室底部放置人骨1具，右侧身屈肢，头向西南，面向东，性别为男（图二五五）。

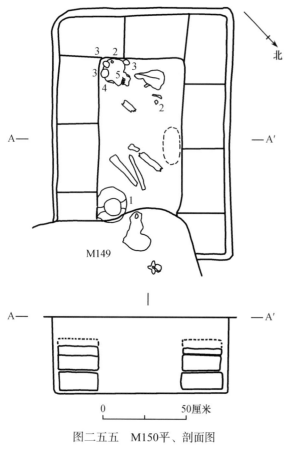

图二五五　M150平、剖面图

1. 双耳陶罐（M150：1）　2. 滑石串珠（M150：2）

3. 铜牌饰（M150：3）　4. 铜锥（M150：4）

5. 铅别针（M150：5）

（二）出土遗物

共15件。陶器1件，为双耳陶罐（M150：1），出土于椁室东北角。铜器5件，其中铜牌饰3件（M150：3、M150：8、M150：9），出土于人骨头部；铜锥2件（M150：4），出土于人骨头部。铅器3件，均为铅别针（M150：5、M150：6、M150：7），出土于人骨头部。石器6件，均为滑石串珠（M150：2），出土于人骨头部。

1. 陶器

M150：1，双耳陶罐。1件。完整。夹细砂红陶，手制，完整。侈口，方唇，粗长颈，颈肩双耳，鼓腹，平底。口沿内绘制四个对称的"X"形纹，颈部绘"X"形纹，腹部绘树草纹，耳部绘"X"形纹。通高13.6厘米，口径10.2厘米，腹径14.1厘米，底径7.3厘米，重590克（图二五六，1；图版一七一，2）。

2. 铜器

M150：3，铜牌饰。1件。略残。圆泡状，边缘有对称的孔。直径5.6厘米，厚0.2厘米，重11.32克（图二五六，9；图版一七二，1）。

M150：4，铜锥。2件。残。四棱锥，一端残，另一端尖锐。一件残长2.8厘米，重2.28克；另一件残长7厘米，重6.55克（图二五六，7；图版一七二，2）。

M150：8，铜牌饰。1件。完整。圆泡形，一侧边缘有一孔，另一侧有由长方形铜片卷曲而成的柄。直径2.6厘米，孔径0.4厘米，柄宽1厘米，重4.11克（图二五六，3；图版一七二，6）。

M150：9，铜牌饰。1件。完整。圆泡状，一侧边缘有方形孔。直径5.4厘米，孔长0.5厘米，宽0.2厘米，重26.06克（图二五六，8；图版一七三，1）。

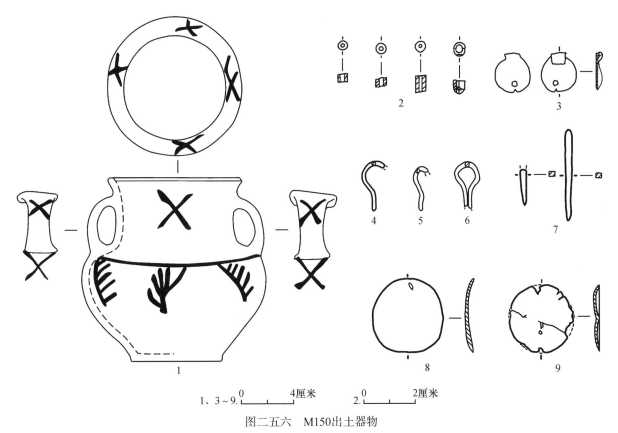

图二五六　M150出土器物

1.双耳陶罐（M150：1）　　2.滑石串珠（M150：2）　　3.铜牌饰（M150：8）　　4.铅别针（M150：5）　　5.铅别针（M150：6）

6.铅别针（M150：7）　　7.铜锥（M150：4）　　8.铜牌饰（M150：9）　　9.铜牌饰（M150：3）

3. 铅器

M150：5，铅别针。1件。残。门鼻状，由直径0.2厘米的铅丝绕成。残长3.7厘米，重2.1克（图二五六，4；图版一七二，3）。

M150：6，铅别针。1件。残。门鼻状，由直径0.2厘米的铅丝绕成。残长3.3厘米，重1.68克（图二五六，5；图版一七二，4）。

M150：7，铅别针。1件。完整。门鼻状，由直径0.2厘米的铅丝绕成。残长3.5厘米，重4.13克（图二五六，6；图版一七二，5）。

4. 石器

M150：2，滑石串珠。6件。1件残，5件完整。圆柱状，中部穿孔。直径0.4厘米，厚0.2 ~ 0.6厘米，孔径0.2厘米，均重不足0.1克（图二五六，2；图版一七一，3）。

M151

（一）形制结构

　　长方形竖穴土坑墓。位于T21南部。西南部被M149打破，西部被M150打破。墓向270°。墓口距地表0.74米，长1.31米，宽0.9米，墓坑残深0.14米。墓圹内填充灰色砂质土，土质较硬。墓圹底部放置人骨1具，仅存部分头骨、肱骨、肋骨（图二五七）。

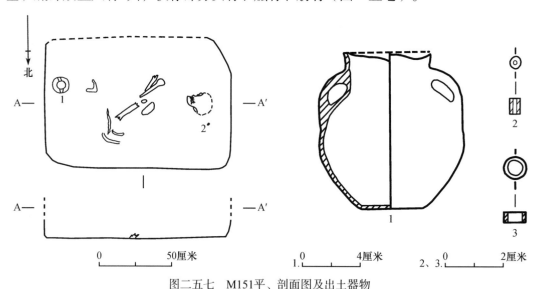

图二五七　M151平、剖面图及出土器物

1. 双耳陶罐（M151：1）　2. 滑石串珠（M151：2）　3. 铜环（M151：3）

（二）出土遗物

　　共3件。陶器1件，为双耳陶罐（M151：1），出土于墓坑东部。铜器1件，为铜环（M151：3），出土位置不明。石器1件，为滑石串珠（M151：2），出土于头骨北侧。

1. 陶器

　　M151：1，双耳陶罐。1件。夹细砂红陶，施红色陶衣，手制。直口，方唇，颈肩双耳，鼓腹，小平底。底部有烟熏痕迹。通高10.6厘米，口径6厘米，腹径9.8厘米，底径4.2厘米（图二五七，1；图版一七三，2）。

2. 铜器

　　M151：3，铜环。1件。呈环状，用一薄铜条卷成。直径0.7厘米，厚0.3厘米，铜条厚0.1厘米，重0.37克（图二五七，3；图版一七三，4）。

3. 石器

M151：2，滑石串珠。1件。颜色较白。呈圆柱状，中间穿孔。直径0.4厘米，厚0.5厘米，孔径0.2厘米，重0.13克（图二五七，2；图版一七三，3）。

M152

（一）形制结构

长方形竖穴土坑墓。位于T21南部。墓向250°。墓口距地表0.1米，长1.47米，宽0.87米，墓坑深0.84米。墓圹内填充包含细砾的黄色砂质土，土质较致密。墓圹南壁上部有一层土坯，已残。墓圹底部放置人骨1具，仅存部分头骨、股骨、胫骨，右侧身屈肢，头向西，面向南（图二五八；图版一七四，2）。

（二）出土遗物

共7件。陶器1件，为双耳陶罐（M152：1），出土于人骨臀后位置。铜器4件，均为铜牌

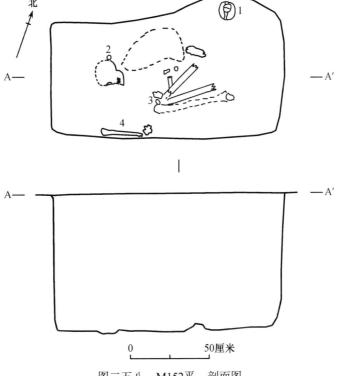

图二五八　M152平、剖面图

1. 双耳陶罐（M152：1）　2. 铜牌饰（M152：2a、M152：2b、M152：2c）　3. 玉髓串珠（M152：3）　4. 羊腿骨

饰（M152：2a、M152：2b、M152：2c），出土于颅骨、膝部、股骨和足部。石器1件，为玉髓串珠（M152：3），出土于膝部。羊腿骨1件，位于骨架对面，与胸部相对。

1. 陶器

M152：1，双耳陶罐。1件。夹粗砂红陶，手制。口沿、一耳及腹底略残。微侈口，方唇，长直颈，颈肩双耳，球腹，小平底。通高13厘米，口径8.5厘米，底径5.6厘米，腹径10.8厘米（图二五九，1；图版一七三，5）。

2. 铜器

M152：2a，铜牌饰。2件。M152：2a-1大致呈圆形，一面略凸，另一面内凹，近边缘处有一小穿孔，直径3.7厘米，厚0.1厘米，重7.02克。M152：2a-2略呈三角形，残损较严重，一面略凸，另一面内凹。残长2.8厘米，厚0.2厘米，重4.34克（图二五九，3；图版一七四，1）。

M152：2b，铜牌饰。1件。略呈圆形，面平，近边缘处相对各有一小穿孔，直径2厘米，孔径0.1厘米，厚0.1厘米，重2.46克（图二五九，3；图版一七四，1）。

M152：2c，铜牌饰。1件。略呈圆形，略残。一面有一弓形纽，直径2.8厘米，厚0.3厘米，纽长1.2厘米，纽高0.4厘米，纽宽0.2厘米，重6.07克（图二五九，3；图版一七四，1）。

3. 石器

M152：3，玉髓串珠。1件。红色，呈圆柱状，中间有一对钻圆形穿孔。高0.5厘米，直径0.7厘米。孔径0.2厘米，厚0.2厘米，重0.33克（图二五九，2；图版一七三，6）。

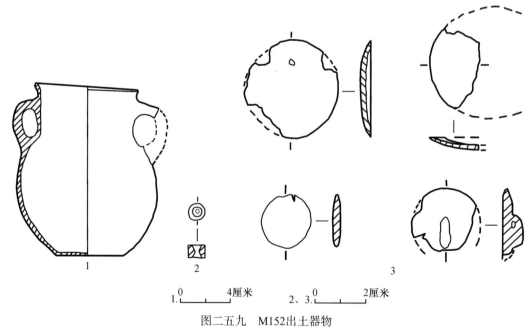

图二五九　M152出土器物

1. 双耳陶罐（M152：1）　2. 玉髓串珠（M152：3）　3. 铜牌饰（M152：2a、M152：2b、M152：2c）

M153

（一）形制结构

圆角长方形竖穴土坑墓，口略大于底，四角稍呈弧形。位于T21西南部，打破M154西部。墓向0°。墓口距地表0.25米，长1.2米，宽0.95米，墓坑深0.84米。墓圹内填充夹杂细砾的细黄沙土。墓圹底部放置人骨1具，左侧身屈肢，头向北，面向东，性别为女（图二六〇；图版一七五，1）。

（二）出土遗物

共22件。陶器1件，为双耳陶罐（M153：4），出土于人骨臀后位置。铜器15件，其中铜牌饰6件（M153：1）出土于颅骨后侧；铜管8件，7件（M153：3）出土于下肢骨，1件

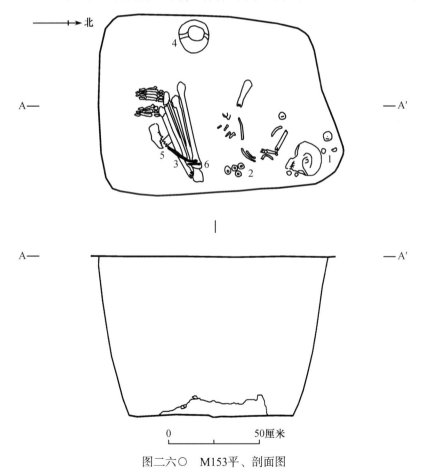

图二六〇　M153平、剖面图

1. 铜牌饰（M153：1）　2. 蚌饰（M153：2）　3. 铜管（M153：3）　4. 双耳陶罐（M153：4）　5. 铜牌饰（M153：5）　6. 铜管（M153：6）

（M153：6）出土于腿部；铜牌饰1件（M153：5），出土于小腿下。蚌器6件，均为蚌饰（M153：2），出土于颅骨和胸部一侧。

1. 陶器

M153：4，双耳陶罐。1件。夹细砂红陶，手制，完整。大口微侈，方唇，束颈，沿肩双耳，弧腹，平底。通高15.3厘米，口径9.8厘米，腹径13.2厘米，底径7厘米（图二六一，1；图版一七六，3）。

2. 铜器

M153：1，铜牌饰。6件。M153：1-1，略残，略呈泡状，阴面中心有一纽。直径4厘米，高0.8厘米，最厚处0.4厘米。纽长1.6厘米，纽宽0.4厘米，纽厚0.3厘米，重14.32克。M153：1-2，较完整，呈泡状，近边缘处相对各有一穿孔。直径1.7厘米，厚0.1厘米，孔径0.2厘米，重1.47克。M153：1-3，略残，呈泡状，近边缘处相对各有一穿孔。直径1.8厘米，厚0.1厘米，重1.34克。M153：1-4，略残，呈泡状，近边缘处相对各有一穿孔。直径2厘米，厚0.2厘米，孔径0.1厘米，重1.77克。M153：1-5，略残，呈泡状，近边缘处相对各有一穿孔。直径1.8厘米，厚0.1厘米，重1.33克。M153：1-6，残损严重，仅剩边缘部分（图二六一，5；图版一七五，2、3）。

M153：3，铜管。7件。呈管状，用薄铜片卷成。长3.5~8厘米，铜片厚0.1厘米，直径0.5~0.7厘米，重3.53~8.66克（图二六一，2；图版一七六，2）。

M153：5，铜牌饰。1件。略残。呈长方形，一短边缘有一圆孔，中部隆起，两侧边缘

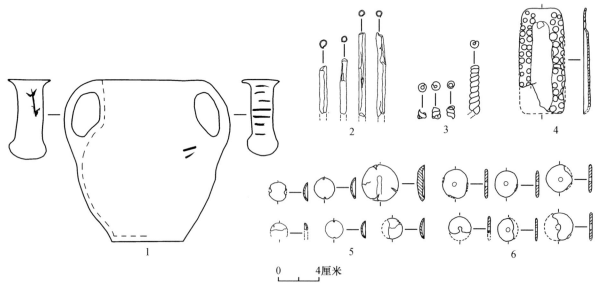

图二六一　M153出土器物

1. 双耳陶罐（M153：4）　2. 铜管（M153：3）　3. 铜管（M153：6）　4. 铜牌饰（M153：5）　5. 铜牌饰（M153：1）
6. 蚌饰（M153：2）

各有两排凸泡。通长10.1厘米，宽4.3厘米，厚0.1厘米，孔径0.8厘米。隆起长8厘米，宽1.8厘米，隆起高0.7厘米，凸泡直径0.4厘米，重29.45克（图二六一，4；图版一七六，4）。

M153：6，铜管。1件。略残，断为4截。均呈螺旋管状，用窄薄铜片斜卷而成。残长4.6厘米，厚0.1厘米，直径0.7厘米，铜片宽0.4厘米，重10.8克（图二六一，3；图版一七六，5）。

3. 蚌器

M153：2，蚌饰。6件。M153：2-1，略呈椭圆形，中心有一穿孔。直径2.2～2.6厘米，孔径0.5厘米，厚0.2厘米，重2.24克。M153：2-2，近圆形，中间有一穿孔。直径2.6～2.8厘米，厚0.2厘米，孔径0.4厘米，重3.95克。M153：2-3，近圆形，边缘略残，中间有一穿孔。直径2.6～2.8厘米，厚0.2厘米，孔径0.5厘米，重2.8克。M153：2-4，残损较严重，呈半月形，原应为圆形，中有一穿孔。直径2.7厘米，厚0.2厘米，重1.16克。M153：2-5，残损较严重，均为碎片，原应为圆形，中有一穿孔。直径2.2厘米，厚0.2厘米，孔径0.4厘米。M153：2-6，略有残损，圆形，中心有孔，直径1.8厘米，厚0.2厘米，孔径0.3厘米（图二六一，6；图版一七六，1）。

M154

（一）形制结构

长方形竖穴土坑墓。位于T21西部，墓西部被M153打破。墓向242°。墓口距地表0.4米，长1.51米，宽1.25米，墓坑深0.9米。墓圹内填充包含细砾的细沙土。墓圹底部放置人骨1具，右侧身屈肢，头向西，面向南，性别为男（图二六二；图版一七七，1）。

（二）出土遗物

共25件。陶器1件，为双耳陶罐（M154：5），出土于墓底北端。铜器6件，其中铜管3件（M154：2），出土于肱骨下端；铜牌饰3件（M154：4），出土于股骨上侧和墓南端。石器18件，其中玉髓串珠1件（M154：6），位于颈部；滑石串珠3件（M154：1），出土于颈部；绿松石串珠14件（M154：3），出土于股骨下侧。

1. 陶器

M154：5，双耳陶罐。1件。夹细砂红陶，手制，口沿略残。小直口，圆唇，颈肩双耳，鼓腹，鼓腹两侧各有一乳突，小平底。通高12.3厘米，口径6.8厘米，腹径11.2厘米，底径5厘米（图二六三，1；图版一七八，2）。

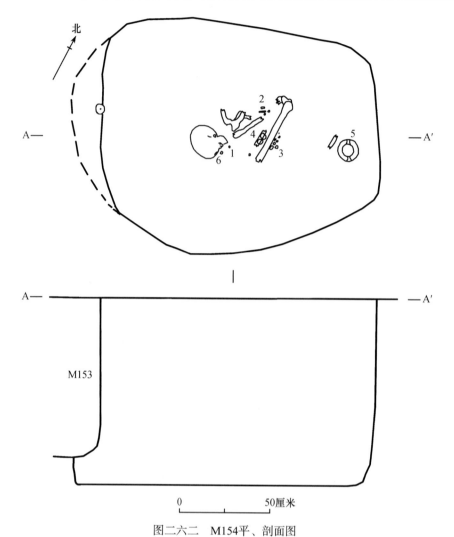

图二六二　M154平、剖面图

1. 滑石串珠（M154：1）　　2. 铜管（M154：2）　　3. 绿松石串珠（M154：3）　　4. 铜牌饰（M154：4）　　5. 双耳陶罐（M154：5）

6. 玉髓串珠（M154：6）

2. 铜器

　　M154：2，铜管。3件。略残。呈管状，用薄铜片斜卷成。残高3.8厘米，直径0.6～1厘米，孔径0.3～0.6厘米，铜片宽1厘米，重7.82克（图二六三，6；图版一七七，2）。

　　M154：4，铜牌饰。3件。M154：4-1，呈泡状，略残，近边缘处相对各有一穿孔。直径3.2厘米，厚0.1厘米，孔径0.2厘米，重3.47克。M154：4-2，呈圆饼状，完整，一面中部有一小纽。直径3.4厘米，厚0.4厘米，纽长1.2厘米，纽宽0.3厘米，重12.36克。M154：4-3，残损较严重，不规则形，残长2.9厘米，宽1.7厘米，厚0.2厘米，重2.8克（图二六三，4；图版一七八，1）。

3. 石器

M154：1，滑石串珠。3件。呈短圆柱状，中部有一圆孔。高0.1～0.2厘米，直径0.4厘米，孔径0.2厘米，重量小于0.1克（图二六三，2；图版一七六，6）。

M154：3，绿松石串珠。14件。完整。4件呈饼状，中部有孔。长0.6～1.8厘米，宽0.6～1.7厘米，孔径0.2～0.3厘米；5件呈腰鼓状，中部有孔。长0.3～0.6厘米，宽0.3～0.5厘米，孔径0.1厘米；3件不规则圆柱状，中部有孔。长1厘米，宽0.7～1厘米，孔径0.2～0.3厘米；2件不规则多边形状，中部有孔。长1～1.8厘米，宽0.9～1.1厘米，孔径0.2～0.4厘米。重0.08～3.01克（图二六三，5；图版一七七，3）。

M154：6，玉髓串珠。1件。红色，呈圆柱状，中间有对钻穿孔。高0.9厘米，直径0.8厘米，孔径0.2厘米，重1.3克（图二六三，3；图版一七八，3）。

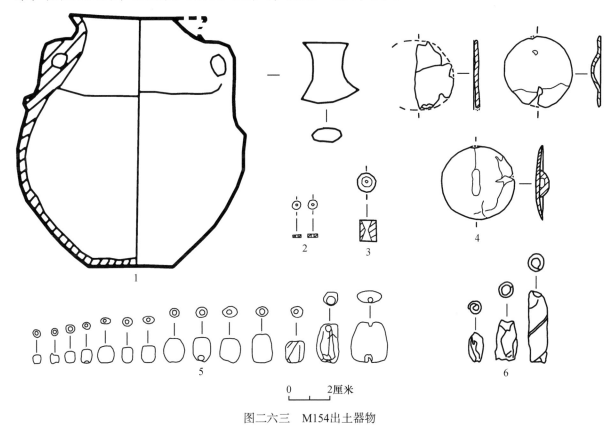

图二六三　M154出土器物

1.双耳陶罐（M154：5）　2.滑石串珠（M154：1）　3.玉髓串珠（M154：6）　4.铜牌饰（M154：4）　5.绿松石串珠（M154：3）
6.铜管（M154：2）

M155

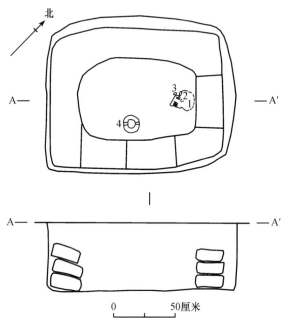

图二六四　M155平、剖面图
1. 铜耳环（M155：1）　2. 铅别针（M155：2）
3. 玉髓串珠（M155：3）　4. 双耳陶罐（M155：4）

（一）形制结构

长方形竖穴土坑墓。位于T21东北部。墓向45°。墓口距地表0.3米，长1.53米，宽1.22米，墓坑深0.5米。墓圹内填充包含细砾的砂质黄土，土质较疏松。墓圹底部为长方形土坯椁室，椁室四壁均自下而上错缝平砌3层土坯，每边每层有2～3块，四壁边角部分咬合。椁室内周长0.92米，宽0.6米；土坯长0.34～0.4米，宽0.1～0.22米。椁室底部放置人骨1具，仅存头骨（图二六四）。

（二）出土遗物

共10件。陶器4件，单耳陶罐1件（M155：10），出土于填土中；双耳陶罐2件（M155：5、M155：9）出土于填土中；双耳陶罐1件（M155：4），出土于椁室东侧中部。铜器2件，铜耳环1件（M155：1），出土于耳部；铜泡1件（M155：8），出土于填土中。铅器1件，为铅别针（M155：2），出土于耳部。石器3件，其中玉髓串珠2件（M155：3、M155：6），出土于颈部；绿松石串珠1件（M155：7），出土于填土中。

1. 陶器

M155：4，双耳陶罐。1件。夹细砂红陶，手制。直口，方唇，长颈，颈肩双耳，弧腹，平底。通高14厘米，口径11.5厘米，腹径13.2厘米，底径7.6厘米（图二六五，1；图版一七八，6）。

M155：5，双耳陶罐。1件。夹粗砂红陶，手制。微侈口，方唇，短束颈，颈肩双耳，鼓腹，小平底。通高11.7厘米，口径6.8厘米，腹径10.4厘米，底径4.6厘米（图二六五，4；图版一七九，1）。

M155：9，双耳陶罐。1件。夹细砂红陶，手制。微侈口，方唇，束颈，颈肩双耳，鼓腹，小平底。通高12.2厘米，口径8.2厘米，腹径11.2厘米，底径5.6厘米（图二六五，2；图版一七九，5）。

M155：10，单耳陶罐。1件。夹细砂红陶，手制，口沿及耳部残。小直口，短颈，颈肩单耳，鼓腹，小平底。残高6.7厘米，腹径6.9厘米，底径2.6厘米（图二六五，3；图版一七九，6）。

2. 铜器

M155：1，铜耳环。1件。残损严重。原应为环状，用细铜条绕成。直径2.5厘米，铜条宽0.3～0.4厘米（图二六五，5）。

M155：8，铜泡。1件。完整，呈泡状，一面靠近边缘处有一直纽。直径2厘米，厚0.3厘米，纽长1厘米，纽宽0.4厘米，重5.16克（图二六五，6；图版一七九，4）。

3. 铅器

M155：2，铅别针。1件。铅质，残损成三段，用细铅条绕成。残长0.8～2.2厘米，铅条直径0.2厘米，重1.99克（图二六五，7；图版一七八，4）。

4. 石器

M155：3，玉髓串珠。1件。红色，完整，呈短圆柱状，中间有一对钻穿孔，弧背。直径1厘米，高0.4厘米，孔径0.2厘米，重0.67克（图二六五，9；图版一七八，5）。

M155：6，玉髓串珠。1件。红色，完整，呈短圆柱状，中间有一对钻穿孔，直腹。直径

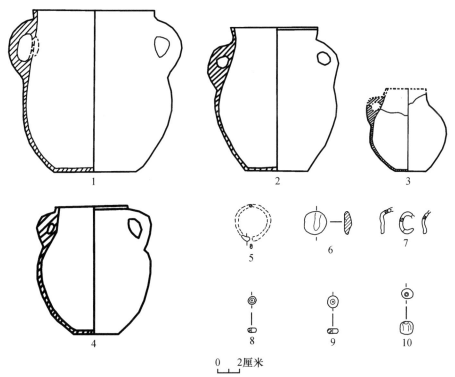

图二六五　M155出土器物

1. 双耳陶罐（M155：4）　2. 双耳陶罐（M155：9）　3. 单耳陶罐（M155：10）　4. 双耳陶罐（M155：5）　5. 铜耳环（M155：1）
6. 铜泡（M155：8）　7. 铅别针（M155：2）　8. 玉髓串珠（M155：6）　9. 玉髓串珠（M155：3）　10. 绿松石串珠（M155：7）

0.6厘米，高0.3厘米，口径0.2厘米，重0.26克（图二六五，8；图版一七九，2）。

M155：7，绿松石串珠。1件。蓝色，完整，呈不规则圆柱状，中间有一对钻穿孔，腹部略弧。高1厘米，直径0.8~1厘米，孔径0.3厘米，重1.83克（图二六五，10；图版一七九，3）。

M156

长方形竖穴土坑墓。位于T23，打破M167西侧。墓向85°。墓口距地表0.27米，长0.91米，宽0.65米，墓坑深0.64米。墓圹底部四周设熟土二层台，二层台内侧竖立1层土坯，二层台上平砌1层土坯。椁室内周长0.62米，宽0.4米，高0.29米。无人骨（图二六六）。

无出土遗物。

M157

长方形竖穴土坑墓。位于T23，打破M167东北角。墓向22°。墓口距地表0.27米，残长0.52米，宽1.02米，墓坑深0.96米。墓圹底部为长方形土坯椁室，椁室四壁均自下而上错缝平砌4层土坯。椁室内周残长0.12米，宽0.83米，高0.4米。无人骨（图二六六）。

无出土遗物。

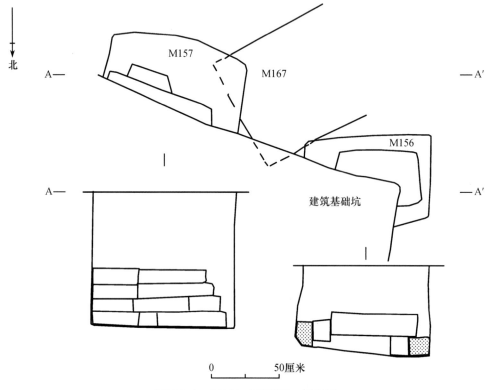

图二六六　M156、M157平、剖面图

M158

（一）形制结构

长方形竖穴土坑墓。位于T23，被现代管沟打破。墓向199°。墓口距地表0.25米，长1.32米，宽1.02米，墓坑深1.33米。墓圹底部为长方形土坯椁室，形制不明。椁室底部放置人骨1具，右侧身屈肢，头向西南，面部向东，保存状况较差（图二六七；图版一八〇，1）。

（二）出土遗物

共1件。陶器1件，为双耳陶罐（M158：1），出土于人骨臀后位置。

M158：1，双耳陶罐。1件。夹细砂红陶，手制，完整。直口，方唇，短颈，颈肩双耳，弧腹，圈足。通高15.5厘米，口径9.7厘米，腹径14.2厘米，底径7.8厘米（图二六七，1；图版一八〇，2）。

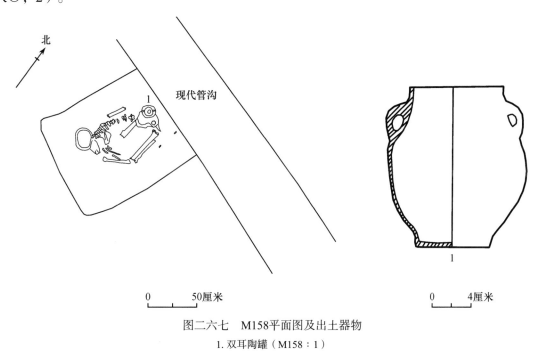

图二六七　M158平面图及出土器物
1. 双耳陶罐（M158：1）

M159

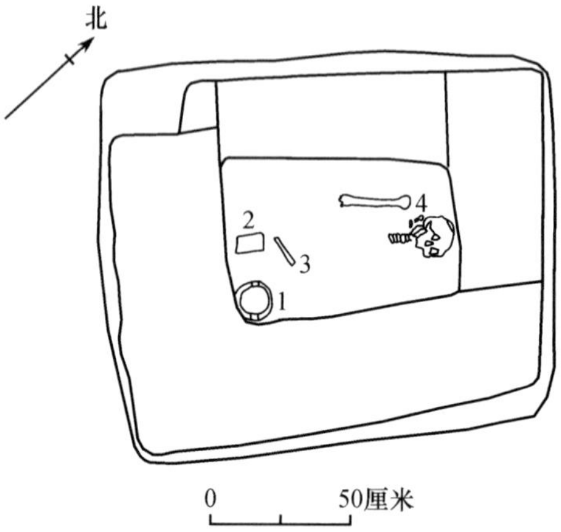

图二六八　M159平面图

1. 双耳陶罐（M159：1）　　2. 铜牌饰（M159：2）

3. 铜管（M159：3）　　4. 铅别针（M159：4）

（一）形制结构

长方形竖穴土坑墓。位于T23，打破M167东南角，打破M185东北角。墓向38°。墓口距地表0.4米，长1.62米，宽1.3米，墓坑深0.72米。墓坑底部为长方形土坯椁室，椁室四壁均自下而上错缝平砌4层土坯，每边每层3块，四角咬合。椁室内周长0.84米，宽0.6米；土坯长0.36米，宽0.35米，厚0.1米。椁室底部放置人骨1具，保存较差，多腐朽，左侧身屈肢，头向东北，面向南（图二六八）。

（二）出土遗物

共5件。陶器1件，为双耳陶罐（M159：1），出土于椁室东南角。铜器2件，铜牌饰1件（M159：2），出土于椁室南侧；铜管1件（M159：3），出土于椁室南侧。铅器2件，均为铅别针（M159：4），出土于颅骨后侧。

1. 陶器

M159：1，双耳陶罐。1件。夹细砂红陶，手制，口沿略残。直口，方唇，粗长颈，沿肩双耳，鼓腹，小平底。通高13.6厘米，口径9.7厘米，腹径13.9厘米，底径7厘米（图二六九，1；图版一八〇，3）。

2. 铜器

M159：2，铜牌饰。1件。呈长方形，完整，两长边略内凹，两短边近边缘各有一小孔，孔径不一，两孔之间有一条凸棱，四周有两排鼓泡。长9.6厘米，宽6.2厘米（图二六九，4；图版一八一，1）。

M159：3，铜管。1件。呈管状，残，用铜片卷成，粗细均匀。残长9.5厘米，直径0.9厘米，厚0.1厘米，重20.54克（图二六九，3；图版一八一，2）。

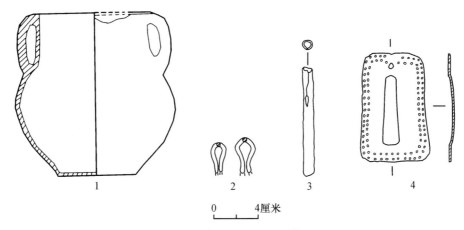

图二六九　M159出土器物

1. 双耳陶罐（M159：1）　2. 铅别针（M159：4）　3. 铜管（M159：3）　4. 铜牌饰（M159：2）

3. 铅器

M159：4，铅别针。2件。铅质，呈灯泡状，用细铅条卷成。一件长3厘米，宽1.2厘米，铅条直径0.3厘米，重3.97克。另一件长2.7厘米，宽1.2厘米，铅条直径0.3厘米，重2.2克（图二六九，2；图版一八一，3）。

M160

长方形竖穴土坑墓。位于T23，打破M184、M185西北角。墓向248°。墓坑长0.68米，宽0.6米，深0.34米。墓圹内填充砂砾。墓圹底部为长方形土坯椁室，椁室四壁竖立1层土坯。椁室内周长0.4米，宽0.34米；土坯长约0.4米，宽约0.12米，高约0.26米。椁室底部放置人骨1具，保存较差，仅存零星骨骼（图二七○）。

无出土遗物。

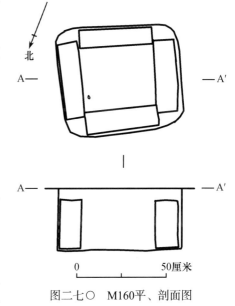

图二七○　M160平、剖面图

M161

（一）形制结构

长方形竖穴土坑墓。位于T23，打破M163西南角、M166。墓向26°。墓口距地表0.18米，长1.55米，宽1.14米，墓坑深0.63米。墓圹底部为长方形土坯椁室，椁室南壁自下而上错缝平砌4层土坯；东、北、西三壁自下而上错缝平砌3层土坯，每边每层铺设2～5块。椁室内周残长0.86米，残宽0.56米；土坯长0.35米，宽0.28米，厚0.1米。椁室底部放置人骨1具，多腐朽，保存状况较差（图二七一）。

（二）出土遗物

共3件。铅器1件，为铅别针（M161：1），出土于头部。石器2件，为绿松石串珠（M161：2）和滑石串珠（M161：3），出土于头部下和桡骨下。

1. 铅器

M161：1，铅别针。1件。铅质，呈灯泡状，用细铅条绕成。长3厘米，宽1.4厘米，铅条直径0.3厘米，重2.73克（图二七一，1；图版一八一，4）。

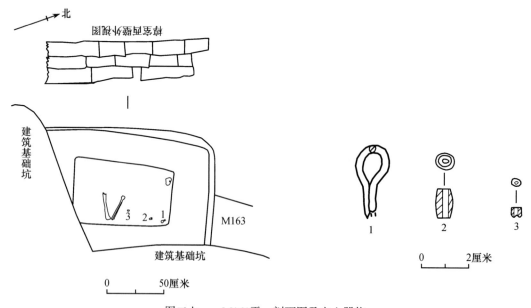

图二七一　M161平、剖面图及出土器物

1. 铅别针（M161：1）　2. 绿松石串珠（M161：2）　3. 滑石串珠（M161：3）

2. 石器

M161：2，绿松石串珠。1件。蓝色，呈腰鼓状，完整，中间有一对钻穿孔。高1.2厘米，直径0.7厘米，孔径0.3厘米，重0.86克（图二七一，2；图版一八一，5）。

M161：3，滑石串珠。1件。白色，呈腰鼓状，完整，中间有一穿孔。高0.4厘米，直径0.3厘米，孔径0.2厘米，重量不足0.1克（图二七一，3；图版一八一，6）。

M162

（一）形制结构

长方形竖穴土坑墓。墓葬东南部被现代建筑墙基沟打破，位于T23北扩方。墓向60°。墓口距地表0.18米，长1.71米，宽1.28米，墓坑深0.48米。墓圹底部为长方形土坯椁室，椁室四壁自下而上错缝平砌3层土坯，每边每层铺设2～3块，椁室西南角顶层土坯下为1块竖立土坯与西壁下两层土坯相交。椁室内周长0.86米，宽0.6米；土坯长0.4米，宽0.3米，厚0.11米。椁室底部放置人骨1具，保存较差，仅存零星骨骼（图二七二）。

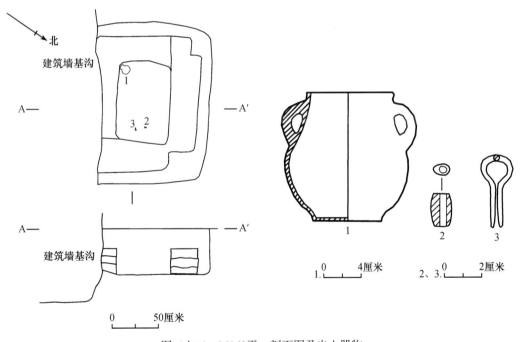

图二七二 M162平、剖面图及出土器物
1. 双耳陶罐（M162：1） 2. 绿松石串珠（M162：2） 3. 铜别针（M162：3）

（二）出土遗物

共3件。陶器1件，为双耳陶罐（M162：1），出土于椁室东南角。铜器1件，为铜别针（M162：3），出土于颅骨。石器1件（M162：2），为绿松石串珠，出土于颈部。

1. 陶器

M162：1，双耳陶罐。1件。夹细砂红陶，手制。微侈口，方唇，直颈，颈肩双耳，鼓腹，圈足。通高12.8厘米，口径9.3厘米，腹径12.4厘米，底径7.2厘米（图二七二，1；图版一八二，1）。

2. 铜器

M162：3，铜别针。1件。铜质，呈门鼻状，用细铜条绕成。长3.7厘米，宽1.7厘米，铜条直径0.3厘米，重1.86克（图二七二，3；图版一八二，3）。

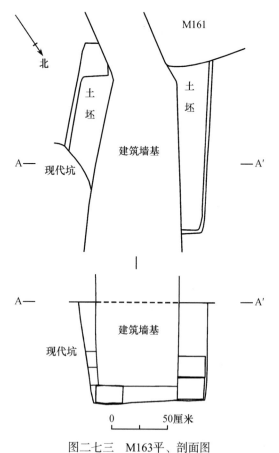

图二七三　M163平、剖面图

3. 石器

M162：2，绿松石串珠。1件。蓝色，呈扁圆柱状，弧腹，中间有一穿孔。长1.6厘米，直径0.8～1.2厘米，孔径0.3厘米，重2.47克（图二七二，2；图版一八二，2）。

M163

长方形竖穴土坑墓。打破M166，墓葬中部被现代建筑墙基打破。墓向220°。墓口距地表0.24米，长1.62米，宽1.3米，墓坑深0.87米。墓圹底部为长方形土坯椁室，椁室东壁自下而上错缝平砌3层土坯；西、北两壁自下而上错缝平砌2层土坯；南壁仅剩1层土坯平铺。无人骨（图二七三）。

无出土遗物。

M164

（一）形制结构

长方形竖穴土坑墓。位于T23。墓向35°。墓口距地表0.2米，长1.6米，宽1.12米，墓坑深0.55米。墓圹底部为长方形土坯椁室，椁室四壁自下而上错缝平砌4层土坯，东北、东南、西南三角均咬合。椁室内周长0.8米，宽0.62米，土坯长0.4米，宽0.26米，厚0.1米。椁室底部放置人骨1具，多腐朽，保存较差（图二七四）。

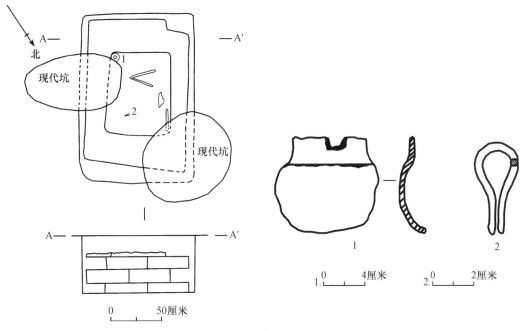

图二七四　M164平、剖面图及出土器物
1. 陶罐（M164∶1）　2. 铅别针（M164∶2）

（二）出土遗物

共2件。陶器1件，为陶罐（M164∶1），出土于椁室东南角。铅器1件，为铅别针（M164∶2），出土于颅骨下。

1. 陶器

M164∶1，陶罐。1件。残损较严重，夹细砂红陶，手制（图二七四，1；图版一八二，4）。

2. 铅器

M164：2，铅别针。1件。铅质，呈门鼻状，用细铅条绕成。长4.4厘米，宽2.2厘米，铅条直径0.4厘米，重5.79克（图二七四，2；图版一八二，5）。

M165

（一）形制结构

长方形竖穴土坑墓。位于T23北扩方，被现代建筑基沟打破。墓向36°。墓口距地表0.18米，长1.5米，宽1.18米，墓坑深1.05米。墓圹底部为长方形土坯椁室，椁室四壁均自下而上错缝平砌4层土坯。椁室内周长0.9米，宽0.62米。无人骨（图二七五）。

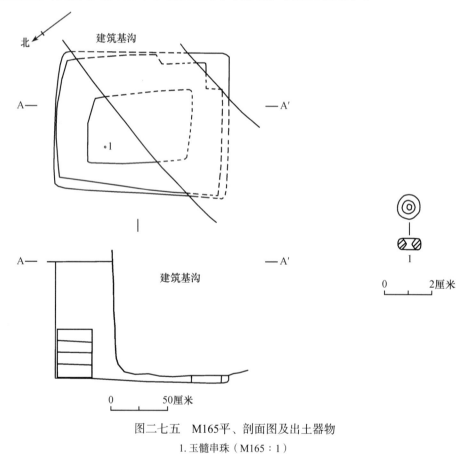

图二七五　M165平、剖面图及出土器物
1. 玉髓串珠（M165：1）

（二）出土遗物

共1件。石器1件，为玉髓串珠（M165∶1），出土于椁室西北角。

M165∶1，玉髓串珠。1件。红色，呈短圆柱状，中有一对钻穿孔。高0.5厘米，直径1厘米，孔径0.2厘米，重0.74克（图二七五，1；图版一八二，6）。

M166

（一）形制结构

长方形竖穴土坑墓。位于T23，西部被M161打破，东北部被M163打破。墓向45°。墓口距地表0.18米，长1.81米，宽1.22米，墓坑深1.6米。墓圹底部放置人骨1具，左侧身屈肢，头向东北，面向不明（图二七六；图版一八三，1）。

（二）出土遗物

共19件。陶器1件，为双耳陶罐（M166∶6），出土于膝旁。铜器11件，其中铜牌饰5件（M166∶1、M166∶2、M166∶3、M166∶5、M166∶7），出土于头骨旁；铜泡1件（M166∶8），出土于头骨旁；铜珠5件（M166∶9），出土于盆骨处。石器7件，均为串珠（M166∶4），出土于头骨旁。

1. 陶器

M166∶6，双耳陶罐。1件。夹细砂红陶，手制。直口，圆唇，颈肩双耳，鼓腹，鼓腹处两侧各有一乳突，平底。腹部有部分烟炱。口径8.4厘米，底径6.8厘米，通高14.4厘米（图二七七，1；图版一八四，4）。

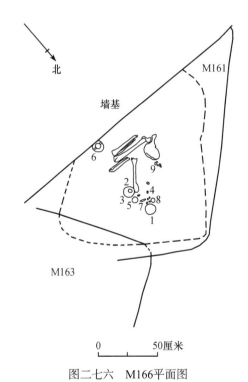

图二七六　M166平面图

1. 铜牌饰（M166∶1）　　2. 铜牌饰（M166∶2）

3. 铜牌饰（M166∶3）　　4. 串珠（M166∶4）

5. 铜牌饰（M166∶5）　　6. 双耳陶罐（M166∶6）

7. 铜牌饰（M166∶7）　　8. 铜泡（M166∶8）

9. 铜珠（M166∶9）

2. 铜器

M166：1，铜牌饰。1件。圆形，中部呈泡状，边缘平直并有两相对小孔。直径9.4厘米（图二七七，10；图版一八三，2）。

M166：2，铜牌饰。1件。圆形，中部呈泡状，边缘平直并有两相对小孔，直径3.3厘米（图二七七，6；图版一八三，3）。

M166：3，铜牌饰。1件。圆泡状，边缘有两个相对小孔，直径9.4厘米（图二七七，11；图版一八四，1）。

M166：5，铜牌饰。1件。圆形，平直，边缘有相对两孔，直径2.9厘米（图二七七，7；图版一八四，3）。

M166：7，铜牌饰。1件。圆形，正面平直、素面，背部有桥形纽，直径3.2厘米（图二七七，8；图版一八四，5）。

M166：8，铜泡。1件。圆泡状，背部有桥形纽，直径3.3厘米（图二七七，9；图版一八四，6）。

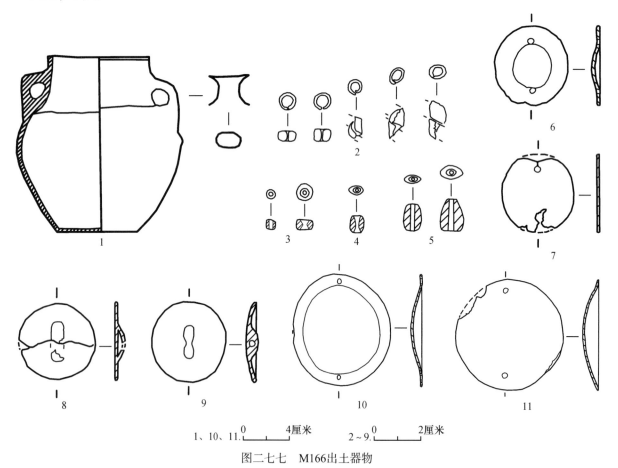

1、10、11.　0　　　4厘米　　　　2~9.　0　　　2厘米

图二七七　M166出土器物

1.双耳陶罐（M166：6）　2.铜珠（M166：9）　3.滑石串珠（M166：4-2）　4.玉髓串珠（M166：4-1）　5.绿松石串珠（M166：4-3）　6.铜牌饰（M166：2）　7.铜牌饰（M166：5）　8.铜牌饰（M166：7）　9.铜泡（M166：8）　10.铜牌饰（M166：1）　11.铜牌饰（M166：3）

M166：9，铜珠。5件。铜片卷制，接缝明显，两件较为规整，呈环状，其余不规则，直径0.6 ~ 0.7厘米（图二七七，2；图版一八五，2）。

3. 石器

M166：4，串珠。7件。M166：4-1，玉髓串珠1件，矮圆柱状，中部对钻穿孔，直径0.7厘米（图二七七，4）；M166：4-2，滑石串珠2件，矮圆柱状，中部穿孔，直径0.4厘米（图二七七，3）；M166：4-3，绿松石串珠4件，不规则扁圆柱状，中部穿孔，直径0.7 ~ 1.3厘米（图二七七，5；图版一八四，2）。

M167

（一）形制结构

长方形竖穴土坑墓。位于T23，墓葬被M156、M159打破。东北部被M157打破。墓向62°。墓口距地表0.27米，长1米，宽0.73米，墓坑深1.27米。墓圹底部放置人骨1具，左侧身屈肢，头向东北，面部向东（图二七八；图版一八五，1）。

（二）出土遗物

共11件。陶器1件，为双耳陶罐（M167：1），出土于人骨足部东侧。石器1件，为滑石串珠（M167：2），出土于胸部。骨器9件，均为骨牌饰（M167：3），出土于胸、背部。

1. 陶器

M167：1，双耳陶罐。1件。夹细砂红陶，手制，口沿略残。微敛口，方唇，短颈，颈肩双耳，弧腹，腹部两侧各有一乳突，平底。通高12.2厘米，口径8.6厘米，腹径12.8厘米，底径7厘米（图二七九，1；图版一八五，3）。

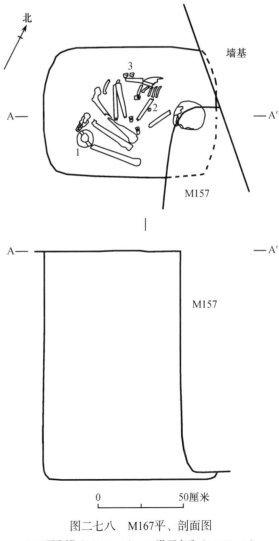

图二七八　M167平、剖面图
1. 双耳陶罐（M167：1）　2. 滑石串珠（M167：2）
3. 骨牌饰（M167：3）

2. 石器

M167：2，滑石串珠。1件。白色，呈圆饼状，中间有一穿孔，厚0.2厘米，直径0.9厘米，孔径0.2厘米，重0.26克（图二七九，2；图版一八六，1）。

3. 骨器

M167：3，骨牌饰。9件。大致呈长方形，一短边边缘有一穿孔。长2.4～3厘米，宽1.6～2厘米，孔径0.4～0.5厘米，重1.5克（图二七九，3；图版一八六，3）。

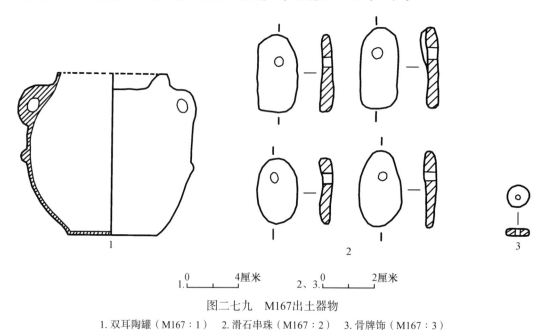

图二七九　M167出土器物

1. 双耳陶罐（M167：1）　2. 滑石串珠（M167：2）　3. 骨牌饰（M167：3）

M168

（一）形制结构

长方形竖穴土坑墓。位于T24，打破M169东北角、M176。墓向1°。墓口距地表0.5米，长1.2米，宽1.02米，墓坑深0.3米。墓圹底部西壁设熟土二层台，二层台内侧竖立1层土坯，二层台上平砌1层土坯；东、北、南三壁均竖立1层土坯。椁室内周长1.16米，宽0.43米，土坯长0.35米，宽0.11～0.18米，厚0.1米。椁室底部放置人骨1具，保存较差，仅存部分骨骼（图二八〇）。

（二）出土遗物

共2件。铅器1件，为铅别针（M168：2），出土于头骨附近。石器1件，为石杵（M168：1），出土于椁室北侧中部。

1. 铅器

M168：2，铅别针。1件。铅质，呈门鼻状，用细铅丝绕成。两端尖锐。长2.4厘米，宽1.4厘米，铅丝直径0.2厘米，重2.69克（图二八〇，2；图版一八六，2）。

2. 石器

M168：1，石杵。1件。不完整柱状，残长13.7厘米，宽6.4厘米，高5.3厘米（图二八〇，1）。

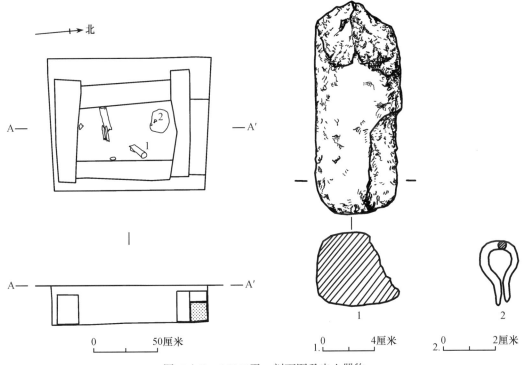

图二八〇　M168平、剖面图及出土器物
1. 石杵（M168：1）　2. 铅别针（M168：2）

M169

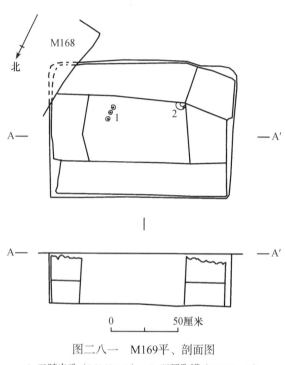

图二八一　M169平、剖面图
1. 玉髓串珠（M169：1）　2. 双耳陶罐（M169：2）

（一）形制结构

长方形竖穴土坑墓。位于T24，东北角被M168打破。墓向64°。墓口距地表0.5米，长1.35米，宽0.98米，墓坑深0.36米。墓圹内填充包含细砾的沙质土。墓圹底部为长方形土坯椁室，椁室四壁自下而上平砌2层土坯。椁室内周长0.8米，宽0.5米。椁室底部放置人骨1具，保存较差，仅存零星骨骼（图二八一；图版一八七，1）。

（二）出土遗物

共5件。陶器2件，双耳陶罐1件（M169：2），出土于椁室西南角；陶钵1件（M169：3），出土于填土中。石器3件，均为玉髓串珠（M169：1），出土于颈部。

1. 陶器

M169：2，双耳陶罐。1件。夹细砂红陶，手制，完整。微侈口，方唇，粗长颈，颈肩双耳，弧腹，小平底。通高11厘米，口径8.7厘米，腹径11厘米，底径5厘米（图二八二，2；图版一八七，3）。

M169：3，陶钵。1件。夹细砂红陶，手制，残损严重。大敞口，方唇，斜直壁，小平底。高10.2厘米，口径20.4厘米，底径9厘米（图二八二，3；图版一八八，2）。

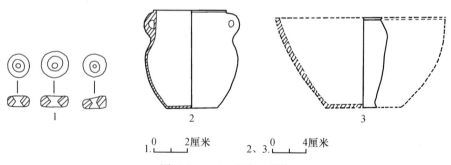

图二八二　M169出土器物
1. 玉髓串珠（M169：1）　2. 双耳陶罐（M169：2）　3. 陶钵（M169：3）

2. 石器

M169：1，玉髓串珠。3件。呈扁圆柱状，红色，中部有对钻穿孔，鼓腹。直径1.4～1.6厘米，厚0.5～0.6厘米，孔径0.2～0.3厘米，重1.55克（图二八二，1；图版一八七，2）。

M170

长方形竖穴土坑墓。位于T24，打破M174北壁。墓向46°。墓口距地表0.32米，长1.74米，宽1.16米，墓坑深1.02米。墓圹底部为长方形土坯椁室，椁室四壁自下而上错缝平砌4层土坯，每边每层铺设2～3块。椁室内周长0.78米，宽0.3米，土坯长0.4米，宽0.3米，厚0.1米。无人骨（图二八三）。

无出土遗物。

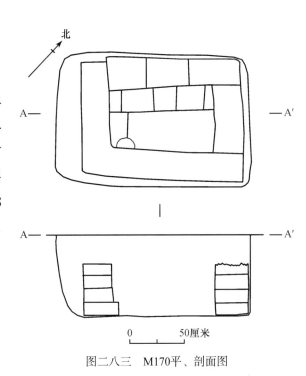

图二八三 M170平、剖面图

M171

（一）形制结构

长方形竖穴土坑墓。位于T24，北部被现代水管沟打破。墓向9°。墓口距地表0.23米，长1.4米，宽1.2米，墓坑深1.11米。墓圹内填充包含细砾的沙质土，土质较致密。墓圹底部为长方形土坯椁室，椁室北壁自下而上错缝平砌2层土坯；西壁自下而上错缝平砌3层土坯；东、南两壁自下而上错缝平砌4层土坯。椁室内周长0.76米，宽0.56米，土坯长0.4米，宽0.3米，厚0.1米。椁室底部放置人骨1具，左侧身屈肢，头向东北，面向东，性别女（图二八四；图版一八八，1）。

（二）出土遗物

共2件。陶器1件（M171：1），为双耳陶罐，出土于胸部东侧。石器1件，为绿松石串珠（M171：2），出土于颈部。

1. 陶器

M171：1，双耳陶罐。1件。夹细砂灰陶，手制，口沿略残。侈口，尖圆唇，短束颈，颈肩双耳，垂鼓腹，鼓腹下两侧各有一乳突，平底。高12.6厘米，口径9.4厘米，腹径13.2厘米，底径8.3厘米（图二八四，1；图版一八八，3）。

2. 石器

M171：2，绿松石串珠。1件。蓝色，呈扁圆柱状，中间有穿孔。长0.9厘米，宽0.7厘米。厚0.3厘米，孔径0.2厘米，重0.49克（图二八四，2；图版一八九，1）。

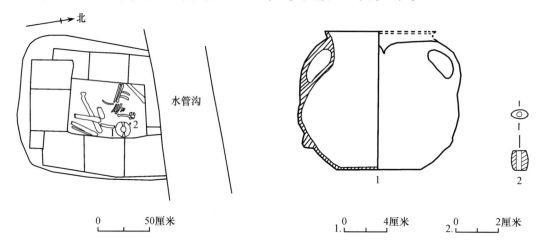

图二八四　M171平面图及出土器物

1. 双耳陶罐（M171：1）　2. 绿松石串珠（M171：2）

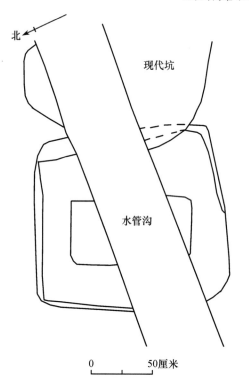

图二八五　M172平面图

M172

长方形竖穴土坑墓。位于T24，被现代水管沟和现代坑打破。墓向25°。墓口距地表0.32米，长1.52米，宽1.48米，墓坑深1.22米。墓圹内填充包含细砾的黄色沙质土，夹杂碎土坯块等。墓圹底部四周设生土二层台，二层台上平铺土坯，围砌成椁室，土坯层数不明。椁室内周长0.98米，宽0.52米。无人骨（图二八五）。

无出土遗物。

M173

（一）形制结构

长方形竖穴土坑墓。位于T24，北部被现代水管沟打破。墓向20°。墓口距地表0.32米，长1.25米，宽0.95米，墓坑深0.93米。墓圹内填充包含细砾的灰色土。墓圹底部为长方形土坯椁室，具体形制不明。椁室底部放置人骨1具，保存较差，仅存零星骨骼（图二八六）。

（二）出土遗物

共2件。铜器2件，为铜管（M173：1），出土于股骨位置。

M173：1，铜管。2件。残损较严重，呈管状，用薄铜片卷成。孔径0.9厘米，总重2.41克（图二八六，1；图版一八九，2）。

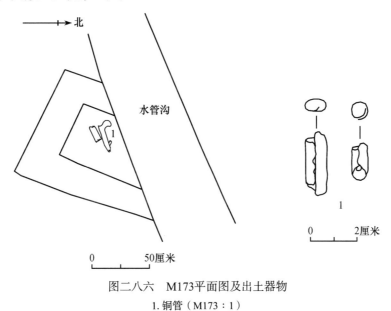

图二八六　M173平面图及出土器物

1. 铜管（M173：1）

M174

长方形竖穴土坑墓。位于T24，北部被M170打破。墓向56°。墓口距地表0.32米，长1.73米，宽1.23米，墓坑深0.81米。墓圹内填充包含细砾的灰色土。墓圹底部为长方形土坯椁室，土坯层数不明。无人骨（图二八七）。

无出土遗物。

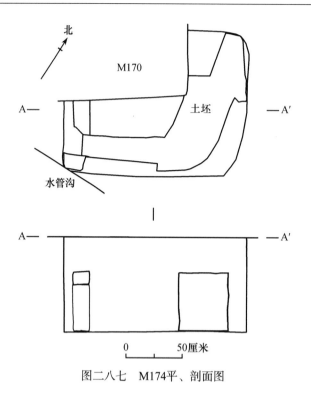

图二八七　M174平、剖面图

M175

（一）形制结构

长方形竖穴土坑墓。位于T24北扩方。墓向73°。墓口长1.4米，宽1.2米，墓坑深0.56米。墓圹底部为长方形土坯椁室，椁室四壁自下而上错缝平砌3层土坯，每边每层铺设1~3块。椁室内周长0.64米，宽0.44米；土坯平均长0.44米，宽0.32米，厚0.13米。无人骨（图二八八；图版一九〇，1）。

（二）出土遗物

共1件。陶器1件，为双耳陶罐（M175：1），出土于椁室东南角。

M175：1，双耳陶罐。1件。夹细砂红陶，手制，完整。微侈口，方唇，短颈，沿肩双耳，弧腹，小平底。通高13.4厘米，口径10.2厘米，12.2厘米，底径6.5厘米（图二八八，1；图版一八九，3）。

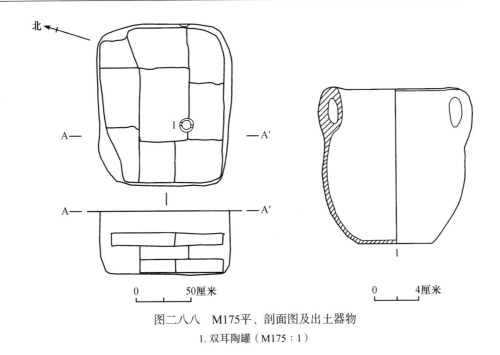

图二八八 M175平、剖面图及出土器物
1. 双耳陶罐（M175：1）

M176

（一）形制结构

长方形竖穴土坑墓。位于T21北部，被M168打破。墓向220°。墓口距地表0.8米，长1.36米，宽1.2米，墓坑深0.4米。墓圹内填充黄土，土质较致密。墓圹底部四周设熟土二层台，二层台高约0.33米，二层台上平砌1层土坯。椁室内周长0.9米，宽0.6米；土坯长0.37米，宽0.26米，厚0.1米。椁室底部放置人骨1具，保存较差，右侧身屈肢，头向西南，面向东南（图二八九）。

（二）出土遗物

共1件。陶器1件，为双耳陶罐（M176：1），出土于人骨足部的东南侧。

M176：1，双耳陶罐。1件。夹细砂红陶，手制，完整。直口，方唇，短颈，颈肩双耳，弧腹，小平底。通高8.2厘米，口径6.4厘米，腹径8.3厘米，底径4.2厘米（图二八九，1；图版一八九，4）。

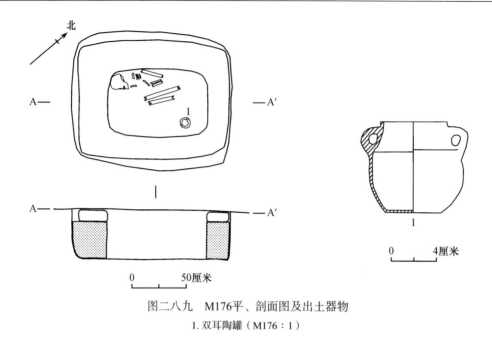

图二八九　M176平、剖面图及出土器物
1. 双耳陶罐（M176：1）

M177

（一）形制结构

长方形竖穴土坑墓。位于T21西壁。墓向225°。墓口距地表0.85米，长1.6米，宽1.2米，墓坑深0.69米。墓圹底部为长方形土坯椁室，椁室四壁自下而上错缝平砌3层土坯，每边每层铺设2~3块。椁室内周长0.86米，宽0.58米，土坯长0.35米，宽0.24米，厚0.1米。椁室底部放置人骨1具，保存较差，仅存零星骨骼（图二九〇）。

（二）出土遗物

共1件。陶器1件，为单耳陶罐（M177：1），出土于填土中。

M177：1，单耳陶罐。1件。夹细砂红陶，手制，耳部略残。直口，方唇，长颈，沿肩单耳，圆鼓腹，小平底。通高8.5厘米，口径5.6厘米，腹径8.6厘米，底径3.5厘米（图二九〇，1；图版一八九，5）。

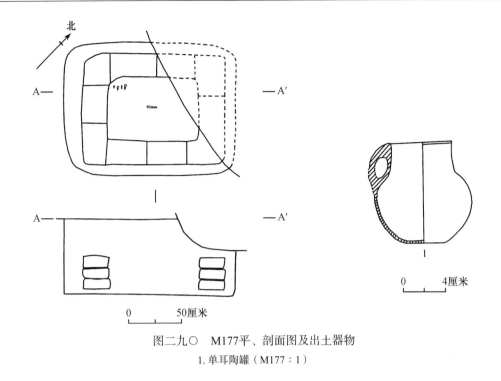

图二九〇　M177平、剖面图及出土器物
1.单耳陶罐（M177∶1）

M178

（一）形制结构

长方形竖穴土坑墓。位于T21。墓向225°。墓口距地表0.28米，长1.3米，宽0.95米，墓坑深0.48米。墓圹内填充沙质黄土，填土中出土双耳陶罐1件。墓圹底部南北对向两侧设熟土二层台，二层台内侧竖立1层土坯，二层台上平砌2层土坯；墓圹东、西两壁自下而上错缝平砌4层土坯。椁室内周长0.67米，宽0.41米；土坯长0.36米，宽0.24米，厚0.1米。椁室底部放置人骨1具，保存较差，仅存颅骨和零星骨骼（图二九一）。

（二）出土遗物

共2件。陶器2件，其中筒形陶罐1件（M178∶1），出土于填土中；双耳陶罐1件（M178∶2），出土位置不明。

M178∶1，筒形陶罐。1件。夹细砂红陶，手制，一侧口沿至腹部残。整体呈筒状，敛口，圆唇，口沿下有一对横贯耳，弧腹，平底。通体彩绘，口沿外绘一周竖短线纹，其下三道横向水波纹，腹部交替绘竖列水波纹和竖线纹。通高13.8厘米，口径12厘米，底径8厘米（图二九一，1；图版一八九，6）。

M178∶2，双耳陶罐。1件。夹细砂红陶，手制，完整。侈口，圆唇，短束颈，颈肩双耳，垂腹，小平底。口沿内绘弦纹和短斜线纹，口沿外侧及颈部绘弦纹，其下为宽垂带纹，

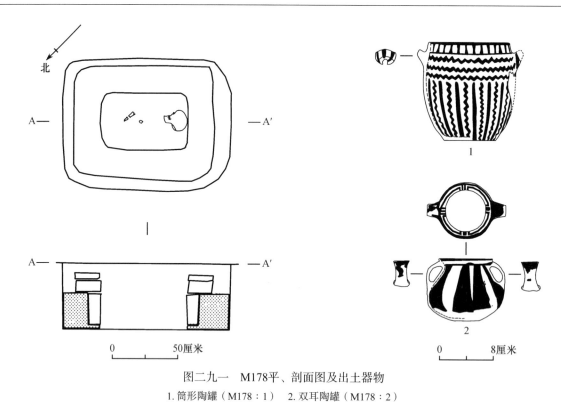

图二九一　M178平、剖面图及出土器物
1. 筒形陶罐（M178：1）　2. 双耳陶罐（M178：2）

耳部涂块状黑彩。通高9厘米，口径8厘米，腹径11.6厘米，底径4厘米（图二九一，2；图版一九〇，2）。

M179

（一）形制结构

长方形竖穴土坑墓。位于T21，打破M180东北部和M181。墓向30°。墓口距地表0.35米，长1.6米，宽1.2米，墓坑深0.7米。墓圹内填充沙质黄土。墓圹底部为长方形土坯椁室，椁室南、北两壁自下而上错缝平砌3层土坯；东壁自下而上错缝平砌4层土坯；西壁自下而上错缝平砌2层土坯。椁室内周长0.9米，宽0.58米；土坯长0.38米，宽0.22米，厚0.1米。椁室底部放置人骨1具，左侧身屈肢，头向东，面向南，性别为女（图二九二；图版一九一，1）。

（二）出土遗物

共5件。陶器1件，为双耳陶罐（M179：2），出土于椁室东南角。铜器2件，其中铜管1件（M179：4），出土于股骨上；铜牌饰1件（M179：5），出土于股骨上。铅器1件，为铅别针（M179：1），出土于耳部。石器1件，为滑石串珠（M179：3），出土于髋骨处。

1. 陶器

M179：2，双耳陶罐。1件。夹细砂红陶，手制，完整。微侈口，方唇，粗颈，沿肩双耳，弧腹，小平底。通高13.2厘米，口径9.4厘米，腹径13.3厘米，底径6.4厘米（图二九二，1；图版一九一，2）。

2. 铜器

M179：4，铜管。1件。呈管状，用薄铜片卷成。残长7.1厘米，直径0.6厘米，重5.21克（图二九二，2；图版一九二，1）。

M179：5，铜牌饰。1件。残损严重，呈不规则形，原应为长方形，短边近边缘处各有一穿孔，中部有背面向正面捶打出的凸棱。残长6.2厘米，宽3.2厘米，厚0.1厘米，孔径0.1～0.3厘米，重10.25克（图二九二，5；图版一九二，2）。

3. 铅器

M179：1，铅别针。1件。铅质，呈门鼻状，用细铅丝绕成。两端尖锐。长3.7厘米，宽1.9厘米，铅丝直径0.3厘米，重4.3克（图二九二，4；图版一九〇，3）。

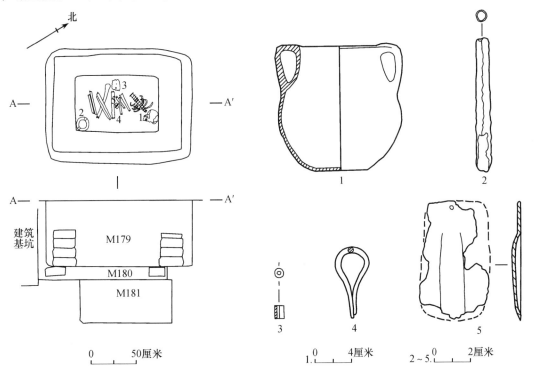

图二九二　M179平、剖面图及出土器物

1. 双耳陶罐（M179：2）　2. 铜管（M179：4）　3. 滑石串珠（M179：3）　4. 铅别针（M179：1）　5. 铜牌饰（M179：5）

4. 石器

M179：3，滑石串珠。1件。白色，呈圆柱状，中间有穿孔。长0.7厘米，直径0.5厘米，孔径0.2厘米，重0.28克（图二九二，3；图版一九一，3）。

M180

（一）形制结构

长方形竖穴土坑墓。位于T21，打破M181，东北部被M179打破。墓向40°。墓口长1.31米，宽1米，墓坑残深0.8米。墓圹内填充黄色沙质土，土质较致密。墓圹底部为长方形土坯椁室，椁室四壁均为数层平砌土坯，层数不明。椁室内周长0.9米，残宽0.35米。椁室底部放置人骨1具，保存较差，多腐朽（图二九三）。

（二）出土遗物

共1件。石器1件，为滑石串珠（M180：1），出土于椁室南部。

M180：1，滑石串珠。1件。白色，呈圆柱状，中间有穿孔。长0.5厘米，直径0.4厘米，孔径0.2厘米，重0.14克（图二九三，1；图版一九二，3）。

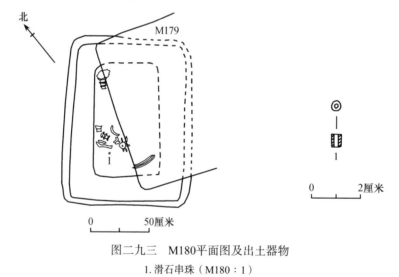

图二九三　M180平面图及出土器物

1. 滑石串珠（M180：1）

M181

（一）形制结构

长方形竖穴土坑墓。位于T21西扩方，西北部被M179、M180打破。墓向244°。墓口距地表1米，长1.21米，宽0.84米，墓坑深0.46米。墓圹内填充包含细砾的黄色细沙土，土质较致密。墓坑底部放置人骨1具，右侧身屈肢，头向西南，面向东南，性别为男（图二九四；图版一九三，1）。

（二）出土遗物

共2件。陶器1件，为双耳陶罐（M181：1），出土于椁室东南角。羊腿骨1块，出土于椁室南壁，与人骨胸部相对。

M181：1，双耳陶罐。1件。夹粗砂红陶，手制，口沿略残。小直口，方唇，颈肩双耳，弧腹，平底。通高14厘米，孔径8.4厘米，腹径13.2厘米，底径7.6厘米（图二九四，1；图版一九二，4）。

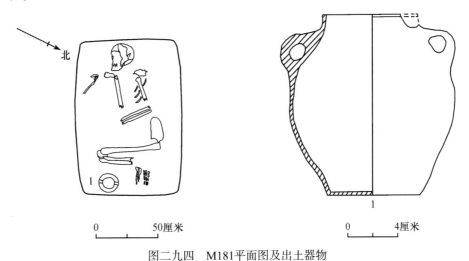

图二九四　M181平面图及出土器物
1. 双耳陶罐（M181：1）

M182

（一）形制结构

长方形竖穴土坑墓。位于T21西扩方，打破M184南部和M185。墓向34°。墓口距地表0.28米，长1.68米，宽1.53米，墓坑深0.64米。墓圹内填充黄色沙质土，夹杂陶片。墓圹底部四周设熟土二层台，二层台内侧自下而上错缝平砌4层土坯，二层台上平砌1层土坯，每边每层铺设2~3块。椁室内周长0.8米，宽0.54米；土坯长0.36米，宽0.2米，厚0.1米。椁室底部放置人骨1具，左侧身屈肢，头向东北，面向东南（图二九五）。

（二）出土遗物

共6件。其中陶器1件，为双耳陶罐（M182：1），出土于膝部。铜器3件，其中铜别针1件（M182：2），出土于耳部；铜管2件（M182：4），出土于右腕部。铅器1件，为铅别针（M182：5），出土于耳部。石器1件，为玉髓串珠（M182：3），出土于颈部。

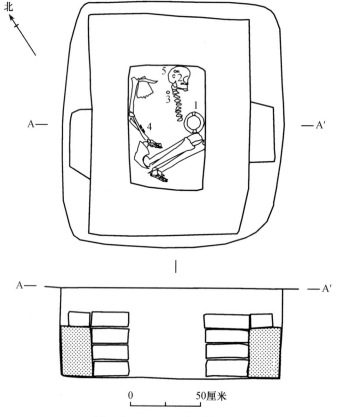

图二九五　M182平、剖面图

1. 双耳陶罐（M182：1）　2. 铜别针（M182：2）　3. 玉髓串珠（M182：3）　4. 铜管（M182：4）　5. 铅别针（M182：5）

1. 陶器

M182：1，双耳陶罐。1件。夹细砂红陶，手制，口沿略残。微侈口，方唇，粗颈，沿肩双耳，鼓腹，圈足。腹部绘连续的内填斜线三角纹。通高13.6厘米，口径10.2厘米，腹径14.1厘米，底径7厘米（图二九六，1；图版一九二，5）。

2. 铜器

M182：2，铜别针。1件。铜质，呈门鼻状，用细铜丝绕成。长3.8厘米，宽2.1厘米，铜丝直径0.2厘米，重2.62克（图二九六，3；图版一九二，6）。

M182：4，铜管。2件。铜质，呈管状，用薄铜片卷成。直径0.4厘米，重0.9克（图二九六，4；图版一九三，3）。

3. 铅器

M182：5，铅别针。1件。铅质，残损严重，呈弯钩状。直径0.2厘米，重1.7克（图二九六，5；图版一九四，1）。

4. 石器

M182：3，玉髓串珠。1件。红色，呈扁圆柱状，中间有一对钻穿孔。厚0.4厘米，直径1厘米，孔径0.2厘米，重0.64克（图二九六，2；图版一九三，2）。

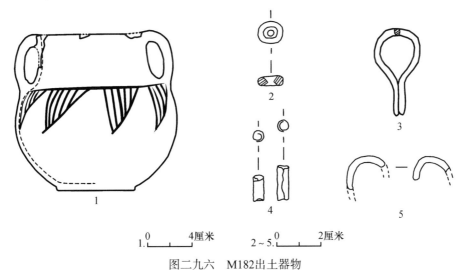

图二九六　M182出土器物

1. 双耳陶罐（M182：1）　2. 玉髓串珠（M182：3）　3. 铜别针（M182：2）　4. 铜管（M182：4）　5. 铅别针（M182：5）

M183

（一）形制结构

长方形竖穴土坑墓。位于T21西扩方，西北角和东南角分别被两个建筑坑打破。墓向50°。墓口距地表0.3米，长1.7米，宽1.2米，墓坑深0.89米。墓圹内填充黄色沙质土。墓圹底部为长方形土坯椁室，椁室北壁自下而上错缝平砌4层土坯；西壁自下而上错缝平砌3层土坯；东、南两壁被破坏，土坯情况不明，每边每层铺设2～3块。椁室内周长0.8米，宽0.53米；土坯长0.36米，宽0.22米，厚0.1米。椁室底部放置人骨1具，左侧身屈肢，头向东北，面向南（图二九七）。

（二）出土遗物

共49件。陶器1件，为双耳陶罐（M183：8），出土于填土中。铜器39件，其中铜珠33件（M183：4、M183：5、M183：10），出土于椁室中部和左臂；铜管5件（M183：6），出土于椁室西壁；铜牌饰1件（M183：7），出土位置不明。铅器2件，均为铅别针（M183：1），出土于颈部。石器5件，其中玉髓串珠1件（M183：2）、绿松石串珠4件（M183：3），均出土于颈部。骨器2件，均为骨牌饰（M183：9），出土于填土中。

1. 陶器

M183：8，双耳陶罐。1件。夹细砂红陶，手制，口沿略残。微侈口，方唇，直颈，颈肩双耳，鼓腹，小平底。通高13.4厘米，口径8.3厘米，腹径12厘米，底径5.9厘米（图二九八，1；图版一九五，3）。

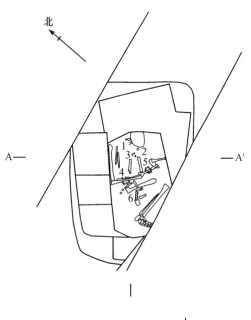

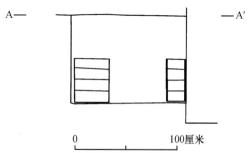

0　　　　　　　100厘米

图二九七　M183平、剖面图

1. 铅别针（M183：1）　2. 玉髓串珠（M183：2）
3. 绿松石串珠（M183：3）　4. 铜珠（M183：4）
5. 铜珠（M183：5）　6. 铜管（M183：6）

2. 铜器

M183：4，铜珠。20件。均呈圆柱状，中间有穿孔，长1～1.4厘米，直径0.3～0.7厘米，孔径0.2～0.3厘米（图二九八，6；图版一九五，1）。

M183：5，铜珠。5件。均呈扁圆柱状，中间有穿孔。长1～2.5厘米，直径0.4～1.2厘米，孔径0.2～0.6厘米，重2.6～5.2克（图二九八，7；图版一九四，5）。

M183：6，铜管。5件。残，长短不一，呈管状，用薄铜片卷成。残长2.7～7.9厘米，直径0.6～0.9厘米，重3.43～10.59克（图二九八，4；图版一九四，6）。

M183：7，铜牌饰。1件。略呈长方形，一短边缘处有一圆形小孔。铜牌四周有两排小铜泡，中间有一道背面向正面捶打的凸棱，凸棱两侧各有两组6个×4个的小铜泡。残长6.9厘米，宽4.2厘米，孔径0.2厘米，凸棱长5厘米，宽1厘米，重13.78克（图二九八，3；图版一九五，2）。

M183：10，铜珠。8件。略呈圆柱状，用薄铜片卷成，中间有穿孔。长0.5～1厘米，直径0.4～0.6厘米，孔径0.3～0.4厘米，重0.83克（图版一九五，1）。

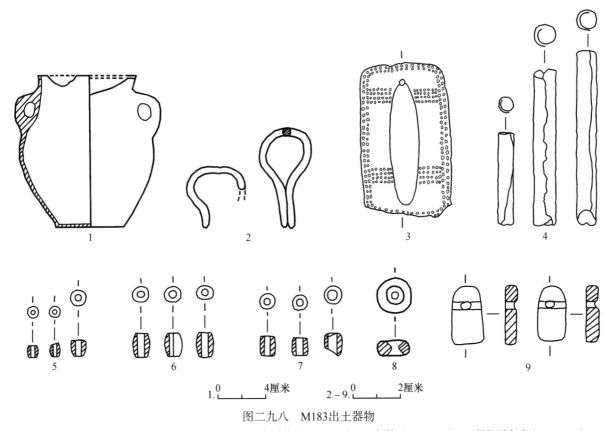

1. 0 ____ 4厘米
2～9. 0 ____ 2厘米

图二九八　M183出土器物

1. 双耳陶罐（M183：8）　2. 铅别针（M183：1）　3. 铜牌饰（M183：7）　4. 铜管（M183：6）　5. 绿松石串珠（M183：3）
6. 铜珠（M183：4）　7. 铜珠（M183：5）　8. 玉髓串珠（M183：2）　9. 骨牌饰（M183：9）

3. 铅器

M183：1，铅别针。2件。一件呈弯钩状，用细铅丝绕成；另一件仅存一小段，略显扭曲。残长2.7、2厘米，铅丝直径0.2厘米，总重4.36克（图二九八，2；图版一九四，2）。

4. 石器

M183：2，玉髓串珠。1件。红色半透明，呈算珠状，中间有对钻的穿孔。直径1.5厘米，厚0.4～0.6厘米，孔径0.2厘米，重2.4克（图二九八，8；图版一九四，3）。

M183：3，绿松石串珠。4件。淡蓝色，略呈圆柱状，中间有穿孔。长0.3～0.6厘米，直径0.3～0.5厘米，孔径0.2厘米，均重0.25克（图二九八，5；图版一九四，4）。

5. 骨器

M183：9，骨牌饰。2件。略呈长方形，一短边缘处有一圆形穿孔。长2.4厘米，宽1.4厘米，口径0.4厘米，重2.46克（图二九八，9；图版一九六，1）。

M184

长方形竖穴土坑墓。位于T23，打破M185，椁室南部被M182打破。墓向34°。墓口距地表0.28米，长1.2米，宽1.16米，墓坑深0.54米。墓圹内填充包含细砾的灰黄色土，土质较致密。墓圹底部北、东、西三壁设熟土二层台，二层台内侧竖立1层土坯，二层台上平砌1层土坯；南壁被M182打破，情况不明。椁室内周长不明，宽0.48米；土坯长不明，宽0.22米，厚0.1米。椁室底部放置人骨1具，保存较差，腐朽严重（图二九九）。

无出土遗物。

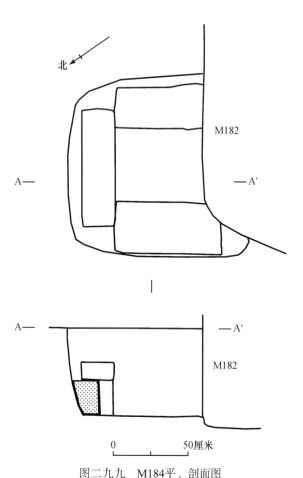

图二九九　M184平、剖面图

M185

（一）形制结构

长方形竖穴土坑墓。位于T23，西北角被M159打破，东北角被M160打破，南部被M182打破，中部被M184打破。墓向15°。墓口距地表0.29米，长1.72米，宽1.2米，墓坑深1.05米。墓圹底部放置人骨1具，左侧身屈肢，头向东北，面向东，性别为女（图三〇〇）。

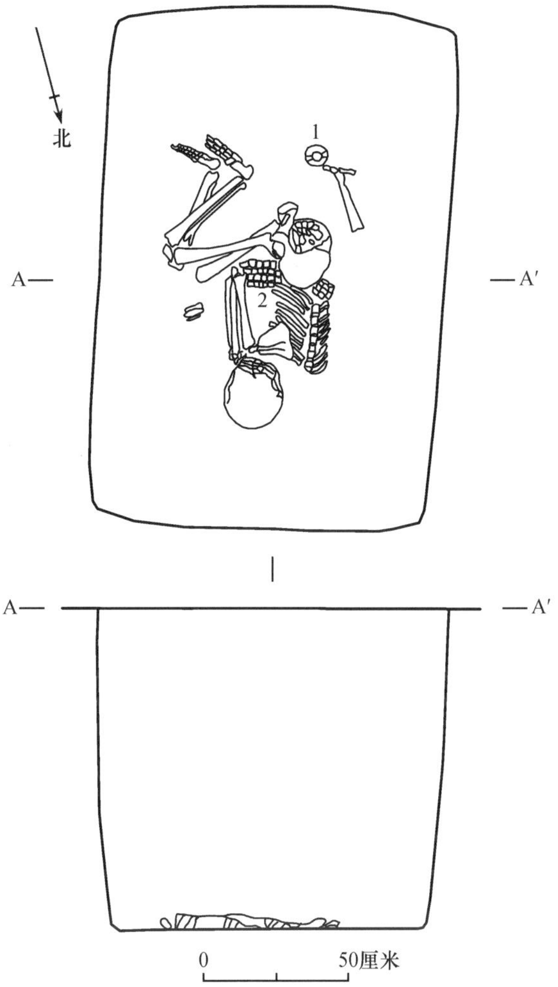

（二）出土遗物

共78件。陶器1件，为双耳陶罐（M185：1），出土于人骨足后。骨器76件，均为骨牌饰（M185：2），出土于人骨胸部。羊腿骨1件，出土位置不明。

1. 陶器

M185：1，双耳陶罐。1件。夹细砂红陶，手制，口沿残。直口，方唇，颈肩双耳，弧腹，小平底。通高11.6厘米，口径6.5厘米，腹径10.1厘米，底径3.9厘米（图三〇一，1；图版一九六，2）。

2. 骨器

M185：2，骨牌饰。76件。略呈长方形，在一短边边缘处有一圆形穿孔，一些为骨密质部分，较光滑，另一些为骨疏质或髓腔部分，较粗糙。长1.8~3.4厘米，宽1.1~1.9厘米，孔径0.2~0.4厘米，均重2.69克（图三〇一，2；图版一九六，3）。

图三〇〇　M185平、剖面图
1. 双耳陶罐（M185：1）　2. 骨牌饰（M185：2）

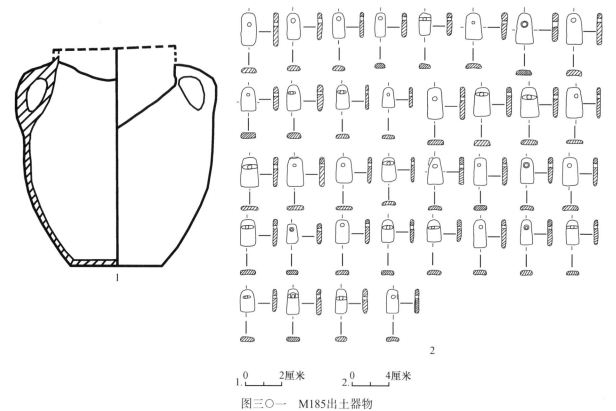

1. └─0──2厘米┘　　2. └─0──4厘米┘

图三〇一　M185出土器物

1. 双耳陶罐（M185：1）　2. 骨牌饰（M185：2）

M186

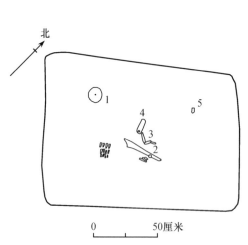

图三〇二　M186平面图

1. 双耳陶罐（M186：1）　2. 滑石串珠（M186：2）

3. 铜管（M186：3）　4. 铜牌饰（M186：4）

5. 玉髓串珠（M186：5）

（一）形制结构

长方形竖穴土坑墓。位于T22，西北部被M144打破。墓向45°。墓圹长1.54米，宽1.12米，深1.24米。墓圹底部放置人骨1具，保存较差，仅存零星骨骼（图三〇二；图版一九七，1）。

（二）出土遗物

共7件。陶器1件，为双耳陶罐（M186：1），出土于墓坑西南角。铜器4件，其中铜管3件（M186：3），出土于股骨下；铜牌饰1件（M186：4），出土于股骨下。石器2件，其中滑石串珠1件（M186：2），出土于股骨处；玉髓串珠1件（M186：5），出土于颈部。

1. 陶器

M186：1，双耳陶罐。1件。夹细砂红陶，手制，完整。微侈口，方唇，颈肩双耳，弧腹，平底。通高13.2厘米，口径9.2厘米，腹径13厘米，底径7厘米（图三〇三，1；图版一九七，2）。

2. 铜器

M186：3，铜管。3件。呈管状，用铜片卷成。长0.6～8厘米，直径0.7厘米，重0.39～16.69克（图三〇三，4；图版一九八，1）。

M186：4，铜牌饰。1件。呈长方形，中部起脊，一侧有圆孔。长11.1厘米，宽3.4厘米，孔径0.6厘米，重33.35克（图三〇三，5；图版一九八，2）。

3. 石器

M186：2，滑石串珠。1件。白色，呈圆柱状，中间有穿孔。长0.2厘米，直径0.3厘米，孔径0.15厘米，重不足0.1克（图三〇三，2；图版一九七，3）。

M186：5，玉髓串珠。1件。红色半透明圆柱状，鼓腹，中部穿孔。长1.6厘米，直径0.9厘米，孔径0.4厘米，重3.49克（图三〇三，3；图版一九八，3）。

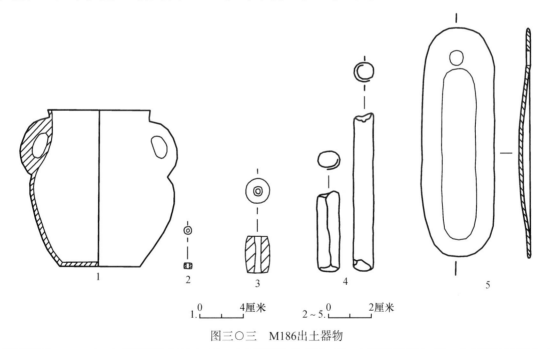

图三〇三　M186出土器物

1. 双耳陶罐（M186：1）　2. 滑石串珠（M186：2）　3. 玉髓串珠（M186：5）　4. 铜管（M186：3）　5. 铜牌饰（M186：4）

M187

（一）形制结构

长方形竖穴土坑墓。位于T22。墓向230°。墓口距地表0.32米，长0.92米，宽0.56米，墓坑深0.36米。墓圹底部四周设熟土二层台，二层台内侧竖立1层土坯，二层台上平砌1层土坯，每边每层铺设1块。椁室内周长0.42米，宽0.22米；土坯长0.44米，宽0.16米，厚0.1米。无人骨（图三〇四）。

（二）出土遗物

共1件。陶器1件，为双耳陶罐（M187：1），出土于椁室西北角。

M187：1，双耳陶罐。1件。夹细砂红陶，手制，一耳残。微侈口，方唇，长直颈，颈肩双耳，溜肩，鼓腹，平底，通高10.9厘米，口径6.6厘米，腹径9.1厘米，底径4.7厘米（图三〇四，1；图版一九八，4）。

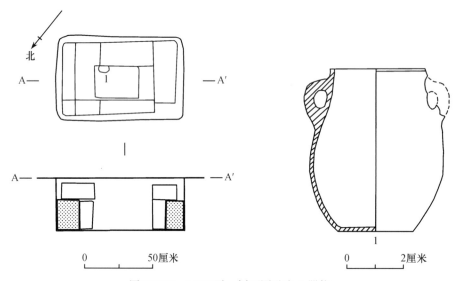

图三〇四　M187平、剖面图及出土器物
1. 双耳陶罐（M187：1）

M188

（一）形制结构

长方形竖穴土坑墓。位于T17。墓向45°。墓口距地表0.85米，长1.7米，宽0.94米，墓坑深0.6米。无葬具。无人骨（图三〇五）。

（二）出土遗物

共2件。陶器1件，为双耳陶罐（M188：1），出土于墓坑北侧。石器1件，为绿松石串珠（M188：2），出土于墓坑南侧。

1. 陶器

M188：1，双耳陶罐。1件。夹细砂红陶，手制，口、肩及腹部残。微侈口，方唇，短颈，颈肩双耳，鼓腹，小平底。通高12.4厘米，口径8.5厘米，腹径12.2厘米，底径5厘米（图三〇五，1；图版一九八，5）。

2. 石器

M188：2，绿松石串珠。1件。浅绿色，圆柱形，中部穿孔。长0.9厘米，宽0.5厘米，孔径0.3厘米，重0.65克（图三〇五，2；图版一九八，6）。

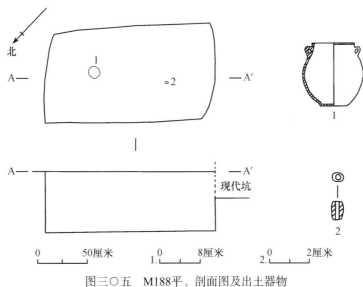

图三〇五 M188平、剖面图及出土器物

1. 双耳陶罐（M188：1） 2. 绿松石串珠（M188：2）

M189

（一）形制结构

长方形竖穴土坑墓，位于T5南扩方。墓向15°。墓口距地表0.74米，长1米，宽0.62米，墓坑深0.72米。无葬具。无人骨（图三〇六）。

（二）出土遗物

共2件。陶器1件，为残陶罐（M189：1），出土于墓坑东部。石器1件，为滑石串珠（M189：2），出土于墓坑东北部。

1. 陶器

M189：1，陶罐。无绘图、无照片、无文字记录。

2. 石器

M189：2，滑石串珠。1件。白色，矮圆台状，中部穿孔。直径0.2～0.4厘米，孔径0.2厘米，重0.1克（图三〇六，1；图版一九九，1）。

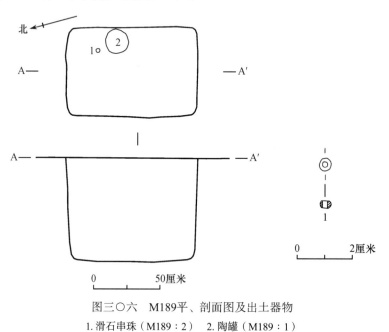

图三〇六　M189平、剖面图及出土器物
1.滑石串珠（M189：2）　2.陶罐（M189：1）

M190

（一）形制结构

长方形竖穴土坑墓。位于T5南扩方，打破M191椁室南侧。墓向37°。墓口长1.72米，宽1.4米，墓坑深1.48米。墓圹底部为长方形土坯椁室，椁室东、西两壁自下而上错缝平砌5层土坯；南、北两壁情况不明。椁室内周长0.98米，宽0.72米；土坯长1.3米，宽0.34米，厚0.1米。椁室底部放置人骨1具，左侧身屈肢，头向东，面向南，性别为女（图三○七）。

（二）出土遗物

共282件。陶器1件（M190：10），为双耳陶罐，出土于椁室西南角。铜器176件，其中铜耳环4件（M190：1、M190：16），分别出土于枕骨后、耳部；铜牌饰、铜镜6件（M190：2、M190：3、M190：5、M190：12、M190：14），出土于眼部、椁室北部、头前、背部；铜牌饰2件（M190：7、M190：8），出土于腕部和肋骨处。双联铜泡11件（M190：9）、铜管6件（M190：11）、铜牌饰2件（M190：15）、铜泡1件（M190：17）、铜牌饰1件（M190：18），出土于头部、股部上部，从腹部向椁室东侧延伸；铜手镯2件和铜串珠141件（M190：13），出土于膝部。石器104件，为串珠（M190：6），出土于颈部。贝器1件，为海贝（M190：4），出土于颈后。

1. 陶器

M190：10，双耳陶罐。1件。夹细砂红陶，手制，完整。侈口，短束颈，沿肩双耳，鼓腹，小平底。颈部绘三道弦纹，肩部绘两道弦纹，其间绘连续的菱格纹，腹部绘箭头纹，耳部绘对顶三角纹。通高11.8厘米，口径10厘米，腹径13.7厘米，底径5.5厘米（图三○八，1；图版二○一，2）。

2. 铜器

M190：1，铜耳环。2件。2件粘连在一起，环形，由直径0.2～0.4厘米的铜丝绕成，接口处残。环径5.2厘米，重12.86克（图三○八，3；图版一九九，1）。

M190：2，铜牌饰。1件。残，铜泡形。残长3.9厘米，重4.97克（图三○八，11；图版一九九，3）。

M190：3，铜牌饰。2件。残，铜泡形。残长3.9厘米，重5.61克（图三○八，10；图版一九九，4）。

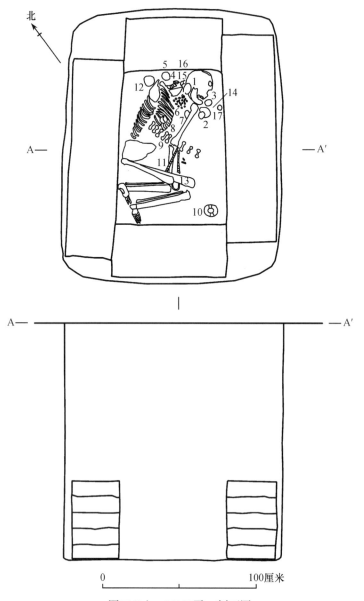

图三〇七　M190平、剖面图

1. 铜耳环（M190：1）　2. 铜镜（M190：2）　3. 铜镜（M190：3）　4. 海贝（M190：4）　5. 铜镜（M190：5）

6. 串珠（M190：6）　7. 铜牌饰（M190：7）　8. 铜牌饰（M190：8）　9. 双联铜泡（M190：9）　10. 双耳陶罐（M190：10）

11. 铜管（M190：11）　12. 铜镜（M190：12）　13. 铜手镯、铜串珠（M190：13）　14. 铜镜（M190：14）

15. 铜牌饰（M190：15）　16. 铜耳环（M190：16）　17. 铜泡（M190：17）

　　M190：5，铜牌饰。1件。残，铜泡形。残长5.6厘米，重4.5克（图三〇八，12；图版一九九，6）。

　　M190：7，铜牌饰。1件。残，铜泡形。残长4.3厘米，重4.42克（图三〇八，9；图版二〇〇，2）。

　　M190：8，铜牌饰。1件。残，铜泡形。残长4厘米，重4.16克（图三〇八，5；图版二〇〇，3）。

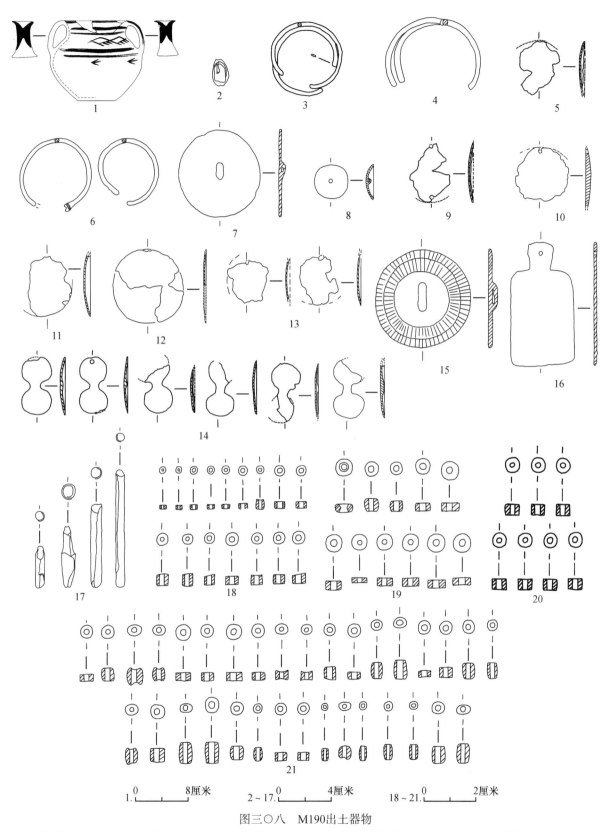

图三○八　M190出土器物

1.双耳陶罐（M190：10）　2.海贝（M190：4）　3.铜耳环（M190：1）　4.铜手镯（M190：13-1）　5.铜牌饰（M190：8）
6.铜耳环（M190：16）　7.铜镜（M190：12）　8.铜泡（M190：17）　9.铜牌饰（M190：7）　10.铜牌饰（M190：3）
11.铜牌饰（M190：2）　12.铜牌饰（M190：5）　13.铜牌饰（M190：15）　14.双联铜泡（M190：9）　15.铜镜（M190：14）
16.铜牌饰（M190：18）　17.铜管（M190：11）　18.滑石串珠（M190：6-2）　19.玉髓串珠（M190：6-3）　20.铜珠
（M190：13-2）　21.绿松石串珠（M190：6-1）

M190：9，双联铜泡。11件。双联铜饰，每节均为圆泡状。长4.3厘米，宽2.3厘米，重4.34克（图三〇八，14；图版二〇一，1）。

M190：11，铜管。6件。M190：11-1，2件，管状，用薄铜片卷成，有接缝。其一残长9厘米，管径0.6厘米，重5.42克；其二残长9.5厘米，管径0.7～0.8厘米，重7.81克。M190：11-2，锥形铜管，由两层薄铜片卷成。残长2.2厘米，管径0.5～1厘米，重3.31克。M190：11-3，扣形，圆泡状，背部有纽。直径2.8厘米，厚0.3厘米，重5.09克。M190：11-4，方形铜牌，方形带柄，柄上有孔。长9.6厘米，宽4.9厘米，柄宽1.7厘米，柄长2.2，孔径0.2厘米，重35.74克（图三〇八，17；图版二〇一，3）。

M190：12，铜镜。1件。圆形，素面，背部有纽。直径6.4厘米，厚0.3厘米，重54.23克（图三〇八，7；图版二〇二，2）。

M190：13，铜手镯、铜串珠。143件。M190：13-1，铜手镯，2件，残损严重，环形相套。用宽0.9厘米、厚0.3厘米的铜条绕成，直径7.8厘米，重40.87克（图三〇八，4）。M190：13-2，铜串珠，141件，数量若干，圆柱状，中间穿孔。系铸造而成。长0.3～0.5厘米，直径0.5厘米。孔径0.2厘米，重0.5克（图三〇八，20；图版二〇二，1）。

M190：14，铜镜。1件。圆形，素面，背部有纽。背部近边缘处有两周短竖线纹，直径7.5厘米，厚0.2厘米，重68.27克（图三〇八，15；图版二〇二，3）。

M190：15，铜牌饰。2件。残，铜泡形。残长3.5、3.2厘米，重2.1、2.22克（图三〇八，13；图版二〇三，1）。

M190：16，铜耳环。2件。残环形，由直径0.3厘米的铜丝绕成，残成两段。环径4.8、5.6厘米，重5.35、6.28克（图三〇八，6；图版二〇三，2）。

M190：17，铜泡。1件。圆形泡状，背部有纽。直径2.6厘米，重5.22克（图三〇八，8；图版二〇三，3）。

M190：18，铜牌饰。1件。带柄长方形，柄部一端有穿孔。长9.5厘米，宽5厘米，厚0.2厘米（图三〇八，16；图版二〇三，4）。

3. 石器

M190：6，串珠。104件。其中绿松石串珠（M190：6-1）77颗、滑石串珠（M190：6-2）16颗、玉髓串珠（M190：6-3）11颗，中部穿孔。直径约0.4厘米，孔约0.2厘米，共重13.1克（图三〇八，18、19、21；图版二〇〇，1）。

4. 贝器

M190：4，海贝。1件。椭圆形，人工加工痕迹不明显。残长2.1厘米，宽1.2厘米，重0.42克（图三〇八，2；图版一九九，5）。

附：M190墓主人经分子遗传学鉴定，性别为女性（高诗珠，2009：56）。

M191

（一）形制结构

长方形竖穴土坑墓。位于T5南扩方，被M190打破。墓向55°。墓口长1米，宽1.02米，墓坑深0.9米。无葬具。无人骨（图三〇九）。

（二）出土遗物

共4件。陶器1件，为双耳陶罐（M191∶1），出土于墓坑东南部。铜器2件，均为铜牌饰（M191∶2），出土于墓坑西部。羊腿骨1件，出土于墓坑南壁。

1. 陶器

M191∶1，双耳陶罐。1件。夹细砂红陶，手制，口沿略残。直口，方唇，短颈，颈肩双耳，鼓腹，平底。通高15.8厘米，口径9.8厘米，腹径14.7厘米，底径7.8厘米（图三〇九，1；图版二〇三，5）。

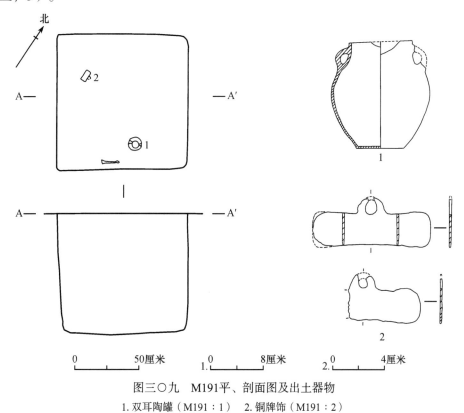

图三〇九　M191平、剖面图及出土器物
1. 双耳陶罐（M191∶1）　2. 铜牌饰（M191∶2）

2. 铜器

M191：2，铜牌饰。2件。面背向稍变形（向面向稍翘）。背平、面平凹。铸造。翼两端宽，向中部渐窄。系孔斜椭圆形，素面。其一长9厘米，宽2.4厘米，环径0.9厘米；其二残长5.6厘米，宽2.4厘米，环径0.8厘米，重19.68、10.76克（图三〇九，2；图版二〇三，6）。

M192

（一）形制结构

长方形竖穴土坑墓。位于T5南扩方处。墓向198°。墓口长1.35米，宽1.03米，墓坑深1米。墓圹底部放置人骨1具，保存较差，仅存零星骨骼（图三一〇）。

（二）出土遗物

共1件。陶器1件，为双耳陶罐（M192：1），出土于墓坑东壁中部。

M192：1，双耳陶罐。1件。夹细砂红陶，手制，完整。直口，方唇，短颈，颈肩双耳，鼓腹，小平底。通高14.4厘米，口径8.4厘米，腹径14.4厘米，底径6.8厘米（图三一〇，1；图版二〇四，1）。

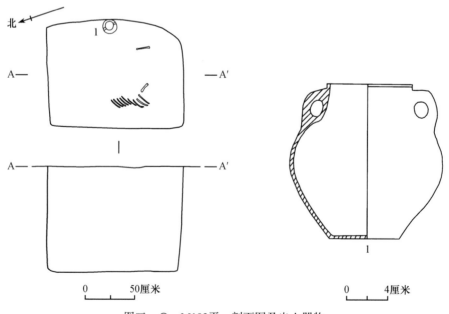

图三一〇　M192平、剖面图及出土器物

1. 双耳陶罐（M192：1）

M193

（一）形制结构

长方形竖穴土坑墓。位于T6南扩方处，东北角被现代坑打破。墓向216°。墓口距地表0.25米，长1.28米，宽0.8米，墓坑深0.55米。墓圹内填充包含细砾的灰色沙质土。墓圹底部放置人骨1具，保存较差，仅存零星骨骼（图三一一）。

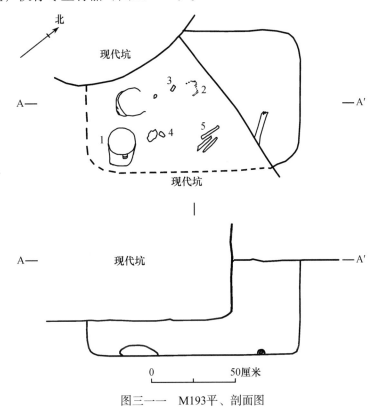

图三一一 M193平、剖面图

1.筒形陶罐（M193：1） 2.滑石串珠（M193：2） 3.绿松石串珠（M193：3） 4.铜刀（M193：4） 5.骨器（M193：5）

（二）出土遗物

共49件。陶器1件，为1筒形陶罐（M193：1），出土于墓坑西南角。铜器1件，为铜刀（M193：4），出土于颈部。石器45件，其中滑石串珠44件（M193：2），出土于胸部；绿松石串珠1件（M193：3），出土于胸部。骨器1件（M193：5），出土于墓坑中部。牛距骨1件，出土于墓坑中部偏北。

1. 陶器

M193：1，筒形陶罐。1件。夹砂红陶，手制。整体呈筒状，直口，圆唇，沿下有双贯耳，直腹，平底。红衣黑彩，通体绘几何折线纹和竖线纹的组合纹样。口径14.4厘米，底径11厘米，通高18.6厘米（图三一二，1；图版二〇四，2）。

2. 铜器

M193：4，铜刀。1件。仅剩残段，背部有突脊。残长5.2厘米，宽2厘米，重5.1克（图三一二，4；图版二〇四，4）。

3. 石器

M193：2，滑石串珠。44件。白色，矮圆柱状，中间有穿孔。厚0.2厘米，直径0.6厘米，孔径0.2厘米，共重4.65克（图三一二，2；图版二〇五，1）。

M193：3，绿松石串珠。1件。蓝色，扁腰鼓状，中间有穿孔。长3厘米，宽1.7厘米，孔径0.3厘米，重6.01克（图三一二，3；图版二〇四，3）。

4. 骨器

M193：5，骨器。1件。截面为长方形的长骨条，两端略细，而且近端部都有一凹槽。通长11.2厘米，截面长1.2厘米，宽0.6厘米（图三一二，5；图版二〇四，5）。

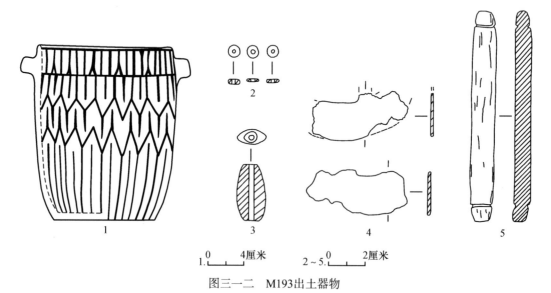

图三一二　M193出土器物

1. 双贯耳筒形罐（M193：1）　2. 滑石串珠（M193：2）　3. 绿松石串珠（M193：3）　4. 铜刀（M193：4）

5. 骨器（M193：5）

M194

（一）形制结构

长方形竖穴土坑墓。位于T6南扩方处，被现代坑打破。墓向220°。墓口距地表0.28米，长1.42米，宽1.1米，墓坑残深0.8米。墓圹内填充包含细砾的沙质土。墓圹底部为长方形土坯椁室，椁室四壁自下而上错缝平砌4层土坯，每边每层铺设1块。椁室内周长0.96米，宽0.64米；土坯长0.86米，宽0.22米，厚0.1米。椁室底部放置人骨1具，右侧身屈肢，头向西南，面向不明，部分骨骼被扰乱（图三一三）。

（二）出土遗物

共3件。陶器1件，为双耳陶罐（M194：1），出土于椁室东北角。铜器2件，为铜饰件（M194：2），出土于头骨下。

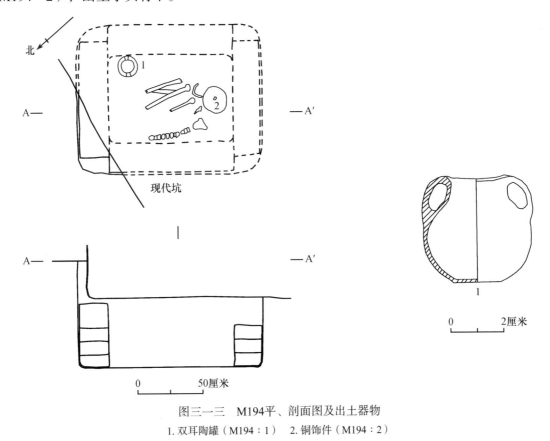

图三一三　M194平、剖面图及出土器物
1. 双耳陶罐（M194：1）　2. 铜饰件（M194：2）

1. 陶器

M194：1，双耳陶罐。1件。夹细砂红陶，手制，腹部略残。凹口微侈，方唇，短束颈，沿肩双耳，球腹，小平底。通高14.9厘米，口径9.4厘米，腹径15.3厘米，底径6.2厘米（图三一三，1；图版二〇四，6）。

2. 铜器

M194：2，铜饰件。2件。残损严重，呈不规则形。残长2.2、1.3厘米，重2.93、2.04克（图版二〇五，2）。

M195

（一）形制结构

长方形竖穴土坑墓。位于T25南部，打破M196东壁、M197西北部。墓向44°。墓口距地表0.16米，长1.57米，宽1.14米，墓坑深0.45米。墓圹内填充包含细砾的黄色沙质土，土质较疏松。墓圹底部为长方形土坯椁室，椁室四壁自下而上平砌4层土坯，东、南两壁各层土坯错缝平砌，西、北两壁不错缝，每边每层铺设2～3块。椁室内周长0.9米，宽0.6米；土坯长0.37米，宽0.27米，厚0.1米。椁室底部放置人骨1具，左侧身屈肢，头向东，面向南，性别为男（图三一四；图版二〇六，1）。

（二）出土遗物

共31件。陶器1件，为双耳陶罐（M195：6），出土于椁室东南角。铜器17件，其中铜耳环1件（M195：1），出土于耳部；铜手镯1件（M195：4），出土于左腕；铜牌饰1件（M195：7），出土于股骨下；铜管1件（M195：8），出土于股骨下；铜泡1件（M195：9），出土于股骨下；铜珠12件，其中5件（M195：10）出土于股骨下，7件（M195：3-2）出土于胸前。石器12件，串珠3件（M195：2），为玉髓串珠和绿松石串珠，出土于颈部；串珠7件，均为滑石串珠（M195：3-1），出土于胸前；绿松石串珠2件（M195：5），出土于膝前。羊腿骨1件，出土于椁室东部。

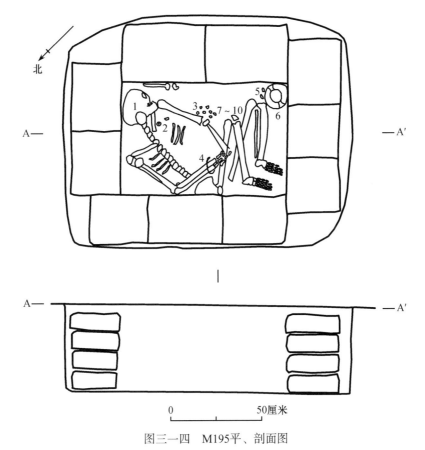

图三一四 M195平、剖面图

1. 铜耳环（M195：1） 2. 串珠（M195：2） 3. 串珠（M195：3） 4. 铜手镯（M195：4） 5. 绿松石串珠（M195：5）
6. 双耳陶罐（M195：6） 7. 铜牌饰（M195：7） 8. 铜管（M195：8） 9. 铜泡（M195：9） 10. 铜珠（M195：10）

1. 陶器

M195：6，双耳陶罐。1件。夹砂灰陶，手制，残。凹口微侈，圆唇，短束颈，沿肩双耳，鼓腹，平底。通高16.3厘米，口径11.6厘米，腹径16.9厘米，底径7.8厘米（图三一五，1；图版二〇七，4）。

2. 铜器

M195：1，铜耳环。1件。以一根截面为圆形的铜丝弯成环形，接头处呈扁平状。冷锻法制造而成。铜耳环最大径5.5厘米，铜丝直径0.3厘米（图三一五，9；图版二〇五，3）。

M195：4，铜手镯。1件。环状，用直径0.3厘米的铜丝绕成，两端尖锐，接口相错。镯径6～6.6厘米，丝径0.3厘米，重6.52克（图三一五，10；图版二〇七，2）。

M195：7，铜牌饰。1件。平面呈长方形，中部起脊，边缘有孔。正面有由背面敲击而成的铜泡，呈斜向。长6.5厘米，宽4.6厘米，脊长4厘米，孔径0.3厘米，重12.68克（图三一五，6；图版二〇七，5）。

M195：8，铜管。1件。残断为多节，由薄铜片卷曲而成。长10.8厘米，径0.7厘米，重8.38

克（图三一五，7；图版二〇七，6）。

M195：9，铜泡。1件。圆泡状，背部有纽。直径2.7厘米，重2.38克（图三一五，8；图版二〇八，1）。

M195：10，铜珠。5件。不规则圆柱，中部有孔。长0.5厘米，直径0.6厘米，孔径0.1厘米，重0.64克（图三一五，5；图版二〇八，2）。

3. 石器

M195：2，串珠。3件。玉髓串珠，1件，红色半透明，矮圆柱形，鼓腹，对钻穿孔，厚0.5厘米，直径1.1厘米，孔径0.2厘米，重1.03克。绿松石串珠，2件，不规则圆柱形，中部穿孔，分别长0.8厘米，直径0.6厘米，孔径0.2厘米，重0.66克；长0.4厘米，直径0.5厘米，孔径0.2厘米，重0.22克（图三一五，2；图版二〇六，2）。

M195：3，串珠。14件。滑石串珠：7件，矮圆柱形，中部穿孔，厚0.2厘米，直径0.5厘米，孔径0.2厘米，重0.11克（图三一五，3；图版二〇六，3）。铜珠：7件，圆柱形，中部有孔，厚0.5厘米，直径0.5厘米，孔径0.2厘米，重0.65克（图版二〇七，1）。

M195：5，绿松石串珠。2件。浅蓝色，扁腰鼓状，中部穿孔。其一，长0.5厘米，宽0.6厘米，孔径0.2克。其二，长0.7厘米，宽0.7厘米，孔径0.2厘米。总重0.34克（图三一五，4；图版二〇七，3）。

附：M195：8铜管，经成分检验合金类型为Cu-Sn（锡青铜）（梅建军，2002：4）。

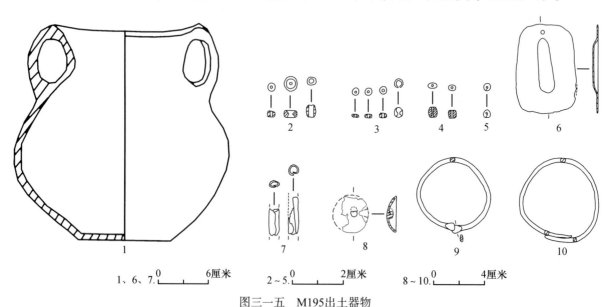

图三一五　M195出土器物

1. 双耳陶罐（M195：6）　2. 串珠（M195：2）　3. 串珠（左3：M195：3-1；右1：M195：3-2）　4. 绿松石串珠（M195：5）
5. 铜珠（M195：10）　6. 铜牌饰（M195：7）　7. 铜管（M195：8）　8. 铜泡（M195：9）　9. 铜耳环（M195：1）
10. 铜手镯（M195：4）

M196

（一）形制结构

长方形竖穴土坑墓。位于T25，东壁被M195打破，打破M202东南角。墓向310°。墓口距地表0.09米，长1.54米，宽1.2米，墓坑深0.44米。墓圹内填充包含细砾的黄色夹细沙土。墓圹底部为长方形土坯椁室，椁室四壁自下而上平砌3层土坯，下面2层错缝平砌，最上面1层不错缝。椁室内周长0.9米，宽0.62米，土坯长0.4米，宽0.33米，厚0.1米。椁室底部放置人骨1具，左侧身屈肢，头向东北，面向东，成年，性别为女（图三一六）。

（二）出土遗物

共18件。陶器1件，为筒形陶罐（M196：1），出土于椁室东南角。铜器4件，均为铜珠（M196：4），出土于右腕。石器12件，其中玉髓串珠2件（M196：2、M196：3），分别出土

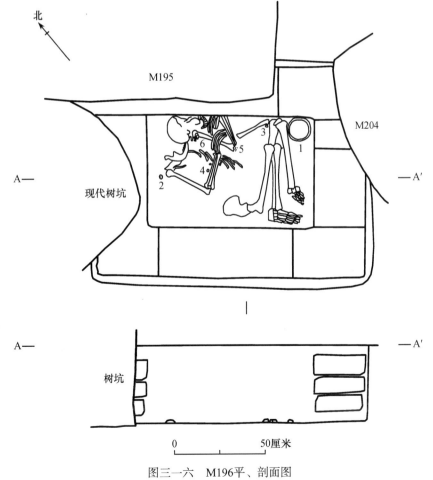

图三一六　M196平、剖面图

1.筒形陶罐（M196：1）　2.玉髓串珠（M196：2）　3.玉髓串珠（M196：3）　4.铜珠（M196：4）　5.滑石串珠（M196：5）
6.绿松石串珠（M196：6）

于肩部和膝部；滑石串珠8件（M196：5），出土于左臂；绿松石串珠2件（M196：6），出土于颈部。羊腿骨1件，出土于椁室东部。

1. 陶器

M196：1，筒形陶罐。1件。夹细砂红陶，手制，完整。整体呈筒状，直口，方唇，口沿下部有双立耳，弧腹，平底。通高16.2厘米，口径12.2厘米，腹径13.4厘米，底径6厘米（图三一七，1；图版二〇八，3）。

2. 铜器

M196：4，铜珠。4件。不规则圆柱状。厚0.4厘米，直径0.7厘米，孔径0.2厘米，重0.97克（图三一七，4；图版二〇八，6）。

3. 石器

M196：2，玉髓串珠。1件。红色半透明圆柱状，鼓腹，中部穿孔。厚0.5厘米，直径1厘米，孔径0.2厘米，重0.8克（图三一七，2；图版二〇八，4）。

M196：3，玉髓串珠。1件。红色半透明圆柱状，鼓腹，中部穿孔。厚0.5厘米，直径1.1厘米，孔径0.2厘米，重0.8克（图三一七，3；图版二〇八，5）。

M196：5，滑石串珠。8件。略呈圆柱状。长0.4厘米，直径0.3～0.5厘米，孔径0.2厘米，重0.14克（图三一七，5；图版二〇九，1）。

M196：6，绿松石串珠。2件。其一呈矮圆柱状，中间穿孔，浅蓝色，长0.3厘米，直径0.6厘米，孔径0.2厘米，重0.24克。其二呈扁腰鼓状，中部穿孔，长0.7厘米，直径0.6厘米，孔径0.2厘米，重0.49克（图三一七，6；图版二〇九，2）。

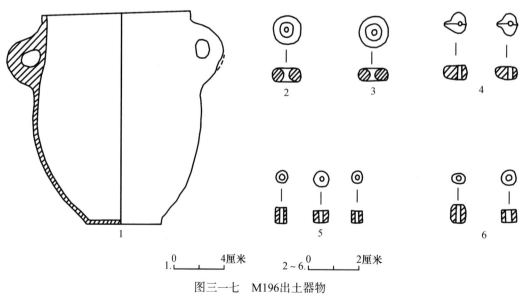

图三一七　M196出土器物

1. 筒形陶罐（M196：1）　2. 玉髓串珠（M196：2）　3. 玉髓串珠（M196：3）　4. 铜珠（M196：4）　5. 滑石串珠（M196：5）
6. 绿松石串珠（M196：6）

M197

（一）形制结构

长方形竖穴土坑墓。位于T25，西北部被M195打破。墓向185°。墓口距地表0.25米，长1.25米，宽1.06米，墓坑残深1.06米，口部稍大于底部。墓圹内填充灰白色沙质土，质地较疏松。墓圹底部四周设生土二层台，二层台高0.86米，二层台上有一圈依着坑壁垒置的由红色砂质黏土和小卵石构成的土圹。墓圹底部放置人骨1具，右侧身屈肢，头向南，面向东，成年，性别为女（图三一八）。

（二）出土遗物

共5件。陶器1件（M197：1），为双耳陶罐，出土于墓坑东北角。铜器1件，为铜刀（M197：3），出土于枕骨处。石器2件，均为滑石串珠（M197：2），出土于颈部。羊腿骨1根，出土于墓坑西部。

1. 陶器

M197：1，双耳陶罐。1件。夹细砂红陶，手制，一耳及腹部残。直口，方唇，短颈，颈肩双耳，鼓腹，平底。通高10.7厘米，口径5.5厘米，腹径9.2厘米，底径5厘米（图三一八，1；图版二〇九，3）。

2. 铜器

M197：3，铜刀。1件。残铜刀，呈半月形，刀尖上翘，直背，弧刃。残长7厘米，宽2.5厘米，厚0.3厘米，重18.53克（图三一八，3；图版二〇九，5）。

3. 石器

M197：2，滑石串珠。2件。白色，呈矮圆柱状，中间有穿孔。其一长0.1厘米，直径0.3厘米，孔径0.2厘米；其二长0.2厘米，直径0.3厘米，孔径0.1厘米。均重不足0.1克（图三一八，2；图版二〇九，4）。

附：M197墓主人经分子遗传学鉴定，性别为女性（高诗珠，2009：56）。

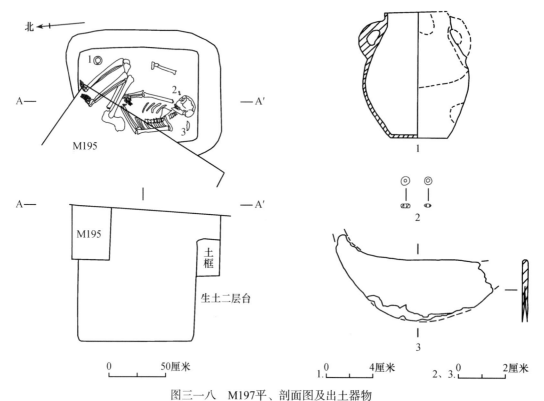

图三一八　M197平、剖面图及出土器物

1. 双耳陶罐（M197：1）　2. 滑石串珠（M197：2）　3. 铜刀（M197：3）

M198

（一）形制结构

长方形竖穴土坑墓。位于T32，叠压M200，打破M204、M207。墓向53°。墓口距地表
0.24米，长1.42米，宽1.08米，墓坑深0.56米。墓圹底部四周设熟土二层台，二层台内侧竖立
1层土坯，二层台上错缝平砌3层土坯，每边每层铺设2～3块。墓室内周长0.9米，宽0.58米；土
坯长0.45米，宽0.24米，厚0.1米。墓室底部放置人骨1具，左侧身屈肢，头向东，面向南（图
三一九）。

（二）出土遗物

共159件。陶器1件，为双耳陶罐（M198：11），出土于膝部。铜器23件，其中铜
泡2件（M198：2），出土于头骨上；铜耳环2件（M198：3），出土于耳部；铜手镯2件
（M198：4），出土于腕部；铜牌饰1件（M198：7），出土于胸部；铜珠16件（M198：6），
出土于右腕。石器132件，其中滑石串珠112件（M198：1），分别出土于墓室西北角、
颈部、右腕以及陶罐周围；绿松石串珠14件（M198：5），出土于右臂；玉髓串珠1件

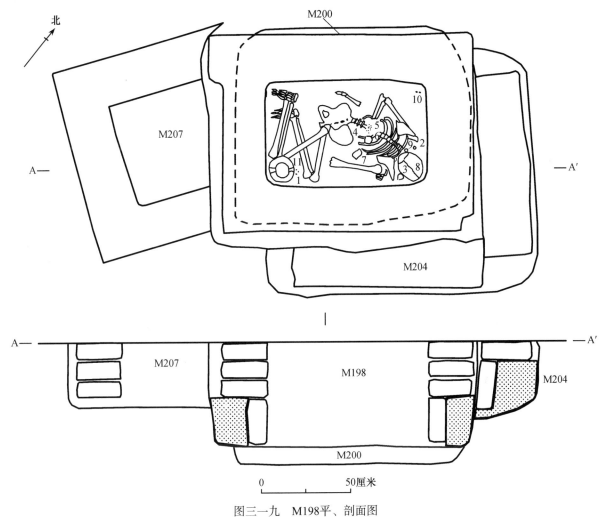

图三一九 M198平、剖面图

1. 滑石串珠（M198：1） 2. 铜泡（M198：2） 3. 铜耳环（M198：3） 4. 铜手镯（M198：4） 5. 绿松石串珠（M198：5）
6. 铜珠（M198：6） 7. 铜牌饰（M198：7） 8. 玉髓串珠（M198：8） 9. 骨牌饰（M198：9） 10. 绿松石串珠（M198：10）
11. 双耳陶罐（M198：11）

（M198：8），出土于颅骨上；绿松石串珠5件（M198：10），出土于右臂。骨器2件，均为骨牌饰（M198：9），出土于肩胛骨处。羊腿骨1件，出土于墓主髋骨后。

1. 陶器

M198：11，双耳陶罐。1件。夹细砂红陶，手制，完整。侈口，方唇，短束颈，颈肩双耳，球腹，平底。肩部绘一道弦纹及两道横向水波纹。通高16.5厘米，口径10.6厘米，腹径16.7厘米，底径8.4厘米（图三二〇，1；图版二一二，5）。

2. 铜器

M198：2，铜泡。2件。圆形泡状，背部有纽。直径2.2厘米，重3.2克（图三二〇，7；图版二〇九，6）。

　　M198：3，铜耳环。2件。残损严重，环状，用铜丝绕成，接口处扁平。环径5.5厘米，丝径0.3厘米，重8.12克（图三二〇，10；图版二一〇，2）。

　　M198：4，铜手镯。2件。环状，用直径0.3厘米的铜丝绕成，两端尖锐，接口扁平相错。镯径6.8厘米，丝径0.3厘米，重13.79克（图三二〇，9；图版二一〇，3）。

　　M198：6，铜珠。16件。不规则圆柱状，铸造而成。厚0.5厘米，直径0.5厘米，孔径0.2厘米，总重10.78克（图三二〇，3；图版二一一，2）。

　　M198：7，铜牌饰。1件。残，原应为长方形，一端残，另一端近边，缘处有一孔，窄边从中部边缘向外突出，中部起脊，近边缘处有一周从背面向正面敲击出的铜泡，锻造而成。残长5.7厘米，宽3.6厘米，孔径0.3厘米，重6.98克（图三二〇，11；图版二一二，1）。

3. 石器

　　M198：1，滑石串珠。112件。一种呈腰鼓状，109件，中间穿孔，直径0.3 ~ 0.4厘米，厚0.2 ~ 0.6厘米，孔径0.2厘米；另一种呈矮圆柱状，3件，中间穿孔，直径0.5厘米，厚0.2 ~ 0.3厘

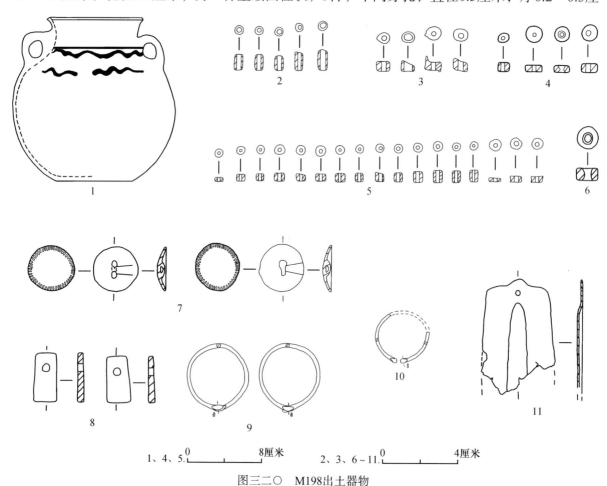

图三二〇　M198出土器物

1. 双耳陶罐（M198：11）　2. 绿松石串珠（M198：5）　3. 铜珠（M198：6）　4. 绿松石串珠（M198：10）　5. 滑石串珠
（M198：1）　6. 玉髓串珠（M198：8）　7. 铜泡（M198：2）　8. 骨牌饰（M198：9）　9. 铜手镯（M198：4）　10. 铜耳环
（M198：3）　11. 铜牌饰（M198：7）

米，孔径0.2厘米，重0.16克（图三二〇，5；图版二一〇，1）。

M198：5，绿松石串珠。14件。呈圆柱状，中间穿孔。青绿色。长0.8~1.1厘米，直径0.5厘米，孔径0.2厘米，共重3.98克（图三二〇，2；图版二一一，1）。

M198：8，玉髓串珠。1件。红色半透明，矮圆柱状，中间有穿孔。直径1厘米，厚0.6厘米，孔径0.5厘米，重1.14克（图三二〇，6；图版二一二，2）。

M198：10，绿松石串珠。5件。3件呈矮圆柱状，中部穿孔，淡蓝色。1件长0.4厘米，直径0.7厘米，孔径0.2厘米，重0.45克。1件呈腰鼓状，中部穿孔，长0.5厘米，直径0.5厘米，孔径0.2厘米，重0.25克。1件残，呈矮圆柱状，红色，长0.2厘米，直径0.6厘米，孔径0.2厘米，重量不足0.1克（图三二〇，4；图版二一二，4）。

4. 骨器

M198：9，骨牌饰。2件。长方形，一端边缘处有穿孔。长2.4厘米，宽1.2厘米，孔径0.4厘米，厚0.3厘米，均重1.47克（图三二〇，8；图版二一二，3）。

M199

（一）形制结构

长方形竖穴土坑墓。位于T25，打破M202。墓向53°。墓口距地表0.14米，长1.44米，宽1.18米，墓坑残深0.28米。墓圹内填充包含细砾的黄色夹细沙土。墓圹底部为长方形土坯椁室，椁室四壁自下而上平砌2层土坯，其中南壁为错缝平砌，每边每层铺设2块土坯。椁室内周长0.8米，宽0.62米；土坯长0.4米，宽0.25米，厚0.1米。椁室底部放置人骨2具，其中1具呈左侧身屈肢，头向东，面向南，性别为女；另1具位于椁室东南角，保存状况较差，为未成年个体（图三二一）。

（二）出土遗物

共8件。陶器1件（M199：4），为双耳陶罐。出土于椁室东南角。铜器2件，均为铜耳环（M199：1），出土于耳部。石器5件，其中玉髓串珠1件（M199：2），出土于颈部；滑石串珠4件（M199：3），出土于椁室东南角。

1. 陶器

M199：4，双耳陶罐。1件。夹细砂红陶，手制，完整。凹口微侈，方唇，短束颈，沿

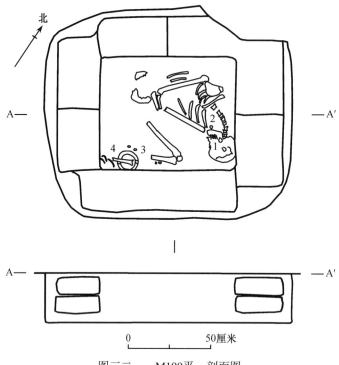

图三二一　M199平、剖面图

1. 铜耳环（M199：1）　2. 玉髓串珠（M199：2）　3. 滑石串珠（M199：3）　4. 双耳陶罐（M199：4）

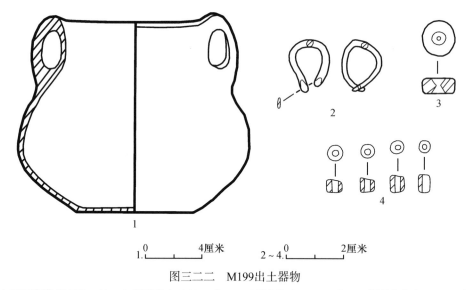

图三二二　M199出土器物

1. 双耳陶罐（M199：4）　2. 铜耳环（M199：1）　3. 玉髓串珠（M199：2）　4. 滑石串珠（M199：3）

肩双翘耳，鼓腹，平底。通高13.4厘米，口径11.2厘米，腹径15.9厘米，底径7.8厘米（图三二二，1；图版二一三，3）。

2. 铜器

M199：1，铜耳环。2件。环状，用细铜丝绕成，接口处扁平。直径1.4～1.8厘米，丝径0.2～0.3厘米，重0.9克（图三二二，2；图版二一二，6）。

3. 石器

M199：2，玉髓串珠。1件。红色半透明，算珠状。中间有对钻穿孔。厚0.5厘米，直径1.2厘米，孔径0.2厘米，重1.17克（图三二二，3；图版二一三，1）。

M199：3，滑石串珠。4件。白色，圆柱状，中间有穿孔。长0.4～0.7厘米，直径0.4厘米，孔径0.2厘米，重0.17克（图三二二，4；图版二一三，2）。

M200

（一）形制结构

长方形竖穴土坑墓。位于T25，被M198叠压，打破M204。墓向50°。墓口距地表0.8米，长1.32米，宽1.06米，墓坑深0.66米。墓圹内填充包含细砾的黄色夹细沙土。椁室底部放置人骨1具，左侧身屈肢，头向东，面朝下，成年，性别为女（图三二三）。

（二）出土遗物

共20件。陶器1件，为双耳陶罐（M200：3），出土于墓坑东南角。铜器10件，其中铜泡2件（M200：1），出土于头部；铜牌饰1件（M200：2），出土于股骨处；铜管、铜珠7

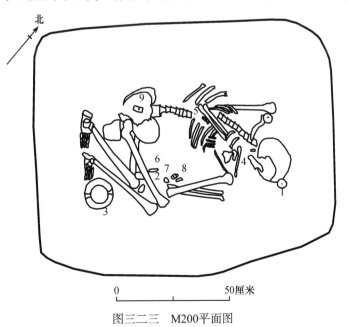

北

0   50厘米

图三二三　M200平面图

1.铜泡（M200：1）　2.铜牌饰（M200：2）　3.双耳陶罐（M200：3）　4.绿松石串珠（M200：4）　5.费昂斯串珠（M200：5）
6.铜管、铜珠（M200：6）　7.绿松石串珠（M200：7）　8.滑石串珠（M200：8）　9.骨器（M200：9）

件（M200：6），出土于股骨处。石器8件，其中绿松石串珠3件，1件（M200：4）出土于颈部，2件（M200：7）出土于右肘；费昂斯串珠4件（M200：5），出土于左肘；滑石串珠1件（M200：8），出土于右肘。骨器1件（M200：9），出土于髋骨。

1. 陶器

M200：3，双耳陶罐。1件。夹细砂红陶，手制，口沿及一耳残。直口，方唇，短颈，颈肩双耳，鼓腹，鼓腹处两侧各有一乳突，平底。通高14.2厘米，口径8.2厘米，腹径12.8厘米，底径7厘米（图三二四，1；图版二一三，6）。

2. 铜器

M200：1，铜泡。2件。圆形，泡状，背部有纽。直径4.6厘米，重24.66克（图三二四，3；图版二一三，4）。

M200：2，铜牌饰。1件。长方形，中部起脊，两侧边缘有孔。正面一周两排由背面敲击成的铜泡。长11.6厘米，宽4.2厘米，棱长8厘米，孔径0.3厘米，重38.7克（图三二四，9；图版二一三，5）。

M200：6，铜管、铜珠。7件。第1种为铜管，残断为4节，圆锥形，长10.8厘米，径0.3～0.5厘米，重9.1克。第2种为铜珠，环状，由铜片卷成，有接缝，直径0.7厘米，壁厚0.2厘

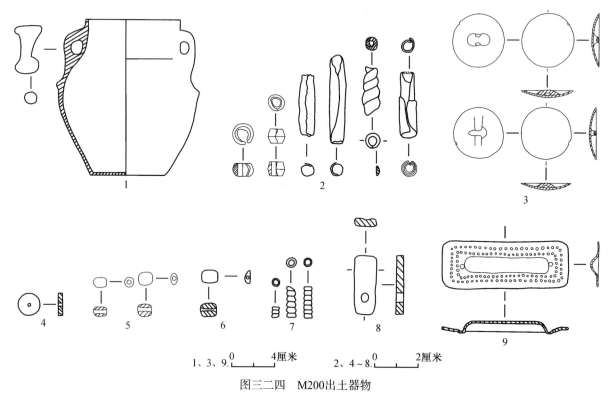

图三二四　M200出土器物

1. 双耳陶罐（M200：3）　2. 铜管、铜珠（M200：6）　3. 铜泡（M200：1）　4. 滑石串珠（M200：8）　5. 绿松石串珠（M200：7）　6. 绿松石串珠（M200：4）　7. 费昂斯串珠（M200：5）　8. 骨牌饰（M200：9）　9. 铜牌饰（M200：2）

米，孔径0.6厘米，高0.4厘米，重2.1克。第3种为螺旋状，用铜丝螺旋而成，长2.4厘米，丝径0.4厘米，重2.22克（图三二四，2；图版二一四，3）。

3. 石器

M200：4，绿松石串珠。1件。绿色，呈扁圆柱状，中间有穿孔。长0.7厘米，宽0.6厘米，口径0.15厘米，重0.29克（图三二四，6；图版二一四，1）。

M200：5，费昂斯串珠。4件。残断。圆柱状，表面同样间隔有一凹槽。长0.5～1.3厘米，直径0.3～0.4厘米，总重0.43克（图三二四，7；图版二一四，2）。

M200：7，绿松石串珠。2件。淡蓝色，腰鼓状，中间有穿孔。长0.6厘米，径0.5厘米，孔径0.2厘米，重0.21克（图三二四，5；图版二一五，1）。

M200：8，滑石串珠。1件。白色，饼状，中间有穿孔。直径0.9厘米，高0.2厘米，孔径0.2厘米，重0.3克（图三二四，4；图版二一五，2）。

4. 骨器

M200：9，骨牌饰。1件。长方形，一端边缘处有穿孔。长2.4厘米，宽1.1厘米，孔径0.4厘米，厚0.3厘米，重1.05克（图三二四，8；图版二一五，3）。

M201

（一）形制结构

长方形竖穴土坑墓。位于T25，打破M203东南部。墓向64°。墓口距地表0.52米，长1.58米，宽1.26米，墓坑深0.35米。墓圹内填充砂质黄土。墓圹底部四周设熟土二层台，二层台内侧竖立1层土坯，二层台上平砌1层土坯，每边每层铺设2～3块。椁室内周长1.08米，宽0.7米，土坯长0.38米，宽0.24米，厚0.1米。椁室底部放置人骨1具，左侧身屈肢，头向东，面向南，性别为女（图三二五）。

（二）出土遗物

共11件。陶器2件，其中双耳陶罐1件（M201：4），出土于膝部旁；陶片1件（M201：8），出土于椁室西壁外侧。铜器4件，其中铜耳环2件（M201：1），位于耳部；铜牌饰2件，1件（M201：2）出于肩部，1件（M201：5）出于髋骨。石器2件，均为滑石串珠（M201：3），出土于陶罐旁。骨器3件，均为骨牌饰，1件（M201：6）出土于足部，2件（M201：7）出土于填土中。

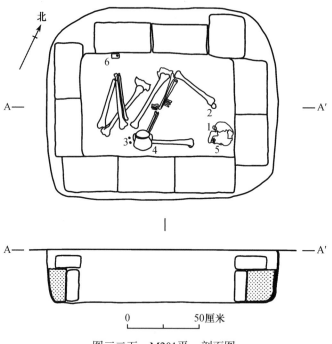

图三二五　M201平、剖面图

1. 铜耳环（M201∶1）　2. 铜牌饰（M201∶2）　3. 滑石串珠（M201∶3）　4. 双耳陶罐（M201∶4）　5. 铜牌饰（M201∶5）
6. 骨牌饰（M201∶6）

1. 陶器

M201∶4，双耳陶罐，1件。夹细砂灰陶，手制，完整。凹口外侈，方唇，短束颈，沿肩双翘耳，鼓腹，小平底。通高13.4厘米，口径10.4厘米，腹径11.4厘米，底径5.4厘米（图三二六，1；图版二一六，1）。

M201∶8，陶片。1件。夹细砂红陶，残，手制。陶罐或陶缸口沿残片。素面。残高11厘米，壁厚0.8～1.2厘米（图三二六，2；图版二一六，5）。

2. 铜器

M201∶1，铜耳环。2件。完整者为圆环状，另一残端为两截。由0.3厘米的铜丝环绕而成，接口处一段尖锐。环径3.4厘米，重2.98克（图三二六，3；图版二一五，4）。

M201∶2，铜牌饰。1件。略残，圆形，泡状，近边缘处相对有两个穿孔。直径4.2厘米，孔径0.3厘米，重4.73克（图三二六，7；图版二一五，5）。

M201∶5，铜牌饰。1件。近长方形，残，中部起脊，靠近短边处有穿孔，中部有两排横向的背面向正面敲打出的铜泡。残长6.8厘米，宽4.2厘米，孔径0.5厘米，重10.02克（图三二六，8；图版二一六，2）。

3. 石器

M201∶3，滑石串珠。2件。矮圆柱状，中间有穿孔。厚0.1～0.2厘米，直径0.4厘米，孔径0.1厘米，均重不足0.1克（图三二六，4；图版二一五，6）。

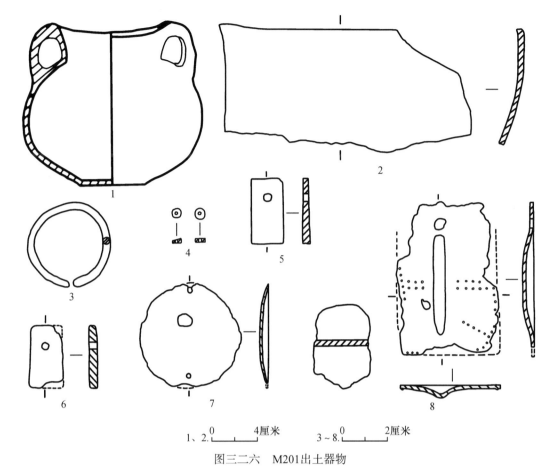

图三二六　　M201出土器物

1. 双耳陶罐（M201：4）　2. 陶片（M201：8）　3. 铜耳环（M201：1）　4. 滑石串珠（M201：3）　5. 骨牌饰（M201：7）
6. 骨牌饰（M201：6）　7. 铜牌饰（M201：2）　8. 铜牌饰（M201：5）

4. 骨器

M201：6，骨牌饰。1件。近长方形，略残，靠近短边处有穿孔。长2.6厘米，宽1.5厘米，厚0.3厘米，孔径0.3厘米，重1.19克（图三二六，6；图版二一六，3）。

M201：7，骨牌饰。2件，近长方形，一完一残，靠近短边处有穿孔。长2.6厘米，宽1.4厘米，厚0.3厘米，孔径0.3厘米，重1.84克（图三二六，5；图版二一六，4）。

附：M201墓主人经分子遗传学鉴定，性别为女性（高诗珠，2009：56）。

M202

（一）形制结构

长方形竖穴土坑墓。位于T25，南部被M199和M196打破。墓向44°。墓口距地表0.12米，长1.1米，宽0.8米，墓坑深0.52米。墓圹内填充夹杂细砾的砂质黄土。墓圹底部放置人骨1具，

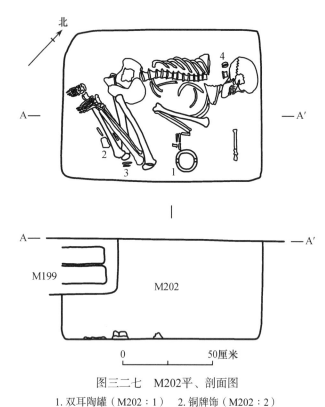

图三二七　M202平、剖面图

1. 双耳陶罐（M202：1）　2. 铜牌饰（M202：2）
3. 铜管（M202：3）　4. 海贝（M202：4）

左侧身屈肢，头向东北，面向东，性别男（图三二七；图版二一七，1）。

（二）出土遗物

共8件。陶器1件，为双耳陶罐（M202：1），出土于胸部。铜器5件，其中铜牌饰1件（M202：2），出土于胫骨处；铜管4件（M202：3），出土于胫骨处。贝器1件，为海贝（M202：4），出土于颈部。羊腿骨1件，出土椁室东部。

1. 陶器

M202：1，双耳陶罐。1件。夹细砂红陶，手制，完整。侈口，方唇，短直颈，颈肩双耳，弧腹，小平底。通高13.5厘米，口径8.2厘米，腹径12.5厘米，底径6.4厘米（图三二八，1；图版二一六，6）。

2. 铜器

M202：2，铜牌饰。1件。残，近长方形，近边缘处有穿孔。残长6厘米，宽3.4厘米，孔径0.4厘米（图三二八，2；图版二一七，2）。

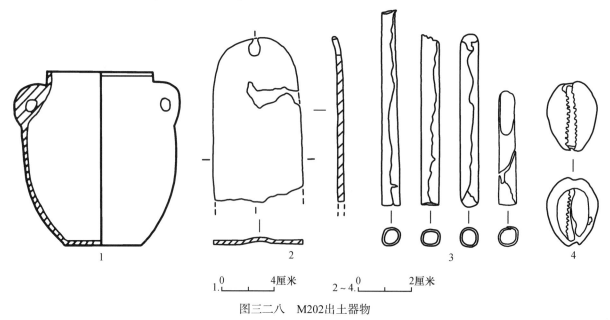

图三二八　M202出土器物

1. 双耳陶罐（M202：1）　2. 铜牌饰（M202：2）　3. 铜管（M202：3）　4. 海贝（M202：4）

M202：3，铜管。4件。残，管状，用薄铜片卷成，有接缝。残长4.2～7.1厘米，直径0.6厘米，重5.2克（图三二八，3；图版二一七，3）。

3. 贝器

M202：4，海贝。1件。卵圆形，表面有磨制痕迹。长2.5厘米，宽1.19厘米，重3.24克（图三二八，4；图版二一八，1）。

M203

（一）形制结构

长方形竖穴土坑墓。位于T25，东南部被M201打破。墓向24°。墓口距地表0.18米，长1.05米，宽0.71米，墓坑深0.47米。墓圹内填充砂土和少量黄土，夹杂树根。墓圹底部放置人骨1具，左侧身屈肢，头向东北，面向南，为未成年女性个体（图三二九；图版二一八，3）。

（二）出土遗物

共7件。陶器1件，为双耳陶罐（M203：3），出土于髋骨处。铜器2件，均为铜泡（M203：5），出土位置不明。石器2件，其中玉髓串珠1件（M203：1），出土于颈部；绿松

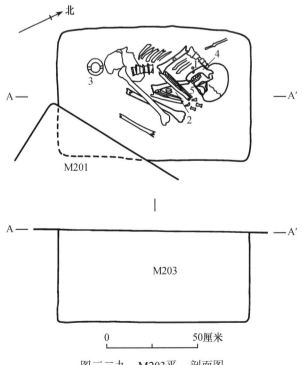

图三二九　M203平、剖面图

1. 玉髓串珠（M203：1）　2. 海贝（M203：2）　3. 双耳陶罐（M203：3）　4. 绿松石串珠（M203：4）　5. 铜泡（M203：5）

石串珠1件（M203：4），出土于颈部。贝器1件，为海贝（M203：2），出土左肘部。羊距骨1件，出土位置不明。

1. 陶器

M203：3，双耳陶罐。1件。夹细砂红陶，手制，口沿及一耳残。直口，方唇，短直颈，颈肩双耳，鼓腹，平底。通高12.3厘米，口径6.6厘米，腹径10.6厘米，底径5.4厘米（图三三〇，1；图版二一九，2）。

2. 铜器

M203：5，铜泡。2件。圆形，泡状，略残，背部有纽。直径2.3厘米，重3.56克（图三三〇，5；图版二一九，4）。

3. 石器

M203：1，玉髓串珠。1件。红色半透明，圆柱状，中间有对钻穿孔。厚0.5厘米，直径0.6厘米，孔径0.1厘米，重0.43克（图三三〇，2；图版二一八，2）。

M203：4，绿松石串珠。1件。淡蓝色，不规则圆柱状。中间有穿孔。长0.7厘米，直径0.7厘米，孔径0.3厘米，重0.71克（图三三〇，3；图版二一九，3）。

4. 贝器

M203：2，海贝。1件，卵圆形，表面有磨制痕迹。长2.4厘米，宽1.2厘米，重3.01克（图三三〇，4；图版二一九，1）。

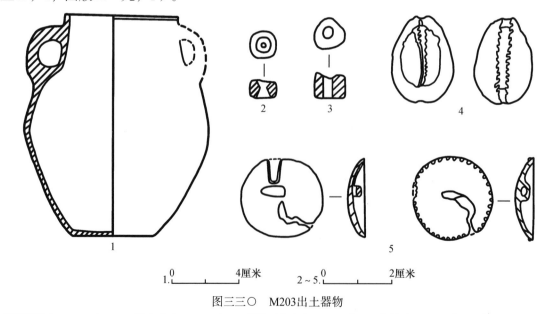

图三三〇　M203出土器物

1. 双耳陶罐（M203：3）　2. 玉髓串珠（M203：1）　3. 绿松石串珠（M203：4）　4. 海贝（M203：2）　5. 铜泡（M203：5）

M204

（一）形制结构

长方形竖穴土坑墓。位于T25，打破M208西侧，被M198、M200打破。墓向50°。墓口距地表约0.45米，长1.5米，宽1.3米，墓坑深不明。墓圹内填充夹杂细砾的砂质黄土。墓圹底部四周设熟土二层台，二层台内侧竖立1层土坯，二层台上平砌1层土坯，被破坏严重，形制不明。椁室底部放置人骨1具，左侧身屈肢，头向东，面向南（图三三一）。

（二）出土遗物

共1件。铜器1件，为铜耳环（M204：1），出土位置不明。

M204：1，铜耳环。1件。环状，用细铜丝绕成，接口处扁平。直径2.4厘米，丝径0.2厘米，重1.37克（图三三一，1；图版二一九，5）。

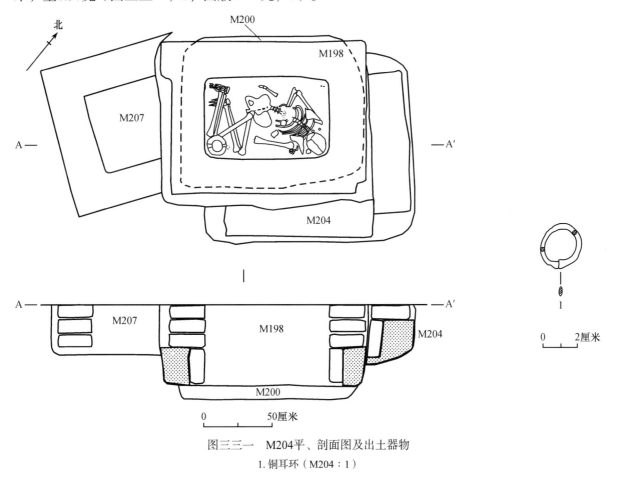

图三三一　M204平、剖面图及出土器物

1. 铜耳环（M204：1）

M205

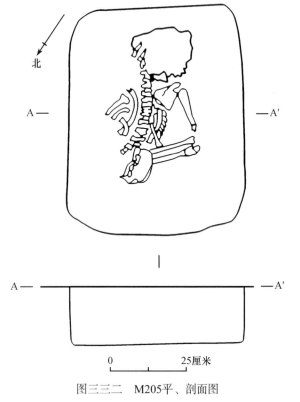

图三三二　M205平、剖面图

长方形竖穴土坑墓。位于T25。墓向145°。墓口距地表0.05米，长0.62米，宽0.48米，墓坑深0.2米。墓圹内填充夹杂细砾的黄土。墓圹底部放置人骨1具，俯身屈肢，头向东南，面向下（图三三二）。

共1件。羊腿骨1件，出土位置不明。

M206

（一）形制结构

长方形竖穴土坑墓。位于T25。墓向57°。墓口距地表0.2米，长1.52米，宽1.28米，墓坑深0.5米。墓圹内填充夹杂细砾的砂质黄土。墓圹底部四周设熟土二层台，二层台内侧竖立1层土坯，二层台上平砌2层土坯，每边每层铺设2～3块。椁室内周长0.9米，宽0.64米；土坯长0.36米，宽0.26米，厚0.1米。椁室底部放置人骨1具，左侧身屈肢，头向东，面向下，性别为女（图三三三；图版二二〇，1）。

（二）出土遗物

共85件。陶器1件，为双耳陶罐（M206：1），出土于椁室东南角。铜器4件，其中铜耳环3件，1件（M206：2）出土右腕部，2件出土于耳部（M206：6）；铜管1件（M206：4），出土于腹部。石器80件，其中滑石串珠79件（M206：3），出土于右腕部；绿松石串珠1件（M206：5），出土于颈部。

1. 陶器

M206：1，双耳陶罐。1件。夹细砂红陶，手制，完整。侈口，圆唇，短束颈，沿肩双耳，鼓腹，小平底。肩部绘一周弦纹，其下绘连续的叶脉三角纹。通高15.3厘米，口径10.4厘米，腹径15.6厘米，底径7厘米（图三三四，1；图版二一九，6）。

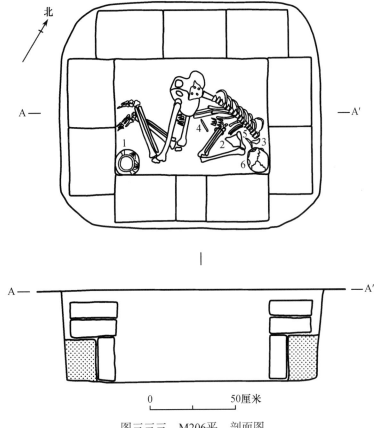

图三三三　M206平、剖面图

1. 双耳陶罐（M206：1）　2. 铜耳环（M206：2）　3. 滑石串珠（M206：3）　4. 铜管（M206：4）　5. 绿松石串珠（M206：5）
6. 铜耳环（M206：6）

2. 铜器

M206：2，铜耳环。1件。环状，残损严重，用细铜丝绕成。直径4.2厘米，丝径0.3厘米，重4.92克（图三三四，2；图版二二〇，2）。

M206：4，铜管。1件。管状，用薄铜片卷成。有接缝。长9.6厘米，直径0.6厘米，重13.07克（图三三四，6；图版二二〇，3）。

M206：6，铜耳环。2件。环状，用细铜丝绕成，接口处扁平。环径3.7、4.4厘米，丝径0.3厘米，重4.24、5.36克（图三三四，3；图版二二一，3）。

3. 石器

M206：3，滑石串珠。79件。白色，圆柱状，中间有穿孔。高0.4～0.9厘米，直径0.5厘米，孔径0.2厘米，重0.16克（图三三四，5；图版二二一，1）。

M206：5，绿松石串珠。1件。淡蓝色，扁腰鼓状，中间有穿孔。长1.4厘米，宽0.8厘米，孔径0.2厘米，重1.1克（图三三四，4；图版二二一，2）。

附：M206墓主人经分子遗传学鉴定，性别为女性（高诗珠，2009：56）。

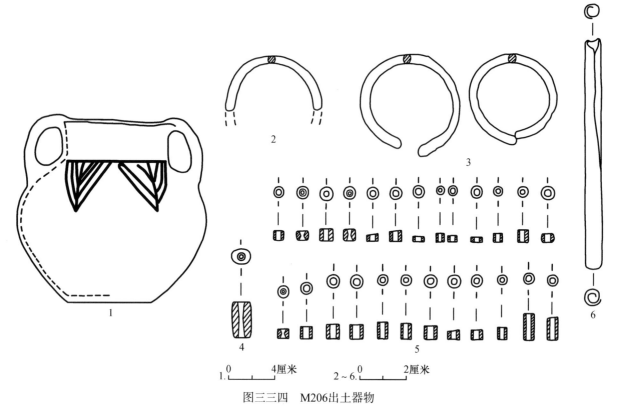

图三三四　M206出土器物

1. 双耳陶罐（M206：1）　2. 铜耳环（M206：2）　3. 铜耳环（M206：6）　4. 绿松石串珠（M206：5）　5. 滑石串珠（M206：3）

6. 铜管（M206：4）

M207

（一）形制结构

长方形竖穴土坑墓。位于T25，东北部被M198打破。墓向30°。墓口距地表0.24米，残长1.07米，宽1.12米，墓坑深0.36米。墓圹内填充夹杂细砾的砂质黄土。墓圹底部为长方形土坯椁室，椁室四壁均自下而上错缝平砌3层土坯，每边每层铺设2~3块。椁室内周残长0.62米，宽0.58米，土坯长0.38米，宽0.26米，厚0.1米。椁室底部放置人骨1具，为未成年个体，被扰动（图三三五）。

（二）出土遗物

共3件。陶器1件，为双耳陶罐（M207：1），出土于椁室东南角。铜器2件，均为铜牌饰，2件（M207：2、M207：3）均出土椁室西壁一侧。

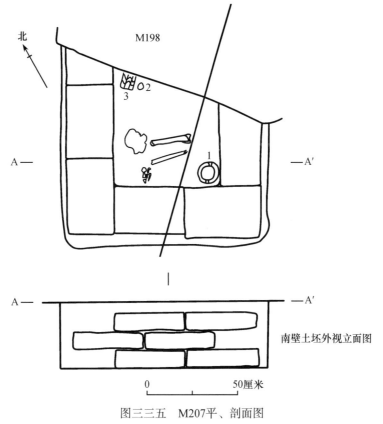

图三三五　M207平、剖面图

1. 双耳陶罐（M207：1）　2. 铜牌饰（M207：2）　3. 铜牌饰（M207：3）

1. 陶器

　　M207：1，双耳陶罐。1件。夹细砂红陶，手制，完整。侈口，方唇，短颈，颈肩双耳，鼓腹，小平底。通高9.9厘米，口径7.8厘米，腹径9.7厘米，底径5.1厘米（图三三六，1；图版二二二，1）。

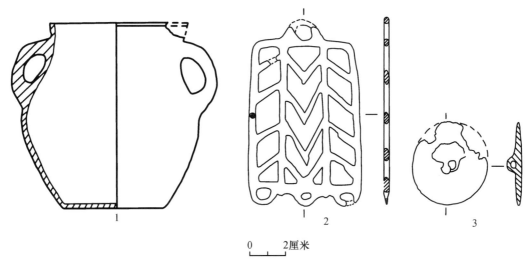

图三三六　M207出土器物

1. 双耳陶罐（M207：1）　2. 铜牌饰（M207：3）　3. 铜牌饰（M207：2）

2. 铜器

M207：2，铜牌饰。1件。圆形，背部有纽。直径4.4厘米，重13.06克（图三三六，3；图版二二二，2）。

M207：3，铜牌饰。1件。平面大致呈梯形，长边6.2厘米，短边5.4厘米，高10.3厘米。系单范铸造而成，方框内式样似麦穗，截面大致呈圆形。短边侧有一个圆形挂孔，长边侧有三个圆形挂孔（图三三六，2；图版二二二，3）。

M208

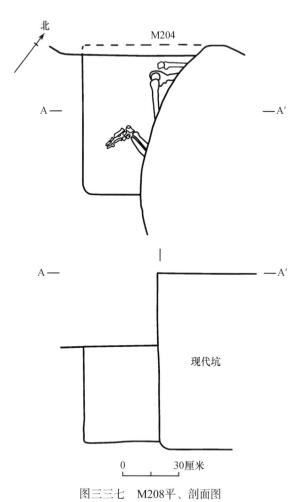

长方形竖穴土坑墓。位于T25，西北侧被M204打破，东部被现代扰坑打破。墓向50°。长0.72，宽0.92米。墓圹内填充夹杂细砾的灰色沙砾土，夹杂部分黄土。墓圹底部放置人骨1具，左侧身屈肢，头向东，面向不明（图三三七）。

无出土遗物。

M209

（一）形制结构

长方形竖穴土坑墓。位于T26，打破M215东北角。墓向39°。墓口距地表0.2米，长1.62米，宽1.26米，墓坑深0.38米。墓圹底部四周设熟土二层台，二层台内侧竖立1层土坯，二层台上平砌1层土坯，每边每层铺设3~4块。椁室内周长0.9米，宽0.6米，土坯长0.36米，宽0.24米，厚0.1米。椁室底部放置人骨1具，左侧身屈肢，头向东，面向南（图三三八）。

图三三七　M208平、剖面图

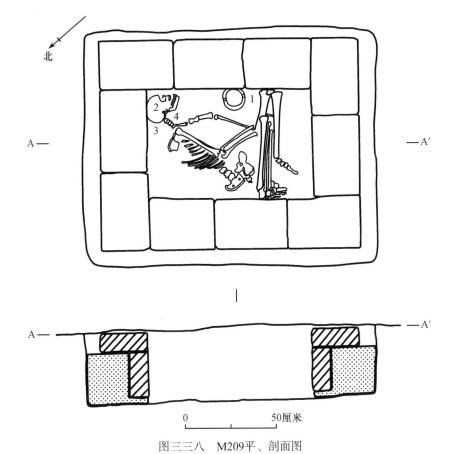

图三三八 M209平、剖面图

1. 双耳陶罐（M209：1） 2. 铜耳环（M209：2） 3. 铜耳环（M209：3） 4. 绿松石串珠（M209：4）

（二）出土遗物

共4件。陶器1件，为双耳陶罐（M209：1），出土于手臂。铜器2件，均为铜耳环，1件（M209：2）出土于左耳，1件（M209：3）出土于右耳。石器1件，为绿松石串珠（M209：4），出土于颈部。

1. 陶器

M209：1，双耳陶罐。1件。夹细砂红陶，手制，完整。大侈口，方唇，粗短颈，颈肩双耳，弧腹，平底。腹部有一圆孔。通高9.8厘米，口径9.4厘米，腹径12.6厘米，底径6.8厘米（图三三九，1；图版二二二，4）。

2. 铜器

M209：2，铜耳环。1件。呈环形，用细铜丝绕成，接口处扁平，戴在死者左耳处。环径2.9厘米，丝径0.3厘米，重3.32克（图三三九，2；图版二二二，5）。

M209：3，铜耳环。1件。呈环形，用细铜丝绕成，接口处扁平，戴在死者右耳处。环径2.9厘米，丝径0.3厘米，重3.49克（图三三九，3；图版二二二，6）。

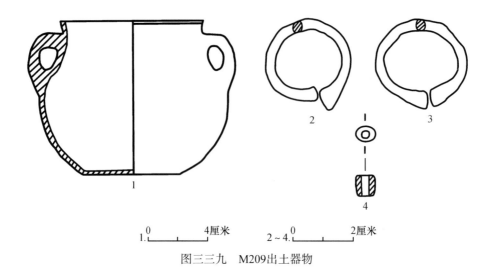

图三三九　M209出土器物

1. 双耳陶罐（M209∶1）　2. 铜耳环（M209∶2）　3. 铜耳环（M209∶3）　4. 绿松石串珠（M209∶4）

3. 石器

M209∶4，绿松石串珠。1件。绿色，腰鼓状，中间有孔。长0.6厘米，直径0.5厘米，孔径0.2厘米，重0.4克（图三三九，4；图版二二三，1）。

M210

（一）形制结构

长方形竖穴土坑墓。位于T26，打破M213东侧、M211西南角、M221东北角。墓向38°。墓口距地表0.1米，长1.68米，宽1.32米，墓坑深1米。墓圹底部四周设生土二层台，二层台上错缝平砌3层土坯，其中南壁在3层土坯之上再平放1块土坯，每边每层铺设3~4块。椁室内周长0.88米，宽0.6米；土坯长0.38米，宽0.26米，厚0.1米。椁室底部放置人骨1具，左侧身屈肢，头向东，面向南（图三四〇）。

（二）出土遗物

共11件。陶器1件，为双耳陶罐（M210∶1），出土于椁室东南角。铜器4件，其中铜珠2件（M210∶3），出土于颈部；铜耳环2件（M210∶6），出土于耳部。石器5件，其中滑石串珠3件，1件（M210∶2）出土于左腕，2件（M210∶4）出土于颈部；绿松石串珠2件（M210∶5），出土于腹部。羊腿骨1件，出土位置不明。

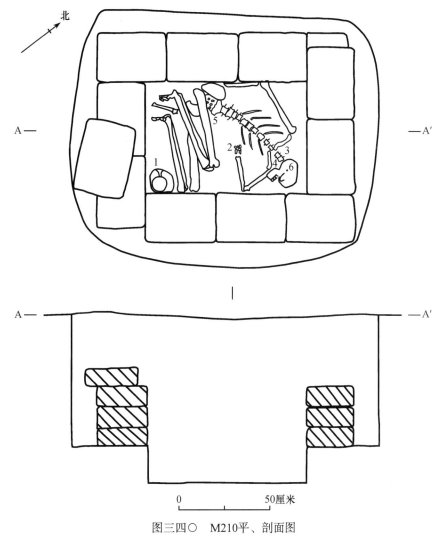

图三四○　M210平、剖面图

1. 双耳陶罐（M210∶1）　　2. 滑石串珠（M210∶2）　　3. 铜珠（M210∶3）　　4. 滑石串珠（M210∶4）　　5. 绿松石串珠（M210∶5）
6. 铜耳环（M210∶6）

1. 陶器

M210∶1，双耳陶罐。1件。夹细砂红陶，手制，完整。微侈口，圆唇，短束颈，沿肩双耳，鼓腹，平底。通高15厘米，口径9.8厘米，腹径15.9厘米，底径8.5厘米（图三四一，1；图版二二三，2）。

2. 铜器

M210∶3，铜珠。2件。不规则圆柱状，铸造而成。长0.9厘米，直径0.7厘米，孔径0.2厘米，重0.78克（图三四一，4；图版二二三，4）。

M210∶6，铜耳环。2件。环状，用细铜丝绕成，接口处扁平。环径2.5、3.4厘米，丝径0.2、0.3厘米，重2.83、2.04克（图三四一，2；图版二二四，1）。

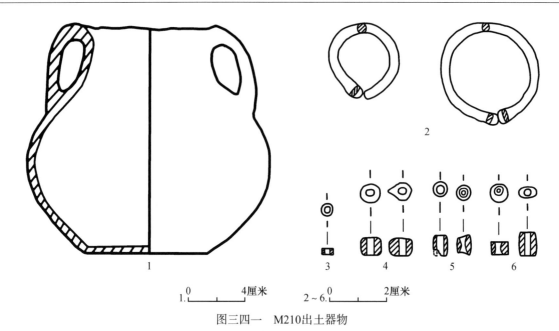

图三四一　M210出土器物

1. 双耳陶罐（M210：1）　2. 铜耳环（M210：6）　3. 滑石串珠（M210：2）　4. 铜珠（M210：3）　5. 滑石串珠（M210：4）

6. 绿松石串珠（M210：5）

3. 石器

M210：2，滑石串珠。1件。白色，矮圆柱状，中部穿孔。长0.2厘米，直径0.4厘米，孔径0.2厘米，重0.1克（图三四一，3；图版二二三，3）。

M210：4，滑石串珠。2件。白色，圆柱状，中间有对钻穿孔。长0.7厘米，直径0.4厘米，孔径0.2厘米，重0.2克（图三四一，5；图版二二三，5）。

M210：5，绿松石串珠。2件。淡蓝色，圆柱状、扁腰鼓状，中间有穿孔。长0.4、0.7厘米，直径0.6厘米，孔径0.2厘米，重0.3、0.4克（图三四一，6；图版二二三，6）。

M211

（一）形制结构

长方形竖穴土坑墓。位于T26北部，墓葬西南角被M210打破，北部被现代坑打破，打破M212西部。墓向12°。墓口长1.32米，宽1.2米，墓坑深度不明。墓圹底部为长方形土坯椁室，椁室东、南两壁自下而上错缝平砌3层土坯，每边每层铺设2~3块；西、北两壁被破坏，形制不明。椁室内周残长0.88米，宽0.6米；土坯长0.38米，宽0.26米，厚0.1米。椁室底部放置人骨1具，被扰动，保存较差（图三四二）。

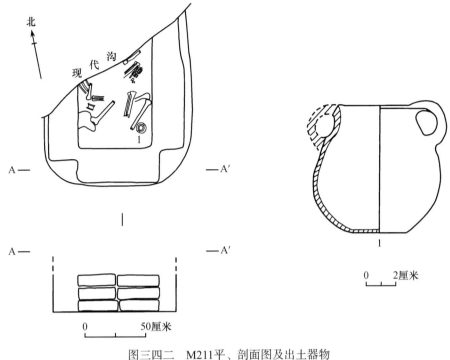

图三四二　M211平、剖面图及出土器物
1.双耳陶罐（M211∶1）

（二）出土遗物

共1件。陶器1件，为双耳陶罐（M211∶1），出土于椁室东南角。

M211∶1，双耳陶罐。1件。夹细砂红陶，手制，一耳残。侈口，圆唇，短束颈，沿肩双翘耳，鼓腹，小平底。通高8.5厘米，口径4.6厘米，腹径8.5厘米，底径3.4厘米（图三四二，1；图版二二四，2）。

M212

（一）形制结构

长方形竖穴土坑墓。位于T26北部，打破M219西侧，被M211打破北侧。墓向59°。墓口距地表0.1米，长1.56米，宽1.16米，墓坑深0.3米。墓圹底部四周设熟土二层台，二层台内侧竖立1层土坯，二层台上平砌1层土坯，每边每层铺设2~3块。椁室内周长1.06米，宽0.72米；土坯长0.38米，宽0.18米，厚0.1米。椁室底部放置人骨1具，左侧身屈肢，头向东，面向南（图三四三；图版二二四，3）。

（二）出土遗物

共3件。陶器1件，为双耳陶罐（M212：1），出土于左肘部。铜器1件，为铜别针（M212：2），出土于耳部。羊腿骨1件，出土位置不明。

1. 陶器

M212：1，双耳陶罐。1件。夹细砂红陶，手制，完整。侈口，方唇，短束颈，颈肩双耳，弧腹，平底。通高13.3厘米，口径9.7厘米，腹径12.6厘米，底径8.4厘米（图三四三，1；图版二二五，1）。

2. 铜器

M212：2，铜别针。1件。"U"形，用细铜丝绕成。两端尖锐。长2.7厘米，丝径0.2厘米，重0.92克（图三四三，2；图版二二五，2）。

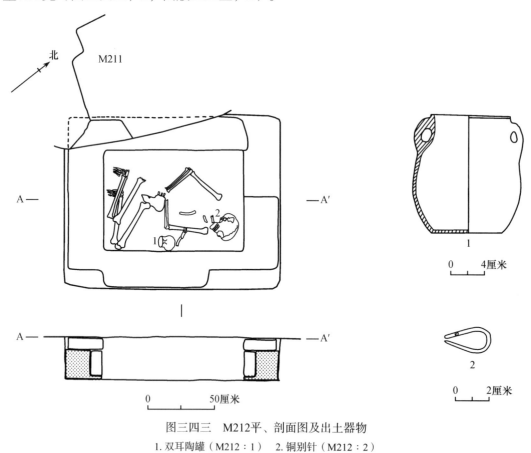

图三四三　M212平、剖面图及出土器物
1.双耳陶罐（M212：1）　2.铜别针（M212：2）

M213

（一）形制结构

长方形竖穴土坑墓。位于T26北部，东侧被M210打破。墓向10°。墓口长1.08米，残宽0.4～0.5米，墓坑深不明。墓圹底部四周设熟土二层台，二层台内侧竖立1层土坯，二层台上平砌1层土坯，转角处贴合紧密，每边每层铺设2～3块土坯。椁室内周长0.84米，宽不明；土坯长0.36米，宽0.2米，厚0.1米。椁室底部放置人骨1具，左侧身屈肢，头向东北，面向东南（图三四四）。

（二）出土遗物

共1件。铜器1件，为铜耳环（M213：1），出土于耳部。

M213：1，铜耳环。1件。环形，用细薄铜片绕成，接口处两端尖锐。环径2.7厘米，铜片宽0.3厘米，重1.13克（图三四四，1；图版二二五，3）。

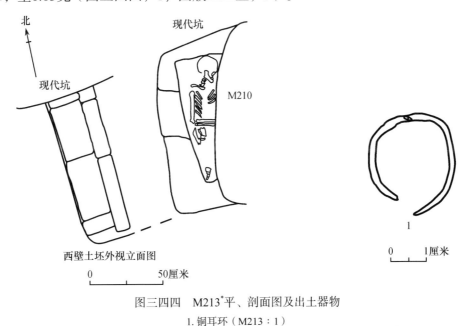

图三四四　M213*平、剖面图及出土器物
1. 铜耳环（M213：1）

---

* 此墓被现代坑和M210打破，故图上形制已不太准确。

M214

（一）形制结构

长方形竖穴土坑墓。位于T26西南角。墓向45°。墓口距地表0.1米，长1.6米，宽1.24米，墓坑深1米。墓圹底部四周设生土二层台，二层台内侧竖立1层土坯，二层台上平砌2层土坯，每边每层铺设3～4块，其中西、南两壁不错缝，北、东两壁错缝。椁室内周长0.92米，宽0.62米；土坯长0.36米，宽0.26米，厚0.1米。椁室底部放置人骨1具，左侧身屈肢，头向东北，面向南（图三四五）。

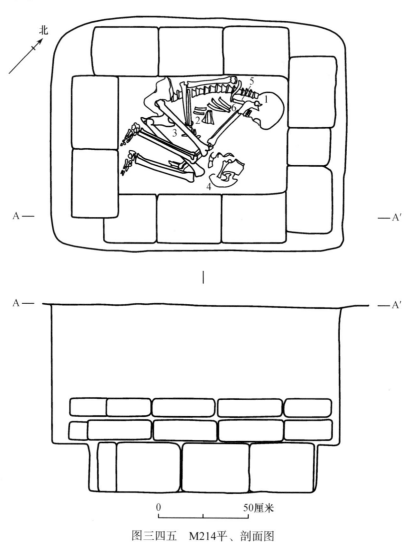

图三四五　M214平、剖面图

1. 铜耳环（M214：1）　　2. 铜手镯（M214：2）　　3. 铜管（M214：3）　　4. 双耳陶罐（M214：4）　　5. 滑石串珠（M214：5）

6. 玉髓串珠（M214：6）

（二）出土遗物

共10件。陶器1件，为双耳陶罐（M214：4），出土于人骨膝部前。铜器4件，其中铜耳环2件（M214：1），出土于耳部；铜手镯1件（M214：2），出土于右臂；铜管1件（M214：3），出土于股骨处。石器4件，其中滑石串珠3件（M214：5），出土于颈部；玉髓串珠1件（M214：6），出土于颈部。羊腿骨1件，出土位置不明。

1. 陶器

M214：4，双耳陶罐。1件。红皮灰胎夹细砂，手制。大侈口，短束颈，沿肩双耳，鼓腹，小平底。口沿内绘弦纹和短斜线纹，颈部上下绘两组弦纹，每组两道，两组弦纹间夹小三角纹，腹部正面绘连续的形似手掌的树草纹，腹部两侧耳下各绘一人物，以三角形构图分别为一男一女，人物两侧绘竖线锯齿纹，耳部绘对顶三角纹。口径12厘米，底径11.5厘米，通高16厘米（图三四六，1；图版二二六，1）。

2. 铜器

M214：1，铜耳环。2件。环形，用细铜丝绕成，接口处扁平。环径2.2、2.5厘米，丝径0.3厘米，重2.45、1.75克（图三四六，3；图版二二五，4）。

M214：2，铜手镯。1件。环形，用细铜丝绕成。接口处扁平。直径5.8厘米，丝径0.3厘米，重6.8克（图三四六，4；图版二二五，5）。

M214：3，铜管。1件。管状，用薄铜片卷成。有接缝。长4.2厘米，直径0.7厘米，重3.64克（图三四六，5；图版二二五，6）。

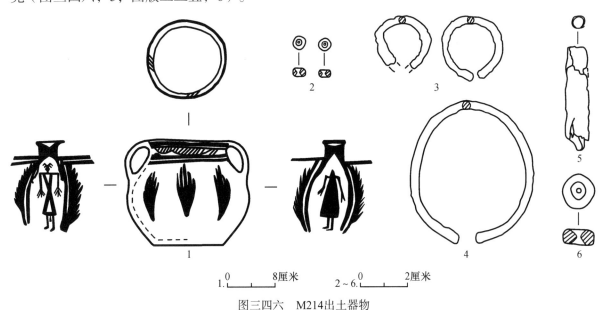

图三四六　M214出土器物

1. 双耳陶罐（M214：4）　2. 滑石串珠（M214：5）　3. 铜耳环（M214：1）　4. 铜手镯（M214：2）　5. 铜管（M214：3）
6. 玉髓串珠（M214：6）

3. 石器

M214：5，滑石串珠。3件。白色，圆柱状，中部穿孔。长0.3厘米，直径0.5厘米，孔径0.2厘米，重0.18克（图三四六，2；图版二二六，2）。

M214：6，玉髓串珠。1件。红色半透明，算珠状。中间有对钻穿孔。厚0.5厘米，直径1.3厘米，孔径0.2厘米，重1.17克（图三四六，6；图版二二六，3）。

M215

（一）形制结构

长方形竖穴土坑墓。位于T26南部，东北角被M209打破。墓向208°。墓口距地表0.1米，长1.42米，宽1.1米，墓坑深0.42米。墓圹内填充夹杂细砾的青砂土，质地疏松。墓圹底部为长方形土坯椁室，椁室四壁均自下而上错缝平砌4层土坯，每边每层铺设2～3块。椁室内周长0.92米，宽0.54米；土坯长0.4米，宽0.28米，厚0.1米。椁室底部放置人骨1具，右侧身屈肢，为成年男性个体，被扰动（图三四七）。

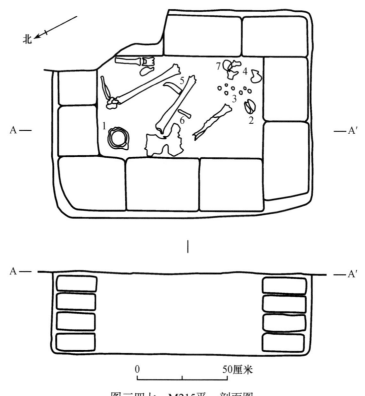

图三四七　M215平、剖面图

1. 双耳陶罐（M215：1）　2. 海贝（M215：2）　3. 滑石串珠（M215：3）　4. 铜牌饰（M215：4）　5. 铜刀（M215：5）
6. 铜锥（M215：6）　7. 铜耳环（M215：7）

（二）出土遗物

共21件。陶器1件，为双耳陶罐（M215：1），出土于椁室西北角。铜器4件，其中铜牌饰1件（M215：4），出土于颈部；铜刀1件（M215：5），出土于腰部；铜锥1件（M215：6），出土于股骨处；铜耳环1件（M215：7），出土于耳部。贝器4件，均为海贝（M215：2），出土于头部。石器11件，其中滑石串珠10件（M215：3），出土于颈部；玉髓串珠1件（M215：8），出土于颈部。羊腿骨1件，出土于腿骨处。

1. 陶器

M215：1，双耳陶罐。1件。夹细砂红陶，手制，腹部残。直口，方唇，短颈，颈肩双耳，弧腹，小平底。通高14.3厘米，口径10.2厘米，腹径13.9厘米，底径7.3厘米（图三四八，1；图版二二六，4）。

2. 铜器

M215：4，铜牌饰。1件。残，从残片看应为圆形，近边缘处有两个穿孔。直径4.9厘米，重12克（图三四八，5；图版二二七，1）。

M215：5，铜刀。1件。直背，刀尖上翘，柄部残。残长10.8厘米，宽2厘米，厚0.3厘米，重27.42克（图三四八，8；图版二二七，2）。

M215：6，铜锥。1件。四棱锥状，一端残，铸造而成。残长4.3厘米，宽0.4厘米，重3.42克（图三四八，6；图版二二七，3）。

M215：7，铜耳环。1件。环形，用细铜丝绕成。环径3.9厘米，丝径0.3厘米，重3.31克（图三四八，7；图版二二七，4）。

3. 石器

M215：3，滑石串珠。10件。白色，矮圆柱形，中部穿孔。厚0.2厘米，直径0.5～0.7厘米，孔径0.3厘米，重0.1克（图三四八，4；图版二二六，6）。

M215：8，玉髓串珠。1件。红色半透明，算珠状。长0.5厘米，直径1.3厘米，孔径0.2厘米，重1.59克（图三四八，3；图版二二七，5）。

4. 贝器

M215：2，海贝。4件。均为卵圆形，其中2件背面有卵圆形孔，其余2件没有，长2～3厘米（图三四八，2；图版二二六，5）。

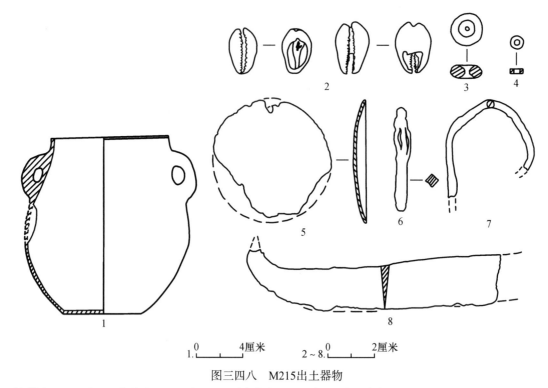

图三四八　M215出土器物

1. 双耳陶罐（M215：1）　2. 海贝（M215：2）　3. 玉髓串珠（M215：8）　4. 滑石串珠（M215：3）　5. 铜牌饰（M215：4）
6. 铜锥（M215：6）　7. 铜耳环（M215：7）　8. 铜刀（M215：5）

M216

（一）形制结构

长方形竖穴土坑墓。位于T26北部。墓向241°。墓口长1.2米，宽0.76米，墓坑深0.48米。墓圹底部为长方形土坯椁室，椁室四壁均自下而上错缝竖立2层土坯，每边每层铺设2块。椁室内周长0.94米，宽0.52米；土坯长0.24米，宽0.2米，厚0.1米。椁室底部放置人骨1具，右侧身屈肢，头向西南，面向东南（图三四九）。

（二）出土遗物

共2件。陶器1件，为双耳陶罐（M216：1），出土于足部。羊腿骨1件，出土于头部。

M216：1，双耳陶罐。1件。夹细砂红陶，手制，完整。斜口微侈，方唇，短颈，颈肩双耳，鼓腹，小平底。通高9.8厘米，口径7.2厘米，腹径9.2厘米，底径4.2厘米（图三四九，1；图版二二七，6）。

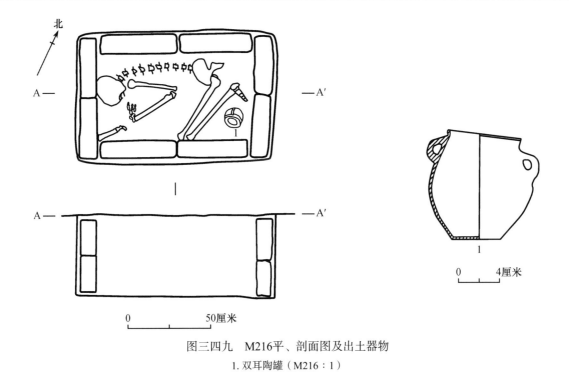

图三四九　M216平、剖面图及出土器物
1. 双耳陶罐（M216：1）

M217

（一）形制结构

长方形竖穴土坑墓。位于T26东侧。墓向40°。墓口距地表0.1米，长1.36米，宽1.16米，墓坑深0.48米。墓圹底部四周设熟土二层台，二层台内侧竖立1层土坯，二层台上平砌1层土坯，每边每层铺设1或2块。椁室内周长0.84米，宽0.6米；土坯长0.38米，宽0.24米，厚0.1米。椁室底部放置人骨2具，上层人骨为未成年个体，被扰乱，人骨均不在原始解剖位置；下层人骨为未成年个体，左侧身屈肢，头向东北，面向南（图三五〇；图版二二八，1）。

（二）出土遗物

共3件。陶器2件，其中单耳陶罐1件（M217：1），出土于椁室东南角；双耳陶罐1件（M217：2），出土于填土中。羊距骨1件，出土位置不明。

M217：1，单耳陶罐。1件。夹细砂红陶，手制，完整。直口，方唇，粗长颈，沿肩单耳，圆鼓腹，圈足。通高12.6厘米，口径8.5厘米，腹径12.2厘米，底径7厘米（图三五〇，1；图版二二八，2）。

M217：2，双耳陶罐。1件。夹细砂红陶，手制，残。敛口，方唇，粗短颈，双耳不对

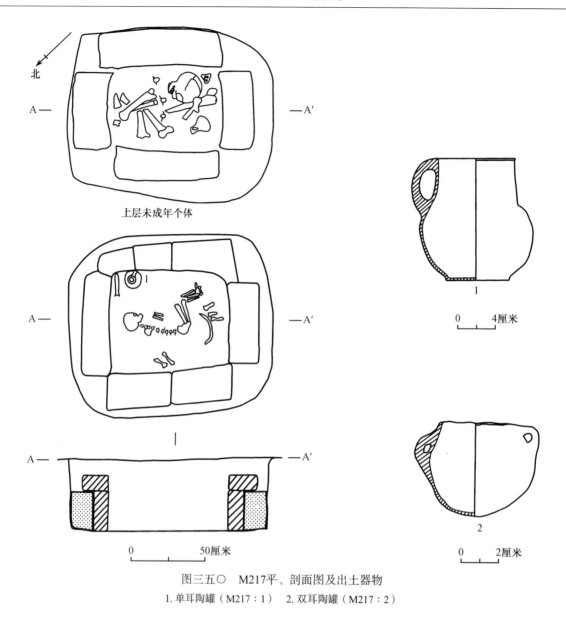

图三五〇　M217平、剖面图及出土器物
1. 单耳陶罐（M217：1）　2. 双耳陶罐（M217：2）

称，一沿肩耳、一颈肩耳，弧腹，小平底。通高4.8厘米，口径3.5厘米，腹径5.8厘米，底径1.6
厘米（图三五〇，2；图版二二八，3）。

M218

（一）形制结构

长方形竖穴土坑墓。位于T6东侧，T25交界处，打破M219。墓向229°。墓口长0.92米，宽
0.6米。墓坑底部放置人骨1具，右侧身屈肢，头向西南，面向东，性别不明（图三五一）。

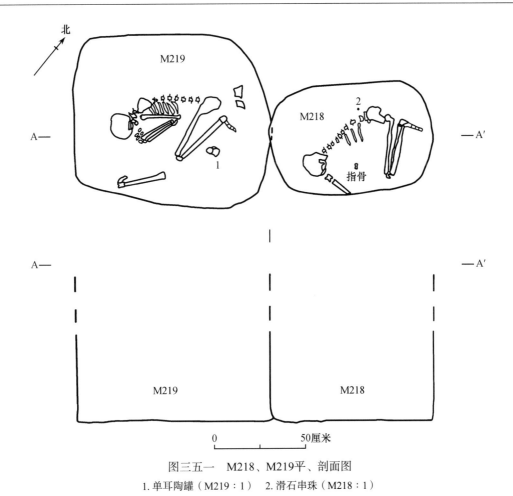

图三五一　M218、M219平、剖面图
1.单耳陶罐（M219：1）　2.滑石串珠（M218：1）

（二）出土遗物

共2件。石器1件，为滑石串珠（M218：1），出土于股骨下侧。羊腿骨1件，出土于头骨旁。M218：1，滑石串珠。1件。无文字记录，无照片、绘图记录。

M219

（一）形制结构

长方形竖穴土坑墓。位于T26东侧，被M218、M212打破。墓向229°。墓口长1.04米，宽0.9米。墓圹底部放置人骨1具，右侧身屈肢，头向西南，面向东，性别女（图三五一）。

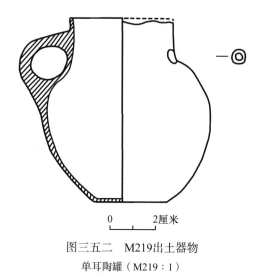

0 ⊢——⊣ 2厘米

图三五二　M219出土器物
单耳陶罐（M219∶1）

（二）出土遗物

共2件。陶器1件，为单耳陶罐（M219∶1），出于胫骨处。羊腿骨1件，出土于头部。

M219∶1，单耳陶罐。1件。夹细砂红陶，手制，完整。直口，方唇，短直颈，颈肩单耳，颈部一侧有一穿孔，圆鼓腹，小平底。通高7.3厘米，口径4.5厘米，腹径7.2厘米，底径3.5厘米（图三五二；图版二二九，1）。

附：M219墓主人经分子遗传学鉴定，性别为女性（高诗珠，2009∶56）。

M220

（一）形制结构

长方形竖穴土坑墓。位于T26，打破M221，被M222打破。墓向221°。墓口长1.1米，宽0.9米，墓坑残深1.41米。墓圹底部放置人骨1具，右侧身屈肢，头向西南，面向东，性别女（图三五三）。

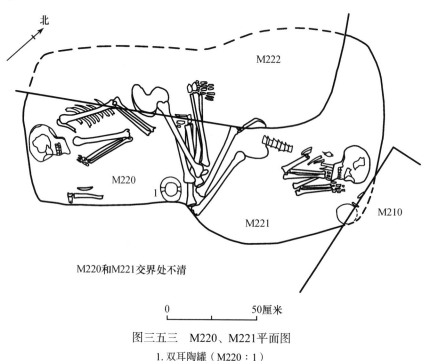

M220和M221交界处不清

0 ⊢——⊣ 50厘米

图三五三　M220、M221平面图
1. 双耳陶罐（M220∶1）

（二）出土遗物

共3件。陶器1件，为双耳陶罐（M220∶1），出土于膝部。铜器1件，为铜刀（M220∶2），出土于墓坑东壁。石器1件，为玉髓串珠（M220∶3），出土颈部。

1. 陶器

M220∶1，双耳陶罐。1件。夹细砂红陶，手制，完整。微侈口，方唇，短直颈，颈肩双耳，鼓腹，鼓腹处两侧各有一乳突，圈足。通高17.6厘米，口径8.6厘米，腹径15.5厘米，底径7厘米（图三五四，1；图版二二九，2）。

2. 铜器

M220∶2，铜刀。1件。直背，刀尖上翘，弧刃，柄部残。残长14厘米，宽2.6厘米，厚0.5厘米，重62.61克（图三五四，3；图版二二九，3）。

3. 石器

M220∶3，玉髓串珠。1件。红色半透明，腰鼓状。中部穿孔。长1.2厘米，直径0.8厘米，孔径0.2厘米，重1.32克（图三五四，2；图版二二九，4）。

附：M220墓主人经分子遗传学鉴定，性别为女性（高诗珠，2009∶56）。

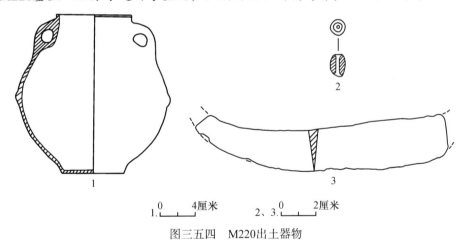

图三五四　M220出土器物

1. 双耳陶罐（M220∶1）　2. 玉髓串珠（M220∶3）　3. 铜刀（M220∶2）

M221

（一）形制结构

长方形竖穴土坑墓。位于T26，被M210、M220、M222打破。墓向41°。墓口长1.22米，宽1米，墓坑残深1.41米。墓圹底部放置人骨1具，左侧身屈肢，头向东北，面向东南（图三五三）。

（二）出土遗物

共232件。陶器1件，为筒形陶罐（M221∶1），出土于头部附近。铜器1件，为铜锥（M221∶2），出土于头部附近；石器230件，其中石化妆棒1件（M221∶3），出土头部附近；绿松石串珠15件（M221∶4），出土于颈部附近；滑石串珠214件（M221∶5），出土于人骨附近。

1. 陶器

M221∶1，筒形陶罐。1件。夹细砂红陶，手制。整体呈筒状，敛口，圆唇，口沿下双贯耳，弧腹，平底。口沿处绘4周弦纹，其下至底部绘连续的横向水波纹，耳部绘短线纹。通高16.8厘米，口径9.2厘米，腹径13厘米，底径6.2厘米（图三五五，1；图版二二九，5）。

2. 铜器

M221∶2，铜锥。1件。四棱锥状，一端扁平，另一端尖锐。长5厘米，宽0.5厘米，重2.02克（图三五五，2；图版二二九，6）。

3. 石器

M221∶3，石化妆棒。1件。圆柱状，通体磨光，两侧较尖，近一端处有一周凹槽。长7厘米，直径0.88厘米（图三五五，3；图版二三〇，1）。

M221∶4，绿松石串珠。15件。淡蓝色，扁圆柱状，中部穿孔。长0.4～1.7厘米，直径0.3～1.7厘米，孔径0.2～0.3厘米，总重8.23克（图三五五，4；图版二三〇，2）。

M221∶5，滑石串珠。214件。白色，完整，中间穿孔。一种呈折腹状，共43颗，厚0.2～0.3厘米，直径0.5厘米，孔径0.2厘米，总重2.21克；另一种为矮圆柱状，共171颗，厚0.2～0.3厘米，直径0.5厘米，孔径0.2厘米，总重11.97克（图三五五，5；图版二三〇，3）。

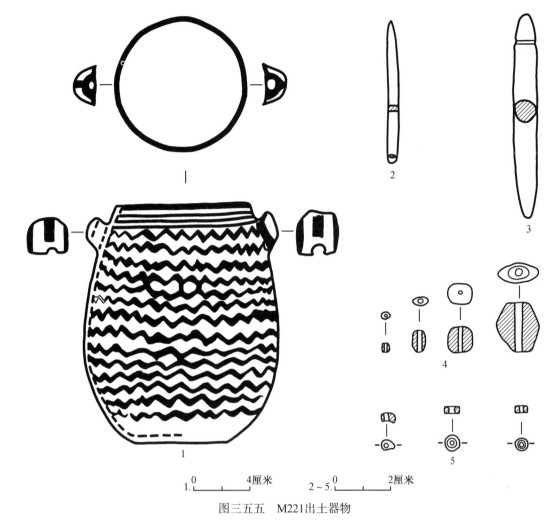

图三五五 M221出土器物

1. 筒形陶罐（M221：1）　2. 铜锥（M221：2）　3. 石化妆棒（M221：3）　4. 绿松石串珠（M221：4）　5. 滑石串珠（M221：5）

M222

（一）形制结构

长方形竖穴土坑墓。位于T26西部，墓葬打破M221、东部打破M220西部。墓向229°。墓口长1.48米，宽1.14米。墓圹底部东壁设熟土二层台，二层台内侧竖立1层土坯，二层台上平砌2层土坯；西、北、南三壁自下而上不错缝平砌3层土坯，每边每层铺设3～4块。椁室内周长0.94米，宽0.62米；土坯长0.4米，宽0.26米，厚0.1米。椁室底部放置人骨1具，右侧身屈肢，头向南，面向东，性别男（图三五六）。

（二）出土遗物

共3件。陶器1件，为双耳陶罐（M222：1），出土于肱骨附近。铅器2件，均为铅耳环（M222：2），出土于耳部。

1. 陶器

M222：1，双耳陶罐。1件。夹细砂红陶，手制，口沿残。微侈口，方唇，短束颈，颈肩双耳，鼓腹，小平底。通高15.6厘米，口径11厘米，腹径16厘米，底径6.7厘米（图三五六，1；图版二三一，1）。

2. 铅器

M222：2，铅耳环。2件。环形，由截面为扁圆形的铅丝绕成，一端制成较大的扁头。环径1.4、1.8厘米，丝径0.3厘米，重1.64、2.42克（图三五六，2；图版二三一，2）。

附：M222墓主人经分子遗传学鉴定，性别为男性（高诗珠，2009：56）。

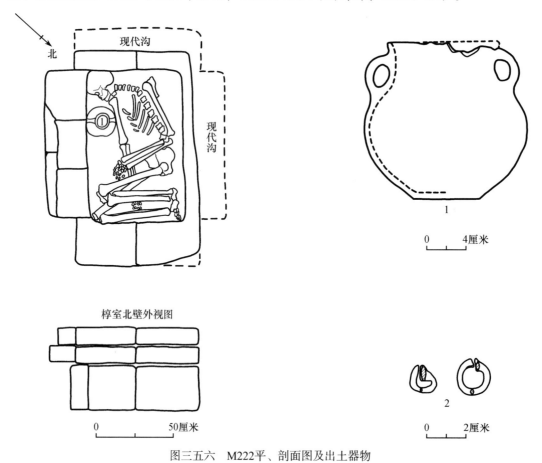

图三五六　M222平、剖面图及出土器物
1.双耳陶罐（M222：1）　2.铅耳环（M222：2）

M223

（一）形制结构

长方形竖穴土坑墓。位于T26东南，被M008打破。墓向14°。墓口距地表0.52米，长1.52米，宽1.19米，墓坑深0.36米。墓圹底部为长方形土坯椁室，椁室北壁自下而上错缝平砌3层土坯，南壁平砌1层土坯，东、西两壁情况不明，每边每层铺设2～3块。椁室内周长0.88米，宽0.74米；土坯长0.36米，宽0.26米，厚0.1米。椁室底部放置人骨1具，左侧身屈肢，头向东北，面向下，性别女（图三五七）。

（二）出土遗物

共3件。陶器1件，为双耳陶罐（M223∶1），出土于椁室东南角。石器1件，为滑石串珠（M223∶2），出土于颈部。羊腿骨1件，出土于椁室东部。

1. 陶器

M223∶1，双耳陶罐。1件。夹细砂红陶，手制，口颈残。微侈口，方唇，长颈，颈肩双耳，鼓腹，小平底。颈部、腹部及耳部绘圆点纹。通高15.4厘米，口径10.8厘米，腹径13.5厘米，底径6.5厘米（图三五七，1；图版二三一，3）。

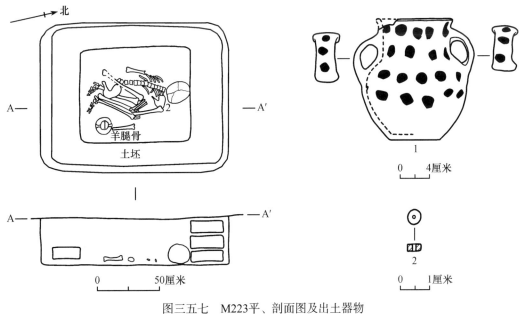

图三五七　M223平、剖面图及出土器物

1. 双耳陶罐（M223∶1）　　2. 滑石串珠（M223∶2）

2. 石器

M223：2，滑石串珠。1件。白色，矮圆柱状，中部穿孔。长0.2厘米，直径0.5厘米，孔径0.1厘米，重不足0.1克（图三五七，2；图版二三一，4）。

附：M223墓主人经分子遗传学鉴定，性别为女性（高诗珠，2009：56）。

M224

（一）形制结构

长方形竖穴土坑墓。位于T3东扩方，打破M225、M227、M007。墓向123°。墓口距地表0.35米，长1.48米，宽1.2米，墓坑深0.52米。墓圹内填充夹杂砾石的砂质黄土。墓圹底部为长方形土坯椁室，椁室四壁均自下而上错缝平砌5层土坯，每边每层铺设2～3块。椁室内周长0.82米，宽0.6米；土坯长0.24～0.4米，宽0.24米，厚0.1米。椁室底部放置人骨1具，右侧身屈肢，头向东南，面向东北（图三五八；图版二三二，1）。

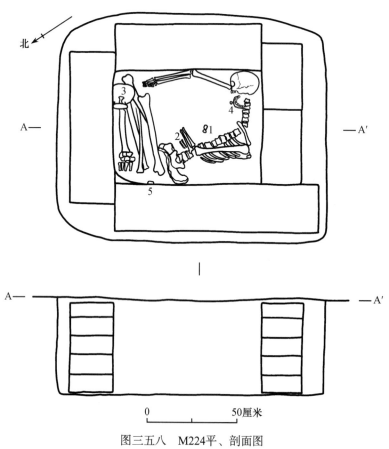

图三五八　M224平、剖面图

1. 铜泡（M224：1）　2. 铜刀、铜锥（M224：2）　3. 双耳陶罐（M224：3）　4. 绿松石串珠（M224：4）　5. 铜管（M224：5）

（二）出土遗物

共9件。陶器1件，为双耳陶罐（M224:3），出土于椁室东北角。铜器6件，其中铜泡1件（M224:1），出土于胸部；铜刀、铜锥各1件（M224:2），出土于腹部；铜管1件（M224:5），出土于髋骨处；铜珠2件（M224:6），出土于填土。石器2件，均为绿松石串珠（M224:4），出土于颈部。

1. 陶器

M224:3，双耳陶罐。1件。夹细砂红陶，手制，口沿、腹部、底略残。侈口，方唇，短束颈，颈肩双耳，鼓腹，平底，底部有烟熏痕迹。通高15.6厘米，口径11.2厘米，腹径15.7厘米，底径8.8厘米（图三五九，1；图版二三二，2）。

2. 铜器

M224:1，铜泡。1件。圆形，泡状，背部有纽。直径2.5厘米，重5.62克（图三五九，2；图版二三一，5）。

M224:2，铜刀、铜锥。2件。铜刀柄部残，直背，弧刃，残长4.9厘米，宽1.4厘米，厚0.5厘米，重8.43克；铜锥呈四棱锥状，长3.1厘米，宽0.4厘米，重1.96克（图三五九，4；图版二三一，6）。

M224:5，铜管。1件。残损严重，管状，薄铜片卷成，有接缝。残长2.3厘米，直径0.9厘米，重1.88克（图三五九，6；图版二三三，1）。

M224:6，铜珠。2件。不规则形，中部穿孔。厚0.7、1厘米，直径0.8、1.1厘米，孔径0.2厘米，重0.66、2.19克（图三五九，3；图版二三三，2）。

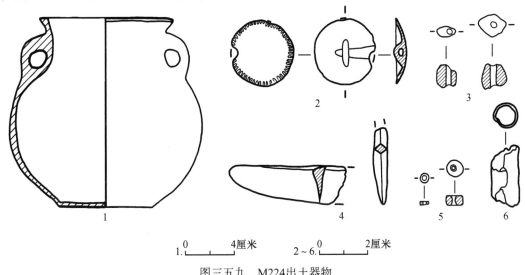

图三五九 M224出土器物

1.双耳陶罐（M224:3） 2.铜泡（M224:1） 3.铜珠（M224:6） 4.铜刀、铜锥（M224:2） 5.绿松石串珠（M224:4） 6.铜管（M224:5）

3. 石器

M224：4，绿松石串珠。2件。淡蓝色，矮圆柱状，中部穿孔。厚0.2、0.5厘米，直径0.4、0.7厘米，孔径0.2厘米，重0.04、0.31克（图三五九，5；图版二三二，3）。

M225

（一）形制结构

长方形竖穴土坑墓。位于T3东扩方，被M224、M007打破，打破M227。墓向30°。墓口长1.44米，宽1.2米。墓圹内填充夹杂砾石的砂质黄土。墓圹底部为长方形土坯椁室，椁室四壁均自下而上错缝平砌4层土坯，北、南两壁每层铺设2块土坯，东、西两壁每层铺设3块土坯。椁室内周长0.93米，宽0.6米；土坯长0.4米，宽0.2米，厚0.1米。椁室底部放置人骨1具，左侧身屈肢，头向东北，面向东，为成年女性个体（图三六〇）。

（二）出土遗物

共8件。陶器1件，为双耳陶罐（M225：1），位于椁室东南角。铜器5件，其中铜手镯2件（M225：2），出土于左腕部；铜牌饰1件、铜管1件（M225：3），出土于右肘部；铜耳环1件（M225：4），出土于耳部。石器1件，为滑石串珠（M225：5），出土于陶罐旁。骨器1件，为骨牌饰（M225：6），出土于填土。

1. 陶器

M225：1，双耳陶罐。1件。夹细砂红陶，手制，完整。凹口，方唇，短颈，沿肩双翘耳，鼓腹，平底。口沿绘一周水波纹，肩部绘一道弦纹，其下连续三角纹。通高14.8厘米，口径7.3厘米，腹径14.5厘米，底径7.4厘米（图三六一，1；图版二三三，3）。

2. 铜器

M225：2，铜手镯。2件。环状，用细铜丝绕成，接口处扁平。环径6.4厘米，丝径0.4厘米，重11.18克（图三六一，2；图版二三三，4）。

M225：3，铜牌饰、铜管。2件。铜牌饰略呈圆形，泡状，近边缘处有一个穿孔。直径5厘米，孔径0.2厘米，重6.73克；铜管呈截锥状，薄铜片卷成，有接缝。残长3.4厘米，直径0.4～1.1厘米，重3.68克（图三六一，6；图版二三三，5）。

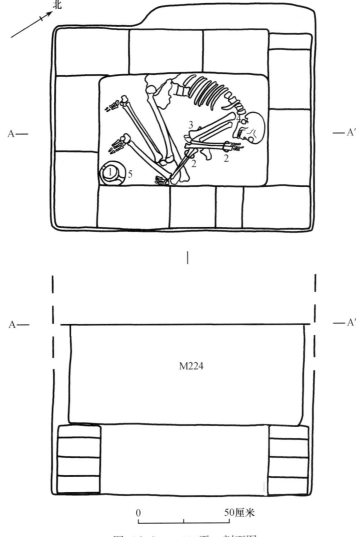

图三六〇　M225平、剖面图

1. 双耳陶罐（M225：1）　2. 铜手镯（M225：2）　3. 铜管（M225：3）　4. 铜耳环（M225：4）　5. 滑石串珠（M225：5）

M225：4，铜耳环。1件。环形，用细铜丝绕成，接口处扁平。环径2.8厘米，丝径0.2厘米，重1.57克（图三六一，3；图版二三三，6）。

3. 石器

M225：5，滑石串珠。1件。白色，饼状，中间有穿孔。厚0.2厘米，直径0.7厘米，孔径0.2厘米，重0.23克（图三六一，4；图版二三四，1）。

4. 骨器

M225：6，骨牌饰。1件。长方形，近边缘处有穿孔。长2.6厘米，宽1.4厘米，厚0.4厘米，孔径0.4厘米，重1.6克（图三六一，5；图版二三四，2）。

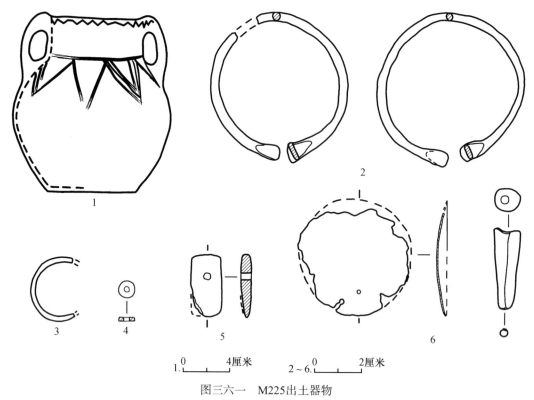

图三六一　M225出土器物

1. 双耳陶罐（M225：1）　　2. 铜手镯（M225：2）　　3. 铜耳环（M225：4）　　4. 滑石串珠（M225：5）　　5. 骨牌饰（M225：6）

6. 铜牌饰、铜管（M225：3）

M226

（一）形制结构

长方形竖穴土坑墓。位于T3东扩方，打破M227西部，被M010、M011、M007打破。墓向49°。墓口距地表0.5米，长1.4米，宽1米，墓坑残深0.6米。墓圹内填充砂质黄土。墓圹底部放置人骨1具，左侧身屈肢，头向东北，面向东南，为成年女性个体（图三六二）。

（二）出土遗物

共243件。陶器1件，为双耳陶罐（M226：8），出土于髋骨附近。铜器49件，其中铜牌饰1件（M226：1），出土于面部附近；铜镜1件（M226：2），出土于头部附近；铜珠40件（M226：3），出土于手臂出；铜牌饰1件（M226：5），出土于手臂处；铜管6件（M226：9），出土于腹部。骨器187件，均为骨牌饰（M226：4），出土于腰部。石器5件，均为绿松石串珠（M226：7），出土于肘部。贝器1件，为海贝（M226：6），出土于颈部。

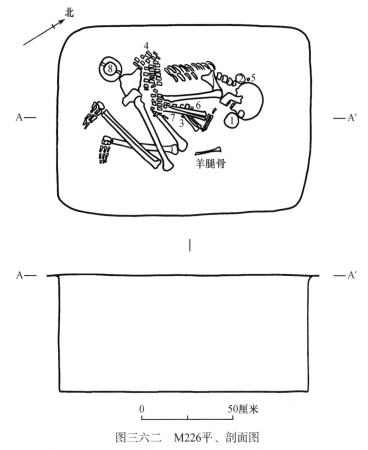

图三六二　M226平、剖面图

1. 铜牌饰（M226：1）　2. 铜镜（M226：2）　3. 铜珠（M226：3）　4. 骨牌饰（M226：4）　5. 铜牌饰（M226：5）
6. 海贝（M226：6）　7. 绿松石串珠（M226：7）　8. 双耳陶罐（M226：8）

1. 陶器

M226：8，双耳陶罐。1件。夹细砂红陶，手制，完整。直口，方唇，短直颈，颈肩双耳，鼓腹，小平底。通高12.6厘米，口径8.6厘米，腹径13.3厘米，底径6厘米（图三六三，1；图版二三五，3）。

2. 铜器

M226：1，铜牌饰。1件。圆片状，周围较平，中间凸起，有对称的两个小孔。直径9.6厘米（图三六三，5；图版二三四，3）。

M226：2，铜镜。1件。圆形，素面，背面中间有一个拱纽。直径7.5厘米（图三六三，6；图版二三四，4）。

M226：3，铜珠。40件。圆环状，由扁铜条弯成，接缝明显。直径0.9厘米，宽0.4厘米。

M226：5，铜牌饰。1件。片状，长方形，两头略圆，有对称的两个小孔，四周平，有小圆点，正面凸，背面凹，两孔之间有一条宽约1厘米的正凹。长9.9厘米，宽3.7厘米（图三六三，7；图版二三四，5）。

M226：9，铜管。6件。圆螺旋形，由扁铜条绕成，螺旋纹明显。直径0.8～0.9厘米，长1.5～6.6厘米（图三六三，2；图版二三六，1）。

3. 骨器

M226：4，骨牌饰。187件。片状，长方形，一头略圆，并有一小孔，正面略凸，呈弧形，背面略凹，有磨制痕迹。长1.8～3.2厘米，宽0.9～1.8厘米（图三六三，8；图版二三五，1）。

4. 石器

M226：7，绿松石串珠。5件。圆片状，对钻一小孔。直径0.5～0.6厘米，宽0.3～0.6厘米（图三六三，4；图版二三五，2）。

5. 贝器

M226：6，海贝。1件。残损严重，卵圆形，有人工磨制痕迹（图三六三，3；图版二三四，6）。

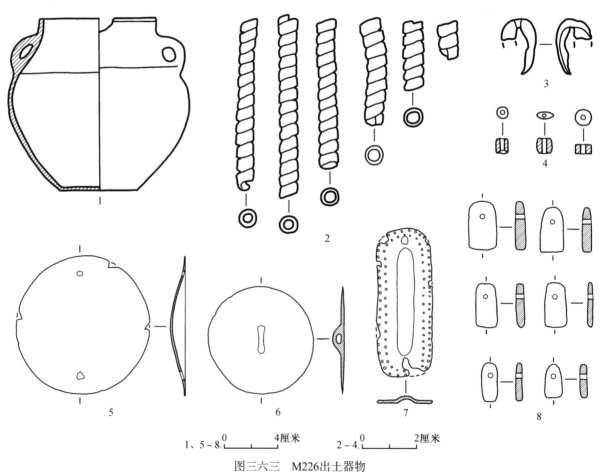

图三六三　M226出土器物

1. 双耳陶罐（M226：8）　2. 铜管（M226：9）　3. 海贝（M226：6）　4. 绿松石串珠（M226：7）　5. 铜牌饰（M226：1）
6. 铜镜（M226：2）　7. 铜牌饰（M226：5）　8. 骨牌饰（M226：4）

M227

（一）形制结构

长方形竖穴土坑墓。位于T3东扩方，被M007、M224、M225、M226打破。墓向30°。墓口距地表1.15米，长1.6米，宽0.76米，墓坑残深0.36米。墓圹内填充砂质黄土，质地坚硬。墓圹底部放置人骨1具，左侧身屈肢，头向东北，面向东南（图三六四）。

（二）出土遗物

共234件。石器232件，其中滑石串珠209件（M227：1），出土于腕部；绿松石串珠23件（M227：2），出土于胸部。牛腿骨2件，出土位置不明。

M227：1，滑石串珠。209件。折腹169件，圆柱状40件。中间穿孔。折腹厚0.1～0.3厘米，直径0.3～0.5厘米，孔径0.2厘米；圆柱状厚0.1～0.2厘米，直径0.5～0.7厘米，孔径0.2厘米，总重12.28克（图三六四，1；图版二三六，2）。

M227：2，绿松石串珠。23件。绿色，有扁圆形折腹和扁圆形鼓腹两种，中部穿孔（图三六四，2；图版二三七，1）。

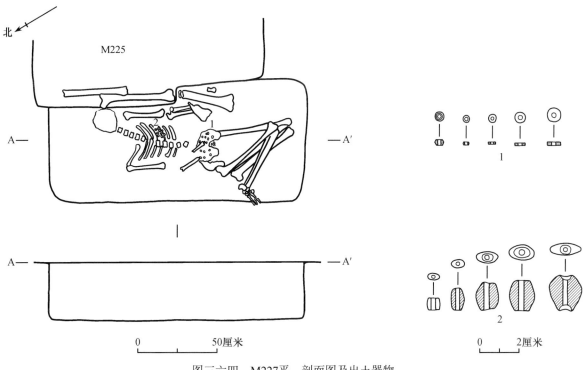

图三六四　M227平、剖面图及出土器物

1.滑石串珠（M227：1）　2.绿松石串珠（M227：2）

M228

（一）形制结构

长方形竖穴土坑墓。位于T3，东部被M017打破。墓向36°。墓口距地表0.3米，长1.14米，宽0.9米，墓坑残深0.6米。墓圹内填充砂质黄土。墓圹底部放置人骨1具，左侧身屈肢，头向东北，面向南，性别女（图三六五）。

（二）出土遗物

共2件。陶器1件，为双耳陶罐（M228：1），出土于墓坑东南角。羊腿骨1件，出土于墓室东部。

M228：1，双耳陶罐。1件。夹细砂红陶，手制，完整。微侈口，方唇，短直颈，颈肩双耳，鼓腹，鼓腹处两侧各有一乳突，圈足。底部及腹部有烟熏痕迹。通高12.8厘米，口径7.8厘米，腹径12.6厘米，底径6厘米（图三六五，1；图版二三七，2）。

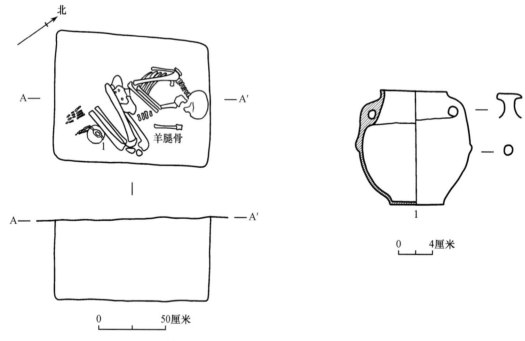

图三六五　M228平、剖面图及出土器物

1. 双耳陶罐（M228：1）

M229

（一）形制结构

长方形竖穴土坑墓。位于T29，打破M235西南、M243西北角，被M234打破。墓向21°。墓口距地表0.1米，长1.46米，宽1.14米，墓坑深0.23米。墓圹内填充砂质黄土，夹杂少量料姜土。墓圹底部为长方形土坯椁室，椁室南壁自下而上不错缝平砌2层土坯，每层铺设2块土坯；东、北、西三壁平砌1层土坯，每层铺设3块土坯。椁室内周长0.9米，宽0.6米，土坯长0.36米，宽0.24米，厚0.1米。椁室底部放置人骨1具，左侧身屈肢，头向东北，面向南，为成年女性个体（图三六六）。

（二）出土遗物

共22件。陶器1件，为陶罐（M229：1），出土于椁室东南角。铜器16件，其中铜手镯1件（M229：2），出土于腕部；铜珠11件（M229：3），出土于腕部；铜牌饰1件（M229：4），出土于膝部；铜管3件（M229：5），出土于膝部。石器4件，其中绿松石串珠3件（M229：6、M229：8），出土于指骨处；玉髓串珠1件（M229：7），出土于指骨处。羊骨1件，出土于椁室东部。

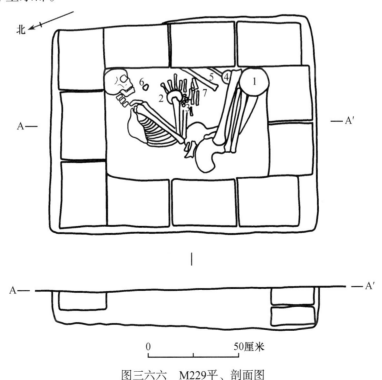

图三六六　M229平、剖面图

1.陶罐（M229：1）　2.铜手镯（M229：2）　3.铜珠（M229：3）　4.铜牌饰（M229：4）　5.铜管（M229：5）

6.绿松石串珠（M229：6）　7.玉髓串珠（M229：7）

1. 陶器

M229：1，陶罐。1件。残损严重，夹细砂红陶，手制。鼓腹，平底。残高6.4厘米，底径7.2厘米（图版二三七，3）。

2. 铜器

M229：2，铜手镯。1件。环形，用薄铜片绕成。外带装饰乳丁纹和压点纹，环首处有两乳丁相对，似兽头。环径6.2厘米，铜片宽0.9厘米，厚0.2厘米，重29.93克（图三六七，1；图版二三八，2）。

M229：3，铜珠。11件。不规则圆柱状，铸造而成。长0.3~1厘米，直径0.4~1厘米，孔径0.2~0.4厘米，重1.33克（图三六七，4；图版二三八，1）。

M229：4，铜牌饰。1件。长方形，一侧短边近边缘处有一方形孔，中部起脊，周边有两道压点纹。长9.6厘米，宽5.5厘米，孔长0.7厘米，孔宽0.3厘米，重47.67克（图三六七，2；图版二三八，3）。

M229：5，铜管。3件。管状，薄铜片卷成，有接缝。残长3.6~8.6厘米，直径0.9厘米，重19克（图三六七，3；图版二三九，1）。

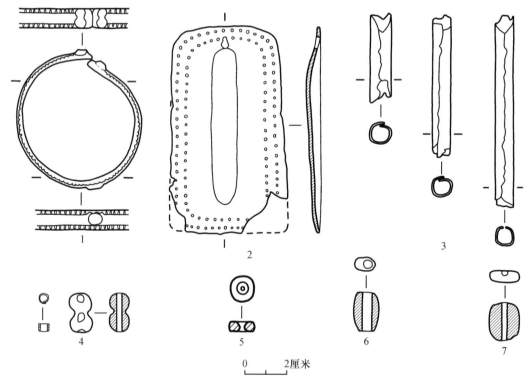

图三六七　M229出土器物

1. 铜手镯（M229：2）　2. 铜牌饰（M229：4）　3. 铜管（M229：5）　4. 铜珠（M229：3）　5. 玉髓串珠（M229：7）
6. 绿松石串珠（M229：8）　7. 绿松石串珠（M229：6）

3. 石器

M229：6，绿松石串珠。1件。扁圆长方体，中部有对钻穿孔。长1.7厘米，宽1.4厘米，孔径0.3厘米，重2.55克（图三六七，7；图版二三九，2）。

M229：7，玉髓串珠。1件。红色半透明，算珠状，中部有对钻穿孔。厚0.5厘米，直径1.3厘米，孔径0.2厘米，重1.14克（图三六七，5；图版二三九，3）。

M229：8，绿松石串珠。2件。扁圆长方体，中部有对钻穿孔。长0.6厘米，宽0.4~0.6厘米，孔径0.2~0.5厘米、0.1~0.2厘米（图三六七，6；图版二三九，4）。

附：M229墓主人颅骨形态观察为女性，趋向于蒙古人种的体质特征。眶口形状敞开型。眉间突度微显，无鼻根点凹陷，非凸鼻梁型。从11项测量特征看，其中5项落入蒙古人种变异范围，3项趋向于蒙古人种特征。有4项落入欧罗巴人种的变异范围，2项趋向于欧罗巴人种的特征。所以，可以归入蒙古人种类型（王博、崔静，2003：97）。

M230

（一）形制结构

长方形竖穴土坑墓。位于T29西北部，打破M232、M238。墓向210°。墓口长1.66米，宽1.5米，墓坑深0.45米。墓圹内填充黄色砂土，夹杂部分人骨、陶片及零星残损土坯。墓圹底部四周设熟土二层台，南、西、北三壁二层台内侧竖立1层土坯，二层台上平砌2层土坯；东壁二层台内侧竖立3列土坯，二层台上平砌2列2层土坯。转角处咬合明显，每边每层铺设2~3块土坯。椁室内周长1米，宽0.5米；土坯长0.4米，宽0.25米，厚0.1米。墓圹填土中出土人骨4具，保存较差，残损严重，仅存零星骨骼，其中1具为未成年个体，2具为男性个体，1具残损严重，性别不明；椁室底部放置人骨1具，右侧身屈肢，头向西南，面向下，性别女（图三六八）。

（二）出土遗物

共6件。陶器1件，为双耳陶罐（M230：1），出土于股骨处。铜器3件，均为铜耳环（M230：2），出土于耳部。石器2件，为绿松石串珠和玉髓串珠（M230：3），出土于颈部。

1. 陶器

M230：1，双耳陶罐。1件。夹细砂红陶，手制，口沿残。微侈口，方唇，短直颈，颈肩

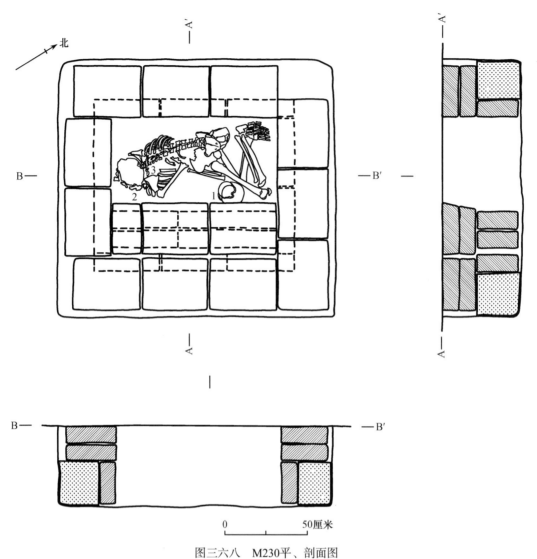

图三六八　M230平、剖面图

1. 双耳陶罐（M230：1）　2. 铜耳环（M230：2）　3. 串珠（M230：3）

双耳，鼓腹，小平底。通高14.4厘米，口径11厘米，腹径14.3厘米，底径6.8厘米（图三六九，1；图版二三九，5）。

2. 铜器

M230：2，铜耳环。3件。环形，用细铜丝绕成。接口处扁平。环径2.5、3厘米，丝径0.3厘米，重2.09、3.02、3.08克（图三六九，2；图版二三九，6）。

3. 石器

M230：3，串珠。2件。1件绿松石串珠，淡蓝色，矮圆柱状，中部穿孔，厚0.2厘米，直径0.5厘米，孔径0.2厘米，重0.13克。另1件为玉髓串珠，红色半透明，算珠状，厚0.5厘米，直径1.3厘米，孔径0.2厘米，重1.5克（图三六九，3、4；图版二四○，1）。

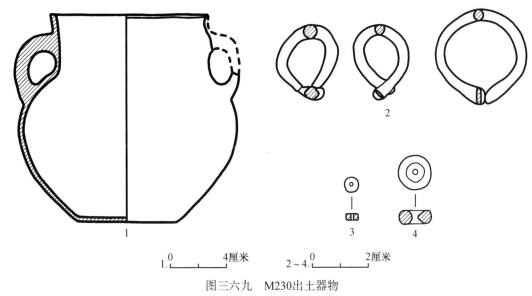

图三六九　M230出土器物

1. 双耳陶罐（M230：1）　2. 铜耳环（M230：2）　3. 绿松石串珠（M230：3）　4. 玉髓串珠（M230：3）

附：M230颅骨形态观察为女性，趋向于欧罗巴人种的体质特征。眶口倾斜垂直，眶口形状敞口型，犬齿窝深。从13项测量特征看，其中4项落入蒙古人种变异范围，有3项落入欧罗巴人种的变异范围，4项趋向于欧罗巴人种的特征，可以归入欧罗巴人种类型（王博、崔静，2003：97）。

性别鉴定为女性（魏东，2009：125）。

M230墓主人经分子遗传学鉴定，性别为女性（高诗珠，2009：56）。

M231

长方形竖穴土坑墓。位于T29北部，打破M023东南角，被M237打破。墓向259°。墓口距地表0.1米，长0.4米，宽0.6米，墓坑深0.76米。墓圹内填充黄色砂土。墓圹底部为长方形土坯椁室，椁室北、东、西三壁竖立1层土坯；南壁被破坏，情况不明。椁室内周残长0.26米，宽0.34米；土坯长0.26米，宽0.34米，厚0.1米。椁室底部放置人骨1具，未成年个体，被扰动，保存状况较差（图三七○）。

无出土遗物。

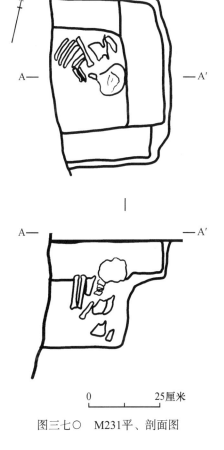

图三七○　M231平、剖面图

M232

（一）形制结构

长方形竖穴土坑墓。位于T29西北，被M230、M238打破。墓向209°。墓口长1.1米，宽0.63米，墓坑残深1.1米。墓圹内填充黄色沙土，夹杂部分灰黄色粉沙土。墓圹底部放置人骨1具，右侧身屈肢，上半身被扰动（图三七一）。

（二）出土遗物

共10件。陶器1件，为陶罐（M232：1），出土于足部。铜器7件，其中铜泡2件（M232：2），出土于颈部；铜饰件4件（M232：4），出土于肘部；铜珠1件（M232：5），出土于胫骨处。石器2件，为滑石串珠（M232：3），出土于胫骨处。

1. 陶器

M232：1，陶罐。1件。残。无法复原。

2. 铜器

M232：2，铜泡。2件。圆形泡状，背部有纽。直径2.1厘米，重3.34克（图三七二，1；图版二四〇，2）。

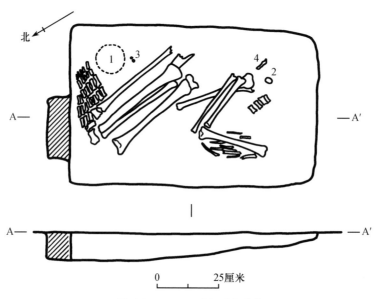

0　　　　25厘米

图三七一　M232平、剖面图

1. 陶罐（M232：1）　2. 铜泡（M232：2）　3. 滑石串珠（M232：3）　4. 铜饰件（M232：4）

　　M232：4，铜饰件。4件。残损成4段，残长1.6厘米，重1.8克（图版二四〇，4）。

　　M232：5，铜珠。1件。呈矮圆柱状，中部穿孔，厚0.3厘米，直径0.5厘米，孔径0.2厘米，重0.44克（图三七二，3；图版二四〇，5）。

3. 石器

　　M232：3，滑石串珠。2件。呈圆饼状，厚0.1～0.2厘米，直径0.5～0.6厘米，孔径0.2厘米，重0.15克（图三七二，2；图版二四〇，3）。

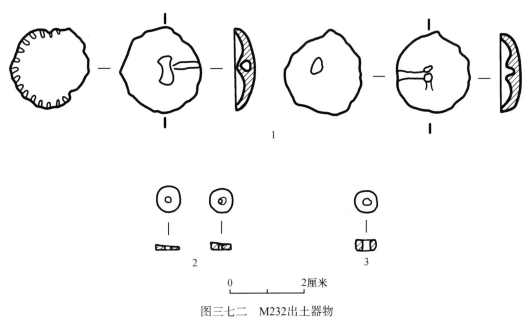

图三七二　M232出土器物

1. 铜泡（M232：2）　　2. 滑石串珠（M232：3）　　3. 铜珠（M232：5）

M233

（一）形制结构

　　长方形竖穴土坑墓。位于T29东北角，打破M234东侧半部。墓向204°。墓口距地表0.15米，长1.64米，宽1.3米，墓坑深0.95米。墓圹内填充黄色沙土。墓圹底部为长方形土坯椁室，椁室四壁均自下而上错缝平砌5层土坯，每边每层铺设2～3块。椁室内周长1米，宽0.66米；土坯长0.35米，宽0.3米，厚0.1米。椁室底部放置人骨1具，右侧身屈肢，头向南，面向东，为成年女性个体（图三七三）。

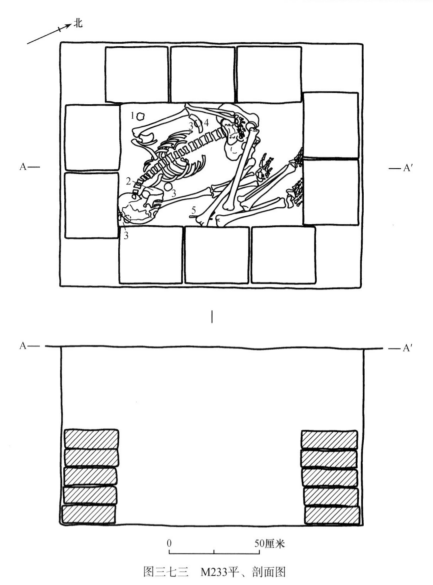

图三七三　M233平、剖面图

1. 铜泡（M233∶1）　　2. 铜耳环（M233∶2）　　3. 铜泡（M233∶3）　　4. 铜刀（M233∶4）　　5. 铜管（M233∶5）

（二）出土遗物

共13件。铜器13件，其中铜泡1件（M233∶1），出土于左肩胛骨处；铜耳环2件（M233∶2），出土于耳部；铜泡5件（M233∶3），出土于颈部、腹部及头部；铜刀2件（M233∶4），出土位置不明；铜管3件（M233∶5），出土于膝部。

M233∶1，铜泡。1件。残损严重，应为圆形泡状。直径2厘米，重3.01克（图三七四，1；图版二四〇，6）。

M233∶2，铜耳环。2件。环形，用细铜丝绕成，接口处一端扁平。环径2、2.4厘米，丝径0.2厘米，重1.08、2.44克（图三七四，2；图版二四一，1）。

M233∶3，铜泡。5件。4件完整，1件残损，两大三小，圆形泡状，背部有纽。直径2～3

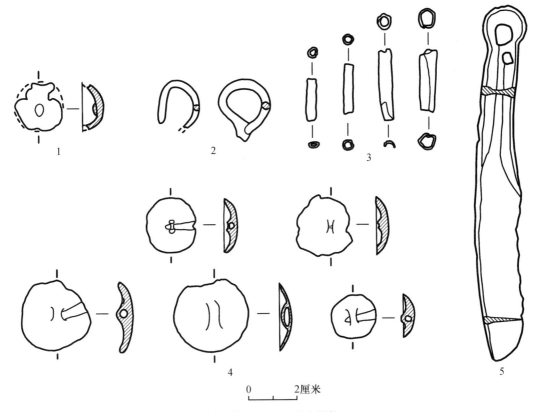

图三七四 M233出土器物

1. 铜泡（M233：1） 2. 铜耳环（M233：2） 3. 铜管（M233：5） 4. 铜泡（M233：3） 5. 铜刀（M233：4）

厘米，重4.82~9.55克（图三七四，4；图版二四一，2）。

M233：4，铜刀。2件。环首，弧背曲刃，柄刃分界明显，柄部两侧有明显的棱（图三七四，5；图版二四一，3）。

M233：5，铜管。3件。管状，用薄铜片卷成，有接缝。残长2~3厘米，直径0.3~0.7厘米，总重4.3克（图三七四，3；图版二四一，4）。

M234

长方形竖穴土坑墓。位于T29东北，被M233打破，M234西南角打破M229东北角，M234西侧打破M235东侧。墓向109°。墓口距地表0.15米，长1.42米，宽0.5米，墓坑深0.55米。墓圹内填充黄土，质地致密。墓圹底部南壁设熟土二层台，二层台内侧竖立1层土坯，二层台上平砌2层土坯；北、西两壁自下而上错缝平砌4层土坯；东壁被破坏，情况不明。椁室内周残长0.2米，宽0.77米；土坯长0.43米，宽0.26米，厚0.1米。无人骨（图三七五）。

无出土遗物。

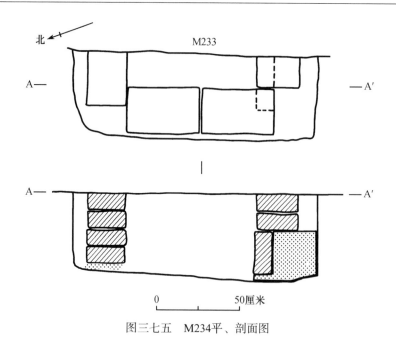

图三七五　M234平、剖面图

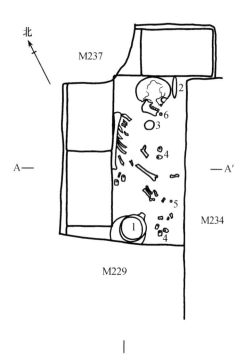

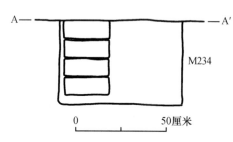

图三七六　M235平、剖面图

1. 单耳陶罐（M235：1）　2. 铜镜（M235：2）
3. 铜牌饰（M235：3）　4. 骨牌饰（M235：4）
5. 绿松石串珠（M235：5）　6. 铜泡（M235：6）

M235

（一）形制结构

长方形竖穴土坑墓。位于T29东北，被M229打破西南部、被M234打破东部、被M237打破西北角。墓向25°。墓口距地表0.15米，长1.2米，宽0.68米，墓坑深0.4米。墓圹内填充夹砂黄土，质地较致密。墓圹底部为长方形土坯椁室，椁室四壁均自下而上错缝平砌4层土坯，每边每层铺设1～3块。椁室内周残长0.95米，宽0.4米；土坯长0.4米，宽0.25米，厚0.1米。椁室底部放置人骨1具，左侧身屈肢，头向东北，面向东南，为成年女性个体（图三七六）。

（二）出土遗物

共47件。陶器1件，为单耳陶罐（M235：1），出土于椁室东南角。铜器3件，其中铜镜1件（M235：2），出土于头部；铜牌饰1件（M235：3），出土于颈部，铜泡1件（M235：6），出土于头骨下颌骨处。骨器42件，均为骨牌饰（M235：4），出土于胸部。石器1件，为绿松石串珠（M235：5），出土于膝部。

1. 陶器

M235：1，单耳陶罐。1件。夹细砂红陶，手制，完整。微侈口，方唇，长直颈，颈肩单耳，鼓腹，平底。通高22.8厘米，口径13.5厘米，腹径16.9厘米，底径9厘米（图三七七，1；图版二四一，5）。

2. 铜器

M235：2，铜镜。1件。近圆形，背部有纽，背部微凹。直径10.8～12厘米，重89.94克（图三七七，2；图版二四一，6）。

M235：3，铜牌饰。1件。圆形，泡状，近边缘处有一穿孔。直径4.6厘米，孔径0.2厘米，重8.98克（图三七七，3；图版二四二，1）。

M235：6，铜泡。1件。圆形泡状，背部有纽。直径1.7厘米，重3.72克（图三七七，6；图版二四三，1）。

3. 石器

M235：5，绿松石串珠。1件。淡蓝色，扁腰鼓状，中间有穿孔。长0.5厘米，直径0.5厘米，孔径0.2厘米，重0.25克（图三七七，4；图版二四二，2）。

4. 骨器

M235：4，骨牌饰。42件。长方形，近边缘处有穿孔。长2～3厘米，宽0.9～1.8厘米，厚0.3～0.5厘米，重1.37克（图三七七，5；图版二四二，3）。

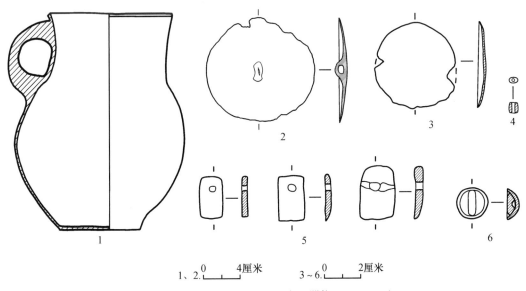

图三七七 M235出土器物

1. 单耳陶罐（M235：1）　2. 铜镜（M235：2）　3. 铜牌饰（M235：3）　4. 绿松石串珠（M235：5）　5. 骨牌饰（M235：4）
6. 铜泡（M235：6）

M236

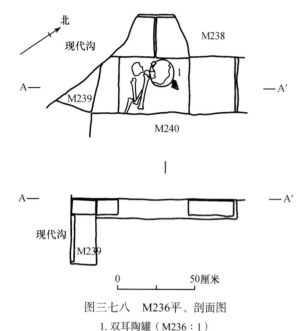

图三七八　M236平、剖面图
1. 双耳陶罐（M236：1）

（一）形制结构

长方形竖穴土坑墓。位于T29西南，西北角被M238打破、南侧被M239打破、东侧被M240打破。墓向31°。墓口距地表0.23米，残长0.94米，残宽0.62米，墓坑深0.35米。墓圹内填充黄色砂土，质地紧密。墓圹底部为长方形土坯椁室，西、北两壁平砌1层土坯；东、南两壁被打破，情况不明。椁室内周残长0.35米，宽0.45米；土坯长不明，宽0.3米，厚0.1米。椁室底部放置人骨1具，被扰动，为未成年个体（图三七八）。

（二）出土遗物

共1件。陶器1件，为双耳陶罐（M236：1），出土于髋骨处。

M236：1，双耳陶罐。1件。残，圆腹，平底。底部和腹部有烟熏痕迹。残高11.2厘米，腹径13.4厘米，底径7.6厘米（图版二四三，2）。

M237

长方形竖穴土坑墓。位于T29东北，被M015打破大部，打破M023东侧、M231北侧、M235西北角。墓向不明。墓口残长0.35米，宽1.3米，墓坑深0.4米。墓圹内填充黄色砂土。墓圹底部为长方形土坯椁室，椁室四壁平砌1层土坯。土坯长0.35米，宽0.25米，厚0.1米。无人骨。

无出土遗物。

M238

　　长方形竖穴土坑墓。位于T29西北，被M230打破，打破M232、M236西北角。墓向26°。墓口距地表0.1米，长1.6米，残宽1.6米，墓坑深0.33米。墓圹底部为长方形土坯椁室，东、南两壁自下而上错缝平砌3层土坯；西、北两壁被破坏，情况不明。土坯长0.38米，宽0.3米，厚0.1米。椁室底部放置人骨1具，为未成年个体，被扰乱，部分骨骼出土于墓圹填土中（图三七九）。

　　无出土遗物。

M239

　　长方形竖穴土坑墓。位于T29西南，打破M236南侧316°。墓口距地表0.23米，残长0.31米，残宽0.25米，墓坑深0.4米。墓圹底部四周设熟土二层台，二层台内侧竖立1层土坯，二层台上平砌1层土坯。土坯长不明，宽0.3米，厚0.1米无人骨（图三八〇）。

　　无出土遗物。

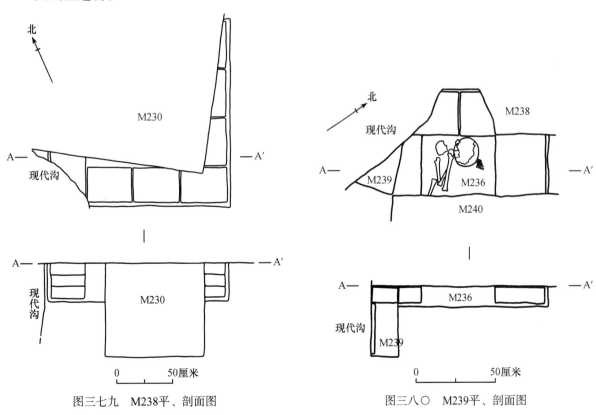

图三七九　M238平、剖面图　　　　　　图三八〇　M239平、剖面图

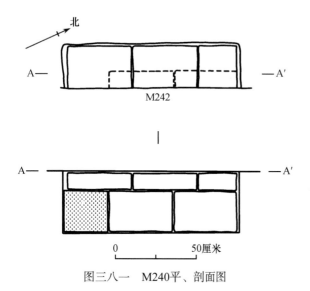

图三八一　M240平、剖面图

M240

长方形竖穴土坑墓。位于T29西南，打破M236东侧，被M242打破东半部。墓向24°。墓口距地表0.23米，长1.1米，宽0.27米，墓坑深0.37米。墓圹内填充黄色沙土。墓圹底部西壁设熟土二层台，二层台内侧竖立1层土坯，二层台上平砌1层土坯，铺设2块。土坯长0.4米，宽0.25米，厚0.1米。无人骨（图三八一）。

无出土遗物。

M241

（一）形制结构

长方形竖穴土坑墓。位于T30北部，打破M244、M249东部。墓向118°。墓口距地表0.16米，长1.42米，宽0.98米，墓坑深0.4米。墓圹内填充夹杂砾石的砂质黄土。墓圹底部北、东、西三侧设熟土二层台，北壁二层台内侧竖立1层土坯，二层台上平砌2层土坯；东壁二层台内侧竖立1层土坯，二层台上平砌1层土坯；西壁二层台内侧竖立1层土坯；南壁无土坯。每边每层铺设2～3块土坯。椁室内周长1.38米，宽0.88米；土坯长0.4米，宽0.2米，厚0.15米。椁室底部放置人骨1具，右侧身屈肢，头向西南，面向南（图三八二；图版二四三，3）。

（二）出土遗物

共5件。陶器1件，为双耳陶罐（M241：1），出土于腹部附近。铜器2件，均为铜泡（M241：2），出土于额部。石器2件，均为滑石串珠（M241：3），出土于陶罐附近。

1. 陶器

M241：1，双耳陶罐。1件。夹细砂灰陶，手制，口沿及腹部略残。凹口微侈，方唇，短束颈，沿肩双翘耳，鼓腹，小平底。通高13.2厘米，口径11厘米，腹径14.9厘米，底径6.8厘米（图三八三，1；图版二四四，1）。

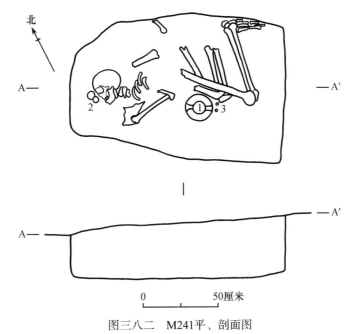

图三八二 M241平、剖面图

1. 双耳陶罐（M241：1） 2. 铜泡（M241：2） 3. 滑石串珠（M241：3）

2. 铜器

M241：2，铜泡。2件。圆形泡状，背部有纽。直径2.5、3.5厘米，重4.27、7.77克（图三八三，2；图版二四四，2）。

3. 石器

M241：3，滑石串珠。2件。白色，圆柱状，中部有穿孔。长0.4、0.5厘米，直径0.4、0.5厘米，孔径0.2厘米，重0.28、0.25克（图三八三，3；图版二四四，3）。

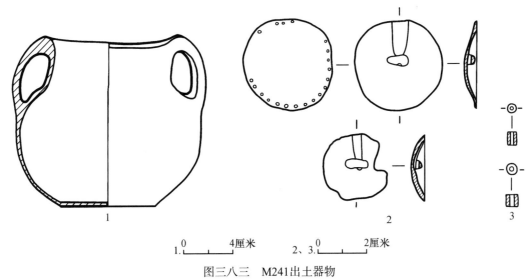

图三八三 M241出土器物

1. 双耳陶罐（M241：1） 2. 铜泡（M241：2） 3. 滑石串珠（M241：3）

M242

（一）形制结构

长方形竖穴土坑墓。位于T30，打破M240东部、M243西南。墓向27°。墓口距地表0.16米，长1.48米，宽1.12米，墓坑深0.68米。墓圹底部四周设熟土二层台，二层台内侧竖立1层土坯，二层台上平砌3～4层土坯。椁室内周长0.9米，宽0.6米；土坯长0.4米，宽0.3米，厚0.1米。椁室底部放置人骨2具，其中1具保存完整，左侧身屈肢，头向东北，面向南；另1具仅存头骨1个，为成年个体（图三八四）。

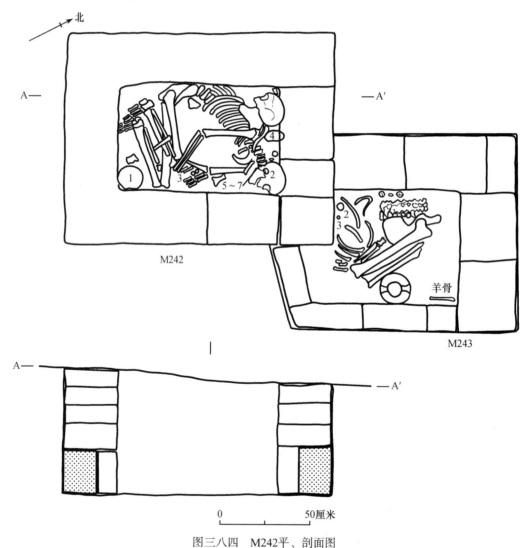

图三八四　M242平、剖面图

1. 双耳陶罐（M242：1）　　2. 铜泡（M242：2）　　3. 滑石串珠（M242：3）　　4. 石杵（M242：4）　　5. 绿松石串珠（M242：5）
6. 玉髓串珠（M242：6）　　7. 绿松石串珠（M242：7）

（二）出土遗物

共15件。其陶器1件，为单耳陶罐（M242：1），出土于椁室东南角。铜器4件，其中铜泡1件（M242：2），出土于胸部附近；铜耳环3件（M242：8、M242：9、M242：10），出土于耳部。石器10件，其中滑石串珠2件（M242：3），出土于腕部；石杵1件（M242：4），出土位置不明；绿松石串珠6件（M242：5、M242：7），出土于颈部；玉髓串珠1件（M242：6），出土于颈部。

1. 陶器

M242：1，单耳陶罐。1件。夹细砂红陶，手制，完整。侈口，方唇，短束颈，沿肩单耳，鼓腹，小平底。通高18.4厘米，口径10.2厘米，腹径16.2厘米，底径8.8厘米（图三八五，1；图版二四四，4）。

2. 铜器

M242：2，铜泡。1件。圆形，饼状，背部有纽。直径3.4厘米，重9.96克（图三八五，3；图版二四四，5）。

M242：8，铜耳环。1件。环状，用细铜丝绕成。环径3.6厘米，丝径0.4厘米，重4.71克（图三八五，4；图版二四五，4）。

M242：9，铜耳环。1件。残损严重，呈条状。残长3.2厘米，直径0.4厘米，重1.28克（图三八五，9；图版二四五，5）。

M242：10，铜耳环。1件。残损严重，呈扭曲条状，一端尖锐。残长3厘米，直径0.3厘米，重0.8克（图三八五，10；图版二四五，6）。

3. 石器

M242：3，滑石串珠。2件。白色，扁圆柱状，中间穿孔。厚0.3厘米，直径0.5厘米，孔径0.2厘米，重0.04克（图三八五，5；图版二四四，6）。

M242：4，石杵。1件。圆柱状，一头磨制光滑。长10.4厘米，截面最大直径5.2厘米（图三八五，2）。

M242：5，绿松石串珠。5件。淡蓝色，矮圆柱形，中部对钻穿孔。厚0.2～0.5厘米，直径0.6厘米，孔径0.2厘米，重0.21克（图三八五，6；图版二四五，1）。

M242：6，玉髓串珠。1件。红色半透明，算珠状，中部对钻穿孔。厚0.6厘米，直径1.6厘米，孔径0.2厘米，重2.41克（图三八五，8；图版二四五，2）。

M242：7，绿松石串珠。1件。淡蓝色，矮圆柱形，中部对钻穿孔。高0.9厘米，直径0.8厘米，孔径0.2厘米（图三八五，7；图版二四五，3）

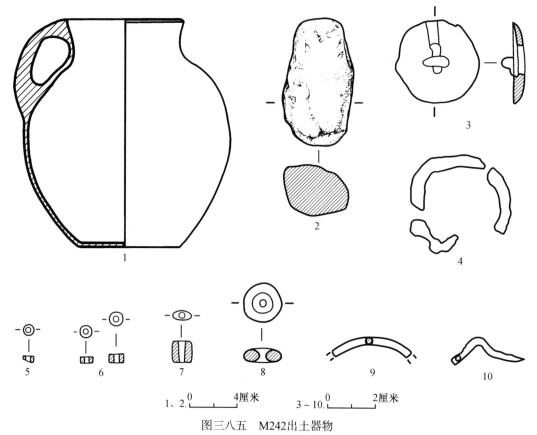

图三八五　M242出土器物

1. 单耳陶罐（M242：1）　2. 石杵（M242：4）　3. 铜泡（M242：2）　4. 铜耳环（M242：8）　5. 滑石串珠（M242：3）
6. 绿松石串珠（M242：5）　7. 绿松石串珠（M242：7）　8. 玉髓串珠（M242：6）　9. 铜耳环（M242：9）　10. 铜耳环（M242：10）

M243

（一）形制结构

长方形竖穴土坑墓。位于T30东，打破M249西北，被M229打破西北、被M242打破西南。墓向208°。墓口长1.4米，宽1.04米，墓坑深0.26米。墓圹底部北、西两壁设熟土二层台，二层台内侧竖立1层土坯，二层台上平砌1层土坯；东、南两壁竖立1层土坯。椁室内周长0.9米，宽0.62米；土坯长0.4米，宽0.15～0.3米，厚0.1米。椁室底部放置人骨1具，右侧身屈肢，头向西南，保存状况差（图三八六）。

（二）出土遗物

共5件。陶器1件，为单耳陶罐（M243：1），出土于膝部。铜器1件，为铜耳环（M243：2），出土于胸部。石器2件，均为滑石串珠，1件（M243：3）出土于胸部；1件（M243：5）出土于脊椎处。贝器1件，为海贝（M243：4），出土于椁室西壁。

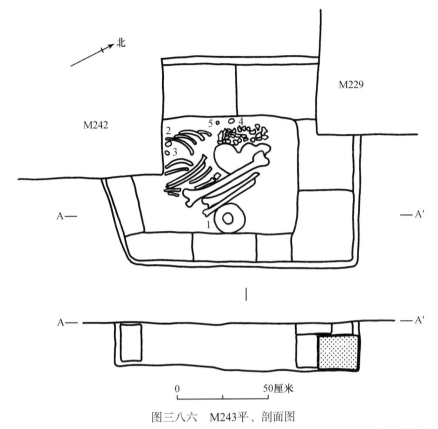

图三八六　M243平、剖面图

1. 单耳陶罐（M243：1）　2. 铜耳环（M243：2）　3. 滑石串珠（M243：3）　4. 海贝（M243：4）　5. 滑石串珠（M243：3）

1. 陶器

M243：1，单耳陶罐。1件。夹细砂红陶，手制，口沿及耳部残。小直口，方唇，耳部残仅剩肩部部分，弧腹，平底。腹部有烟熏痕迹。通高17.5厘米，口径10.4厘米，腹径15.6厘米，底径7.7厘米（图三八七，1；图版二四六，1）。

2. 铜器

M243：2，铜耳环。1件。环形，用细铜丝绕成，接口处扁平相错。环径2.5厘米，丝径0.3厘米，重2.23克（图三八七，2；图版二四六，2）。

3. 石器

M243：3，滑石串珠。1件。白色，矮圆柱状，中部穿孔。厚0.2厘米，直径0.6厘米，孔径0.2厘米，重0.22克（图三八七，3；图版二四六，3）。

M243：5，滑石串珠。1件。白色，圆柱状，中部穿孔。厚0.5厘米，直径0.4厘米，孔径0.2厘米，重0.17克（图三八七，4；图版二四六，5）。

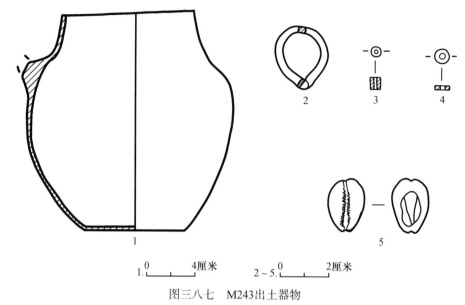

图三八七　M243出土器物

1. 单耳陶罐（M243：1）　2. 铜耳环（M243：2）　3. 滑石串珠（M243：3）　4. 滑石串珠（M243：5）　5. 海贝（M243：4）

4. 贝器

M243：4，海贝。1件。卵圆形，有人工磨制痕迹。长2.2厘米，宽1.5厘米，重2.16克（图三八七，5；图版二四六，4）。

M244

（一）形制结构

长方形竖穴土坑墓。位于T30东，被M241打破、被M249打破西南。墓向208°。墓口长1.1米，宽0.8米，墓坑残深0.68米。墓圹底部放置人骨1具，右侧身屈肢，头向西南，面向东（图三八八）。

（二）出土遗物

共3件。陶器2件，其中双耳陶罐1件（M244：1），出土足部附近；单耳陶罐1件（M244：2），出土于肩部附近。羊腿骨1件，出土于身前。

M244：1，双耳陶罐。1件。夹细砂红陶，手制，一耳残。侈口，方唇，短颈，颈肩双耳，鼓腹，小平底。通高11.6厘米，口径7.16厘米，腹径10.8厘米，底径4.7厘米（图三八八，1；图版二四六，6）。

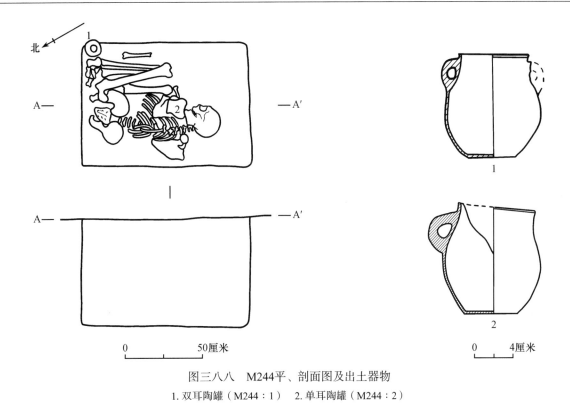

图三八八 M244平、剖面图及出土器物
1. 双耳陶罐（M244∶1） 2. 单耳陶罐（M244∶2）

M244∶2，单耳陶罐。1件。夹细砂红陶，手制，残。斜口微侈，方唇，短颈，颈肩单耳，鼓腹，平底。通高11.7厘米，口径8.2厘米，腹径10.8厘米，底径5.9厘米（图三八八，2；图版二四七，1）。

M245

（一）形制结构

长方形竖穴土坑墓。位于T30东南，打破M247、M248北侧。墓向24°。墓口长1.16米，宽1.1米，墓坑深0.28米。墓圹底部为长方形土坯椁室，椁室北、西、东三壁竖立1层土坯，每边有1~3块；南壁无土坯。椁室内周长0.84米，宽0.64米；土坯长0.48米，宽0.22米，厚0.1米。椁室底部放置人骨2具，保存较差，扰乱严重（图三八九）。

（二）出土遗物

共8件。石器8件，其中滑石串珠7件（M245∶1），出土于颈部附近；玉髓串珠1件（M245∶2），出土于颈部附近。

　　M245：1，滑石串珠。7件。白色，圆柱状，中间对钻穿孔。厚0.3～0.6厘米，直径0.5～0.7厘米，孔径0.2，重0.32克（图三八九，1；图版二四七，2）。

　　M245：2，玉髓串珠。1件。红色半透明，圆柱状，中间有对钻穿孔。厚0.6厘米，直径1厘米，孔径0.3厘米，重1.18克（图三八九，2；图版二四七，3）。

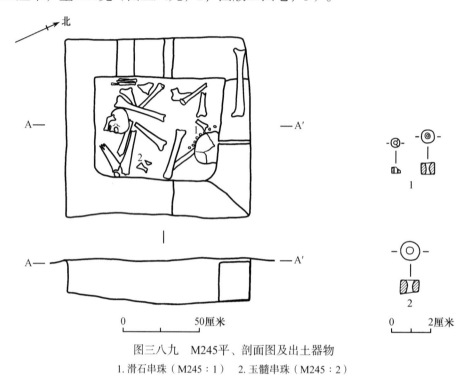

图三八九　M245平、剖面图及出土器物

1. 滑石串珠（M245：1）　　2. 玉髓串珠（M245：2）

M246

（一）形制结构

　　长方形竖穴土坑墓。位于T30西北，椁室西南被不明遗迹打破。墓向28°。墓口长1.48米，宽1.22米。墓圹底部设熟土二层台，二层台内侧竖立1层土坯，二层台上平砌1层土坯，每边每层铺设2～3块。椁室内周长1米，宽0.66米；土坯长0.38米，宽0.28米，厚0.1米。椁室底部放置人骨1具，左侧身屈肢，头向东北，面向南（图三九〇）。

（二）出土遗物

　　共15件。陶器2件，均为双耳陶罐，其中1件（M246：1）出土于椁室东南角，1件（M246：7）出土于填土。铜器3件，其中铜手镯1件（M246：3），出土于右腕；铜耳环2件（M246：4、M246：6），均出土于耳部。石器5件，为串珠（M246：2），出土于颈部。骨器5件，其中骨锥1件（M246：5），出土于胸部；骨牌饰4件（M246：8），出土于填土。

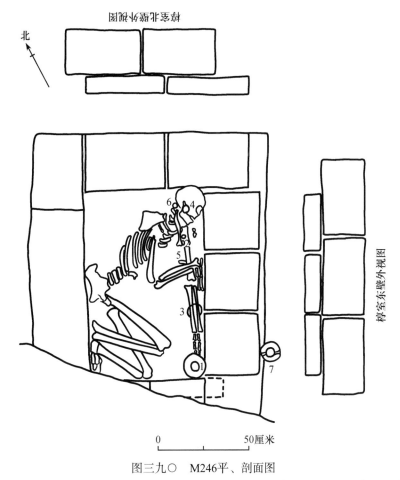

图三九〇 M246平、剖面图

1. 双耳陶罐（M246：1） 2. 串珠（M246：2） 3. 铜手镯（M246：3） 4. 铜耳环（M246：4） 5. 骨锥（M246：5）
6. 铜耳环（M246：6） 7. 双耳陶罐（M246：7） 8. 骨牌饰（M246：8）

1. 陶器

M246：1，双耳陶罐。1件。夹细砂红陶，手制，完整。侈口，方唇，短束颈，沿肩双耳，鼓腹，小平底。口沿处绘6条短线纹，肩部绘一道弦纹，其下绘连续的叶脉三角纹，耳部绘1条竖线、多条短横线组成的纹饰。通高15.4厘米，口径9.5厘米，腹径16.4厘米，底径8.3厘米（图三九一，1；图版二四七，4）。

M246：7，双耳陶罐。1件。夹细砂红陶，手制，略残。微侈口，短束颈，沿肩双耳，扁鼓腹，圈足。口沿内及颈部绘连续的倒三角纹，腹部绘树草纹，耳部绘1条竖线、多条短横线组成的纹饰。通高10.8厘米，口径8.4厘米，腹径12.8厘米，底径7.6厘米（图三九一，2；图版二四八，4）。

2. 铜器

M246：3，铜手镯。1件。环形，用一端粗、一端逐渐变细的铜丝绕成，接口相错。环径5.5厘米，丝径0.3～0.4厘米，重9.97克（图三九一，5；图版二四七，6）。

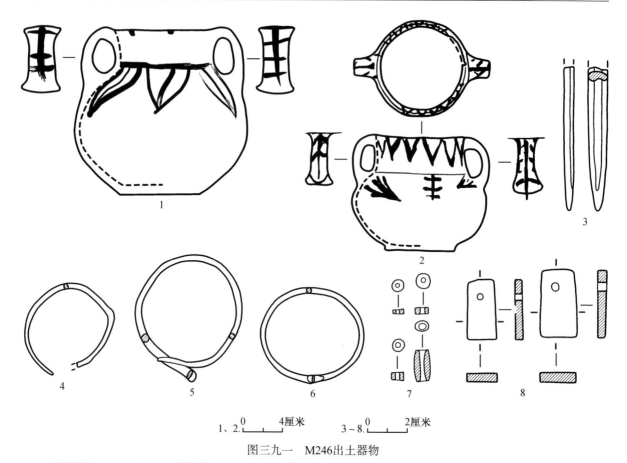

1、2. 0 ____4厘米　　　3~8. 0 ____2厘米

图三九一　M246出土器物

1. 双耳陶罐（M246：1）　2. 双耳陶罐（M246：7）　3. 骨锥（M246：5）　4. 铜耳环（M246：4）　5. 铜手镯（M246：3）
6. 铜耳环（M246：6）　7. 绿松石串珠（M246：2）　8. 骨牌饰（M246：8）

　　M246：4，铜耳环。1件。环状，椭圆形，用细铜丝绕成，接口处扁平相错。环径4.4~5厘米，丝径0.3厘米，重4.86克（图三九一，4；图版二四八，1）。

　　M246：6，铜耳环。1件。环形，残，用细铜丝绕成。直径4厘米，丝径0.3厘米，重3.42克（图三九一，6；图版二四八，3）。

3. 石器

　　M246：2，串珠。5件。滑石串珠1件，为圆柱状，高0.3厘米，直径0.5厘米，孔径0.2厘米；绿松石串珠4件，3件为圆柱状，1件为腰鼓状，中间穿孔，长0.2~1.3厘米，直径0.5~0.6，孔径0.2厘米，总重1.55克（图三九一，7；图版二四七，5）。

4. 骨器

　　M246：5，骨锥。1件。扁形锥状，一端尖锐，另一端残。残长6.9厘米，宽1厘米，重2.95克（图三九一，3；图版二四八，2）。

　　M246：8，骨牌饰。4件。长方形，近边缘处有穿孔。长2.6~3.2厘米，宽1.2~1.7厘米，厚0.3~0.4厘米，孔径0.4厘米，重2.38克（图三九一，8；图版二四八，5）。

M247

（一）形制结构

长方形竖穴土坑墓。位于T30东部，打破M248北部，被M245打破。墓向208°。墓口长1.82米，宽1.44米，墓坑深0.54米。墓圹底部为长方形土坯椁室，椁室西壁自下而上错缝平砌4层土坯，南壁自下而上错缝平砌3层土坯，每边每层铺设3~4块，东、北两壁情况不明。椁室内周长0.94米，宽0.6米；土坯平均长0.38米，宽0.3米，厚0.1米。椁室底部放置人骨1具，右侧身屈肢，头向西南，面向上（图三九二）。

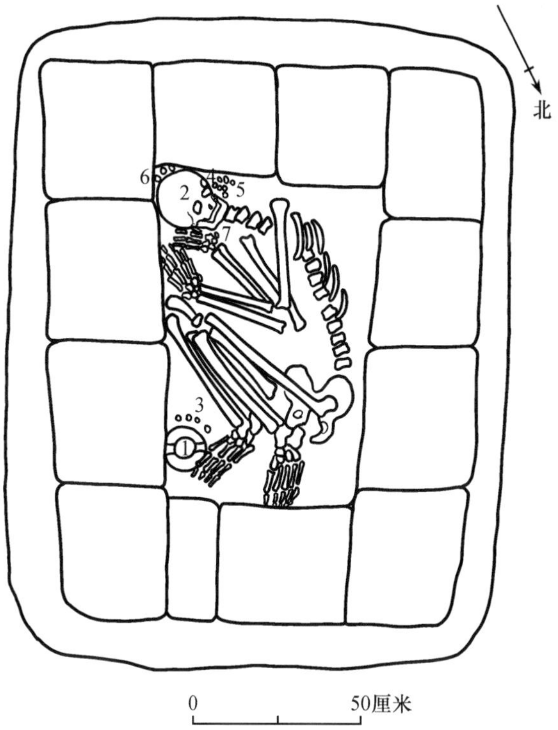

图三九二 M247平面图
1. 陶罐（M247：1） 2. 铜耳环（M247：2） 3. 滑石串珠（M247：3） 4. 铜耳环（M247：4） 5. 玉髓串珠（M247：5） 6. 铜泡（M247：6） 7. 绿松石串珠（M247：7）

（二）出土遗物

共20件。陶器1件，为陶罐（M247：1），出土于椁室东南角。铜器5件，其中铜耳环2件（M247：2、M247：4），出土于耳部；铜泡3件（M247：6），出土于头顶部。石器14件，其中滑石串珠4件（M247：3），出土于陶罐附近；玉髓串珠1件（M247：5），出土于颈部，绿松石串珠9件（M247：7），出土于颈部。

1. 陶器

M247：1，陶罐。1件。夹细砂红陶，手制，残陶片。微侈口，方唇，直颈，颈肩有一耳，鼓腹。残高13厘米（图三九三，1；图版二四八，6）。

2. 铜器

M247：2，铜耳环。1件。环形，用细铜丝绕成，接口处一端尖锐，相错。环径3.5厘米，丝径0.2厘米，重1.78克（图三九三，6；图版二四九，1）。

M247：4，铜耳环。1件。环形，细铜丝绕成，接口处一端扁平。直径2.6厘米，丝径0.3厘米，重2.29克（图三九三，7；图版二四九，3）。

M247：6，铜泡。3件。圆形泡状，背部有纽。直径2.2厘米，重4.9克（图三九三，5；图版二四九，5）。

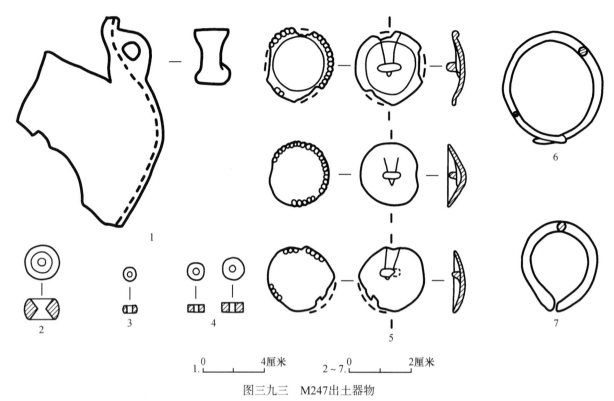

图三九三　　M247出土器物

1. 陶罐（M247：1）　　2. 玉髓串珠（M247：5）　　3. 滑石串珠（M247：3）　　4. 绿松石串珠（M247：7）　　5. 铜泡（M247：6）

6. 铜耳环（M247：2）　　7. 铜耳环（M247：4）

3. 石器

M247：3，滑石串珠。4件。白色，矮圆柱状，中部对钻穿孔。厚0.2~0.3厘米，直径0.5厘米，孔径0.1厘米，总重0.44克（图三九三，3；图版二四九，2）。

M247：5，玉髓串珠。1件。红色半透明，算珠状，中部对钻穿孔。厚0.7厘米，直径1.2厘米，孔径0.2厘米，重1.35克（图三九三，2；图版二四九，4）。

M247：7，绿松石串珠。9件。淡蓝色，矮圆柱状，中部对钻穿孔。厚0.2~0.3厘米，直径0.5~0.7厘米，孔径0.1厘米，总重1.8克（图三九三，4；图版二四九，6）。

M248

（一）形制结构

长方形竖穴土坑墓。位于T30东部，被M245、M247打破北部。墓向35°。墓口长1.48米，宽1.18米，墓坑深0.48米。墓圹底部为长方形土坯椁室，形制不明。椁室内周长0.94米，宽0.6米。椁室底部放置人骨1具，左侧身屈肢，头向东北，面向南，性别不明（图三九四）。

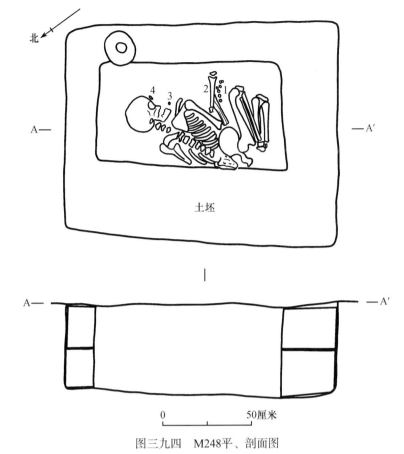

图三九四　M248平、剖面图

1. 铜珠（M248：1）　　2. 双耳陶罐（M248：2）　　3. 玉髓串珠（M248：3）　　4. 铜牌饰（M248：4）

（二）出土遗物

共22件。陶器1件，为双耳陶罐（M248：2），出土于椁室东部。铜器18件，其中铜珠17件（M248：1），出土于腕部；铜牌饰1件（M248：4），出土于头部。石器2件，均为玉髓串珠（M248：3），出土于颈部。羊腿骨1件，出土位置不明。

1. 陶器

M248：2，双耳陶罐。1件。夹细砂红陶，手制，残。直口，方唇，短直颈，颈肩双耳，鼓腹，平底。通高15.3厘米，口径8.8厘米，腹径14.5厘米，底径7.3厘米（图三九五，1；图版二五〇，2）。

2. 铜器

M248：1，铜珠。17件。环状，用薄铜片卷成，有接缝。厚0.1～0.4厘米，直径0.7～0.9厘米，重0.4克（图三九五，2；图版二五〇，1）。

M248：4，铜牌饰。1件。椭圆形，近边缘处相对位置有两个穿孔。背部略凹。直径2.7～3.3厘米，孔径0.3厘米，重5.4克（图三九五，4；图版二五一，1）。

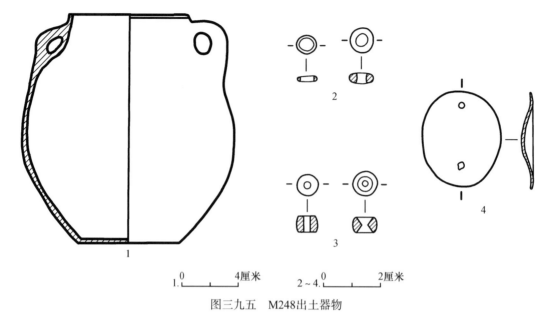

图三九五　M248出土器物

1. 双耳陶罐（M248：2）　2. 铜珠（M248：1）　3. 玉髓串珠（M248：3）　4. 铜牌饰（M248：4）

3. 石器

M248：3，玉髓串珠。2件。红色半透明，矮圆柱状，中部对钻穿孔。厚0.5～0.6厘米，直径0.7～0.8厘米，孔径0.2厘米，重0.62克（图三九五，3；图版二五○，3）。

M249

（一）形制结构

长方形竖穴土坑墓。位于T30，打破M244西南，被M243打破西北、被M241打破东北。墓向209°。墓口长1.2米，宽1米，深0.5米。墓圹底部放置人骨1具，左侧身屈肢，头向西南，面向西北（图三九六）。

（二）出土遗物

共2件。陶器1件，为双耳陶罐（M249：2），出土于髋骨附近。铅器1件，为铅别针（M249：1），出土于填土。

1. 陶器

M249：2，双耳陶罐。1件。夹细砂红陶，手制，残。微侈口，方唇，直颈，颈肩双耳，

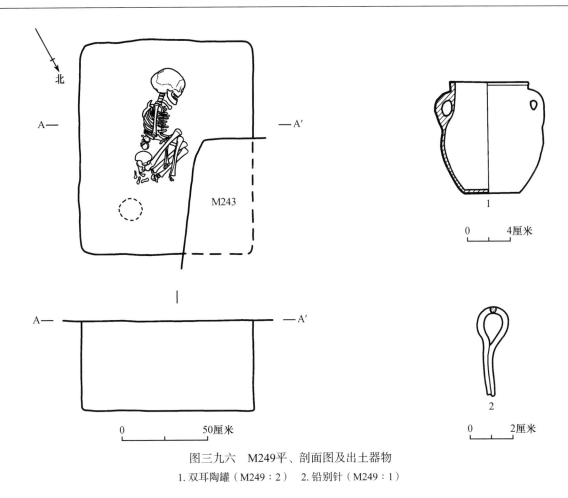

图三九六　M249平、剖面图及出土器物
1. 双耳陶罐（M249：2）　2. 铅别针（M249：1）

鼓腹，平底。通高10厘米，口径7.6厘米，腹径10.5厘米，底径5.1厘米（图三九六，1；图版二五一，3）。

2. 铅器

M249：1，铅别针。1件。门鼻状，用细铅丝绕成。长4厘米，宽1.4厘米，丝径0.2厘米，重3.17克（图三九六，2；图版二五一，2）。

M250

长方形竖穴土坑墓。位于T31东南，打破M251北侧。墓向53°。墓口长0.82米，宽0.72米。墓圹底部为长方形土坯椁室，椁室四壁均竖立1层土坯，每边铺设1~2块土坯。椁室内周长0.5米，宽0.36米；土坯长0.4米，宽0.18~0.2米。椁室底部放置人骨1具，左侧身屈肢，头向东，面向南（图三九七）。

无出土遗物。

M251

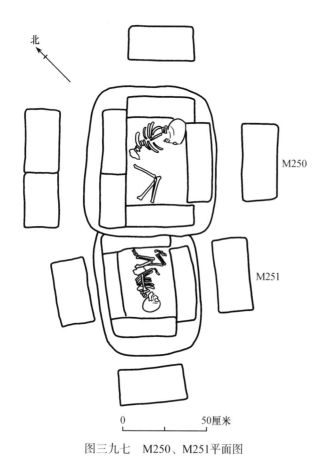

图三九七　M250、M251平面图

长方形竖穴土坑墓。位于T31东南，被M250打破北部。墓向217°。墓口距长0.74米，宽0.6米。墓圹底部为长方形土坯椁室，椁室四壁均竖立1层土坯，每边均为1块。椁室内周长约0.4米，宽约0.3米；土坯长0.36米，宽0.18米。椁室底部放置人骨1具，右侧身屈肢，头向西南，面向东（图三九七）。

无出土遗物。

M252

（一）形制结构

长方形竖穴土坑墓。位于T31东部，打破M254北部、M255东南部。墓向209°。墓口距地表0.47米，长1.43米，宽1.17米。墓坑深0.5米。墓圹内填充夹杂砾石的黄色砂土，质地坚硬。墓圹底部四周设熟土二层台，二层台内侧竖立1层土坯，二层台上平砌多层土坯，其中南壁平砌3层，东、北、西三壁平砌2层。椁室内周长0.98米，宽0.66米；土坯长0.5米，宽0.28米，厚0.1米。椁室底部放置人骨1具，右侧身屈肢，头向南，面向东，为成年男性个体（图三九八）。

（二）出土遗物

共3件。陶器1件，为双腹耳陶壶（M252：1），出土于椁室东北角。铜器2件，均为铜耳环（M252：2），出土位置不明。

1. 陶器

M252：1，双腹耳陶壶。1件。夹砂红陶，手制。侈口，圆唇，短束颈，鼓腹，鼓腹处两侧各有一耳，耳上部各有三个乳突，平底。肩部绘弦纹和折线纹。器底有黑灰色烟炱。通高14厘米，口径9厘米，腹径13厘米，底径7厘米，重量不明（图三九九，1；图版二五一，4）。

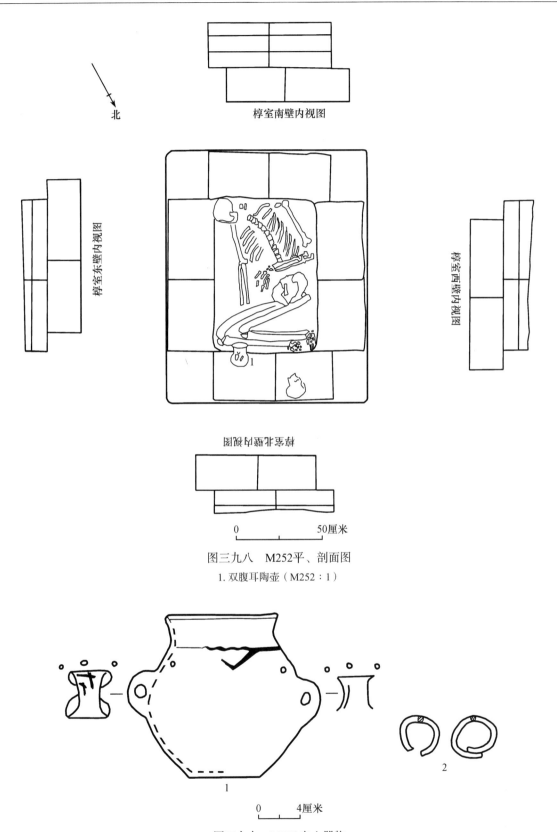

北

椁室南壁内视图

椁室东壁内视图

椁室西壁内视图

椁室北壁内视图

0　　　　　50厘米

图三九八　M252平、剖面图
1. 双腹耳陶壶（M252：1）

1

2

0　　4厘米

图三九九　M252出土器物
1. 双腹耳陶壶（M252：1）　2. 铜耳环（M252：2）

2. 铜器

M252：2，铜耳环。2件。近圆形，由细铜丝弯曲制成，其中一端残端。直径2.2厘米，重量不明（图三九九，2；图版二五一，5）。

M253

（一）形制结构

长方形竖穴土坑墓。位于T31南侧，打破M256东北。墓向210°。墓口距地表0.6米，长1.36米，宽1.16米。墓坑深0.5米。墓圹内填充砂质黄土。墓圹底部四周设熟土二层台，二层台内侧竖立1层土坯，二层台上错缝平砌2层土坯。椁室内周长0.78米，宽0.66米；土坯长0.42米，宽0.32米，厚0.1米。椁室底部放置人骨1具，右侧身屈肢，头向南，面向东，为成年男性个体（图四○○）。

（二）出土遗物

共3件。陶器1件，为双耳陶罐（M253：2），出土于椁室东南角。铜器2件，均为铜耳环（M253：1），出土位置不明。

1. 陶器

M253：2，双耳陶罐。1件。夹砂红陶，手制。微侈口，圆唇，直颈，颈肩双耳，鼓腹，平底。通体遍布黑灰色烟炱。通高10厘米，口径7.1厘米，腹径16厘米，底径5厘米，重量不明（图四○一，2；图版二五二，1）。

2. 铜器

M253：1，铜耳环。2件。近圆形，由细铜丝弯曲制成，其中一端残端。直径3.2厘米，重量不明（图四○一，1；图版二五一，6）。

附：M253墓主人经分子遗传学鉴定，性别为男性（高诗珠，2009：56）。

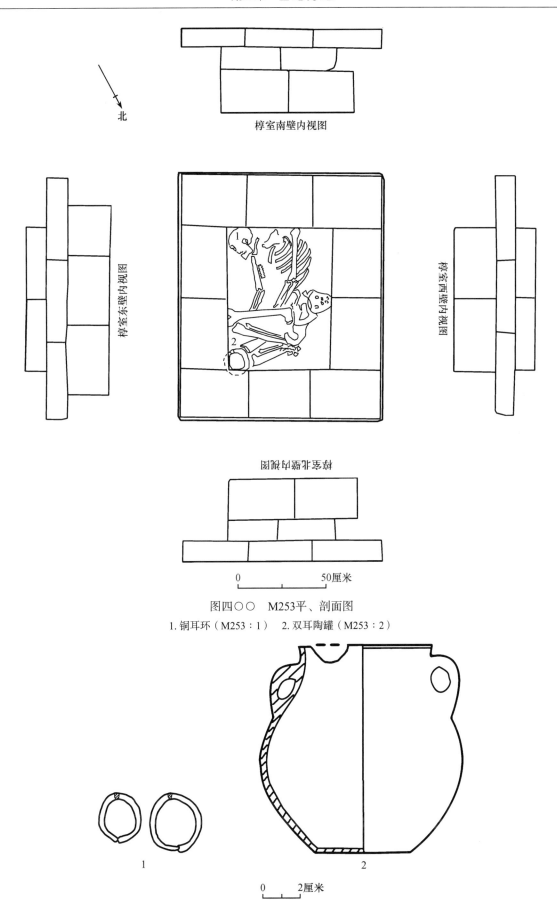

椁室南壁内视图

椁室东壁内视图

椁室西壁内视图

椁室北壁内视图

北

0   50厘米

图四〇〇 M253平、剖面图

1. 铜耳环（M253：1） 2. 双耳陶罐（M253：2）

1

2

0   2厘米

图四〇一 M253出土器物

1. 铜耳环（M253：1） 2. 双耳陶罐（M253：2）

M254

（一）形制结构

长方形竖穴土坑墓，位于T31南部，被M252打破北侧。墓向165°。墓口距地表0.57米，残长约1.32米，残宽约1.32米。墓坑深0.24米。墓圹底部为长方形土坯椁室，椁室东、南、西三壁错缝平砌2层土坯，北壁情况不明。椁室内长0.74米，宽0.66米。椁室底部放置人骨1具，右侧身屈肢，头向南，面向东（图四○二）。

（二）出土遗物

共15件。铜器6件，其中铜牌饰4件（M254：1、M254：2、M254：3、M254：8），出土于颅骨附近；铜锥1件（M254：4a）、铜刀1件（M254：4b），出土于肋骨处。铅器1件，为铅别针（M254：7），出土位置不明。石器7件，其中绿松石串珠4件（M254：5a、M254：5b、M254：5c、M254：5d）、滑石串珠3件（M254：6），出土于胫骨附近。羊腿骨1件，出土于身前。

图四○二　M254平面图

1.铜牌饰（M254：1）　2.铜牌饰（M254：2）　3.铜牌饰（M254：3）　4.铜锥（M254：4a）、铜刀（M254：4b）
5.绿松石串珠（M254：5）　6.滑石串珠（M254：6）　7.铅别针（M254：7）

1. 铜器

　　M254∶1，铜牌饰。1件。铜制，泡形，阴面有桥形纽，素面无纹饰。直径3.2厘米，厚0.2厘米（图四〇三，1；图版二五二，2）。

　　M254∶2，铜牌饰。1件。铜制，泡形，阴面有桥形纽，素面无纹饰。直径5厘米，厚0.1厘米（图四〇三，2；图版二五二，3）。

　　M254∶3，铜牌饰。1件。铜制，泡形，阴面有桥形纽，素面无纹饰，表面有残缺。直径4.2厘米，厚0.2厘米（图四〇三，5；图版二五二，4）。

　　M254∶4a，铜锥。1件。铜制，四棱锥，长6厘米，直径0.4厘米（图四〇三，7；图版二五二，5）。

　　M254∶4b，铜刀。1件。铜制，呈三角形，中部向上方弯曲，背部开裂，锈蚀严重。长6.7厘米，宽2.5厘米，最厚处0.8厘米（图四〇三，6；图版二五二，5）。

　　M254∶8，铜牌饰。1件。铜制，残损严重。重2.7克。

2. 铅器

　　M254∶7，铅别针。1件。铅制，由细铅丝弯曲制成，长3厘米，最宽处1.7厘米，直径0.3厘米，保存极为完好（图四〇三，8；图版二五三，2）。

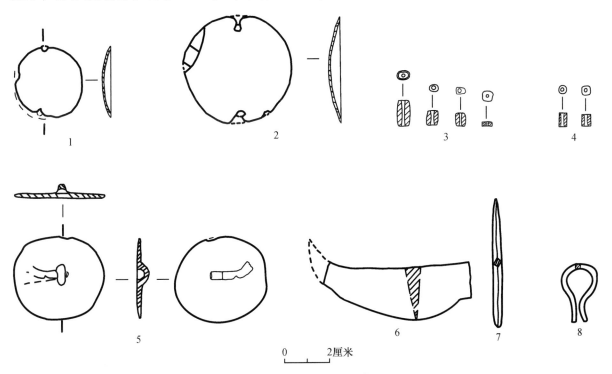

图四〇三　M254出土器物

　　1. 铜牌饰（M254∶1）　2. 铜牌饰（M254∶2）　3. 绿松石串珠（M254∶5a、M254∶5b、M254∶5c、M254∶5d）
4. 滑石串珠（M254∶6）　5. 铜牌饰（M254∶3）　6. 铜刀（M254∶4b）　7. 铜锥（M254∶4a）　8. 铅别针（M254∶7）

3. 石器

M254:5a，绿松石串珠。1件。青色圆柱状，中部对钻穿孔，表面打磨光滑。长1.2厘米，直径0.5厘米，孔径0.1厘米，重量不明（图四〇三，3；图版二五二，6）。

M254:5b，绿松石串珠。1件。青色圆柱状，中部对钻穿孔，表面打磨光滑。长0.8厘米，直径0.4厘米，孔径0.2厘米，重量不明（图四〇三，3；图版二五二，6）。

M254:5c，绿松石串珠。1件。青色圆柱状，中部对钻穿孔，表面打磨光滑。长0.7厘米，直径0.4厘米，孔径0.2厘米，重量不明（图四〇三，3；图版二五二，6）。

M254:5d，绿松石串珠。1件。青色圆柱状，中部对钻穿孔，表面打磨光滑。长0.3厘米，直径0.5厘米，孔径0.1厘米，重量不明（图四〇三，3；图版二五二，6）。

M254:6，滑石串珠。3件。白色圆柱状，中部对钻穿孔，表面打磨光滑。长0.6厘米，直径0.4~0.5厘米，孔径0.2厘米，重量不明（图四〇三，4；图版二五三，1）。

M255

长方形竖穴土坑墓。位于T31东北，被M252打破东南部。墓向29°。墓口距地表0.51米，残长1.4米，宽1.2米，墓坑残深0.26米。墓圹底部为长方形土坯椁室，仅存北、西两壁，自下而上错缝平砌2层土坯。土坯长0.4~0.46米，宽0.3米，厚0.1米。椁室底部放置人骨1具，保存较差，被扰动（图四〇四）。

无出土遗物。

M256

长方形竖穴土坑墓。位于T31北侧，打破M291西北，被M253打破东部。墓向41°。墓口残长1.35米，宽1.3米，墓坑深0.4米。墓圹底部四周设熟土二层台，二层台内侧竖立1层土坯，二层台上错缝平砌2层土坯，仅存西、南两壁。土坯长0.36米，宽0.24米，厚0.1米。无人骨（图四〇五）。

无出土遗物。

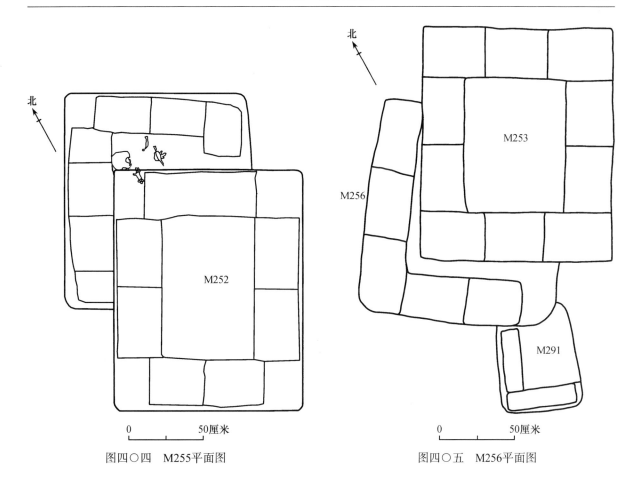

图四〇四　M255平面图　　　　　　　　　图四〇五　M256平面图

M257

（一）形制结构

长方形竖穴土坑墓。位于T31北部，打破M258、M259、M261、M263西南。墓向193°。墓口距地表0.7米，残长0.37～0.66米，宽0.76米，墓坑深0.2米。墓圹底部为长方形土坯椁室，仅存南、东、西三壁，均竖立1层土坯。椁室底部放置人骨1具，右侧身屈肢，头向南，面向东，为成年男性个体（图四〇六）。

（二）出土遗物

共4件。铜器3件，其中铜泡1件（M257：2），出土于头部附近；铜耳环2件（M257：1），出土于耳部。石器1件，为滑石串珠（M257：3），出土位置不明。

1. 铜器

M257：1，铜耳环。1件。由细铜丝弯曲制成，残损。残径2厘米，厚0.2厘米（图四〇六，1；图版二五三，3）。

M257：2，铜泡。1件。铜制，泡形，阴面有桥形纽，素面无纹饰。直径2.9厘米，厚0.1厘米（图四〇六，2；图版二五三，4）。

2. 石器

M257：3，滑石串珠。1件。白色长方形圆柱状，中心穿孔。长0.7厘米，厚0.2厘米，宽0.5厘米，孔径0.2厘米（图四〇六，3；图版二五三，5）。

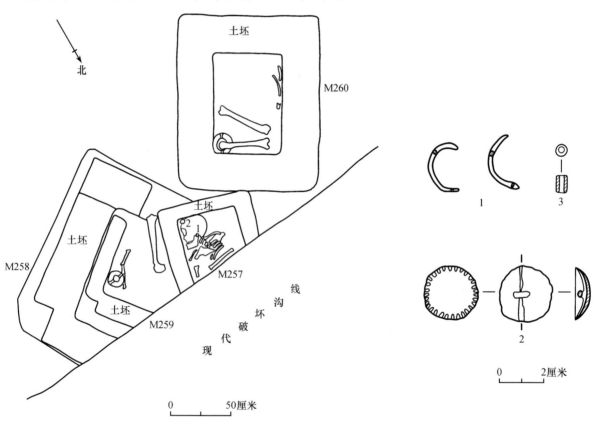

图四〇六　M257平面图及出土器物

1.铜耳环（M257：1）　2.铜泡（M257：2）　3.滑石串珠（M257：3）

M258

　　长方形竖穴土坑墓。位于T31北部，被M257、M259打破，打破M261、M263。墓向147°。墓口距地表0.8米，长1.5米，宽1.5米，墓坑深0.12米。墓圹底部为长方形土坯椁室，仅存东、南、北三壁，均平砌1层土坯。无人骨（图四〇七）。

　　无出土遗物。

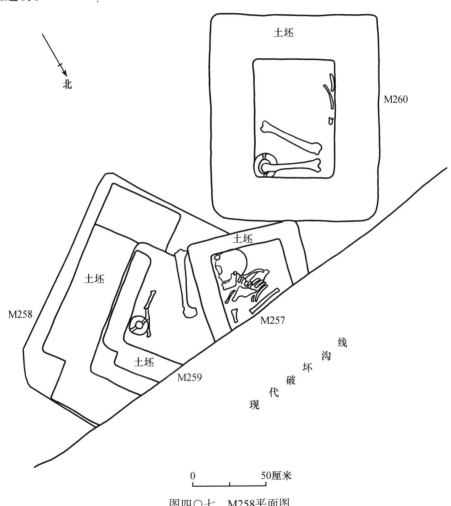

图四〇七　M258平面图

M259

（一）形制结构

长方形竖穴土坑墓。位于T31北部，被M257打破，打破M258、M261、M263。墓向144°。墓口距地表0.8米，残长0.9米，宽0.9米，墓坑深0.18米。墓圹底部为长方形土坯椁室，仅存西、北两壁，均竖立1层土坯。椁室底部放置人骨2具，其中1具位于椁室南部，尺骨、桡骨各1节，为未成年个体；另在椁室西南侧出土成年女性股骨1节（图四〇八）。

（二）出土遗物

共1件。陶器1件，为单耳陶罐（M259：1），出土于椁室东北角。

M259：1，单耳陶罐。1件。夹砂红陶，手制。斜侈口，圆唇，短束颈，沿肩单耳，圆鼓腹，平底。器底有黑灰色烟炱。通高9.4厘米，口径6厘米，腹径10厘米，底径4.5厘米，重量不明（图四〇八，1；图版二五三，6）。

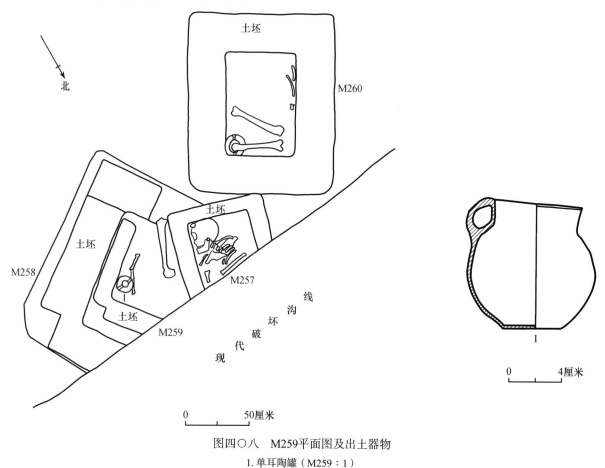

图四〇八　M259平面图及出土器物
1. 单耳陶罐（M259：1）

M260

（一）形制结构

长方形竖穴土坑墓。位于T31东北。墓向210°。墓口距地表0.75米，长1.36米，宽1.16米，墓坑深0.26米。墓圹底部为长方形土坯椁室，椁室四壁均自下而上对缝平砌2层土坯。椁室长0.78米，宽0.56米。椁室底部放置人骨1具，被扰动，保存较差（图四〇九）。

（二）出土遗物

共3件。陶器1件，为双耳陶罐（M260：1），出土于椁室东南角。铜器1件，为铜牌饰（M260：2），出土位置不明。羊距骨1件，出土位置不明。

1. 陶器

M260：1，双耳陶罐。1件。夹细砂红陶，手制。侈口，方唇，束颈，颈肩双耳，鼓腹，

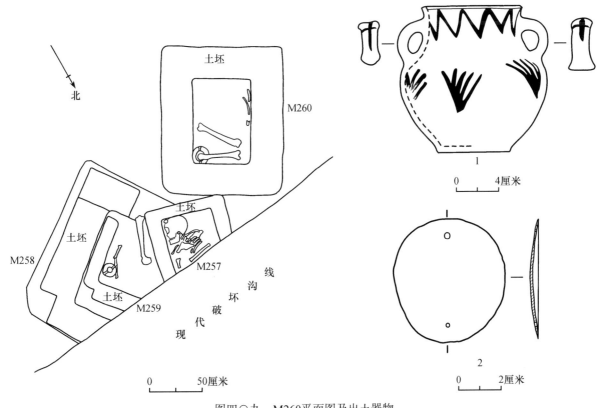

图四〇九　M260平面图及出土器物
1.双耳陶罐（M260：1）　2.铜牌饰（M260：2）

圈足。颈部绘连续的三角纹，腹部绘树草纹，耳部绘十字纹。通高13.6厘米，口径8.5厘米，腹径14.2厘米，底径7厘米（图四〇九，1；图版二五四，1）。

2. 铜器

M260：2，铜牌饰。1件。圆形，略弧，边缘处有两个对称双孔。直径5.2～5.5厘米，孔径0.2厘米（图四〇九，2；图版二五四，2）。

M261

（一）形制结构

长方形竖穴土坑墓。位于T31北部，打破M263，被M257、M258、M259打破。墓向35°。墓口距地表0.9米，长1.6米，宽1.2米，墓坑深0.2米。墓圹填土内夹杂零散人骨、双联铜饰以及碎铜饰。墓圹底部为长方形土坯椁室，椁室四壁均平砌1层土坯，每边每层铺设2～3块。椁室内周长0.92米，宽0.62米；土坯长0.4米，宽0.2米，厚0.1米。椁室底部放置人骨1具，左侧身屈肢，头向东北，面向东南，为老年女性个体（图四一〇）。

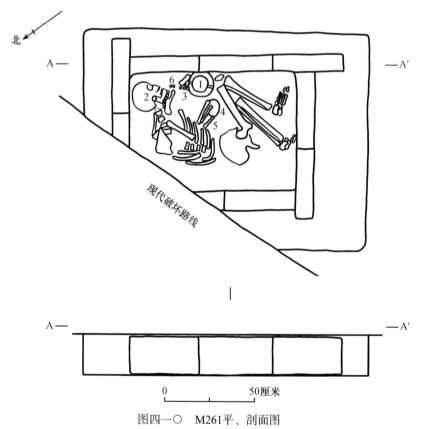

图四一〇　M261平、剖面图

1. 双耳陶罐（M261：1）　2. 铜牌饰（M261：2）　3. 滑石串珠（M261：3）　4. 铜手镯（M261：4）　5. 铜管（M261：5）

6. 串珠（M261：6）

（二）出土遗物

共31件。陶器1件，为双耳陶罐（M261：1），位于近椁室东壁。铜器8件，其中铜牌饰1件（M261：2），出土位置不明；铜耳环2件（M261：7），分别位于耳部和枕骨后；铜手镯1件（M261：4），位于左腕；铜管1件（M261：5），位于股骨处；双联铜泡3件（M261：8、M261：9），出土位置不明。石器21件，其中串珠15件（M261：6），出土于颈部；滑石串珠6件（M261：3），出土于颈部。羊腿骨1件，出土位置不明。

1. 陶器

M261：1，双耳陶罐。1件。夹细砂红陶，手制，微侈口，方唇，短束颈，沿肩双耳，鼓腹，小平底。口沿处绘一周水波纹，肩部绘连续的叶脉三角纹。通高14.8厘米，口径7厘米，腹径14厘米，底径7厘米（图四一一，1；图版二五四，3）。

2. 铜器

M261：2，铜牌饰。1件。圆形，略弧，边缘处有两个对称双孔。直径5.2～5.5厘米，孔径0.2厘米，重18.64克（图版二五四，4）。

M261：4，铜手镯。1件。环形，由直径0.3厘米的铜丝绕成，接口处扁平，直径5.5厘米，重10.55克（图四一一，3；图版二五四，6）。

M261：5，铜管。1件。用薄铜皮卷成筒状，筒近圆形，一端稍粗，另一端略细，细端局部残。长8厘米，一端径0.7厘米×0.55厘米，重4.89克（图四一一，11；图版二五五，2）。

M261：7，铜耳环。2件。环状，由直径0.25厘米的铜丝绕成，接口扁平相错。直径3.5～4厘米，重3.67克（图四一一，2、4；图版二五五，3）。

M261：8，双联铜泡。1件。双联纽间由一短梁相连，纽面凸鼓，面用缘饰短凸棱线，因有的短凸棱外延，故局部纽缘呈齿状。背凹，近中心各一小纽，铸造槽通到纽内。总长5.75厘米，纽径分别为2.5厘米和2.6厘米（图四一一，5；图版二五六，1）。

M261：9，双联铜泡。2件。双联，两节均为铜泡形，一较弧，另一较平。长1.5厘米，宽0.9厘米，一重1.2克，另一重0.4克（图四一一，6；图版二五六，2）。

3. 石器

M261：3，滑石串珠。6件。白色，1件表面粗糙，有圆柱形及矮圆柱形，长0.2～0.4厘米，直径0.3～0.5厘米，孔径0.2厘米（图一一，8），重0.1～0.2克（图四一一，7；图版二五四，5）。

M261：6，串珠。15件。滑石串珠7件，圆柱状，长0.25～0.7厘米，直径0.3～0.5厘米，孔径0.2厘米（图四一一，8）。绿松石串珠7件，6件圆柱状及1件扁圆柱状，圆柱状长0.2～0.4

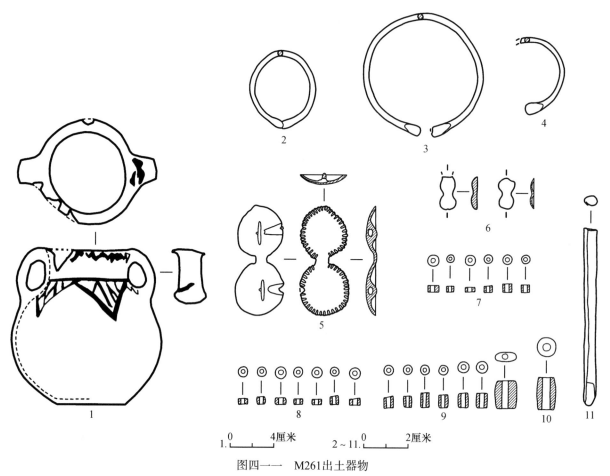

图四一一　　M261出土器物

1. 双耳陶罐（M261：1）　2. 铜耳环（M261：7）　3. 铜手镯（M261：4）　4. 铜耳环（M261：7）　5. 双联铜泡（M261：8）
6. 双联铜泡（M261：9）　7. 滑石串珠（M261：3）　8. 滑石串珠（M261：6）　9. 绿松石串珠（M261：6）　10. 玉髓串珠
（M261：6）　11. 铜管（M261：5）

厘米，直径0.4～0.6厘米，孔径0.2厘米，扁圆柱状者长1.4厘米，宽1.2厘米，孔径0.2厘米（图四一一，9）。玉髓串珠1件，圆柱状，鼓腹，长1.8厘米，直径0.8～1.2厘米，孔径0.4厘米（图四一一，10；图版二五五，1）。

M262

（一）形制结构

长方形竖穴土坑墓。位于T31西侧。墓向203°。墓口距地表0.8米，长1.48厘米，宽1.05米，墓坑深0.54米。墓圹内填充夹杂细砾的灰色沙质土，夹杂碎土块、碎铜片、灰陶片及零散人骨。墓圹底部为长方形土坯椁室，椁室四壁均自下而上错缝平砌5层土坯，每边每层铺设2～3块。椁室长0.96米，宽0.53米；土坯长0.4米，宽0.25米，厚0.1米。椁室底部放置人骨1具，右侧身屈肢，头向南，面向东，为成年男性个体（图四一二）。

（二）出土遗物

共1件。陶器1件，为双耳陶罐（M262：1），位于椁室东北角。

M262：1，双耳陶罐。1件。夹细砂红陶，手制。侈口，短束颈，颈肩双耳，鼓腹，平底。器表有烟炱。通高19.4厘米，口径11.2厘米，底径8厘米（图四一二，1；图版二五六，3）。

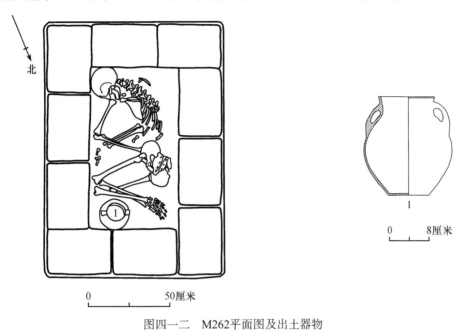

图四一二　M262平面图及出土器物
1. 双耳陶罐（M262：1）

M263

（一）形制结构

长方形竖穴土坑墓。位于T31北侧。被M257、M258、M259、M261打破。墓向222°。墓口距地表1.1米，长1.46米，宽0.86米，墓坑深0.1米。墓圹内填充夹杂细砾的灰色沙质土。墓圹底部放置人骨1具，右侧身屈肢，头向西南，面向东南，为成年男性个体（图四一三）。

（二）出土遗物

共5件。陶器1件，为双耳陶罐（M263：1），出土于墓坑东北角。铜器3件，其中铜耳环2件（M263：2），出土于耳部；铜刀1件（M263：3），出土于颅骨前。羊蹄骨1件，出土于颅骨前。

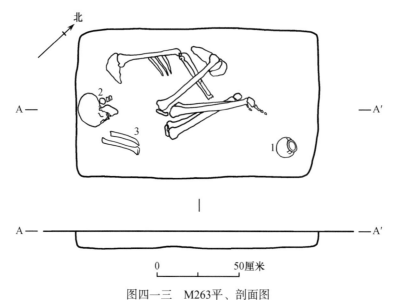

图四一三　M263平、剖面图
1. 双耳陶罐（M263：1）　2. 铜耳环（M263：2）　3. 铜刀（M263：3）

1. 陶器

M263：1，双耳陶罐。1件。夹细砂红陶，手制，口部略残。直口，方唇，直颈，颈肩双耳，鼓腹，圈足。通高14厘米，口径7.2厘米，腹径14厘米，底径6.8厘米（图四一四，1；图版二五六，4）。

2. 铜器

M263：2，铜耳环。2件。环形，由直径0.3或0.4厘米的铜丝卷曲而成，铜丝由细逐渐变粗，接口处呈马蹄状。M263：2-1：直径3.2～3.4厘米，丝径0.3厘米，重6.18克；M263：2-2：直径3.3～3.5厘米，丝径0.4厘米，重6.9克（图四一四，2；图版二五六，5）。

M263：3，铜刀。1件。近长条状，直背，翘刃，截面呈三角形，刃部已经开裂，似由多层铜片压制而成。柄部残断。残长15.8厘米，最宽处2.3厘米，背厚0.5厘米，重68.96克（图四一四，3；图版二五六，6）。

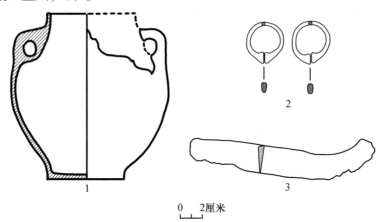

图四一四　M263出土器物
1. 双耳陶罐（M263：1）　2. 铜耳环（M263：2）　3. 铜刀（M263：3）

M264

（一）形制结构

长方形竖穴土坑墓。位于T32南部。打破M265东侧、M267西侧、M269北侧。墓向33°。墓口长1.64米，宽1.2米，墓坑深0.92米。墓圹底部四周设熟土二层台，二层台内侧竖立1层土坯，二层台上平砌1层土坯，每边每层铺设2～3块。椁室内周长1.02米，宽0.54米；土坯长0.4米，宽0.22米，厚0.1米。椁室底部放置人骨1具，保存较差，仅存零星骨骼（图四一五）。

（二）出土遗物

共2件。铜器2件，其中铜牌饰1件（M264：1），出土于椁室南部；铜耳环1件（M264：2），出土于填土中。

M264：1，铜牌饰。1件。圆形，面略凸，背略凹，边缘薄，向中心略厚，纽旁直角形收缩孔。背纽部到近缘有一道铸造凹槽，整体锈蚀严重。拱纽显宽。镜体直径3.8～4.1厘米，近中部面背厚0.3厘米（图四一五，1；图版二五七，1）。

M264：2，铜耳环。1件。环形，残断。由直径0.19厘米的铜丝绕成，接口处扁平。残长1.8厘米，重0.6克（图四一五，2；图版二五七，2）。

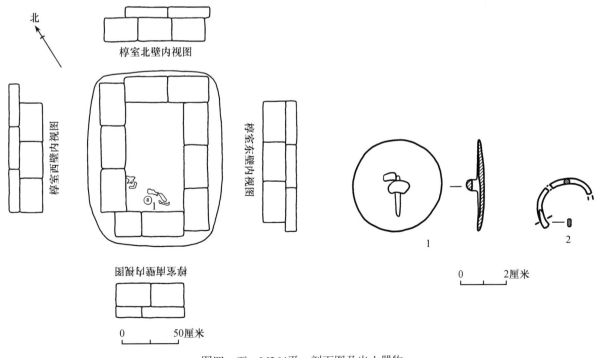

图四一五　M264平、剖面图及出土器物
1. 铜牌饰（M264：1）　2. 铜耳环（M264：2）

M265

（一）形制结构

长方形竖穴土坑墓。位于T32南部，东壁被M264打破，打破M269西北角。墓向21°。墓口长1.5米，残宽1.16米，墓坑残深0.4米。墓圹底部为长方形土坯椁室，椁室四壁均自下而上错缝平砌多层土坯，北壁平砌3层，南壁平砌4层，每边每层铺设2～3块，东、西两壁情况不明。椁室内周长0.9米，宽0.68米；土坯长0.4米，宽0.24米，厚0.1米。椁室底部放置人骨1具，保存较差，仅存零星骨骼（图四一六）。

（二）出土遗物

共2件。陶器1件，为双耳陶罐（M265：1），出土于椁室东南角。铜器1件，为铜牌饰（M265：2），出土于填土中。

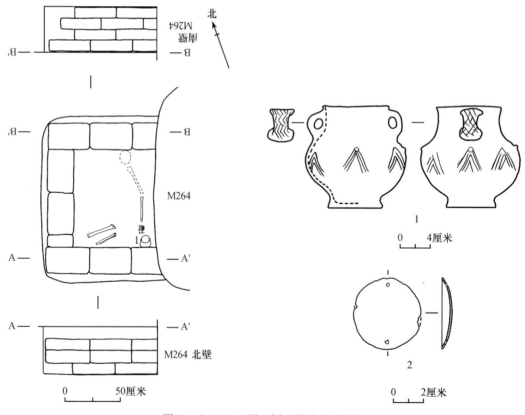

图四一六　M265平、剖面图及出土器物
1. 双耳陶罐（M265：1）　2. 铜牌饰（M265：2）

1. 陶器

M265：1，双耳陶罐。1件。夹细砂红陶，手制。微侈口，短束颈，颈肩双耳，鼓腹，圈足。鼓腹处两侧及腹部正中有乳突，乳突处刻划折线重叠"V"形纹，耳部刻划折线纹和网格纹。通高13.8厘米，口径8.8厘米，腹径14厘米，底径7.4厘米（图四一六，1；图版二五七，3）。

2. 铜器

M265：2，铜牌饰。1件。圆泡形，边缘有两个对称的小孔。直径4.9厘米，厚0.1厘米，孔径0.2厘米，重13.21克（图四一六，2；图版二五七，4）。

M266

（一）形制结构

长方形竖穴土坑墓。位于T32东北，打破M270北部大半。墓向34°。墓口距地表0.5米，长1.55米，宽1.26米，墓坑深0.98米。墓圹填土内出土碎陶片，胫骨、股骨、脊椎以及男性髋骨等。墓圹底部为长方形土坯椁室，椁室四壁均自下而上错缝平砌5层土坯。椁室内周长0.96米，宽0.66米；土坯长0.38米，宽0.26米，厚0.1米。椁室底部放置人骨1具，左侧身屈肢，头向东北，面向南，性别女（图四一七）。

（二）出土遗物

共192件。陶器1件，为双耳陶罐（M266：21），出土于膝部。铜器112件，其中铜耳环2件（M266：1），出土于耳部；铜牌饰6件（M266：3、M266：4、M266：7、M266：8、M266：32、M266：35），分别出土于肩部、胸前以及颈部；铜镜4件（M266：5、M266：6、M266：28、M266：34），分别出土于耳部以及右臂处；双联铜泡4件（M266：9、M266：10、M266：31、M266：37），出土于右臂处；铜管1件（M266：17），出土于胫骨处；铜手镯2件（M266：16、M266：38），出土于左右腕部；铜珠70件（M266：39），出土于左腕处；铜泡23件（M266：2、M266：11～M266：15、M266：18、M266：19、M266：22～M266：27、M266：29、M266：30、M266：33、M266：36），分别出土于头部、两臂以及胫骨处。石器78件（M266：20），分别为绿松石串珠和玉髓珠，出土于颈部。羊肩胛骨1件，出土位置不明。

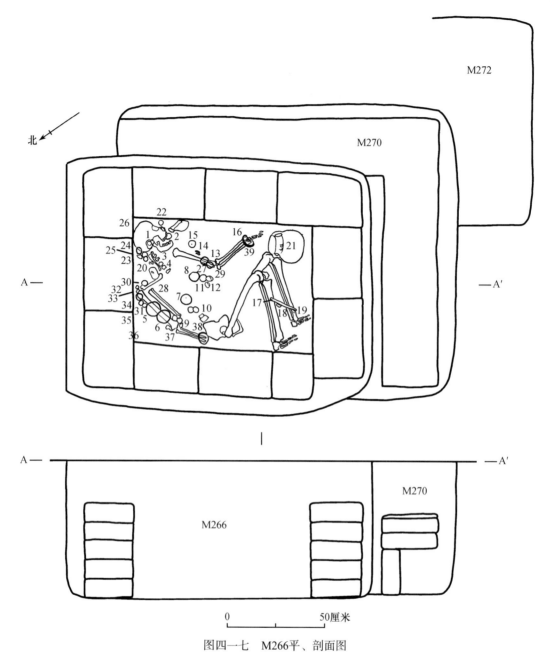

图四一七 M266平、剖面图

1. 铜耳环（M266：1） 2. 铜泡（M266：2） 3. 铜牌饰（M266：3） 4. 铜牌饰（M266：4） 5. 铜镜（M266：5）
6. 铜镜（M266：6） 7. 铜牌饰（M266：7） 8. 铜牌饰（M266：8） 9. 双联铜泡（M266：9） 10. 双联铜泡（M266：10）
11. 铜泡（M266：11） 12. 铜泡（M266：12） 13. 铜泡（M266：13） 14. 铜泡（M266：14） 15. 铜泡（M266：15）
16. 铜手镯（M266：16） 17. 铜管（M266：17） 18. 铜泡（M266：18） 19. 铜泡（M266：19） 20. 串珠（M266：20）
21. 双耳陶罐（M266：21） 22. 铜泡（M266：22） 23. 铜泡（M266：23） 24. 铜泡（M266：24） 25. 铜泡（M266：25）
26. 铜泡（M266：26） 27. 铜泡（M266：27） 28. 铜镜（M266：28） 29. 铜泡（M266：29） 30. 铜泡（M266：30）
31. 双联铜泡（M266：31） 32. 铜牌饰（M266：32） 33. 铜泡（M266：33） 34. 铜镜（M266：34）
35. 铜牌饰（M266：35） 36. 铜泡（M266：36） 37. 双联铜泡（M266：37） 38. 铜手镯（M266：38）
39. 铜珠（M266：39）

1. 陶器

M266：21，双耳陶罐。1件。夹细砂红陶，手制。微侈口，尖唇，短束颈，沿肩双耳，球腹，小平底。口沿内绘短线纹，肩部绘一周弦纹，其下绘连续的三角形树草纹，耳部绘树草纹。通高17.4厘米，口径10.2厘米，腹径15.1厘米，底径6.5厘米（图四一八，1；图版二六〇，5）。

2. 铜器

M266：1，铜耳环。2件。略残，由圆铜丝捏成圆环状，交接处压扁。外径4~4.2厘米，内径3.5厘米（图四一八，9；图版二五七，5）。

M266：2，铜泡。1件。完整，圆形，周边有压棱，微凸。背面内凹有一带孔弓形纽，铸造而成。直径2.3厘米，厚0.1~0.15厘米（图四一八，5；图版二五七，6）。

M266：3，铜牌饰。1件。残，圆形素面，微凸，有两个对称的孔，背内凹无纽。直径4.7厘米，厚0.05~0.1厘米（图四一八，11；图版二五八，1）。

M266：4，铜牌饰。1件。残，圆形素面，微凸，背内凹无纽。直径5.8厘米，厚0.05厘米（图四一八，12；图版二五八，2）。

M266：5，铜镜。1件。残，圆形素面，微凸，背部有一带孔纽。直径6.8厘米，厚0.2~0.3厘米（图四一八，13；图版二五八，3）。

M266：6，铜镜。1件。残，圆形素面，表面平直，中部有一弓形纽，纽正中有一凹槽。直径7.4厘米，厚0.2厘米（图四一八，14）。

M266：7，铜牌饰。1件。残裂，整体呈圆形，剩较大的三片（图四一八，15；图版二五八，4）。

M266：8，铜牌饰。1件。残裂，呈圆形（图四一八，16；图版二五八，5）。

M266：9，双联铜泡。1件。铜制，呈现两个圆形铜片相交的形状，中间突起，素面无纹饰。长4.5厘米，厚0.1厘米，圆形直径2.3厘米（图四一八，17；图版二五八，6）。

M266：10，双联铜泡。1件。铜制，呈现两个圆形铜片相交的形状，中间突起，素面无纹饰。长4.5厘米，厚0.1厘米，圆形直径2.3厘米（图四一八，18；图版二五九，1）。

M266：11。铜泡。2件。铜制，泡形，周边有压棱，阴面中部有桥形纽。直径2厘米，厚0.1~0.2厘米（图四一八，7；图版二五九，2）。

M266：12，铜泡。3件。铜制，泡形，周边有压棱，阴面中部有桥形纽。直径2厘米，厚0.2厘米（图四一八，3；图版二五九，3）。

M266：13，铜泡。2件。铜制，泡形，周边有压棱，阴面中部有桥形纽。直径2.3厘米，厚0.2厘米（图四一八，4；图版二五九，4）。

M266：14，铜泡。2件。铜制，泡形，周边有压棱，阴面中部有桥形纽。直径2.4厘米，厚0.3厘米（图四一八，10；图版二五九，5）。

M266：15，铜泡。1件。铜制，泡形，周边有压棱，阴面中部有桥形纽。直径2.3厘米，厚

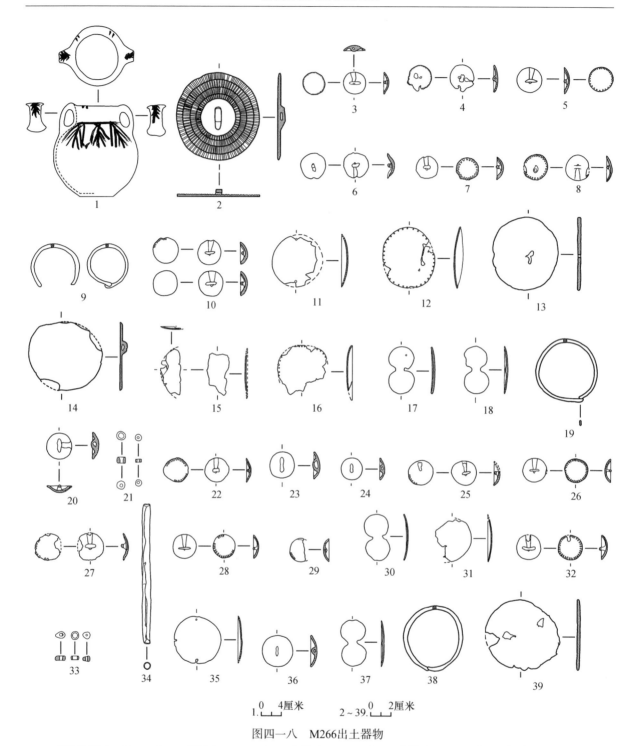

0 4厘米
1.└──┘

0 2厘米
2～39.└──┘

图四一八　M266出土器物

1. 双耳陶罐（M266：21）　　2. 铜镜（M266：28）　　3. 铜泡（M266：12）　　4. 铜泡（M266：13）　　5. 铜泡（M266：2）

6. 铜泡（M266：15）　　7. 铜泡（M266：11）　　8. 铜泡（M266：18）　　9. 铜耳环（M266：1）　　10. 铜泡（M266：14）

11. 铜牌饰（M266：3）　　12. 铜牌饰（M266：4）　　13. 铜镜（M266：5）　　14. 铜镜（M266：6）　　15. 铜牌饰（M266：7）

16. 铜牌饰（M266：8）　　17. 双联铜泡（M266：9）　　18. 双联铜泡（M266：10）　　19. 铜手镯（M266：16）　　20. 铜泡（M266：19）

21. 绿松石串珠（M266：20）　　22. 铜泡（M266：22）　　23. 铜泡（M266：23）　　24. 铜泡（M266：24）　　25. 铜泡（M266：25）

26. 铜泡（M266：26）　　27. 铜泡（M266：27）　　28. 铜泡（M266：29）　　29. 铜泡（M266：30）　　30. 双联铜泡（M266：31）

31. 铜牌饰（M266：32）　　32. 铜泡（M266：33）　　33. 铜珠（M266：39）　　34. 铜管（M266：17）　　35. 铜牌饰（M266：35）

36. 铜泡（M266：36）　　37. 双联铜泡（M266：37）　　38. 铜手镯（M266：38）　　39. 铜镜（M266：34）

0.2厘米（图四一八，6；图版二五九，6）。

M266：16，铜手镯。1件。铜制，由铜丝弯曲制成，圆形。直径5厘米，厚度0.5厘米（图四一八，19；图版二六〇，1）。

M266：17，铜管。1件。呈5节，铜制，管型，由铜片卷曲制成。长14厘米，宽1厘米，孔径0.8厘米（图四一八，34；图版二六〇，2）。

M266：18，铜泡。1件。铜制，泡形，周边有压棱，阴面中部有桥形纽。直径2.3厘米，厚0.2厘米（图四一八，8；图版二六〇，3）。

M266：19，铜泡。1件。铜制，泡形，周边有压棱，阴面中部有桥形纽。直径2.4厘米，厚0.2厘米（图四一八，20；图版二六〇，4）。

M266：22，铜泡。1件。铜制，泡形，周边有压棱，阴面中部有桥形纽。直径2厘米，厚0.2厘米（图四一八，22；图版二六〇，6）。

M266：23，铜泡。1件。铜制，泡形，周边有压棱，阴面中部有桥形纽。直径2.6厘米，厚0.1厘米（图四一八，23；图版二六一，2）。

M266：24，铜泡。1件。铜制，泡形，周边有压棱，阴面中部有桥形纽。直径2.1厘米，厚0.1厘米（图四一八，24；图版二六一，3）。

M266：25，铜泡。1件。铜制，泡形，周边有压棱，阴面中部有桥形纽。直径2.3厘米，厚0.2厘米（图四一八，25；图版二六二，1）。

M266：26，铜泡。1件。铜制，泡形，周边有压棱，阴面中部有桥形纽。直径2.3厘米，厚0.2厘米（图四一八，26；图版二六二，2）。

M266：27，铜泡。1件。铜制，泡形，周边有压棱，阴面中部有桥形纽。放射状刻划纹饰。直径2.2厘米，厚0.2厘米（图四一八，27；图版二六二，3）。

M266：28，铜镜。1件。铜制，圆形，阴面中部有桥形纽，围绕纽有4道圆环，之间填充辐射条纹。直径8.3～8.4厘米，厚0.2厘米，纽长1.6厘米，宽0.8厘米（图四一八，2；图版二六二，4）。

M266：29，铜泡。1件。铜制，泡形，周边有压棱，阴面中部有桥形纽。直径2.3厘米，厚0.2厘米（图四一八，28；图版二六二，5）。

M266：30，铜泡。1件。铜制，泡形，周边有压棱，阴面中部有桥形纽。直径2.3厘米，厚0.2厘米（图四一八，29；图版二六二，6）。

M266：31，双联铜泡。1件。铜制，呈现两个圆形铜片相交的形状，中间突起，素面无纹饰。长4.5厘米，厚0.1厘米，圆形直径2.3厘米（图四一八，30；图版二六三，1）。

M266：32，铜牌饰。1件。有残损，圆形，素面无纹饰，微凸。残损剩余直径3.5厘米，厚0.1厘米（图四一八，31；图版二六三，2）。

M266：33，铜泡。1件。铜制，泡形，周边有压棱，阴面中部有桥形纽。直径2.3厘米，厚0.2厘米（图四一八，32；图版二六三，3）。

M266：34，铜镜。1件。铜制，圆形，残损严重，阴面中部有桥形纽。素面无纹饰。直径6.5～7.5厘米，厚度0.4厘米（图四一八，39；图版二六三，4）。

M266：35，铜牌饰。1件。铜制，圆形，三面穿孔，素面无纹饰。直径4.5厘米，厚0.1厘米（图四一八，35；图版二六三，5）。

M266：36，铜泡。1件。铜制，泡形，周边有压棱，阴面中部有桥形纽。直径2.3厘米，厚度0.2厘米（图四一八，36；图版二六三，6）。

M266：37，双联铜泡。1件。铜制，呈现两个圆形铜片相交的形状，中间突起，素面无纹饰。长4.5厘米，厚0.1厘米，圆形直径2.3厘米（图四一八，37；图版二六四，1）。

M266：38，铜手镯。1件。铜制，由铜丝弯曲制成，圆形。直径6.4厘米，铜丝径0.2厘米（图四一八，38；图版二六四，2）。

M266：39，铜珠。70件。铜制，绿色圆筒状，对穿钻孔。长1厘米，宽0.5厘米，孔径0.2厘米（图四一八，33；图版二六四，3）。

3. 石器

M266：20，串珠。78件。绿松石串珠77件，多呈扁圆柱状，中部穿孔。绿松石串珠直径0.3～0.6厘米，高0.1～0.3厘米，孔径约0.2厘米，均重不足0.1克～0.27克。玉髓串珠1件，红色半透明，圆柱状，腹略鼓，对钻穿孔。长0.7厘米，直径0.6厘米，孔径0.3厘米，重0.87克（图四一八，21；图版二六一，1）。

附：M266墓主人经分子遗传学鉴定，性别为女性（高诗珠，2009：5）。

M267

（一）形制结构

长方形竖穴土坑墓。位于T32南，西部及南部被M264打破。墓向38°。墓口长1.66米，宽1.4米，墓坑深0.44米。墓圹填土中夹杂碎陶片，股骨、肱骨各1件，尺骨、锁骨、脊椎数件。墓圹底部四周设熟土二层台，二层台内侧竖立1层土坯，二层台上平砌2层土坯。椁室内周长0.98米，宽0.7米；土坯长0.4米，宽0.24米，厚0.1米。椁室底部放置人骨1具，左侧身屈肢，头向东北，面向南，为成年女性个体（图四一九）。

（二）出土遗物

共38件。陶器1件，为双耳陶罐（M267：1），出土于人骨前方。铜器26件，其中铜耳环2件（M267：2、M267：22），出土于耳部；双联铜泡2件，分别出土于下颌骨（M267：5）和股骨附近（M267：10）；铜管3件（M267：12、M267：28），分别出土于尺骨、胫骨、锁骨附近；铜刀1件（M267：11），出土于尺骨上；铜泡18件，其中11件分布出土于锁骨（M267：6）、顶骨（M267：7、M267：8、M267：9）、手腕（M267：13）、肱骨

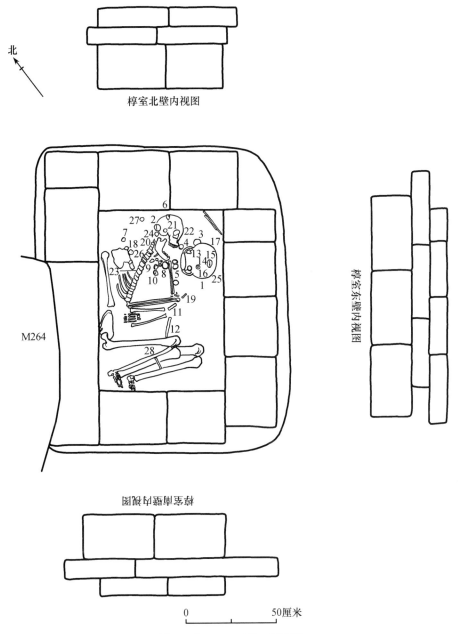

图四一九 M267平、剖面图

1.双耳陶罐（M267：1） 2.铜耳环（M267：2） 3.铜泡（M267：3） 4.铜泡（M267：4） 5.双联铜泡（M267：5）
6.铜泡（M267：6） 7.铜泡（M267：7） 8.铜泡（M267：8） 9.铜泡（M267：9） 10.双联铜泡（M267：10）
11.铜刀（M267：11） 12.铜管（M267：12） 13.铜泡（M267：13） 14.铜泡（M267：14） 15.铜泡（M267：15）
16.铜泡（M267：16） 17.铜泡（M267：17） 18.铜泡（M267：18） 19.铜泡（M267：19） 20.绿松石串珠（M267：20）
21.铜泡（M267：21） 22.铜耳环（M267：22） 23.串珠（M267：23） 24.铜泡（M267：24） 25.铜泡（M267：25）
26.铜泡（M267：26） 27.铜泡（M267：27） 28.铜管（M267：28）

（M267：14）、北部土坯内（M267：15）、陶罐附近（M267：4、M267：16、M267：17、M267：18），其余7件（M267：3、M267：19、M267：21、M267：24、M267：25、M267：26、M267：27）出土位置不明。石器11件，其中绿松石串珠8件（M267：20），出土于颈部；串珠3件（M267：23），出土于胸部。

1. 陶器

M267：1，双耳陶罐。1件。夹细砂红陶，手制。微侈口，短束颈，沿肩双耳，鼓腹，平底。肩部绘一周弦纹，其下绘连续的叶脉三角纹。通高17厘米，口径8.5厘米，腹径14厘米，底径8.4厘米（图四二〇，1；图版二六五，1）。

2. 铜器

M267：2，铜耳环。1件。环状，由直径0.3厘米的铜丝绕成，接口扁平相错。环径4.2厘米，接口宽0.6厘米，重8克（图四二〇，18；图版二六五，2）。

M267：3，铜泡。1件。残损严重，似为圆形铜饰，重2.7克。

M267：4，铜泡。1件。圆形，应为双联铜饰残存的一半，圆泡状，带纽。直径2.1厘米，厚0.1厘米，重4.76克（图四二〇，2；图版二六五，3）。

M267：5，双联铜泡。1件。分两节，均为圆形，略弧，中部由短梁相连。长4.4厘米，单联直径2厘米，重6.59克（图四二〇，7；图版二六五，4）。

M267：6，铜泡。1件。残损严重，重2.5克。

M267：7，铜泡。1件。残损严重，重2.69克。

M267：8，铜泡。1件。圆泡形，背部有纽。直径3厘米，厚0.1厘米，纽长0.9厘米，径0.2厘米，重4.61克（图四二〇，8；图版二六五，5）。

M267：9，铜泡。1件。残损严重，重2.27克。

M267：10，双联铜泡。1件。分两节，均为圆形，略弧，中部由短梁相连。长5.5厘米，单联直径2.4厘米，重5.28克（图四二〇，12；图版二六五，6）。

M267：11，铜刀。1件。残，仅存柄部，为环首，一面边缘处两侧有棱，截面呈凹字形，饰有6组竖"V"形纹饰。长5.5厘米，宽1.3厘米，厚0.1～0.5厘米，孔径0.5～0.6厘米，重15.8克（图四二〇，20；图版二六六，1）。

M267：12，铜管。1件。长条状，由厚0.1厘米的铜片卷曲而成，接缝明显，一端呈圆形，另一端呈方形。长9.8厘米，壁厚0.1厘米，孔径约0.4厘米，重6.92克（图四二〇，13；图版二六六，2）。

M267：13，铜泡。1件。圆泡状，应为双联铜饰的一半，梁处残，背部有纽。直径2.1厘米，厚0.1厘米，重3.17克（图四二〇，4；图版二六六，3）。

M267：14，铜泡。1件。圆泡状，应为双联铜饰的一半，梁处残，正面边缘为齿状，背部有纽及明显的梯形铸造槽。直径2.5厘米，厚0.2厘米，重5.03克（图四二〇，5；图版二六六，4）。

M267：15，铜泡。1件。圆泡状，正面边缘为齿状，背部有纽及明显的梯形铸造槽。直径2.2厘米，厚0.1厘米，重4.84克（图四二〇，6；图版二六六，5）。

M267：16，铜泡。1件。残损严重，重2.16克。

M267：17，铜泡。1件。残损严重，重2.07克。

M267：18，铜泡。1件。残损严重，重2.31克。

M267：19，铜泡。1件。圆形，略弧，似有纽，边缘锐薄。直径2.9厘米，重7.4克（图四二〇，8；图版二六六，6）。

M267：21，铜泡。1件。圆泡状，正面边缘为齿状，背部有纽，梯形铸造槽破损。直径2厘米，重2.91克（图四二〇，16；图版二六七，2）。

M267：22，铜耳环。1件。环状，由直径0.2厘米的铜丝绕成，接口扁平相错。环径3.1厘米，接口宽0.4厘米，重3.93克（图四二〇，19；图版二六七，3）。

M267：24，铜泡。1件。圆泡状，背部有纽。直径2厘米，重2.18克（图四二〇，11；图版二六七，6）。

M267：25，铜泡。1件。圆形，略弧，背部有纽，边缘锐薄。直径3厘米，纽长0.5厘米，宽0.3厘米，重0.99克（图四二〇，17；图版二六八，1）。

M267：26，铜泡。1件。圆形，素面，较平，背部有纽。直径1.9厘米，孔径0.1厘米（图四二〇，9；图版二六八，2）。

M267：28，铜泡。1件。圆形，素面，有一个小柄，疑似为双联铜泡残件，背部内凹，有纽。长2.7厘米，直径2厘米（图四二〇，10；图版二六八，3）。

M267：29，铜管。2件。2件粘连在一起，呈圆柱状，由厚0.1厘米的铜片卷曲而成，接缝明显（图四二〇，14；图版二六八，4）。

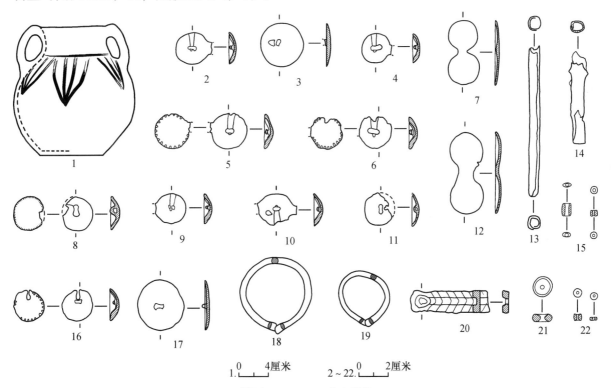

图四二〇　M267出土器物

1. 双耳陶罐（M267：1）　2. 铜泡（M267：4）　3. 铜泡（M267：8）　4. 铜泡（M267：13）　5. 铜泡（M267：14）
6. 铜泡（M267：15）　7. 双联铜泡（M267：5）　8. 铜泡（M267：19）　9. 铜泡（M267：26）　10. 铜泡（M267：27）
11. 铜泡（M267：24）　12. 双联铜泡（M267：10）　13. 铜管（M267：12）　14. 铜管（M267：28）　15. 绿松石串珠
（M267：20）　16. 铜泡（M267：21）　17. 铜泡（M267：25）　18. 铜耳环（M267：2）　19. 铜耳环（M267：22）
20. 铜刀（M267：11）　21. 玉髓串珠（M267：23）　22. 绿松石串珠（M267：23）

3. 石器

M267：20，绿松石串珠。8件。其中圆柱状7件，浅绿色，中部穿孔。长0.15～0.5厘米，直径0.3～0.5厘米，孔径0.2厘米；扁圆柱形1件，浅绿色，中部穿孔，长0.9厘米，宽0.7厘米，孔径0.2厘米。重0.1～0.3克（图四二〇，15；图版二六七，1）。

M267：23，串珠。3件。玉髓串珠1件，红色半透明，矮圆柱形，中部对钻穿孔。直径1.3厘米，厚0.5厘米，孔径0.3～1厘米，重1.46克；绿松石串珠2件，浅绿色，圆柱状，中部穿孔，直径0.4～0.5厘米，厚0.1～0.4厘米，孔径0.1～0.2厘米，重分别为0.1和0.25克（图四二〇，21、22；图版二六七，4、5）。

M268

（一）形制结构

长方形竖穴土坑墓。位于T32东，打破M271、M272东北。墓向218°。墓口距地表0.14米，长1.66米，宽1.23米，墓坑深0.76米。墓圹底部四周设生土二层台，二层台内侧竖立1层土坯，二层台上错缝平砌2层土坯，每边每层铺设2～3块。椁室内周长0.9米，宽0.6米；土坯长0.4米，宽0.24米，厚0.1米。椁室底部放置人骨1具，右侧身屈肢，头向西南，面向东（图四二一）。

（二）出土遗物

共4件。陶器1件，为双耳陶罐（M268：1），出土于椁室东北角。铜器1件，铜耳环（M268：2），出土于耳部。石器1件，为绿松石串珠（M268：3），出土于颈部。羊腿骨1件，出土于人骨左膝部。

1. 陶器

M268：1，双耳陶罐。1件。夹细砂红陶，手制。侈口，短束颈，沿肩双翘耳，鼓腹，小平底。通高12.2厘米，口径9.4厘米，腹径13.8厘米，底径6.4厘米（图四二一，1；图版二六八，5）。

2. 铜器

M268：2，铜耳环。1件。环状，由直径0.3厘米的铜丝绕成，接口相错。直径3厘米（图四二一，3；图版二六八，6）。

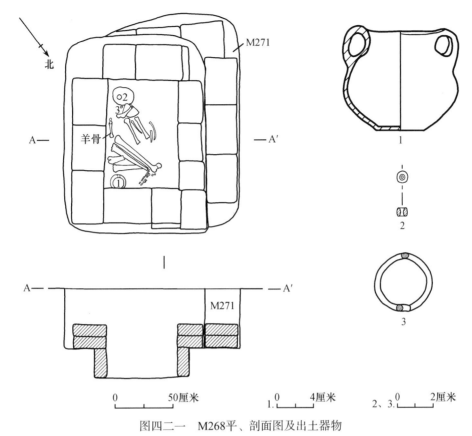

图四二一　M268平、剖面图及出土器物

1. 双耳陶罐（M268：1）　2. 绿松石串珠（M268：3）　3. 铜耳环（M268：2）

3. 石器

M268：3，绿松石串珠。1件。圆柱状，腹略鼓，中部穿孔。直径0.6厘米，厚0.4厘米，孔径0.2厘米，重0.39克（图四二一，2；图版二六九，1）。

M269

（一）形制结构

长方形竖穴土坑墓。位于T32西南，北侧被M264打破，西北被M265打破，西南被M276打破。墓向223°。墓口距地表0.15米，长1.54米，宽1.07米，墓坑深0.85米。墓圹底部为长方形土坯椁室，椁室四壁均自下而上错缝平砌5层土坯，每边每层铺设2~3块。椁室内周长0.94米，宽0.6米；土坯长0.4米，宽0.2米，厚0.1米。椁室底部放置人骨1具，右侧身屈肢，头向西南，面向东，为成年男性个体（图四二二）。

（二）出土遗物

共2件。铜器2件，其中铜牌饰1件（M269∶1），出土于头部东侧；铜刀1件（M269∶2），出土于膝前。

M269∶1，铜牌饰。1件。圆形，略糊，两侧边缘有两个小孔。直径4.2厘米，孔径0.2厘米，重9.17克（图四二二，2；图版二六九，2）。

M269∶2，铜刀。1件。微残，弧背，弧刃，翘尖，剖面呈三角形。柄部带孔。长17.2厘米，最宽处3厘米，背最厚处0.5厘米，孔径0.6厘米（图四二二，1）。

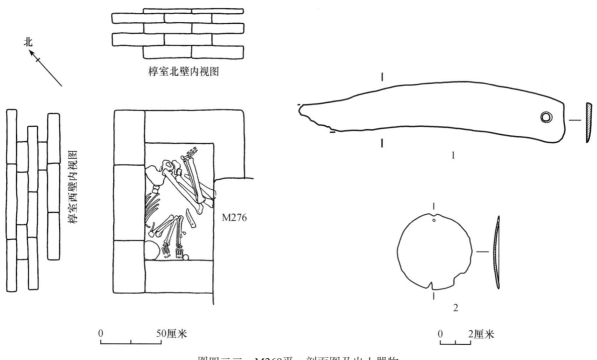

图四二二　M269平、剖面图及出土器物
1.铜刀（M269∶2）　2.铜牌饰（M269∶1）

M270

（一）形制结构

长方形竖穴土坑墓。位于T31，打破M272，被M266打破。墓向34°。墓口距地表0.1米，长1.8米，宽1.56米，墓坑深0.7米。墓圹底部四周设熟土二层台，椁室北、西两壁被打破，东、南两壁二层台内侧竖立1层土坯，二层台上错缝平砌2层土坯。土坯长0.6米，宽0.24米，厚0.1米。无人骨（图四二三）。

（二）出土遗物

共2件。皆为铜器，铜泡1件（M270：1），出土位置不明；铜刀1件（M270：2），出土位置不明。

M270：1，铜泡。1件。圆泡状，背部有纽及明显的梯形铸造槽，直径1.8厘米，重2.36克（图四二三，2；图版二六九，3）。

M270：2，铜刀。1件。近长条状，弧刃，截面呈三角形。长10.5厘米，宽2.7厘米，背厚0.5厘米，重52.16克（图四二三，1；图版二六九，4）。

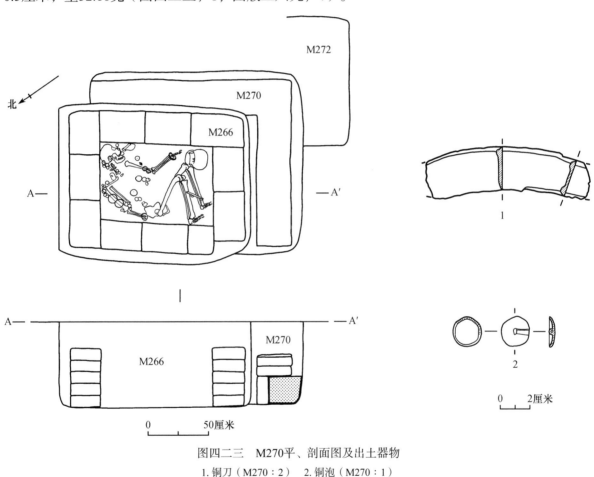

图四二三 M270平、剖面图及出土器物
1.铜刀（M270：2） 2.铜泡（M270：1）

M271

长方形竖穴土坑墓。位于T32，打破M272，被M268打破。墓向218°。墓口距地表0.3米，长1.82米，宽1.22米，墓坑深0.5米。墓圹底部为长方形土坯椁室，椁室西、南两壁均自下而上错缝平砌2层土坯，东、北壁被打破，每边每层铺设2～3块。椁室内周长0.9米，宽0.6米；土坯长0.4米，宽0.28米，厚0.1米。无人骨（图四二四）。

无出土遗物。

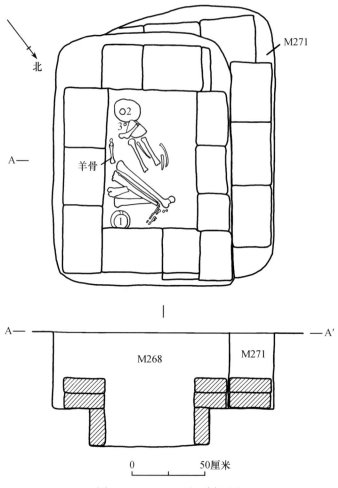

图四二四　M271平、剖面图

1.双耳陶罐（M268：1）　　2.绿松石串珠（M268：3）　　3.铜耳环（M268：2）

M272

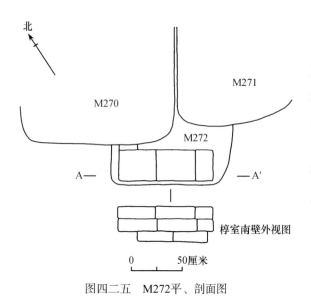

图四二五　M272平、剖面图

长方形竖穴土坑墓。位于T32东部，被M268、M270、M271、M276打破。墓向34°或214°。墓口残长0.56米，宽1.16米，墓坑深0.66米。墓圹底部为长方形土坯椁室，椁室四壁均自下而上错缝平砌3层土坯，东、北、西三壁被破坏，南壁每层铺设3块土坯。椁室内周长0.95米，宽不明；土坯长0.4米，宽0.14米，厚度不明。无人骨（图四二五）。

无出土遗物。

M273

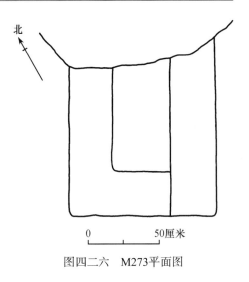

长方形竖穴土坑墓。墓向30°。墓口残长1.18米，宽1.02米。墓圹底部为长方形土坯椁室，椁室东、南、西三壁均自下而上错缝平砌3层土坯，每边每层铺设3块。椁室内周残长0.7米，宽0.4米；土坯长0.4米，宽0.2米，厚度不明。无人骨（图四二六）。

无出土遗物。

图四二六 M273平面图

M274

（一）形制结构

长方形竖穴土坑墓。墓向144.47°。墓口距地表0.4米，长1.42米，宽1.12米，墓坑深0.8米。墓圹内填充夹杂细砾的黄色沙土，出土零星人骨。墓圹底部四周设生土二层台，二层台内侧竖立1层土坯，二层台上错缝平砌2层土坯，每边每层铺设2～3块。椁室内周长0.8米，宽0.6米；土坯长0.3米，宽0.14米，厚0.1米。椁室底部放置人骨1具，右侧身屈肢，头向南，面向东，性别女（图四二七）。

（二）出土遗物

共4件。陶器1件（M274∶3），为双耳陶罐，出土于椁室东北角。铜器1件，为铜耳环（M274∶2），出土于耳部；石器1件，为玉髓串珠（M274∶1），出土于颈部。羊腿骨1件，出土于身前。

1. 陶器

M274∶3，双耳陶罐。1件。夹细砂红陶，手制。大侈口，圆唇，短束颈，沿肩双扁耳，鼓腹，平底。通体大部有烟炱。通高12.1厘米，口径11.1厘米，腹径13.6厘米，底径6.4厘米，重525克（图四二七，3；图版二七〇，1）。

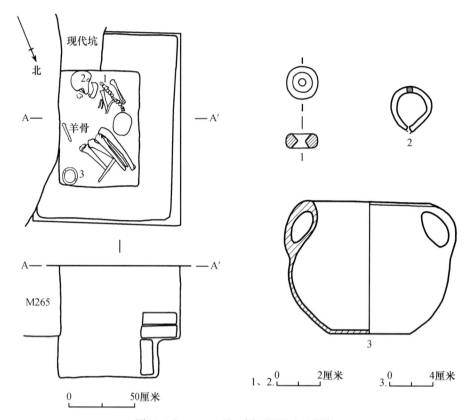

图四二七　M274平、剖面图及出土器物

1. 玉髓串珠（M274：1）　2. 铜耳环（M274：2）　3. 双耳陶罐（M274：3）

2. 铜器

　　M274：2，铜耳环。1件。近圆环状，由直径约0.2厘米的铜丝卷曲而成，接口一端扁平。环径1.5厘米，重1.58克（图四二七，2；图版二六九，6）。

3. 石器

　　M274：1，玉髓串珠。1件。矮圆柱状，鼓腹，中部对钻穿孔。直径1.4厘米，厚0.6厘米，孔径0.3～0.7厘米，重2.1克（图四二七，1；图版二六九，5）。

　　附：M274墓主人经分子遗传学鉴定，性别为女性（高诗珠，2009：56）。

M275

（一）形制结构

　　长方形竖穴土坑墓。墓向218°。墓口长1.44米，宽1.3米，墓坑深0.6米。墓圹底部四周设熟土二层台，二层台内侧竖立1层土坯，二层台上对缝平砌2层土坯，每边每层铺设2～3块。椁室长约0.9米，宽0.74米；土坯长0.5米，宽0.28米，厚0.14米。椁室底部放置人骨1具，右侧身屈肢，头向西，面向南，为成年男性个体（图四二八）。

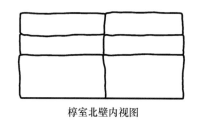

椁室北壁内视图

（二）出土遗物

共19件。陶器1件，为双耳陶罐（M275：4），出土于椁室东南角。铜器6件，其中铜耳环2件（M275：2），出土于耳部；铜泡2件（M275：3），出土于颅骨附近；双联铜泡1件（M275：5），出土于颅骨附近；铜锥1件（M275：6），出土于小臂处。石器11件（M275：1），出土于椁室东南角陶罐周围。羊距骨1件，出土于椁室西侧。

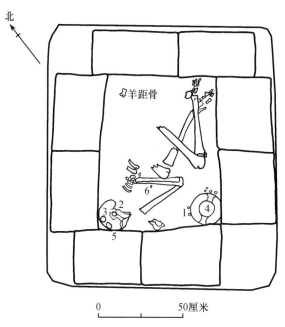

图四二八　M275平、剖面图

1. 串珠（M275：1）　　2. 铜耳环（M275：2）
3. 铜泡（M275：3）　　4. 双耳陶罐（M275：4）
5. 双联铜泡（M275：5）　　6. 铜锥（M275：6）

1. 陶器

M275：4，双耳陶罐。1件。夹细砂红陶，手制。微侈口，圆唇，短束颈，沿肩双耳，鼓腹，小平底。颈部和肩部绘连续的空心三角纹。通高17厘米，口径9.4厘米，腹径16.4厘米，底径7厘米，重860克（图四二九，1；图版二七〇，5）。

2. 铜器

M275：2，铜耳环。2件。环状，由铜丝绕制而成，接口尖锐相错。其中完整器环径2.1厘米，丝径0.15厘米；残器环径2.3厘米，丝径0.25厘米，重1.11克（图四二九，2；图版二七〇，3）。

M275：3，铜泡。2件。M275：3-1：圆泡状，背部有纽，直径4.3厘米，重3.46克。M275：3-2：圆泡状，正面边缘齿状，背部有纽和明显的铸造槽，直径6.7厘米，重7.9克（图四二九，6；图版二七〇，4）。

M275：5，双联铜泡。1件。分2节，单联均为圆泡形，中部有短梁相连。长3.6厘米，宽1.9厘米（图四二九，4；图版二七〇，6）。

M275：6，铜锥。1件。四棱锥形，一端尖锐。长3.3厘米，宽0.5厘米（图四二九，5；图版二七一，1）。

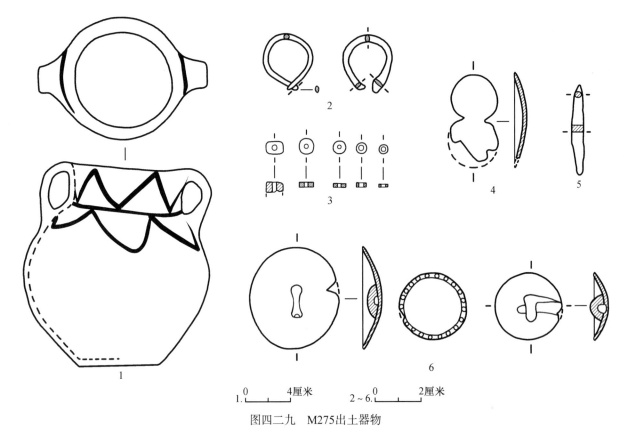

图四二九　M275出土器物

1. 双耳陶罐（M275：4）　2. 铜耳环（M275：2）　3. 滑石串珠（M275：1）　4. 双联铜泡（M275：5）　5. 铜锥（M275：6）
6. 铜泡（M275：3）

3. 石器

M275：1，串珠。11件。滑石串珠9件，圆柱形，中部穿孔，直径0.4～0.65厘米，厚0.1～0.25厘米，孔径0.1～0.2厘米，重0.06～0.07克；绿松石串珠2件，方柱形，中部穿孔，残长0.55厘米，宽0.5厘米，孔径0.2厘米，重0.18克（图四二九，3；图版二七〇，2）。

M276

（一）形制结构

长方形竖穴土坑墓。西南部被现代坑打破，打破M269、M272。墓向211°。墓口距地表0.45米，长1.55米，宽1.34米，墓坑深0.5米。墓圹内填充夹杂细砾的砂质土。墓圹底部四周设生土二层台，二层台内侧竖立1层土坯，二层台上错缝平砌2层土坯，每边每层铺设2～3块。椁室内周长0.92米，宽0.64米；土坯长0.4米，宽0.18米，厚0.1米。椁室底部放置人骨1具，右侧身屈肢，头向西南，面向东南，为成年男性个体（图四三〇）。

（二）出土遗物

共5件。陶器1件，为双耳陶罐（M276：2），出土于椁室东南部。铜器1件，为铜耳环（M276：3），出土于耳部。石器3件，均为滑石串珠（M276：1），出土于椁室东南陶罐周围。

1. 陶器

M276：2，双耳陶罐。1件。夹细砂红陶，手制。微侈口，圆唇，短束颈，沿肩双翘耳，鼓腹，平底。通体有部分烟炱。通高14.2厘米，口径10.4厘米，腹径14.2厘米，底径7.6厘米（图四三○，1；图版二七一，3）。

2. 铜器

M276：3，铜耳环。1件。环状，由直径0.3厘米的铜丝绕制而成，接口处残。直径2.5厘米，重1.05克（图四三○，3；图版二七一，4）。

3. 石器

M276：1，滑石串珠。3件。矮圆柱形，中部穿孔。长0.1～0.4厘米，半径0.2～0.5厘米，孔径0.2厘米，重0.09～0.22克（图四三○，2；图版二七一，2）。

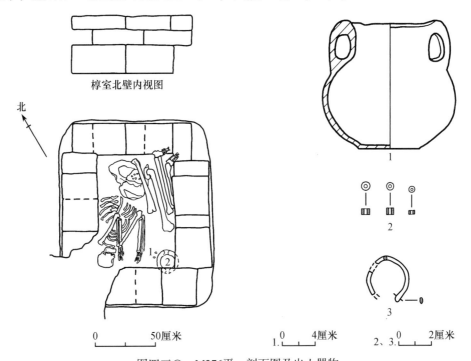

椁室北壁内视图

图四三○　M276平、剖面图及出土器物
1. 双耳陶罐（M276：2）　2. 滑石串珠（M276：1）　3. 铜耳环（M276：3）

M277

（一）形制结构

长方形竖穴土坑墓。打破M278。墓向19°。墓口长1.62米，宽1.44米，墓坑深0.46米。墓圹内填充砂质土，夹杂部分碎土坯及散乱人骨。墓圹底部为长方形土坯椁室，椁室四壁均自下而上错缝平砌4层土坯，每边每层铺设2~3块。椁室内周长0.88米，宽0.56米；土坯长0.4米，宽0.22米，厚度不明。椁室底部放置人骨1具，左侧身屈肢，头向东北，面向东南，性别不明（图四三一）。

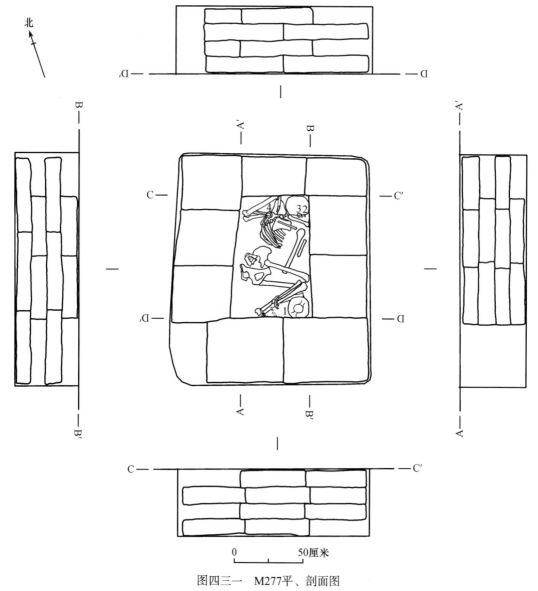

图四三一　M277平、剖面图

1. 双耳陶罐（M277：1）　2. 滑石串珠（M277：2）　3. 铜耳环（M277：3）　4. 铜手镯（M277：4）

（二）出土遗物

共10件。陶器3件，其中双耳陶罐2件，分别出土于椁室东南部（M277：1）及填土（M277：5）；单耳陶杯1件（M277：6），出土于填土。铜器2件，其中铜耳环1件（M277：3），出土于耳部；铜手镯1件（M277：4），出土于左腕。石器4件，均为滑石串珠（M277：2），出土于颈部。羊腿骨1件，出土于椁室东侧。

1. 陶器

M277：1，双耳陶罐。1件。夹细砂红陶，手制。侈口，方唇，短束颈，沿肩双耳，鼓腹，平底。肩部绘一周弦纹，其下绘连续的叶脉三角纹，耳部绘"T"形纹。通高16厘米，口径9.6厘米，腹径17厘米，底径8厘米，重920克（图四三二，1；图版二七一，5）。

M277：5，双耳陶罐。1件。夹细砂红陶，手制，口部及双耳残。侈口，短束颈，沿肩双耳，垂腹，平底。肩部绘一周弦纹，其下绘平行线交错三角纹间横向水波纹。残高14.5厘米，腹径17厘米，底径6.7厘米，重810克（图四三二，2；图版二七二，3）。

M277：6，单耳陶杯。1件。夹细砂红陶，手制。敞口，方唇，腹略凹，单耳，平底。杯身绘不连续的横向水波纹。通高9.5厘米，口径9.6厘米，底径10.1厘米，重460克（图四三二，6；图版二七二，4）。

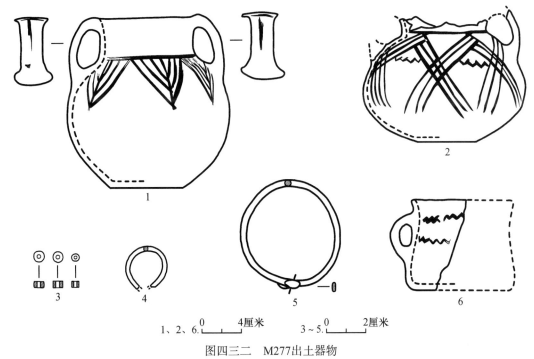

图四三二　M277出土器物

1. 双耳陶罐（M277：1）　2. 双耳陶罐（M277：5）　3. 滑石串珠（M277：2）　4. 铜耳环（M277：3）　5. 铜手镯（M277：4）
6. 单耳陶杯（M277：6）

2. 铜器

M277：3，铜耳环。1件。环状，由直径0.2厘米的铜丝绕成，接口处残。直径2.1厘米，重0.67克（图四三二，4；图版二七二，1）。

M277：4，铜手镯。1件。环状，由直径0.3厘米的铜丝绕成，接口扁平相错。环径5.3厘米，重6.37克（图四三二，5；图版二七二，2）。

3. 石器

M277：2，滑石串珠。4件。圆片状，中部穿孔。长0.4～0.5厘米，厚0.2厘米，孔径0.15～0.2厘米，重0.7～1克（图四三二，3；图版二七一，6）。

附：M277墓主人颅骨形态观察为女性，趋向于蒙古人种的体质特征。眶口倾斜后倾，眶口形状为敞口式，眶形圆钝，无鼻根点凹陷，眉间突度微显。从12项测量特征看，其中6项落入蒙古人种变异范围，3项趋向于蒙古人种特征，所以归入蒙古人种类型（王博、崔静，2003：97）。魏东鉴定为男性（魏东，2009：125）。

M278

（一）形制结构

长方形竖穴土坑墓。东部被M277打破。墓向239°。墓坑残长1.42米，宽1.14米，深0.54米。墓圹底部为长方形土坯椁室，东、西、南三壁均自下而上错缝平砌4层土坯，北壁情况不明。椁室内周残长1.1米，宽0.65米。椁室底部放置人骨1具，右侧身屈肢，保存状况较差（图四三三）。

（二）出土遗物

共3件。铜器1件，为铜牌饰（M278：1），出土于椁室中部。羊腿骨1件、羊距骨1件，出土位置不明。

M278：1，铜牌饰。1件。圆形，泡状，素面无纹饰。直径5厘米，厚度0.2厘米（图四三三，1；图版二七二，5）。

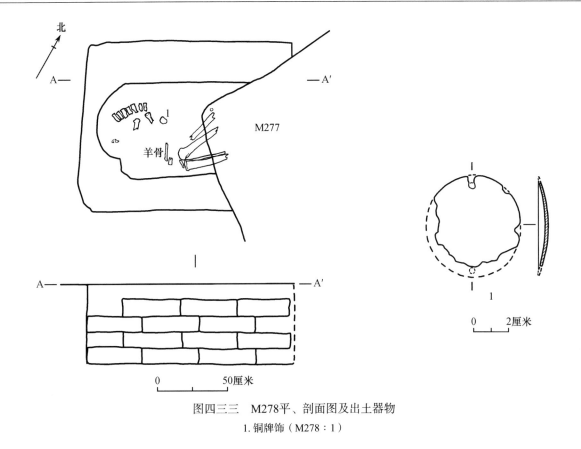

图四三三 M278平、剖面图及出土器物
1.铜牌饰（M278∶1）

M279

（一）形制结构

长方形竖穴土坑墓。墓向24°。墓坑长1.36米，宽1.2米。墓圹底部为长方形土坯椁室，椁室四壁均自下而上错缝平砌4层土坯，每边每层铺设2～3块。椁室内周长0.86米，宽0.61米；土坯长0.4米，宽0.2米，厚0.14米。无人骨（图四三四）。

（二）出土遗物

共6件。陶器1件，为双耳陶罐（M279∶1），出土于椁室东北角。铜器4件，其中铜刀1件（M279∶2），出土于椁室西南角；双联铜泡1件（M279∶4），出土于椁室东南角；铜泡2件（M279∶5），出土于椁室西北角。石器1件，为石化妆棒（M279∶3），出土于椁室西南角。

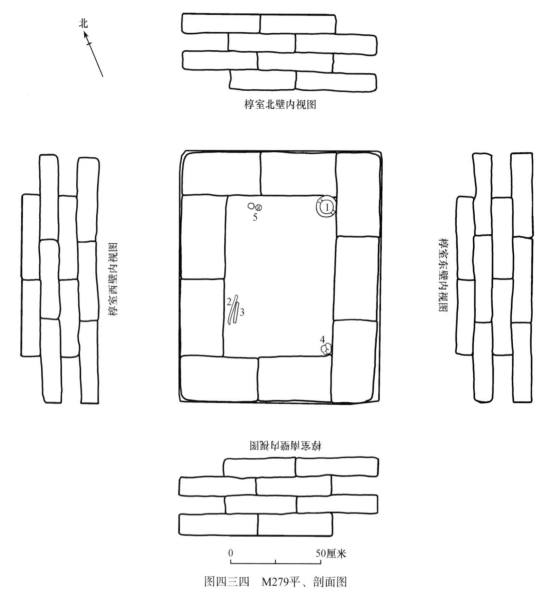

北

椁室北壁内视图

椁室西壁内视图

椁室东壁内视图

椁室南壁内视图

0　　　　　　　50厘米

图四三四　M279平、剖面图

1. 双耳陶罐（M279：1）　2. 铜刀（M279：2）　3. 石化妆棒（M279：3）　4. 双联铜泡（M279：4）　5. 铜泡（M279：5）

1. 陶器

M279：1，双耳陶罐。1件。夹细砂红陶，手制。侈口，短束颈，沿肩双翘耳，鼓腹，平底。肩部绘一周弦纹，其下绘连续的折线重叠倒三角纹，耳部绘折线纹。通高17.2厘米，口径10厘米，腹径18厘米，底径7.4厘米（图四三五，1；图版二七二，6）。

2. 铜器

M279：2，铜刀。1件。直背弧刃，柄部两侧有棱，截面呈三角形。长12.8厘米，柄宽1.2厘米，刀最宽1.5厘米，背厚0.4厘米，重7.49克（图四三五，3；图版二七三，1）。

M279：4，双联铜泡。1件。一联残破。分两节，均为圆泡形，有短梁相连。长4.4厘米，宽2.4厘米，重8.31克（图四三五，5；图版二七三，2）。

M279：5，铜泡。2件。一件完整，圆泡状，正面边缘齿状，背部有纽。直径2.5厘米，重6.17克。另一件不完整者重1.47克（图四三五，4；图版二七三，3）。

3. 石器

M279：3，石化妆棒。1件。分两节，上端短，近圆形，下端近圆柱形，连接处较细。长8.4厘米，宽1.6厘米（图四三五，2）。

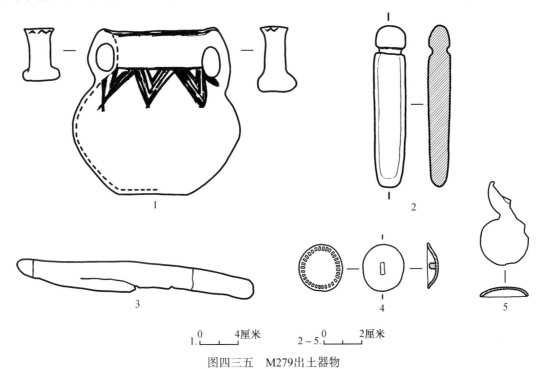

图四三五　M279出土器物

1. 双耳陶罐（M279：1）　2. 石化妆棒（M279：3）　3. 铜刀（M279：2）　4. 铜泡（M279：5）　5. 双联铜泡（M279：4）

M280

（一）形制结构

长方形竖穴土坑墓。打破M284中北部。墓向225°。墓口距地表0.3米，墓坑长1.6米，宽1.2米，深0.3米。墓圹内填充黄色沙土，质地较紧密。墓圹底部为长方形土坯椁室，椁室四壁均自下而上错缝平砌3层土坯，每边每层铺设2~3块。椁室长约0.95米，宽0.64米；土坯长0.44米，宽0.3米，厚度不明。椁室底部放置人骨1具，右侧身屈肢，头向西南，面向东，为成年男性个体（图四三六）。

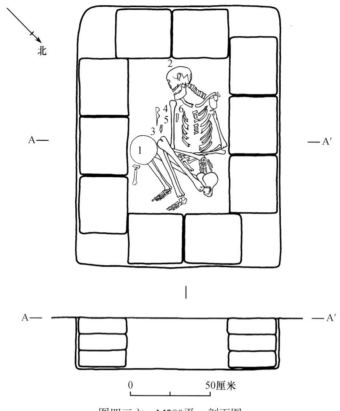

图四三六　M280平、剖面图

1. 双耳陶罐（M280：1）　2. 铜别针（M280：2）　3. 铜镞（M280：3）　4. 铜锥（M280：4）　5. 双联铜泡（M280：5）

6. 铜锥（M280：6）

（二）出土遗物

共8件。陶器1件，为双耳陶罐（M280：1），出土于膝部。铜器6件，其中铜别针1件（M280：2），出土于左耳；铜镞1件（M280：3），出土于右臂；铜锥1件（M280：4），出土于右臂；双联铜泡1件（M280：5），出土于右臂；铜锥1件（M280：6），出土于右胸；铜牌饰1件（M280：7），出土于右胸。羊腿骨1件，出土于椁室东侧。

1. 陶器

M280：1，双耳陶罐。1件。夹细砂红陶，手制。侈口，短束颈，沿肩双大耳，鼓腹，小平底。口沿绘弦纹，颈部绘折线纹，腹部和耳部绘网格纹。通高13.48厘米，口径8.9厘米，腹径15.2厘米，底径6.3厘米，重685克（图四三七，1；图版二七三，4）。

2. 铜器

M280：2，铜别针。1件。门鼻形，由直径0.3厘米的铜丝绕成。残长3.7厘米，重1.82克（图四三七，4；图版二七三，5）。

M280：3，铜镞。1件。圆锥形，双翼，圆锥形銎。长3厘米，翼宽1.2厘米，銎口直径0.6厘米，重4.28克（图四三七，5；图版二七三，6）。

M280：4，铜锥。1件。四棱锥，两端皆残。长4.3厘米，宽0.3厘米，重2.47克（图四三七，6；图版二七四，1）。

M280：5，双联铜泡。1件。分两节，一端新月形，一侧向另一侧逐渐变薄，另一节一面两侧有棱。长5.5厘米，宽1.3厘米，重2.83克（图四三七，7；图版二七四，2）。

M280：6，铜锥。1件。凿形，一端截面长方形，另一端扁平。长2.7厘米，宽0.5厘米，厚0.2~0.3厘米，重2.83克（图四三七，3；图版二七四，3）。

M280：7，铜牌饰。1件。椭圆形，略弧，一侧边缘有小孔，另一侧残。长径5.4厘米，短径4.1厘米，厚0.1厘米，重15.62克（图四三七，2；图版二七四，4）。

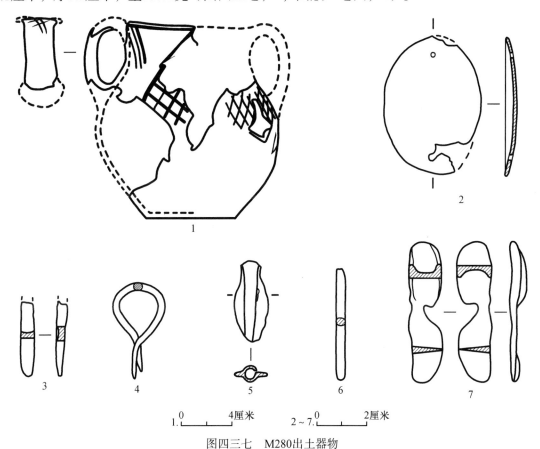

图四三七　M280出土器物

1. 双耳陶罐（M280：1）　2. 铜牌饰（M280：7）　3. 铜锥（M280：6）　4. 铜别针（M280：2）　5. 铜镞（M280：3）
6. 铜锥（M280：4）　7. 双联铜泡（M280：5）

M281

（一）形制结构

长方形竖穴土坑墓。墓向211.8°。墓口距地表0.35米，墓坑长1.64米，宽1.2米，深0.42米。墓圹内填充黄色沙土。墓圹底部为长方形土坯椁室，椁室四壁均自下而上错缝平砌4层土坯，每边每层铺设2~3块。椁室内周长约1.5米，宽0.8米；土坯长0.4米，宽0.2米，厚0.1米。椁室底部放置人骨1具，右侧身屈肢，头向南，面向东，性别女（图四三八）。

（二）出土遗物

共13件。陶器1件，为双耳陶罐（M281：1），出土于椁室东北角。铜器7件，其中铜泡1件（M281：2、M281：7），出土于颅骨处；铜耳环2件（M281：3），出土于耳部；铜镜1件（M281：5），出土于颅骨处；铜刀1件（M281：8），出土于颅骨处；铜锥1件

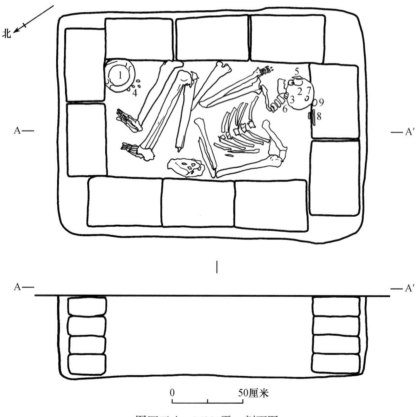

图四三八　M281平、剖面图

1. 双耳陶罐（M281：1）　2. 铜泡（M281：2）　3. 铜耳环（M281：3）　4. 滑石串环（M281：4）　5. 铜镜（M281：5）
6. 玉髓串珠（M281：6）　7. 铜泡（M281：7）　8. 铜刀（M281：8）　9. 铜锥（M281：9）

（M281：9），出土于颅骨处。石器5件，其中滑石串珠4件（M281：4），出土于陶罐旁；玉髓串珠1件（M281：6），出土于颈部。

1. 陶器

M281：1，双耳陶罐。1件。夹细砂红陶，手制，微侈口，短直颈，沿肩双耳，扁鼓腹，平底。颈部及肩腹部绘连续的实心倒三角纹，耳部涂块状纹样。高11.6厘米，口径7.8厘米，腹径16.2厘米，底径5.8厘米，重655克（图四三九，1；图版二七四，5）。

2. 铜器

M281：2，铜泡。1件。残损严重，重2.89克。

M281：3，铜耳环。2件。环状，由直径0.15～0.2厘米的铜丝绕制而成，接口扁平相错。直径2.6～2.8厘米，重1.77～2.89克（图四三九，3；图版二七四，6）。

M281：5，铜镜。1件。近圆形，面稍鼓，背凹，背中一拱纽，纽面高于镜形铜饰背缘。直径5.5厘米，厚0.75厘米，面中至背部边缘高0.5厘米，重42.47克（图四三九，2；图版二七五，2）。

M281：7，铜泡。1件。面鼓，背凹，背中小纽，纽面略高于扣泡高度。纽一侧铸造槽，由边缘至纽未通（未到纽另一侧）。直径2.67厘米，高0.6厘米，重8.76克（图四三九，6；图版二七五，4）。

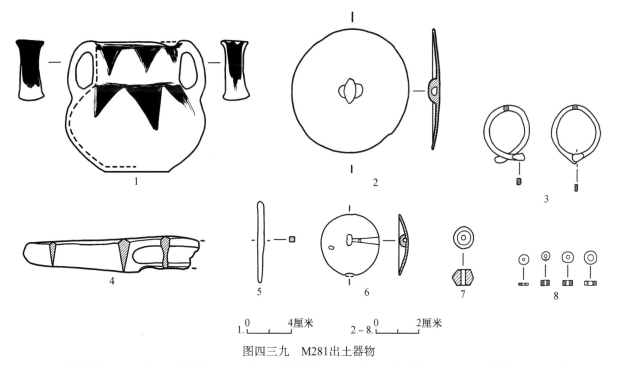

图四三九　M281出土器物

1. 双耳陶罐（M281：1）　2. 铜镜（M281：5）　3. 铜耳环（M281：3）　4. 铜刀（M281：8）　5. 铜锥（M281：9）
6. 铜泡（M281：7）　7. 玉髓串珠（M281：6）　8. 滑石串珠（M281：4）

M281：8，铜刀。1件。柄尾残，弧柄，柄之两缘厚或稍厚（向刀体过渡消失），中心内凹。刀柄、刀背遗存有合范痕迹。近直刃，刀背由弧柄过渡至刀体，背转直背。正锋。残长8厘米，柄宽1.5～1.7厘米，柄厚3.7～6.5毫米（背向），刃向柄厚2.5毫米，刀体背厚3.1（柄向）～7.5毫米，刀体1.2～1.85厘米，重37.49克（图四三九，4；图版二七五，5）。

M281：9，铜锥。1件。无朽木痕，以尖头为锥尖，方体（不规则），向尖部逐渐过渡为小尖。长3.5厘米，最大方体3厘米×3.1毫米，重2.15克（图四三九，5；图版二七五，5）。

3. 石器

M281：4，滑石串珠。4件。圆片状，中部穿孔。直径0.59～0.69厘米，厚0.19～0.32厘米，孔径0.11～0.28厘米，重0.12～0.15克（图四三九，8；图版二七五，1）。

M281：6，玉髓串珠。1件。近似腰鼓，但微折腰，对钻孔。长（厚）0.69厘米，腰部径0.9厘米，重0.82克（图四三九，7；图版二七五，3）。

M282

原始发掘资料缺失。

M283

（一）形制结构

长方形竖穴土坑墓。被M282打破。墓向232.86°。墓口距地表0.3米，墓坑长2米，宽1.75米，深0.63米。墓圹内填充黄色沙土，质地紧密。墓圹底部为长方形土坯椁室，椁室四壁均自下而上错缝平砌4层土坯，每边每层铺设2～3块。椁室长约1.15米，宽0.75米；土坯长0.3米，宽度不明，厚0.1米。椁室底部放置人骨1具，右侧身屈肢，头向南，面向东，为老年男性个体（图四四〇）。

（二）出土遗物

共13件。陶器1件，为双耳陶罐（M283：1），出土于胫骨处。铜器1件（M283：3），为铜泡，出土于头顶。石器11件，为串珠（M283：2），出土于颈部。

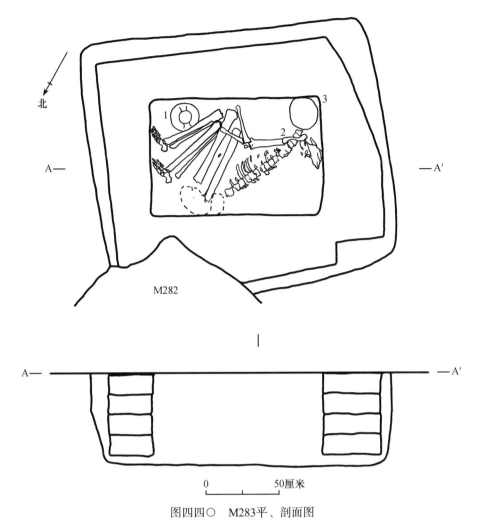

图四四〇 M283平、剖面图
1. 双耳陶罐（M283：1） 2. 滑石串珠（M283：2） 3. 铜泡（M283：3）

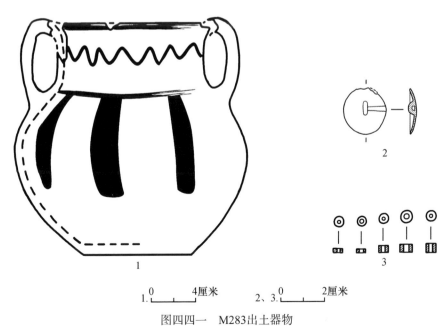

图四四一 M283出土器物
1. 双耳陶罐（M283：1） 2. 铜泡（M283：3） 3. 滑石串珠（M283：2）

1. 陶器

M283：1，双耳陶罐。1件。夹细砂红陶，微侈口，圆唇，短束颈，沿肩双翘耳，鼓腹，平底。口沿绘一周弦纹，颈部绘一周横向水波纹，肩部绘一周弦纹，其下绘垂带纹。通高19厘米，口径12厘米，腹径15.2厘米，底径9.6厘米，重625克（图四四一，1；图版二七五，6）。

2. 铜器

M283：3，铜泡。1件。圆泡状，背部有纽和明显的铸造槽。直径2.0厘米，重8.4克（图四四一，2；图版二七六，2）。

3. 石器

M283：2，串珠。11件。其中滑石串珠10件，圆片状，中部穿孔。直径0.3厘米，厚0.1～0.2厘米，孔径0.1～0.15厘米。绿松石串珠1件，浅绿色，圆片状，中部穿孔。直径0.4厘米，厚0.15厘米，孔径0.1厘米，重0.2克（图四四一，3；图版二七六，1）。

M284

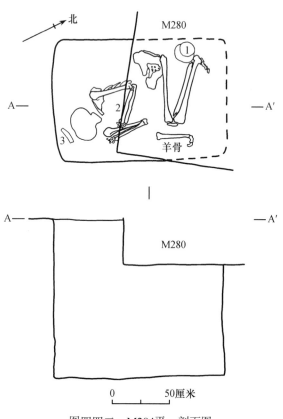

图四四二　M284平、剖面图
1. 双耳陶罐（M284：1）　2. 绿松石串珠（M284：2）
3. 铜刀（M284：3）

（一）形制结构

长方形竖穴土坑墓。被M280打破。墓向205.5°。墓口距地表0.3米，长1.5米，宽1米，墓坑深1.3米。墓圹内填充沙质土。墓圹底部放置人骨1具，右侧身屈肢，头向南，面向东，为成年男性个体（图四四二）。

（二）出土遗物

共6件。陶器3件，其中双耳陶罐1件（M284：1），出土于踝骨处；陶罐1件（M284：4），出土于填土中；陶片1件（M284：5），出土于填土中。铜器1件，为铜刀（M284：3），出土于顶骨附近。石器1件，为绿松石串珠（M284：2），出土于左臂处。羊腿骨1件，出土于椁室东侧。

1. 陶器

M284：1，双耳陶罐。1件。夹砂红陶，手制。大侈口，短颈，颈肩双耳，弧腹，平底。颈部一周两排戳印蓖点纹，耳部刻画×形纹。通高12厘米，口径8厘米，腹径12厘米，底径5.8厘米，重595克（图四四三，1；图版二七六，3）。

M284：4，陶罐。1件。夹细砂灰陶，手制，口及耳部残。弧腹，残有一耳，平底。残高9厘米，腹径6厘米，底径5.5厘米，重445克（图四四三，5；图版二七六，6）。

M284：5，陶片。1件。口沿及腹部残片，夹细砂红陶，手制，微侈口，圆唇，直颈，弧腹。颈部刻画有一周横线加短竖线纹饰。残高10.6厘米，重155克（图四四三，2；图版二七七，1）。

2. 铜器

M284：3，铜刀。1件。近长条形，刃略弧，截面呈三角形。残长8厘米，宽2.6厘米，背厚0.15厘米，重16.18克（图四四三，3；图版二七六，5）。

3. 石器

M284：2，绿松石串珠。1件。浅绿色，扁圆柱形，中部穿孔。长1.3厘米，宽1.3厘米，孔径0.25厘米，重2克（图四四三，4；图版二七六，4）。

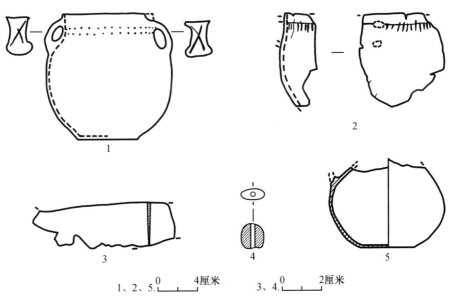

图四四三 M284出土器物

1. 双耳陶罐（M284：1） 2. 陶片（M284：5） 3. 铜刀（M284：3） 4. 绿松石串珠（M284：2） 5. 陶罐（M284：4）

M285

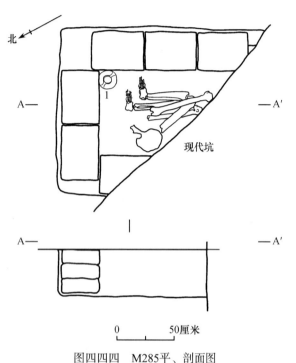

北

A—　　　　　　—A'

现代坑

A—　　　　　　—A'

0　　　　　　50厘米

图四四四　M285平、剖面图

（一）形制结构

长方形竖穴土坑墓。打破M286南半部。墓向208°。墓口距地表0.28米，墓坑残长1.7米，宽1.18米，深0.31米。墓圹内填充黄色沙土。墓圹底部为长方形土坯椁室，东、南两壁均自下而上错缝平砌3层土坯，每边每层铺设2~3块；西、北两壁情况不明。椁室残长约1.19米，宽0.7米；土坯长0.4米，宽0.28米，厚0.1米。椁室底部放置人骨1具，右侧身屈肢，性别女，被扰乱（图四四四）。

（二）出土遗物

共1件。陶器1件，为陶罐，无记录。

M286

（一）形制结构

长方形竖穴土坑墓。南侧上部被M285打破。墓向56°。墓口距地表0.28米，长1.68米，宽1.08米，墓坑深0.76米。墓圹内上层填充灰色砂土，质地疏松；下层填充沙质黄土，质地紧密。墓圹底部放置人骨1具，左侧身屈肢，头向东北，面向东，为成年女性个体（图四四五）。

（二）出土遗物

共89件。陶器1件，为双耳陶罐（M286：1），出土于墓坑西南角。铜器3件，其中铜牌饰（M286：4），出土于盆骨下；铜管2件（M286：6），出土于盆骨处。石器4件，其中绿松石串珠1件（M286：2），出土于颈部；玉髓串珠3件（M286：3），出土于颈部。骨器79件，均为骨牌饰（M286：5），出土于腰部。贝器2件，均为海贝（M286：7），出土于头骨。

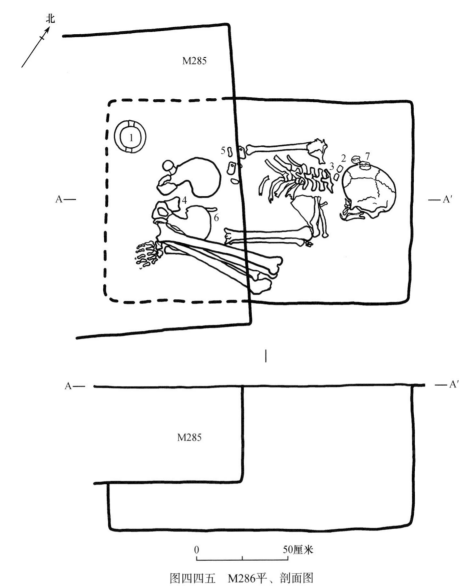

图四四五 M286平、剖面图

1. 双耳陶罐（M286：1） 2. 绿松石串珠（M286：2） 3. 玉髓串珠（M286：3） 4. 铜牌饰（M286：4）

5. 骨牌饰（M286：5） 6. 铜管（M286：6） 7. 海贝（M286：7）

1. 陶器

M286：1，双耳陶罐。1件。夹细砂红陶，手制。直口，圆唇，短直颈，颈肩双耳，鼓腹，鼓腹处两侧各有一乳突，平底。通高13.89厘米，口径9.04厘米，腹径11.6厘米，底径4.8厘米，重355克（图四四六，1；图版二七七，2）。

2. 铜器

M286：4，铜牌饰。1件。长方形，正面中部有一道纵向凸鼓棱（由背向正面锤打而成），凸鼓棱两端，牌中部各有一个由正面向背面的敲打孔（背面孔用缘突出毛刺），牌正面周缘两排由背面向正面敲打而成的小泡点。长8.9厘米，宽3.6厘米，重34.19克（图四四六，

7；图版二七七，5）。

　　M286：6，铜管。2件。残，锈重，长薄铜皮卷成，末端叠压管体约1/3。其一，残长5厘米，径0.66厘米。其二，残长3.5厘米，径0.64厘米（图四四六，4；图版二七七，6）。

3. 石器

　　M286：2，绿松石串珠。1件。扁圆柱状，中部穿孔。长1.6厘米，宽1.3厘米，孔径0.3厘米，重2.1克（图四四六，2；图版二七七，3）。

　　M286：3，玉髓串珠。3件。红色半透明圆柱状1件，残，微弧腰，近柱形，对钻孔。长（高）0.78厘米，中部腰径（最大腰径）0.86厘米，重0.84克。坠形2件，其一：上小，下大，上端对钻一孔，长（高）1.4厘米，最大宽0.8厘米，最大厚0.49厘米。其二：坠形两端中部稍小，对钻孔。长（高）1.46厘米，中宽0.84厘米，最大厚0.54厘米，重0.93~1.01克（图四四六，5；图版二七七，4）。

4. 骨器

　　M286：5，骨牌饰。79件。除其中24件因残不可确定很具体的形态，但其中7件可判断为梯形，3件为长方形，另外完整或稍残的55件大致可分为长方形、梯形和不规则三种。第3种仅1件。均在一端钻或加工出一孔，孔或圆或扁长，呈长方形（图四四六，3；图版二七八，1）。

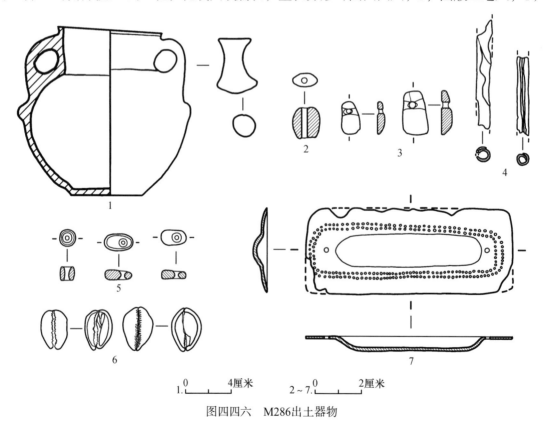

图四四六　M286出土器物

1. 双耳陶罐（M286：1）　2. 绿松石串珠（M286：2）　3. 骨牌饰（M286：5）　4. 铜管（M286：6）　5. 玉髓串珠（M286：3）
6. 海贝（M286：7）　7. 铜牌饰（M286：4）

5. 贝器

M286：7，海贝。2件。均残。由头后出土。其一长2.25厘米，最大宽1.58厘米。其二残长2厘米，最大残宽1.34厘米（图四四六，6；图版二七八，2）。

M287

（一）形制结构

长方形竖穴土坑墓。位于T35。墓向36.5°。墓口长2米，宽1.4米，墓坑深1.29米。墓圹底部放置人骨1具，左侧身屈肢，头向东北，面向东南，为成年女性个体（图四四七）。

（二）出土遗物

共12件。陶器1件，为双耳陶罐（M287：1），出土于墓坑西南角。铜器9件，其中铜泡6件，5件出土于顶骨附近（M287：2），1件（M287：5）出土于颈部；铜耳环2件，分布出土于颈部（M287：3）和耳部（M287：6）；铜牌饰1件（M287：4），出土于腰部。石器1件，为绿松石串珠（M287：7），出土于颈部。羊腿骨1件，出土于椁室东侧。

1. 陶器

M287：1，双耳陶罐。1件。夹细砂红陶，手制。直口，方唇，直颈，颈肩双耳，鼓腹，圈足。通高15.4厘米，口径8.4厘米，腹径15.5厘米，底径6.6厘米，重735克（图四四八，1；图版二七八，3）。

2. 铜器

M287：2，铜泡。5件。位于顶骨附近，5件，均锈蚀严重，只有3件完整，且1件中部残失（纽亦残失）。圆形，直径1.6～1.9厘米。完整的3件分别重6.57克、6.71克、6.83克，残的1件重5.35克（图四四八，7；图版二七九，1）。

M287：3，铜耳环。1件。残，位于颈部。圆体，向两端渐宽扁，存一端头残段，由残段弧形推断原应为圆环状。由直径0.3厘米的铜丝绕成。现存端头宽0.68厘米，最大厚约0.4厘米，重2.16克（图四四八，2；图版二七九，2）。

M287：4，铜牌饰。1件。残，位于腰部。长条形，一侧及短边较整齐，另一侧参差不齐。一端近缘由面向背面打击出一个小圆孔，另一端只存一个孔的很少部分，此孔痕迹亦由正面向背面打击而成。背面在完整边一侧打击出两排小凹坑，但正面相应位置未出现泡点。现存

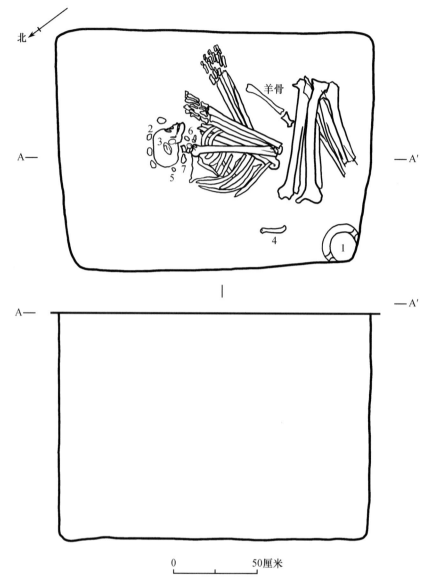

图四四七　M287平、剖面图

1. 双耳陶罐（M287∶1）　　2. 铜泡（M287∶2）　　3. 铜耳环（M287∶3）　　4. 铜牌饰（M287∶4）　　5. 铜泡（M287∶5）

6. 铜耳环（M287∶6）　　7. 绿松石串珠（M287∶7）

长3.6厘米，残最宽处1.76厘米，直径7.31厘米（图四四八，5；图版二七九，3）。

M287∶5，铜泡。1件。残，位于颈部。缘稍残，泡面，背凹，背凹中心有一小纽，素面。直径1.3厘米，背缘所在平面至鼓面高点距0.58厘米（图四四八，4；图版二八〇，1）。

M287∶6，铜耳环。1件。完整，位于耳部。环状，圆体，两端宽厚，且顶面呈椭圆形，现存环径1.6～1.8厘米，体径约0.4厘米，重5.16克（图四四八，3；图版二八〇，2）。

3. 石器

M287∶7，绿松石串珠。1件。完整，位于颈部。一端微残，表微剥蚀，柱状，近两端各一圈凹槽，单向钻孔。长0.49厘米，径0.2厘米（图四四八，6；图版二八〇，3）。

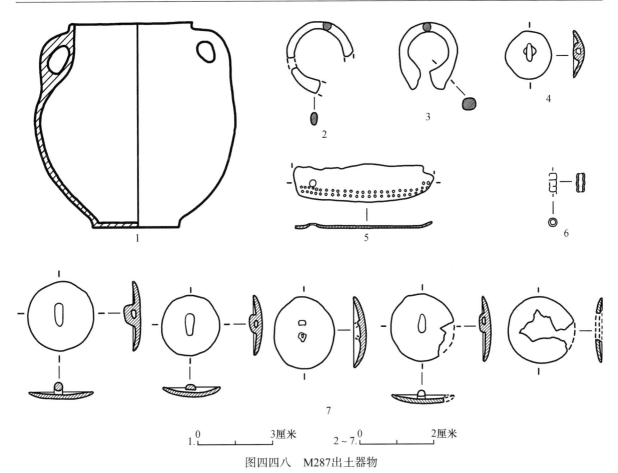

图四四八　M287出土器物

1. 双耳陶罐（M287：1）　2. 铜耳环（M287：3）　3. 铜耳环（M287：6）　4. 铜泡（M287：5）　5. 铜牌饰（M287：4）
6. 绿松石串珠（M287：7）　7. 铜泡（M287：2）

M288

（一）形制结构

长方形竖穴土坑墓。位于T35，打破M289西南角。墓向203.98°。墓口长0.88米，宽0.65米，墓坑深0.79米。墓圹底部放置人骨1具，右侧身屈肢，头向南，面向东（图四四九）。

（二）出土遗物

共2件。陶器1件，为双耳陶罐（M288：1），出土于膝部。羊腿骨1件，出土于椁室东侧。

M288：1，双耳陶罐。1件。夹细砂红陶，手制。微侈口，方唇，短直颈，鼓腹，颈肩双耳，平底。通高14.2厘米，口径8.8厘米，腹径14.4厘米，底径8.1厘米，重655克（图四四九，1；图版二八〇，4）。

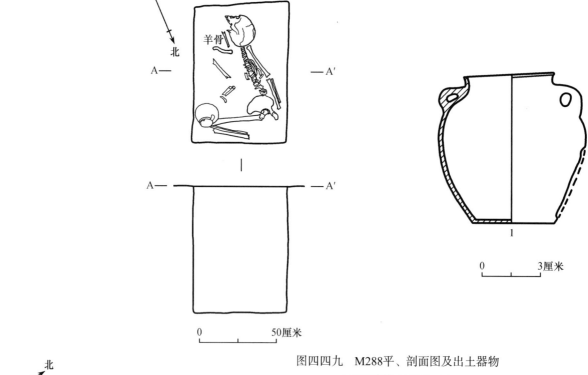

图四四九　M288平、剖面图及出土器物
1. 双耳陶罐（M288：1）

M289

（一）形制结构

长方形竖穴土坑墓。位于T35，被M288打破。墓向30.85°。墓口距地表0.2米，长0.78米，宽0.56米，墓坑深1.1米。墓圹底部放置人骨1具，左侧身屈肢，头向东，面向南（图四五〇）。

（二）出土遗物

共9件。陶器1件，为双耳陶罐（M289：1），出土于椁室东南角。铜器7件，其中铜牌饰1件（M289：2），出土于肘部；铜管1件（M289：3），出土于肘部；铜手镯3件，1件（M289：4）出土于左腕，2件（M289：5）出土于右腕；铜耳环2件（M289：7），出土于上颚。石器1件，为玉髓串珠（M289：6），出土于颈部。

图四五〇　M289平、剖面图
1. 双耳陶罐（M289：1）　2. 铜牌饰（M289：2）
3. 铜管（M289：3）　4. 铜手镯（M289：4）
5. 铜手镯（M289：5）　6. 玉髓串珠（M289：6）
7. 铜耳环（M289：7）

1. 陶器

M289：1，双耳陶罐。1件。夹细砂灰陶，手制，凹口微侈，短束颈，沿肩双翘耳，球腹，小平底。通高16.8厘米，口径8.4厘米，腹径17.6厘米，底径8厘米，重830克（图四五一，1；图版二八〇，5）。

2. 铜器

M289：2，铜牌饰。1件。残，位于肘部。近方形，正面有棱和由背面敲击而成的铜泡，边缘处有一穿孔。长7厘米，宽4.5厘米，孔径0.6厘米，重14.94克（图四五一，4；图版二八〇，6）。

M289：3，铜管。1件。残，位于肘部。长条圆柱状，由厚0.1厘米的铜片卷成，有接缝。长6.2厘米，直径0.9厘米，壁厚0.1厘米，重10.36克（图四五一，5；图版二八一，1）。

M289：4，铜手镯。1件。残，位于左腕。环形，由直径0.2~0.4厘米的铜丝卷成，接口不完全相接。直径5.5~6.2厘米，重12.21克（图四五一，3；图版二八一，2）。

M289：5，铜手镯。2件。略残，位于右腕。环形，由直径0.3厘米的铜丝绕成，接口扁平相错。直径6厘米，重9.72和9.15克（图四五一，2；图版二八一，3）。

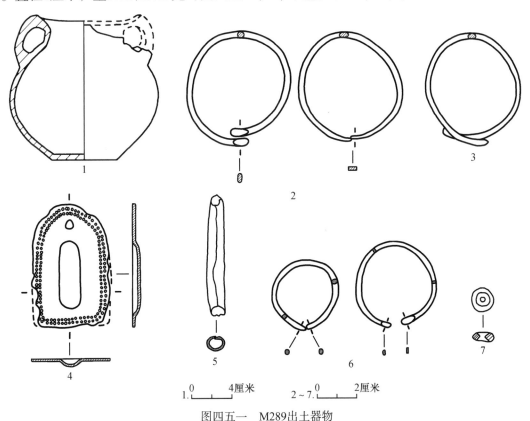

图四五一　M289出土器物

1. 双耳陶罐（M289：1）　2. 铜手镯（M289：5）　3. 铜手镯（M289：4）　4. 铜牌饰（M289：2）　5. 铜管（M289：3）
6. 铜耳环（M289：7）　7. 玉髓串珠（M289：6）

M289：7，铜耳环。2件。完整，位于上颚。环状，其一由直径0.25厘米的铜丝绕成，接口一端尖锐，直径3.8厘米，重4.3克。其二由直0.15厘米的铜丝绕成，接口扁平相错，直径4.5厘米，重2.03克（图四五一，6；图版二八一，5）。

3. 石器

M289：6，玉髓串珠。1件。完整，出土于颈部。大部呈红色半透明，部分白色。矮圆柱状，鼓腹，对钻穿孔。直径1.2厘米，厚0.4～0.5厘米，孔径0.2厘米，重1.33克（图四五一，7；图版二八一，4）。

M290

（一）形制结构

长方形竖穴土坑墓。位于T35。墓向30°。墓口距地表0.44米，长1.48米，宽1.1米，墓坑深0.7米。墓圹底部为长方形土坯椁室，椁室四壁均竖立1层土坯，南、北两壁各有2块土坯，东、西两壁各有3块土坯。椁室内周长1.04米，宽0.68米；土坯长0.38～0.4米，宽0.22～0.24米，厚0.1米。椁室底部放置人骨1具，左侧身屈肢，头向东，面向南，性别女（图四五二）。

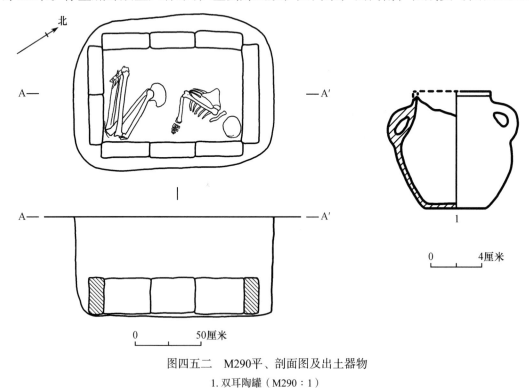

图四五二　M290平、剖面图及出土器物
1. 双耳陶罐（M290：1）

（二）出土遗物

共1件。陶器1件，为双耳陶罐（M290：1），出土于足部。

M290：1，双耳陶罐。1件。夹细砂红陶，手制。微侈口，方唇，直颈，颈肩双耳，鼓腹，平底。通高8.9厘米，口径5.7厘米，腹径9厘米，底径5厘米，重250克（图四五二，1；图版二八一，6）。

M291

原始发掘资料缺失。

M292

（一）形制结构

长方形竖穴土坑墓。位于T2014西北角，打破M293。墓向230°。墓口距地表0.65米，长1.42米，宽1.26米，墓坑深0.64米。墓圹内填充夹杂细砾的灰色砂质土。墓圹底部为长方形土坯椁室，椁室北、东、西三壁均自下而上对缝平砌3层土坯，南壁情况不明。土坯长0.36~0.4米，厚0.1米，宽0.2~0.24米。椁室底部放置人骨1具，右侧身屈肢，头向西南，面向不明，保存状况较差（图四五三；图版二八二，1）。

（二）出土遗物

共5件。陶器1件，为双耳陶罐（M292：1），出土于足后部。铜器3件，其中铜牌饰1件（M292：2），出土于小臂附近；铜片1件（M292：3），出土于胫骨附近；铜刀1件（M292：4），出土于股骨处。羊腿骨1件，出土位置不明。

1. 陶器

M292：1，双耳陶罐。1件。夹细砂红陶，手制。侈口，圆唇，短束颈，颈肩双耳，鼓腹，平底。通高15.2厘米，口径9.2厘米，腹径15.2厘米，底径6厘米，重830克（图四五四，1；图版二八二，2）。

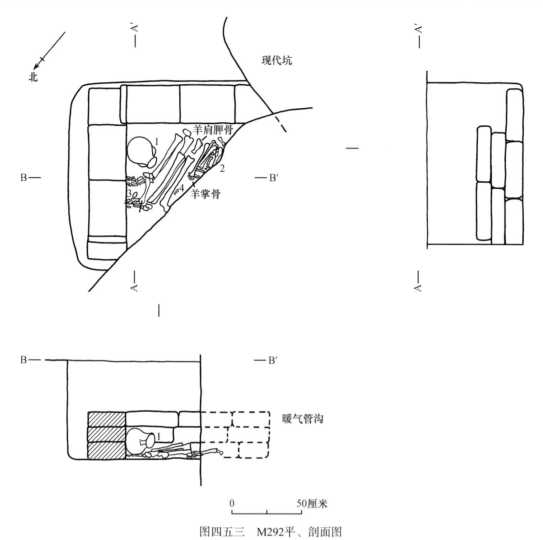

图四五三　M292平、剖面图

1. 双耳陶罐（M292：1）　2. 铜牌饰（M292：2）　3. 铜片（M292：3）　4. 铜刀（M292：4）

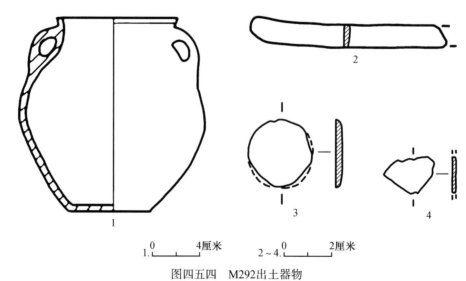

图四五四　M292出土器物

1. 双耳陶罐（M292：1）　2. 铜刀（M292：4）　3. 铜牌饰（M292：2）　4. 铜片（M292：3）

2. 铜器

M292：2，铜牌饰。1件。完整，位于小臂附近。圆形，略弧，素面。直径2.2厘米，重2.19克（图四五四，3；图版二八二，3）。

M292：3，铜片。1件。残，位于胫骨附近。残损严重，无法复原其原状。残2厘米，重0.3克（图四五四，4；图版二八三，1）。

M292：4，铜刀。1件。残，位于股骨处。长条状，一端圆弧，另一端残断。长8厘米，厚0.2厘米，重3.4克（图四五四，2；图版二八三，2）。

M293

（一）形制结构

长方形竖穴土坑墓。位于T2014西北角，西部被M292打破。墓向234°。墓口距地表0.65米，长1.35米，宽1.01米，墓坑深0.84米。墓圹内填充夹杂细砾的棕色土，土质较硬；边缘填充夹杂细砾的黄色砂质土，土质较松软。椁室底部放置人骨1具，右侧身屈肢，头向西南，面向东南（图四五五；图版二八三，3）。

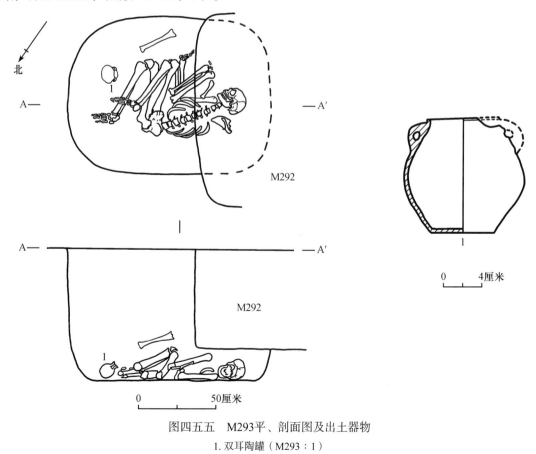

图四五五　M293平、剖面图及出土器物

1. 双耳陶罐（M293：1）

（二）出土遗物

共1件。陶器1件，为双耳陶罐（M293∶1），出土于足部东南。

M293∶1，双耳陶罐。1件。夹细砂红陶，手制。敛口，方唇，短颈，鼓腹，小平底。通高11.4厘米，口径7.3厘米，腹径12厘米，底径6.6厘米，重440克（图四五五，1；图版二八四，1）。

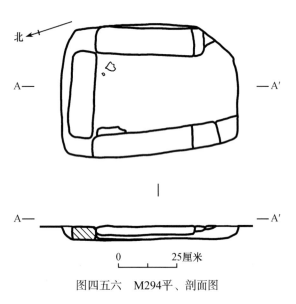

北

A— —A'

A— —A'

0   25厘米

图四五六　M294平、剖面图

M294

长方形竖穴土坑墓。打破M301、M304。墓向17°。墓口长1.5米，宽1.07米，墓坑深0.1米。墓圹内填充黄色砂质土，土质较坚硬。墓圹底部为长方形土坯椁室，椁室四壁均竖立1层土坯。椁室内周残长0.68米、宽0.36米；土坯长0.42米，厚0.09米，宽0.23米。椁室底部放置人骨1具，保存较差，仅存零星骨骼（图四五六）。

无出土遗物。

M295

（一）形制结构

长方形竖穴土坑墓。位于T2015东南角，打破M299西南角。墓向224°。墓口距地表0.7米，长1.54米，宽1.31米，墓坑深0.3米。墓圹内填充青色砂质土，夹杂碎土坯。墓圹底部为长方形土坯椁室，椁室南、北、东三壁均自下而上错缝平砌2层土坯，西壁情况不明。椁室内周长0.88米，宽0.48米；土坯长0.38～0.4米，宽0.28～0.3米，厚0.1米。椁室底部放置人骨1具，右侧身屈肢，头向西南，面向上（图四五七）。

（二）出土遗物

共3件。陶器1件，为双耳陶罐（M295∶1），出土于胸前。铜器1件，为铜刀（M295∶2），出土于胫骨处。羊肩胛骨1件，出土于椁室东侧。

1. 陶器

M295 : 1，双耳陶罐。1件。夹细砂红陶，手制。凹口微侈，方唇，短束颈，沿肩双翘耳，鼓腹，平底。通高17.2厘米，口径8.4厘米，腹径16.4厘米，底径8.8厘米，重840克（图四五七，1；图版二八四，2）。

2. 铜器

M295 : 2，铜刀。1件。完整，位于胫骨处。环首，柄略弧，直刃。刃部截面呈三角形，柄部呈长方形。长10.4厘米，宽1.7厘米，环首直径0.9 ~ 1.1厘米（图四五七，2；图版二八五，1）。

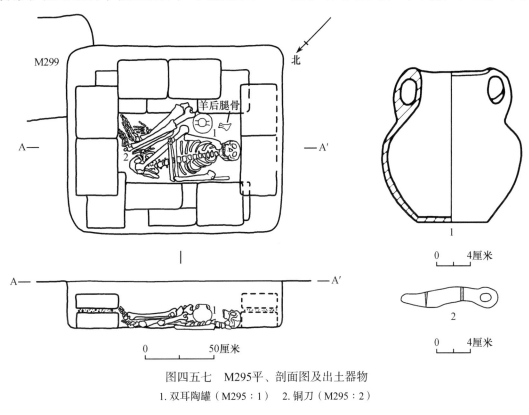

图四五七　M295平、剖面图及出土器物
1. 双耳陶罐（M295 : 1）　2. 铜刀（M295 : 2）

M296

（一）形制结构

长方形竖穴土坑墓。位于T1914东南角。墓向62°。墓口距地表0.7 ~ 1.05米，长1.62米，残宽0.94米，墓坑深0.6 ~ 0.95米。墓圹内填充夹杂细砾的红色砂质土，四角为灰黄色砂质土。墓圹底部四周设熟土二层台，南壁二层台外侧竖立1层土坯，二层台上错缝平砌2层土坯；西壁二层台上有2列土坯，内侧1列竖立，外侧1列为2层对缝平砌；北、东两壁情况不明。椁室内周长

0.52米，宽0.85米；土坯长0.4～0.42米，厚0.1米，宽0.2～0.24米。椁室底部放置人骨1具，左侧身屈肢，头向东北，面向东，性别女（图四五八；图版二八四，3）。

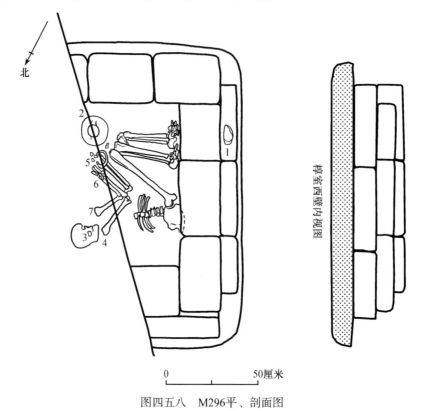

图四五八　M296平、剖面图
1.陶片　2.双耳陶罐（M296：1）　3.铜耳环（M296：2）　4.铜耳环（M296：6）　5.铜手镯（M296：4）
6.铜珠（M296：5）　7.串珠（M296：3）

（二）出土遗物

共28件。陶器1件，为双耳陶罐（M296：1），出土于膝部。铜器12件，其中铜耳环2件，分别出土于右耳（M296：2）和左耳（M296：6）；铜手镯1件（M296：4），出土于腕部；铜珠9件（M296：5），出土于右腕。石器15件，为串珠（M296：3），出土于颈部。

1. 陶器

M296：1，双耳陶罐。1件。夹细砂红陶，手制。微侈口，圆唇，短束颈，沿肩双耳，鼓腹，平底。通高16.5厘米，口径10.2厘米，腹径16厘米，底径7.6厘米，重675克（图四五九，1；图版二八五，2）。

2. 铜器

M296：2，铜耳环。1件。微残，出土于右耳，只存一端完整，扁状，另一端残断失去。现存近圆形，体圆。完整一端呈扁状，似为砸成。耳环直径3.27厘米，体径0.22厘米（图四五九，2；图版二八五，3）。

M296：4，铜手镯。1件。残，位于腕部。用两端略窄中部稍宽的铜皮圈成，两端均稍残，整体呈椭圆形。长径约6.5厘米，短径约5.6厘米，铜皮最大宽约0.5厘米，厚约0.2厘米，重18.95克（图四五九，5；图版二八五，4）。

M296：5，铜珠。9件。部分残，位于右腕。制法有两种，其一为铸造而成，有棱，其二由铜片卷曲而成，接口有明显的接缝。直径0.4～0.6厘米，孔径0.1厘米，重0.41～0.8克（图四五九，3；图版二八五，5）。

M296：6，铜耳环。1件。残，出土于左耳。环状，只剩中部一段，局部保留原体，未锈蚀。一端接口为圆球形。残径3.9厘米，重2.58克（图版二八五，3）。

3. 石器

M296：3，串珠。15件。部分残，位于颈部。绿松石串珠1件，滑石串珠14件，风化严重，圆柱形，中部穿孔。长0.1～0.5厘米，直径0.2～0.4厘米，孔径0.1厘米，重0.08～0.1克（图四五九，4；图版二八六，1）。

附：经金相检验和成分分析，M296出土铜珠材质为Cu-Sn（锡青铜），制作技术为铸造。铜耳环材质为Cu-Sn（Pb，As，含铅，砷杂质的锡青铜），制作技术未知（潜伟，2006：43）。

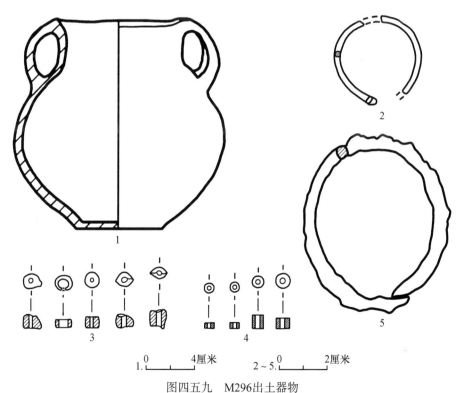

图四五九　M296出土器物

1. 双耳陶罐（M296：1）　2. 铜耳环（M296：2）　3. 铜珠（M296：5）　4. 滑石串珠（M296：3）　5. 铜手镯（M296：4）

M297

（一）形制结构

长方形竖穴土坑墓。位于T36东北部。墓向17°。墓口长0.89米，宽0.46米，墓坑深0.19米。墓圹内填充夹杂细砾的青色砂质土。无葬具。无人骨（图四六○）。

（二）出土遗物

共1件。陶器1件，为双耳陶罐（M297：1），出土于墓坑南部。

M297：1，双耳陶罐。夹细砂红陶，手制。直口，方唇，短颈，颈肩双耳，鼓腹，鼓腹处两侧各有一乳突，小平底。通高12.5厘米，口径7厘米，腹径12厘米，底径7厘米，重425克（图四六○，1；图版二八五，6）。

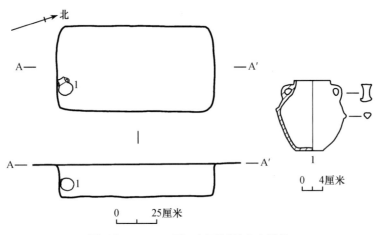

图四六○　M297平、剖面图及出土器物
1. 双耳陶罐（M297：1）

M298

（一）形制结构

长方形竖穴土坑墓。打破M303西北部、M306西南部。墓向208°。墓口距地表0.72米，长1.54米，残宽1.28米，墓坑深0.34米。墓圹内填充夹杂细砾的黄色砂质土。墓圹底部四周设熟土二层台，北壁二层台内侧竖立1层土坯；南、西两壁二层台内侧竖立1层土坯，二层台上平砌1层土坯；东壁二层台内侧竖立1层土坯，二层台上错缝平砌2层土坯。椁室内周长0.94米，宽

0.6米；土坯长0.4~0.42米，宽0.16~0.24米，厚0.1米。墓葬内放置人骨3具，其中A个体出土于椁室底部，左侧身屈肢，头向东北，面向东南，性别女；B个体出土于墓圹填土，仅存髋骨，为未成年个体；C个体出土于墓圹填土，仅存肋骨1根，为成年个体（图四六一；图版二八七，1）。

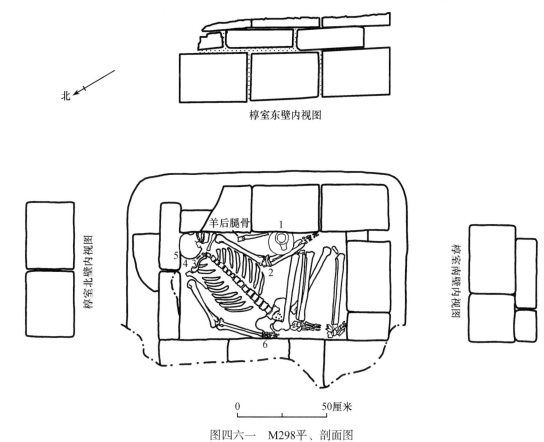

图四六一　M298平、剖面图

1. 双耳陶罐（M298：1）　2. 铜手镯（M298：2）　3. 玉髓串珠（M298：3）　4. 铜耳环（M298：4）　5. 滑石串珠（M298：5）
6. 铜手镯（M298：6）

（二）出土遗物

共133件。陶器1件，为双耳陶罐（M298：1），出土于尺骨附近。铜器5件，其中铜手镯3件，分别出土于肘部（M298：2）和腕部（M298：6）；铜耳环2件，均出土于耳部（M298：4）。石器126件，其中玉髓串珠3件（M298：3），出土于颈部；玉髓串珠1件、绿松石串珠4件、滑石串珠118件（M298：5），出土于椁室北部土坯内。羊腿骨1件，出土于椁室东侧。

1. 陶器

M298：1，双耳陶罐。1件。夹细砂红陶，手制。侈口，尖唇，短束颈，沿肩双耳，鼓腹，平底。口沿处及肩部绘横向水波纹，耳部绘多重折线三角纹。通高14.3厘米，口径7.5厘米，腹径13.8厘米，底径7.2厘米，重540克（图四六二，1；图版二八六，2）。

2. 铜器

M298：2，铜手镯。2件。残，位于肘部。环状，残断，由宽1.3厘米，厚0.15厘米的铜片卷曲而成，重9.2克（图四六二，2；图版二八六，3）。

M298：4，铜耳环。2件。出土于耳部，其中一件完整，两头砸扁。另一件一端残，另一端完整且被砸扁，锈蚀严重。均为圆环状，圆体。较完整者现存环径4.95～5.3厘米，体径0.3厘米；另一件现存环径4.91～5.04厘米，体径0.3厘米（图四六二，3；图版二八七，3）。

M298：6，铜手镯。1件。残，位于腕部。圆环形，圆体，向两头逐渐变尖。现存直径6.26～6.8厘米，近中部体径0.3厘米，重10.15克（图四六二，6；图版二八八，2）。

3. 石器

M298：5，串珠。123件。绿松石串珠4件，均为圆柱状，中部穿孔，最大者长1.3厘米，直径0.6厘米，孔径0.4厘米。玉髓串珠1件，圆柱状，中部穿孔，直径0.6厘米，厚0.25厘米，孔径0.25厘米，重19.09克。滑石串珠118件，均为圆柱状，中部穿孔，最大者长0.6厘米，直径0.4厘米，孔径0.2厘米（图四六二，4；图版二八八，1）。

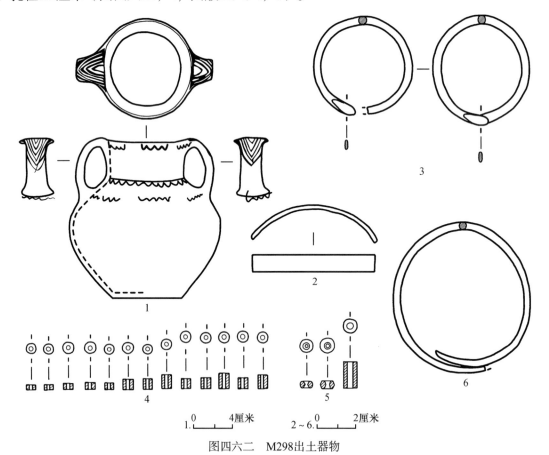

图四六二　M298出土器物

1. 双耳陶罐（M298：1）　2. 铜手镯（M298：2）　3. 铜耳环（M298：4）　4. 滑石串珠（M298：5）　5. 玉髓串珠（M298：3）

6. 铜手镯（M298：6）

M298：3，玉髓串珠。3件。完整，位于颈部。橘黄色透明，圆柱状，中部有棱。3件串珠的尺寸分别为：直径0.7厘米，孔径0.3厘米，厚1.35厘米；直径0.6厘米，孔径0.1～0.3厘米，厚0.35厘米；直径0.7厘米，厚0.4厘米，孔径0.2～0.3厘米（图四六二，5；图版二八七，2）。

M299

（一）形制结构

长方形竖穴土坑墓。西南部被M295打破。墓向234°。墓口距地表0.7米，长1.14米，宽0.7米，墓坑深0.25米。墓圹内填充夹杂细砾的青色砂质土，边缘为黄色沙土，土质较疏松。墓圹底部放置人骨1具，右侧身屈肢，头向西南，面向东南（图四六三；图版二八九，1）。

（二）出土遗物

共2件。陶器1件，为双耳陶罐（M299：1），出土于胫骨处。羊腿骨1件，出土于椁室东侧。

M299：1，双耳陶罐。1件。夹细砂红陶，手制。口颈及一耳残，颈部存一耳，鼓腹，平底。通高14.6厘米，底径9厘米，重565克（图四六三，1；图版二八八，3）。

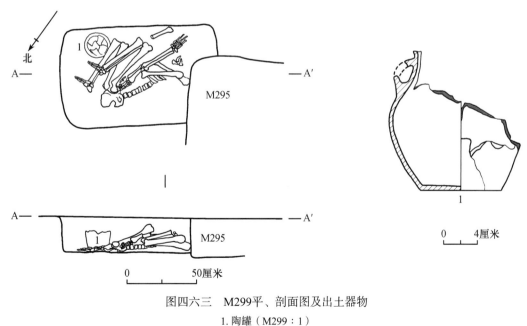

图四六三 M299平、剖面图及出土器物

1. 陶罐（M299：1）

M300

（一）形制结构

长方形竖穴土坑墓。墓向39°。墓口距地表0.7米，长1.56米，宽1.37米，墓坑深0.52米。墓圹内填充夹杂细砾的黄色砂质土，出土碎土坯。墓圹底部四周设熟土二层台，南壁二层台上错缝平砌3层土坯，北、东、西三壁二层台上平砌1层土坯。椁室内周长0.9米，宽0.78米；土坯长0.38~0.4米，厚0.1米，宽0.22~0.24米。椁室底部放置人骨1具，左侧身屈肢，根据现存人骨推测头向东北，面向南（图四六四）。

（二）出土遗物

共4件。陶器1件，为双耳陶罐（M300：1），出土于椁室中部。铜器1件，为铜管（M300：2），出土于椁室中部。石器1件，为滑石串珠（M300：3），出土于椁室中部。羊肩胛骨1件，出土位置不明。

1. 陶器

M300：1，双耳陶罐。1件。夹细砂红陶，手制。一半残损，微侈口，短束颈，颈肩双耳，鼓腹，平底。通高16.8厘米，底径9.4厘米，重390克（图四六四，1；图版二八九，2）。

2. 铜器

M300：2，铜管。1件。残，位于椁室中部。圆柱形，两端残断，由厚0.1厘米的铜片卷曲而成，有明显的接缝。残长1.9厘米，直径0.7厘米，壁厚0.1厘米，重1.2克（图四六四，3；图版二八九，3）。

3. 石器

M300：3，滑石串珠。1件。完整，位于椁室中部。圆片状，中部穿孔。直径0.5厘米，厚0.25厘米，孔径0.15厘米，重0.1克（图四六四，2；图版二九○，1）。

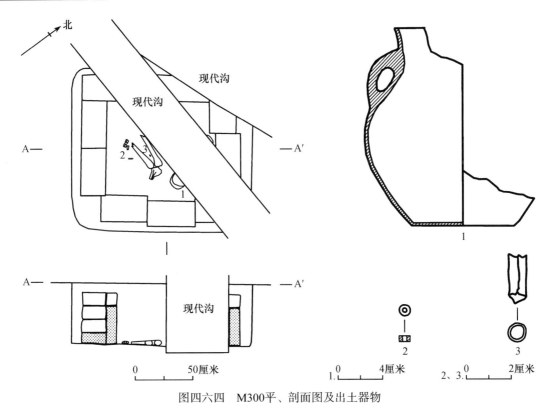

图四六四 M300平、剖面图及出土器物
1.双耳陶罐（M300∶1） 2.滑石串珠（M300∶3） 3.铜管（M300∶2）

M301

（一）形制结构

长方形竖穴土坑墓。位于T2308，打破M303、M304、M306，被M294打破。墓向53°。墓口长1.95米，宽1.34米，墓坑深0.74米。墓圹内填充夹杂细砾的黄色沙质土，包含有碎土坯。墓圹底部放置人骨1具，左侧身屈肢，头向东，面向南，性别女（图四六五；图版二九○，3）。

（二）出土遗物

共65件。陶器1件，为双耳陶罐（M301∶1），出土于人骨膝部。铜器43件，其中铜管5件（M301∶4），出土于人骨盆骨后；铜管1件（M301∶5-1）、铜牌饰1件（M301∶5-2），出土于人骨膝部；铜耳环2件（M301∶6），出土于人骨右耳部；铜牌饰1件（M301∶7-1）、铜镜1件（M301∶7-2），出土于人骨胸前；铜镜1件（M301∶8-1）、铜泡2件（M301∶8-2），出土于肱骨；铜泡5件（M301∶9），出土于人骨颈后；铜手镯2件，1件（M301∶10）出土于左腕，1件（M301∶11）出土于右腕；铜镜2件（M301∶12-1）、铜泡1件（M301∶12-2），出土于颈部；铜珠2件（M301∶13），出土于胸部；铜管2件（M301∶14），出土于胸部；

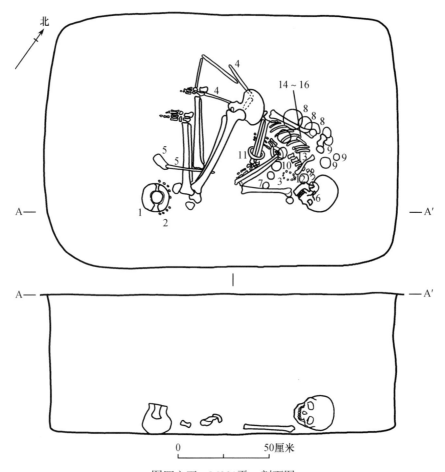

图四六五　M301平、剖面图

1. 双耳陶罐（M301：1）　2. 滑石串珠（M301：2）　3. 串珠（M301：3）　4. 铜管（M301：4）　5. 铜管、铜牌饰（M301：5）
6. 铜耳环（M301：6）　7. 铜牌饰、铜镜（M301：7）　8. 铜镜、铜泡（M301：8）　9. 铜泡（M301：9）　10. 铜手镯（M301：10）
11. 铜手镯（M301：11）　12. 铜镜、铜泡（M301：12）　13. 铜珠（M301：13）　14. 铜管（M301：14）　15. 铜牌饰（M301：15）
16. 铜泡（M301：16）

铜牌1件（M301：15），出土于胸部；铜泡2件（M301：16），出土于胸部；铜珠12件（M301：17），出土于填土。石器21件，其中滑石串珠9件（M301：2），出土于陶罐旁；串珠12件（M301：3），出土于人骨左腕处。

1. 陶器

M301：1，双耳陶罐。1件。夹细砂红陶，手制，完整。微侈口，方唇，短束颈，沿肩双耳，鼓腹，小平底。口沿内绘一周弦纹，颈部绘7道竖条纹，肩部绘一周弦纹，其下绘网格三角纹及横向水波纹，耳部绘块状纹样。通高13.2厘米，口径8.7厘米，腹径14.6厘米，底径6.8厘米，重615克（图四六六，1；图版二九〇，2）。

2. 铜器

M301：4，铜管。5件。管状，铜片卷制，但接缝不明显。直径0.5～0.8厘米（图四六六，

16；图版二九一，3）。

M301：5，铜管、铜牌饰。2件。M301：5-1，铜管，1件，管状，铜片卷制，直径0.7厘米；M301：5-2，铜牌饰，1件，长方形，中部起脊，一侧边缘有两小孔，近边缘处及凸棱附近有压点纹，长8.5厘米，宽4.9厘米（图四六六，13；图版二九一，2）。

M301：6，铜耳环。2件。环状，铜丝绕成，接口扁平相错。直径3.9厘米（图版二九二，1）。

M301：7，铜牌饰、铜镜。2件。M301：7-1，铜牌饰，1件，圆泡状，边缘有2个对称小孔，直径4.1厘米；M301：7-2，铜镜，1件，圆形素面平直，背部有桥形纽，直径6.3厘米（图四六六，10；图版二九二，2）。

M301：8，铜镜、铜泡。3件。M301：8-1，铜镜，1件，圆形，平直，边缘锐薄，直径7.6厘米（图四六六，14；图版二九三，1）；M301：8-2，铜泡，2件，圆泡形，背部有桥纽，直径3.8厘米（图四六六，6；图版二九三，1）。

M301：9，铜泡。5件。双联铜泡1件，双联，每节均为圆形，略弧，边缘有一周压点纹，

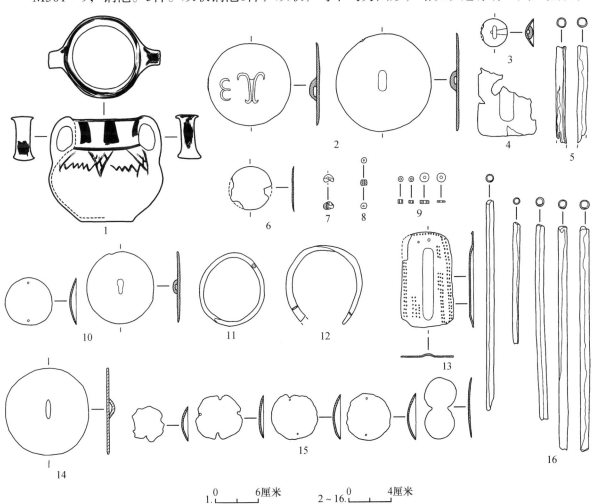

图四六六　M301出土器物

1. 双耳陶罐（M301：1）　2. 铜镜（M301：12-1）　3. 铜泡（M301：12-2）　4. 铜牌饰（M301：15）　5. 铜管（M301：14）
6. 铜泡（M301：8-2）　7. 铜珠（M301：13）　8. 铜珠（M301：17）　9. 滑石串珠（M301：2）　10. 铜牌饰、铜镜（M301：7-1、
M301：7-2）　11. 铜手镯（M301：11）　12. 铜手镯（M301：10）　13. 铜牌饰、铜管（M301：5-2、M301：5-1）
14. 铜镜（M301：8-1）　15. 铜泡（M301：9）　16. 铜管（M301：4）

长5.3厘米；铜泡4件，圆泡状，边缘有2个对称小孔，直径3.1～4.2厘米（图四六六，15；图版二九二，3）。

M301：10，铜手镯。1件。残，椭圆环状，铜丝绕成，接口处残。长径7厘米，短径6.6厘米（图四六六，12；图版二九三，2）。

M301：11，铜手镯。1件。环状，铜丝绕成，接口处残。直径6.4厘米（图四六六，11；图版二九三，3）。

M301：12，铜镜、铜泡。3件。M301：12-1，铜镜。2件。其中1件呈圆形，背部有桥形纽。直径8.5厘米，纽长1.5厘米，纽宽0.6厘米，纽高0.7厘米，重67.66克；另1件呈圆形，略弧，桥形纽，并饰有羊角状图案，直径7.2厘米（图四六六，2；图版二九三，4）。直径2.4厘米，铜泡，1件，圆泡状，背部有纽，并有明显铸槽（图四六六，3；图版二九三，4）。

M301：13，铜珠。2件。不规则圆珠状，中部有孔。直径0.9厘米（图四六六，7）。

M301：14，铜管。2件。管状，铜片卷制，接缝明显。直径0.9厘米（图四六六，5；图版二九三，5）。

M301：15，铜牌饰。1件。方形，中部有突起，残，仅存半部，边缘处似有心形孔（图四六六，4；图版二九三，6）。

M301：16，铜泡。2件。圆泡状，背部有桥形纽。直径2.4～2.5厘米（图版二九四，1）。

M301：17，铜珠。12件。圆柱状，鼓腹，形制较为规整，中部有孔。直径0.6厘米（图四六六，8；图版二九四，2）。

3. 石器

M301：2，滑石串珠。9件。共两种，圆柱状和圆片状，中部穿孔。柱状直径0.4～0.5厘米。片状直径0.2～0.3厘米（图四六六，9；图版二九一，1）。

M301：3，串珠。12件。玉髓串珠1件，圆柱状，鼓腹，对钻穿孔，直径0.6厘米；绿松石串珠11件，矮圆柱状或圆柱状，中部穿孔，直径0.4～0.5厘米。

附：经金相检验和成分分析，M301铜牌材质为Cu-Sn（锡青铜），制作技术为铸造。铜管材质为Cu-Sn（锡青铜），制作技术未知（潜伟，2006：43）。

M302

（一）形制结构

长方形竖穴土坑墓。位于T1915，西北部被现代沟打破。墓向223°。墓口距地表0.58米，长1.7米，宽1.72米，墓坑深0.57米。墓圹内填充夹杂细砾的黄色沙质土，包含碎土坯。墓圹底部四周设熟土二层台，北、东两壁二层台上错缝平砌4层土坯，南壁二层台上错缝平砌3层土坯，西壁情况不明，每边每层铺设3块。土坯长0.42米，宽0.25米，厚0.11米。椁室底部放置人骨2具，其中1具保存较完整，左侧身屈肢，头向西南；另1具保存情况较差，仅存尺骨、桡骨（图四六七；图版二九四，3）。

（二）出土遗物

共5件。陶器1件，为双耳陶罐（M302：1），出土于人骨手部。铜器1件，为铜刀（M302：2），出土于人骨腹部。石器3件，均为滑石串珠（M302：3），出土于人骨腕部。

1. 陶器

M302：1，双耳陶罐。1件。完整，夹砂细红陶，手制。侈口，短束颈，沿肩双耳，鼓腹，平底。局部有烟炱。通高14厘米，口径8.2厘米，腹径14.4厘米，底径8厘米（图四六七，1；图版二九五，1）。

2. 铜器

M302：2，铜刀。1件。刀首略残，刀尖上翘，弧背，弧刃，柄部一侧内凹，中部有一近长方形穿孔。残长12.6厘米，柄部宽1.3厘米，刃部宽2厘米，厚0.4厘米，孔0.9厘米，宽0.3厘米，重32.27克（图四六七，2；图版二九五，2）。

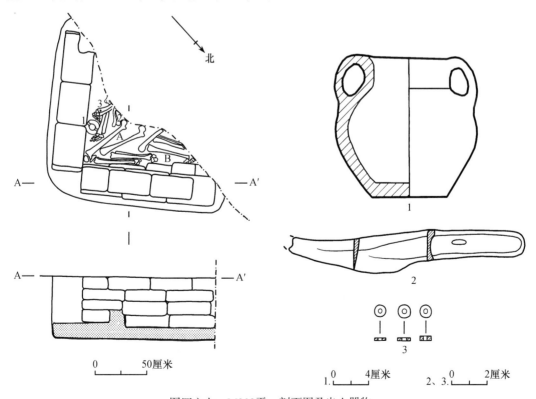

图四六七 M302平、剖面图及出土器物
1. 双耳陶罐（M302：1） 2. 铜刀（M302：2） 3. 滑石串珠（M302：3）

3. 石器

M302：3，滑石串珠。3件。白色，矮圆柱状，中部穿孔。厚0.1～0.3厘米，直径0.6～0.7厘米，孔径0.2厘米，总重0.38克（图四六七，3；图版二九五，3）。

M303

（一）形制结构

长方形竖穴土坑墓。位于T2308，打破M304、M306，被M298打破，东北部被M301打破。墓向35°。墓口距地表0.34～0.46米，长1.62米，宽1.32米，墓坑深0.4米。墓圹内填充夹杂细砾的灰色土。墓圹底部为长方形土坯椁室，椁室四壁均自下而上错缝平砌多层土坯，北壁平砌3层，东、南、西三壁平砌4层，每边每层铺设2～3块。椁室内周长1米，宽0.7米；土坯长0.36米，宽0.28米；厚0.1米。椁室底部放置人骨1具，保存较差，仅存部分骨骼，性别女（图四六八）。

（二）出土遗物

共5件。陶器1件，为双耳陶罐（M303：3），出土于椁室东南角。铜器2件，其中铜牌饰1件（M303：1），出土于人骨腕部；铜管1件（M303：2），出土于人骨腕部。羊腿骨2件，出土于椁室东南角。

1. 陶器

M303：3，双耳陶罐。1件。夹细砂红陶，手制，完整。微侈口，方唇，粗短直颈，沿肩双耳，弧腹，平底。通高14.2厘米，口径10.8厘米，腹径13厘米，底径7.3厘米，重585克（图四六九，1；图版二九五，6）。

2. 铜器

M303：1，铜牌饰。1件。长方形，中部起脊，两短边近边缘处各有一孔，四周有两圈由背面向正面击打的压点纹。长7.5厘米，宽5.3厘米，棱长5.3厘米，棱宽0.8厘米，孔径0.3厘米，重23.47克（图四六九，2；图版二九五，4）。

M303：2，铜管。1件。管状，用薄铜片斜卷成。长11.4厘米，直径0.7厘米，铜片宽1.6厘米，重17.74克（图四六九，3；图版二九五，5）。

附：M303墓主人经分子遗传学鉴定，性别为女性（高诗珠，2009：56）。

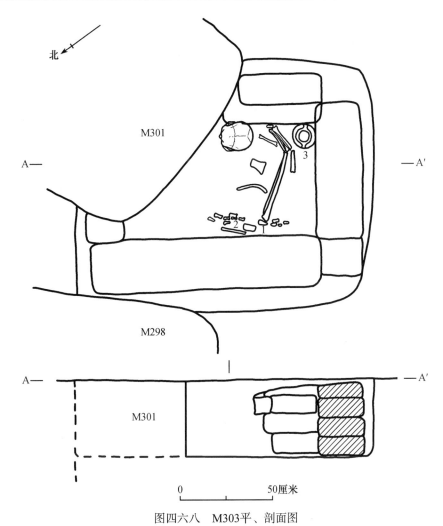

图四六八　M303平、剖面图

1. 铜牌饰（M303：1）　2. 铜管（M303：2）　3. 双耳陶罐（M303：3）

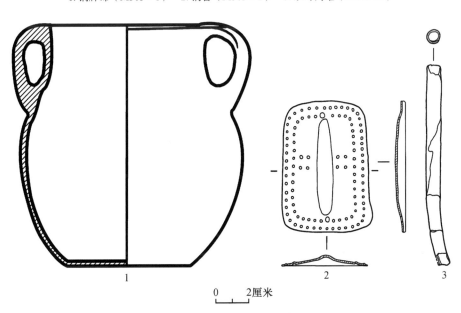

图四六九　M303出土器物

1. 双耳陶罐（M303：3）　2. 铜牌饰（M303：1）　3. 铜管（M303：2）

M304

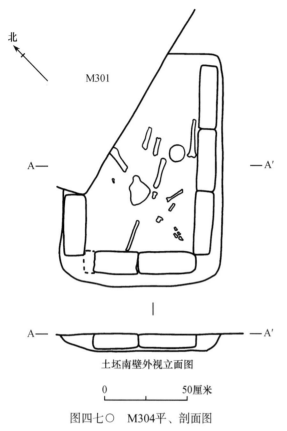

土坯南壁外视立面图

0   50厘米

图四七〇　M304平、剖面图

（一）形制结构

长方形竖穴土坑墓。位于T2308，打破M321，西北部被M301、M303打破，被M294打破。墓向43°。墓口距地表0.26～0.28米，长1.38米，宽1米，墓坑深0.12米。墓圹内填充黄色沙质土。墓圹底部为长方形土坯椁室，椁室四壁均竖立1层土坯，每边每层铺设2～3块。椁室内周长1米，宽0.66米；土坯长0.37米，宽0.12米，厚0.1米。椁室底部放置人骨1具，保存较差，仅存部分骨骼（图四七〇）。

（二）出土遗物

共1件。羊腿骨1件，出土于椁室东南角。

M305

（一）形制结构

长方形竖穴土坑墓。位于T2015，打破M308，南部被现代沟打破。墓向211°。墓口距地表0.25米，长1.8米，宽1.42米，墓坑深1.04米。墓圹内填充夹杂大量砾石的黄色沙质土。墓圹底部为长方形土坯椁室，椁室四壁均自下而上错缝平砌4～5层土坯，每边每层铺设2～3块。椁室内周长1.08米，宽0.64米；土坯长0.38米，宽0.25米；厚0.09米。椁室底部放置人骨1具，右侧身屈肢，头向南，面向东（图四七一；图版二九六，1）。

（二）出土遗物

共5件。陶器1件（M305：1），为双耳陶罐，出土于人骨颅骨东侧。铜器3件，其中铜刀1件（M305：3），出土于两股之间；铜锥1件（M305：4），出土于两股之间；铜牌饰1件（M305：5），出土于头部。石器1件，为砺石（M305：2），出土于两股之间。

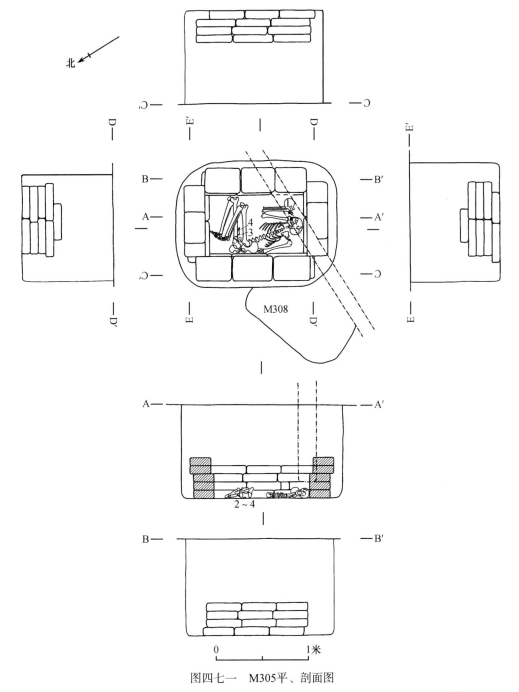

图四七一 M305平、剖面图

1. 双耳陶罐（M305：1） 2. 砺石（M305：2） 3. 铜刀（M305：3） 4. 铜锥（M305：4） 5. 铜牌饰（M305：5）

1. 陶器

M305：1，双耳陶罐。1件。夹细砂红陶，手制，完整。侈口，方唇，短束颈，沿肩双耳，弧腹，平底。通高14.7厘米，口径9.4厘米，腹径13.7厘米，底径7.4厘米，重610克（图四七二，1；图版二九六，2）。

2. 铜器

M305：3，铜刀。1件。柄残及局部刃残，刀尖上翘，弧背，弧刃，刃部一侧内凹。残长9.7厘米，宽2.1厘米，厚0.5厘米（图四七二，5；图版二九七，1）。

M305：4，铜锥。1件。四棱锥状，两端尖锐。长3.1厘米，宽0.3厘米，重1.11克（图四七二，4；图版二九七，2）。

M305：5，铜牌饰。1件。梯形，下部残，短边边缘处有一穿孔。背部略凹。残长3.1厘米，宽2.4厘米，孔径0.2厘米，重1.62克（图四七二，3；图版二九八，2）。

3. 石器

M305：2，砺石。1件。整体长方形，上端向下端稍窄，上端近缘两侧加工出凹槽，且两侧似为原石面，正面与背面残剩部分存磨痕。长7.04厘米，上宽2.15厘米，下宽1.55厘米，厚1.37厘米（图四七二，2；图版二九六，3）。

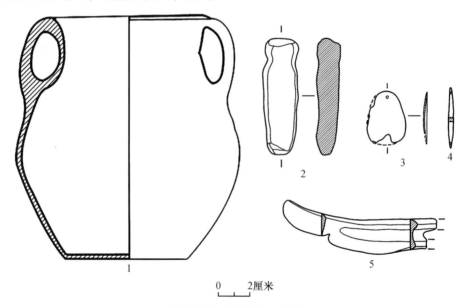

图四七二　M305出土器物

1. 双耳陶罐（M305：1）　2. 砺石（M305：2）　3. 铜牌饰（M305：5）　4. 铜锥（M305：4）　5. 铜刀（M305：3）

M306

（一）形制结构

长方形竖穴土坑墓。位于T16，西部被M298打破，东部被M301打破，被M303打破。墓向68°。墓口距地表0.34米，长1.34米，宽1.14米，墓坑深1.13米。墓圹内填充夹杂细砾及少量灰白黏沙土的灰色土。墓圹底部南侧设生土二层台。墓圹底部放置人骨1具，左侧身屈肢，头向东，面向南，性别女（图四七三；图版二九七，3；图版二九八，1）。

（二）出土遗物

共336件。陶器2件，其中筒形陶罐1件（M306：1），出土于墓坑东部；双耳陶罐1件（M306：2），出土于墓坑东部。石器334件，其中串珠2件（M306：3），出土于颈部；串珠331件（M306：4），出土于腕部；绿松石串珠1件（M306：5），出土于肘部。

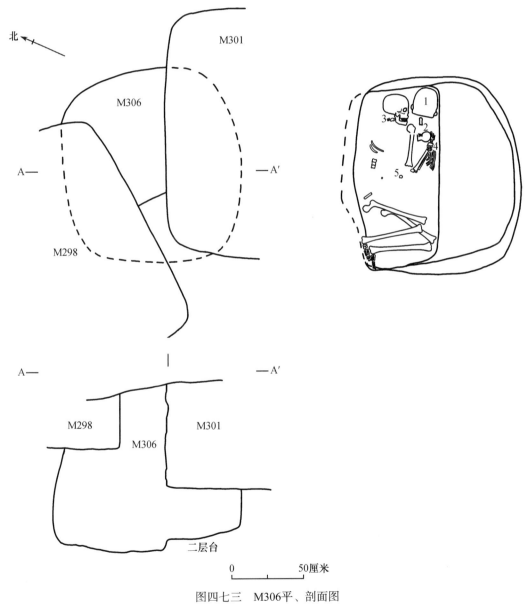

图四七三　M306平、剖面图

1.筒形陶罐（M306：1）　2.双耳陶罐（M306：2）　3.串珠（M306：3）　4.串珠（M306：4）　5.绿松石串珠（M306：5）

1. 陶器

M306：1，筒形陶罐。1件。夹粗砂红陶，手制，完整。整体呈筒状，微敛口，口沿下双横贯耳，平底。口径16～18.4厘米，底径9～9.3厘米，通高18.7厘米（图四七四，1；图版二九八，3）。

M306：2，双耳陶罐。1件。夹细砂红陶，手制，完整。直口，圆唇，短直颈，颈肩双耳，耳部上下各有一凹窝，肩部有连续的小凹窝，垂腹，垂腹处两侧各有一凹窝及乳突，小平底。口沿内绘半周连续倒三角纹，颈部绘一周连续倒三角纹，腹部绘折线三角纹，耳部绘竖线纹。通高8.8厘米，口径5厘米，腹径8.8厘米，底径4.6厘米，重135克（图四七四，2；图版二九九，1）。

2. 石器

M306：3，串珠。2件。M306：3-1，滑石串珠，1件，饼状，中部穿孔，厚0.1厘米，直径0.5厘米，孔径0.2厘米，重0.06克（图四七四，7；图版二九九，2）；M306：3-2，绿松石串珠，1件，扁腰鼓状，中间穿孔，长0.9厘米，宽0.8厘米，孔径0.2厘米，重0.45克（图四七四，8；图版二九九，2）。

M306：4，串珠。331件。M306：4-1，滑石串珠，56件，饼状，中间穿孔，厚0.1～0.2厘米，直径0.6厘米，孔径0.2厘米，重5.01克（图四七四，5；图版三〇〇，1）；M306：4-2，绿松石串珠，1件，圆柱状，中间穿孔（图四七四，4；图版三〇〇，1）；M306：4-3，黑石串珠，274件，矮圆柱状，中部穿孔厚0.1～0.2厘米，直径0.2～0.3厘米，孔径0.1厘米，重2.39克（图四七四，3；图版二九九，3）。

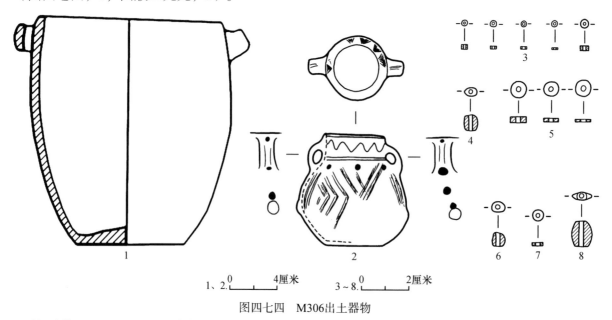

图四七四　M306出土器物

1. 筒形陶罐（M306：1）　2. 双耳陶罐（M306：2）　3. 黑石串珠（M306：4-3）　4. 绿松石串珠（M306：4-2）　5. 滑石串珠（M306：4-1）　6. 绿松石串珠（M306：5）　7. 滑石串珠（M306：3-1）　8. 绿松石串珠（M306：3-2）

M306：5，绿松石串珠。1件。蓝色，不规则柱状，中部穿孔。长0.5厘米，宽0.5厘米，孔径0.1厘米，重0.18克（图四七四，6；图版二九九，2）。

M307

（一）形制结构

长方形竖穴土坑墓。位于T2014，上部被现代沟打破。墓向220°。墓口距地表0.6～1米，长1.6米，宽1.37米，墓坑深0.47～0.89米。墓圹内填充包含细砾的黄色沙质土。墓圹底部为长方形土坯椁室，椁室四壁均自下而上错缝平砌3～4层土坯，每边每层铺设2～3块。椁室内周长0.9米，宽0.6米，土坯长0.4米，宽0.28米，厚0.13米。椁室底部放置人骨1具，右侧身屈肢，头向西南，面向东，性别女（图四七五；图版三〇〇，2）。

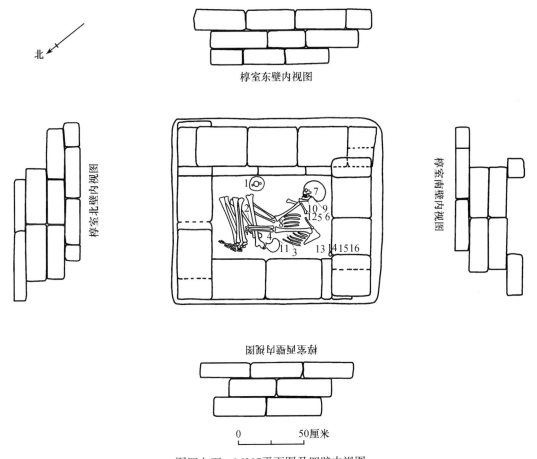

图四七五　M307平面图及四壁内视图

1. 双耳陶罐（M307：1）　2. 铜泡（M307：2）　3. 砺石（M307：3）　4. 铜刀（M307：4）　5. 铜牌饰（M307：5）
6. 铜管（M307：6）　7. 铜耳环（M307：7）　8. 骨针（M307：8）　9. 玉髓串珠（M307：9）　10. 铜耳环（M307：10）
11. 铜泡（M307：11）　12. 铜泡（M307：12）　13. 滑石串珠（M307：13）　14. 铜管（M307：14）　15. 铜镞（M307：15）
16. 铜管（M307：16）

（二）出土遗物

共21件。陶器1件，为双耳陶罐（M307：1），出土于人骨膝部。铜器14件，其中铜泡1件（M307：2），出土于左腕；铜刀1件（M307：4），出土于腰部；铜牌饰1件（M307：5），出土于人骨左肩；铜管1件（M307：6），出土于肩部；铜耳环1件（M307：7），出土于脑后枕部；铜耳环1件（M307：10），出土于下颌骨；铜泡3件（M307：11），出土于腰部；铜泡2件（M307：12），出土于左肩；铜管1件（M307：14），出土于椁室西南角；铜镞1件（M307：15），出土于椁室西南角；铜管1件（M307：16），出土于椁室西南角。石器5件，砺石1件（M307：3），出土于腰部；玉髓串珠3件（M307：9），出土于下颌骨；滑石串珠1件（M307：13），出土于椁室西南角。骨器1件，为骨针，出土于腰部（M307：8）。

1. 陶器

M307：1，双耳陶罐。1件。无绘图、无照片、无文字记录。

2. 铜器

M307：2，铜泡。1件。圆形，泡状，背部有纽。一面凸，另一面凹。直径1.6厘米，重2.88克（图四七六，13；图版三〇一，1）。

M307：4，铜刀。1件。弧背，刃部上翘，厚背，平短刀柄，带一圆孔。长9.7厘米，宽2.1厘米（图四七六，4；图版三〇一，4）。

M307：5，铜镜。1件。圆形素面，平整，背部正中有一小纽。直径4厘米，厚0.2厘米（图四七六，1；图版三〇一，5）。

M307：6，铜管。1件。管状，残成两端，铸造而成。残长8.4厘米，直径0.8厘米，重22.43克（图四七六，15；图版三〇一，6）。

M307：7，铜耳环。1件。环状，呈椭圆形，用细铜丝绕成，接口处一端扁平，另一端残。长径3厘米，短径2.5厘米，丝径0.1厘米，重0.75克（图四七六，11；图版三〇二，1）。

M307：10，铜耳环。1件。环状，用细铜丝绕成，接口相错。直径1.2厘米，丝径0.2厘米，重1.58克（图四七六，9；图版三〇二，4）。

M307：11，铜泡。3件。圆形，泡状，背部有纽。直径1.6厘米，重2.17克（图四七六，14；图版三〇二，5）。

M307：12，铜泡。2件。圆形，泡状，背部有纽，正面用缘一圈短线或短后点状凸纹。直径1.9厘米，重3.72克（图四七六，3；图版三〇二，6）。

M307：14，铜管。1件。细端残，用铜片卷成。用铜皮卷成一端粗、另一端细的管，粗端又砸扁，细端扁圆。残长2.5厘米，宽0.5～0.9厘米，重0.96克（图四七六，8；图版三〇三，2）。

M307：15，铜镞。1件。除鋌以外的部分全变形。方鋌，变形前之脊应为菱形（其两面之脊为方銎之对顶棱，棱脊之两侧翼与方銎另两对顶棱相连），一面脊之右侧脊与翼转折处至另一面脊之右侧脊与翼转折处一只扁孔。长5.5厘米，宽0.6厘米，孔长0.9厘米，孔宽0.3厘米，重9.33克（图四七六，2；图版三〇三，3）。

M307：16，铜管。1件。残损严重，原应为空心圆柱状。长1.1厘米，直径1厘米，重1.82克（图四七六，7；图版三〇三，4）。

3. 石器

M307：3，砺石。1件。平面现存长方形，完整时更应长柱形。上端对钻一孔，两侧微内弧。残长3.8厘米，宽1.8厘米，孔径1厘米，重24.22克（图四七六，12；图版三〇一，2、3）。

M307：9，玉髓串珠。3件。红色，半透明，算珠状，中部对钻穿孔。直径1~1.2厘米，厚0.4~0.7厘米，孔径0.2~0.4厘米，重0.99~1.56克（图四七六，10；图版三〇二，3）。

M307：13，滑石串珠。1件。白色，不规则圆柱状，中部穿孔。长0.5厘米，直径0.3厘米，孔径0.2厘米，重0.17克（图四七六，5；图版三〇三，1）。

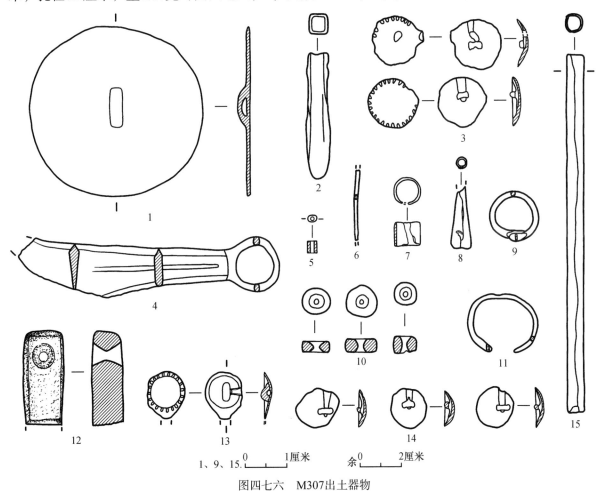

0 ┗━━┛ 1厘米   余 0 ┗━━┛ 2厘米

图四七六 M307出土器物

1. 铜牌饰（M307：5） 2. 铜镞（M307：15） 3. 铜泡（M307：12） 4. 铜刀（M307：4） 5. 滑石串珠（M307：13）
6. 骨针（M307：8） 7. 铜管（M307：16） 8. 铜管（M307：14） 9. 铜耳环（M307：10） 10. 玉髓串珠（M307：9）
11. 铜耳环（M307：7） 12. 砺石（M307：3） 13. 铜泡（M307：2） 14. 铜泡（M307：11） 15. 铜管（M307：6）

4. 骨器

M307：8，骨针。1件。柱状，一端向另一端逐渐变细。残长3厘米，直径0.1厘米，重0.12克（图四七六，6；图版三〇二，2）。

附：M307墓主人经分子遗传学鉴定，性别为女性（高诗珠，2009：56）。

M308

长方形竖穴土坑墓。位于T2015，东南部被M305打破，南部被现代沟打破。墓向70°。墓口距地表0.25米，长1.24米，宽0.86米，墓坑残深0.96米。墓圹内填充黄色沙质土。墓圹底部放置人骨1具，保存较差，仅存部分骨骼（图四七七；图版三〇四，1）。

无出土遗物。

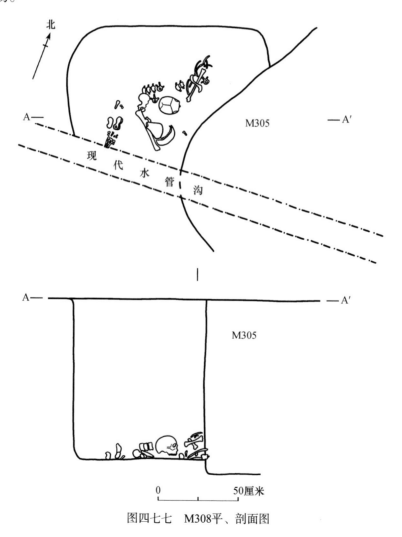

图四七七　M308平、剖面图

M309

（一）形制结构

长方形竖穴土坑墓。位于T1914，东北部被现代沟打破。墓向52°。墓口距地表0.26米，长0.98米，残宽0.8米，墓坑深0.61米。墓圹内填充灰色土，上层夹杂较多细砾，下层为较纯净的沙质土。墓圹底部放置人骨1具，保存较差，仅存部分骨骼，为未成年个体（图四七八）。

（二）出土遗物

共1件。陶器1件，为单耳陶罐（M309：1），出土于头骨东侧。

M309：1，单耳陶罐。1件。夹细砂红陶，手制，耳部残。微侈口，方唇，直颈，沿肩单耳，弧腹，平底。腹部有烟熏痕迹。高10.7厘米，口径5.8厘米，腹径9.4厘米，底径5.5厘米，重235克（图四七八，1；图版三〇三，5）。

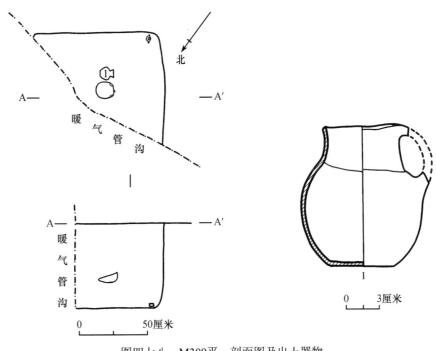

图四七八　M309平、剖面图及出土器物
1.单耳陶罐（M309：1）

M310

（一）形制结构

长方形竖穴土坑墓。位于T1914。墓向223°。墓口距0.26～0.7米，长1.58米，宽1.26米，墓坑深1.26米。墓圹内上部填充浅灰色沙砾土，下部填充青灰色沙砾土。墓圹底部东侧设生土二层台。墓圹底部放置人骨1具，右侧身屈肢，头向西南，面向东（图四七九；图版三〇四，2）。

（二）出土遗物

共4件。陶器1件，为陶盆（M310：1），出土于人骨足旁。铜器1件，为铜牌饰（M310：2），出土于人骨手腕旁。石器1件，为滑石串珠（M310：3），出土于人骨颈后。动物骨骼1件，出土于墓坑西部。

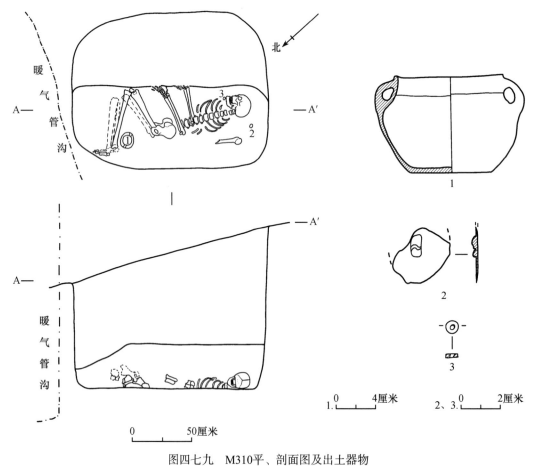

图四七九　M310平、剖面图及出土器物

1.陶盆（M310：1）　2.铜牌（M310：2）　3.滑石串珠（M310：3）

1. 陶器

M310：1，陶盆。1件。夹细砂灰陶，手制，完整。大口微侈，方唇，短颈，颈肩双耳，鼓腹，平底。高9.1厘米，口径11.5厘米，腹径13.2厘米，底径8厘米，重485克（图四七九，1；图版三○三，6）。

2. 铜器

M310：2，铜牌饰。1件。残损严重，背部有一方形纽，中间厚，边缘薄。残长2.7厘米，宽2厘米，纽长1.4厘米，纽宽0.5厘米，重4.31克（图四七九，2；图版三○五，1）。

3. 石器

M310：3，滑石串珠。1件。白色，饼状，中部有孔。厚0.15厘米，直径0.6厘米，孔径0.2厘米，重0.14克（图四七九，3；图版三○五，2）。

M311

（一）形制结构

长方形竖穴土坑墓。位于T2308，打破M322、M323、M326。墓向38°。墓口距地表0.22米，长1.9米，宽1.6~1.86米，墓坑深0.9米。墓圹内填充夹杂细砾的灰褐色沙质土。墓圹底部西壁设生土二层台，东、南、北三壁设熟土二层台，二层台内侧竖立1层土坯，二层台上错缝平砌3~4层土坯，每边每层铺设2~3块，其中北、西两壁最上一层土坯为斜立。椁室内周长1.18米，宽0.76米，土坯长0.38米，宽0.22米，厚0.1米。椁室底部放置人骨1具，左侧身屈肢，头向东，面向南，性别女（图四八○；图版三○五，3；图版三○六，1）。

（二）出土遗物

共221件。陶器3件，其中陶片1件（M311：4），出土于填土；双耳陶罐1件（M311：5），出土于填土；双耳陶罐1件（M311：7），出土于椁室东南角。铜器92件，其中铜珠57件（M311：2、M311：19），出土于填土及人骨左腕；铜耳环1件（M311：3），出土于填土和右耳；铜牌饰8件（M311：6、M311：13、M311：14、M311：15、M311：17、M311：22、M311：26），出土于人骨眼部、耳部、肱骨及腕部；铜牌饰1件（M311：8），出土于人骨足部；铜管5件（M311：9），出土于人骨足部；铜泡3件（M311：10、M311：27、M311：30），出土于人骨颈部、胸部和足部；双联铜泡4件（M311：16、M311：23），

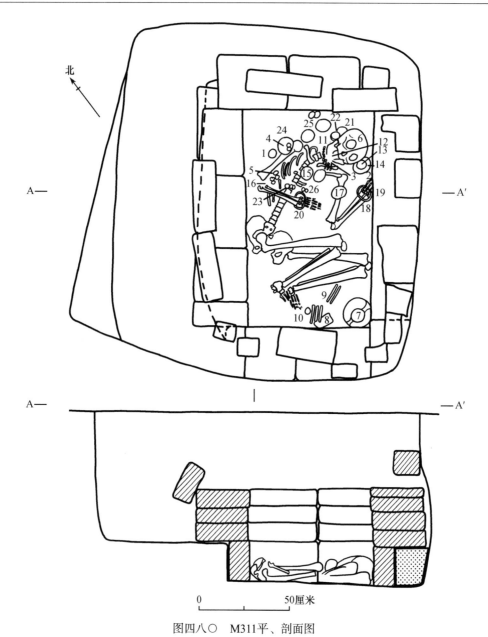

图四八〇 M311平、剖面图

1. 铜镜、铜牌饰（M311：32）　2. 铜泡（M311：30）　3. 铜耳环（M311：29）　4. 双联铜泡（M311：28）　5. 铜泡（M311：27）
6. 铜牌饰（M311：6）　7. 双耳陶罐（M311：7）　8. 铜牌饰（M311：8）　9. 铜管（M311：9）　10. 铜泡（M311：10）
11. 绿松石串珠（M311：11）　12. 串珠（M311：12）　13. 铜牌饰（M311：13）　14. 铜牌饰（M311：14）　15. 铜牌饰（M311：15）
16. 双联铜泡（M311：16）　17. 铜牌饰（M311：17）　18. 铜手镯（M311：18）　19. 铜珠（M311：19）　20. 铜手镯（M311：20）
21. 铜耳环（M311：21）　22. 铜牌饰（M311：22）　23. 双联铜泡（M311：23）　24. 铜镜、铜牌饰（M311：24）
25. 铜牌饰、铜镜（M311：25）　26. 铜牌饰（M311：26）

出土于人骨上肢；铜手镯2件（M311：18、M311：20），出土于人骨左右腕部；铜耳环3件（M311：21、M311：29、M311：33），出土于右耳和颈部及填土；铜镜、铜牌饰2件（M311：24、M311：32），出土于人骨肱骨；铜牌饰、铜镜5件（M311：25），出土于右肩；双联铜泡1件（M311：28），出土于右肩。石器111件，其中绿松石串珠110件（M311：11、M311：12-2、M311：31），出土于颈部和填土；玉髓串珠1件（M311：12-1），位于人骨颈部。骨器15件，均为骨牌饰，出土于填土中（M311：1）。

1. 陶器

M311：4，陶片。1件。为陶罐口沿残片。

M311：5，双耳陶罐。1件。夹细砂灰陶，手制，口沿及腹部残。凹口微侈，方唇，短束颈，沿肩双翘耳，鼓腹，小平底。高26.8厘米，口径14厘米，腹径27.6厘米，底径12厘米，重710克（图四八一，1；图版三〇七，3）。

M311：7，双耳陶罐。1件。夹细砂红陶，手制，完整。微侈口，短直颈，沿肩双耳，鼓腹，平底。口沿外饰一周横向水波纹，肩部绘一周弦纹，其下绘连续的内填斜线三角纹。高26.8厘米，口径13.9厘米，腹径27厘米，底径12厘米，重835克（图四八一，2；图版三〇七，5）。

2. 铜器

M311：2，铜珠。9件。由铜片卷成，圆柱形，中部有孔。平均外径0.6厘米，孔径0.3厘米（图四八一，29；图版三〇七，1）。

M311：3，铜耳环。1件。环状，铜丝绕成，接口扁平。外径3.3厘米（图四八一，21；图版三〇七，2）。

M311：6，铜牌饰。1件。圆形，略弧，边缘处有一周压点纹，覆盖于右眼上。直径4.8厘米（图四八一，10；图版三〇七，4）。

M311：8，铜牌饰。1件。长方形，中部略有突起，一侧近边缘处有小孔，边缘处及内部有似松树状压点纹。长12厘米，宽8厘米，厚0.18厘米（图四八一，11；图版三〇七，6）。

M311：9，铜管。5件。管状，截面呈圆形或方形，铜片卷成，接缝明显。孔径0.5厘米（图四八一，5；图版三〇八，1）。

M311：10，铜泡。1件。圆泡状，背部有桥形纽。直径2.1厘米，厚0.5厘米（图四八一，27；图版三〇八，2）。

M311：13，铜牌饰。1件。圆形，略弧，边缘处有两小孔，覆盖于左眼上。直径5厘米，厚0.2厘米（图四八一，9；图版三〇九，2）。

M311：14，铜牌饰。1件。圆形，略弧，近中心处有两小孔。直径7.9厘米，最厚0.4厘米（图四八一，13；图版三〇九，3）。

M311：15，铜牌饰。2件。圆形，略弧。一件边缘处有一小孔，直径4.3厘米，厚0.5厘米。另一件有两相对孔，直径4.8厘米，厚0.3厘米（图四八一，6；图版三〇九，4）。

M311：16，双联铜泡。3件。两联，每节均为圆形，略弧，中有短梁相连，近边缘处有一周压点纹。长3.8厘米，宽2~2.3厘米，最后0.4厘米（图四八一，18；图版三〇九，5）。

M311：17，铜牌饰。1件。圆形，已变形，略弧，边缘处有两孔。直径4.2厘米，厚0.15厘米（图四八一，16；图版三〇九，6）。

M311：18，铜手镯。1件。环状，圆片制成，无明显接缝。直径7.4厘米（图四八一，12）。

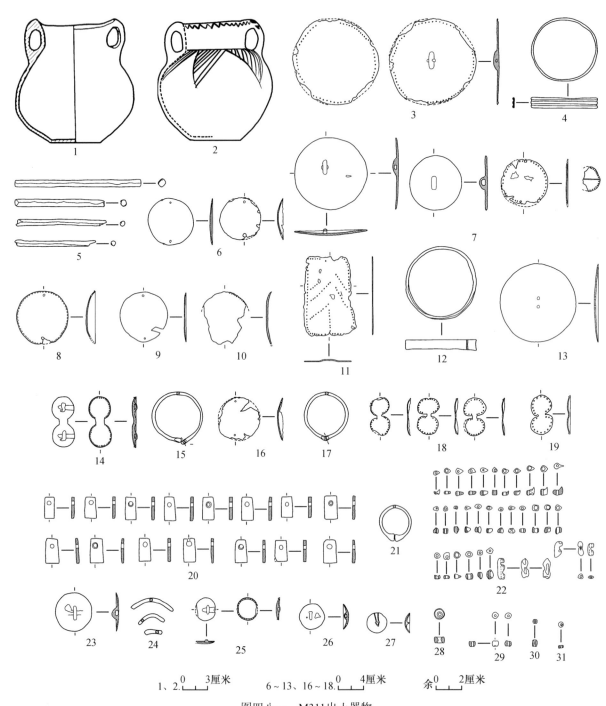

1、2.　0　3厘米　　　　6～13、16～18.　0　4厘米　　　　余　0　2厘米

图四八一　M311出土器物

1. 双耳陶罐（M311：5）　2. 双耳陶罐（M311：7）　3. 铜镜（M311：24）　4. 铜手镯（M311：20）　5. 铜管（M311：9）
6. 铜牌饰（M311：15）　7. 铜镜、铜牌饰（M311：25-2、M311：25-1）　8. 铜牌饰（M311：22）　9. 铜牌饰（M311：13）
10. 铜牌饰（M311：6）　11. 铜牌饰（M311：8）　12. 铜手镯（M311：18）　13. 铜牌饰（M311：14）　14. 双联铜泡（M311：28）
15. 铜耳环（M311：29）　16. 铜牌饰（M311：17）　17. 铜耳环（M311：21）　18. 双联铜泡（M311：16）　19. 双联铜泡（M311：23）
20. 骨牌饰（M311：1）　21. 铜耳环（M311：3）　22. 铜珠（M311：19）　23. 铜泡（M311：32）　24. 铜耳环（M311：33）
25. 铜泡（M311：30）　26. 铜泡（M311：27）　27. 铜泡（M311：10）　28. 玉髓串珠（M311：12）　29. 铜珠（M311：2）
30. 绿松石串珠（M311：11）　31. 滑石串珠（M311：31）

M311：19，铜珠。48件。5件连珠形，三联，中部有孔；其余为圆柱状，部分一侧或两侧有棱。直径0.5～0.8厘米（图四八一，22；图版三一〇，1）。

M311：20，铜手镯。1件。环状，铜片制成，截面呈山字形，无明显接缝。直径5厘米（图四八一，4）。

M311：21，铜耳环。1件。环状，铜丝卷制而成，接口扁平。直径5厘米（图四八一，17；图版三一〇，2）。

M311：22，铜牌饰。1件。圆泡状，近边缘处有两孔及一周压点纹。直径5.2厘米，最厚处0.95厘米（图四八一，8；图版三一〇，3）。

M311：23，双联铜泡。1件。两联，每节均为圆形，略弧，中有短梁相连，近边缘处有一周压点纹。长3.9厘米，宽2.1厘米，厚0.3厘米（图四八一，19；图版三一一，1）。

M311：24，铜镜。1件。圆形，正面平直，边缘处有一周压点纹，背部有桥纽。直径6.5厘米，厚0.2厘米（图四八一，3；图版三一一，2）。

M311：25，铜镜、铜牌饰。5件。M311：25-1，铜牌饰，3件，圆形，略弧，1件近边缘处有两孔及一周压点纹，直径4.5厘米，厚0.4厘米；其余2件均为素面，残。M311：25-2，铜镜，2件，正面平直或略弧，素面，背部有桥形纽，较大者直径7厘米，厚0.5厘米，较小者直径5.4厘米，厚0.3厘米（图四八一，7；图版三一一，3）。

M311：26，铜牌饰。1件。残损严重，形制似为圆形铜牌（图版三一二，1）。

M311：27，铜泡。1件。圆泡状，近中心处有三角形和两圆形孔，背部有桥纽。直径2.4厘米，厚0.5厘米（图四八一，26；图版三一二，2）。

M311：28，双联铜泡。1件。两联，每节均为圆泡状，中有短梁相连，近边缘处有一周压点纹，背面有桥形纽及明显的铸造槽。长4.7厘米，圆泡直径3.3厘米，厚0.76厘米（图四八一，14；图版三一二，3）。

M311：29，铜耳环。1件。环状，铜丝绕成，接口扁平相错。直径5厘米（图四八一，15；图版三一二，4）。

M311：30，铜泡。1件。圆泡状，近边缘处平直，正面有一周压点纹，背部有桥纽及明显的铸造槽。直径2.2厘米，厚0.6厘米（图四八一，25；图版三一二，5）。

M311：32，铜牌饰。1件。圆形，略弧，背部有桥形纽。直径3.6厘米，厚0.3厘米（图四八一，23；图版三一三，1）。

M311：33，铜耳环。1件。残段，环状，铜丝绕成，接口不存（图四八一，24；图版三一三，2）。

3. 玉石器

M311：11，绿松石串珠。108件。片状、圆柱状或不规则扁圆柱状，中部穿孔（图四八一，30；图版三〇八，3）。

M311：12，串珠。2件。M311：12-1，玉髓串珠，1件，红色半透明，矮圆柱状，腹部有折棱，对钻穿孔，直径1厘米，孔径0.4厘米，长0.6厘米（图四八一，28）；M311：12-2，绿松石串珠，1件，圆柱状，中部穿孔，孔径0.2厘米（图版三〇九，1）。

M311：31，绿松石串珠。1件。浅绿色，圆片状，中部穿孔。平均长0.8厘米，直径0.6厘米（图四八一，31；图版三一二，6）。

4. 骨器

M311：1，骨牌饰。15件。长方形或梯形牌饰，一端近边缘处有穿孔。长2.1厘米，宽1.1～1.2厘米，厚0.3厘米（图四八一，20；图版三〇六，2）。

附：经成分检验，M311：19铜珠，合金类型为Cu-Sn（锡青铜）。M311：24铜镜，合金类型为Cu-Sn（锡青铜）（梅建军，2002：4）。

经金相检验和成分分析，M311铜饰（牌）材质为Cu-Sn（As、Pb）（含砷、铅杂质的锡青铜），制作技术为热锻。铜珠材质为Cu-Sn-As（砷锡青铜），制作技术为铸造。铜牌饰材质为Cu-Sn（锡青铜），制作技术为铸造。铜牌材质为Cu-Sn（锡青铜），制作技术为热锻。铜管（卷）材质为Cu-Sn（Bi）（含铋杂质的锡青铜），制作技术为热锻（潜伟，2006：44）。

M312

（一）形制结构

长方形竖穴土坑墓。位于T2308，墓口被现代坑打破，打破M313。墓向217°。墓口距地表0.56米，长1.72米，宽1.43米，墓坑深0.46米。墓圹内填充夹杂细砾的黄色土，包含碎人骨。墓圹底部四周设熟土二层台，二层台内侧竖立1层土坯，二层台上错缝平砌2～3层土坯，每边每层铺设2～5块。椁室内周长0.96米，宽0.63米；土坯长0.4米，宽0.21米，厚0.09米。椁室底部放置人骨1具，右侧身屈肢，头向南，面向东，性别男（图四八二；图版三一三，3）。

（二）出土遗物

共16件。陶器2件，其中双耳陶罐1件（M312：1），出土于人骨膝部；陶罐1件（M312：14），出土于填土。铜器9件，铜泡3件（M312：2、M312：3、M312：13），出土于人骨耳部及趾骨；铜刀1件（M312：5），出土于人骨盆骨附近；铜锥1件（M312：6），出土于盆骨附近；双联铜泡1件（M312：7），出土于左耳附近；铜耳环2件（M312：8、M312：12），分布出土于左右耳；铜牌饰1件（M312：9），出土于左眼附近。石器5件，砺石1件（M312：4），出土位置不明；绿松石串珠3件，出土于颈部（M312：11）；玉髓串珠1件（M312：10），出土于颈部。

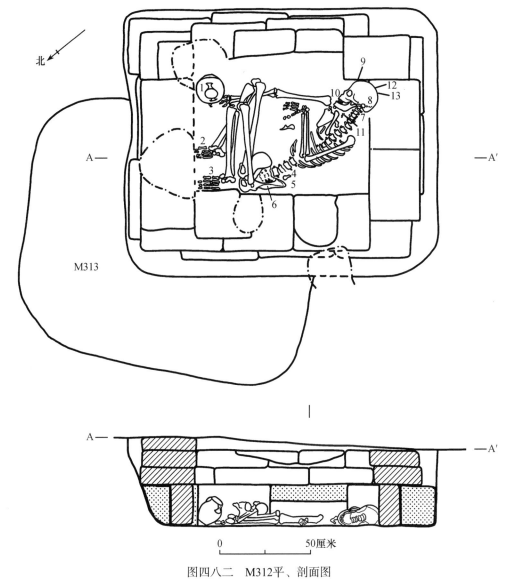

图四八二 M312平、剖面图

1. 双耳陶罐（M312：1） 2. 铜泡（M312：2） 3. 铜泡（M312：3） 4. 砺石（M312：4） 5. 铜刀（M312：5）

6. 铜锥（M312：6） 7. 双联铜泡（M312：7） 8. 铜耳环（M312：8） 9. 铜牌饰（M312：9） 10. 玉髓串珠（M312：10）

11. 绿松石串珠（M312：11） 12. 铜耳环（M312：12） 13. 铜泡（M312：13）

1. 陶器

M312：1，双耳陶罐。1件。夹细砂红陶，手制，完整。侈口，短束颈，沿肩双大耳，鼓腹，小平底。口沿外侧绘一周横向水波纹，肩部绘一周弦纹，其下绘连续的叶脉三角纹。通高15.6厘米，口径10.3厘米，腹径16厘米，底径6.4厘米（图四八三，1；图版三一四，1）。

M312：14，陶罐。1件。陶罐残片，圈足。残高8.1厘米，底径5.8厘米，重320克（图四八三，2；图版三一六，2）。

2. 铜器

M312：2，铜泡。1件。圆形，泡状，背部有纽，正面边缘有一圈较短的点状凸纹。直径2.1厘米，重4.29克（图四八三，7；图版三一四，2）。

M312：3，铜泡。1件。残损严重成三块，重2.84克（图版三一四，3）。

M312：5，铜刀。1件。疑为铜刀首部，残损非常严重，不能辨其外形。残长1.6厘米，重1.07克（图四八三，10；图版三一四，5）。

M312：6，铜锥。1件。呈四棱锥状，一端尖锐，另一端残。残长5厘米，宽0.15～0.3厘米，重2.38克（图四八三，5；图版三一四，6）。

M312：7，双联铜泡。1件。残，仅剩一端。圆形，泡状，背部有一桥形纽。直径2.1厘米，重1.01克（图四八三，6；图版三一五，1）。

M312：8，铜耳环。1件。环形，用细铜丝绕成，接口处扁平相错。直径2.2厘米，丝径0.2厘米，重1.85克（图四八三，9；图版三一五，2）。

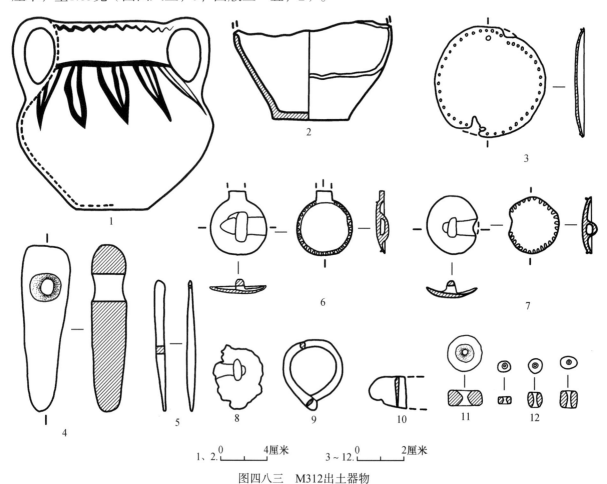

图四八三　M312出土器物

1. 双耳陶罐（M312：1）　2. 陶罐（M312：14）　3. 铜牌饰（M312：9）　4. 砺石（M312：4）　5. 铜锥（M312：6）
6. 双联铜泡（M312：7）　7. 铜泡（M312：2）　8. 铜泡（M312：13）　9. 铜耳环（M312：8）　10. 铜刀（M312：5）
11. 玉髓串珠（M312：10）　12. 绿松石串珠（M312：11）

M312：9，铜牌饰。1件。圆形，较薄，从中部稍折呈弧状，近边缘处有一穿孔，边缘一周有击打出的压点纹。直径4.4厘米，孔径0.2厘米，重3.83克（图四八三，3；图版三一五，3）。

M312：12，铜耳环。1件。残损非常严重，无法测量（图四八三，8；图版三一五，6）。

M312：13，铜泡。1件。近圆形，泡状，背部有纽。直径1.9厘米，重3.79克（图版三一六，1）。

3. 石器

M312：4，砺石。1件。修长三角锥形，一端较方，有钻孔，孔径0.7厘米。另一端较尖圆。长6.6厘米，最宽2.1厘米，最厚1.5厘米（图四八三，4；图版三一四，4）。

M312：10，玉髓串珠。1件。红色，半透明，算珠状，中部对钻穿孔。厚0.6厘米，直径1.2厘米，孔径0.3厘米，重2.6克（图四八三，11；图版三一五，4）。

M312：11，绿松石串珠。3件。两件呈圆柱状，中部穿孔，一件为扁圆柱状，中部穿孔。长0.3～0.8厘米，直径0.4～0.6厘米，孔径0.2厘米，总重0.93克（图四八三，12；图版三一五，5）。

附：M312墓主人，经颅骨形态观察，为男性，趋向于蒙古人种的体质特征。眶口倾斜前倾，眶形圆钝，眶口形状是封闭式和敞口型的中间形式，鼻根点凹陷浅，鼻前棘稍显，眉间突度稍显，无犬齿窝。从13项测量特征看，其中6项落入蒙古人种变异范围，3项趋向于蒙古人种特征。所以，可以归入蒙古人种类型（王博、崔静，2003，97）。

性别鉴定为男（魏东，2009：125）。

M313

（一）形制结构

长方形竖穴土坑墓。位于T2308，东南部被M312打破，西壁被树坑打破。墓向43°。墓口距地表0.5米，长1.68米，宽1.4米，墓坑深0.48米。墓圹内填充夹杂细砾的灰色土。墓圹底部四周设熟土二层台，二层台内侧竖立1层土坯，二层台上平砌2层土坯，每边每层铺设2～3块。椁室内周长1.18米，宽0.62米；土坯长0.4米，宽0.27米，厚0.08米。椁室底部放置人骨1具，左侧身屈肢，头向东，面向南，为未成年个体（图四八四；图版三一六，3）。

（二）出土遗物

共9件。铜器3件，均为铜珠（M313：1），出土于填土。石器6件，均为串珠（M313：2），出土于填土。

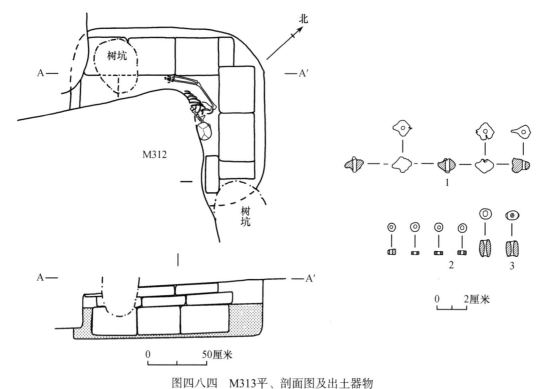

图四八四　M313平、剖面图及出土器物
1.铜珠（M313：1）　2.滑石串珠（M313：2）　3.绿松石串珠（M313：2）

1. 铜器

M313：1，铜珠。3件。不规则形，中部穿孔。长0.9厘米，直径1～1.2厘米，孔径0.23厘米，重1.2克（图四八四，1；图版三一七，1）。

2. 石器

M313：2，串珠。6件。绿松石串珠1件，腰鼓状，中部穿孔，长0.9厘米，宽0.8厘米，孔径0.3厘米（图四八四，3；图版三一七，2）。滑石串珠5件，4件为饼状，中部穿孔，厚0.1～0.3厘米，直径0.4厘米，孔径0.2厘米；1件为不规则圆柱状，长0.9厘米，直径0.4厘米，孔径0.3厘米（图四八四，2；图版三一七，2）。

M314

（一）形制结构

长方形竖穴土坑墓。位于T13，打破M324、M325，南部被不明遗迹打破。墓向221°。墓口距地表0.26米，长1.12米，宽0.8米，墓坑深0.4米。墓圹内填充灰黄色沙质土。墓圹底部四周设熟土二层台，北壁二层台内侧竖立1层土坯；西壁二层台内侧竖立1层土坯，二层台上平砌1层土坯；东、南两壁情况不明；每边每层铺设1～2块。椁室内周残长0.54米，宽0.52米；土坯长0.38米，宽0.2米，厚0.11米。椁室底部放置人骨1具，右侧身屈肢，仅存部分下肢骨，保存状况较差（图四八五）。

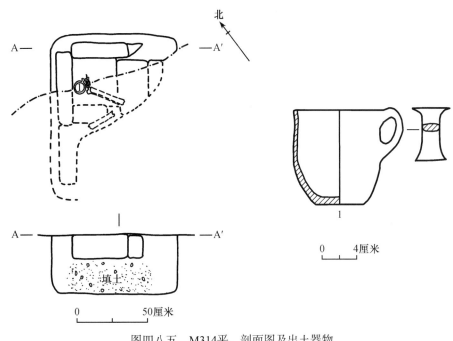

图四八五　M314平、剖面图及出土器物
1.单耳陶杯（M314∶1）

（二）出土遗物

共1件。陶器1件，为单耳陶杯（M314∶1），出土于足旁。

M314∶1，单耳陶杯。1件。夹细砂红陶，手制。卷沿侈口，沿肩单耳，深腹，平底。高10.4厘米，底径6厘米（图四八五，1；图版三一七，3）。

M315

（一）形制结构

长方形竖穴土坑墓。位于T2308，打破M320、M321。墓向228°。墓口距地表0.26米，长1.3米，宽0.9米，墓坑深0.5米。墓圹内填充夹杂细砾的灰褐色砂质土，包含零星人骨和陶片。墓圹底部放置人骨1具，右侧身屈肢，头向南，面向东，性别女（图四八六；图版三一八，1、2）。

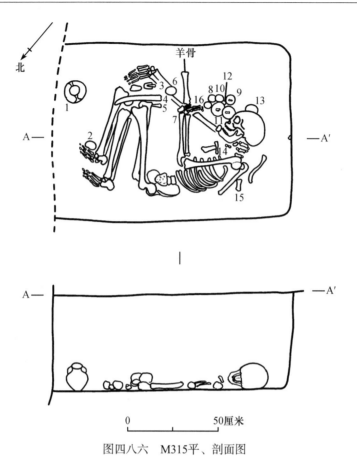

图四八六　M315平、剖面图

1. 双耳陶罐（M315：1）　　2. 铜镜（M315：2）　　3. 铜镞（M315：3）　　4. 铜刀（M315：4）　　5. 铜锥（M315：5）
6. 铜镜（M315：6）　　7. 绿松石串珠（M315：7）　　8. 铜牌饰（M315：8）　　9. 铜镜（M315：9）　　10. 铜牌饰（M315：10）
11. 铜镜（M315：11）　　12. 铜牌饰（M315：12）　　13. 铜镜（M315：13）　　14. 串珠（M315：14）　　15. 骨管（M315：15）
16. 铜镜（M315：16）

（二）出土遗物

共47件。陶器4件，双耳陶罐1件（M315：1），出土于人骨足部旁；陶片3件（M315：17、M315：18、M315：19），均出土于填土。铜器14件，铜牌饰、铜镜8件（M315：2、M315：6、M315：9、M315：11、M315：13、M315：16），出土于头部、足部和小臂处附近；铜牌饰3件（M315：8、M315：10、M315：12），出土于人骨头部附近；铜镞1件（M315：3），出土于膝部；铜刀1件（M315：4），出土于人骨膝部；铜锥1件（M315：5），出土于人骨膝部。石器26件，其中绿松石串珠2件（M315：7），出土于左腕；串珠24件（M315：14），出土于颈部。骨器2件，为骨管（M315：15），出土于肩部。羊腿骨1件，出土于椁室东部。

1. 陶器

M315：1，双耳陶罐。1件。夹细砂红陶，手制，完整。微侈口，方唇，短束颈，颈肩双耳，鼓腹，假圈足底内凹。口沿、腹部及底部均有烟熏痕迹。高11厘米，口径8.5厘米，腹径10.6厘米，底径6.4厘米，重360克（图四八七，1；图版三一七，4）。

M315：17，陶片。1件。口沿残片，夹细砂红陶，直口，圆唇，口沿下部有斜向附加堆纹，有烟炱（图版三二一，2）。

M315：18，陶片。1件。

M315：19，陶片。1件。

2. 铜器

M315：2，铜牌饰。1件。圆形，略弧，背部有桥形纽及明显铸造槽。直径3.6厘米，厚0.2厘米（图四八七，12；图版三一七，5）。

M315：3，铜镞。1件。平锋，圆锥形。有銎孔，口径0.8厘米。通长2.7厘米，最宽处1.5厘米（图四八七，9；图版三一七，6）。

M315：4，铜刀。1件。刀尖上翘，弧背，弧刃，柄部中间内凹，柄部下侧有一方形小孔。残长19厘米，宽1.1～1.9厘米，孔边长0.3厘米，重53.43克（图四八七，5；图版三一九，1）。

M315：5，铜锥。1件。长条状，中部较粗，一端收缩为尖锐的片状，另一端残。长6.2厘米（图四八七，10；图版三一九，2）。

M315：6，铜牌饰。1件。圆形，正面平直、素面，背部有桥形纽。直径4.3厘米，厚0.4厘米（图四八七，13；图版三一九，3）。

M315：8，铜牌饰。1件。圆形，略弧，一端近边缘处圆孔，另一端残。直径4.8厘米，厚0.4厘米（图四八七，7；图版三一九，5）。

M315：9，铜牌饰。1件。圆形，正面平直，背部有桥形纽。直径4.5厘米，厚0.2厘米（图四八七，11；图版三一九，6）。

M315：10，铜牌饰。1件。圆形，略弧，近边缘处有相对小孔。直径5.9厘米，厚0.6厘米（图四八七，4；图版三二〇，1）。

M315：11，铜镜。2件。近圆形，背部有一桥形纽。直径7.1～8.1厘米，纽长1.9厘米，纽高0.7厘米，纽孔径0.3厘米，重72.03克（图四八七，2；图版三二〇，2）。

M315：12，铜牌饰。1件。圆形，略弧，一侧近边缘处有一小孔，另一侧残。直径4.5厘米，厚0.4厘米（图四八七，14；图版三二〇，3）。

M315：13，铜镜。1件。圆形，正面平直、素面，背部有桥形纽。直径7.2厘米，厚0.4厘米（图四八七，3；图版三二〇，4）。

M315：16，铜牌饰。2件。圆形，正面平直、素面，背部有桥形纽及明显的铸造槽。一件直径4.1厘米，厚0.4厘米；另一件直径4.4厘米，厚0.4厘米（图四八七，8；图版三二〇，6）。

3. 石器

M315：7，绿松石串珠。2件。浅绿色，鼓腹圆柱状或圆片状，中部穿孔。直径0.6厘米

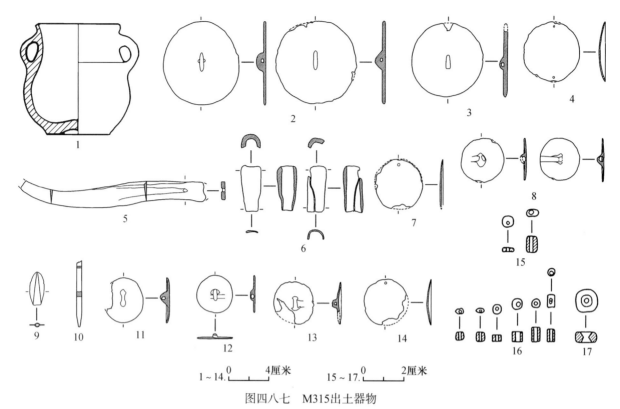

图四八七　M315出土器物

1. 双耳陶罐（M315：1）　2. 铜镜（M315：11）　3. 铜镜（M315：13）　4. 铜牌饰（M315：10）　5. 铜刀（M315：4）
6. 骨管（M315：15）　7. 铜牌饰（M315：8）　8. 铜牌饰（M315：16）　9. 铜镞（M315：3）　10. 铜锥（M315：5）
11. 铜牌饰（M315：9）　12. 铜牌饰（M315：2）　13. 铜牌饰（M315：6）　14. 铜牌饰（M315：12）　15. 绿松石串珠（M315：7）
16. 滑石串珠（M315：14-3）　17. 玉髓串珠（M315：14-1）

（图四八七，15；图版三一九，4）。

M315：14，串珠。24件。M315：14-1，玉髓串珠，1件，红色，矮圆柱状，鼓腹，对钻穿孔，直径1.3厘米（图四八七，17）；M315：14-2，绿松石串珠，2件，浅绿色，圆柱状，中部穿孔，直径0.5厘米；M315：14-3，滑石串珠，21件，圆柱状，中部穿孔，直径0.4厘米（图四八七，16；图版三二一，1）。

4. 骨器

M315：15，骨管。2件。半圆管状，中部穿孔。长4.5厘米，直径2厘米（图四八七，6；图版三二〇，5）。

附：经金相检验和成分分析，M315铜饰（牌）材质为Cu-Sn（锡青铜），制作技术为热锻。铜锥材质为Cu-Sn（锡青铜），制作技术热锻后冷加工。铜镞材质为Cu-Sn（锡青铜），制作技术为铸造。铜牌饰残片材质为Cu-Sn（锡青铜），制作技术未知。铜泡饰残片材质为Cu-Sn（锡青铜），制作技术未知。铜牌饰残片材质为Cu-Sn（锡青铜），制作技术为热锻（潜伟，2006：44）。

M316

（一）形制结构

长方形竖穴土坑墓。打破M318。墓向53°。墓口距地表0.27米，长2.04米，宽1.4米，墓坑深1米。墓圹内填充灰黄色砂质土，包含陶片、骨牌饰。墓圹底部为长方形土坯椁室，椁室四壁均自下而上错缝平砌4层土坯，每边每层铺设2~3块。椁室内周长1.18米，宽0.6米；土坯长0.4米，宽0.3米，厚0.1米。椁室底部放置人骨1具，左侧身屈肢，头向东，面向南，性别女（图四八八；图版三二二，1）。

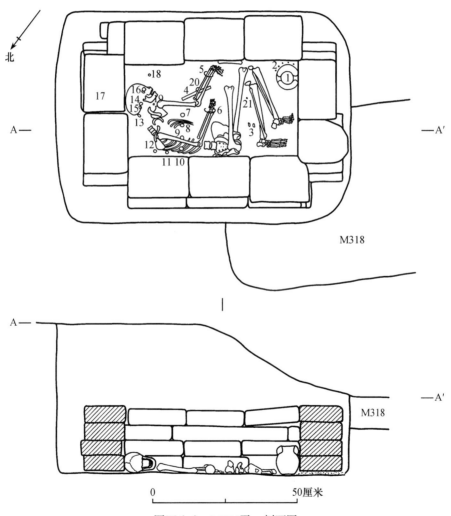

图四八八　M316平、剖面图

1. 双耳陶罐（M316：1）　2. 滑石串珠（M316：2）　3. 骨牌饰（M316：3）　4. 铜管（M316：4）　5. 铜手镯（M316：5）
6. 铜手镯（M316：6）　7. 铜泡（M316：7）　8. 铜泡（M316：8）　9. 铜泡（M316：9）　10. 铜泡（M316：10）
11. 铜泡（M316：11）　12. 铜泡（M316：12）　13. 铜泡（M316：13）　14. 铜牌饰（M316：14）　15. 铜耳环（M316：15）
16. 铜泡（M316：16）　17. 铜耳环（M316：17）　18. 玉髓串珠（M316：18）　19. 串珠（M316：19）
20. 铜牌饰（M316：20）　21. 滑石串珠（M316：21）

（二）出土遗物

共72件。陶器2件，均为双耳陶罐，分布出土于人骨膝部及填土（M316：1、M316：23）。铜器15件，其中铜管1件（M316：4），出土于人骨左臂；铜手镯2件，分布出土于人骨左右腕（M316：5、M316：6）；铜泡8件（M316：7、M316：8、M316：9、M316：10、M316：11、M316：12、M316：13、M316：16），分布出土于胸前、眼部、背部、颈部、肩部及小臂处；铜牌饰1件（M316：14），出土于右耳部；铜耳环2件（M316：15、M316：17），均出土于耳部；铜牌饰1件（M316：20），出土于左臂。石器48件，其中滑石串珠17件（M316：2、M316：21），出土于胫骨及陶罐旁；玉髓串珠1件（M316：18），出土于头部前；串珠30件（M316：19），出土于颈部。骨器7件，均为骨牌饰（M316：3、M316：22），分别出土于胫骨和墓葬填土中。

1. 陶器

M316：1，双耳陶罐。1件。夹细砂灰陶，手制，完整。侈口，短束颈，沿肩双耳，球腹，平底。高18.5厘米，口径12.1厘米，腹径21厘米，底径8厘米，重1285克（图四八九，1；图版三二一，3）。

M316：23，双耳陶罐。1件。夹细砂红陶，手制，略残。侈口，短束颈，沿肩双扁耳，鼓腹，小平底。肩部绘一周弦纹，其下绘连续的空心三角纹，耳部绘折线纹。高12.2厘米，口径8.4厘米，腹径12.1厘米，底径4.4厘米，重355克（图四八九，2；图版三二六，4）。

2. 铜器

M316：4，铜管。1件。铜制，为铜片卷曲制成。长19.5厘米，口径1.2厘米（图四八九，22；图版三二三，1）。

M316：5，铜手镯。1件。环状，铜丝绕制，接口相错。直径6.3厘米（图四八九，6；图版三二三，2）。

M316：6，铜手镯。1件。环状，铜丝绕制，接口尖锐相错。直径6厘米（图四八九，7；图版三二三，3）。

M316：7，铜泡。1件。圆形，正面边缘处略弧，背部有桥形纽。直径2.5厘米，厚0.2厘米（图四八九，4；图版三二三，4）。

M316：8，铜泡。1件。圆形，泡状，背部有桥形纽。正面微弧，背面内凹。直径3厘米，重7.69克（图四八九，9；图版三二三，5）。

M316：9，铜泡。1件。圆泡状，背部有桥形纽。直径2.7厘米，厚0.6厘米（图四八九，5；图版三二三，6）。

　　M316：10，铜泡。1件。正面平直，但边缘处内收，背部有桥形纽。直径3.5厘米，厚0.6厘米（图四八九，11；图版三二四，1）。

　　M316：11，铜泡。1件。圆泡状，背部有桥形纽。直径3厘米，厚0.6厘米（图四八九，12；图版三二四，2）。

　　M316：12，铜泡。1件。圆泡状，背部有桥形纽。直径2.7厘米，厚0.6厘米（图四八九，14；图版三二四，3）。

　　M316：13，铜泡。1件。圆泡状，背部有桥形纽。直径2.8厘米，厚0.7厘米（图四八九，10；图版三二四，4）。

　　M316：14，铜牌饰。1件。圆形，正面边缘处略弧，背部有桥形纽。直径3.8厘米，厚0.2厘米（图四八九，13；图版三二四，5）。

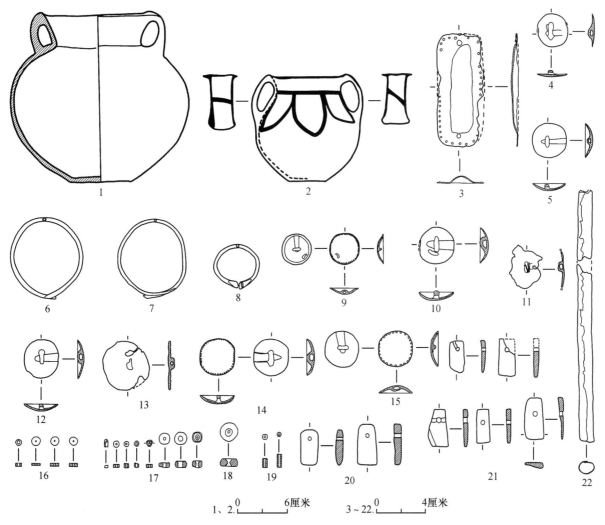

图四八九　M316出土器物

1. 双耳陶罐（M316：1）　　2. 双耳陶罐（M316：23）　　3. 铜牌饰（M316：20）　　4. 铜泡（M316：7）　　5. 铜泡（M316：9）

6. 铜手镯（M316：5）　　7. 铜手镯（M316：6）　　8. 铜耳环（M316：15）　　9. 铜泡（M316：8）　　10. 铜泡（M316：13）

11. 铜泡（M316：10）　　12. 铜泡（M316：11）　　13. 铜牌饰（M316：14）　　14. 铜泡（M316：12）　　15. 铜泡（M316：16）

16. 滑石串珠（M316：2）　　17. 绿松石串珠（M316：19-2）　　18. 玉髓串珠（M316：18）　　19. 滑石串珠（M316：21）

20. 骨牌饰（M316：3）　　21. 骨牌饰（M316：22）　　22. 铜管（M316：4）

M316：15，铜耳环。1件。环状，铜丝绕成，接口扁平相错。直径3.5厘米（图四八九，8；图版三二四，6）。

M316：16，铜泡。1件。圆泡状，背部有桥形纽。直径2.8厘米，厚0.7厘米（图四八九，15；图版三二五，1）。

M316：17，铜耳环。1件。残损严重。

M316：20，铜牌饰。1件。长方形，中部起脊，两侧有孔，近边缘处有一周压点纹。长8.9厘米，宽3.9厘米，最厚0.4厘米（图四八九，3；图版三二六，1）。

3. 石器

M316：2，滑石串珠。15件，白色，圆片状，中部穿孔。直径0.5～0.8厘米（图四八九，16；图版三二二，2）。

M316：18，玉髓串珠。1件。红色半透明，矮圆柱状，鼓腹，对钻穿孔。直径1.5厘米，高0.7厘米（图四八九，18；图版三二五，2）。

M316：19，串珠。30件。M316：19-1，玉髓串珠，1件，呈扁圆鼓状，中间有穿孔，直径1厘米；M316：19-2，绿松石串珠，29件，大小不一，总体呈扁圆鼓状，中间有穿孔，直径0.4～0.8厘米（图四八九，17；图版三二五，3）。

M316：21，滑石串珠。2件。圆柱状，中部穿孔。直径0.4厘米（图四八九，19；图版三二六，2）。

4. 骨器

M316：3，骨牌饰。2件。长方形和梯形，边缘处较薄，一侧有圆孔。一件长3.3厘米，宽1.5厘米，厚0.45厘米。另一件长2.6厘米，最宽处1.2厘米，厚0.45厘米（图四八九，20；图版三二二，3）。

M316：22，骨牌饰。5件。长方形或近似长方形，一端穿孔。长2.5～3.3厘米，宽1～1.6厘米，厚0.3～0.4厘米（图四八九，21；图版三二六，3）。

M317

（一）形制结构

长方形竖穴土坑墓。位于T2308，打破M319、M320。墓向221°。墓口距地表0.23～0.33米，长2.08米，宽1.74米，墓坑深0.86米。墓圹内填充夹杂细砾的灰褐色沙质土。墓圹底部四周设熟土二层台，二层台内侧竖立1层土坯，二层台上错缝平砌3层土坯，每边每层铺设2～3

块。椁室内周长1米，宽0.7米；土坯长0.4米，宽0.28米，厚0.1米。椁室底部放置人骨1具，右侧身屈肢，头向南，面向东，性别女（图四九〇；图版三二七，1）。

（二）出土遗物

共34件。陶器4件，其中双耳陶罐3件，2件（M317：3、M317：6）出土于填土中，1件（M317：7）出土位置不明；单耳陶罐1件（M317：8），出土于人骨膝盖部。铜器12件，有铜珠5件，分别出土于填土（M317：2）和人骨左臂（M317：12）；铜耳环3件，分别出土于填土和人骨左右耳部（M317：5、M317：9、M317：10）；铜泡4件，2件（M317：15、

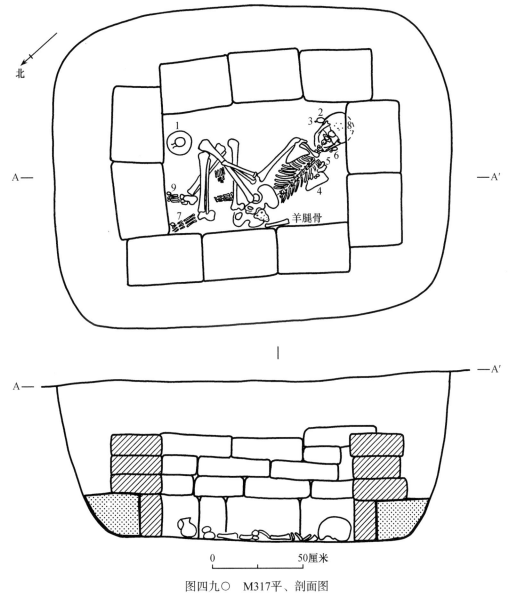

图四九〇 M317平、剖面图

1.单耳陶罐（M317：8） 2.铜耳环（M317：9） 3.绿松石串珠（M317：11） 4.铜珠（M317：12） 5.串珠（M317：13）
6.绿松石串珠（M317：14） 7.铜泡（M317：15） 8.铜泡（M317：16） 9.铜泡（M317：17）

M317：19）出土于人骨足部和填土，2件（M317：16、M317：17）出土于人骨头部和足部。石器11件，其中绿松石串珠6件（M317：1、M317：11、M317：14、M317：20、M317：22、M317：23），出土于填土和左耳部；串珠5件（M317：13），出土于人骨颈部。骨器5件（M317：4、M317：18），均为骨牌饰，出土于填土中。贝器1件，为贝饰（M317：21），出土于墓坑填土中。羊腿骨1件，出土于椁室西部。

1. 陶器

M317：3，双耳陶罐。1件。夹细砂红陶，手制，一耳残。侈口，束颈，颈肩双扁耳，鼓腹，腹部正中有一流嘴，平底。通高8.4厘米，口径6.4厘米，腹径8.6厘米，底径4厘米（图四九一，4；图版三二七，2）。

M317：6，双耳陶罐。1件。夹细砂红陶，手制，口沿及腹部略残。侈口，方唇，短束颈，沿肩双耳，鼓腹，小平底。口沿外绘一周弦纹，颈部绘斜竖短线纹，肩部绘一周弦纹，其下绘连续的内填斜线倒三角纹，三角纹之间绘横向水波纹。高15厘米，口径9.1厘米，腹径15.6厘米，底径7厘米，重735克（图四九一，2；图版三二八，2）。

M317：7，双耳陶罐。1件。残，夹细砂红陶，手制，侈口，束颈，颈肩双耳，鼓腹，平底。高15.9厘米，口径9.4厘米，底径5.8厘米（图四九一，1；图版三二八，3）。

M317：8，单耳陶罐。1件。夹细砂红陶，手制，完整。侈口，圆唇，短颈，沿肩单翘耳，扁鼓腹，平底。高10.7厘米，口径9.3厘米，腹径14.5厘米，底径6.2厘米，重575克（图四九一，3；图版三二八，4）。

2. 铜器

M317：2，铜珠。3件。其一为空心管状，用薄铜片卷成，长0.3厘米，直径0.6厘米。其二为双联柱状，铸造而成，两端及中间各有一孔，长1.8厘米，宽0.5～0.9厘米；孔长0.4厘米，孔宽0.1厘米。其三残损严重，形制不明。总重2.82克（图四九一，5；图版三二六，6）。

M317：5，铜耳环。1件。环形，用细铜丝绕成，接口处扁平相错。环径3.4厘米，丝径0.2厘米，重2.77克（图四九一，7；图版三二八，1）。

M317：9，铜耳环。1件。环状，残损，用细铜丝绕成。环径3.9厘米，丝径0.2厘米，重2.49克（图四九一，6；图版三二八，5）。

M317：10，铜耳环。1件。环状，用细铜丝绕成，接口一端扁平。环径1.9厘米，丝径0.2厘米，重2克（图四九一，18；图版三二八，6）。

M317：12，铜珠。2件。圆柱状铜珠，一大一小，用薄铜片卷成，中部有孔。长0.3、0.9厘米，直径0.6厘米，孔径0.4厘米，总重1.14克（图四九一，9；图版三二九，2）。

M317：15，铜泡。1件。过残，似为圆形，背部似有纽。残长2.4厘米，重2.8克（图版三二九，5）。

M317：16，铜泡。1件。过残，似为圆形，背部似有纽。残长2厘米，重3.35克。

M317：17，铜泡。1件。过残，似为圆形，背部似有纽。残长2厘米，重2.89克。

M317：19，铜泡。1件。近似圆形，一面凸，另一面凹，凹面有一平纽。直径2.8厘米，重6.21克（图四九一，8；图版三三〇，1）。

3. 石器

M317：1，绿松石串珠。1件。腰鼓状，中部对钻穿孔。长0.64厘米，直径0.52厘米，孔径0.2厘米，重0.31克（图四九一，12；图版三二六，5）。

M317：11，绿松石串珠。1件。圆柱状，中部对钻穿孔。长0.5厘米，直径0.2厘米，重0.12克（图四九一，13；图版三二九，1）。

M317：13，串珠。5件。M317：13-1，绿松石串珠，4件，饼状，中部穿孔厚0.2厘米，直径0.4～0.5厘米，孔径0.2厘米，重0.61克；M317：13-2，玉髓串珠，1件，红色，半透明，折腰，中部对钻穿孔，厚0.6厘米，直径0.9厘米，孔径0.3厘米，重1.3克（图四九一，10；图版三二九，3）。

M317：14，绿松石串珠。1件。圆柱状，中部穿孔。长0.7厘米，直径0.3厘米，孔径0.2厘

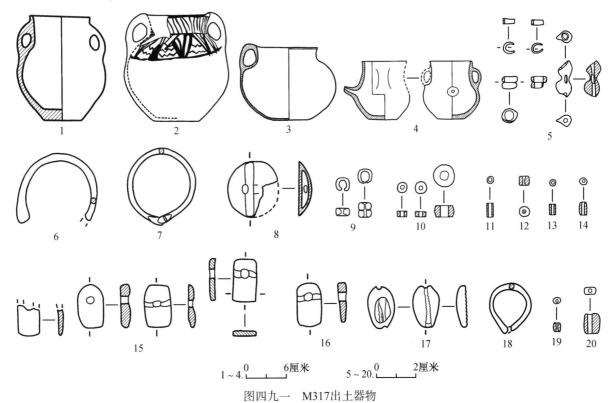

1～4 ├──┤ 6厘米   5～20 ├──┤ 2厘米

图四九一 M317出土器物

1. 双耳陶罐（M317：7） 2. 双耳陶罐（M317：6） 3. 单耳陶罐（M317：8） 4. 双耳陶罐（M317：3） 5. 铜珠（M317：2）
6. 铜耳环（M317：9） 7. 铜耳环（M317：5） 8. 铜泡（M317：19） 9. 铜珠（M317：12） 10. 绿松石串珠（M317：13-1）
11. 绿松石串珠（M317：14） 12. 绿松石串珠（M317：1） 13. 绿松石串珠（M317：11） 14. 绿松石串珠（M317：22）
15. 骨牌饰（M317：4） 16. 骨牌饰（M317：18） 17. 海贝（M317：21） 18. 铜耳环（M317：10） 19. 绿松石串珠
（M317：23） 20. 绿松石串珠（M317：20）

米，重0.14克（图四九一，11；图版三二九，4）。

M317：20，绿松石串珠。1件。扁腰鼓状，中部穿孔，长1.8厘米，宽0.7厘米，孔径0.2厘米，重0.63克（图四九一，20；图版三三〇，2）。

M317：22，绿松石串珠。1件。扁腰鼓状，中部穿孔。长0.4厘米，宽0.4厘米，孔径0.2厘米，重不足0.1克（图四九一，14；图版三三〇，4）。

M317：23，绿松石串珠。1件。圆柱状，中部穿孔。长0.6厘米，直径0.3厘米，孔径0.2厘米，重0.18克（图四九一，19；图版三三〇，5）。

4. 骨器

M317：4，骨牌饰。4件。近长方形，一端边缘处有穿孔。长2.1厘米，宽1.1～1.4厘米，孔径0.3厘米，重0.78克（图四九一，15；图版三二七，3）。

M317：18，骨牌饰。1件。近长方形，一侧边缘处有一穿孔。长2厘米，宽1.2厘米，孔径0.4厘米，重1.12克（图四九一，16；图版三二九，6）。

5. 贝器

M317：21，海贝。1件。卵圆形，有人工磨制痕迹。长2厘米，宽1.2厘米，重1.74克（图四九一，17；图版三三〇，3）。

附：M317铜器残片，经成分分析合金类型为Cu-Sn（锡青铜）（梅建军，2002：4）。

经金相检验和成分分析，M317铜耳环材质为Cu（As，Sb）（含砷，锑杂质的红铜），制作技术为热锻。铜泡饰残片材质为Cu-Sn（锡青铜），制作技术为铸造（潜伟，2006：44）。

M317墓主人经分子遗传学鉴定，性别为女性（高诗珠，2009：56）。

M318

（一）形制结构

长方形竖穴土坑墓。东北部被M316打破。墓向220°。墓口距地表0.27～0.96米，长1.87米，宽1.14米，墓坑深0.69米。墓圹内填充棕灰色沙砾土。墓圹底部为长方形土坯椁室，椁室四壁均自下而上错缝平砌4层土坯，每边每层铺设2～3块。椁室内周长0.94米，宽0.54米；土坯长0.36米，宽0.26米，厚0.09米。椁室底部放置人骨1具，右侧身屈肢，保存状况差，分布散乱（图四九二；图版三三一，1）。

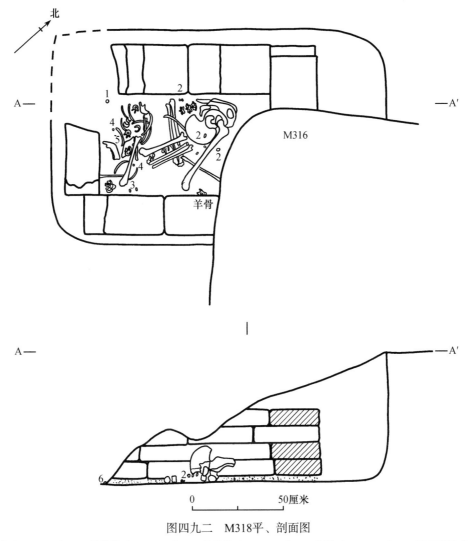

图四九二　M318平、剖面图

1. 玉髓串珠（M318：6）　2. 骨牌饰（M318：2）　3. 骨牌饰（M318：3）　4. 海贝（M318：4）　5. 滑石串珠（M318：5）

（二）出土遗物

共25件。陶器1件，为陶片（M318：1），出土于填土。石器10件，其中滑石串珠9件（M318：5），出土于人骨下颌骨；玉髓串珠1件（M318：6），出土于椁室西南。骨器10件，均为骨牌饰（M318：2、M318：3），出土于人骨盆骨及椁室东南角。贝器3件，均为海贝（M318：4），出土于人骨下颌骨。羊骨1件，出土位置不明。

1. 陶器

M318：1，陶片。1件。夹细砂灰陶，手制，颈部有耳，残高17.2厘米，重200克（图四九三，1）。

2. 石器

M318：5，滑石串珠。9件。白色，饼状，中部穿孔，直径0.55 ~ 0.65厘米，孔径0.2 ~ 0.3厘米，重0.1克（图四九三，5；图版三三二，1）。

M318：6，玉髓串珠。1件。红黄双色，半透明，算珠状，折腰，中部对钻穿孔。厚0.7厘米，直径1.2厘米，孔径0.3厘米，重1.69克（图四九三，6；图版三三二，2）。

3. 骨器

M318：2，骨牌饰。8件。近长方形，边缘处有一圆孔。长2 ~ 3厘米，宽1.4厘米，孔径0.3厘米，重2.68克（图四九三，3；图版三三〇，6）。

M318：3，骨牌饰。2件。近长方形，边缘处有一圆孔。长3.2厘米，宽1.2 ~ 1.6厘米，孔径0.3厘米，重3.28克（图四九三，4；图版三三一，2）。

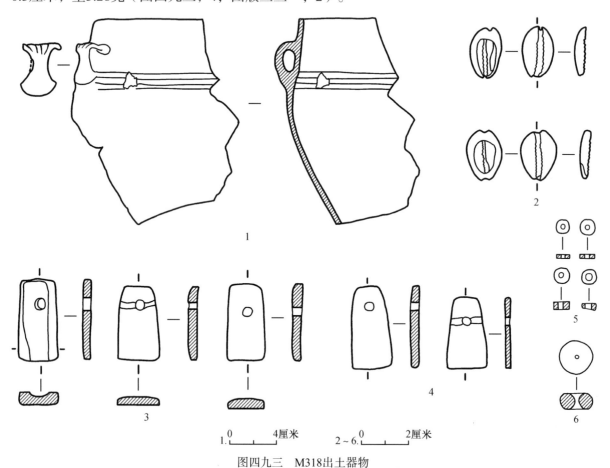

图四九三　M318出土器物

1.陶片（M318：1）　2.海贝（M318：4）　3.骨牌饰（M318：2）　4.骨牌饰（M318：3）　5.滑石串珠（M318：5）
6.玉髓串珠（M318：6）

4. 贝器

M318：4，海贝。3件。卵圆形。长1.9厘米，宽1.2厘米，重1.17克（图四九三，2；图版三三一，3）。

M319

（一）形制结构

长方形竖穴土坑墓。位于T2308，西北部被M317打破。墓向8°。墓口距地表0.24米，残长1.59米，残宽1.38米，墓坑深0.75米。墓圹内填充灰褐色沙砾土。墓圹底部为长方形土坯椁室，残存东、南两壁均自下而上错缝平砌5层土坯，每边每层铺设2~3块。椁室内周残长0.52米，宽0.36米；土坯长0.37米，宽0.22米，厚0.1米，无人骨（图四九四；图版三三三，1）。

（二）出土遗物

共5件。铜器1件，为铜刀（M319：1），出土于椁室内。骨器2件，为骨牌饰（M319：2），出土于椁室内。羊腿骨1件、羊肩胛骨1件，出于椁室西南角。

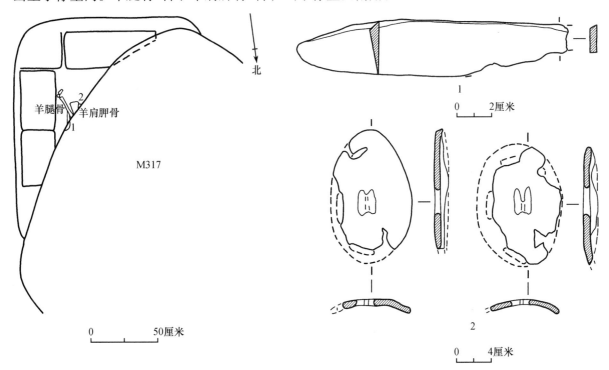

图四九四　M319平面图及出土器物
1. 铜刀（M319：1）　2. 骨牌饰（M319：2）

1. 铜器

M319：1，铜刀。1件。柄部残，圆锋，弧背，刃部锋利，背部较厚。残长15.2厘米，宽1.4~3厘米，厚0.6厘米，重95.68克（图四九四，1；图版三三二，3）。

2. 骨器

M319：2，骨牌饰。2件。残为不规则形，一面凸起，另一面略凹，中部有方形孔（图四九四，2；图版三三二，4）。

M320

（一）形制结构

长方形竖穴土坑墓。打破M321，东北被M315打破，东南被M317打破。墓向221°。墓口距地表0.25米，长2.08米，宽1.16米，墓坑深0.5~0.57米。墓圹内填充红褐色沙砾土，包含碎土坯。墓圹底部放置人骨1具，保存较差，仅存部分骨骼（图四九五）。

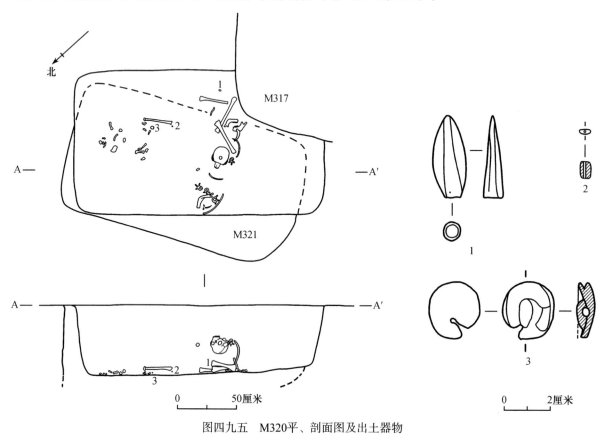

图四九五　M320平、剖面图及出土器物

1. 铜镞（M320：1）　2. 绿松石串珠（M320：2）　3. 铜泡（M320：3）

（二）出土遗物

共4件。铜器2件，其中铜镞1件（M320：1），出土于墓坑东南角；铜泡1件（M320：3），出土于桡骨上端。石器1件，为绿松石串珠（M320：2），出土于桡骨下端。羊骨1件，出土位置不明。

1. 铜器

M320：1，铜镞。1件。圆銎孔，柳叶锋，中间起背。长3.4厘米，宽1.5厘米，重5.69克（图四九五，1；图版三三二，5）。

M320：3，铜泡。1件。圆形，正面起弧，背面内凹，有一桥形纽。直径2.5厘米，纽长1厘米，纽宽0.5厘米，重5.95克（图四九五，3；图版三三三，2）。

2. 石器

M320：2，绿松石串珠。1件。扁腰鼓状，中间有一孔。长0.75厘米，宽0.6厘米，孔径0.1厘米，重0.2克（图四九五，2；图版三三二，6）。

M321

（一）形制结构

长方形竖穴土坑墓。被M320打破，西南部被M317打破。墓向57°。墓口距地表0.25米，长1.98米，宽1.06米，墓坑深0.89米。墓圹内填充灰黄色沙砾土。墓圹底部放置人骨1具，左侧身屈肢，头向东北，面向东南，性别女（图四九六；图版三三四，1）。

（二）出土遗物

共191件。陶器1件，为双耳陶罐（M321：1），出土于人骨膝部。铜器20件，其中铜牌饰4件（M321：2、M321：3、M321：4、M321：5），出土于人骨颅骨附近及左肱骨；铜片1件（M321：7），出土于人骨颅骨附近；铜珠14件（M321：9），出土于人骨腕部；铜牌饰1件（M321：10），出土于人骨腕部。石器169件（M321：8），均为串珠，出土于人骨颈部。贝器1件，为海贝（M321：6），出土于人骨颅骨附近。

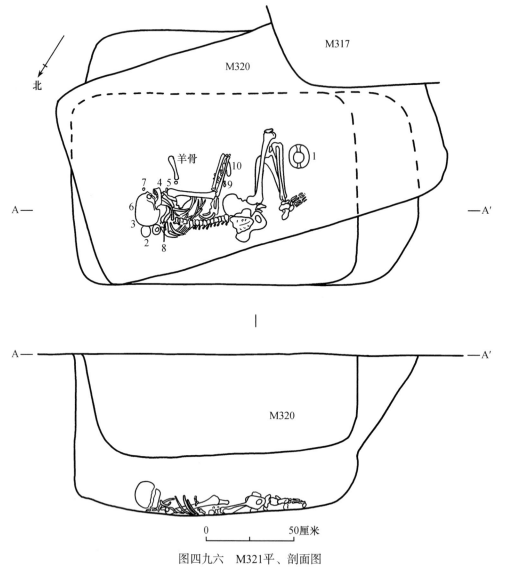

图四九六　M321平、剖面图

1. 双耳陶罐（M321：1）　　2. 铜牌饰（M321：2）　　3. 铜牌饰（M321：3）　　4. 铜牌饰（M321：4）　　5. 铜牌饰（M321：5）　　6. 海贝（M321：6）　　7. 铜片（M321：7）　　8. 串珠（M321：8）　　9. 铜珠（M321：9）　　10. 铜牌饰（M321：10）

1. 陶器

M321：1，双耳陶罐。1件。夹细砂红陶，手制，完整。小直口，方唇，直颈，颈肩双耳，耳下有一对乳突，弧腹，平底。高14.6厘米，口径7.5厘米，腹径13.3厘米，底径5.9厘米，重645克（图四九七，1；图版三三三，3）。

2. 铜器

M321：2，铜牌饰。1件。圆形，中部凸起，呈泡状，边缘扁平。泡状近边缘处有两小孔及一周压点纹。直径6.1厘米。厚0.8厘米（图四九七，4；图版三三四，2）。

M321：3，铜牌饰。1件。圆形，略弧，中部有大孔边缘处有两小孔。直径2.6厘米，厚0.5厘米（图四九七，6；图版三三四，3）。

M321：4，铜牌饰。1件。圆形，略弧，中部有大孔边缘处有两小孔。直径7.6厘米，厚1.4厘米（图四九七，3；图版三三五，1）。

M321：5，铜牌饰。1件。圆形，略弧，中部有大孔边缘处有两小孔。直径2.7厘米，厚0.6厘米（图四九七，5；图版三三五，2）。

M321：7，铜片。1件。无记录。

M321：9，铜珠。14件。环状或不规则圆柱状，部分由铜片卷成，部分由铜丝绕成，接缝明显。直径0.6~1厘米（图四九七，8；图版三三六，3）。

M321：10，铜牌饰。1件。长方形，中部起脊，一侧近边缘处有圆形孔。长11.5厘米，宽4.5厘米（图四九七，2；图版三三六，2）。

3. 石器

M321：8，串珠。169件。M321：8-1，玉髓串珠，2件，圆柱状，微鼓腹，中部穿孔，直径为0.6和0.9厘米；M321：8-2，滑石串珠，167件，片状，中部穿孔，直径为0.4~0.5厘米（图四九七，9；图版三三五，3）。

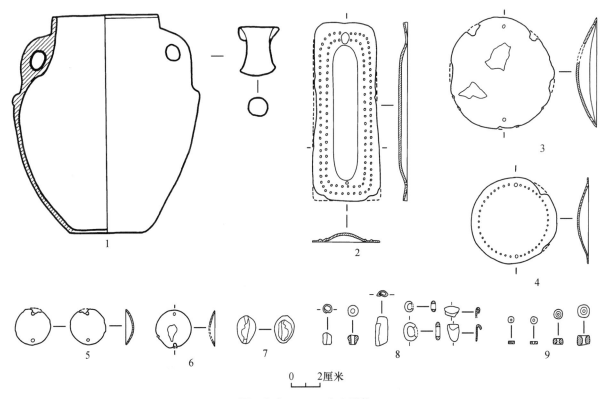

图四九七　M321出土器物

1. 双耳陶罐（M321：1）　　2. 铜牌饰（M321：10）　　3. 铜牌饰（M321：4）　　4. 铜牌饰（M321：2）　　5. 铜牌饰（M321：5）
6. 铜牌饰（M321：3）　　7. 海贝（M321：6）　　8. 铜珠（M321：9）　　9. 滑石串珠（M321：8）

4. 贝器

M321：6，海贝。1件。无明显人工加工痕迹。长2厘米，宽1.4厘米（图四九七，7；图版三三六，1）。

附：经金相检验和成分分析，M321铜牌饰材质为Cu-Sn（锡青铜），制作技术未知。铜饰残片材质为Cu-Sn（锡青铜），制作技术未知（潜伟，2006：44）。

M321墓主人经分子遗传学鉴定，性别为女性（高诗珠，2009：56）。

M322

（一）形制结构

长方形竖穴土坑墓。位于T2308，打破M323、M326，西北部被M311打破。墓向25°。墓口距地表0.17米，长1.97米，宽1.47米，墓坑深0.44米。墓圹内填充夹杂细砾的灰褐色沙质土，包含陶片、碎土坯。墓圹底部放置人骨1具，保存较差，被扰乱，性别女（图四九八；图版三三七，1）。

（二）出土遗物

共5件。陶器1件，为双耳陶罐（M322：1），出土于人骨足部。铜器1件，为铜泡（M322：3），出土于人骨颅骨旁。石器1件，为滑石串珠（M322：2），出土于人骨颅骨旁。骨器2件，均为骨牌饰（M322：4、M322：5），出土于人骨股骨旁。

1. 陶器

M322：1，双耳陶罐。1件。夹细砂红陶，手制，完整。大侈口，圆唇，短束颈，颈肩双耳，垂腹，小平底。口沿内绘两道弦纹及四组对称的3道短线纹的组合纹饰，口沿外绘一周弦纹，肩部绘两道弦纹，其下为垂带纹和竖线纹的组合纹样，耳部上下各绘一道弦纹，其间为三道竖线纹，弦纹下为三个相互叠压的倒三角纹。高9.8厘米，口径8.4厘米，腹径12厘米，底径4.3厘米，重225克（图四九九，1；图版三三七，2）。

2. 铜器

M322：3，铜泡。1件。圆形，泡状，背部有一拱形纽。直径1.8厘米，纽宽0.4厘米，重4.19克（图四九九，3；图版三三八，1）。

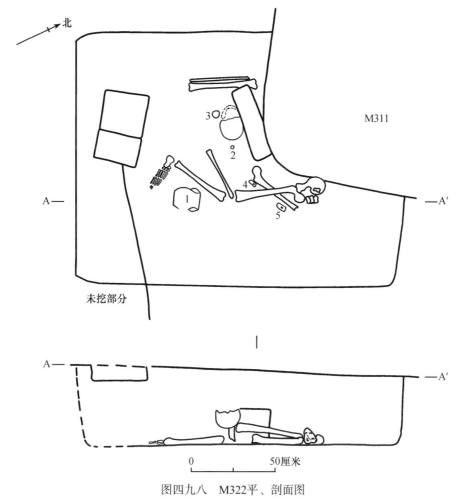

图四九八　M322平、剖面图

1. 双耳陶罐（M322：1）　2. 滑石串珠（M322：2）　3. 铜泡（M322：3）　4. 骨牌饰（M322：4）　5. 骨牌饰（M322：5）

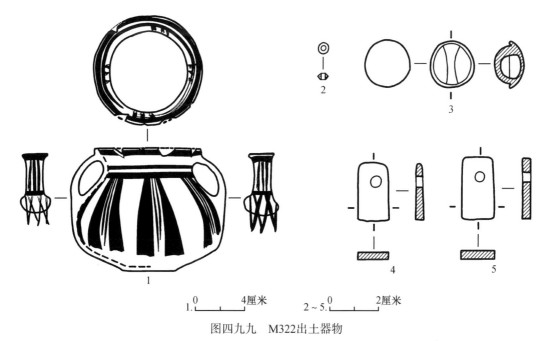

图四九九　M322出土器物

1. 双耳陶罐（M322：1）　2. 滑石串珠（M322：2）　3. 铜泡（M322：3）　4. 骨牌饰（M322：4）　5. 骨牌饰（M322：5）

3. 石器

M322：2，滑石串珠。1件。白色，算珠状，折腰，中部穿孔。长0.3厘米，直径0.3厘米，孔径0.2厘米，重0.06克（图四九九，2；图版三三七，3）。

4. 骨牌饰

M322：4，骨牌饰。1件。长方形，一端边缘处有一穿孔。长2.2厘米，宽1.2厘米，孔径0.4厘米，重1.15克（图四九九，4；图版三三八，2）。

M322：5，骨牌饰。1件。长方形，一端边缘处有一穿孔。长2.3厘米，宽1.2厘米，孔径0.4厘米，重1.44克（图四九九，5；图版三三八，3）。

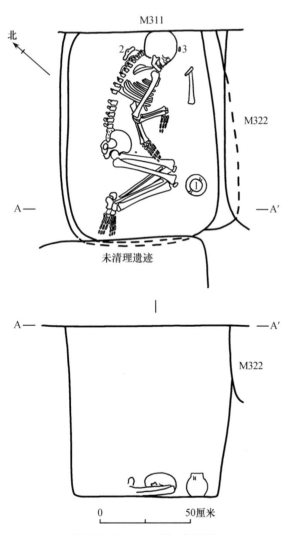

图五〇〇　M323平、剖面图
1. 双耳陶罐（M323：1）　2. 铜牌饰（M323：2）
3. 绿松石串珠（M323：3）

M323

（一）形制结构

长方形竖穴土坑墓。位于T2308，南壁被M322打破，东壁被M311打破。墓向48°。墓口距地表0.16米，残长1.14米，宽1米，墓坑深0.93米。墓圹内上层填充夹杂细砾的黄色沙质土，下层填充夹杂细砾的灰色沙质土。墓圹底部放置人骨1具，左侧身屈肢，头向东北，面向南，性别女（图五〇〇；图版三三九，1）。

（二）出土遗物

共4件。陶器1件，为双耳陶罐（M323：1），出土于人骨膝部。铜器1件，为铜牌饰（M323：2），出土于人骨背部。石器1件，为绿松石串珠（M323：3），出土于人骨颅骨附近。羊腿骨1件，出土于椁室东侧。

1. 陶器

M323：1，双耳陶罐。1件。夹细砂红陶，手制，略残。微侈口，方唇，直颈，颈肩双耳，鼓腹，平底。高12.5厘米，口径6.9厘米，腹径12厘米，底径6厘米，重555克（图五〇一，1；图版三三八，4）。

2. 铜器

M323：2，铜牌饰。1件。盾形，不对称，孔残，片状，似为铸造。长7.26厘米，翼宽1.75~1.82厘米，厚0.2 厘米（图五〇一，3；图版三三八，5）。

3. 石器

M323：3，绿松石串珠。1件。圆柱状，中部穿孔。长0.6厘米，直径0.3厘米，孔径0.2厘米，重0.21克（图五〇一，2；图版三三八，6）。

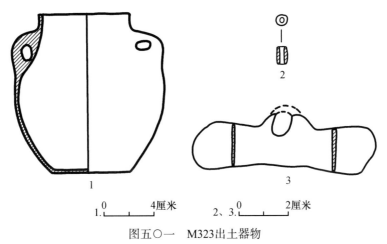

图五〇一　M323出土器物
1.双耳陶罐（M323：1）　2.绿松石串珠（M323：3）　3.铜牌饰（M323：2）

M324

（一）形制结构

长方形竖穴土坑墓。被叠压于现代院墙之下，仅清理西南角，打破M325，且被M314打破。墓向60°。墓口距地表0.2米，残长0.8米，残宽0.98米，墓坑深1米。墓圹内填充灰黄色沙砾土。墓圹底部为长方形土坯椁室，椁室形制不明。椁室底部放置人骨1具，左侧身屈肢，头向东北，面向南（图五〇二）。

（二）出土遗物

共3件。陶器1件，为双耳陶罐（M324：1），出土于人足部。骨器1件，为骨牌饰（M324：2），出土于人骨胫骨附近。羊骨1件，出土位置不明。

1. 陶器

M324：1，双耳陶罐。1件。夹细砂红陶，手制，口沿略残。微侈口，方唇，短直颈，颈肩双耳，鼓腹，平底。高12.1厘米，口径5.7厘米，腹径12.4厘米，底径5厘米，重450克（图五〇二，1；图版三三九，2）。

2. 骨器

M324：2，骨牌饰。1件。长方形，一侧近边缘处有一小孔，两侧有系槽。长2.25厘米，宽2厘米，厚0.5厘米，孔径0.5厘米，重3.99克（图五〇二，2；图版三三九，3）。

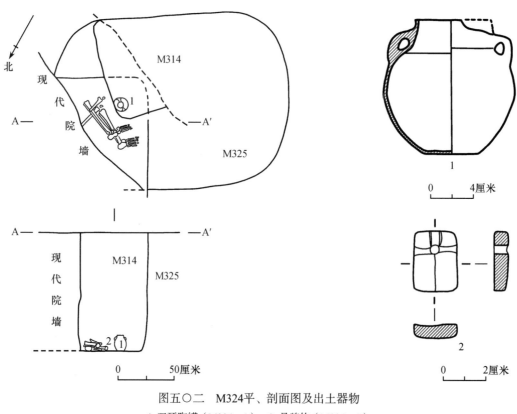

图五〇二　M324平、剖面图及出土器物
1.双耳陶罐（M324：1）　2.骨牌饰（M324：2）

M325

（一）形制结构

长方形竖穴土坑墓。椁室东北叠压于现代院墙并未清理，东北部被M324打破，东南部被M314打破。墓向235°。墓口距地表0.2～0.64米，残长2.05米，宽1.45米，墓坑深1.72米。墓圹内上层填充灰黄色沙砾土，下层为夹杂黏土的灰色沙砾土。墓圹底部放置人骨1具，右侧身屈肢，头向西，面向南（图五〇三；图版三四〇，1）。

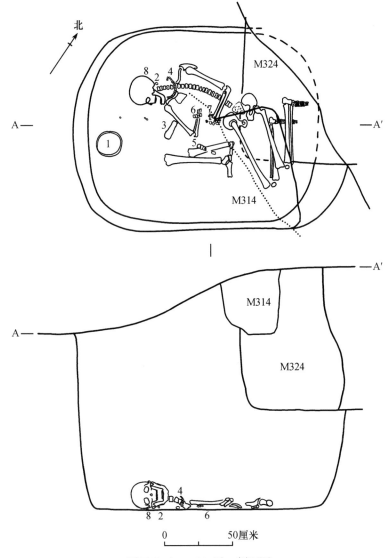

图五〇三 M325平、剖面图

1.筒形陶罐（M325：1） 2.金耳环（M325：2） 3.铜斧（M325：3） 4.串珠（M325：4） 5.铜片（M325：5）
6.串珠（M325：6） 7.串珠（M325：7） 8.金耳环（M325：8）

（二）出土遗物

共141件。陶器1件，为筒形陶罐（M325：1），出土于人骨头骨旁。金器2件，为金耳环
（M325：2、M325：8），出土于人骨左右耳。铜器3件，其中铜斧1件（M325：3），出土于
人骨右臂；铜片1件（M325：5），出土于人骨肘部；铜刀1件（M325：9），出土于墓坑填
土。石器134件，均为串珠（M325：4、M325：6、M325：7），出土于人骨颈部及两腕。牛腿
骨1件，出土于椁室南侧。

1. 陶器

M325：1，筒形陶罐。1件。夹细砂红陶，手制，略残。整体呈筒状，微敛口，方唇，口沿下有一对双贯耳，深腹，大平底。红衣黑彩，口沿处绘三道弦纹，其下通体绘人字形几何折线纹与竖线纹相交错的组合纹饰。高18.4厘米，口径17.4厘米，腹径18.4厘米，底径14厘米，重1340克（图五〇四，1；图版三四〇，2）。

2. 金器

M325：2，金耳环。1件。圆形，有接缝，未锤压。直径2.6厘米，金丝径0.27～0.3厘米（图五〇四，7；图版三四〇，3）。

M325：8，金耳环。1件。圆形，有接缝，未锤压。直径2.65厘米，金丝径0.25～0.35厘米（图五〇四，5；图版三四二，3）。

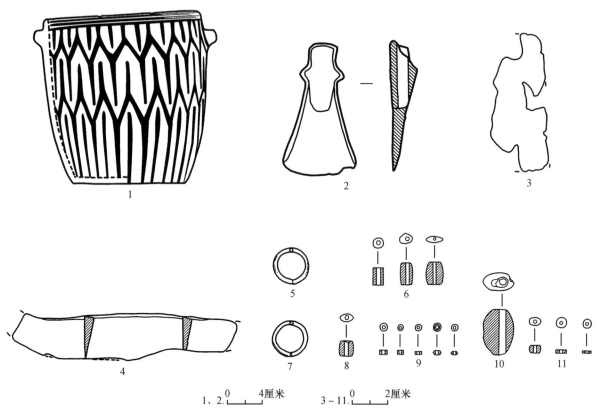

1、2 ┣━━━━┫ 4厘米　　　3～11 ┣━━━━┫ 2厘米

图五〇四　M325出土器物

1. 筒形陶罐（M325：1）　2. 铜斧（M325：3）　3. 铜片（M325：5）　4. 铜刀（M325：9）　5. 金耳环（M325：8）

6. 绿松石串珠（M325：6-1）　7. 金耳环（M325：2）　8. 绿松石串珠（M325：4-2）　9. 滑石串珠（M325：4-1）

10. 绿松石串珠（M325：7-2）　11. 滑石串珠（M325：7-1）

3. 铜器

M325：3，铜斧。1件。正锋，圆銎呈锥状，銎侧双系，弧刃。长15厘米，刃宽7.1厘米，孔径2厘米（图五〇四，2；图版三四一，2）。

M325：5，铜片。1件。残碎，经粘对亦太残，器类不明，似贴附在木器之类器物上。残长7.6厘米，宽1.8~5厘米，重9.84克（图五〇四，3；图版三四一，3）。

M325：9，铜刀。1件。刀首和柄部略残，刀尖上翘，弧刃，偏锋，直柄。残长12.5厘米，宽2.5厘米，重52.31克（图五〇四，4；图版三四三，1）。

4. 石器

M325：4，串珠。68件。M325：4-1，滑石串珠，67件，呈圆柱状，折腰，中部穿孔，长0.2~0.4厘米，直径0.3厘米，孔径0.2厘米（图五〇四，9；图版三四一，1）；M325：4-2，绿松石串珠，1件，扁腰鼓状，中部穿孔，长0.8厘米，宽0.8厘米，孔径0.2厘米。总重4.28克（图五〇四，8；图版三四一，1）。

M325：6，串珠。4件。M325：6-1，绿松石串珠，3件，呈扁腰鼓状，中部穿孔，长1.1厘米，宽0.6~1.1厘米，孔径0.2厘米（图五〇四，6）；M325：6-2，玉髓串珠，1件，呈圆柱状，中部穿孔，长0.9厘米，直径0.5厘米，孔径0.2厘米。总重2.84克（图版三四二，2）。

M325：7，串珠。62件。M325：7-1，滑石串珠，60件，部分粘连在一起，呈饼状，中部穿孔，厚0.1厘米，直径0.5厘米，孔径0.2厘米（图五〇四，11；图版三四二，1）；M325：7-2，绿松石串珠，2件，一大一小，呈不规则圆柱状，中部穿孔，长2.3、0.4厘米，宽1.6厘米，孔径0.4、0.2厘米（图五〇四，10；图版三四二，1）。

M326

长方形竖穴土坑墓。位于T2308，西部被M311打破，西壁被M322打破。墓向30°。墓口距地表0.17米，残长0.66米，宽0.38米，墓坑深0.24米。墓圹内填充灰褐色沙质土。墓圹底部为长方形土坯椁室，残存东、南、北三壁均竖立1层土坯，椁室底部平铺1块土坯。土坯长0.44米，宽0.16米，厚0.1米。椁室底部放置人骨1具，为未成年个体，保存较差，仅存部分骨骼（图五〇五）。

无出土遗物。

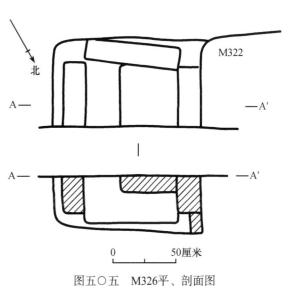

图五〇五　M326平、剖面图

M327

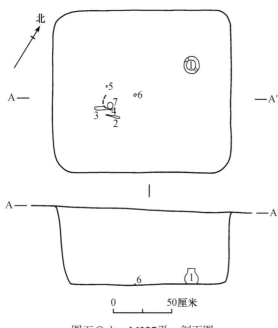

图五〇六　M327平、剖面图

1. 双耳陶罐（M327：1）　2. 铜锥（M327：2）

3. 铜刀（M327：3）　4. 绿松石串珠（M327：4）

5. 绿松石串珠（M327：5）　6. 铜泡（M327：6）

7. 铜牌饰（M327：7）

（一）形制结构

长方形竖穴土坑墓。位于T2412。墓向238°。墓口距地表0.18～0.2米，长1.54米，宽1.34米，墓坑深0.64～0.68米。墓圹内填充灰黄色沙质土。墓圹底部放置人骨1具，保存较差，仅存头骨（图五〇六；图版三四三，3）。

（二）出土遗物

共7件。陶器1件，为双耳陶罐（M327：1），出土于墓坑东侧。铜器4件，其中铜锥1件（M327：2），出土于人骨头骨旁；铜刀1件（M327：3），出土于头骨附近；铜泡1件（M327：6）、铜牌饰1件（M327：7），出土于墓坑中部和人骨头顶部。石器2件，均为绿松石串珠（M327：4、M327：5），出土于头骨附近。

1. 陶器

M327：1，双耳陶罐。1件。夹细砂红陶，手制，完整。大侈口，尖圆唇，束颈，颈肩双大扁耳，垂腹，平底。颈部绘满网格纹，肩部绘一周弦纹，其下绘连续的网格倒三角纹，三角纹之间绘树草纹，三角纹下再绘一周弦纹，耳部绘横向短线纹。高12厘米，口径9.5厘米，腹径13.5厘米，底径5.4厘米，重495克（图五〇七，1；图版三四三，2）。

2. 铜器

M327：2，铜锥。1件。呈四棱锥状，由中间向两端逐渐变细，两端尖锐。残长11.4厘米，宽0.4厘米，重10.7克（图五〇七，6；图版三四四，1）。

M327：3，铜刀。1件。柄部残，刀尖上翘，直背，弧刃。残长16.4厘米，宽2～3.2厘米，重74.69克（图五〇七，4；图版三四四，2）。

M327：6，铜泡。1件。圆形，泡状，一面弧起，另一面略凹，凹面有纽。直径2.3厘米，重3.1克（图五〇七，5；图版三四四，5）。

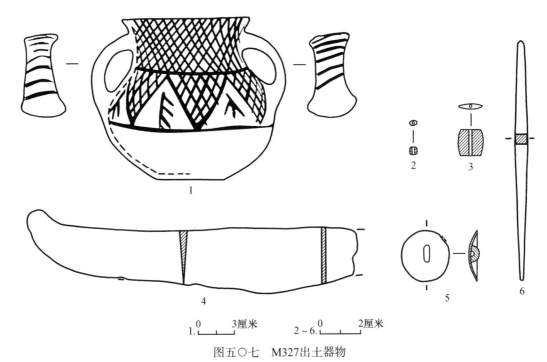

图五〇七 M327出土器物

1. 双耳陶罐（M327：1）　2. 绿松石串珠（M327：4）　3. 绿松石串珠（M327：5）　4. 铜刀（M327：3）　5. 铜泡（M327：6）
6. 铜锥（M327：2）

M327：7，铜牌饰。1件。圆形，泡状，正面中部凸起，边缘略上翘，背面有桥形纽。直径9.2厘米（图版三四四，6）。

3. 石器

M327：4，绿松石串珠。1件。蓝色，腰鼓状，中部穿孔。长0.4厘米，直径0.2厘米，孔径0.15厘米，重0.14克（图五〇七，2；图版三四四，3）。

M327：5，绿松石串珠。1件。扁状，中部穿孔，长1.3厘米，宽1.2厘米，孔径0.1厘米，重0.78克（图五〇七，3；图版三四四，4）。

M328

（一）形制结构

长方形竖穴土坑墓。墓向230°。墓口距地表0.14~0.16米，长1.6米，宽1.26米，墓坑深0.76米。墓圹内填充夹杂细砾的黄色沙质土。墓圹底部四周设熟土二层台，二层台宽约0.15米，二层台上原应有土坯垒砌的椁室，现被破坏，仅存3块土坯，情况不明。无人骨（图五〇八；图版三四五，1）。

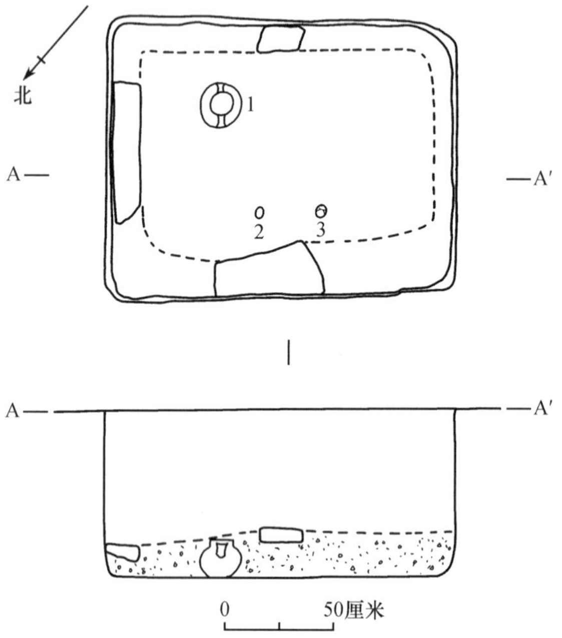

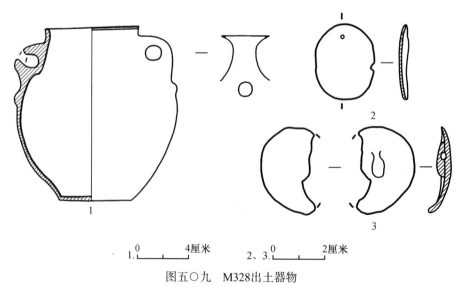

图五〇八　M328平、剖面图
1. 双耳陶罐（M328：1）　2. 铜牌饰（M328：2）
3. 铜泡（M328：3）

（二）出土遗物

共3件。陶器1件，为双耳陶罐（M328：1），出土于墓坑东南角。铜器2件，其中铜牌饰1件（M328：2），出土于墓坑西侧；铜泡1件（M328：3），出土于墓坑西侧。

1. 陶器

M328：1，双耳陶罐。1件。夹细砂红陶，手制，一耳残。微侈口，方唇，短直颈，颈肩双耳，双耳下各有一乳突，鼓腹，小平底。腹部有烟熏痕迹。高13.7厘米，口径7.5厘米，腹径13.4厘米，底径6厘米，重520克（图五〇九，1；图版三四五，2）。

2. 铜器

M328：2，铜牌饰。1件。呈椭圆形，一侧边缘略残，近边缘处有一孔。长径2.8厘米，短径2.4厘米，孔径0.2厘米，重3.54克（图五〇九，2；图版三四五，3）。

M328：3，铜泡。1件。残损严重，推测原本为圆形，背部有纽。残长3.3厘米，宽1.8厘米，重13.84克（图五〇九，3；图版三四六，1）。

图五〇九　M328出土器物
1. 双耳陶罐（M328：1）　2. 铜牌饰（M328：2）　3. 铜泡（M328：3）

M329

（一）形制结构

长方形竖穴土坑墓。位于T2112，打破M347。墓向213°。墓口距地表0.3米，长2.03米，宽1.5米，墓坑深1.04米。墓圹内填充黄色沙质土。墓圹底部四周设生土二层台，二层台内侧竖立1层土坯，二层台上平砌1层土坯，每边每层2~4块。椁室内周长0.9米，宽0.68米；土坯长0.46米，宽0.26米，厚0.1米。椁室底部放置人骨1具，右侧身屈肢，头向东南，面向东北，性别男（图五一〇；图版三四六，3）。

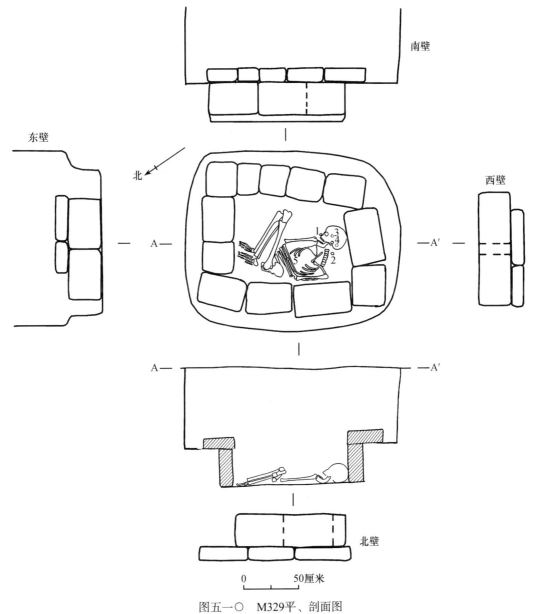

图五一〇　M329平、剖面图

1.陶片（M329∶1）　　2.玉髓串珠（M329∶2）　　3.铜泡（M329∶3）　　4.铜耳环（M329∶4）　　5.玉髓串珠（M329∶5）

（二）出土遗物

共9件。陶器1件，为陶片（M329：1），出土位置不明。铜器5件，其中铜刀1件（M329：8），出土于上颌骨；铜泡1件（M329：3），出土于人骨头部；铜耳环3件，2件（M329：4）出土于耳部，1件（M329：7）出土于填土中。石器3件，其中玉髓串珠2件（M329：2、M329：5），出土于人骨下头骨附近及腹部；石杵1件（M329：6），出土于墓坑填土。

1.陶器

M329：1，陶片。1件。陶器口沿残缺，表面施倒三角纹彩绘（图五一一，1；图版三四六，2）。

2.铜器

M329：3，铜泡。1件。圆形，泡状，背部有纽，边缘有一周齿状纹，一侧有一断裂残留的短柄。直径1.7厘米，重3.37克（图五一一，3；图版三四七，2）。

M329：4，铜耳环。2件。环状，用细铜丝绕成，接口处一端扁平，另一端残。直径2厘米，丝径0.2厘米，重1.59克（图五一一，4；图版三四七，3）。

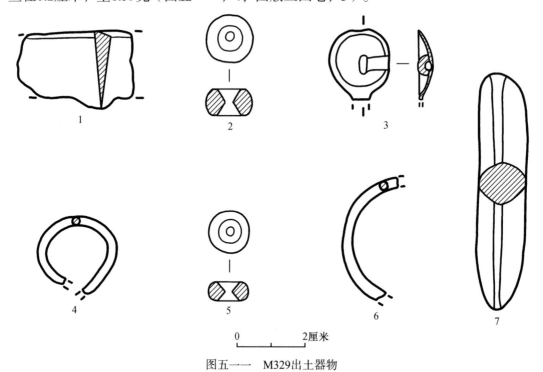

0　　　　　2厘米

图五一一　M329出土器物

1.陶片（M329：1）　2.玉髓串珠（M329：2）　3.铜泡（M329：3）　4.铜耳环（M329：4）　5.玉髓串珠（M329：5）
6.铜耳环（M329：7）　7.石杵（M329：6）

M329：7，铜耳环。1件。残损严重，原应为环形，用细铜丝绕成。残长3.4厘米，丝径0.3厘米，重2.79克（图五一一，6；图版三四七，6）。

M329：8，铜刀。1件。残损严重，直背，直刃。残长3.2厘米，宽2.1厘米，重10.43克。

3. 石器

M329：2，玉髓串珠。1件。红色，半透明，算珠状，中部对钻穿孔，表面粗糙。长0.7厘米，直径1.2厘米，孔径0.3厘米，重2.18克（图五一一，2；图版三四七，1）。

M329：5，玉髓串珠。1件。红色，半透明，算珠状，中部对钻穿孔。厚0.5厘米，直径1厘米，孔径0.2厘米，重1.21克（图五一一，5；图版三四七，4）。

M329：6，石杵。1件。呈三棱锥状，一端尖锐，另一端较圆滑。长6.1厘米，宽1.1厘米，重17.57克（图五一一，7；图版三四七，5）。

M330

（一）形制结构

长方形竖穴土坑墓。位于T2112，打破M345、M367。墓向210°。墓口距地表0.34米，长1.9米，宽1.3米，墓坑深1.17米。墓圹内填充黄色沙质土。墓圹底部为长方形土坯椁室，椁室东、西两壁自下而上错缝平砌3层土坯，南壁自下而上错缝平砌4层土坯，北壁自下而上错缝平砌5层土坯，每边每层铺设2~3块。椁室内周长1.04米，宽0.52米；土坯长0.4米，宽0.3米，厚0.1米。椁室底部放置人骨1具，右侧身屈肢，头向南，面向东，性别男（图五一二；图版三四八，1、2）。

（二）出土遗物

共14件。陶器1件，为双耳陶罐（M330：1），出土于人骨胫骨。铜器3件，其中铜耳环2件（M330：2、M330：6），出土于人骨耳部；铜刀1件（M330：8），出土于人骨盆骨附近。石器9件，其中串珠6件（M330：5），出土于人骨颈部；砺石3件（M330：3、M330：4、M330：7），出土于人骨腰部胸部附近。羊肩胛骨1件，出土于椁室东部人骨膝部附近。

1. 陶器

M330：1，双耳陶罐。1件。夹细砂红陶，手制，腹底部略残。侈口，圆唇，短束颈，沿肩双耳，深鼓腹，平底。口沿内绘一周竖向短线纹，肩部绘一周弦纹，其下为一周竖短线纹，之下为三道横向水波纹，耳部绘长竖线和短横线的组合纹饰。高17厘米，口径10厘米，腹径14厘米，底径7.9厘米，重710克（图五一三，1；图版三四九，1）。

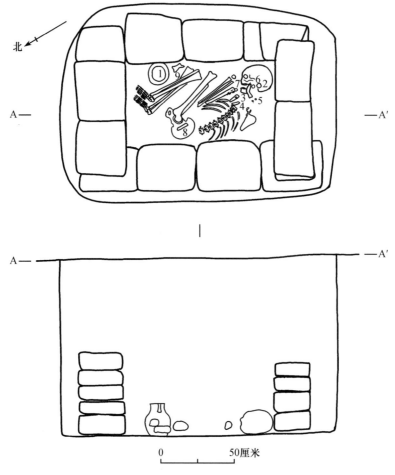

图五一二　M330平、剖面图

1. 双耳陶罐（M330：1）　2. 铜耳环（M330：2）　3. 砺石（M330：3）　4. 砺石（M330：4）　5. 串珠（M330：5）
6. 铜耳环（M330：6）　7. 砺石（M330：7）　8. 铜刀（M330：8）　9. 羊肩胛骨

2. 铜器

M330：2，铜耳环。1件。环状，用细铜丝绕成，接口处扁平。环径2.2厘米，丝径0.2厘米，重1.12克（图五一三，2；图版三四九，2）。

M330：6，铜耳环。1件。残损严重，仅存一小段。残长1.9厘米，丝径0.2厘米，重0.16克（图五一三，4；图版三四九，6）。

M330：8，铜刀。1件。弧背，直刃。残长6.2厘米，宽1.1～1.7厘米，重11.59克（图五一三，8；图版三五〇，2）。

3. 石器

M330：3，砺石。1件。一端宽，另一端尖，宽边处有一对钻穿孔。长7.5厘米，宽1.8厘米，孔径1厘米，重32.23克（图五一三，5；图版三四九，3）。

M330：4，砺石。1件。呈不规则形状，表面有人工磨制痕迹。长7厘米，宽1.6～2.3厘米，重34.91克（图五一三，6；图版三四九，4）。

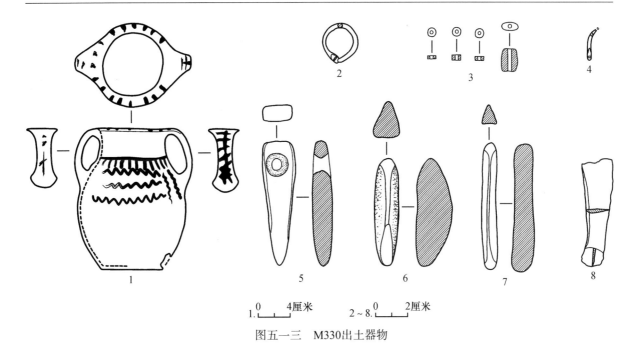

图五一三　M330出土器物

1. 双耳陶罐（M330：1）　　2. 铜耳环（M330：2）　　3. 滑石串珠（M330：5-1）　　4. 铜耳环（M330：6）　　5. 砺石（M330：3）

6. 砺石（M330：4）　　7. 砺石（M330：7）　　8. 铜刀（M330：8）

　　M330：5，串珠。6件。M330：5-1，滑石串珠，5件，其中4件呈算珠状，中部穿孔，长0.2～0.4厘米，直径0.5厘米，孔径0.2厘米（图五一三，3）；1件呈扁腰鼓状，中部穿孔，长1.2厘米，宽0.9厘米，孔径0.3厘米。M330：5-2，玉髓串珠，1件，呈算珠状，中部穿孔，长0.3厘米，直径0.45厘米，孔径0.2厘米（图版三四九，5）。

　　M330：7，砺石。1件。呈三棱柱状，两端圆润。长8厘米，宽1.4厘米，重18.3克（图五一三，7；图版三五〇，1）。

M331

　　长方形竖穴土坑墓。位于T2212，打破M343。墓向40°。墓口距地表0.4米，长1.24米，宽0.9米，墓坑深0.42米。墓圹内填充夹杂细砾的黄色土。墓圹底部四周设生土二层台，二层台内侧竖立1层土坯，二层台上平砌1层土坯，每边每层铺设1～2块。椁室内周长0.62米，宽0.41米；土坯长0.42米，宽0.24米，厚0.1米。椁室底部放置人骨1具，保存状况较差，仅存头骨及少量肢骨（图五一四；图版三五〇，3）。

　　无出土遗物。

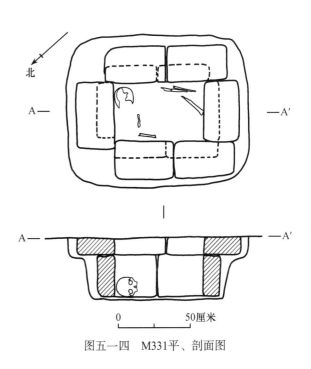

图五一四　M331平、剖面图

M332

（一）形制结构

长方形竖穴土坑墓。位于T2312，打破M344。墓向214°。墓口距地表0.3~0.34米，长1.4米，宽1.1米，墓坑深0.76~0.8米。墓圹内填充灰黄色沙质土。墓圹底部为长方形土坯椁室，椁室四壁均自下而上错缝平砌3层土坯，第1层和第2层土坯之间填充黄土、青砂及碎石，每边每层铺设2~3块土坯。椁室内周长0.75米，宽0.51米；土坯长0.32米，宽0.3米，厚0.13米。椁室底部放置人骨1具，保存状况较差，仅存头骨（图五一五；图版三五一，1）。

（二）出土遗物

共2件。陶器2件，单耳陶罐1件（M332：1），出土于椁室东南角；陶片1件（M323：2），出土于椁室西南角。

M332：1，单耳陶罐。1件。夹细砂红陶，手制，完整。微侈口，方唇，直颈，沿肩单耳，鼓腹，平底。高14.8厘米，口径10厘米，腹径14.8厘米，底径8.4厘米，重665克（图五一五，1；图版三五一，2）。

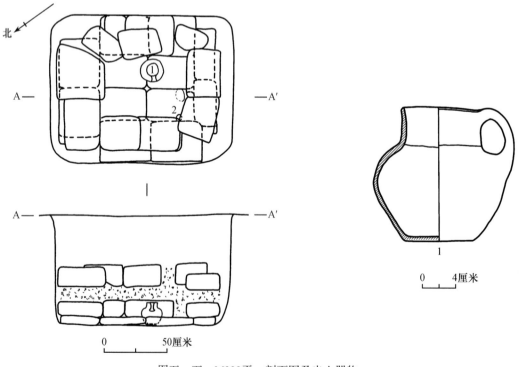

图五一五　M332平、剖面图及出土器物

1.单耳陶罐（M332：1）　2.陶片（M332：2）

M332：2，陶片。1件。为陶器底部残片。夹细砂灰陶，手制，平底。残高2.8厘米，底径5厘米，重45克。

M333

（一）形制结构

长方形竖穴土坑墓。位于T2212，打破M343，西南部被M348打破。墓向37°。墓口距地表0.2米，长1.61米，宽1.43米，墓坑深0.8米。墓圹内填充黄色砂质土。墓圹底部为长方形土坯椁室，椁室四壁均自下而上错缝平砌3层土坯，每边每层铺设2~4块。椁室内周长0.88米，宽0.62米；土坯长0.34米，宽0.32米，厚0.1米。椁室底部放置人骨1具，左侧身屈肢，头向东，面向南，性别女（图五一六；图版三五二，1）。

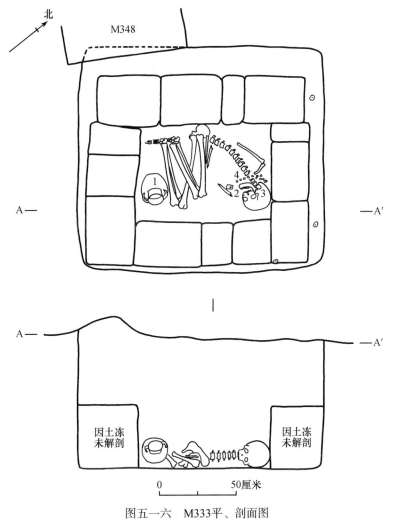

图五一六　M333平、剖面图

1. 双耳陶罐（M333：1）　2. 铜牌饰（M333：2）　3. 铜耳环（M333：3）　4. 滑石串珠（M333：4）

（二）出土遗物

共74件。陶器1件，为双耳陶罐（M333：1），出土于人骨膝部。铜器3件，其中铜牌饰1件（M333：2），出土于人骨吻部；铜耳环2件（M333：3），出土于人骨耳部。石器70件，均为滑石串珠（M333：4），出土于人骨颈部。

1. 陶器

M333：1，双耳陶罐。1件。夹细砂灰陶，手制，腹部残。微侈口，方唇，短直颈，沿肩双耳，鼓腹，平底。高16厘米，口径9.2厘米，腹径16.8厘米，底径8.4厘米，重740克（图五一七，1）。

2. 铜器

M333：2，铜牌饰。1件。残损严重，呈不规则状。残长1.8厘米，宽1厘米，重0.91克（图五一七，4）。

M333：3，铜耳环。2件。环形，用细铜丝绕成，其中一件较完整的接口处扁平相错。环径3厘米，2.1厘米，丝径0.2厘米，重1.57、0.6克（图五一七，3；图版三五一，3）。

3. 石器

M333：4，滑石串珠。70件。白色，矮圆柱形，大小不一，中部穿孔。长0.18～0.7厘米，直径0.47～0.85厘米，孔径0.2厘米，总重23.87克（图五一七，2；图版三五二，2）。

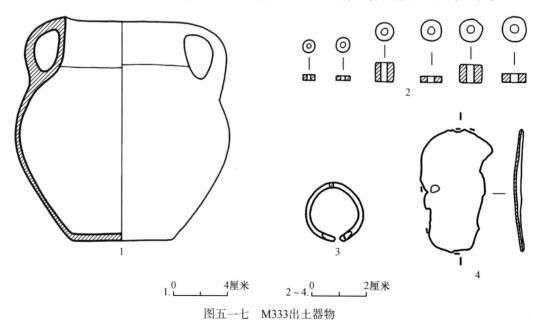

图五一七　M333出土器物

1. 双耳陶罐（M333：1）　2. 滑石串珠（M333：4）　3. 铜耳环（M333：3）　4. 铜牌饰（M333：2）

M334

（一）形制结构

长方形竖穴土坑墓。位于T2312，北部被现代坑打破，东部南段现代坑打破。墓向196°。墓口距地表0.25米，长1.36米，宽0.86米，墓坑深0.7～0.9米。墓圹内填充灰黄色沙质土。墓圹底部东侧设生土二层台，二层台残长0.56米，宽0.18米，高0.25米。墓圹底部放置人骨1具，保存较差，仅存零星骨骼（图五一八；图版三五三，1）。

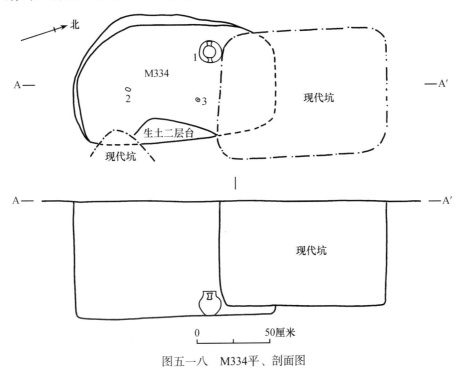

图五一八　M334平、剖面图
1. 双耳陶罐（M334∶1）　2. 铜牌饰（M334∶2）　3. 蚌饰（M334∶3）

（二）出土遗物

共3件。陶器1件，为双耳陶罐（M334∶1），出土于墓坑西北部。铜器1件，为铜牌饰（M334∶2），出土于墓坑南部。蚌器1件，为蚌饰（M334∶3），出土于墓坑东部。

1. 陶器

M334∶1，双耳陶罐。1件。夹细砂红陶，手制，腹部残。微侈口，方唇，直颈，颈肩双耳，鼓腹，小平底，近底部有烟熏痕迹。高12.7厘米，口径7.7厘米，腹径14.3厘米，底径5.5厘米，重440克（图五一九，1；图版三五三，2）。

2. 铜器

M334：3，铜牌饰。1件。呈椭圆形，两端边缘各有一穿孔。中部一面略凹。长径2.9厘米，短径2.4厘米，孔径0.2厘米，重4.95克（图五一九，3；图版三五三，3）。

3. 蚌器

M334：2，蚌饰。1件。圆形，中间有一圆孔，边缘处残。直径1.7厘米，孔径0.4厘米，重0.7克（图五一九，2；图版三五四，1）。

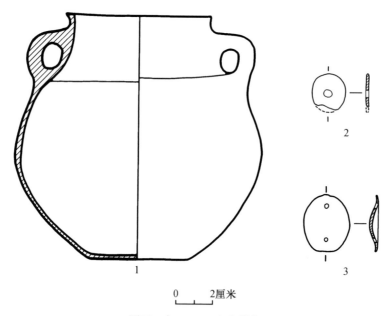

0　　2厘米

图五一九　M334出土器物

1. 双耳陶罐（M334：1）　2. 蚌饰（M334：3）　3. 铜牌饰（M334：2）

M335

（一）形制结构

长方形竖穴土坑墓。位于T2412。墓向238°。墓口距地表0.3米，长1.49米，宽1.06米，墓坑深0.5米。墓圹内填充包含大量青砂的黄色沙质土。无人骨。无葬具（图五二〇）。

（二）出土遗物

共1件。陶器1件，为双耳陶罐（M335：1），出土于墓坑东部。

M335：1，双耳陶罐。1件。夹细砂红陶，手制，完整。微侈口，方唇，短直颈，颈肩双

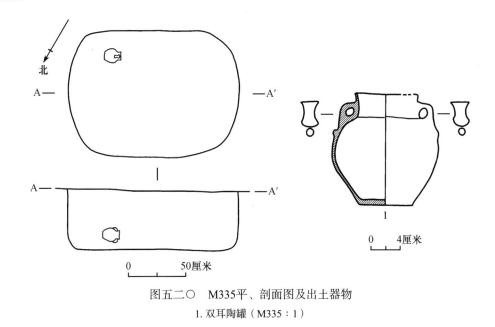

图五二〇　M335平、剖面图及出土器物
1. 双耳陶罐（M335：1）

耳，耳下各有一乳突，鼓腹，平底。高14.6厘米，口径8.5厘米，腹径15.7厘米，底径7.7厘米，重675克（图五二〇，1；图版三五四，2）。

M336

长方形竖穴土坑墓，打破M338。墓向327°。墓口长1.6米，宽1.38米，墓坑深1.32米。墓圹底部为长方形土坯椁室，椁室四壁均竖立1层土坯，每边每层铺设2～4块。椁室内周长1.3米、宽0.89米；土坯长0.4米，宽0.24米，厚0.12米。椁室底部放置人骨1具，右侧身屈肢，头向南，面向东，保存状况较差（图五二一）。

无出土遗物。

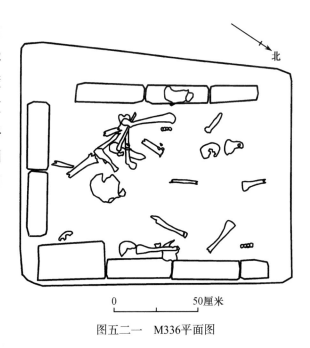

图五二一　M336平面图

M337

（一）形制结构

长方形竖穴土坑墓。位于T2213，打破M350。墓向211°。墓口距地表0.22米，长1.62米，宽1.1米，墓坑深0.9米。墓圹内填充灰褐色沙质土，包含有零星骨骼和铜片。墓圹底部四周设熟土二层台，椁室东、南、西三壁二层台内侧竖立1层土坯，二层台上平砌1层土坯，每边每层铺设1~3块；北壁无土坯。椁室内周长1.2米、宽0.56米；土坯长0.4米，宽0.2米，厚0.16米。椁室底部放置人骨1具，右侧身屈肢，头向西南，面向东，性别男（图五二二；图版三五四，3）。

（二）出土遗物

共5件。陶器1件，为双耳陶罐（M337：1），出土于人骨膝部。铜器2件，其中铜牌饰1件（M337：2），出土于人骨右肘；铜饰件1件（M337：3），出土于人骨颈部。石器2件，均为绿松石串珠（M337：4），出土于人骨下颈部。

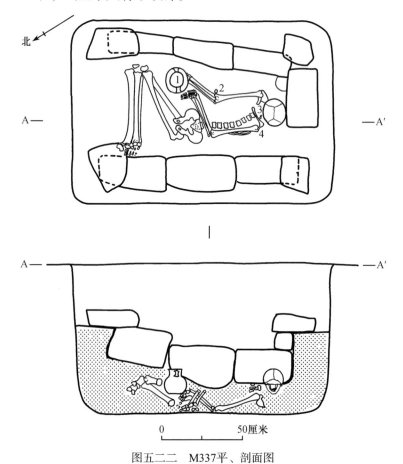

图五二二　M337平、剖面图

1. 双耳陶罐（M337：1）　2. 铜牌饰（M337：2）　3. 铜饰件（M337：3）　4. 绿松石串珠（M337：4）

1. 陶器

M337:1，双耳陶罐。1件。夹细砂红陶，手制，口沿及腹部残。小口微侈，方唇，短直颈，颈肩双耳，鼓腹，平底。腹部有烟熏痕迹。高19.1厘米，口径9.2厘米，腹径19.2厘米，底径8.6厘米，重1020克（图五二三，1；图版三五五，1）。

2. 铜器

M337:2，铜牌饰。1件。残损严重，形状不规则，其上有两个穿孔。残长2厘米，孔径0.1厘米，重0.76克（图五二三，3；图版三五五，2）。

M337:3，铜饰件。1件。残损严重，形状不规则。残长1.3厘米，宽0.8厘米，重0.15克。

3. 石器

M337:4，绿松石串珠。2件。蓝色，圆柱状，中部穿孔。长0.4厘米，直径0.5厘米，孔径0.2厘米，重0.2克（图五二三，2；图版三五五，3）。

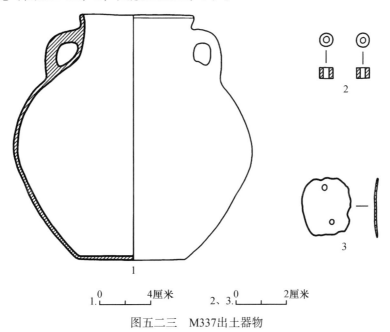

图五二三　M337出土器物

1.双耳陶罐（M337:1）　2.绿松石串珠（M337:4）　3.铜牌饰（M337:2）

M338

（一）形制结构

长方形竖穴土坑墓。位于T2213，打破M353，北部被M336打破。墓向240°。墓口距地表0.17米，长1.6米，宽1.35米，墓坑深1.1米。墓圹内填充夹杂细砾的黄色沙质土。椁室底部南、北两壁二层台内侧竖立1层土坯，二层台上错缝平砌2层土坯；西壁竖立2层土坯；东壁底层平砌1层土坯，其上为外侧竖立1层土坯、内侧平砌2层土坯，之上再平砌2层土坯；每边每层铺设2~3块。椁室内周长1米，宽0.6米；土坯长0.4米，宽0.26米，厚0.1米。椁室底部放置人骨1具，右侧身屈肢，上半身被扰乱（图五二四；图版三五六，1）。

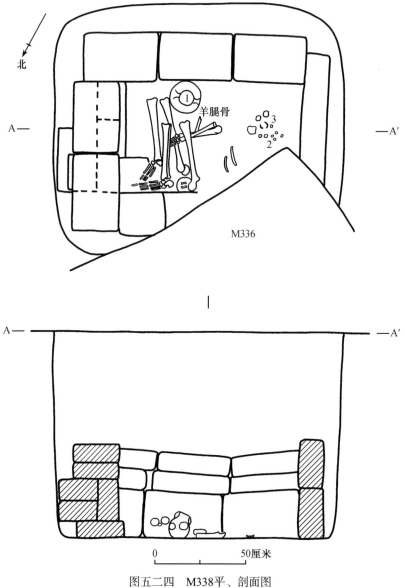

图五二四　M338平、剖面图
1. 双耳陶罐（M338：1）　2. 串珠（M338：2）　3. 铜耳环（M338：3）

（二）出土遗物

共7件。陶器1件，为双耳陶罐（M338：1），出土于人骨膝部。铜器1件，为铜耳环（M338：3），出土于人骨头骨附近。石器4件，均为串珠（M338：2），出土于人骨头骨附近。羊腿骨1件，出土于椁室东侧。

1. 陶器

M338：1，双耳陶罐。1件。夹细砂红陶，手制，完整。凹口微侈，方唇，短束颈，沿肩双翘耳，鼓腹，小平底。高14.5厘米，口径8.7厘米，腹径14.9厘米，底径7.2厘米，重735克（图五二五，1；图版三五五，4）。

2. 铜器

M338：3，铜耳环。1件。残损严重，用细铜丝绕成。残长1.7厘米，丝径0.2厘米，重0.41克（图五二五，2；图版三五五，6）。

3. 石器

M338：2，串珠。4件。均为饼状，中部穿孔。M338：2-1，滑石串珠，3件，长0.1～0.2厘米，直径0.5厘米，孔径0.2厘米（图五二五，3；图版三五五，5）；M338：2-2，绿松石串珠，1件，长0.3厘米，直径0.55厘米，孔径0.2厘米（图五二五，4；图版三五五，5）。

附：M338：3铜耳环经金相检验和成分分析，其材质为Cu-Sn（锡青铜），制作技术为热锻（潜伟，2006：44）。

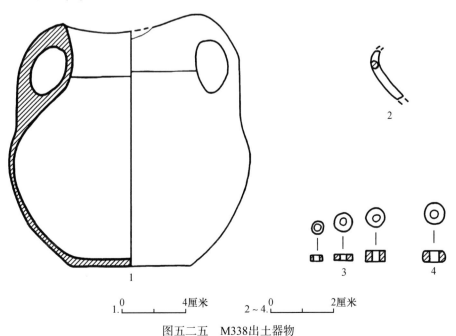

图五二五　M338出土器物

1. 双耳陶罐（M338：1）　2. 铜耳环（M338：3）　3. 滑石串珠（M338：2-1）　4. 绿松石串珠（M338：2-2）

M339

（一）形制结构

　　长方形竖穴土坑墓。位于T2212，打破M341，西北部及东南被现代坑打破。墓向124°。墓口距地表0.1米，长2.05米，宽1.5米，墓坑深0.89米。墓圹内填充黄色沙质土。墓圹底部为长方形土坯椁室，椁室四壁均自下而上错缝平砌3层土坯，每边每层铺设2~4块。椁室内周长1.1米，宽0.66米；土坯长0.36米，宽0.32米，厚0.12米。椁室底部放置人骨1具，右侧身屈肢，保存状况较差，被扰乱（图五二六；图版三五六，2）。

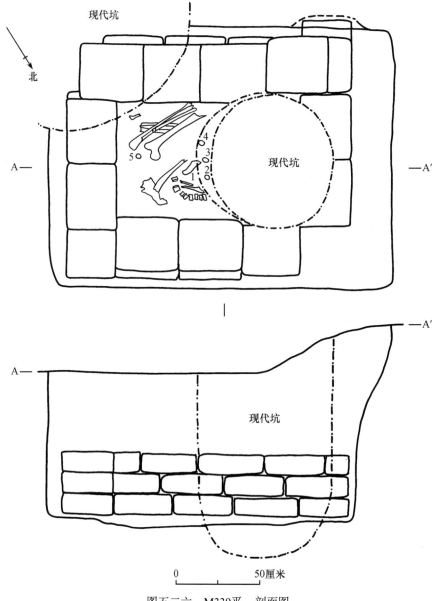

图五二六　M339平、剖面图

1. 铜刀（M339：1）　2. 铜泡（M339：2）　3. 铜泡（M339：3）　4. 铜泡（M339：4）　5. 铜泡（M339：5）

（二）出土遗物

共13件。陶器6件，均为陶片（M339：6），出土位置不明。铜器7件，铜刀1件（M339：1），出土于椁室中部；铜泡6件（M339：2、M339：3、M339：4、M339：5、M339：7、M339：8），出土于椁室中部。

1. 陶器

M339：6，陶片。6件。夹细砂红陶，手制。残长5.5厘米，宽3.2厘米，重40克。

2. 铜器

M339：1，铜刀。1件。弧背，弧刃，刀尖微上翘。柄部残。残长10.5厘米，宽1.3～2.2厘米，重16.09克（图五二七，1；图版三五七，1）。

M339：2，铜泡。1件。残损严重，一面凸起。残长1.8厘米，重1.65克（图五二七，7；图版三五七，2）。

M339：3，铜泡。1件。残损严重。残长1.4厘米，重1.28克（图五二七，3；图版三五七，3）。

M339：4，铜泡。1件。残损严重，一面凸起。残长1.2厘米，重1.28克（图五二七，2；图版三五七，4）。

M339：5，铜泡。1件。圆形，泡状，背面有一纽。直径1.4厘米，重2.05克（图五二七，5；图版三五七，5）。

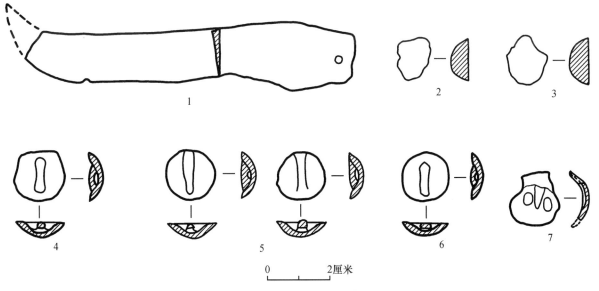

图五二七　M339出土器物

1. 铜刀（M339：1）　2. 铜泡（M339：4）　3. 铜泡（M339：3）　4. 铜泡（M339：8）　5. 铜泡（M339：5）
6. 铜泡（M339：7）　7. 铜泡（M339：2）

M339：7，铜泡。1件。圆形，泡状，背部有纽。直径1.5厘米，重1.64克（图五二七，6；图版三五七，6）。

M339：8，铜泡。1件。圆形，泡状，背部有纽。直径1.5厘米，重2.24克（图五二七，4；图版三五八，1）。

M340

（一）形制结构

长方形竖穴土坑墓。位于T2212，东南部被现代坑打破。墓向205°。墓口距地表0.15米，长1.86米，宽1.4米，墓坑深1.26米。墓圹内填充黄色砂质土。墓圹底部为长方形土坯椁室，椁室四壁均自下而上错缝平砌4层土坯，每边每层铺设2~3块。椁室内周长0.95米，宽0.62米；土坯长0.26~0.4米，宽0.34米，厚0.15米。椁室底部放置人骨1具，保存状况较差，分布散乱（图五二八；图版三五八，3）。

（二）出土遗物

共8件。陶器1件，为双耳陶罐（M340：3），出土于人骨腿部。铜器4件，其中铜泡1件（M340：2），出土于人骨头骨附近；铜饰件1件（M340：4）、铜刀1件（M340：5）、铜管1件（M340：6），均出土位置不明。石器3件，均为串珠（M340：1），出土于人骨头骨附近。

1. 陶器

M340：3，双耳陶罐。1件。夹细砂红陶，手制，完整。微侈口，方唇，短束颈，沿肩双耳，鼓腹，平底。耳部绘块状黑彩。高14.8厘米，口径10.5厘米，腹径15.5厘米，底径7.2厘米，重575克（图五二九，1；图版三五九，2）。

2. 铜器

M340：2，铜泡。圆形，1件。泡状，背部有纽，直径1.7厘米，重2.23克（图五二九，4；图版三五九，1）。

M340：4，铜饰件。1件。残损严重，薄片状。残长1.5厘米，宽1.3厘米，重0.42克。

M340：5，铜刀。1件。柄部有孔，刃部残。残长8.4厘米，宽2.5厘米，孔长0.7厘米，孔宽0.6厘米，重28.65克（图五二九，5；图版三五九，3）。

M340：6，铜管。1件。管状，用薄铜片卷成，一端较细。残长3.5厘米，直径0.3~0.9厘米，重3.38克（图五二九，2；图版三五九，4）。

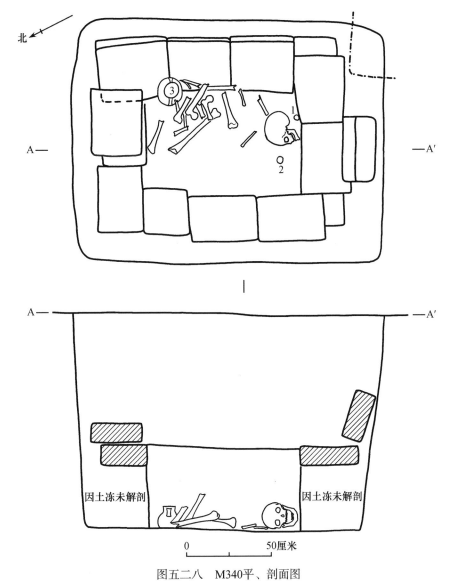

图五二八 M340平、剖面图

1. 串珠（M340：1） 2. 铜泡（M340：2） 3. 双耳陶罐（M340：3）

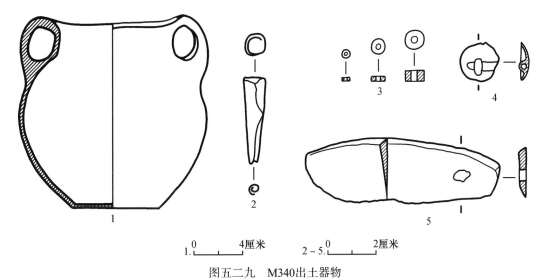

图五二九 M340出土器物

1. 双耳陶罐（M340：3） 2. 铜管（M340：6） 3. 滑石串珠（M340：1） 4. 铜泡（M340：2） 5. 铜刀（M340：5）

3. 石器

M340：1，滑石串珠。3件。圆饼状，中部穿孔，大小不一，其一厚0.1厘米，直径0.3厘米，孔径0.1厘米；其二厚0.3厘米，直径0.8厘米，孔径0.2厘米；其三厚0.2厘米，直径0.5厘米，孔径0.2厘米（图五二九，3；图版三五八，2）。

M341

（一）形制结构

长方形竖穴土坑墓。位于T2212，打破M342，东南角被M339打破，东北角被现代坑打破。墓向212°。墓口距地表深0.23米，长1.92米，宽1.64米，墓坑深1.59米。墓圹内填充黄色沙质土。墓圹底部放置人骨1具，右侧身屈肢，头向南，面向东，性别男（图五三〇）。

（二）出土遗物

共54件。陶器1件，双耳陶罐（M341：26），出土于人骨膝盖前侧。铜器31件，其中铜牌饰10件（M341：1、M341：9、M341：10、M341：12、M341：15、M341：16、M341：17、M341：18、M341：20、M341：21），出土于人头骨、腹部、盆骨及胫骨处；双联铜泡2件（M341：2、M341：3），出土于人头骨附近；铜耳环4件（M341：4、M341：28），出土于人骨耳部；铜泡7件（M341：6、M341：7、M341：11、M341：19、M341：23、M341：27、M341：29），出土于头部、胸部、腹部、盆骨及胫骨处；铜镜1件（M341：8），出土于胫骨处；铜凿1件（M341：13）、铜锛1件（M341：14），均出土于两腿之间；铜刀1件（M341：22）、铜锥1件（M341：24），均出土于人骨盆骨；铜泡1件（M341：25-2）、铜镜1件（M341：25-1），出土位置不明；铜片1件（M341：30），出土于人骨桡骨处。石器21件，均为串珠（M341：5），出土于人骨颈部。羊肩胛骨1件，出土于膝盖。

1. 陶器

M341：26，双耳陶罐。1件。夹细砂红陶，手制，完整。大侈口，圆唇，短束颈，沿肩双扁耳，鼓腹，小平底。口沿内绘四组对称的斜向短线纹，每组三道，口沿外绘两周弦纹，其下饰三道交错折线纹，肩部绘两周弦纹，其下腹部正中绘竖向锯齿纹，两侧为叶脉三角纹，耳部绘"X"形纹。高16厘米，口径10.5厘米，腹径16.6厘米，底径6.2厘米，重680克（图五三一，1；图版三六四，2）。

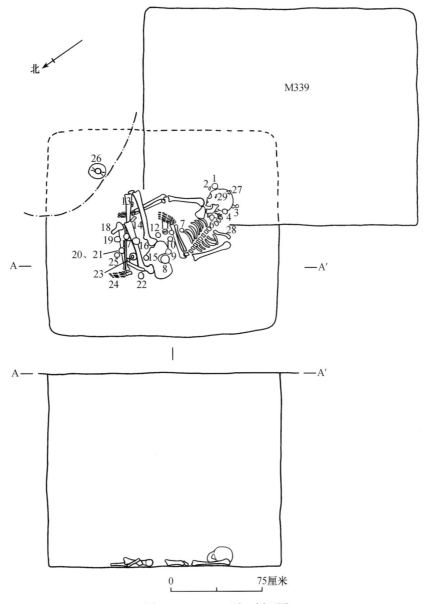

图五三〇　M341平、剖面图

1. 铜牌饰（M341：1）　2. 双联铜泡（M341：2）　3. 双联铜泡（M341：3）　4. 铜耳环（M341：4）　5. 串珠（M341：5）

6. 铜泡（M341：6）　7. 铜凿（M341：7）　8. 铜镜（M341：8）　9. 铜牌饰（M341：9）　10. 铜牌饰（M341：10）

11. 铜泡（M341：11）　12. 铜牌饰（M341：12）　13. 铜凿（M341：13）　14. 铜锛（M341：14）　15. 铜牌饰（M341：15）

16. 铜牌饰（M341：16）　17. 铜牌饰（M341：17）　18. 铜牌饰（M341：18）　19. 铜泡（M341：19）　20. 铜牌饰（M341：20）

21. 铜牌饰（M341：21）　22. 铜刀（M341：22）　23. 铜凿（M341：23）　24. 铜锥（M341：24）　25. 铜泡、铜镜

（M341：25）　26. 双耳陶罐（M341：26）　27. 铜泡（M341：27）　28. 铜耳环（M341：28）　29. 铜泡（M341：29）

2. 铜器

M341：1，铜牌饰。1件。圆形，略弧，近边缘处两侧有两孔。直径4.3厘米（图五三一，3；图版三五九，5）。

M341：2，双联铜泡。1件。双联，每节均为圆形，略弧，中部为小短梁相连，近边缘处有一周压点纹。长2.5厘米（图五三一，4；图版三五九，6）。

　　M341：3，双联铜泡。1件。双联，每节均为圆形，略弧，中部为小短梁相连，近边缘处有一周压点纹。残长5厘米（图五三一，5；图版三六〇，1）。

　　M341：4，铜耳环。2件。环状，铜丝绕成，其一接口残，其二接口一端尖锐。直径3.4厘米（图五三一，6；图版三六〇，2）。

　　M341：6，铜泡。1件。圆泡状，背部有较长圆柱状突起。直径1.9厘米（图五三一，15；图版三六一，1）。

　　M341：7，铜泡。1件。圆泡状，背部有桥形纽。直径2.3厘米（图五三一，25；图版三六一，2）。

　　M341：8，铜镜。1件。圆形，正面略弧，素面，背部有桥形纽。直径5.9厘米（图五三一，14；图版三六一，3）。

　　M341：9，铜牌饰。1件。圆形，略弧，近边缘处有两小孔。直径5.2厘米（图五三一，13；图版三六一，4）。

　　M341：10，铜牌饰。1件。圆形，略弧，近边缘处有两小孔。直径4.2厘米（图五三一，12；图版三六一，5）。

　　M341：11，铜泡。1件。圆泡状，背部有纽，铸槽明显。直径2.8厘米（图五三一，11；图版三六一，6）。

　　M341：12，铜牌饰。1件。圆形，略弧，近边缘处有两小孔。直径4.2厘米（图五三一，17；图版三六二，1）。

　　M341：13，铜凿。1件。圆柱形管銎，尖端收为尖锐的片状。长3.7厘米（图五三一，8；图版三六二，2）。

　　M341：14，铜锛。1件。整体近似长方形，顶部有一椭圆形、上下贯通的銎孔，刃部正面横切面呈圆弧形，纵切面圆锥形，弧形刃。銎孔下端有一狭窄台面。长5.1厘米（图五三一，9；图版三六二，3）。

　　M341：15，铜牌饰。1件。残损严重。

　　M341：16，铜牌饰。1件。圆形，略弧，素面。残（图五三一，2；图版三六二，4）。

　　M341：17，铜牌饰。1件。圆形，平直，边缘略弧，仅存近边缘处一小孔。直径4.8厘米（图五三一，26；图版三六二，5）。

　　M341：18，铜牌饰。1件。圆形，微弧，近边缘处有一周压点纹。直径4.8厘米（图五三一，27；图版三六二，6）。

　　M341：19，铜泡。1件。圆泡状，背部有较长圆柱状突起。直径2.1厘米（图五三一，23；图版三六三，1）。

　　M341：20，铜牌饰。1件。圆形，略弧，近边缘处有两小孔。直径4厘米（图五三一，18；图版三六三，2）。

　　M341：21，铜牌饰。1件。圆形，正面略弧，素面，背部有桥形纽。直径3.8厘米（图五三一，19；图版三六三，3）。

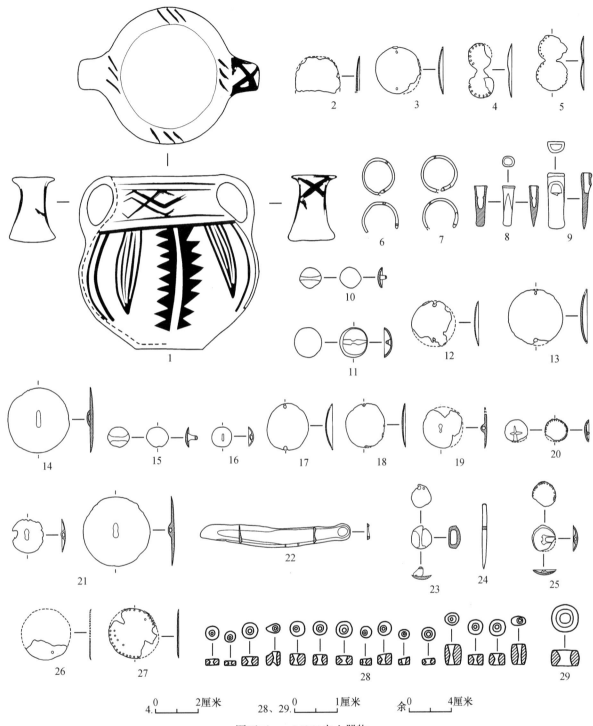

0 　　2厘米
4.└──┴──┘

0 　　1厘米
28、29.└──┴──┘

余 0 　　4厘米
└──┴──┘

图五三一　M341出土器物

1. 双耳陶罐（M341：26）　2. 铜牌饰（M341：16）　3. 铜牌饰（M341：1）　4. 双联铜泡（M341：2）　5. 双联铜泡（M341：3）

6. 铜耳环（M341：4）　7. 铜耳环（M341：28）　8. 铜凿（M341：13）　9. 铜锛（M341：14）　10. 铜泡（M341：23）

11. 铜泡（M341：11）　12. 铜牌饰（M341：10）　13. 铜牌饰（M341：9）　14. 铜镜（M341：8）　15. 铜泡（M341：6）

16. 铜泡（M341：27）　17. 铜牌饰（M341：12）　18. 铜牌饰（M341：20）　19. 铜牌饰（M341：21）　20. 铜泡（M341：29）

21. 铜镜（右）、铜泡（左）（M341：25-1、M341：25-2）　22. 铜刀（M341：22）　23. 铜泡（M341：19）　24. 铜锥（M341：24）

25. 铜泡（M341：7）　26. 铜牌饰（M341：17）　27. 铜牌饰（M341：18）　28. 绿松石串珠（M341：5-1）　29. 玉髓串珠

（M341：5-2）

M341：22，铜刀。1件。环首，直柄，直背，直刃尖部略弧，柄刃分界明显，柄部一面两侧有凸棱，刃部截面呈三角形。长14.2厘米（图五三一，22；图版三六三，4）。

M341：23，铜泡。1件。圆泡状，背部有较长圆柱状突起。直径2厘米（图五三一，10；图版三六三，5）。

M341：24，铜锥。1件。四棱锥状。一侧圆钝，另一侧尖锐。长6.4厘米（图五三一，24；图版三六三，6）。

M341：25，铜泡、铜镜。2件。M341：25-1，铜镜，1件，正面平直，素面，背部有桥形纽，直径6.3厘米；M341：25-2，铜泡，1件，呈圆泡状，背部有桥形纽，直径3.3厘米（图五三一，21；图版三六四，1）。

M341：27，铜泡。1件。圆泡状，背部有桥形纽。直径1.9厘米（图五三一，16；图版三六四，3）。

M341：28，铜耳环。2件。环状，铜丝卷制而成，一端接口扁平，另一端残。直径3.4厘米（图五三一，7；图版三六四，4）。

M341：29，铜泡。1件。圆泡状，背部有桥形纽，近边缘处有一周压点纹。直径2.2厘米（图五三一，20；图版三六四，5）。

M341：30，铜片。1件。残损严重。

3. 石器

M341：5，串珠。21件。M341：5-1，绿松石串珠，20件，呈扁腰鼓状及饼状，中部穿孔，厚0.2~0.9厘米，直径0.34厘米，孔径0.2厘米（图五三一，28；图版三六〇，3）；M341：5-2，玉髓串珠，1件，算珠状，折腰，对钻穿孔，厚0.7厘米，直径0.64厘米，孔径0.1厘米。总重5.95克（图五三一，29；图版三六〇，3）。

M342

（一）形制结构

长方形竖穴土坑墓。位于T2212，东北角被M341打破。墓向31°。墓口距地表0.25米，长1.50米，宽1.04米，墓坑深1米。墓圹内填充黄色沙质土。墓圹底部放置人骨1具，左侧身屈肢，头向东北，面向南，性别女（图五三二）。

（二）出土遗物

共6件。陶器1件，为双耳陶罐（M342：1），出土于人骨膝部。铜器3件，其中铜牌饰

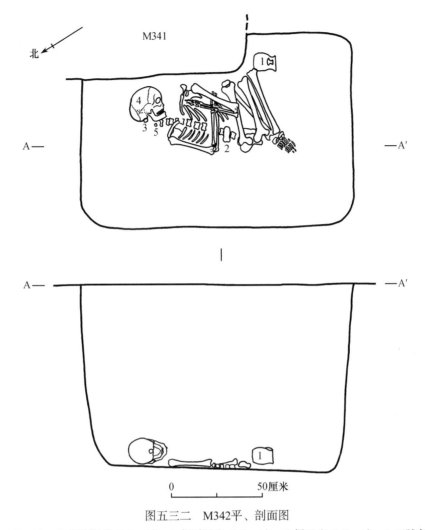

图五三二　M342平、剖面图

1.双耳陶罐（M342：1）　　2.铜牌饰（M342：2）　　3.铜耳环（M342：3）　　4.铜刀（M342：4）　　5.玉髓串珠（M342：5）

1件（M342：2），出土于人骨腰部；铜耳环1件（M342：3），出土于人骨左耳；铜刀1件（M342：4），出土于颅骨下部。石器2件，均为玉髓串珠（M342：5），出土于人骨颈部。

1. 陶器

M342：1，双耳陶罐。1件。夹细砂红陶，手制，腹部略残。直口，方唇，短颈，颈肩双耳，鼓腹，小平底。高11.8厘米，口径6厘米，腹径10.8厘米，底径4.9厘米，重385克（图五三三，1；图版三六四，6）。

2. 铜器

M342：2，铜牌饰。1件。略呈长方形，中部起脊，残损较严重。残长7.9厘米，宽2.4厘米，重9.52克（图五三三，4；图版三六五，1）。

M342：3，铜耳环。1件。残损成两段，原应为环形，用薄铜片绕成，接口处扁平。残长

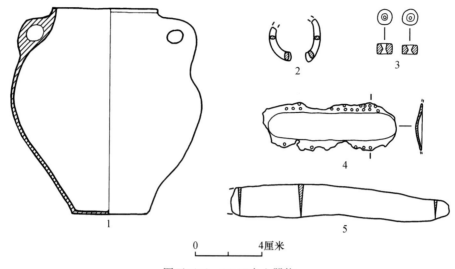

图五三三　M342出土器物

1. 双耳陶罐（M342：1）　2. 铜耳环（M342：3）　3. 玉髓串珠（M342：5）　4. 铜牌饰（M342：2）　5. 铜刀（M342：4）

2.4厘米，丝宽0.4厘米，重1.89克（图五三三，2；图版三六五，2）。

　　M342：4，铜刀。1件。直背，弧刃，柄部及刀尖残。残长12.9厘米，宽1.3～1.6厘米，重29.17克（图五三三，5；图版三六五，3）。

3. 石器

　　M342：5，玉髓串珠。2件。红色，半透明，算珠状，中部对钻穿孔。厚0.6厘米，直径0.8厘米，孔径0.2厘米，重0.63克（图五三三，3；图版三六五，4）。

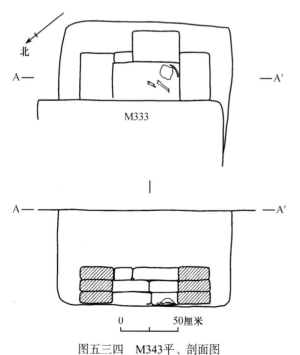

图五三四　M343平、剖面图

M343

　　长方形竖穴土坑墓。位于T2212，西部被M333打破。墓向217°。墓口距地表0.2米，长1.06米，残宽1.52米，墓坑深0.8米。墓圹内填充黄色砂质土。墓圹底部为长方形土坯椁室，椁室东、南、北三壁均自下而上错缝平砌3层土坯，每边每层铺设2～3块，西壁被破坏，情况不明。土坯长0.4米，宽0.26米，厚0.1米。椁室底部放置人骨1具，保存状况较差，仅存零星骨骼（图五三四）。

　　无出土遗物。

本书的出版得到

国家重点文物保护专项补助经费资助

科技部中国-中亚人类与环境"一带一路"联合实验室、文化遗
产研究与保护技术教育部重点实验室专项经费资助

新疆文物考古研究所丛刊之十二

西北大学考古学系列报告 第5号

新疆哈密天山北路墓地

（中册）

新疆维吾尔自治区文物考古研究所

西北大学文化遗产学院

哈密市文化体育广播电视和旅游局

哈密市博物馆

南京大学历史学院

编著

科学出版社

北 京

内 容 简 介

本报告由新疆维吾尔自治区文物考古研究所、西北大学文化遗产学院、哈密市文化体育广播电视和旅游局、哈密市博物馆、南京大学历史学院共同编著，是对1988年、1989年、1992年、1993年和1997年新疆维吾尔自治区文物考古研究所等单位联合发掘的天山北路墓地资料的全面公布。天山北路墓地是迄今为止哈密绿洲发现的年代最早、规模最大的青铜时代墓地，共发掘墓葬706座，出土彩陶、铜器、玉器、石器等各类人工制品万余件，为研究中国西北地区早期青铜时代文化发展、技术传播、文化交流等问题提供了翔实的资料。

本报告适合从事考古学、博物馆学、历史学等研究的专家、学者及大专院校相关专业的师生阅读、参考。

图书在版编目（CIP）数据

新疆哈密天山北路墓地：全3册 / 新疆维吾尔自治区文物考古研究所等编著. -- 北京：科学出版社，2024.10. -- （新疆文物考古研究所丛刊）（西北大学考古学系列报告）. -- ISBN 978-7-03-079274-7

Ⅰ. K878.85

中国国家版本馆CIP数据核字第2024R4W814号

责任编辑：孙　莉　赵　越 / 责任校对：邹慧卿

责任印制：肖　兴 / 封面设计：张　放

封面题签：罗　丰

科学出版社 出版

北京东黄城根北街 16 号

邮政编码：100717

http://www.sciencep.com

北京汇瑞嘉合文化发展有限公司印刷

科学出版社发行　各地新华书店经销

*

2024年10月第 一 版　开本：889×1194　1/16

2024年10月第一次印刷　印张：82　插页：388

字数：3 700 000

定价：1280.00元（全三册）

（如有印装质量问题，我社负责调换）

M344

长方形竖穴土坑墓。位于T2312，东部被M332打破。墓向38°。墓口距地表0.15米，长1.14米，宽0.81米，墓坑深1.06米。墓圹内填充灰黄色沙质土。墓圹底部放置人骨1具，保存状况较差，仅存下肢（图五三五；图版三六六，1）。

无出土遗物。

M345

（一）形制结构

长方形竖穴土坑墓。位于T2112，西壁被M330打破。墓向197°。墓口距地表0.26米，长0.76米，残宽0.65米，墓坑深0.5米。墓圹内填充夹杂砾石的黄色沙质土。墓圹底部为长方形土坯椁室，椁室四壁均竖立1层土坯，每边每层铺设1块。椁室内周长0.45米，残宽0.3米；土坯长0.42米，宽0.34米，厚0.12米。无人骨（图五三六）。

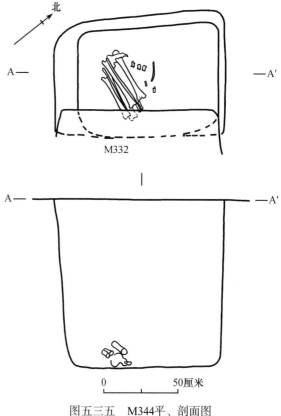

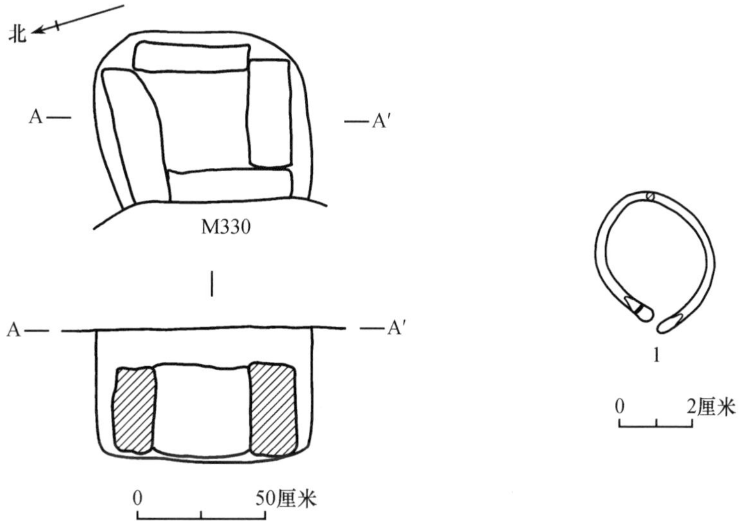

图五三五　M344平、剖面图

图五三六　M345平、剖面图及出土器物
1. 铜耳环（M345：1）

（二）出土遗物

共1件。铜器1件，为铜耳环（M345∶1），出土于墓坑填土。

M345∶1，铜耳环。1件。环状，用细铜丝绕成，接口处扁平。环径3.7厘米，丝径0.2厘米，重2.96克（图五三六，1；图版三六五，5）。

M346

（一）形制结构

椭圆形竖穴土坑墓。位于T2112东部隔梁。墓向53°。墓口距地表0.3米，长1.46米，宽1.12米，墓坑深1米。墓圹内填充灰色沙土。墓圹底部放置人骨1具，左侧身屈肢，头向东北，面向南，性别女（图五三七；图版三六六，2）。

（二）出土遗物

共3件。陶器1件，为双耳陶罐（M346∶1），出土于人骨小腿骨旁。石器2件，均为串珠（M346∶2），出土于人骨颈部。

1. 陶器

M346∶1，双耳陶罐。1件。夹细砂红陶，手制。小直口，方唇，短颈，颈肩双耳，鼓腹，鼓腹处两侧各有一乳突，小圈足。通高16.2厘米，口径8.6厘米。腹径17.6厘米，底径7.1厘米，重845克（图五三七，3；图版三六五，6）。

2. 石器

M346∶2，串珠。2件。M346∶2-1，绿松石串珠，1件，扁腰鼓状，中部穿孔，长1.1厘米，宽1.4厘米，孔径0.2厘米，重1.77克（图五三七，2；图版）；M346∶2-2，玉髓串珠，1件，不规则圆柱状，中部对钻穿孔。长0.3～0.6厘米，直径0.6厘米，孔径0.2厘米，重1.34克（图五三七，1；图版三六七，1）。

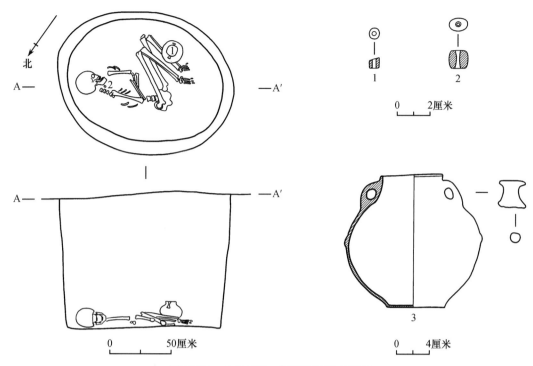

图五三七 M346平、剖面图及出土器物
1. 玉髓串珠（M346：2-2） 2. 绿松石串珠（M346：2-1） 3. 双耳陶罐（M346：1）

M347

长方形竖穴土坑墓。位于T2212，东部被M329打破。墓向250°。墓口距地表0.23米，长0.66米，残宽0.5米，墓坑深0.42米。墓圹内填充夹杂砾石的灰色土。墓圹底部为长方形土坯椁室，椁室西、南、北三壁均竖立1层土坯，每边每层铺设1~2块，东壁情况不明。土坯长0.5米，宽0.2米，厚0.12米。椁室底部放置人骨1具，保存状况较差，仅存零星骨骼（图五三八）。

无出土遗物。

M348

长方形竖穴土坑墓。位于T2212，打破M333。墓向205°。墓口距地表0.3米，长0.58米，宽0.44米，墓坑深0.35米。墓圹内填充包含夹杂砾石的黄色土。墓圹底部为长方形土坯椁室，椁室四壁均竖立1层土坯，每边每层铺设1块。椁室内周长0.35米，宽0.24米；土坯长0.44米，宽0.12米，厚0.11米。无人骨（图五三九）。

无出土遗物。

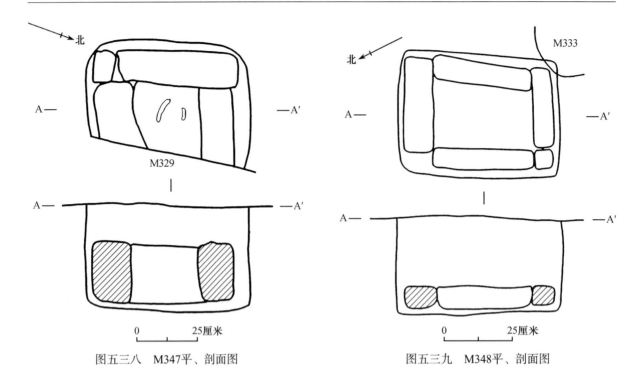

图五三八　M347平、剖面图　　　　　　图五三九　M348平、剖面图

M349

（一）形制结构

长方形竖穴土坑墓。位于T2313。墓向47°。墓口距地表0.15米，长2.12米，宽1.66米，墓坑深1.67米。墓圹内填充黄色砂质土，夹杂零星人骨和遗物。墓圹底部为长方形土坯椁室，椁室四壁均自下而上错缝平砌5层土坯，北壁在5层土坯之上再放置2块土坯，东壁在5层土坯之上再放置1块土坯，每边每层铺设3～5块。椁室内周长0.96米，宽0.72米；土坯长0.4米，宽0.3米，厚0.11米。椁室底部放置人骨1具，保存状况极差，分布散乱（图五四○）。

（二）出土遗物

共41件。陶器8件，其中双耳陶罐1件（M349：2）、陶片7件（M349：7），均出土于墓坑填土。铜器26件，其中铜珠18件（M349：1）、铜片2件（M349：3）、铜泡1件（M349：4）、铜管1件（M349：5），均出土于墓坑填土；铜管1件（M349：10），出土于椁室南部；铜牌饰3件，2件（M349：8、M349：9）出土于椁室南部，1件（M349：11）出土于人骨颈部。石器7件，均为串珠（M349：6），出土于墓坑填土。

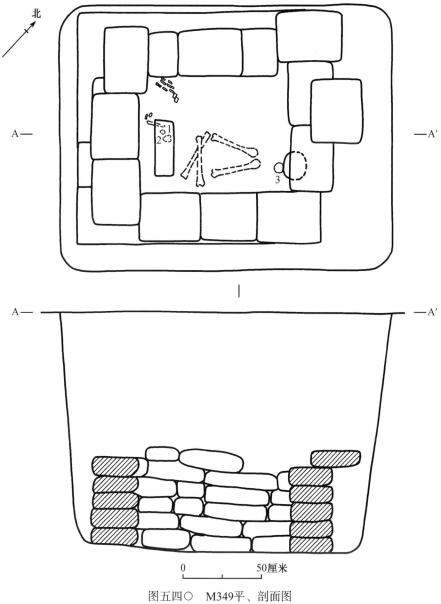

图五四〇 M349平、剖面图

1. 铜牌饰（M349：8）　2. 铜牌饰（M349：9）　3. 铜牌饰（M349：11）

1. 陶器

M349：2，双耳陶罐。1件。夹细砂红陶，手制，完整。侈口，圆唇，短束颈，沿肩双耳，球腹，小平底。口沿外绘一周横向水波纹，肩部绘一周弦纹，其下为平行线交错三角纹，三角纹之间为横向水波纹。通高17.6厘米，口径11.7厘米，腹径18厘米，底径8.4厘米，重1110克（图五四一，1；图版三六七，2）。

M349：7，陶片。7件。夹细砂红陶，手制，残长11.2厘米，重170克。

2. 铜器

M349：1，铜珠。18件。不规则圆柱状，中部有孔。铸造而成。长0.5～1厘米，宽0.5～0.7

厘米，孔径0.2～0.3厘米，重0.57克（图五四一，8；图版三六七，3）。

M349：3，铜片。2件。残损严重，不可辨认形状。残长2.3厘米，重3.32克（图版三六八，1）。

M349：4，铜泡。1件。圆形，泡状，背部有纽。直径2.4厘米，重4.74克（图五四一，6；图版三六八，2）。

M349：5，铜管。1件。管状，用薄铜片卷成，有接缝。残长2.3厘米，宽1厘米，孔径0.2厘米，重2.45克（图五四一，3；图版三六八，3）。

M349：8，铜牌饰。1件。圆形，泡状，近边缘处有两个相对穿孔。直径2.3厘米，孔径0.2厘米，重1.37克（图五四一，5；图版三六八，5）。

M349：9，铜牌饰。1件。长方形，一端残，另一端近边缘处有一孔。中部略凸。残长6.7厘米，宽5厘米，孔径0.3厘米，重18.52克（图五四一，2；图版三六八，6）。

M349：10，铜管。1件。半圆柱状，中间有一道凹槽。一端呈勺状，另一端残，两端近边缘处各有一纽。长13.5厘米，直径0.8厘米，纽长1.5厘米，纽宽1.2厘米，重34.31克（图五四一，9；图版三六九，1）。

M349：11，铜牌饰。1件。圆形，一面略凸，另一面略凹，近边缘处有两个相对的小孔。直径5.8厘米，孔径0.2厘米，重23.43克（图五四一，4；图版三六九，2）。

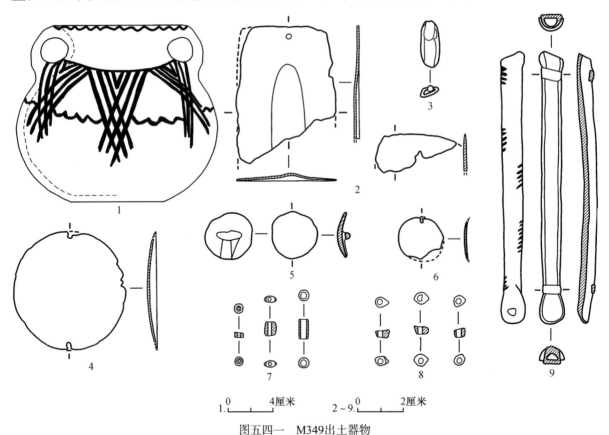

0　　　4厘米
1.└──────┘

2～9.0　　　2厘米
└────┘

图五四一　M349出土器物

1. 双耳陶罐（M349：2）　2. 铜牌饰（M349：9）　3. 铜管（M349：5）　4. 铜牌饰（M349：11）　5. 铜泡（M349：8）
6. 铜牌饰（M349：4）　7. 滑石串珠（M349：6-1）　8. 铜珠（M349：1）　9. 铜管（M349：10）

3. 石器

M349：6，串珠。7件。M349：6-1，滑石串珠，5件，其中3件饼状，2件圆柱状，中部穿孔。长0.2～1厘米，直径0.4厘米，孔径0.2厘米（图五四一，7；图版三六八，3）；M349：6-2，绿松石串珠，2件，其中1件矮圆柱状，1件扁腰鼓状，长0.2～0.6厘米，直径0.3厘米，孔径0.2厘米。总重0.99克（图版三六八，4）。

M350

（一）形制结构

长方形竖穴土坑墓。位于T2213，被M337打破。墓向41°。墓口距地表0.18米，长2.3米，宽2.06米，墓坑深1.57米。墓圹内填充灰褐色沙质土。墓圹底部四周设熟土二层台，二层台内侧竖立1层土坯，二层台上平砌1层土坯，边每层铺设2～3块，南壁在平砌土坯之上另平铺2块土坯。椁室内周长1.16米，宽0.84米；土坯长0.34米、宽0.25米，厚0.08米。椁室底部放置人骨1具，左侧身屈肢，头向东，面向南，性别女（图五四二；图版三六九，3；图版三七〇，1）。

（二）出土遗物

共25件。陶器1件，为双耳陶罐（M350：1），出土于人骨膝部。铜器5件，其中铜耳环2件（M350：3），出土于人骨耳部；铜管1件（M350：4），出土于人骨股骨；铜饰件1件（M350：5），出土于人骨膝部；铜珠1件（M350：6），出土位置不明。石器19件，均为滑石串珠（M350：2），出土于人骨颈部。

1. 陶器

M350：1，双耳陶罐。1件。夹细砂红陶，手制，完整。侈口，方唇，短束颈，颈肩双耳，鼓腹，小平底。通高20.7厘米，口径11.6厘米，腹径17.5厘米，底径10.5厘米，重1205克（图五四三，1；图版三七〇，1）。

2. 铜器

M350：3，铜耳环。2件。环形，用细铜丝绕成，接口处一端扁平。环径0.8、2厘米，丝径0.2厘米，重0.18、1.09克（图五四三，3；图版三七〇，2）。

M350：4，铜管。1件。残损非常严重，残长1.4厘米，重0.56克。

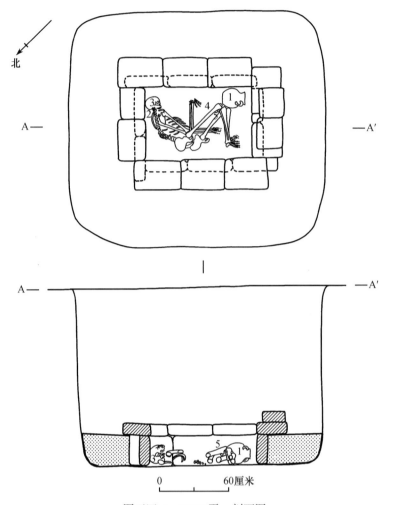

图五四二　M350平、剖面图

1. 双耳陶罐（M350：1）　2. 滑石串珠（M350：2）　3. 铜耳环（M350：3）　4. 铜管（M350：4）　5. 铜饰件（M350：5）

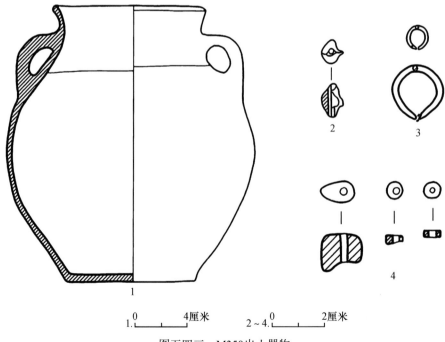

图五四三　M350出土器物

1. 双耳陶罐（M350：1）　2. 铜珠（M350：6）　3. 铜耳环（M350：3）　4. 滑石串珠（M350：2）

M350：5，铜饰件。1件。无绘图、无照片、无文字记录。

M350：6，铜珠。1件。不规则圆柱形，铸造，两侧有棱。长1.3厘米，直径0.9厘米，孔径0.3厘米（图五四三，2；图版三七一，2）。

3. 石器

M350：2，滑石串珠。19件。其中18件较小，矮圆柱状，中部穿孔，长0.2～0.4厘米，直径0.5～0.6厘米，口径0.2厘米，总重2.96克；1件较大，呈不规则柱状，中部穿孔，长1.4厘米，宽1.7厘米，口径0.2厘米，重3.28克（图五四三，4；图版三七一，1）。

附：M350：6铜珠经成分分析，合金类型为Cu-Sn（锡青铜）（梅建军，2002：4）。

M350铜器经金相检验和成分分析，其饰材质为Cu-Sn（锡青铜），制作技术未知（潜伟，2006：44）。

M351

长方形竖穴土坑墓。位于T2212，打破M352，被M387打破。墓向45°。墓口距地表0.24米，残长0.66米，宽0.62米，墓坑深0.39米。墓圹底部为长方形土坯椁室，椁室四壁均竖立1层土坯，每边每层铺设1块。土坯长0.46米，宽0.2米，厚0.1米。无人骨（图五四四）。

无出土遗物。

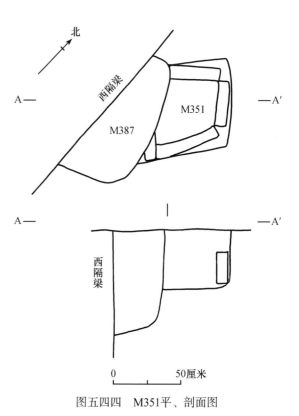

图五四四　M351平、剖面图

M352

（一）形制结构

长方形竖穴土坑墓。位于T211，被M351打破。墓向27°。墓口距地表0.24米，长1.5米，宽1.1米，墓坑深1.3米。墓圹内填充黄色土，土质较硬，夹杂陶片和零星人骨。墓圹底部放置人骨1具，保存较差，仅存零星骨骼（图五四五）。

（二）出土遗物

共25件。石器25件，其中绿松石串珠6件（M352∶1），出土于墓坑东北部；滑石串珠19件（M352∶2），出土于墓坑东北部。

M352∶1，绿松石串珠。6件，扁圆柱形或不规则形，中部穿孔。长0.7~1.5厘米，孔径0.3厘米，重0.34~2.64克（图五四五，1；图版三七二，1）。

M352∶2，滑石串珠。19件，圆片状，中部穿孔。直径0.68~1.18厘米，厚0.1~0.2厘米，孔径0.2厘米，重0.07~0.12克（图五四五，2；图版三七二，1）。

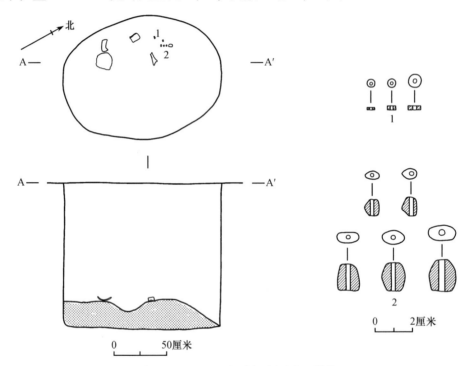

图五四五　M352平、剖面图及出土器物
1.绿松石串珠（M352∶1）　2.滑石串珠（M352∶2）

M353

（一）形制结构

长方形竖穴土坑墓。位于T2113，西部被M338打破。墓向240°。墓口距地表0.17米，残长0.66米，宽0.8米，墓坑深1.1米。墓圹内填充夹杂细砾的黄色沙质土。墓圹底部放置人骨1具，右侧身屈肢，上半身被扰乱（图五四六；图版三七二，2）。

（二）出土遗物

共1件。陶器1件，为双乳钉陶壶（M353∶1），出土于人膝部。

M353∶1，双乳钉陶壶。1件。直口，圆唇，直颈，平肩，鼓腹，鼓腹处两侧有各有一乳钉，圈足。通高15.4厘米，口径7.8厘米，腹径16厘米，底径8.4厘米，重845克（图五四六，1；图版三七一，3）。

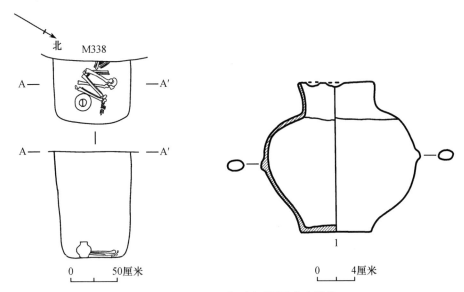

图五四六　M353平、剖面图及出土器物

1. 双乳钉陶壶（M353∶1）

M354

（一）形制结构

长方形竖穴土坑墓。位于T2112。墓向203°。墓口距地表0.3米，长1.5米，宽1.2米，墓坑深1.04米。墓圹内填充黄色土，质地较硬。墓圹底部为长方形土坯椁室，椁室四壁均平砌多层土坯，具体形制不明。椁室内周长1.02米，宽0.68米。椁室底部放置人骨1具，右侧身屈肢，头向南，面向东，性别男（图五四七；图版三七三，1）。

（二）出土遗物

共6件。陶器1件，为双耳陶罐（M354∶1），出土于人骨胫骨。铜器4件，其中铜牌饰2件（M354∶2、M354∶3），出土于人骨颅骨前；铜耳环2件（M354∶4、M354∶5），出土于人骨颅骨及足部。石器1件，为玉髓串珠（M354∶6），出土于人骨颈部。

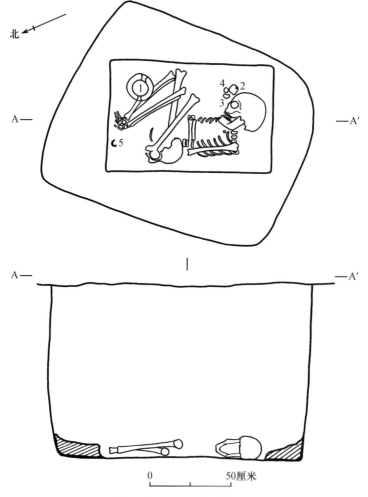

图五四七　M354平、剖面图

1. 双耳陶罐（M354：1）　2. 铜牌饰（M354：2）　3. 铜牌饰（M354：3）　4. 铜耳环（M354：4）　5. 铜耳环（M354：5）

1. 陶器

　　M354：1，双耳陶罐。1件。夹细砂红陶，手制。微侈口，圆唇，短束颈，沿肩双耳，鼓腹，平底。口沿内外绘短线纹，肩部绘一周弦纹，其下为细垂带纹，耳部绘竖条纹。通高14.7厘米，口径10厘米，腹径14.4厘米，底径8厘米，重590克（图五四八，1；图版三七三，2）。

2. 铜器

　　M354：2，铜牌饰。1件。圆形，略弧，两侧对称双孔，边缘锐薄。残宽2.8厘米，残长3.1厘米，孔径0.3厘米，重2.54克（图五四八，6；图版三七三，3）。

　　M354：3，铜牌饰。1件。残，半圆形，边缘内卷。残长3.9厘米，宽1.9厘米，重3.36克（图五四八，5；图版三七四，1）。

　　M354：4，铜耳环。1件。环状，由直径0.3厘米的铜丝绕制而成，两端皆残。残径3.2厘米，重1.96克（图五四八，4；图版三七四，2）。

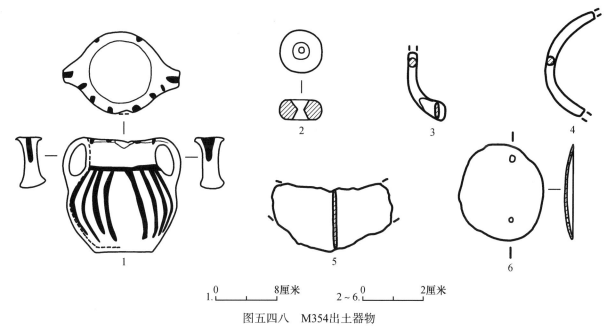

图五四八　M354出土器物

1. 双耳陶罐（M354：1）　2. 玉髓串珠（M354：6）　3. 铜耳环（M354：5）　4. 铜耳环（M354：4）　5. 铜牌饰（M354：3）
6. 铜牌饰（M354：2）

M354：5，铜耳环。1件。环状，由直径0.2厘米的铜丝绕制而成，两端皆残。残径2.3厘米，重0.84克（图五四八，3）。

3. 石器

M354：6，玉髓串珠。1件。矮圆柱状，鼓腹，中部对钻穿孔。直径1.3厘米，高0.6厘米，孔径0.4厘米，重1.78克（图五四八，2；图版三七四，3）。

附：M354墓主人颅骨形态观察为男性，趋向于蒙古人种的体质特征。眶口倾斜前倾，眶形圆钝，犬齿窝浅，鼻前棘稍显。从15项测量特征看，其中5项落入蒙古人种变异范围，4项趋向于蒙古人种特征。有4项落入欧罗巴人种变异范围，2项趋向于欧罗巴人种特征。所以，大体倾向于蒙古人种类型特征（王博、崔静，2003：97）。

性别鉴定为男（魏东，2009：125）。

M355

（一）形制结构

长方形竖穴土坑墓。位于T2113。墓向252°。墓口距地表0.22米，长1.3米，宽0.88米，墓坑深1.2米。墓圹内填充夹杂砾石的黄色沙质土。墓圹底部放置人骨1具，右侧身屈肢，头向西南，面向东，性别女（图五四九；图版三七五，1）。

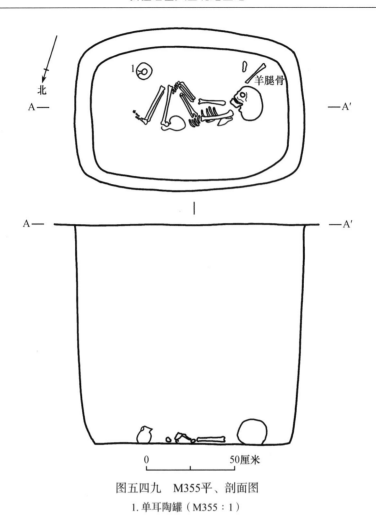

图五四九　M355平、剖面图
1. 单耳陶罐（M355：1）

（二）出土遗物

共2件。陶器1件（M355：1），为单耳陶罐，出土于膝盖前侧。羊腿骨1件，出土于头部东侧。

M355：1，单耳陶罐。残损严重。夹细砂红陶，素面。直口，颈肩单耳，下腹部较瘦，平底。残高约8.8厘米，底径约4.4厘米。

M356

长方形竖穴土坑墓。位于T2112。墓向77°。墓口距地表0.22米，长0.69米，宽0.6米，墓坑深0.5米。墓圹内填充夹杂细砾的黄色土。墓圹底部为长方形土坯椁室，椁室四壁均竖立1层土坯，椁室底部平铺1块土坯，每边每层铺设2~3块。椁室内周长0.34米，宽0.27米；土坯长0.2米，宽0.15米，厚0.1米。椁室底部放置人骨1具，保存较差，仅存部分散乱骨骼，为未成年个体（图五五〇）。

无出土遗物。

附：墓主人经分子遗传学鉴定，性别为女性（高诗珠，2009：56）。

M357

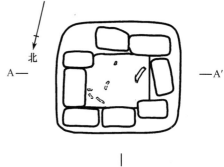

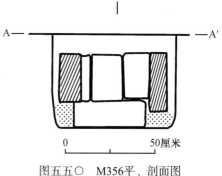

图五五〇 M356平、剖面图

（一）形制结构

长方形竖穴土坑墓。位于T2313。墓向216°。墓口距地表0.23米，长1.35米，宽0.9米，墓坑深0.78米。墓圹内填充灰色砂质土。墓圹底部放置人骨1具，保存较差，仅存零星骨骼（图五五一；图版三七五，2）。

（二）出土遗物

共2件。陶器1件，为双耳陶罐，出土于墓坑北部（M357：2）。铜器1件，为铜牌饰（M357：1），出土于墓坑南部。

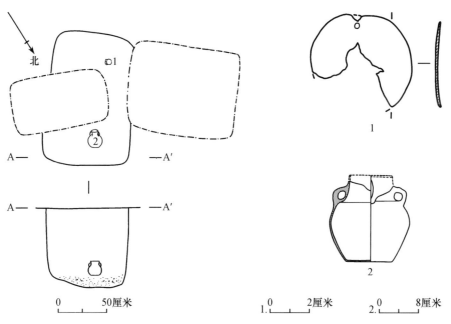

图五五一 M357平、剖面图及出土器物
1.铜牌饰（M357：1） 2.双耳陶罐（M357：2）

1. 陶器

M357：2，双耳陶罐。1件。夹细砂红陶，手制。小直口，直颈，颈肩双耳，鼓腹，平底。残高16.6厘米，口径7.9厘米，腹径15.4厘米，底径9.2厘米，重890克（图五五一，2；图版三七四，5）。

2. 铜器

M357：1，铜牌饰。1件。圆泡状，边缘处残有一孔。残径5.1厘米，孔径0.3厘米，重9.39克（图五五一，1；图版三七四，4）。

M358

（一）形制结构

长方形竖穴土坑墓。位于T2012，东北部打破M388，被现代坑打破。墓向221°。墓口长1.48米，宽1.24米，墓坑深0.46米。墓圹内填充夹杂砾石的灰色沙质土。墓圹底部四周设熟土二层台，二层台内侧竖立1层土坯，东、北两壁二层台上平砌1层土坯，西、南两壁二层台上错缝平砌2层土坯，每边每层铺设2～4块。椁室内周长0.94米，宽0.54米，土坯长0.4米，宽0.24米，厚0.1米。椁室底部放置人骨1具，右侧身屈肢，头向南，面向东，性别男（图五五二；图版三七六，1）。

（二）出土遗物

共5件。陶器1件，为双耳陶罐（M358：1），出土于人骨腹部。铜器2件，为铜耳环（M358：3、M358：4），出土于人骨左右耳。石器1件，为绿松石串珠（M358：2），出土于人骨颈部。羊腿骨1件，出土于填土中。

1. 陶器

M358：1，双耳陶罐。1件。夹细砂红陶，手制。凹口外侈，短束颈，沿肩双翘耳，鼓腹，平底。肩部绘一周弦纹，其下为连续的叶脉三角纹，耳部绘树草纹。通高13厘米，口径8.4厘米，腹径13.1厘米，底径5厘米，重490克（图五五三，1；图版三七四，6）。

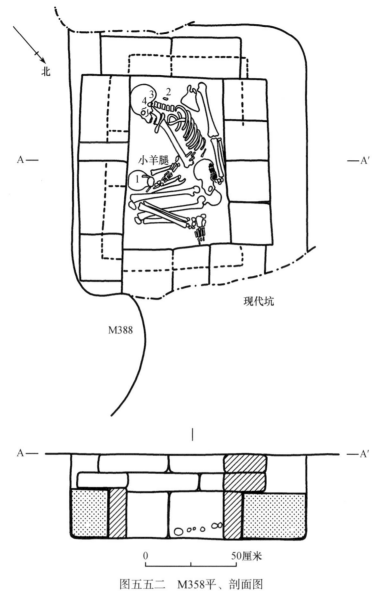

图五五二　M358平、剖面图

1. 双耳陶罐（M358：1）　2. 绿松石串珠（M358：2）　3. 铜耳环（M358：3）　4. 铜耳环（M358：4）

2. 铜器

M358：3，铜耳环。1件。环状，由直径0.3厘米的铜丝卷曲而成，接口扁平，另一端残，直径1.9厘米，重0.97克（图五五三，2；图版三七六，3）。

M358：4，铜耳环。1件。环形，由直径0.4厘米的铜丝卷曲而成，接口一端扁平，另一端圆钝。直径2.2～2.7厘米，重3.47克（图五五三，3；图版三七七，1）。

3. 石器

M358：2，绿松石串珠。1件。绿色，磨光，玉化明显。扁圆柱状，中部穿孔。长1厘米，宽0.5厘米，孔径0.3厘米，重0.7克（图五五三，4；图版三七六，2）。

附：M358墓主人颅骨形态观察为男性，趋向于蒙古人种的体质特征。眶口形状是封闭和敞口型的中间形式，鼻根点凹陷浅，眉间突度中等。从9项测量特征看，其中12项落入蒙古人种变异范围，1项趋向于蒙古人种特征；有2项落入欧罗巴人种的变异范围，1项趋向于欧罗巴人种的特征。很明显，应该归入蒙古人种类型。

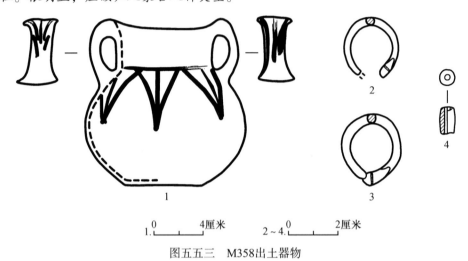

图五五三　M358出土器物

1. 双耳陶罐（M358∶1）　2. 铜耳环（M358∶3）　3. 铜耳环（M358∶4）　4. 绿松石串珠（M358∶2）

M359

（一）形制结构

长方形竖穴土坑墓。位于T2111，打破M398。墓向208°。墓口长1.3米，宽1.12米，墓坑深0.78米。墓圹内填充灰色沙质土，夹杂零星人骨和遗物。墓圹底部四周设生土二层台，二层台内侧竖立1层土坯，二层台上平砌1~2层土坯，每边每层铺设1~2块。椁室内周长0.98米，宽0.48米；土坯长0.4米，宽0.24米，厚0.12米。椁室底部放置人骨1具，保存较差，仅存零星骨骼，为未成年个体（图五五四）。

（二）出土遗物

共4件。陶器1件，为双耳陶罐（M359∶3），出土于椁室南部。铜器3件，其中铜泡1件（M359∶1），出土于墓坑填土；铜牌饰1件（M359∶2），出土于墓坑填土；铜耳环1件（M359∶4），出土于耳部。

1. 陶器

M359∶3，双耳陶罐。1件。夹细砂红陶，手制，腹部有明显修整痕迹。微侈口，方唇，

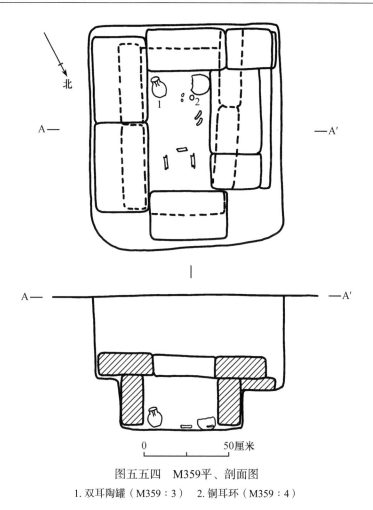

图五五四 M359平、剖面图
1. 双耳陶罐（M359：3） 2. 铜耳环（M359：4）

粗短颈，颈肩双耳，腹部正中有一流嘴，底部内凹。通高8.8厘米，口径7.2厘米，腹径10.2厘米，底径5.7厘米，重290克（图五五五，1；图版三七七，4）。

2. 铜器

M359：1，铜泡。1件。圆形，略弧，正面边缘有一周连珠纹，背面有纽及明显的铸槽，边缘较厚。直径3.5厘米，厚0.3厘米，重12.1克（图五五五，3；图版三七七，2）。

M359：2，铜牌饰。1件。圆形，略弧，素面，边缘略残。直径4.6厘米，厚0.3厘米，重13.53克（图五五五，4；图版三七七，3）。

M359：4，铜耳环。1件。环形，由直径0.15厘米的铜丝绕成，接口处一端尖锐，另一端圆钝。直径1.7厘米，丝径0.15克，重0.76克（图五五五，2；图版三七七，5）。

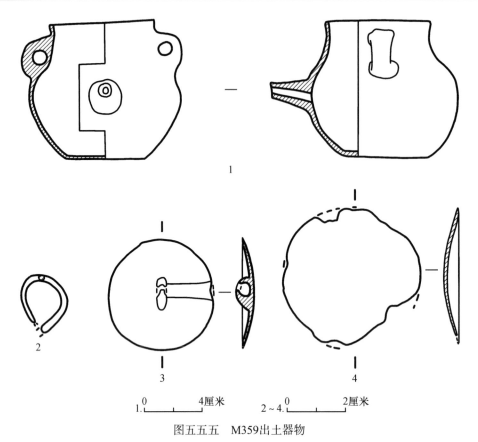

图五五五　M359出土器物

1. 双耳陶罐（M359∶3）　2. 铜耳环（M359∶4）　3. 铜泡（M359∶1）　4. 铜牌饰（M359∶2）

M360

（一）形制结构

长方形竖穴土坑墓。位于T2311。墓向60°。墓口长1.02米，宽0.64米，墓坑深0.3米。墓圹内填充夹杂砾石的黄色沙质土。墓圹底部为长方形土坯椁室，椁室四壁均竖立1层土坯，每边每层铺设1～2块。椁室内周长0.86米，宽0.42米；土坯长0.4米，宽0.2米，厚0.11米。无人骨（图五五六）。

（二）出土遗物

共1件。陶器1件，为单耳陶罐（M360∶1），出土于椁室南部。

M360∶1，单耳陶罐。1件。夹细砂红陶，手制。微侈口，圆唇，直颈，沿肩单大耳，圆鼓腹，平底。通高7.3厘米，口径3.5厘米，腹径7.1厘米，底径3.2厘米，重115克（图五五六，1；图版三七七，6）。

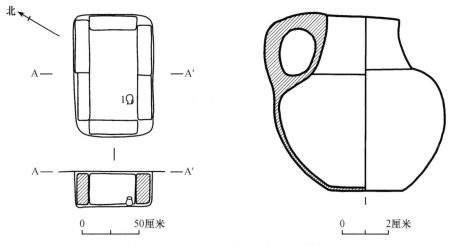

图五五六 M360平、剖面图及出土器物
1. 单耳陶罐（M360：1）

M361

（一）形制结构

长方形竖穴土坑墓。位于T2111。墓向32°。墓口距地表0.24米，长1.62米，宽1.34米，墓坑深1.02米。墓圹内填充黄灰色沙质土，夹杂碎骨和碎土坯。墓圹底部四周设熟土二层台，东、西、北三壁二层台上自下而上错缝平砌3层土坯，南壁二层台上自下而上错缝平砌4层土坯，每边每层铺设3~5块。椁室内周长0.9米，宽0.56米；土坯长0.4米，宽0.2米，厚0.1米。椁室底部放置人骨1具，左侧身屈肢，头向东北，面向南，性别女（图五五七；图版三七八，1）。

（二）出土遗物

共147件。陶器1件，为双耳陶罐（M361：1），出土于人骨膝部。铜器10件，其中铜泡1件（M361：3），出土于人骨肘部；铜手镯1件（M361：4），出土于人骨右腕；铜片5件，1件（M361：6）出土于人骨头部，4件（M361：9）出土于人骨肋骨处；铜铃1件（M361：7），出土于人骨膝部；铜耳环2件，均出土于人骨左右耳（M361：8、M361：10）。石器136件，其中滑石串珠1件（M361：2），出土于人骨膝部；串珠135件（M361：5），出土于人骨颈部。

1. 陶器

M361：1，双耳陶罐。1件。夹细砂红陶，手制。微侈口，圆唇，短直颈，颈肩双耳，鼓腹，平底。通高16.2厘米，口径10.4厘米，腹径16.3厘米，底径8.2厘米，重790克（图五五八，1；图版三七八，2）。

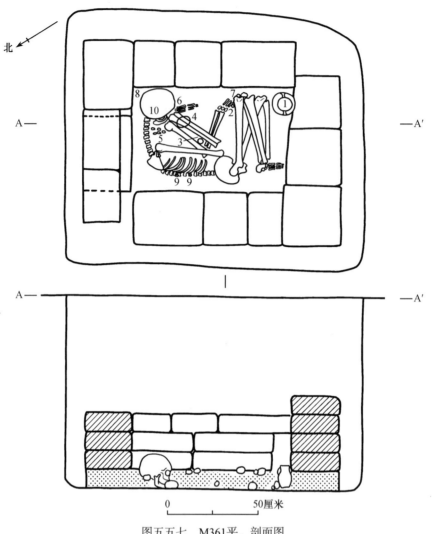

图五五七　M361平、剖面图

1. 双耳陶罐（M361：1）　2. 滑石串珠（M361：2）　3. 铜泡（M361：3）　4. 铜手镯（M361：4）　5. 串珠（M361：5）
6. 铜片（M361：6）　7. 铜铃（M361：7）　8. 铜耳环（M361：8）　9. 铜片（M361：9）　10. 铜耳环（M361：10）

2. 铜器

M361：3，铜泡。1件。圆泡状，背部有桥纽。直径1.8厘米，厚0.6厘米，重2.78克（图五五八，6；图版三七九，1）。

M361：4，铜手镯。1件。环状，由直径0.4厘米的铜丝卷曲而成，无断开处，有两处疑似焊接点。直径7.4厘米，铜丝直径0.4厘米，重15.43克（图五五八，5；图版三七九，2）。

M361：6，铜片。1件。残损严重，重1.36克。

M361：7，铜铃。1件。铜铃状，上部为圆柱形，有空，下部为圆锥形，有4个镂空三角形。高4.2厘米，底径2.2厘米，上孔径0.3厘米，重15.7克（图五五八，7；图版三八〇，1）。

M361：8，铜耳环。1件。环状，由直径0.3厘米的铜丝绕制而成，接口处一端尖锐，另一端圆钝，直径3.5厘米，重4.56克（图五五八，3；图版三八〇，2）。

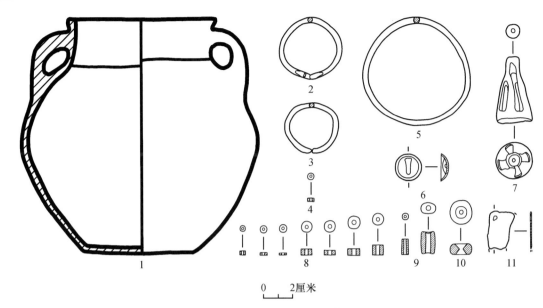

0　　2厘米

图五五八　M361出土器物

1. 双耳陶罐（M361：1）　2. 铜耳环（M361：10）　3. 铜耳环（M361：8）　4. 滑石串珠（M361：2）　5. 铜手镯（M361：4）
6. 铜泡（M361：3）　7. 铜铃（M361：7）　8. 滑石串珠（M361：5-4）　9. 绿松石串珠（M361：5-2）　10. 玉髓串珠（M361：5-1）
11. 铜片（M361：9）

M361：9，铜片。4件。近长方形，残破，有孔。长2.5～3厘米，宽1.5～2厘米，孔径0.1厘米，厚0.1厘米，重0.9克（图五五八，11；图版三八〇，3）。

M361：10，铜耳环。1件。环状，由直径0.3厘米的铜丝绕制而成，接口一端尖锐，另一端扁平。直径4.2厘米，重6.5克（图五五八，2；图版三八〇，4）。

3. 石器

M361：2，滑石串珠。1件。白色，圆柱状，表面风化，中部穿孔。直径0.4厘米，孔径0.2厘米，厚0.2厘米，重0.08克（图五五八，4；图版三七八，3）。

M361：5，串珠。135件。M361：5-1，玉髓串珠，1件，为红色半透明，矮圆柱状，鼓腹，对钻穿孔，直径1.6厘米，孔径0.7厘米，厚0.8厘米（图五五八，10；图版三七九，3）；M361：5-2，绿松石串珠，1件，最大1件为扁圆柱形，中部穿孔，其余皆为大小不均的圆柱状，中部穿孔，最大者，直径0.75～1厘米，长1.67厘米，宽1厘米，厚1.6厘米，孔径0.3厘米（图五五八，9；图版三七九，3）；M361：5-3，水晶串珠，1件，矮圆柱状，中部穿孔；M361：5-4，滑石串珠，126件，矮或扁圆柱状，中部穿孔，直径0.5～0.7厘米，孔径0.2厘米。总重38.52克（图五五八，8；图版三七九，3）。

附：经金相检验和成分分析，M361铜器材质为Cu（As）（含砷杂质的红铜），制作技术为热锻。铜耳环材质为Cu-As（砷青铜），制作技术为铸造（潜伟，2006：44）。

M361墓主人颅骨形态观察为女性，趋向于蒙古人种的体质特征。眶口倾斜后倾，眶口形状是封闭式和敞口式的中间形式，眶形圆钝，无鼻根点凹陷，眉间突度微显。从14项测量特征看，其中8项落入蒙古人种变异范围，4项落入欧罗巴人种变异范围，大体上趋向于蒙古人种特征（王博、崔静，2003：97）。

性别鉴定为女性（魏东，2009：129）。

M362

（一）形制结构

长方形竖穴土坑墓。位于T2012，打破M387，北部被M369打破。墓向220°。墓口距地表0.23米，长1.41米，宽1.22米，墓坑深0.65米。墓圹内填充夹杂细砾的灰色沙质土。墓圹底部为长方形土坯椁室，椁室西壁自下而上错缝平砌5层土坯，东、南、北三壁自下而上错缝平砌4层平砌，每边每层铺设2~3块。椁室内周长0.98米，宽0.66米；土坯长0.4米，宽0.2米，厚0.1米。椁室底部放置人骨1具，保存较差，分布散乱（图五五九；图版三八一，1）。

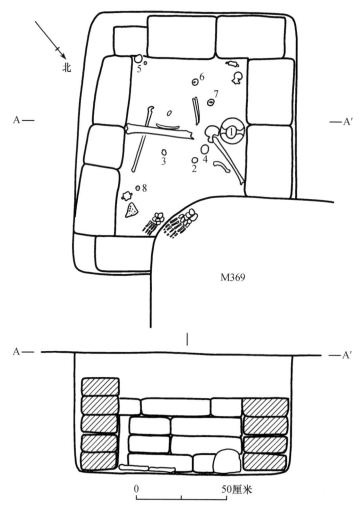

图五五九　M362平、剖面图

1. 双耳陶罐（M362：1）　2. 铜泡（M362：2）　3. 铜耳环（M362：3）　4. 铜牌饰（M362：4）　5. 铜牌饰（M362：5）
6. 玉髓串珠（M362：6）　7. 铜牌饰（M362：7）　8. 绿松石串珠（M362：8）

（二）出土遗物

共9件。陶器1件，为双耳陶罐（M362：1），出土于椁室中部。铜器6件，其中铜泡1件（M362：2），出土于椁室中部；铜耳环1件（M362：3），出土于椁室中部；铜牌饰3件（M362：4、M362：5、M362：7），出土于椁室中部；铜刀1件（M362：9），出土于椁室中部。石器2件，其中玉髓串珠1件（M362：6），出土于椁室南部；绿松石串珠1件（M362：8），出土于椁室东部。

1. 陶器

M362：1，双耳陶罐。1件。夹细砂红陶，手制。侈口，圆唇，短束颈，颈肩双耳，鼓腹，平底。通高13.5厘米，口径10.6厘米，腹径13.5厘米，底径7厘米，重505克（图五六〇，1；图版三八〇，5）。

2. 铜器

M362：2，铜泡。1件。圆泡形，背部有纽。直径2.9厘米，重4.21克（图五六〇，4；图版三八〇，6）。

M362：3，铜耳环。1件。环状，由直径0.2厘米的铜丝绕成，接口扁平相错。直径2厘米，重1.34克（图五六〇，3；图版三八一，2）。

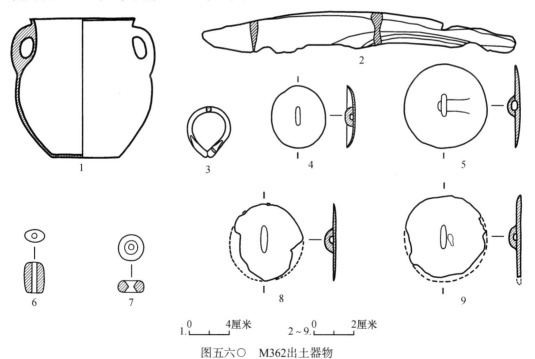

图五六〇　M362出土器物

1. 双耳陶罐（M362：1）　2. 铜刀（M362：9）　3. 铜耳环（M362：3）　4. 铜泡（M362：2）　5. 铜牌饰（M362：4）
6. 绿松石串珠（M362：8）　7. 玉髓串珠（M362：6）　8. 铜牌饰（M362：5）　9. 铜牌饰（M362：7）

　　M362：4，铜牌饰。1件。圆形，素面，背部有纽及明显的铸造槽。直径4厘米，厚0.15厘米，重12.42克（图五六〇，5；图版三八一，3）。

　　M362：5，铜牌饰。1件。圆形，素面，背部有纽。直径3.6厘米，厚0.1厘米，重5.41克（图五六〇，8；图版三八二，1）。

　　M362：7，铜牌饰。1件。圆形，素面，背部有纽。直径4厘米，厚0.2厘米，重10.05克（图五六〇，9；图版三八二，3）。

　　M362：9，铜刀。1件。弧背，弧刃，弧柄，柄两面各有一凸棱。长15.7厘米（图五六〇，2；图版三八二，5）。

3. 石器

　　M362：6，玉髓串珠。1件。红色半透明，圆柱状，鼓腹，中部对钻穿孔。直径1.8厘米，厚0.4厘米，孔径0.6厘米，重1.42克（图五六〇，7；图版三八二，2）。

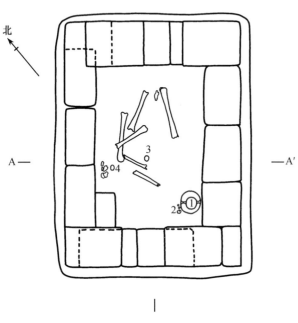

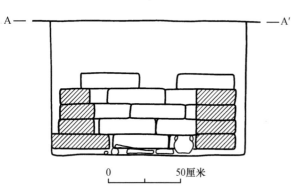

　　M362：8，绿松石串珠。1件。扁圆柱形，绿色，中部穿孔。长1.5厘米，宽1厘米，厚0.6厘米，孔径0.3厘米，重1.81克（图五六〇，6；图版三八二，4）。

M363

（一）形制结构

　　长方形竖穴土坑墓。位于T2213。墓向40°。墓口距地表0.06～0.09米，长1.76米，宽1.36米，墓坑深0.89米。墓圹内填充黄灰色沙质土。墓圹底部为长方形土坯椁室，椁室南、北两壁自下而上错缝平砌5层土坯，东、西两壁自下而上错缝平砌4层土坯，每边每层铺设3～4块。椁室内周长1.1米，宽0.72米；土坯长0.4米，宽0.2米，厚0.1米。椁室底部放置人骨1具，保存较差，骨骼分布散乱（图五六一）。

图五六一　M363平、剖面图

1. 双耳陶罐（M363：1）　　2. 水晶串珠（M363：2）

3. 铜耳环（M363：3）　　4. 海贝（M363：4）

（二）出土遗物

共4件。陶器1件，为双耳陶罐（M363：1），出土于椁室东南角。铜器2件，其中铜耳环1件（M363：3），出土于椁室中部；铜海贝1件（M363：4），出土于椁室西部。石器1件，为水晶串珠（M363：2），出土于椁室东南部。

1. 陶器

M363：1，双耳陶罐。1件。夹细砂红陶，手制。侈口，圆唇，短束颈，沿肩双耳，鼓腹，平底。腹部绘两道简短的横向水波纹，耳部绘树草纹。耳下部有明显的烟炱。通高16.7厘米，口径10.7厘米，腹径16厘米，底径7.6厘米，重800克（图五六二，1，图版三八二，6）。

2. 铜器

M363：3，铜耳环。1件。环状，由直径0.25厘米的铜丝绕成，接口一端尖锐。直径2.3厘米，重1.99克（图五六二，2，图版三八三，2）。

M363：4，铜海贝。1件。叶形，中部有一方形穿。残长2.3厘米，宽1.4厘米，厚0.2厘米，孔长1.7厘米，孔宽0.2厘米，重2.69克（图五六二，3，图版三八三，3）。

3. 石器

M363：2，水晶串珠。1件。乳白色，较通透。圆柱形，中部穿孔。直径0.6厘米，孔径0.15厘米，高0.4厘米，重0.46克（图版三八三，1）。

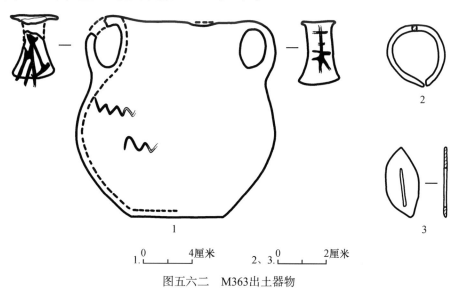

图五六二　M363出土器物

1. 双耳陶罐（M363：1）　2. 铜耳环（M363：3）　3. 铜海贝（M363：4）

M364

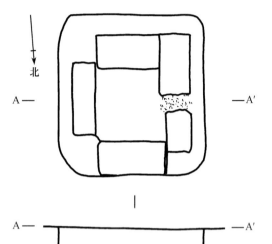

长方形竖穴土坑墓。位于T2013。墓向185°。墓口距地表1.85米，长0.86米，宽0.82米，墓坑深0.3米。墓圹内填充灰色沙质土。墓圹底部为长方形土坯椁室，椁室四壁均平砌1层土坯，每边每层铺设1～2块。椁室内周长0.4米，宽0.38米；土坯长0.4米，宽0.24米，厚0.1米。无人骨（图五六三；图版三八四，1）。

无出土遗物。

图五六三　M364平、剖面图

M365

（一）形制结构

长方形竖穴土坑墓。位于T2013。墓向35°。墓口距地表0.33米，长1.6米，宽1.23米，墓坑深1.37米。墓坑内填充包含砾石的灰色沙质土。墓坑底部为长方形土坯椁室，椁室四壁均自下而上错缝平砌4层土坯，每边每层铺设2～3块。椁室内周长0.8米，宽0.51米；土坯长0.4米，宽0.23米，厚0.1米。墓葬内发现人骨3具，其中1具放置于椁室底部，左侧身屈肢，头向东北，面向西南，保存状况较差；另2具放置于墓圹填土中，保存较差，分布散乱（图五六四；图版三八四，2）。

（二）出土遗物

共45件。陶器3件，均为双耳陶罐，出土于人骨足部（M365：2）及墓坑填土（M365：1、M365：8）。铜器4件，铜手镯1件（M365：3），出土于左腕；铜牌饰1件（M365：4），出土于人骨盆骨；铜耳环2件（M365：6、M365：7），出土于人骨左右耳都。石器38件，均为串珠（M365：5），出土于人骨颈部。

1. 陶器

M365：1，双耳陶罐。1件。夹细砂红陶，手制。侈口，圆唇，短束颈，颈肩双耳，鼓腹，平底。通高14.4厘米，口径10.7厘米，腹径15.2厘米，底径8.5厘米，重670克（图五六五，1；图版三八三，4）。

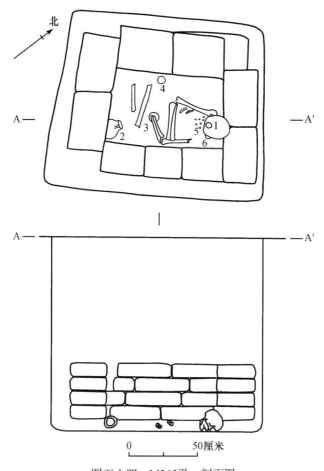

图五六四 M365平、剖面图

1. 铜耳环（M365：6） 2. 双耳陶罐（M365：2） 3. 铜手镯（M365：3） 4. 铜牌饰（M365：4） 5. 串珠（M365：5）
6. 铜耳环（M365：7）

M365：2，双耳陶罐。1件。夹细砂红陶，手制。微侈口，圆唇，直颈，颈肩双耳，鼓腹，平底。通高16.3厘米，口径10.5厘米，腹径16.2厘米，底径9.2厘米，重1005克（图五六五，2；图版三八三，5）。

M365：8，双耳陶罐。1件。夹细砂红陶，口部残。鼓腹，鼓腹处有乳突，平底（图五六五，3；图版三八六，2）。

2. 铜器

M365：3，铜手镯。1件。环状，用直径0.3厘米的铜丝卷曲而成，接口一端尖锐，另一端残。直径6.2厘米，重10.88克（图五六五，7；图版三八三，6）。

M365：4，铜牌饰。1件。现存圆形，大部残破。中部起脊，推测为方形铜牌。残长4.7厘米，宽3.4厘米，重9.98克（图五六五，4；图版三八五，1）。

M365：6，铜耳环。1件。环状，用0.3厘米的铜丝卷曲而成，接口扁平相错。直径5厘米，重6.71克（图五六五，6；图版三八五，2）。

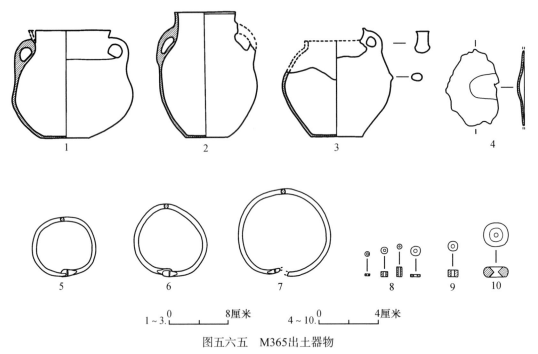

图五六五　M365出土器物

1. 双耳陶罐（M365：1）　2. 双耳陶罐（M365：2）　3. 双耳陶罐（M365：8）　4. 铜牌饰（M365：4）　5. 铜耳环（M365：7）
6. 铜耳环（M365：6）　7. 铜手镯（M365：3）　8. 滑石串珠（M365：5-3）　9. 绿松石串珠（M365：5-2）　10. 玉髓串珠
（M365：5-1）

M365：7，铜耳环。1件。环状，用0.2厘米的铜丝卷曲而成，接口扁平相错。直径4.3厘米，重4.37克（图五六五，5；图版三八六，1）。

3. 石器

M365：5，串珠。38件。M365：5-1，玉髓串珠，1件，矮圆柱状，中部对钻穿孔，直径1.8厘米，孔径0.8厘米，厚0.6厘米（图五六五，10；图版三八五，3）；M365：5-2，绿松石串珠，20件，对钻穿孔，长0.2～0.6厘米，宽0.1～0.3厘米，孔径0.15厘米（图五六五，9；图版三八五，3）；M365：5-3，滑石串珠，17件，圆柱状，中部穿孔，直径0.3～0.5厘米，厚0.1～0.4厘米，孔径0.2厘米（图五六五，8；图版三八五，3）。

M366

（一）形制结构

长方形竖穴土坑墓。位于T2011，打破M395。墓向225°。墓口距地表0.21米，长1.82米，宽1.38米，墓坑深0.92米。墓圹内填充灰色沙质土，夹杂零星人骨及遗物。墓圹底部为长方形土坯椁室，椁室东、西两壁自下而上错缝平砌4层土坯，南、北两壁自下而上错缝平砌6层土

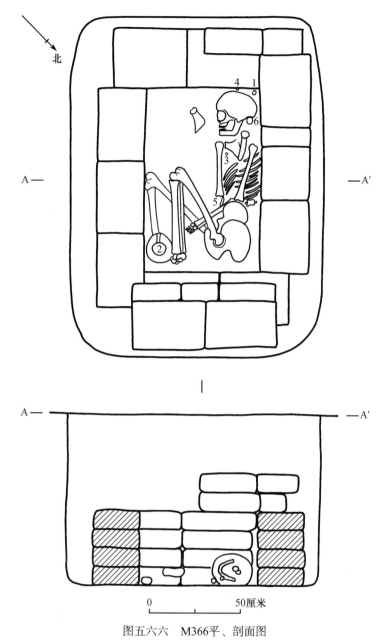

图五六六　M366平、剖面图

1. 铜泡（M366：7）　　2. 双耳陶罐（M366：2）　　3. 绿松石串珠（M366：3）　　4. 铜泡（M366：4）　　5. 铜刀（M366：5）
6. 铜耳环（M366：6）

坯，每边每层铺设2～3块。椁室内周长1米，宽0.66米；土坯长0.4米，宽0.2米，厚0.1米。椁室底部放置人骨1具，右侧身屈肢，头向西南，面向东南，性别男（图五六六；图版三八七，1）。

（二）出土遗物

共11件。陶器1件，为双耳陶罐（M366：2），出土于人骨足骨附近。铜器6件，其中铜泡3件（M366：4、M366：7），出土于人骨颅骨；铜刀1件（M366：5），出土于人骨腹部；

铜耳环2件（M366：6、M366：8），出土于人骨耳部或填土。石器3件，其中玉髓串珠1件（M366：1），出土于墓坑填土中；绿松石串珠2件（M366：3），出土于人骨胸部。羊肩胛骨1件，出土于头骨东侧。

1. 陶器

M366：2，双耳陶罐。1件。夹细砂红陶，手制。凹口外侈，短束颈，沿肩双翘耳，鼓腹，小平底。通高16.9厘米，口径11.4厘米，腹径17厘米，底径7.5厘米，重925克（图五六七，1；图版三八六，4）。

2. 铜器

M366：4，铜泡。2件。圆泡状，背部有纽，一件有残断的短柄，另一件正面边缘齿状。直径1.9、2.1厘米，重3.47、4.18克（图五六七，5；图版三八六，6）。

M366：5，铜刀。1件。弧背，锋残，柄部两缘凸起。长6.7厘米（图五六七，2；图版三八七，2）。

M366：6，铜耳环。1件。环状，由直径0.2厘米的铜丝绕成，重1.02克（图版三八七，3）。

M366：7，铜泡。1件。圆泡状，背部有纽及明显的铸造槽。直径1.9厘米，重3.78克（图五六七，6；图版三八八，1）。

M366：8，铜耳环。1件。环状，用0.2厘米的铜丝卷曲而成。残径2.8厘米，重1.37克（图五六七，7；图版三八八，2）。

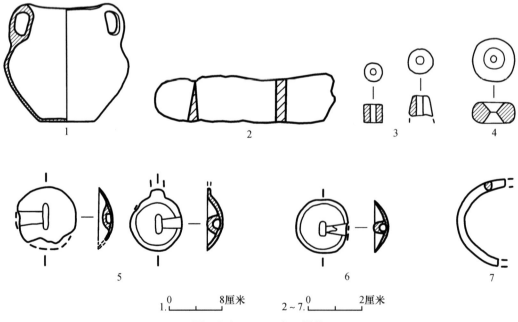

图五六七　M366出土器物

1. 双耳陶罐（M366：2）　2. 铜刀（M366：5）　3. 绿松石串珠（M366：3）　4. 玉髓串珠（M366：1）　5. 铜泡（M366：4）
6. 铜泡（M366：7）　7. 铜耳环（M366：8）

3. 石器

M366：1，玉髓串珠。1件。红色，半透明。矮圆柱状，鼓腹。对钻穿孔。直径1.6厘米，厚0.7厘米，孔径0.8厘米（图五六七，4；图版三八六，3）。

M366：3，绿松石串珠。2件。绿色，一件呈圆柱状，另一件呈不规则圆柱状，中部穿孔。长0.6、0.7厘米，直径0.7、0.7厘米，孔径均为0.2厘米，重0.6、0.79克（图五六七，3；图版三八六，5）。

附：经金相检验和成分分析，M366铜泡饰材质为Cu-Sn（As）（含砷杂质的锡青铜），制作技术为铸造。铜刀材质为Cu（As）（含砷红铜），制作技术为铸造后冷加工（潜伟，2006：44）。

M366墓主人颅骨形态观察为男性，趋向于蒙古人种的体质特征。眶口倾斜后倾，眶口形状是敞口型，鼻根点凹陷浅，眉间突度微显。从14项测量特征看，其中9项落入蒙古人种变异范围特征，2项趋向于蒙古人种的特征。有6项落入欧罗巴人种的变异范围，2项趋向于欧罗巴人种的特征。可以归入蒙古人种类型（王博、崔静，2003：97）。

性别鉴定为男（魏东，2009：125）。

M367

（一）形制结构

长方形竖穴土坑墓。位于T2111，北部被M330打破。墓向25°。墓口距地表0.18米，长1.43米，宽1.26米，墓坑深1.33米。墓圹底部四周设熟土二层台，东、南、西三壁二层台内侧竖立1层土坯，二层台上平砌2层土坯，每边每层铺设2～3块；北壁残存1层平砌。椁室内周长0.86米，宽0.68米；土坯长0.4米，宽0.2米，厚0.1米。椁室底部放置人骨1具，左侧身屈肢，上半身分布散乱，性别女（图五六八；图版三八九，1）。

（二）出土遗物

共28件。陶器1件，为双耳陶罐（M367：1），出土于人骨腹部。铜器24件，其中铜珠23件（M367：4），出土于人骨膝部；铜耳环1件（M367：5），出土于人骨下颌。石器3件，其中滑石串珠2件（M367：2），出土于人骨颈部；玉髓串珠1件（M367：3），出土于颈部。

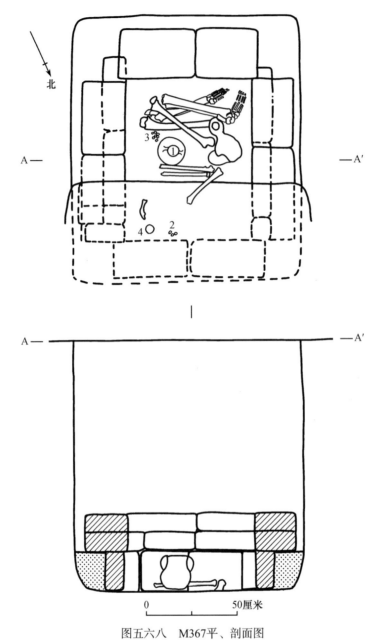

图五六八　M367平、剖面图

1. 双耳陶罐（M367：1）　2. 滑石串珠（M367：2）　3. 玉髓串珠（M367：3）　4. 铜珠（M367：4）

1. 陶器

M367：1，双耳陶罐。1件。夹细砂红陶，手制。侈口，圆唇，短束颈，沿肩双耳，鼓腹，平底。通高14.5厘米，口径10厘米，腹径15.2厘米，底径8.4厘米，重680克（图五六九，1；图版三八八，3）。

2. 铜器

M367：4，铜珠。23件。不规则圆柱形，铸造，两侧有棱。长0.6厘米，直径0.7厘米，孔

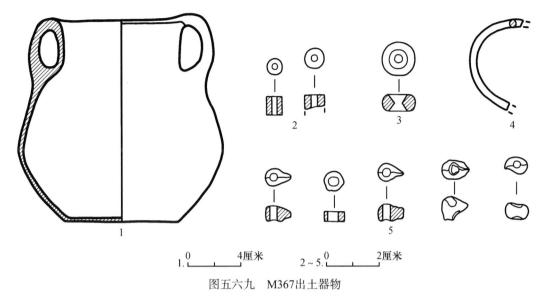

图五六九　M367出土器物

1. 双耳陶罐（M367∶1）　2. 滑石串珠（M367∶2）　3. 玉髓串珠（M367∶3）　4. 铜耳环（M367∶5）　5. 铜珠（M367∶4）

径0.3厘米，平均重0.7克（图五六九，5；图版三八九，2）。

M367∶5，铜耳环。1件。环形，由直径0.3厘米的铜丝卷曲而成。残径3.2厘米，重1.49克（图五六九，4；图版三八八，4）。

3. 石器

M367∶2，滑石串珠。2件。白色，圆柱状，中部穿孔。长0.4、0.7厘米，直径0.5、0.7厘米，孔径0.1、0.2厘米（图五六九，2；图版三八八，2）。

M367∶3，玉髓串珠。1件。红色，半透明，算珠形，折腰，对钻穿孔。长0.7厘米，直径1厘米，孔径0.4厘米，重1.46克（图五六九，3；图版三八八，3）。

M368

（一）形制结构

长方形竖穴土坑墓。位于T2213。墓向47°。墓口距地表0.11米，长1.86米，宽1.38米，墓坑深0.9米。墓圹内填充灰黄色砂质土，质地疏松。墓圹底部为长方形土坯椁室，椁室东、北两壁自下而上错缝平砌5层土坯，南壁自下而上错缝平砌4层土坯，西壁自下而上不错缝平砌4层土坯，每边每层铺设2～3块。椁室内周长1.02米，宽0.6米；土坯长0.4米，宽0.21米，厚0.1米。椁室底部放置人骨1具，保存较差，仅存零星骨骼（图五七〇；图版三九〇，1）。

（二）出土遗物

共40件。铜器1件，为铜珠（M368：2），出土于椁室北部。石器39件，均为串珠（M368：1），出土于椁室北部。

1. 铜器

M368：2，铜珠。1件。不规则柱状，有棱，铸造。长约0.5厘米，孔径0.2厘米，重0.7克（图五七〇，2；图版三九〇，2）。

2. 石器

M368：1，串珠。39件。M368：1-1，绿松石串珠，12件，均为圆片状，滑石串珠为圆柱或不规则圆柱状，中部穿孔，长0.1～0.4厘米，直径0.5厘米，孔径0.2厘米；M368：1-2，滑石串珠，27件，长0.25～0.87厘米，直径0.44～0.64厘米，孔径0.2～0.4厘米，总重8.85克（图五七〇，1；图版三九一，1）。

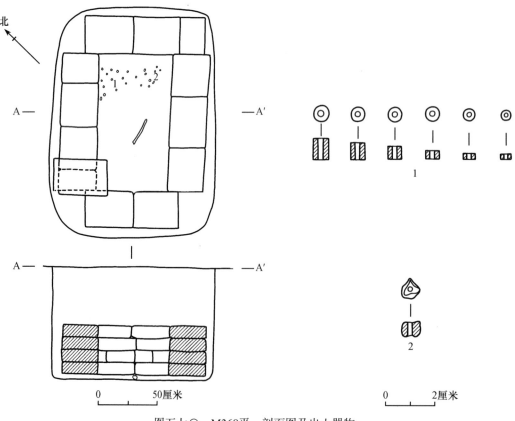

图五七〇　M368平、剖面图及出土器物

1. 滑石串珠（M368：1-2）　　2. 铜珠（M368：2）

M369

（一）形制结构

长方形竖穴土坑墓。位于T2012，西部被现代坑打破，打破M390，打破M362西北部、打破M388南壁。墓向224°。墓口距地表0.2米，长1.48米，残宽0.95米，墓坑深0.7米。墓圹底部南北对向两侧设生土二层台，二层台内侧竖立土坯，二层台上平砌2层土坯；墓圹东、西两壁自下而上错缝平砌4层土坯。椁室内周长0.98米，宽0.58米；土坯长0.4米，宽0.23米，厚0.1米。椁室底部放置人骨1具，为右侧身屈肢，头向南，面向东（图五七一；图版三九一，2）。

（二）出土遗物

共7件。陶器1件，为双耳陶罐（M369：1），出土于人骨足部。铜器2件，为铜耳环（M369：3），出土于人骨耳部。石器3件，均为滑石串珠（M369：2），出土于人骨胫骨。羊腿骨1件，出土于椁室东侧。

1. 陶器

M369：1，双耳陶罐。1件。夹细砂红陶，手制，口、颈、耳部残。鼓腹，平底。肩腹部绘多重斜向竖线纹及树草纹，耳部绘3道竖线纹。残高14厘米，腹径16.9厘米，底径7.2厘米，重2835克（图五七一，1；图版三九〇，3）。

2. 铜器

M369：3，铜耳环。2件。环状，用丝径0.2厘米的铜丝卷曲而成，接口一端扁平，另一端残。直径3.2厘米，重2.85克（图五七一，2；图版三九二，2）。

3. 石器

M369：2，滑石串珠。3件。圆片状，中部穿孔。长0.1~0.2厘米，直径0.5~0.6厘米，孔径0.2厘米，重0.13克（图五七一，3；图版三九二，1）。

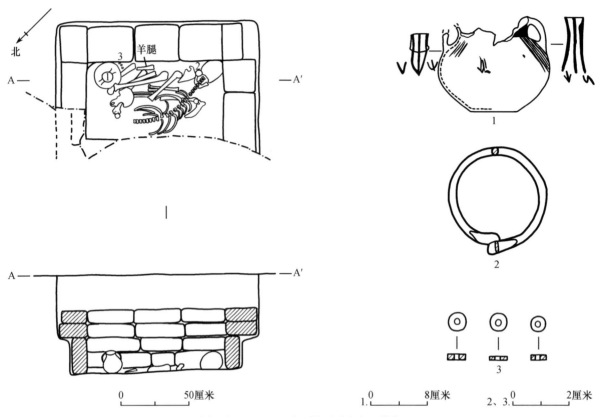

图五七一　M369平、剖面图及出土器物

1. 双耳陶罐（M369：1）　2. 铜耳环（M369：3）　3. 滑石串珠（M369：2）

M370

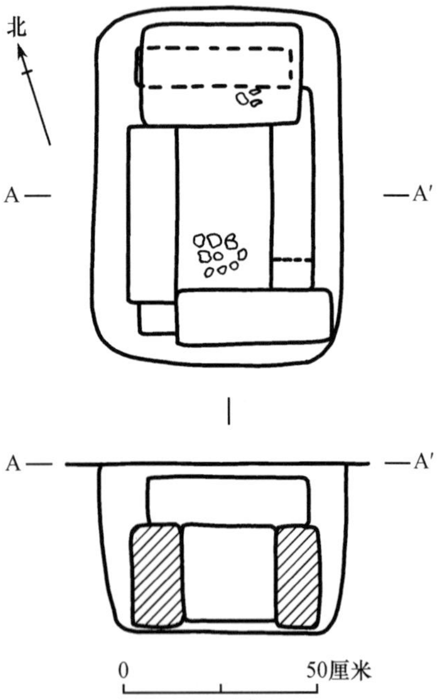

长方形竖穴土坑墓。位于T2112。墓向197°。墓口距地表0.25米，长0.87米，宽0.63米，墓坑深0.41米。墓圹内填充夹杂砾石的灰色沙质土。墓圹底部为长方形土坯椁室，椁室四壁均竖立1层土坯，其上平砌1层土坯，每边每层铺设2～3块。椁室内周长0.4米，宽0.26米；土坯长0.44米，宽0.24米，厚0.15米。椁室底部放置人骨1具，保存较差，仅存头骨及趾骨，为未成年个体（图五七二；图版三九二，3）。

无出土遗物。

图五七二　M370平、剖面图

M371

（一）形制结构

长方形竖穴土坑墓。位于T2111，椁室西南角被M401打破。墓向19°。墓口距地表0.27米，长1.22米，宽1.04米，墓坑深0.7米。墓圹内填充夹杂砾石的黄色土。墓圹底部四周设熟土二层台，二层台内侧竖立1层土坯，二层台上平砌1层土坯，每边每层铺设2～3块。椁室内周长0.53米，宽0.38米；土坯长0.4米，宽0.2米，厚0.1米。椁室底部放置人骨1具，左侧身屈肢，头向东北，面向南，性别女（图五七三；图版三九三，1）。

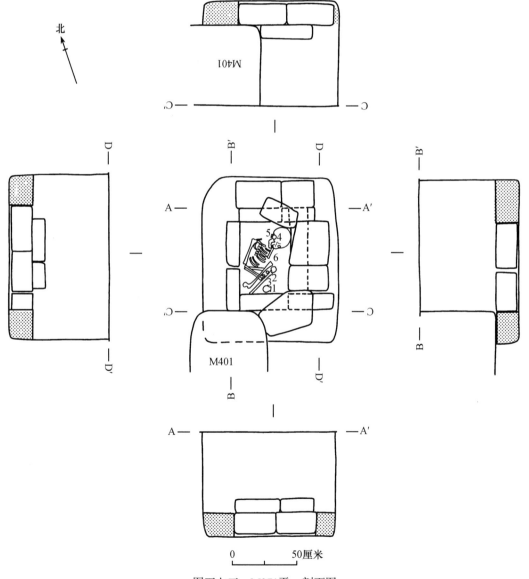

图五七三　M371平、剖面图

1. 单耳陶杯（M371：1）　　2. 铜手镯（M371：2）　　3. 铜珠（M371：3）　　4. 铜耳环（M371：4）　　5. 滑石串珠（M371：5）

6. 铜管（M371：6）

（二）出土遗物

共8件。陶器1件，为单耳陶杯（M371：1），出土于人骨胫骨。铜器4件，其中铜手镯1件（M371：2），出土于人骨右腕；铜珠1件（M371：3），出土于人骨右腕；铜耳环1件（M371：4），出土于人骨右耳；铜管1件（M371：6），出土于人骨颈部。石器3件，均为滑石串珠（M371：5），出土于人骨颈部。

1. 陶器

M371：1，单耳陶杯。1件。夹细砂红陶，手制，完整。直口，圆唇，腹部有一耳，平底。通高13.6厘米，口径7.4厘米，底径5.8厘米（图五七四，1；图版三九三，2）。

2. 铜器

M371：2，铜手镯。1件。环状，由直径0.3～0.4厘米的铜丝绕成，接口处一端尖锐。环径3.8厘米，丝径0.3～0.4厘米（图五七四，5；图版三九三，3）。

M371：3，铜珠。1件。不规则圆柱状，铸造，中部有孔。直径0.9厘米，厚0.5厘米，孔径0.1厘米（图五七四，3；图版三九四，1）。

M371：4，铜耳环。1件。环状，由直径0.2厘米的铜丝绕成，接口相错，一端尖锐，另一端扁平。直径3.2厘米，丝径0.2厘米，重3.12克（图五七四，6；图版三九四，2）。

M371：6，铜管。1件。圆锥形，由厚0.1厘米的薄铜片卷成，有接缝。残长1.9厘米，直径0.6～0.7厘米，孔径0.3厘米，重2.32克（图五七四，4；图版三九四，4）。

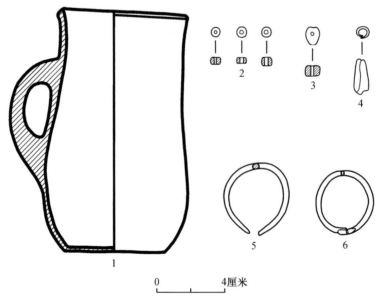

图五七四　M371出土器物

1. 单耳陶杯（M371：1）　2. 滑石串珠（M371：5）　3. 铜珠（M371：3）　4. 铜管（M371：6）　5. 铜手镯（M371：2）
6. 铜耳环（M371：4）

3. 石器

M371：5，滑石串珠。3件。白色，圆柱状，中部穿孔。长0.4厘米，直径0.4~0.5厘米，重0.2~0.3克（图五七四，2；图版三九四，3）。

M372

（一）形制结构

长方形竖穴土坑墓。西北部被一现代沟管打破。墓向65°。墓口长1.44米，宽1.08米，墓坑深0.84米。墓圹内填充砂质土。墓圹底部放置人骨1具，保存较差，仅存零星骨骼（图五七五；图版三九五，1）。

（二）出土遗物

共273件。铜器1件，为铜耳环（M372：2），出土于墓坑北部。石器272件，绿松石串珠4件（M372：1-2）、滑石串珠268件（M372：1-1），出土于墓坑东北部。

1. 铜器

M372：2，铜耳环。1件。残损严重，仅存一段，由直径0.2厘米的铜丝绕成。残长1厘米，丝径0.2厘米，重0.23克。

2. 石器

M372：1，串珠。272件。M372：1-1，其中滑石串珠，268件，白色，扁圆柱状，厚0.2~0.3厘米，直径0.5厘米，孔径0.2厘米（图五七五，1；图版三九五，2）。M372：1-2，绿松石串珠，4件，淡绿色，不规则扁圆柱状，中部穿孔，其一长1.5厘米，宽1.1~1.5厘米，厚0.4厘米，孔径0.2厘米，重2.54克；其二长1.8厘米，宽1~2.1厘米，厚0.4厘米，孔径0.3厘米，重3.65克（图五七五，2；图版三九五，2）。

附：M372：2铜耳环经成分分析，合金类型为Cu-Sn（锡青铜）（梅建军，2002：4）。

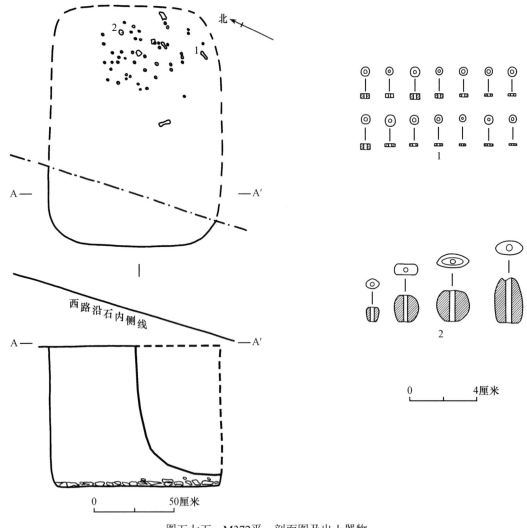

图五七五　M372平、剖面图及出土器物
1. 滑石串珠（M372：1-1）　2. 绿松石串珠（M372：1-2）

M373

（一）形制结构

长方形竖穴土坑墓。位于T2113。墓向222°。墓口距地表0.19米，长1.68米，宽1.28米，墓坑深1米。墓圹内填充夹杂砾石的灰褐色土。墓圹底部为长方形土坯椁室，椁室东、西、北三壁自下而上错缝平砌3层土坯，南壁自下而上错缝平砌4层土坯，南、北两壁顶部有1层土坯竖立，每边每层铺设2~3块。椁室内周长1米，宽0.58米；土坯长0.4米，宽0.3米，厚0.1米。椁室底部放置人骨1具，保存较差，仅存零星骨骼，性别女（图五七六；图版三九六，1）。

（二）出土遗物

共3件。陶器1件，为双耳陶罐（M373：1），出土于椁室东南角。石器1件，为玉髓串珠（M373：2），出土于椁室东南。羊腿骨1件，出土位置不明。

1. 陶器

M373：1，双耳陶罐。1件。夹细砂红陶，手制。微侈口，短直颈，沿肩双耳，鼓腹，平底。通高13.1厘米，口径9.6厘米，腹径14.6厘米，底径8厘米，重575克（图五七六，1；图版三九四，5）。

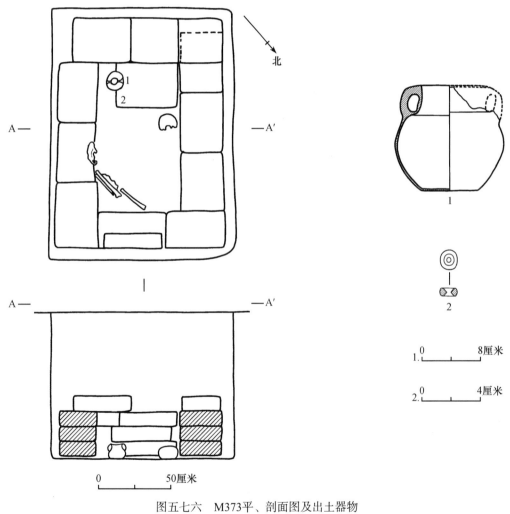

图五七六　M373平、剖面图及出土器物
1.双耳陶罐（M373：1）　2.玉髓串珠（M373：2）

2. 石器

M373∶2，玉髓串珠。1件。红色半透明，算珠状，对钻穿孔。直径1.2厘米，厚0.4厘米，孔径0.6厘米，重1.3克（图五七六，2；图版三九四，6）。

附：M373墓主人经分子遗传学鉴定，性别为女性（高诗珠，2009∶56）。

M374

（一）形制结构

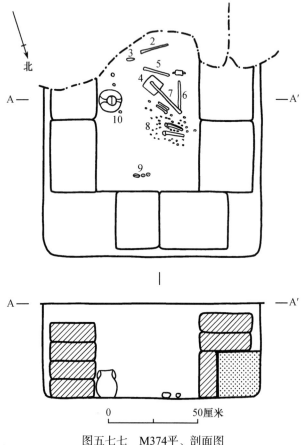

图五七七　M374平、剖面图
1. 双耳陶罐（M374∶1）　2. 铜管（M374∶2）　3. 铜管（M374∶3）
4. 铜牌饰（M374∶4）　5. 铜管（M374∶5）　6. 铜管（M374∶6）
7. 铜管（M374∶7）　8. 铜铢（M374∶8）　9. 串珠（M374∶9）
10. 滑石串珠（M374∶10）

长方形竖穴土坑墓。位于T2012，打破M378南部。墓向18°。墓口距地表0.28米，长1.2米，宽1.2米，墓坑深0.5米。墓圹内填充夹杂砾石的灰褐色土。墓圹底部西侧设熟土二层台，二层台内侧竖立1层土坯，二层台上错缝平砌2层土坯；北、东两壁自下而上错缝平砌4层土坯；南壁情况不明；每边每层铺设2~3块。椁室内周长0.86米，宽0.58米；土坯长0.4米，宽0.24米，厚0.1米。椁室底部放置人骨1具，保存较差，人骨分布散乱（图五七七；图版三九六，2）。

（二）出土遗物

共14件。陶器1件，为双耳陶罐（M374∶1），出土于椁室东南部。铜器8件，其中铜管5件，2件（M374∶2、M374∶3）出土于人骨足部，1件（M374∶5）出土于人骨股骨处，2件（M374∶6、M374∶7）出土于椁室西部；铜珠2件（M374∶8），出土于人骨盆骨处；铜牌饰1件（M374∶4），出土于人骨股骨处。石器5件，其中串珠3件（M374∶9），出土于人骨颈部；滑石串珠2件（M374∶10），出土于陶罐旁。

1. 陶器

M374：1，双耳陶罐。1件。夹细砂红陶，手制，口沿残。侈口，圆唇，束颈，沿肩双耳，鼓腹，平底内凹。口沿处绘一周弦纹，肩部绘一周弦纹，其下绘叶脉三角纹和细垂带纹。通高14厘米，口径10厘米，腹径10.4厘米，底径5.9厘米，重495克（图五七八，1；图版三九七，1）。

2. 铜器

M374：2，铜管。1件。略残，位于足部。管状，有薄铜片卷成，接缝明显。残长12.8厘米，管径0.6厘米，壁厚0.1厘米，重19.23克（图五七八，11；图版三九七，2）。

M374：3，铜管。1件。完整，位于足部。分两节，每节均为圆柱状，连接处较窄，有孔。长2.2厘米，孔径0.2厘米，重5.1克（图五七八，2；图版三九七，3）。

M374：4，铜牌饰。1件。残，位于股骨。圆角长方形，中部起脊，一端有一方形孔，另一端残，但疑似也有一小孔。铜牌正面有一周两排由背面锤击而成的小圆泡。长7厘米，宽6厘米，棱长8.9厘米，棱宽0.9厘米，孔长0.7厘米，孔宽0.4厘米，重26.15克（图五七八，6；图版三九七，4）。

M374：5，铜管。1件。位于墓室西部股骨处。管状，薄铜片卷成，接缝明显，管径一端较小，另一端较大，呈圆锥形。长12.1厘米，壁厚0.05厘米，孔径0.5～0.7厘米，重16.42克（图五七八，10；图版三九七，5）。

M374：6，铜管。1件。管状，薄铜片卷成，接缝明显，管径一端较小，另一端较大。长8.4厘米，孔径0.4～0.5厘米（图五七八，9；图版三九七，6）。

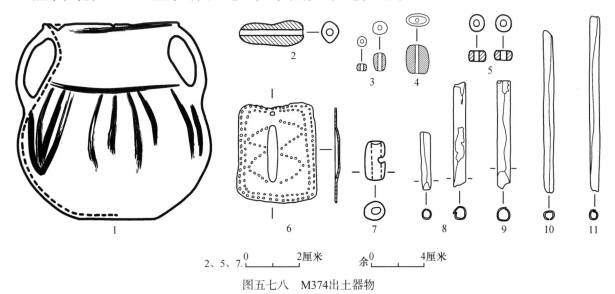

图五七八　M374出土器物

1. 双耳陶罐（M374：1）　2. 铜管（M374：3）　3. 玉髓串珠（M374：9-2）　4. 绿松石串珠（M374：9-1）
5. 滑石串珠（M374：10）　6. 铜牌饰（M374：4）　7. 铜管（M374：8）　8. 铜管（M374：7）　9. 铜管（M374：6）
10. 铜管（M374：5）　11. 铜管（M374：2）

M374：7，铜管。1件。残断成2截，管状，薄铜片卷成，接缝明显。长11.5厘米，孔径0.5~0.6厘米（图五七八，8；图版三九八，1）。

M374：8，铜珠。2件。残，粘连在一起，均为近球形，中部有孔。长1.9厘米，直径0.9厘米，孔径0.3厘米，重2.29克（图五七八，7；图版三九八，2）。

3. 石器

M374：9，串珠。3件。出土于颈部。M374：9-1，绿松石串珠，1件，绿色，扁圆柱状，中部穿孔。长2厘米，宽1.9厘米，截面长径1.4厘米，孔径1.3厘米，重5.8克（图五七八，4；图版三九八，3）。M374：9-2，玉髓串珠，2件，圆柱形，鼓腹，中部穿孔，其一长1.3厘米，宽1.2厘米，直径0.9厘米，孔径0.3厘米，重2.33克；其二长0.4厘米，直径0.8厘米，孔径0.2厘米，重0.49克（图五七八，3；图版三九八，3）。

M374：10，滑石串珠。2件。完整，位于陶罐旁。矮圆柱形，中部穿孔。高0.3厘米，直径0.6厘米，孔径0.2厘米，均重0.3克（图五七八，5；图版三九八，4）。

M375

（一）形制结构

长方形竖穴土坑。西南部被一现代沟打破。墓向338°。墓口距地表0.11米，长1.72米，宽1.1米，墓坑深1.05米。墓圹内填充夹杂细砾的黄色土，墓圹底部填充红色土。墓圹底部西侧设生土二层台。墓圹底部放置人骨2具，均保存较差，人骨分布散乱（图五七九；图版三九九，1）。

（二）出土遗物

共627件。陶器2件，为筒形陶罐（M375：1、M375：2），分别出土于墓坑东部和南部。铜器2件，其中铜牌饰1件（M375：7），出土于墓坑北部；铜刀1件（M375：9），出土于墓坑西部。金器4件，均为金耳环（M375：3、M375：4、M375：5、M375：11），出土于两个个体头骨片附近。石器618件，其中石化妆棒1件（M375：6），出土于墓坑北部；串珠309件（M375：8），出土于墓坑中北部；串珠308件（M375：10），出土于墓坑南部。动物骨骼1件，出土位置不明。

1. 陶器

M375：1，筒形陶罐。1件。夹细砂红陶，手制，完整。整体呈筒状，微敛口，方唇，口沿下有双贯耳，深腹，平底。口沿处绘三周弦纹，其下绘五道横向水波纹，腹部绘竖线纹。通

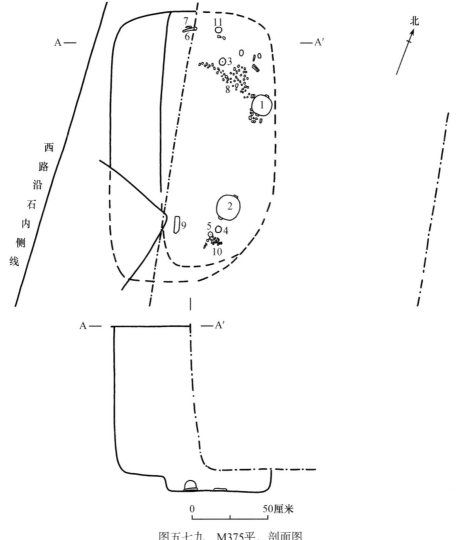

图五七九 M375平、剖面图

1. 筒形陶罐（M375：1） 2. 筒形陶罐（M375：2） 3. 金耳环（M375：3） 4. 金耳环（M375：4） 5. 金耳环（M375：5）
6. 石化妆棒（M375：6） 7. 铜牌饰（M375：7） 8. 串珠（M375：8） 9. 铜刀（M375：9） 10. 串珠（M375：9）
11. 金耳环（M375：11）

高16厘米，口径12厘米，腹径15厘米，底径8.2厘米（图五八〇，2；图版三九八，5）。

M375：2，筒形陶罐。1件。夹细砂红陶，手制，完整。整体呈筒状，敛口，口部有斜向上的双贯耳，圆弧腹，平底。通体绘竖线纹和菱格纹的组合纹饰。通高13.8厘米，口径12厘米，腹径17厘米，底径8.4厘米（图五八〇，1；图版三九八，6）。

2. 铜器

M375：7，铜牌饰。1件。圆泡形，边缘锐薄，近边缘处有孔。直径5.2厘米，厚0.2厘米，孔径0.25厘米，重9.77克（图五八〇，7；图版四〇〇，1）。

M375：9，铜刀。1件。弧刃，无柄，背部有两个突脊。残长7.2厘米，残宽2.9厘米，厚0.2厘米，重12.48克（图五八〇，3；图版四〇〇，2）。

3. 金器

M375：3，金耳环。1件。环形，由细金丝绕成。直径2.6厘米，丝径0.3厘米（图五八〇，4；图版三九九，2）。

M375：4，金耳环。1件。环形，由细金丝绕成。直径2.8厘米，丝径0.3厘米（图版三九九，2）。

M375：5，金耳环。1件。无绘图、无照片、无文字记录。形制同M375：3。

M375：11，金耳环。1件。无绘图、无照片、无文字记录。形制同M375：3。

4. 石器

M375：6，石化妆棒。1件。完整，呈锥状，一端尖锐。长10.8厘米，直径1.3厘米（图五八〇，9；图版三九九，3）。

M375：8，串珠。309件。M375：8-1，绿松石串珠，61件，扁圆柱形或圆柱形，中部穿孔，长0.2～2.4厘米，孔径0.2～0.35厘米（图五八〇，5；图版四〇〇，3）；M375：8-2，滑石串珠，248件，圆片状，中部穿孔，长0.2～0.6厘米，厚0.1～0.2厘米，孔径0.2厘米。总重55.99克（图五八〇，6；图版四〇〇，3）。

M375：10，串珠。308件。M375：10-1，绿松石串珠，5件，不规则圆柱状，长1.1～1.9厘米，宽0.4～1.5厘米，孔径0.3厘米（图五八〇，8；图版四〇一，1）；M375：10-2，滑石串

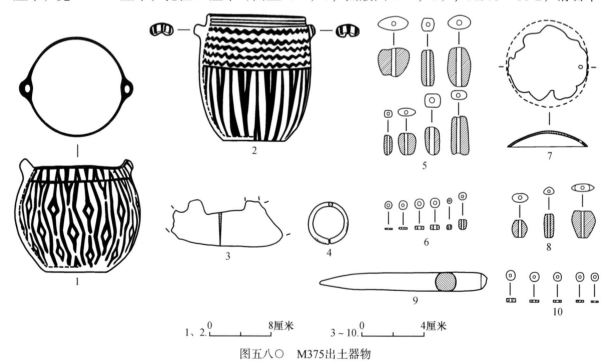

1、2. └─────┘ 8厘米　　　3～10. └─────┘ 4厘米

图五八〇　M375出土器物

1. 筒形陶罐（M375：2）　2. 筒形陶罐（M375：1）　3. 铜刀（M375：9）　4. 金耳环（M375：3）　5. 绿松石串珠（M375：8-1）　6. 滑石串珠（M375：8-2）　7. 铜牌饰（M375：7）　8. 绿松石串珠（M375：10-1）　9. 石化妆棒（M375：6）　10. 滑石串珠（M375：10-2）

珠，303件，圆片状，中部穿孔，直径0.5~0.6厘米，厚0.1~0.3厘米，孔径0.2厘米。重37.59克（图五八〇，10；图版四〇一，1）。

M376

（一）形制结构

长方形竖穴土坑墓。西北部被M377打破。墓向29°。墓口距地表0.31米，长1.58米，宽1.22米，墓坑深0.34米。墓圹内填充夹杂细砾的褐色土，出土铜泡、铜珠。墓圹底部四周设生土二层台，东、北两壁二层台上自下而上错缝平砌4层土坯，西、南两壁二层台上自下而上错缝平砌3层土坯，每边每层铺设2~3块。椁室内周长0.92米，宽0.60米；土坯长0.4米，宽0.22~0.24米，厚0.1米。椁室底部放置人骨1具，保存较差，仅存零星骨骼（图五八一；图版四〇二，1）。

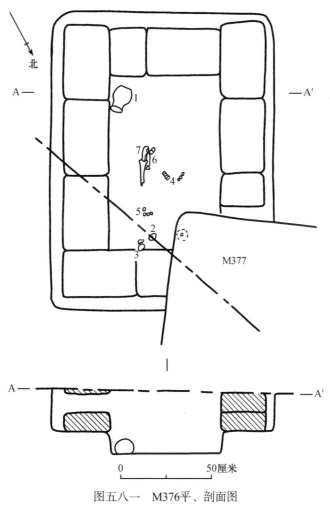

图五八一　M376平、剖面图

1. 双耳陶罐（M376：10）　2. 铜牌饰（M376：9）　3. 铜牌饰（M376：8）　4. 铜珠（M376：4）　5. 玉髓串珠（M376：5）

6. 铜管（M376：6）　7. 铜牌饰（M376：7）

（二）出土遗物

共31件。陶器1件，为单耳陶罐（M376：10），出土于椁室西南角。铜器25件，其中铜牌饰1件（M376：1），出土于填土中；铜珠19件（M376：2、M376：4），出土于填土和椁室中部；铜牌饰3件，1件（M376：3）出土于填土，2件（M376：8、M376：9）出土于椁室东壁；铜管1件（M376：6），出土于椁室中部偏南；铜牌饰1件（M376：7），出土于椁室中部偏南。石器5件，为玉髓串珠（M376：5），出土于椁室东南部。

1. 陶器

M376：10，单耳陶罐。1件。夹细砂红陶，手制。直口，圆唇，直颈，肩腹单耳，与耳相对的另一侧有小圆孔，弧腹，平底。通高13.8厘米，口径7.5厘米，腹径11.3厘米，底径5.3厘米，重495克（图五八二，1；图版四〇二，3）。

2. 铜器

M376：1，铜牌饰。1件。圆形，素面，背部有桥纽。直径3.6厘米，厚0.1厘米，重9.53克（图五八二，5；图版四〇一，2）。

M376：2，铜珠。1件。环形，中部有空。厚0.8厘米，直径1.2厘米，孔径0.8厘米，重1.47克（图五八二，3；图版四〇三，1）。

M376：3，铜牌饰。1件。圆形，略弧，中部有一大孔，两侧近边缘各有一小孔。直径5.2厘米，大孔孔径0.6厘米，小孔孔径0.2～0.3厘米，重14.56克（图五八二，6；图版四〇三，2）。

M376：4，铜珠。18件。形制有两种，一种为环形，另一种为螺旋状，中部均有孔。直径0.6～1.2厘米，厚0.1～0.8厘米，重19.5克（图五八二，2；图版四〇三，1）。

M376：6，铜管。1件。管状，残断成两截，由厚0.1厘米的铜片卷曲而成，有接缝。长5.5厘米，重13.8克（图版四〇一，3）。

M376：7，铜牌饰。1件。长方形，中部起棱，边缘有一孔，边缘有两排由背面锤击而成的小铜泡。残长7.6厘米，宽4.9厘米，厚0.1厘米，重21.47克（图版四〇二，2）。

M376：8，铜牌饰。1件。圆形，略弧，两侧边缘有对称双孔。直径2.6厘米，孔径0.4厘米，重4.12克（图版四〇三，2）。

M376：9，铜牌饰。1件。圆形，略弧。直径2.7厘米，厚0.1厘米，重4.02克（图版四〇三，2）。

3. 石器

M376：5，玉髓串珠。5件。矮圆柱状，鼓腹，对钻穿孔。直径1.2～1.5厘米，厚0.4～0.7厘米，孔径0.6～1.1厘米，重1.8～3克（图五八二，4；图版四〇三，3）。

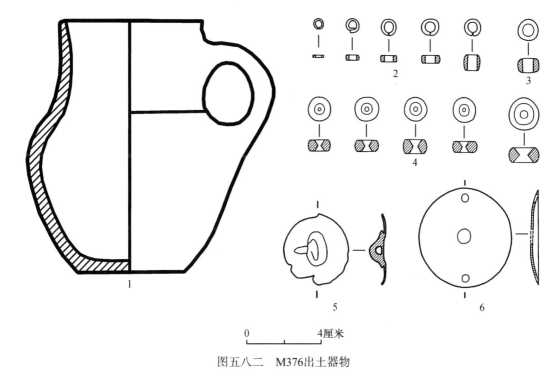

图五八二 M376出土器物

1. 单耳陶罐（M376∶10） 2. 铜珠（M376∶4） 3. 铜珠（M376∶2） 4. 玉髓串珠（M376∶5） 5. 铜牌饰（M376∶1）

6. 铜牌饰（M376∶3）

附：M376∶7铜牌饰经成分分析，合金类型为Cu-Sn-Pb（锡铅青铜）（梅建军，2002∶4）。

经金相检验和成分分析，M376铜珠材质为Cu（Sn）（含锡红铜），制作技术为铸造。铜饰残段材质为Cu-Sn（锡青铜），制作技术为铸造（潜伟，2006∶44）。

M377

（一）形制结构

长方形竖穴土坑墓。打破M376西北部和M411东北部。墓向42°。墓口距地表0.35米，长1.5米，宽1.18米，墓坑深0.63米。墓圹内填充夹杂砾石的褐色土，出土陶器、铜耳环。墓圹底部四周设生土二层台，二层台内侧竖立1层土坯，二层台上平砌2层土坯，每边每层铺设2～3块。椁室内周长0.9米，宽0.6米；土坯长0.4米，宽0.22～0.24米，厚0.15米。椁室底部放置人骨1具，左侧身屈肢，头向东，面向南，性别女（图五八三；图版四○四，1、2）。

（二）出土遗物

共8件。陶器1件，为双耳陶罐（M377∶2），出土于椁室东壁。铜器1件，为铜别针

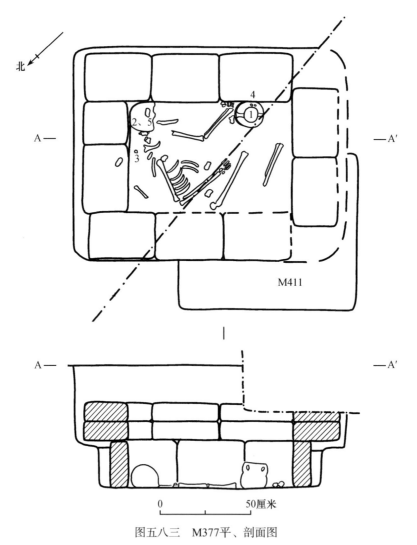

图五八三　M377平、剖面图

1. 双耳陶罐（M377：2）　　2. 铅耳环（M377：2）　　3. 绿松石串珠（M377：3）　　4. 滑石串珠（M377：4）　　5. 铅耳环（M377：5）

（M377：1），出土于填土。铅器2件，为铅耳环（M377：5、M377：6），出土于人骨左右耳。石器4件，其中绿松石串珠1件（M377：3），出土于人骨头骨西侧；滑石串珠3件（M377：4），出土于椁室东壁。

1. 陶器

M377：2，双耳陶罐。1件。夹细砂灰陶，手制。微侈口，直颈，沿肩双耳，鼓腹，平底。通高14.9厘米，口径10.8厘米，腹径16.2厘米，底径7.6厘米，重770克（图五八四，1；图版四〇五，2）。

2. 铜器

M377：1，铜别针。1件。门鼻形，由直径0.2厘米的铜丝绕制而成。长2.9厘米，宽1.6厘米，重1.55厘米（图五八四，6；图版四〇五，1）。

3. 铅器

M377：5，铅耳环。1件。环状，由宽0.4厘米的铅条环绕而成，接口扁平相错，对称处有突起。环径2.8厘米，重4.99克（图五八四，2；图版四〇五，5）。

M377：6，铅耳环。1件。残，原为环形，由直径为0.25厘米的铅丝环绕而成。环径0.9厘米，丝径0.25厘米（图五八四，5；图版四〇五，6）。

4. 石器

M377：3，绿松石串珠。1件。扁圆柱形，中部穿孔。长0.9厘米，宽0.8厘米，孔径0.3厘米，重0.89克（图五八四，3；图版四〇五，3）。

M377：4，滑石串珠。3件。圆片状，中部穿孔。直径0.5厘米，厚0.2～0.3厘米，孔径0.2厘米，重0.08～0.12克（图五八四，4；图版四〇五，4）。

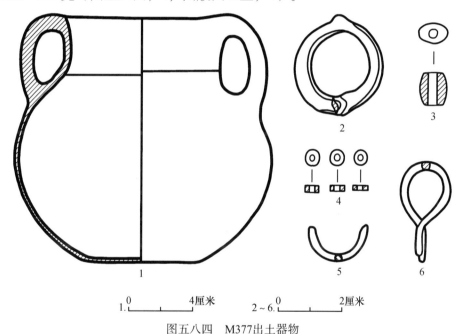

图五八四　M377出土器物

1. 双耳陶罐（M377：2）　2. 铅耳环（M377：5）　3. 绿松石串珠（M377：3）　4. 滑石串珠（M377：4）　5. 铅耳环（M377：6）

6. 铜别针（M377：1）

M378

（一）形制结构

长方形竖穴土坑墓。位于T2012，南部被M374打破。墓向40°。墓口距地表0.21米，长1.6米，宽1.28米，墓坑深1.09米。墓圹内填充夹杂砾石的褐色土。墓圹底部为长方形土坯椁室，

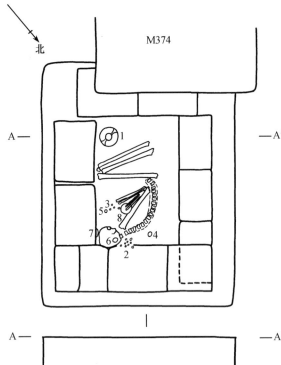

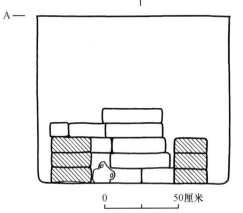

椁室北壁自下而上错缝平砌5层土坯，东、西、南三壁自下而上错缝平砌3层土坯，每边每层铺设2～3块。椁室内周长0.84米，宽0.56米；土坯长0.4米，宽0.22～0.24米，厚0.1米。椁室底部放置人骨1具，左侧身屈肢，头向东，面向南（图五八五；图版四〇六，1）。

（二）出土遗物

共32件。陶器1件，为双耳陶罐（M378：1），出土于椁室东南角。铜器23件，其中铜珠11件（M378：3、M378：11），出土于人骨腕部；铜泡3件（M378：4、M378：5、M378：10），出土于椁室中部和人骨颈椎；铜耳环3件（M378：6、M378：9），出土于人骨左右耳；铜牌饰1件（M376：7），出土于椁室东壁；铜手镯4件（M378：8、M378：13），出土于人骨右腕；铜管1件（M378：12），出土于椁室中部。石器8件，均为串珠（M378：2），出土于人骨颈部。

1. 陶器

M378：1，双耳陶罐。1件。夹细砂红陶，手制。侈口，圆唇，短束颈，沿肩双耳，鼓腹，平底。口沿处绘短线纹，肩腹部绘不连续的横向水波纹，耳部绘竖列水波纹。通高15.5厘米，口径9.7厘米，腹径15.4厘米，底径7.8厘米，重560克（图五八六，1；图版四〇六，2）。

图五八五　M378平、剖面图
1. 双耳陶罐（M378：1）　2. 串珠（M378：2）
3. 铜珠（M378：3）　4. 铜泡（M378：4）
5. 铜泡（M378：5）　6. 铜耳环（M378：6）
7. 铜牌饰（M378：7）　8. 铜手镯（M378：8）

2. 铜器

M378：3，铜珠。8件。长圆柱形4件，矮圆柱形4件，中部有孔。长圆柱形：长0.7厘米，直径0.2厘米，孔径0.1厘米；矮圆柱形：直径0.6厘米，厚0.7厘米，孔径0.3厘米。重0.15～0.81克（图五八六，4；图版四〇七，1）。

M378：4，铜泡。1件。圆泡状，背部有纽及明显的铸造槽。直径2.3厘米，重3.66克（图五八六，8；图版四〇七，2）。

M378：5，铜泡。1件。圆泡状，背部有纽及明显的铸造槽。直径1.6厘米，重1.78克（图五八六，5；图版四〇七，3）。

M378：6，铜耳环。2件。环状，由0.2或0.3厘米的铜丝卷曲而成，其一接口处残，直径1.6~1.8厘米，重0.7克；其二接口处一端扁平，直径3厘米，重3.86克（图五八六，11；图版四〇七，4）。

M378：7，铜牌饰。1件。圆泡形，边缘处有孔。直径5.1厘米，孔径0.2厘米，重11.26克（图五八六，7；图版四〇七，5）。

M378：8，铜手镯。2件。M378：8-1，环状，无接口。直径6.1厘米，丝径0.4厘米，重16.52克（图五八六，6）；M378：8-2，残径5.2厘米，由片状铜条环绕而成，丝径0.4厘米，重6.36克（图版四〇七，6）。

M378：9，铜耳环。1件。环状，由直径0.3厘米铜丝绕成，接口扁平。直径3.2厘米，重3.62克（图五八六，10；图版四〇八，1）。

M378：10，铜泡。1件。圆泡状，背部有纽。直径2.1厘米，重3.09克（图五八六，9；图版四〇八，2）。

M378：11，铜珠。3件。不规则圆柱形，铸造有棱，中部有孔。厚0.5厘米，直径0.6厘米，孔径0.2厘米，均重1.1克（图五八六，3；图版四〇八，3）。

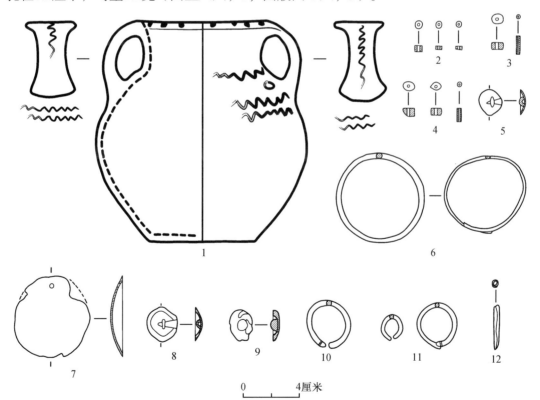

图五八六　M378出土器物

1. 双耳陶罐（M378：1）　2. 滑石串珠（M378：2-2）　3. 铜珠（M378：11）　4. 铜珠（M378：3）　5. 铜泡（M378：5）
6. 铜手镯（M378：8-1）　7. 铜牌饰（M378：7）　8. 铜泡（M378：4）　9. 铜泡（M378：10）　10. 铜耳环（M378：9）
11. 铜耳环（M378：6）　12. 铜管（M378：12）

M378：12，铜管。1件。圆柱状，中空，由厚0.15厘米的铜片卷成，有接缝。残长3.2厘米，直径0.4厘米，重1.01克（图五八六，12；图版四〇八，4）。

M378：13，铜手镯。2件。残断，应为横向排列3组铜丝组成的手镯残段。残长1.5厘米，宽0.9厘米，重2.44克。

3. 石器

M378：2，串珠。8件。M378：2-1，绿松石串珠，2件，矮圆柱形，中部穿孔，直径0.4～0.5厘米，厚0.2～0.4厘米，孔径0.1厘米；M378：2-2，滑石串珠，6件，矮圆柱形，中部穿孔，直径0.3～0.5厘米，厚0.2～0.4厘米，孔径0.2～0.3厘米，均重0.08～0.12克（图五八六，2；图版四〇六，3）。

M379

（一）形制结构

长方形竖穴土坑墓。墓向30°。墓口距地表0.29米，长1.54米，宽1.4米，墓坑深0.5米。墓圹内填充夹杂砾石的褐色土。墓圹底部四周设熟土二层台，二层台内侧竖立1层土坯，二层台上错缝平砌2层土坯，每边每层铺设2～3块。椁室内周长0.84米，宽0.68米；土坯长0.4米，宽0.22～0.24米，厚0.1米。椁室底部放置人骨1具，左侧身屈肢，头向东北，面向东南，性别女（图五八七；图版四〇九，1）。

（二）出土遗物

共44件。陶器2件，其中双耳陶罐1件（M379：2），出土于椁室东南角；陶片1件（M379：7），出土于填土。铜器3件，其中铜牌饰1件（M379：1），出土于人骨腿部；铜耳环2件（M379：5、M379：6），出土于人骨左右耳。石器38件，均为串珠（M379：3、M379：4），出土于人骨颈部。羊腿骨1件，出土位置不明。

1. 陶器

M379：2，双耳陶罐。1件。夹细砂红陶，手制，侈口，圆唇，短束颈，颈肩双耳，鼓腹，平底。通高16厘米，口径10.8厘米，腹径14.7厘米，底径7.5厘米，重800克（图五八八，1；图版四〇八，6）。

M379：7，陶片。1件。似为陶杯口沿残片，无明显特征。残长3.7厘米，宽2.4厘米，重45克（图五八八，6）。

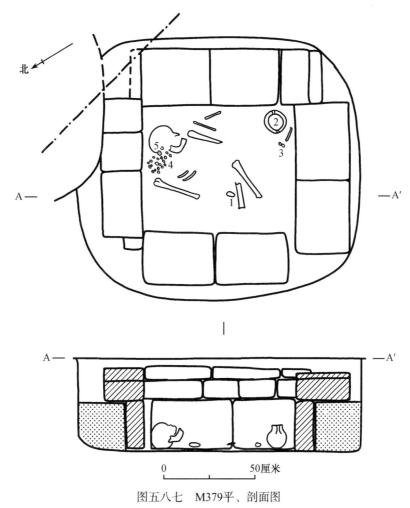

图五八七 M379平、剖面图

1. 铜牌饰（M379∶1） 2. 双耳陶罐（M379∶2） 3. 串珠（M379∶3） 4. 串珠（M379∶4） 5. 铜耳环（M379∶5）

2. 铜器

M379∶1，铜牌饰。1件。近长方形，一侧近边缘处有孔，正面有由背面敲击而成的铜泡组成的三组"V"形纹饰。长5.6米，中部宽2.5厘米，厚0.1厘米，重7.11克（图五八八，5；图版四〇八，5）。

M379∶5，铜耳环。1件。环状，但卷曲成近方形，由直径0.3厘米的铜丝卷曲而成，接口处呈马蹄状（图五八八，7；图版四〇九，3）。

M379∶6，铜耳环。1件。环状，由直径0.2厘米的铜丝卷曲而成，接口扁平相错。直径2.4厘米，重3.69克（图五八八，8；图版四一〇，2）。

3. 石器

M379∶3，滑石串珠。2件。矮圆柱形，中部穿孔。直径0.4厘米，高0.3厘米，孔径0.2厘米，重0.08克（图五八八，2；图版四〇九，2）。

M379∶4，串珠。36件。M379∶4-1，绿松石串珠，2件，为圆柱状（图五八八，4）；

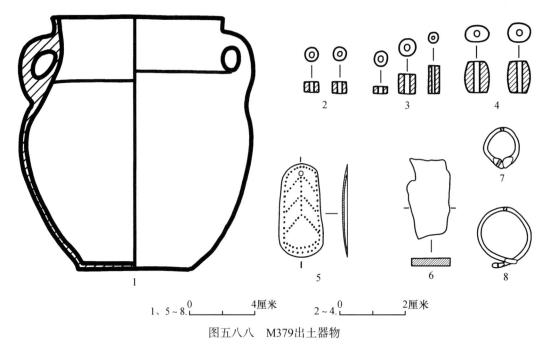

图五八八　M379出土器物

1. 双耳陶罐（M379：2）　2. 滑石串珠（M379：3）　3. 滑石串珠（M379：4-2）　4. 绿松石串珠（M379：4-1）
5. 铜牌饰（M379：1）　6. 陶片（M379：7）　7. 铜耳环（M379：5）　8. 铜耳环（M379：6）

M379：4-2，滑石串珠，34件，扁圆柱状，长0.2～0.9厘米，宽0.2～0.8厘米，直径0.4～0.6厘米，孔径0.4厘米，重6.03克（图五八八，3；图版四一〇，1）。

附：M379墓主人经分子遗传学鉴定，性别为女性（高诗珠，2009：56）。

M380

（一）形制结构

长方形竖穴土坑墓。打破M391。墓向43°。墓口距地表0.16米，长1.74米，宽1.42米，墓坑深0.6米。墓圹内填充夹杂砾石的灰褐色土，出土骨牌饰。墓圹底部为长方形土坯椁室，椁室四壁均自下而上错缝平砌4层土坯，每边每层铺设2～3块。椁室内周长0.94米，宽0.62米；土坯长0.4米，宽0.26米，厚0.1米。椁室底部放置人骨1具，保存较差，仅存零星骨骼（图五八九；图版四一一，1）。

（二）出土遗物

共19件。陶器1件，为双耳陶罐（M380：2），出土于人骨膝部。铜器2件，均为铜耳环（M380：5、M380：7），出土于人骨耳部。铅器2件（M380：3、M380：6），均为铅手镯，出土于人骨左右腕。石器6件，其中滑石串珠5件（M380∶4、M380∶8、M380∶10），出土于人骨膝部、椁室中部和足部；玉髓串珠1件（M380∶9），出土于人骨颈部。骨器8件，均为骨牌饰（M380∶1），出土于填土中。

1. 陶器

M380∶2，双耳陶罐。1件。夹细砂灰陶，手制。侈口，圆唇，短束颈，沿肩双小圆耳，球腹，平底。通高13.9厘米，口径10.4厘米，腹径14厘米，底径7.9厘米，重695克（图五九〇，1；图版四一一，2）。

2. 铜器

M380∶5，铜耳环。1件。环状，由直径0.3厘米的铜丝环绕而成，接口扁平相错。直径4.5厘米，重5.99克（图五九〇，7；图版四一二，2）。

M380∶7，铜耳环。1件。环状，由直径0.3厘米的铜丝环绕而成，接口扁平。直径4.8厘米，重4.7克（图五九〇，8；图版四一二，4）。

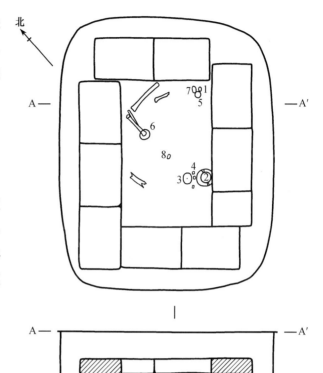

图五八九　M380平、剖面图

1. 玉髓串珠（M380∶9）　2. 双耳陶罐（M380∶2）
3. 铅手镯（M380∶3）　4. 滑石串珠（M380∶4）
5. 铜耳环（M380∶5）　6. 铅手镯（M380∶6）
7. 铜耳环（M380∶7）　8. 滑石串珠（M380∶8）

3. 铅器

M380∶3，铅手镯。1件。环状，由直径0.4厘米的铅丝绕制而成，接口相错。直径5.7厘米（图五九〇，2；图版四一一，3）。

M380∶6，铅手镯。1件。不规则环状，由直径0.3厘米的铅丝环绕而成，接口相错。直径4.8～5.5厘米，重10.8克（图五九〇，3；图版四一二，3）。

4. 石器

M380∶4，滑石串珠。3件。圆柱状，中部穿孔。长0.3～0.4厘米，直径0.4～0.5厘米，孔径0.2厘米，重0.1～0.14克（图五九〇，5；图版四一二，1）。

M380∶8，滑石串珠。1件。圆片状，中部穿孔。直径0.6厘米，孔径0.2厘米，厚0.1厘米，重0.09克（图五九〇，6；图版四一二，5）。

M380∶9，玉髓串珠。1件。矮圆柱状，鼓腹，对钻穿孔。直径1.4厘米，厚0.6厘米，孔径

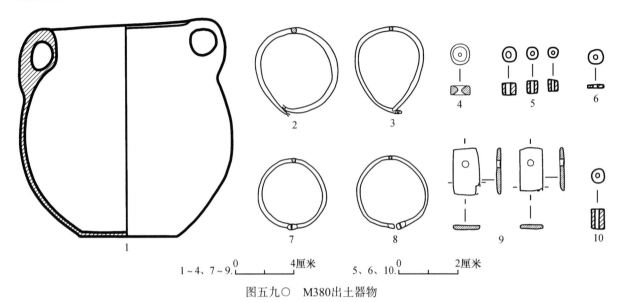

图五九〇　M380出土器物

1. 双耳陶罐（M380∶2）　2. 铅手镯（M380∶3）　3. 铅手镯（M380∶6）　4. 玉髓串珠（M380∶9）　5. 滑石串珠（M380∶4）
6. 滑石串珠（M380∶8）　7. 铜耳环（M380∶5）　8. 铜耳环（M380∶7）　9. 骨牌饰（M380∶1）　10. 滑石串珠（M380∶10）

1厘米，重1.84克（图五九〇，4；图版四一二，6）。

M380∶10，滑石串珠。1件。圆柱状，中部穿孔。长0.7厘米，直径0.4厘米，孔径0.2厘米，重0.24克（图五九〇，10；图版四一三，1）。

5. 骨器

M380∶1，骨牌饰。8件，其中4件完整，其余残。长方形，或近梯形，两端有打磨痕迹，一端穿孔。长2.5～3.1厘米，孔径0.3～0.7厘米，重1.64～2.9克（图五九〇，9；图版四一〇，3）。

M381

（一）形制结构

长方形竖穴土坑墓。位于T1023。墓向224°。墓口距地表0.29米，长1.1米，宽0.74米，墓坑深0.81米。墓圹内填充夹杂砂石的黄色土。墓圹底部放置人骨1具，保存较差，仅存零星骨骼（图五九一；图版四一三，3）。

（二）出土遗物

共2件。陶器1件，为双耳陶罐（M381∶2），出土于人骨足部。铜器1件，为铜泡（M381∶1），出土于人骨头部。

1. 陶器

M381：2，双耳陶罐。1件。夹细砂红陶，手制，一耳及腹部残。直口，方唇，短颈，颈肩双耳，鼓腹，小平底。通高17.6厘米，口径11.1厘米，腹径16.6厘米，底径8.2厘米，重1080克（图五九一，1；图版四一三，2）。

2. 铜器

M381：1，铜泡。1件。残损严重，残长1.5厘米，重0.53克。

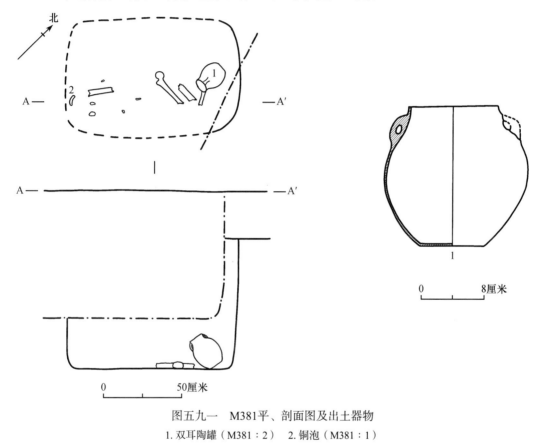

图五九一　M381平、剖面图及出土器物
1. 双耳陶罐（M381：2）　2. 铜泡（M381：1）

M382

（一）形制结构

长方形竖穴土坑墓。打破M384北部。墓向216°。墓口距地表0.4米，长0.92米，宽0.88米，墓坑深0.42米。墓圹内填充夹杂砾石的灰色土。墓圹底部四周设生土二层台，东、西、北三壁二层台内侧竖立1层土坯，二层台上平砌1层土坯；南壁二层台内侧竖立2列土坯，二层台上平砌1层土坯；每边每层铺设2~3块土坯。椁室内周长0.37米，宽0.3米；土坯长0.4米，宽0.22~0.24米，厚0.1米。椁室底部放置人骨1具，左侧身屈肢，头向西南，面向北，为未成年个体（图五九二；图版四一四，1）。

（二）出土遗物

共4件。陶器1件，为单耳陶罐（M382：1），出土于人骨胸前。铜器1件，为铜耳环（M382：2），出土于人骨左耳。石器1件，为绿松石串珠（M382：3），出土于人骨颈部。羊腿骨1件，出土位置不明。

1. 陶器

M382：1，单耳陶罐。1件。夹细砂红陶，手制，腹部残。微侈口，方唇，直颈，沿肩单耳，鼓腹，小平底。口沿及腹部有烟熏痕迹。通高11.8厘米，口径7.7厘米，腹径11.3厘米，底径5厘米，重410克（图五九二，1；图版四一四，2）。

2. 铜器

M382：2，铜耳环。1件。环形，用细铜丝绕成，接口处一端扁平，另一端尖锐。环径1.57厘米，丝径0.1~0.2厘米，重0.52克（图五九二，2；图版四一四，3）。

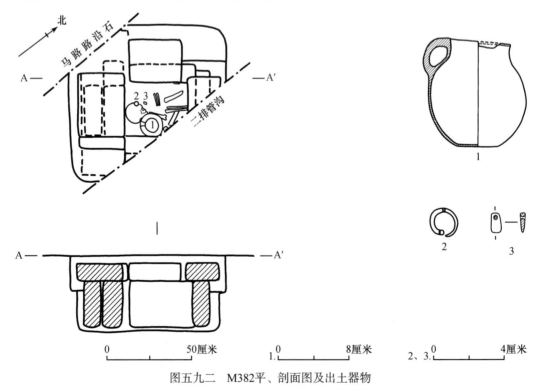

图五九二　M382平、剖面图及出土器物
1.单耳陶罐（M382：1）　2.铜耳环（M382：2）　3.绿松石串珠（M382：3）

3. 石器

M382：3，绿松石串珠。1件。青色，长方体，一端边缘处有穿孔。长1.1厘米，宽0.6厘米，孔径0.2厘米，重0.39克（图五九二，3；图版四一五，1）。

M383

（一）形制结构

长方形竖穴土坑墓。墓向38°。墓口距地表0.24米，长1.7米，宽1.28米，墓坑深1.06米。墓圹内填充夹杂砾石的黄色土，出土髌骨、肋骨、肱骨等人骨。墓圹底部四周设熟土二层台，二层台内侧竖立1层土坯，二层台上错缝平砌2～3层土坯，每边每层铺设2～3块。椁室内周长0.96米，宽0.6米；土坯长0.4米，宽0.22米，厚0.1米。椁室底部放置人骨1具，左侧身屈肢，头向东，面向南，性别不明（图五九三；图版四一五，3）。

（二）出土遗物

共48件。陶器1件，为双耳陶罐（M383：1），出土于椁室东南部。铜器3件，其中铜手镯1件（M383：2），出土于人骨右腕；铜耳环2件（M383：3、M383：6），出土于人骨左右耳。石器44件，其中串珠35件（M383：4），出土于人骨枕部；滑石串珠9件（M383：5），出土于椁室东南部陶罐旁。

1. 陶器

M383：1，双耳陶罐。1件。夹细砂红陶，手制，完整。凹口微侈，方唇，短束颈，沿肩双耳，球腹，平底。肩部绘一周弦纹，其下绘连续的叶脉三角纹，耳部绘树草纹。通高14.8厘米，口径10厘米，15.3厘米，底径7.8厘米，重845克（图五九四，1；图版四一五，2）。

2. 铜器

M383：2，铜手镯。1件。环形，用细铜丝绕成，接口处扁平。环径5.5厘米，丝径0.3厘米，重6.77克（图五九四，4；图版四一六，1）。

M383：3，铜耳环。1件。环形，用细铜丝绕成，接口处扁平相错。环径3.7厘米，丝径0.3厘米，重4.5克（图五九四，3；图版四一六，2）。

M383：6，铜耳环。1件。环形，用细铜丝绕成，接口处扁平。环径3厘米，丝径0.2厘米，重2.32克（图五九四，5；图版四一七，2）。

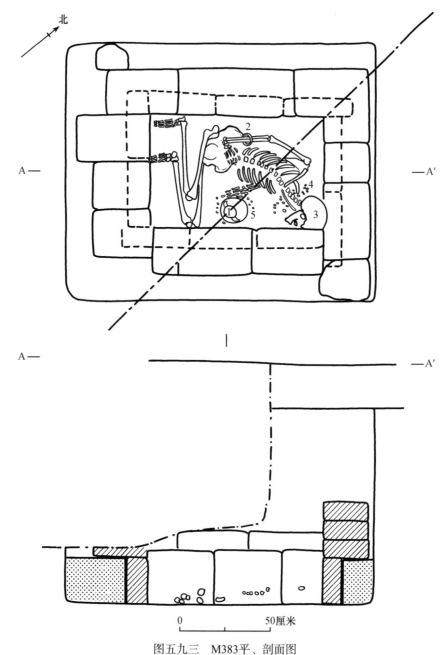

图五九三　M383平、剖面图

1. 双耳陶罐（M383：1）　2. 铜手镯（M383：2）　3. 铜耳环（M383：3）　4. 串珠（M383：4）　5. 滑石串珠（M383：5）

3. 石器

　　M383：4，串珠。35件。M383：4-1，滑石串珠，34件，白色，大小不一，圆柱状，中部穿孔，长0.3～1.1厘米，直径0.3～0.5厘米，孔径0.1～0.2厘米，重0.14克（图五九四，6；图版四一六，3）。M384：4-2，绿松石串珠，1件，腰鼓状，中部穿孔。长1.6厘米，直径0.9厘米，孔径0.3厘米，重1.82克（图五九四，7；图版四一六，3）。

　　M383：5，滑石串珠。9件。白色，圆柱状，大小不一，中部穿孔。长0.1～0.9厘米，直径0.3～0.5厘米，总重0.97克（图五九四，2；图版四一七，1）。

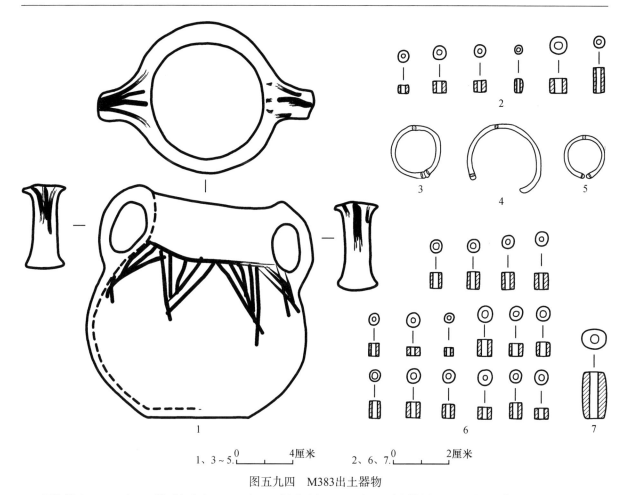

图五九四　M383出土器物

1. 双耳陶罐（M383：1）　2. 滑石串珠（M383：5）　3. 铜耳环（M383：3）　4. 铜手镯（M383：2）　5. 铜耳环（M383：6）
6. 滑石串珠（M383：4-1）　7. 绿松石串珠（M383：4-2）

　　附：M383墓主人颅骨形态观察为男性，趋向于蒙古人种的体质特征。眶口倾斜后倾，眶形圆钝，眶口形状敞口型，无鼻根点凹陷，非凸鼻梁型，眉间突度微显。从9项测量特征看，其中6项落入蒙古人种变异范围，1项趋向于蒙古人种特征；有2项趋向于欧罗巴人种的特征。很明显，应该归入蒙古人种类型（王博、崔静，2003：97）。

　　性别鉴定为女性（魏东，2009：129）。

M384

（一）形制结构

　　长方形竖穴土坑墓。北部被M382打破。墓向235°。墓口距地表0.11米，长1.52米，宽1.34米，墓坑深0.79米。墓圹内填充夹杂砂石的黄色土。墓圹底部放置人骨1具，右侧身屈肢，头向西南，面向东南，性别男（图五九五；图版四一七，3）。

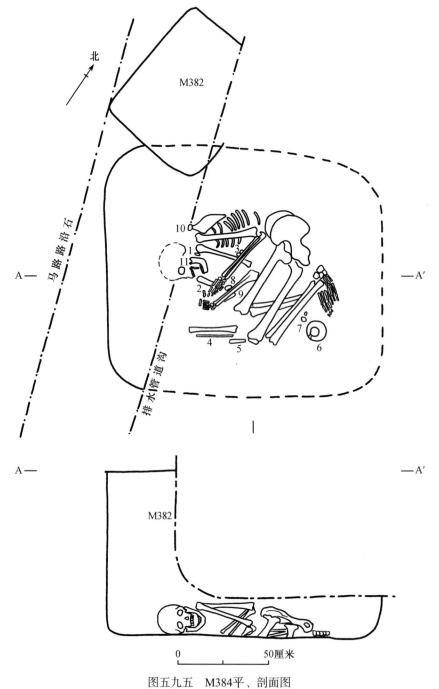

图五九五　M384平、剖面图

1. 玉髓串珠（M384：1）　2. 铜刀（M384：2）　3. 铜泡（M384：3）　4. 铜刀（M384：4）　5. 铜凿（M384：5）

6. 双耳陶罐（M384：6）　7. 绿松石串珠（M384：7）　8. 铜管（M384：8）　9. 铜管（M384：9）　10. 绿松石串珠（M384：10）

11. 铜锥（M384：11）

（二）出土遗物

共13件。陶器1件，为双耳陶罐（M384：6），出土于人骨足部。铜器8件，其中铜刀2件（M384：2、M384：4），出土于人骨指骨间和膝部；铜泡2件（M384：3），出土于人骨左臂；铜凿1件（M384：5），出土于人骨膝部；铜管2件（M384：8、M384：9），出土于人骨右臂内外侧；铜锥1件（M384：11），出土于人骨脸颊右侧。石器4件，其中玉髓串珠1件（M384：1），出土于人骨下颌处；绿松石串珠3件（M384：7、M384：10），出土于人骨腿部和肩胛骨。

1. 陶器

M384：6，双耳陶罐。1件。夹细砂红陶，手制，口部及一耳残。大侈口，圆唇，短束颈，颈肩双大扁耳，折腹，小平底。肩部绘一周弦纹，其下绘垂带纹，耳部绘短线纹。通高10.5厘米，口径8.3厘米，腹径12.3厘米，底径5厘米，重255克（图五九六，1；图版四一八，6）。

2. 铜器

M384：2，铜刀。1件。呈柳叶状，中部略鼓，柄部有一孔。长13.4厘米，宽3.2厘米，孔长0.6厘米，孔宽0.3厘米，重33.63克（图五九六，8；图版四一八，2）。

M384：3，铜泡。2件。圆形，泡状，背部有纽。直径1.9、2.4厘米，重4.95、4.87克（图

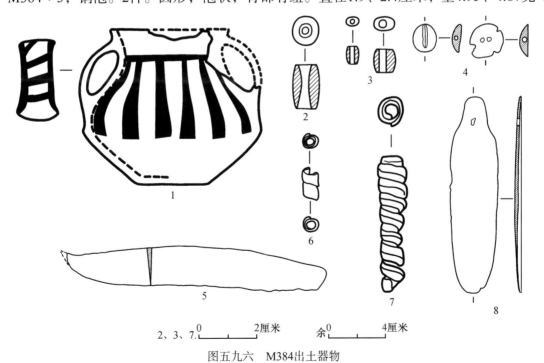

图五九六　M384出土器物

1. 双耳陶罐（M384：6）　2. 玉髓串珠（M384：1）　3. 绿松石串珠（M384：7）　4. 铜泡（M384：3）　5. 铜刀（M384：4）
6. 铜管（M384：8）　7. 铜管（M384：9）　8. 铜刀（M384：2）

五九六，4；图版四一八，3）。

M384：4，铜刀。1件。弧背，弧刃，背部较宽，刀尖上翘。残长19.2厘米，宽2.3厘米，重81.52克（图五九六，5；图版四一八，4）。

M384：5，铜凿。1件。略成长方形，一端扁平。长8.2厘米，宽0.9厘米（图版四一八，5）。

M384：8，铜管。1件。管状，用薄铜片斜卷而成，残长2.2厘米，重1.42克（图五九六，6；图版四一九，2）。

M384：9，铜管。1件。管状，用薄铜片斜卷而成。残长4.7厘米，直径0.7厘米，铜片宽0.5厘米，重6.39克（图五九六，7；图版四一九，3）。

M384：11，铜锥。1件。四棱锥状，一端扁平，另一端尖锐。残长7.5厘米，宽0.5厘米，重7克（图版四一九，5）。

3. 石器

M384：1，玉髓串珠。1件。红色半透明，腰鼓状，中部对钻穿孔。长1.5厘米，直径0.9厘米，孔径0.4厘米，重2.28克（图五九六，2；图版四一八，1）。

M384：7，绿松石串珠。2件。青色，扁腰鼓状，中部穿孔。长0.5、0.8厘米，宽0.4、0.7，口径0.2厘米，重0.15、0.45克（图五九六，3；图版四一九，1）。

M384：10，绿松石串珠。1件。青色，扁腰鼓状，中部穿孔。长0.8厘米，宽0.6厘米，孔径0.2厘米，重0.4克（图版四一九，4）。

附：经成分分析，M384：5铜凿，合金类型为Cu-Sn（锡青铜）。M384：9铜管残片，合金类型为Cu-Sn（锡青铜）。M384：11铜锥，合金类型为Cu-Sn（锡青铜）（梅建军，2002：4）。

经金相检验和成分分析，M384螺旋铜管材质为Cu-Sn（锡青铜），制作技术为热锻。螺旋铜管材质为Cu-Sn（锡青铜），制作技术未知（潜伟，2006：44）。

M385

（一）形制结构

长方形竖穴土坑墓。墓坑西南部被现代管沟打破。墓向202°。墓口距地表0.18米，长1.84米，宽1.34米，墓坑深1.5米。墓圹内填充夹杂细砾的黄灰色砂质土，出土头骨、股骨等人骨。墓圹底部为长方形土坯椁室，椁室四壁均自下而上错缝平砌6层土坯，南壁顶层有1层土坯竖立。椁室内周长1.02米，宽0.6米；土坯长0.4米，宽0.24米，厚0.1米。椁室底部放置人骨1具，右侧身屈肢，头向西南，面向东，上半身骨骼分布散乱，性别女（图五九七；图版四二〇，1、2）。

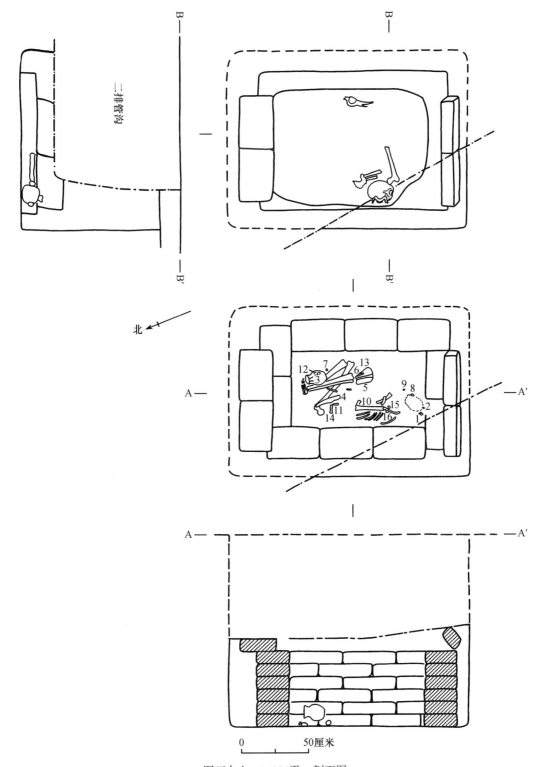

图五九七 M385平、剖面图

1. 铜泡（M385：18） 2. 双联铜泡（M385：17） 3. 双耳陶罐（M385：3） 4. 铜刀（M385：4） 5. 石器（M385：5）
6. 铜锥（M385：6） 7. 滑石串珠（M385：7） 8. 铜泡（M385：8） 9. 绿松石串珠（M385：9） 10. 双联铜泡（M385：10）
11. 双联铜泡（M385：11） 12. 铜泡（M385：12） 13. 石磨盘（M385：13） 14. 砺石（M385：14） 15. 铜牌饰（M385：15）
16. 玉髓串珠（M385：16）

（二）出土遗物

共22件。陶器1件，为双耳陶罐（M385∶3），出土于人骨足部。铜器13件，其中铜泡1件（M385∶1）、铜管1件（M385∶2），均出土于椁室内西北角；铜刀1件（M385∶4）、双联铜泡1件（M385∶10），均出土于人骨股骨处；铜锥1件（M385∶6），出土于人骨左膝处；铜泡3件（M385∶8、M385∶18）、双联铜泡1件（M385∶17），均出土于人骨头前；双联铜泡1件（M385∶11），出土于椁室内中部；铜泡2件（M385∶12），出土于陶罐东部；铜牌饰1件（M385∶15），出土于人骨胸部。石器7件，其中石器1件（M385∶5），出土于人骨右膝处；滑石串珠2件（M385∶7），出土于人骨膝部；绿松石串珠1件（M385∶9），出土于人骨颈部；石磨盘1件（M385∶13），出土于人骨腹部；砺石1件（M385∶14），出土于人骨股骨处；玉髓串珠1件（M385∶16），出土于人骨胸部。羊肩胛骨1件，出土位置不明。

1. 陶器

M385∶3，双耳陶罐。1件。夹细砂红陶，手制，完整。侈口，方唇，短束颈，沿肩双耳，鼓腹，小平底。腹部有烟熏痕迹。通高19.7厘米，口径12.3厘米，腹径18.2厘米，底径7.7厘米，重985克（图五九八，1；图版四二一，1）。

2. 铜器

M385∶1，铜泡。1件。圆形泡状，背部有纽。直径2.4厘米，重5.54克（图五九八，6；图版四一九，6）。

M385∶2，铜管。1件。残损严重，薄铜片卷成。残长1.7厘米，重1.05克。

M385∶4，铜刀。1件。弧背，凹刃，直柄，柄部一面铸凹槽，柄端有一尖形小孔。通长18.5厘米，最宽2.9厘米（图五九八，13；图版四二一，2）。

M385∶6，铜锥。1件。四棱锥状，一端尖锐，另一端残。残长5.2厘米，宽0.5厘米，重5.84克（图五九八，14；图版四二一，4）。

M385∶8，铜泡。2件。圆形，泡状，背部有纽。直径2.4厘米，重4.96克（图五九八，12；图版四二一，6）。

M385∶10，双联铜泡。1件。"8"形，背部平整，正面略凸。长2.9厘米，宽1.6厘米，重5.36克（图五九八，11；图版四二二，2）。

M385∶11，双联铜泡。1件。"8"形，背部平整，正面略凸，两端各有一个圆形乳突。长2.8厘米，宽1厘米，重2.76克（图五九八，10；图版四二二，3）。

M385∶12，铜泡。2件。圆形，泡状，背部有纽。直径1.9、1.3厘米，重2.13、1.31克（图五九八，4；图版四二二，4）。

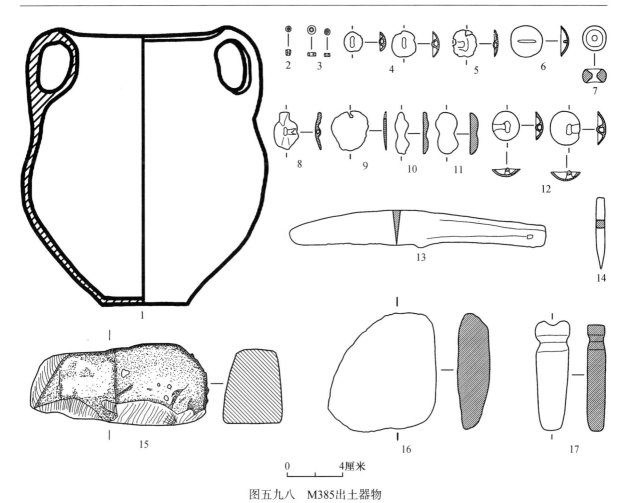

图五九八　M385出土器物

1. 双耳陶罐（M385∶3）　　2. 绿松石串珠（M385∶9）　　3. 滑石串珠（M385∶7）　　4. 铜泡（M385∶12）　　5. 铜泡（M385∶18）

6. 铜泡（M385∶1）　　7. 玉髓串珠（M385∶16）　　8. 铜泡（M385∶17）　　9. 铜牌饰（M385∶15）　　10. 双联铜泡（M385∶11）

11. 双联铜泡（M385∶10）　　12. 铜泡（M385∶8）　　13. 铜刀（M385∶4）　　14. 铜锥（M385∶6）　　15. 石器（M385∶5）

16. 石磨盘（M385∶13）　　17. 砺石（M385∶14）

　　M385∶15，铜牌饰。1件。近圆形，近边缘处有一穿孔。直径2.8厘米，孔径0.3厘米，重3.42克（图五九八，9；图版四二三，1）。

　　M385∶17，双联铜泡。1件。近圆形，似为双联铜饰的一半，正面凸起，背面略凹，且有一纽。直径1.6厘米，重2.97克（图五九八，8；图版四二三，3）。

　　M385∶18，铜泡。1件。不规则形，正面有三个小乳突，背面中部有一桥形纽。残径2.1厘米，重0.86克（图五九八，5；图版四二三，4）。

3. 石器

　　M385∶5，石器。1件。敲砸器，长方形，一端有敲砸痕迹，另一端局部有敲砸和磨平痕迹。最大长13厘米，宽5.7厘米，厚4.5厘米（图五九八，15；图版四二一，3）。

　　M385∶7，滑石串珠。2件。一件为矮圆柱形，中部对钻穿孔，长0.2厘米，直径0.4厘米，孔径0.1厘米，重0.13克。另一件为圆饼状，中部穿孔。厚0.1厘米，直径0.7厘米，孔径0.3厘米，重0.14克（图五九八，3；图版四二一，5）。

M385：9，绿松石串珠。1件。淡蓝色，圆柱状，中部穿孔。长0.4厘米，直径0.3厘米，孔径0.1厘米，重0.1克（图五九八，2；图版四二二，1）。

M385：13，石磨盘。1件。不规则形，一面及一边有人工磨制痕迹。残长8厘米，宽7.8厘米，厚2.4厘米，重288.5克（图五九八，16；图版四二二，5）。

M385：14，砺石。1件。形似长方，上端磨一圈凹弦纹，顶部中间磨一凹槽。长7.7厘米，宽2.5厘米，厚1.3厘米（图五九八，17；图版四二二，6）。

M385：16，玉髓串珠。1件。红色半透明，算珠状，中部对钻穿孔。厚0.8厘米，直径1.7厘米，孔径0.3厘米，重3.6克（图五九八，7；图版四二三，2）。

附：M385带纽铜泡饰经金相检验和成分分析，其材质为Cu-Sn（Pb）（含铅杂质的锡青铜），制作技术为铸造（潜伟，2006：44）。

M385墓主人颅骨形态观察为女性，趋向于欧罗巴人种的体质特征。眶口倾斜前倾，眶口形状是封闭和敞口型的中间形式，犬齿窝中等深，鼻前棘中等。从11项测量特征看，其中3项落入蒙古人种变异范围，2项趋向于蒙古人种特征。有2项落入欧罗巴人种的变异范围，4项趋向于欧罗巴人种的特征。可以归入欧罗巴人种类型（王博、崔静，2003：97）。

M386

（一）形制结构

长方形竖穴土坑墓。墓坑东北部被一现代管沟所打破。墓向32°。墓口距地表0.14米，长1.16米，宽1.02米，墓坑深0.8米。墓圹底部四周设熟土二层台，二层台内侧竖立1层土坯，二层台上平砌1层土坯。椁室内周长0.56米，宽0.42米；土坯长0.38~0.4米，宽0.22~0.24米，厚0.1米。椁室底部放置人骨1具，左侧身屈肢，头向东北，面向南（图五九九；图版四二四，1）。

（二）出土遗物

共1件。铜器1件，为铜泡（M386：1），出土位置不明。

M386：1，铜泡。1件。椭圆形，泡状，背部有纽，有铸槽。长1.8厘米，宽1.5厘米，厚0.5厘米（图五九九，1；图版四二三，5）。

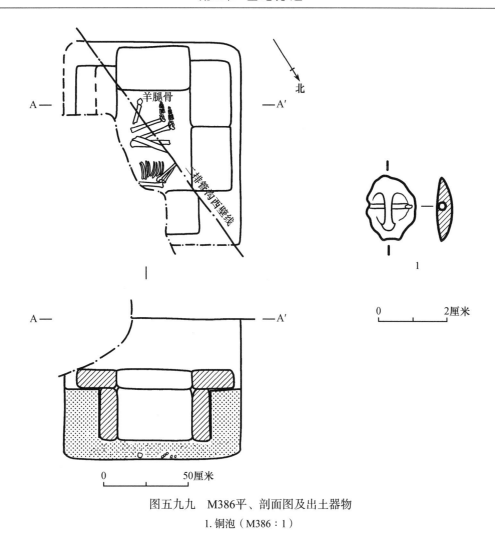

图五九九　M386平、剖面图及出土器物
1.铜泡（M386∶1）

M387

（一）形制结构

长方形竖穴土坑墓。被M362打破，打破M351椁室西部。墓向22°。墓口距地表0.23米，长1.36米，宽1.24米，墓坑深1.02米。墓圹内填充夹杂细砾的灰褐色和黄褐色砂质土，包含碎土坯。墓圹底部四周设熟土二层台，二层台内侧竖立1层土坯，东、北两壁二层台上平砌1层土坯，西壁二层台上错缝平砌2层土坯，南壁二层台上无土坯。椁室内周长0.8米，宽0.6米；土坯长0.4米，宽0.24米，厚0.1～0.15米。椁室底部放置人骨1具，左侧身屈肢，头向东北，面向南，性别女（图六〇〇；图版四二四，2）。

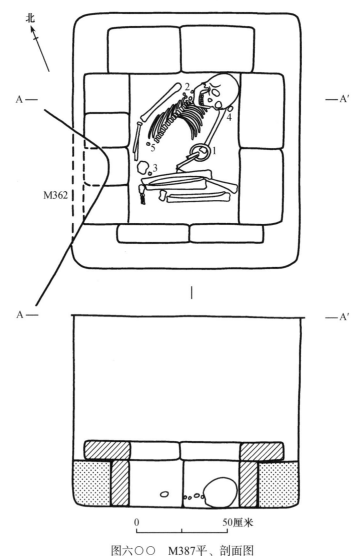

图六〇〇　M387平、剖面图

1.铜手镯（M387：1）　2.滑石串珠（M387：2）　3.滑石串珠（M387：3）　4.铜耳环（M387：4）　5.滑石串珠（M387：5）

（二）出土遗物

共11件。铜器2件，其中铜手镯1件（M387：1），出土于人骨左腕处；铜耳环1件（M387：4），出土于人骨左耳处。石器9件，均为滑石串珠（M387：2、M387：3、M387：5），分别出土于人骨颈部、骨盆和脊椎。

1. 铜器

M387：1，铜手镯。1件。环形，用扁铜丝加工成环状，接口处相互叠压，较厚。直径7.2厘米，宽0.5厘米，重16.84克（图六〇一，1；图版四二三，6）。

M387：4，铜耳环。1件。环形，用细铜丝绕成，接口处一端扁平，另一端残。环径2厘米，丝径0.2厘米，重0.63克（图六〇一，2；图版四二五，3）。

2. 石器

M387：2，滑石串珠。7件。白色，6件圆饼状，1件呈长方体状，中部穿孔。厚0.4～0.5厘米，直径0.6～0.8厘米，孔径0.2厘米，重0.4克（图六〇一，4；图版四二五，1）。

M387：3，滑石串珠。1件。白色，圆饼状，中部穿孔。厚0.3厘米，直径0.6厘米，孔径0.2厘米，重0.36克（图六〇一，5；图版四二五，2）。

M387：5，滑石串珠。1件。白色，圆饼状，中部穿孔。厚0.2厘米，直径0.7厘米，孔径0.2厘米，重0.36克（图六〇一，3；图版四二五，4）。

附：M387墓主人经分子遗传学鉴定，性别为女性（高诗珠，2009：56）。

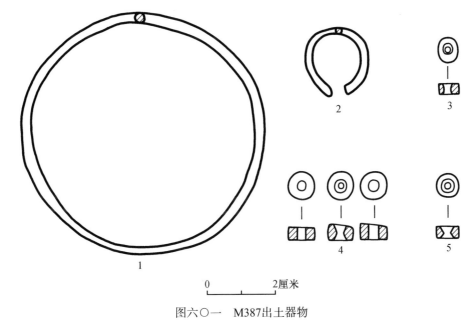

0   2厘米

图六〇一 M387出土器物

1. 铜手镯（M387：1） 2. 铜耳环（M387：4） 3. 滑石串珠（M387：5） 4. 滑石串珠（M387：2） 5. 滑石串珠（M387：3）

M388

（一）形制结构

长方形竖穴土坑墓。打破M390，南部被M369打破，西北部被M358打破，墓向230°。墓口长1.54米，宽1.3米，墓坑深0.98米。墓圹内填充夹杂细砾的黄灰色砂质土，包含碎人骨。墓圹底部四周设生土二层台，二层台上平砌1层土坯。椁室内周长0.82米，宽0.56米；土坯长0.4米，宽0.3米，厚0.1米。椁室底部放置人骨1具，右侧身屈肢，头向南，面向东，性别女（图六〇二；图版四二六，1）。

（二）出土遗物

共5件。陶器1件，为单耳陶罐（M388：1），出土于膝盖附近。铜器2件，其中铜丝1件（M388：2），出土于椁室内中部；铜耳环1件（M388：4），出土于人骨耳部。石器2件，均为串珠（M388：3），出土于人骨颈部。

1. 陶器

M388：1，单耳陶罐。1件。夹细砂红陶，手制，口沿及耳残。侈口，方唇，短束颈，沿肩单大耳，鼓腹，平底。口沿处绘宽带纹。器表有烟熏痕迹。通高16.6厘米，口径10.4厘米，腹径15.5厘米，底径7.8厘米，重825克（图六〇二，1；图版四二五，5）。

2. 铜器

M388：2，铜丝。1件。残成两段，残长1.3、1.1厘米，丝径0.4、0.2厘米，重0.35、0.3克（图版四二五，6）。

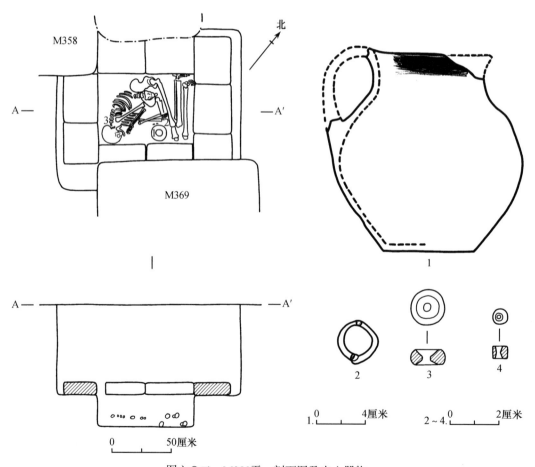

图六〇二　M388平、剖面图及出土器物

1. 单耳陶罐（M388：1）　2. 铜耳环（M388：4）　3. 玉髓串珠（M388：3-2）　4. 滑石串珠（M388：3-1）

M388：4，铜耳环。1件。环形，细铜丝绕成，接口处一端扁平相错。环径1.8厘米，丝径0.2厘米，重0.91克（图六〇二，2；图版四二六，3）。

3. 石器

M388：3，串珠。2件。M388：3-1，滑石串珠，1件，为圆柱状，中部对钻穿孔。厚0.5厘米，直径0.5厘米，孔径0.2厘米，重0.28克（图六〇二，4；图版四二六，2）。M388：3-2，玉髓串珠，1件，红色半透明，算珠状，中部对钻穿孔。厚0.5厘米，直径1.4厘米，孔径0.2厘米，重1.78克（图六〇二，3；图版四二六，2）。

附：M388墓主人颅骨形态观察为女性，多表现出蒙古人种的体质特征。眶口倾斜后倾，眶口形状敞口型，鼻根点凹陷浅，眉间突度不显，浅铲形上内侧门齿和上外侧门齿。从14项测量特征看，其中5项落入蒙古人种变异范围，2项趋向于蒙古人种的变异范围。有2项落入欧罗巴人种的变异范围，3项趋向于欧罗巴人种的特征。可以归入蒙古人种类型（王博、崔静，2003：97）。

M389

长方形竖穴土坑墓。西南部被现代管沟打破。墓向45°。墓口距地表0.25米，长1.2米，宽0.83米，墓坑深0.84米，墓底长1.2米，宽0.83米。墓圹内填充夹杂细砾的灰褐色砂质土。墓圹底部放置人骨1具，保存状况较差，人骨分布散乱（图六〇三）。

无出土遗物。

M390

（一）形制结构

长方形竖穴土坑墓。被M388打破。墓向50°。墓口距地表0.08米，长1.5米，宽0.96米，墓坑深1.28米，墓底长1.5米，宽0.96米。墓圹内填充夹杂细砾的黄灰色砂质土。墓圹底部放置人骨1具，保存状况较差，人骨分布散乱（图六〇四；图版四二七，1）。

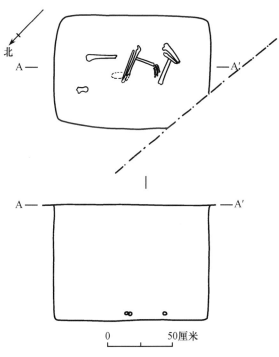

图六〇三　M389平、剖面图

（二）出土遗物

　　共2件。石器1件，为绿松石串珠（M390：1），出土于人骨肋骨处。羊肩胛骨1件，出土
于椁室东侧。

　　M390：1，绿松石串珠。1件。不规则圆柱形。中部穿孔。长0.6厘米，直径0.5厘米，孔径
0.2厘米，重0.24克（图六〇四，1；图版四二八，1）。

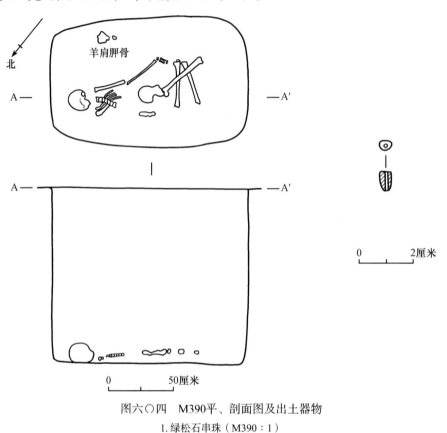

图六〇四　M390平、剖面图及出土器物
1.绿松石串珠（M390：1）

M391

（一）形制结构

　　长方形竖穴土坑墓。西南部被M380打破，东南部被M407打破。墓向37°。墓口距地表0.16
米，长1.8米，宽1.48米，墓坑深0.4米。墓圹底部为长方形土坯椁室，椁室四壁均自下而上错
缝平砌3层土坯。椁室内周长1米，残宽0.51米；土坯长0.4米，宽0.22米，厚0.1米。椁室底部放
置人骨1具，左侧身屈肢，头向东北，面向东南（图六〇五；图版四二七，2）。

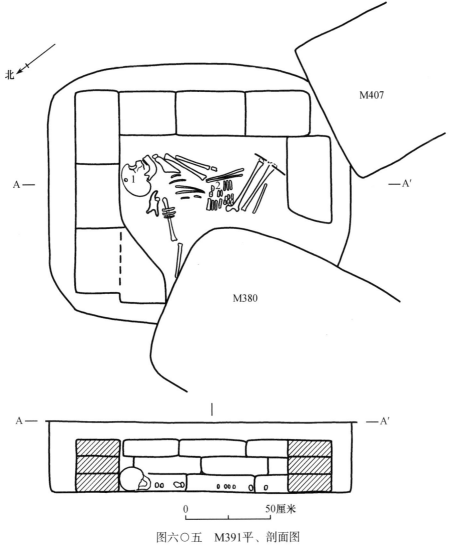

图六〇五　M391平、剖面图
1.玉髓串珠（M391：1）　2.骨牌饰（M391：2）

（二）出土遗物

共24件。石器1件，为玉髓串珠（M391：1），出土于人骨头顶处。骨器22件，均为骨牌饰（M391：2），出土于人骨腰部。羊腿骨1件，出土位置不明。

1.石器

M391：1，玉髓串珠。1件。红色半透明，圆柱状，中部对钻穿孔。厚0.5厘米，直径1厘米，孔径0.2厘米，重0.82克（图六〇六，2；图版四二八，2）。

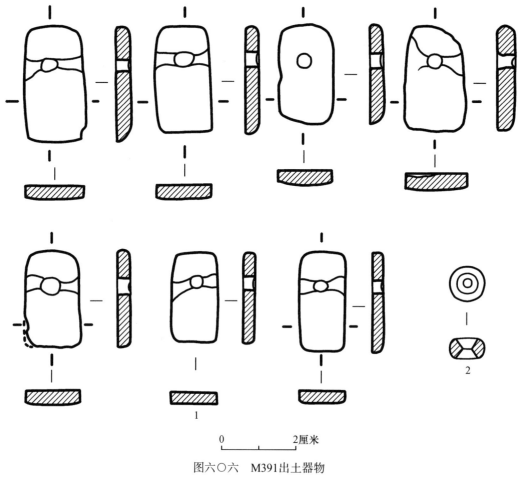

图六〇六　M391出土器物

1. 骨牌饰（M391：2）　2. 玉髓串珠（M391：1）

2. 骨器

M391：2，骨牌饰。22件。长方形，一端近边缘处有穿孔。长2.3～3厘米，宽1.3～1.6厘米，孔径0.4～0.6厘米，重1.7克（图六〇六，1；图版四二八，3）。

M392

（一）形制结构

长方形竖穴土坑墓。位于T2011东北角。墓向53°。墓口距地表0.2米，长1.16米，宽0.97米，墓坑深0.81米，墓底长0.96米，宽0.84米。墓圹内填充沙石。墓圹底部放置人骨1具，左侧身屈肢，头向东，面向南（图六〇七；图版四二九，1）。

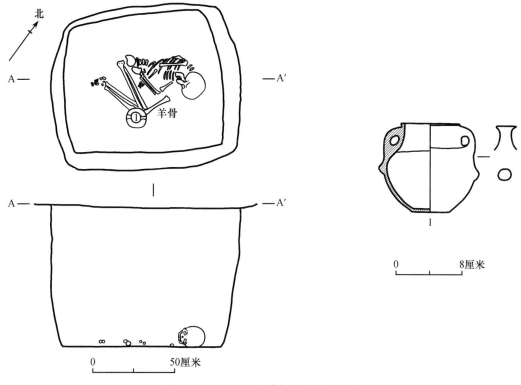

图六○七　M392平、剖面图及出土器物
1. 双耳陶罐（M392：1）

（二）出土遗物

共2件。陶器1件，为双耳陶罐（M392：1），出土于人骨膝盖。羊腿骨1件，出土于墓坑东部。

M392：1，双耳陶罐。1件。夹细砂红陶，手制，口沿残。直口，方唇，直颈，颈肩双耳，鼓腹，鼓腹处两侧各有一乳突，小平底。通高9.8厘米，口径7.3厘米，腹径10.6厘米，底径4.2厘米，重320克（图六○七，1；图版四二九，2）。

M393

（一）形制结构

长方形竖穴土坑墓。位于T2011东南角，被M394打破。墓向50°。墓口距地表0.4米，长1.2米，宽0.86米，墓坑深0.53米，墓底长1.15米，宽0.8米。墓圹内填充沙砾。无葬具。无人骨（图六○八；图版四三○，1）。

（二）出土遗物

共3件。陶器1件，为双耳陶罐（M393：1），出土于墓坑内北部。铅器1件，为铅别针（M393：2），出土于墓坑内中部。贝器1件，为海贝（M393：3），出土于墓坑内中部。

1. 陶器

M393：1，双耳陶罐。1件。夹细砂红陶，手制，腹部残。侈口，圆唇，短束颈，沿肩双扁耳，球腹，平底。口沿处绘一周弦纹，肩部绘一周弦纹，其下至底部绘垂带纹，正中由3道组成，两侧由2道组成。通高12.8厘米，口径10.3厘米，腹径14.2厘米，底径6.8厘米，重575克（图六〇八，1；图版四二九，3）。

2. 铅器

M393：2，铅别针。1件。略呈圆形，用细铅丝绕成。直径1.7厘米，丝径0.2厘米，重1.06克（图六〇八，2；图版四三〇，2）。

3. 贝器

M393：3，海贝。1件。卵圆形，有人工磨制痕迹。长2.3厘米，宽1.6厘米，重2.61克（图六〇八，3；图版四三〇，3）。

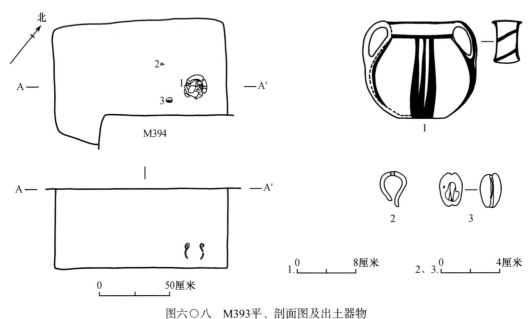

图六〇八　M393平、剖面图及出土器物

1. 双耳陶罐（M393：1）　2. 铅别针（M393：2）　3. 海贝（M393：3）

M394

（一）形制结构

长方形竖穴土坑墓。位于T2011东隔梁及探方东北角，打破M393和M398。墓向254°。墓口距地表0.4米，长1.89米，宽1.4米，墓坑深1.24米。墓圹内填充夹杂细砾的黄色砂质土。墓圹底部四周设熟土二层台，二层台内侧竖立1层土坯，二层台上平砌1层土坯。椁室内周长1.06米，宽0.68米；土坯长0.4米，宽0.22米，厚0.1米。椁室底部放置人骨1具，右侧身屈肢，头向西南，面向东，性别不明（图六〇九；图版四三一，1）。

（二）出土遗物

共3件。陶器1件，为双耳陶罐（M394：2），出土于人骨足部。铜器1件，为铜耳环（M394：3），出土于人骨右耳。石器1件，为滑石串珠（M394：1），出土于墓坑填土中。

1. 陶器

M394：2，双耳陶罐。1件。夹细砂灰陶，手制，完整。凹口外侈，圆唇，短束颈，沿肩双翘耳，鼓腹，平底。通高14.2厘米，口径10.3厘米，腹径14.6厘米，底径7.9厘米，重730克（图六〇九，1；图版四三一，3）。

2. 铜器

M394：3，铜耳环。1件。环形，用细铜丝绕成，接口处扁平。环径3.2厘米，丝径0.3厘米，重2.69克（图六〇九，3；图版四三二，2）。

3. 石器

M394：1，滑石串珠。1件。白色，圆柱状，中部穿孔。长0.5厘米，直径0.4厘米，孔径0.2厘米，重0.25克（图六〇九，2；图版四三一，2）。

附：M394墓主人颅骨形态观察为男性，趋向于欧罗巴人种的体质特征。眶口倾斜垂直，鼻根凹陷2级，眉间突度稍显，犬齿窝中等深，凸鼻梁型，鼻前棘稍显。从15项测量特征看，其中5项落入蒙古人种变异范围，仅有2项落入欧罗巴人种的变异范围，不过有5项趋向于欧罗巴人种的测量特征，可以归入欧罗巴人种类型（王博、崔静，2003：97）。

性别鉴定为女性（魏东，2009：129）。

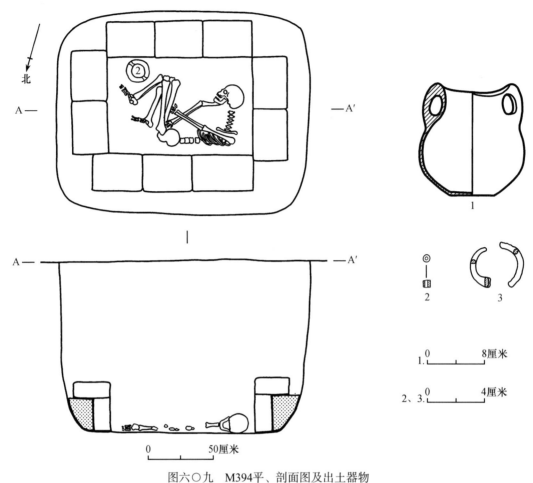

图六〇九　M394平、剖面图及出土器物

1. 双耳陶罐（M394：2）　2. 滑石串珠（M394：1）　3. 铜耳环（M394：3）

M395

（一）形制结构

长方形竖穴土坑墓。被M366打破。墓向35°。墓口距地表0.35米，长0.95米，宽0.86米，墓坑深0.87米，墓底长0.93米，宽0.8米。墓圹底部放置人骨1具，左侧身屈肢，头向东北，面向东南，性别不明（图六一〇；图版四三二，1）。

（二）出土遗物

共2件。陶器1件，为双耳陶罐（M395：1），出土于墓坑内东南角。羊腿骨1件（M395：2），出土于椁室东部。

M395：1，双耳陶罐。1件。夹细砂红陶，手制，完整。直口，方唇，短颈，颈肩双耳，

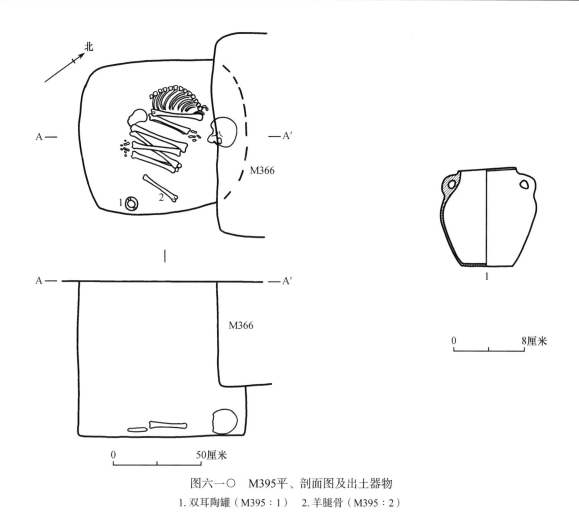

图六一〇 M395平、剖面图及出土器物
1. 双耳陶罐（M395：1） 2. 羊腿骨（M395：2）

鼓腹，小平底。口沿处有烟熏痕迹。通高9厘米，口径7厘米，腹径10.9厘米，底径6.4厘米，重385克（图六一〇，1；图版四三二，3）。

M396

（一）形制结构

长方形竖穴土坑墓。位于T2211。墓向48°。墓口距地表0.4米，长1.3米，宽1.1米，墓坑深0.96米。墓圹内填充沙砾土。墓圹底部放置人骨1具，左侧身屈肢，头向东北，面向东南（图六一一；图版四三三，1）。

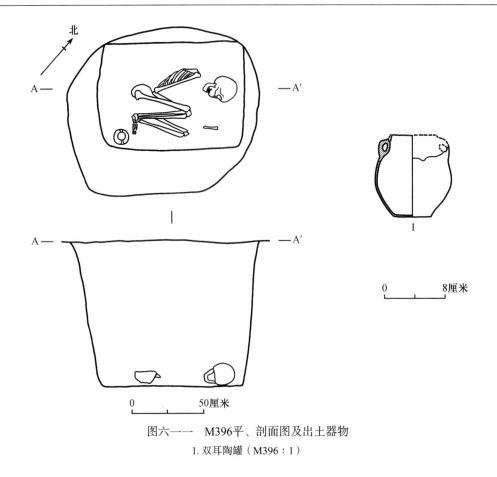

图六一一　M396平、剖面图及出土器物
1. 双耳陶罐（M396：1）

（二）出土遗物

共1件。陶器1件，为双耳陶罐（M396：1），出土于椁室东南角。

M396：1，双耳陶罐。1件。夹细砂红陶，手制，残。直口，方唇，直颈，颈肩双耳，鼓腹，小平底。残高10.8厘米，口径5.8厘米，腹径9.4厘米，底径4.8厘米，重305克（图六一一，1；图版四三三，2）。

M397

（一）形制结构

长方形竖穴土坑墓。位于T221西隔梁，打破M402中西部。墓向42°。墓口距地表0.35米，长1.7米，宽1.36米，墓坑深1.15米。墓圹内填充沙砾土。墓圹底部为长方形土坯椁室，椁室东、西两壁自下而上错缝平砌4层土坯，南、北两壁自下而上错缝平砌5层土坯。椁室内周长0.86米，宽0.6米；土坯长0.4米，宽0.23米，厚0.1米。椁室底部放置人骨1具，左侧身屈肢，头向东北，面向东南，性别女（图六一二；图版四三四，1）。

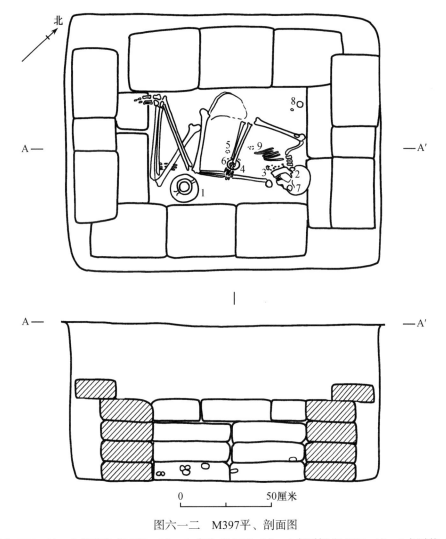

图六一二 M397平、剖面图

1. 双耳陶罐（M397∶1） 2. 铜牌饰（M397∶2） 3. 串珠（M397∶3） 4. 铜手镯（M397∶4） 5. 铜牌饰（M397∶5）
6. 铜珠（M397∶6） 7. 铜耳环（M397∶7） 8. 铜牌饰（M397∶8） 9. 铜牌饰（M397∶9）

（二）出土遗物

共68件。陶器1件，为双耳陶罐（M397∶1），出土于人骨足部。铜器19件，其中铜牌饰5件，1件（M397∶2）出土于人骨面颊右侧，1件（M397∶5）位于人骨肱骨，1件（M397∶8）位于椁室西部，1件（M397∶9）位于人骨胸部，1件（M397∶10）出土位置不明；铜手镯2件（M397∶4），出土于人骨腕部；铜珠11件（M397∶6），出土于人骨右腕；铜耳环1件（M397∶7），出土于人骨耳部。石器48件，均为串珠（M397∶3），出土于人骨颈部。

1. 陶器

M397∶1，双耳陶罐。1件。夹细砂红陶，手制，完整。微侈口，方唇，短束颈，沿肩双耳，鼓腹，平底。口沿处绘一周弦纹与竖向短线纹，肩部绘一周弦纹，其下绘连续的平行线交错出头倒三角纹，耳部绘菱格纹。通高15.2厘米，口径10厘米，腹径15.6厘米，底径8.3厘米，重830克（图六一三，1；图版四三三，3）。

2. 铜器

M397：2，铜牌饰。1件。残损，原应为圆形，背部有纽。直径4厘米，重7.91克（图六一三，10；图版四三四，2）。

M397：4，铜手镯。2件。圆形，用扁铜丝加工成环状，两段为焊接。直径7厘米（图六一三，11；图版四三四，3）。

M397：5，铜牌饰。1件。椭圆形，有相对的两个穿孔。长径2厘米，短径1.6厘米，孔径0.2厘米，重0.33克（图六一三，6；图版四三五，2）。

M397：6，铜珠。11件。不规则圆柱状，中部穿孔，铸造。厚0.3厘米，直径0.4～1.2厘米，孔径0.2厘米，重0.6克（图六一三，4；图版四三六，1）。

M397：7，铜耳环。1件。环形，用细铜丝绕成，接口处扁平。环径3.2厘米，丝径0.2厘米，重3.89克（图六一三，7；图版四三五，3）。

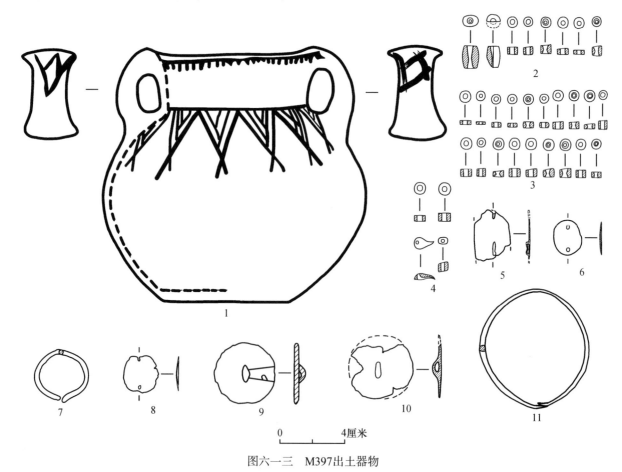

0　　　　4厘米

图六一三　M397出土器物

1. 双耳陶罐（M397：1）　2. 绿松石串珠（M397：3）　3. 滑石串珠（M397：3）　4. 铜珠（M397：6）　5. 铜牌饰（M397：9）
6. 铜牌饰（M397：5）　7. 铜耳环（M397：7）　8. 铜牌饰（M397：8）　9. 铜牌饰（M397：10）　10. 铜牌饰（M397：2）
11. 铜手镯（M397：4）

M397：8，铜牌饰。1件。圆形，边缘处有两个相对位置的小孔，正面略弧。直径2.3厘米，孔径0.1厘米，重1.08克（图六一三，8；图版四三六，2）。

M397：9，铜牌饰。1件。近方形，两端残，背部有一纽。残长3厘米，宽2.1厘米，重3.13克（图六一三，5；图版四三六，3）。

M397：10，铜牌饰。1件。圆形，双面平整，背面有一纽，纽孔处有铸槽延伸至边缘。直径3.7厘米，厚0.3厘米（图六一三，9；图版四三七，1）。

3. 石器

M397：3，串珠。48件。M397：3-1，滑石串珠，39件，呈圆柱状，中部穿孔，长0.1～0.5厘米，直径0.5～0.6厘米，孔径0.2厘米（图六一三，3；图版四三五，1）。M397：3-2，绿松石串珠，8件，其中6件呈圆柱状，2件呈扁圆柱状，长0.6～1.2厘米，直径0.7～1厘米，孔径0.3厘米（图六一三，2；图版四三五，1）。M397：3-3，玉髓串珠，1件，长0.6厘米，直径0.7厘米，孔径0.3厘米。总重12.18克。

附：经金相检验和成分分析，M397铜耳环材质为Cu（Sn，As）（含锡，砷杂质的红铜），制作技术为热锻。铜片材质为Cu-As（Pb）（含铅杂质的砷铜），制作技术为热锻。铜泡饰材质为Cu-Sn（锡青铜），制作技术未知（潜伟，2006：44）。

M397墓主人经分子遗传学鉴定，性别为女性（高诗珠，2009：56）。

M398

（一）形制结构

长方形竖穴土坑墓。位于T2011东隔梁，东北部被M359打破，西部被M394打破。墓向45°。墓口距地表0.35米，长0.91米，宽0.94米，墓坑深0.65米。墓圹内填充沙砾土。无葬具。无人骨（图六一四）。

（二）出土遗物

共1件。陶器1件，为双耳陶罐（M398：1），出土于墓坑西部。

M398：1，双耳陶罐。1件。夹细砂红陶，手制，一耳残。侈口，尖唇，短束颈，沿肩双扁耳，鼓腹，小平底。口沿内绘一周弦纹及四组对称的短斜线纹，口沿处绘一周弦纹，颈部绘双菱格纹相套的组合纹饰，肩部绘两周弦纹，其下为连续的相连竖向菱格纹，耳部绘"N"形纹。通高13.8厘米，口径10.6厘米，腹径14.2厘米，底径5.7厘米，重400克（图六一四，1；图版四三七，2）。

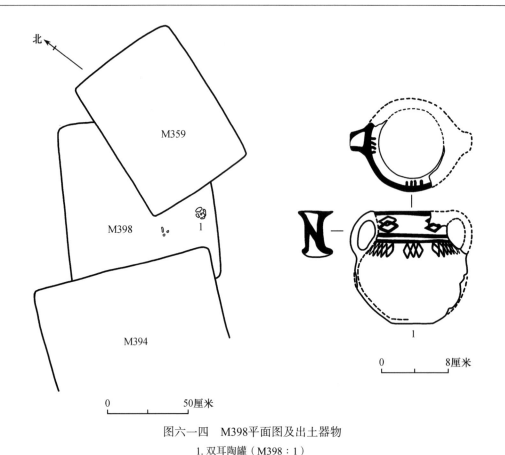

图六一四　M398平面图及出土器物
1. 双耳陶罐（M398：1）

M399

（一）形制结构

长方形竖穴土坑墓。位于T2211，打破M400。墓向23°。墓口距地表0.4米，长1.94米，宽1.66米，墓坑深0.53米。墓圹内填充砂质土。墓圹底部为长方形土坯椁室，椁室四壁均自下而上错缝平砌4层土坯。椁室内周长1.04米，宽0.6米；土坯长0.4米，宽0.22米，厚0.1米。椁室底部放置人骨1具，左侧身屈肢，头向东北，面向南（图六一五；图版四三八，1）。

（二）出土遗物

共97件。陶器1件，为双耳陶罐（M399：1），出土于椁室中部。铜器5件，其中铜手镯1件（M399：2），出土于人骨腕部；铜耳环2件（M399：5），出土于人骨右耳；铜牌饰1件（M399：6），出土于人骨脊椎；铜片1件（M399：7），出土于人骨头部。石器86件，均为串珠（M399：3），出土于人骨下颌前方。骨器4件，均为骨锥（M399：4、M399：8），出土于陶罐附近。羊腿骨1件，出土于椁室东侧。

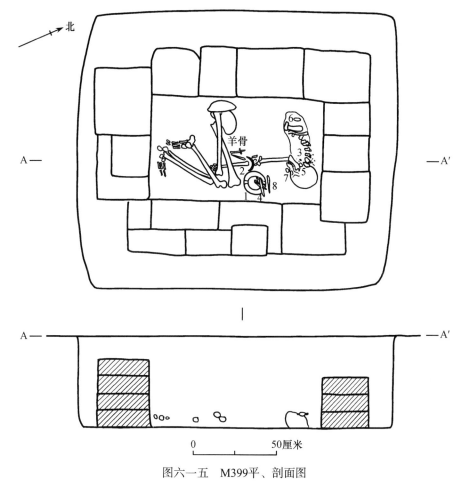

图六一五　M399平、剖面图

1. 双耳陶罐（M399：1）　　2. 铜手镯（M399：2）　　3. 串珠（M399：3）　　4. 骨锥（M399：4）　　5. 铜耳环（M399：5）
6. 铜牌饰（M399：6）　　7. 铜片（M399：7）　　8. 骨锥（M399：8）

1. 陶器

M399：1，双耳陶罐。1件。夹细砂红陶，手制，完整。微侈口，圆唇，短束颈，沿肩双耳，深弧腹，平底。通高16.3厘米，口径9.3厘米，腹径13厘米，底径8.7厘米，重695克（图六一六，1；图版四三七，3）。

2. 铜器

M399：2，铜手镯。1件。环形，用扁铜丝加工成，接口处焊接。直径7厘米，宽0.5厘米，重13.26克（图六一六，7；图版四三七，4）。

M399：5，铜耳环。2件。环形，一大一小，细铜丝绕成，接口处扁平。环径2.5、4.8厘米，丝径0.3厘米，重2.81、4.5克（图六一六，6；图版四三七，6）。

M399：6，铜牌饰。1件。略呈扇形，两端各有一穿孔。一面略弧。长4厘米，宽1.4~2.1厘米，孔径0.2厘米，重2克（图六一六，3；图版四三八，2）。

M399：7，铜片。1件。不规则形，边缘处有一穿孔，一面略弧。残长2.9厘米，宽2.2厘米，孔径0.2厘米，重1.67克（图六一六，4；图版四三八，3）。

3. 石器

M399：3，串珠。86件。M399：3-1，玉髓串珠，1件，红色，圆柱状，中部为凹形，中间有一穿孔，直径为1.2厘米；M399：3-2，绿松石串珠，7件，墨绿色，圆柱状，中部穿孔，高0.3～0.7厘米，直径0.3～0.6厘米，孔径0.2厘米；M399：3-3，滑石串珠，78件，白色，呈圆柱状，中部有一穿孔，直径长1厘米，宽0.7厘米，孔径0.5厘米（图六一六，2；图版四三九，1）。

4. 骨器

M399：4，骨锥。3件。用骨片加工成锥状，残。残长3.6、6.3、7.8厘米，宽1.1、0.6、0.6厘米，重0.92、1.47、1.56克（图六一六，8；图版四三七，5）。

M399：8，骨锥。1件。用扁状骨片加工成锥状，一端残。残长6.3厘米，宽0.3～1.1厘米，重1.35克（图六一六，5；图版四三九，2）。

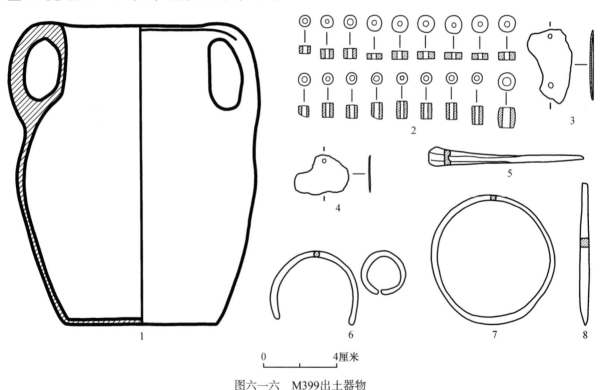

图六一六　M399出土器物

1. 双耳陶罐（M399：1）　　2. 滑石串珠（M399：3-3）　　3. 铜牌饰（M399：6）　　4. 铜片（M399：7）　　5. 骨锥（M399：8）
6. 铜耳环（M399：5）　　7. 铜手镯（M399：2）　　8. 骨锥（M399：4）

M400

（一）形制结构

长方形竖穴土坑墓。位于T2211。墓向15°。墓口距地表0.3米，长1.96米，宽1.5米，墓坑深1.51米。墓圹内填充沙砾土。墓圹底部放置人骨1具，左侧身屈肢，头向东北，面向东南（图六一七；图版四四〇，1）。

（二）出土遗物

共105件。陶器1件，为双耳陶罐（M400：1），出土于墓坑东南部。铜器68件，其中铜镜7件（M400：2、M400：5、M400：6、M400：10、M400：13、M400：35、M400：38），出土于人骨肩部和肱骨处；铜牌饰17件（M400：3、M400：8、M400：11、M400：12、M400：14、M400：15、M400：18、M400：26、M400：27、M400：29、M400：30、M400：33、M400：36、M400：37、M400：45、M400：43），分别出土于人骨头骨、肩部、手臂、肱骨和椁室西部及北部，1件（M400：44）出土位置不明；铜泡3件（M400：4、M400：9、M400：39），分别出土于人骨肩部及肱骨处；铜管8件（M400：16、M400：17、M400：19、M400：20、M400：21、M400：23、M400：24、M400：25），分别出土于人骨肘部、盆骨及椁室西部；铜珠29件（M400：22、M400：31），分别出土于椁室西部以及人骨腕部；铜手镯1件（M400：28），出土于人骨腕部；铜饰件1件（M400：32），出土于人骨膝部；铜耳环2件，出土于人骨耳部（M400：34、M400：42）。石器34件，其中绿松石串珠1件（M400：7），出土于陶罐西边；串珠33件（M400：40），出土于人骨右肱骨。贝器1件，为海贝（M400：41），出土于人骨肱骨处。羊肩胛骨1件，出土位置不明。

1. 陶器

M400：1，双耳陶罐。1件。夹细砂红陶，手制。侈口，圆唇，短束颈，沿肩双扁耳，鼓腹，平底。红衣黑彩，口沿内绘一周弦纹及四组对称的三道短斜线纹，颈部绘三周弦纹，其下通体绘网格状纹饰，耳部绘对顶三角纹。通高14.1厘米，口径9厘米，腹径14.2厘米，底径5.2厘米（图六一八，1；图版四三九，3）。

2. 铜器

M400：2，铜镜。1件。圆形，正背面平直、素面，背部有桥形纽。直径6.9厘米，厚0.2厘米（图六一八，32；图版四四〇，2）。

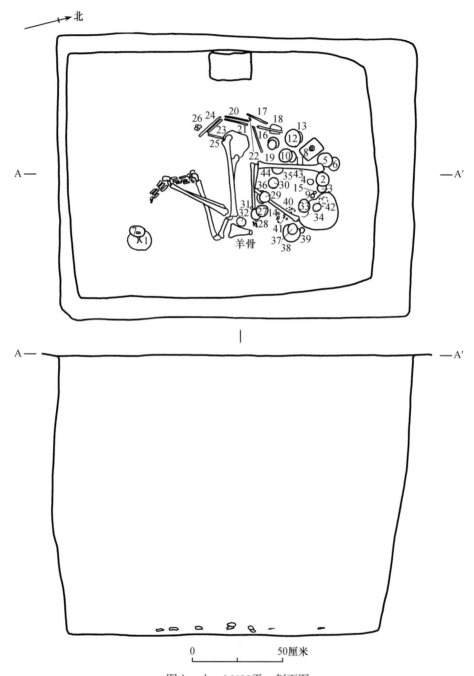

图六一七 M400平、剖面图

1. 双耳陶罐（M400：1） 2. 铜镜（M400：2） 3. 铜牌饰（M400：3） 4. 铜泡（M400：4） 5. 铜镜（M400：5）

6. 铜镜（M400：6） 7. 绿松石串珠（M400：7） 8. 铜牌饰（M400：8） 9. 铜泡（M400：9） 10. 铜镜（M400：10）

11. 铜牌饰（M400：11） 12. 铜牌饰（M400：12） 13. 铜镜（M400：13） 14. 铜牌饰（M400：14） 15 铜牌饰（M400：15）

16. 铜管（M400：16） 17. 铜管（M400：17） 18. 铜牌饰（M400：18） 19. 铜管（M400：19） 20. 铜管（M400：20）

21. 铜管（M400：21） 22. 铜管（M400：22） 23. 铜管（M400：23） 24. 铜管（M400：24） 25. 铜管（M400：25）

26. 铜牌饰（M400：26） 27. 铜牌饰（M400：27） 28. 铜手镯（M400：28） 29. 铜牌饰（M400：29） 30. 铜牌饰（M400：30）

31. 铜珠（M400：31） 32. 铜牌饰（M400：32） 33. 铜牌饰（M400：33） 34. 铜耳环（M400：34） 35. 铜镜（M400：35）

36. 铜牌饰（M400：36） 37. 铜牌饰（M400：37） 38. 铜镜（M400：38） 39. 铜泡（M400：39） 40. 串珠（M400：40）

41. 海贝（M400：41） 42. 铜耳环（M400：42） 43. 铜牌饰（M400：43） 44. 铜牌饰（M400：45）

M400：3，铜牌饰。1件。圆形，略弧，边缘处有两小孔。直径5.1厘米，厚0.7厘米（图六一八，22；图版四四〇，3）。

M400：4，铜泡。1件。圆泡状，正面近边缘处饰一周戳印放射状椭圆形纹饰，背部有桥形纽。直径2.6厘米，厚0.6厘米（图六一八，11；图版四四一，1）。

M400：5，铜镜。1件。正面平直，背部有桥形纽，纽外侧至边缘处饰五周突起的放射状辐条纹饰。直径7.6厘米，厚0.3厘米（图六一八，33；图版四四一，2）。

M400：6，铜镜。1件。正面略平直，从中间往边缘变薄，背部有桥形纽。直径7.7厘米（图六一八，30；图版四四一，3）。

M400：8，铜牌饰。1件。长方形，呈案状，边缘内收，铜牌中部有两个圆形孔，近边缘处有一周压点纹。长9.2厘米，宽8.2厘米（图六一八，15；图版四四一，5）。

M400：9，铜泡。1件。圆泡状，背部有桥形纽，纽残。直径2.4厘米，厚0.7厘米（图六一八，12；图版四四一，6）。

M400：10，铜镜。1件。圆形，正面略弧，背部有桥形纽。直径7.4厘米，厚0.5厘米（图六一八，29；图版四四二，1）。

M400：11，铜牌饰。1件。圆形，略弧，近边缘处有两小孔。直径5.3厘米，厚0.5厘米（图六一八，20；图版四四二，2）。

M400：12，铜牌饰。1件。圆形，中部略弧，近缘处平直，中部突起两侧有小孔及由两排压点纹组成圆周加两道弧线状纹饰。直径9.2厘米，厚1厘米（图六一八，35；图版四四二，3）。

M400：13，铜镜。1件。圆形，正面略弧，背部有桥形纽。直径7.3厘米，厚0.3厘米（图六一八，28；图版四四二，4）。

M400：14，铜牌饰。1件。圆形，略弧，近边缘处有两小孔。直径5厘米，厚0.6厘米（图六一八，19；图版四四二，5）。

M400：15，铜牌饰。1件。圆形，略弧，近边缘处有两小孔。直径6厘米，厚0.7厘米（图六一八，25；图版四四二，6）。

M400：16，铜管。1件。管状，铜片卷制，接缝明显。长18厘米，直径0.9厘米（图六一八，43；图版四四三，1）。

M400：17，铜管。1件。管状，铜片卷制，接缝明显。长14.4厘米，直径1厘米（图六一八，42；图版四四三，2）。

M400：18，铜牌饰。1件。近梯形，窄边中部有一长方形小孔，中部起脊。四周有两圈压点纹。长6.7厘米，宽3.8～4.5厘米，孔长0.8厘米，孔宽0.5厘米，重10.16克（图六一八，14；图版四四三，3）。

M400：19，铜管。1件。管状，铜片卷制，接缝明显。长15.3厘米，直径0.8厘米（图六一八，36；图版四四三，4）。

M400：20，铜管。1件。管状，铜片卷制，接缝明显。长14.1厘米，直径0.7厘米（图六一八，41；图版四四三，5）。

M400：21，铜管。1件。管状，铜片卷制，接缝明显。长14厘米，直径1厘米（图六一八，40；图版四四三，6）。

M400：22，铜珠。3件。环状，铜片卷成，接口明显。直径0.8厘米，宽0.7厘米（图六一八，3；图版四四四，1）。

M400：23，铜管。1件。管状，铜片卷制，接缝明显。长11.7厘米，直径1.1厘米（图六一八，37；图版四四四，2）。

M400：24，铜管。1件。管状，铜片卷制，接缝明显。长13.2厘米，宽0.7厘米（图六一八，39；图版四四四，3）。

M400：25，铜管。1件。管状，铜片卷制，接缝明显。长8.7厘米，宽0.7厘米（图六一八，38；图版四四四，4）。

M400：26，铜牌饰。1件。长方形，近残存一半，中部较厚，边缘锐薄，近边缘处有一周压点纹。残长6.3厘米，残宽2.2厘米（图六一八，23；图版四四四，5）。

M400：27，铜牌饰。1件。圆形，略弧，边缘残破。直径5.5厘米，厚0.4厘米（图六一八，26；图版四四四，6）。

M400：28，铜手镯。1件。环状，铜丝绕成，接口尖锐相错。直径6.4厘米（图六一八，8；图版四四五，1）。

M400：29，铜牌饰。1件。圆形，略弧，近边缘处有两小孔。直径5.2厘米，厚0.5厘米（图六一八，24；图版四四五，2）。

M400：30，铜牌饰。1件。圆形，略弧，近边缘处有两小孔。直径5.2厘米，厚0.4厘米（图六一八，18；图版四四五，3）。

M400：31，铜珠。26件。环状或部分有棱的圆柱状，中部有孔。直径0.4～0.9厘米，宽0.5～0.8厘米（图六一八，2；图版四四六，1）。

M400：32，铜饰件。1件。环状，长方形铜牌卷制而成，残损严重（图六一八，9）。

M400：33，铜牌饰。1件。圆形，略弧，近边缘处有两小孔。直径6.1厘米，厚0.3厘米（图六一八，27；图版四四五，4）。

M400：34，铜耳环。1件。环状，铜丝绕成，接口扁平呈马蹄状。直径3.8厘米（图六一八，7；图版四四五，5）。

M400：35，铜镜。1件。圆形，正面平直，素面，背面有桥形纽。直径6厘米，厚0.4厘米（图六一八，31；图版四四五，6）。

M400：36，铜牌饰。1件。圆形，略弧，近边缘处有小孔，一侧残。直径5厘米，厚0.4厘米（图六一八，17；图版四四六，2）。

M400：37，铜牌饰。1件。圆形，略弧，近边缘处有两小孔。直径5.2厘米，厚0.4厘米（图六一八，21；图版四四六，3）。

M400：38，铜镜。1件。圆形，正面平直，素面，背面有桥形纽。直径8.7厘米，厚0.2厘

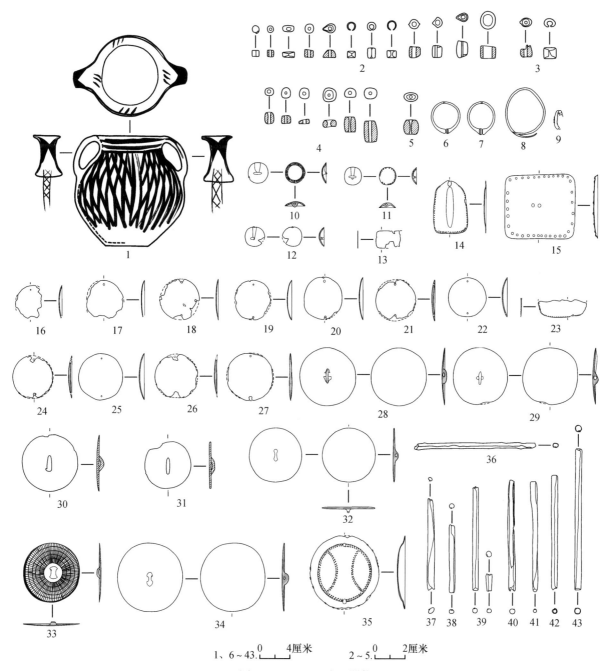

图六一八 M400出土器物

1.双耳陶罐（M400：1） 2.铜珠（M400：31） 3.铜珠（M400：22） 4.绿松石串珠（M400：40-1） 5.绿松石串珠（M400：7）
6.铜耳环（M400：42） 7.铜耳环（M400：34） 8.铜手镯（M400：28） 9.铜饰件（M400：32） 10.铜泡（M400：39）
11.铜泡（M400：4） 12.铜泡（M400：9） 13.铜牌饰（M400：41） 14.铜牌饰（M400：18） 15.铜牌饰（M400：8）
16.铜牌饰（M400：43） 17.铜牌饰（M400：36） 18.铜牌饰（M400：30） 19.铜牌饰（M400：14） 20.铜牌饰
（M400：11） 21.铜牌饰（M400：37） 22.铜牌饰（M400：3） 23.铜牌饰（M400：26） 24.铜牌饰（M400：29）
25.铜牌饰（M400：15） 26.铜牌饰（M400：27） 27.铜牌饰（M400：33） 28.铜镜（M400：13） 29.铜镜（M400：10）
30.铜镜（M400：6） 31.铜镜（M400：35） 32.铜镜（M400：2） 33.铜镜（M400：5） 34.铜镜（M400：38）
35.铜牌饰（M400：12） 36.铜管（M400：19） 37.铜管（M400：23） 38.铜管（M400：25） 39.铜管（M400：24）
40.铜管（M400：21） 41.铜管（M400：20） 42.铜管（M400：17） 43.铜管（M400：16）

米（图六一八，34；图版四四七，1）。

M400：39，铜泡。1件。圆泡状，背部有桥形纽，近边缘处有一周压点纹。直径2.4厘米，厚0.6厘米（图六一八，10；图版四四七，2）。

M400：41，铜牌饰。1件。方形，略残。残长3.2厘米，厚0.1厘米（图六一八，13；图版四四七，3）。

M400：42，铜耳环。1件。环状，铜丝绕成，接口扁平呈马蹄状。直径3.8厘米（图六一八，6；图版四四七，4）。

M400：43，铜牌饰。1件。圆形，略弧，近边缘处有小孔，一侧残。直径3.9厘米，厚0.4厘米（图六一八，16；图版四四七，5）。

M400：44，铜牌饰。1件。残损严重，圆形，略弧，近边缘处有小孔。直径5.1厘米，厚0.4厘米（图版四四七，6）。

3. 石器

M400：7，绿松石串珠。1件。淡蓝色，扁腰鼓状，中部穿孔。长0.9厘米，宽1.1厘米，孔径0.2厘米，重0.91克（图六一八，5；图版四四一，4）。

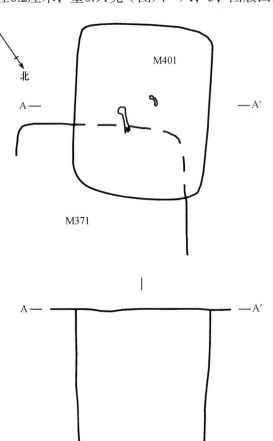

图六一九　M401平、剖面图

M400：40，串珠。33件。M400：40-1，绿松石串珠，30件，呈柱状，大小不一，中部穿孔。长0.1～1.4厘米，直径0.4～0.8厘米，孔径0.1～0.3厘米；M400：40-2，玉髓串珠，3件，其中1件呈柱状，2件呈算珠状，中部对钻穿孔，厚0.5厘米，直径0.9厘米，孔径0.2厘米。总重10.93克（图六一八，4；图版四四八，2）。

4. 贝器

M400：41，海贝。1件。贝，仅存一半。长1.9厘米，宽0.9厘米（图版四四八，2）。

附：经金相检验和成分分析，M400带纽圆铜饰材质为Cu-Sn（As）（含砷杂质的锡青铜），制作技术为热锻。圆铜牌饰材质为Cu-Sn（锡青铜），制作技术为热锻。带纽圆铜饰材质为Cu-Sn（Sb）（含锑杂质的锡青铜），制作技术为铸造。铜管（卷）材质为Cu-Sn（Sb）（含锑杂质的锡青铜），制作技术为热锻。铜饰残片材质为Cu-Sn（Pb）（含铅杂质的锡青铜），制作技术为铸造。铜串珠材质为Cu（As）（含砷杂质的红铜），制作技术为铸造（潜伟，2006：44）。

M401

长方形竖穴土坑墓。打破M371。墓向212°。墓口距地表0.27米，墓坑长0.9米，宽0.79米，墓坑深0.84米。墓圹底部放置人骨1具，保存较差，仅存零星骨骼（图六一九）。

无出土遗物。

M402

（一）形制结构

长方形竖穴土坑墓。被M397打破。墓向42°。墓口距地表0.3米，墓坑长1.37米，宽0.4米，墓坑深0.9米。无人骨（图六二○）。

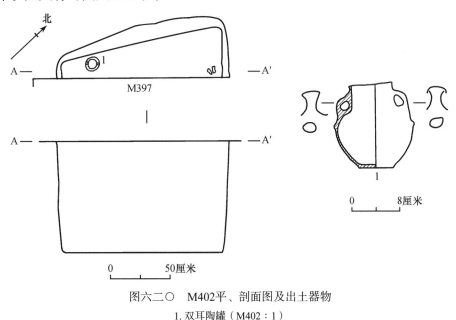

图六二○ M402平、剖面图及出土器物
1. 双耳陶罐（M402：1）

（二）出土遗物

共1件。陶器1件，为双耳陶罐（M402：1），出土于墓坑南部。

M402：1，双耳陶罐。1件。夹细砂红陶，手制，完整。直口，方唇，直颈，颈肩双耳，鼓腹，鼓腹处两侧各有一乳突，小平底。底部与腹部有烟熏痕迹。通高13.6厘米，口径7.3厘米，腹径12.5厘米，底径6.8厘米，重495克（图六二○，1；图版四四八，3）。

M403

（一）形制结构

长方形竖穴土坑墓。打破M404、M405。M416南部被现代坑打破。墓向35°。墓口距地表0.28米，长1.38米，宽1.16米，墓坑深0.25米。墓圹底部四周设熟土二层台，二层台内侧竖立1层土坯，二层台上平砌1层土坯。椁室内周长1.1米，宽0.58米。椁室底部放置人骨1具，保存较差，仅存零星骨骼（图六二一；图版四四九，1）。

（二）出土遗物

共2件。铜器1件，为铜珠（M403：2），出土于椁室南侧。石器1件，为玉髓串珠（M403：1），出土于人骨颈部。

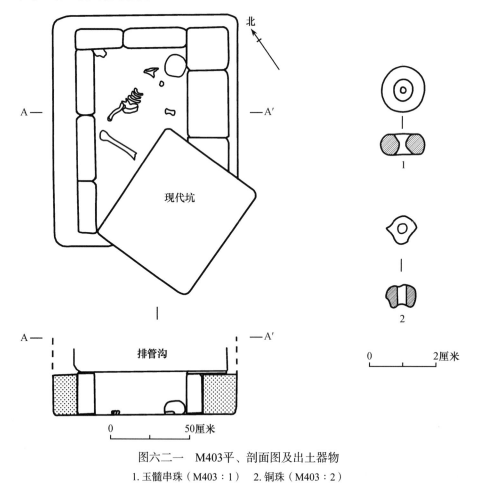

图六二一　M403平、剖面图及出土器物

1.玉髓串珠（M403：1）　2.铜珠（M403：2）

1. 铜器

M403：2，铜珠。1件。不规则圆柱状，中部穿孔，铸造。长0.5厘米，直径0.8厘米，孔径0.3厘米，重1.08克（图六二一，2；图版四四九，3）。

2. 石器

M403：1，玉髓串珠。1件。红色半透明，算珠状，中部对钻穿孔。厚0.6厘米，直径1.3米，孔径0.2厘米，重1.68克（图六二一，1；图版四四九，2）。

M404

（一）形制结构

长方形竖穴土坑。被M403、M412打破。墓向223°。墓口距地表0.28米，墓坑长1.55米，宽1.04米，墓坑深0.92米。墓圹上层填充夹杂砾石的红砂土，下层填充黄沙土。墓圹底部东侧设生土二层台。墓圹底部放置人骨1具，保存较差，仅存零星骨骼（图六二二；图版四五〇，1）。

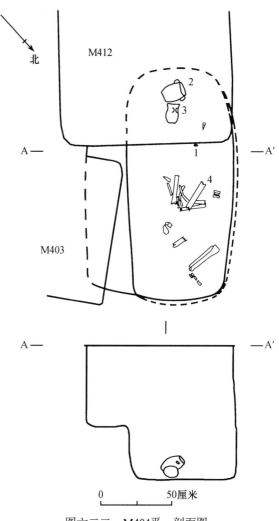

图六二二 M404平、剖面图
1. 绿松石串珠（M404：5） 2. 筒形陶罐（M404：2）
3. 双耳陶罐（M404：3） 4. 绿松石串珠（M404：4）

（二）出土遗物

共6件。陶器4件，其中双耳陶罐2件，1件（M404：1）出土于填土，1件（M404：3）出土于墓坑西南；筒形陶罐1件（M404：2），出土于墓坑西南；陶片1件（M404：6），出土位置不明。石器2件，均为绿松石串珠，1件（M404：4）出土于墓坑中部，1件（M404：5）出土于人墓坑中部。

1. 陶器

M404：1，双耳陶罐。1件。夹细砂红陶，手制，残损严重。侈口，圆唇，短束颈，颈肩双耳，鼓腹。口沿下有一周附加堆戳刺纹，双耳上下端均有戳刺纹，中间饰"X"形刻划纹。器表有烟熏痕迹。残高16厘米，口径11.4厘米，重375克（图六二三，2；图版四五〇，2）。

M404：2，筒形陶罐。1件。夹细砂红陶，手制，完整。微敛口，圆唇，口沿下有双贯耳，深弧腹，平底。口沿下绘一周短竖线纹，其下延伸至底部饰斜向的竖线纹和竖列水波纹。通高14.2厘米，口径12.3厘米，腹径13.3厘米，底径7.8厘米，重585克（图六二三，1；图版四五〇，3）。

M404：3，双耳陶罐。1件。夹细砂红陶，手制，完整。微侈口，尖唇，口沿下有一周凸棱，束颈，颈肩双耳，鼓腹，平底。通高11.3厘米，口径8厘米，腹径9.6厘米，底径5.8厘米，重350克（图六二三，4；图版四五一，1）。

M404：6，陶片。1件。陶器耳部残片，耳部有戳印纹（图六二三，3；图版四五一，4）。

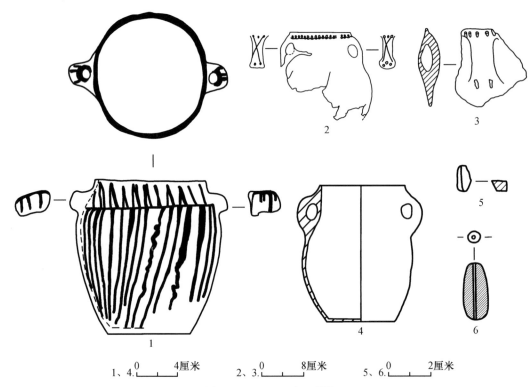

图六二三　M404出土器物

1.筒形陶罐（M404：2）　2.双耳陶罐（M404：1）　3.陶片（M404：6）　4.双耳陶罐（M404：3）　5.绿松石串珠（M404：4）
6.绿松石串珠（M404：5）

2. 石器

M404：4，绿松石串珠。1件。不规则长方体状，无孔。长1.1厘米，宽0.7厘米，重0.78克（图六二三，5；图版四五一，2）。

M404：5，绿松石串珠。1件。圆柱状，中部宽，两端窄，中部穿孔。长2.1厘米，直径0.8～1.3厘米，孔径0.3厘米，重5.05克（图六二三，6；图版四五一，3）。

M405

长方形竖穴土坑墓。打破M416，被M403打破。墓向230°。墓口距地表0.28米，墓坑长1.52米，宽1.13米，墓坑深0.08米。墓圹底部为长方形土坯椁室，仅存东、西、北三壁，均平砌1层土坯。椁室内周长0.8米，宽0.68米。无人骨（图六二四）。

无出土遗物。

M406

（一）形制结构

长方形竖穴土坑墓。打破M407和M391，被盗坑、现代坑打破。墓向42°。墓口距地表0.19米，墓坑长1.9米，宽1.52米，墓坑深0.48米。墓圹内填充黄褐色沙土。墓圹底部四周设熟土二层台，二层台内侧竖立1层土坯，二层台上平砌2层土坯。椁室内周长1米、宽0.6米、高0.4米；土坯长0.4米、宽0.2米、厚0.1米。椁室底部放置人骨1具，保存较差，仅存零星骨骼（图六二五；图版四五二，1）。

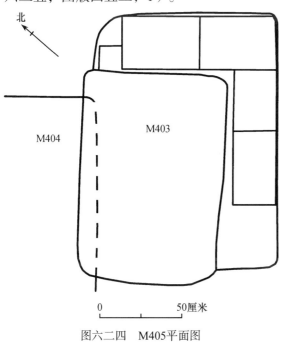

图六二四 M405平面图

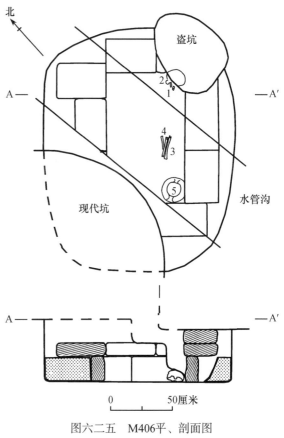

图六二五 M406平、剖面图

1.铜耳环（M406：1） 2.铜耳环（M406：2）
3.铜手镯（M406：3） 4.铜管（M406：4）
5.双耳陶罐（M406：5）

（二）出土遗物

共5件。陶器1件，为双耳陶罐（M406：5），出土于椁室西南角。铜器4件，其中铜耳环2件，1件（M406：1）出土于人骨右耳处，1件（M406：2）出土于人骨左耳处；铜手镯1件（M406：3），出土于人骨左腕处；铜管1件（M406：4），出土于人骨左臂处。

1. 陶器

M406：5，双耳陶罐。1件。夹细砂红陶，手制，完整。侈口，方唇，短束颈，沿肩双耳，鼓腹，小平底。口沿处绘一周水波纹，肩部绘一周弦纹，其下为折线重叠倒三角纹。口径10.7厘米，底径8.2厘米，通高14.6厘米（图六二六，1；图版四五三，1）。

2. 铜器

M406：1，铜耳环。1件。环状，用细铜丝绕成，接口处一端扁平。环径5厘米，铜丝直径0.4厘米，重6.98克（图六二六，2；图版四五一，5）。

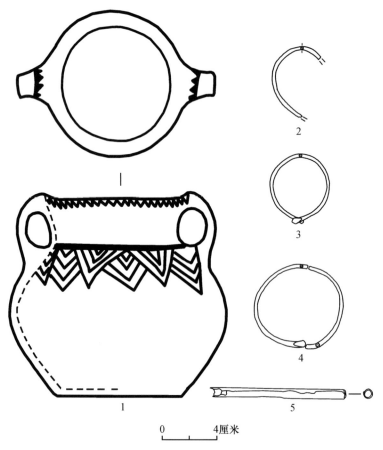

0   4厘米

图六二六　M406出土器物

1. 双耳陶罐（M406：5）　2. 铜耳环（M406：1）　3. 铜耳环（M406：2）　4. 铜手镯（M406：3）　5. 铜管（M406：4）

M406：2，铜耳环。1件。环形，用细铜丝绕成，接口处扁平相错。环径5厘米，铜丝直径0.25厘米，重5.11克（图六二六，3；图版四五一，6）。

M406：3，铜手镯。1件。环形，用细铜丝绕成。直径6厘米，铜丝直径0.3厘米，重8.1克（图六二六，4；图版四五二，2）。

M406：4，铜管。1件。管状，用薄铜片卷成。残长9.8厘米，直径0.6厘米，重12.1克（图六二六，5；图版四五二，3）。

M407

（一）形制结构

长方形竖穴土坑墓。被M406打破。墓向219°。墓口距地表0.1米，墓坑残长1.68米，宽1.47米，墓坑深0.46米。墓圹内填充黄褐色沙土。墓圹底部为长方形土坯椁室，椁室四壁均平砌1层土坯。椁室内周残长0.94米，宽0.7米；土坯长0.4米，宽0.28米，厚0.1米。椁室底部放置人骨1具，保存较差，仅存零星骨骼（图六二七；图版四五三，3）。

（二）出土遗物

共4件。陶器1件，为双耳陶罐（M407：2），出土于椁室北部。铜器1件，为铜耳环（M407：3），出土于椁室南部。石器1件，为玉髓串珠（M407：1），出土于椁室南部。羊腿骨1件，出土位置不明。

1. 陶器

M407：2，双耳陶罐。1件。夹细砂红陶，手制，腹部及一耳残。微侈口，方唇，短束颈，沿肩双耳，鼓腹，平底。腹部有烟熏痕迹。通高11.8厘米，口径7.3厘米，腹径11厘米，底径6厘米，重265克（图六二八，1；图版四五四，1）。

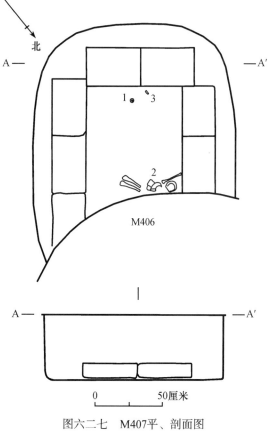

图六二七　M407平、剖面图
1. 玉髓串珠（M407：1）　2. 双耳陶罐（M407：2）
3. 铜耳环（M407：3）

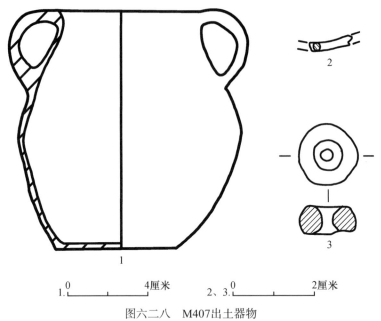

图六二八　M407出土器物

1. 双耳陶罐（M407：2）　2. 铜耳环（M407：3）　3. 玉髓串珠（M407：1）

2. 铜器

M407：3，铜耳环。1件。仅残留一小段，残长1.1厘米，铜丝直径0.3厘米，重0.17克（图六二八，2；图版四五四，2）。

3. 石器

M407：1，玉髓串珠。1件。红色半透明，算珠状，中部对钻穿孔。厚0.7厘米，直径1.6厘米，孔径0.3厘米，重2.18克（图六二八，3；图版四五三，2）。

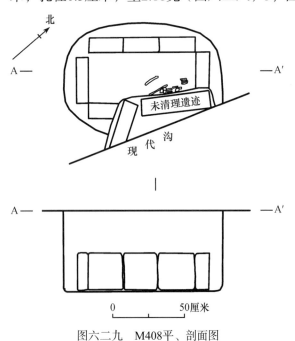

图六二九　M408平、剖面图

M408

长方形竖穴土坑墓。墓向220°。墓口距地表0.3米，墓坑长1.16米，宽0.79米，墓坑深0.53米。墓圹内填充夹杂砾石的黄褐色土。墓圹底部为长方形土坯椁室，椁室四壁均竖立1层土坯。椁室内周长0.74米，宽0.34米，高0.26米；土坯长0.26米，宽0.24米，厚0.1米。椁室底部放置人骨1具，保存较差，仅存零星骨骼。为未成年个体（图六二九）。

无出土遗物。

M409

（一）形制结构

长方形竖穴土坑墓。西部、东部分别被排管沟打破。墓向31°。墓口距地表0.1米，墓坑长1.66米，宽1.3米，墓坑深0.4米。墓圹内填充夹杂细砾的黄灰色沙土，包含陶片。墓圹底部为长方形土坯椁室，椁室四壁均自下而上错缝平砌3层土坯。椁室内周长0.98米，宽0.64米，高0.3米；土坯长0.4米，宽0.26米，厚0.1米。无人骨（图六三〇；图版四五五，1）。

（二）出土遗物

共2件。陶器1件，为双耳陶罐（M409：2），出土于椁室南部。铜器1件，为铜耳环（M409：1），出土于填土。

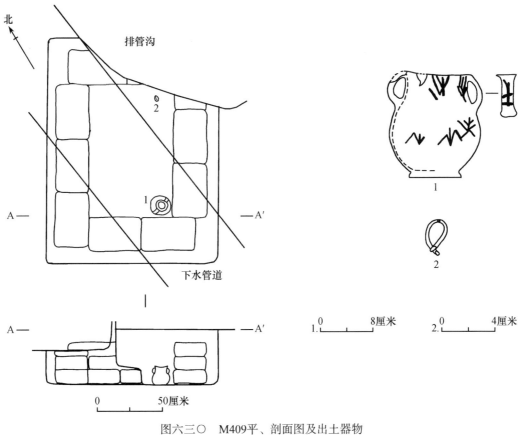

图六三〇　M409平、剖面图及出土器物

1.双耳陶罐（M409：2）　2.铜耳环（M409：1）

1. 陶器

M409：2，双耳陶罐。1件。夹细砂红陶，手制，口沿残。微侈口，方唇，束颈，沿肩双耳，鼓腹，圈足。颈部及腹部绘树草纹，耳部绘土字形纹。通高14.9厘米，口径10.9厘米，腹径13.8厘米，底径8.4厘米，重680克（图六三〇，1；图版四五四，4）。

2. 铜器

M409：1，铜耳环。1件。呈椭圆形，用细铜丝绕成，接口处扁平相错。长径2.5厘米，短径1.6厘米，铜丝直径0.2厘米，重1.2克（图六三〇，2；图版四五四，3）。

M410

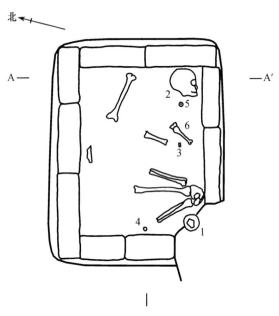

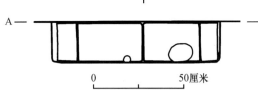

图六三一　M410平、剖面图

1. 双耳陶罐（M410：1）　2. 玉髓串珠（M410：2）
3. 滑石串珠（M410：3）　4. 铜珠（M410：4）
5. 铜耳环（M410：5）　6. 羊腿骨（M410：6）

（一）形制结构

长方形竖穴土坑墓。打破M413。墓向76°。墓坑长1.2米，宽0.96米，墓坑深0.23米。墓圹内填充黄沙土。墓圹底部为长方形土坯椁室，椁室四壁均竖立1层土坯。椁室内周长0.9米，宽0.68米。椁室底部放置人骨1具，左侧身屈肢，头向东，面向南（图六三一；图版四五五，2）。

（二）出土遗物

共6件。陶器1件，为双耳陶罐（M410：1），出土于椁室东南角。铜器2件，其中铜珠1件（M410：4），出土于椁室南部；铜耳环1件（M410：5），出土于椁室中部。石器2件，其中玉髓串珠1件（M410：2），出土于人骨颈部；滑石串珠1件（M410：3），出土于椁室中部。羊腿骨1件（M410：6），出土椁室中部。

1. 陶器

M410：1，双耳陶罐。1件。夹细砂灰陶，手制，口颈部残。侈口，短束颈，沿肩双扁耳，鼓腹，平底。残高11厘米，腹径15.8厘米，底径7.4厘米，重445克（图六三二，1；图版四五四，5）。

2. 铜器

M410：4，铜珠。1件。圆柱状，铸造四棱。中部穿孔。长0.7厘米，直径0.8厘米，孔径0.4厘米，重1.17克（图六三二，2；图版四五六，2）。

M410：5，铜耳环。1件。环状，用细铜丝绕成。接口处相错。直径2.8厘米，铜丝直径0.3厘米，重2.54克（图六三二，5；图版四五六，3）。

3. 石器

M410：2，玉髓串珠。1件。红色半透明，算珠状，中部对钻出穿孔。厚0.5厘米，直径1.5厘米，孔径0.3厘米，重2.1克（图六三二，3；图版四五四，6）。

M410：3，滑石串珠。1件。白色，圆柱状，中部穿孔。长0.9厘米，直径0.5厘米，孔径0.2厘米，重0.24克（图六三二，4；图版四五六，1）。

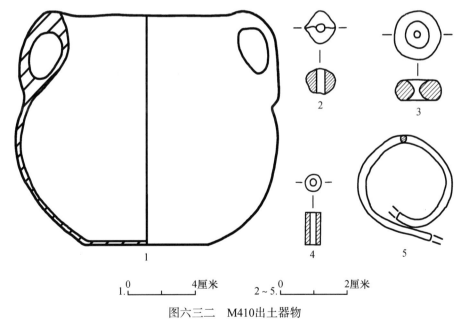

图六三二　M410出土器物

1. 双耳陶罐（M410：1）　2. 铜珠（M410：4）　3. 玉髓串珠（M410：2）　4. 滑石串珠（M410：3）　5. 铜耳环（M410：5）

M411

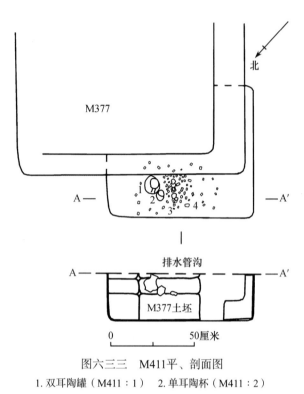

图六三三　M411平、剖面图

1. 双耳陶罐（M411：1）　2. 单耳陶杯（M411：2）

3. 铜泡（M411：3）　4. 串珠（M411：4）

（一）形制结构

长方形竖穴土坑墓。中南部被M377打破。墓向47°。墓口距地表0.54米，墓坑长0.87米，宽0.74米，墓坑深0.3米。无人骨（图六三三；图版四五七，1）。

（二）出土遗物

共83件。陶器2件，其中双耳陶罐1件（M411：1），出土于墓坑西北角；单耳陶杯1件（M411：2），出土于墓坑西北角。铜器5件，均为铜泡（M411：3），出土于墓坑北部。石器76件，均为串珠（M411：4），出土于墓坑西部。

1. 陶器

M411：1，双耳陶罐。1件。夹细砂红陶，手制，口沿残。侈口，短束颈，颈肩双扁耳，肩部有一周小凹窝，折腹，平底。口沿内绘连续6个对称的方格纹，颈部上下各绘一周弦纹，其间为方格纹，腹部绘分区的棋盘格纹，耳部绘叶脉纹。高9.7厘米，口径7.8厘米，腹径11厘米，底径5.3厘米（图六三四，1；图版四五六，4）。

M411：2，单耳陶杯。1件。夹细砂红陶，手制。微敛口，尖唇，口腹单大耳，折腹，平底。口沿下绘一周宽带纹，腹部以粗折线构图分区，分隔出连续的三角形区域，其中填充细线的内填斜线三角纹。通高7.3厘米，口径6厘米，腹径7.6厘米，底径4.4厘米，重145克（图六三四，2；图版四五六，5）。

2. 铜器

M411：3，铜泡。5件。圆形，泡状，四周有一圈压印纹，近边缘处有两个相对称的小孔。直径2.8厘米，孔径0.2厘米，重2.7克（图六三四，3；图版四五六，6）。

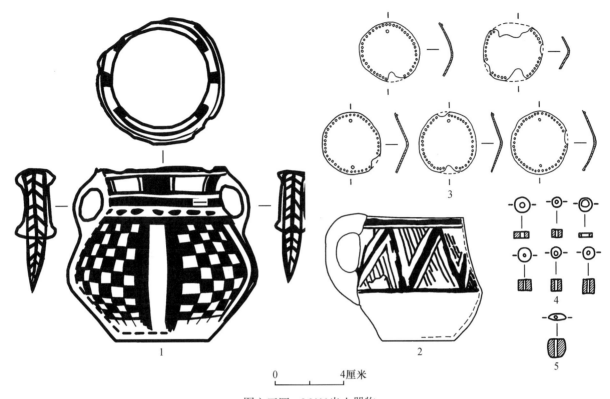

图六三四　M411出土器物

1. 双耳陶罐（M411：1）　2. 单耳陶杯（M411：2）　3. 铜泡（M411：3）　4. 滑石串珠（M411：4-1）

5. 绿松石串珠（M411：4-2）

3. 石器

M411：4，串珠。76件。M411：4-1，滑石串珠，75件，其中70件呈饼状，中部穿孔，厚0.1～0.2厘米，直径0.6厘米，孔径0.2厘米；5件呈柱状，中部穿孔，厚0.1～0.7厘米，直径0.4～0.6厘米，孔径0.2厘米（图六三四，4；图版四五七，2）。M411：4-2，绿松石串珠，1件，扁腰鼓状，中部穿孔，长0.8厘米，宽0.8厘米，孔径0.2厘米（图六三四，5；图版四五七，2）。

附：M411：3铜泡经成分分析，合金类型为Cu（红铜）（梅建军，2002：4）。

M412

（一）形制结构

长方形竖穴土坑墓。被M413打破，打破M404。墓向227°。墓口距地表0.15米，墓坑长1.74米，宽1.2米，墓坑深0.73米。墓圹内填充红色沙质土，夹杂灰色土。墓圹底部放置人骨1具，右侧身屈肢，头向西，面向南（图六三五；图版四五八，1）。

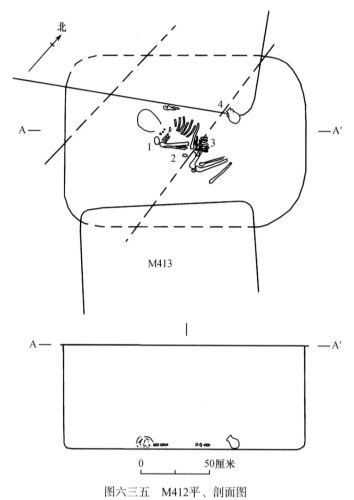

图六三五　M412平、剖面图

1. 铜牌饰（M412：1）　2. 双联铜泡（M412：2）　3. 铜泡（M412：3）　4. 双耳陶罐（M412：4）

（二）出土遗物

共4件。陶器1件，为双耳陶罐（M412：4），出土于盆骨北侧。铜器3件，其中铜牌饰1件（M412：1），出土于人骨右肩处；双联铜泡1件（M412：2），出土于人骨右肘处；铜泡1件（M412：3），出土于人骨左腕处。

1. 陶器

M412：4，双耳陶罐。1件。夹细砂红陶，手制，腹部残。微侈口，方唇，直颈，颈肩双耳，鼓腹，平底。通高11.2厘米，口径7.5厘米，腹径10.2厘米，底径6.2厘米，重410克（图六三六，1；图版四五九，2）。

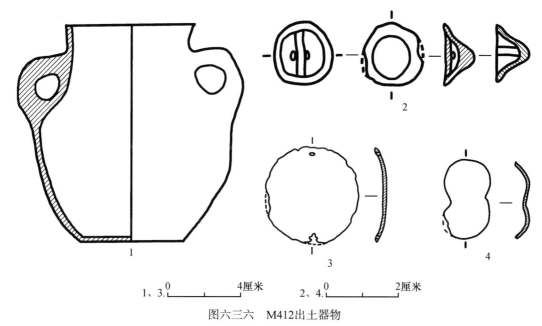

图六三六　M412出土器物

1. 双耳陶罐（M412 : 4）　2. 铜泡（M412 : 3）　3. 铜牌饰（M412 : 1）　4. 铜饰（M412 : 2）

2. 铜器

M412 : 1，铜牌饰。1件。圆片状，近边缘处有两个相对的小孔，正面略弧。直径5.2厘米，孔长0.4厘米，孔宽0.2厘米，重17.05克（图六三六，3；图版四五八，2）。

M412 : 2，双联铜泡。1件。呈"8"形，正面略凸。长2厘米，宽1.3厘米，重0.97克（图六三六，4；图版四五八，3）。

M412 : 3，铜泡。1件。塔形，背部内凹，中间有一小纽。直径1.7厘米，高1厘米，重3.69克（图六三六，2；图版四五九，1）。

M413

长方形竖穴土坑墓。打破M412，东北部被M410打破，西南部被M414、M415打破。墓向42°。墓坑长1.2米，宽1.24米，墓坑深0.1米。墓圹底部为长方形土坯椁室，具体形制不明。椁室底部放置人骨1具，保存较差，仅存零星骨骼（图六三七）。

无出土遗物。

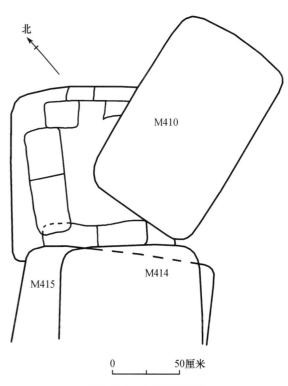

图六三七　M413平面图

M414

（一）形制结构

长方形竖穴土坑墓。打破M413、M415。墓向220°。墓口距地表0.21米，墓坑长1.46米，宽1.12米，墓坑深0.22米。墓圹内填充夹杂砾石的黄灰色沙土。墓圹底部四周设熟土二层台，二层台上平砌1层土坯。椁室内周长0.84米，宽0.5米。椁室底部放置人骨1具，保存较差，仅存零星骨骼（图六三八；图版四五九，3）。

（二）出土遗物

共3件。陶器1件，为双耳陶罐（M414：1），出土于椁室中东部。铜器2件，均为铜耳环（M414：2、M414：3），出土于人头骨左右耳处。

1. 陶器

M414：1，双耳陶罐。1件。夹细砂红陶，手制，残。侈口，圆唇，直颈，颈肩双耳，鼓腹，小平底，腹部正中有一孔。通高9.3厘米，口径8厘米，腹径10.3厘米，底径5.3厘米，重215克（图六三八，1；图版四六〇，1）。

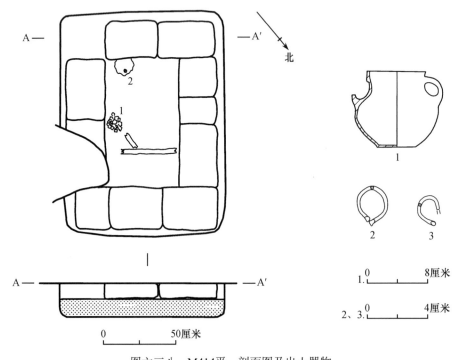

图六三八　M414平、剖面图及出土器物

1. 双耳陶罐（M414：1）　2. 铜耳环（M414：2）　3. 铜耳环（M414：3）

2. 铜器

M414：2，铜耳环。1件。环形，用细铜丝绕成，接口处扁平。直径2.5厘米，铜丝直径0.3厘米，重1.73克（图六三八，2；图版四六〇，2）。

M414：3，铜耳环。1件。环形，用细铜丝绕成，接口处一端扁平，另一端残。直径1.8厘米，铜丝直径0.3厘米，重0.6克（图六三八，3；图版四六〇，3）。

附：M414：3铜耳环经成分分析，合金类型为Cu-Sn（锡青铜）（梅建军，2002：4）。

M415

（一）形制结构

长方形竖穴土坑墓。墓向47°。打破M413南壁，被M414打破。墓口距地表0.21米，墓坑长1.68米，宽1.35米，墓坑深0.64米。墓圹内填充夹杂砾石的褐色沙土，包含碎陶片。墓圹底部为长方形土坯椁室，椁室四壁均自下而上错缝平砌4层土坯。椁室内周长1.04米，宽0.68米；土坯长0.4米，宽0.22~0.24米，厚0.1米。椁室底部放置人骨1具，左侧身屈肢，头向东北，面向东南，部分骨骼分布散乱（图六三九；图版四六一，1）。

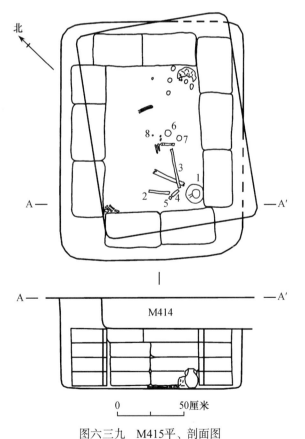

图六三九　M415平、剖面图
1.单耳陶罐（M415：1）　2.铜管（M415：2）　3.铜管（M415：3）
4.铜管（M415：4）　5.铜管（M415：5）　6.铜牌饰（M415：6）
7.铜牌饰（M415：7）　8.铜牌饰（M415：8）

（二）出土遗物

共19件。陶器1件，为单耳陶罐（M415：1），出土于足东。铜器15件，其中铜管7件（M415：2、M415：3、M415：4、M415：5、M415：13），出土于足部东侧和椁室中部；铜牌饰8件（M415：6、M415：7、M415：8、M415：9、M415：10、M415：11、M415：12、M415：16），出土于椁室中部。石器2件，均为绿松石串珠（M415：14），出土于头骨下。贝器1件，为贝饰（M415：15），出土于头部。

1. 陶器

M415：1，单耳陶罐。1件。夹细砂红陶，手制，口沿残。微侈口，方唇，长直颈，颈肩单耳，鼓腹，平底。通高16.7厘米，口径8.7厘米，腹径14.6厘米，底径8.2厘米，重820克（图六四〇，1；图版四六〇，4）。

2. 铜器

M415：2，铜管。1件。管状，用薄铜片卷成。长17厘米，直径0.8厘米，重29.36克（图六四〇，11；图版四六〇，5）。

M415：3，铜管。3件。管状，用薄铜片卷成。长10、11.6、11.8厘米，直径1.1、0.7厘米，重13.32、11、9.78克（图六四〇，8；图版四六〇，6）。

M415：4，铜管。1件。管状，用薄铜片卷成。残长9.9厘米，直径0.7厘米，重10.27克（图六四〇，7；图版四六一，2）。

M415：5，铜管。1件。螺旋状，圆柱形，中部穿孔。长0.5厘米，直径1厘米，孔径0.6厘米，重1.52克（图六四〇，5；图版四六一，3）。

M415：6，铜牌饰。1件。圆片状，边缘处有一个圆形小孔。直径4.5厘米，孔径0.3厘米，重12.6克（图六四〇，16；图版四六二，1）。

M415：7，铜牌饰。1件。圆片状，略残，无孔。中部略鼓。直径4.5厘米，重11.8克（图六四〇，14；图版四六二，2）。

M415：8，铜牌饰。1件。圆片状，边缘处有一个圆形小孔。直径4.6厘米，孔径0.2厘米，重11.42克（图六四〇，13；图版四六二，3）。

M415：9，铜牌饰。1件。圆形，泡状，边缘处有两个相对的小孔。直径5.4厘米，孔径0.2厘米，重19.8克（图六四〇，6；图版四六二，4）。

M415：10，铜牌饰。1件。圆片状，略残，一面略弧，边缘处有一小孔。直径4.5厘米，孔径0.2厘米，重10.16克（图六四〇，15；图版四六二，5）。

M415：11，铜牌饰。1件。残，原应为圆片状，边缘处有一小孔，一面略弧。直径4.5厘米，孔径0.2厘米，重7.3克（图六四〇，9；图版四六二，6）。

M415：12，铜牌饰。1件。残，原应为圆片状，边缘处有一小孔，一面略弧。直径4.5厘米，孔径0.2厘米，重9.04克（图六四〇，10；图版四六三，1）。

M415：13，铜管。1件。螺旋状，圆柱形，中部穿孔。残长1.3厘米，直径0.5厘米，重0.44克（图六四〇，4；图版四六三，2）。

M415：16，铜牌饰。1件。完整，圆片状，边缘处有两个相对的小孔。直径4.5厘米，孔径0.3厘米，重11.43克（图六四〇，12；图版四六三，5）。

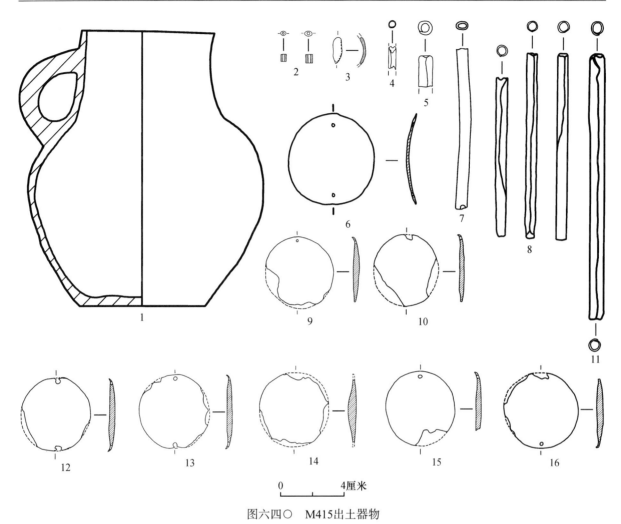

图六四〇 M415出土器物

1. 单耳陶罐（M415∶1） 2. 绿松石串珠（M415∶14） 3. 海贝（M415∶15） 4. 铜管（M415∶13） 5. 铜管（M415∶5）
6. 铜牌饰（M415∶9） 7. 铜管（M415∶4） 8. 铜管（M415∶3） 9. 铜牌饰（M415∶11） 10. 铜牌饰（M415∶12）
11. 铜管（M415∶2） 12. 铜牌饰（M415∶16） 13. 铜牌饰（M415∶8） 14. 铜牌饰（M415∶7） 15. 铜牌饰（M415∶10）
16. 铜牌饰（M415∶6）

3. 石器

M415∶14，绿松石串珠。2件。圆柱状，中部穿孔。长0.5厘米，直径0.4厘米，孔径0.15厘米，重0.1克（图六四〇，2；图版四六三，3）。

4. 贝器

M415∶15，海贝。1件。贝壳残片，不规则形。长1.6厘米，重0.32克（图六四〇，3；图版四六三，4）。

附：经成分分析，M415∶2铜管，合金类型为Cu-Sn（锡青铜）。M415∶12铜牌饰残片，合金类型为Cu-Sn-As（砷锡青铜）（梅建军，2002∶4）。

经金相检验和成分分析，M415圆铜牌材质为Cu-Sn-As（砷锡青铜），制作技术为热锻。铜管材质为Cu-Sn（锡青铜），制作技术为热锻（潜伟，2006∶44）。

M416

（一）形制结构

长方形竖穴土坑墓。被M403、M405打破。墓向225°。墓口距地表0.27米，墓坑长1.4米，宽1.1米，墓坑深0.72米。墓圹内上层填充夹杂细砾的黄沙土，中层填充泛红色土，下层填充灰色土。墓圹底部放置人骨1具，右侧身屈肢，头向西南，面向东南，性别男（图六四一；图版四六四，1）。

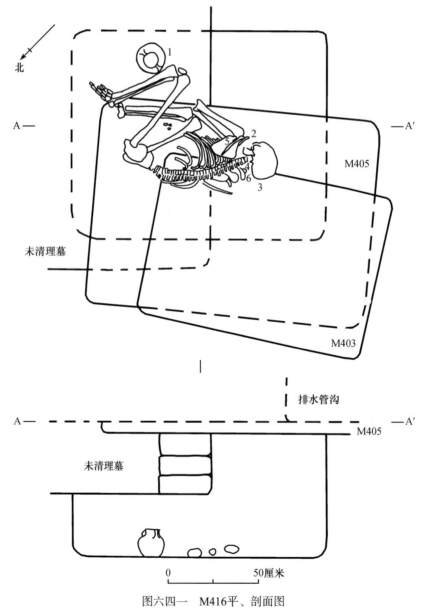

图六四一　M416平、剖面图

1. 双耳陶罐（M416：1）　2. 铜牌饰（M416：2）　3. 绿松石串珠（M416：3）　4. 铜牌饰（M416：4）　5. 铜牌饰（M416：5）
6. 双联铜泡（M416：6）

（二）出土遗物

共8件。陶器1件，为双耳陶罐（M416：1），出土于膝前。铜器4件，其中铜牌饰3件，1件（M416：2）出土于嘴部，1件（M416：4）出土于颈部，1件（M416：5）出土于左手腕；双联铜泡1件（M416：6），出土于颈部。石器3件，均为绿松石串珠（M416：3），出土于颈部。

1. 陶器

M416：1，双耳陶罐。1件。夹细砂红陶，手制，略残。侈口，束颈，颈肩双扁耳，垂腹，小平底。口沿处绘一周竖点纹，颈部绘网格纹，腹部绘连续的网格和内填斜线三角纹，耳部绘网格纹。通高11.2厘米，口径8.2厘米，腹径17厘米，底径5.5厘米（图六四二，1；图版四六三，6）。

2. 铜器

M416：2，铜牌饰。1件。圆形，一面有一残纽。直径3.5厘米，重11.22克（图六四二，4；图版四六四，2）。

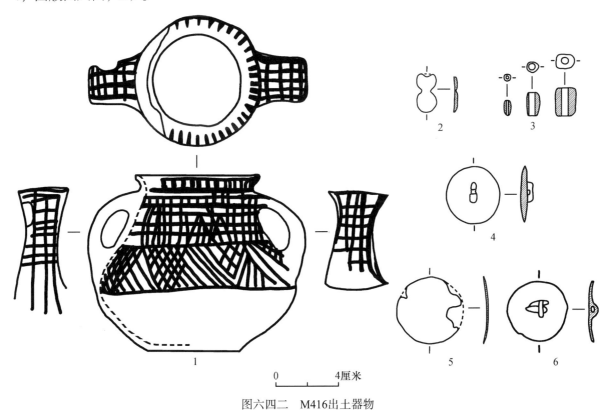

0　　　　4厘米

图六四二　M416出土器物

1. 双耳陶罐（M416：1）　2. 双联铜泡（M416：6）　3. 绿松石串珠（M416：3）　4. 铜牌饰（M416：2）　5. 铜牌饰（M416：4）
6. 铜牌饰（M416：5）

M416：4，铜牌饰。1件。圆片状，一面略弧。直径4.6厘米，重7.43克（图六四二，5；图版四六五，1）。

M416：5，铜牌饰。1件。圆形，一面略弧，背部有纽。直径3.8厘米，重11.86克（图六四二，6；图版四六五，2）。

M416：6，双联铜泡。1件。"8"形，一面略弧，另一端略残。残长2.3厘米，宽1.2厘米，重0.82克（图六四二，2；图版四六五，3）。

3. 石器

M416：3，绿松石串珠。3件。圆柱状，大小不一，中部穿孔。长0.9～1.8厘米，直径0.4～1.2厘米，孔径0.2～0.3厘米，总重5.15克（图六四二，3；图版四六四，3）。

附：经金相检验和成分分析，M416铜（饰）牌材质为Cu-Sn（锡青铜），制作技术为热锻。带纽铜牌材质为Cu-Sn-Pb（铅锡青铜），制作技术为铸造（潜伟，2006：44）。

性别鉴定为男（魏东，2009：125）。

M417

原始发掘资料缺失。

M418

原始发掘资料缺失。

M419

原始发掘资料缺失。

M420

（一）形制结构

圆形竖穴土坑墓。位于T1205。墓向27°。墓坑长1.16米，宽1.06米，墓坑深0.34米。墓圹内填充砂石。墓圹底部东侧设生土二层台，生土二层台高0.2米，宽0.32米。墓圹底部放置人骨1具，保存较差，仅存零星骨骼（图六四三）。

（二）出土遗物

共1件。陶器1件，为双耳陶罐（M420：1），出土于二层台上。

M420：1，双耳陶罐。1件。夹细砂红陶，手制，完整。微侈口，方唇，直颈，颈肩双耳，鼓腹，鼓腹处一侧有乳突，平底。腹部有烟熏痕迹。通高15.2厘米，口径8.9厘米，腹径13.7厘米，底径6.8厘米，重700克（图六四三，1；图版四六五，4）。

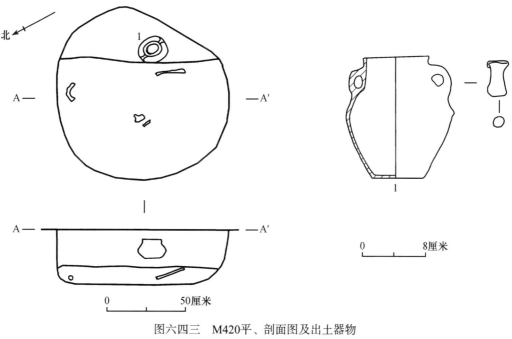

图六四三　M420平、剖面图及出土器物

1. 双耳陶罐（M420：1）

M421

（一）形制结构

圆角长方形竖穴土坑墓。位于T1206。墓向89°。墓口距地表0.28米，墓坑长1.04米，宽0.58米，墓坑深0.3米。墓圹中部填充夹杂粗砾的沙土，两侧填充细砂土。墓圹底部放置人骨1具，保存较差，仅存零星骨骼（图六四四）。

（二）出土遗物

共1件。陶器1件，为双耳陶罐（M421：1），出土于墓坑底东侧。

M421：1，双耳陶罐。1件。夹细砂红陶，手制，残。直口，圆唇，直颈，颈肩双耳，鼓腹，小平底。通高8厘米，口径5厘米，腹径7.7厘米，底径3.6厘米，重220克（图六四四，1；图版四六五，5）。

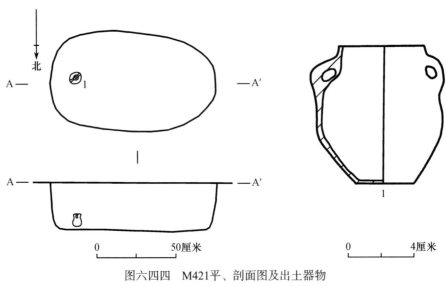

图六四四　M421平、剖面图及出土器物
1.双耳陶罐（M421：1）

M422

（一）形制结构

圆角长方形竖穴土坑墓。位于T1206北部。墓向229°。墓口距地表0.2米，墓坑长0.95米，宽0.74米，墓坑深0.46米。无人骨（图六四五）。

（二）出土遗物

共1件。陶器1件，为双耳陶罐（M422：1），出土于墓坑东侧。

M422：1，双耳陶罐。1件。夹细砂红陶，手制，残。微侈口，圆唇，短颈，颈肩双耳，鼓腹，平底。通高10.1厘米，口径6.2厘米，腹径9.1厘米，底径6.3厘米，重310克（图六四五，1；图版四六五，6）。

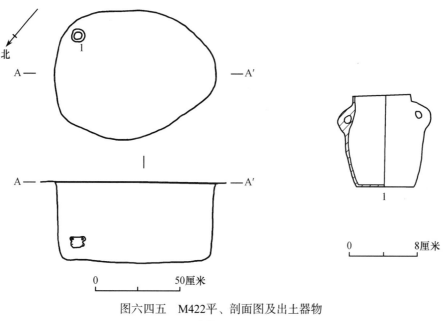

图六四五　M422平、剖面图及出土器物
1. 双耳陶罐（M422：1）

M423

（一）形制结构

长方形竖穴土坑墓。墓向5°。墓坑长1.3米，宽1米，墓坑深0.7米。墓圹底部放置人骨1具，左侧身屈肢，头向东北，面向东南，部分骨骼分布散乱（图六四六；图版四六六，1）。

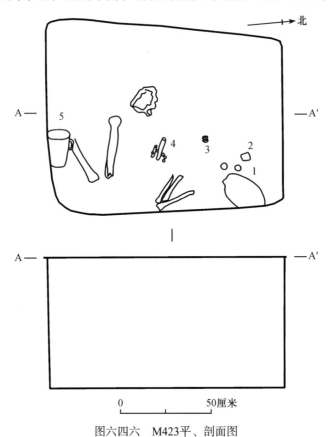

图六四六　M423平、剖面图

1.铜耳环（M423：1）　2.铜牌饰（M423：2）　3.玉髓串珠（M423：3）　4.铜珠（M423：4）　5.筒形陶罐（M423：5）

（二）出土遗物

共11件。陶器1件，为筒形陶罐（M423：5），出土于墓坑东南部。铜器9件，其中铜耳环2件（M423：1），出土于头骨附近；铜牌饰1件（M423：2），出土于头骨附近；铜珠6件（M423：4），出土于墓坑中部。石器1件，为玉髓串珠（M423：3），出土于墓坑中部。

1. 陶器

M423：5，筒形陶罐。1件。夹细砂红陶，手制。整体呈筒状，直口，方唇，口沿下双立耳，直腹，平底。通高15.2厘米，口径14.8厘米，底径11.2厘米，重985克（图六四七，1；图版四六七，3）。

2. 铜器

M423：1，铜耳环。2件。环形，残成数段，细铜丝绕成。直径3.4厘米，铜丝直径0.3厘米，重8.16克（图六四七，4；图版四六六，2）。

M423：2，铜牌饰。1件。近长方形，一面略弧。残长3厘米，宽2.4厘米，重2.53克（图六四七，5；图版四六六，3）。

M423：4，铜珠。6件。管状，用薄铜片卷成。长0.5厘米，直径0.6厘米，重0.82克（图六四七，3；图版四六七，2）。

3. 石器

M423：3，玉髓串珠。1件。红色半透明，圆柱状，中部对钻穿孔。长0.9厘米，直径0.9厘米，孔径0.3厘米，重1.32克（图六四七，2；图版四六七，1）。

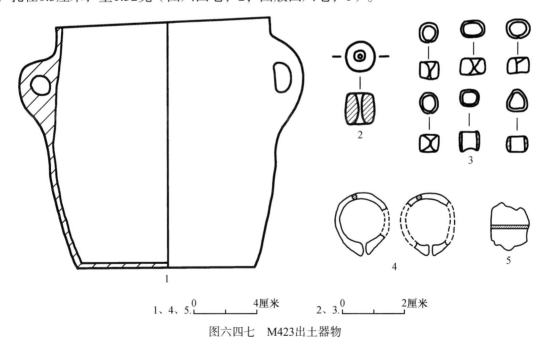

图六四七　M423出土器物

1. 筒形陶罐（M423：5）　2. 玉髓串珠（M423：3）　3. 铜珠（M423：4）　4. 铜耳环（M423：1）　5. 铜牌饰（M423：2）

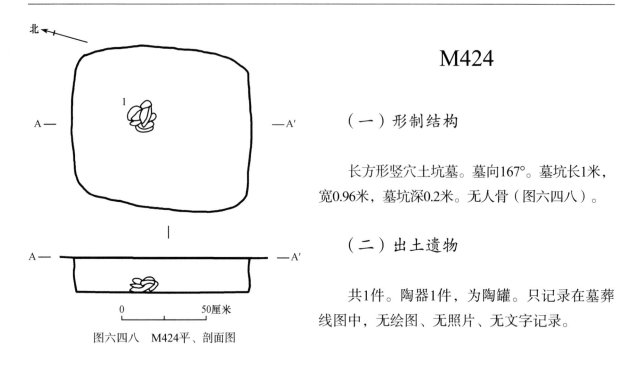

图六四八　M424平、剖面图

M424

（一）形制结构

长方形竖穴土坑墓。墓向167°。墓坑长1米，宽0.96米，墓坑深0.2米。无人骨（图六四八）。

（二）出土遗物

共1件。陶器1件，为陶罐。只记录在墓葬线图中，无绘图、无照片、无文字记录。

M425

（一）形制结构

长方形竖穴土坑墓。位于T1603南部，椁室西北部被M426打破。墓向226°。墓口距地表0.36米，墓坑长1.86米，宽1.46米，墓坑深0.5米。墓圹内填充夹杂砾石的黄沙土，包含碎土坯。墓圹底部为长方形土坯椁室，椁室南、北两壁自下而上错缝平砌5层土坯，东、西两壁自下而上错缝平砌4～5层土坯。椁室内周长1.2米，宽0.8米，高0.5米；土坯长0.4米，宽0.22～0.24米，厚0.1米。椁室底部放置人骨3具，其中2具为未成年个体，1具为成年男性个体，保存都较差，分布散乱，其中成年男性个体头骨上有一个方形穿孔（图六四九）。

（二）出土遗物

共5件。铜器2件，其中铜耳环1件（M425：1），出土于填土中；铜泡1件（M425：2），出土于椁室西南角。石器1件，为滑石串珠（M425：3），出土于椁室西侧。羊腿骨1件、羊距骨1件，出土于椁室内。

1. 铜器

M425：1，铜耳环。1件。环形，用细铜丝绕成。直径2.4厘米，铜丝直径0.2厘米，重0.55克（图六四九，1；图版四六七，4）。

M425：2，铜泡。1件。残损严重，不规则形。残长1.2厘米，重0.29克（图版四六七，5）。

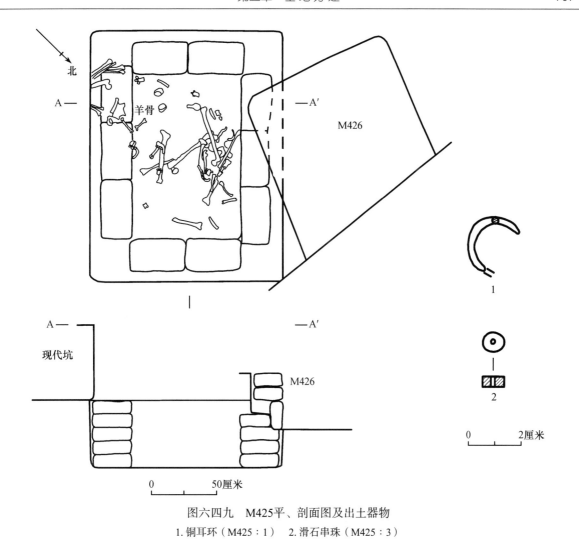

图六四九　M425平、剖面图及出土器物
1. 铜耳环（M425：1）　　2. 滑石串珠（M425：3）

2. 石器

M425：3，滑石串珠。1件。白色，圆柱状，中部穿孔。厚0.3厘米，直径0.7厘米，孔径0.2厘米，重0.45克（图六四九，2；图版四六七，6）。

M426

（一）形制结构

长方形竖穴土坑墓。位于T1603，东南角打破M425，北部被现代管道打破。墓向205°。墓口距地表0.36米，墓坑长1.34米，宽1.2米，墓坑深0.43米。墓圹内填充夹杂砾石的黄沙土。墓圹底部四周设生土二层台，二层台内侧竖立1层土坯，二层台上错缝平砌2层土坯。椁室内周残长1米，宽0.72米，高0.46米；土坯长0.36~0.4米，宽0.22~0.24米，厚0.1米。椁室底部放置人骨1具，右侧身屈肢，头向南，面向东，性别男（图六五〇；图版四六八，1）。

（二）出土遗物

共3件。陶器2件，其中双耳陶罐1件（M426：3），出土于人骨右肘部；陶罐1件（M426：2），出土位置不明。铜器1件，为铜耳环（M426：1），出土于填土中。

1. 陶器

M426：3，双耳陶罐。1件。夹细砂红陶，手制，完整。侈口，方唇，短束颈，颈肩双耳，鼓腹，平底。通高20.6厘米，口径12.7厘米，腹径20.8厘米，底径12厘米，重1540克（图六五〇，1；图版四六八，3）。

M426：2，陶罐。1件。残损严重，无法复原。

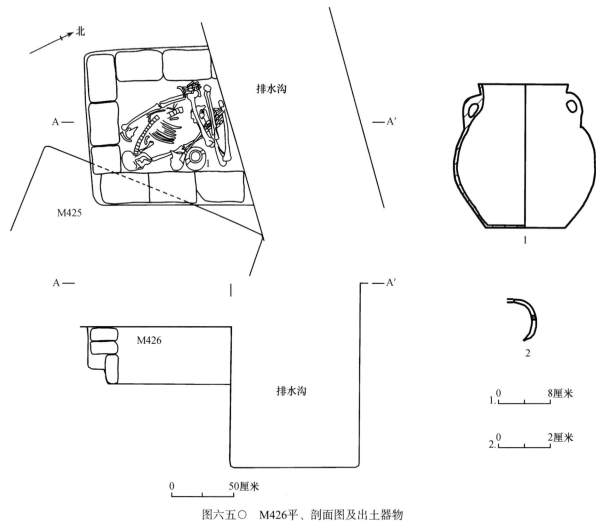

图六五〇　M426平、剖面图及出土器物
1. 双耳陶罐（M426：3）　2. 铜耳环（M426：1）

2. 铜器

M426：1，铜耳环。1件。环形，用细铜丝绕成。直径1.6厘米，铜丝直径0.2厘米，重0.9克（图六五〇，2；图版四六八，2）。

附：M426墓主人人骨经稳定同位素分析，其中C_3占比63.05%，C_4占比36.95%，同时动物性食物的摄入占有相当大比例（张全超，2010：41）。

性别鉴定为男（魏东，2009：125）。

M427

（一）形制结构

圆角长方形竖穴土坑墓。位于T1208西北角。墓向90°。墓口距地表1米，墓坑长1.1米，宽0.86米，墓坑深0.45米。墓圹内填充夹杂细砾的粗沙土，包含有陶片。墓圹底部放置人骨1具，保存较差，仅存7枚牙齿（图六五一；图版四六九，1）。

（二）出土遗物

共1件。陶器1件，为双耳陶罐（M427：1），出土于墓坑西部。

M427：1，双耳陶罐。1件。夹细砂红陶，手制，口部残。颈肩双耳，折腹，小平底。颈部绘两道横向短线纹，一耳绘网格纹。残高8.7厘米，腹径11.6厘米，底径3.6厘米，重260克（图六五一，1；图版四六九，2）。

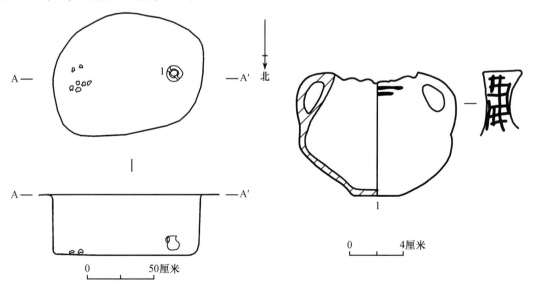

图六五一 M427平、剖面图及出土器物
1. 双耳陶罐（M427：1）

M428

（一）形制结构

长方形竖穴土坑墓。墓向324°。墓坑长1.6米，宽1米，墓坑深0.4米。墓圹底部放置人骨1具，保存较差，仅存部分股骨（图六五二）。

（二）出土遗物

共2件。陶器2件，均为双耳陶罐，1件（M428：1）出土于墓坑北部，1件（M428：2）出土于填土中。

M428：1，双耳陶罐。1件。夹细砂红陶，手制，残。侈口，方唇，短束颈，颈肩双耳，鼓腹，平底。通高15.3厘米，口径12.4厘米，腹径18厘米，底径9.8厘米，重690克（图六五二，1；图版四六九，3）。

M428：2，双耳陶罐。1件。夹细砂红陶，手制，残，侈口，圆唇，短束颈，沿肩双翘耳，弧腹，平底。通高14.4厘米，口径11厘米，腹径14厘米，底径8厘米，重680克（图六五二，2；图版四七〇，1）。

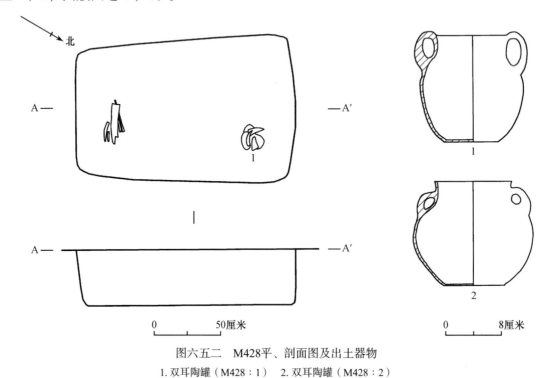

图六五二　M428平、剖面图及出土器物

1. 双耳陶罐（M428：1）　　2. 双耳陶罐（M428：2）

M429

（一）形制结构

长方形竖穴土坑墓。位于T1604内，打破
M430北部。墓向218°。墓口距地表0.5米，墓
坑长1米，宽1米，墓坑深0.45米。墓圹内填充
夹杂砾石的沙土。墓圹底部为长方形土坯椁
室，椁室四壁均竖立1层土坯，椁室内周长0.74
米，宽0.68米，高0.44米；土坯长0.4~0.42米，
宽0.22~0.24米，厚0.1米。椁室底部放置人骨
1具，右侧身屈肢，头向南，面向东，为成年男
性个体（图六五三；图版四七〇，3）。

（二）出土遗物

共3件。陶器1件，为单耳陶罐（M429：1），
出土于人骨膝部。石器2件，其中石杵1件
（M429：2），出土于椁室西壁；石器1件
（M429：3），出土位置不明。

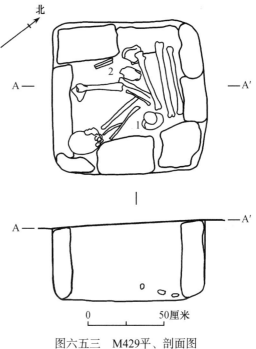

图六五三 M429平、剖面图
1.单耳陶罐（M429：1） 2.石杵（M429：2）

1. 陶器

M429：1，单耳陶罐。1件。夹细砂红陶，手制。侈口，方唇，直颈，沿肩单耳，扁鼓
腹，平底。通高11厘米，口径10.6厘米，腹径13.8厘米，底径8.4厘米，重510克（图六五四，
1；图版四七〇，2）。

2. 石器

M429：2，石杵。1件。残，截面呈梯形。长13.5厘米，宽8厘米，重1220克（图六五四，2）。
M429：3，石器。1件。残，近方形。长13.8厘米，宽13厘米，厚6.2厘米，重1825克（图
六五四，3）。

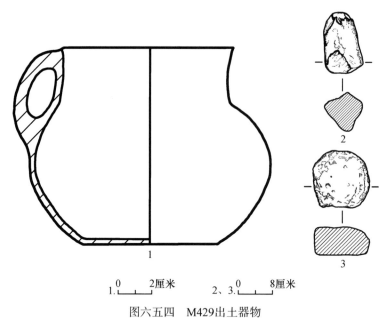

0　　2厘米
1.└─┴─┘

2、3　0　　8厘米
└─┴─┘

图六五四　M429出土器物

1. 单耳陶罐（M429：1）　2. 石杵（M429：2）　3. 石器（M429：3）

M430

（一）形制结构

长方形竖穴土坑墓。位于T1604内，北部一角被M429打破。墓向225°。墓坑长1.55米，宽1.2米，墓坑深0.68米。墓圹内填充夹杂砾石的黄沙土。墓圹底部四周设熟土二层台，二层台内侧竖立1层土坯，二层台上错缝平砌2层土坯。椁室内周长1米，宽0.7米，高0.68米；土坯长0.4～0.5米、宽0.22～0.24米，厚0.1米。椁室底部放置人骨1具，保存较差，骨骼分布散乱，性别男（图六五五）。

（二）出土遗物

共6件。陶器1件，为双耳陶罐（M430：1），出土于椁室东南。铜器1件，为铜耳环（M430：3），出土于头骨耳部。石器4件，均为串珠（M430：2），出土于头骨旁。

1. 陶器

M430：1，双耳陶罐。1件。夹细砂红陶，手制，一耳残。微侈口，方唇，短束颈，沿肩双翘耳，鼓腹，平底。肩部绘一周弦纹，其下绘连续的叶脉三角纹。通高12.2厘米，口径10.5厘米，腹径14.2厘米，底径7.4厘米，重565克（图六五六，1；图版四七一，1）。

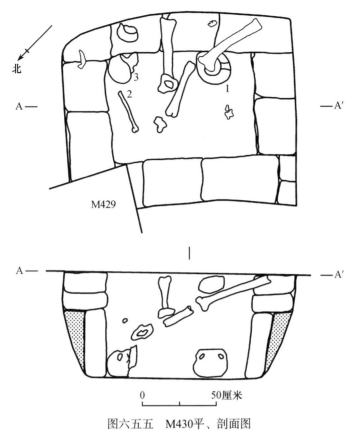

图六五五　M430平、剖面图

1. 双耳陶罐（M430：1）　2. 串珠（M430：2）　3. 铜耳环（M430：3）

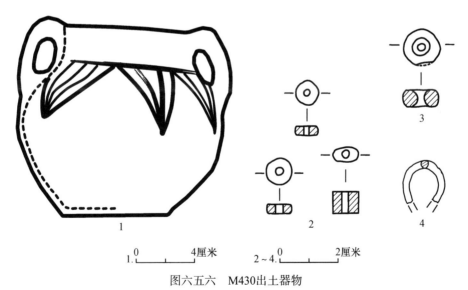

图六五六　M430出土器物

1. 双耳陶罐（M430：1）　2. 绿松石串珠（M430：2-1）　3. 玉髓串珠（M430：2-2）　4. 铜耳环（M430：3）

2. 铜器

M430：3，铜耳环。1件。环形，用细铜丝绕成。直径1.4厘米，铜丝直径0.2厘米，重1.2克（图六五六，4；图版四七一，3）。

3. 石器

M430：2，串珠。4件。M430：2-1，绿松石串珠，3件，其中2件呈饼状，中部穿孔，厚0.3厘米，直径0.7~0.8厘米，孔径0.2厘米；1件呈扁腰鼓状，中部穿孔。长0.6厘米，宽0.8厘米，孔径0.2厘米（图六五六，2；图版四七一，2）。M430：2-2，玉髓串珠，1件，呈算珠状，肉红色，中部穿孔。厚0.5厘米，直径1.3厘米，孔径0.2厘米。总重2.42克（图六五六，3；图版四七一，2）。

M431

（一）形制结构

长方形竖穴土坑墓。墓向355°。墓坑长1.4米，宽1.04米，墓坑深0.5米。墓圹底部放置人骨1具，保存较差，仅存头骨（图六五七）。

（二）出土遗物

共2件。陶器1件，为双耳陶罐（M431：2），出土于墓坑南部。铜器1件，为铜手镯（M431：1），出土于墓坑中部。

1. 陶器

M431：2，双耳陶罐。1件。夹细砂红陶，手制，完整。微侈口，方唇，直颈，沿肩双耳，扁鼓腹，小平底。颈部及肩腹部绘连续的实心倒三角纹，耳部涂黑。通高11.3厘米，口径9.4厘米，腹径13.1厘米，底径6厘米，重450克（图六五七，1；图版四七一，5）。

2. 铜器

M431：1，铜手镯。1件。椭圆形，用细铜丝绕成。接口一端尖锐。长径6.2厘米，短径5.1厘米，铜丝直径0.5厘米，重14.26克（图六五七，2；图版四七一，4）。

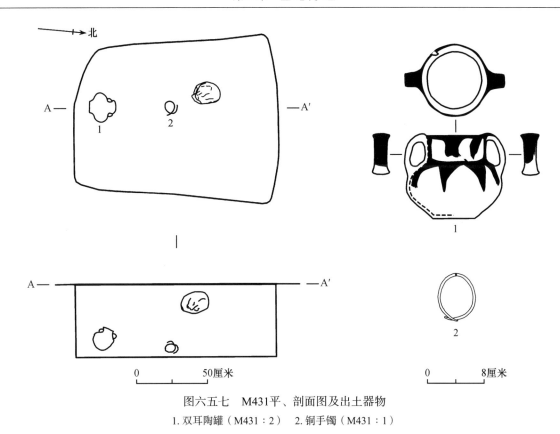

图六五七　M431平、剖面图及出土器物
1. 双耳陶罐（M431：2）　　2. 铜手镯（M431：1）

M432

（一）形制结构

长方形竖穴土坑墓。墓向315°。墓坑长1.1米，宽0.7米，墓坑深0.3米。墓圹底部放置人骨1具，保存较差，分布散乱（图六五八；图版四七二，1）。

（二）出土遗物

共4件。陶器1件，为双耳陶罐（M432：1），出土于墓坑东北角。铜器3件，其中铜牌饰1件（M432：2），出土于墓坑中部；铜管2件（M432：3、M432：4），出土于墓坑中部。

1. 陶器

M432：1，双耳陶罐。1件。夹细砂红陶，手制，残。微侈口，方唇，长直颈，颈肩双耳，鼓腹，平底。颈部绘斜向竖线纹和树草纹，肩腹部绘内填斜线三角纹和树草纹，耳部绘短线纹。通高14.9厘米，口径9厘米，腹径12.2厘米，底径5.3厘米，重555克（图六五九，1；图版四七一，6）。

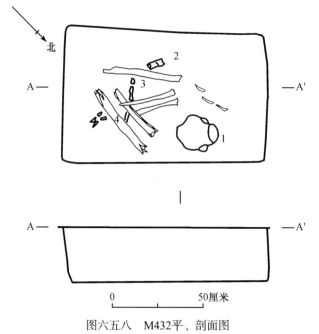

图六五八　M432平、剖面图

1. 双耳陶罐（M432∶1）　2. 铜牌饰（M432∶2）　3. 铜管（M432∶3）　4. 铜管（M432∶4）

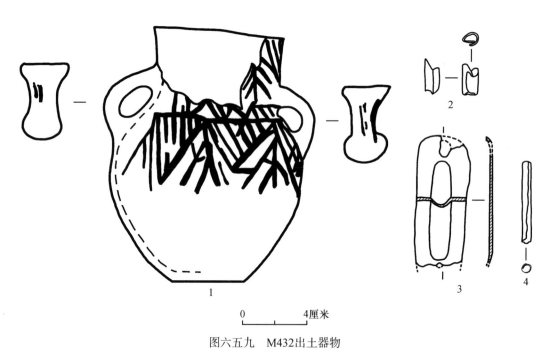

图六五九　M432出土器物

1. 双耳陶罐（M432∶1）　2. 铜管（M432∶3）　3. 铜牌饰（M432∶2）　4. 铜管（M432∶4）

2. 铜器

M432∶2，铜牌饰。1件。近长方形，中部起脊，两端略残。长8.2厘米，宽3.4厘米，重17.65克（图六五九，3；图版四七二，2）。

M432∶3，铜管。1件。残损成三段，管状，用薄铜片卷成。残长3.8厘米，直径0.9厘米，重3.38克（图六五九，2；图版四七二，3）。

M432：4，铜管。1件。管状，用薄铜片卷成，一端残。残长5厘米，直径0.6厘米，重4.21克（图六五九，4；图版四七三，2）。

M433

长方形竖穴土坑墓。墓向197°。墓坑长1.16米，宽0.74米，墓坑深0.36米。无人骨（图六六〇）。

无出土遗物。

M434

（一）形制结构

长方形竖穴土坑墓。墓向50°。墓坑长0.9米，宽0.82米，墓坑深0.32米。墓圹内填充夹杂砾石的黄沙土。墓圹底部为长方形土坯椁室，椁室四壁均竖立1层土坯。椁室内周长0.68米，宽0.56米；土坯长0.4米，宽0.22～0.24米，厚0.1米。椁室底部放置人骨1具，左侧身屈肢，头向东，面向南，为成年男性个体（图六六一；图版四七三，1）。

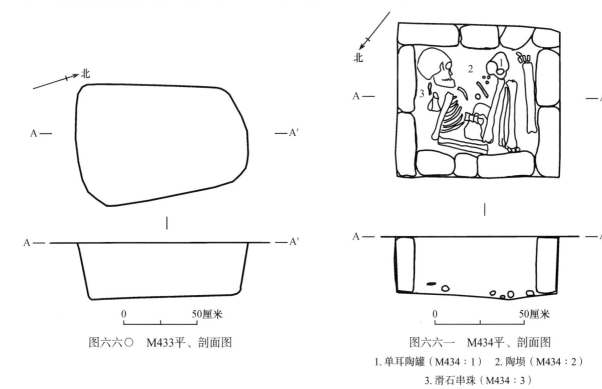

图六六〇　M433平、剖面图

图六六一　M434平、剖面图

1. 单耳陶罐（M434：1）　2. 陶埙（M434：2）

3. 滑石串珠（M434：3）

（二）出土遗物

共23件。陶器2件，其中单耳陶罐1件（M434：1），出土于膝部；陶埙1件（M434：2），出土于胸前。石器21件，其中滑石串珠17件（M434：3），出土于颈部；石球4件（M434：4），出土位置不明。

1. 陶器

M434：1，单耳陶罐。1件。夹细砂红陶，手制，完整。侈口，方唇，短束颈，沿肩单耳，鼓腹，平底。通高9.8厘米，口径7.1厘米，腹径9.3厘米，底径5.2厘米，重215克（图六六二，1；图版四七三，3）。

M434：2，陶埙。1件。夹细砂红陶，手制，完整。椭圆形，一面有三个小孔，其中一孔凸起，两侧有耳。直径4.1厘米，高2.4厘米（图六六二，2；图版四七四，1）。

2. 石器

M434：3，滑石串珠。17件。白色，圆柱状，大小不一，中部穿孔。厚0.2～1厘米，直径0.4～0.7厘米，孔径0.15～0.3厘米，总重1.91克（图六六二，3；图版四七四，3）。

M434：4，石球。4件。圆球状，直径2～2.4厘米，重11.6～19.99克（图六六二，4；图版四七四，2）。

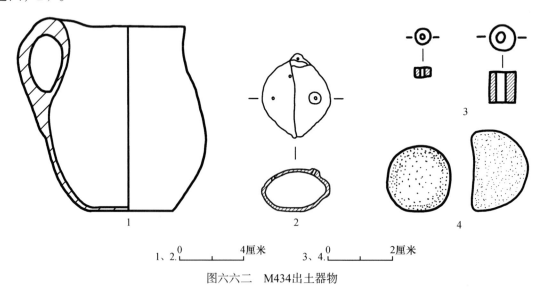

图六六二　M434出土器物

1. 单耳陶罐（M434：1）　2. 陶埙（M434：2）　3. 滑石串珠（M434：3）　4. 石球（M434：4）

M435

（一）形制结构

长方形竖穴土坑墓。墓向210°。墓坑长1.06米，宽0.76米，墓坑深0.6米。无人骨（图六六三）。

（二）出土遗物

共6件。陶器1件，为双耳陶罐（M435：1），出土于墓坑东南角。铜器5件，均为铜管（M435：2），出土于墓坑中部。

1. 陶器

M435：1，双耳陶罐。1件。夹细砂红陶，手制，完整。直口，圆唇，直颈，颈肩双耳，鼓腹，平底。通高17.8厘米，口径10.2厘米，腹径16.4厘米，底径7.3厘米，重1110克（图六六三，1；图版四七五，1）。

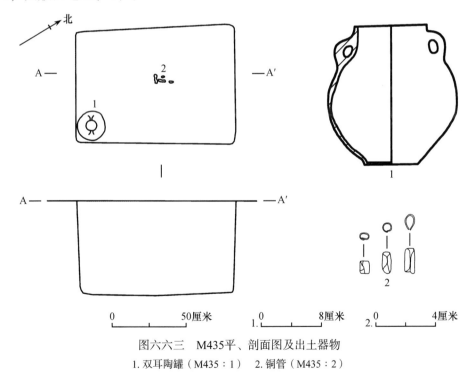

图六六三　M435平、剖面图及出土器物
1. 双耳陶罐（M435：1）　2. 铜管（M435：2）

2. 铜器

M435：2，铜管。5件。均为不规则管状。M435：2-1，4件。长0.8～1.8厘米，直径0.6～0.9厘米，重0.38～2.1克。M435：2-2，1件。长4厘米，重10.23克（图六六三，2；图版四七五，2）。

M436

（一）形制结构

长方形竖穴土坑墓。位于T1604内。墓向48°。墓坑长0.9米，宽0.6米，墓坑深0.3米。墓圹内填充夹杂砾石的黄沙土。墓圹底部为长方形土坯椁室，椁室四壁均竖立1层土坯。椁室内周长0.68米，宽0.34米；土坯长0.36～0.4米，宽0.22～0.24米，厚0.1米。椁室底部放置人骨2具，其中1具保存较差，仅存零星骨骼，为成年女性个体；另1具保存状况较好，左侧身屈肢，头向东，面向南，为未成年个体（图六六四；图版四七五，3）。

（二）出土遗物

共3件。陶器1件，为双耳陶罐（M436：1），出土于人骨膝部。铅器1件，为铅耳环（M436：2），出土于人骨肘部。石器1件，为滑石串珠（M436：3），出土于人骨头部。

1. 陶器

M436：1，双耳陶罐。1件。夹细砂红陶，手制，完整。直口，方唇，短颈，颈肩双耳，鼓腹，平底。通高9.8厘米，口径7.6厘米，腹径10.1厘米，底径5.1厘米，重330克（图六六四，1；图版四七六，1）。

2. 铅器

M436：2，铅耳环。1件。环形，用细铅丝绕成，接口相错。直径1.6厘米，铅丝直径0.2厘米，重1.19克（图六六四，3；图版四七六，2）。

3. 石器

M436：3，滑石串珠。1件。白色，柱状，中部穿孔。长0.4厘米，直径0.6厘米，孔径0.15厘米，重0.82克（图六六四，2；图版四七七，1）。

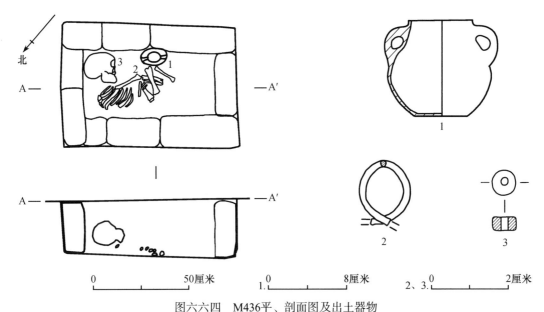

图六六四 M436平、剖面图及出土器物
1. 双耳陶罐（M436∶1） 2. 滑石串珠（M436∶3） 3. 铅耳环（M436∶2）

M437

（一）形制结构

长方形竖穴土坑墓。位于T1212西南角，打破M453。墓向27°。墓坑长1.4米，宽1米，墓坑深0.3米。墓圹底部为长方形土坯椁室，被破坏严重，具体形制不明。椁室底部放置人骨1具，颅骨缺失，左侧身屈肢，性别女（图六六五；图版四七六，3）。

（二）出土遗物

共112件。陶器1件，为陶罐（M437∶13），出土于椁室东南角。铜器83件，其中铜饰件1件（M437∶1），出土于椁室东部；铜环52件（M437∶2、M437∶15），分别出土于右手腕和左手腕；铜珠16件（M437∶12），出土于腕部；铜镜1件（M437∶3），出土于头部；铜牌饰4件，分别出土于头部（M437∶5）、腹部（M437∶7）、背部（M437∶8）和骨盆（M437∶10）；铜管8件，分别出土于骨盆（M437∶6）和膝部（M437∶11）；铜手镯1件（M437∶14），出土于右腕。石器4件，均为串珠（M437∶4），出土于颈部。骨器24件，均为骨牌饰（M437∶9），出土于腹部。

1. 陶器

M437∶13，陶罐。残损严重，无法复原。

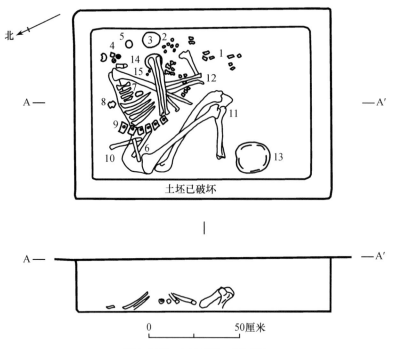

图六六五　M437平、剖面图

1. 铜饰件（M437：1）　　2. 铜环（M437：2）　　3. 铜镜（M437：3）　　4. 串珠（M437：4）　　5. 铜牌饰（M437：5）
6. 铜管（M437：6）　　7. 铜牌饰（M437：7）　　8. 铜牌饰（M437：8）　　9. 骨牌饰（M437：9）　　10. 铜牌饰（M437：10）
11. 铜管（M437：11）　　12. 铜珠（M437：12）　　13. 陶罐（M437：13）　　14. 铜手镯（M437：14）　　15. 铜环（M437：15）

2. 铜器

M437：1，铜饰件。1件。锈蚀严重，呈多片不规则形。残长2.1～3.2厘米，重35.4克（图六六六，7；图版四七七，2）。

M437：2，铜环。30件。环状，用细薄铜片绕成。环径0.7厘米，丝宽0.15厘米，重0.16克（图六六六，9；图版四七七，3）。

M437：3，铜镜。1件。圆形，背部有纽，素面。直径7.2厘米，重65.71克（图六六六，5；图版四七七，4）。

M437：5，铜牌饰。1件。圆形，泡状，背部有纽。直径3.4厘米，重12.9克（图六六六，6；图版四七七，6）。

M437：6，铜管。4件。管状，残，用薄铜片卷成。残长8.3～18.5厘米，直径0.8～1厘米，重15.08～37.39克（图六六六，1；图版四七八，1）。

M437：7，铜牌饰。1件。残损严重，圆形，背部有纽。残长3.8厘米，重5.06克（图版四七八，2）。

M437：8，铜牌饰。1件。残损严重，一面略弧。残长4厘米，重11.05克（图六六六，8；图版四七八，3）。

M437：10，铜牌饰。1件。长方形，一端边缘处有孔，一端残。中部起脊。边缘有两周亚点纹。残长8厘米，宽4.2厘米，孔径0.3厘米，重21.36克（图六六六，2；图版四七九，3）。

M437：11，铜管。4件。管状，用薄铜片卷成。长2.5～5.7厘米，直径1厘米，重

3.5～10.52克（图六六六，3；图版四七九，4）。

M437：12，铜珠。16件。圆柱状，中部穿孔，铸造。厚0.3～0.9厘米，直径0.8～1.1厘米，重1.2克（图六六六，11；图版四八〇，1）。

M437：14，铜手镯。1件。环状，用细铜丝绕成。直径7.2厘米，铜丝直径0.3厘米，重12.23克（图六六六，10；图版四七九，5）。

M437：15，铜环。22件。环状，用细薄铜丝绕成。直径0.8，丝宽0.1厘米，重0.16克（图六六六，12；图版四八〇，2）。

3. 石器

M437：4，串珠。4件。M437：4-1，绿松石串珠，2件，中部穿孔，长1.3、1.6厘米，直径0.8、1厘米，孔径0.4、0.3厘米，重1.5克（图六六六，14；图版四七七，5）。M437：4-2，玉髓串珠，2件，算珠状，红色半透明，完整，厚0.3、0.5厘米，直径1.1、1.4厘米，孔径0.2厘米，重1.2克（图六六六，13；图版四七七，5）。

4. 骨器

M437：9，骨牌饰。24件。长方形，一端边缘处有孔。长2.8～3.2厘米，宽1.4～2厘米，孔径0.4厘米，重3.5克（图六六六，4；图版四七九，1、2）。

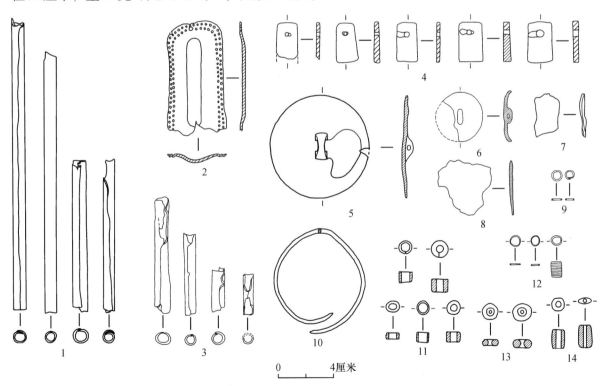

0　　　　4厘米

图六六六　　M437出土器物

1. 铜管（M437：6）　2. 铜牌饰（M437：10）　3. 铜管（M437：11）　4. 骨牌饰（M437：9）　5. 铜镜（M437：3）
6. 铜牌饰（M437：5）　7. 铜饰件（M437：1）　8. 铜牌饰（M437：8）　9. 铜环（M437：2）　10. 铜手镯（M437：14）
11. 铜珠（M437：12）　12. 铜环（M437：15）　13. 玉髓串珠（M437：4-2）　14. 绿松石串珠（M437：4-1）

M438

（一）形制结构

长方形竖穴土坑墓。墓向40°。墓坑长1.24米，宽0.94米，墓坑深0.2米。墓圹底部放置人骨1具，左侧身屈肢，头向东北，面向东南（图六六七）。

（二）出土遗物

共4件。陶器1件，为双耳陶罐（M438：1），出土于膝部。石器3件，均为玉髓串珠（M438：2），出土于颈部。

1. 陶器

M438：1，双耳陶罐。1件。夹细砂红陶，手制，口部及腹部残。双耳，球腹，圈足。通高11.1厘米，腹径12.8厘米，底径6.7厘米，重330克（图六六七，1；图版四七九，6）。

2. 石器

M438：2，玉髓串珠。3件。红色半透明，算珠状，中部穿孔。厚0.5厘米，直径1.2厘米，孔径0.2厘米，重1.18克（图六六七，2；图版四八一，1）。

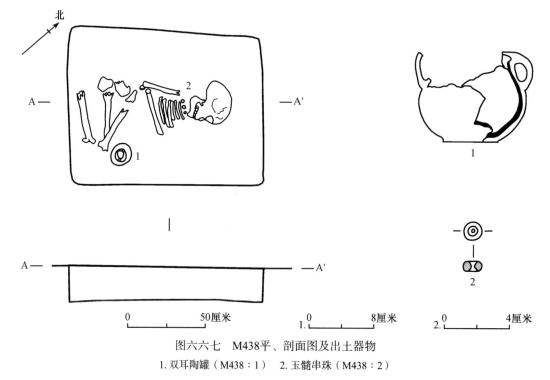

图六六七　M438平、剖面图及出土器物

1. 双耳陶罐（M438：1）　2. 玉髓串珠（M438：2）

M439

（一）形制结构

长方形竖穴土坑墓。墓向200°。墓坑长1.32米，宽1米，墓坑深0.2米。墓圹底部放置人骨1具，右侧身屈肢，头向西南，面向东南（图六六八）。

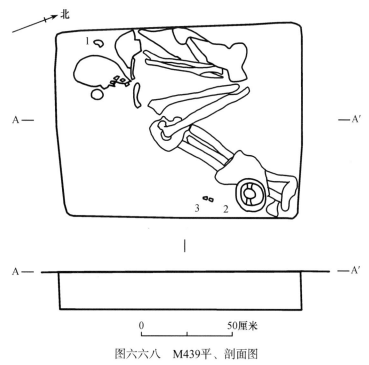

图六六八　M439平、剖面图

1. 铜牌饰（M439∶1）　　2. 单耳陶罐（M439∶2）　　3. 滑石串珠（M439∶3）

（二）出土遗物

共6件。陶器1件，为单耳陶罐（M439∶2），出土于足部。铜器2件，为铜牌饰（M439∶1），出土于头部。石器3件，均为滑石串珠（M439∶3），出土于足部。

1. 陶器

M439∶2，单耳陶罐。1件。夹细砂红陶，手制。直口，方唇，短颈，沿肩单小耳，鼓腹，平底。通高15.2厘米，口径10.7厘米，腹径14.9厘米，底径8.8厘米，重805克（图六六九，1；图版四八一，3）。

2. 铜器

M439：1，铜牌饰。2件。圆形，背部有纽。其一直径4.3厘米，重12.95克。其二残，直径5厘米（图六六九，2；图版四八一，2）。

3. 石器

M439：3，滑石串珠。3件。M439：3-1，2件，呈柱状，白色，中部穿孔。长0.5～0.7厘米，直径1.4厘米，孔径0.1厘米。M439：3-2，1件，呈算珠状，白色，中部对钻穿孔。厚0.4厘米，直径1.3厘米，孔径0.2厘米。总重1.37克（图六六九，3；图版四八一，4）。

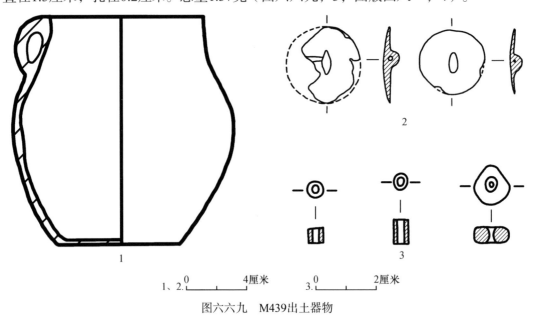

图六六九　M439出土器物

1. 单耳陶罐（M439：2）　2. 铜牌饰（M439：1）　3. 滑石串珠（M439：3）

M440

（一）形制结构

长方形竖穴土坑墓。墓向40°。墓坑长1.14米，宽0.88米，墓坑深0.7米。墓圹底部放置人骨1具，左侧身屈肢，头向东北，面向东南（图六七〇；图版四八二，1）。

（二）出土遗物

共70件。陶器1件，为双耳陶罐（M440：6），出土于墓坑东南角。铜器66件，其中铜管2件，分别出土于胸部（M440：2）和左臂（M440：3）；铜泡2件（M440：4）、铜牌饰

2件（M440：4），出土于腹部；铜珠52件（M440：5）、铜管7件（M440：5），出土于腰部；铜牌饰1件（M440：7），出土于腰部。石器3件，其中玉髓串珠2件，出土于颈部（M440：1）和腰部（M440：9）；绿松石串珠1件（M440：8），出土于腰部。

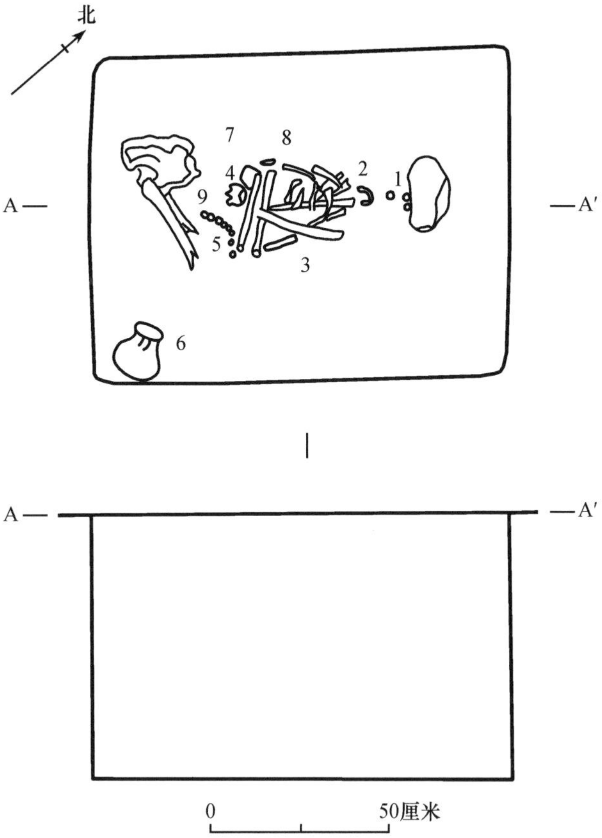

1. 陶器

M440：6，双耳陶罐。1件。夹细砂红陶，手制，完整。微侈口，方唇，直颈，颈肩双耳，鼓腹，鼓腹处两侧各有一乳突，小平底。通高13.7厘米，口径8.5厘米，腹径14厘米，底径5.7厘米，重570克（图六七一，2；图版四八二，3）。

2. 铜器

M440：2，铜管。1件。管状，残成3段，用薄铜片卷成。残长3.3～4.4厘米，直径0.4～0.7厘米，重1.89～2.95克（图六七一，9；图版四八一，6）。

M440：3，铜管。1件。管状，残成11段，用薄铜片卷成。残长1.1～6厘米，直径0.4～0.7厘米，重0.79～5.41克（图六七一，3；图版四八二，2）。

M440：4，铜泡、铜牌饰。4件。M440：4-1，铜泡，2件，泡状，背部有纽。直径2.2～2.5厘米，重2.95克；M440：4-2，铜牌饰，2件，中部有三个圆形小孔，一面略弧，长径2.7厘米，短径2.2厘米，孔径0.2厘米，重2.23克（图六七一，1；图版四八三，1）。

M440：5，铜珠、铜管。59件。M440：5-1，铜珠，52件，不规则柱状，大小不一，部分锈蚀在一起，长0.4厘米，直径0.6厘米，重0.4克。M440：5-2，铜管，7件，管状，用薄铜片斜卷而成，长短不一，长0.8～7.8厘米，直径0.5～1.4厘米，重1.68～10.64克（图六七一，8；图版四八四，1、2）。

M440：7，铜牌饰。1件。长方形，中部起脊，两短边近边缘处各有一圆形小孔。中部凸棱两侧各有两排压点纹。长9.9厘米，宽3.6厘米，孔径0.4厘米，重23.68克（图六七一，7；图版四八三，2）。

图六七〇 M440平、剖面图

1. 玉髓串珠（M440：1）　2. 铜管（M440：2）
3. 铜管（M440：3）　4. 铜泡（M440：4）
5. 铜珠（M440：5）　6. 双耳陶罐（M440：6）
7. 铜牌饰（M440：7）　8. 绿松石串珠（M440：8）
9. 玉髓串珠（M440：9）

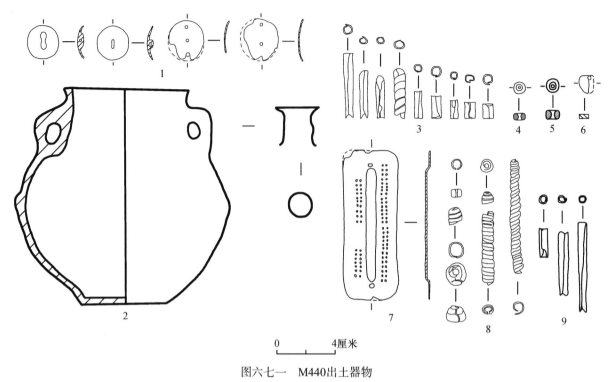

图六七一　M440出土器物

1. 铜泡、铜牌饰（M440∶4）　2. 双耳陶罐（M440∶6）　3. 铜管（M440∶3）　4. 玉髓串珠（M440∶9）　5. 玉髓串珠
（M440∶1）　6. 绿松石串珠（M440∶8）　7. 铜牌饰（M440∶7）　8. 铜珠、铜管（M440∶5）　9. 铜管（M440∶2）

3. 石器

M440∶1，玉髓串珠。1件。红色半透明，圆柱状，中部穿孔。厚0.5厘米，直径0.9厘米，孔径0.2厘米，重0.85克（图六七一，5；图版四八一，5）。

M440∶8，绿松石串珠。1件。不规则三角形，残。长1.1厘米，宽0.7厘米，重0.23克（图六七一，6；图版四八三，3）。

M440∶9，玉髓串珠。1件。红色半透明，圆柱状，中部对钻穿孔。长0.4厘米，直径0.8厘米，孔径0.2厘米，重0.51克（图六七一，4；图版四八五，1）。

M441

（一）形制结构

长方形竖穴土坑墓。墓向320°。墓坑长1.44米，宽1.14米，墓坑深0.2米。墓圹底部四周设熟土二层台，二层台上平砌1层土坯。椁室内周长0.9米，宽0.54米；土坯长0.24～0.5米，宽0.22～0.36米，厚0.1米。椁室底部放置人骨1具，右侧身屈肢，头向西，面向南，上半身骨骼分布散乱（图六七二；图版四八五，3）。

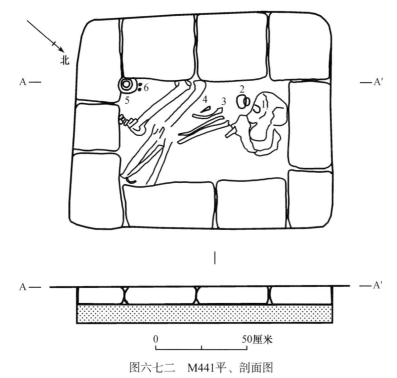

图六七二　M441平、剖面图

1. 铜泡（M441：1）　　2. 铜镜（M441：2）　　3. 铜刀（M441：3）　　4. 铜锥（M441：4）　　5. 双耳陶罐（M441：5）

6. 滑石串珠（M441：6）

（二）出土遗物

共8件。陶器1件，为双耳陶罐（M441：5），出土于足部。铜器5件，其中铜泡2件（M441：1），出土于眼部；铜镜1件（M441：2），出土于右耳；铜刀1件（M441：3），出土于胸部；铜锥1件（M441：4），出土于腰部。石器2件，均为滑石串珠（M441：6），出土于肱骨处。

1. 陶器

M441：5，双耳陶罐。1件。夹细砂红陶，手制。微侈口，尖唇，短束颈，颈肩双扁耳，圆弧腹，圈足。口沿内绘一周弦纹和4组对称的竖向短线纹，口沿处绘一周弦纹，颈部绘3个竖双联菱格纹，肩部绘一周弦纹，其下腹部正中绘2道竖线纹，两侧分绘连续的小三角纹，耳部绘"N"形纹。通高9.8厘米，口径7.9厘米，腹径11.1厘米，底径4.5厘米，重245克（图六七三，1；图版四八六，4）。

2. 铜器

M441：1，铜泡。2件。圆形，泡状，背部中间有一圆柱，直径2.5厘米，柱长1厘米，柱径0.4厘米，重4.92克（图六七三，2；图版四八五，2）。

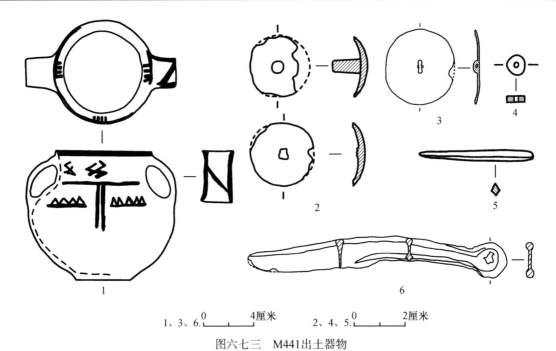

1、3、6.⊢———⊣4厘米　　　2、4、5.⊢———⊣2厘米

图六七三　M441出土器物

1. 双耳陶罐（M441：5）　2. 铜泡（M441：1）　3. 铜镜（M441：2）　4. 滑石串珠（M441：6）　5. 铜锥（M441：4）
6. 铜刀（M441：3）

M441：2，铜镜。1件。圆形，一面略弧，一面略凹，凹面有纽。直径5.5厘米，重24.21克（图六七三，3；图版四八六，1）。

M441：3，铜刀。1件。环首，直柄，中部有一道凹槽，直背，直刃。长20.2厘米，宽1.8厘米，柄长10厘米，柄宽1.7厘米，刃部宽2.3厘米，环径2.7厘米，重79.67克（图六七三，6；图版四八六，2）。

M441：4，铜锥。1件。四棱锥状，一端尖锐。长4.5厘米，宽0.3厘米，重2.47克（图六七三，5；图版四八六，3）。

3. 石器

M441：6，滑石串珠。2件。白色，圆饼状，中部穿孔。厚0.3厘米，直径0.8厘米，孔径0.2厘米，重0.24克（图六七三，4；图版四八六，5）。

M442

（一）形制结构

长方形竖穴土坑墓。墓向210°。墓坑长0.96米，宽0.42米，墓坑深0.36米。墓圹底部放置人骨1具，保存较差，分布散乱，多已朽碎（图六七四）。

（二）出土遗物

共21件。陶器1件，为单耳陶杯（M442：1），出土于墓坑东南角。石器、贝器20件，其中海贝11件和串珠9件，出土于墓坑中部（M442：2-1~M442：2-4）。

1. 陶器

M442：1，单耳陶杯。1件。夹细砂红陶，手制，完整。微敛口，圆唇，沿肩单翘耳，鼓腹，平底。口沿内绘一周弦纹，通体绘连续的内填斜线的正倒三角纹，耳部绘交错斜短线纹。通高6.3厘米，口径5.4厘米，腹径7.1厘米，底径4厘米，重95克（图六七五，1；图版四八六，6）。

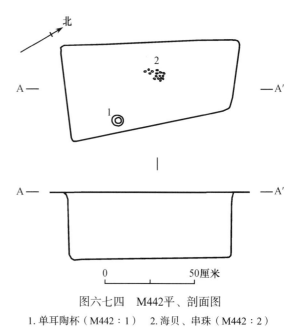

图六七四　M442平、剖面图
1. 单耳陶杯（M442：1）　2. 海贝、串珠（M442：2）

2. 石器、贝器

M442：2，海贝、串珠。20件。M442：2-1，海贝，11件，卵圆形，表面有人工使用痕迹，长2.2厘米，宽1.6厘米，重1.19克（图六七五，2；图版四七八，1）。M442：2-2，绿松

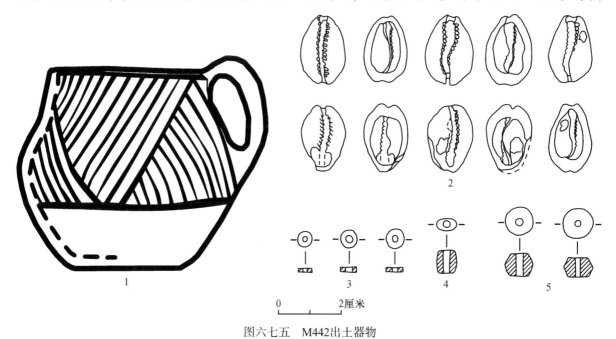

图六七五　M442出土器物
1. 单耳陶罐（M442：1）　2. 海贝（M442：2-1）　3. 滑石串珠（M442：2-4）　4. 绿松石串珠（M442：2-2）
5. 玉髓串珠（M442：2-3）

石串珠，1件，扁圆柱形，中部穿孔。长0.7厘米，宽0.7厘米，孔径0.1厘米，重0.27克（图六七五，4；图版四七八，1）。M442：2-3，玉髓串珠，2件，半透明，腰鼓状，中部穿孔长0.5～0.7厘米，直径1厘米，孔径0.2厘米，重0.88克（图六七五，5；图版四七八，1）。M442：2-4，滑石串珠，6件，片状，中部穿孔。厚0.1厘米，直径0.4～0.6厘米，孔径0.2厘米，重0.09克（图六七五，3；图版四七八，1）。

M443

（一）形制结构

长方形竖穴土坑墓。墓向47°。墓坑长0.96米，宽0.96米，墓坑深0.42米。墓圹内填充夹杂砾石的黄沙土。墓圹底部为长方形土坯椁室，椁室东、北两壁均竖立1层土坯，西、南两壁情况不明。椁室底部放置人骨1具，左侧身屈肢，头向东，面向南，为成年女性个体（图六七六；图版四八八，1）。

（二）出土遗物

共4件。陶器2件，其中双耳陶罐1件（M443：1），出土于胫骨；陶片1件（M443：3），出土于填土中。铜器2件，其中铜牌饰1件（M443：2），出土于头骨后；铜泡1件（M443：4），出土于头骨。

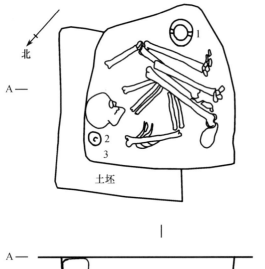
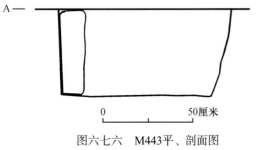

图六七六　M443平、剖面图
1. 双耳陶罐（M443：1）　2. 铜牌饰（M443：2）
3. 铜泡（M443：3）

1. 陶器

M443：1，双耳陶罐。1件。夹细砂红陶，手制，完整。直口，方唇，短直颈，颈肩双耳，鼓腹，圈足。通高14.3厘米，口径9.3厘米，腹径14.9厘米，底径7.2厘米，重710克（图六七七，1；图版四七八，2）。

M443：3，陶片。1件。夹细砂红陶，口沿残片。残长7.2厘米，壁厚1厘米，重75克。

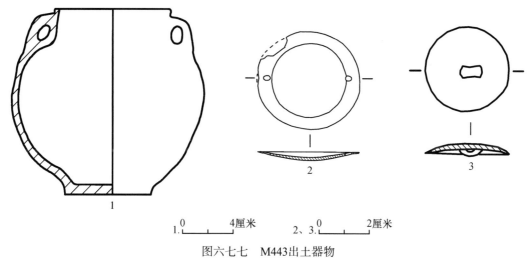

图六七七 M443出土器物

1. 双耳陶罐（M443：1） 2. 铜牌饰（M443：2） 3. 铜泡（M443：3）

2. 铜器

M443：2，铜牌饰。1件。椭圆形，两端近边缘处有两个相对位置的小孔。一面略弧，短颈7.6厘米，长径8.2厘米，孔径0.5厘米（图六七七，2；图版四七八，3）。

M443：4，铜泡。1件。圆形，一面略弧，另一面略凹，凹面有纽。直径3.3厘米，重7.96克（图六七七，3；图版四八八，2）。

M444

（一）形制结构

长方形竖穴土坑墓。墓坑北部被暖气管道打破，仅余不到1/4。墓向42°。墓坑长0.57米，宽0.34米，墓坑深0.2米。无人骨（图六七八）。

（二）出土遗物

共2件。陶器2件，均为双耳陶罐，1件（M444：1）出土于墓坑东南角，1件（M444：2）出土于墓坑西南角。

M444：1，双耳陶罐。1件。夹细砂红陶，手制，口沿略残。侈口，短束颈，颈肩双耳，肩部有一周连续的小凹窝，垂鼓腹，鼓腹处两侧各有一乳突，平底。口沿内绘一周弦纹，颈部绘连续的网格菱形纹，腹部以多重竖线纹分区，分区中绘网格"×"形纹，腹部正中绘竖向的网格菱形纹，耳部绘横向短线纹，向下延伸腹部绘"×"折线纹。通高15.8厘米，口径9.8厘

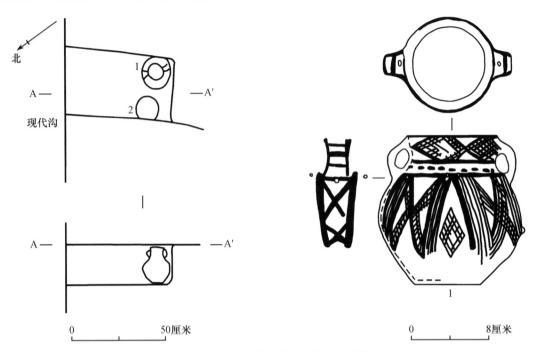

图六七八　M444平、剖面图及出土器物
1. 双耳陶罐（M444：1）　　2. 双耳陶罐（M444：2）

米，腹径15.6厘米，底径7.2厘米（图六七八，1；图版四八八，3）。

　　M444：2，双耳陶罐。1件。夹细砂红陶，手制，残损仅剩上半部分。微侈口，短束颈，颈肩双耳，颈部有连续的附加堆折线纹，重135克（图版四八九，1）。

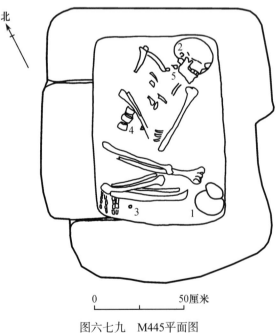

图六七九　M445平面图
1. 双耳陶罐（M445：1）　　2. 铜耳环（M445：2）
3. 滑石串珠（M445：3）　　4. 铜手镯（M445：4）
5. 玉髓串珠（M445：5）

M445

（一）形制结构

　　长方形竖穴土坑墓。打破M455西南角。墓向27°。墓口距地表0.2米，墓坑长1.46米，宽1.2米，墓坑深0.68米。墓圹内填充砂石土。墓圹底部四周设熟土二层台，二层台内侧竖立1层土坯，二层台上错缝平砌2层土坯。椁室内周长1米，宽0.7米；土坯长0.6米，宽0.3米，厚0.18米。椁室底部放置人骨1具，左侧身屈肢，头向东北，面向南（图六七九；图版四八九，3）。

（二）出土遗物

共7件。陶器1件，为双耳陶罐（M445：1），出土于膝部。铜器2件，其中铜耳环1件（M445：2），出土于耳部；铜手镯1件（M445：4），出土于右腕。石器4件，其中滑石串珠3件（M445：3），出土于足部；玉髓串珠1件（M445：5），出土于颈部。

1. 陶器

M445：1，双耳陶罐。1件。夹细砂灰陶，手制，完整。微侈口，尖唇，短束颈，沿肩双耳，鼓腹，小平底。通高13.8厘米，口径9.8厘米，腹径14.7厘米，底径6厘米，重585克（图六八〇，1；图版四八九，2）。

2. 铜器

M445：2，铜耳环。1件。卵圆形，用细铜丝绕成，接口处一端扁平。长径3厘米，短径1.9厘米，铜丝直径0.2厘米，重2.03克（图六八〇，3；图版四九〇，1）。

M445：4，铜手镯。1件。环形，用铜丝绕成。接口处一端尖锐。直径5厘米，铜丝直径0.2厘米，重3.37克（图六八〇，2；图版四九〇，3）。

3. 石器

M445：3，滑石串珠。3件。白色，圆柱状，中部穿孔。长0.5～0.7厘米，直径0.5厘米，孔径0.2厘米，重0.16克（图六八〇，4；图版四九〇，2）。

M445：5，玉髓串珠。1件。红色半透明，算珠状，中部对钻穿孔。厚0.5厘米，直径1.4厘米，孔径0.2厘米，重1.56克（图六八〇，5；图版四九〇，4）。

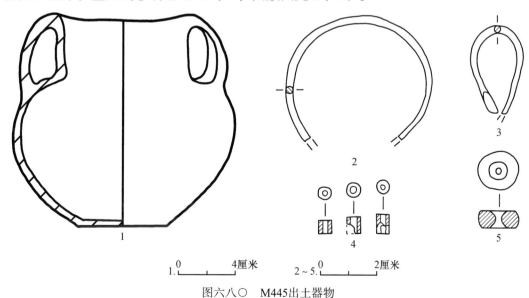

图六八〇 M445出土器物

1. 双耳陶罐（M445：1）　2. 铜手镯（M445：4）　3. 铜耳环（M445：2）　4. 滑石串珠（M445：3）　5. 玉髓串珠（M445：5）

M446

（一）形制结构

长方形竖穴土坑墓。位于T1212北部。墓向185°。墓口距地表0.5米，墓坑长1.66米，宽0.82米，墓坑深0.51米。墓圹内填充夹杂砾石、石珠的砂石土。墓圹底部放置人骨1具，保存较差，仅存头骨、肩胛骨、部分肋骨等（图六八一；图版四九一，1）。

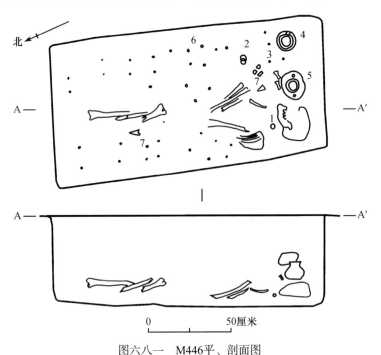

图六八一　M446平、剖面图

1. 金耳环（M446：1）　2. 金耳环（M446：2）　3. 绿松石串珠（M446：3）　4. 单耳陶钵（M446：4）
5. 筒形陶罐（M446：5）　6. 滑石串珠（M446：6）　7. 石镞（M446：7）

（二）出土遗物

共150件。陶器2件，其中单耳陶钵1件（M446：4），出土于墓坑东南角；筒形陶罐1件（M446：5），出土于人骨头部。金器2件，为金耳环（M446：1、M446：2），出土于耳部及胸前。石器146件，其中绿松石串珠4件（M446：3），出土于颈部；滑石串珠140件（M446：6），出土于墓坑东部；石镞2件（M446：7），出土于人骨胫骨处。

1. 陶器

M446：4，单耳陶钵。1件。夹细砂红陶，手制，完整。直口，口沿下有一立耳，鼓腹，平底。通体饰人字形几何折线纹，耳部绘连续折线纹。通高8.4厘米，口径10.8厘米，腹径13厘米，底径7.4厘米（图六八二，1；图版四九一，3）。

M446：5，筒形陶罐。1件。夹细砂红陶，手制，完整。直口，圆唇，短颈，肩部有双贯耳，球腹，平底。通体饰人字形几何折线纹。通高13.5厘米，口径9.3厘米，腹径14.7厘米，底径7.9厘米，重595克（图六八二，2；图版四九二，1）。

2. 金器

M446：1，金耳环。1件。环状，接口处无加工。直径2.2厘米（图六八二，3；图版四九〇，5）。

M446：2，金耳环。1件。环状，接口处无加工。直径2厘米（图六八二，4；图版四九〇，6）。

3. 石器

M446：3，绿松石串珠。4件。绿松石串珠，形状大小不一，不规则形，中部穿孔。长0.7～1.7厘米，宽0.9～1.7厘米，孔径0.2厘米，总重6.42克（图六八二，6；图版四九一，2）。

M446：6，滑石串珠。140件。圆饼状：37件，白色，中部穿孔。厚0.1～0.2厘米，直径0.4～0.5厘米，孔径0.2厘米；圆柱状：103件，白色，中部穿孔。厚0.2～0.4厘米，直径0.4厘米，孔径0.15厘米。总重9.26克（图六八二，7；图版四九二，3）。

M446：7，石镞。2件。三角形，中部起脊。长2.3～2.5厘米，宽1.3～1.4厘米（图六八二，5；图版四九二，2）。

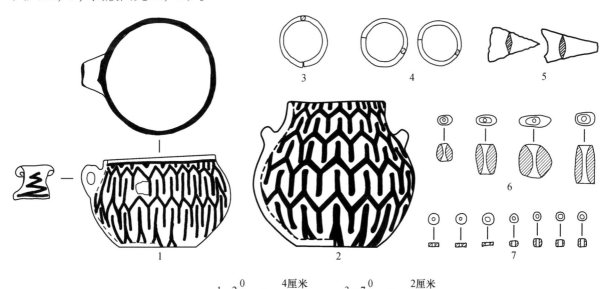

图六八二 M446出土器物

1.单耳陶钵（M446：4） 2.筒形陶罐（M446：5） 3.金耳环（M446：1） 4.金耳环（M446：2） 5.石镞（M446：7）

6.绿松石串珠（M446：3） 7.滑石串珠（M446：6）

M447

（一）形制结构

长方形竖穴土坑墓。墓向5°。墓口距地表0.5米，墓坑长1.16米，宽0.78米，墓坑深0.62米。墓圹底部放置人骨1具，保存较差，骨骼分布散乱，头骨及上肢骨缺失，下肢骨严重腐朽（图六八三）。

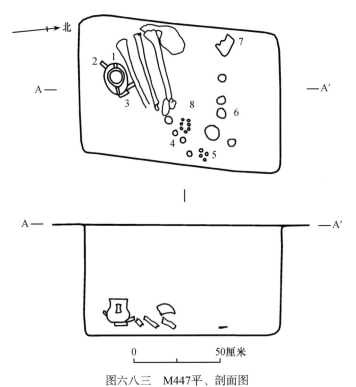

图六八三　M447平、剖面图

1. 双耳陶罐（M447：1）　2. 铜管（M447：2）　3. 铜牌饰（M447：3）　4. 铜泡（M447：4）　5. 玉髓串珠（M447：5）
6. 铜牌饰（M447：4）　7. 陶片　8. 铜珠（M447：6）

（二）出土遗物

共43件。陶器1件，为双耳陶罐（M447：1），出土于足部。铜器38件，其中铜管5件（M447：2），出土于足部；铜牌饰1件（M447：3），出土于足部；铜牌饰7件（M447：4）、铜泡1件（M447：4），出土于膝部、椁室东部；铜珠24件（M447：6），出土于腕部。石器4件，均为玉髓串珠（M447：5），出土于腕部。

1. 陶器

M447：1，双耳陶罐。1件。夹细砂红陶，手制，完整。微侈口，方唇，直颈，颈肩双耳，鼓腹，平底。通高16.3厘米，口径10.8厘米，腹径14.6厘米，底径8厘米，重810克（图六八四，1；图版四九三，1）。

2. 铜器

M447：2，铜管。5件。管状，用薄铜片卷成。残长2.4～7.5厘米，直径0.9厘米，重2.6～8.45克（图六八四，7；图版四九三，3）。

M447：3，铜牌饰。1件。长方形，中部起脊，一端近边缘处有一方形小孔。边缘有两圈压点纹。长11厘米，宽4.7厘米，孔长0.5厘米，孔宽0.3厘米，重21.13克（图六八四，5；图版四九三，2）。

M447：4，铜牌饰、铜泡。9件。M447：4-1，铜牌饰，8件，圆形，近边缘处有两个相对位置的小孔。M447：4-2，铜泡，1件，圆形，背部有纽。直径2.8～3.6厘米，孔径0.2厘米，重2.58～6.54克（图六八四，4、6；图版四九四，1、2）。

M447：6，铜珠。24件。圆形，近边缘处有两个相对位置的小孔，一面略弧。直径4.3～4.8厘米，重9.82～13.39克（图六八四，2；图版四九四，3）。

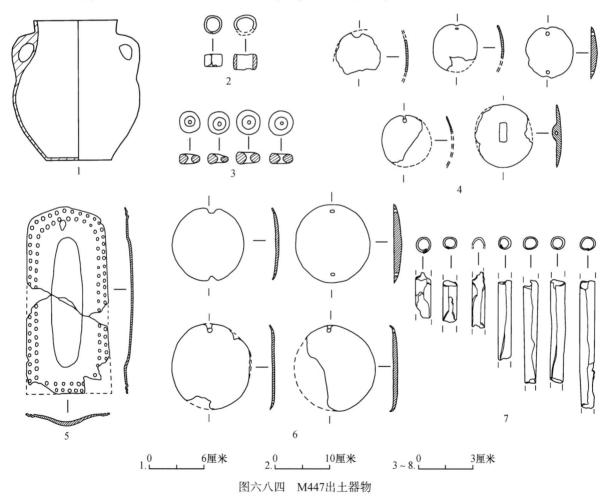

图六八四 M447出土器物

1. 双耳陶罐（M447：1）　2. 铜珠（M447：6）　3. 玉髓串珠（M447：5）　4. 铜牌饰、铜泡（M447：4）　5. 铜牌饰（M447：3）
6. 铜牌饰、铜泡（M447：4）　7. 铜管（M447：2）

3. 石器

M447：5，玉髓串珠。4件。红色半透明，算珠状，中部对钻穿孔。厚0.4～0.7厘米，直径1.2～1.5厘米，孔径0.2厘米，重1.64克（图六八四，3；图版四九五，1）。

M448

（一）形制结构

长方形竖穴土坑墓。位于T1211中，打破M471。墓向34°。墓坑长1.4米，宽1.2米，墓坑深0.36米。墓圹底部为长方形土坯椁室，椁室四壁均自下而上平砌多层土坯，土坯间界限不明。椁室底部放置人骨1具，左侧身屈肢，头向东北，面向东南，性别女（图六八五；图版四九五，3）。

（二）出土遗物

共8件。陶器2件，均为双耳陶罐，1件（M448：4）出土于人骨膝部，1件（M448：7）

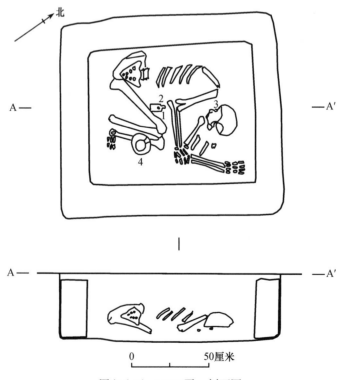

图六八五　M448平、剖面图

1. 铜牌饰（M448：1）　2. 铜管（M448：2）　3. 铅耳环（M448：3）　4. 双耳陶罐（M448：4）

出土于填土中。铜器3件，其中铜牌饰1件（M448：1），出土于人骨腰部；铜管1件（M448：2），出土于人骨腰部；铜耳环1件（M448：6），出土于头骨左耳。铅器1件，为铅耳环（M448：3），出土于头骨耳部。石器1件，为玉髓串珠（M448：5），出土于人骨颈部。羊腿骨1件，出土位置不明。

1. 陶器

　　M448：4，双耳陶罐。1件。夹细砂红陶，手制，残。微侈口，方唇，短颈，颈肩双耳，鼓腹，平底，器表有烟熏痕迹。通高13.8厘米，口径10.8厘米，腹径14厘米，底径8.1厘米，重750克（图六八六，1；图版四九六，3）。

　　M448：7，双耳陶罐。1件。夹细砂红陶，手制，残。直口，方唇，直颈，颈肩双耳，鼓腹，平底。通高11.2厘米，口径7.3厘米，腹径9.4厘米，底径4.5厘米，重295克（图六八六，2；图版四九六，6）。

2. 铜器

　　M448：1，铜牌饰。1件。长方形，中部起脊，近边缘处有一个圆形小孔，边缘处有一周压点纹，中部凸棱两侧各有一道折线状压点纹。长10厘米，宽5.4厘米，孔径0.3厘米，重41.81克（图六八六，3；图版四九五，2）。

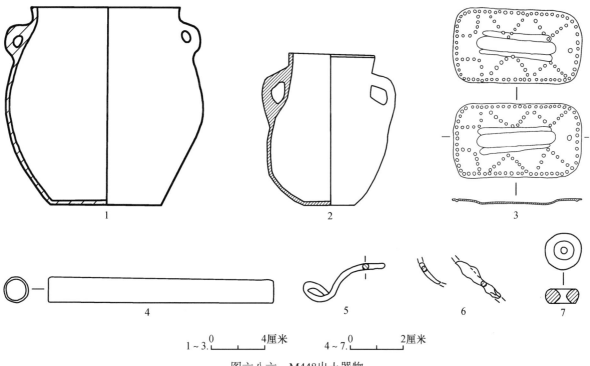

图六八六　M448出土器物

1. 双耳陶罐（M448：4）　2. 双耳陶罐（M448：7）　3. 铜牌饰（M448：1）　4. 铜管（M448：2）　5. 铅耳环（M448：3）
6. 铜耳环（M448：6）　7. 玉髓串珠（M448：5）

M448：2，铜管。1件。管状，铸造而成。长8.4厘米，直径0.8厘米，重16.42克（图六八六，4；图版四九六，1）。

M448：6，铜耳环。1件。用细铜丝绕成，接口残。环径1.9厘米，铜丝直径0.2厘米（图六八六，6；图版四九六，5）。

3. 铅器

M448：3，铅耳环。1件。用细铅丝绕成，不规则形。长3.2厘米，铅丝直径0.2厘米，重1.35克（图六八六，5；图版四九六，2）。

4. 石器

M448：5，玉髓串珠。1件。红色半透明，算珠状，中部对钻穿孔。厚0.4厘米，直径1.4厘米，孔径0.2厘米，重1.4克（图六八六，7；图版四九六，4）。

M449

长方形竖穴土坑墓。位于T1211南部。墓向330°。墓口距地表0.1米，墓坑长0.9米，宽0.62米，墓坑深0.26米。墓圹内填充夹杂砾石的沙土。墓圹底部放置人骨1具，保存较差，骨骼分布散乱，大多已腐朽（图六八七）。

无出土遗物。

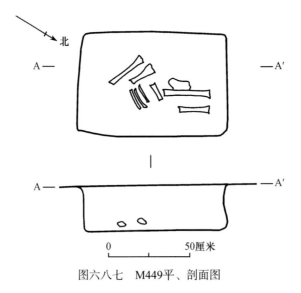

图六八七　M449平、剖面图

M450

（一）形制结构

长方形竖穴土坑墓。墓向85°。墓口距地表0.4米，墓坑长1.24米，宽0.8米，墓坑深0.2米。墓圹内填充夹杂砾石的沙土。墓圹底部放置人骨1具，左侧身屈肢，头向东，面向南，性别女（图六八八）。

（二）出土遗物

共2件。铜器2件，其中铜别针1件（M450∶1），出土于头部；铜耳环1件（M450∶2），出土于头骨耳部。

M450∶1，铜别针。1件。门鼻形，用细铜丝绕成，两端尖锐。长3厘米，铜丝直径0.3厘米，重1.02克（图六八八，1；图版四九七，1）。

M450∶2，铜耳环。1件。用细铜丝绕成。长4.3厘米，宽2.3厘米，铜丝直径0.2厘米，重2.67克（图六八八，2；图版四九七，2）。

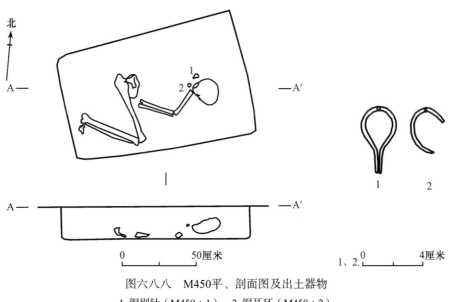

图六八八　M450平、剖面图及出土器物
1.铜别针（M450∶1）　2.铜耳环（M450∶2）

M451

（一）形制结构

近长方形竖穴土坑墓。位于T1214东北角，打破M542、M553。墓向46°。墓口距地表0.1米，长1.65米，宽0.96米，墓坑深0.16米。墓圹内填充灰黄色沙质土。墓圹底部为长方形土坯椁室，椁室被破坏，仅存东壁为平砌1块土坯，西壁为平砌2块土坯。椁室内周长1.1米，宽0.84米；土坯长0.46~0.58米，宽0.32米，厚0.14米。椁室底部放置人骨1具，左侧身屈肢，头向东北，面向东南（图六八九）。

（二）出土遗物

共1件。陶器1件，为双耳陶罐（M451：1），出土于人骨足部。

M451：1，双耳陶罐。1件。夹细砂红陶，手制。侈口，圆唇，短束颈，沿肩双耳，扁鼓腹，平底。通高13.6厘米，口径12.3厘米，腹径16.6厘米，底径7.5厘米（图六八九，1；图版四九七，3）。

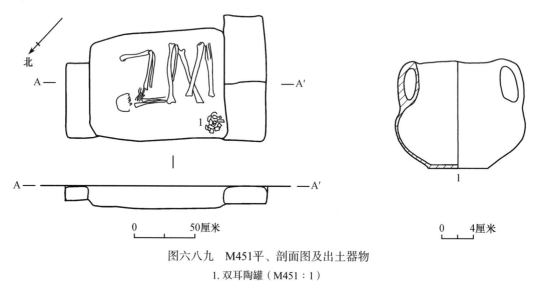

图六八九　M451平、剖面图及出土器物
1. 双耳陶罐（M451：1）

M452

（一）形制结构

长方形竖穴土坑墓。墓向30°。墓口长1.3米，宽0.74～0.86米，墓坑残深0.4米。无人骨（图六九〇）。

（二）出土遗物

共4件。陶器2件，其中筒形陶罐1件（M452：1），出土于墓坑东南；单耳陶钵1件（M452：2），出土于墓坑东南。石器2件，均为滑石串珠（M452：3），出土于墓坑东壁偏南。

1. 陶器

M452：1，筒形陶罐。1件。夹细砂红陶，手制。整体呈筒状，大口微侈，圆唇，直腹，平底。通高12.2厘米，口径11.5厘米，腹径11.9厘米，底径8.8厘米（图六九一，1；图版四九七，4）。

M452：2，单耳陶钵。1件。夹细砂红陶，手制。大敞口，圆唇，沿肩单翘耳，弧腹，平底。通高7.7厘米，口径11.3厘米，底径5厘米（图六九一，2；图版四九七，5）。

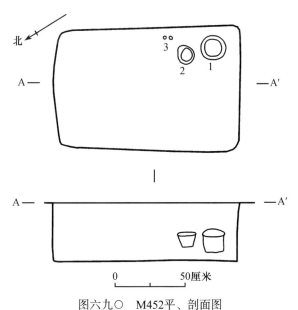

图六九〇 M452平、剖面图

1. 筒形陶罐（M452：1） 2. 单耳陶钵（M452：2） 3. 滑石串珠（M452：3）

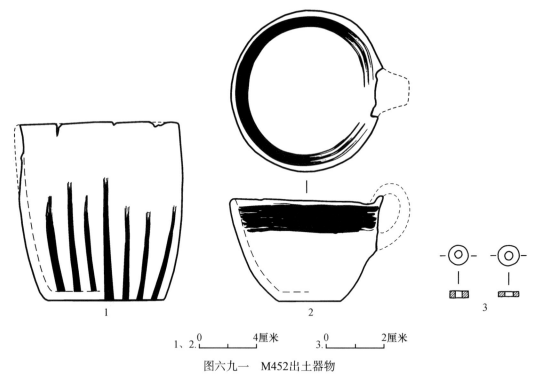

图六九一　M452出土器物

1.筒形陶罐（M452：1）　2.单耳陶钵（M452：2）　3.滑石串珠（M452：3）

2. 石器

　　M452：3，滑石串珠。2件。圆片状，中部穿孔。直径0.7厘米，孔径0.2厘米，高0.2厘米，重0.17克（图六九一，3；图版四九七，6）。

M453

（一）形制结构

　　长方形竖穴土坑墓。位于T1212西南角，被M437打破。墓向10°。墓口距地表深0.6米，长1.07米，宽0.82米，墓坑深0.23米。墓圹内填充夹杂砾石的黄沙土，包含有碎陶片。墓圹底部放置人骨1具，左侧身屈肢，头向东北，面向不明，上半身骨骼分布散乱（图六九二）。

（二）出土遗物

　　共1件。陶器1件，为双耳陶罐（M453：1），出土于墓坑东部。

　　M453：1，双耳陶罐。1件。夹细砂红陶，手制。微侈口，方唇，短直颈，颈肩双耳，球腹，平底。通高12.2厘米，口径9.7厘米，腹径13.4厘米，底径5.8厘米（图六九二，1；图版四九八，1）。

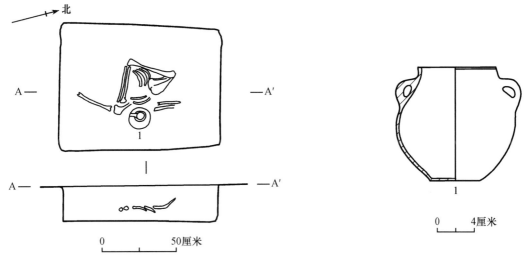

图六九二 M453平、剖面图及出土器物
1.双耳陶罐（M453∶1）

M454

长方形竖穴土坑墓。墓向34°。墓口长1.06米，宽1.02米，墓坑深0.26米。墓扩底部放置人骨1具，保存较差，仅存零星骨骼（图六九三）。

无出土遗物。

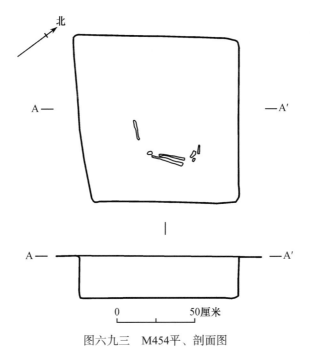

图六九三 M454平、剖面图

M455

（一）形制结构

长方形竖穴土坑墓。位于T1214西南角，椁室东南角被M445打破。墓向215°。墓口距地表0.2米，长1.22米，宽1.06米，墓坑深0.4米。墓圹底部为长方形土坯椁室，椁室西、北两壁均自下而上错缝平砌2层土坯，每边每层铺设2~3块；东、南两壁情况不明。椁室内周残长0.66米，宽0.68米；土坯长0.36~0.4米，宽0.2~0.26米，厚0.12~0.14米。椁室底部放置人骨1具，右侧身屈肢，头向西南，面向东南，性别男（图六九四；图版四九八，3）。

（二）出土遗物

共3件。陶器2件，其中双耳陶罐1件（M455：1），出土于膝部；陶片1件（M455：3），出土位置不明。铜器1件，为铜牌饰（M455：2），出土于股骨处。

1. 陶器

M455：1，双耳陶罐。1件。夹细砂红陶，手制。侈口，圆唇，短束颈，沿肩双耳，鼓腹，平底。通高11.9厘米，口径9.4厘米，腹径12.8厘米，底径7.7厘米（图六九四，1；图版

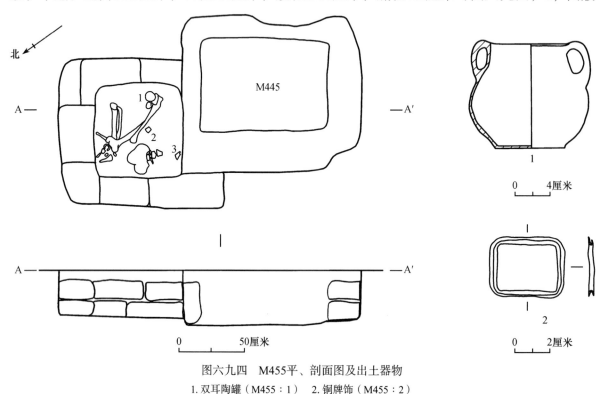

图六九四　M455平、剖面图及出土器物
1. 双耳陶罐（M455：1）　2. 铜牌饰（M455：2）

四九八，2）。

M455：3，陶片。1件。灰陶腹部残片。残长6厘米，中部宽5厘米，厚0.6厘米。

2. 铜器

M455：2，铜牌饰。1件。方形，环状，通体无接缝，极锐薄，有槽。长4.5厘米，宽3.4厘米，重1.52克（图六九四，2）。

M456

（一）形制结构

长方形竖穴土坑墓。位于T1214西壁中部。墓向50°。墓口距地表0.2米，长1.4米，宽1.1米，墓坑深0.32米。墓圹内填充黄色沙质土。墓圹底部为长方形土坯椁室，椁室四壁均平砌1层土坯，每边铺设3~4块。椁室内周长0.9米，宽0.64米；土坯长0.24~0.3米，宽0.2~0.3米，厚0.08~0.1米。椁室底部放置人骨1具，左侧身屈肢，头向东北，上半身骨骼分布散乱（图六九五；图版四九九，1）。

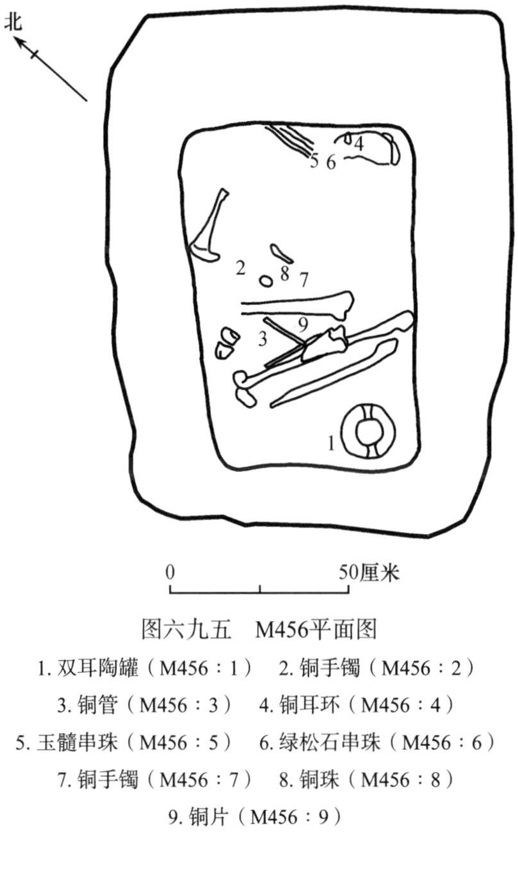

（二）出土遗物

共30件。陶器1件，为双耳陶罐（M456：1），出土于胫骨处。铜器27件，其中铜手镯1件（M456：2），出土于右腕；铜管1件（M456：3），出土于腹部；铜耳环2件（M456：4），出土于耳部；铜手镯1件（M456：7），出土于左腕；铜珠21件（M456：8），出土于左腕；铜片1件（M456：9），出土于腹部。石器2件，其中玉髓串珠1件（M456：5），出土于颈部；绿松石串珠1件（M456：6），出土于颈部。

图六九五　M456平面图
1. 双耳陶罐（M456：1）　2. 铜手镯（M456：2）
3. 铜管（M456：3）　4. 铜耳环（M456：4）
5. 玉髓串珠（M456：5）　6. 绿松石串珠（M456：6）
7. 铜手镯（M456：7）　8. 铜珠（M456：8）
9. 铜片（M456：9）

1. 陶器

M456：1，双耳陶罐。1件。夹细砂红陶，手制，口部及腹部残。鼓腹，小平底。耳部和腹部涂黑彩。残高10厘米，腹径14.5厘米，底径6.3厘米（图六九六，1；图版四九九，2）。

2. 铜器

M456：2，铜手镯。1件。环状，由宽0.4厘米的铜条卷曲而成，直径4.6厘米，重6.43克（图六九六，3；图版四九九，3）。

M456：3，铜管。1件。圆柱状，中空，由厚0.1厘米的铜片卷成，有接缝。残长16.6厘米，直径0.8厘米，重17.98克（图六九六，8；图版五〇〇，1）。

M456：4，铜耳环。2件。一件完整，一件残。环形，由直径0.3厘米的铜丝卷成，接口处呈马蹄形。直径3.2厘米，重2.7克（图六九六，4；图版五〇〇，2）。

M456：7，铜手镯。1件。环状，由宽0.4厘米的铜条卷曲而成，接口处圆钝。直径5.4厘米，重9.53克（图六九六，2；图版五〇〇，4）。

M456：8，铜珠。21件。形制有2种，其一为双联铜珠，高0.5厘米，直径0.6厘米，孔径0.1

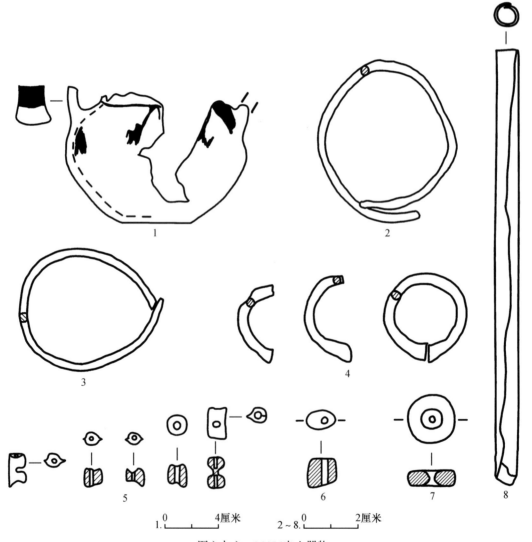

图六九六　M456出土器物

1. 双耳陶罐（M456：1）　2. 铜手镯（M456：7）　3. 铜手镯（M456：2）　4. 铜耳环（M456：4）　5. 铜珠（M456：8）
6. 绿松石串珠（M456：6）　7. 玉髓串珠（M456：5）　8. 铜管（M456：3）

厘米，重0.6克。其二为不规则圆柱状，侧翼带两棱，高0.8厘米，直径1厘米，孔径0.4厘米，重1.03克（图六九六，5；图版五〇一，1）。

M456：9，铜片。1件。残损严重，仅存3片，形制不明，重4.82克（图版五〇〇，6）。

3. 石器

M456：5，玉髓串珠。1件。红色，半透明。矮圆柱状，鼓腹。对钻穿孔。直径1.9厘米，厚0.8厘米，孔径1厘米，重3.7克（图六九六，7；图版五〇〇，3）。

M456：6，绿松石串珠。1件。扁圆柱状，鼓腹，中部穿孔。长1.1厘米，宽1.3厘米，直径1.1厘米，孔径0.4厘米，重1.84克（图六九六，6；图版五〇〇，4）。

M457

（一）形制结构

长方形竖穴土坑墓。打破M458南部。墓向125°。墓口长1.55米，宽1.48米，墓坑深0.82米。墓圹底部为长方形土坯椁室，东、西、南三壁均自下而上错缝平砌5层土坯，每边每层铺设2～3块；北壁情况不明。椁室内周长0.8米，宽0.64米；土坯长0.38～0.5米，宽0.3～0.34米，厚0.1米。椁室底部放置人骨1具，左侧身屈肢，头向东北（图六九七）。

（二）出土遗物

共15件。陶器1件，为双耳陶罐（M457：8），出土于椁室西北角。铜器12件，其中铜泡2件（M457：1），出土于头部；铜耳环1件（M457：2），出土于左耳；铜牌饰2件（M457：3），出土于颈部；铜刀1件、铜锥1件、双联铜泡1件（M457：5），出土于腰部；铜耳环1件（M457：6），出土于耳部；铜泡3件（M457：7），出土于头部。石器2件，均为滑石串珠（M457：4），出土于颈部。

1. 陶器

M457：8，双耳陶罐。1件。夹砂灰陶，手制。凹口外侈，圆唇，短束颈，沿肩双翘耳，鼓腹，平底。通高15.6厘米，口径10.5厘米，腹径17厘米，底径7.2厘米（图六九八，1；图版五〇三，3）。

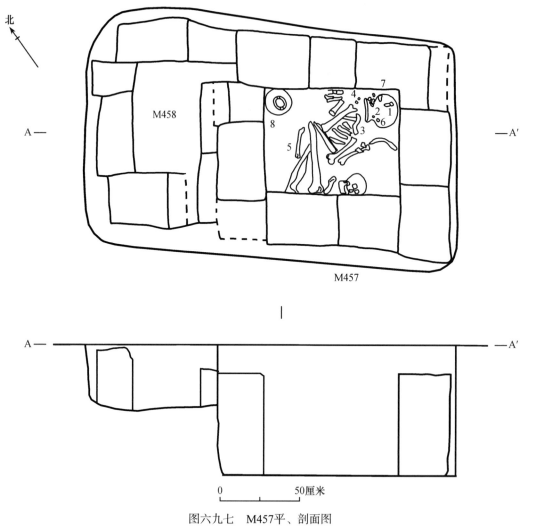

图六九七　M457平、剖面图

1. 铜泡（M457：1）　2. 铜耳环（M457：2）　3. 铜牌饰（M457：3）　4. 滑石串珠（M457：4）

5. 铜刀、铜锥、双联铜泡（M457：5）　6. 铜耳环（M457：6）　7. 铜泡（M457：7）　8. 双耳陶罐（M457：8）

2. 铜器

M457：1，铜泡。2件。圆泡形，背部有桥纽及明显的铸造槽。直径2.5、2.6厘米，重5.73、6.07克（图六九八，7；图版五〇一，2）。

M457：2，铜耳环。1件。环状，由宽0.2厘米的铜条卷曲而成，接口处呈马蹄形，直径3.2厘米，重4.32克（图六九八，3；图版五〇一，3）。

M457：3，铜牌饰。2件。1件完整，另1件破损无法复原器形。完整者圆形，素面，正面略弧，背部有桥纽。直径3.8厘米，重10.2克（图六九八，5；图版五〇二，1）。

M457：5，铜刀、铜锥、双联铜泡。3件。环首，直柄，弧背，直刃，翘尖。环首呈长方形，柄处两侧有棱，刃部截面三角形。长12.8厘米，宽1.8厘米，背厚0.4厘米，重23.57克（图六九八，6；图版五〇二，3）。

M457：6，铜耳环。1件。环状，由宽0.3厘米的铜条卷曲而成，接口处扁平，直径3.5厘米，重2.25克（图六九八，4；图版五〇三，1）。

M457：7，铜泡。3件。圆泡形，背部有桥纽及明显的铸造槽（图六九八，2；图版五〇三，2）。

3. 石器

M457：4，滑石串珠。2件。圆片状，中部穿孔。直径0.5厘米，孔径0.2厘米，厚0.15厘米，重0.08克（图六九八，8；图版五〇二，2）。

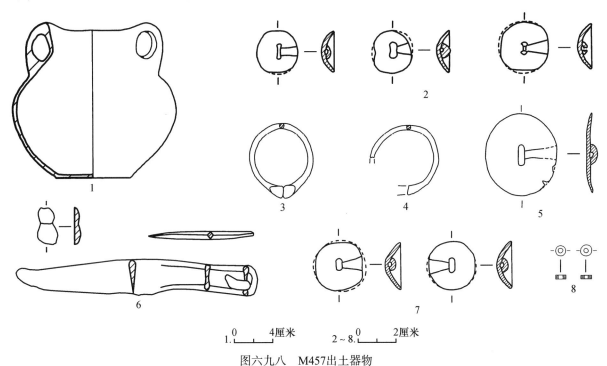

图六九八 M457出土器物

1. 双耳陶罐（M457：8） 2. 铜泡（M457：7） 3. 铜耳环（M457：2） 4. 铜耳环（M457：6） 5. 铜牌饰（M457：3）
6. 铜刀、铜锥、双联铜泡（M457：5） 7. 铜泡（M457：1） 8. 滑石串珠（M457：4）

M458

（一）形制结构

长方形竖穴土坑墓。被M457打破。墓向125°。墓口长1.48米，宽0.84米，墓坑深0.34米。墓圹底部为长方形土坯椁室，椁室北、西、南三壁均自下而上错缝平砌2层土坯，每边每层铺设2~3块，东壁被破坏，形制不明。椁室内周残长0.66米，宽0.43米；土坯长0.39~0.48米，宽0.18~0.34米，厚0.1米。无人骨（图六九九）。

（二）出土遗物

共1件。陶器1件，为双耳陶罐（M458：1），出土于椁室东部。

M458：1，双耳陶罐。1件。夹细砂红陶，手制。侈口，方唇，短束颈，颈肩双耳，扁鼓腹，鼓腹处两侧各有一乳突，圈足。通高9.4厘米，口径7.2厘米，腹径10.2厘米，圈足高1.1厘米，底径5.2厘米，重240克（图六九九，1；图版五〇三，4）。

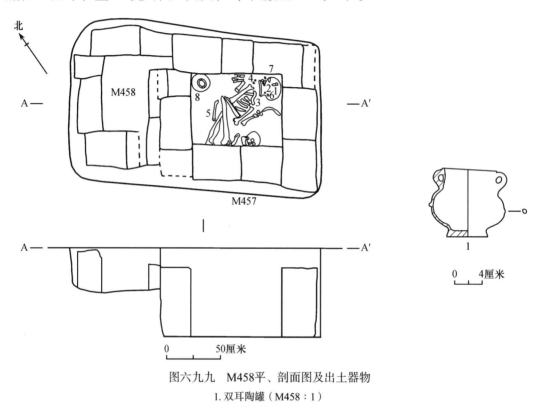

图六九九　M458平、剖面图及出土器物
1. 双耳陶罐（M458：1）

M459

（一）形制结构

长方形竖穴土坑墓。位于T1603西部偏北，南部打破M473西北角。墓向185°。墓口距地表0.24米，长1.18米，宽0.9米，墓坑深0.24米。墓圹内填充夹杂砾石的黄色沙质土。墓圹底部为长方形土坯椁室，椁室西壁自下而上错缝平砌2层土坯，北、东、南三壁平砌1层土坯，每边每层铺设2~3块。椁室内周长0.92米，宽0.47米；土坯长0.38米，宽0.2~0.22米，厚0.1米。椁室底部放置人骨1具，右侧身屈肢，头向南，面向东，性别女（图七〇〇；图版五〇四，1）。

（二）出土遗物

共1件。铜器1件，为铜泡（M459：1），出土于颈部。

M459：1，铜泡。1件。圆泡形，背部有桥纽和铸造槽。直径1.2厘米，重1.23克（图七○○，1；图版五○三，5）。

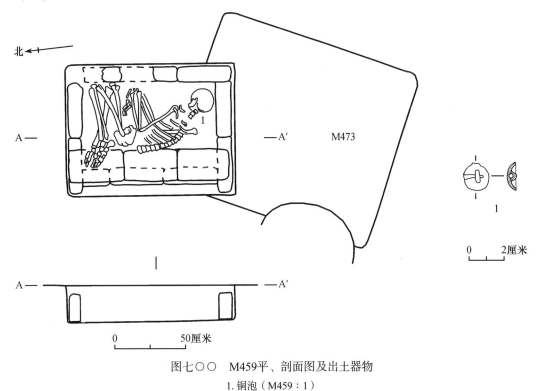

图七○○　M459平、剖面图及出土器物
1.铜泡（M459：1）

M460

（一）形制结构

长方形竖穴土坑墓。位于T1604。墓向196°。墓口长1.4米，宽1.06米，墓坑深0.7米。墓圹内填充夹杂砾石的黄色沙质土。墓圹底部四周设生土二层台，二层台内侧竖立1层土坯，二层台上平砌1层土坯，每边每层铺设2~3块。椁室内周长0.94米，宽0.7米；土坯长0.32~0.46米，宽0.18~0.28米，厚0.14米。椁室底部放置人骨1具，呈右侧身屈肢，性别男，上半身骨骼分布散乱（图七○一；图版五○四，2）。

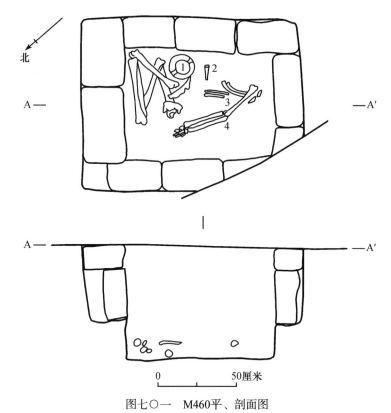

图七○一　M460平、剖面图

1. 双耳陶罐（M460：1）　2. 砺石（M460：2）　3. 铜泡（M460：3）　4. 铜管（M460：4）

（二）出土遗物

共4件。陶器1件，为双耳陶罐（M460：1），出土于椁室东壁。铜器2件，其中铜泡1件（M460：3），出土于肱骨；铜管1件（M460：4），出土于尺骨处。石器1件，为砺石（M460：2），出土于腰部。

1. 陶器

M460：1，双耳陶罐。1件。夹细砂红陶，手制。微侈口，圆唇，短束颈，沿肩双耳，鼓腹，平底。通高11.2厘米，口径9.5厘米，腹径13.5厘米，底径7.7厘米，重455克（图七○二，1；图版五○三，6）。

2. 铜器

M460：3，铜泡。1件。圆泡形，背部桥纽。残长1.6厘米，残宽1.3厘米，重0.43克（图七○二，3；图版五○五，2）。

M460：4，铜管。1件。管状，壁厚0.15厘米，但形制似管銎刻刀。残长1.1厘米，宽0.5厘米，重0.55克（图七○二，4；图版五○五，3）。

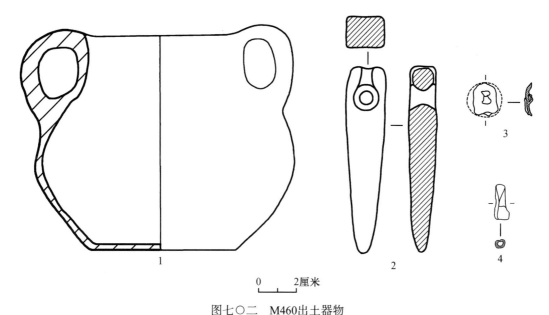

图七○二　M460出土器物

1. 双耳陶罐（M460：1）　2. 砺石（M460：2）　3. 铜泡（M460：3）　4. 铜管（M460：4）

3. 石器

M460：2，砺石。1件。花岗岩质，四棱锥，尖部圆钝，另一端穿孔，对钻，其上有拴绳长期磨制痕迹。长9.5厘米，宽2厘米，厚1.8厘米，孔径1.3厘米，重45.22克（图七○二，2；图版五○五，1）。

M461

（一）形制结构

长方形竖穴土坑墓。西部被现代坑打破。墓向305°。墓口残长0.6米，宽0.65米，墓坑深0.32米。无人骨（图七○三）。

（二）出土遗物

共5件。陶器5件，其中陶钵1件（M461：1），出土于墓坑中部；双耳陶罐3件（M461：2、M461：3、M461：5）和单耳陶杯1件（M461：4），均出土于墓坑南部。

M461：1，陶钵。1件。夹细砂红陶，手制，内部有明显的修整痕迹。大敞口，圆唇，斜腹壁，圈足。腹部绘宽带纹。通高4.3厘米，口径10.2厘米，底径5厘米，重150克（图七○四，1；图版五○五，4）。

M461：2，双耳陶罐。1件。夹细砂红陶，手制。微侈口，方唇，短束颈，颈肩双耳，鼓腹，平

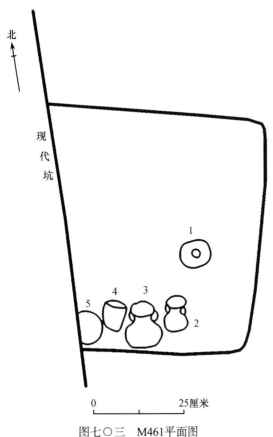

北

现代坑

0　　　　　　25厘米

图七〇三　M461平面图

1. 陶钵（M461：1）　2. 双耳陶罐（M461：2）

3. 双耳陶罐（M461：3）　4. 单耳陶杯（M461：4）

5. 双耳陶罐（M461：5）

底。通体烟炱。通高8.9厘米，口径7厘米，腹径9厘米，底径5厘米（图七〇四，2；图版五〇五，5）。

M461：3，双耳陶罐。1件。夹细砂红陶，手制。侈口，短束颈，颈肩双耳，鼓腹，平底。口沿处有一周戳印纹。通体烟炱。通高13.5厘米，口径10厘米，腹径13厘米，底径7.7厘米，重540克（图七〇四，3；图版五〇五，6）。

M461：4，单耳陶杯。1件。夹细砂红陶，手制。直口，圆唇，口腹单大耳，微折腹，平底。口沿内绘一周短竖线纹，腹部绘连续的相间的实心三角纹和内填斜线三角纹，耳部绘4道竖线纹。通高7厘米，口径7.4厘米，腹径8厘米，底径5.4厘米（图七〇四，5；图版五〇六，1）。

M461：5，双耳陶罐。1件。夹细砂红陶，手制，一侧残损。应为短颈，颈肩双耳，肩部有一周小凹窝，垂鼓腹，鼓腹处两侧各有一乳突，平底。口沿内绘一周短竖线纹，颈部应绘有弦纹和网格菱形纹，腹部以"×"形粗线条分区，各单元内填充网格三角纹或网格菱形纹，耳下腹部两侧绘多重竖线纹。残高12厘米，底径6.5厘米，重180克（图七〇四，4；图版五〇六，2）。

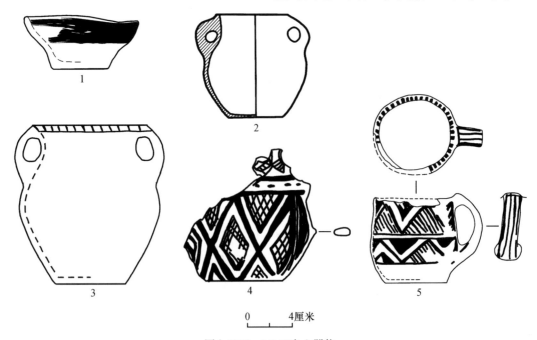

0　　　　4厘米

图七〇四　M461出土器物

1. 陶钵（M461：1）　2. 双耳陶罐（M461：2）　3. 双耳陶罐（M461：3）　4. 双耳陶罐（M461：5）　5. 单耳陶杯（M461：4）

M462

（一）形制结构

长方形竖穴土坑墓。墓向34°。墓口长1.56米，宽1.2米，墓坑深0.52米。墓圹底部为长方形土坯椁室，椁室四壁均竖立1层土坯。椁室底部放置人骨1具，保存较差，仅存零星骨骼（图七○五）。

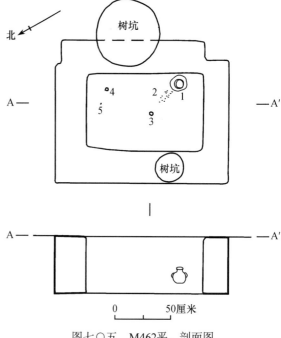

图七○五 M462平、剖面图
1. 双耳陶罐（M462：1） 2. 绿松石串珠（M462：2）
3. 铜泡（M462：3） 4. 铜耳环（M462：4）
5. 串珠（M462：5）

（二）出土遗物

共16件。陶器1件，为双耳陶罐（M462：1），出土于墓坑南部。铜器2件，其中铜泡1件（M462：3），出土于墓坑中部；铜耳环1件（M462：4），出土于墓坑北部。石器13件，其中绿松石串珠1件（M462：2），出土于墓坑中部；串珠12件（M462：5），出土于墓坑北部。

1. 陶器

M462：1，双耳陶罐。1件。夹细砂红陶，手制。侈口，圆唇，短束颈，沿肩双耳，鼓腹，平底。通高15.2厘米，口径10.9厘米，腹径15.6厘米，底径8厘米，重855克（图七○六，1；图版五○六，3）。

2. 铜器

M462：3，铜泡。1件。圆泡状，背部有桥纽。直径2厘米，重4.59克（图七○六，3；图版五○六，5）。

M462：4，铜耳环。1件。近三角形环状，由直径0.5厘米铜丝绕成，直径2～2.5厘米，重3.45克（图七○六，2；图版五○六，6）。

3. 石器

M462：2，绿松石串珠。1件。近白色，扁圆柱形，中部穿孔。长1.2厘米，宽1厘米，直径0.7厘米，孔径0.25厘米，重1.25克（图七○六，5；图版五○六，4）。

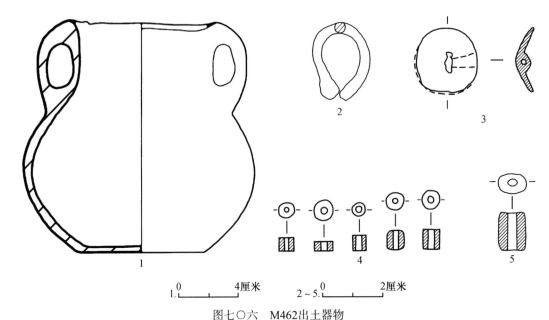

图七〇六　M462出土器物

1. 双耳陶罐（M462：1）　2. 铜耳环（M462：4）　3. 铜泡（M462：3）　4. 滑石串珠（M462：5-2）

5. 绿松石串珠（M462：2）

M462：5，串珠。12件。M462：5-1，绿松石串珠，1件，圆柱状，中部穿孔，直径0.4厘米，高0.4厘米，孔径0.2厘米。M462：5-2，滑石串珠，11件，圆柱状，中部穿孔，高0.4～0.6厘米，直径0.4～0.5厘米，孔径0.2厘米，总重2.33克（图七〇六，4；图版五〇七，1）。

M463

（一）形制结构

长方形竖穴土坑墓。墓向45°。墓口长1.4米，宽0.96米，墓坑残深0.18米。墓圹底部为长方形土坯椁室，椁室四壁均平砌多层土坯，土坯间界限不明。椁室内周长0.86米，宽0.58米。椁室底部放置人骨1具，保存较差，仅存零星骨骼（图七〇七）。

（二）出土遗物

共1件。陶器1件，为单耳陶罐（M463：1），出土于椁室东南角。

M463：1，单耳陶罐。1件。夹细砂红陶，手制。微侈口，方唇，直颈，颈肩单大耳，鼓腹，平底。通高10.6厘米，口径7.6厘米，腹径9.8厘米，底径4.8厘米，重895克（图七〇七，1；图版五〇七，2）。

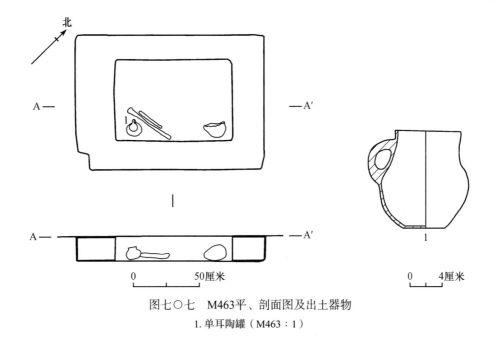

图七〇七 M463平、剖面图及出土器物
1.单耳陶罐（M463：1）

M464

　　长方形竖穴土坑墓。墓向47°。墓口长0.76米，宽0.54米，墓坑深0.2米。墓圹底部放置人骨1具，保存较差，仅存零星人骨（图七〇八）。

　　无出土遗物。

M465

　　长方形竖穴土坑墓。墓向25°。墓口长0.84米，宽0.56米，墓坑深0.64米。墓圹底部放置人骨1具，左侧身屈肢，头向东北，面向东南（图七〇九）。

　　无出土遗物。

M466

（一）形制结构

　　长方形竖穴土坑墓。位于T1605，打破M472东北。墓向60°。墓口长1.16米，宽1.1米，墓坑深0.3米。墓圹内填充夹杂细砾的黄色沙质土。墓圹底部为长方形土坯椁室，椁室四壁

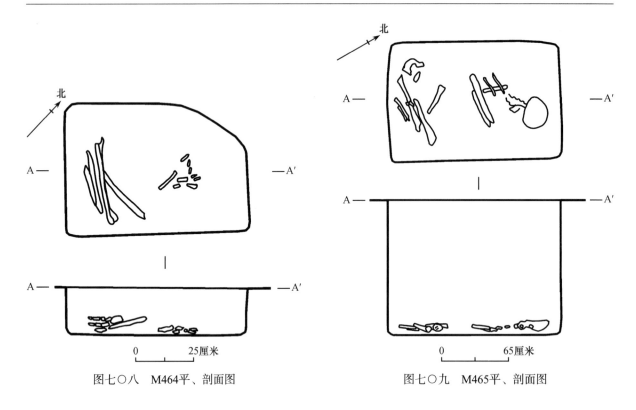

图七〇八　M464平、剖面图　　　　　　　图七〇九　M465平、剖面图

均自下而上不错缝平砌2层土坯，每边每层铺设2~3块。椁室内周长0.6米，宽0.6米；土坯长0.23~0.44米，宽0.2~0.3米，厚0.1~0.16米。椁室底部放置人骨1具，保存状况较差，仅存零星骨骼（图七一〇；图版五〇七，3）。

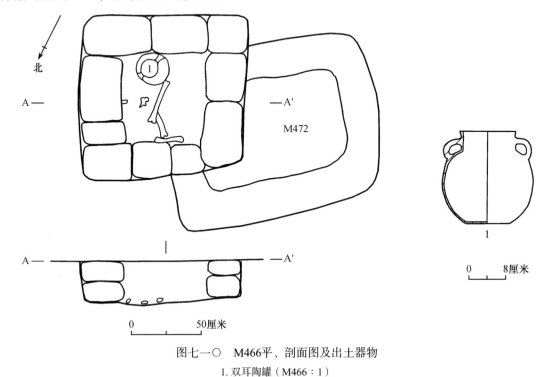

图七一〇　M466平、剖面图及出土器物
1. 双耳陶罐（M466：1）

（二）出土遗物

共1件。陶器1件，为双耳陶罐（M466：1），出土于椁室东南角。

M466：1，双耳陶罐。1件。夹细砂红陶，手制，腹下部有明显的修整痕迹。微侈口，圆唇，短直颈，球腹，平底。通高19.1厘米，口径11.7厘米，腹径18.7厘米，底径7.9厘米，重1175克（图七一〇，1；图版五〇八，1）。

M467

（一）形制结构

长方形竖穴土坑墓。位于T1214东南角，东北角被M468打破，打破M480、M481。墓向38°。墓口距地表0.2米，长1.53米，宽1.2米，墓坑深0.14米。墓圹内填充灰黄色沙质土，出土一块彩陶碎片。墓圹底部为长方形土坯椁室，椁室四壁均平砌1层土坯，每边每层铺设2～3块。椁室内周长0.96米，宽0.68米；土坯长0.32～0.58米，宽0.12～0.28米，厚0.12米。椁室底部放置人骨1具，保存状况极差，仅存零星骨骼（图七一一；图版五〇八，3）。

（二）出土遗物

共2件。陶器1件，为陶片（M467：2），出土于填土中。贝器1件，为海贝（M467：1），出土于椁室中部偏北。

1. 陶器

M467：2，陶片。1件。口部残片，微侈口，圆唇，近口沿处有一道黑色彩绘。残长9.2厘米，宽5厘米，壁厚0.7厘米，重40克。

2. 贝器

M467：1，海贝。1件。无人工加工痕迹。长2.2厘米，宽1.6厘米，厚0.8厘米，重2.31克（图七一一，1；图版五〇八，2）。

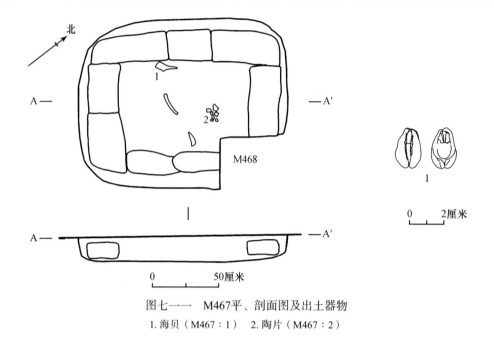

图七一一　M467平、剖面图及出土器物
1.海贝（M467：1）　2.陶片（M467：2）

M468

（一）形制结构

长方形竖穴土坑墓。位于T1214东壁，打破M467东北角、M553。墓向55°。墓口距地表0.1米，长1.58米，宽1.14米，墓坑深0.19米。墓圹内填充灰黄色沙质土。墓圹底部为长方形土坯椁室，椁室四壁均平砌1层土坯，每边每层铺设2～3块。椁室内周的长0.88米，宽0.62米；土坯长0.22～0.78米，宽0.2～0.32米，厚0.1米。椁室底部放置人骨1具，保存状况较差，仅存零星骨骼（图七一二；图版五〇九，1、2）。

（二）出土遗物

共11件。陶器1件，为双耳陶罐（M468：1），出土于椁室东南角。铜器6件，其中铜牌饰1件（M468：3），出土于椁室南侧；铜管1件（M468：4），出土于椁室南侧；铜管1件（M468：5），出土于椁室西南角；铜珠1件（M468：6），出土于椁室中部；铜管1件（M468：7），出土于椁室西部；铜珠1件（M468：8），出土于椁室东北部。石器4件，为滑石串珠（M468：2），出土于股骨处。

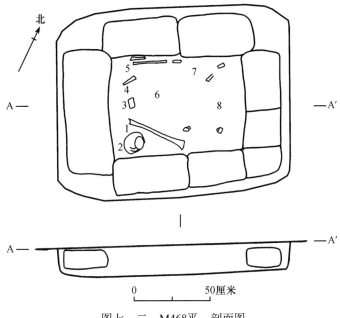

图七一二 M468平、剖面图

1. 双耳陶罐（M468：1）　2. 滑石串珠（M468：2）　3. 铜牌饰（M468：3）　4. 铜管（M468：4）　5. 铜管（M468：5）
6. 铜珠（M468：6）　7. 铜管（M468：7）　8. 铜珠（M468：8）

1. 陶器

M468：1，双耳陶罐。1件。夹细砂红陶，手制。微侈口，圆唇，直颈，颈肩双耳，扁鼓腹，小平底。颈部绘一周连续折线纹，肩部绘一周弦纹，其下为连续的网格三角纹。通高11.9厘米，口径10厘米，腹径13.8厘米，底径5.6厘米，重500克（图七一三，1；图版五一○，1）。

2. 铜器

M468：3，铜牌饰。1件。长方形，中部起棱，一侧有孔。长6.6厘米，宽4.2厘米，棱宽1厘米，重16.76克（图七一三，2；图版五一○，3）。

M468：4，铜管。1件。圆柱状，由厚0.1厘米的铜片卷成，有接缝。残长1.1厘米，直径0.4厘米，孔径0.2厘米，壁厚0.1厘米，重0.44克（图七一三，6；图版五一○，4）。

M468：5，铜管。1件。圆柱状，由厚0.1厘米的铜片卷成，有接缝。残长6.6厘米，直径0.8厘米，壁厚0.1厘米，重9.19克（图七一三，3；图版五一○，5）。

M468：6，铜珠。1件。不规则圆柱形，铸造，两侧有棱。长1.1厘米，宽0.6～0.9厘米，孔径0.3厘米，重1.54克（图七一三，5；图版五一○，6）。

M468：7，铜管。1件。圆柱状，由厚0.1厘米的铜片卷成，有接缝。残长1.7厘米，直径0.4厘米，壁厚0.1厘米，重0.61克（图七一三，7；图版五一一，1）。

M468：8，铜珠。1件。不规则圆柱形，铸造，两侧有棱。直径0.8厘米，孔径0.3厘米，厚0.4厘米，重1.04克（图七一三，4；图版五一一，2）。

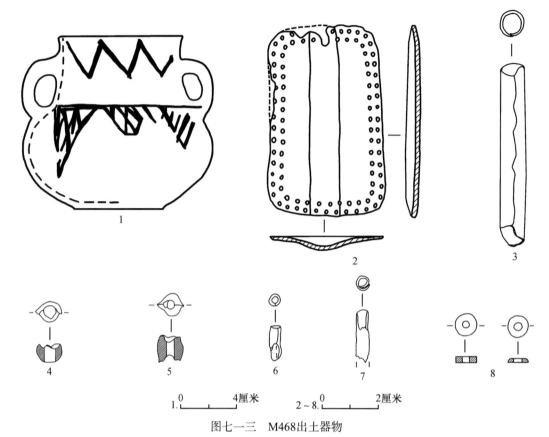

图七一三　M468出土器物

1. 双耳陶罐（M468∶1）　2. 铜牌饰（M468∶3）　3. 铜管（M468∶5）　4. 铜珠（M468∶8）　5. 铜珠（M468∶6）
6. 铜管（M468∶4）　7. 铜管（M468∶7）　8. 滑石串珠（M468∶2）

3. 石器

M468∶2，滑石串珠。4件。白色，圆环状，中部穿孔。直径0.7厘米，高0.1～0.2厘米，孔径0.4厘米，重0.18克（图七一三，8；图版五一〇，2）。

M469

（一）形制结构

长方形竖穴土坑墓。位于T1114南部。墓向254°。墓口长1.36米，宽0.85米，墓坑深0.12米。墓圹内填充夹杂细砾的沙质土。墓圹底部放置人骨1具，右侧身屈肢，头向西南，面向东，性别男（图七一四）。

（二）出土遗物

共4件。陶器1件，为陶罐（M469：4），出土于膝部。铜器3件，均为铜泡，1件（M469：1）出土于顶骨；1件（M469：2）出土于右腕；1件（M469：3）出土于肋骨。

1. 陶器

M469：4，陶罐。1件。无绘图、无照片、无文字记录。

2. 铜器

M469：1，铜泡。1件。圆形，背部有桥纽，边缘锐薄。直径3厘米，6.47克（图七一四，1；图版五一一，3）。

M469：2，铜泡。1件。圆形，背部有桥纽，边缘锐薄。直径2.6厘米，4.5克（图七一四，2；图版五一一，4）。

M469：3，铜泡。1件。圆形，背部有桥纽，边缘锐薄。直径2.6厘米，4.29克（图七一四，3；图版五一一，5）。

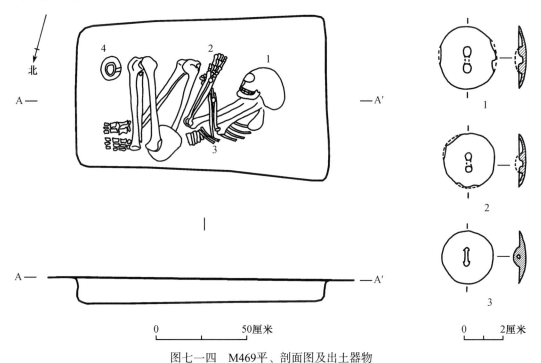

图七一四　M469平、剖面图及出土器物

1. 铜泡（M469：1）　2. 铜泡（M469：2）　3. 铜泡（M469：3）　4. 陶罐（M469：4）

M470

（一）形制结构

长方形竖穴土坑墓。位于T1112西部。墓向5°。墓口距地表0.1米，长1.4米，宽1米，墓坑深0.24米。墓圹内填充夹杂细砾的黄沙土。墓圹底部为长方形土坯椁室，椁室四壁均平砌1层土坯，块数不明。椁室内周长0.94米，宽0.58米；土坯厚0.1米。椁室底部放置人骨1具，保存状况较差，仅存零星人骨（图七一五）。

（二）出土遗物

共4件。陶器1件，为单耳陶罐（M470∶3），出土于椁室东部。铅器2件，为铅别针（M470∶1），出土于椁室北部。石器1件，为绿松石串珠（M470∶2），出土于椁室东部。

1. 陶器

M470∶3，单耳陶罐。1件。无绘图、无照片、无文字记录。

2. 铅器

M470∶1，铅别针。2件。门鼻形，由直径0.4厘米的铅丝绕成。长4.8厘米，孔径3.4厘米，丝径0.4厘米，11.05克（图七一五，2；图版五一一，6）。

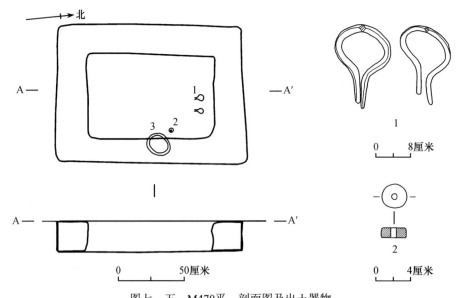

图七一五　M470平、剖面图及出土器物

1. 铅别针（M470∶1）　　2. 绿松石串珠（M470∶2）　　3. 单耳陶罐（M470∶3）

3. 石器

M470：2，绿松石串珠。1件。圆柱状，对钻穿孔。直径1.4厘米，厚0.5厘米，孔径0.4厘米，重1.04克（图七一五，1；图版五一二，1）。

M471

（一）形制结构

长方形竖穴土坑墓。位于T1211北部，被M448打破。墓向195°。墓口距地表0.5米，长1.02米，宽0.8米，墓坑深0.7米。墓圹内填充夹杂细砾的黄沙土。墓圹底部放置人骨1具，右侧身屈肢，头向西南，面向东，性别男（图七一六）。

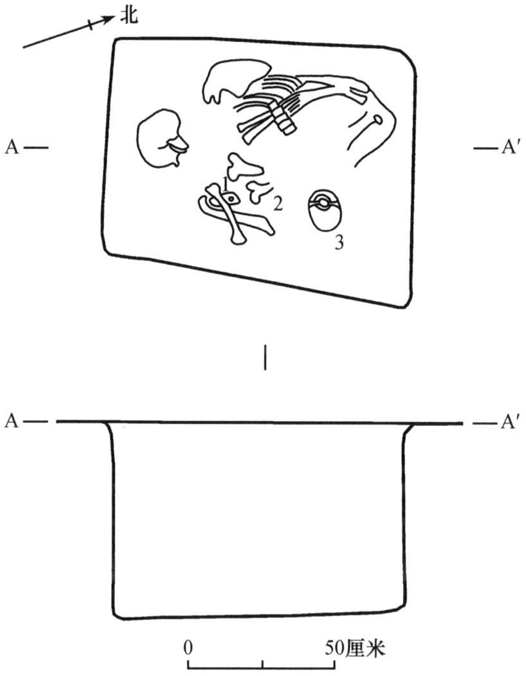

（二）出土遗物

共5件。陶器1件，为双耳陶罐（M471：3），出土于墓坑东北角。铜器2件，均为铜刀（M471：1、M471：4），出土于墓坑中部肢骨旁。石器1件，为砺石（M471：2），出土于墓坑中部肢骨旁。羊腿骨1件，出土于墓坑中部。

图七一六　M471平、剖面图
1. 铜刀（M471：1）　2. 砺石（M471：2）
3. 双耳陶罐（M471：3）

1. 陶器

M471：3，双耳陶罐。1件。夹细砂红陶，手制。微侈口，尖圆唇，直颈，颈肩双耳，弧腹，平底。通高12.1厘米，口径8.2厘米，腹径10.6厘米，底径5厘米，重350克（图七一七，1；图版五一二，4）。

2. 铜器

M471：1，铜刀。1件。弧背，直刃，翘尖。残长19.6厘米，最宽处3.5厘米，背厚0.4厘米（图七一七，4；图版五一二，2）。

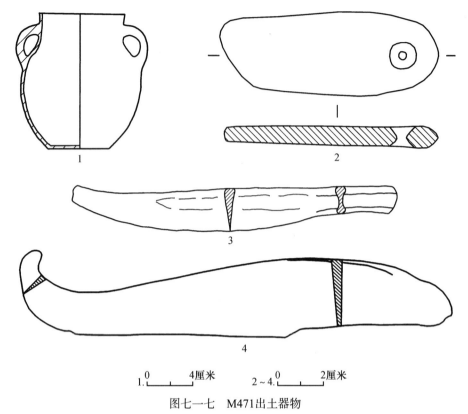

图七一七　M471出土器物

1. 双耳陶罐（M471：3）　2. 砺石（M471：2）　3. 铜刀（M471：4）　4. 铜刀（M471：1）

M471：4，铜刀。1件。直柄，直背，弧刃，翘尖，柄两侧起棱。残长13.5厘米，最宽处1.7厘米，背厚0.5厘米，重40.15克（图七一七，3；图版五一二，5）。

3. 石器

M471：2，砺石。1件。近长方形，一侧圆，另一侧磨制呈三角状，圆端对钻穿孔。长9.9厘米，宽3.7厘米，厚0.4厘米，孔径0.6厘米，重56.56克（图七一七，2；图版五一二，3）。

M472

（一）形制结构

长方形竖穴土坑墓。位于T1605内，被M466打破。墓向232°。墓口长1.48米，宽1.2米，墓坑深0.52米。墓圹内填充黄色沙质土。墓圹底部为长方形土坯椁室，椁室四壁均自下而上错缝平砌2层土坯，北、西两壁块数不明，南壁每层3块，东壁每层2块。椁室内周长1米，宽0.64米；土坯长0.36～0.5米，宽0.2～0.28米，厚0.12～0.14米。椁室底部放置人骨1具，保存较差，骨骼分布散乱，仅存部分肢骨（图七一八）。

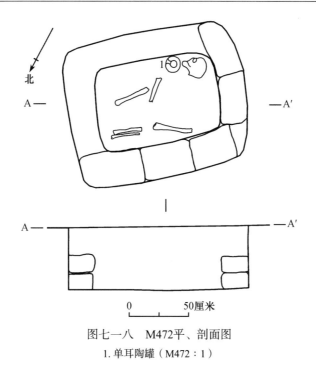

图七一八 M472平、剖面图
1. 单耳陶罐（M472：1）

（二）出土遗物

共8件。陶器1件，为单耳陶罐（M472：1），出土于颈部。铜器4件，其中铜耳环2件（M472：2），出土于耳部；铜刀1件（M472：4），出土位置不明；铜泡1件（M472：5），出土位置不明。石器3件，均为滑石串珠（M472：3），出土于颈部。

1. 陶器

M472：1，单耳陶罐。1件。夹细砂红陶，手制。侈口，圆唇，短束颈，沿肩单大耳，鼓腹，平底。口沿内外绘一周连续的实心倒三角纹，肩部绘一周弦纹，其下绘竖列水波纹，腹部绘不连续的短横向水波纹，耳部绘竖列水波纹。腹部有烟炱。通高13.8厘米，口径8.6厘米，腹径11.9厘米，底径6.6厘米，重420克（图七一九，1；图版五一二，6）。

2. 铜器

M472：2，铜耳环。2件。环状，由直径0.15厘米的铜丝绕制而成，中部细至接口处愈粗，其一接口扁平，直径2.2厘米，重0.58克。其二接口尖锐，直径1.9厘米，重0.45克（图七一九，4；图版五一三，1）。

M472：4，铜刀。1件。铜刀刃尖残片，翘刃。残长2.2厘米，宽1.1厘米，厚0.1厘米，重1.93克（图七一九，2；图版五一四，1）。

M472：5，铜泡。1件。圆形铜泡，背面似有纽。残径1.6厘米，重0.5克。

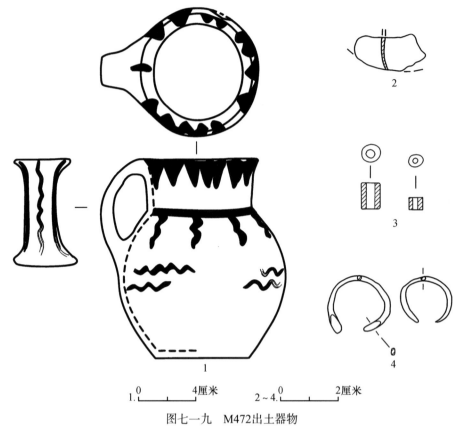

图七一九　M472出土器物

1. 单耳陶罐（M472：1）　2. 铜刀（M472：4）　3. 滑石串珠（M472：3）　4. 铜耳环（M472：2）

3. 石器

M472：3，滑石串珠。3件。圆柱状，中部穿孔。长0.4～0.9厘米，直径0.5厘米，孔径0.3厘米，重0.3～0.8克（图七一九，3；图版五一三，2）。

M473

（一）形制结构

长方形竖穴土坑墓。位于T1603西部，西北角被M459打破。墓向38°。墓口距地表0.24米，长1.46米，宽1.22米，墓坑深0.8米。墓圹填土上层出土残陶片、散乱人骨等。墓圹底部四周设熟土二层台，二层台内侧竖立1层土坯，二层台上错缝平砌3层土坯，东、西两壁每层3块，南、北两壁每层2块。椁室内周长0.96米，宽0.68米；土坯长0.38米，宽0.24米，厚0.1米。墓葬内共出土人骨2具，其中1具放置于墓圹填土中，性别女，骨骼分布散乱；另1具放置于椁室底部，左侧身屈肢，头向东，面向南，性别男（图七二〇；图版五一三，3）。

（二）出土遗物

共2件。陶器2件，其中双耳陶罐1件（M473：1），出土于填土；单耳陶杯1件（M473：2），出土于手部。

M473：1，双耳陶罐。1件。夹细砂灰陶，手制。凹口外侈，方唇，短束颈，沿肩双翘耳，鼓腹，平底。通高14.4厘米，口径10.5厘米，腹径16.5厘米，底径8厘米，重825克（图七二〇，2；图版五一四，2）。

M473：2，单耳陶杯。1件。夹细砂红陶，手制，腹部有明显的修整痕迹。微侈口，方唇，腹部单耳，腹部直壁，微内收，平底。通体烟炱。通高13.3厘米，口径9.5厘米，底径8.6厘米，重470克（图七二〇，1；图版五一四，3）。

附：M473墓主人人骨经稳定同位素分析，C_3占比73.32%，C_4占比27.68%，同时动物性食物的摄入占有相当大比例（张全超，2010：41）。

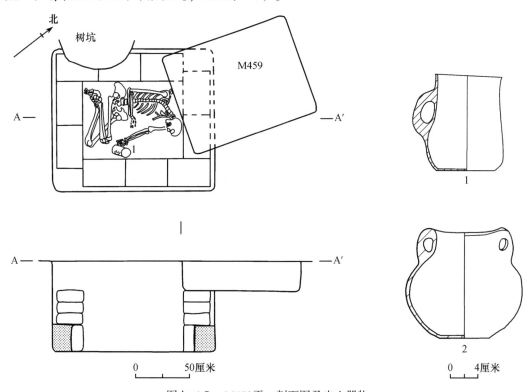

图七二〇　M473平、剖面图及出土器物
1. 单耳陶杯（M473：2）　2. 双耳陶罐（M473：1）

M474

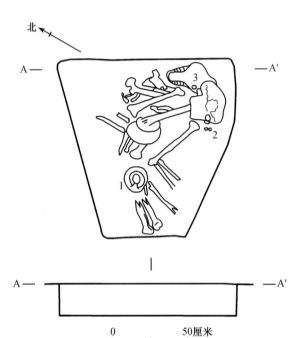

北

A —　　　　　　　— A'

A —　　　　　　　— A'

0　　　　　50厘米

图七二一　M474平、剖面图
1.单耳陶罐（M474：3）　2.玉髓串珠（M474：2）
3.铜别针（M474：1）

（一）形制结构

近梯形竖穴土坑墓。南壁窄，北壁宽。位于T1215，打破M495。墓向60°。

墓口长1.12米，宽0.54～1.16米，墓坑深0.2米。墓圹底部放置人骨1具，保存较差，骨骼分布散乱（图七二一）。

（二）出土遗物

共9件。陶器2件，其中单耳陶罐1件（M474：3），出土于膝部；陶罐1件（M474：8），出土位置不明。铜器3件，其中铜别针1件（M474：1），出土于头部；铜牌饰1件（M474：6），出土于腹部下；铜耳环1件（M474：7），出土位置不明。石器4件，其中玉髓串珠3件，2件（M474：2）出土于头前，1件（M474：5）出土于头部下；绿松石串珠1件（M474：4），出土于颈部。

1. 陶器

M474：3，单耳陶罐。1件。夹细砂红陶，手制。微侈口，方唇，短直颈，颈肩单耳，鼓腹，平底。通高16.5厘米，口径9.7厘米，腹径14.9厘米，底径6.8厘米，重880克（图七二二，1；图版五一四，6）。

M474：8，陶罐。1件。泥质灰陶，似磨光。残破严重，仅存一单耳，侈口，束颈，鼓腹，平底。通高13.9厘米，腹径15.3厘米，底径8.5厘米，重330克（图七二二，2；图版五一五，5）。

2. 铜器

M474：1，铜别针。1件。形似问号，上部有环，由0.5厘米的铜丝绕成，接口处残。长4.2厘米，环颈2.4厘米，丝径0.5厘米，重3.59克（图七二二，3；图版五一四，4）。

M474：6，铜牌饰。1件。圆形，中部至两端愈薄，边缘处两侧有孔。直径3.3厘米，孔径0.2～0.3厘米，厚0.1～0.2厘米，重5.87克（图七二二，7；图版五一五，3）。

M474：7，铜耳环。1件。环状，一端向另一端愈薄愈宽，似带提梁的半圆铜片。直径3.9厘米，最宽处1.5厘米，重5.9克（图七二二，8；图版五一五，4）。

3. 石器

M474：2，玉髓串珠。2件。红色半透明，矮圆柱状，对钻穿孔。直径1.2厘米，孔径0.6厘米，厚0.4～0.6厘米，重0.9克（图七二二，5；图版五一四，5）。

M474：4，绿松石串珠。1件。绿色，圆柱状，中部穿孔。直径0.6厘米，孔径0.25厘米，厚0.4厘米，重0.4克（图七二二，4；图版五一五，1）。

M474：5，玉髓串珠。1件。红色半透明，矮圆柱状，对钻穿孔。直径1.3厘米，孔径0.9厘米，厚0.7厘米，重1.68克（图七二二，6；图版五一五，2）。

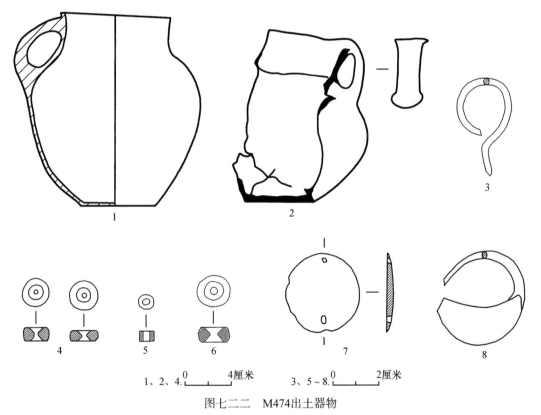

图七二二　M474出土器物

1. 单耳陶罐（M474：3）　2. 陶罐（M474：8）　3. 铜别针（M474：1）　4. 绿松石串珠（M474：4）　5. 玉髓串珠（M474：2）
6. 玉髓串珠（M474：5）　7. 铜牌饰（M474：6）　8. 铜耳环（M474：7）

M475

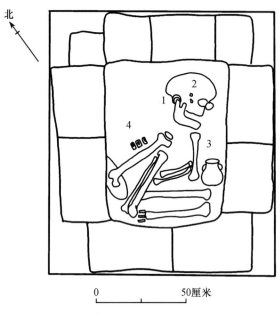

北

0　　　　　　50厘米

图七二三　　M475平面图

1. 铜耳环（M475：1）　　2. 绿松石串珠（M475：2）

3. 双耳陶罐（M475：3）　　4. 骨牌饰（M475：4）

（一）形制结构

长方形竖穴土坑墓。位于T1215，打破M525。墓向37°。墓口长1.36米，宽1.22米，墓坑深0.86米。墓圹底部为长方形土坯椁室，椁室四壁为自下而上错缝平砌的2层土坯，每边每层铺设2～3块。椁室内周长0.88米，宽0.66米；土坯长0.24～0.46米，宽0.24～0.32米，厚0.1米。椁室底部放置人骨1具，左侧身屈肢，头向东北，面向东南（图七二三；图版五一六，1）。

（二）出土遗物

共9件。陶器1件，为双耳陶罐（M475：3），出土于椁室东部。铜器2件，均为铜耳环（M475：1、M475：5），出土于耳部。石器2件，均为绿松石串珠（M475：2），出土于头部。骨器4件，均为骨牌饰（M475：4），出土于椁室西部。

1. 陶器

M475：3，双耳陶罐。1件。夹细砂红陶，手制。微侈口，圆唇，短束颈，沿肩双耳，球腹，平底。肩部绘一周弦纹，其下为连续的叶脉三角纹，耳部绘树草纹。通高18.2厘米，口径9厘米，腹径17.5厘米，底径8厘米（图七二四，1；图版五一六，3）。

2. 铜器

M475：1，铜耳环。1件。环状，由直径0.3厘米的铜丝绕制而成，接口圆钝相错。直径2.4厘米，重2.97克（图七二四，3；图版五一五，6）。

M475：5，铜耳环。1件。环形，由直径0.3厘米的铜丝绕制而成，接口扁平相错。直径2.8～3.2厘米，重3.43克（图七二四，2；图版五一七，2）。

3. 石器

M475：2，绿松石串珠。2件。绿色，圆柱状，中部穿孔。直径0.4～0.6，孔径0.15～0.2厘米，厚0.3厘米，重0.3克（图七二四，4；图版五一六，2）。

4. 骨器

M475：4，骨牌饰。4件。近梯形，近窄边处穿孔。长3～3.5厘米，宽1.3厘米，厚0.4厘米，孔径0.5厘米，总重11.63克（图七二四，5；图版五一七，1）。

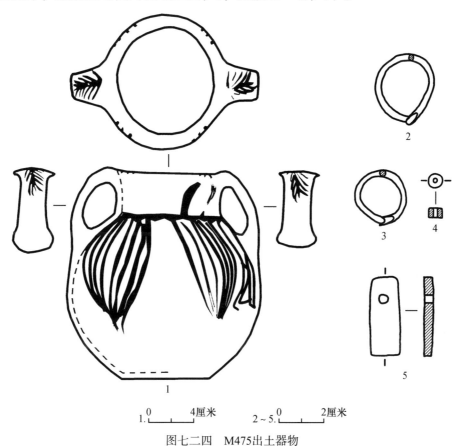

图七二四 M475出土器物

1. 双耳陶罐（M475：3） 2. 铜耳环（M475：5） 3. 铜耳环（M475：1） 4. 绿松石串珠（M475：2） 5. 骨牌饰（M475：4）

M476

（一）形制结构

近长方形竖穴土坑墓。墓向47°。墓坑长1.48米，宽1.12米。墓圹底部为长方形土坯椁室，椁室四壁均平砌1层土坯，土坯块数不明，每边每层铺设土坯数量不明。椁室内周长

1米，宽0.68米。椁室底部放置人骨1具，右侧身屈肢，头向北，面向西（图七二五；图版五一七，3）。

（二）出土遗物

共7件。陶器1件，为单耳陶罐（M476∶1），出土于膝部。骨器6件，均为骨牌饰（M476∶2），出土于脊椎处。

1. 陶器

M476∶1，单耳陶罐。1件。夹细砂红陶，手制。侈口，方唇，微束颈，颈肩单耳，鼓腹，平底。通高13.5厘米，口径10.2厘米，腹径14.1厘米，底径7.5厘米，重640克（图七二五，1；图版五一八，1）。

2. 骨器

M476∶2，骨牌饰。6件。近梯形，近窄边处穿孔。长3～3.7厘米，宽1.2～1.7厘米，厚0.4厘米，孔径0.5厘米，重1.05～2.67克（图七二五，2；图版五一八，2）。

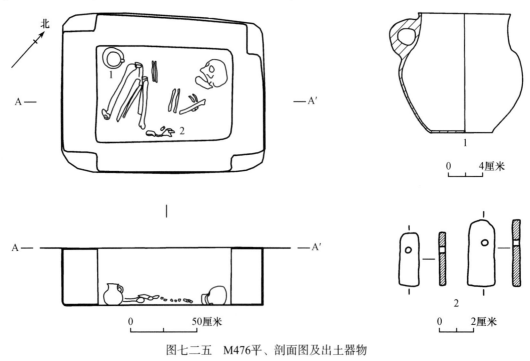

图七二五　M476平、剖面图及出土器物
1.单耳陶罐（M476∶1）　2.骨牌饰（M476∶2）

M477

（一）形制结构

近长方形竖穴土坑墓。位于T1016中部。墓向50°。墓口长1.52米，宽1.14米，墓坑深0.24米。墓圹底部为长方形土坯椁室，椁室四壁均平砌1层土坯，每边每层铺设土坯数量不明。椁室内周长0.98米，宽0.64米。椁室底部放置人骨1具，保存状况较差，骨骼分布散乱（图七二六）。

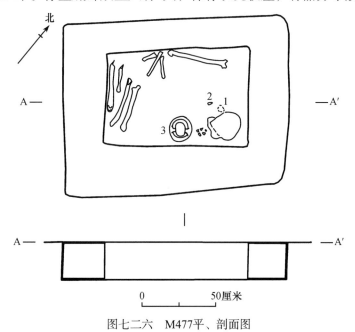

图七二六　M477平、剖面图

1. 铜耳环（M477：1）　2. 绿松石串珠（M477：2）　3. 双耳陶罐（M477：3）

（二）出土遗物

共5件。陶器2件，其中双耳陶罐1件（M477：3），出土于椁室东壁中部；单耳陶杯1件（M477：4），出土于填土。铜器2件，均为铜耳环（M477：1、M477：5），出土于耳部。石器1件，为绿松石串珠（M477：2），出土于头部。

1. 陶器

M477：3，双耳陶罐。1件。夹细砂红陶，手制。侈口，方唇，短束颈，颈肩双耳，鼓腹，小平底。通高11.8厘米，口径10.4厘米，腹径14厘米，底径5厘米，重400克（图七二七，3；图版五一八，5）。

M477：4，单耳陶杯。1件。夹细砂红陶，手制。大口微侈，颈腹单耳，微折腹，平底。

口沿内外绘一周带状纹，腹部绘短的横线纹，耳部绘3道垂带纹。通高8厘米，口径8厘米，腹径8厘米，底径3.9厘米，重160克（图七二七，4；图版五一八，6）。

2. 铜器

M477：1，铜耳环。1件。方形环状，由直径0.3厘米的铜丝绕制而成，接口处残。长2.2厘米，宽2.1厘米，丝径0.3厘米，重1.54克（图七二七，1；图版五一八，3）。

M477：5，铜耳环。1件。环状，由直径0.3厘米的铜丝绕制而成，接口处残。直径2.9厘米，重1.73克。

3. 石器

M477：2，绿松石串珠。1件。绿色，圆柱状，鼓腹，中部穿孔。长0.6厘米，直径0.5厘米，孔径0.3厘米，重0.33克（图七二七，2；图版五一八，4）。

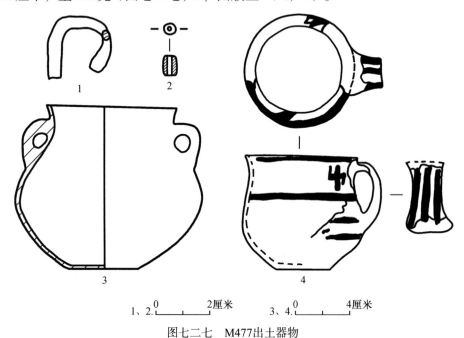

图七二七　M477出土器物

1. 铜耳环（M477：1）　2. 绿松石串珠（M477：2）　3. 双耳陶罐（M477：3）　4. 单耳陶杯（M477：4）

M478

（一）形制结构

近长方形竖穴土坑墓。位于T1015。墓向50°。墓口长1.56米，宽1米，墓坑深0.28米。墓圹底部为长方形土坯椁室，椁室四壁均平砌1层土坯，每边每层铺设土坯数量不明。椁室内周长1.12米，宽0.62米。椁室底部放置人骨1具，保存状况较差，仅存部分人骨（图七二八）。

（二）出土遗物

共2件。陶器2件，其中单耳陶罐1件（M478：1），出土于椁室南部；单耳陶杯1件（M478：2），出土于填土中。

M478：1，单耳陶罐。1件。夹细砂红陶，手制。侈口，方唇，短束颈，颈肩单小耳，鼓腹，平底。通高12.4厘米，口径11.3厘米，腹径14厘米，底径7.5厘米，重570克（图七二八，1；图版五一九，1）。

M478：2，单耳陶杯。1件。夹细砂红陶，手制，口沿全残，腹部单耳，直筒，腹微鼓，平底。残高11.7厘米，腹径12.2厘米，底径10.1厘米，重515克（图版五一九，2）。

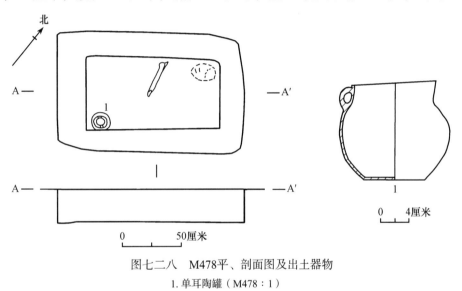

图七二八 M478平、剖面图及出土器物
1.单耳陶罐（M478：1）

M479

（一）形制结构

长方形竖穴土坑墓。位于T1112中部。墓向67°。墓口距地面深0.15米，长1.2米，宽1.2米，墓坑深0.16米。墓圹内填充夹杂细砾的黄沙土。墓圹底部放置人骨1具，左侧身屈肢，头向东，面向南，性别女（图七二九；图版五一九，3）。

（二）出土遗物

共86件。陶器1件，为陶罐（M479：3），出土于膝部。铜器13件，其中铜牌饰1件（M479：1），出土于胫骨；铜管2件（M479：2），出土于胫骨；铜管5件（M479：4），

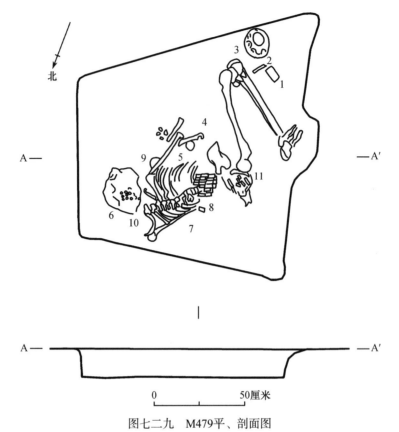

图七二九　M479平、剖面图

1. 铜牌饰（M479：1）　2. 铜管（M479：2）　3. 陶罐（M479：3）　4. 铜管（M479：4）　5. 铜牌饰（M479：5）
6. 铜泡（M479：6）　7. 铜牌饰（M479：7）　8. 骨牌饰（M479：8）　9. 铜镜（M479：9）　10. 串珠（M479：10）
11. 铜管（M479：11）

出土于股骨；铜牌饰1件（M479：5），出土于尺骨；铜泡1件（M479：6），出土于头骨；铜牌饰1件（M479：7），出土于腰部；铜镜1件（M479：9），出土于肱骨；铜管1件（M479：11），出土于股骨。骨器67件，均为骨牌饰（M479：8），出土于腰部。石器5件，均为串珠（M479：10），出土于颈部。

1. 陶器

M479：3，陶罐。1件。残损严重，无法复原。

2. 铜器

M479：1，铜牌饰。1件。长方形，中部起棱。残长10.5厘米，宽4.6厘米，厚2厘米，棱长9.5厘米，棱宽1.5厘米，重41.15克（图七三○，5；图版五二○，1）。

M479：2，铜管。2件。圆柱状，由厚0.1厘米的铜片卷曲而成，接缝明显。其一，长9.4厘米，直径0.7厘米，壁厚0.1厘米，重7.14克；其二，长8.4厘米，直径0.7厘米，壁厚0.1厘米，重8.84克（图七三○，6；图版五二○，2）。

　　M479：4，铜管。5件。M479：4-1：圆柱形，由厚0.1厘米的铜片卷曲而成，接缝明显，长3.5厘米，直径0.5厘米，壁厚0.1厘米，重1.51克。M479：4-2：圆柱形，由厚0.1厘米的铜片卷曲而成，接缝明显，长3.8厘米，直径0.6厘米，壁厚0.1厘米，重2.65克。M479：4-3：圆柱形，由厚0.1厘米的铜片卷曲而成，接缝明显，长2.8厘米，直径0.6厘米，壁厚0.1厘米，重2.34克。M479：4-4：圆柱形，由厚0.1厘米的铜片卷曲而成，接缝明显，长3.4厘米，直径0.5厘米，壁厚0.1厘米，重1.49克。M479：4-5：圆柱状，残损严重，壁厚0.1厘米，重4.85克（图七三〇，2；图版五二〇，3）。

　　M479：5，铜牌饰。1件。残损严重，平面呈圆形，直径较大，似有小戳印纹，重87.66克。

　　M479：6，铜泡。1件。圆形泡状，但突起十分明显，峰状，背部有小桥纽，中央至边缘处愈薄。直径9.1厘米，中央厚0.5厘米，重152克（图七三〇，4；图版五二〇，4）。

　　M479：7，铜牌饰。1件。残损严重，平面呈圆形，直径较大。重79克。

　　M479：9，铜镜。1件。圆形，略弧，背部有桥纽。直径11.2厘米，重118.53克（图七三〇，1；图版五二〇，5）。

　　M479：11，铜管。1件。螺旋状，圆柱形，铜丝直径0.2厘米，长5厘米，直径0.9厘米，重8.16克（图版五二〇，6）。

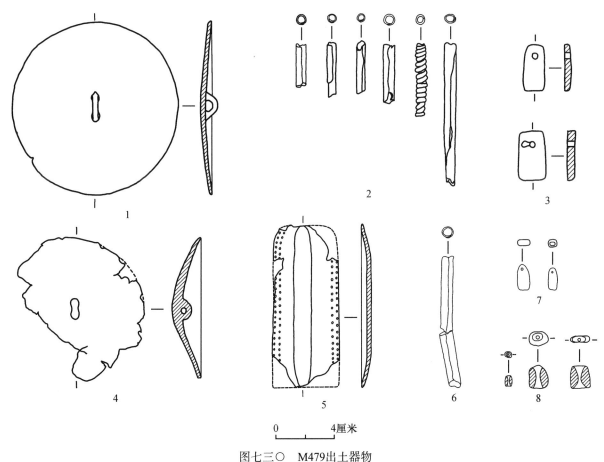

0　　　　4厘米

图七三〇　M479出土器物

1. 铜镜（M479：9）　　2. 铜管（M479：4）　　3. 骨牌饰（M479：8）　　4. 铜泡（M479：6）　　5. 铜牌饰（M479：1）
6. 铜管（M479：2）　　7. 玉髓串珠（M479：10-2）　　8. 绿松石串珠（M479：10-1）

3. 石器

M479：10，串珠。5件。M479：10-1，绿松石串珠，3件，呈圆柱状或边缘柱状，中部穿孔，其中一件钻孔偏出，可观察到钻孔内部出现螺旋状钻痕，长0.7～1.5厘米，直径0.5～1.4厘米，孔径0.2～0.4厘米，重0.29～3.15克（图七三〇，8；图版五二一，2）。M479：10-2，玉髓串珠，2件，坠状，一端穿孔，长1.5～1.7厘米，宽0.7～0.9厘米，厚0.4厘米，孔径0.2～0.3厘米，重1.01～1.37克（图七三〇，7；图版五二一，2）。

4. 骨器

M479：8，骨牌饰。67件。近梯形，近窄边处穿孔。长2～3.1厘米，宽1～1.8厘米，厚0.3～0.5厘米，孔径0.4～0.8厘米，重171.17克（图七三〇，3；图版五二一，1）。

M480

（一）形制结构

长方形竖穴土坑墓。位于T1214东南角，被M467、M481打破。墓向231°。墓口距地面深0.2米，长1.44米，残宽0.96米，墓坑深0.31米。墓圹内填充灰黄色沙质土。墓圹底部为长方形土坯椁室，椁室四壁均平砌多层土坯，土坯层数不明，每边每层铺设2～3块土坯。椁室内周长1米，宽0.66米；土坯长0.47米，宽0.28米，厚0.1米。椁室底部放置人骨1具，右侧身屈肢，头向西南，面向东南（图七三一；图版五二二，1、2）。

（二）出土遗物

共2件。陶器1件，为双耳陶罐（M480：1），出土于椁室东部。铜器1件，为铜耳环（M480：2），出土于耳部。

1. 陶器

M480：1，双耳陶罐。1件。夹细砂灰陶，手制。微侈口，短束颈，沿肩双翘耳，鼓腹，平底。通高13.7厘米，口径9.6厘米，腹径14.2厘米，底径7厘米，重635克（图七三一，1；图版五二一，3）。

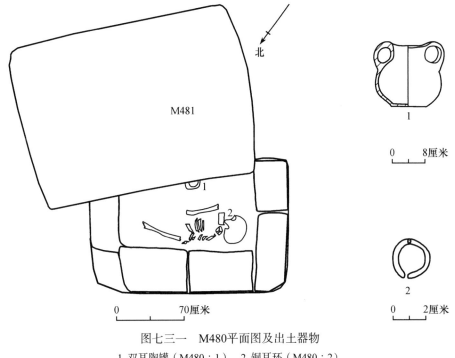

图七三一　M480平面图及出土器物

1. 双耳陶罐（M480：1）　　2. 铜耳环（M480：2）

2. 铜器

M480：2，铜耳环。1件。环状，由直径0.1厘米的铜丝绕制而成，接口一端圆钝，一端扁平。残径3厘米，重1.01克（图七三一，2；图版五二三，1）。

附：M480铜耳环经金相检验和成分分析，其材质为Cu-Sn-Pb（铅锡青铜），制作技术为热锻（潜伟，2006：44）。

M481

（一）形制结构

长方形竖穴土坑墓。位于T1214东南角，打破M480南壁，部分叠压在M467之下。墓向228°。墓口距地面深0.2米，长1.64米，宽1.28米，墓坑深0.46米。墓圹内填充黄褐色沙质土。墓圹底部为长方形土坯椁室，椁室四壁均自下而上错缝平砌3层土坯，每边每层铺设3块。椁室内周长1.12米，宽0.86米；土坯长0.3米，宽0.25米，厚0.1米。椁室底部放置人骨1具，右侧身屈肢，头向西南，面向东南，性别男（图七三二；图版五二三，3）。

（二）出土遗物

共2件。陶器1件，为双耳陶罐（M481：1），出土于肘部。骨器1件，为骨牌饰（M481：2），出土于尺骨处。

1. 陶器

M481：1，双耳陶罐。1件。夹细砂红陶，手制。侈口，圆唇，短束颈，颈肩双耳，鼓腹，平底。通高19.6厘米，口径10.6厘米，腹径17.4厘米，底径8.5厘米，重1120克（图七三二，1；图版五二三，2）。

2. 骨器

M481：2，骨牌饰。1件。近长方形，上厚下薄，上部穿孔。长3.3厘米，宽1.7厘米，厚0.3厘米，孔径0.3厘米，重2.6克（图七三二，2；图版五二四，1）。

附：M481墓主人人骨经稳定同位素分析，其中C_3占比62.55%，C_4占比37.45%，同时动物性食物的摄入占有相当大比例（张全超，2010：41）。

性别鉴定为男（魏东，2009：125）。

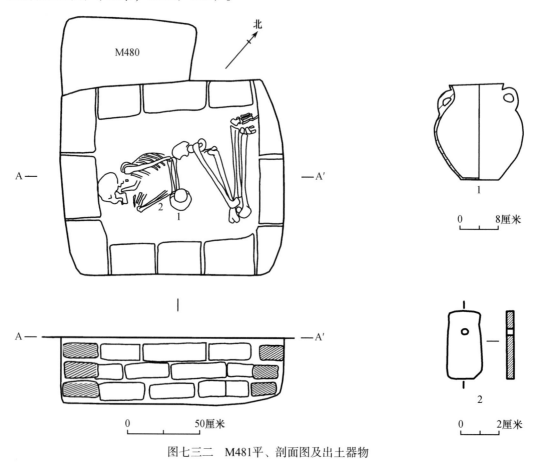

图七三二　M481平、剖面图及出土器物
1. 双耳陶罐（M481：1）　2. 骨牌饰（M481：2）

M482

（一）形制结构

长方形竖穴土坑墓。位于T1214中部东南。墓向215°。墓口距地面深0.2米，长0.88米，宽0.52米，墓坑深0.22米。墓圹内填充夹杂细砾的灰黄色沙质土。墓圹底部放置人骨1具，保存状况较差，仅存部分散乱骨骼（图七三三；图版五二四，3）。

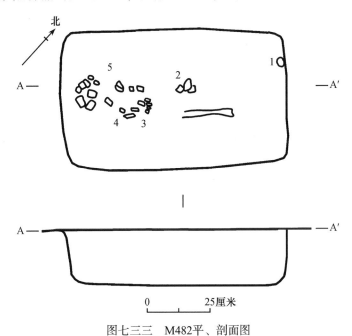

图七三三　M482平、剖面图

1.羊距骨（M482：4）　2.陶片　3.铜牌饰（M482：1）　4.铜牌饰（M482：2）　5.玉髓串珠（M482：3）

（二）出土遗物

共4件。铜器2件，均为铜牌饰，其中1件（M482：1）出土于墓坑北部；1件（M482：2）出土于墓坑中部。石器1件，为玉髓串珠（M482：3），出土于墓坑中部。羊距骨1件（M482：4），出土位置不明。

1. 铜器

M482：1，铜牌饰。1件。圆形，略弧，近边缘两侧有小孔。直径4.9厘米，孔径0.2厘米，重13.36克（图七三四，1；图版五二四，2）。

M482：2，铜牌饰。1件。已残，似圆形，微弧。残径1.3厘米，重0.83克（图七三四，2；图版五二五，1）。

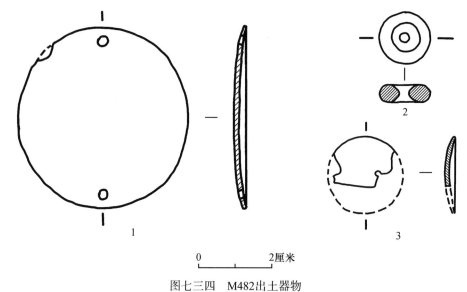

图七三四　M482出土器物

1. 铜牌饰（M482∶1）　2. 铜牌饰（M482∶2）　3. 玉髓串珠（M482∶3）

2. 石器

M482∶3，玉髓串珠。1件。红色半透明，矮圆柱状，鼓腹，对钻穿孔。直径1.4厘米，孔径0.8厘米，厚0.5厘米，重1.61克（图七三四，3；图版五二五，2）。

M483

（一）形制结构

长方形竖穴土坑墓。位于T1603中部偏西北，被M485打破南壁，打破M484西南角。墓向50°。墓口距地面深0.2米，长1.53米，宽1.1米，墓坑深0.54米。墓圹内填充夹杂细砾的灰色沙质土。墓圹底部为长方形土坯椁室，椁室四壁均自下而上错缝平砌4层土坯，每边每层铺设2~4块。椁室内周长1.04米，宽0.72米；土坯长0.4米，宽0.2米，厚0.1米。椁室底部放置人骨1具，左侧身屈肢，头向东，面向南（图七三五；图版五二五，3；图版五二六，1）。

（二）出土遗物

共200件。陶器1件，为双耳陶罐（M483∶31），出土于足部。铜器112件，其中铜镜1件（M483∶1），出土于耳部；铜手镯1件（M483∶2），出土于耳部；铜泡3件，其中2件（M483∶3）出土于头部，1件（M483∶13）出土于肱骨；铜牌饰24件，其中3件出土于头部（M483∶4、M483∶28），1件（M483∶5）出土于颈部，2件（M483∶11、

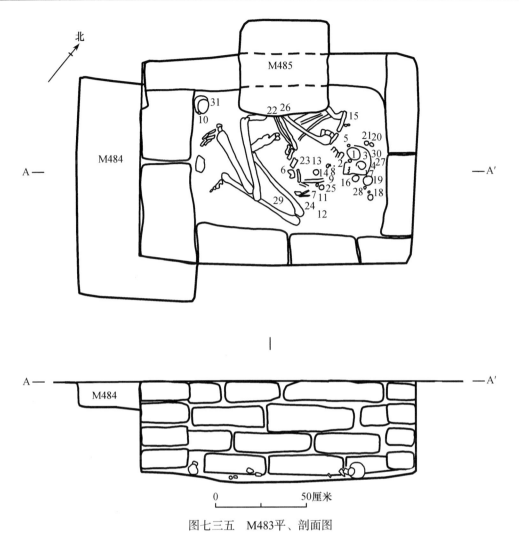

图七三五 M483平、剖面图

1. 铜镜（M483：1） 2. 铜手镯（M483：2） 3. 铜泡（M483：3） 4. 铜牌饰（M483：4） 5. 铜牌饰（M483：5）
6. 铜手镯（M483：6） 7. 铜珠（M483：7） 8. 玉髓串珠（M483：8） 9. 串珠（M483：9） 10. 滑石串珠（M483：10）
11. 铜牌饰（M483：11） 12. 铜牌饰（M483：12） 13. 铜泡（M483：13） 14. 铜牌饰（M483：14） 15. 铜牌饰（M483：15）
16. 铜牌饰（M483：16） 17. 铜牌饰（M483：7） 18. 铜镜（M483：18） 19. 铜牌饰（M483：19） 20. 铜镜（M483：20）
21. 铜牌饰（M483：21） 22. 铜手镯（M483：22） 23. 铜管（M483：23） 24. 铜牌饰（M483：24） 25. 串珠（M483：25）
26. 双联铜泡（M483：26） 27. 铜牌饰（M483：27） 28. 铜牌饰（M483：28） 29. 绿松石串珠（M483：29） 30. 铜牌饰
（M483：30） 31. 双耳陶罐（M483：31）

M483：12）出土于腕部，1件（M483：14）出土于肱骨，2件（M483：15）出土于颈部，
3件（M483：16）出土于头前，7件（M483：17、M483：27、M483：30）出土于头顶，2
件（M483：19）出土于头前，2件（M483：24）出土于膝部，1件（M483：21）出土于头
后；铜手镯3件，2件（M483：6、M483：22）出土于腕部，1件（M483：33）出土位置不
明；铜珠72件（M483：7），出土于腕部；铜镜3件（M483：18、M483：20），出土于头
后；铜管4件（M483：23），出土于腕部；双联铜泡1件（M483：26），出土于肘部。石器
86件，其中玉髓串珠1件（M483：8），出土于颈部；串珠22件（M483：9），出于腕部；滑
石串珠6件（M483：10），出土于颈部；串珠29件（M483：25），出土于颈部；串珠27件

（M483：32），出土于陶罐旁；绿松石串珠1件（M483：29），出土于膝部。羊距骨1件，出土器物不明。

1. 陶器

M483：31，双耳陶罐。1件。夹细砂红陶，手制。侈口，圆唇，短束颈，沿肩双扁耳，鼓腹，平底。肩部绘两周弦纹，其下腹部通体绘不规则网格纹，耳部绘对顶三角纹。通高13.8厘米，口径9.6厘米，腹径15.4厘米，底径6厘米，重540克（图七三六，1；图版五三二，4）。

2. 铜器

M483：1，铜镜。1件。圆形，呈红色，正面平直，背面有桥形纽，纽周围有一周凸弦纹，其内纽两端各有一圆形凸起，其外为一周凸起的放射性直线纹饰，整体形似太阳人面纹。直径7.9厘米，厚0.2厘米（图七三六，2；图版五二六，2）。

M483：2，铜手镯。1件。环状，铜丝绕成，接口较为圆钝。直径约6.3厘米（图七三六，4；图版五二六，3）。

M483：3，铜泡。2件。圆泡状，背部有桥形纽。大者直径2.9厘米，小者直径2.4厘米（图七三六，11；图版五二七，1）。

M483：4，铜牌饰。1件。圆形，略弧，一端近边缘处圆孔，另一端残。直径5.1厘米，厚0.5厘米（图七三六，6；图版五二七，2）。

M483：5，铜牌饰。1件。圆形，略弧，近边缘处有两小孔。直径5.1厘米，厚0.6厘米（图七三六，5；图版五二七，3）。

M483：6，铜手镯。1件。环状，铜丝绕成，接口扁平相错。直径约7.3厘米（图七三六，3；图版五二七，4）。

M483：7，铜珠。72件。圆柱状，部分一侧或两侧有棱，中部有孔。直径0.5～0.6厘米（图七三六，31；图版五二八，1）。

M483：11，铜牌饰。1件。圆形，略弧，近边缘处有两小孔。直径5厘米，厚0.6厘米（图七三六，10；图版五二七，6）。

M483：12，铜牌饰。1件。圆形，略弧，一端近边缘处圆孔，另一端残。直径5.1厘米，厚0.8厘米（图七三六，13；图版五二九，1）。

M483：13，铜泡。1件。圆泡状，背部有桥形纽。直径3.1厘米（图七三六，14；图版五二九，2）。

M483：14，铜牌饰。1件。圆形，略弧，近边缘处有两小孔。直径5厘米，厚0.4厘米（图七三六，7；图版五二九，3）。

M483：15，铜牌饰。2件。圆形，略弧，其一，近边缘处有两小孔，其二无孔，较残。有孔者直径4.8厘米，厚0.5厘米。无孔者直径约4.9厘米（图七三六，8；图版五二九，4）。

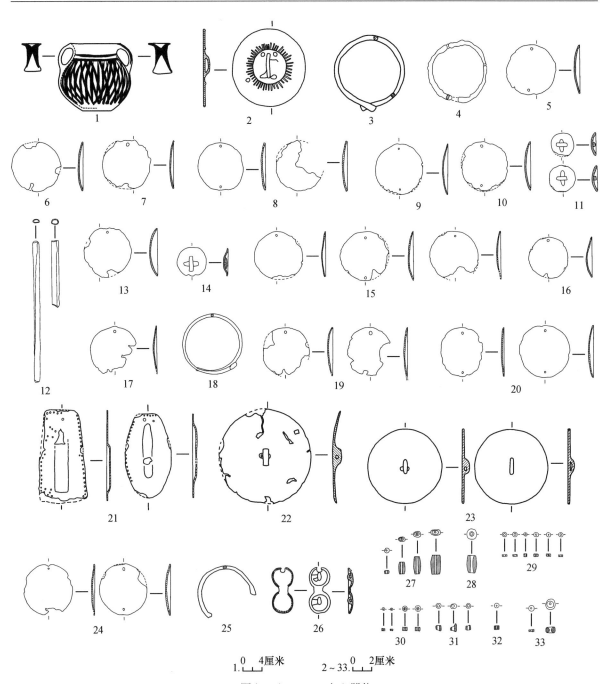

图七三六　M483出土器物

1. 双耳陶罐（M483：31）　2. 铜镜（M483：1）　3. 铜手镯（M483：6）　4. 铜手镯（M483：2）　5. 铜牌饰（M483：5）
6. 铜牌饰（M483：4）　7. 铜牌饰（M483：14）　8. 铜牌饰（M483：15）　9. 铜牌饰（M483：16）　10. 铜牌饰（M483：11）
11. 铜泡（M483：3）　12. 铜管（M483：23）　13. 铜牌饰（M483：12）　14. 铜泡（M483：13）　15. 铜牌饰（M483：17）
16. 铜牌饰（M483：19）　17. 铜牌饰（M483：21）　18. 铜手镯（M483：22）　19. 铜牌饰（M483：27）　20. 铜牌饰（M483：28）
21. 铜牌饰（M483：24）　22. 铜镜（M483：18）　23. 铜镜（M483：20）　24. 铜牌饰（M483：30）　25. 铜手镯（M483：33）
26. 双联铜泡（M483：26）　27. 绿松石串珠（M483：32）　28. 玉髓串珠（M483：8）　29. 滑石串珠（M483：10）
30. 绿松石串珠（M483：9）　31. 铜珠（M483：7）　32. 绿松石串珠（M483：29）　33. 绿松石串珠（M483：25）

M483：16，铜牌饰。3件。圆形，略弧，近边缘处有两小孔。直径5.1厘米，厚0.5厘米（图七三六，9；图版五二九，5）。

M483：17，铜牌饰。3件。圆形，略弧，近边缘处有两小孔。直径4.9~5厘米（图七三六，15；图版五二九，6）。

M483：18，铜镜。1件。圆形，正面略弧，背部有桥形纽。直径9.5厘米（图七三六，22；图版五三〇，1）。

M483：19，铜牌饰。2件。圆形，略弧，近边缘处有两小孔。直径4.2厘米（图七三六，16；图版五三〇，2）。

M483：20，铜镜。2件。圆形，正面平直、素面，背部有桥形纽。大者直径8.7厘米，小者直径7.7厘米（图七三六，23；图版五三〇，3）。

M483：21，铜牌饰。1件。圆形，略弧，一端近边缘处圆孔，另一端残。直径约5厘米（图七三六，17；图版五三〇，4）。

M483：22，铜手镯。1件。环状，铜丝绕成，接口较圆钝。直径6.1厘米（图七三六，18；图版五三〇，5）。

M483：23，铜管。4件。管状，铜片卷制，接缝明显。直径约0.7厘米（图七三六，12；图版五三一，1）。

M483：24，铜牌饰。2件。圆角长方形，中部有棱，边缘处有两小圆孔，棱中部也有一方形孔，似为晚期破坏。长8.3厘米，宽1.7~4.6厘米，边缘孔径0.2厘米，重19.59克（图七三六，21；图版五三〇，6）。

M483：26，双联铜泡。1件。两联，每节均为圆泡状，短梁相连，正面近边缘处有一周压点纹，背部有桥形纽，一侧似有小孔。长4.6厘米（图七三六，26；图版五三一，2）。

M483：27，铜牌饰。2件。圆形，略弧，虽残状，但近边缘处应有两小孔。直径4.9~5厘米（图七三六，19；图版五三一，3）。

M483：28，铜牌饰。2件。圆形，略弧，近边缘处有两小孔。直径5~5.4厘米（图七三六，20；图版五三二，1）。

M483：30，铜牌饰。2件。圆形，略弧，近边缘处有两小孔。直径5.2厘米（图七三六，24；图版五三二，3）。

M483：33，铜手镯。1件。残，只剩一段（图七三六，25；图版五三二，5）。

3. 石器

M483：8，玉髓串珠。1件。红色半透明，圆柱状，鼓腹，中部穿孔。最大径1.2厘米，高1.7厘米（图七三六，28；图版五二八，2）。

M483：9，绿松石串珠。22件。圆片状和圆柱状，中部穿孔。直径0.3~0.6厘米（图七三六，30；图版五二八，2）。

M483：10，滑石串珠。6件。呈扁圆柱状，中部穿孔，直径0.4～0.5厘米（图七三六，29；图版五二七，5）。

M483：25，串珠。29件。M483：25-1，玉髓串珠，1件，呈圆柱状，微鼓腹，两端磨平，穿孔但不甚规则。直径1厘米，孔径0.6厘米，厚0.6厘米，重1.16克。M483：25-2，滑石串珠，1件，呈圆片状，中部穿孔，直径0.6厘米，孔径0.1厘米，厚0.1厘米，重0.16克。M483：25-3，绿松石串珠，27件，长0.2～1.9厘米，宽0.1～0.6厘米，孔径0.1～0.2厘米，重0.1～2.46克（图七三六，33）。

M483：29，绿松石串珠。1件。圆柱状，中部穿孔。直径0.5厘米，高0.5厘米（图七三六，32；图版五三二，2）。

M483：32，串珠。27件。玉髓串珠1件，绿松石串珠26件，基本都呈圆柱状，中部穿孔，尺寸较大的鼓腹。直径0.5～1厘米（图七三六，27；图版五三三，1）。

M484

长方形竖穴土坑墓。位于T1214中部偏西，西南角被M483打破。墓向315°。墓口距地面深0.2米，长1.14米，宽0.66米，墓坑深0.14米。墓圹内填充夹杂细砾的灰色沙质土。墓圹底部放置人骨1具，保存较差，仅存部分散乱骨骼（图七三七；图版五三四，1）。

无出土遗物。

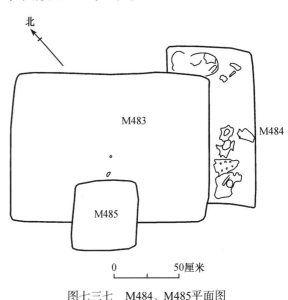

图七三七　M484、M485平面图

M485

近方形竖穴土坑墓。位于T1214中部偏西，打破M483南壁。墓向315°。墓口距地面深0.2米，长0.5米，宽0.5米，墓坑深0.22米。墓圹内填充夹杂细砾的灰黄色沙质土。墓圹底部放置人骨1具，保存极差，仅存零星碎骨渣（图七三七）。

无出土遗物。

M486

（一）形制结构

近长方形竖穴土坑墓。位于T1221中部偏西。墓向47°。墓口长1.28米，宽0.8米，墓坑深0.54米。无人骨（图七三八）。

（二）出土遗物

共2件。陶器2件，其中单耳陶罐1件（M486：1），出土于墓坑北部；单耳陶钵1件（M486：2），出土于墓坑东壁中部。

M486：1，单耳陶罐。1件。夹细砂红陶，手制。侈口，圆唇，短束颈颈肩单耳，弧腹，平底。通高11.8厘米，口径8.5厘米，腹径11.6厘米，底径6.5厘米，重340克（图七三八，1；图版五三三，2）。

M486：2，单耳陶钵。1件。夹细砂红陶，手制。大口内敛，圆唇，单小耳，斜腹，平底。通高11.4厘米，口径19厘米，底径8.5厘米，重660克（图七三八，2；图版五三三，3）。

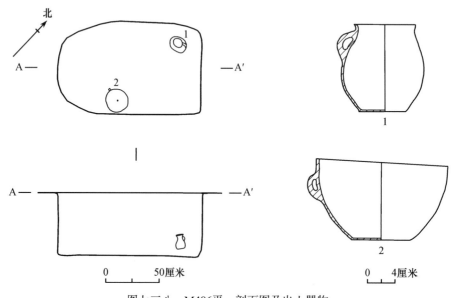

图七三八　M486平、剖面图及出土器物
1. 单耳陶罐（M486：1）　2. 单耳陶钵（M486：2）

M487

（一）形制结构

长方形竖穴土坑墓。位于T1114北部，北部被M488打破。墓向222°。墓口残长0.7米，宽0.92米，墓坑深0.2米。墓圹内填充夹杂细砾的黄沙土，夹杂碎骨。墓圹底部为长方形土坯椁室，椁室四壁均竖立1层土坯，块数不明。椁室内周长0.5米，宽0.76米。椁室底部放置人骨1具，性别女，骨骼分布散乱。根据原发掘记录及墓葬线图，我们推测M487与M488可能共用一个墓穴土坑，即M488在M487墓坑的基础上，重新垒砌土坯椁室，两墓可能有特殊关系（图七三九；图版五三五，1）。

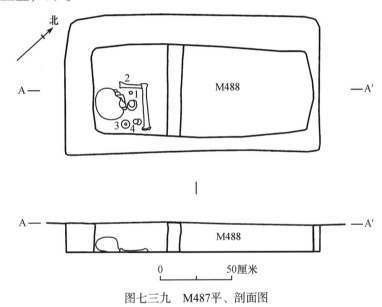

图七三九　M487平、剖面图

1.铜手镯（M487：1）　2.玉髓串珠（M487：2）　3.铜泡（M487：3）　4.铜牌饰（M487：4）

（二）出土遗物

共11件。铜器10件，其中铜手镯2件（M487：1），出土于头骨附近；铜泡1件（M487：3），出土于头骨附近；铜牌饰1件（M487：4），出土于头骨附近；铜泡6件（M487：5），出土位置不明。石器1件，为玉髓串珠（M487：2），出土于头骨附近。

1. 铜器

M487：1，铜手镯。2件。其一完整，直径4.8厘米，由直径0.5厘米的铜丝卷曲而成，接口处尖锐，重9.65克；其二残断，直径3.8厘米，由直径0.5厘米的铜丝卷曲而成，接口残，重4.35

克（图七四〇，1；图版五三四，2）。

M487：3，铜泡。1件。圆泡形，背部有桥纽，边缘锐薄。直径2.2厘米，重3.99克（图七四〇，3；图版五三五，2）。

M487：4，铜牌饰。1件。圆形，正面平直，素面，背部有桥纽。直径2.2厘米，重3.99克（图七四〇，4；图版五三五，3）。

M487：5，铜泡。6件。双联铜泡，3件，分两节，每节均为圆泡形，有短梁相连，长1.3～2.4厘米，宽0.8～1.3厘米，重0.99～2.14克；铜泡2件，圆泡状，背部有纽，直径1.2厘米，重1.28～1.37克；三联铜泡1件，各节呈圆泡形相连，长2.1厘米，宽0.7厘米，重1.81克（图七四〇，5；图版五三六，1）。

2. 石器

M487：2，玉髓串珠。1件。红色半透明，环状，鼓腹，对钻穿孔。直径1.4厘米，孔径0.4厘米，厚0.6厘米，重1.82克（图七四〇，2；图版五三四，3）。

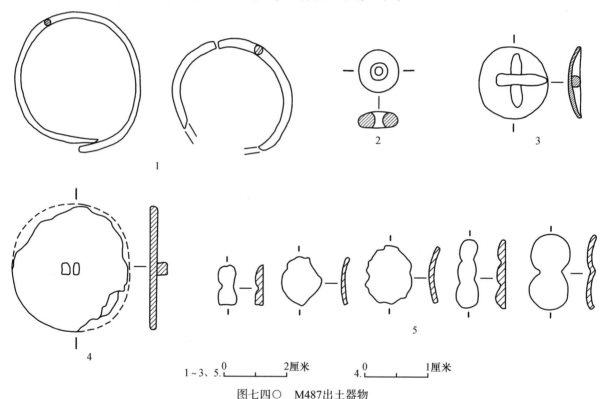

图七四〇　M487出土器物

1.铜手镯（M487：1）　2.玉髓串珠（M487：2）　3.铜泡（M487：3）　4.铜牌饰（M487：4）　5.铜泡（M487：5）

M488

（一）形制结构

长方形竖穴土坑墓。位于T1114北部，该墓打破M487北部。墓向42°。墓口长1.1米，宽0.98米。墓圹内填充夹杂细砾的黄沙土，包含碎骨。墓圹底部为长方形土坯椁室，椁室南壁竖立1块土坯，北、东、西三壁均竖立1层土坯，块数不明。椁室内周长1米，宽0.74米。椁室底部放置人骨1具，左侧身屈肢，头向东北，面向东南，性别为成年女性。根据原发掘记录以及墓葬线图，我们推测M487与M488可能共用一个墓穴土坑，即M488在M487墓坑的基础上，重新垒砌土坯椁室，两墓可能有特殊关系（图七四一；图版五三五，1；图版五三六，3）。

（二）出土遗物

共1件。陶器1件，为双耳陶罐（M488：1），出土位置不明。

M488：1，双耳陶罐。1件。夹细砂红陶，手制。侈口，圆唇，短束颈，颈肩双耳，扁鼓腹，平底。通高13.2厘米，口径10.9厘米，腹径15.8厘米，底径8厘米，重575克（图七四一，1；图版五三六，2）。

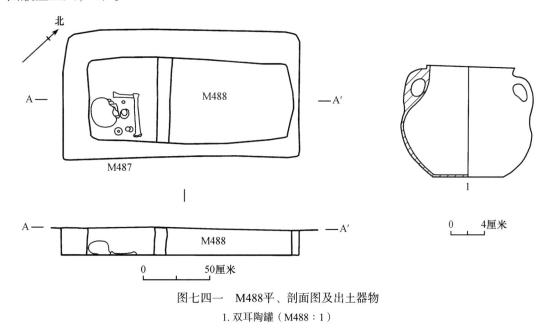

图七四一　M488平、剖面图及出土器物
1.双耳陶罐（M488：1）

M489

（一）形制结构

长方形竖穴土坑墓。位于T1015西南角。墓向357°。墓口长1.38米，宽0.7米，墓坑残深0.05米。无人骨（图七四二；图版五三七，1）。

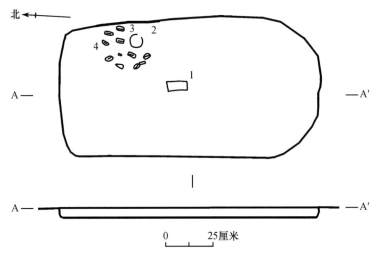

图七四二　　M489平、剖面图

1. 石器（M489：1）　2. 铜耳环（M489：2）　3. 海贝（M489：3）　4. 绿松石串珠（M489：4）

（二）出土遗物

共13件。铜器2件，为铜手镯1件、铜耳环1件（M489：2），出土于墓坑东北部。石器2件，其中石器1件（M489：1），出土于墓坑中部；绿松石串珠1件（M489：4），出土于墓坑东北部。贝器9件，均为海贝（M489：3），出土于墓坑东北部。

1. 铜器

M489：2，铜手镯、铜耳环。2件。M498：2-1，铜手镯，由直径0.3厘米的铜丝绕成，直径4.7厘米，重7.28克；M498：2-2，铜耳环，由直径0.1厘米的铜丝绕制而成，直径1.2厘米，重0.87克（图七四三，4；图版五三七，3）。

2. 石器

M489：1，石器。1件。长方形片状，中部较厚，至四边边缘逐渐变薄，四边不平整，中部钻孔。长8.5厘米，宽4厘米，最厚处0.6厘米（图七四三，3；图版五三七，2）。

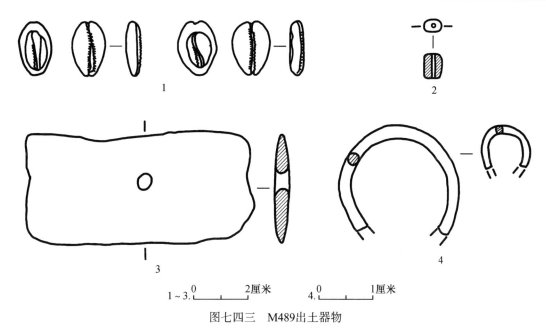

图七四三 M489出土器物

1. 海贝（M489：3） 2. 绿松石串珠（M489：4） 3. 石器（M489：1） 4. 铜手镯、铜耳环（M489：2-1、M489：2-2）

M489：4，绿松石串珠。1件。浅绿色，近扁圆柱形。中部穿孔。宽0.8厘米，长0.5厘米，直径0.6厘米，孔径0.2厘米，重0.29克（图七四三，2；图版五三八，2）。

3. 贝器

M489：3，海贝。9件。无人工加工痕迹。长2～2.1厘米，宽1.3～1.5厘米，重1.5克（图七四三，1；图版五三八，1）。

M490

（一）形制结构

长方形竖穴土坑墓。位于T1017西部。墓向55°。墓口长1.3米，宽1.1米。墓圹底部为长方形土坯椁室，椁室四壁均平砌1层土坯，块数不明。椁室内周长0.74米，宽0.58米。无人骨（图七四四；图版五三八，3）。

（二）出土遗物

共15件。陶器1件，为单耳陶罐（M490：1），出土于椁室东南角。铜器13件，其中铜管1件（M490：2），出土于椁室西壁中部；铜耳环1件（M490：3），出土于椁室西壁中部；铜管9件（M490：4），出土于椁室中部；双联铜泡2件（M490：5），出土于椁室北壁中部。石

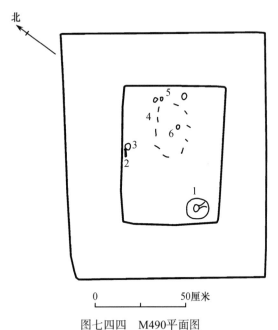

图七四四 M490平面图
1. 单耳陶罐（M490：1） 2. 铜管（M490：2）
3. 铜耳环（M490：3） 4. 铜管（M490：4）
5. 双耳铜泡（M490：5） 6. 绿松石串珠（M490：6）

器1件，为绿松石串珠（M490：6），出土于椁室中部。

1. 陶器

M490：1，单耳陶罐。1件。夹细砂红陶，手制。直口，圆唇，直颈，颈肩单耳，圆鼓腹，平底。近底部有明显的刮削修整痕迹。通高18.5厘米，口径9厘米，腹径14.5厘米，底径7厘米，重1095克（图七四五，1；图版五三九，1）。

2. 铜器

M490：2，铜管。1件。圆锥状，铜片薄厚不一，厚0.1～0.2厘米，卷制，接缝明显。长4.8厘米，直径0.9厘米，壁厚0.1～0.2厘米，重6.5克（图七四五，2；图版五三九，2）。

M490：3，铜耳环。1件。圆环状，无接口，似为一次铸造成型。直径3厘米，丝径0.7厘米，重9.14克（图七四五，3；图版五三九，3）。

M490：4，铜管。9件。长条状，由厚0.15厘米的铜片卷曲而成，接缝明显。长0.6～1.6厘米，直径0.3厘米，壁厚0.15厘米，重0.02～1.03克（图七四五，4；图版五三九，4）。

M490：5，双联铜泡。2件。其中1件分2节，单联均为圆泡形相连。长3厘米，宽1.5厘米，重2.88克。另1件似为双联，但梁和另一节缺失，铜泡长2.5～3厘米，重2.31克（图七四五，5；图版五三九，5、6）。

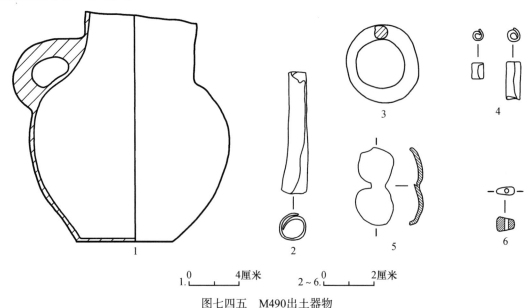

图七四五 M490出土器物
1. 单耳陶罐（M490：1） 2. 铜管（M490：2） 3. 铜耳环（M490：3） 4. 铜管（M490：4） 5. 双联铜泡（M490：5）
6. 绿松石串珠（M490：6）

3. 石器

M490：6，绿松石串珠。1件。扁圆柱形，中部穿孔。长0.9厘米，宽0.6厘米，高0.3厘米，孔径0.1厘米，重0.75克（图七四五，6；图版五四〇，1）。

M491

（一）形制结构

近长方形竖穴土坑墓。位于T1017南部。墓向47°。墓口长1.22米，宽0.68米，墓坑深0.5米。墓圹底部放置人骨1具，保存较差，骨骼分布散乱（图七四六；图版五四〇，3）。

（二）出土遗物

共7件。陶器1件，为双耳陶罐（M491：1），出土于墓坑西北角。铜器3件，其中双联铜泡1件（M491：2），出土于墓坑中部；铜牌饰2件（M491：3、M491：4），均出土于墓坑中部。石器1件，为绿松石串珠（M491：5），出土于墓坑中部。骨器2件，均为骨牌饰（M491：6），出土于墓坑中部。

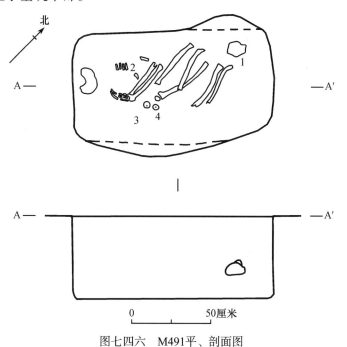

图七四六　M491平、剖面图

1. 双耳陶罐（M491：1）　2. 双联铜泡（M491：2）　3. 铜牌饰（M491：3）　4. 铜牌饰（M491：4）

1. 陶器

M491：1，双耳陶罐。1件。夹细砂红陶，手制，完整。微侈口，方唇，微束颈，颈肩双耳，鼓腹，平底。通高11.5厘米，口径8.2厘米，腹径10.8厘米，底径5.9厘米，重470克（图七四七，1；图版五四〇，2）。

2. 铜器

M491：2，双联铜泡。1件。"8"形，两面皆凸起。长2.1厘米，宽1.1厘米，重2.65克（图七四七，4；图版五四一，1）。

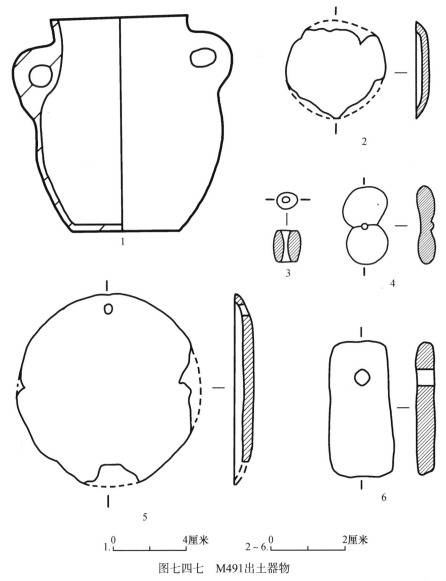

图七四七　M491出土器物

1. 双耳陶罐（M491：1）　2. 铜牌饰（M491：4）　3. 绿松石串珠（M491：5）　4. 双联铜泡（M491：2）　5. 铜牌饰（M491：3）
6. 骨牌饰（M491：6）

M491：3，铜牌饰。1件。圆形，一面略弧，近边缘处有一圆形小孔。直径5厘米，孔径0.2厘米，重17.93克（图七四七，5；图版五四一，2）。

M491：4，铜牌饰。1件。近圆形，一面略弧。直径2.6厘米，重2.52克（图七四七，2；图版五四一，3）。

3. 石器

M491：5，绿松石串珠。1件。淡蓝色，扁腰鼓状，中部穿孔。长0.8厘米，宽0.6厘米，孔径0.2厘米，重0.33克（图七四七，3；图版五四一，4）。

4. 骨器

M491：6，骨牌饰。2件。完整，近长方形，近边缘处有一穿孔。长3～3.7厘米，宽1.2～1.8厘米，重4.01克（图七四七，6；图版五四一，5）。

M492

（一）形制结构

长方形竖穴土坑墓。位于T1605内，打破M496。墓向220°。墓口长1.26米，宽1.06米，墓坑深0.42米。墓圹内填充夹杂细砾的黄色沙质土。墓圹底部四周设熟土二层台，二层台上竖立1层土坯，每边每层铺设2～4块。椁室内周长0.93米，宽0.72米；土坯长0.3米，宽0.24米，厚0.15米。椁室底部放置人骨1具，右侧身屈肢，头向南，面向东（图七四八）。

（二）出土遗物

共1件。铜器1件，为铜耳环（M492：1），出土于头部。

M492：1，铜耳环。1件。近椭圆形，用细铜丝绕成。长径1.8厘米，短径1.5厘米，0.2厘米，重1.1克（图七四八，1；图版五四一，6）。

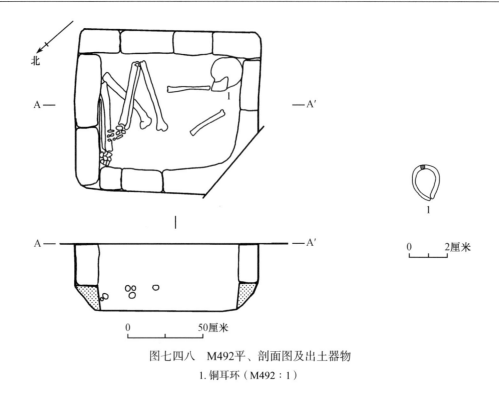

图七四八　M492平、剖面图及出土器物
1. 铜耳环（M492：1）

M493

（一）形制结构

近长方形竖穴土坑墓。位于T1219中部偏东南。墓向210°。墓口长1.36米，宽0.91米，墓坑深0.22米。墓圹底部为长方形土坯椁室，椁室四壁均平砌1层土坯，块数不明。椁室内周长0.9米，宽0.54米。椁室底部放置人骨1具，保存状况较差，仅存部分人骨，分布散乱（图七四九）。

（二）出土遗物

共3件。陶器1件，为双耳陶罐（M493：2），出土于椁室中部。铜器2件，均为铜耳环（M493：1），出土于耳部。

1. 陶器

M493：2，双耳陶罐。1件。夹细砂红陶，手制，完整。大口微侈，方唇，直颈，沿肩双耳，鼓腹，小圈足。腹部绘形似蛙的网格三角纹，耳部绘树草纹。通高14.2厘米，口径11.3厘米，腹径14.3厘米，底径8厘米，重600克（图七四九，1；图版五四二，1）。

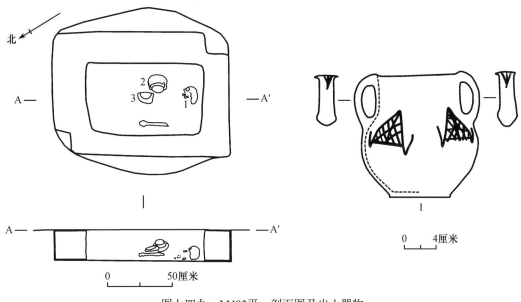

图七四九　M493平、剖面图及出土器物

1. 双耳陶罐（M493：2）　2. 铜耳环（M493：1）　3. 陶片

2. 铜器

M493：1，铜耳环。2件。无绘图、无照片、无文字记录。

M494

（一）形制结构

长方形竖穴土坑墓。位于T1215西南角。墓向45°。墓口长1.6米，宽1.16米，墓坑深0.16米。墓圹底部为长方形土坯椁室，椁室四壁均平砌1层土坯，每边每层铺设2～4块。椁室内周长1.02米，宽0.77米；土坯长0.3米，宽0.18米，厚10米。椁室底部放置人骨1具，左侧身屈肢，头向北，面向东（图七五○；图版五四二，3）。

（二）出土遗物

共4件。陶器1件，为双耳陶罐（M494：3），出土于足部。铜器1件，为铜耳环（M494：1），出土于颈部。石器1件，为绿松石串珠（M494：2），出土于膝部。羊腿骨1件，出土于足部。

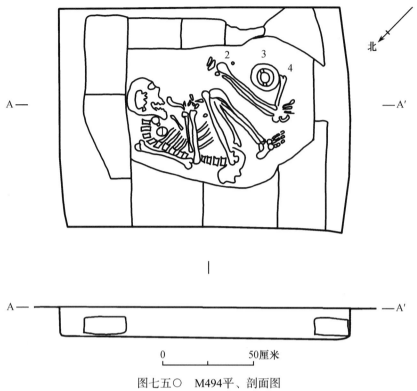

图七五〇　M494平、剖面图

1. 铜耳环（M494：1）　2. 绿松石串珠（M494：2）　3. 双耳陶罐（M494：3）　4. 羊腿骨

1. 陶器

M494：3，双耳陶罐。1件，残损严重，无法复原。

2. 铜器

M494：1，铜耳环。1件，无绘图、无照片、无文字记录。

3. 石器

M494：2，绿松石串珠。1件，无绘图、无照片、无文字记录。

附：M494墓主人人骨经稳定同位素分析，其中C_3占比53.65%，C_4占比46.35%，同时动物性食物的摄入占有相当大比例（张全超，2010：41）。

M495

（一）形制结构

长方形竖穴土坑墓。位于T1215南部，打破M499东南部，被M474打破。墓向223°。墓口长1.5米，宽1.18米，墓坑深0.24米。墓圹底部为长方形土坯椁室，椁室四壁均竖立1层土坯，每边每层铺设2~4块。椁室内周长0.9米，宽0.72米；土坯长0.4米，宽0.18米，厚0.15米。椁室底部放置人骨1具，右侧身屈肢，头向西南，面向东（图七五一；图版五四三，1）。

（二）出土遗物

共3件。陶器1件，为双耳陶罐（M495：2），出土于手部。铜器1件，为铜耳环（M495：1），出土于耳部。石器1件，为滑石串珠（M495：3），出土于腕部。

1. 陶器

M495：2，双耳陶罐。1件。夹细砂红陶，手制，完整。凹口外侈，方唇，束颈，沿肩双翘耳，鼓腹，平底。通高14.6厘米，口径9.5厘米，腹径14.9厘米，底径6.6厘米，重805克（图七五一，1；图版五四三，2）。

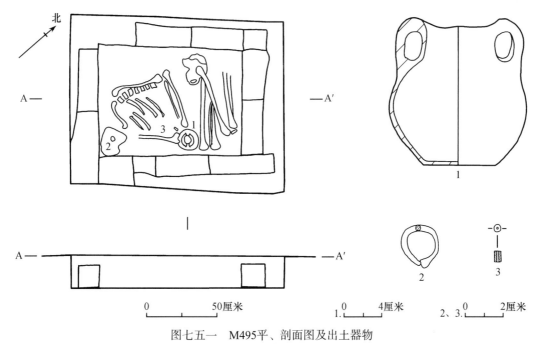

图七五一 M495平、剖面图及出土器物

1. 双耳陶罐（M495：2） 2. 铜耳环（M495：1） 3. 滑石串珠（M495：3）

2. 铜器

M495：1，铜耳环。1件。环形，用细铜丝绕成，接口处一端扁平。直径2.2厘米，丝径0.2厘米，重1.88克（图七五一，2；图版五四二，2）。

3. 石器

M495：3，滑石串珠。1件。白色，柱状，中部穿孔。长0.4厘米，长0.6厘米，直径0.4厘米，口径0.1厘米，重0.24克（图七五一，3；图版五四三，3）。

M496

（一）形制结构

长方形竖穴土坑墓。位于T1605内，被M492打破。墓向257°。墓口长1.46米，宽1.06米，墓坑深0.44米。墓圹内填充黄色沙质土。墓圹底部四周设熟土二层台，二层台内侧竖立1层土坯，二层台上平砌1层土坯，每边块数不明。椁室内周长0.84米，宽0.52米。椁室底部放置人骨1具，右侧身屈肢，头向南，面向东，为成年男性个体（图七五二；图版五四四，1）。

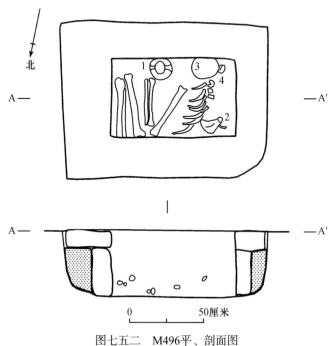

图七五二　M496平、剖面图

1. 双耳陶罐（M496：1）　2. 铜手镯（M496：2）　3. 滑石串珠（M496：3）　4. 滑石串珠（M496：4）

（二）出土遗物

共11件。陶器2件，均为双耳陶罐，1件（M496：1）出土于椁室南部，1件（M496：9）出土于填土。铜器4件，其中铜手镯1件（M496：2），出土于腹部；铜耳环1件（M496：6），出土于耳部；铜泡2件（M496：7、M496：8），出土于填土。石器5件，其中滑石串珠2件（M496：3），出土于颈部；滑石串珠2件（M496：4），出土于颈部；玉髓串珠1件（M496：5），出土于颈部。

1. 陶器

M496：1，双耳陶罐。1件。夹细砂红陶，手制，完整。侈口，方唇，短束颈，颈肩双耳，球腹，平底。肩部绘一周弦纹附带水波纹，腹部绘不连续的横向水波纹。通高13.1厘米，口径10.2厘米，腹径14.3厘米，底径6.7厘米，重620克（图七五三，1；图版五四四，2）。

M496：9，双耳陶罐。1件。夹细砂红陶，手制。微侈口，方唇，直颈，颈肩双耳，鼓腹，鼓腹处两侧各有一乳突，平底。通高12.9厘米，口径7.6厘米，腹径12.8厘米，底径5.9厘米，重460克（图七五三，2；图版五四六，1）。

2. 铜器

M496：2，铜手镯。1件。环形，用细铜丝绕成，接口处两端尖锐。长径6.7厘米，短径1.7厘米，丝径0.3厘米，重8.9克（图七五三，3；图版五四四，3）。

M496：6，铜耳环。1件。近椭圆形，用细铜丝绕成。长径1.5厘米，短径1.1厘米，0.2厘米，重0.78克（图七五三，7；图版五四五，4）。

M496：7，铜泡。1件。圆形，泡状，背部有一直纽。直径2.1厘米，重5.3克（图七五三，4；图版五四五，5）。

M496：8，铜泡。1件。圆形，泡状，背部有一直纽。直径2.3厘米，重7.83克（图七五三，5；图版五四五，6）。

3. 石器

M496：3，滑石串珠。2件。白色，圆柱状，中部穿孔。长0.3～0.5厘米，直径0.5厘米，孔径0.15厘米，重0.1克（图七五三，8；图版五四五，1）。

M496：4，滑石串珠。2件。白色半透明，圆柱状，中部穿孔。长1.6厘米，直径1厘米，孔径0.3厘米，重2.89克（图七五三，9；图版五四五，2）。

M496：5，玉髓串珠。1件。红色，算珠状，中部对钻穿孔。长0.5厘米，直径1.4厘米，孔径0.2厘米，重1.77克（图七五三，6；图版五四五，3）。

附：性别鉴定为男（魏东，2009：125）。

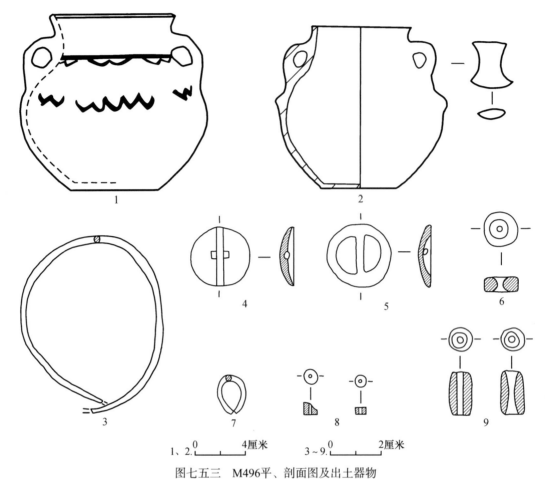

1、2. ⊢———0————4厘米┤　　　3~9. ⊢———0————2厘米┤

图七五三　M496平、剖面图及出土器物

1. 双耳陶罐（M496：1）　2. 双耳陶罐（M496：9）　3. 铜手镯（M496：2）　4. 铜泡（M496：7）　5. 铜泡（M496：8）
6. 玉髓串珠（M496：5）　7. 铜耳环（M496：6）　8. 滑石串珠（M496：3）　9. 滑石串珠（M496：4）

M497

（一）形制结构

长方形竖穴土坑墓。墓向38°。墓口长1.46米，宽1.11米，墓坑深0.36米。墓圹底部为长方形土坯椁室，椁室四壁均自下而上平砌多层土坯，块数及层数不明。椁室内周长0.84米，宽0.62米。椁室底部放置人骨1具，保存状况较差，仅存零星骨骼（图七五四）。

（二）出土遗物

共1件。陶器1件，为单耳陶罐，出土于椁室西南角（M497：1）。

M497：1，单耳陶罐。1件。夹细砂红陶，手制，口沿略残。直口，圆唇，直颈，颈肩单耳，耳上有一乳凸，耳相对一面有一穿孔，鼓腹，平底。底部与腹部有烟熏痕迹。通高15.6厘米，口径9.5厘米，腹径13.2厘米，底径8.2厘米，重960克（图七五四，1；图版五四六，2）。

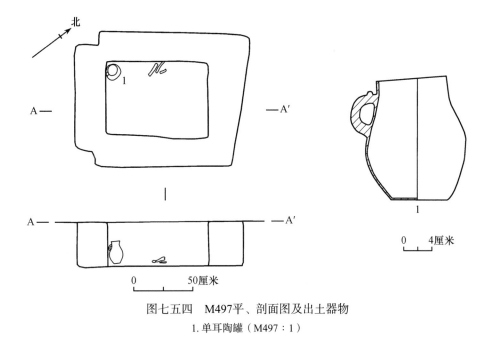

图七五四 M497平、剖面图及出土器物
1.单耳陶罐（M497∶1）

M498

（一）形制结构

长方形竖穴土坑墓。位于T1603东北角。墓向29°。墓口距地面深0.25米，长1.34米，宽0.88米，墓坑深0.74米。墓圹内填充夹杂细砾的黄色沙质土。墓圹底部南壁设生土二层台，二层台内侧竖立2层土坯，二层台上平砌1层土坯；东、北、西三壁均自下而上竖立2层土坯，每边每层铺设2~3块。椁室内周长0.96米，宽0.64米；土坯长0.4米，宽0.24米，厚0.1米。椁室底部放置人骨1具，左侧身屈肢，头向东北，面向东南，为成年男性个体（图七五五；图版五四六，3）。

（二）出土遗物

共18件。陶器1件，为双耳陶罐（M498∶6），出土于足部。铜器15件，其中铜耳环1件（M498∶1），出土于耳部；铜泡1件（M498∶2），出土于胸部；铜泡1件（M498∶4），出土于头骨；铜管8件（M498∶5），出土于足部；铜手镯2件（M498∶7），出土于腕部；铜泡1件（M498∶8），出土于背部；双联铜泡1件（M498∶9），出土于颈部。石器2件，均为滑石串珠（M498∶3），出土于颈部。

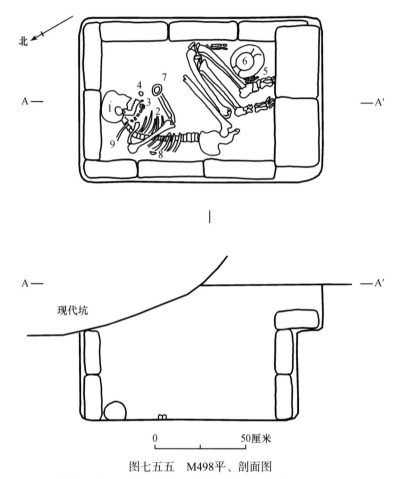

图七五五　M498平、剖面图

1. 铜耳环（M498：1）　2. 铜泡（M498：2）　3. 滑石串珠（M498：3）　4. 铜泡（M498：4）　5. 铜管（M498：5）

6. 双耳陶罐（M498：6）　7. 铜手镯（M498：7）　8. 铜泡（M498：8）　9. 双联铜泡（M498：9）

1. 陶器

M498：6，双耳陶罐。1件。夹细砂红陶，手制，口沿残。微侈口，方唇，短束颈，沿肩双耳，鼓腹，平底。腹部有烟熏痕迹。通高14.1厘米，口径9.6厘米，腹径14.6厘米，底径7.2厘米，重570克（图七五六，1；图版五四七，5）。

2. 铜器

M498：1，铜耳环。1件。环形，用细铜丝绕成，接口处扁平。直径4.5厘米，丝径0.2厘米，重2.03克（图七五六，2；图版五四七，1）。

M498：2，铜泡。1件。保存较差，断为2片，圆形，泡状。残径2.1厘米，重2.43克（图七五六，3；图版五四七，2）。

M498：4，铜泡。1件。原应为圆形，泡状。残径2.2厘米，重3.03克。

M498：5，铜管。8件。管状，薄铜片卷成，有接缝。残长1.8～4厘米，直径0.6厘米，重1.1～2.34克（图七五六，7；图版五四七，4）。

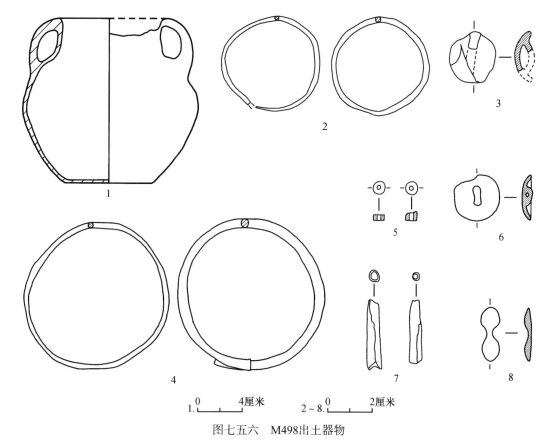

图七五六　M498出土器物

1.双耳陶罐（M498：6）　2.铜耳环（M498：1）　3.铜泡（M498：2）　4.铜手镯（M498：7）　5.滑石串珠（M498：3）
6.铜泡（M498：8）　7.铜管（M498：5）　8.双联铜泡（M498：9）

　　M498：7，铜手镯。2件。环形，一个用铜条卷成，焊接，另一个用铜丝卷成，接口扁平相错。直径6.5、6.6厘米，丝径0.3、0.66厘米，重10.27、22.94克（图七五六，4；图版五四七，6）。

　　M498：8，铜泡。1件。圆形泡状，背部有纽。直径2.1厘米，重2.74克（图七五六，6；图版五四八，1）。

　　M498：9，双联铜泡。1件。"8"形，一面略弧。长2.5厘米，宽0.8厘米，重1.6克（图七五六，8；图版五四八，2）。

3. 石器

　　M498：3，滑石串珠。2件。圆柱状，中部穿孔。长0.3～0.9厘米，直径0.4～1.1厘米，孔径0.2～0.3厘米，总重15.88克（图七五六，5；图版五四七，3）。

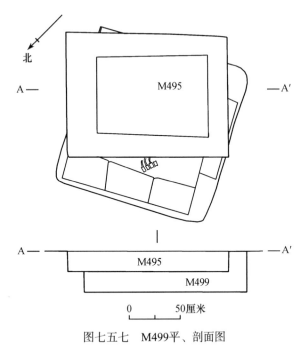

北

A—　　　　　　　　　—A′

M495

A—　　　　　　　　　—A′
M495
M499

0　　　50厘米

图七五七　M499平、剖面图

M499

近方形竖穴土坯墓。位于T1215南壁中部，被M495打破。墓向153°。墓口长1.56米，宽1.56米，墓坑深0.4米。墓圹底部为长方形土坯椁室，东、南两壁为平砌1层土坯，西、北两壁情况不明。土坯长0.38~0.46米，宽0.18~0.26米。椁室底部放置人骨1具，保存较差，仅存零星人骨（图七五七）。

无出土遗物。

M500

（一）形制结构

长方形竖穴土坑墓。位于T1215中部偏东。墓向45°。墓口距地面深0.24米，长1.56米，宽1.2米，墓坑深1.12米。墓圹底部为长方形土坯椁室，椁室四壁均自下而上错缝平砌多层土坯，层数不明，每边每层铺设2~3块。椁室内周长0.88米，宽0.56米；土坯长0.4米，宽0.3米。椁室底部放置人骨1具，左侧身屈肢，头向东，面向南（图七五八；图版五四八，3）。

（二）出土遗物

共52件。陶器1件，为双耳陶罐（M500：7），出土于足部。铜器42件，其中铜耳环2件（M500：1、M500、2），出土于耳部；铜泡11件（M500：3），出土于人骨头部；铜手镯2件（M500：4），出土于腕部；铜泡3件（M500：5），出土于头部；铜牌饰1件（M500：6），出土于腹部；铜珠22件（M500：9），出土于腕部；铜管1件（M500：10），出土于腹部。石器9件，均为串珠（M500：8），出土位置不明。

1. 陶器

M500：7，双耳陶罐。1件。夹细砂红陶，手制，完整。侈口，圆唇，短束颈，沿肩双耳，球腹，小平底。口沿处绘一周水波纹，肩部绘一周弦纹，其下绘连续的平行线交错三角纹，三角纹之间绘水波纹。通高17.2厘米，口径11.5厘米，腹径17.8厘米，底径8.3厘米，重1010克（图七五九，1；图版五五一，2）。

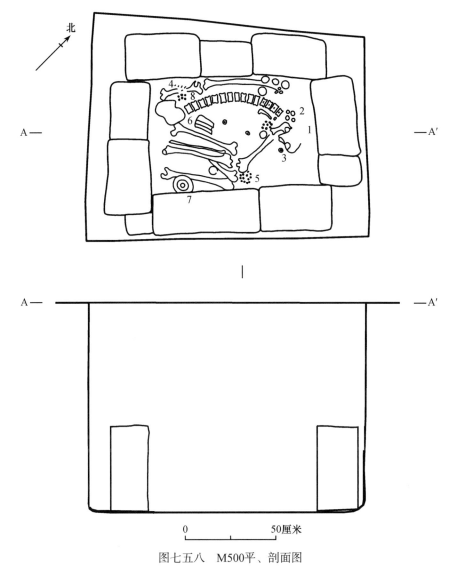

图七五八 M500平、剖面图

1. 铜耳环（M500：1） 2. 铜耳环（M500：2） 3. 铜泡（M500：3） 4. 铜手镯（M500：4） 5. 铜泡（M500：5）
6. 铜牌饰（M500：6） 7. 双耳陶罐（M500：7） 8. 铜珠（M500：9）

2. 铜器

M500：1，铜耳环。1件。环形，用细铜丝绕成，接口处扁平相错。直径4.4厘米，丝径0.3厘米，重7.01克（图七五九，2；图版五四九，1）。

M500：2，铜耳环。1件。环形，用细铜丝绕成，接口处扁平。直径4.6厘米，丝径0.3厘米，重5.4克（图七五九，4；图版五四九，2）。

M500：3，铜泡。11件。圆形泡状，背部有纽。直径2.1～2.8厘米，重4.66～7.52克（图七五九，5；图版五四九，3）。

M500：4，铜手镯。2件。环形，用细铜丝绕成，接口处扁平相错。直径6.6厘米，丝径0.3厘米，重14.76克（图七五九，6；图版五五○，1）。

M500：5，铜泡。3件。圆形，一面略凸，一面略凹，凹面有纽。直径3.6厘米，重10.12克

（图七五九，3；图版五五〇，2）。

M500：6，铜牌饰。1件。近梯形，中部起脊，边缘有一周压点纹，中部有4组每组两道呈斜向的压点纹。长7.2厘米，宽3.6～4.5厘米，重22.21克（图七五九，7；图版五五一，1）。

M500：9，铜珠。22件。不规则圆柱形，中部穿孔，铸造。长0.2～0.6厘米，直径0.5厘米，孔径0.15厘米，总重11.16克（图七五九，9；图版五五一，3）。

M500：10，铜管。1件。管状，薄铜片卷成，有接缝。残长7.9厘米，直径0.6厘米，重8.02克（图七五九，10；图版五五二，1）。

3. 石器

M500：8，串珠。9件。其中滑石串珠5件，绿松石串珠4件。圆柱状，中部穿孔。长0.2～0.5厘米，直径0.3～0.5厘米，孔径0.15厘米，总重0.77克（图七五九，8；图版五五〇，3）。

附：M500墓主人人骨经稳定同位素分析，其中C_3占比70.08%，C_4占比29.92%，同时动物性食物的摄入占有相当大比例（张全超，2010：41）。

经金相检验和成分分析，M500铜耳环材质为Cu-Sn（Bi）（含铋杂质的锡青铜），制作技术为热锻。铜泡材质为Cu-Sn（锡青铜），制作技术为铸造。铜牌材质为Cu（Sn，As）（含锡，砷杂质的红铜），制作技术为热锻。铜珠材质为Cu-Sn（锡青铜），制作技术为铸造（潜伟，2006：44）。

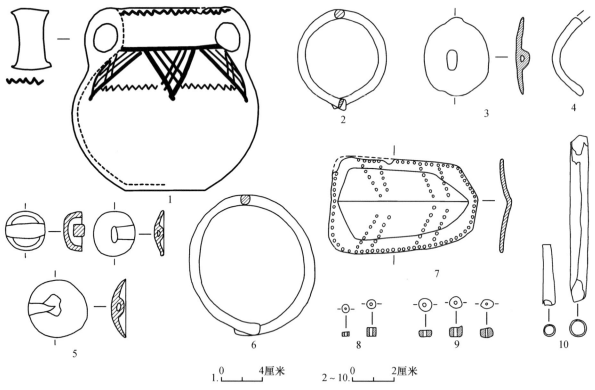

图七五九　M500出土器物

1. 双耳陶罐（M500：7）　2. 铜耳环（M500：1）　3. 铜泡（M500：5）　4. 铜耳环（M500：2）　5. 铜泡（M500：3）
6. 铜手镯（M500：4）　7. 铜牌饰（M500：6）　8. 滑石串珠（M500：8）　9. 铜珠（M500：9）　10. 铜管（M500：10）

M501

（一）形制结构

长方形竖穴土坑墓。墓向20°。墓口长0.98米，宽0.69米，墓坑深0.7米。墓圹底部放置人骨1具，保存较差，仅存零星碎骨（图七六〇）。

（二）出土遗物

共1件。陶器1件，为双耳陶罐（M501∶1），出土于人骨足部。

M501∶1，双耳陶罐。1件。夹细砂灰陶，手制，口沿及底部残。微侈口，方唇，肩部双耳，耳下部各有一乳突，肩部有一周凸棱，斜直腹，平底。通高14厘米，口径10.3厘米，腹径12.4厘米，底径6厘米，重505克（图七六〇，1；图版五五二，1）。

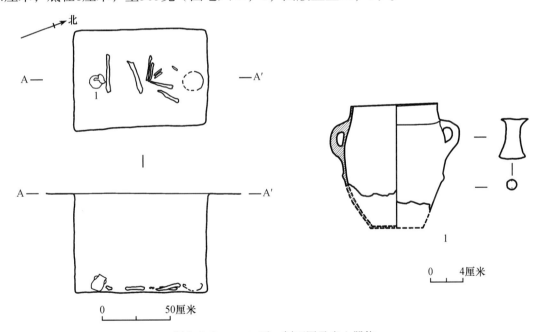

图七六〇　M501平、剖面图及出土器物
1. 双耳陶罐（M501∶1）

M502

（一）形制结构

长方形竖穴土坑墓。墓向57°。墓口长1.22米，宽0.9米，墓坑深0.7米。墓圹底部为长方形土坯椁室，椁室四壁均自下而上平砌数层土坯，土坯层数及块数不明。椁室内周长0.86米，宽0.52米。椁室底部放置人骨1具，保存较差，仅存头骨和部分碎骨（图七六一；图版五五二，3）。

（二）出土遗物

共7件。陶器1件，为双耳陶罐（M502：1），出土于椁室西北角。铜器5件，其中铜牌饰2件（M502：2），出土于人骨头骨前方；铜镜1件（M502：3），出土于人骨枕骨；铜管1件（M502：4），出土于人骨胸前；铜铃1件（M502：5），出土于椁室北部。石器1件，为绿松石串珠（M502：6），出土于人骨额骨前方。

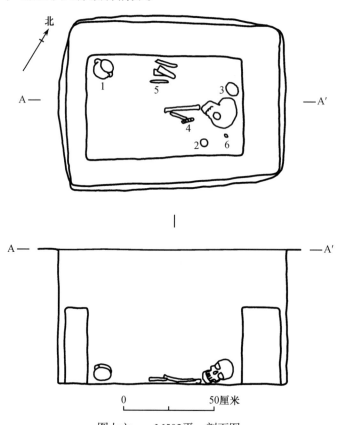

图七六一　M502平、剖面图

1. 双耳陶罐（M502：1）　2. 铜牌饰（M502：2）　3. 铜镜（M502：3）　4. 铜管（M502：4）　5. 铜铃（M502：5）

6. 绿松石串珠（M502：6）

1. 陶器

M502：1，双耳陶罐。1件。夹细砂红陶，手制，完整。侈口，方唇，短束颈，颈肩双耳，球腹，小平底。腹部有黑色烟炱。通高11.4厘米，口径8.8厘米，腹径10.6厘米，底径4.7厘米，重380克（图七六二，1；图版五五三，1）。

2. 铜器

M502：2，铜牌饰。2件。圆形，一面略弧，一面略凹，近边缘处有一个圆形小孔。径4.8厘米，孔径0.1厘米，15.73克（图七六二，6；图版五五三，2）。

M502：3，铜镜。1件。圆形，一面略弧，背部有纽。直径8厘米，厚0.3厘米（图七六二，3）。

M502：4，铜管。1件。残成多段，螺旋形管状，用薄铜片斜卷而成。残长6.2厘米，直径0.9厘米，重8.14克（图七六二，5；图版五五三，3）。

M502：5，铜铃。1件。呈喇叭口状，有长柄，柄端有一穿孔。长10厘米，直径3.5厘米（图七六二，2）。

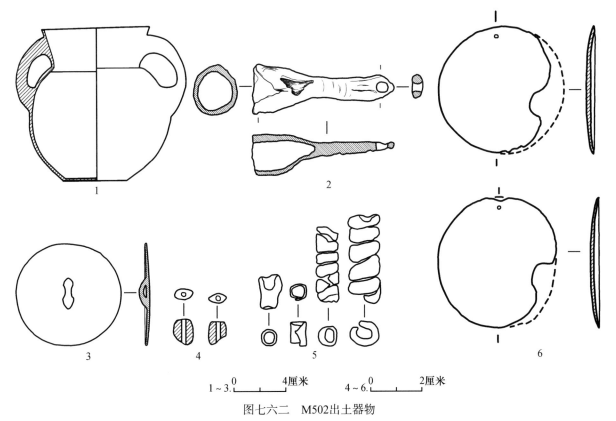

图七六二　M502出土器物

1. 双耳陶罐（M502：1）　2. 铜铃（M502：5）　3. 铜镜（M502：3）　4. 绿松石串珠（M502：6）　5. 铜管（M502：4）
6. 铜牌饰（M502：2）

3. 石器

M502：6，绿松石串珠。1件。青色，扁腰鼓状，中部穿孔。长1厘米，宽0.8厘米，孔径0.2厘米，重0.58克（图七六二，4；图版五五四，1）。

附：M502螺旋铜管经金相检验和成分分析，其材质为Cu-Sn（锡青铜），制作技术为热锻（潜伟，2006：44）。

M503

（一）形制结构

长方形竖穴土坑墓。墓向53°。墓口距地表0.1米，长1.32米，宽1.16米，墓坑残深0.5米。墓圹内填充夹杂砾石的黄沙土。墓圹底部四周设生土二层台，二层台高0.5米，二层台上平砌1层土坯。椁室底部放置人骨1具，左侧身屈肢，头向东北，面向南（图七六三；图版五五四，3）。

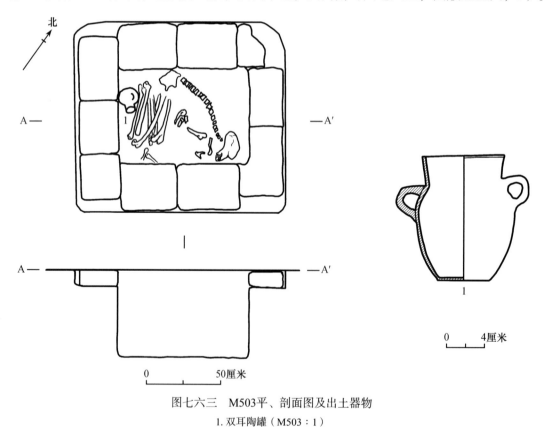

图七六三　M503平、剖面图及出土器物
1. 双耳陶罐（M503：1）

（二）出土遗物

共2件。陶器1件，为双耳陶罐（M503：1），出土于人骨足部。羊腿骨1件，出土于椁室东侧。

M503：1，双耳陶罐。1件。夹细砂红陶，手制，残。侈口，方唇，束颈，颈肩双耳，鼓腹，平底。通高13.2厘米，口径9.6厘米，腹径10.9厘米，底径5.2厘米，重395克（图七六三，1；图版五五四，2）。

M504

（一）形制结构

长方形竖穴土坑墓。位于T1218。墓向85°。墓口距地表0.1米，长0.9米，宽0.55米，墓坑残深0.52米。墓圹内填充夹杂细砾的细沙土。墓圹底部放置人骨1具，左侧身屈肢，头向东，面向南，为未成年个体（图七六四；图版五五五，1）。

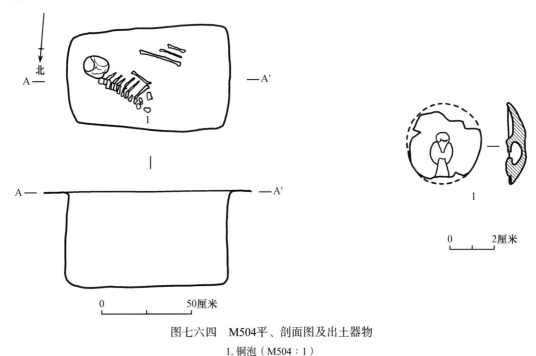

图七六四　M504平、剖面图及出土器物

1.铜泡（M504：1）

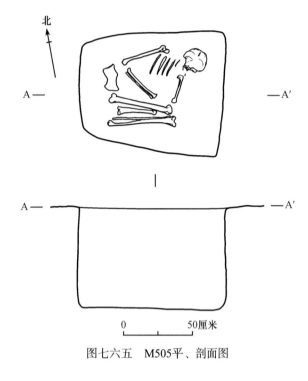

图七六五　M505平、剖面图

（二）出土遗物

共1件。铜器1件，为铜泡（M504：1），出土于人骨小腿骨盆底。

M504：1，铜泡。1件。残，圆形，泡状，背部有纽。直径3.4厘米，重10.86克（图七六四，1；图版五五五，2）。

M505

长方形竖穴土坑墓。位于T1218南部。墓向101°。墓口距地表0.1米，长1.04米，宽0.84米，墓坑残深0.72米。墓圹内填充夹杂细砾的黄沙土。墓圹底部放置人骨1具，左侧身屈肢，头向东，面向南，性别男（图七六五；图版五五六，1）。

无出土遗物。

M506

（一）形制结构

长方形竖穴土坑墓。位于T1217北部。墓向39°。墓口长1.34米，宽0.94米，墓坑深0.15米。墓圹内填充夹杂砾石的沙土。墓圹底部为长方形土坯椁室，椁室四壁均自下而上平砌多层土坯，土坯层数和块数不明。椁室内周长1.12米，宽0.78米。椁室底部放置人骨1具，左侧身屈肢，头向东北，面向南，性别男（图七六六；图版五五六，2）。

（二）出土遗物

共3件。陶器1件（M506：1），为双耳陶罐，出土于人骨足部。铜器2件，其中铜牌饰1件（M506：2），出土于人骨左手；铜管1件（M506：3），出土于人骨左手。

1. 陶器

M506：1，双耳陶罐。1件。残损严重，无法测量，重865克（图版五五五，3）。

2. 铜器

M506：2，铜牌饰。1件。铜制，长方形，中部起脊，一短边边缘处有一个方形小孔，两长边各有两排压点纹。残长10.8厘米，宽4.3厘米，孔长0.5厘米，孔宽0.3厘米，重28.45克（图七六六，1；图版五五七，1）。

M506：3，铜管。1件。管状，用薄铜片卷曲制成。长6.6厘米，直径0.8厘米，重6.22克（图七六六，2；图版五五七，2）。

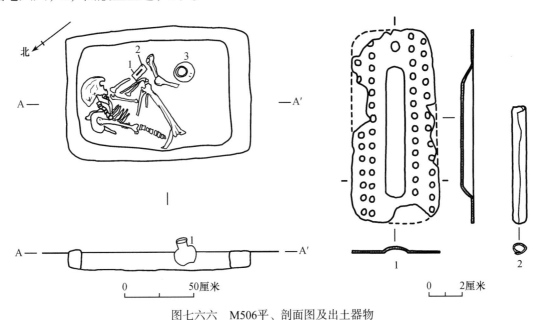

图七六六　M506平、剖面图及出土器物
1. 铜牌饰（M506：2）　2. 铜管（M506：3）　3. 双耳陶罐（M506：1）

M507

（一）形制结构

长方形竖穴土坑墓。打破M508南部。墓向333°。墓口长1.14米，宽0.74米，墓坑深0.68米。墓圹内填充夹杂细砾的黄沙土。墓圹底部放置人骨1具，左侧身屈肢，头向北，面向东（图七六七；图版五五七，3）。

（二）出土遗物

共1件。陶器1件，为双耳陶罐（M507：1），出土于人骨足部。

M507：1，双耳陶罐。1件。夹细砂红陶，手制，一耳残。微侈口，方唇，微束颈，颈肩双耳，鼓腹，小平底。底部有黑色烟炱。通高10.4厘米，口径6.4厘米，腹径9.3厘米，底径4.2厘米，重215克（图七六七，1；图版五五八，1）。

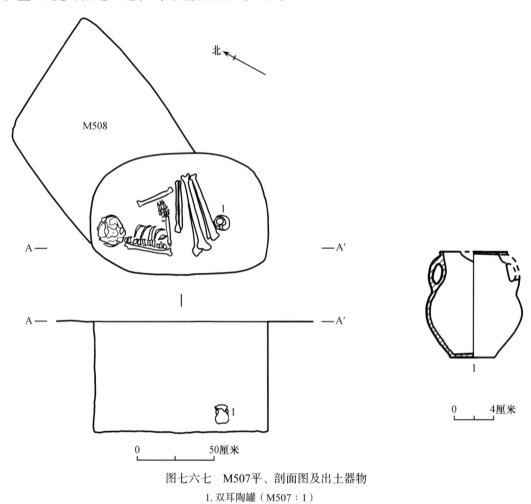

图七六七　M507平、剖面图及出土器物
1. 双耳陶罐（M507：1）

M508

（一）形制结构

长方形竖穴土坑墓。位于T1222中部，南部被M507打破。墓向13°。墓口距地表0.2米，残长1.03米，残宽0.84米，墓坑深0.6米。墓圹内填充夹杂细砾的黄沙土。墓圹底部放置人骨1具，保存较差，仅存零星骨骼（图七六八；图版五五七，3；图版五五八，3）。

（二）出土遗物

共2件。陶器2件，其中双耳陶罐1件（M508：1），出土于墓坑中部；单耳陶杯1件（M508：2），出土于墓坑东北部。

M508：1，双耳陶罐。1件。夹细砂红陶，手制，完整。直口，圆唇，短颈，颈肩双耳，弧腹，平底。通高14.5厘米，口径9.2厘米，腹径12.6厘米，底径6.8厘米，重585克（图七六八，1）。

M508：2，单耳陶杯。1件。夹细砂红陶，手制，仅剩上半部残片。残高9.7厘米，壁厚0.4厘米，口径12.8厘米，重175克（图七六八，2）。

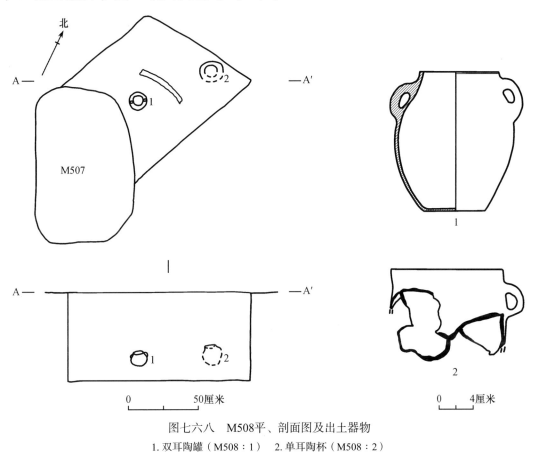

图七六八 M508平、剖面图及出土器物
1. 双耳陶罐（M508：1） 2. 单耳陶杯（M508：2）

M509

（一）形制结构

长方形竖穴土坑墓。位于T1222北部。墓向85°。墓口长0.9米，宽0.77米，墓坑深0.38米。墓圹内填充夹杂细砾的黄沙土。墓圹底部放置人骨1具，保存较差，仅存一节肢骨（图七六九；图版五五八，3）。

（二）出土遗物

共1件。陶器1件，为双耳陶罐（M509：1），出土于墓坑西部。

M509：1，双耳陶罐。1件。夹细砂红陶，手制，完整。微侈口，方唇，束颈，沿肩双耳，鼓腹，平底。通高11.1厘米，口径6.9厘米，腹径9.8厘米，底径5.2厘米，重395克（图七六九，1；图版五五八，2）。

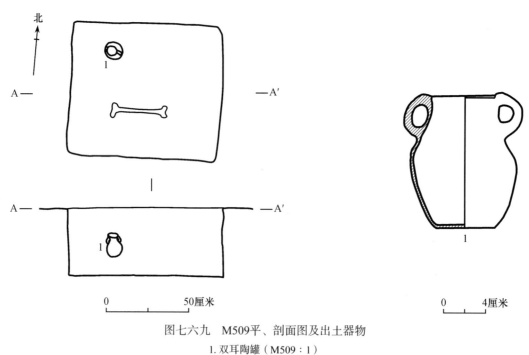

图七六九　M509平、剖面图及出土器物
1. 双耳陶罐（M509：1）

M510

（一）形制结构

长方形竖穴土坑墓。位于T1223东南部。墓向13°。墓口距地表0.5米，长1.3米，宽0.8米，墓坑深1米。墓圹内填充夹杂细砾的黄沙土。墓圹底部放置人骨1具，左侧身屈肢，上半身骨骼分布散乱（图七七〇；图版五五九，1）。

（二）出土遗物

共1件。陶器1件，为双耳陶罐（M510：1），出土于人骨足部。

M510：1，双耳陶罐。1件。夹细砂红陶，手制，完整。侈口，方唇，短束颈，颈肩

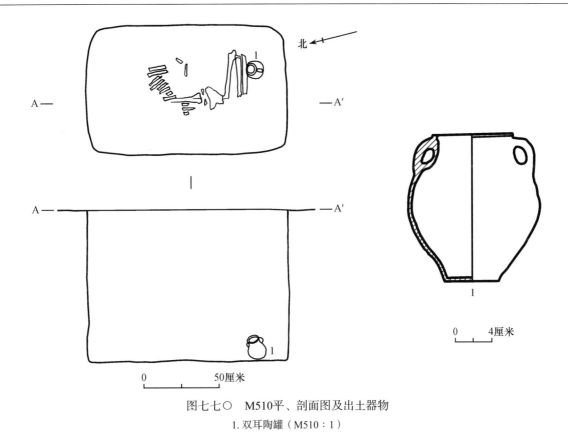

图七七〇 M510平、剖面图及出土器物

1. 双耳陶罐（M510：1）

双耳，鼓腹，平底。通高15.8厘米，口径9厘米，腹径14.6厘米，底径7厘米，重745克（图七七〇，1；图版五五九，2）。

M511

（一）形制结构

长方形竖穴土坑墓。位于T1223东北部。墓向7°。墓口距地表0.5米，长1米，宽0.7米，墓坑深0.78米。墓圹内填充夹杂细砾的黄沙土。墓圹底部放置人骨1具，左侧身屈肢，头向东北，面向东，性别男，为未成年个体（图七七一；图版五六〇，1）。

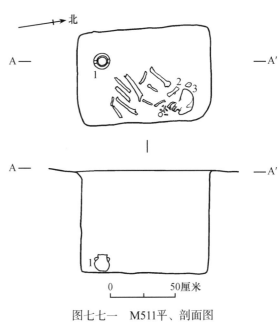

图七七一 M511平、剖面图

1. 双耳陶罐（M511：1） 2. 铜牌饰（M511：2）

3. 铜牌饰（M511：3）

（二）出土遗物

共5件。陶器1件，为双耳陶罐，出土于墓坑西南部（M511：1）。铜器4件，其中铜牌饰4件，2件（M511：2）出土于人骨肩部，2件（M511：3）出土于人骨头骨后和胸前。

1. 陶器

M511：1，双耳陶罐。1件。夹细砂红陶，手制，完整。微侈口，方唇，短束颈，颈肩双耳，弧腹，平底。腹部有黑色烟炱。通高12.5厘米，口径8.7厘米，腹径11.2厘米，底径7厘米，重500克（图七七二，1；图版五五九，3）。

2. 铜器

M511：2，铜牌饰。2件，盾形，中部窄，两侧宽，中部一侧有环。四周边缘处有一周凸棱。长8.3厘米，中部宽0.9厘米、1厘米，两侧宽2.5厘米，孔径0.8、0.9厘米（图七七二，2；图版五六〇，2）。

M511：3，铜牌饰。2件，一完一残。残的呈不规则形，一面略弧。残长2.7厘米，重1.96克。完整的呈椭圆形，边缘有两个相对的小孔，一面略弧。长径3.8厘米，短颈2.9厘米，孔径0.2厘米，重5.54克（图七七二，3；图版五六〇，3）。

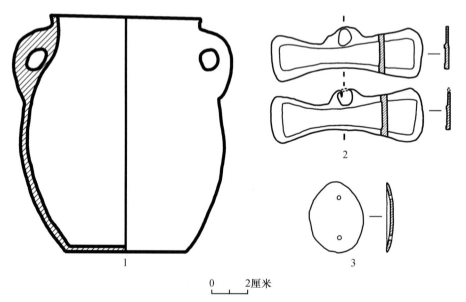

0　　2厘米

图七七二　M511出土器物

1.双耳陶罐（M511：1）　2.铜牌饰（M511：2）　3.铜牌饰（M511：3）

M512

（一）形制结构

长方形竖穴土坑墓。墓向25°。墓口长0.76米，宽0.67米，墓坑深0.5米。墓圹底部放置人骨1具，保存较差，仅存部分骨骼，分布散乱（图七七三；图版五六一，1）。

（二）出土遗物

共7件。陶器1件，为双耳陶罐（M512：4），出土于墓坑东南角。铜器4件，其中铜耳环2件（M512：1），出土于人骨头骨；铜手镯2件（M512：2），出土于墓坑中部。石器2件，均为滑石串珠（M512：3），出土于墓坑东南角。

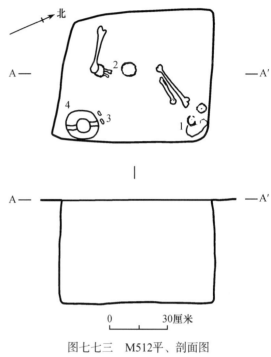

图七七三 M512平、剖面图
1. 铜耳环（M512：1） 2. 铜手镯（M512：2）
3. 滑石串珠（M512：3） 4. 双耳陶罐（M512：4）

1. 陶器

M512：4，双耳陶罐。1件。夹细砂灰陶，手制，完整。凹口微侈，圆唇，束颈，沿肩双翘耳，鼓腹，小平底。通高14.8厘米，口径11.6厘米，腹径16厘米，底径7.8厘米，重915克（图七七四，1；图版五六二，2）。

2. 铜器

M512：1，铜耳环。2件，一完一残，铜制，环形，用细铜丝绕成，接口处扁平相错。直径4.4厘米，丝径0.3厘米，重4.38克（图七七四，2；图版五六一，2）。

M512：2，铜手镯。2件，一完一残。环形，用铜丝绕成，接口处扁平相错。直径6.6厘米，丝径0.4厘米，重6.27克（图七七四，3；图版五六一，3）。

3. 石器

M512：3，滑石串珠。2件，完整。白色，圆柱状，中部穿孔。长0.5、0.6厘米，直径0.4厘米，口径0.15厘米，重0.14克（图七七四，4；图版五六二，1）。

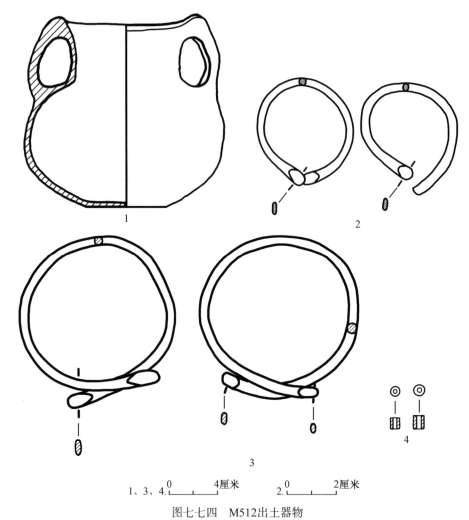

图七七四　M512出土器物

1. 双耳陶罐（M512：4）　2. 铜耳环（M512：1）　3. 铜手镯（M512：2）　4. 滑石串珠（M512：3）

M513

（一）形制结构

长方形竖穴土坑墓。墓向225°。墓口长0.9米，宽0.46米，墓坑深0.38米。墓圹底部放置人骨1具，保存较差，仅存部分人骨，分布散乱（图七七五）。

（二）出土遗物

共6件。铜器2件，其中铜别针1件（M513：1），出土于墓坑中部；铜珠1件（M513：4），出土于墓坑中部。石器4件，其中绿松石串珠1件（M513：2），出土于墓坑中部；绿松石串珠2件（M513：3）、滑石串珠1件（M513：3），出土于墓坑中部。

1. 铜器

M513：1，铜别针。1件。门鼻状，用细铜丝绕成。长5.1厘米，宽1.5厘米，丝径0.2厘米，重2.59克（图七七五，1；图版五六二，3）。

M513：4，铜珠。1件。不规则柱状，中部有孔，铸造。长0.7厘米，孔径0.1厘米，重0.6克（图七七五，3；图版五六二，6）。

2. 石器

M513：2，绿松石串珠。1件。淡蓝色，扁腰鼓状，中部穿孔。长2.1厘米，宽1.3厘米，孔径0.15厘米，重1.6克（图七七五，2；图版五六二，4）。

M513：3，串珠。3件。M513：3-1，绿松石串珠，2件，扁腰鼓状，中部穿孔，长0.8～0.9厘米，宽0.5厘米，孔径0.1厘米（图七七五，5；图版五六二，5）。M513：3-2，滑石串珠，1件，算珠状，折腹，中部穿孔，厚0.2厘米，直径0.4厘米，孔径0.2厘米。总重0.78克（图七七五，4；图版五六二，5）。

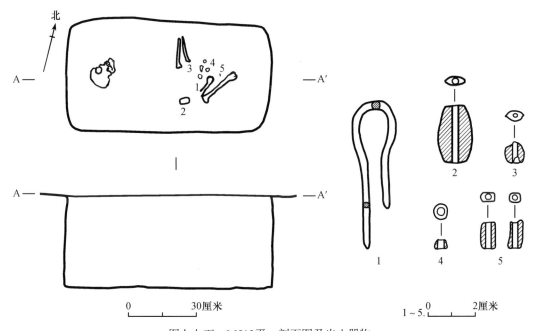

图七七五 M513平、剖面图及出土器物

1. 铜别针（M513：1） 2. 绿松石串珠（M513：2） 3. 铜珠（M513：4） 4. 滑石串珠（M513：3-2）

5. 绿松石串珠（M513：3-1）

M514

（一）形制结构

长方形竖穴土坑墓。墓向50°。墓口长1.77米，宽1.25米，墓坑深0.54米。墓圹底部四周设熟土二层台，二层台内侧竖立1层土坯，二层台上平砌1层土坯。椁室内周长1.26米，宽0.72米；土坯长0.3~0.42米，宽0.16~0.18米，厚0.06米。椁室底部放置人骨1具，左侧身屈肢，头向东，面向南（图七七六；图版五六三，1）。

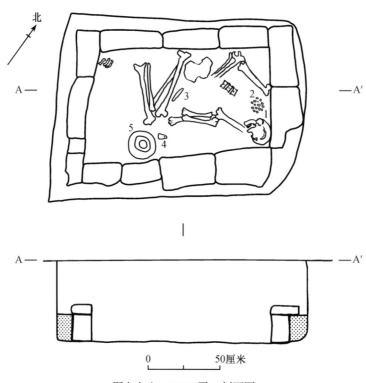

图七七六　M514平、剖面图

1. 铜耳环（M514：1）　2. 串珠（M514：2）　3. 铜管（M514：3）　4. 绿松石串珠（M514：4）　5. 陶罐（M514：5）

（二）出土遗物

共19件。陶器1件，为陶罐（M514：5），出土于人骨膝部。铜器2件，其中铜耳环1件（M514：1），出土于人骨耳部；铜管1件（M514：3），出土于人骨股骨。石器16件，其中绿松石串珠1件（M514：4），出土于人骨膝部；串珠15件（M514：2），位于人骨肩部。

1. 陶器

M514：5，陶罐。1件。夹细砂红陶，手制，残损仅剩下半部。残高10.4厘米，腹径16.6厘米，底径7.2厘米，重630克（图七七七，1；图版五六五，1）。

2. 铜器

M514：1，铜耳环。1件。铜制，残。原应为环形，用细铜丝绕成。残径4.6厘米，丝径0.2厘米，重5.4克（图七七七，3；图版五六三，2）。

M514：3，铜管。1件。管状，用薄铜片卷成。残长3.6厘米，直径0.6厘米，重1.42克（图七七七，2；图版五六四，1）。

3. 石器

M514：4，绿松石串珠。1件。近梯形，短边处有一穿孔。长1.5厘米，宽0.5～1厘米，孔径0.3厘米，重0.97克（图七七七，4；图版五六四，2）。

M514：2，串珠。15件。绿松石串珠：2件，滑石串珠：13件，均呈柱状，中部穿孔。长0.2～0.6厘米，直径0.4～0.6厘米，孔径0.15厘米，总重3.64克（图七七七，5；图版五六三，3）。

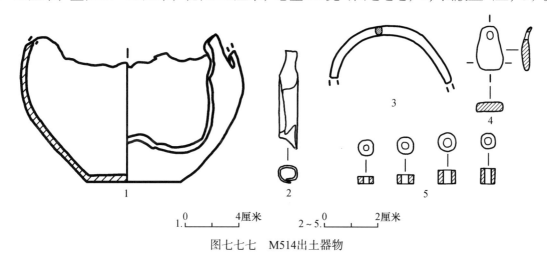

图七七七 M514出土器物

1.陶罐（M514：5） 2.铜管（M514：3） 3.铜耳环（M514：1） 4.绿松石串珠（M514：4） 5.滑石串珠（M514：2）

M515

长方形竖穴土坑墓。打破M516、M517。墓向48°。墓口残长0.5米，宽1.08米，墓坑深0.28米。墓圹底部为长方形土坯椁室，椁室四壁均自下而上平砌多层土坯，土坯块数与层数不明。无人骨（图七七八）。

无出土遗物。

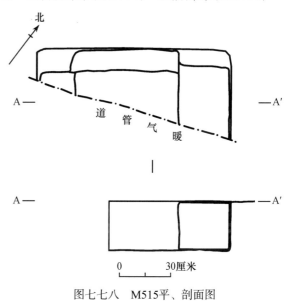

图七七八 M515平、剖面图

M516

　　长方形竖穴土坑墓。墓葬东北角被M515打破，打破M517中南部。墓向121°。墓口残长0.99米，宽1.35米，墓坑深0.24米。墓圹底部为长方形土坯椁室，椁室四壁均自下而上平砌多层土坯，土坯块数和层数不明。椁室底部放置人骨1具，保存较差，仅存零星骨骼，分布散乱（图七七九）。

　　无出土遗物。

M517

　　长方形竖穴土坑墓。中南部被M516打破，东南部被M515打破。墓向38°。墓口残长0.73米，宽1.01米，墓坑深0.26米。墓圹填土中出土羊距骨1块。墓圹底部为长方形土坯椁室，椁室四壁均自下而上平砌多层土坯，土坯块数及层数不明。椁室底部放置人骨1具，保存较差，仅存一些牙齿和碎骨（图七八〇）。

　　无出土遗物。

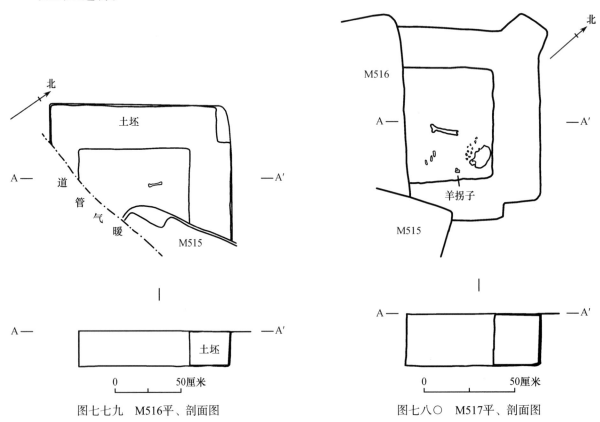

图七七九　M516平、剖面图　　　　　图七八〇　M517平、剖面图

M518

（一）形制结构

长方形竖穴土坑墓。位于T1123北部。墓向35°。墓口长1.4米，宽1.2米，墓坑深1.1米。墓圹内填充夹杂细砾的黄沙土。墓圹底部为长方形土坯椁室，椁室四壁均自下而上错缝平砌多层土坯，土坯块数及层数不明。椁室底部放置人骨1具，保存较差，仅存零星骨骼，分布散乱（图七八一；图版五六四，3）。

（二）出土遗物

共28件。陶器1件，为双耳陶罐（M518：1），出土于人骨膝部。铜器11件，其中铜手镯

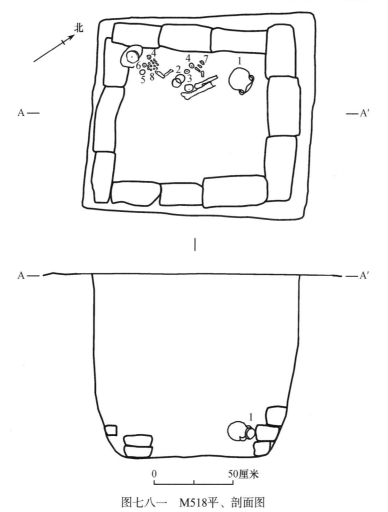

图七八一　M518平、剖面图

1. 双耳陶罐（M518：1）　2. 铜手镯（M518：2）　3. 铜手镯（M518：3）　4. 铜泡（M518：4）　5. 铜耳环（M518：5）
6. 玉髓串珠（M518：6）　7. 铜管（M518：7）　8. 铜牌饰（M518：8）

3件（M518：2、M518：3），出土人骨腹部和腕部；铜泡3件（M518：4），出土于人骨腹部；铜耳环2件（M518：5），出土于人骨耳部；铜管2件（M518：7），出土于人骨腹部；铜牌饰1件（M518：8），出土于人骨腹部。石器16件，其中玉髓串珠1件（M518：6），出土于人骨颈部；滑石串珠15件（M518：9），出土于人骨颈部。

1. 陶器

M518：1，双耳陶罐。1件。夹细砂灰陶，手制，完整。凹口外侈，尖唇，短束颈，沿肩双翘耳，鼓腹，平底。通高14.8厘米，口径10.7厘米，腹径15.6厘米，底径6.8厘米，重645克（图七八二，1；图版五六五，2）。

2. 铜器

M518：2，铜手镯。2件。铜制，环形，用铜丝绕成。直径7.1厘米，丝径0.3厘米（图七八二，6）。

M518：3，铜手镯。1件。残，原为环形，用细铜丝绕成，接口处一端扁平，一端残。残径3.6厘米，丝径0.2厘米，重1.04克（图七八二，2；图版五六五，3）。

M518：4，铜泡。3件。圆形，正面略凹，背面有纽，且可见明显的铸造槽。直径2.4厘米，重7.53克（图七八二，8；图版五六五，4）。

M518：5，铜耳环。2件。残，环状，用细铜丝绕成，接口处一端扁平，一端残。直径6厘米，丝径0.2厘米，重2.82克（图七八二，4；图版五六五，5）。

M518：7，铜管。2件。残，管状，用薄铜片卷成，残长1.8、3.8厘米，直径0.6、0.7厘米，重1.1、3.81克（图七八二，3；图版五六六，1）。

M518：8，铜牌饰。1件。残，长方形，一边近边缘处有两个小孔，残长7.3厘米，宽3.7厘米，孔径0.25厘米，重13.66克（图七八二，7；图版五六六，2）。

3. 石器

M518：6，玉髓串珠。1件。红色半透明，算珠状，中部对钻穿孔。厚0.8厘米，直径1.6厘米，孔径0.2厘米，重2.48克（图七八二，5；图版五六五，6）。

M518：9，滑石串珠。15件。白色，柱状，中部穿孔。长0.3～0.5厘米，直径0.4厘米，孔径0.2厘米，重0.13克（图七八二，9；图版五六六，3）。

附：经金相检验和成分分析，M518铜耳环材质为Cu-Sn（As，Sb）（含砷，锑杂质的锡青铜），制作技术为热锻。铜耳环材质为Cu-As（砷青铜），制作技术为热锻。铜管（卷）材质为Cu（As）（含砷杂质的红铜），制作技术为热锻。铜牌材质为Cu-Sn（Pb）（含铅杂质的锡青铜），制作技术为热锻。铜泡材质为Cu-As-Pb（Sb）（含锑杂质的铅砷青铜），制作技术为铸造（潜伟，2006：44）。

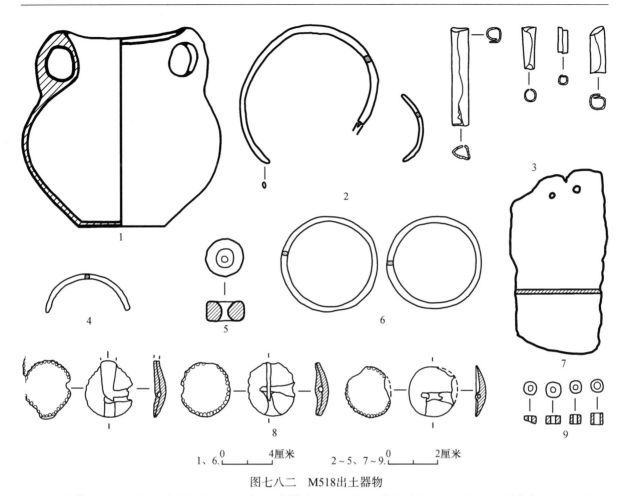

图七八二　M518出土器物

1. 双耳陶罐（M518∶1）　2. 铜手镯（M518∶3）　3. 铜管（M518∶7）　4. 铜耳环（M518∶5）　5. 玉髓串珠（M518∶6）
6. 铜手镯（M518∶2）　7. 铜牌饰（M518∶8）　8. 铜泡（M518∶4）　9. 滑石串珠（M518∶9）

M519

（一）形制结构

长方形竖穴土坑墓。西南部被现代坑打破。墓向220°。墓口距地表0.34米，墓长1.54米，宽1.2米，墓坑深0.6米。墓圹内填充夹杂细砾的黄色土。墓圹底部为长方形土坯椁室，椁室东、南两壁为自下而上不错缝平砌的3层土坯，北壁为自下而上不错缝平砌的2层土坯，西壁情况不明。椁室内周残长0.9米，宽0.64米；土坯长0.2～0.4米，宽0.3米，厚0.1米。椁室底部放置人骨1具，右侧身屈肢，上半身骨骼分布散乱（图七八三）。

（二）出土遗物

共1件。陶器1件，为双耳陶罐（M519∶1），出土于人骨腹部。

　　M519：1，双耳陶罐。1件。夹细砂红陶，手制，口沿及腹部残。侈口，方唇，短束颈，沿肩双耳，鼓腹，小平底。口沿内绘一周弦纹，口沿外绘一周弦纹，颈部绘网格三角纹，肩部绘一周弦纹，其下绘连续的网格三角纹，耳部绘川字形竖线纹。通高14.8厘米，口径11.3厘米，腹径15.8厘米，底径6.6厘米，重680克（图七八三，1；图版五六七，1）。

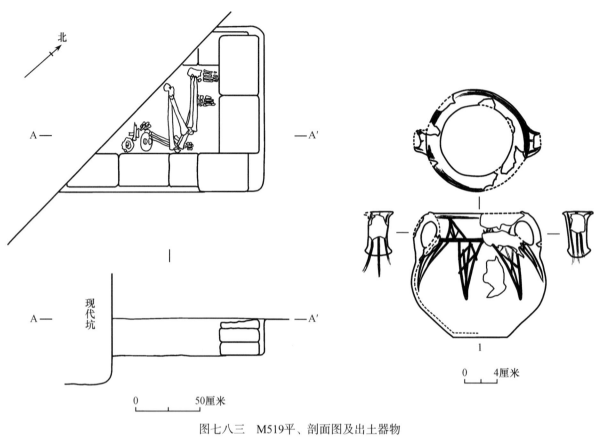

图七八三　M519平、剖面图及出土器物
1. 双耳陶罐（M519：1）

M520

（一）形制结构

　　长方形竖穴土坑墓。墓向51°。墓口长1.52米，宽1.38米，墓坑深0.18米。墓圹底部为长方形土坯椁室，椁室四壁均平砌1层土坯。椁室底部放置人骨1具，保存较差，仅存零星骨骼，分布散乱（图七八四）。

（二）出土遗物

　　共5件。陶器1件，为双耳陶罐（M520：1），出土于椁室东南角。铜器3件，其中铜别针

2件（M520：2），出土于椁室中部；铜珠1件（M520：3），出土于椁室中部。石器1件，为绿松石串珠（M520：4），出土于椁室北部。

1. 陶器

M520：1，双耳陶罐。1件。夹细砂红陶，手制。微侈口，方唇，微束颈，沿肩双耳，鼓腹，圈足。腹部有烟熏痕迹。通高11.5厘米，口径9.1厘米，腹径11厘米，底径5.7厘米，重290克（图七八五，1）。

2. 铜器

M520：2，铜别针。2件。门鼻状，细铜丝绕成，其中一个的一端尖锐。长2.7、3厘米，宽1.6厘米，丝径0.2厘米，重1.32、2.04克（图七八五，2；图版五六七，2）。

M520：3，铜珠。1件。不规则形，长1.2厘米，重0.98克（图七八五，4；图版五六七，3）。

3. 石器

M520：4，绿松石串珠。1件。淡蓝色，矮圆柱状，中部对钻穿孔。厚0.3厘米，直径0.7厘米，孔径0.2厘米，重0.29克（图七八五，3；图版五六七，4）。

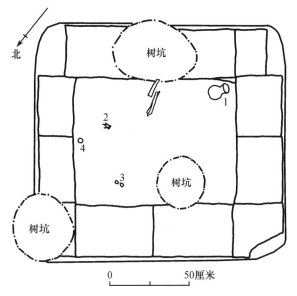

图七八四　M520平面图

1. 双耳陶罐（M520：1）　2. 铜别针（M520：2）

3. 铜珠（M520：3）　4. 绿松石串珠（M520：4）

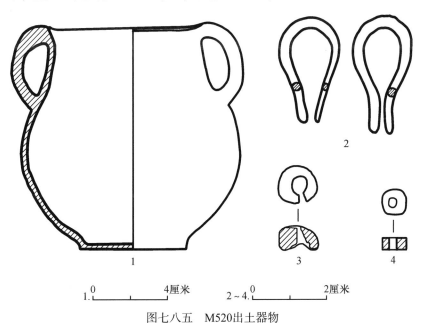

图七八五　M520出土器物

1. 双耳陶罐（M520：1）　2. 铜别针（M520：2）　3. 绿松石串珠（M520：4）　4. 铜珠（M520：3）

M521

（一）形制结构

长方形竖穴土坑墓。打破M534南部。墓向49°。墓口长1.7米，宽1.24米，墓坑深0.56米。墓圹填土中夹杂碎骨，出土铜泡2件、铜耳环2件。墓圹底部为长方形土坯椁室，椁室四壁均自下而上平砌多层土坯，土坯块数和层数不明。椁室内周长1.06米，宽0.76米。椁室底部放置人骨1具，保存较差，仅存零星碎骨，分布散乱（图七八六）。

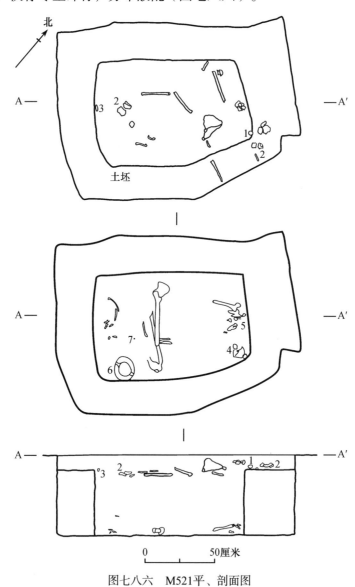

图七八六　M521平、剖面图

1. 铜泡（M521：1）　2. 陶片　3. 铜泡（M521：2）　4. 铜耳环（M521：3）　5. 铅别针（M521：4）
6. 双耳陶罐（M521：5）　7. 滑石串珠（M521：6）

（二）出土遗物

共7件。陶器1件，为双耳陶罐（M521：5），出土于椁室东南角。铜器4件，其中铜泡2件（M521：1、M521：2），出土于填土；铜耳环2件（M521：3），出土于填土。铅器1件，为铅别针（M521：4），出土于人骨肱骨。石器1件，为滑石串珠（M521：6），出土于椁室中部。

1. 陶器

M521：5，双耳陶罐。1件。夹细砂灰陶，手制，完整。侈口，方唇，短束颈，沿肩双耳，鼓腹，平底。通高14.4厘米，口径10.6厘米，腹径15.4厘米，底径6.2厘米，重740克（图七八七，1；图版五六八，4）。

2. 铜器

M521：1，铜泡。1件。残损严重，看不出形状。残长1.7厘米，重1克（图版五六七，5）。

M521：2，铜泡。1件。损严重，看不出形状。残长1.8厘米，重0.65克（图版五六七，6）。

M521：3，铜耳环。2件。其中1件，保存较好，呈"U"形，用细铜丝绕成，残长1.5～3.3厘米，丝径0.2厘米，重0.7～2.13克；其中1件保存较差，残断成3截，为铜丝绕成（图七八七，3；图版五六八，1、2）。

3. 铅器

M521：4，铅别针。1件。门鼻状，用细铅丝绕成，长5.5厘米，宽2.4厘米，丝径0.3厘米，重9.86克（图七八七，2；图版五六八，3）。

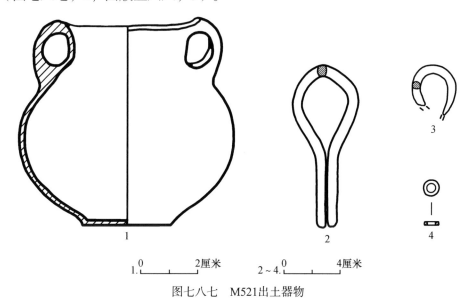

图七八七　M521出土器物

1.双耳陶罐（M521：5）　2.铅别针（M521：4）　3.铜耳环（M521：3）　4.滑石串珠（M521：6）

4. 石器

M521：6，滑石串珠。1件。白色，环状，厚0.1厘米，直径0.5厘米，孔径0.3厘米，重0.1克（图七八七，4；图版五六八，5）。

M522

（一）形制结构

长方形竖穴土坑墓。墓向25°。墓口长0.9米，宽0.6米，墓坑深0.2米。墓圹底部放置人骨1具，保存较差，仅存下肢骨（图七八八）。

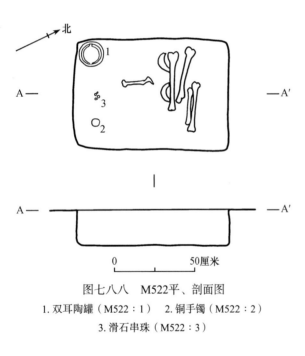

图七八八　M522平、剖面图

1. 双耳陶罐（M522：1）　2. 铜手镯（M522：2）

3. 滑石串珠（M522：3）

（二）出土遗物

共7件。陶器1件，为双耳陶罐（M522：1），出土于墓坑西南角。铜器1件，为铜手镯（M522：2），出土于墓坑南部。石器5件，均为滑石串珠（M522：3），出土于墓坑南部。

1. 陶器

M522：1，双耳陶罐。1件。夹细砂红陶，手制。微侈口，方唇，短直颈，颈肩双耳，鼓腹，平底。通高18.9厘米，口径11.2厘米，腹径16.8厘米，底径9.4厘米，重990克（图七八九，1；图版五六八，6）。

2. 铜器

M522：2，铜手镯。1件。残损成数段，原应为环状，用细铜丝绕成。残长3.6厘米，丝径0.2厘米，重3.1克（图七八九，2；图版五六九，1）。

3. 石器

M522：3，滑石串珠。5件。白色，柱状，中部穿孔。长0.2~0.5厘米，直径0.5厘米，孔径0.2厘米，重0.23克（图七八九，3；图版五六九，2）。

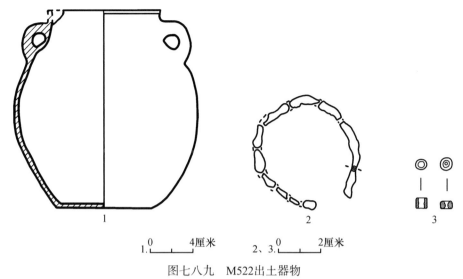

图七八九　M522出土器物

1. 双耳陶罐（M522：1）　2. 铜手镯（M522：2）　3. 滑石串珠（M522：3）

M523

长方形竖穴土坑墓。位于T16。墓向48°。墓口长1.3米，宽1.2米，墓坑深0.28米。墓圹底部为长方形土坯椁室，椁室四壁均平砌1层土坯。椁室内周长0.88米，宽0.76米；土坯长0.24~0.38米，宽0.1~0.18米，厚0.1米。椁室底部放置人骨1具，左侧身屈肢，头向东北，面向南（图七九○）。

无出土遗物。

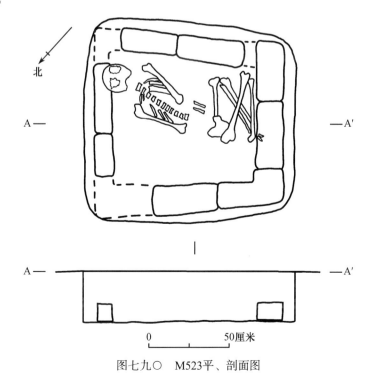

图七九○　M523平、剖面图

M524

（一）形制结构

长方形竖穴土坑墓。被M547打破。墓向205°。墓口长0.92米，宽0.8米，墓坑深0.2米。墓圹底部放置人骨1具，保存较差，仅存部分肢骨和颅骨，右侧身屈肢，头向南，面向东（图七九一）。

（二）出土遗物

共2件。陶器1件，为陶罐（M524：2），出土于人骨膝盖下部。铜器1件，为铜耳环（M524：1），出土于人骨耳部。

1. 陶器

M524：2，陶罐。1件。破损严重，无法复原，形制不明。

2. 铜器

M524：1，铜耳环。1件。残成两段，用细铜丝绕成，接口处扁平。残长2厘米，丝径0.2厘米，重1.35克（图七九一，1；图版五六九，3）。

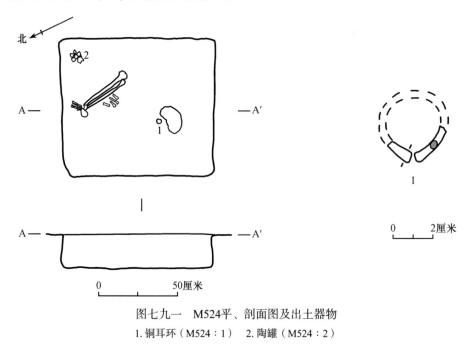

图七九一　M524平、剖面图及出土器物
1. 铜耳环（M524：1）　　2. 陶罐（M524：2）

M525

（一）形制结构

长方形竖穴土坑墓。位于T1215中部，西北角被M475打破。墓向210°。墓口长1.8米，宽1.16米，墓坑深1.3米。墓圹底部放置人骨1具，保存较差，仅存一节肱骨、胫骨和部分牙齿（图七九二；图版五七〇，1；图版五七一，2）。

（二）出土遗物

共33件。陶器5件，其中单耳陶钵1件（M525：1）、陶片1件（M525：5），出土于墓坑西南角；双耳陶罐3件，2件（M525：2、M525：3）出土于墓坑西南角，1件（M525：4）出土于墓坑东北角。石器28件，均为滑石串珠（M525：6、M525：7），出土于墓坑西南角和墓坑南部。

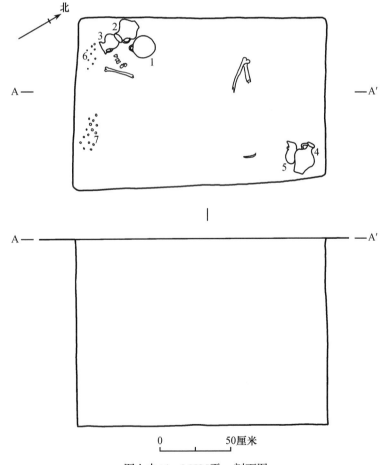

图七九二　M525平、剖面图

1. 单耳陶钵（M525：1）　2. 双耳陶罐（M525：2）　3. 双耳陶罐（M525：3）　4. 双耳陶罐（M525：4）　5. 陶片（M525：5）
6. 滑石串珠（M525：6）　7. 滑石串珠（M525：7）

1. 陶器

M525：1，单耳陶钵。1件。夹细砂灰陶，手制，完整。微敛口，方唇，单耳，弧腹，平底。通高9.3厘米，口径15.4厘米，底径7.2厘米，重715克（图七九三，3；图版五六九，4）。

M525：2，双耳陶罐。1件。夹细砂红陶，手制，完整。侈口，短束颈，颈肩双耳，肩部有一周连续的小凹窝，垂鼓腹，鼓腹处两侧各有一乳突，平底。口沿内绘方格纹与弦纹的组合纹样，口沿边与肩部绘弦纹，其间颈部绘连续的网格菱形纹，腹部以"X"形粗线条分区，各单元内填充网格纹和网格菱形纹，耳部绘横短线纹和对顶三角纹。通高16.4厘米，口径8厘米，腹径18.2厘米，底径6.6厘米（图七九三，2；图版五六九，5）。

M525：3，双耳陶罐。1件。夹细砂灰陶，手制，完整。侈口，圆唇，短束颈，颈肩双耳，鼓腹，平底。口沿处有一周戳印纹。器表有烟熏痕迹。通高9.6厘米，口径7.4厘米，腹径9.8厘米，底径5厘米，重270克（图七九三，4；图版五六九，6）。

M525：4，双耳陶罐。1件。夹细砂灰陶，手制，口沿及一耳残。微侈口，尖唇，短颈，颈肩双耳，鼓腹，平底。器表有烟熏痕迹。通高22.8厘米，口径10.9厘米，腹径19.2厘米，底径9.8厘米，重1430克（图七九三，1；图版五七〇，2）。

M525：5，陶片。记录缺失。

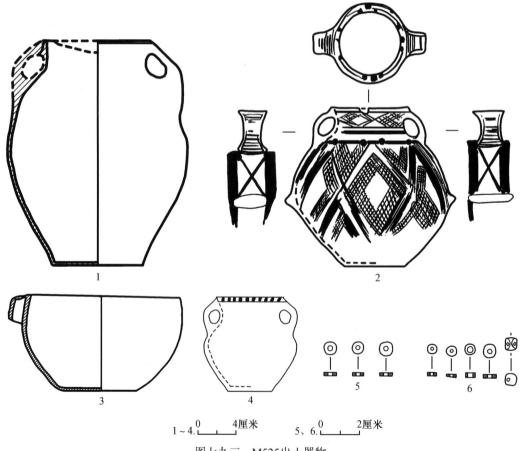

图七九三　M525出土器物

1. 双耳陶罐（M525：4）　2. 双耳陶罐（M525：2）　3. 单耳陶钵（M525：1）　4. 双耳陶罐（M525：3）

5. 滑石串珠（M525：6）　6. 滑石串珠（M525：7）

2. 石器

M525：6，滑石串珠。16件。白色，饼状，中部穿孔。厚0.1厘米，直径0.5～0.8厘米，孔径0.2厘米，重0.12克（图七九三，5；图版五七〇，3）。

M525：7，滑石串珠。12件。白色。M525：7-1，饼状：7件，中部穿孔，厚0.1～0.2厘米，直径0.5～0.7厘米，孔径0.15厘米；M525：7-2，三棱状：5件，中部穿孔，长0.6厘米，孔径0.15厘米。总重1.91克（图七九三，6；图版五七一，1）。

M526

（一）形制结构

长方形竖穴土坑墓。位于T1115北部，打破M550东南角和M547西南部。墓向220°。墓口长1.2米，宽1.02米，墓坑深0.25米。墓圹底部为长方形土坯椁室，椁室四壁均竖立1层土坯，土坯块数不明。椁室内周长0.81米，宽0.76米；土坯长0.42米，宽0.26米，厚0.1～0.12米。椁室底部放置人骨1具，右侧身屈肢，部分骨骼分布散乱（图七九四；图版五七二，1）。

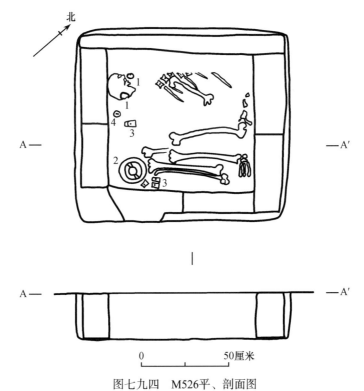

图七九四 M526平、剖面图

1. 铜耳环（M526：1） 2. 双耳陶罐（M526：2） 3. 骨牌饰（M526：3） 4. 铜泡（M526：4）

（二）出土遗物

共7件。陶器1件，为双耳陶罐（M526：2），出土于人骨膝部。铜器3件，其中铜耳环2件（M526：1），出土于人骨头部；铜泡1件（M526：4），出土于人骨头骨前。骨器3件，均为骨牌饰（M526：3），出土于人骨头骨前。

1. 陶器

M526：2，双耳陶罐。1件。夹细砂红陶，手制。微侈口，圆唇，短颈，颈肩双耳，鼓腹，小平底。通高15.2厘米，口径11厘米，腹径15.7厘米，底径6.6厘米，重590克（图七九五，1；图版五七一，4）。

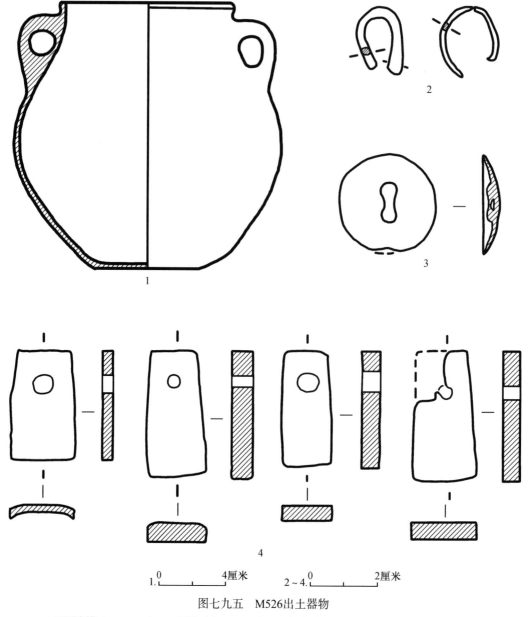

0　　　4厘米
1.
2~4. 0　　2厘米

图七九五　M526出土器物

1. 双耳陶罐（M526：2）　2. 铜耳环（M526：1）　3. 铜泡（M526：4）　4. 骨牌饰（M526：3）

2. 铜器

M526:1，铜耳环。2件。近椭圆形，用细铜丝绕成，接口处一端扁平。长径2厘米，短径1.3厘米，丝径0.2厘米，重0.98克（图七九五，2；图版五七一，3）。

M526:4，铜泡。1件。圆形，泡状，背部有纽。直径2.8厘米，重5.07克（图七九五，3；图版五七一，6）。

3. 骨器

M526:3，骨牌饰。3件。近长方形，边缘处有一圆孔。长3.2～3.6厘米，宽1.8～2厘米，孔径0.4～0.6厘米，重2.8克（图七九五，4；图版五七一，5）。

M527

（一）形制结构

长方形竖穴土坑墓。位于T1115中部，打破M548中北部、M547和M528。墓向233°。墓口长1.3米，宽1.1米，墓坑深0.2米。墓圹底部为长方形土坯椁室，椁室四壁均平砌1层土坯，每边铺设2～3块。椁室内周长0.86米，宽0.58米；土坯长0.4～0.42米，宽0.22～0.3米，厚0.1米。椁室底部放置人骨1具，右侧身屈肢，头向西南，面向东南（图七九六；图版五七二，2）。

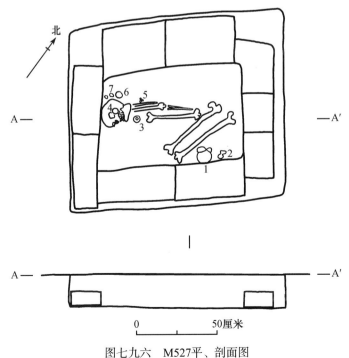

图七九六　M527平、剖面图

1.单耳陶罐（M527:1）　2.羊距骨（M527:2）　3.玉髓串珠（M527:3）　4.铜耳环（M527:4）　5.滑石串珠（M527:5）
6.铜牌饰（M527:6）　7.双联铜泡（M527:7）

（二）出土遗物

共11件。陶器1件，为单耳陶罐（M527：1），出土于人骨胫骨。铜器3件，其中铜耳环1件（M527：4），出土于人骨耳部；铜牌饰1件（M527：6），出土于人骨头部；双联铜泡1件（M527：7），出土于人骨头骨处。石器6件，其中玉髓串珠1件（M527：3），出土于人骨颈部；滑石串珠5件（M527：5），出土于人骨肱骨。骨器1件，为羊距骨，出土于椁室东南角（M527：2）。

1. 陶器

M527：1，单耳陶罐。1件。夹细砂红陶，手制。微侈口，方唇，直颈，颈肩单耳，鼓腹，小平底。腹部有烟熏痕迹。通高16.2厘米，口径8.7厘米，腹径13.6厘米，底径5.2厘米，重965克（图七九七，1；图版五七三，1）。

2. 铜器

M527：4，铜耳环。1件。残成3段，原应为环状，用细铜丝绕成。残长2.2厘米，丝径0.2厘米，重1.37克（图七九七，4；图版五七三，4）。

M527：6，铜牌饰。1件。圆饼状，一面有纽。直径4厘米，重13.93克（图七九七，3；图版五七三，6）。

M527：7，双联铜泡。1件。"8"形，一面略凸，另一面略凹。长2.1厘米，宽1.1厘米，重0.67克（图七九七，5；图版五七四，1）。

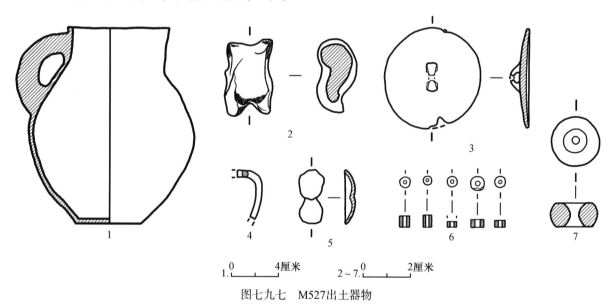

图七九七　M527出土器物

1. 单耳陶罐（M527：1）　2. 羊距骨（M527：2）　3. 铜牌饰（M527：6）　4. 铜耳环（M527：4）　5. 双联铜泡（M527：7）　6. 滑石串珠（M527：5）　7. 玉髓串珠（M527：3）

3. 石器

M527：3，玉髓串珠。1件。红色半透明，算珠状，中部对钻穿孔。厚1厘米，直径2厘米，孔径0.25厘米，重5.92克（图七九七，7；图版五七三，3）。

M527：5，滑石串珠。5件。白色，柱状，中部穿孔。长0.2～0.5厘米，直径0.4厘米，孔径0.2厘米，重0.1克（图七九七，6；图版五七三，5）。

4. 骨器

M527：2，羊距骨。1件。有人工磨制痕迹，长3厘米，宽1.8厘米，高1.7厘米，重4.18克（图七九七，2；图版五七三，2）。

M528

（一）形制结构

长方形竖穴土坑墓。位于T1122，被M527打破。墓向219°。墓口距地表0.5米，墓口长1米，宽0.76米，墓底长0.9米，宽0.8米，墓圹残深0.46米。墓圹内填充夹杂细砾的黄沙土。墓圹底部放置人骨1具，左侧身屈肢，头向西南，面向西，性别男，为未成年个体，上半身骨骼缺失（图七九八；图版五七四，3）。

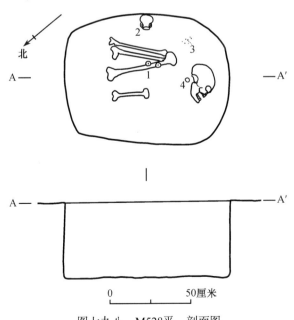

图七九八　M528平、剖面图

1.铜牌饰（M528：1）　2.双耳陶罐（M528：2）　3.糜子（M528：3）　4.玉髓串珠（M528：4）

（二）出土遗物

共5件。陶器2件，均为双耳陶罐，1件（M528：3）出土于墓坑西部，1件（M528：5）出土位置不明。铜器2件，均为铜牌饰（M528：1），出土于人骨膝部。石器1件，为玉髓串珠（M528：4），出土于人骨颈部。糜子（M528：2），出土于人骨颈部。

1. 陶器

M528：3，双耳陶罐。1件。夹细砂红陶，手制，完整。微侈口，方唇，直颈，颈肩双耳，鼓腹，小平底。通高13.9厘米，口径8.6厘米，腹径12.6厘米，底径5.3厘米，重600克（图七九九，1；图版五七五，2）。

M528：5，双耳陶罐。1件。夹细砂红陶，手制，完整。微侈口，方唇，直颈，颈肩双耳，鼓腹，小平底。通高10.4厘米，口径7.3厘米，腹径10.1厘米，底径4.8厘米，重315克（图七九九，2；图版五七五，4）。

2. 铜器

M528：1，铜牌饰。2件。圆形，背部有纽。直径2.2厘米，重2.16、2.4克（图七九九，3；图版五七四，2）。

3. 石器

M528：4，玉髓串珠。1件。红色半透明，圆柱状，中部对钻穿孔。厚0.5厘米，直径1厘米，孔径0.2厘米，重0.84克（图七九九，4；图版五七五，3）。

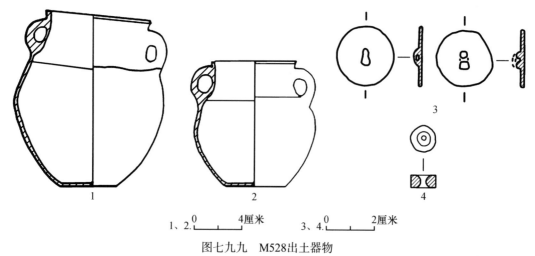

图七九九　M528出土器物

1. 双耳陶罐（M528：3）　2. 双耳陶罐（M528：5）　3. 铜牌饰（M528：1）　4. 玉髓串珠（M528：4）

4. 糜子

M528：2，糜子。42件。糜子炭化颗粒（图版五七五，1）。

M529

（一）形制结构

长方形竖穴土坑墓。位于T1217西南部，东南角被M556打破。墓向233°。墓口长1.54米，宽1.4米，墓坑深0.34米。墓圹内填充夹杂细砾的黄沙土。墓圹底部四周设熟土二层台，二层台上自下而上不错缝平砌2层土坯。椁室内周长1.02米、宽0.7米，土坯厚0.1米。椁室底部放置人骨1具，右侧身屈肢，头向南，面向东，性别女（图八〇〇；图版五七六，1）。

（二）出土遗物

共18件。陶器1件，为双耳陶罐（M529：1），出土于人骨膝部。铜器11件，铜牌饰2件（M529：2），出土于人骨头骨；双联铜泡、三联铜泡9件（M529：3、M529：4），出土于人骨头骨前和头骨后。石器1件，为滑石串珠（M529：6），出土位置不明。贝器4件，为海贝（M529：5），出土于人骨顶骨。羊腿骨1件，出土于椁室南壁中部。

1. 陶器

M529：1，双耳陶罐。1件。加细砂红陶，手制，口沿略残。侈口，圆唇，微束颈，颈肩双耳，鼓腹，微圈足。口沿内绘一周弦纹及四组对称的3道短竖线纹，口沿边与肩部各绘两周弦纹，其间颈部绘连续的竖向实心菱格纹，腹部绘手形树草纹，耳部绘"N"形纹（图八〇一，1；图版五七五，5）。

2. 铜器

M529：2，铜牌饰。2件。铜制，圆形，一面略弧，另一面略凹，其中一个弧面有纽。直径3.4厘米，重5.77、4.61克（图八〇一，2；图版五七五，6）。

M529：3，三联铜泡。3件。一面平，另一面略弧。长2.8厘米，宽1.4厘米，重3.62、2.75、3.58克（图八〇一，3；图版五七六，2）。

M529：4，双联铜泡、三联铜泡。6件。双联铜泡：2件，"8"形，一面略弧，长1.5、1.7

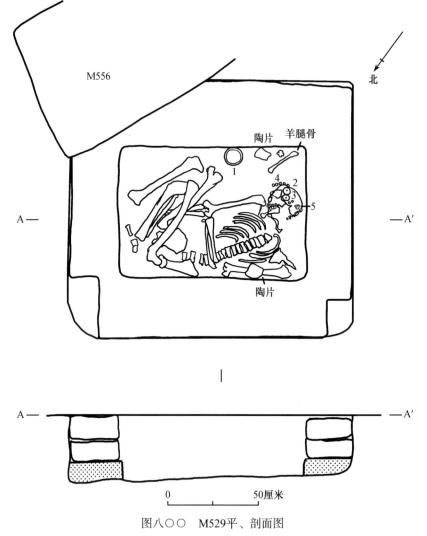

图八〇〇　M529平、剖面图

1. 双耳陶罐（M529：1）　2. 铜牌饰（M529：2）　3. 三联铜泡（M529：3）　4. 双联铜泡、三联铜泡（M529：4）

5. 海贝（M529：5）

厘米，宽0.8厘米，重0.74、1.33克。三联铜泡：4件，两面弧，长2.6厘米，宽0.8厘米，重1.94克（图八〇一，4；图版五七七，1）。

3. 石器

M529：6，滑石串珠。1件。白色，圆柱状，中部穿孔。长0.6厘米，直径0.35厘米，孔径0.15厘米（图八〇一，6；图版五七七，2）。

4. 贝器

M529：5，海贝。4件。卵圆形，有人工磨制痕迹。长2.1～2.5厘米，宽1.5厘米，重1.08～1.6克（图八〇一，5；图版五七六，3）。

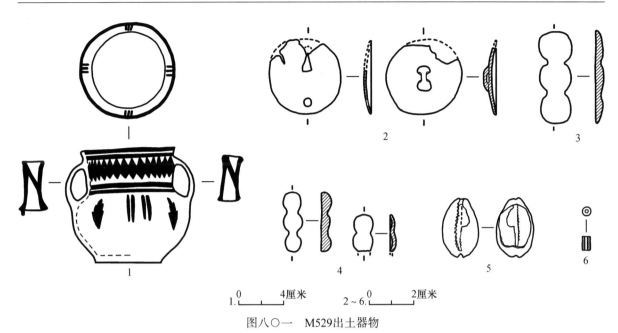

图八〇一　M529出土器物

1. 双耳陶罐（M529∶1）　2. 铜牌饰（M529∶2）　3. 三联铜泡（M529∶3）　4. 双联铜泡、三联铜饰（M529∶4）

5. 海贝（M529∶5）　6. 滑石串珠（M529∶6）

M530

（一）形制结构

长方形竖穴土坑墓。位于T1605，打破M531、M559。墓向232°。墓口距地表0.4米，墓口长1.36米，宽0.92米，墓底长1.34米，宽0.88米，墓坑深0.38米。墓圹内填充夹杂砾石的灰色土。墓圹底部为长方形土坯椁室，椁室四壁均竖立1层土坯，土坯块数不明。椁室内周长1.06米，宽0.58米；土坯长0.38～0.4米，宽0.16米，厚0.1米；椁室底部放置人骨1具，右侧身屈肢，头向西南，面向东，性别男（图八〇二；图版五七八，1）。

（二）出土遗物

共4件。陶器1件，为单耳陶罐（M530∶1），出土于人骨胸前。铜器2件，均为铜耳环（M530∶2），出土于人骨耳部。石器1件，为滑石串珠（M530∶3），出土于人骨下颌前方。

1. 陶器

M530∶1，单耳陶罐。1件。夹细砂红陶，手制，口沿残。微侈口，方唇，颈肩单耳，鼓腹，平底。通高11.2厘米，口径9厘米，腹径11.3厘米，底径7.8厘米，重345克（图八〇二，1；图版五七七，3）。

2. 铜器

M530：2，铜耳环。2件。环形，细铜丝绕成。直径2.5厘米，丝径0.2厘米，重1.4、0.51克（图八〇二，2；图版五七八，2）。

3. 石器

M530：3，滑石串珠。1件。白色，柱状，中部穿孔。长0.3厘米，直径0.6厘米，孔径0.2厘米，重0.24克（图八〇二，3；图版五七八，3）。

附：M530墓主人人骨经稳定同位素分析，其中C_3占比68.15%，C_4占比31.85%，同时动物性食物的摄入占有相当大比例（张全超，2010：41）。

性别鉴定为男（魏东，2009：125）。

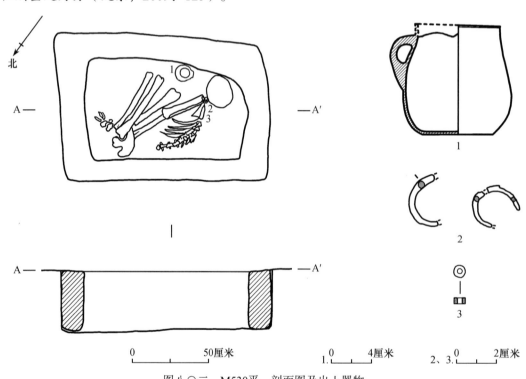

图八〇二　M530平、剖面图及出土器物
1. 单耳陶罐（M530：1）　2. 铜耳环（M530：2）　3. 滑石串珠（M530：3）

M531

长方形竖穴土坑墓。打破M559，被M530打破。墓向232°。墓口长1.25米，宽0.85米，墓坑深0.16米。墓圹底部为长方形土坯椁室，椁室形制不明。无人骨（图八〇三）。

无出土遗物。

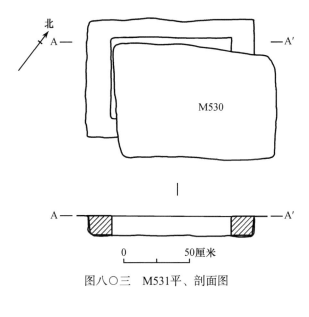

图八〇三 M531平、剖面图

M532

（一）形制结构

长方形竖穴土坑墓。位于T606东南角，打破M533。墓向233°。墓口距地表0.28米，长1.5米，宽1.26米，墓坑深0.92米。墓圹内填充夹杂细砾的黄色土。墓圹底部为长方形土坯椁室，椁室东、西两壁自下而上不错缝平砌5层土坯，每边每层土坯块数不明。椁室内周长0.86米，宽0.68米；土坯厚0.15米。椁室底部放置人骨1具，右侧身屈肢，头向西南，面向东南，性别女（图八〇四；图版五七九，1、2）。

（二）出土遗物

共5件。陶器1件，为双耳陶罐（M532：5），出土于人骨足部。铜器3件，均为铜泡（M532：1、M532：2、M532：3），出土于人骨顶骨。石器1件，为玉髓串珠（M532：4），出土于人骨头骨前。

1. 陶器

M532：5，双耳陶罐。1件。夹细砂灰陶，手制。凹口外侈，圆唇，短束颈，沿肩双耳，鼓腹，小平底。通高15.4厘米，口径11厘米，腹径18厘米，底径8厘米，重1025克（图八〇五，1；图版五八〇，5）。

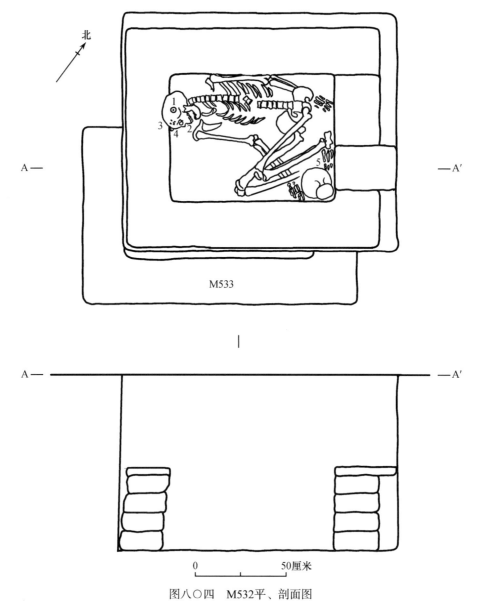

图八〇四　M532平、剖面图

1. 铜泡（M532∶1）　 2. 铜泡（M532∶2）　 3. 铜泡（M532∶1）　 4. 玉髓串珠（M532∶4）　 5. 双耳陶罐（M532∶5）

2. 铜器

　　M532∶1，铜泡。1件。圆形，泡状，背部有纽，可见铸造槽。直径2.3厘米，重4.34克（图八〇五，2；图版五八〇，1）。

　　M532∶2，铜泡。1件。圆形，泡状，背部有纽，可见铸造槽。直径2.3厘米，重4.6克（图八〇五，4；图版五八〇，2）。

　　M532∶3，铜泡。1件。圆形，泡状，背部有纽，可见铸造槽。直径2.3厘米，重3.28克（图八〇五，5；图版五八〇，3）。

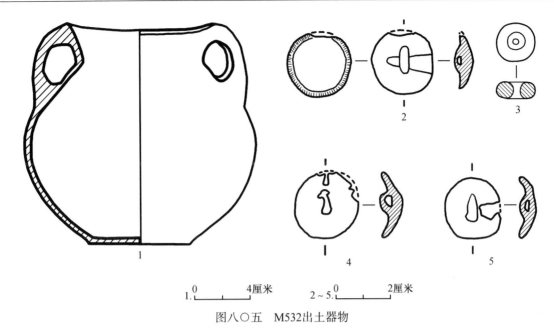

图八〇五　M532出土器物

1. 双耳陶罐（M532：5）　2. 铜泡（M532：1）　3. 玉髓串珠（M532：4）　4. 铜泡（M532：2）　5. 铜泡（M532：3）

3. 石器

M532：4，玉髓串珠。1件。红色半透明，算珠状，中部对钻穿孔。厚0.6厘米，直径1.4厘米，孔径0.2厘米，重2.1克（图八〇五，3；图版五八〇，4）。

M533

长方形竖穴土坑墓。位于T1606，被M532打破。墓向233°。墓口距地表0.18米，长1.54米，宽0.96米，墓坑深0.75米。墓圹内填充夹杂细砾的灰色土。墓圹底部四周设熟土二层台，二层台内侧竖立1层土坯，二层台上平砌1层土坯，每边每层铺设2~4块。椁室内周长1.04米，宽不明；土坯长0.3~0.36米，宽0.2米，厚0.1米。无人骨（图八〇六；图版五七九，2）。

无出土遗物。

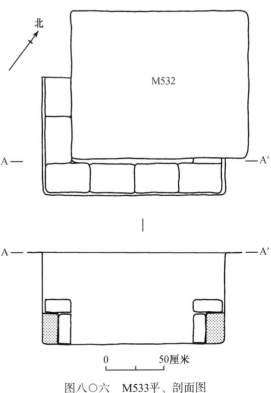

图八〇六　M533平、剖面图

M534

（一）形制结构

长方形竖穴土坑墓。南部被M521打破，东部被M551打破。墓向80°。墓口长1.26米，宽1.2米，墓坑深0.4米。墓圹底部为长方形土坯椁室，椁室四壁均竖立1层土坯，每边土坯块数不明。椁室内周长0.8米，宽0.74米；土坯长0.4米，厚0.1米。椁室底部放置人骨1具，保存较差，仅存零星骨骼，分布散乱（图八○七；图版五八一，1）。

（二）出土遗物

共2件。铜器1件，为铜牌饰（M534：2），出土于椁室东部。石器1件，为玉髓串珠（M534：1），出土于椁室东部。

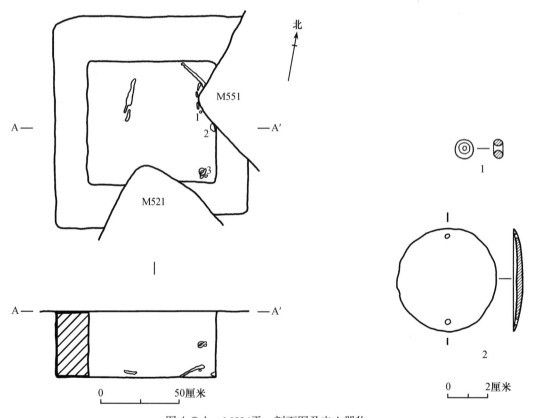

图八○七　M534平、剖面图及出土器物

1.玉髓串珠（M534：1）　2.铜牌饰（M534：2）　3.陶片

1. 铜器

M534：2，铜牌饰。1件。铜制，均为铜片卷曲制成。直径4.8厘米，孔径0.2厘米，重19.17克（图八〇七，2；图版五八一，2）。

2. 玉髓串珠

M534：1，玉髓串珠。1件。红色半透明，算珠状，中部对钻穿孔。厚0.5厘米，直径1厘米，孔径0.1厘米，重0.6克（图八〇七，1；图版五八〇，6）。

M535

长方形竖穴土坑墓。墓向200°。墓口长0.97米，宽0.72米，墓坑深0.8米。墓圹底部放置人骨1具，仰身右屈肢，头向南，面向上（图八〇八；图版五八二，1）。

无出土遗物。

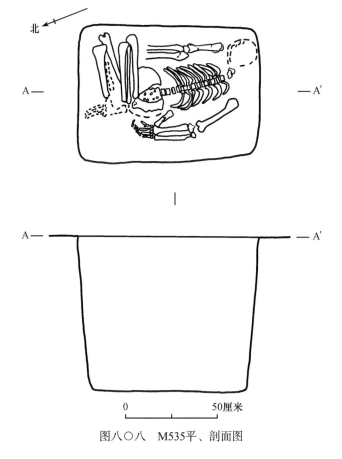

图八〇八　M535平、剖面图

M536

（一）形制结构

长方形竖穴土坑墓。打破M537北部。墓向8°。墓口长0.88米，宽0.4米，墓坑深0.41米。墓圹底部放置人骨具，保存较差，仅存零星骨骼，分布散乱（图八〇九）。

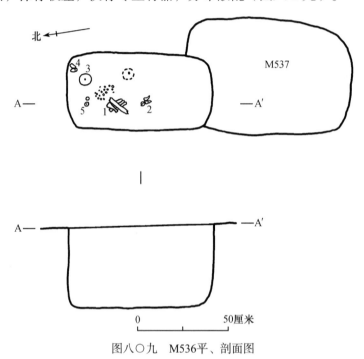

图八〇九　M536平、剖面图

1.铜牌饰（M536：1）　2.海贝（M536：2）　3.铜牌饰（M536：3）　4.玉髓串珠（M536：4）　5.串珠（M536：5）

（二）出土遗物

共30件。铜器3件，均为铜牌饰，1件（M536：1）出土于人骨肱骨，2件（M536：3）出土于墓坑中部。石器24件，其中玉髓串珠2件（M536：4），出土墓坑东北角；串珠22件（M536：5），出土于墓坑北部。贝器3件，为海贝（M536：2），出土于墓坑中部。

1. 铜器

M536：1，铜牌饰。1件。盾形，中间有一圆孔，中部窄，两边宽。四周边缘处有一周凸棱。长6.7厘米，宽1.7~2.8厘米，孔径0.4厘米（图八一〇，1；图版五八一，3）。

M536：3，铜牌饰。2件。椭圆形，边缘处有两个相对的小孔。长径2.6厘米，短径2.2厘米，孔径0.2厘米，重2.33克（图八一〇，5；图版五八二，3）。

2. 石器

M536：4，玉髓串珠。2件。红色半透明，长方体，边缘处有一对钻穿孔。长1.9厘米，宽0.8厘米，厚0.5厘米，孔径0.2厘米，重1.01克（图八一〇，7；图版五八三，1）。

M536：5，串珠。22件。滑石串珠20件，绿松石串珠1件，玉髓串珠1件，均呈柱状，大小不一，中部穿孔。厚0.1～0.8厘米，直径0.3～0.7厘米，孔径0.1～0.2厘米，重1.84克（图八一〇，2～4；图版五八三，2）。

3. 贝器

M536：2，海贝。3件。月牙形，完整，有人工磨制痕迹，上有穿孔。长2.2厘米，孔径0.2厘米，重0.35～0.92克（图八一〇，6；图版五八二，2）。

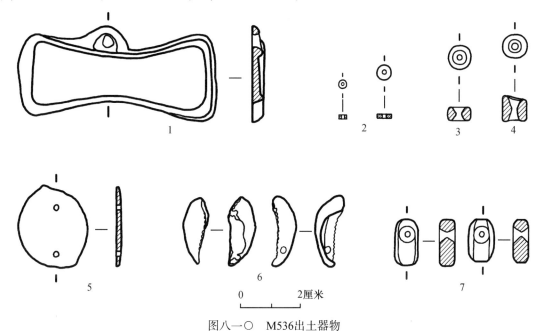

图八一〇　M536出土器物

1.铜牌饰（M536：1）　2.滑石串珠（M536：5）　3.玉髓串珠（M536：5）　4.绿松石串珠（M536：5）　5.铜牌饰（M536：3）
6.海贝（M536：2）　7.玉髓串珠（M536：4）

M537

（一）形制结构

长方形竖穴土坑墓。被M536打破。墓向16°。墓口长0.86米，宽0.6米，墓坑深0.52米。墓圹内填充夹杂细砾的黄色土。墓圹底部放置人骨1具，保存较差，仅存零星骨骼，分布散乱（图八一一）。

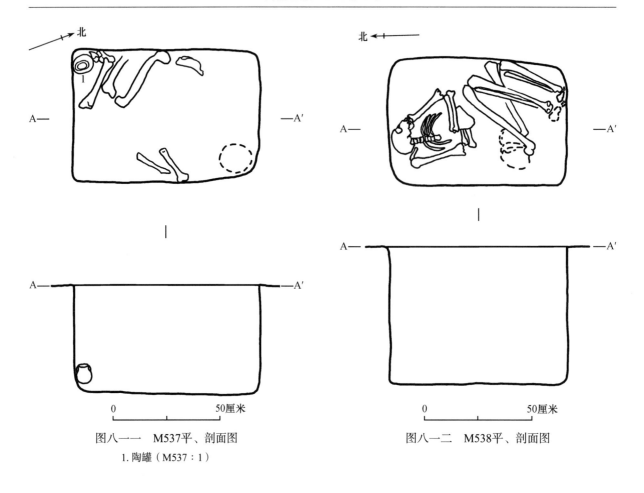

图八一一　M537平、剖面图
1.陶罐（M537：1）

图八一二　M538平、剖面图

（二）出土遗物

共1件。陶器1件，为陶罐（M537：1），出土于人骨足部。

M537：1，陶罐。1件。无照片、绘图及文字记录（图八一一，1）。

M538

长方形竖穴土坑墓。墓向2°。墓口长0.81米，宽0.56米，墓坑深0.61米。墓圹底部放置人骨1具，左侧身屈肢，头向北，面向东（图八一二）。

无出土遗物。

M539

（一）形制结构

长方形竖穴土坑墓。墓向35°。墓口距地表0.4米，长0.8米，宽0.48米，墓坑残深0.2米。墓圹内填充夹杂细砾的浅黄色土。墓圹底部放置人骨1具，保存较差，仅存零星碎骨（图八一三；图版五八三，3）。

（二）出土遗物

共2件。陶器1件，为双耳陶罐（M539：1），出土于墓坑北部。铜器1件，为铜刀（M539：2），出土于墓坑北部。

1. 陶器

M539：1，双耳陶罐。1件。夹细砂红陶，手制，完整。直口，方唇，长直颈，颈肩双耳，鼓腹，平底。通高15厘米，口径8.3厘米，腹径11.8厘米，底径6.8厘米，重590克（图八一三，1；图版五八四，1）。

2. 铜器

M539：2，铜刀。1件。刀尖上翘，直背，弧刃，柄部残。残长11.5厘米，宽2.8厘米，厚0.4厘米，重48.15克（图八一三，2；图版五八四，2）。

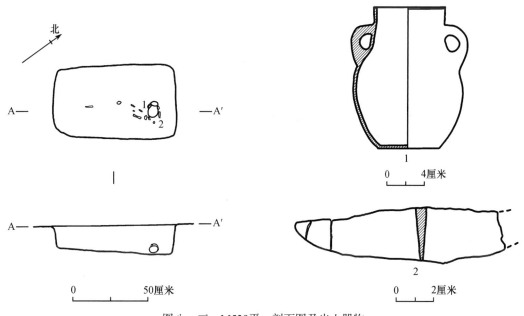

图八一三　M539平、剖面图及出土器物
1.双耳陶罐（M539：1）　2.铜刀（M539：2）

M540

（一）形制结构

长方形竖穴土坑墓。打破M562西壁。墓向29°。墓口距地表0.4米，长1.08米，宽1米，墓坑深0.52米。墓圹底部为长方形土坯椁室，椁室四壁均自下而上平砌多层土坯，土坯层数不明，每边铺设2~3块。椁室内周长0.66米，宽0.56米；土坯长0.36~0.4米，宽0.2米，厚0.1~0.15米。椁室底部放置人骨1具，保存较差，仅存头骨和胫骨（图八一四；图版五八四，3）。

（二）出土遗物

共2件。陶器1件，为双耳陶罐（M540：1），出土于椁室西北角。铜器1件，为铜耳环（M540：2），出土于颈部。

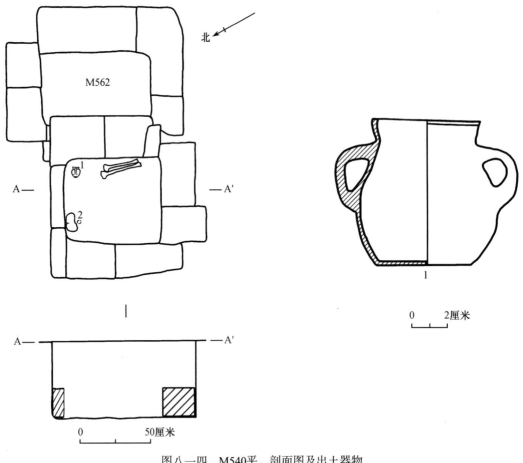

图八一四　M540平、剖面图及出土器物
1.双耳陶罐（M540：1）　2.铜耳环（M540：2）

1. 陶器

M540：1，双耳陶罐。1件。夹细砂红陶，手制，完整。侈口，方唇，束颈，颈腹双耳，鼓腹，平底。通高7.9厘米，口径6厘米，腹径8.9厘米，底径5.2厘米，重255克（图八一四，1；彩版五八五，1）。

2. 铜器

M540：2，铜耳环。1件。无照片、绘图及文字记录。（图八一四，2）。

M541

（一）形制结构

长方形竖穴土坑墓。墓向26°。墓口长1.19米，宽0.86米，墓坑残深0.9米。墓圹底部放置人骨1具，左侧身屈肢，头向东，面向南（图八一五）。

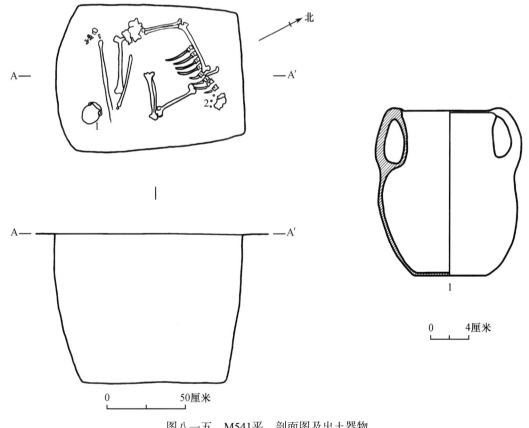

图八一五　M541平、剖面图及出土器物

1. 双耳陶罐（M541：1）　　2. 滑石串珠（M541：2）

（二）出土遗物

共2件。陶器1件，为双耳陶罐（M541：1），出土于人骨膝部。石器3件，均为滑石串珠（M541：2），出土于颈部。

1. 陶器

M541：1，双耳陶罐。1件。夹细砂红陶，手制，完整。侈口，方唇，束颈，沿肩双耳，弧腹，平底。通高15.9厘米，口径10.1厘米，腹径12.1厘米，底径10.2厘米，重560克（图八一五，1；彩版五八五，2）。

2. 石器

M541：2，滑石串珠。3件。无照片、绘图及文字记录（图八一五，2）。

M542

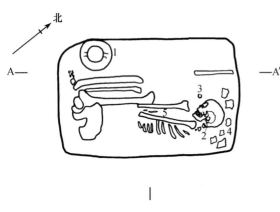

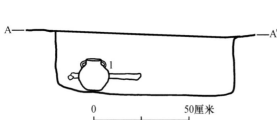

图八一六　M542平、剖面图
1.双耳陶罐（M542：1）　2.铜耳环（M542：2）
3.铜指环（M542：3）　4.铜牌饰（M542：4）
5.铜牌饰（M542：5）

（一）形制结构

长方形竖穴土坑墓。位于T1214东部，被M451、M553打破。墓向38°。墓口距地表0.12米，长0.92米，宽0.6米，墓坑深0.3米。墓圹内填充夹杂细砾的黄褐色土，出土羊腿骨1块。墓圹底部放置人骨1具，右侧身屈肢，头向东北，面向西（图八一六；图版五八五，3）。

（二）出土遗物

共6件。陶器1件，为双耳陶罐（M542：1），出土于墓坑西南角。铜器4件，其中铜耳环1件（M542：2），出土于人骨耳部；铜指环1件（M542：3），出土于人骨手骨；铜牌饰2件（M542：4、M542：5），出土于人骨腹部。羊腿骨1件，出土于填土中。

1. 陶器

M542：1，双耳陶罐。1件。夹细砂红陶，手制，完整。微侈口，方唇，直颈，颈肩双耳，鼓腹，小平底。通高15.3厘米，口径9.3厘米，腹径16.2厘米，底径8.5厘米，重855克（图八一七，1；图版五八六，1）。

2. 铜器

M542：2，铜耳环。1件。近椭圆形，用细铜丝绕成。接口处一端扁平。长径3厘米，短径2厘米，丝径0.3厘米，重3.36克（图八一七，4；图版五八六，2）。

M542：3，铜指环。1件。空心圆柱状，用薄铜片卷成，有接缝。直径2厘米，长2.3厘米，厚0.1厘米，重6.65克（图八一七，3；图版五八六，3）。

M542：4，铜牌饰。1件。长条状，中部一侧有环，铸造而成。长6.5厘米，宽0.7~0.9厘米，孔径0.4厘米，重7.31克（图八一七，2；图版五八六，4）。

M542：5，铜牌饰。1件。残损严重，残成长方形，可见一圆形小孔。残长2厘米，孔径0.3厘米，重0.94克。

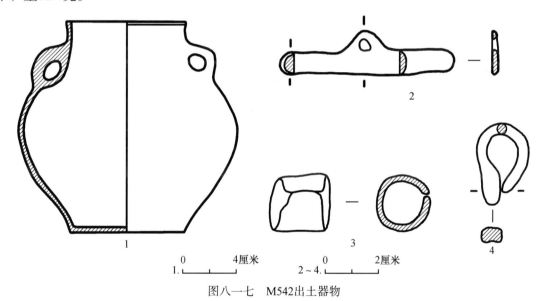

图八一七　M542出土器物

1. 双耳陶罐（M542：1）　2. 铜牌饰（M542：4）　3. 铜指环（M542：3）　4. 铜耳环（M542：2）

M543

原始发掘资料缺失。

M544

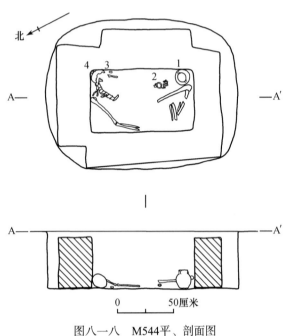

图八一八　M544平、剖面图

1. 双耳陶罐（M544：1）　　2. 铜手镯（M544：2）

3. 绿松石串珠（M544：3）　　4. 铜耳环（M544：4）

（一）形制结构

长方形竖穴土坑墓。墓向27°。墓口长1.72米，宽0.9米，墓坑深0.5米。墓圹底部为长方形土坯椁室，椁室四壁均自下而上平砌多层土坯，土坯块数和层数不明。椁室内周长0.92米，宽0.54米；土坯长0.4米，宽0.24米，厚0.1～0.12米。椁室底部放置人骨1具，左侧身屈肢，保存较差，上半身骨骼分布散乱（图八一八；图版五八七，1）。

（二）出土遗物

共5件。陶器1件，为双耳陶罐（M544：1），出土于椁室东南角。铜器3件，其中铜手镯1件（M544：2），出土于人骨腕部；铜耳环2件（M544：4），出土于人骨顶骨处。石器1件，为绿松石串珠（M544：3），出土于人骨头骨前。

1. 陶器

M544：1，双耳陶罐。1件。夹细砂灰陶，手制，口沿残。侈口，圆唇，短束颈，沿肩双耳，鼓腹，平底。通高16厘米，口径11.1厘米，腹径17.4厘米，底径9厘米，重835克（图八一九，1；图版五八六，5）。

2. 铜器

M544：2，铜手镯。1件。环形，用铜条绕成。残成两段。直径7.8厘米，宽0.8厘米，厚0.4厘米，重24.27克（图八一九，2；图版五八六，6）。

M544：4，铜耳环。2件，环状，用细铜丝绕成，接口处一端尖锐。直径3.4厘米，丝径0.2厘米，重2.32、2.69克（图八一九，4；图版五八七，3）。

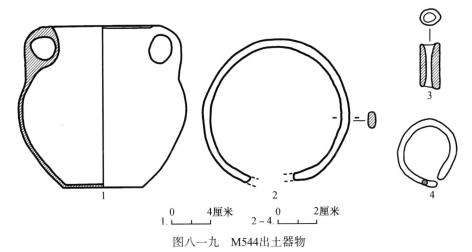

图八一九　M544出土器物

1. 双耳陶罐（M544∶1）　2. 铜手镯（M544∶2）　3. 绿松石串珠（M544∶3）　4. 铜耳环（M544∶4）

3. 石器

M544∶3，绿松石串珠。1件。青色，柱状，中部对钻穿孔。长2.1厘米，直径1厘米，孔径0.4厘米，重3.39克（图八一九，3；图版五八七，2）。

M545

（一）形制结构

长方形竖穴土坑墓。墓向185°。墓口长0.66米，宽0.6米，墓坑深0.6米。墓圹底部放置人骨1具，保存较差，仅存少量肢骨，分布散乱（图八二〇；图版五八八，1）。

（二）出土遗物

共1件。陶器1件，为双耳陶罐（M545∶1），出土于墓坑西南角。

M545∶1，双耳陶罐。1件。夹细砂红陶，手制，半侧残。敛口，方唇，直颈，沿肩双耳，折鼓腹，平底。通高13.3厘米，口径10.9厘米，腹径14.8厘米，底径8.8厘米，重585克（图八二〇，1；图版五八八，2）。

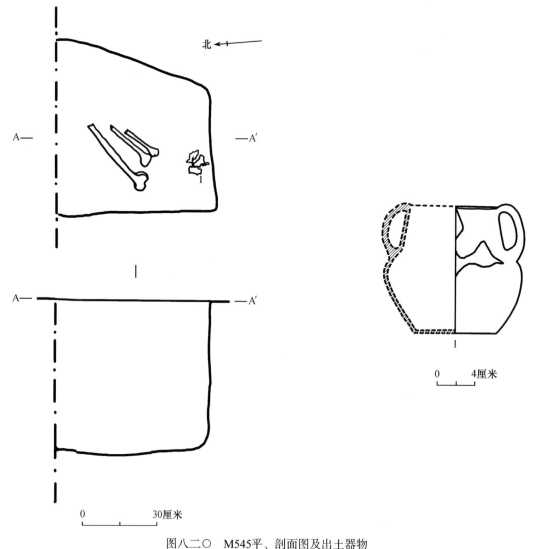

图八二〇　M545平、剖面图及出土器物
1. 双耳陶罐（M545：1）

M546

（一）形制结构

长方形竖穴土坑墓。位于T1214东北部。墓向48°。墓口距地表0.1米，长1.87米，宽1.16米，墓坑深1.19米。墓圹内填充夹杂细砾的褐色土，填土中出土1件铜耳环。墓圹底部四周设生土二层台，南、北两壁二层台内侧竖立1层土坯，二层台上平砌3层土坯；东、西两壁自下而上错缝平砌5层土坯；每边每层铺设2～3块土坯。椁室内周长0.74米，宽0.46米；土坯长0.4～0.46米，宽0.24～0.3米，厚0.1～0.12米。椁室底部放置人骨1具，左侧身屈肢，头向东北，面向南（图八二一；图版五八九，1）。

（二）出土遗物

共55件。陶器1件，为双耳陶罐（M546：8），出于墓室西北角。铜器20件，铜泡2件（M546：2），出土于人骨腕部；铜手镯3件（M546：3、M546：5），出土于人骨腕部；铜珠13件（M546：5），出土于人骨腕部；铜耳环2件，分布别出土于人骨右耳（M546：4）和填土中（M546：9）。石器33件，其中玉髓串珠1件（M546：6），出土于人骨头骨前；串珠32件（M546：7），出土于人骨头骨前。骨器1件，为骨牌饰（M546：1），出土于人骨腹部。

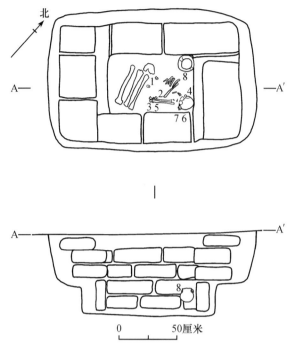

图八二一　M546平、剖面图

1. 骨牌饰（M546：1）　　2. 铜泡（M546：2）
3. 铜手镯（M546：3）　　4. 铜耳环（M546：4）
5. 铜手镯（M546：5）　　6. 玉髓串珠（M546：6）
7. 串珠（M546：7）　　　8. 双耳陶罐（M546：8）

1. 陶器

M546：8，双耳陶罐。1件。夹细砂红陶，手制，口沿略残。侈口，圆唇，短束颈，沿肩双翘耳，鼓腹，小平底。腹部绘树草纹。通高14厘米，口径10.7厘米，腹径17厘米，底径7.1厘米，重750克（图八二二，1；图版五九一，2）。

2. 铜器

M546：2，铜泡。2件。圆形，泡状，背部有纽。直径2.2、2.4厘米，重5.45、6.32克（图八二二，4；图版五八九，2）。

M546：3，铜手镯。2件。环形，用细铜丝绕成，接口处扁平相错。直径5.3、5.9厘米，丝径0.3厘米，重10.71、13.08克（图八二二，2；图版五八九，3）。

M546：4，铜耳环。1件。环形，用细铜丝绕成，接口处扁平相错。直径4.7厘米，丝径0.3厘米，重5.94克（图八二二，3；图版五九〇，1）。

M546：5，铜手镯、铜珠。14件。M546：5-1，铜手镯，1件，环形，用细铜丝绕成，接口处一端尖锐。直径4.2厘米，丝径0.2厘米，重2.91克。M546：5-2，铜珠，13件，不规则柱状，铸造而成，中部有孔。长0.4厘米，直径0.5~0.7厘米，孔径0.1~0.3厘米，重0.7克（图八二二，6；图版五九〇，3）。

M546：9，铜耳环。1件。完整。环形，用细铜丝绕成，接口处扁平相错。直径3.4厘米，丝径0.2厘米，重2.74克（图八二二，7；图版五九一，3）。

3. 石器

M546：6，玉髓串珠。1件。红色半透明，算珠状，中部对钻穿孔。厚0.4厘米，直径1.5厘米，孔径0.2厘米，重1.91克（图八二二，5；图版五九〇，2）。

M546：7，串珠。32件。M546：7-1，绿松石串珠，20件呈圆柱状，大小不一，中部穿孔。厚0.1～0.8厘米，直径0.2～0.4厘米，孔径0.1～0.3厘米；1件呈扁腰鼓状，中部对钻穿孔。长1.2厘米，宽0.9厘米，孔径0.3厘米（图八二二，9；图版五九一，1）。M546：7-2，滑石串珠，11件，圆柱状，中部穿孔。厚0.1～0.8厘米，直径0.3～0.6厘米，孔径0.1～0.3厘米。总重3.74克（图八二二，10；图版五九一，1）。

4. 骨器

M546：1，骨牌饰。1件。长方形，一侧近边缘处有一穿孔，表面磨光。长2.1厘米，宽1.2厘米，孔径0.5厘米，重1.27克（图八二二，8；图版五八八，3）。

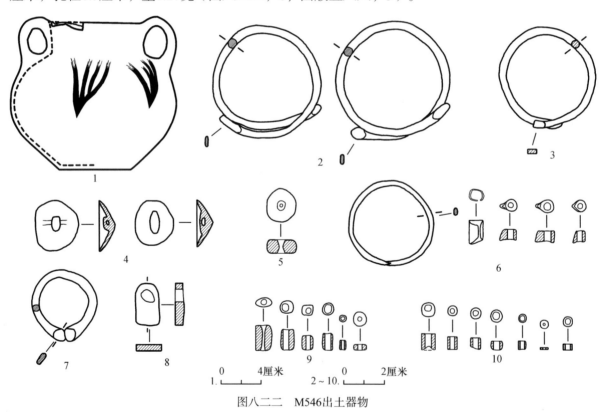

图八二二　M546出土器物

1.双耳陶罐（M546：8）　2.铜手镯（M546：3）　3.铜耳环（M546：4）　4.铜泡（M546：2）　5.玉髓串珠（M546：6）

6.铜手镯、铜珠（M546：5）　7.铜耳环（M546：9）　8.骨牌饰（M546：1）　9.绿松石串珠（M546：7-1）　10.滑石串珠

（M546：7-2）

M547

（一）形制结构

长方形竖穴土坑墓。位于T1115，西南角被M526打破，东南角被M527打破，打破M524。墓向210°。墓口长1.13米，宽0.95米，墓坑深0.69米。墓圹底部放置人骨1具，右侧身屈肢，头向南，面向东，性别男（图八二三；图版五九二，1）。

（二）出土遗物

共3件。陶器1件，为双耳陶罐（M547：2），出土于墓坑北部。铜器1件，为铜牌饰（M547：1），出土于人骨腕部。羊腿骨1件，出土于头骨南侧。

1. 陶器

M547：2，双耳陶罐。1件。夹细砂红陶，手制，完整。微侈口，方唇，直颈，颈肩双耳，鼓腹，平底。通高16.1厘米，口径10.6厘米，腹径15厘米，底径8.6厘米，重945克（图八二三，1；图版五九二，3）。

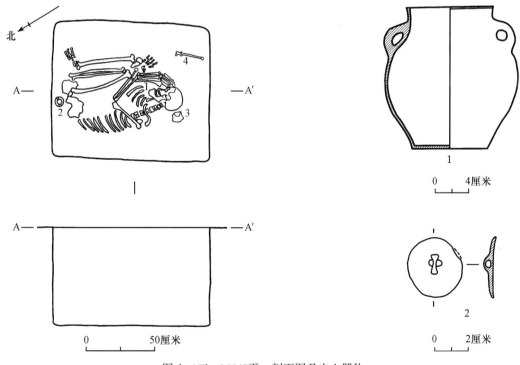

图八二三　M547平、剖面图及出土器物

1. 双耳陶罐（M547：2）　2. 铜牌饰（M547：1）　3. 陶罐　4. 羊腿骨

2. 铜器

M547：1，铜牌饰。1件。圆形，背部有纽，素面。直径3.3厘米，重11.6克（图八二三，2；图版五九二，2）。

附：性别鉴定为男（魏东，2009：125）。

M548

（一）形制结构

长方形竖穴土坑墓。墓向30°。墓口长1.58米，宽1.3米，墓坑深0.69米。墓圹底部为长方形土坯椁室，椁室四壁均自下而上平砌多层土坯，每边铺设土坯3～4块，层数不明。椁室内周长0.98米，宽0.68米；土坯长0.32～0.4米，宽0.24米。椁室底部放置人骨1具，左侧身屈肢，头向东北，面向南（图八二四；图版五九三，1）。

（二）出土遗物

共2件。陶器1件，为单耳陶罐（M548：1），出土于椁室西南角。石器1件，为玉髓串珠（M548：2），出土于人骨颈部。

1. 陶器

M548：1，单耳陶罐。1件。夹细砂红陶，手制，完整。大侈口，方唇，短颈，颈肩单耳，鼓腹，平底。通高9.1厘米，口径8.3厘米，腹径10.8厘米，底径5.2厘米，重215克（图八二四，1；图版五九三，2）。

2. 玉髓串珠

M548：2，玉髓串珠。1件。红色半透明，残成不规则形（图八二四，2；图版五九三，3）。

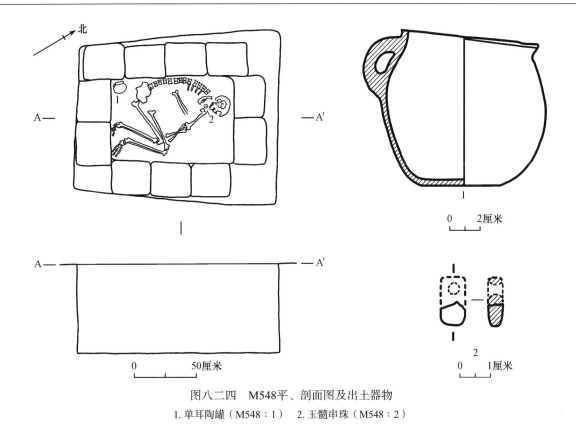

图八二四　M548平、剖面图及出土器物
1. 单耳陶罐（M548：1）　2. 玉髓串珠（M548：2）

M549

（一）形制结构

长方形竖穴土坑墓。墓向230°。打破M584和M611。墓口长1.57米，宽1.26米，墓坑深0.34米。墓圹内填充夹杂细砾的黄沙土。墓圹底部为长方形土坯椁室，椁室四壁均自下而上平砌多层土坯，每边铺设土坯2~4块，层数不明。椁室内周长0.84米，宽0.7米；土坯长0.32~0.38米，宽0.18~0.24米。椁室底部放置人骨1具，右侧身屈肢，头向南，面向东，上肢骨、肋骨不存（图八二五）。

（二）出土遗物

共1件。陶器1件，为双耳陶罐（M549：1），出土于椁室东北角。

M549：1，双耳陶罐。1件。半边残，从器形上看疑似双耳陶罐。夹细砂红陶，手制，半边残，从器形上看应为双耳陶罐。侈口，方唇，束颈，沿肩耳，球腹，圈足。通高12.5厘米，口径10.2厘米，腹径12.3厘米，底径6.3厘米，重470克（图八二五，1；图版五九四，1）。

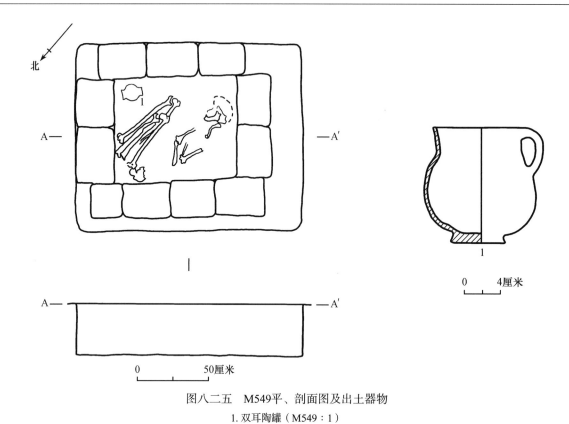

图八二五　M549平、剖面图及出土器物

1. 双耳陶罐（M549：1）

M550

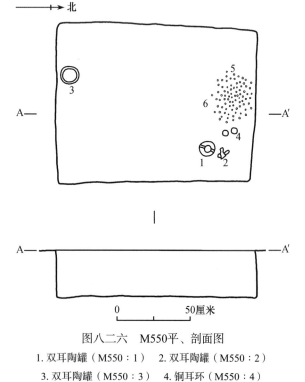

图八二六　M550平、剖面图

1. 双耳陶罐（M550：1）　2. 双耳陶罐（M550：2）

3. 双耳陶罐（M550：3）　4. 铜耳环（M550：4）

5. 滑石串珠（M550：5）　6. 滑石串珠（M550：6）

（一）形制结构

长方形竖穴土坑墓。位于T1115，东南角被M526打破。墓向180°。墓口长1.35米，宽1米，墓坑深0.30米。无葬具。无人骨（图八二六；图版五九四，3）。

（二）出土遗物

共61件。陶器3件，均为双耳陶罐，2件（M550：1、M550：2）出土于墓坑东北角，1件（M550：3）出土于墓坑南部。铜器2件，均为铜耳环（M550：4），出土于墓坑北部。铅器1件，为铅别针（M550：7），出土位置不明。石器55件，均为滑石串珠（M550：5、M550：6），出土于墓坑北部。

1. 陶器

M550：1，双耳陶罐。1件。夹细砂红陶，手制，完整。小侈口，圆唇，短束颈，颈肩双耳，肩部有一周连续的小凹窝，垂鼓腹，鼓腹处两侧各有一乳突，小平底。红衣黑彩，口沿内绘一周竖短线纹，口沿边与肩部各绘一周弦纹，其间颈部绘连续的实心倒三角纹，腹部绘分区的菱格纹，耳部绘折线纹，耳下延伸至腹部的区域绘粗线条"X"形纹和多重竖线纹，通高10.6厘米（图八二七，3；图版五九四，2）。

M550：2，双耳陶罐。1件。夹细砂红陶，手制，口沿略残。大口微侈，圆唇，短束颈，颈肩双耳，肩部有一周连续的小凹窝，折腹，折腹处两侧各有一乳突，小平底。褐衣黑彩，口沿内绘一周弦纹，耳部位置绘对称的2个方格纹，口沿边与肩部各绘两周弦纹，其间颈部正中绘网格纹，两侧绘对顶三角纹，腹部以粗线条绘菱形框分区，各单元内绘网格纹和网格菱形纹，耳部以粗线条描绘轮廓，内部绘圆点纹和短线纹，耳下腹部两侧绘多重竖线纹，通高9.8厘米（图八二七，4；图版五九五，1）。

M550：3，双耳陶罐。1件。无绘图、无照片、无文字记录。

2. 铜器

M550：4，铜耳环。2件。环形，用细铜丝绕成，接口处相错。直径4.2、4.5厘米，丝径0.4厘米，重6.14、5.49克（图八二七，1；图版五九五，2）。

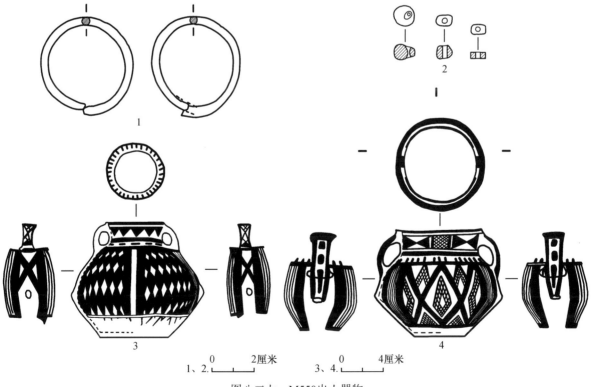

图八二七　M550出土器物

1. 铜耳环（M550：4）　2. 滑石串珠（M550：5）　3. 双耳陶罐（M550：1）　4. 双耳陶罐（M550：2）

3. 石器

M550：5，滑石串珠。54件。白色，不规则三棱柱状，中部穿孔。长0.5～1厘米，孔径0.1～0.2厘米，总重16.35克（图八二七，2；图版五九五，3）。

M550：6，滑石串珠。1件。白色，不规则三棱柱状，中部穿孔。长0.6厘米，孔径0.2厘米，重0.37克（图版五九六，1）。

4. 铅器

M550：7，铅别针。1件。残损严重，近存一直角形，丝径0.2厘米，残长1.7厘米，重0.86克（图版五九六，2）。

M551

（一）形制结构

长方形竖穴土坑墓。位于T1118东北角，打破M534东部。墓向53°。墓口长1.44米，宽1.02米，墓坑深0.32米。墓圹底部为长方形土坯椁室，椁室四壁均自下而上平砌多层土坯，土坯块数和层数不明，除西北角外其他三角皆内凹。椁室内周长0.94米，宽0.44米。椁室底部放置人骨1具，左侧身屈肢，头向东北，面向东（图八二八；图版五九六，3；图版五九七，1）。

（二）出土遗物

共3件。陶器1件，为单耳陶罐（M551：2），出土于足部。铅器1件，为铅别针（M551：1），出土于耳部。石器1件，为滑石串珠（M551：3），出土位置不明。

1. 陶器

M551：2，单耳陶罐。1件。夹细砂红陶，手制。微侈口，圆唇，直颈，沿肩单耳，鼓腹，近底部内收，平底。腹部有修整痕迹。通高9.7厘米，口径7.7厘米，腹径10厘米，底径6厘米，重330克（图八二八，2；图版五九七，3）。

2. 铅器

M551：1，铅别针。1件。残损严重，近存一直角形，丝径0.2厘米，残长1.6厘米，重0.81克（图版五九七，2）。

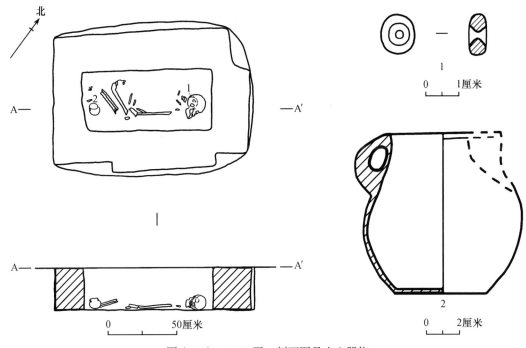

图八二八　M551平、剖面图及出土器物
1.滑石串珠（M551：3）　2.单耳陶罐（M551：2）

3. 石器

M551：3，滑石串珠。1件。褪色成近白色，环状，鼓腹，对钻穿孔。直径1.1厘米，高0.5厘米，孔径0.5～0.7厘米，重0.77克（图八二八，1；图版五九八，1）。

M552

（一）形制结构

长方形竖穴土坑墓。位于T1221南部与T1220北部相接处。墓向225°。墓口长1.8米，宽1.08米，墓坑深0.98米。墓圹底部放置人骨1具，右侧身屈肢，头向西南，面向东南（图八二九；图版五九八，3）。

（二）出土遗物

共2件。陶器1件，为双耳陶罐（M552：2），出土于人骨骶骨处。铜器1件，为铜牌饰（M552：1），出土于人骨顶骨处。

1. 陶器

M552：2，双耳陶罐。1件。无绘图、无照片、无文字记录。

2. 铜器

M552：1，铜牌饰。1件。圆形，略弧，边缘有小孔。直径5.3厘米，厚0.2厘米，孔径0.3厘米，重14.86克（图八二九，1；图版五九八，2）。

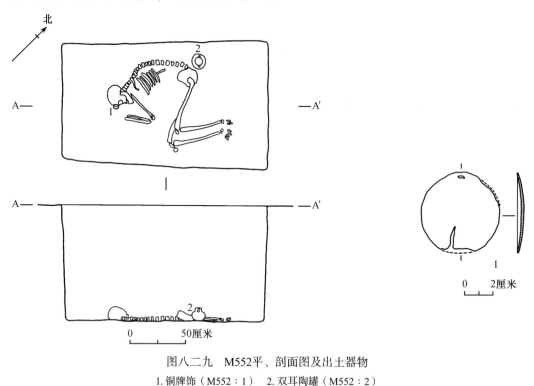

图八二九　M552平、剖面图及出土器物
1.铜牌饰（M552：1）　2.双耳陶罐（M552：2）

M553

（一）形制结构

长方形竖穴土坑墓。位于T1214，东部被M468打破，打破M542。墓向46°。墓口长1.48米，残宽0.8米，墓坑深0.18米。墓圹底部为长方形土坯椁室，椁室西、南、北三壁均平砌1层土坯，东壁情况不明。椁室内周长0.92米，残宽0.48米；土坯长0.3～0.38米，宽0.2～0.24米，厚0.1～0.12米。椁室底部放置人骨1具，左侧身屈肢，头向东北，上半身骨骼分布散乱（图八三○；图版五九九，1；图版六○○，1）。

（二）出土遗物

共1件。陶器1件，为双耳陶罐（M553：1），出土于人骨足部西侧。

M553：1，双耳陶罐。1件。夹细砂红陶，手制，侈口，方唇，束颈，颈肩双耳，弧腹，平底。通高13.3厘米，口径10.3厘米，腹径13.5厘米，底径8.5厘米，重620克（图八三〇，1；图版五九九，2）。

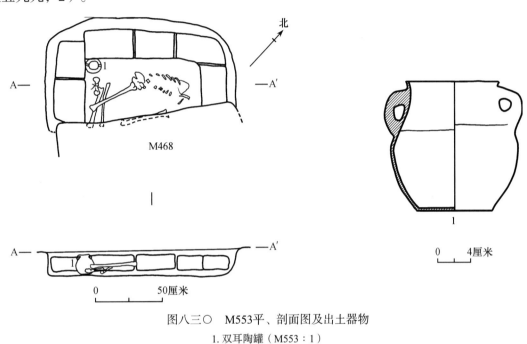

北

M468

0   50厘米

0   4厘米

图八三〇 M553平、剖面图及出土器物
1. 双耳陶罐（M553：1）

M554

（一）形制结构

长方形竖穴土坑墓。位于T1217中部。墓向37°。墓口长1.64米，宽1.28米，墓坑深0.7米。墓圹底部为长方形土坯椁室，椁室四壁均自下而上错缝平砌4层土坯，每边每层块数不明，西南角内凹。椁室内周长0.94米，宽0.62米。椁室底部放置人骨1具，左侧身屈肢，头向东，面向南（图八三一；图版六〇〇，2）。

（二）出土遗物

共35件。陶器1件，为双耳陶罐（M554：3），出土于人骨膝部。铜器11件，铜手镯2件（M554：2）、铜管2件（M554：8）、铜珠2件（M554：9）和双联铜泡1件（M554：10），

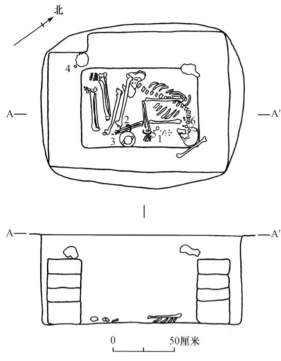

图八三一　M554平、剖面图

1. 串珠（M554：1）　2. 铜手镯（M554：2）

3. 双耳陶罐（M554：3）　4. 玉髓串珠（M554：4）

5. 铜牌饰（M554：5）　6. 铜耳环（M554：6）

出土于人骨右腕；铜牌饰1件（M554：5），出土于人骨胸部；铜耳环2件（M554：6），出土于人骨耳部；铜牌饰1件（M554：7），出土于填土。石器23件，其中串珠22件（M554：1），出土于人骨胸部；玉髓串珠1件（M554：4），出土于墓口。

1. 陶器

M554：3，双耳陶罐。1件。夹细砂红陶，手制。凹口微侈，圆唇，短束颈，沿肩双耳，球腹，平底。高14.5厘米，口径11厘米，腹径15.7厘米，底径6.6厘米，重695克（图八三二，1；图版六〇一，2）。

2. 铜器

M554：2，铜手镯。2件。铜丝环绕而成，其一接口残，直径6.1厘米，丝径0.3厘米，重10.84克。其二接口扁平相错，直径5.8厘米，丝径0.3厘米重8.04克（图八三二，2；图版五九九，3）。

M554：5，铜牌饰。1件。椭圆形，长径一侧略残。背部有桥纽和铸造槽，平直，正面突起。直径3.5~4厘米，重13.13克（图八三二，3；图版六〇二，1）。

M554：6，铜耳环。2件。环状，铜丝绕制而成，M554：6-1，残；M554：6-2，完整，接口扁平。直径2.9厘米，丝径0.3厘米；直径2.7厘米，丝径0.3~0.5厘米，重1.54、3.58克（图八三二，6；图版六〇二，2）。

M554：7，铜牌饰。1件。圆形，残，中央至边缘愈薄。残长3.6厘米，残宽1.7厘米，重4.2克（图八三二，4；图版六〇二，3）。

M554：8，铜管。2件。铜片卷制，有接缝。M554：8-1，长1.2厘米，直径0.4厘米，孔径0.2厘米。0.46克。M554：8-2，长1.2厘米，直径0.5厘米，孔径0.15厘米，重0.75克（图版六〇二，4）。

M554：9，铜珠。2件。不规则柱形，中部小孔不明显。M554：9-1，高0.7厘米，直径0.9厘米，孔径0.3厘米，1.25克。M554：9-2，长0.9厘米，直径0.17厘米，孔径0.3厘米，重1.31克（图版六〇二，5）。

M554：10，双联铜泡。1件。似为双联的一节，中间向边缘愈薄。直径1.2厘米，0.63克。

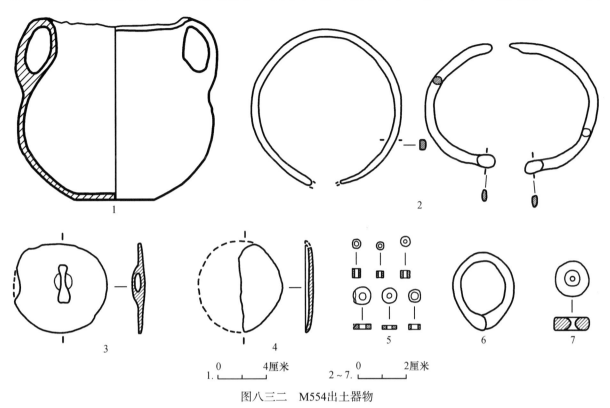

图八三二 M554出土器物

1. 双耳陶罐（M554：3） 2. 铜手镯（M554：2） 3. 铜牌饰（M554：5） 4. 铜牌饰（M554：7） 5. 滑石串珠（M554：1）
6. 铜耳环（M554：6） 7. 玉髓串珠（M554：4）

3. 石器

M554：1，串珠。22件。绿松石串珠8件，滑石串珠14件，呈圆片状或圆柱状，中部穿孔。直径0.25~0.7厘米，孔径0.1~0.15厘米，厚0.1~0.15厘米，总重0.92克（图八三二，5；图版六〇一，1）。

M554：4，玉髓串珠。1件。红色半透明，矮圆柱状，鼓腹，对钻穿孔。直径1.4厘米，孔径0.5厘米，厚0.5厘米，重1.42克（图八三二，7；图版六〇一，3）。

M555

（一）形制结构

长方形竖穴土坑墓。位于T1217东部，打破M586。墓向212°。墓口长1.58米，宽1.43米，墓坑深0.64米。墓圹底部为长方形土坯椁室，椁室四壁均自下而上错缝平砌5层土坯，每边每层土坯块数不明。椁室内周长0.94米，宽0.8米。椁室底部放置人骨1具，右侧身屈肢，头向西南，面向东（图八三三；图版六〇三，1）。

（二）出土遗物

共2件。陶器1件，为双耳陶罐（M555：1），出土于人骨膝部。石器1件，为玉髓串珠（M555：2），出土于人骨颈部。

1. 陶器

M555：1，双耳陶罐。1件。夹细砂红陶，手制。凹口微侈，方唇，短束颈，沿肩双翘耳，球腹，平底。肩部绘一周弦纹，其下绘连续的叶脉三角纹，耳部绘树草纹。通高15.2厘米，口径10.3厘米，腹径15.7厘米，底径7.6厘米，重825克（图八三三，1；图版六〇二，6）。

2. 石器

M555：2，玉髓串珠。1件。直径1.2厘米，孔径0.6厘米，厚0.5厘米，重1.01克（图八三三，2；图版六〇三，2）。

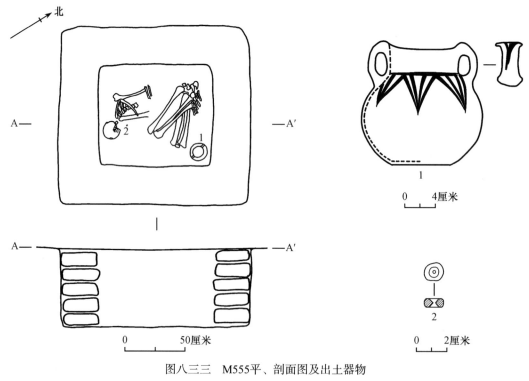

图八三三　M555平、剖面图及出土器物

1. 双耳陶罐（M555：1）　2. 玉髓串珠（M555：2）

M556

（一）形制结构

长方形竖穴土坑墓。位于T1306，打破M529和M585。墓向196°。墓口长1.48米，宽1.18米，墓坑深0.5米。墓圹底部为长方形土坯椁室，椁室四壁均自下而上错缝平砌3层土坯，每边每层土坯块数不明，东北角内凹。椁室内周长0.65米，宽0.56米。椁室底部放置人骨1具，右侧身屈肢，头向南，面向东（图八三四；图版六〇四，1）。

（二）出土遗物

共1件。陶器1件，为双耳陶罐（M556：1），出土于人骨膝部。

M556：1，双耳陶罐。1件。夹细砂红陶，手制。微侈口，方圆唇，短束颈，颈肩双耳，鼓腹，小平底。腹及耳部有烟炱。通高14.4厘米，口径9.8厘米，腹径14.8厘米，底径6厘米，重480克（图八三四，1；图版六〇三，3）。

附：M556墓主人人骨经稳定同位素分析，其中C_3占比70.16%，C_4占比29.84%，同时动物性食物的摄入占有相当大比例（张全超，2010：41）。

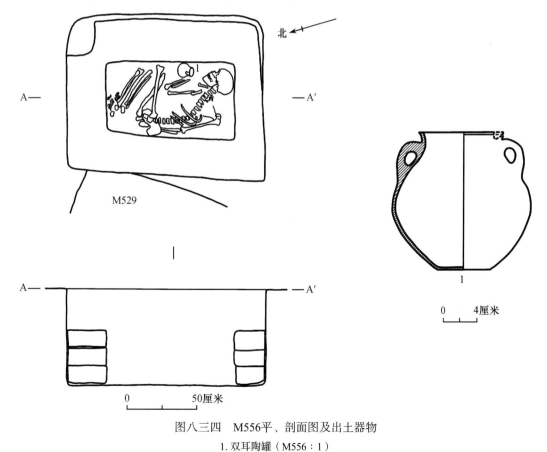

图八三四　M556平、剖面图及出土器物

1. 双耳陶罐（M556：1）

M557

（一）形制结构

长方形竖穴土坑墓。位于T1116中部偏西，打破M569、M627。墓向30°。墓口长1.68米，宽1.2米，墓坑深0.4米。墓圹底部为长方形土坯椁室，墓坑底部为土坯椁室，椁室南、北两壁均自下而上平砌多层土坯，层数不明，每层各有2块平砌的土坯。椁室内周长0.92米，宽0.56米；土坯长0.26～0.28米，宽0.2～0.26米。椁室底部放置人骨1具，左侧身屈肢，头向东北，面向东南（图八三五）。

（二）出土遗物

共3件。陶器1件，为双耳陶罐（M557：2），出土位置不明。石器1件，为玉髓串珠（M557：1），出土于椁室北部。羊骰骨1件，出土于椁室西北。

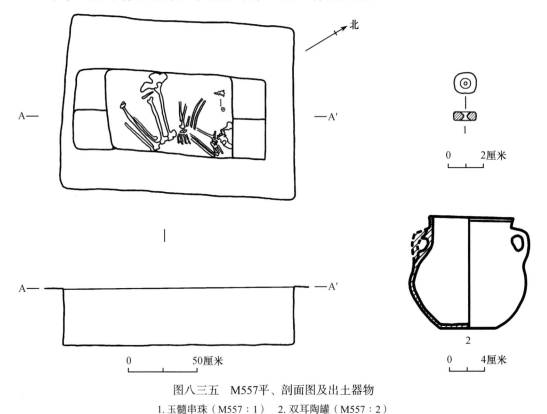

图八三五　M557平、剖面图及出土器物

1. 玉髓串珠（M557：1）　2. 双耳陶罐（M557：2）

1. 陶器

M557：2，双耳陶罐。1件。夹细砂红陶，手制。微侈口，圆唇，直颈，颈肩双耳，鼓腹，平底。通高11.8厘米，口径9.6厘米，腹径13.2厘米，底径6.4厘米，重335克（图八三五，2；图版六○四，3）。

2. 石器

M557：1，玉髓串珠。1件。红色半透明，矮圆柱状，鼓腹，对钻穿孔。直径1.2厘米，孔径0.5厘米，厚0.5厘米，重0.91克（图八三五，1；图版六○四，2）。

M558

（一）形制结构

长方形竖穴土坑墓。位于T1609。墓向108°。墓口距地面深0.24米，长0.9米，宽0.76米，墓坑深0.58米，长0.86米，宽0.76米。墓圹底部放置人骨1具，保存较差，仅存零星骨骼，分布散乱（图八三六）。

（二）出土遗物

共3件。陶器1件，为双耳陶罐（M558：1），出土于人骨头部附近。石器2件，均为玉髓串珠（M558：2），出土于人骨头部附近。

1. 陶器

M558：1，双耳陶罐。1件。夹细砂红陶，手制。侈口，方唇，短束颈，颈肩双耳，球腹，平底。口沿处绘一周水波纹，肩部绘一周弦纹附水波纹，其下绘不连续的短水波纹。通高17.5厘米，口径10.5厘米，腹径16.4厘米，底径7厘米，重775克（图八三六，1；图版六○五，1）。

2. 石器

M558：2，玉髓串珠。2件。红色半透明，坠形，一侧对钻穿孔。M558：2-1，长1.2厘米，宽0.9厘米，厚0.6厘米，孔径0.5厘米，1.76克。M558：2-2，孔侧残断，形制与第一件相同，残长0.9厘米，残宽0.8厘米，厚0.5厘米，重0.61克（图八三六，2；图版六○五，2）。

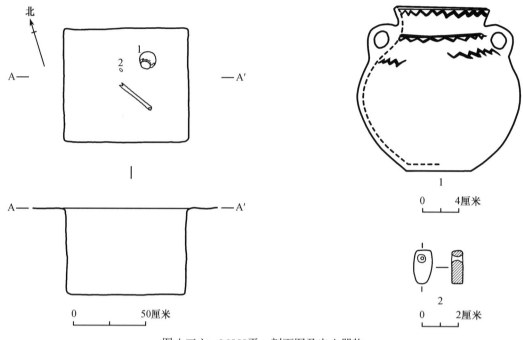

图八三六　M558平、剖面图及出土器物
1. 双耳陶罐（M558：1）　2. 玉髓串珠（M558：2-2）

M559

（一）形制结构

长方形竖穴土坑墓。位于T1605，被M530、M531打破。墓向44°。墓口长0.88米，宽0.68米，墓坑残深0.1米。墓圹底部为长方形土坯椁室，椁室四壁均平砌1层土坯，每边土坯块数不明。椁室内周长0.64米，宽0.42米。椁室底部放置人骨1具，保存较差，仅存颅骨和部分碎骨，分布散乱（图八三七）。

（二）出土遗物

共3件。铜器2件，均为铜耳环（M559：1），出土于人骨头骨附近。石器1件，为绿松石串珠（M559：2），出土于人骨颈部。

1. 铜器

M559：1，铜耳环。2件。环形，由铜丝卷曲而成，M559：1-1，接口残；M559：1-2，一端接口扁平，另一残断。M559：1-1，残长1.5厘米，丝径0.4厘米，重1.43克；M559：1-2，残长2厘米，丝径0.2～0.3厘米，重0.73克（图八三七，1；图版六〇五，3）。

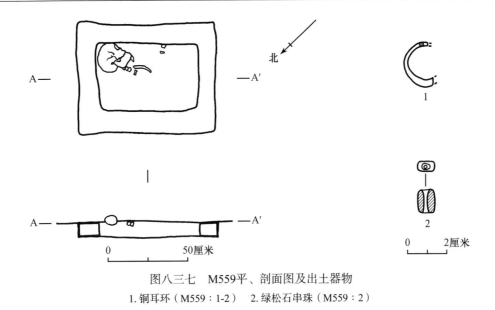

图八三七 M559平、剖面图及出土器物
1.铜耳环（M559：1-2） 2.绿松石串珠（M559：2）

2. 石器

M559：2，绿松石串珠。1件。淡绿色，扁圆柱形，中部穿孔。长1.1厘米，宽1厘米，厚0.4厘米，直径0.8厘米，孔径0.3厘米，重0.89克（图八三七，2；图版六○五，4）。

M560

（一）形制结构

长方形竖穴土坑墓。位于T1304西壁中部。墓向254°。墓口长1.5米，宽1.18米，墓坑深0.6米。口大底小，墓底长1.1米，宽1.18米。墓圹底部放置人骨1具，左侧身屈肢，头向西，面向北（图八三八；图版六○六，1）。

（二）出土遗物

共1件。陶器1件，为双耳陶罐（M560：1），出土于人骨足部附近。

M560：1，双耳陶罐。1件。夹砂灰陶，手制。直口，方圆唇，直颈，颈肩双耳，弧腹，平底。近口沿处有一周戳印纹。通高13.2厘米，口径7.9厘米，底径7.2厘米，重445克（图八三八，1；图版六○五，5）。

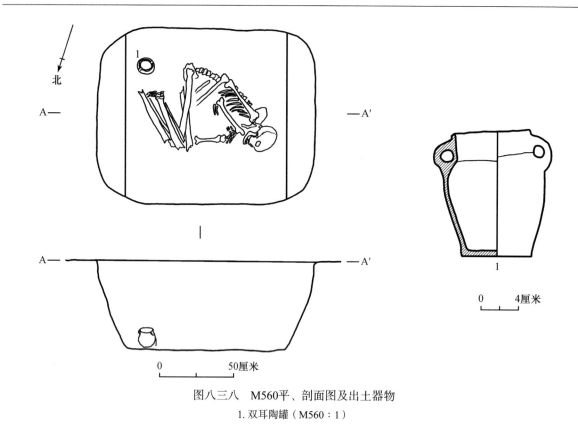

图八三八　M560平、剖面图及出土器物
1. 双耳陶罐（M560：1）

M561

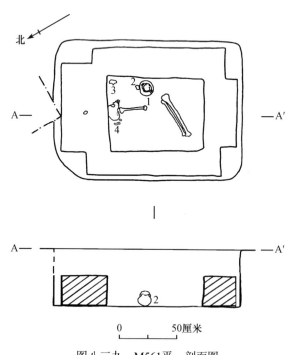

图八三九　M561平、剖面图
1. 双耳陶罐（M561：1）　2. 骨纺轮（M561：2）
3. 铜牌饰（M561：3）　4. 双联铜泡、铜环（M561：4）

（一）形制结构

长方形竖穴土坑墓。墓向30°。墓口长1.62米，宽1.16米，墓坑深0.48米。墓圹底部为长方形土坯椁室，椁室四壁均自下而上平砌多层土坯，土坯块数和层数不明，椁室四角均内凹。椁室内周长0.84米，宽0.62米。椁室底部放置人骨1具，保存较差，仅存部分肢骨，分布散乱（图八三九；图版六〇六，2）。

（二）出土遗物

共5件。陶器1件，为双耳陶罐（M561：1），出土于椁室东壁中部。铜器3件，其中铜牌饰1件（M561：3），出土于椁室东北角；双联铜泡1件（M561：4）、铜环1件（M561：4），出土于人骨头骨后。骨器1件，为骨纺轮（M561：2），出土于椁室东壁中部。

1. 陶器

M561：1，双耳陶罐。1件。夹细砂红陶，手制，微侈口，圆唇，短束颈，沿肩双耳，鼓腹，平底。口沿内绘有4道短竖线纹，肩腹部绘斜线纹，耳部绘树草纹。通高13厘米，口径10.4厘米，腹径13.5厘米，底径6.5厘米，重410克（图八四○，1；图版六○五，6）。

2. 铜器

M561：3，铜牌饰。1件。圆形，平直，素面，边缘锐薄。残长2.2厘米，残宽1.8厘米，厚0.1厘米，重1.68克（图版六○七，2）。

M561：4，双联铜泡、铜环。2件。M561：4-1，双联铜泡，1件，有短梁相连的圆形，残长2.4厘米，宽1厘米，重1.57克。M561：4-2，铜环，1件，由直径0.3厘米的铜丝绕成，接口处残，直径1.2厘米，重0.31克（图八四○，3；图版六○八，1）。

3. 骨器

M561：2，骨纺轮。1件。圆台状，上小下大，中部穿孔。残径4.4厘米，孔径1.2厘米，高1.8厘米（图八四○，2；图版六○七，1）。

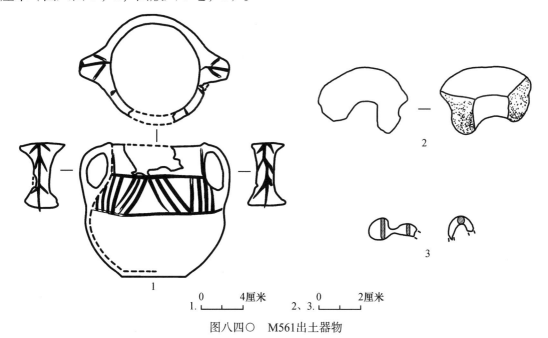

图八四○　M561出土器物

1. 双耳陶罐（M561：1）　2. 骨纺轮（M561：2）　3. 双联铜泡、铜环（M561：4）

M562

（一）形制结构

长方形竖穴土坑墓。位于T1303东南角，西壁被M540打破。墓向25°。墓口长1.22米，残宽0.96米，墓坑深0.6米。墓圹底部为长方形土坯椁室，椁室东、南、北三壁均自下而上平砌多层土坯，层数不明，每边铺设土坯1～2块，西壁情况不明。椁室内周长0.76米，宽0.5米；土坯长0.3～0.68米，宽0.24～0.28米，厚0.4米。椁室底部放置人骨1具，右侧身屈肢，头向北，面向西（图八四一；图版六〇七，3）。

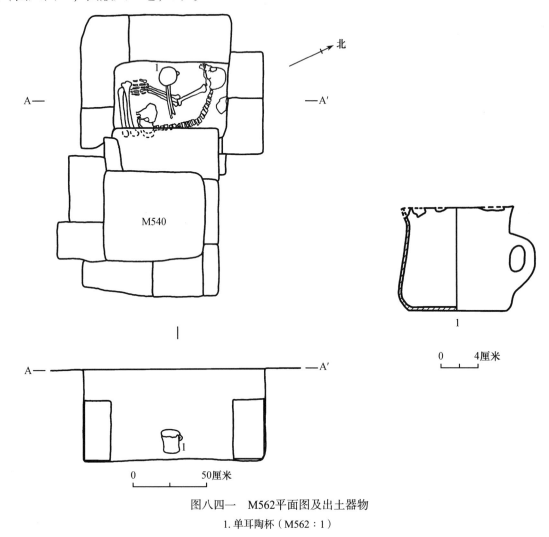

图八四一　M562平面图及出土器物

1.单耳陶杯（M562：1）

（二）出土遗物

共1件。陶器1件，为单耳陶杯（M562：1），出土于人骨手部。

M562：1，单耳陶杯。1件。夹砂红陶，手制。整体矮胖，侈口，方唇，颈腹略直，至底外鼓，平底。口径12厘米，底径11厘米，通高10.6厘米（图八四一，1；图版六〇八，2）。

M563

长方形竖穴土坑墓。位于T1303中部。墓向54°。墓口长1米，宽0.6米，墓坑深0.66米。墓圹底部放置人骨1具，左侧身屈肢，头向东，面向南（图八四二；图版六〇八，3）。

无出土遗物。

M564

（一）形制结构

长方形竖穴土坑墓。位于T1304中部偏东南。墓向12°。墓口长1.1米，宽0.8米，墓坑深0.57米，口大底小，墓底长0.7米，宽0.8米。墓圹底部放置人骨1具，左侧身屈肢，头向东北，面向东（图八四三；图版六〇九，1）。

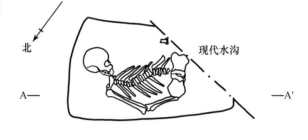
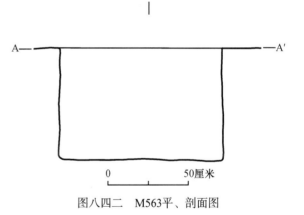

图八四二　M563平、剖面图

（二）出土遗物

共2件。陶器1件，为陶片（M564：1），出土于人骨膝部。石器1件（M564：2），出土于人骨颈部。

1. 陶器

M564：1，陶片。1件。未见描述。

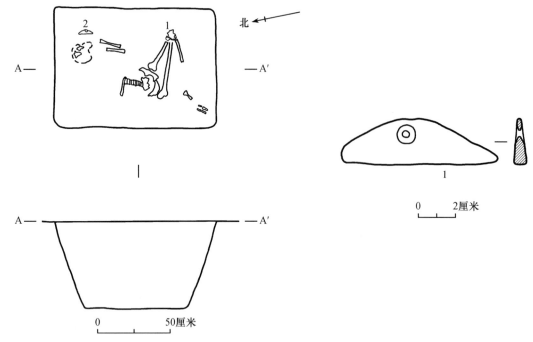

图八四三　M564平、剖面图及出土器物
1.石器（M564：2）　2.陶片（M564：1）

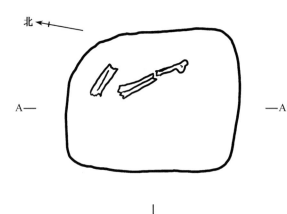

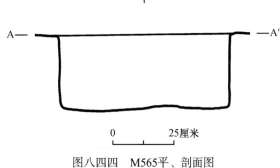

图八四四　M565平、剖面图

2. 石器

M564：2，石器。1件。略呈三角形，顶部有穿孔。通长16.4厘米，宽4.9厘米，厚1.2厘米（图八四三，1；图版六○九，2）。

M565

近长方形竖穴土坑墓。位于T1304西壁偏南。墓向350°。墓口长0.72米，宽0.56米，墓坑深0.3米。墓圹底部放置人骨1具，保存较差，仅存零星骨骼，分布散乱（图八四四）。

无出土遗物。

M566

（一）形制结构

长方形竖穴土坑墓。位于T1306中部。墓向30°。墓口长1.14米，宽1米。墓圹底部放置人骨1具，保存较差，仅存零星骨骼，分布散乱（图八四五）。

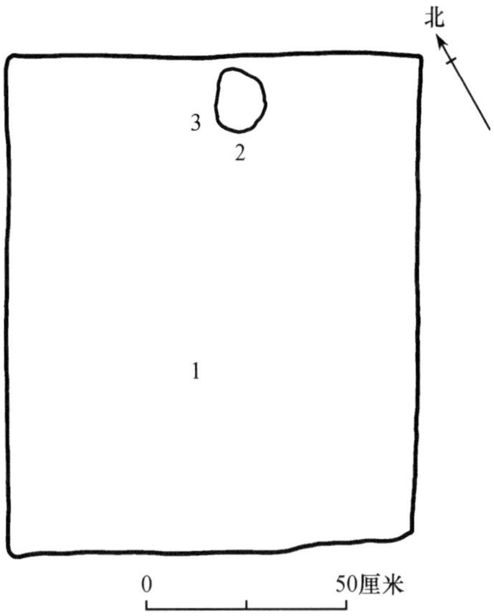

（二）出土遗物

共5件。铜器2件，其中铜牌饰1件（M566：1），出土于墓坑中部偏南；铜管1件（M566：2），出土于墓坑中部偏南。石器3件，其中玉髓串珠2件（M566：3），出土于墓坑北部；绿松石串珠1件（M566：4），出土于墓坑北部颅骨附近。

图八四五　M566平面图
1. 铜牌饰（M566：1）　2. 玉髓串珠（M566：3）
3. 绿松石串珠（M566：4）

1. 铜器

M566：1，铜牌饰。1件。长方形，素面，中部起脊，一端近边缘处有小孔。长5.8厘米，宽3.6厘米，孔径0.3厘米，重12.66克（图八四六，1；图版六〇九，3）。

M566：2，铜管。1件。圆锥形，直径由小变大，由壁厚0.1～0.2厘米的铜片卷制而成，接缝已断开。长3.9厘米，壁厚0.1～0.2厘米，直径0.6～1厘米，重6.01克（图八四六，2；图版六一〇，1）。

2. 石器

M566：3，玉髓串珠。2件。M566：3-1，深红色，半透明，矮圆柱形，鼓腹；M566：3-2，橙黄色，透明度较高，矮圆柱形，鼓腹，对钻穿孔。M566：3-1，直径1.8厘米，厚0.6厘米，孔径0.8厘米，重1.31克。M566：3-2，直径1.9厘米，厚0.6厘米，孔径0.6厘米，重1.68克（图八四六，4；图版六一〇，2）。

M566：4，绿松石串珠。1件。淡绿色，圆柱形，中部穿孔。长0.6厘米，直径0.5厘米，孔径0.4厘米，重0.29克（图八四六，3；图版六一一，1）。

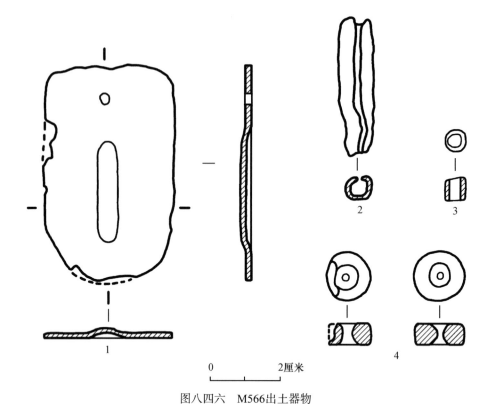

0　　　　　　　2厘米

图八四六　M566出土器物

1. 铜牌饰（M566:1）　2. 铜管（M566:2）　3. 绿松石串珠（M566:4）　4. 玉髓串珠（M566:3）

M567

（一）形制结构

近长方形竖穴土坑墓。位于T1304中部。墓向50°。墓口长1.06米，宽0.98米，墓坑深0.58米。墓圹底部放置人骨1具，保存较差，仅存零星骨骼，分布散乱（图八四七）。

（二）出土遗物

共1件。陶器1件，为双耳陶罐（M567:1），出土于人骨足部。

M567:1，双耳陶罐。1件。夹细砂红陶，手制。直口，方唇，短直颈，颈肩双耳，弧腹，腹径最大处两侧各有一乳突，平底。通高16.9厘米，口径9.5厘米，腹径15.3厘米，底径7.6厘米，重960克（图八四七，1；图版六一一，2）。

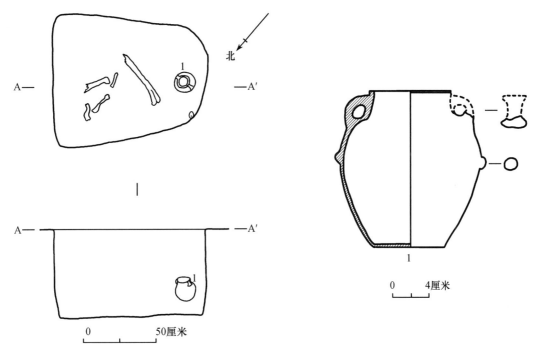

图八四七　M567平、剖面图及出土器物
1. 双耳陶罐（M567：1）

M568

（一）形制结构

长方形竖穴土坑墓。墓向204°。墓口距地面深0.24米，长0.98米，宽0.76米，墓坑深1.02米。墓圹底部放置人骨1具，右侧身屈肢，头向西南，面向东（图八四八）。

（二）出土遗物

共1件。陶器1件，为双耳陶罐（M568：1），出土于人骨足部。

M568：1，双耳陶罐。1件。夹细砂红陶，手制。直口，方唇，直颈，颈肩双耳，鼓腹，鼓腹处两侧各有一乳突，平底内凹。腹下部有部分烟炱。通高12.8厘米，口径9.2厘米，腹径14.4厘米，底径7厘米，重590克（图八四八，1；图版六一一，3）。

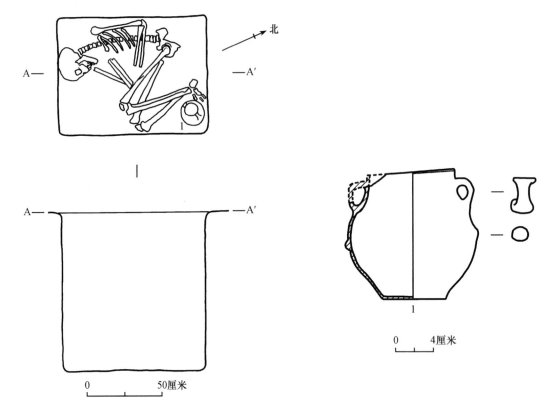

图八四八　M568平、剖面图及出土器物
1. 双耳陶罐（M568∶1）

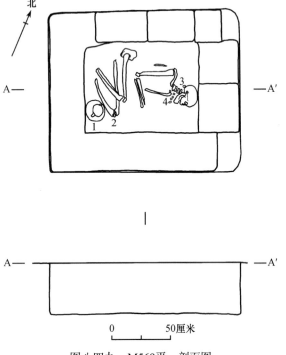

图八四九　M569平、剖面图
1. 双耳陶罐（M569∶1）　2. 串珠（M569∶2）
3. 铜耳环（M569∶3）　4. 滑石串珠（M569∶4）

M569

（一）形制结构

长方形竖穴土坑墓。被M557打破，打破M599、M623。墓向67°。墓口长1.6米，宽1.32米，墓坑深0.42米。墓圹底部为长方形土坯椁室，椁室四壁均自下而上平砌多层土坯，层数不明，北壁每层有2块，东壁每层2块，西、南两壁情况不明。椁室内周长0.98米，宽0.74米。椁室底部放置人骨1具，左侧身屈肢，头向东，面向南（图八四九；图版六一二，1）。

（二）出土遗物

共10件。陶器1件，为双耳陶罐（M569∶1），出土于人骨膝部。铜器1件，为铜耳环（M569：3），出土于人骨耳部。石器8件，其中串珠5件（M569：2），出土于人骨膝部；滑石串珠3件（M569：4），出土于人骨颈部。

1. 陶器

M569：1，双耳陶罐。1件。夹细砂红陶，手制。侈口，尖唇，短束颈，颈肩双耳，鼓腹，平底。肩部绘不连续的短水波纹。腹中下部有烟炱。通高16.4厘米，口径11厘米，腹径18厘米，底径6.6厘米，重635克（图八五〇，1；图版六一一，4）。

2. 铜器

M569：3，铜耳环。1件。环形，由直径0.1～0.2厘米的铜丝环绕而成，接口处扁平，一端接口较宽，一端较窄。直径2.1厘米，丝径0.1～0.2厘米，重1.59克（图八五〇，5；图版六一一，6）。

3. 石器

M569：2，串珠。5件。绿松石串珠：1件，呈圆柱形，中部穿孔，长0.7厘米，直径0.9厘米，孔径0.4厘米，重1.04克（图八五〇，4；图版六一一，5）。滑石串珠：4件，圆柱形，中部穿孔，长0.2～0.7厘米，直径0.4～0.6厘米，孔径0.3厘米，重0.1～0.5克（图八五〇，3；图版六一一，5）。

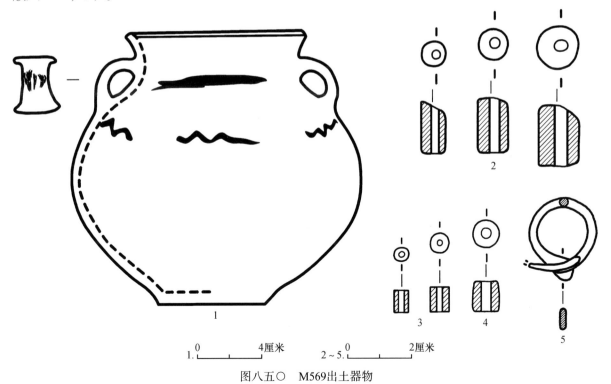

图八五〇 M569出土器物

1. 双耳陶罐（M569：1）　2. 滑石串珠（M569：4）　3. 滑石串珠（M569：2）　4. 绿松石串珠（M569：2）

5. 铜耳环（M569：3）

M569：4，滑石串珠。3件。白色，半透明，磨砂质。似为水晶质。圆柱形，一侧平直，一侧为坡状，中部穿孔。长1.5～1.8厘米，直径0.7～1.1厘米，孔径0.3厘米，重1.48～4.85克（图八五〇，2；图版六一二，2）。

M570

（一）形制结构

长方形竖穴土坑墓。位于T1304。墓向222°。墓口长0.86米，宽0.64米，墓坑深0.42米。墓圹底部放置人骨1具，右侧身屈肢，头向西南，面向东南（图八五一；图版六一三，1）。

（二）出土遗物

共1件。陶器1件，为单耳陶罐（M570：1），出土于人骨膝部。

M570：1，单耳陶罐。1件。夹细砂红陶，手制。微侈口，短束颈，口腹单耳，扁鼓腹，平底。颈部绘竖短线纹，肩部绘一周弦纹，其下绘竖短线纹，耳部绘竖列水波纹。通高9.9厘米，口径11.4厘米，腹径13.4厘米，底径7厘米，重510克（图八五一，1；图版六一二，3）。

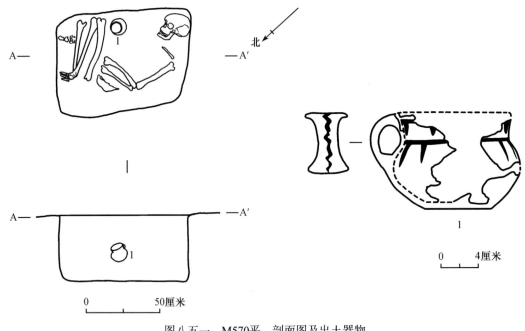

图八五一　M570平、剖面图及出土器物

1. 单耳陶罐（M570：1）

M571

（一）形制结构

长方形竖穴土坑墓。位于T1305。墓向
60°。墓口长1.44米，宽1.02米，墓坑深0.54
米。墓圹底部四周设熟土二层台，二层台内
侧竖立1层土坯，二层台上平砌1层土坯。椁
室内周长0.97米，宽0.58米。椁室底部放置人
骨1具，左侧身屈肢，头向东，面向南（图
八五二；图版六一四，1）。

（二）出土遗物

共13件。陶器1件，为双耳陶罐（M571：1），
出土于人骨膝部。铜器6件，其中铜牌饰1件
（M571：2），出土于人骨下颌处；铜手镯1件
（M571：3）、铜牌饰1件（M571：5）和铜管
1件（M571：8），出土于人骨髋骨处；铜耳环
1件（M571：4），出土于人骨耳部；铜泡1件
（M571：6），出土于人骨颈部。石器6件，均
为滑石串珠（M571：7），出土于人骨颈部。

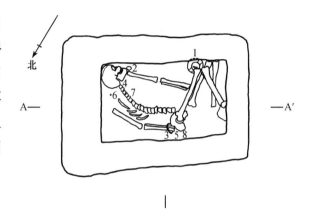

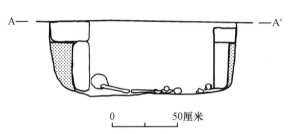

图八五二　M571平、剖面图
1. 双耳陶罐（M571：1）　　2. 铜牌饰（M571：2）
3. 铜手镯（M571：3）　　4. 铜耳环（M571：4）
5. 铜牌饰（M571：5）　　6. 铜泡（M571：6）
7. 滑石串珠（M571：7）　　8. 铜管（M571：8）

1. 陶器

M571：1，双耳陶罐。1件。夹细砂红陶，手制。微侈口，圆唇，束颈，沿肩双耳，鼓
腹，平底。口沿内绘实心三角纹，口沿边绘连续的实心倒三角纹，肩部绘一周弦纹，其下绘斜
线纹，之下再绘一周弦纹，耳部绘树草纹。直径13.8厘米，口径10.7厘米，腹径14.6厘米，底
径6.7厘米，重575克（图八五三，1；图版六一三，2）。

2. 铜器

M571：2，铜牌饰。1件。圆形，泡状，边缘处两侧有孔。直径4.5厘米，孔径0.2厘米，重
11.17克（图八五三，2；图版六一三，3）。

M571：3，铜手镯。1件。环状，由直径0.4厘米的铜丝环绕而成，接口尖锐相错。直径4.7

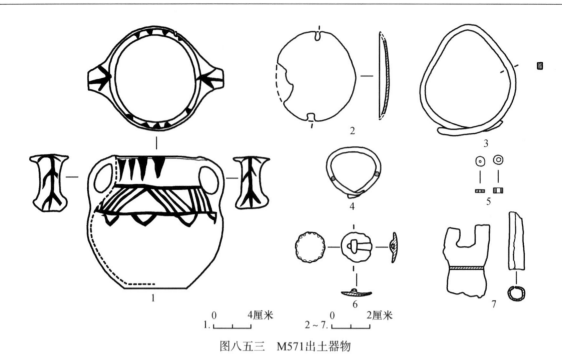

图八五三　M571出土器物

1. 双耳陶罐（M571：1）　2. 铜牌饰（M571：2）　3. 铜手镯（M571：3）　4. 铜耳环（M571：4）　5. 滑石串珠（M571：7）
6. 铜泡（M571：6）　7. 铜牌饰（M571：5）

厘米，重9.54克（图八五三，3；图版六一四，2）。

M571：4，铜耳环。1件。环状，由直径0.1厘米的铜丝绕制而成，接口一端圆钝，一端尖锐。直径2.7厘米，重1.76克（图八五三，4；图版六一四，3）。

M571：5，铜牌饰。1件。一端长条状，类似铲形，已残，另一端两侧为两个小长条状，但已残，推测为连接其他工具所用。铜饰件，长3.7厘米，宽2厘米，重5.88克（图八五三，7；图版六一五，1）。

M571：6，铜泡。1件。圆形泡状，背部有桥纽和明显的铸造槽，正面边缘有间隔突起。直径1.5厘米，重1.36克（图八五三，6；图版六一五，2）。

M571：8，铜管。1件。由壁厚0.1厘米的铜片卷制而成，铜管长3厘米，直径0.5厘米，壁厚0.1厘米；重1.84克。

3. 石器

M571：7，滑石串珠。6件。白色，矮圆柱状，中部穿孔。直径0.4厘米，厚0.2厘米，孔径0.1厘米，重不足0.1克（图八五三，5；图版六一五，3）。

M572

（一）形制结构

长方形竖穴土坑墓。位于T1306。墓向220°。墓口长1.18米，宽1.08米，墓坑深0.6米。墓圹底部放置人骨1具，保存较差，仅存部分骨骼，分布散乱（图八五四）。

（二）出土遗物

共3件。陶器2件，其中筒形陶罐1件（M572：1），出土于墓坑东北部；单耳陶罐1件（M572：2），出土位置不明。石器1件（M572：3），出土位置不明。

1. 陶器

M572：1，筒形陶罐。1件。夹细砂红陶，手制。整体呈筒状，直口，方唇，口沿下双立耳，直壁，平底。通体烟炱。通高12厘米，口径10.9厘米，9.5厘米，重540克（图八五五，1；图版六一五，4）。

M572：2，单耳陶罐。1件。夹细砂灰陶，手制。微侈口，方唇，直颈，颈肩单耳，鼓腹，平底。通高6厘米，口径3.7厘米，腹径5.9厘米，底径3厘米，重70克（图八五五，3；图版六一五，5）。

2. 石器

M572：3，石器。1件。残。截面近长方形，表面有人工磨制痕迹。长10.6厘米，宽4.3厘米，厚5.1厘米，重440克（图八五五，2；图版六一五，6）。

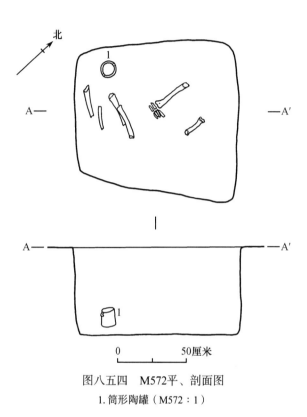

图八五四　M572平、剖面图
1. 筒形陶罐（M572：1）

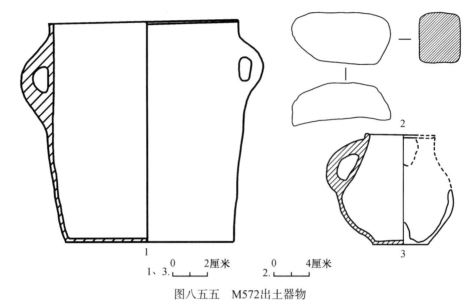

图八五五　　M572出土器物

1. 筒形陶罐（M572：1）　2. 石器（M572：3）　3. 单耳陶罐（M572：2）

M573

（一）形制结构

长方形竖穴土坑墓。墓圹内有无椁室情况不明。墓圹底部放置人骨1具，左侧身屈肢，上半身骨骼分布散乱（图版六一六，1）。

（二）出土遗物

共1件。陶器1件，为双耳陶罐，出土于膝盖下侧。

M573：1，双耳陶罐。1件。夹细砂红陶，手制。直口，圆唇，直颈，颈肩双耳，鼓腹，平底。通高10.5厘米，口径6.5厘米，腹径10.5厘米，底径4.5厘米，重450克（图八五六；图版六一六，2）。

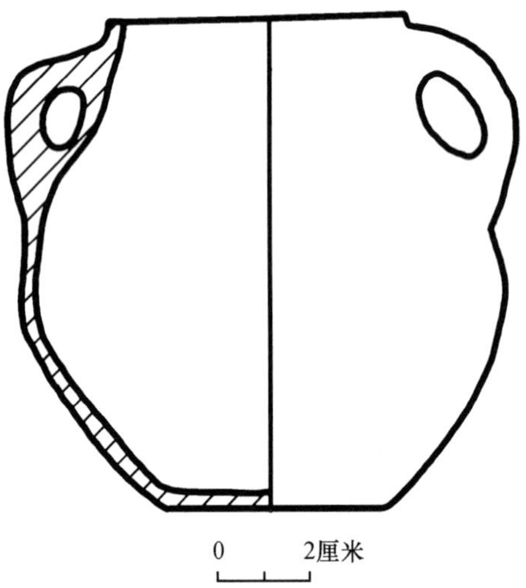

图八五六　　M573出土器物

双耳陶罐（M573：1）

M574

（一）形制结构

长方形竖穴土坑墓。位于T1304。墓向213°。墓口长1.16米，宽0.64米，墓坑深0.74米。墓圹底部放置人骨1具，左侧身屈肢，头向西，面向北（图八五七）。

（二）出土遗物

共2件。陶器2件，其中双耳陶罐1件（M574：1），出土于人骨膝部；单耳陶罐1件（M574：2），出土位置不明。

M574：1，双耳陶罐。1件。夹细砂红陶，手制。微侈口，圆唇，直颈，颈肩双耳，鼓腹，平底。通高20.8厘米，口径11.6厘米，腹径17.6厘米，底径8.8厘米，重450克（图八五七，1；图版六一六，3）。

M574：2，单耳陶罐。1件。夹细砂红陶，手制。微侈口，方唇，短直颈，口腹单大耳，鼓腹，平底。通高12.5厘米，口径7.7厘米，腹径10.5厘米，底径5.6厘米，重370克（图八五七，2；图版六一七，1）。

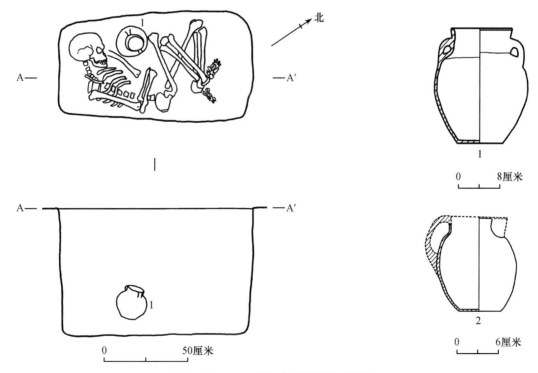

图八五七　M574平、剖面图及出土器物
1. 双耳陶罐（M574：1）　2. 单耳陶罐（M574：2）

M575

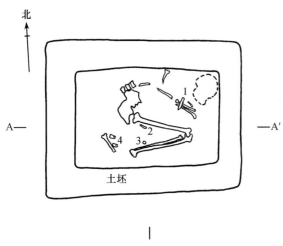

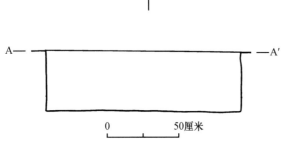

图八五八　M575平、剖面图

1. 铜手镯（M575：1）　　2. 铜管（M575：2）
3. 铜饰件（M575：3）　　4. 骨牌饰（M575：4）

（一）形制结构

长方形竖穴土坑墓。打破M582、M583。墓向93°。墓口长1.36米，宽1.06米，墓坑深0.4米。墓圹底部为长方形土坯椁室，椁室四壁均平砌多层土坯，土坯块数和层数不明。椁室内周长1米，宽0.66米。椁室底部放置人骨1具，左侧身屈肢，保存状况较差，上半身骨骼分布散乱（图八五八）。

（二）出土遗物

共5件。铜器3件，其中铜手镯1件，出土于人骨腕部（M575：1）；铜管1件（M575：2），出土于人骨股骨处；铜饰件1件（M575：3），出土于人骨胫骨处。骨器2件，为骨牌饰（M575：4），出土于人骨足部。

1. 铜器

M575：1，铜手镯。1件。环状，由宽1.5厘米，厚0.1厘米的铜片卷曲而成，残。残径6厘米，重6.8克（图八五九，1；图版六一七，2）。

M575：2，铜管。1件。圆柱状，由厚0.1厘米的铜片卷曲而成，接缝明显。残长2.6厘米，直径0.7厘米，重1.38克（图八五九，2；图版六一七，3）。

M575：3，铜饰件。1件。残损严重，无法复原器形。

2. 骨器

M575：4，骨牌饰。2件。长方形，一端近缘处穿孔。长3厘米，宽1～1.5厘米，孔径0.5厘米，重1.44～2.33克（图八五九，3；图版六一七，4）。

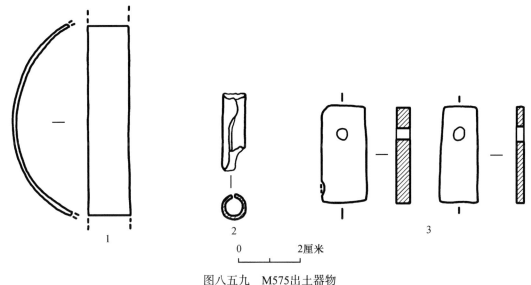

图八五九 M575出土器物
1. 铜手镯（M575：1） 2. 铜管（M575：2） 3. 骨牌饰（M575：4）

M576

原始发掘资料缺失。

M577

（一）形制结构

长方形竖穴土坑墓。打破M595。墓向0°。墓口长1.5米，宽1.14米，墓坑深0.56米。墓圹底部为长方形土坯椁室，椁室四壁均自下而上平砌多层土坯，土坯块数和层数不明。椁室内周长1米，宽0.56米。椁室底部放置人骨1具，左侧身屈肢，头向北，面向东（图八六〇；图版六一八，1）。

（二）出土遗物

共64件。铜器11件，其中铜牌饰4件（M577：1、M577：2-1、M577：2-2、M577：3），分别位于人骨顶骨、椁室东北、人骨下颌处；铜管1件（M577：4），出土于人骨足部；铜泡1件（M577：5），出土于人骨腕部；铜管4件（M577：6），出土于人骨髋骨处；铜锥1件（M577：7），出土于人骨手部。石器4件，其中玉髓串珠1件（M577：8），出土于人骨胸部；绿松石串珠1件（M577：11），出土于人骨胫骨处；石饰件2件（M577：12），出土

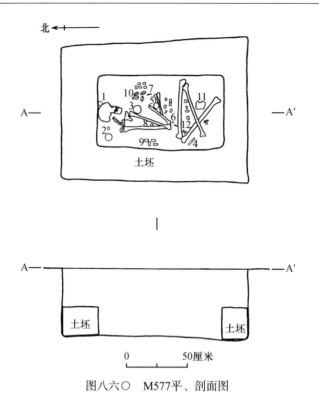

图八六〇　M577平、剖面图

1.铜牌饰（M577：1）　2.铜牌饰（M577：2）　3.铜牌饰（M577：3）　4.铜管（M577：4）　5.铜泡（M577：5）
6.铜管（M577：6）　7.铜锥（M577：7）　8.玉髓串珠（M577：8）　9.骨牌饰（M577：9）　10.海贝（M577：10）
11.绿松石串珠（M577：11）　12.石饰件（M577：12）

于人骨腰部。骨器44件，均为骨牌饰（M577：9），出土于人骨背部。贝器4件，均为海贝
（M577：10），出土于人骨足部。羊距骨1件，出土位置不明。

1. 铜器

M577：1，铜牌饰。1件。圆形，略弧，近边缘处有对称的两孔，直径5厘米，孔径0.1厘米，重13.49克（图八六一，2；图版六一七，5）。

M577：2，铜牌饰。2件。M577：2-1，较完整，圆形略弧，一侧有孔，另一侧残，直径5厘米，孔径0.1厘米，16.2克；M577：2-2，变形严重，圆形，直径4.7厘米，13.66克（图八六一，1；图版六一七，6）。

M577：3，铜牌饰。1件。圆形略弧，一侧有孔，另一侧残，重1.95克（图八六一，9；图版六一八，2）。

M577：4，铜管。1件。长条圆柱状，由厚0.1厘米的铜片卷成，有接缝。直径0.7厘米，长9厘米，壁厚0.1厘米，重7.19克（图八六一，5；图版六一八，3）。

M577：5，铜泡。1件。圆泡状，正面呈峰状，背部有纽。直径2.9厘米，重6.49克（图八六一，10；图版六一九，1）。

M577：6，铜管。4件。铜丝卷成螺旋状，中空。长2.5厘米～7.5厘米，直径0.7厘米，重2.07～9.16克（图八六一，6；图版六一九，3）。

M577：7，铜锥。1件。四棱锥状，一端尖锐。长2.4厘米，宽0.6厘米，重1.9克（图八六一，8；图版六一九，2）。

2. 石器

M577：8，玉髓串珠。1件。红色半透明，圆柱状，鼓腹，中部穿孔。直径0.7厘米，长1.2厘米，孔径0.5厘米，重1.7克（图八六一，4；图版六二〇，1）。

M577：11，绿松石串珠。1件。圆柱形，中部穿孔。长0.6厘米，直径0.2厘米，孔径0.1厘米，重0.1克（图八六一，12；图版六二一，1）。

M577：12，石饰件。2件。似绿松石串珠，浅绿色，通体磨光。长方形，一端厚，近边缘处穿孔，一端较锐薄。长2厘米，宽1.7厘米，孔径0.5厘米，重2.01克（图八六一，11；图版六二一，2）。

3. 骨器

M577：9，骨牌饰。44件。均完整，其余破损者不可计数。长方形，部分近梯形，一端厚，有穿孔，一端较锐薄。长1.6～2.2厘米，宽1.1～1.5厘米，孔径0.3厘米，总重63克（图八六一，3；图版六二〇，3）。

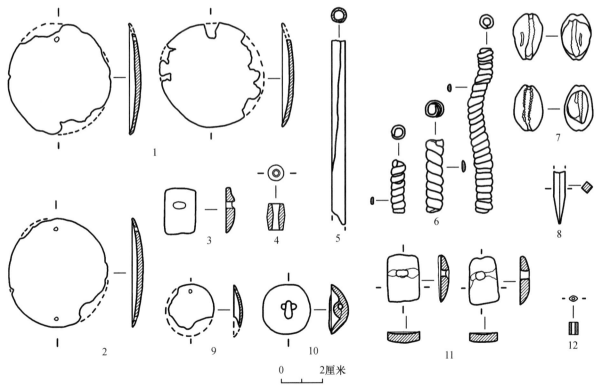

0   2厘米

图八六一　M577出土器物

1.铜牌饰（M577：2）　2.铜牌饰（M577：1）　3.骨牌饰（M577：9）　4.玉髓串珠（M577：8）　5.铜管（M577：4）
6.铜管（M577：6）　7.海贝（M577：10）　8.铜锥（M577：7）　9.铜牌饰（M577：3）　10.铜泡（M577：5）
11.石饰件（M577：12）　12.绿松石串珠（M577：11）

4. 贝器

M577：10，海贝。4件。人工加工痕迹不明显。长2.2厘米，宽1.5厘米，重1.1克左右（图八六一，7；图版六二〇，2）。

M578

原始发掘资料缺失。

M579

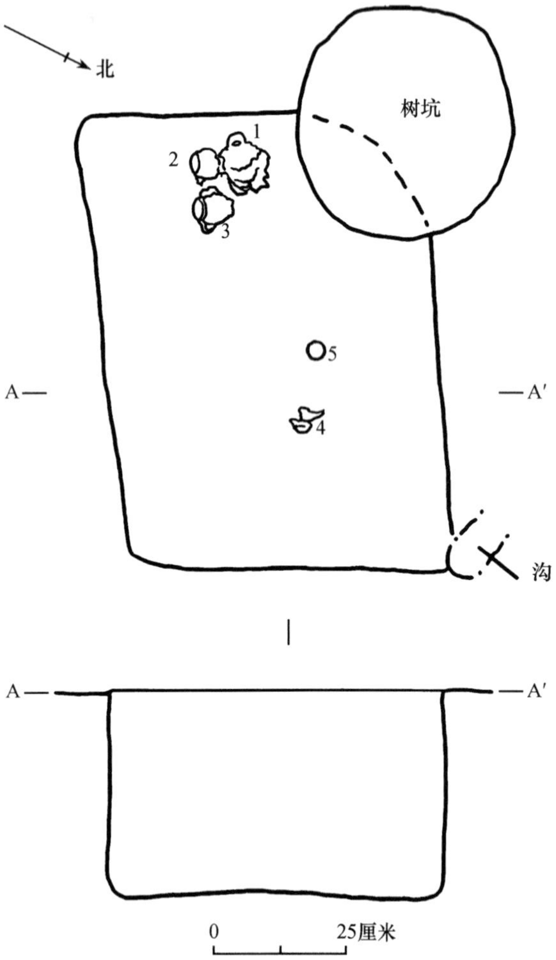

图八六二　M579平、剖面图
1. 双耳陶罐（M579：1）　2. 单耳陶杯（M579：2）
3. 双耳陶罐（M579：3）　4. 海贝（M579：4）
5. 铜牌饰（M579：5）

（一）形制结构

长方形竖穴土坑墓。西北角被树坑打破。墓向237°。墓口长0.8米，宽0.62米，墓坑深0.36米。无葬具。无人骨（图八六二）。

（二）出土遗物

共5件。陶器3件，其中双耳陶罐2件（M579：1、M579：3）、单耳陶杯1件（M579：2），均出土于墓坑南部。铜器1件，为铜牌饰（M579：5），出土于墓坑中部。贝器1件，为海贝（M579：4），出土于墓坑中部。

1. 陶器

M579：1，双耳陶罐。1件。夹细砂红陶，手制。侈口，卷唇，短束颈，颈肩双耳，弧腹，平底。口沿边及耳部有戳印纹。通体烟炱。通高12.4厘米，口径8.5厘米，腹径11厘米，底径6.4厘米（图八六三，4；图版六二一，3）。

M579：2，单耳陶杯。1件。夹细砂红陶，手制。侈口，圆唇，口腹单耳，折腹，平底。口沿内绘一周弦纹，杯身绘分区的内填斜线网格纹，耳部绘3道竖线纹。通高8.4厘米，口径7.6厘米，腹径10.4厘米，底径4.6厘米（图八六三，1；图版六二一，4）。

M579：3，双耳陶罐。1件。夹细砂灰陶，手制。侈口，圆唇，短束颈，颈肩双耳，弧腹，平底微内凹。口沿边及耳部有戳印纹饰。通高12.4厘米，口径8.5厘米，腹径11.4厘米，底径5.6厘米，重405克（图八六三，5；图版六二一，5）。

2. 铜器

M579：5，铜牌饰。1件。圆泡状，略弧，边缘有两个小孔。直径1.7厘米，孔径0.2厘米，重1.01克（图八六三，3；图版六二二，1）。

3. 贝器

M579：4，海贝。1件。人工加工痕迹不明显，长1.7厘米，宽1.5厘米，重1.17克（图八六三，2；图版六二一，6）。

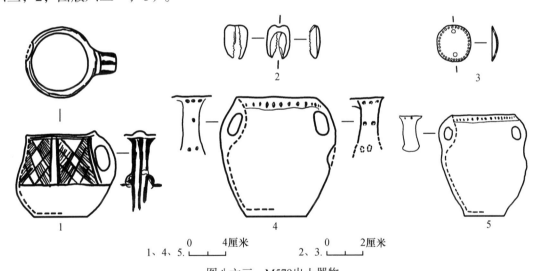

图八六三　M579出土器物

1. 单耳陶杯（M579：2）　2. 海贝（M579：4）　3. 铜牌饰（M579：5）　4. 双耳陶罐（M579：1）　5. 双耳陶罐（M579：3）

M580

（一）形制结构

长方形竖穴土坑墓。打破M622。墓向38°。墓口长1.2米，宽1.2米，墓坑深0.6米。墓圹底部四周设熟土二层台，二层台上自下而上平砌多层土坯，土坯块数和层数不明。椁室内周长0.57米，宽0.56米。椁室底部放置人骨1具，保存状况较差，骨骼分布散乱（图八六四）。

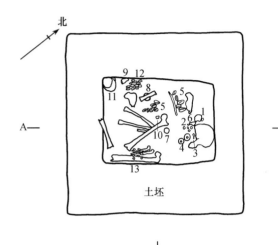

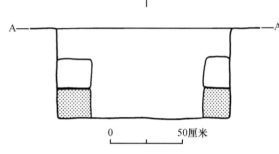

图八六四　M580平、剖面图

1. 铜牌饰（M580：1）　　2. 铜牌饰（M580：2）
3. 铜耳环（M580：3）　　4. 玉髓串珠（M580：4）
5. 海贝（M580：5）　　6. 铜牌饰（M580：6）
7. 铜牌饰（M580：7）　　8. 铜手镯（M580：8）
9. 蚌饰（M580：9）　　10. 铜牌饰（M580：10）
11. 双耳陶罐（M580：11）　　12. 骨牌饰（M580：12）
13. 铜珠（M580：13）

（二）出土遗物

共１０８件。陶器1件，为双耳陶罐（M580：11），出土于椁室西南角。铜器25件，其中铜牌饰5件，分别出土于人骨颅骨处（M580：1、M580：2、M580：6）、人骨股骨处（M580：7）、椁室中部（M580：10）；铜耳环2件（M580：3），出土于人骨颅骨处；铜手镯1件（M580：8），出土于人骨髋骨后；铜珠17件（M580：13），出土于椁室东壁处。石器2件，均为玉髓串珠（M580：4），出土于人骨颅骨处。贝器14件，均为海贝（M580：5），出土于人骨髋骨处。蚌器1件，为蚌饰（M580：9），出土于椁室西壁处。骨器65件，均为骨牌饰（M580：12），出土于椁室西壁出。

1. 陶器

M580：11，双耳陶罐。1件。夹细砂红陶，手制。侈口，圆唇，束颈，颈肩双耳，垂腹，平底。口沿内绘一周弦纹及四组对称的内填"X"线条三角纹，口沿下侧绘三周弦纹，肩部绘两周弦纹，其间颈部绘菱形纹，腹部绘细垂带纹，耳部绘网格菱形纹。通高11.7厘米，口径9厘米，腹径12厘米，底径6厘米，重315克（图八六五，1；图版六二五，1）。

2. 铜器

M580：1，铜牌饰。1件。圆泡形，略弧，素面。直径3厘米，孔径0.2厘米，重4.5克（图八六五，2；图版六二二，2）。

M580：2，铜牌饰。1件。圆泡形，略弧，素面。直径3厘米，孔径0.2厘米，重1.92克（图八六五，3；图版六二二，3）。

M580：3，铜耳环。2件。环状，由铜丝绕制而成，完整者接口一端扁平，一端尖锐；残者接口尖锐。直径3.4厘米，丝径0.2厘米，重6.14克（图八六五，9；图版六二二，4）。

M580：6，铜牌饰。1件。圆形，微弧，素面。直径2.7厘米，重2.8克（图八六五，4；图版六二二，6）。

M580：7，铜牌饰。1件。圆形，微弧，素面，边缘处两侧有孔。直径2.7厘米，孔径0.2厘米，重5.7克（图八六五，8；图版六二三，2）。

M580：8，铜手镯。1件。环状，由直径0.2～0.3厘米的铜丝绕成，接口尖锐。直径4厘米，丝径0.2～0.3厘米，重9.62克（图八六五，5；图版六二三，3）。

M580：10，铜牌饰。1件。泡状。直径1.5厘米，重1.31克（图八六五，11；图版六二四，2）。

M580：13，铜珠。17件。卷形，由铜片卷成，有接缝。直径0.7厘米，厚0.3～1厘米，壁厚0.2厘米，重24.89克（图八六五，10；图版六二五，3）。

3. 石器

M580：4，玉髓串珠。2件。红色半透明，矮圆柱形，鼓腹，对钻穿孔。直径1.2厘米，孔径0.4厘米，厚0.7厘米，重1.5克（图八六五，7；图版六二二，5）。

4. 贝器

M580：5，海贝。14件。人工加工痕迹不明显。长2.2厘米，宽1.5厘米，重2.2克（图八六五，12；图版六二三，1）。

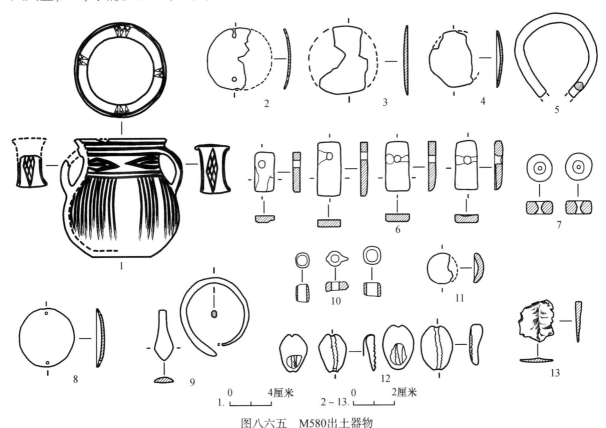

图八六五　M580出土器物

1. 双耳陶罐（M580：11）　2. 铜牌饰（M580：1）　3. 铜牌饰（M580：2）　4. 铜牌饰（M580：6）　5. 铜手镯（M580：8）
6. 骨牌饰（M580：12）　7. 玉髓串珠（M580：4）　8. 铜牌饰（M580：7）　9. 铜耳环（M580：3）　10. 铜珠（M580：13）
11. 铜牌饰（M580：10）　12. 海贝（M580：5）　13. 蚌饰（M580：9）

5. 蚌器

M580：9，蚌饰。1件。白色质地坚硬，成分不明。边缘处锐薄，似刮削器。长1.9厘米，宽1.8厘米，重1.2克（图八六五，13；图版六二四，1）。

6. 骨器

M580：12，骨牌饰。65件。大多为长方形，有部分梯形，一端较厚，一端锐薄，厚端穿孔。长1.5～3.1厘米，宽0.5～1.1厘米，孔径0.3厘米，总重159.17克（图八六五，6；图版六二四，3）。

附：M580铜珠经金相检验和成分分析，其材质为Cu-Sn（锡青铜），制作技术为铸造（潜伟，2006：44）。

M581

（一）形制结构

长方形竖穴土坑墓。位于T1307。墓向26°。墓口长0.8米，宽0.56米，墓坑深0.22米。无葬具。无人骨（图八六六）。

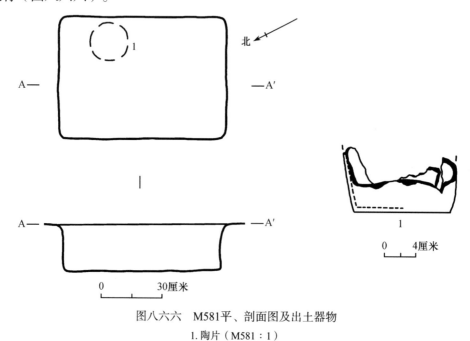

图八六六　M581平、剖面图及出土器物

1. 陶片（M581：1）

（二）出土遗物

共1件。陶器1件，为陶罐残片（M581：1），出土于墓坑东北部。

M581：1，陶罐残片。1件。陶器底部残片，灰陶，平底。残高7.8厘米，底径12.2厘米，重730克（图八六六，1；图版六二五，2）。

M582

（一）形制结构

长方形竖穴土坑墓。被M575打破，打破M583。墓向30°。墓口长1米，宽1.04米，墓坑深0.6米。墓圹底部为长方形土坯椁室，椁室四壁均平砌多层土坯，土坯块数和层数不明。椁室内周长0.92米，宽0.6米。椁室底部放置人骨1具，左侧身屈肢，头向东北，面向东南（图八六七；图版六二六，1）。

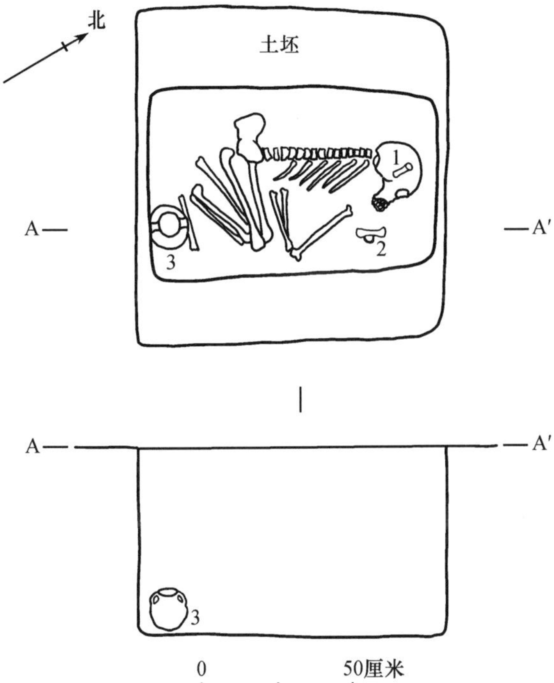

（二）出土遗物

共4件。陶器1件，为陶罐（M582：3），出土于人骨足部。铜器3件，其中铜刀1件（M582：1）、铜牌饰1件（M582：2），出土于人骨颅骨处；铜耳环1件（M582：4），出土于墓坑填土中。

1. 陶器

M582：3，陶罐。1件。无绘图、无照片、无文字记录。

2. 铜器

M582：1，铜刀。1件。环首刀柄部，直柄，两侧起棱。长5厘米，宽1.7厘米，环首直径1.3厘米，重12.48克（图八六八，2；图版六二六，2）。

M582：2，铜牌饰。1件。蝶状，中部窄，两侧宽，中部一侧有环。长6.7厘米，中部宽2厘

图八六七　M582平、剖面图
1. 铜刀（M582：1）　2. 铜牌饰（M582：2）
3. 陶罐（M582：3）

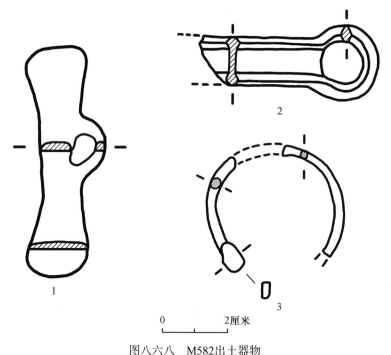

图八六八　M582出土器物

1. 铜牌饰（M582：2）　2. 铜刀（M582：1）　3. 铜耳环（M582：4）

米，两端1.8厘米，环径1厘米，重13.82克（图八六八，1；图版六二六，3）。

M582：4，铜耳环。1件。环状，由直径0.1厘米的铜丝绕成，接口一端扁平，另一端残。残径3.5厘米，重1.1克左右（图八六八，3；图版六二七，1）。

M583

（一）形制结构

长方形竖穴土坑墓。被M575、M582打破。墓向40°。墓口长1.52米，宽1.3米，墓坑深0.78米。墓圹底部四周设熟土二层台，二层台内侧竖立1层土坯，二层台上错缝平砌2层土坯。椁室内周长0.94米，宽0.62米。椁室底部放置人骨1具，左侧身屈肢，头向东北，面向东南（图八六九）。

（二）出土遗物

共3件。陶器1件，为双耳陶罐（M583：1），出土于椁室西南角。铜器2件，均为铜耳环（M583：2），出土于人骨耳部。

1. 陶器

M583：1，双耳陶罐。1件。夹细砂红陶，手制；微侈口，圆唇，直颈，颈肩双耳，鼓腹，鼓腹处两侧各有一乳突，平底。通高11.5厘米，口径6.7厘米，腹径11.4厘米，底径5.7厘米，重345克（图八六九，1；图版六二七，2）。

2. 铜器

M583：2，铜耳环。2件。均为环状，接口扁平。残径5厘米，丝径0.2厘米；残径3.8厘米，丝径0.2厘米，重2.66、1.49克（图八六九，2；图版六二七，3）。

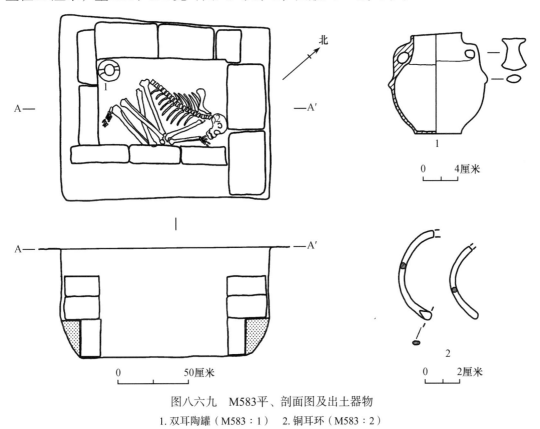

图八六九　M583平、剖面图及出土器物

1. 双耳陶罐（M583：1）　2. 铜耳环（M583：2）

M584

（一）形制结构

长方形竖穴土坑墓。打破M596、M611，被M549打破。墓向260°。墓口长1.46米，宽1.06米，墓坑深0.4米。墓圹底部为长方形土坯椁室，椁室四壁均自下而上平砌多层土坯，土坯块数和层数不明。椁室内周长0.92米，宽0.7米。椁室底部放置人骨1具，右侧身屈肢，头向西南，面向东（图八七〇）。

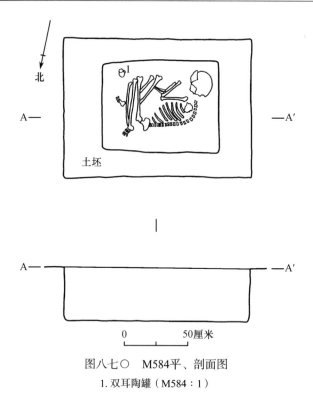

图八七〇　M584平、剖面图
1.双耳陶罐（M584：1）

（二）出土遗物

共1件。陶器1件，为双耳陶罐（M584：1），出土于人骨膝部。

M584：1，双耳陶罐。1件。夹细砂红陶，手制。口部残，束颈，腹上部双耳，弧腹，平底。残高12厘米，腹径12.4厘米，底径5.7厘米，重640克。

M585

（一）形制结构

长方形竖穴土坑墓。位于T1217南部，被M556打破。墓向10°。墓口长1米，宽0.8米，墓坑深1米。墓圹底部放置人骨1具，保存较差，仅存部分人骨，分布散乱（图八七一）。

（二）出土遗物

共22件。铜器16件，其中铜耳环1件（M585：2），出土于墓坑西北角；铜手镯3件（M585：3、M585：4）、铜珠12件（M585：5），出土于墓坑东部。石器6件，均为串珠（M585：1），出土于墓坑中部。

1. 铜器

M585：2，铜耳环。1件。环状，由直径0.1厘米的铜丝环绕而成，接口扁平相错。直径4厘米，丝径0.1厘米，重6.62克（图八七二，6；图版六二七，5）。

M585：3，铜手镯。1件。环状，由宽0.7厘米的带状铜条环绕而成，接口处较尖，直径6厘米，重11.6克（图八七二，2；图版六二七，6）。

M585：4，铜手镯。2件。环状，由0.4厘米的铜丝卷制而成，接口扁平相错。直径6.5～7厘米，丝径0.4厘米（图八七二，1；图版六二八，2）。

M585：5，铜珠。12件。一种为铸造两侧有棱，一种为铜片卷制。厚0.5～1.3厘米，直径0.7厘米，孔径0.3厘米，重14.43克（图八七二，5；图版六二八，1）。

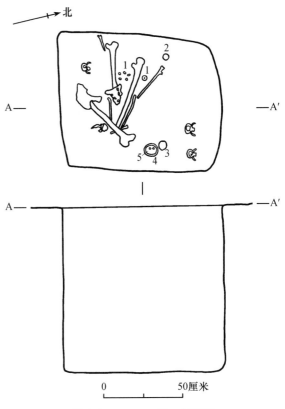

图八七一 M585平、剖面图

1. 串珠（M585：1） 2. 铜耳环（M585：2）

3. 铜手镯（M585：3） 4. 铜手镯（M585：4）

5. 铜珠（M585：5）

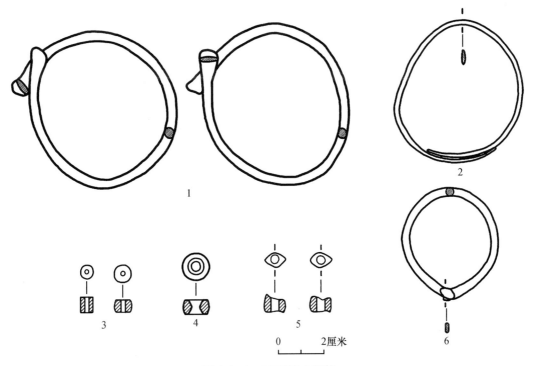

图八七二 M585出土器物

1. 铜手镯（M585：4） 2. 铜手镯（M585：3） 3. 绿松石串珠（M585：1） 4. 玉髓串珠（M585：1） 5. 铜珠（M585：5）

6. 铜耳环（M585：2）

2. 石器

M585：1，串珠。6件。玉髓串珠：1件，呈矮圆柱形，鼓腹，对钻穿孔，直径1厘米，孔径0.4厘米，厚0.7厘米，重1.26克（图八七二，4；图版六二七，4）。绿松石串珠：4件，呈圆柱形，中部穿孔，直径0.3厘米，厚0.3～0.5厘米，重0.4克。滑石串珠：1件，呈圆柱形，中部穿孔，长0.7厘米，直径0.6厘米，孔径0.2厘米，重0.4克（图八七二，3；图版六二七，4）。

M586

（一）形制结构

长方形竖穴土坑墓。位于T1217东，被M555打破。墓向200°。墓口长1.22米，宽0.64米，墓坑深0.74米。墓圹底部放置人骨1具，右侧身屈肢，头向西南，面向东南，性别女（图八七三）。

（二）出土遗物

共1件。陶器1件，为双耳陶罐（M586：1），出土于墓坑东部。

M586：1，双耳陶罐。1件。夹细砂红陶，手制。侈口，圆唇，长束颈，颈肩双耳，微折腹，平底。颈部绘两层斜短线纹，腹部绘连续的内填斜线三角纹，耳部绘网格纹。通高12.6厘米，口径9.2厘米，腹径11厘米，底径4.2厘米（图八七三，1；图版六二八，3）。

附：性别鉴定为女性（魏东，2009：129）。

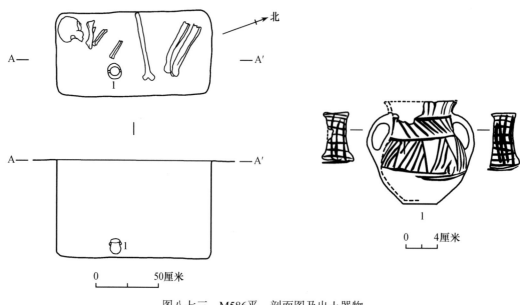

图八七三　M586平、剖面图及出土器物

1. 双耳陶罐（M586：1）

M587

（一）形制结构

长方形竖穴土坑墓。位于T1305。墓向205°。墓口长1.6米，宽1.1米，墓坑深0.5米。墓圹底部四周设生土二层台，二层台上平砌多层土坯，土坯块数和层数不明。椁室内周长1.06米，宽0.84米。椁室底部放置人骨1具，右侧身屈肢，头向南，面向东，性别男（图八七四）。

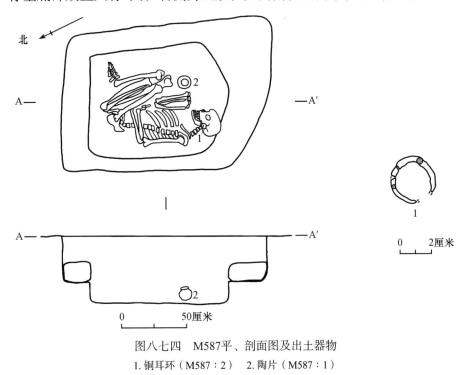

图八七四　M587平、剖面图及出土器物
1. 铜耳环（M587∶2）　2. 陶片（M587∶1）

（二）出土遗物

共2件。陶器1件，为陶片（M587∶1），出土于人骨膝部。铜器1件，为铜耳环（M587∶2），出土于人骨耳部。

1. 陶器

M587∶1，陶片。1件。仅存部分口沿、颈部及腹部，灰陶，侈口，圆唇，束颈（图版六二九，1）。

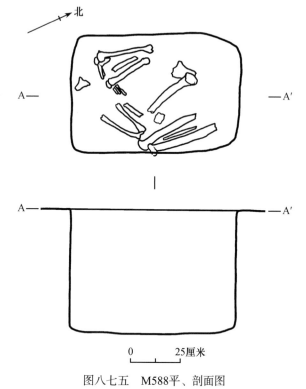

图八七五　M588平、剖面图

2. 铜器

M587：2，铜耳环。1件。环状，由0.3厘米的铜丝卷制而成，接口尖锐。直径2.6厘米，重2.65克（图八七四，1；图版六二九，2）。

附：性别鉴定为男（魏东，2009：125）。

M588

长方形竖穴土坑墓。位于T1305。墓向205°。墓口长0.84米，宽0.56米，墓坑深0.6米。墓圹底部放置人骨1具，保存较差，骨骼分布散乱（图八七五）。

无出土遗物。

M589

（一）形制结构

长方形竖穴土坑墓。位于T1307北部。墓向57°。墓口长1.34米，宽1.2米，墓坑深0.26米。墓圹底部为长方形土坯椁室，椁室四壁均自下而上错缝平砌2层土坯，北壁每层铺设3块，东、南、西三壁每层铺设2块。椁室内周长0.76米，宽0.64米。椁室底部放置人骨1具，左侧身屈肢，保存状况较差，上半身骨骼分布散乱（图八七六；图版六二九，3）。

（二）出土遗物

共7件。陶器1件，为双耳陶罐（M589：1），出土于椁室东南角。铜器3件，其中铜耳环2件（M589：2），出土于人骨颅骨附近；铜牌饰1件（M589：5），出土于人骨腰部。石器3件，其中玉髓串珠1件（M589：3），出土于人骨颈部；绿松石串珠2件（M589：4），出土于人骨颈部。

1. 陶器

M589：1，双耳陶罐。1件。夹细砂红陶，手制。微侈口，方唇，束颈，沿肩双耳，鼓腹，圈足。颈部及腹部绘折线纹和树草纹，耳部绘树草纹。通高14.8厘米，口径10.4厘米，腹径14.9厘米，底径7厘米，重600克（图八七七，1；图版六三〇，1）。

2. 铜器

M589：2，铜耳环。2件。门鼻形，由直径0.1厘米的铜丝绕成。长2.4厘米，环径1.4厘米，丝径0.1厘米，重0.73～0.84克（图八七七，5；图版六三〇，2）。

M589：5，铜牌饰。1件。长方形，中部起脊，一端近边缘处有孔，边缘有两周压点纹。长5.4厘米，宽3.3厘米，棱长3.3厘米，宽1厘米（图八七七，2；图版六三〇，5）。

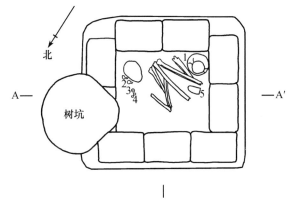

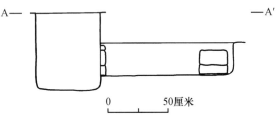

图八七六　M589平、剖面图

1. 双耳陶罐（M589：1）　2. 铜耳环（M589：2）

3. 玉髓串珠（M589：3）　4. 绿松石串珠（M589：4）

5. 铜牌饰（M589：5）

3. 石器

M589：3，玉髓串珠。1件。矮圆柱形，鼓腹，对钻穿孔。直径1.1厘米，厚0.4厘米，孔径0.7厘米，重1.44克（图八七七，4；图版六三〇，3）。

M589：4，绿松石串珠。2件。浅绿色，圆柱状，中部穿孔。长1.2～1.5厘米，直径0.4～0.7厘米，孔径0.2厘米，重1.05～1.42克（图八七七，3；图版六三〇，4）。

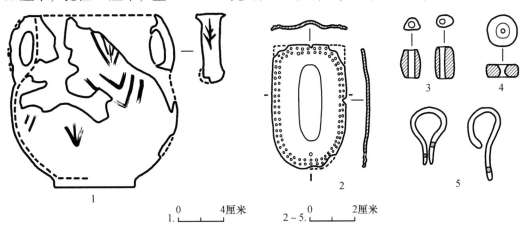

图八七七　M589出土器物

1. 双耳陶罐（M589：1）　2. 铜牌饰（M589：5）　3. 绿松石串珠（M589：4）　4. 玉髓串珠（M589：3）

5. 铜耳环（M589：2）

M590

（一）形制结构

长方形竖穴土坑墓。位于T1307东南角。墓向43°。墓口长1.48米，宽1.06米，墓坑深0.18米。墓圹底部为长方形土坯椁室，椁室四壁均平砌1层土坯，每壁铺设2块。椁室内周长0.82米，宽0.5米。椁室底部放置人骨1具，保存较差，仅存部分骨骼，分布散乱（图八七八；图版六三一，1）。

（二）出土遗物

共2件。陶器1件，为单耳陶罐（M590：2），出土于椁室东南角。铜器1件，为铜耳环（M590：1），出土于人骨耳部。

1. 陶器

M590：2，单耳陶罐。1件。夹细砂红陶，手制。弧腹，一侧有粘贴耳的痕迹，平底。腹部有多处烟炱。残高11.5厘米，腹径12.7厘米，底径7.5厘米，重545克（图版六三一，2）。

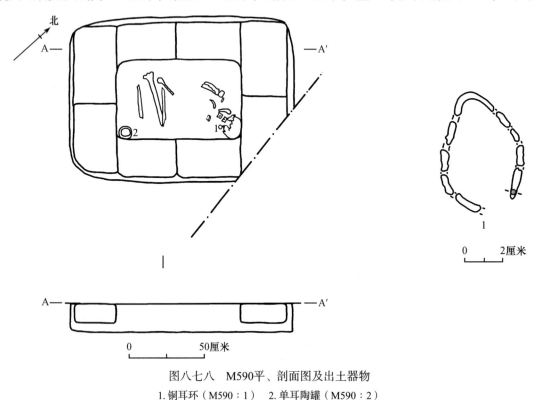

图八七八　M590平、剖面图及出土器物
1.铜耳环（M590：1）　2.单耳陶罐（M590：2）

2. 铜器

M590：1，铜耳环。1件。残损严重，由直径0.2厘米的铜丝绕制而成。残长6厘米，残宽4.3厘米，丝径0.2厘米，重3.05克（图八七八，1；图版六三〇，6）。

M591

（一）形制结构

长方形竖穴土坑墓。位于T1601北部。墓向46°。墓口长1.32米，宽1米，墓坑深0.46米。墓圹底部为长方形土坯椁室，椁室四壁均平砌多层土坯，层数不明，南壁每层铺设3块，东、北、西三壁每层铺设2块。椁室内周长0.76米，宽0.5米。椁室底部放置人骨1具，保存较差，仅存零星骨骼（图八七九）。

（二）出土遗物

共2件。陶器1件，为双耳陶罐（M591：2），出土于椁室东南角。铜器1件，为铜泡（M591：1），出土于椁室中部。

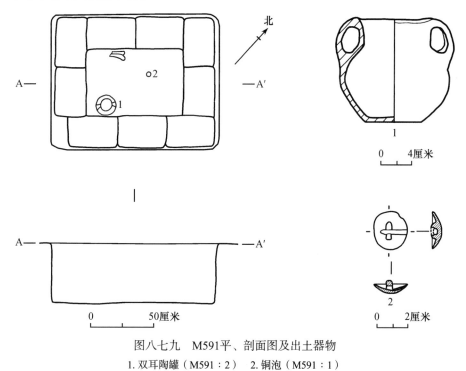

图八七九 M591平、剖面图及出土器物
1. 双耳陶罐（M591：2） 2. 铜泡（M591：1）

1. 陶器

M591：2，双耳陶罐。1件。夹细砂红陶，手制。微侈口，方唇，短束颈，沿肩双耳，鼓腹，平底。通高13厘米，口径9.8厘米，腹径13.8厘米，底径7.2厘米，重575克（图八七九，1；图版六三二，1）。

2. 铜器

M591：1，铜泡。1件。圆形泡状，背部有纽。边缘处有一周间隔突起。直径2.2厘米，重4.42克（图八七九，2；图版六三一，3）。

M592

（一）形制结构

长方形竖穴土坑墓。位于T1601南部。墓向15°。墓口长0.94米，宽0.72米，墓坑深0.2米。墓圹底部放置人骨1具，保存较差，仅存零星骨骼，分布散乱（图八八○）。

（二）出土遗物

共1件。陶器1件，为双耳陶罐（M592：1），出土于墓坑内西南角。

M592：1，双耳陶罐。1件。夹细砂红陶，手制，口部残。颈肩双耳，鼓腹，圈足。残高11.8厘米，腹径11.8厘米，底径6.5厘米，重430克（图八八○，1；图版六三二，2）。

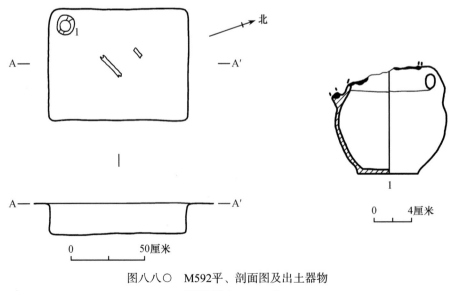

图八八○　M592平、剖面图及出土器物

1. 双耳陶罐（M592：1）

M593

（一）形制结构

长方形竖穴土坑墓。墓向23°。墓口长1.58米，宽1.24米，墓坑深0.6米。墓圹底部为长方形土坯椁室，椁室四壁均平砌多层土坯，层数不明，南、北两壁每层铺设2块，东、西两壁每层铺设3块。椁室内周长1米，宽0.6米。椁室底部放置人骨1具，左侧身屈肢，头向东北，面向南，性别男（图八八一；图版六三二，3）。

（二）出土遗物

共19件。陶器1件，为双耳陶罐（M593：3），出土于人骨膝部。铜器6件，其中铜耳环2件（M593：1），出土于人骨耳部；铜手镯2件（M593：2），出土于人骨腕部；铜管1件（M593：5）、铜牌饰1件（M593：6），出土于人骨肱骨处。石器12件，其中串珠11件（M593：4），出土于人骨颈部；绿松石串珠1件（M593：7），出土于人骨肱骨处。

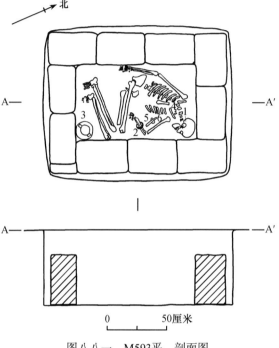

图八八一 M593平、剖面图
1. 铜耳环（M593：1） 2. 铜手镯（M593：2）
3. 双耳陶罐（M593：3） 4. 串珠（M593：4）
5. 铜管（M593：5） 6. 铜牌饰（M593：6）

1. 陶器

M593：3，双耳陶罐。1件。夹细砂红陶，手制。侈口，方唇，短束颈，沿肩双耳，鼓腹，平底。颈部绘一周水波纹，肩部和腹部最大径处各绘一周弦纹，其间绘平行折线附加短线纹。通高15.6厘米，口径9.7厘米，腹径17.2厘米，底径7.6厘米，重750克（图八八二，1；图版六三三，3）。

2. 铜器

M593：1，铜耳环。2件。近环状，由直径0.3厘米的铜丝绕制而成，接口扁平相错，直径4.4～6.3厘米，重7.34克（图八八二，6；图版六三三，1）。

M593：2，铜手镯。2件。环状，由直径0.3厘米的铜丝绕制而成，接口扁平相错，直径5.9

厘米，重10.39克（图八八二，2；图版六三三，2）。

M593：5，铜管。1件。圆柱状，由厚0.1厘米的铜片卷制，接缝明显。长19.2厘米，直径0.7厘米，壁厚0.1厘米，重30.98克（图八八二，8；图版六三三，5）。

M593：6，铜牌饰。1件。椭圆形，中部凸起，一端近缘处有小孔，另一侧残。直径3.1～4.1厘米，孔径0.3厘米，重5.26克（图八八二，3；图版六三三，6）。

3. 石器

M593：4，串珠。11件。绿松石串珠：5件，呈圆柱形或扁圆柱形，中部穿孔，长0.2～0.9厘米，直径0.2～0.5厘米（图八八二，4；图版六三三，4）。滑石串珠：6件，呈圆柱形或扁圆柱形，中部穿孔，长0.2～0.7厘米，直径0.2～0.5厘米，孔径0.2厘米，重0.1～0.3克（图八八二，5；图版六三三，4）。

M593：7，绿松石串珠。1件。椭圆形，中部凸起，一端近缘处有小孔，另一侧残。直径3.1～4.1厘米，孔径0.3厘米，重5.26克（图八八二，7；图版六三四，1）。

附：性别鉴定为男（魏东，2009：125）。

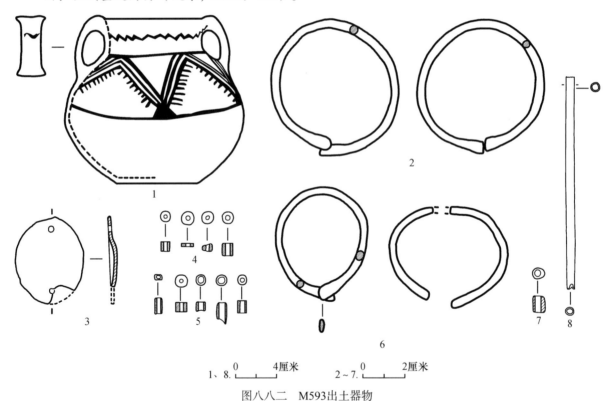

1、8. |———0———4厘米|　　2～7. |——0——2厘米|

图八八二　M593出土器物

1. 双耳陶罐（M593：3）　2. 铜手镯（M593：2）　3. 铜牌饰（M593：6）　4. 绿松石串珠（M593：4）　5. 滑石串珠（M593：4）
6. 铜耳环（M593：1）　7. 绿松石串珠（M593：7）　8. 铜管（M593：5）

M594

（一）形制结构

椭圆形竖穴土坑墓。位于T1307东北部。墓向30°。墓口长1.4米，宽1.12米，墓坑深0.44米。无葬具。无人骨（图八八三）。

（二）出土遗物

共1件。陶器1件，为双耳陶罐（M594：1），出土于墓坑内东北角。

M594：1，双耳陶罐。1件。夹细砂红陶，手制。微侈口，方唇，直颈，颈肩双耳，鼓腹，平底。通高14.5厘米，口径8.2厘米，腹径15厘米，底径7.2厘米，重695克（图八八三，1；图版六三四，2）。

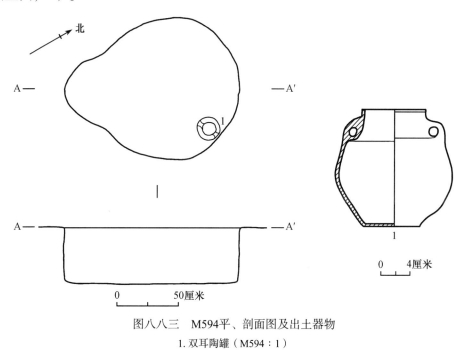

图八八三　M594平、剖面图及出土器物
1. 双耳陶罐（M594：1）

M595

（一）形制结构

长方形竖穴土坑墓。被M577打破。墓向37°。墓口长1.26米，宽1.06米，墓坑深0.6米。墓

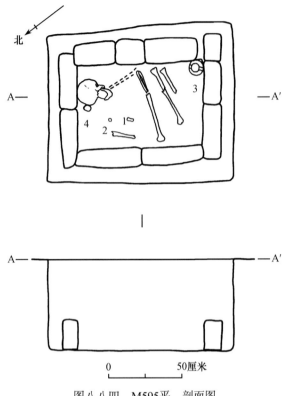

圹底部为长方形土坯椁室，椁室四壁均竖立1层土坯，北、西两壁各有2块，南、东两壁各有3块。椁室内周长0.86米，宽0.54米。椁室底部放置人骨1具，保存较差，仅存部分骨骼，分布散乱（图八八四；图版六三四，3）。

图八八四　M595平、剖面图
1. 骨牌饰（M595：1）　2. 绿松石串珠（M595：2）
3. 双耳陶罐（M595：3）　4. 铜耳环（M595：4）

（二）出土遗物

共4件。陶器1件，为双耳陶罐（M595：3），出土于椁室内东南角。铜器1件，为铜耳环（M595：4），出土于人骨颅骨附近。石器1件，为绿松石串珠（M595：2），出土于人骨颅骨附近。骨器1件，为骨牌饰（M595：1），出土于人骨颅骨附近。

1. 陶器

M595：3，双耳陶罐。1件。夹砂灰陶，手制。凹口外侈，圆唇，短束颈，沿肩双耳，鼓腹，平底。通高13厘米，口径9.9厘米，腹径13.9厘米，底径6.8厘米，重615克（图八八五，1；图版六三五，3）。

2. 铜器

M595：4，铜耳环。1件。环状，铜丝0.2~0.4厘米，接口相错。直径2厘米，重1.68克（图八八五，3；图版六三五，4）。

3. 石器

M595：2，绿松石串珠。1件。不规则圆柱状，中部有孔。长1厘米，直径0.6厘米，孔径0.3厘米，重0.72克（图八八五，4；图版六三五，2）。

4. 骨器

M595：1，骨牌饰。1件。上部为半圆形，下部为长方形，上部穿孔。长2.1厘米，宽1.3厘米，厚0.4厘米，孔径0.5厘米，重1.24克（图八八五，2；图版六三五，1）。

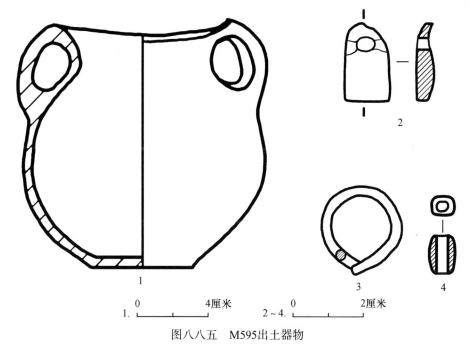

图八八五 M595出土器物

1. 双耳陶罐（M595：3） 2. 骨牌饰（M595：1） 3. 铜耳环（M595：4） 4. 绿松石串珠（M595：2）

M596

（一）形制结构

长方形竖穴土坑墓。打破M598，被M584打破。墓向95°。墓口长1.52米，宽1.26米，墓坑深0.52米。墓圹底部为长方形土坯椁室，椁室四壁均自下而上平砌多层土坯，土坯块数和层数不明。椁室内周长0.84米，宽0.56米。椁室底部放置人骨1具，右侧身屈肢，头向东北，面向北（图八八六；图版六三六，1）。

（二）出土遗物

共4件。陶器1件，为双耳陶罐（M596：2），出土于人骨膝部。铜器2件，为铜耳环（M596：3、M596：4），出土于人骨耳部。石器1件，为绿松石串珠（M596：1），出土于人骨颈部。

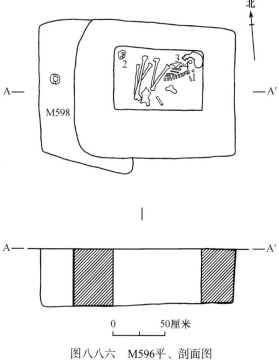

图八八六 M596平、剖面图

1. 绿松石串珠（M596：1） 2. 双耳陶罐（M596：2）

3. 铜耳环（M596：3） 4. 铜耳环（M596：4）

1. 陶器

M596：2，双耳陶罐。1件。夹细砂红陶，手制，口颈部分残。球腹，平底。肩部绘连续折线纹。残高13.9厘米，腹径16厘米，底径7.4厘米，重695克（图八八七，1；图版六三五，6）。

2. 铜器

M596：3，铜耳环。1件。环状，由直径0.1厘米的铜丝绕成，接口较尖锐，直径1.7～2厘米，重0.7克（图八八七，3；图版六三六，2）。

M596：4，铜耳环。1件。环状，由直径0.15厘米的铜丝绕成，接口较尖锐，直径2.5厘米，重1.35克（图八八七，4；图版六三六，3）。

3. 石器

M596：1，绿松石串珠。1件。不规则圆柱状，中部穿孔。长0.9厘米，宽1厘米，直径0.4～0.7厘米，孔径0.3厘米，重0.8克（图八八七，2；图版六三五，5）。

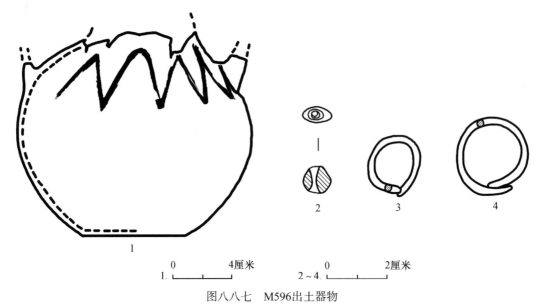

图八八七　M596出土器物

1. 双耳陶罐（M596：2）　2. 绿松石串珠（M596：1）　3. 铜耳环（M596：3）　4. 铜耳环（M596：4）

M597

（一）形制结构

长方形竖穴土坑墓。墓向不明。打破M599、M612和M623。墓圹底部为长方形土坯椁室，椁室四壁均平砌多层土坯，土坯块数和层数不明。椁室底部放置人骨1具，左侧身屈肢，保存较差，上半身骨骼分布散乱（图版六三七，1）。

（二）出土遗物

共6件。陶器1件，为双耳陶罐（M597：1），出土于膝盖下侧。铜器4件，其中铜管1件（M597：2）、铜手镯2件（M597：3）、铜牌饰1件（M597：4）、铜泡1件（M597：5），出土位置不明。

1. 陶器

M597：1，双耳陶罐。1件。夹细砂红陶，手制。侈口，圆唇，微束颈，沿肩双耳，鼓腹，平底。口沿内绘一周弦纹，颈部绘连续的内填斜线三角纹，肩部绘一周弦纹，其下绘连续的形似蛙形的网格三角纹，耳部绘竖线纹。通高13.5厘米，口径9.5厘米，腹径12.7厘米，底径6.5厘米，重480克（图八八八，1；图版六三七，2）。

2. 铜器

M597：2，铜管。1件。圆柱状，残损严重。长3.7厘米，直径0.7厘米，壁厚0.1厘米，重2.9克（图版六三七，3）。

M597：3，铜手镯。2件。环状，由铜条卷成螺旋状，再卷曲成铜手镯。直径5厘米，丝径0.5厘米，重19.97克（图八八八，2）。

M597：4，铜牌饰。1件。长方形，中部起脊，一侧近边缘处有圆孔，边缘处有两周压点纹。长8.6厘米，宽4厘米，孔径0.2厘米（图八八八，3；图版六三八，1）。

M597：5，铜泡。1件。圆泡状，背部有桥形纽。直径2.7厘米，重9.1克。

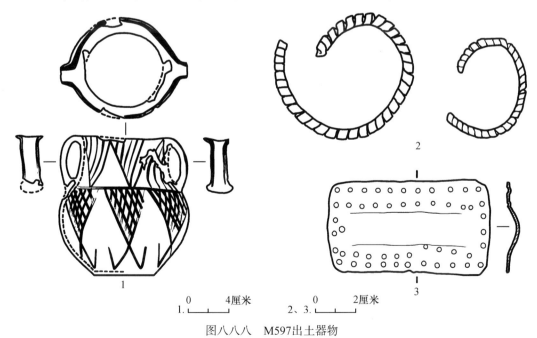

图八八八　M597出土器物

1. 双耳陶罐（M597：1）　　2. 铜手镯（M597：3）　　3. 铜牌饰（M597：4）

M598

（一）形制结构

长方形竖穴土坑墓。被M596打破。墓向不明。墓坑深0.52米。无葬具。人骨情况不明（图八八九）。

（二）出土遗物

共1件。陶器1件，为双耳陶罐（M598∶1），出土位置不明。

M598∶1，双耳陶罐。1件。夹细砂红陶，手制。微侈口，方唇，直颈，鼓腹，平底。通高12.5厘米，口径6.5厘米，腹径10.7厘米，底径5厘米，重430克（图八八九，1；图版六三八，2）。

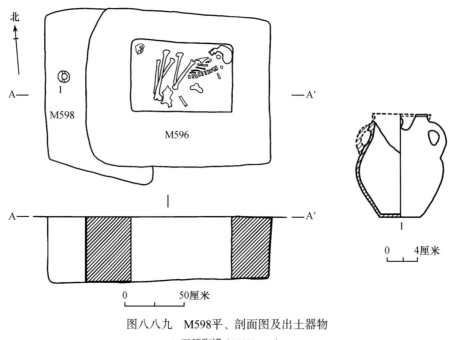

图八八九　M598平、剖面图及出土器物
1. 双耳陶罐（M598∶1）

M599

（一）形制结构

近梯形竖穴土坑墓。被M569、M597和M623打破。墓向229°。墓口长2.05米，宽0.7米，墓坑深0.5米。墓圹底部放置人骨1具，仰身直肢，头向西南，面向西北（图八九〇；图版六三八，3）。

（二）出土遗物

共4件。陶器2件，均为双耳陶罐（M599：1、M599：2），出土于人骨颅骨附近。石器2件，其中石磨棒1件（M599：3），出土于双耳陶罐内；石磨盘1件（M599：4），出土于双耳陶罐陶内。

1. 陶器

M599：1，双耳陶罐。1件。夹细砂红陶，手制，完整。外侈小口，短束颈，颈肩双耳，肩部有一周连续的小凹窝，球形垂鼓腹，鼓腹处两侧各有一乳突，平底。红衣黑彩，口沿内绘一周连续的短线纹，口沿边与肩部各绘两周弦纹，其间颈部绘连续的网格菱形纹，腹部以"X"形粗线条勾勒分区，单元内填充网格纹，耳部绘垂带纹，耳下腹部两侧绘多重竖线纹，通高11厘米（图八九〇，1；图版六三九，1）。

M599：2，双耳陶罐。1件。夹细砂红陶，手制。侈口，短束颈，颈肩双耳，鼓腹，平底。口沿处有一周戳印纹，肩部饰附加堆折线纹。口沿内部有烟炱，内外壁均有明显的修正痕迹。通高13.4厘米，重440克（图八九〇，2；图版六三九，2）。

2. 石器

M599：3，石磨棒。1件。棒状，人工痕迹不明显。长4.4厘米，宽1.1厘米，重9.17克。

M599：4，石磨盘。1件。圆盘状，人工痕迹不明显。直径4.4～5.4厘米，重17.7克。

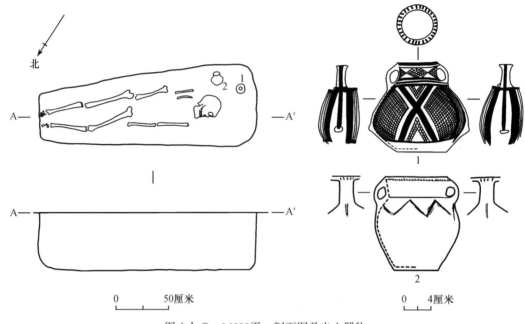

图八九〇　M599平、剖面图及出土器物
1. 双耳陶罐（M599：1）　2. 双耳陶罐（M599：2）

M600

原始发掘资料缺失。

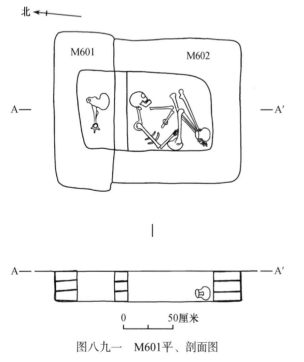

图八九一　M601平、剖面图

M601

长方形竖穴土坑墓。被M602打破。墓向355°。墓口长1.54米，宽0.6米，墓坑深0.3米。墓圹底部为长方形土坯椁室，椁室四壁均自下而上平砌3层土坯。椁室长0.76米，残宽0.38米。椁室底部放置人骨1具，保存较差，仅存部分人骨，分布散乱（图八九一）。

无出土遗物。

M602

（一）形制结构

长方形竖穴土坑墓。打破M601。墓向355°。墓口残长1.3米，宽1.4米，墓坑深0.3米。墓圹底部为长方形土坯椁室，椁室四壁均自下而上平砌3层土坯。椁室长1米，宽0.77米。椁室底部放置人骨1具，左侧身屈肢，头向东北，面向东南（图八九二）。

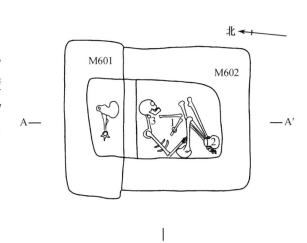

（二）出土遗物

共3件。陶器1件，为双耳陶罐（M602：2），出土于人骨足部。铜器2件，其中铜手镯1件（M602：1），出土于人骨右手处；铜耳环1件（M602：3），出土于人骨耳部。

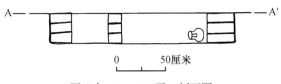

图八九二　M602平、剖面图
1.铜手镯（M602：1）　2.双耳陶罐（M602：2）
3.铜耳环（M602：3）

1. 陶器

M602：2，双耳陶罐。1件。夹细砂灰陶，手制。侈口，方唇，束颈，沿肩双耳，鼓腹，平底。腹部有烟熏痕迹。通高14.3厘米，口径11厘米，腹径14厘米，底径7.4厘米，重635克（图八九三，1；图版六三九，4）。

2. 铜器

M602：1，铜手镯。1件。环形，用细铜丝绕成。直径4.7厘米，丝径0.3厘米，重4.88克（图八九三，2；图版六三九，3）。

M602：3，铜耳环。1件。环形，用细铜丝绕成，接口处扁平。直径3.1厘米，丝径0.2厘米，重2.73克（图八九三，3；图版六三九，5）。

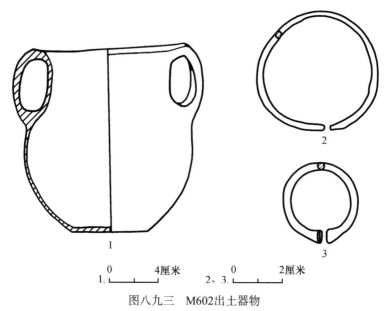

图八九三　M602出土器物

1. 双耳陶罐（M602：2）　2. 铜手镯（M602：1）　3. 铜耳环（M602：3）

M603

（一）形制结构

长方形竖穴土坑墓。位于T1607西部，打破M604西南角、M659。墓向63°。墓口长1.14米，宽0.98米，墓坑深0.24米。墓圹底部为长方形土坯椁室，椁室四壁均平砌多层土坯，土坯块数和层数不明。椁室内周长0.84米，宽0.72米。椁室底部放置人骨1具，左侧身屈肢，头向东，面向南（图八九四；图版六四〇，1、2）。

（二）出土遗物

共3件。铜器3件，其中铜耳环2件（M603：1），出土于人骨耳部；铜手镯1件（M603：2），出土于椁室中部。

M603：1，铜耳环。2件。一完一残。环形，用细铜丝绕成，接口处扁平。直径2厘米，丝径0.2厘米，重1.02克（图八九四，1；图版六三九，6）。

M603：2，铜手镯。1件。完整。环形，用细铜丝绕成。直径5.8厘米，丝径0.3厘米，重9.78克（图版六四一，1）。

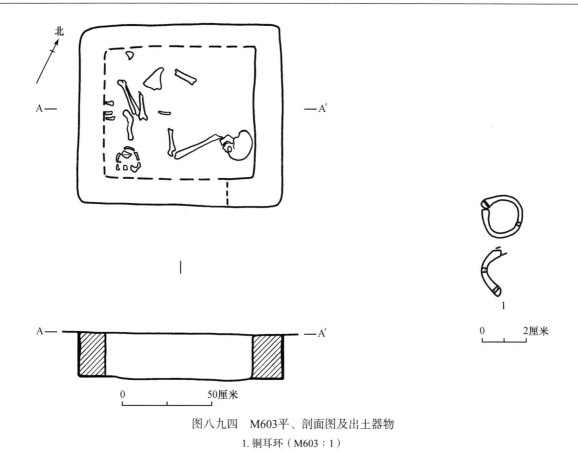

图八九四 M603平、剖面图及出土器物

1. 铜耳环（M603：1）

M604

（一）形制结构

长方形竖穴土坑墓。位于T1607西部，打破M659，被M603打破。墓向52°。墓口长1.42米，宽1.08米，墓坑深0.26米。墓圹底部为长方形土坯椁室，椁室四壁均自下而上平砌2层土坯。椁室内周长0.76米，宽0.49米。椁室底部放置人骨1具，左侧身屈肢，头向东，面向南，上半身骨骼分布散乱（图八九五；图版六四○，1；图版六四一，3）。

（二）出土遗物

共20件。铜器18件，其中铜珠9件

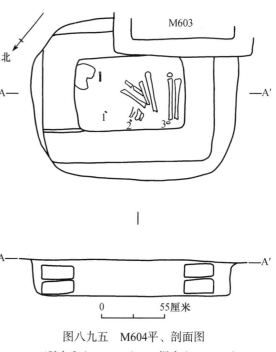

图八九五 M604平、剖面图

1. 玉髓串珠（M604：1） 2. 铜珠（M604：2）

3. 铜牌饰（M604：3）

（M604：2）、双联铜泡4件（M604：2），出土于椁室西部；铜牌饰1件（M604：3）、铜管4件（M604：5、M604：4），出土于人骨膝部。石器2件，均为玉髓串珠（M604：1），出土于椁室西北角。

1. 铜器

M604：2，铜珠、双联铜泡。13件。环状：6件，用薄铜片绕成，有接缝。长0.3～0.4厘米，直径0.9厘米，孔径0.4厘米；不规则柱状：3件，中部有孔，铸造而成。长0.8～1.1厘米，孔径0.3厘米；双联铜泡：4件，近"8"字形，中部有孔，铸造而成。长1.2～2.1厘米，孔径0.3～0.5厘米，总重21.97克（图八九六，4；图版六四二，1）。

M604：3，铜牌饰。1件。平面大致呈圆角长方形，长8厘米，宽6厘米。系单范铸造而成，方框内式样似麦穗（图八九六，1；图版六四二，2）。

M604：4，铜管。3件。管状，用薄铜片卷成，有接缝。残长1.6～2.2厘米，直径0.7～1厘米，重2.07～4.56克（图八九六，2；图版六四二，3）。

M604：5，铜管。1件。残，不规则管状，用薄铜片斜卷而成。残长2厘米，直径0.9厘米，铜片厚0.4厘米，重8.7克（图八九六，5；图版六四三，1）。

2. 石器

M604：1，玉髓串珠。2件。1件红色半透明，1件白色。算珠状，中部对钻穿孔。厚0.5、0.4厘米，直径1.3、1.5厘米，孔径0.25、0.15厘米，重1.42、1.48克（图八九六，3；图版六四一，2）。

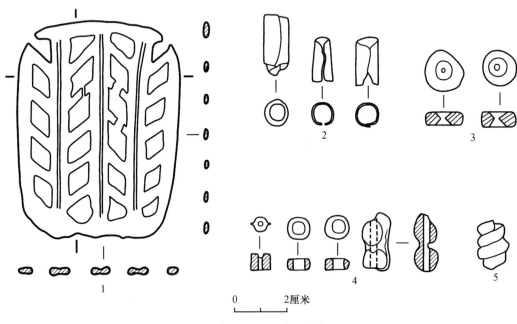

图八九六　M604出土器物

1. 铜牌饰（M604：3）　2. 铜管（M604：4）　3. 玉髓串珠（M604：1）　4. 铜珠、双联铜泡（M604：2）　5. 铜管（M604：5）

M605

（一）形制结构

长方形竖穴土坑墓。位于T1607北部。墓向220°。墓口长0.9米，宽0.9米，墓坑深0.16米。墓圹底部为长方形土坯椁室，椁室四壁均平砌1层土坯。椁室内周长0.56米，宽0.48米。无人骨（图八九七；图版六四三，3）。

（二）出土遗物

共2件。陶器1件，为双耳陶罐（M605：1），出土于椁室西南角。铜器1件，为铜牌饰（M605：2），出土于椁室北部（图八九七）。

1. 陶器

M605：1，双耳陶罐。1件。夹细砂红陶，手制，口沿残。大口微侈，方唇，直颈，颈肩双耳，鼓腹，小平底。通高11.4厘米，口径8.6厘米，腹径10.6厘米，底径5.5厘米，重390克（图八九七，1；图版六四三，2）。

2. 铜器

M605：2，铜牌饰。1件。圆形，一面略弧。直径4.8厘米，重15.34克（图八九七，2；图版六四四，1）。

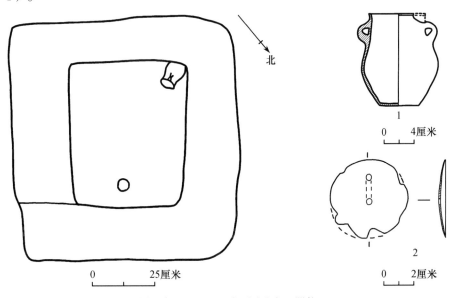

北

0   25厘米

0   4厘米

0   2厘米

图八九七　M605平面图及出土器物

1. 双耳陶罐（M605：1）　2. 铜牌饰（M605：2）

M606

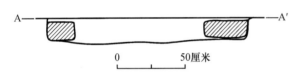

图八九八　M606平、剖面图

1.铜别针（M606：1）　2.绿松石串珠（M606：2）

3.铜牌饰（M606：3）　4.串珠（M606：4）

5.铜镜（M606：5）　6.铜片（M606：6）

7.双耳陶罐（M606：7）

（一）形制结构

长方形竖穴土坑墓。位于T1607西南部。墓向235°。墓口长1.5米，宽1.16米，墓坑深0.16米。墓圹底部为长方形土坯椁室，椁室四壁均平砌1层土坯。椁室内周长0.94米，宽0.54米。椁室底部放置人骨1具，右侧身屈肢，头向南，面向东（图八九八；图版六四四，3）。

（二）出土遗物

共13件。陶器1件，为双耳陶罐（M606：7），出土于人骨膝部。铜器4件，其中铜别针1件（M606：1），出土于头骨处；铜牌饰1件（M606：3）、铜镜1件（M606：5）、铜片1件（M606：6），出土于人骨颈部。石器8件，其中绿松石串珠7件（M606：2-2），出土于人骨头骨处；玉髓串珠1件（M606：4-1），出土于人骨颈部。

1. 陶器

M606：7，双耳陶罐。1件。夹细砂灰陶，手制，双耳残。侈口，尖唇，短束颈，根据同类器型推测应为沿肩双耳，鼓腹，小平底。口沿内绘一周弦纹及短竖线纹，颈部绘三道弦纹，肩腹部正中绘形似蛙形的网格菱形纹，两侧绘树草纹。通高13.6厘米，口径10.3厘米，腹径15.6厘米，底径7.4厘米，重570克（图八九九，1；图版六四五，5）。

2. 铜器

M606：1，铜别针。1件。呈门鼻状，两端尖锐。长3.8厘米，直径2.2厘米，丝径0.2厘米，重2.81克（图八九九，3；图版六四四，2）。

M606：3，铜牌饰。1件。残，圆形，近边缘处有一圆形小孔。直径3.2厘米，孔径0.2厘米，重4.45克（图八九九，4；图版六四五，2）。

M606 : 5，铜镜。1件。完整。圆形，一面略弧，一面略凹，凹面有纽。直径5厘米，重17.95克（图八九九，5；图版六四五，4）。

M606 : 6，铜片。1件。残成不规则形。残长3.4厘米，重2.49克。

3. 石器

M606 : 2，绿松石串珠。2件。呈腰鼓状，大小不一，中部穿孔。长0.7～1.3厘米，直径0.5～0.9厘米，孔径0.2～0.3厘米，重0.25～1.44克（图八九九，2；图版六四五，1、3）。

M606 : 4，串珠。6件。M606 : 4-1，玉髓串珠，1件，白色，算珠状，中部对钻穿孔。厚0.5厘米，直径1.2厘米，孔径0.2厘米，重1.25克（图八九九，7；图版六四五，3）。M606 : 4-2，绿松石串珠，5件，圆柱状，大小不一，中部穿孔（图八九九，6；图版六四五，3）。

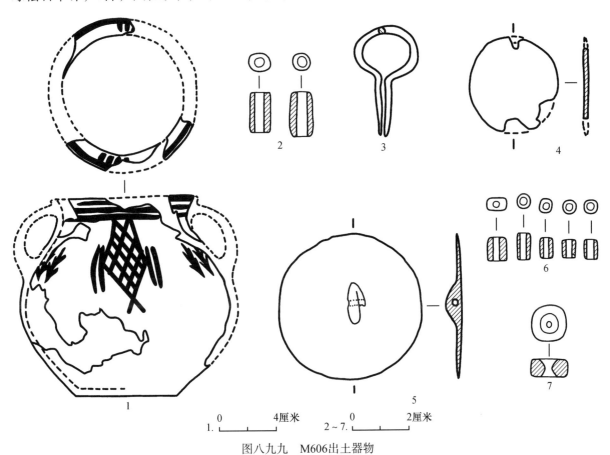

图八九九　M606出土器物

1. 双耳陶罐（M606 : 7）　2. 绿松石串珠（M606 : 2）　3. 铜别针（M606 : 1）　4. 铜牌饰（M606 : 3）　5. 铜镜（M606 : 5）
6. 绿松石串珠（M606 : 4-2）　7. 玉髓串珠（M606 : 4-1）

M607

长方形竖穴土坑墓。墓向35°。墓口长1.24米，宽0.9米，墓坑深0.42米。墓圹底部放置人骨1具，左侧身屈肢，头向北，面向东（图九〇〇；图版六四六，1）。

无出土遗物。

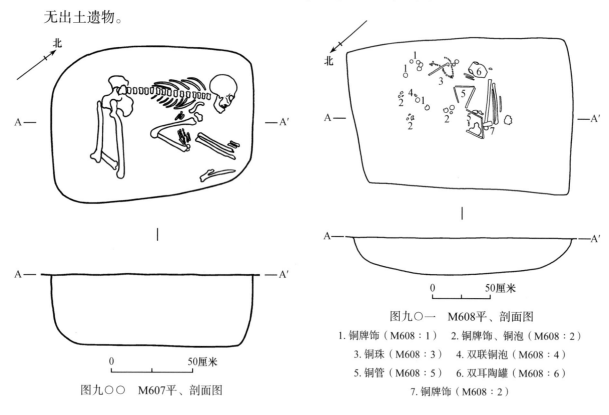

图九〇〇　M607平、剖面图

图九〇一　M608平、剖面图

1. 铜牌饰（M608：1）　2. 铜牌饰、铜泡（M608：2）
3. 铜珠（M608：3）　4. 双联铜泡（M608：4）
5. 铜管（M608：5）　6. 双耳陶罐（M608：6）
7. 铜牌饰（M608：2）

M608

（一）形制结构

长方形竖穴土坑墓。墓向38°。墓口长1.94米，宽1.28米，墓坑深0.32米。墓圹底部放置人骨1具，保存较差，仅存部分骨骼，分布散乱（图九〇一）。

（二）出土遗物

共51件。陶器1件，为双耳陶罐（M608：6），出土于墓坑内东部。铜器50件，其中铜牌饰7件（M608：1）、铜珠31件（M608：3），出土于墓坑内东部；铜牌饰3件（M608：2）、铜泡2件（M608：2-2）、铜管5件（M608：5）、铜牌饰1件（M608：7），出土于墓坑内中部；双联铜泡1件（M608：4），出土位置不明。

1. 陶器

M608：6，双耳陶罐。1件。夹细砂红陶，手制，口沿略残。侈口，方唇，长束颈，颈肩双耳，鼓腹，假圈足。肩部绘一周弦纹，其下绘细垂带纹，耳部绘竖线纹。腹部有烟熏痕迹。通高16.7厘米，口径11厘米，腹径15厘米，底径7.6厘米，重830克（图九〇二，1；图版六四六，3）。

2. 铜器

M608：1，铜牌饰。7件。有完有残。圆形，一面略弧，近边缘处有相对位置的两个小孔。直径4.2～5.2厘米，孔径0.2～0.6厘米，重9.76～14.46克（图九〇二，7；图版六四七，1）。

M608：2，铜牌饰、铜泡。5件。M608：2-1，铜牌饰，3件，圆形，残损较严重。M608：2-2，铜泡，2件。其一略残，圆形，一面略弧，近边缘处有两个相对位置的小孔。其二完整，圆形，泡状，背部有十字形纽。直径3.2、3.5厘米，重4.28、13.44克（图九〇二，5；图版六四七，2）。

M608：3，铜珠。31件。圆柱状，铸造而成，中部有孔。长0.3～0.4厘米，直径0.6～0.8厘米，孔径0.3厘米，总重27.64克（图九〇二，3；图版六四八，1）。

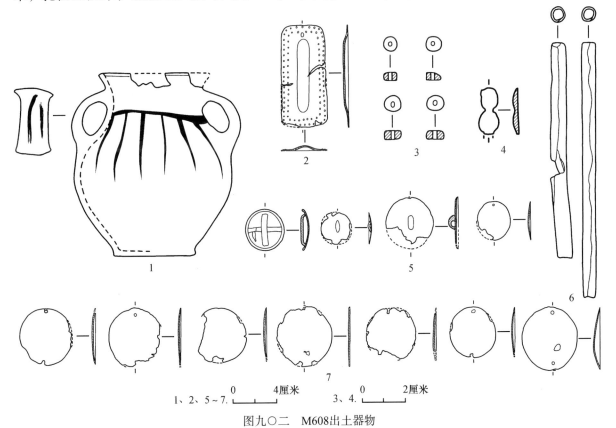

图九〇二　M608出土器物

1. 双耳陶罐（M608：6）　2. 铜牌饰（M608：7）　3. 铜珠（M608：3）　4. 双联铜泡（M608：4）　5. 铜牌饰（M608：2）
6. 铜管（M608：5）　7. 铜牌饰（M608：1）

M608：4，双联铜泡。1件。"8"字形，两面泡状，中间相连。长2.1厘米，铜泡直径1厘米，厚0.3厘米（图九〇二，4；图版六四五，6）。

M608：5，铜管。5件。残，管状，用薄铜片卷成，有接缝。残长3.8～11.8厘米，直径0.7～1.1厘米，重6.43～20.61克（图九〇二，6；图版六四六，2）。

M608：7，铜牌饰。1件。1件。残成两段。长方形，中部起脊，四周有两圈压点纹。两短边近边缘处各有一圆形穿孔。长8.5厘米，宽3.7厘米，孔径0.2～0.3厘米，重22.46克（图九〇二，2；图版六四八，2）。

M609

（一）形制结构

椭圆形竖穴土坑墓。位于T1610。墓向90°。墓口长1.1米，宽0.82米，墓坑深0.5米。墓圹底部放置人骨1具，保存较差，仅存部分骨骼，分布散乱（图九〇三）。

（二）出土遗物

共1件。陶器1件，为双耳陶罐（M609：1），出土于墓坑内南部。

M609：1，双耳陶罐。1件。夹细砂红陶，手制，一耳残。直口，方唇，直颈，颈肩双

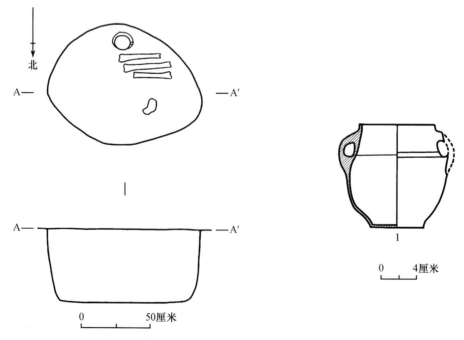

图九〇三　M609平、剖面图及出土器物

1. 双耳陶罐（M609：1）

耳，肩部有两道凸棱。弧腹，小圈足。口沿至腹部有烟熏痕迹。通高11.6厘米，口径8.8厘米，腹径11.4厘米，底径5.8厘米，重295克（图九○三，1；图版六四八，3）。

M610

（一）形制结构

长方形竖穴土坑墓。墓向54°。墓口长1.52米，宽1.3米。墓圹底部为长方形土坯椁室，椁室四壁均平砌多层土坯，土坯块数和层数不明。椁室内周长约0.9米，宽0.7米。椁室底部放置人骨1具，保存较差，仅存部分人骨，分布散乱（图九○四）。

（二）出土遗物

共6件。陶器1件，为双腹耳陶壶（M610：1），出土于椁室东壁外。铜器4件，其中铜耳环2件（M610：2），出土于人骨耳部；铜管2件（M610：4），出土于人骨头部。石器1件，为绿松石串珠（M610：3），出土于人骨头部。

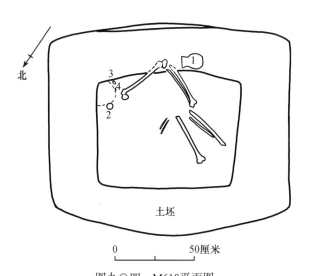

图九○四 M610平面图
1. 双腹耳陶壶（M610：1） 2. 铜耳环（M610：2）
3. 绿松石串珠（M610：3） 4. 铜管（M610：4）

1. 陶器

M610：1，双腹耳陶壶。1件。夹细砂红陶，手制，腹部残。侈口，圆唇，长颈微束，腹部有双耳，耳上部各有一乳突，鼓腹，平底。通高14.4厘米，口径10厘米，腹径14厘米，底径8厘米，重715克（图九○五，1；图版六四九，1）。

2. 铜器

M610：2，铜耳环。2件。残，环形，用细铜丝绕成，接口处一端尖锐。直径2.8厘米，丝径0.2厘米，重1.58克（图九○五，2；图版六四九，2）。

M610：4，铜管。2件。残，管状，用薄铜片斜卷而成。残长1.4厘米，直径0.4、0.6厘米，铜片宽0.2厘米，重0.73克（图九○五，4；图版六四九，4）。

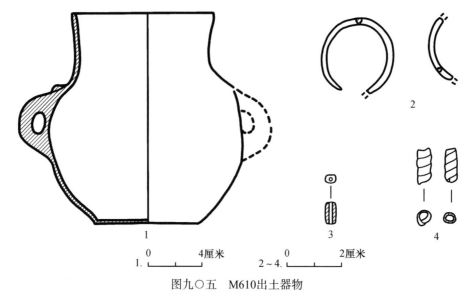

图九〇五　M610出土器物

1. 双腹耳陶壶（M610∶1）　2. 铜耳环（M610∶2）　3. 绿松石串珠（M610∶3）　4. 铜管（M610∶4）

3. 石器

M610∶3，绿松石串珠。1件。圆柱状，中部穿孔。长0.7厘米，直径0.4厘米，孔径0.2厘米，重0.3克（图九〇五，3；图版六四九，3）。

M611

（一）形制结构

长方形竖穴土坑墓。被M549、M584打破。墓向248°。墓口长1.12米，宽0.78米，墓坑深0.48米。墓圹底部放置人骨1具，右侧身屈肢，头向南，面向东（图九〇六；图版六五〇，1）。

（二）出土遗物

共3件。陶器1件，为双耳陶罐（M611∶1），出土于人骨胫骨处。羊腿骨1件、羊距骨1件，出土于人骨右侧上肢骨旁。

M611∶1，双耳陶罐。1件。夹细砂红陶，手制，口沿残。微侈口，圆唇，直颈，颈肩双耳，鼓腹，小平底。通高11.7厘米，口径7.5厘米，腹径11.4厘米，底径5厘米，重390克（图九〇六，1；图版六四九，5）。

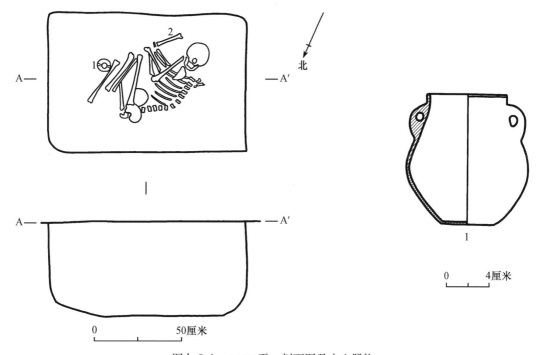

图九〇六　M611平、剖面图及出土器物
1. 双耳陶罐（M611：1）　2. 羊腿骨

M612

（一）形制结构

长方形竖穴土坑墓。被M597打破。墓向224°。墓口长1.6米，宽1.12米。墓圹底部为方形土坯椁室，椁室四壁均平砌多层土坯，土坯块数和层数不明。椁室长约1.2米，宽0.65米。椁室底部放置人骨1具，左侧身屈肢，头向西，面向北，保存状况较差，上半身骨骼分布散乱（图九〇七）。

（二）出土遗物

共3件。陶器1件，为双耳陶罐（M612：2），出土于椁室南部。铜器1件，为铜牌饰（M612：1），出土于人骨头部。贝器1件，为海贝（M612：3），出土于人骨头部（图九〇八）。

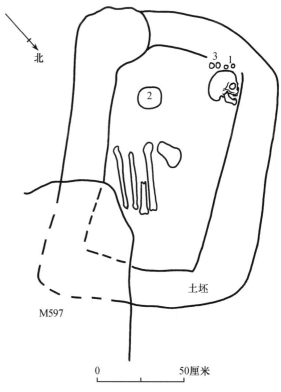

图九〇七　M612平面图
1. 铜牌饰（M612：1）　2. 双耳陶罐（M612：2）
3. 海贝（M612：3）

1. 陶器

M612：2，双耳陶罐。1件。夹细砂红陶，手制，口部及腹部残。侈口，尖唇，束颈，颈肩双耳，折腹，小平底。腹部绘宽垂带纹，垂带纹间绘多重细竖线纹。通高10.6厘米，口径7.9厘米，腹径12厘米，底径4.5厘米，重275克（图九〇八，1；图版六五〇，2）。

2. 铜器

M612：1，铜牌饰。1件。残损严重，呈不规则形。残长3.8厘米，重7.6克（图九〇八，2；图版六四九，6）。

3. 贝器

M612：3，海贝。1件。残，卵圆形，表面磨光。残长2.4厘米，宽1.7厘米，重2.02克（图九〇八，3；图版六五〇，3）。

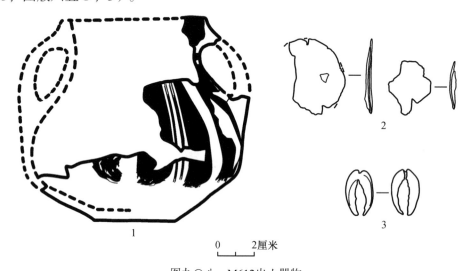

图九〇八　M612出土器物

1. 双耳陶罐（M612：2）　2. 铜牌饰（M612：1）　3. 海贝（M612：3）

M613

（一）形制结构

长方形竖穴土坑。墓向47°。墓口距地表0.24米，长0.9米，宽0.54米，墓坑深0.36米。墓圹底部放置人骨1具，保存较差，仅存零星骨骼，分布散乱（图九〇九；图版六五一，1）。

（二）出土遗物

共1件。陶器1件，为双耳陶罐（M613：1），出土于墓坑内东北角。

M613：1，双耳陶罐。1件。夹细砂红陶，手制，完整。微侈口，方唇，直颈，颈肩双耳，鼓腹，鼓腹处两侧各有一乳突，平底。底部有烟熏痕迹。通高15.2厘米，口径8厘米，腹径15.4厘米，底径6.8厘米，重715克（图九〇九，1；图版六五一，2）。

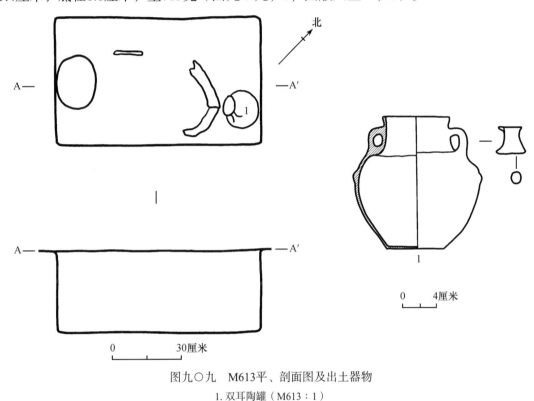

图九〇九　M613平、剖面图及出土器物
1. 双耳陶罐（M613：1）

M614

（一）形制结构

长方形竖穴土坑墓。墓向40°。墓口距地表0.22米，长1.56米，宽1.3米，墓坑深0.6米。墓圹底部为长方形土坯椁室，椁室四壁均平砌多层土坯，层数不明，南壁每层铺设3块土坯，东、西、北三壁每层铺设2块土坯。椁室长约0.9米，宽0.64米。椁室底部放置人骨1具，保存较差，骨骼分布散乱（图九一〇；图版六五二，1）。

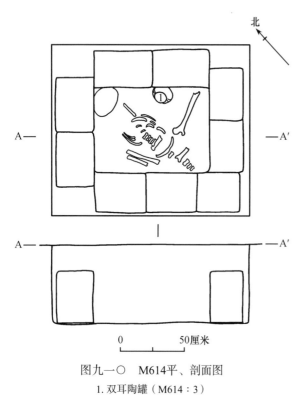

图九一〇　M614平、剖面图
1. 双耳陶罐（M614：3）

（二）出土遗物

共16件。陶器1件，为双耳陶罐（M614：3），出土于椁室内东部。铜器1件，为铜耳环（M614：2），出土位置不明。石器14件，均为滑石串珠（M614：1），出土位置不明。

1. 陶器

M614：3，双耳陶罐。1件。夹细砂红陶，手制，口沿及腹部残。微侈口，圆唇，直颈，沿肩双耳，鼓腹，平底。口沿内外均绘短竖线纹，肩部绘一周弦纹，其下绘连续的内填斜线三角纹，三角纹下绘一周弦纹附短竖列水波纹，耳部绘"圭"字形横竖短线纹。通高14.1厘米，口径10.1厘米，腹径13.6厘米，底径7.8厘米，重565克（图九一一，1；图版六五二，3）。

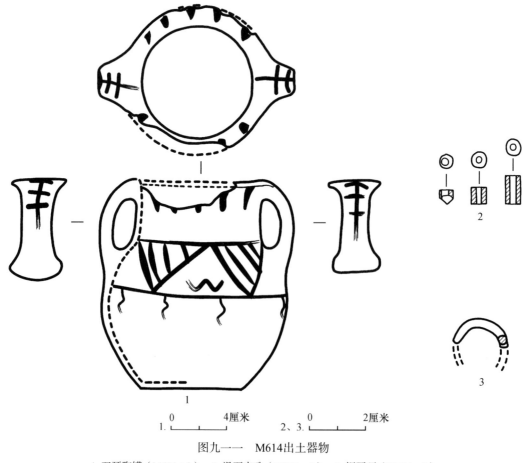

图九一一　M614出土器物
1. 双耳陶罐（M614：3）　2. 滑石串珠（M614：1）　3. 铜耳环（M614：2）

2. 铜器

M614：2，铜耳环。1件。残，环形，用细铜丝绕成。直径2厘米，丝径0.2厘米，重0.36克（图九一一，3；图版六五二，2）。

3. 石器

M614：1，滑石串珠。14件。白色，柱状，中部穿孔。长0.5～1厘米，直径0.4厘米，口径0.15厘米，总重2.15克（图九一一，2；图版六五一，3）。

M615

（一）形制结构

长方形竖穴土坑墓。西部被现代树坑打破。墓向45°。墓口距地表0.24米，长1.49米，宽1.2米，墓坑深0.6米。墓圹底部为长方形土坯椁室，椁室四壁均平砌多层土坯，层数不明，每边每层均铺设2块土坯。椁室内周长约0.8米，宽0.6米。椁室底部放置人骨1具，左侧身屈肢，头向东，面向南，上半身骨骼分布散乱（图九一二；图版六五三，1）。

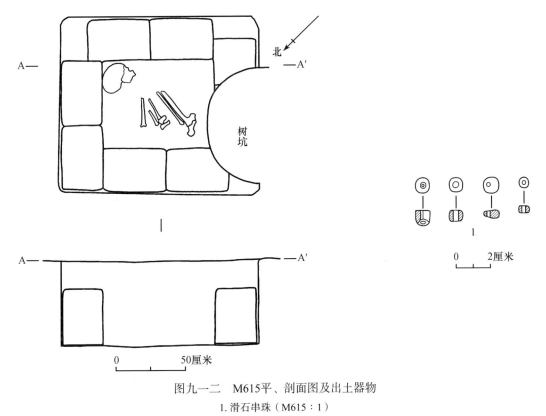

图九一二　M615平、剖面图及出土器物
1. 滑石串珠（M615：1）

（二）出土遗物

共8件。石器8件，均为滑石串珠（M615：1），出土位置不明。

M615：1，滑石串珠。8件。白色，柱状，中部穿孔。长0.2～0.8厘米，直径0.5～0.9厘米，孔径0.2厘米，总重3.08克（图九一二，1；图版六五四，2）。

M616

长方形竖穴土坑墓。墓向130°。墓口长0.71米，宽0.51米，墓坑深0.3米。无葬具。无人骨（图九一三；六五三，2）。

无出土遗物。

M617

长方形竖穴土坑墓。墓向60°。墓口长0.69米，宽0.6米，墓坑深0.2米。无葬具。无人骨（图九一四）。

无出土遗物。

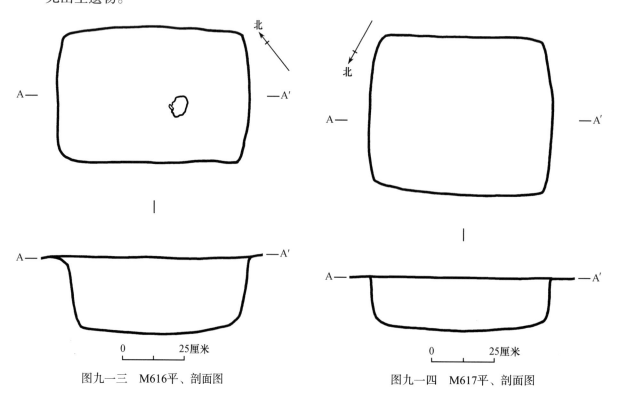

图九一三　M616平、剖面图　　　　　　　　图九一四　M617平、剖面图

M618

（一）形制结构

长方形竖穴土坑墓。墓向61°。墓口长1.71米，宽1.29米，墓坑深0.6米。墓圹底部为长方形土坯椁室，椁室四壁均平砌多层土坯，土坯块数和层数不明。椁室内长约1.02米，宽0.74米。椁室底部放置人骨1具，右侧身屈肢，头向东北，面向北（图九一五；图版六五四，1）。

（二）出土遗物

共6件。陶器1件，为双耳陶罐（M618：6），出土于椁室内东部。铜器3件，其中铜耳环2件（M618：1、M618：3），出土于人骨耳部；铜牌饰1件（M618：4），出土于人骨头部。石器2件，其中绿松石串珠1件（M618：2），出土于人骨耳部；玉髓串珠1件（M618：5），出土于人骨头部。

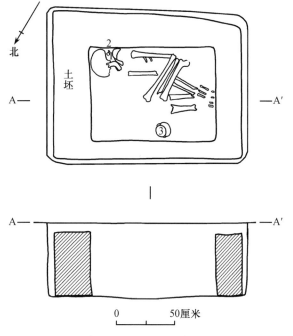

图九一五　M618平、剖面图
1. 铜耳环（M618：1）　2. 绿松石串珠（M618：2）
3. 双耳陶罐（M618：6）

1. 陶器

M618：6，双耳陶罐。1件。夹细砂红陶，手制，残。大口微侈，方唇，直颈，颈肩双耳，鼓腹，平底。通高12.8厘米，口径10.7厘米，腹径13.6厘米，底径6.6厘米，重550克（图九一六，1；图版六五五，5）。

2. 铜器

M618：1，铜耳环。1件。残损，环形，用细铜丝绕成，接口处一端尖锐。直径3厘米，丝径0.4厘米，重4.66克（图九一六，2；图版六五四，3）。

M618：3，铜耳环。1件。完整，环形，用细铜丝绕成。直径2厘米，重5.73克（图九一六，6；图版六五五，2）。

M618：4，铜牌饰。1件。残，圆形，近边缘处有一个小孔。直径2.8厘米，孔径0.2厘米，重3.32克（图九一六，3；图版六五五，3）。

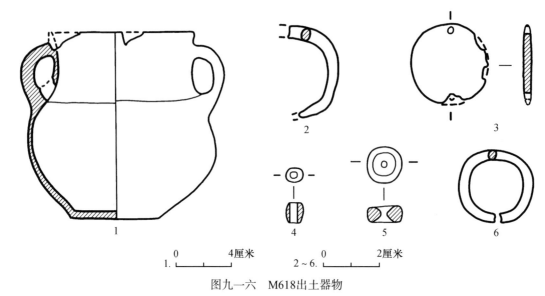

图九一六　M618出土器物

1. 双耳陶罐（M618：6）　2. 铜耳环（M618：1）　3. 铜牌饰（M618：4）　4. 绿松石串珠（M618：2）　5. 玉髓串珠（M618：5）

6. 铜耳环（M618：3）

3. 石器

M618：2，绿松石串珠。1件。腰鼓状。中部穿孔。长0.7厘米，直径0.4厘米，孔径0.2厘米，重0.33克（图九一六，4；图版六五五，1）。

M618：5，玉髓串珠。1件。完整，白色，算珠状，中部对钻穿孔。厚0.5厘米，直径1.3厘米，孔径0.15厘米，重1.38克（图九一六，5；图版六五五，4）。

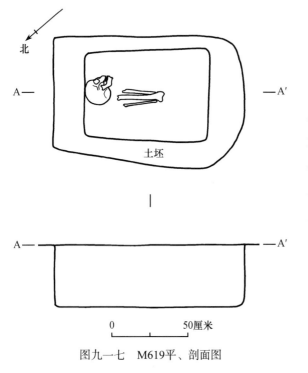

图九一七　M619平、剖面图

M619

长方形竖穴土坑墓。墓向43°。墓口长1.32米，宽0.8米，墓坑深0.4米。墓圹底部为长方形土坯椁室，椁室四壁均铺设多层土坯，土坯块数和层数不明。椁室内周长约0.8米，宽0.56米。椁室底部放置人骨1具，保存较差，仅存颅骨与部分肢骨，分布散乱（图九一七）。

无出土遗物。

M620

（一）形制结构

长方形竖穴土坑墓。墓向25°。墓口长1.04米，宽0.7米，墓坑深0.9米。墓圹底部放置人骨1具，左侧身屈肢，头向东，面向南，性别女（图九一八）。

（二）出土遗物

共189件。陶器1件，为双耳陶罐（M620：5），出土于墓坑内东南角。铜器22件，其中铜管8件（M620：3），出土于人骨股骨及腰椎处；铜管9件（M620：4），出土于人骨股骨间；铜镜1件（M620：7），出土位置不明；铜泡2件（M620：9），出土于人骨头顶处；铜牌饰2件，1件（M620：10）出土于人骨头前，1件（M620：11）出于人骨左手腕处。石器71件，其中玉髓串珠2件（M620：1），出土于人骨颈部；滑石串珠54件（M620：12），出土于人骨左腕处；绿松石串珠15件（M620：13），出土于人骨颈部。骨器65件，均为骨牌饰（M620：2），出土于人骨椎骨处。贝器3件，为海贝（M620：6），出土于人骨颈部。蚌器27件，均为蚌饰（M620：8），出土于人骨头顶。

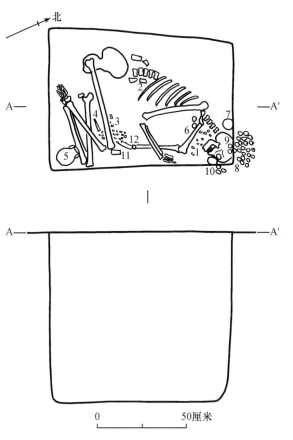

图九一八　M620平、剖面图

1. 玉髓串珠（M620：1）　　2. 骨牌饰（M620：2）
3. 铜管（M620：3）　　4. 铜管（M620：4）
5. 双耳陶罐（M620：5）　　6. 海贝（M620：6）
7. 铜镜（M620：7）　　8. 蚌饰（M620：8）
9. 铜泡（M620：9）　　10. 铜牌饰（M620：10）
11. 铜牌饰（M620：11）　　12. 滑石串珠（M620：12）

1. 陶器

M620：5，双耳陶罐。1件。夹细砂红陶，手制，完整。侈口，方唇，长束颈，颈肩双耳，鼓腹，小平底。颈部绘连续的内填斜线三角纹，肩腹部绘连续的网格三角纹，耳部绘网格三角纹。通高14.8厘米，口径9.6厘米，腹径12.9厘米，底径6厘米，重605克（图九一九，7；图版六五七，1）。

2. 铜器

M620：3，铜管。8件。残，长短不一。管状，薄铜片卷成，有接缝。残长1.5～8.4厘米，直径0.5～0.9厘米，重0.47～15.91克（图九一九，13；图版六五六，2）。

M620：4，铜管。9件。残，长短不一。螺旋状。残长1.5～3.6厘米，直径0.6～1.8厘米，铜片宽0.4厘米，总重21.1克（图九一九，6；图版六五六，3）。

M620：7，铜镜。1件。完整，圆形，镜面略弧，背部有纽，铸造而成。直径8.5厘米，厚约0.5厘米（图九一九，10；图版六五八，1）。

M620：9，铜泡。2件。残，圆形，泡状，近边缘处有相对位置的两个小孔。直径1.4、1.5厘米，孔径0.1厘米，重0.6、0.56克（图九一九，1；图版六五八，2）。

M620：10，铜牌饰。1件。完整，圆形，一面略弧，一面略凹，凹面有纽，铸造而成。直径4厘米，重10.58克（图九一九，5；图版六五九，1）。

M620：11，铜牌饰。1件。一端残。长方形，中部起脊，短边近边缘处有一小孔。残长8.5厘米，宽3.5厘米，孔长0.5厘米，孔宽0.3厘米，重22.08克（图九一九，11；图版六五九，2）。

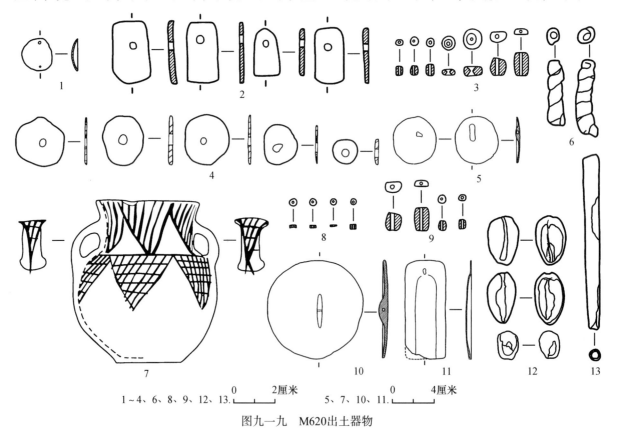

图九一九　M620出土器物

1.铜泡（M620：9）　2.骨牌饰（M620：2）　3.玉髓串珠（M620：1）　4.蚌饰（M620：8）　5.铜牌饰（M620：10）
6.铜管（M620：4）　7.双耳陶罐（M620：5）　8.滑石串珠（M620：12）　9.绿松石串珠（M620：13）　10.铜镜（M620：7）
11.铜牌饰（M620：11）　12.海贝（M620：6）　13.铜管（M620：3）

3. 石器

M620：1，玉髓串珠。2件。完整，红色半透明，小的呈算珠状，大的呈圆柱状，中部对钻穿孔。厚0.3、0.5厘米，直径0.7、1厘米，孔径0.15厘米，重0.28、0.79克（图九一九，3；图版六五五，6）。

M620：12，滑石串珠。54件。白色，1件柱状，53件饼状。中部穿孔。厚0.1～0.5厘米，直径0.4厘米，孔径0.1厘米，总重2.22克（图九一九，8；图版六五八，3）。

M620：13，绿松石串珠。15件。不规则柱状，大小不一。中部穿孔。长0.4～1.1厘米，直径0.4～0.9厘米，孔径0.15厘米，总重3.3克（图九一九，9；图版六五九，3）。

4. 骨器

M620：2，骨牌饰。65件。大致呈长方形，近边缘处有一圆形孔，大小不一。长1.8～3.2厘米，宽1.1～1.9厘米，孔径0.2～0.4厘米，重1.6克（图九一九，2；图版六五六，1）。

5. 贝器

M620：6，海贝。3件，2完1残。卵圆形，表面磨光。长1.3～2.4厘米，宽1.1～1.6厘米，重0.54～2.13克（图九一九，12；图版六五七，2）。

6. 蚌饰

M620：8，蚌饰。27件。近圆形，中部有圆形穿孔。直径1.9～2.4厘米，孔径0.3～0.5厘米，厚0.1～0.2厘米，重1.63克（图九一九，4；图版六五七，3）。

附：M620墓主人人骨经稳定同位素分析，其中C_3占比61.48%，C_4占比38.52%，同时动物性食物的摄入占有相当大比例（张全超，2010：41）。M620铜牌经金相检验和成分分析，其材质为Cu-Sn（As，Sb）（含砷，锑杂质的锡青铜），制作技术为热锻（潜伟，2006：44）。

性别鉴定为女性（魏东，2009：129）。

M621

（一）形制结构

长方形竖穴土坑墓。打破M622。墓向235°。墓口长1.4米，宽0.74米，墓坑深0.3米。墓圹底部为长方形土坯椁室，椁室四壁均平砌多层土坯，土坯块数和层数不明。椁室内周长约1米，宽0.56米。椁室底部放置人骨1具，左侧身屈肢，头向西南，面向西北（图九二〇；图版六六〇，1）。

（二）出土遗物

共2件。陶器1件，为双耳陶罐（M621：1），出土于人骨头骨附近。羊腿骨1件，出土于人骨右侧上半身旁。

M621：1，双耳陶罐。1件。夹细砂红陶，手制，口沿略残。大口微侈，方唇，束颈，颈肩双耳，鼓腹，小平底。通高13.3厘米，口径10厘米，腹径12.9厘米，底径5厘米，重290克（图九二〇，1；图版六六〇，2）。

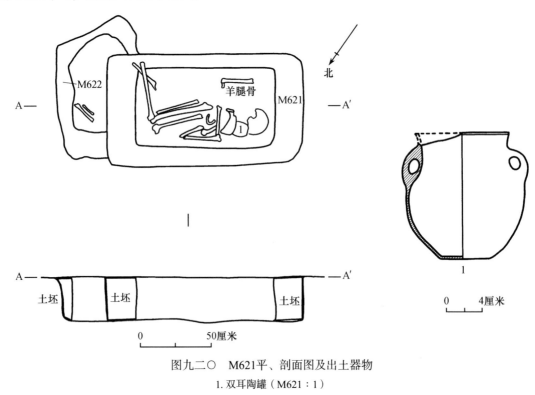

图九二〇　M621平、剖面图及出土器物
1. 双耳陶罐（M621：1）

M622

长方形竖穴土坑墓。被M621、M580打破。墓向147°。墓口长0.8米，宽0.58米，墓坑深0.3米。墓圹底部为长方形土坯椁室，椁室四壁均平砌多层土坯，土坯块数和层数不明。椁室内周长约0.6米，宽0.44米。椁室底部放置人骨1具，保存较差，仅存部分人骨，分布散乱（图九二一）。

无出土遗物。

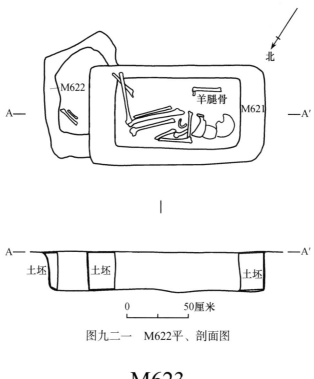

图九二一 M622平、剖面图

M623

（一）形制结构

长方形竖穴土坑墓。被M569、M597打破，打破M599。墓向250°。墓口长0.87米，宽0.69米，墓坑深0.58米。墓圹底部放置人骨1具，右侧身屈肢，头向西南，面向东（图九二二；图版六六一，1）。

（二）出土遗物

共1件。陶器1件，为双耳陶罐（M623：1），出土于墓坑内南部。

M623：1，双耳陶罐。1件。夹细砂红陶，手制，完整。直口，方唇，直颈，颈肩双耳，鼓腹，小平底。腹部有烟熏痕迹，通高10厘米，腹径10厘米，口径5.4厘米，底径4厘米，重660克（图九二二，1；图版六六〇，3）。

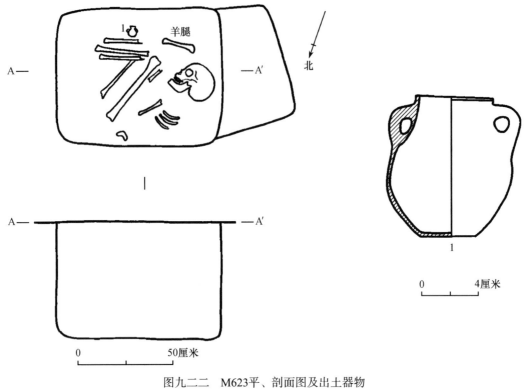

图九二二　M623平、剖面图及出土器物
1.双耳陶罐（M623:1）

M624

（一）形制结构

长方形竖穴土坑墓。墓向73°。墓口长1.38米，宽1.2米，墓坑深0.34米。墓圹底部四周设熟土二层台，二层台内侧竖立1层土坯，二层台上平砌1层土坯。椁室内周长约0.95米，宽0.6米。椁室底部放置人骨1具，保存较差，仅存部分骨骼，分布散乱（图九二三；图版六六一，2）。

（二）出土遗物

共1件。陶器1件，为单耳陶罐（M624:1），出土于椁室内南部。

M624:1，单耳陶罐。1件。夹细砂红陶，手制，口沿略残。直口，方唇，直颈，颈肩单耳，圆鼓腹，圈足。通高12.4厘米，口径8.6厘米，腹径11.2厘米，底径6.6厘米，重465克（图九二三，1；图版六六二，1）。

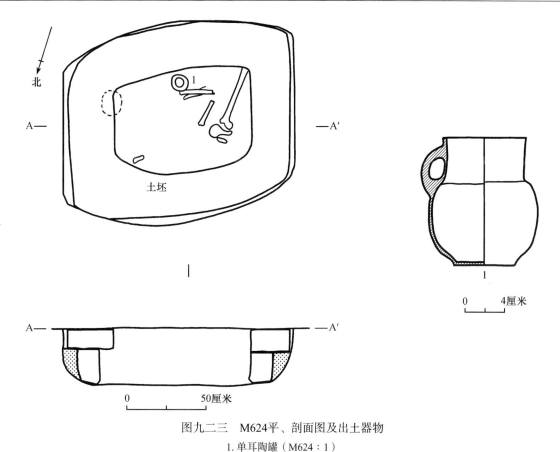

图九二三 M624平、剖面图及出土器物
1.单耳陶罐（M624：1）

M625

（一）形制结构

长方形竖穴土坑墓。墓向187°。墓口长0.92米，宽0.58米，墓坑残深0.74米。墓圹底部放置人骨1具，保存较差，仅存部分骨骼，分布散乱（图九二四；图版六六二，3）。

（二）出土遗物

共11件。陶器1件，为双耳陶罐（M625：5），出土于墓坑内西部。铜器4件，其中铜耳环2件（M625：1），出土于人骨耳部；铜牌饰2件（M625：3），出土于人骨头骨附近。石器5件，其中滑石串珠4件（M625：2），出土于

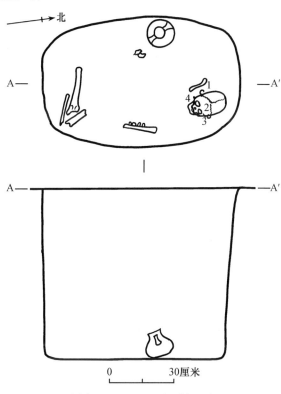

图九二四 M625平、剖面图
1.铜耳环（M625：1） 2.滑石串珠（M625：2）
3.铜牌饰（M625：3） 4.绿松石串珠（M625：4）

人骨头骨下；绿松石串珠1件（M625：4），出土于人骨头骨处。羊腿骨1件，出土位置不明。

1. 陶器

M625：5，双耳陶罐。1件。夹砂红陶，手制，一耳残。侈口，短束颈，颈肩双扁耳，折腹，平底。口径10厘米，折腹处直径15厘米，底径6.6厘米，通高12.4厘米（图九二五，1；图版六六三，4）。

2. 铜器

M625：1，铜耳环。2件。环形，用细铜丝绕成，接口处扁平。直径2.4厘米，丝径0.4厘米，重6.75、6.52克（图九二五，3；图版六六二，2）。

M625：3，铜牌饰。2件。略呈盾形，中部窄，两边宽，中部有挂孔。表面突起，有连续的箭头纹饰，边缘利薄。通长10.4厘米，宽2.5厘米，厚0.3厘米（图九二五，2；图版六六三，2）。

3. 石器

M625：2，滑石串珠。4件。白色。柱状。中部穿孔。长0.2～0.6厘米，直径0.5厘米，孔径0.3厘米，总重0.74克（图九二五，5；图版六六三，1）。

M625：4，绿松石串珠。1件。扁腰鼓状，中部穿孔。长0.9厘米，宽0.7厘米，孔径0.2厘米，重0.58克（图九二五，4；图版六六三，3）。

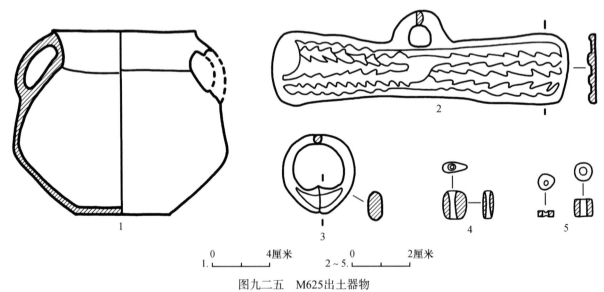

图九二五　M625出土器物

1. 双耳陶罐（M625：5）　2. 铜牌饰（M625：3）　3. 铜耳环（M625：1）　4. 绿松石串珠（M625：4）
5. 滑石串珠（M625：2）

M626

（一）形制结构

长方形竖穴土坑墓。墓向207°。墓口长1.34米，宽0.72米，墓坑深0.42米。墓圹底部放置人骨1具，右侧身屈肢，头向西南，面向东（图九二六；图版六六四，1）。

（二）出土遗物

共10件。陶器3件，其中单耳陶罐2件（M626：1、M626：7），出土于人骨膝部；双耳陶罐1件（M626：8），出土于墓坑填土中。铜器5件，其中铜短剑1件（M626：2），出土于人骨腹部；铜牌饰2件（M626：4），出土于颈部；铜泡2件（M626：5、M626：6），分别出土于人骨腹部和手臂。石器2件，其中砺石1件（M626：3），出土于人骨腹部；绿松石串珠1件（M626：9），出土于人骨颈部。

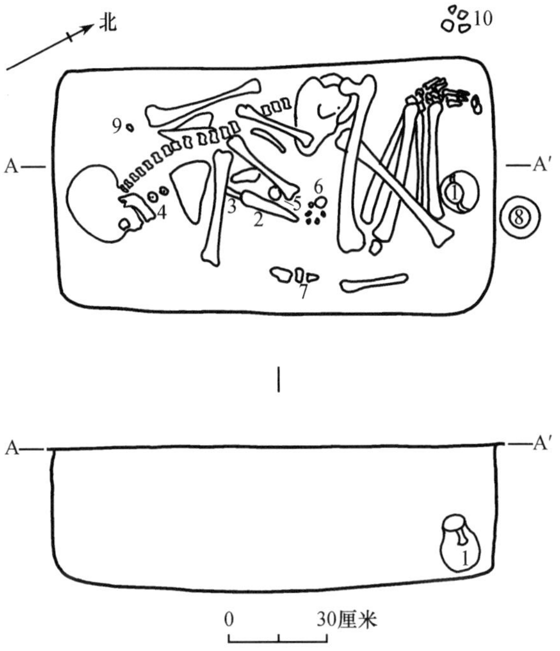

图九二六 M626平、剖面图
1.单耳陶罐（M626：1） 2.铜剑（M626：2）
3.砺石（M626：3） 4.铜牌饰（M626：4）
5.铜泡（M626：5） 6.铜泡（M626：6）
7.单耳陶罐（M626：7） 8.双耳陶罐（M626：8）
9.绿松石串珠（M626：9） 10.陶片

1. 陶器

M626：1，单耳陶罐。1件。夹细砂红陶，手制，上半部残。残高10.4厘米，腹径11.9厘米，重290克（图九二七，1；图版六六三，5）。

M626：7，单耳陶罐。1件。夹细砂红陶，手制，一侧残。微侈口，方唇，短颈，颈肩单耳，鼓腹，平底。通高12.6厘米，口径8厘米，腹径12.1厘米，底径6.6厘米，重435克（图九二七，2；图版六六五，4）。

M626：8，双耳陶罐。1件。夹细砂红陶，手制。直口，方唇，直颈，颈肩双耳，鼓腹，圈足。通高11.6厘米，口径7.7厘米，腹径10.8厘米，底径5.1厘米，重350克（图九二七，3；图版六六五，5）。

2. 铜器

M626：2，铜短剑。1件。残，全身锈蚀严重，剑首形制不清，柄素面，剑格呈原始的三叉护手，直刃。通长25.3厘米（图九二七，9；图版六六三，6）。

M626：4，铜牌饰。2件，1完整1残。圆形，一面略弧，另一面略凹，近边缘处有一对相对位置的小孔。直径1.9厘米，孔径0.1厘米，重1.65克（图九二七，5；图版六六四，3；图版六六五，1）。

M626：5，铜泡。1件。圆形，泡状，背部有纽，锈蚀严重。直径2.4厘米，重14.36克（图九二七，6；图版六六五，2）。

M626：6，铜泡。1件。圆形，泡状，背部有纽，锈蚀严重。直径1.6厘米，重14.36克（图九二七，7；图版六六五，3）。

3. 石器

M626：3，砺石。1件。大致呈铲状，短边边缘处有一圆孔。器表磨制光滑。长9.3厘米，宽1.7~2.9厘米，孔径0.9厘米，重60.38克（图九二七，4；图版六六四，2）。

M626：9，绿松石串珠。1件。完整。不规则圆柱状。中部穿孔。长0.35厘米，直径0.3厘米，孔径0.15厘米，重0.17克（图九二七，8；图版六六五，6）。

附：M626：2铜短剑经成分分析，合金类型为Cu-Sn（锡青铜）（梅建军，2002：4）。

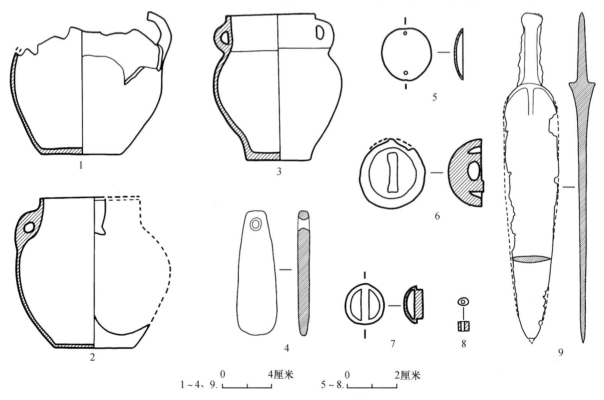

图九二七　M626出土器物

1. 单耳陶罐（M626：1）　2. 单耳陶罐（M626：7）　3. 双耳陶罐（M626：8）　4. 砺石（M626：3）　5. 铜牌饰（M626：4）
6. 铜泡（M626：5）　7. 铜泡（M626：6）　8. 绿松石串珠（M626：9）　9. 铜短剑（M626：2）

M627

（一）形制结构

长方形竖穴土坑墓。北部被M557打破。墓向27°。墓口残长1米，宽0.88米。墓圹底部为长方形土坯椁室，椁室四周均平砌多层土坯，土坯块数和层数不明。椁室内周残长约0.88米，宽0.6米。无人骨（图九二八；图版六六六，1）。

（二）出土遗物

共9件。陶器1件，为双耳陶罐（M627：1），出土于椁室内东南角。铜器3件，其中双联铜泡1件（M627：2），出土于椁室内南部；铜锥1件（M627：4）、铜镞1件（M627：5），出土于椁室内东南角。骨器3件，均为骨牌饰（M627：3、M627：6、M627：7），分别出土于椁室内西南角及椁室西壁、南壁外。石器1件（M627：8），出土于椁室内东部。羊距骨1件，出土位置不明。

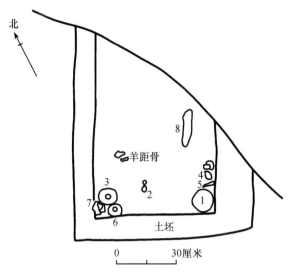

图九二八　　M627平面图

1. 双耳陶罐（M627：1）　　2. 双联铜泡（M627：2）

3. 骨牌饰（M627：3）　　4. 铜锥（M627：4）

5. 铜镞（M627：5）　　6. 骨牌饰（M627：6）

7. 骨牌饰（M627：7）　　8. 石器（M627：8）

1. 陶器

M627：1，双耳陶罐。1件。夹细砂红陶，手制，略残。微侈口，斜方唇，长直颈，颈肩双耳，鼓腹，平底。颈部绘交错的内填斜线三角纹，肩部绘一周弦纹，其下为连续的内填斜线三角纹，耳部绘单个内填斜线三角纹。通高14.8厘米，口径8.5厘米，腹径12.6厘米，底径5厘米。重590克（图九二九，1；图版六六六，2）。

2. 铜器

M627：2，双联铜泡。1件。残，"8"形，一面略弧，另一面略凹。残长2.8厘米，宽0.8~1.5厘米，重1.63克（图九二九，2；图版六六六，3）。

M627：4，铜锥。1件。一端残。四棱锥状，一端尖锐。残长4厘米，宽0.3厘米。重3.2克（图九二九，3；图版六六七，2）。

M627：5，铜镞。1件。圆锥形，边缘利薄，中部有凸棱，尾部有嵌孔。长4.1厘米，最宽处1.7厘米，厚0.7厘米（图九二九，4；图版六六七，3）。

3. 骨器

M627：3，骨牌饰。1件。椭圆，圆泡状，表面中部有1个长方形孔，边缘有3个圆形孔。长径6厘米，短径4.5厘米，厚1.5厘米（图九二九，6；图版六六七，1）。

M627：6，骨牌饰。1件。近椭圆形，残损严重。残长5.7厘米，残高1.4厘米，重20.25克（图九二九，7；图版六六七，4）。

M627：7，骨牌饰。1件。圆泡状，边缘一圈棱状，表面中部有1个长方形孔，边缘有3个圆形孔。长径7厘米，短径5.9厘米，厚1.5厘米（图九二九，8；图版六六七，5）。

4. 石器

M627：8，石杵。1件。完整。三棱柱状，两端圆润。长17.8厘米，宽5.5厘米，重548克（图九二九，5）。

附：M627铜锥经金相检验和成分分析，其材质为Cu-Sn（锡青铜），制作技术为热锻后冷加工（潜伟，2006：44）。

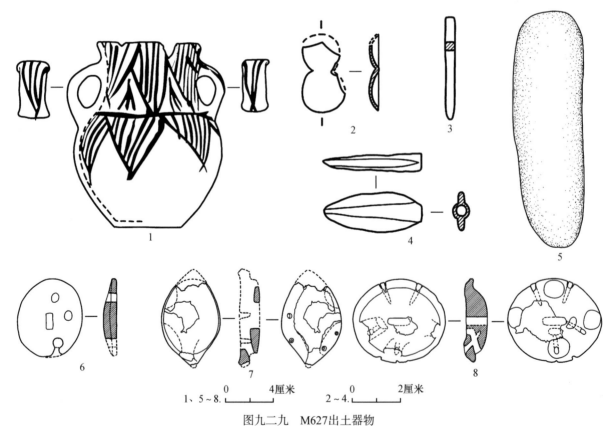

图九二九　M627出土器物

1. 双耳陶罐（M627：1）　2. 双联铜泡（M627：2）　3. 铜锥（M627：4）　4. 铜镞（M627：5）　5. 石器（M627：8）
6. 骨牌饰（M627：3）　7. 骨牌饰（M627：6）　8. 骨牌饰（M627：7）

M628

（一）形制结构

长方形竖穴土坑墓。墓向179°。墓口长0.6米，宽0.64米，墓坑深0.12米。墓圹底部放置人骨2具，保存较差，分布散乱，其1仅存颅骨和部分骨骼，其2仅存颅骨残片（图九三〇；图版六六八，1）。

（二）出土遗物

共1件。陶器1件，为双腹耳陶壶（M628：1），出土于人骨头骨前方。

M628：1，双腹耳陶壶。1件。夹细砂红陶，手制，完整。大口微侈，方唇，短束颈，鼓腹，腹部双耳，平底。腹底部有烟熏痕迹。通高10.2厘米，口径8.6厘米，腹径13.2厘米，底径6.5厘米。重390克（图九三〇，1；图版六六七，6）。

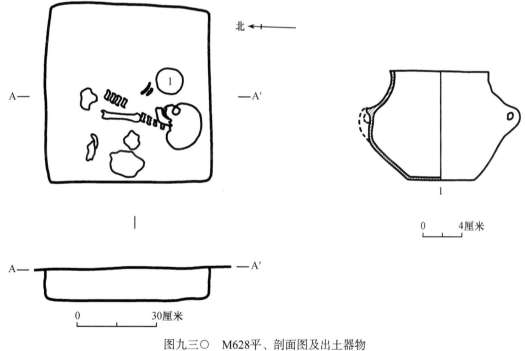

图九三〇　M628平、剖面图及出土器物

1. 双腹耳陶壶（M628：1）

M629

（一）形制结构

长方形竖穴土坑墓。东北部被现代坑打破。墓向20°。墓口残长1.02米，残宽1.08米，墓坑深0.42米。墓圹底部四周设生土二层台，二层台上平砌多层土坯，土坯块数和层数不明。椁室内周残长约0.8米，残宽0.62米，高0.1米。椁室底部放置人骨1具，左侧身屈肢，头向东北，面向东南（图九三一；图版六六八，2）。

（二）出土遗物

共2件。陶器1件，为单耳陶罐（M629：1），出土于椁室内西南。铜器1件，为铜耳环（M629：2），出土于人骨耳部。

1. 陶器

M629：1，单耳陶罐。1件。夹细砂红陶，手制，口沿略残，微侈口，方唇，直颈，颈肩

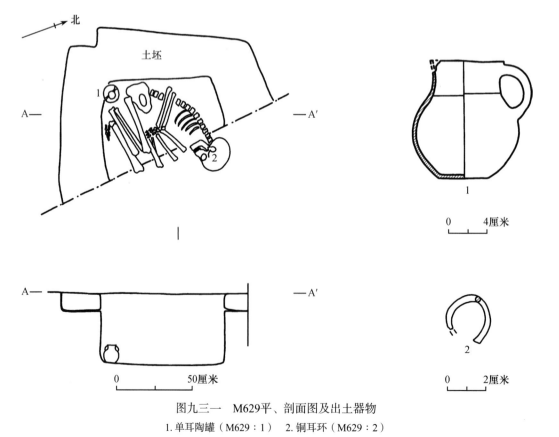

图九三一　M629平、剖面图及出土器物
1. 单耳陶罐（M629：1）　2. 铜耳环（M629：2）

单耳，圆鼓腹，小平底。通高11.9厘米，口径7.9厘米，腹径10.1厘米，底径4.3厘米，重260克（图九三一，1；图版六六九，1）。

2. 铜器

M629：2，铜耳环。1件。残。环形，用细铜丝绕成，接口处一端扁平。直径2.1厘米，丝径0.2厘米，重1.62克（图九三二，2；图版六六九，2）。

M630

（一）形制结构

长方形竖穴土坑墓。南部被现代坑打破。墓向145°。墓口残长0.45米，宽0.72米，墓坑深0.5米。墓圹底部放置人骨1具，保存较差，仅存部分骨骼，分布散乱（图九三二；图版六六九，3）。

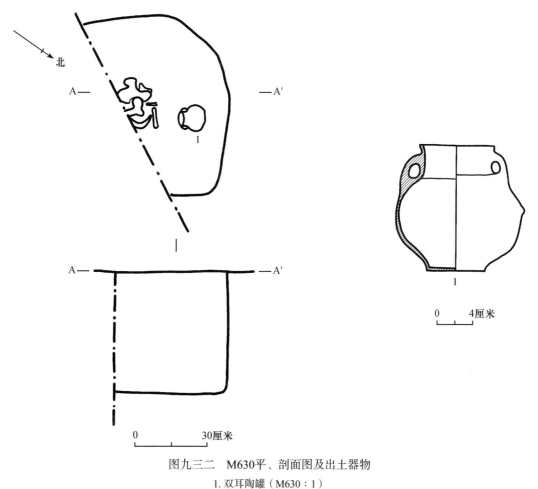

图九三二　M630平、剖面图及出土器物
1. 双耳陶罐（M630：1）

（二）出土遗物

共1件。陶器1件，为双耳陶罐（M630：1），出土于墓坑内北部。

M630：1，双耳陶罐。1件。夹细砂红陶，手制，完整。微侈口，方唇，短束颈，颈肩双耳，一耳下有乳突，鼓腹，圈足。通高12.9厘米，口径8.8厘米，腹径13.3厘米，底径6.6厘米，重580克（图九三二，1；图版六七〇，1）。

M631

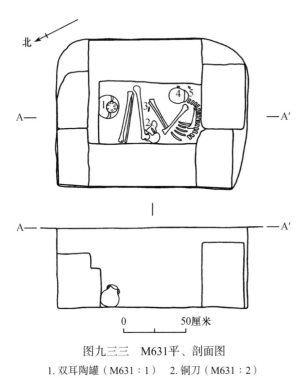

图九三三　M631平、剖面图
1. 双耳陶罐（M631：1）　2. 铜刀（M631：2）
3. 铜锥（M631：3）　4. 铜耳杯（M631：4）
5. 玉髓串珠（M631：5）

（一）形制结构

长方形竖穴土坑墓。墓向204°。墓口长1.52米，宽1.14米，墓坑深0.62米。墓圹底部为长方形土坯椁室，椁室四壁均平砌多层土坯，土坯块数和层数不明。椁室内周长约0.82米，宽0.46米。椁室底部放置人骨1具，右侧身屈肢，头向西南（图九三三；图版六七〇，3）。

（二）出土遗物

共6件。陶器1件，为双耳陶罐（M631：1），出土于椁室内北部。铜器4件，其中铜刀1件（M631：2）、铜锥1件（M631：3），出土于人骨腹部；铜耳环2件（M631：4），出土于人骨耳部。石器1件，为玉髓串珠（M631：5），出土于人骨头骨处。

1. 陶器

M631：1，双耳陶罐。1件。夹细砂红陶，手制，口沿残。侈口，方唇，短束颈，颈肩双耳，球腹，小平底。器表有烟熏痕迹。通高16.4厘米，口径11.2厘米，腹径18.4厘米，底径7.8厘米，重735克（图九三四，1；图版六七〇，2）。

2. 铜器

M631：2，铜刀。1件。残。直背，刃部残，柄部近边缘处有一小孔。一面平整，一面中部有一凹槽。残长8.2厘米，背部宽2厘米。刃部宽1.2～2厘米，厚0.4厘米，孔长0.5厘米，宽0.3厘米，重23.05克（图九三四，2；图版六七一，1）。

M631：3，铜锥。1件。残。呈圆条状。残长2.7厘米，直径0.2厘米，重0.66克（图九三四，3；图版六七一，2）。

M631：4，铜耳环。2件。残，呈环形，用细铜丝绕成。直径3、2.4厘米，丝径0.2厘米，重0.93、1.6克（图九三四，4；图版六七一，3）。

3. 石器

M631：5，玉髓串珠。1件。完整，算珠状，中部对钻穿孔。厚0.4厘米，直径1.2厘米，孔径0.2厘米，重0.86克（图九三四，5；图版六七一，4）。

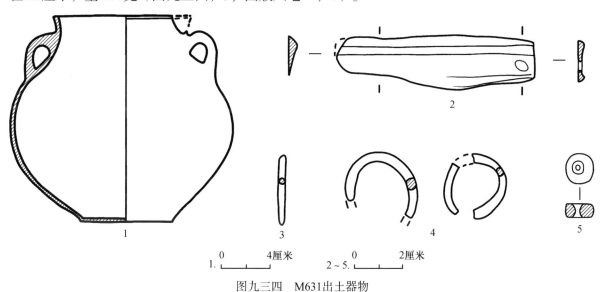

图九三四　M631出土器物

1. 双耳陶罐（M631：1）　2. 铜刀（M631：2）　3. 铜锥（M631：3）　4. 铜耳环（M631：4）　5. 玉髓串珠（M631：5）

M632

（一）形制结构

半圆形竖穴土坑墓。墓向223°。墓口长1.1米，宽1.17米，墓坑深0.36米。墓圹底部放置人骨1具，右侧身屈肢，头向西南，面向东（图九三五；图版六七二，1）。

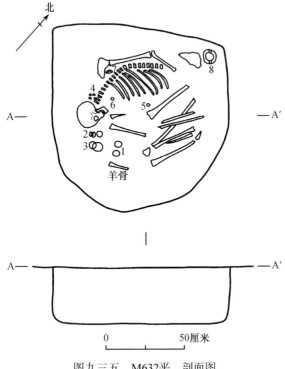

图九三五　M632平、剖面图

1. 铜牌饰（M632∶1）　2. 铜牌饰（M632∶2）
3. 铜牌饰（M632∶3）　4. 玉髓串珠（M632∶4）
5. 绿松石串珠（M632∶5）　6. 绿松石串珠（M632∶6）
7. 铜镞（M632∶7）　8. 双耳陶罐（M632∶8）

（二）出土遗物

共16件。陶器1件，为双耳陶罐（M632∶8），出土于墓坑内西北部。铜器8件，其中铜牌饰2件（M632∶1），出土于墓坑内东部；铜牌饰5件（M632∶2、M632∶3、M632∶9）出土于人骨头部附近；铜镞1件（M632∶7），出土于人骨背部。石器6件，其中玉髓串珠4件（M632∶4），出土于人骨颈部；绿松石串珠2件（M632∶5、M632∶6），出土于人骨颈部和胸部。羊腿骨1件，出土于椁室东侧。

1. 陶器

M632∶8，双耳陶罐。夹细砂灰陶，手制，残。侈口，圆唇，束颈，颈肩双耳，鼓腹，圈足。通高10.5厘米，口径8.5厘米，腹径11.1厘米，底径6.2厘米，圈足高1厘米，重320克（图九三六，9；图版六七三，4）。

2. 铜器

M632∶1，铜牌饰。2件。残，圆形，一面略弧，一面略凹，一侧近边缘处有一小孔。直径3.1厘米，孔径0.15厘米，重2.79、3.97克（图九三六，1；图版六七一，5）。

M632∶2，铜牌饰。2件。残，圆形，一面略弧，一面略凹，一侧近边缘处有一小孔。直径4、3.4厘米，孔径0.2、0.1厘米，重5.27、5.89克（图九三六，2；图版六七一，6）。

M632∶3，铜牌饰。2件。略残。其一呈圆形，一面略弧，另一面略矮，近边缘处有两个相对位置的小孔。直径5.6厘米，孔径0.15厘米；其二呈椭圆形，一面略弧，另一面略凹，近边缘处有一个小孔。残长径5厘米，短径4.7厘米，孔径0.1厘米。重27.83、20.24克（图九三六，6；图版六七二，2）。

M632∶7，铜镞。1件。残。双翼铜镞，空心圆柱銎，锋部残，中部起脊。残长2.9厘米，宽1.4厘米，直径0.7厘米，重3.43克（图九三六，5；图版六七三，3）。

M632∶9，铜牌饰。1件。残损严重，不规则形。残长3厘米，重2.24克（图九三六，8；图版六七三，5）。

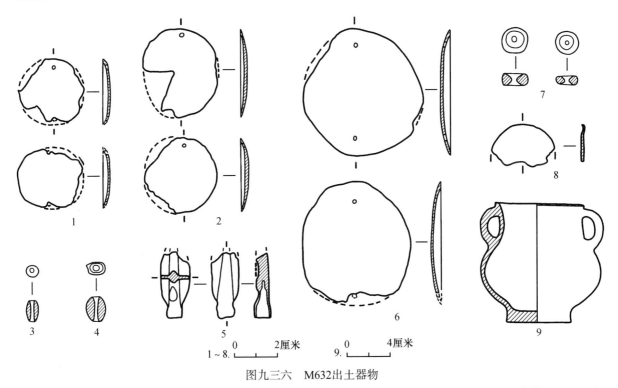

图九三六　M632出土器物

1. 铜牌饰（M632：1）　　2. 铜牌饰（M632：2）　　3. 绿松石串珠（M632：5）　　4. 绿松石串珠（M632：6）　　5. 铜镞（M632：7）
6. 铜牌饰（M632：3）　　7. 玉髓串珠（M632：4）　　8. 铜牌饰（M632：9）　　9. 双耳陶罐（M632：8）

3. 石器

M632：4，玉髓串珠。4件。完整，红色半透明。算珠状，中部对钻穿孔。厚0.4～0.6厘米，直径1～1.2厘米，孔径0.15厘米，重0.86克（图九三六，7；图版六七二，3）。

M632：5，绿松石串珠。1件。残，呈长方体状，中部穿孔。宽0.9厘米，厚0.5厘米，孔径0.2厘米，重0.79克（图九三六，3；图版六七三，1）。

M632：6，绿松石串珠。1件。完整，腰鼓状，中部穿孔。长1厘米，直径0.5厘米，孔径0.2厘米，重0.53克（图九三六，4；图版六七三，2）。

M633

（一）形制结构

长方形竖穴土坑墓。西部被现代坑打破。墓向275°。墓口残长1.74米，宽0.94米。墓圹底部为长方形土坯椁室，椁室四壁均平砌多层土坯，土坯块数和层数不明。椁室内周残长约1.14米，宽0.84米。椁室底部放置人骨1具，右侧身屈肢，头向西南，面向东（图九三七）。

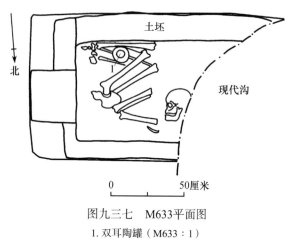

图九三七　M633平面图

1. 双耳陶罐（M633：1）

（二）出土遗物

共5件。陶器1件，为双耳陶罐（M633：1），出土于人骨腿部。铜器1件，为铜牌饰（M633：2），出土于人骨头顶。石器3件，均为滑石串珠（M633：3），出土于人骨颈部。

1. 陶器

M633：1，双耳陶罐。1件。夹细砂红陶，手制。直口，方唇，短颈，沿肩双耳，鼓腹，小平底。通高12.8厘米，口径10.3厘米，腹径13.2厘米，底径6.4厘米，重415克（图九三八，1；图版六七三，6）。

2. 铜器

M633：2，铜牌饰。1件。残，圆形，一面略弧，一面略凹，近边缘处有一小孔。直径4.4厘米，孔径0.6厘米，重8.95克（图九三八，2；图版六七四，1）。

3. 石器

M633：3，滑石串珠。3件。完整，白色，柱状，中部穿孔。长0.2～0.5厘米，直径0.4厘米，孔径0.15厘米，总重0.31克（图九三八，3；图版六七四，2）。

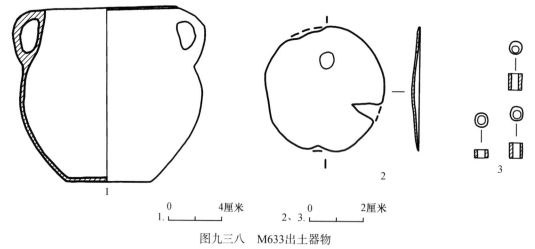

图九三八　M633出土器物

1. 双耳陶罐（M633：1）　2. 铜牌饰（M633：2）　3. 滑石串珠（M633：3）

M634

（一）形制结构

长方形竖穴土坑墓。墓向195°。墓口长1.28米，宽1米。墓圹底部放置人骨1具，保存较差，仅存部分骨骼，分布散乱（图九三九）。

（二）出土遗物

共37件。陶器1件，为残陶罐（M634：1），出土于墓坑东北。铜器35件，其中铜管2件（M634：2、M634：3），出土于墓坑内中部；铜珠33件（M634：4），出土于墓坑内北部。骨器1件，为骨牌饰（M634：5），出土于墓坑内东北部。

1.陶器

M634：1，陶罐。残损严重，原始资料缺失。

2.铜器

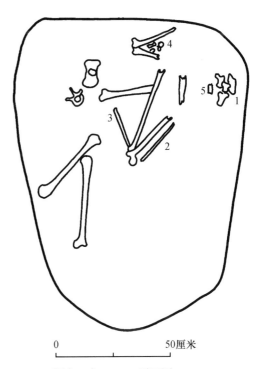

北

0   50厘米

图九三九　M634平面图

1.陶罐（M634：1）　2.铜管（M634：2）
3.铜管（M634：3）　4.铜珠（M634：4）
5.骨牌饰（M634：5）

M634：2，铜管。1件。残，管状，用薄铜片卷成，有接缝。残长11.4厘米，直径0.8～1厘米，重12.34克（图九四〇，1；图版六七五，1）。

M634：3，铜管。1件。残，管状，用薄铜片卷成，有接缝。长13厘米，直径0.8厘米，重31.92克（图九四〇，2；图版六七五，2）。

M634：4，铜珠。33件，完整。空心柱状，鼓腹。长0.2～0.6厘米，直径0.7～1.2厘米，重0.95克（图九四〇，3；图版六七四，3）。

3.骨器

M634：5，骨牌饰。1件。完整。长方形，近边缘处有孔。长2.7厘米，宽1.4厘米，孔径0.4厘米，重0.93克（图九四〇，4；图版六七六，1）。

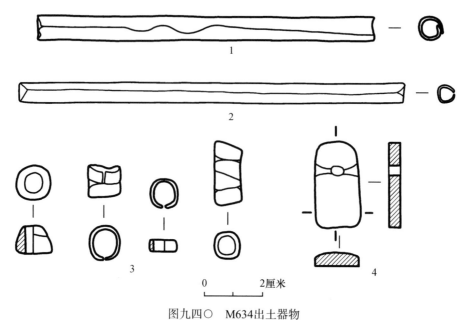

图九四〇　M634出土器物

1. 铜管（M634：2）　2. 铜管（M634：3）　3. 铜珠（M634：4）　4. 骨牌饰（M634：5）

M635

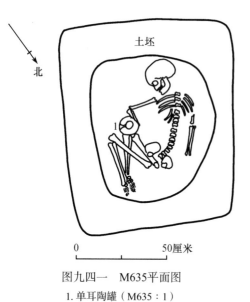

图九四一　M635平面图

1. 单耳陶罐（M635：1）

（一）形制结构

长方形竖穴土坑墓。墓向214°。墓口长1.14米，宽0.96米，墓坑深0.44米。墓圹底部为长方形土坯椁室，椁室四壁均平砌多层土坯，土坯块数和层数不明。椁室内周长约0.93米，宽0.66米。椁室底部放置人骨1具，右侧身屈肢，头向西南，面向东（图九四一；图版六七五，3）。

（二）出土遗物

共3件。陶器2件，其中单耳陶罐1件（M635：1），出土于人骨膝部；双耳陶罐1件（M635：3），出土位置不明。铜器1件，为铜耳环（M635：2），出土于人骨颈部。

1. 陶器

M635：1，单耳陶罐。1件。夹细砂红陶，手制，完整。微侈口，方唇，直颈，沿肩单耳，鼓腹，平底。通高14.6厘米，口径9.6厘米，腹径13.4厘米，底径6.8厘米，重635克（图九四二，1；图版六七六，2）。

M635：3，双耳陶罐。1件。夹细砂红陶，手制，残。侈口，尖唇，短束颈，沿肩双翘耳，鼓腹，平底。颈部及耳部绘中间有一圆点的圆圈纹，肩部绘一周弦纹，其下为连续的锯齿倒三角纹，三角纹之间绘短水波纹和圆点纹。通高15厘米，口径11厘米，腹径14.5厘米，底径8.6厘米，重555克（图九四二，2；图版六七六，4）。

2. 铜器

M635：2，铜耳环。1件。完整，近椭圆形，用细铜丝绕成，接口处一端扁平。长径1.4厘米，短径1.1厘米，丝径0.15厘米，重0.48克（图九四二，3；图版六七六，3）。

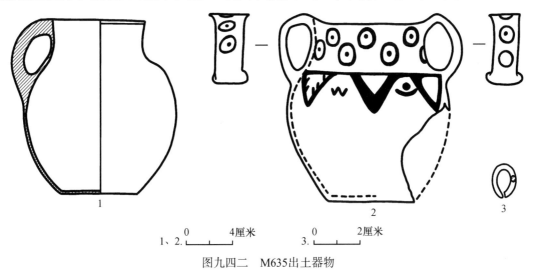

图九四二　M635出土器物

1. 单耳陶罐（M635：1）　2. 双耳陶罐（M635：3）　3. 铜耳环（M635：2）

M636

（一）形制结构

长方形竖穴土坑墓。墓向52°。墓口距地表0.2米，长1.42米，宽1.07米，墓坑深0.44米。墓圹底部四周设生土二层台，二层台上平砌1层土坯，南、北两壁各铺设土坯2块，西壁铺设土坯3块，东壁铺设土坯4块。椁室内周长0.82米，宽0.62米。椁室底部放置人骨1具，保存较差，仅存零星骨骼，分布散乱（图九四三）。

（二）出土遗物

共6件。铜器3件，其中铜牌饰2件（M634：1），出土于椁室内西部；铜珠1件（M636：5），出土于椁室内中部。石器2件，其中玉髓串珠1件（M636：2）、绿松石串珠

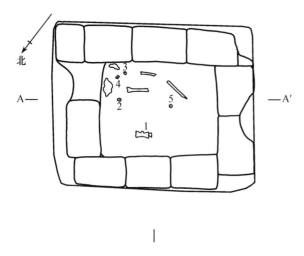

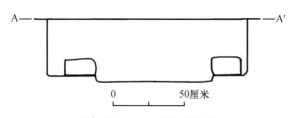

图九四三　M636平、剖面图

1. 铜牌饰（M636：1）　2. 玉髓串珠（M636：2）

3. 海贝（M636：3）　4. 绿松石串珠（M636：4）

5. 铜珠（M636：5）

1件（M636：4），均出土于椁室内东北角。贝器1件，为海贝（M636：3），出土于椁室内东北角。

1. 铜器

M636：1，铜牌饰。2件。表面有铜锈，略呈盾形，两端宽，梯形状，中部窄，中部有挂孔。边缘一周为凸棱状，两端各有三道纵向竖棱，和连接两端的一道横棱构成棱格。通长7.5厘米，最宽3.5厘米（图九四四，1；图版六七六，5）。

M636：5，铜珠。1件。残，空心圆柱状。厚0.6厘米，直径1厘米，重0.83克（图九四四，5；图版六七七，3）。

2. 石器

M636：2，玉髓串珠。1件。完整，算珠状，中部穿孔。厚0.6厘米，直径1.3厘米，口径0.2厘米，重1.33克（图九四四，2；图版六七六，6）。

M636：4，绿松石串珠。1件。完整，长方体，中部穿孔。长0.9厘米，宽0.7厘米，厚0.3厘米，孔径0.15厘米，重0.47克（图九四四，4；图版六七七，2）。

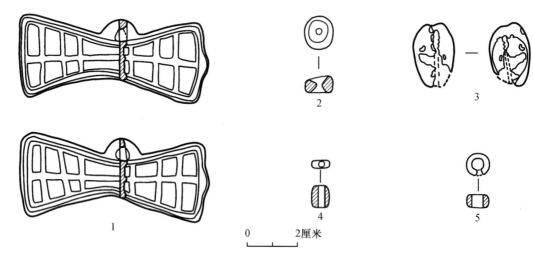

图九四四　M636出土器物

1. 铜牌饰（M636：1）　2. 玉髓串珠（M636：2）　3. 海贝（M636：3）　4. 绿松石串珠（M636：4）

5. 铜珠（M636：5）

3. 贝器

M636：3，海贝。1件。残，近卵圆形，表面有人工磨制痕迹。残长2.5厘米，宽1.5厘米，重1.13克（图九四四，3；图版六七七，1）。

M637

（一）形制结构

长方形竖穴土坑墓。墓向78°。墓口距地表0.2米，长0.72米，宽0.42米，墓坑深0.36米。无葬具。无人骨（图九四五）。

（二）出土遗物

共1件。陶器1件，为双耳陶罐（M637：1），出土于墓坑内南部。

M637：1，双耳陶罐。1件。夹细砂红陶，手制，口部残。颈肩双耳，弧腹，平底。残高11.8厘米，腹径11.6厘米，底径6.4厘米，重425克（图九四五，1；图版六七七，4）。

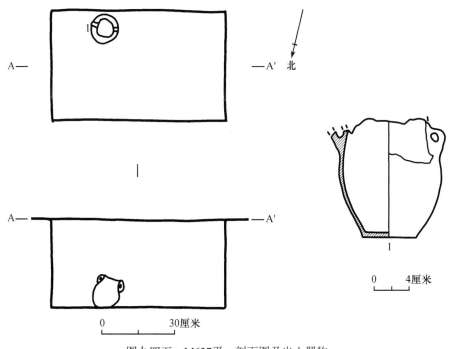

图九四五　M637平、剖面图及出土器物
1. 双耳陶罐（M637：1）

M638

（一）形制结构

长方形竖穴土坑墓。墓向60°。墓口距地表0.2米，长1.18米，宽1.03米，墓坑深0.5米。墓圹底部为长方形土坯椁室，椁室东、北、西三壁均平砌多层土坯，并不规整，土坯块数和层数不明。椁室内周长约0.82米，宽0.52米。无人骨（图九四六）。

（二）出土遗物

共2件。陶器1件，为双耳陶罐（M638:1），出土于椁室内南部。骨器1件，为骨牌饰（M638:2），出土于椁室内东北角。

1. 陶器

M638:1，双耳陶罐。1件。夹细砂红陶，手制，残。侈口，圆唇，束颈，颈腹双扁耳，垂鼓腹，小平底。口沿处绘一周弦纹与短竖线纹交错的组合纹样，肩部绘两周弦纹附短斜线纹，其下为连续的内填斜线倒三角纹，腹部最大径处绘一周弦纹与短竖线纹交错的组合纹

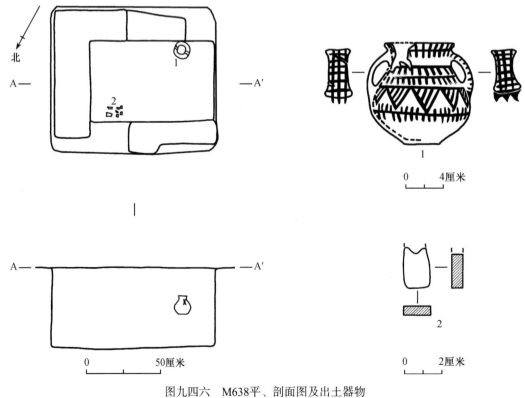

图九四六　M638平、剖面图及出土器物

1. 双耳陶罐（M638:1）　2. 骨牌饰（M638:2）

样，耳部绘网格纹。通高10.1厘米，口径7.4厘米，腹径10.9厘米，底径3.8厘米，重250克（图九四六，1；图版六七七，5）。

2. 骨牌饰

M638：2，骨牌饰。1件。残损严重，数量不明，近长方形。残长2.2厘米，宽1.4厘米，重0.31克（图九四五，2；图版六七七，6）。

M639

（一）形制结构

长方形竖穴土坑墓。打破M681。墓向55°。墓口长0.96米，宽0.88米，墓坑深0.2米。墓圹底部为长方形土坯椁室，椁室四壁均平砌多层土坯，土坯块数和层数不明。椁室内周长约0.6米，宽0.46米。椁室底部放置人骨1具，保存较差，仅存零星骨骼，分布散乱（图九四七）。

（二）出土遗物

共1件。陶器1件，为陶罐（M639：1），出土于椁室内中部。

M639：1，陶罐。1件。夹细砂红陶，手制，残损剩底部，重230克（图九四七，1；图版六七八，1）。

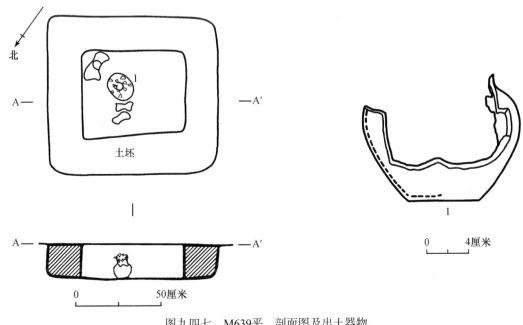

图九四七 M639平、剖面图及出土器物
1. 陶罐（M639：1）

M640

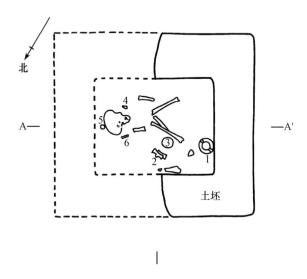

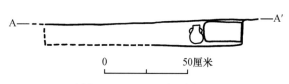

图九四八　M640平、剖面图

1. 双腹耳陶壶（M640∶1）　　2. 铜牌饰（M640∶2）
3. 铜手镯（M640∶3）　　4. 绿松石串珠（M640∶4）
5. 玉髓串珠（M640∶5）　　6. 玉髓串珠（M640∶6）

（一）形制结构

长方形竖穴土坑墓。墓向60°。墓口长1.2米，宽1.06米，墓坑深0.16米。墓圹底部为长方形土坯椁室，椁室四壁均平砌多层土坯，土坯块数和层数不明。

椁室内周长约0.7米，宽0.56米。椁室底部放置人骨1具，保存较差，骨骼分布散乱（图九四八；图版六七八，3）。

（二）出土遗物

共13件。陶器1件，双腹耳陶壶1件（M640∶1），出土于人骨膝部。铜器7件，其中铜牌饰2件（M640∶2）、铜手镯1件（M640∶3）、铜耳环1件（M640∶7）、铜牌饰2件（M640∶9、M640∶10）和铜镜1件（M640∶11），均出土于椁室内中部。石器4件，其中绿松石串珠1件（M640∶4），出土于人骨颈部；玉髓串珠3件（M640∶5、M640∶6、M640∶8），出土于人骨头顶。羊腿骨1件，出土位置不明。

1. 陶器

M640∶1，双腹耳陶壶。1件。残损严重，口部及颈部破损。夹细砂红陶，手制，口沿残，鼓腹，双腹耳，平底。器表有烟熏痕迹（图九四九，1；图版六七八，2）。

2. 铜器

M640∶2，铜牌饰。2件。残，盾牌型，中间有一圆孔，中部窄，两边宽。长7.7、7.5厘米，宽2～3.2厘米，孔径0.5厘米，重29.07、29.21克（图九四九，4；图版六七九，1）。

M640∶3，铜手镯。1件。残。环形，用细铜丝绕成。直径6.4厘米，丝径0.3厘米，重9.1克（图九四九，2；图版六七九，2）。

M640∶7，铜耳环。1件。完整，环形，近椭圆形，用细铜丝绕成。长径1.7厘米，短径1.5

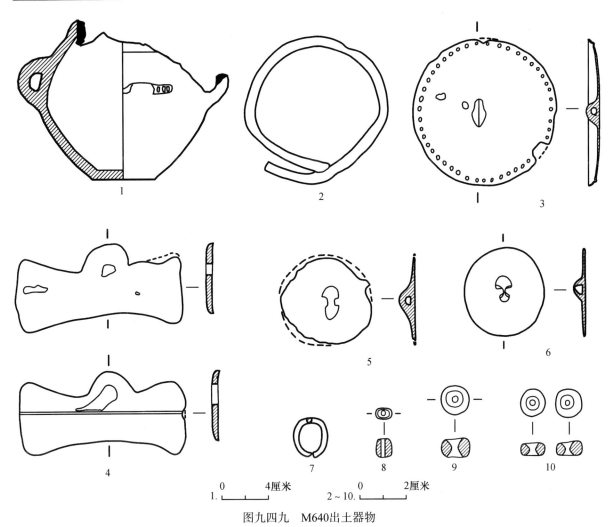

图九四九 M640出土器物

1.双腹耳陶壶（M640：1） 2.铜手镯（M640：3） 3.铜镜（M640：11） 4.铜牌饰（M640：2） 5.铜牌饰（M640：10）
6.铜牌饰（M640：9） 7.铜耳环（M640：7） 8.绿松石串珠（M640：4） 9.玉髓串珠（M640：8） 10.玉髓串珠
（M640：5、M640：6）

厘米，丝径0.2厘米，重1.9克（图九四九，7；图版六七九，5）。

M640：9，铜牌饰。1件。完整。圆形，一面平整，一面有纽。直径3.6厘米，重8.47克（图九四九，6；图版六八〇，1）。

M640：10，铜牌饰。1件。残。近圆形，一面平整，一面有纽。直径3.8厘米，重10.86克（图九四九，5；图版六八〇，2）。

M640：11，铜镜。1件。略残。圆形，一面略弧，一面略凹，凹面有纽，边缘处有一周压点纹。直径6.3厘米，重29.65克（图九四九，3；图版六八〇，3）。

3. 石器

M640：4，绿松石串珠。1件。完整。圆角长方体，中部穿孔。长0.7厘米，宽0.7厘米，孔径0.15厘米，重0.45克（图九四九，8；图版六七九，3）。

M640：5，玉髓串珠。1件。完整，红色半透明。算珠状，中部对钻穿孔。厚0.4厘米，直径1.3厘米，孔径0.2厘米，重1.03克（图九四九，10左；图版六七九，4）。

M640：6，玉髓串珠。1件。完整。算珠状，中部对钻穿孔。厚0.5厘米，直径1.3厘米，孔径0.2厘米，重1.22克（图九四九，10右；图版六七九，4）。

M640：8，玉髓串珠。1件。完整。红色半透明，算珠状，中部对钻穿孔。厚0.7厘米，直径1.4厘米，孔径0.3厘米，重1.77克（图九四九，9；图版六七九，6）。

M641

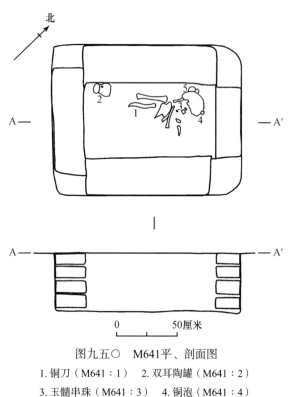

图九五〇　M641平、剖面图
1. 铜刀（M641：1）　2. 双耳陶罐（M641：2）
3. 玉髓串珠（M641：3）　4. 铜泡（M641：4）
5. 铜牌饰（M641：5）

（一）形制结构

长方形竖穴土坑墓。墓向45°。墓口长1.52米，宽1.2米，墓坑深0.48米。墓圹底部为长方形土坯椁室，椁室四壁均自下而上错缝平砌4层土坯，每层铺设土坯块数不明。椁室内周长约1米，宽0.6米。椁室底部放置人骨1具，保存较差，仅存部分骨骼，分布散乱（图九五〇）。

（二）出土遗物

共6件。陶器1件，为双耳陶罐（M641：2），出土于椁室内西北角。铜器4件，其中铜刀1件（M641：1），出土于人骨胸部；铜泡1件（M641：4），出土于人骨头后；铜牌饰2件（M641：5），出土于人骨头前。石器1件，为玉髓串珠（M641：3），出土于人骨颈部。

1. 陶器

M641：2，双耳陶罐。1件。夹细砂红陶，手制，口沿残。微侈口，方唇，直颈，颈肩双耳，鼓腹，圈足。器表有烟熏痕迹。通高14.3厘米，口径11.2厘米，腹径14厘米，底径7.8厘米，重575克（图九五一，2；图版六八〇，5）。

2. 铜器

M641：1，铜刀。1件。环首，直柄，曲刃弧背，翘尖，整体呈波浪形，刃部截面呈三角形，刃柄分界明显，柄部一面两侧有凸棱。长20.5厘米，背厚0.4厘米，柄长4.5厘米，环径1厘米左右（图九五一，1；图版六八〇，4）。

M641：4，铜泡。1件。完整，圆形，泡状，背部有纽。直径2.6厘米，重6.43克（图九五一，4；图版六八一，1）。

M641：5，铜牌饰。2件。完整。1件为长方形，一短边近边缘处有一圆形小孔。表面有划痕。长8厘米，宽3.3厘米，孔径0.2厘米，重46.15克（图九五一，5；图版六八一，2）。1件为圆形，边缘处有2孔，直径5.2厘米（图版六八二，1）。

3. 石器

M641：3，玉髓串珠。1件。完整。红色半透明，算珠状，中部对钻穿孔。厚0.7厘米，直径1.6厘米，孔径0.2厘米，重2.67克（图九五一，3；图版六八〇，6）。

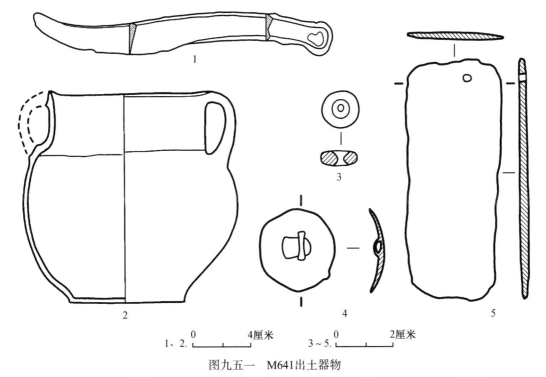

图九五一　M641出土器物

1. 铜刀（M641：1）　2. 双耳陶罐（M641：2）　3. 玉髓串珠（M641：3）　4. 铜泡（M641：4）　5. 铜牌饰（M641：5）

M642

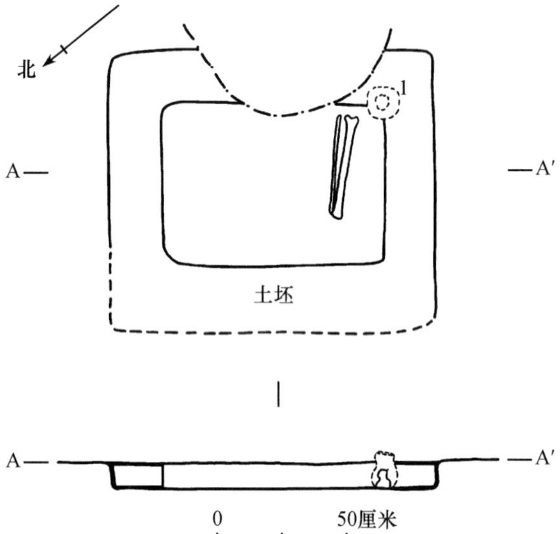

图九五二　M642平、剖面图
1. 陶罐（M642：1）

（一）形制结构

长方形竖穴土坑墓。墓向36°。墓口长1.26米，宽1.06米，墓坑深0.1米。墓圹底部为长方形土坯椁室，椁室四壁均平砌1层土坯，每边铺设土坯块数不明。椁室内周长约0.86米，宽0.62米。椁室底部放置人骨1具，保存较差，仅存部分肢骨，分布散乱（图九五二）。

（二）出土遗物

共1件。陶器1件，为陶罐（M642：1），出土于椁室内东南部。

M642：1，陶罐。1件。残损严重，无法复原，重70克。

M643

（一）形制结构

长方形竖穴土坑墓。墓向30°。墓口长1.54米，宽1.28米，墓坑深0.7米。墓圹底部为长方形土坯椁室，椁室四壁均自下而上错缝平砌5层土坯，每边每层铺设2~3块。椁室内周长约0.96米，宽0.66米。椁室底部放置人骨1具，左侧身屈肢，头向东北，面向南，性别女（图九五三；图版六八一，3）。

（二）出土遗物

共90件。陶器1件，为单耳陶罐（M643：3），出土于椁室内东部。铜器18件，其中铜耳环1件（M643：1），出土于人骨耳部；铜珠17件（M643：5），出土于人骨头前。石器65件，均为滑石串珠（M643：2），出土于人骨头前。骨器5件，均为骨锥（M643：4），出土于人骨膝部。羊骨1件，出土于椁室东部。

1. 陶器

M643：3，单耳陶罐。1件。夹细砂红陶，手制，完整。微侈口，方唇，短束颈，沿肩单耳，鼓腹，平底。口沿处绘一周弦纹，颈部绘一道短横向水波纹。通高17.4厘米，口径11.6厘米，腹径18.8厘米，底径8.4厘米，重1010克（图九五四，1；图版六八三，1）。

2. 铜器

M643：1，铜耳环。1件。完整。环形，用细铜丝绕成，接口处尖锐相错。直径2.6厘米，丝径0.15厘米，重0.88克（图九五四，5；图版六八二，2）。

M643：5，铜珠。17件。完整。不规则柱状，大小不一，中部有孔。长0.2～0.8厘米，直径0.6厘米，孔径0.15厘米，总重6.44克（图九五四，4；图版六八三，3）。

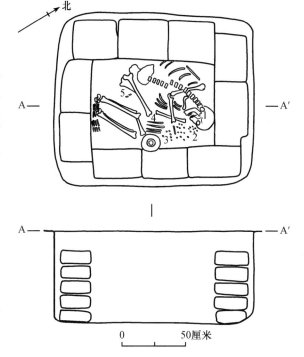

图九五三　M643平、剖面图

1.铜耳环（M643：1）　2.滑石串珠（M643：2）
3.单耳陶罐（M643：3）　4.骨锥（M643：4）
5.铜珠（M643：5）

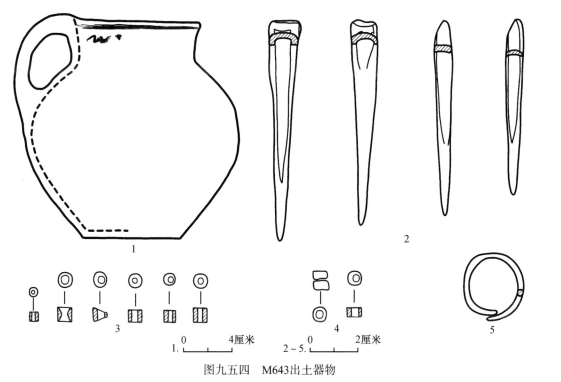

图九五四　M643出土器物

1.单耳陶罐（M643：3）　2.骨锥（M643：4）　3.滑石串珠（M643：2）　4.铜珠（M643：5）　5.铜耳环（M643：1）

3. 石器

M643：2，滑石串珠。65件。完整。柱状，大小不一，中部穿孔。长0.2~0.8厘米，直径0.4~0.7厘米，孔径0.15~0.3厘米，总重15.31克（图九五四，3；图版六八二，3）。

4. 骨器

M643：4，骨锥。5件。4完1残。锥状，一面中部下凹。长7~8.8厘米，宽0.6~1.3厘米，重1.23~3.62克（图九五四，2；图版六八三，2）。

附：M643墓主人人骨经稳定同位素分析，其中C_3占比63.31%，C_4占比36.69%，同时动物性食物的摄入占有相当大比例（张全超，2010：41）。

性别鉴定为女性（魏东，2009：129）。

M644

（一）形制结构

长方形竖穴土坑墓。墓向47°。墓口长1.46米，宽1.2米，墓坑深0.4米。墓圹底部为长方形土坯椁室，椁室四壁均自下而上错缝平砌4层土坯，每边每层铺设2~3块。椁室内周长约0.92米，宽0.68米。椁室底部放置人骨1具，左侧身屈肢，头向东，面向南（图九五五；图版六八四，1）。

（二）出土遗物

共2件。陶器1件，为双耳陶罐（M644：1），出土于人骨膝部。铜器1件，为铜耳环（M644：2），出土于人骨耳部。

1. 陶器

M644：1，双耳陶罐。1件。夹细砂红陶，手制，一耳残。侈口，方唇，短束颈，沿肩双扁耳，球腹，平底。口沿内外绘连续的简易箭头纹，肩部绘一周弦纹，其下绘连续的锯齿倒三角纹，耳部绘树草纹。通高14.3厘米，口径9.8厘米，腹径14.2厘米，底径6.4厘米，重485克（图九五五，1；图版六八四，2）。

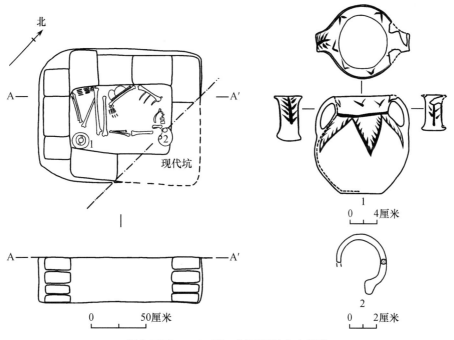

图九五五 M644平、剖面图及出土器物

1. 双耳陶罐（M644：1） 2. 铜耳环（M644：2）

2. 铜器

M644：2，铜耳环。1件。残。环形，用细铜丝绕成，接口处一端扁平。直径4厘米，丝径0.2厘米，重3.8克（图九五五，2；图版六八四，3）。

M645

（一）形制结构

长方形竖穴土坑墓。墓向40°。墓口长1.54米，宽1.2米，墓坑深0.4米。墓圹底部为长方形土坯椁室，椁室四壁均平砌多层土坯，土坯块数和层数不明。椁室内周长约0.89米，宽0.53米。椁室底部放置人骨1具，保存较差，骨骼分布散乱（图九五六；图版六八五，1）。

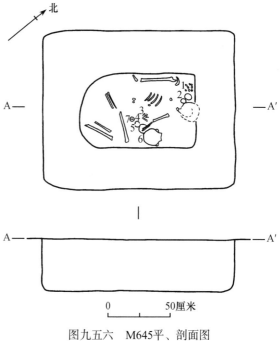

图九五六 M645平、剖面图

1. 绿松石串珠（M645：1） 2. 铜耳环（M645：2）

3. 铜片（M645：3） 4. 铜管（M645：4）

5. 铜手镯（M645：5） 6. 双耳陶罐（M645：6）

7. 铜泡（M645：7）

（二）出土遗物

共36件。陶器1件，为双耳陶罐（M645∶6），出土于椁室内中部。铜器7件，其中铜耳环2件（M645∶2），出土于人骨耳部；铜片1件（M645∶3）、铜管1件（M645∶4）、铜泡1件（M645∶7），均出土于椁室内中部；铜手镯2件（M645∶5），出土于人骨腕部。石器28件，均为绿松石串珠（M645∶1），出土于人骨头前。

1. 陶器

M645∶6，双耳陶罐。1件。夹细砂红陶，手制，口沿及一耳残。侈口，方唇，短束颈，颈肩双耳，鼓腹，平底。通高18.8厘米，口径10.7厘米，腹径16厘米，底径7.8厘米，重875克（图九五七，1；图版六八六，3）。

2. 铜器

M645∶2，铜耳环。2件。残。环形，用细铜丝绕成，接口处扁平。直径5.6、5.8厘米，丝径0.2厘米，重4.51、4.42克（图九五七，3；图版六八五，2）。

M645∶3，铜片。1件。残损成若干片，看不出形状。重4.7克。

M645∶4，铜管。1件。残。管状，用薄铜片卷成，有接缝。残长4.3厘米，直径0.4～0.6厘米，重2.43克（图九五七，6；图版六八五，3）。

M645∶5，铜手镯。2件。一完一残。环形，用细铜丝绕成，接口处扁平相错。直径6厘米，丝径0.3厘米，重9.88克（图九五七，2；图版六八六，2）。

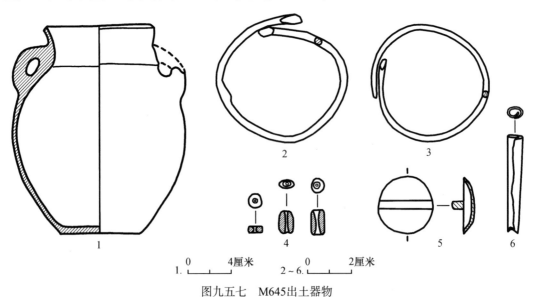

图九五七　M645出土器物

1. 双耳陶罐（M645∶6）　2. 铜手镯（M645∶5）　3. 铜耳环（M645∶2）　4. 绿松石串珠（M645∶1）　5. 铜泡（M645∶7）
6. 铜管（M645∶4）

M645：7，铜泡。1件。完整。圆形，泡状，背部有纽。直径2.4厘米，重4.74克（图九五七，5；图版六八七，1）。

3. 石器

M645：1，绿松石串珠。28件。完整。柱状，大小不一，中部穿孔。长0.6～1厘米，直径0.4～0.6厘米，孔径0.1～0.2厘米，总重8.19克（图九五七，4；图版六八六，1）。

M646

（一）形制结构

长方形竖穴土坑墓。墓向32°。墓口长1.05米，宽0.66米，墓坑深0.54米。无葬具。无人骨（图九五八）。

（二）出土遗物

共1件。陶器1件，为陶罐（M646：1），出土于墓坑内北部。

M646：1，陶罐。1件。夹细砂红陶，手制，口部残。鼓腹，平底。腹径17.2厘米，底径8.4厘米，重860克（图九五八，1；图版六八七，2）。

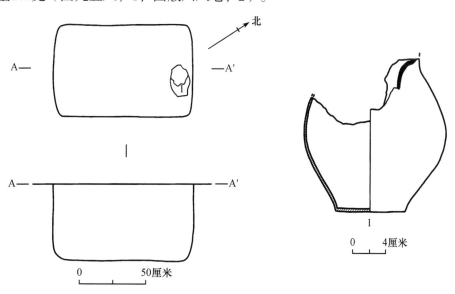

图九五八　M646平、剖面图及出土器物

1. 陶罐（M646：1）

M647

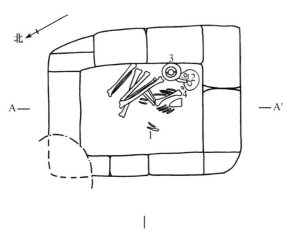

（一）形制结构

长方形竖穴土坑墓。墓向207°。墓口长1.56米，宽1.16米，墓坑深0.4米。墓圹底部四周设生土二层台，二层台上自下而上错缝平砌2层土坯，每边每层铺设2~4块。椁室内周长1米，宽0.76米。椁室底部放置人骨1具，右侧身屈肢，头向南，面向东（图九五九；图版六八七，3）。

（二）出土遗物

共4件。陶器1件，为双耳陶罐（M647：3），出土于人骨头前。铜器2件，其中铜刀1件（M647：1），出土于椁室内中部；铜耳环1件（M647：2），出土于人骨耳部。石器1件，为玉髓串珠（M647：4），出土于人骨颈部。

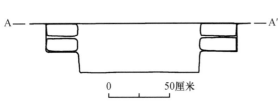

图九五九　M647平、剖面图
1. 铜刀（M647：1）　2. 铜耳环（M647：2）
3. 双耳陶罐（M647：3）　4. 玉髓串珠（M647：4）

1. 陶器

M647：3，双耳陶罐。1件。夹细砂红陶，手制，口部残。直口，方唇，直颈，沿肩双耳，鼓腹，平底。器表有烟熏痕迹。通高18.2厘米，口径10.1厘米，腹径16.2厘米，底径8.5厘米，重825克（图九六〇，1；图版六八八，3）。

2. 铜器

M647：1，铜刀。1件。残。直背，弧刃，柄部及刀尖残。残长4.6厘米，宽1.9厘米，重4.6克（图九六〇，2；图版六八八，1）。

M647：2，铜耳环。1件。完整。环形，用细铜丝绕成，接口处一端扁平。长径2.3厘米，短径1.9厘米，丝径0.2厘米，重1.69克（图九六〇，3；图版六八八，2）。

3. 石器

M647：4，玉髓串珠。1件。完整。算珠状，中部对钻穿孔。厚0.7厘米，直径1.5厘米，孔径0.2厘米，重2.25克（图九六〇，4；图版六八八，4）。

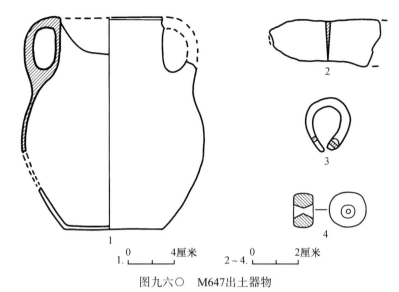

图九六〇　M647出土器物

1.双耳陶罐（M647：3）　2.铜刀（M647：1）　3.铜耳环（M647：2）　4.玉髓串珠（M647：4）

M648

（一）形制结构

长方形竖穴土坑墓。墓向75°。墓口长0.88米，宽0.72米，墓坑深0.4米。墓圹底部放置人骨1具，左侧身屈肢，头向东，面向南（图九六一）。

（二）出土遗物

共21件。陶器1件，为单耳陶罐（M648：5），出土于墓坑内东南角。铜器2件，其中铜耳环1件（M648：3），出土于人骨耳部；铜手镯1件（M648：4），出土于人骨右腕。石器13件，均为滑石串珠（M648：1），出土于人骨颈部。骨器5件，均为骨锥（M648：2），出土于墓坑内东部。

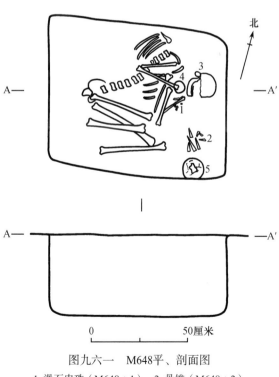

图九六一　M648平、剖面图

1.滑石串珠（M648：1）　2.骨锥（M648：2）

3.铜耳环（M648：3）　4.铜手镯（M648：4）

5.单耳陶罐（M648：5）

1. 陶器

M648：5，单耳陶罐。1件。夹细砂红陶，手制，腹部残。大口微侈，方唇，短束颈，颈肩单耳，鼓腹，小平底。口沿内绘3道短线纹，颈部及耳部绘竖列水波纹。通高11.5厘米，口径11.2厘米，腹径14.2厘米，底径7.4厘米，重475克（图九六二，1；图版六八九，3）。

2. 铜器

M648：3，铜耳环。1件。完整，环形，用细铜丝绕成。直径1.8厘米，丝径0.2厘米，重0.88克（图九六二，4；图版六八八，6）。

M648：4，铜手镯。1件。完整。环形。直径6.4厘米，铜条宽0.5～0.8厘米，重16.46克（图九六二，3；图版六八九，2）。

3. 石器

M648：1，滑石串珠。13件。完整。柱状，大小不一，中部穿孔。长0.15～0.5厘米，直径0.3～0.6厘米，孔径0.2厘米，重2.13克（图九六二，5；图版六八八，5）。

4. 骨器

M648：2，骨锥。5件。完整。锥状，背部内凹。长6.5～9.1厘米，宽0.6～0.9厘米，重1.7～3.38克（图九六二，2；图版六八九，1）。

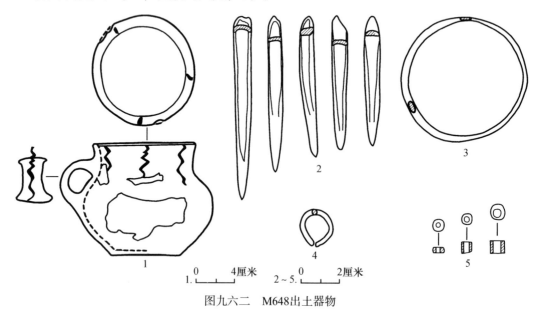

图九六二　M648出土器物

1. 单耳陶罐（M648：5）　2. 骨锥（M648：2）　3. 铜手镯（M648：4）　4. 铜耳环（M648：3）　5. 滑石串珠（M648：1）

M649

（一）形制结构

长方形竖穴土坑墓。墓向205°。墓口长0.8米，宽0.76米，墓坑深0.4米。墓圹底部放置人骨1具，保存较差，仅存部分骨骼，分布散乱（图九六三）。

（二）出土遗物

共3件。陶器1件，为双耳陶罐（M649：1），出土于墓坑内南部。铜器2件，其中铜刀1件（M649：2），出土于墓坑内北部；铜锥1件（M649：3），出土于人骨头前。

1. 陶器

M649：1，双耳陶罐。1件。夹细砂红陶，手制，口沿残。侈口，圆唇，短束颈，沿肩双耳，鼓腹，小平底。口沿内绘一周弦纹及四组对称的短线纹，口沿边绘一周弦纹，肩部绘一周弦纹，其下绘垂带纹，耳部绘"N"字形纹。通高11.4厘米，口径9.8厘米，腹径13.6厘米，底径7厘米，重485克（图九六四，1；图版六九〇，1）。

2. 铜器

M649：2，铜刀。1件。完整。刀尖上翘，直背，弧刃，环首。长13.8厘米，环径1.5厘米，孔径0.6厘米，柄宽0.9厘米，刃宽2厘米，重33.79克（图九六四，2；图版六九〇，2）。

M649：3，铜锥。1件。残。四棱锥状，两端尖锐。残长6.8厘米，宽0.5厘米，重5.15克（图九六四，3；图版六九一，1）。

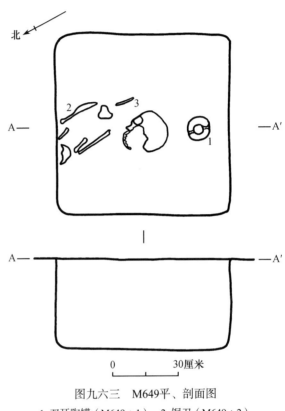

北

0 　　　 30厘米

图九六三　M649平、剖面图
1. 双耳陶罐（M649：1）　2. 铜刀（M649：2）
3. 铜锥（M649：3）

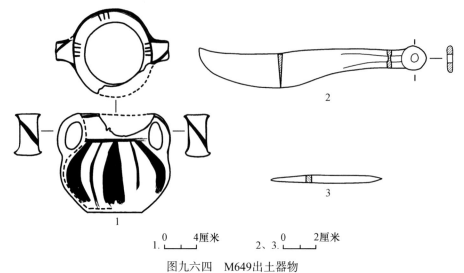

0　　4厘米
1. |——|——|
2、3. 0　　2厘米
|——|——|

图九六四　M649出土器物

1. 双耳陶罐（M649∶1）　2. 铜刀（M649∶2）　3. 铜锥（M649∶3）

M650

（一）形制结构

长方形竖穴土坑墓。墓向59°。墓口长1.5米，宽1.2米，墓坑深0.52米。墓坑底部四周设生土二层台，二层台上自下而上错缝平砌3层土坯，每边每层铺设3～4块。椁室内周长0.96米，宽0.76米。椁室底部放置人骨1具，左侧身屈肢，头向东，面向南（图九六五；图版六九〇，3）。

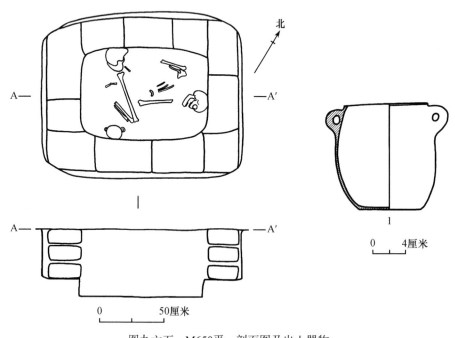

0　　50厘米
|——|——|

0　　4厘米
|——|——|

图九六五　M650平、剖面图及出土器物

1. 筒形陶罐（M650∶1）

（二）出土遗物

共1件。陶器1件，为筒形陶罐（M650：1），出土于椁室内南部。

M650：1，筒形陶罐。1件。夹细砂红陶，手制，完整。整体呈筒状，敛口，方唇，口沿下有双立耳，弧腹，平底。器表有烟熏痕迹。通高12.3厘米，口径10.7厘米，腹径12.2厘米，底径7.8厘米，重545克（图九六五，1；图版六九一，2）。

M651

（一）形制结构

长方形竖穴土坑墓。位于T1407。墓向72°。墓口距地表0.4米，长1.1米，宽0.94米，墓坑深0.2米。墓圹内填充夹杂砾石的黄沙土。墓圹底部为长方形土坯椁室，椁室四壁均平砌多层土坯，土坯块数和层数不明。椁室内周长0.7米、宽0.54米，土坯长0.4米。椁室底部放置人骨1具，保存较差。仅存零星骨骼，分布散乱（图九六六）。

（二）出土遗物

共1件。铜器1件，为铜耳环（M651：1），出土于颈部。

M651：1，铜耳环。1件。无照片、绘图及文字记录（图九六六，1）。

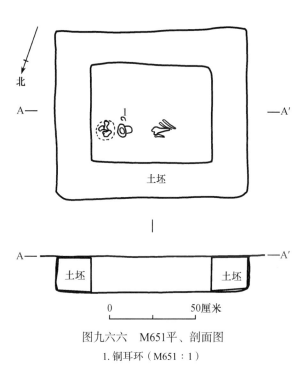

图九六六　M651平、剖面图
1. 铜耳环（M651：1）

M652

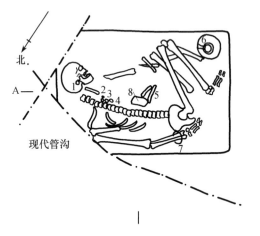

北

现代管沟

A—　　　　　　　—A'

|

A—　　　　　　　　　　　—A'

0　　　　　　　50厘米

图九六七　M652平、剖面图

1. 铜耳环（M652：1）　　2. 串珠（M652：2）

3. 玉髓串珠（M652：3）　　4. 绿松石串珠（M652：4）

5. 铜管（M652：5）　　6. 双耳陶罐（M652：6）

7. 铜手镯（M652：7）　　8. 铜牌饰（M652：8）

（一）形制结构

长方形竖穴土坑墓。位于T1603中偏西南部。墓向57°。墓口距地表0.36米，长0.98米，宽0.68米，墓坑深0.73米。墓圹内填充夹杂细砾的黄色土。墓圹底部放置人骨1具，左侧身屈肢，头向东，面向南，性别女（图九六七；图版六九一，3）。

（二）出土遗物

共16件。陶器1件，为双耳陶罐（M652：6），出土于人骨足部。铜器8件，其中铜耳环2件（M652：1），出土于人骨耳部；铜管2件（M652：5），出土于人骨腹部；铜手镯2件（M652：7），出土于人骨腕部；铜手镯1件（M652：9），出土位置不明；铜牌饰1件（M652：8），出土于人骨腹部。石器7件，其中串珠5件（M652：2），出土于人骨颈部；玉髓串珠1件（M652：3），出土于人骨颈部；绿松石串珠1件（M652：4），出土于人骨颈部。

1. 陶器

M652：6，双耳陶罐。1件。无绘图、无照片、无文字记录。

2. 铜器

M652：1，铜耳环。2件。环状，由直径0.5厘米的铜丝绕制，接口扁平相错，直径2.7厘米，重2.93克（图九六八，8；图版六九二，1）。

M652：5，铜管。2件，管状，铜片卷制而成，接缝明显。其一，长10.1厘米，直径1厘米，重23.87克；其二，长13.2厘米，直径1厘米，重16.81克（图九六八，7；图版六九二，5）。

M652：7，铜手镯。2件。环状，由直径0.2厘米的铜丝绕制，1件接口扁平，1件尖锐。直

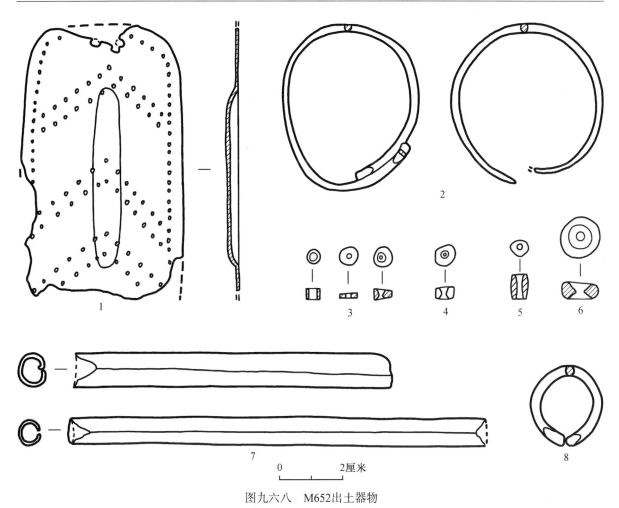

图九六八　M652出土器物

1. 铜牌饰（N652：8）　2. 铜手镯（M652：7）　3. 绿松石串珠（M652：2-1）　4. 滑石串珠（M652：2-2）　5. 绿松石串珠
（M652：4）　6. 玉髓串珠（M652：3）　7. 铜管（M652：5）　8. 铜耳环（M652：1）

径5厘米，重5.47克（图九六八，2；图版六九二，6）。

M652：8，铜牌饰。长方形，中部起脊，正面有V字形压点纹。长8.3厘米，宽5厘米，重24.32克（图九六八，1；图版六九三，1）。

M652：9，铜手镯。1件。环状，由直径0.2厘米左右的铜丝绕制，一件接口扁平，一件尖锐。直径5厘米（图版六九三，2）。

3. 石器

M652：2，串珠。5件。M652：2-1，绿松石串珠，3件；M652：2-2，滑石串珠，2件。扁圆柱状，中部穿孔。直径0.7厘米，孔径0.2厘米，厚0.4厘米，重0.1克（图九六八，3、4；图版六九二，2）。

M652：3，玉髓串珠。1件。白色不透明，部分红色半透明，扁圆柱状，鼓腹，对钻穿孔。直径1厘米，孔径0.5厘米，厚0.5厘米，重1.27克（图九六八，6；图版六九二，3）。

M652：4，绿松石串珠。1件。浅绿色，圆柱状，中部穿孔。长0.7厘米，直径0.4厘米，孔径0.2厘米，重0.45克（图九六八，5；图版六九二，4）。

M653

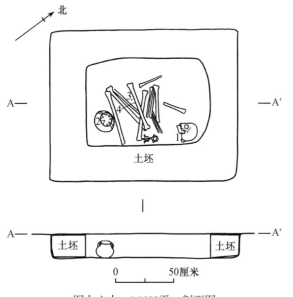

图九六九　M653平、剖面图

1. 铜耳环（M653：1）　　2. 双耳陶罐（M653：2）

3. 绿松石串珠（M653：3）　　4. 铜珠（M653：4）

（一）形制结构

长方形竖穴土坑墓。位于T1407。墓向38°。墓口距地表0.4米，长1.6米，宽1.3米，墓坑深0.2米。墓圹内填充夹杂细砾的黄色土。墓圹底部为长方形土坯椁室，椁室四壁均平砌多层土坯，土坯块数和层数不明。椁室内周长1.06米，宽0.72米。椁室底部放置人骨1具，右侧身屈肢，头向东北，面向西北，性别女（图九六九；图版六九三，3）。

（二）出土遗物

共5件。陶器1件，为双耳陶罐（M653：2），出土于人骨膝部。铜器3件，其中铜耳环2件（M653：1），出土于人骨耳部；铜珠1件（M653：4），出土于人骨腹部。石器1件，为绿松石串珠（M653：3），出土于人骨腹部。

1. 陶器

M653：2，双耳陶罐。1件。夹细砂红陶，手制。侈口，尖圆唇，短束颈，沿肩双扁耳，鼓腹，平底。口沿内外各绘一周宽带纹，肩部绘一周弦纹，其下为细垂带纹，耳部绘3道竖线纹。通高15.7厘米，口径10.6厘米，腹径16厘米，底径6.4厘米，重630克（图九七〇，1；图版六九四，2）。

2. 铜器

M653：1，铜耳环。2件。环状，由直径0.2厘米的铜丝绕制，一件一端接口扁平，另一端尖锐；另一件接口相错，无特殊制作。直径2.5厘米，丝径0.2厘米，重1.92、2.72克（图九七〇，2；图版六九四，1）。

M653：4，铜珠。1件。环状，铜片卷成，接口处有较大空隙。直径1厘米，厚0.5厘米，壁厚0.1厘米，重0.54克（图九七〇，4；图版六九五，1）。

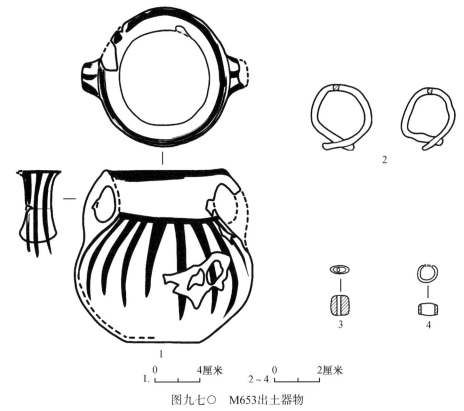

图九七〇 M653出土器物

1. 双耳陶罐（M653∶2） 2. 铜耳环（M653∶1） 3. 绿松石串珠（M653∶3） 4. 铜珠（M653∶4）

3. 石器

M653∶3，绿松石串珠。1件。青色，不规则扁圆柱状，中部穿孔。长0.9厘米，宽0.9厘米，厚0.5厘米，孔径0.3厘米，重0.74克（图九七〇，3）。

M654

（一）形制结构

长方形竖穴土坑墓。位于T1607。墓向22°。墓口长1.4米，宽1.14米，墓坑深0.3米。墓圹内填充夹杂砾石的黄色土。墓圹底部为长方形土坯椁室，椁室四壁均平砌多层土坯，土坯块数和层数不明。椁室内周长0.88米，宽0.68米。椁室底部放置人骨1具，右侧身屈肢，头向东北，面向西北，性别女（图九七一；图版六九四，3）。

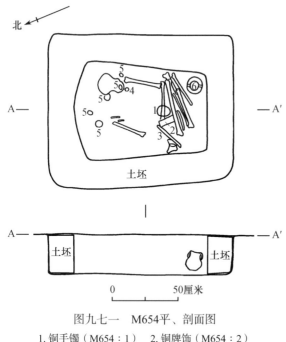

图九七一　M654平、剖面图

1.铜手镯（M654：1）　　2.铜牌饰（M654：2）

3.铜管（M654：3）　　4.串珠（M654：4）

5.铜牌饰、双联铜泡（M654：5）

6.双耳陶罐（M654：6）

（二）出土遗物

共17件。陶器1件，为双耳陶罐（M654：6），出土于椁室东北角。铜器13件，其中铜手镯1件（M654：1），出土于人骨腕部；铜牌饰1件（M654：2），出土于人骨膝部；铜管3件（M654：3），出土于人骨膝部；铜牌饰6件（M654：5-1）、双联铜泡1件（M654：5-2），出土于人骨颅骨左右方；铜珠1件（M654：7），出土于人骨颈部。石器3件，均为串珠（M654：4），出土于人骨颈部。

1. 陶器

M654：6，双耳陶罐。1件。夹细砂红陶，手制。大口微侈，方唇，直颈，沿肩双耳，鼓腹，平底。通高13厘米，口径10.2厘米，腹径13.4厘米，底径7厘米，重375克（图九七二，1；图版六九五，6）。

2. 铜器

M654：1，铜手镯。1件。环状，铜丝直径0.6厘米，接口尖锐相错。直径6.2厘米，丝径0.6厘米，重17.29克（图九七二，2；图版六九五，2）。

M654：2，铜牌饰。1件。长方形，中部起脊，脊周围有两排压点纹，两侧近边缘处有小孔。长10.6厘米，宽4.2厘米，棱长8.5厘米，宽1.1厘米，孔径0.6厘米，重32.29克（图九七二，6；图版六九五，3）。

M654：3，铜管。3件，管状，有铜片卷制，有接缝。长11～16.7厘米，直径0.5～0.7厘米，壁厚0.15厘米，重13.3～21.6克（图九七二，7；图版六九五，4）。

M654：5，铜牌饰、双联铜泡。7件。M654：5-1，铜牌饰，4件，1件残损，其余3件较完整，素面，略弧，近边缘处有两孔，直径4.1～4.8厘米，孔径0.3厘米，重11.2～13.9克。M654：5-2，铜牌饰，2件，一件残损严重，素面，背部有纽；直径4.9厘米，重13.94克。M654：5-3，双联铜泡，1件，皆为单节，泡状，直径1.5厘米，重0.5～0.7克（图九七二，8；图版六九六，1）。

M654：7，铜珠。1件。环状，铜丝绕成，有两层。直径0.7厘米，丝径不足0.1厘米，重0.1克（图九七二，3；图版六九六，2）。

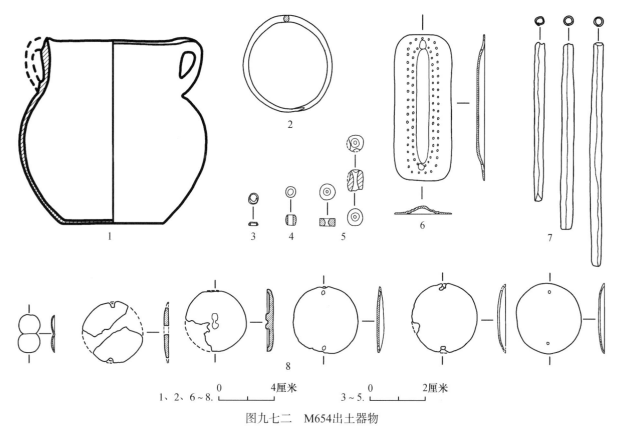

图九七二　M654出土器物

1. 双耳陶罐（M654∶6）　2. 铜手镯（M654∶1）　3. 铜珠（M654∶7）　4. 绿松石串珠（M654∶4-2）　5. 玉髓串珠（M654∶4-1）
6. 铜牌饰（M654∶2）　7. 铜管（M654∶3）　8. 铜牌饰、双联铜泡（M654∶5）

3. 石器

M654∶4，串珠，3件。M654∶4-1，玉髓串珠：2件，深红色半透明，矮圆柱状，直径0.9厘米，厚0.5厘米，孔径0.6厘米，重1.2克（图九七二，5；图版六九五，5）。M654∶4-2，绿松石串珠：1件，为圆柱状，对钻穿孔。直径0.9厘米，长1.3厘米，孔径0.6厘米，重3.05克（图九七二，4；图版六九五，5）。

M655

（一）形制结构

长方形竖穴土坑墓。位于T1316，打破M700。墓向210°。墓口长1.34米，宽1.2米，墓坑深0.26米。墓圹内填充夹杂砾石的黄色土，包含少量人肋骨、股骨等。墓圹底部为长方形土坯椁室，椁室四壁均自下而上不错缝平砌2层土坯，每边每层块数不明。椁室内周长0.88米，宽0.62米；土坯长0.22～0.24米，厚0.1米。椁室底部放置人骨1具，右侧身屈肢，头向南，面向东，性别女（图九七三；图版六九七，1）。

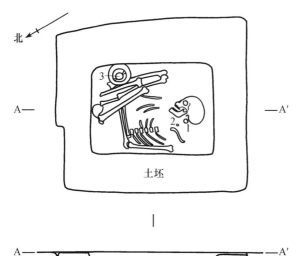

图九七三　M655平、剖面图
1. 铜耳环（M655：1）　2. 铜环（M655：2）
3. 双耳陶罐（M655：3）

（二）出土遗物

共4件。陶器1件，为双耳陶罐（M655：3），出土于人骨膝部。铜器3件，其中铜耳环2件（M655：1），出土于人骨面颊左侧；铜环1件（M655：2），出土于人骨下颌处。

1. 陶器

M655：3，双耳陶罐。1件。夹细砂红陶，手制。大口微侈，圆唇，短束颈，颈肩双耳，鼓腹，平底。通高16.8厘米，口径10.8厘米，腹径16.4厘米，底径7.6厘米，重790克（图九七四，1；图版六九七，3）。

2. 铜器

M655：1，铜耳环。2件。环状，由直径0.2～0.3厘米的铜丝绕成，接口扁平呈马蹄状。直径2.2厘米，丝径0.2～0.3厘米，重2.53～2.89克（图九七四，3；图版六九六，3）。

M655：2，铜环。1件。环状，铜丝绕成。直径0.7厘米，丝径0.15厘米，重0.1克（图九七四，2；图版六九七，2）。

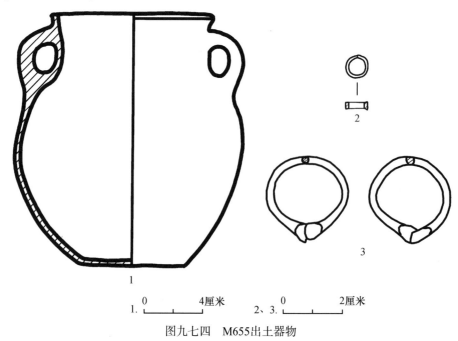

图九七四　M655出土器物
1. 双耳陶罐（M655：3）　2. 铜环（M655：2）　3. 铜耳环（M655：1）

M656

长方形竖穴土坑墓。中西部被一现代坑打破。墓向188°。墓口残长1米，宽0.65米，墓坑残深0.16米。墓圹底部放置人骨1具，保存较差，仅存零星骨骼，分布散乱（图九七五）。

无出土遗物。

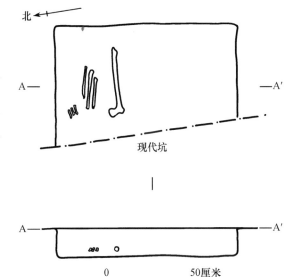

图九七五　M656平、剖面图

M657

（一）形制结构

长方形竖穴土坑墓。墓向19°。墓口长1.14米，宽0.5米，墓坑深0.52米。墓圹底部放置人骨1具，左侧身屈肢，头向东北，面向东（图九七六；图版六九八，1）。

（二）出土遗物

共6件。陶器2件，均为双耳陶罐（M657：1、M657：2），出土于人骨肩部和椁室南部。石器4件，均为滑石串珠（M657：3），出土于人骨颈部。

1. 陶器

M657：1，双耳陶罐。1件。加细砂红陶，手制。微侈口，圆唇，束颈，颈肩双耳，鼓腹，平底。

M657：2，双耳陶罐。1件。夹细砂红陶，手制。大口微侈，方唇，直颈，颈肩双耳，球腹，平底。通高13.8厘米，口径9.4厘米，腹径15.2厘米，底径7.6厘米，重655克（图九七六，1；图版六九八，2）。

2. 石器

M657：3，滑石串珠。4件。圆柱状或扁圆柱状，中部穿孔。直径0.4～0.8厘米，长0.25～0.5厘米，孔径0.2～0.3厘米，重0.07～0.36克（图九七六，2；图版六九八，3）。

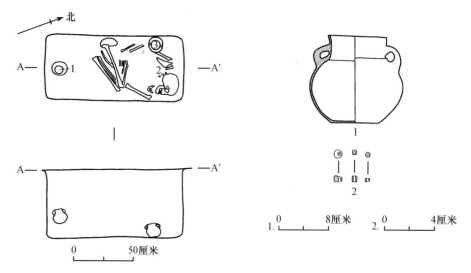

图九七六　M657平、剖面图及出土器物

1. 双耳陶罐（M657：2）　2. 滑石串珠（M657：3）　3. 双耳陶罐（M657：1）

M658

（一）形制结构

长方形竖穴土坑墓。墓向192°。墓口长1.08米，宽0.58米，墓坑深0.66米。墓圹底部放置人骨1具，右侧身屈肢，头向西南，面向东（图九七七；图版六九九，1）。

（二）出土遗物

共1件。陶器1件，为单耳陶罐（M658：1），出土于人骨头骨前。

M658：1，单耳陶罐。1件。夹细砂红陶，手制。侈口，圆唇，短束颈，颈腹单耳，鼓腹，平底。口沿内外各绘一周连续的实心倒三角纹，肩部绘一周弦纹，其下绘连续的竖列水波纹，耳部绘1道竖列水波纹。通高11.8厘米，口径8.3厘米，腹径11.4厘米，底径6厘米，重320克（图九七七，1；图版六九九，2）。

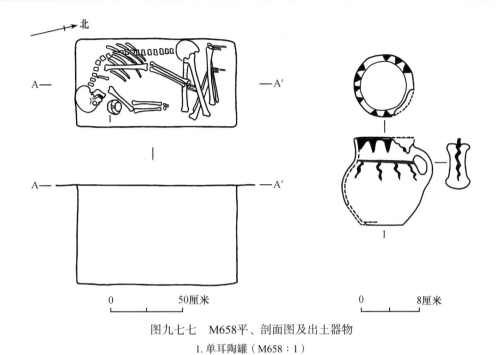

图九七七 M658平、剖面图及出土器物
1.单耳陶罐（M658：1）

M659

（一）形制结构

长方形竖穴土坑墓。位于T1607，西部被M603打破，中北部被M604打破。墓向212°。墓口距地表0.2米，长1.14米，宽0.6米，墓坑深0.8米。墓圹内填充夹杂砾石的黄色土。墓圹底部放置人骨1具，右侧身屈肢，头向西南，面向东南，性别男（图九七八）。

（二）出土遗物

共1件。陶器1件，为双耳陶罐（M659：1），出土于人骨膝部。

M659：1，双耳陶罐。1件。夹细砂红陶，手制。大口微侈，方唇，直颈，颈肩双耳，弧腹，平底。颈部绘两周戳印篦点纹，耳部饰刻划"×"形纹。通高12.8厘米，口径10.4厘米，腹径13.4厘米，底径5.8厘米，重485克（图九七八，1；图版六九九，3）。

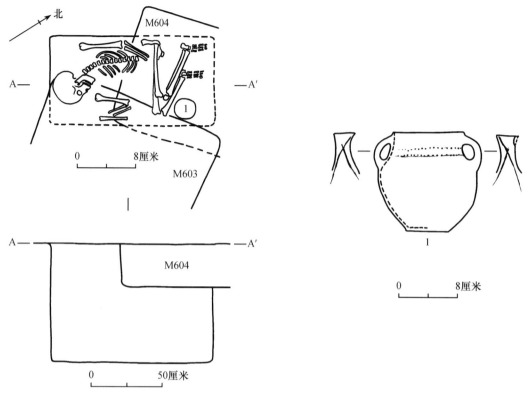

图九七八　M659平、剖面图及出土器物
1. 双耳陶罐（M659：1）

M660

（一）形制结构

长方形竖穴土坑墓。位于T1605，西南角被现代坑打破。墓向36°。墓口距地表0.2米，长1.04米，宽0.66米，墓坑深0.6米。墓圹内填充夹杂砾石的黄色土。墓圹底部放置人骨1具，仰身右屈肢，头向东北，面向上，性别男（图九七九）。

（二）出土遗物

共3件。陶器1件，为单耳陶罐（M660：1），出土于人骨膝部。铜器1件，其中铜管1件（M660：3），出土于人骨肱骨。石器1件，为砺石（M660：2），出土于人骨膝部。

1. 陶器

M660：1，单耳陶罐。1件。夹细砂红陶，手制。微侈口，圆唇，直颈，沿肩单耳，鼓腹，平底。腹下部有烟炱。通高14.3厘米，口径9.4厘米，腹径13.6厘米，底径6.8厘米，重545克（图九八〇，1；图版七〇〇，1）。

2. 铜器

M660：3，铜管。1件。四棱柱形，无接缝，近中间处有一菱形小孔。长2.6厘米，宽0.5厘米，孔径0.4厘米，重1.49克（图九八〇，3；图版七〇〇，3）。

3. 石器

M660：2，砺石。1件。一端宽，另一端窄，宽处对钻穿孔，较光滑。长11.6厘米，宽1~2.4厘米，厚1.5厘米，孔径1.1厘米，重57.07克（图九八〇，2；图版七〇〇，2）。

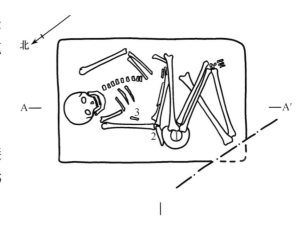

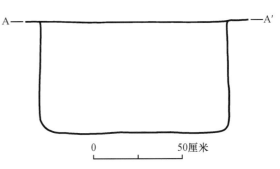

图九七九　M660平、剖面图
1. 单耳陶罐（M660：1）　2. 砺石（M660：2）
3. 铜管（M660：3）

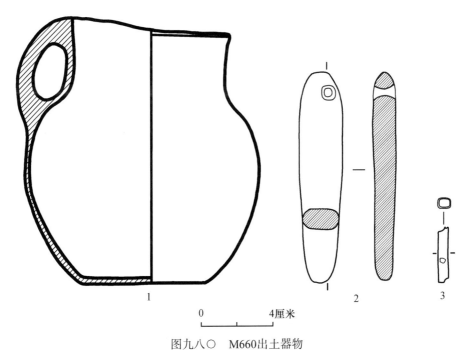

图九八〇　M660出土器物
1. 单耳陶罐（M660：1）　2. 砺石（M660：2）　3. 铜管（M660：3）

M661

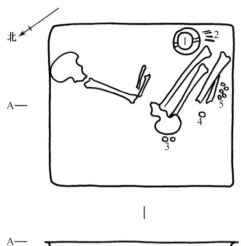

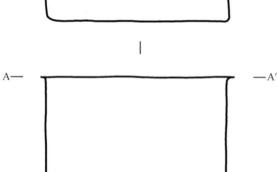

图九八一　M661平、剖面图
1. 双耳陶罐（M661：1）　2. 骨锥（M661：2）
3. 滑石串珠（M661：3）　4. 铜管（M661：4）
5. 滑石串珠（M661：5）

（一）形制结构

长方形竖穴土坑墓。墓向34°。墓口长0.92米，宽0.8米，墓坑深0.64米。墓圹底部放置人骨1具，左侧身屈肢，头向东北，面向东南（图九八一）。

（二）出土遗物

共14件。陶器1件，为双耳陶罐（M661：1），出土于椁室东南角。铜器1件，为铜管（M661：4），出土于人骨足部。石器7件，均为滑石串珠（M661：3、M661：5），出土于人骨髋骨处和足部。骨器5件，均为骨锥（M661：2），出土于人骨膝盖处。

1. 陶器

M661：1，双耳陶罐。1件。夹细砂红陶，手制，颈部残。大口微侈，圆唇，直颈，沿肩双耳，鼓腹，平底。肩腹部绘连续的网格倒三角纹，其下腹部绘短的横竖水波纹。通高12.5厘米，口径9厘米，腹径15厘米，底径8.2厘米，重590克（图九八二，1；图版七〇〇，4）。

2. 铜器

M661：4，铜管。1件。圆柱状，中部有孔，应为一次铸造成，无接缝。长1.8厘米，直径0.4～0.6厘米，孔径0.1厘米，重1.63克（图九八二，4；图版七〇一，1）。

3. 石器

M661：3，滑石串珠。2件。圆柱形，中部穿孔。长0.5～0.7厘米，直径0.5厘米，孔径0.3厘米，重0.2克（图九八二，2；图版七〇〇，6）。

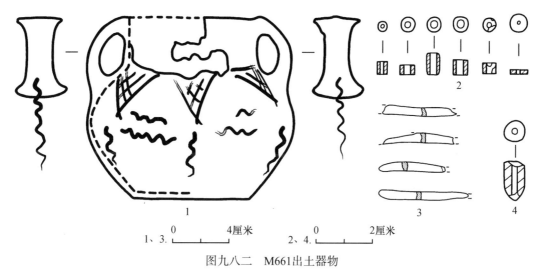

1、3. [0   4厘米]   2、4. [0   2厘米]

图九八二　M661出土器物

1. 双耳陶罐（M661：1）　2. 滑石串珠（M661：3、M661：5）　3. 骨锥（M661：2）　4. 铜管（M661：4）

M661：5，滑石串珠。5件。圆柱状或扁圆柱状，中部穿孔，直径0.3～0.6厘米，宽0.1～0.5厘米，孔径0.1～0.15厘米，重0.08～0.12克（图九八二，2；图版七○○，6）。

4. 骨器

M661：2，骨锥。5件。长条状，似为骨簪，均残断，一端较圆润，一端较尖锐。长3.7～6.1厘米，宽0.4～0.7厘米，重1.46～2.08克（图九八二，3；图版七○○，5）。

M662

（一）形制结构

长方形竖穴土坑墓。打破M668，被M678打破。墓向52°。墓口残长0.89米，宽1.1米，墓坑深0.76米。墓圹底部为长方形土坯椁室，椁室四壁均平砌多层土坯，土坯块数和层数不明。椁室内周残长0.6米，宽0.64米；土坯长0.4～0.42米。椁室底部放置人骨1具，保存较差，仅存零星骨骼，分布散乱（图九八三；图版七○一，3）。

（二）出土遗物

共3件。陶器1件，为双耳陶罐（M662：1），出土于椁室东北角。石器2件，其中绿松石串珠1件（M662：2），出土于人骨颈部；玉髓串珠1件（M662：3），出土于人骨颈部。

1. 陶器

M662：1，双耳陶罐。1件。夹砂灰陶，手制。凹口微侈，圆唇，短束颈，沿肩双翘耳，鼓腹，平底。通高16厘米，口径10厘米，腹径17.2厘米，底径7.6厘米，重775克（图九八三，1；图版七〇一，2）。

2. 石器

M662：2，绿松石串珠。1件。青色，圆柱状，鼓腹，中部穿孔。长1厘米，直径0.4～0.5厘米，孔径0.3厘米，重0.67克（图九八三，2；图版七〇二，1）。

M662：3，玉髓串珠。1件。红色半透明，扁圆柱状，鼓腹，中部穿孔。直径1.8厘米，孔径0.7厘米，厚0.5厘米，重1.08克（图九八三，3；图版七〇二，2）。

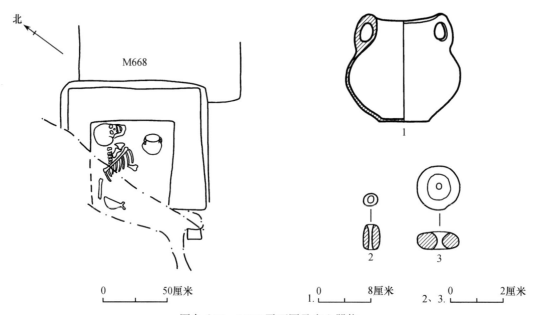

图九八三　M662平面图及出土器物

1. 双耳陶罐（M662：1）　2. 绿松石串珠（M662：2）　3. 玉髓串珠（M662：3）

M663

（一）形制结构

长方形竖穴土坑墓。打破M668。墓向35°。墓口长1.25米，宽1.2米，墓坑深0.6米。墓圹底部四周设生土二层台，二层台上平砌1层土坯，每边铺设2～3块。椁室内周长0.8米，宽0.76米；土坯长0.24～0.42米，宽0.22～0.24米，厚0.1米。椁室底部放置人骨1具，保存较差，仅存部分骨骼，分布散乱（图九八四；图版七〇二，3）。

（二）出土遗物

共8件。铜器1件，为铜耳环（M663：1），出土于人骨耳部。石器7件，均为串珠（M663：2），出土于人骨胸部。

1. 铜器

M663：1，铜耳环。1件。环形，用细铜丝绕成。残径3.6厘米，丝径0.2厘米，重1.98克（图九八四，1；图版七〇三，1）。

2. 石器

M663：2，串珠。7件。M663：2-1，滑石串珠，3件，其中2件呈白色，扁圆柱状，中部穿孔，直径0.3～0.7厘米，厚0.1～0.2厘米，孔径0.1～0.2厘米；1件呈灰色，圆柱状，中部穿孔，直径0.3厘米，孔径0.2厘米，长1厘米，重不足0.1克（图九八四，2；图版七〇三，2）。M663：2-2，绿松石串珠，4件，青色，圆柱状或不规则圆柱状，中部穿孔，直径0.2～0.4厘米，厚0.2～0.4厘米，孔径0.2厘米（图九八四，3；图版七〇三，2）。

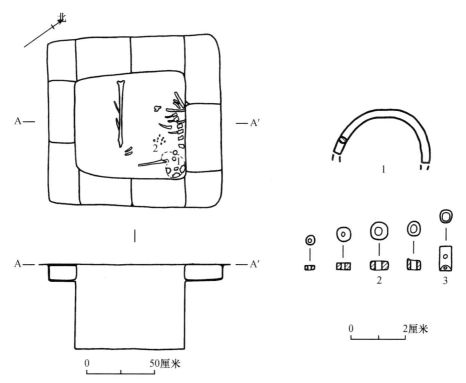

图九八四 M663平、剖面图及出土器物
1. 铜耳环（M663：1） 2. 滑石串珠（M663：2-1） 3. 绿松石串珠（M663：2-2）

M664

（一）形制结构

长方形竖穴土坑墓。位于T1416。墓向10°。墓口长0.94米，宽0.58米，墓坑深0.52米。墓圹内填充夹杂砾石的黄色土。墓圹底部放置人骨1具，左侧身屈肢，头向东北，面向南（图九八五）。

（二）出土遗物

共1件。陶器1件，为双耳陶罐（M664：1），出土于墓坑南部。

M664：1，双耳陶罐。1件。夹细砂红陶，手制，口部残。大口微侈，方唇，短束颈，颈肩双耳，鼓腹，平底。通高15厘米，口径11厘米，腹径16厘米，底径8厘米，重605克（图九八五，1；图版七〇四，1）。

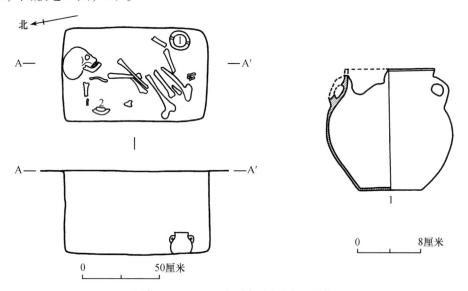

图九八五　M664平、剖面图及出土器物
1. 双耳陶罐（M664：1）　2. 陶片

M665

（一）形制结构

长方形竖穴土坑墓。位于T1314东南部，打破M686。墓向25°。墓口距地表0.32~0.36米，长1.4米，宽0.9米，墓坑深0.54~0.58米。墓圹内填充夹杂砾石的黄红色土。墓圹底部放置人骨1具，保存较差，仅存零星骨骼，分布散乱（图九八六；图版七〇三，3）。

（二）出土遗物

共1件。陶器1件，为双耳陶罐（M665：1），出土于墓坑南侧。

M665：1，双耳陶罐。1件。夹砂灰陶，手制。凹口外侈，方唇，短束颈，沿肩双翘耳，鼓腹，平底。通高18厘米，口径12厘米，腹径18.4厘米，底径8.8厘米，重1015克（图九八六，1；图版七〇四，2）。

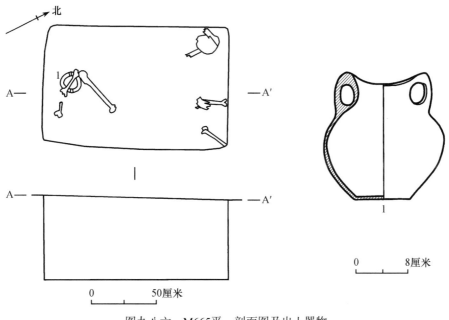

图九八六　M665平、剖面图及出土器物
1. 双耳陶罐（M665：1）

M666

（一）形制结构

长方形竖穴土坑墓。位于T1314东壁中部，打破M693。墓向230°。墓口距地表0.32米，长1.5米，宽1.12米，墓坑深0.3米。墓圹内填充夹杂砾石的黄红色土。墓圹底部为长方形土坯椁室，椁室四壁均自下而上不错缝平砌3层土坯，每边每层铺设2～3块。椁室内周长1.02米，宽0.6米；土坯长0.32～0.6米，宽0.22～0.24米，厚0.1米。椁室底部放置人骨1具，右侧身屈肢，头向西南，面向东（图九八七；图版七〇四，3）。

（二）出土遗物

共4件。陶器1件，为双耳陶罐（M666：1），出土于人骨膝部。石器2件，均为滑石串珠（M666：2），出土于人骨足部。马牙1件（图版七〇六，1），出土位置不明。

1.陶器

M666：1，双耳陶罐。1件。夹细砂红陶，手制。大口微侈，方唇，短束颈，颈肩双耳，鼓腹，平底。通高13.5厘米，口径9厘米，腹径13.4厘米，底径5.9厘米，重510克（图九八七，1；图版七〇五，1）。

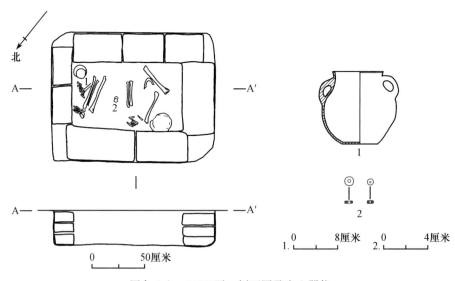

图九八七　M666平、剖面图及出土器物
1.双耳陶罐（M666：1）　2.滑石串珠（M666：2）

2. 石器

M666：2，滑石串珠。2件。白色，圆片状，中部穿孔。直径0.6～0.8厘米，孔径0.1厘米，高0.2厘米，重0.17克（图九八七，2；图版七○五，2）。

M667

（一）形制结构

长方形竖穴土坑墓。位于T1414西北。墓向213°。墓口距地表0.3米，长1.1米，宽0.92米，墓圹深0.4米。墓圹内填充夹杂砾石的黄色土。墓圹底部为长方形土坯椁室，椁室四壁均平砌多层土坯，层数不明，每边铺设2～3块土坯。椁室内周长0.74米，宽0.4米；土坯长0.36～0.6米，宽0.22米。椁室底部放置人骨1具，保存较差，仅存零星骨骼，分布散乱（图九八八；图版七○五，3）。

（二）出土遗物

共1件。陶器1件，为双耳陶罐（M667：1），出土于椁室东北角。

M667：1，双耳陶罐。1件。夹砂灰陶，手制。微侈口，方唇，短束颈，沿肩双耳，鼓腹，平底。通高9.9厘米，口径7.8厘米，腹径10.3厘米，底径5.8厘米，重235克（图九八八，1；图版七○六，2）。

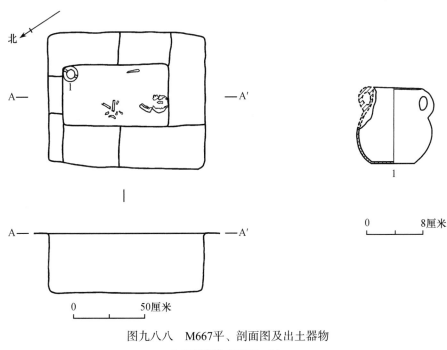

图九八八　M667平、剖面图及出土器物

1. 双耳陶罐（M667：1）

M668

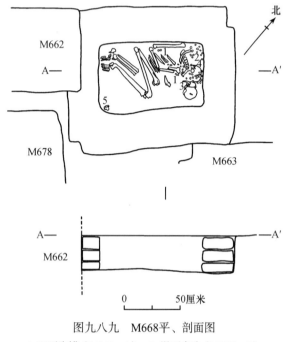

图九八九　M668平、剖面图

1. 双耳陶罐（M668：1）　 2. 滑石串珠（M668：2）
3. 骨锥（M668：3）　 4. 铜耳环（M668：4）
5. 铜牌饰（M668：5）

（一）形制结构

长方形竖穴土坑墓。西部被M662打破，南部被M663打破。墓向50°。墓口长1.48米，宽1.27米，墓坑深0.3米。墓圹底部为长方形土坯椁室，椁室东、西两壁自下而上不错缝平砌3层土坯，南、北两壁平砌多层土坯，层数不明，每边铺设土坯块数不明。椁室内周长0.94米，宽0.58米；土坯宽0.16～0.24米，厚0.1米。椁室底部放置人骨1具，左侧身屈肢，头向东北，面向南（图九八九；图版七〇六，3）。

（二）出土遗物

共59件。陶器1件，为双耳陶罐（M668：1），出土于人骨胸前。铜器2件，其中铜耳环1件（M668：4），出土于人骨背部；铜牌饰1件（M668：5），出土于椁室东南角。石器51件，均为滑石串珠（M668：2），出土于椁室西北角。骨器5件，为骨锥（M668：3），出土于人骨颈部。

1. 陶器

M668：1，双耳陶罐。1件。夹细砂红陶，手制。侈口，方唇，束颈，颈肩双耳，鼓腹，平底。腹部及耳部有烟炱。通高16.8厘米，口径10.8厘米，腹径16.8厘米，底径7.6厘米，重825克（图九九〇，1；图版七〇七，1）。

2. 铜器

M668：4，铜耳环。1件。环状，铜丝粗细不均，似为熔融时拉制，接口处圆钝。直径1.3～2.3厘米，丝径不足0.1～0.2厘米，重1.48克（图九九〇，4；图版七〇八，1）。

M668：5，铜牌饰。1件。残损严重，应为圆形铜饰，似有圆孔及纽。残长3.2厘米，残宽2.2厘米，重2.48克（图九九〇，3；图版七〇八，2）。

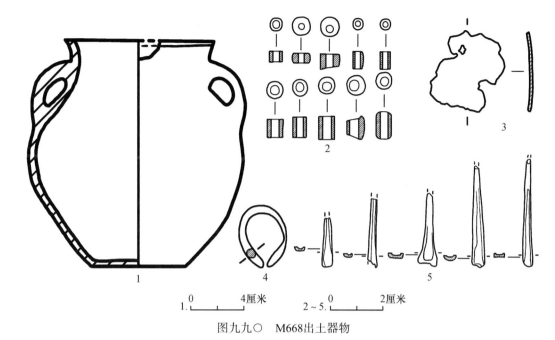

图九九〇 M668出土器物

1. 双耳陶罐（M668：1） 2. 滑石串珠（M668：2） 3. 铜牌饰（M668：5） 4. 铜耳环（M668：4） 5. 骨锥（M668：3）

3. 石器

M668：2，滑石串珠。51件。白石，圆柱形或矮圆柱形，中部穿孔，长0.4～0.9厘米，直径0.4～0.8厘米，孔径0.3厘米，重17.47克（图九九〇，2；图版七〇七，3）。

4. 骨器

M668：3，骨锥。5件，一端较尖锐，另一端较宽大，部分打磨，部分利用骨骼关节，长3.7～7.8厘米，宽0.1～1.5厘米，重0.7～2.2克（图九九〇，5；图版七〇七，2）。

M669

长方形竖穴土坑墓。位于T1310南壁，打破M680东部。北部被现代沟打破。墓向51°。墓口距地表0.22米，长1.36米，宽1.14米，墓坑深0.26米。墓圹内填充夹杂砾石的黄色土。墓圹底部为长方形土坯椁室，椁室东、西两壁自下而上不错缝平砌3层土坯，每边每层铺设2块；南、北两壁平砌多层土坯，层数不明。椁室内周长0.8米，宽0.6米。无人骨（图九九一；图版七〇八，3）。

无出土遗物。

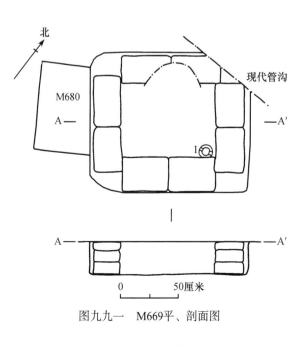

图九九一 M669平、剖面图

M670

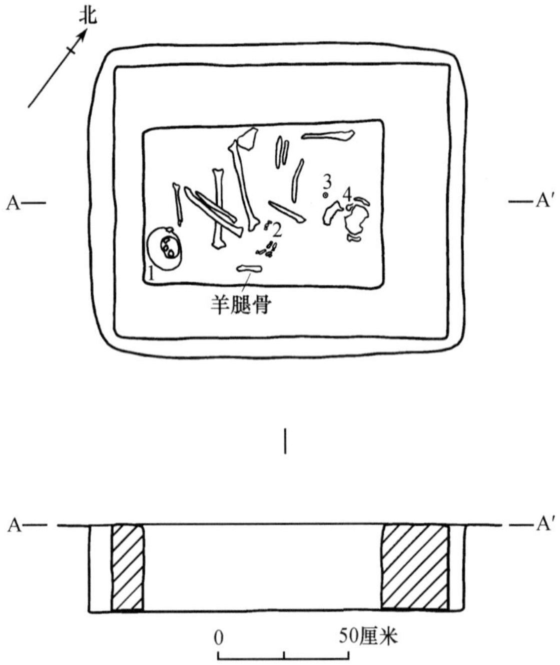

北

A — — A'

羊腿骨

|

A — — A'

0   50厘米

图九九二　M670平、剖面图
1. 单耳陶罐（M670：1）　2. 铜珠（M670：2）
3. 玉髓串珠（M670：3）　4. 铜耳环（M670：4）

（一）形制结构

长方形竖穴土坑墓。墓向53°。墓口长1.42米，宽1.16米，墓坑深0.3米。墓圹底部为长方形土坯椁室，椁室四壁平砌多层土坯，土坯块数和层数不明。椁室内周长0.92米，宽0.58米；土坯长0.32米，宽0.22米，厚0.1米。椁室底部放置人骨1具，保存较差，骨骼分布散乱（图九九二；图版七〇九，1）。

（二）出土遗物

共33件。陶器1件，为单耳陶罐（M670：1），出土于椁室东南角。铜器30件，其中铜珠28件（M670：2），出土于椁室中部；铜耳环2件（M670：4），出土于椁室北部。石器1件，为玉髓串珠（M670：3），出土于椁室北部。羊腿骨1件，出土于人骨南侧。

1. 陶器

M670：1，单耳陶罐。1件。夹细砂红陶，手制。直口，圆唇，直颈，沿肩单耳，鼓腹，平底。腹下部有烟炱。通高15厘米，口径9.1厘米，腹径15.8厘米，底径6厘米，重1020克（图九九三，1；图版七〇九，2）。

2. 铜器

M670：2，铜珠。28件。环状，铜片卷制，部分接口有缝隙，部分似为焊接。每个直径0.6～0.8厘米，壁厚0.1厘米，厚0.3厘米，重0.77克（图九九三，4；图版七一〇，1）。

M670：4，铜耳环。2件。水滴状，铜丝绕制而成，长4～4.4厘米，丝径0.3厘米，重3.3～4.2克（图九九三，3；图版七一〇，2）。

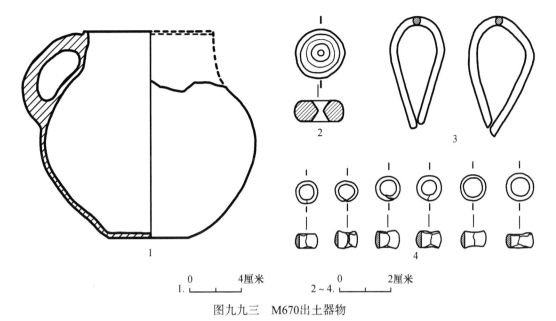

图九九三 M670出土器物

1. 单耳陶罐（M670：1） 2. 玉髓串珠（M679：3） 3. 铜耳环（M670：4） 4. 铜珠（M670：2）

3. 石器

M670：3，玉髓串珠。1件。红色或白色半透明，矮圆柱状，鼓腹，对钻穿孔。直径1.9厘米，孔径1.1厘米，厚0.9厘米，重3.9克（图九九三，2；图版七〇九，3）。

M671

长方形竖穴土坑墓。墓向65°。墓口长1.7米，宽1.4米，墓坑深0.3米。墓圹内填充夹杂砾石的灰色土。墓圹底部为长方形土坯椁室，椁室四壁均平砌多层土坯，土坯块数和层数不明。椁室内周长1.1米，宽0.78米；土坯长0.26～0.3米，宽0.25米，厚0.15米。椁室底部放置人骨1具，左侧身屈肢，头向东北，面向南（图九九四；图版七一一，1）。

无出土遗物。

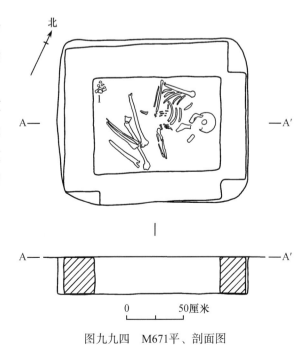

图九九四 M671平、剖面图

M672

（一）形制结构

长方形竖穴土坑墓。西南部被现代沟打破。墓向40°。墓口长1.26米，宽0.98米，墓坑深0.3米。墓圹底部为长方形土坯椁室，椁室四壁均平砌多层土坯，土坯块数和层数不明。椁室内周长0.9米，宽0.54米；土坯长0.3米，宽0.22米。椁室底部放置人骨1具，保存较差，仅存零星骨骼，分布散乱（图九九五）。

（二）出土遗物

共1件。石器1件，为绿松石串珠（M672：1），出土于椁室北部。

M672：1，绿松石串珠。1件。不规则圆柱形，中部穿孔。长0.9厘米，宽0.6厘米，孔径0.2厘米，重0.7克（图九九五，1；图版七一〇，3）。

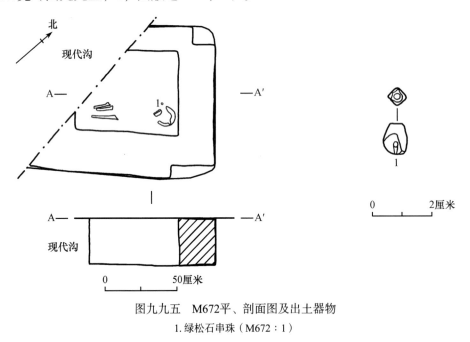

图九九五　M672平、剖面图及出土器物
1. 绿松石串珠（M672：1）

M673

（一）形制结构

长方形竖穴土坑墓。西部被树坑打破。墓向65°。墓口长1.6米，宽1.37米，墓坑深0.46米。墓圹底部为长方形土坯椁室，椁室四壁均平砌多层土坯，土坯块数和层数不明。椁室内周长0.98米，宽0.64米；土坯长0.46米，宽0.22~0.4米。椁室底部放置人骨1具，左侧身屈肢，头向东北，面向南（图九九六；图版七一一，2）。

（二）出土遗物

共2件。铜器2件，均为铜耳环（M673：1），出土于人骨下颌处。

M673：1，铜耳环。2件。其一圆形，环状，接口呈马蹄形，直径3.8厘米，丝径0.3厘米，重7.5克；其二椭圆形，环状，接口一端呈马蹄形，直径2.1~3厘米，丝径0.4厘米，重6.62克（图九九六，1；图版七一二，1）。

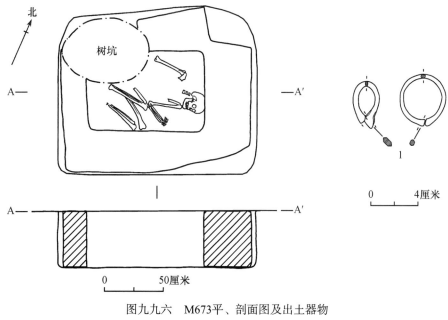

图九九六 M673平、剖面图及出土器物
1. 铜耳环（M673：1）

M674

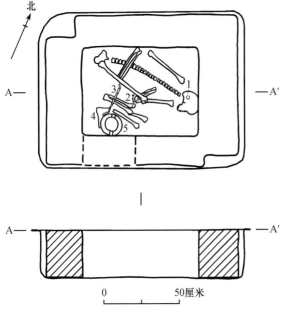

图九九七　M674平、剖面图
1. 铜耳环（M674∶1）　　2. 铜珠（M674∶2）
3. 铜管（M674∶3）　　4. 铜牌饰（M674∶4）
5. 双耳陶罐（M674∶5）

（一）形制结构

长方形竖穴土坑墓。墓向65°。墓口长1.36米，宽0.96米，墓坑深0.3米。墓圹底部为长方形土坯椁室，椁室四壁均平砌多层土坯，土坯块数和层数不明。椁室内周长0.76米，宽0.54米；土坯长0.3米，宽0.18~0.24米。椁室底部放置人骨1具，左侧身屈肢，头向东，面向南（图九九七；图版七一二，3）。

（二）出土遗物

共37件。陶器1件，为双耳陶罐（M674∶5），出土于椁室东南角。铜器36件，其中铜耳环1件（M674∶1），出土于人骨耳部；铜珠24件（M674∶2），出土于人骨股骨处；铜管9件（M674∶3），出土于人骨股骨处；铜牌饰1件（M674∶4），出土于椁室东南角；铜管1件（M674∶6），出土于人骨股骨处。

1. 陶器

M674∶5，双耳陶罐。1件。夹细砂红陶，手制。微侈口，方圆唇，束颈，颈肩双耳，鼓腹，圈足。通高14.6厘米，口径8.9厘米，腹径15厘米，底径7.4厘米，重575克（图九九八，1；图版七一三，3）。

2. 铜器

M674∶1，铜耳环。1件。环状，片状铜丝绕制，接口处圆钝。直径2.1厘米，丝径0.4厘米，重3.37克（图九九八，3；图版七一二，2）。

M674∶2，铜珠。24件。环状，形制有铜片卷制和一次铸造成形两种，中部有孔。每个直径0.8厘米，厚0.4~0.6厘米，壁厚0.1~0.2厘米，重约1.6克（图九九八，5；图版七一三，1）。

M674∶3，铜管。9件。圆柱状，铜片卷制，有接缝。长3.9~7.1厘米，直径0.8厘米，壁厚1厘米（图九九八，2；图版七一四，1）。

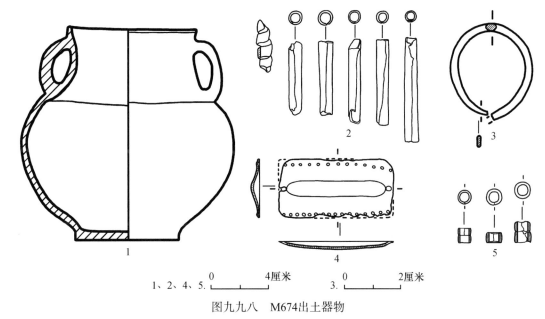

图九九八　M674出土器物

1. 双耳陶罐（M674：5）　2. 铜管（M674：3）　3. 铜耳环（M674：1）　4. 铜牌饰（M674：4）　5. 铜珠（M674：2）

M674：4，铜牌饰。1件。长方形，中部起脊，近边缘处两侧有小孔及一周压点纹。长8.2厘米，宽4.8厘米，孔径0.3～0.5克，重18.45克（图九九八，4；图版七一三，2）。

M674：6，铜管。1件。圆锥形，上窄下宽，铜片螺旋而成。残长3.2厘米，直径0.7～1.1厘米，铜片宽0.5～0.7厘米，重3.58克。

M675

（一）形制结构

长方形竖穴土坑墓。东南部被树坑打破。墓向40°。墓口长0.9米，宽0.6米，墓坑深0.1米。墓圹底部为长方形土坯椁室，椁室四壁平砌1层土坯，每边土坯块数不明。椁室内周长0.72米，宽0.38米；土坯长0.12米，宽0.1米。椁室底部放置人骨1具，保存较差，仅存部分骨骼，分布散乱（图九九九；图版七一五，1）。

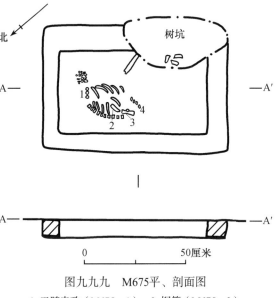

图九九九　M675平、剖面图

1. 玉髓串珠（M675：1）　2. 铜管（M675：2）
3. 铜牌饰（M675：3）　4. 铜管（M675：4）

（二）出土遗物

共8件。铜器5件，其中铜管2件（M675∶2），出土于人骨椎骨；铜牌饰1件（M675∶3），出土于人骨椎骨处；铜管2件（M675∶4），出土于人骨椎骨处。石器3件，均为玉髓串珠（M675∶1），出土于人骨颈部。

1. 铜器

M675∶2，铜管。2件。其一为圆柱状铜管，一侧残损，长2.5厘米，直径0.8厘米，壁厚0.1～0.3厘米，2.81克；其二为三联铜管，每节均为圆柱形，连接处较窄，长2.6厘米，直径0.9厘米，4.8克（图一○○○，2；图版七一四，3）。

M675∶3，铜牌饰。1件。亚腰盾形，中部窄，两侧宽，中部一侧有环。长7.9厘米，中部宽0.7厘米，两侧宽1.9厘米，环径1厘米，重18.6克（图一○○○，4；图版七一五，2）。

M675∶4，铜管。2件。其一，圆柱状铜管，壁厚0.2～0.4厘米，长2.1厘米，直径0.9厘米，孔径0.5厘米，重4.88克；其二，圆柱状铜管，其内为圆柱状绿松石管，铜管直径0.8厘米，长0.5厘米，绿松石直径0.5厘米，长0.8厘米，重1.19克（图一○○○，3；图版七一五，3）。

2. 石器

M675∶1，玉髓串珠。3件。红色或深红色半透明，矮圆柱状，鼓腹，对钻穿孔。直径1.2～1.7厘米，孔径0.8～1厘米，厚0.5厘米，重约1.35克（图一○○○，1；图版七一四，2）。

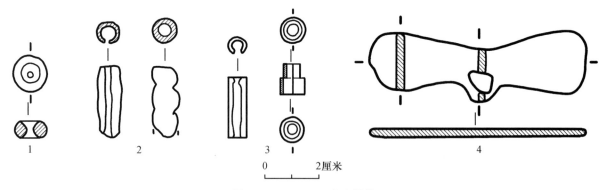

图一○○○　M675出土器物

1. 玉髓串珠（M675∶1）　2. 铜管（M675∶2）　3. 铜管（M675∶4）　4. 铜牌饰（M675∶3）

M676

（一）形制结构

长方形竖穴土坑墓。位于T1317。墓向353°。墓口长1.9米，宽1.68米，墓坑深0.4米。墓圹内填充夹杂砾石的黄色土。墓圹底部为长方形土坯椁室，椁室四壁均自下而上不错缝平砌4层土坯，每边每层土坯块数不明。椁室内周长1.06米，宽0.78米；土坯长0.16～0.24米，厚0.1米。椁室底部放置人骨1具，左侧身屈肢，头向东北，面向南（图一〇〇一；图版七一六，1）。

（二）出土遗物

共37件。陶器2件，其中双耳陶罐1件（M676：4），出土于椁室南部；残陶罐1件（M676：8），出土于墓室上层南部。铜器16件，其中铜牌饰1件（M676：1），出土于椁室北部；铜管11件（M676：2），出土于椁室东部；铜牌饰1件（M676：3），出土于椁室东部；铜管3件（M676：6），出土于椁室东部。石器1件，为玉髓串珠（M676：7），出土于墓室上层人骨颈部。骨器18件，均为骨牌饰（M676：5），出土于人骨腰部。

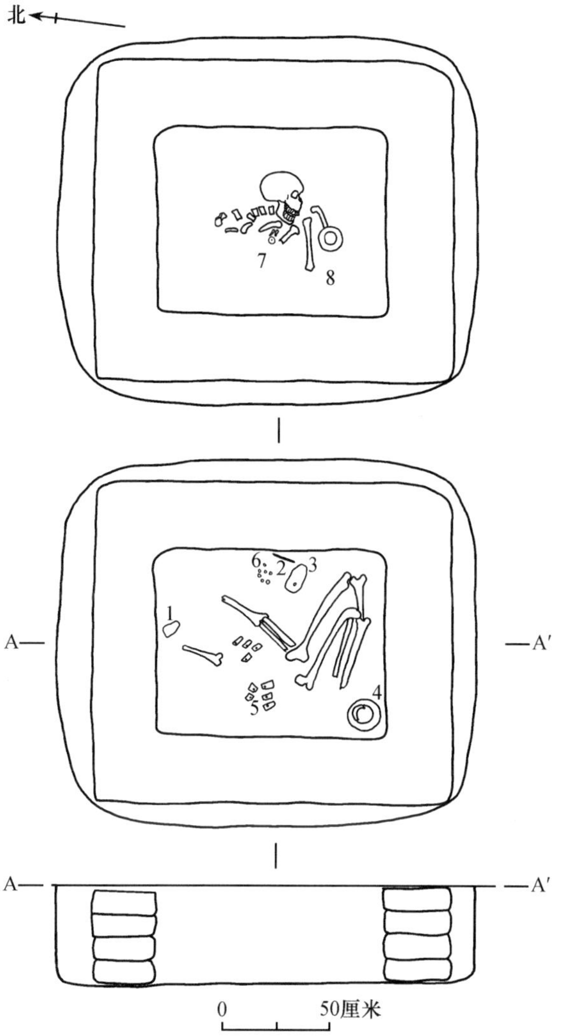

1. 陶器

M676：4，双耳陶罐。1件。夹细砂红陶，手制。大口微侈，圆唇，短束颈，沿肩双扁耳，垂鼓腹，平底。通高11.2厘米，口径8.8厘米，腹径12.8厘米，底径6.2厘米，重315克（图一〇〇二，1；图版七一六，2）。

M676：8，陶罐。1件。夹细砂红陶，手制。仅剩底部。残高7.6厘米，底径6.6厘米，重315克（图一〇〇二，5；图版七一六，3）。

图一〇〇一　M676平、剖面图

1. 铜牌饰（M676：1）　2. 铜管（M676：2）
3. 铜牌饰（M676：3）　4. 双耳陶罐（M676：4）
5. 骨牌饰（M676：5）　6. 铜管（M676：6）
7. 玉髓串珠（M676：7）　8. 陶罐（M676：8）

2. 铜器

M676：1，铜牌饰。1件。圆形，略弧，素面，边缘处残两段突起，疑为有环。残径5.6厘米，重7.91克（图一○○二，6）。

M676：2，铜管。11件。形制为螺旋状和卷状两种。螺旋状铜管，长1.6～3.7厘米，直径0.5～0.6厘米，铜片宽0.3厘米；卷形铜管，直径0.5～0.9厘米，厚0.3～0.9厘米，重0.36～5.1克（图一○○二，7）。

M676：3，铜牌饰。1件。长方形，中部起脊，一侧近边缘处有圆孔，有两周较大的压点纹。长9.5厘米，宽4.2厘米，孔径0.5厘米（图一○○二，3）。

M676：6，铜管。3件。圆柱形，铜片卷制，接缝明显。长3～4.4厘米，直径0.4～0.6厘米，重2.09～4.42克。

3. 石器

M676：7，玉髓串珠。1件。深红色半透明，矮圆柱状，鼓腹，对钻穿孔。直径1.4厘米，孔径0.9厘米，厚0.6厘米（图一○○二，2）。

4. 骨器

M676：5，骨牌饰。18件。长方形或梯形，大小不一，部分表面光滑，部分粗糙，近一端处有圆形穿孔。长2.3～3.7厘米，宽1.1～1.9厘米，孔径0.4～0.5厘米，总重47.34克（图一○○二，4）。

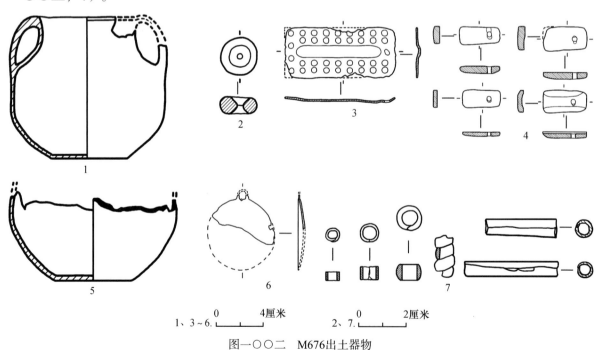

图一○○二　M676出土器物

1. 双耳陶罐（M676：4）　2. 玉髓串珠（M676：7）　3. 铜牌饰（M676：3）　4. 骨牌饰（M676：5）　5. 陶罐（M676：8）
6. 铜牌饰（M676：1）　7. 铜管（M676：2）

M677

（一）形制结构

长方形竖穴土坑墓。墓向226°。墓口长
0.98米，宽0.72米，墓坑深0.56米。墓圹底部放
置人骨1具，右侧身屈肢，头向南，面向东（图
一〇〇三）。

（二）出土遗物

共6件。陶器1件，为单耳陶罐（M677：1），
出土于墓坑西壁。铜器2件，均为铜耳环
（M677：2），出土于人骨耳部。石器3件，其
中玉髓串珠2件（M677：3），出土于人骨颈部
和顶骨处；绿松石串珠1件（M677：4），出土
于人骨颈部。

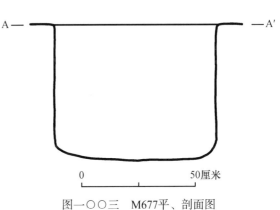

图一〇〇三　M677平、剖面图
1. 双耳陶罐（M677：1）　2. 陶片
3. 铜耳环（M677：2）　4. 玉髓串珠（M677：3）
5. 绿松石串珠（M677：4）

1. 陶器

M677：1，单耳陶罐。1件。夹细砂红陶，
手制。微侈口，圆唇。直颈，沿肩单耳，鼓腹，
平底。通高14.8厘米，口径9.4厘米，腹径13.2厘
米，底径7.2厘米，重610克（图一〇〇四，1；
图版七一七，1）。

2. 铜器

M677：2，铜耳环。2件。环状，铜丝卷制，接口相错。其一，直径1.6～1.8厘米，丝径
0.15厘米，重0.82克。其二，直径1.8～2厘米，丝径0.2厘米，重1.38克（图一〇〇四，4；图版
七一七，2）。

3. 石器

M677：3，玉髓串珠。2件。深红色半透明，其一矮圆柱形，对钻穿孔，直径1.3厘米，孔
径0.6厘米，厚0.5厘米，重1.42克。其二圆台状，中部穿孔，直径1.1～1.3厘米，残高1.9厘米，
孔径0.4厘米，重4.29克（图一〇〇四，3；图版七一七，3）。

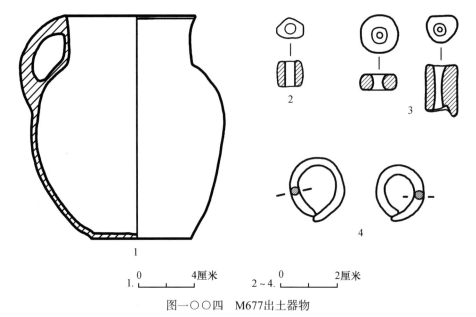

图一〇四　M677出土器物

1. 单耳陶罐（M677：1）　2. 绿松石串珠（M677：4）　3. 玉髓串珠（M677：3）　4. 铜耳环（M677：2）

M677：4，绿松石串珠。1件。不规则扁圆柱状，中部穿孔。长1.1厘米，宽0.9厘米，高0.6厘米，孔径0.3厘米，重2.89克（图一〇四，2；图版七一七，4）。

M678

（一）形制结构

长方形竖穴土坑墓。东壁打破M662。墓向210°。墓口长1.3米，宽0.76米，墓坑深1.14米。墓圹底部放置人骨1具，左侧身屈肢，头向西南，面向西北，上半身部分骨骼分布散乱（图一〇五；图版七一八，1）。

（二）出土遗物

共2件。陶器1件，为双耳陶罐（M678：1），出土于人骨髋骨。铜器1件，为铜刀（M678：2），出土于墓坑北部。

1. 陶器

M678：1，双耳陶罐。1件。夹细砂红陶，手制。直口，方圆唇，短颈，颈肩双耳，球腹，平底。口沿下有一周凸棱。通高17厘米，口径10.2厘米，腹径17.2厘米，底径8厘米，重1065克（图一〇五，1；图版七一七，5）。

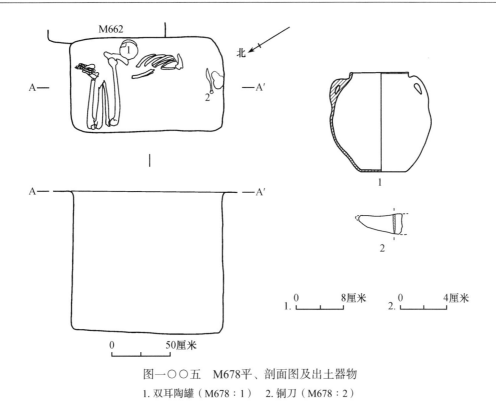

图一○○五 M678平、剖面图及出土器物
1. 双耳陶罐（M678∶1） 2. 铜刀（M678∶2）

2. 铜器

M678∶2，铜刀。1件。残损严重，仅存刃尖部分可看出器形，直背，弧刃，截面呈三角形。残长3.5厘米，最宽处1.2厘米，重12.7克（图一○○五，2；图版七一七，6）。

M679

（一）形制结构

长方形竖穴土坑墓。位于T1310北部偏西，东北部被现代沟打破。墓向214°。墓口距地表0.22米，长1.44米，宽1.1米，墓坑深0.52米。墓圹内填充夹杂砾石的黄色土。墓圹底部为长方形土坯椁室，椁室四壁均平砌多层土坯，土坯块数和层数不明。椁室内周长0.92米，宽0.6米；土坯长0.26米，宽0.24米。椁室底部放置人骨1具，右侧身屈肢，头向西南，面向东南，性别男（图一○○六；图版七一八，2）。

（二）出土遗物

共18件。陶器1件，为双耳陶罐（M679∶7），出土于人骨尺骨。铜器6件，其中铜牌饰2

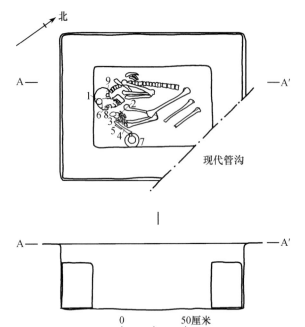

图一〇六　M679平、剖面图

1. 铜牌饰（M679：1）　2. 铜镜（M679：2）
3. 绿松石串珠（M679：3）　4. 铜刀（M679：4）
5. 铜锥（M679：5）　6. 绿松石串珠（M679：6）
7. 双耳陶罐（M679：7）　8. 铜牌饰（M679：8）
9. 铜别针（M679：9）

件（M679：1、M679：8），出土于人骨颅骨附近；铜镜1件（M679：2），出土于人骨颅骨前；铜刀1件（M679：4），出土于人骨手部；铜锥1件（M679：5），出土于人骨手部；铜别针1件（M679：9），出土于人骨耳部。石器11件，均为绿松石串珠，其中8件（M679：3）出土于人骨颈部，3件（M679：6）出土于人骨顶骨。

1. 陶器

M679：7，双耳陶罐。夹细砂红陶，手制，口部及一耳残。侈口，圆唇，短束颈，颈肩双耳，垂鼓腹，小平底。口沿内绘一周弦纹及短竖线纹，腹部绘多重倒"V"形纹，耳部绘斜线纹。通高12.1厘米，口径7.6厘米，腹径12.4厘米，底径4.2厘米，重400克（图一〇七，1；图版七一九，6）。

2. 铜器

M679：1，铜牌饰。1件。圆形，泡状，边缘处两侧有孔。直径4.8厘米，孔径0.1厘米，重18.64克（图一〇七，2；图版七一九，1）。

M679：2，铜镜。1件。圆形，素面，背部有桥型纽。直径5.6厘米，重19.05克（图一〇七，3）。

M679：4，铜刀。1件。环首，弧柄，中部有一道凹槽，曲刃弧背，整体呈新月形，刃部截面呈三角形，柄部呈工字形。长19.9厘米，背厚0.4厘米，孔径0.5厘米（图一〇七，5；图版七一九，3）。

M679：5，铜锥。1件。四棱锥形，两端尖锐，一侧似有凹槽。长3.1厘米，重1.76克（图一〇七，6；图版七一九，4）。

M679：8，铜牌饰。1件。圆形，泡状，边缘处两侧有孔。直径5.1厘米，孔径0.1厘米，重13.24克（图一〇七，4）。

M679：9，铜别针。1件。门鼻形，铜丝卷制，接口处平行尖锐。长3.1厘米，环径1.8厘米，丝径0.1厘米，重0.66克（图一〇七，7；图版七二〇，1）。

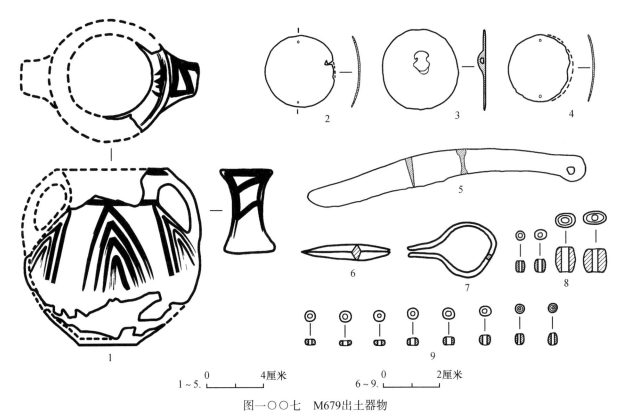

图一〇七　M679出土器物

1. 双耳陶罐（M679：7）　2. 铜牌饰（M679：1）　3. 铜镜（M679：2）　4. 铜牌饰（M679：8）　5. 铜刀（M679：4）
6. 铜锥（M679：5）　7. 铜别针（M679：9）　8. 绿松石串珠（M679：6）　9. 绿松石串珠（M679：3）

3. 石器

M679：3，绿松石串珠。8件，浅绿色或近白色，矮圆柱状及圆柱状，中部穿孔。直径0.2~0.3厘米，厚0.1~0.3厘米，孔径不足0.1厘米，重不足0.1克（图一〇七，9；图版七一九，2）。

M679：6，绿松石串珠。3件，青色，圆柱状或不规则扁圆柱状，中部穿孔。长0.4~0.9厘米，宽0.3~0.9厘米，孔径0.1~0.3厘米，重0.1~0.5克（图一〇七，8；图版七一九，5）。

M680

（一）形制结构

长方形竖穴土坑墓。位于T1310中部，被M669打破。墓向48°。墓口距地表0.22米，长1米，宽0.7米，墓坑深0.5米。墓圹内填充夹杂砾石的黄色土。墓圹底部放置人骨1具，保存较差，仅存部分骨骼，分布散乱（图一〇八；图版七二〇，3）。

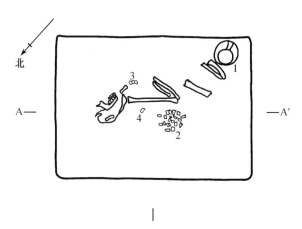

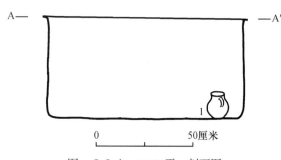

图一〇八　M680平、剖面图

1. 双耳陶罐（M680：1）　2. 骨牌饰（M680：2）

3. 三联铜泡（M680：3）　4. 绿松石串珠（M680：4）

（二）出土遗物

共23件。陶器1件，为双耳陶罐（M680：1），出土于人骨足部。铜器1件，为三联铜泡（M680：3），出土于人骨颈部。石器1件，为绿松石串珠（M680：4），出土于人骨颈部。骨器20件，均为骨牌饰（M680：2），出土于墓坑中部。

1. 陶器

M680：1，双耳陶罐。1件。夹细砂红陶，手制，口沿及耳部略残。直口，方唇，直颈，颈肩双耳，鼓腹，小平底。通高13.5厘米，口径8.2厘米，腹径13厘米，底径5.3厘米，重585克（图一〇九，1；图版七二〇，2）。

2. 铜器

M680：3，三联铜泡。1件。三联状，一面平直，一面突起。长3厘米，宽1厘米，重2.47克（图一〇九，3；图版七二一，2）。

3. 石器

M680：4，绿松石串珠。1件。扁腰鼓状，中部穿孔。长0.8厘米，宽0.6厘米，孔径0.15克，重0.3克（图一〇九，2；图版七二一，3）。

4. 骨器

M680：2，骨牌饰。20件。完整，残损者不可计数。长方形，一端有圆形小孔。长2.4～3.1厘米，宽1.2～1.8厘米，孔径0.4厘米，重50.62克（图一〇九，4；图版七二一，1）。

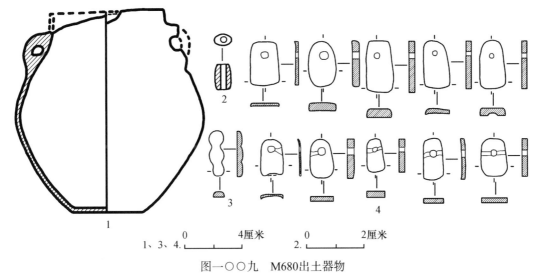

1、3、4. 0　　　　4厘米　　　2. 0　　　　2厘米

图一○○九　M680出土器物

1. 双耳陶罐（M680：1）　2. 绿松石串珠（M680：4）　3. 三联铜泡（M680：3）　4. 骨牌饰（M680：2）

M681

（一）形制结构

长方形竖穴土坑墓。位于T1316，被M639打破。墓向215°。墓口长1.64米，宽1.3米，墓坑深0.5米。墓圹内填充夹杂砾石的黄色土。墓圹底部四周设生土二层台，二层台内侧竖立1层土坯，二层台上不错缝平砌2层土坯，每边每层土坯块数不明。椁室内周长1.1米，宽0.66米；土坯长0.3～0.32米，宽0.2～0.24米，厚0.1米。椁室底部放置人骨1具，右侧身屈肢，头向南，面向东（图一○一○；图版七二二，1）。

（二）出土遗物

共5件。陶器1件，为双耳陶罐（M681：1），出土于椁室西部。铜器3件，为铜耳环（M681：2），出土于人骨耳部。石器1件，为滑石串珠（M681：3），出土于人骨颈部。

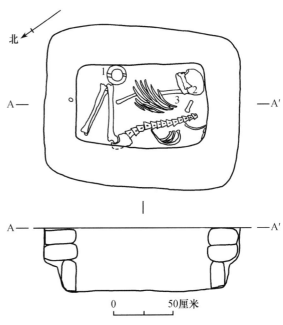

图一○一○　M681平、剖面图

1. 双耳陶罐（M681：1）　2. 铜耳环（M681：2）

3. 滑石串珠（M681：3）

1. 陶器

M681：1，双耳陶罐。1件。夹细砂红陶，手制，口沿略残。微侈口，圆唇，短直颈，沿肩双耳，球腹，平底。口沿内绘一周弦纹，口沿边绘一周水波纹，肩部绘一周弦纹，其下绘连续的锯齿三角纹，三角纹之间绘短水波纹，耳部绘竖线纹。通高16.8厘米，口径9.3厘米，腹径17.6厘米，底径7.6厘米，重925克（图一〇一一，1；图版七二二，2）。

2. 铜器

M681：2，铜耳环。3件。环状，铜丝绕成，接口扁平。其一，直径2.5厘米，丝径0.2厘米，重2.55克；其二，直径3.1厘米，丝径0.3厘米，重4.28克；其三，直径1.4厘米，丝径0.2厘米（图一〇一一，3；图版七二二，3）。

3. 石器

M681：3，滑石串珠。1件。片状，中部穿孔。厚0.2厘米，直径0.7厘米，孔径0.2厘米，重0.2克（图一〇一一，2；图版七二三，1）。

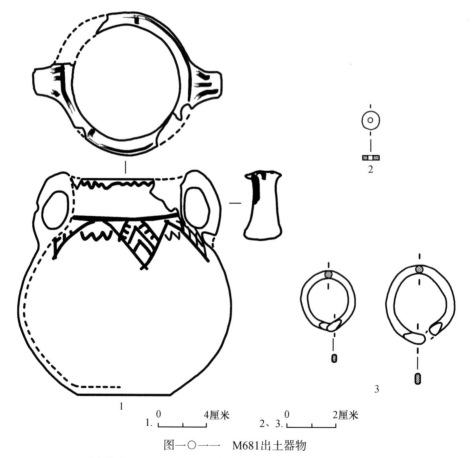

图一〇一一　M681出土器物

1. 双耳陶罐（M681：1）　2. 滑石串珠（M681：3）　3. 铜耳环（M681：2）

M682

（一）形制结构

长方形竖穴土坑墓。位于T1315。墓向42°。墓口长1.5米，宽1.2米，墓坑深0.6米。墓圹内填充夹杂砾石的黄色土，填土中出土双耳陶罐1件。墓圹底部四周设生土二层台，二层台内侧竖立1层土坯，二层台上不错缝平砌2层土坯，每边每层铺设土坯块数不明。椁室内周长0.94米，宽0.74米；土坯长0.26～0.3米，宽0.16米，厚0.1米。墓葬共出土人骨2具，其中1具放置于墓圹填土中，为成年男性个体，保存较差，骨骼分布散乱；另1具放置于椁室底部，左侧身屈肢，头向东北，面向南，性别女（图一〇一二；图版七二三，3）。

（二）出土遗物

共9件。陶器3件，1件为双腹耳陶壶（M682：1），出土于人骨左臂外侧；2件为双耳陶罐，出土于人骨左臂外侧（M682：2）和填土中（M682：3）。铜器1件，为铜耳环（M682：4），出土于人骨耳部。石器5件，其中玉髓串珠1件（M682：5），出土于人骨颈部；滑石串珠4件（M682：6），出土于人骨颈部。

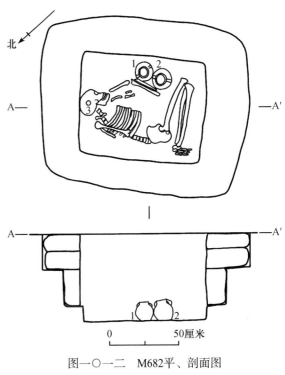

图一〇一二　M682平、剖面图
1. 双腹耳陶壶（M682：1）　2. 双耳陶罐（M682：2）
3. 铜耳环（M682：3）

1. 陶器

M682：1，双腹耳陶壶。1件。夹细砂红陶，手制，口部略残。侈口，方唇，束颈，鼓腹，腹部双耳，平底。肩部绘一周弦纹附水波纹，腹部绘短水波纹。通高15.5厘米，口径7.5厘米，腹径14厘米，底径7厘米，重500克（图一〇一三，1；图版七二三，2）。

M682：3，双耳陶罐。1件。夹细砂红陶，手制，口沿及底部略残。微侈口，圆唇，短束颈，沿肩双耳，鼓腹，平底。颈部绘竖线纹，肩部绘一周弦纹，其下为平行线交错间隔短水波纹组合纹样，耳部绘网格纹。通高14.3厘米，口径8.3厘米，腹径16.2厘米，底径8.2厘米，重715克（图一〇一三，2；图版七二四，2）。

M682：2，双耳陶罐。1件。夹细砂红陶，手制，口部略残。微侈口，方唇，短直颈，颈肩双耳，鼓腹，小平底。通高12.3厘米，口径8.3厘米，腹径15.5厘米，底径7.4厘米，重415克（图一〇一三，3；图版七二四，1）。

2. 铜器

M682：4，铜耳环。1件。环状，铜丝绕制，接口无特殊形制。直径2厘米，丝径0.2厘米，重1.21克（图一〇一三，4；图版七二四，3）。

3. 石器

M682：5，玉髓串珠。1件。红色半透明，算柱状，对钻穿孔。直径1.3厘米，孔0.7厘米，厚0.6厘米，重1.56克（图一〇一三，6；图版七二四，4）。

M682：6，滑石串珠。4件。白石，片状，中部穿孔。厚0.1～0.2厘米，直径0.7厘米，孔径0.15克，重0.17克（图一〇一三，5；图版七二四，5）。

附：M682墓主人人骨经稳定同位素分析，其中C_3占比58.75%，C_4占比41.25%，同时动物性食物的摄入占有相当大比例（张全超，2010：41）。

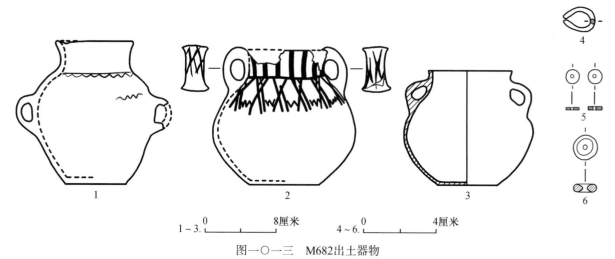

1～3.　0　　　　8厘米　　　4～6.　0　　　　4厘米

图一〇一三　M682出土器物

1. 双腹耳陶壶（M682：1）　2. 双耳陶罐（M682：3）　3. 双耳陶罐（M682：2）　4. 铜耳环（M682：4）
5. 滑石串珠（M682：6）　6. 玉髓串珠（M682：5）

M683

（一）形制结构

长方形竖穴土坑墓。墓向43°。墓口长1.1米，宽0.56米，墓坑深0.5米。墓圹底部放置人骨1具，左侧身屈肢，头向东北，面向南（图一〇一四；图版七二五，1）。

（二）出土遗物

共51件。陶器1件，为双耳陶罐（M683：1），出土于人骨膝部。铜器25件，其中铜牌饰4件（M683：2、M683：5），出土于人骨头骨后和颈部；铜管18件（M683：7），出土于人骨胫骨；铜牌饰1件（M683：8），出土于人骨颈部；铜饰件1件（M683：9），出土于人骨颈部；铜刀1件（M683：10），出土位置不明。石器12件，其中滑石串珠7件（M683：3），出土于人骨颈部；绿松石串珠5件（M683：4），出土于人骨颈部。骨器13件，均为骨牌饰（M683：6），出土于人骨腰部。

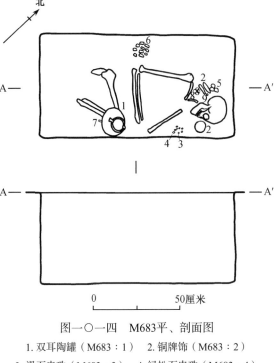

图一〇一四 M683平、剖面图
1. 双耳陶罐（M683：1） 2. 铜牌饰（M683：2）
3. 滑石串珠（M683：3） 4. 绿松石串珠（M683：4）
5. 铜牌饰（M683：5） 6. 骨牌饰（M683：6）
7. 铜管（M683：7） 8. 铜牌饰（M683：8）
9. 铜饰件（M683：9）

1. 陶器

M683：1，双耳陶罐。1件。夹细砂红陶，手制，完整。微侈口，圆唇，直颈，颈肩双耳，鼓腹，鼓腹处两侧各有一乳突，平底。通高15.7厘米，口径9厘米，腹径15.6厘米，底径7厘米，重915克（图一〇一五，5；图版七二四，6）。

2. 铜器

M683：2，铜牌饰。1件。圆形，近边缘处有一圆形小孔，铜牌表面有数道划痕（图版七二五，2）。

M683：5，铜牌饰。3件。椭圆形，泡状，长径两侧近边缘处有圆形小孔。长径2.7～3.1厘米，短径2.4～2.7厘米，孔径0.2厘米，重3.19～4.26克（图一〇一五，4；图版七二六，2）。

M683：7，铜管。18件。螺旋状10件，铜片螺旋而成，长1～3.7厘米，直径0.7厘米，重0.95～4.4克。管状7件，铜片卷成，有接缝，长0.7～2.6厘米，重0.18～1.31克。珠状1件，卷制，有接缝，长0.8厘米，直径1厘米，孔径0.4厘米，重1.44克（图一〇一五，9；图版七二七，1）。

M683：8，铜牌饰。1件。蝶状，中部小，两侧宽大，中部有环。长9.5厘米，宽2.2厘米，孔径0.7厘米（图一〇一五，8；图版七二七，2）。

M683：9，铜饰件。1件。人字形，顶端有圆形孔，孔旁有圆形凹槽。一侧有小孔，铜片呈阶梯状。长7.6厘米，宽0.8～1.1厘米，孔径0.4厘米，小孔0.1厘米，重16.47克（图一〇一五，2；图版七二七，3）。

M683：10，铜刀。1件。宽弧刃，背部有两个突脊。长15.3厘米，最宽处6.7厘米（图一〇一五，7；图版七二八，1）。

3. 石器

M683：3，滑石串珠。7件。片状，中部穿孔。厚0.1～0.3厘米，直径0.4～0.6厘米，孔径0.1厘米，不足0.1克（图一〇一五，6；图版七二五，3）。

M683：4，绿松石串珠。5件。不规则柱状，大小不一，中部穿孔。长0.4～0.9厘米，宽0.4～0.8厘米，孔径0.15厘米，重0.1～0.23克（图一〇一五，3；图版七二六，1）。

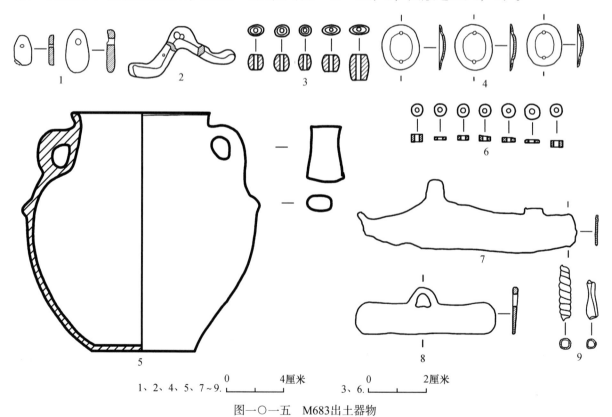

图一〇一五　M683出土器物

1. 骨牌饰（M683：6）　2. 铜饰件（M683：9）　3. 绿松石串珠（M683：4）　4. 铜牌饰（M683：5）　5. 双耳陶罐（M683：1）
6. 滑石串珠（M683：3）　7. 铜刀（M683：10）　8. 铜牌饰（M683：8）　9. 铜管（M683：7）

4. 骨牌饰

M683：6，骨牌饰。13件。完整，残损者不可计数；方形或梯形，一端穿孔。长2.1～3厘米，宽1.1～1.7厘米，孔径0.4厘米，重1.2～2.67克（图一○一五，1；图版七二六，3）。

附：M683螺旋铜管经金相检验和成分分析，其材质为Cu-Sn（锡青铜），制作技术为热锻（潜伟，2006：44）。

M684

（一）形制结构

长方形竖穴土坑墓。墓向225°。墓口长1.1米，宽0.86米，墓坑残深0.4米。墓圹内填充夹杂砾石的黄色土。墓圹底部放置人骨1具，保存较差，仅存部分人骨，分布散乱（图一○一六）。

（二）出土遗物

共6件。石器5件，其中玉髓串珠1件（M684：1），出土于墓坑中部；绿松石串珠1件（M684：2），出土于墓坑中部；滑石串珠3件（M684：4），出土于墓坑中部。贝器1件（M684：3），出土于墓坑中部。

1. 石器

M684：1，玉髓串珠。1件。红色半透明，算珠状，对钻穿孔。厚0.6厘米，直径1.5厘米，孔径0.7厘米，重1.91克（图一○一六，1；图版七二八，2）。

M684：2，绿松石串珠。1件。片状，中部穿孔。厚0.3厘米，直径1厘米，孔径0.3厘米，重0.68克（图一○一六，3；图版七二八，3）。

M684：4，滑石串珠。3件。柱状，中部穿孔。长0.3～0.6厘米，直径0.3～0.4厘米，孔径0.2厘米，重不足0.1克（图一○一六，4；图版七二八，5）。

2. 贝器

M684：3，海贝。1件。柱状，中部穿孔。长2.12厘米，直径0.3～0.4厘米，孔径0.2厘米，重不足0.1克（图一○一六，2；图版七二八，4）。

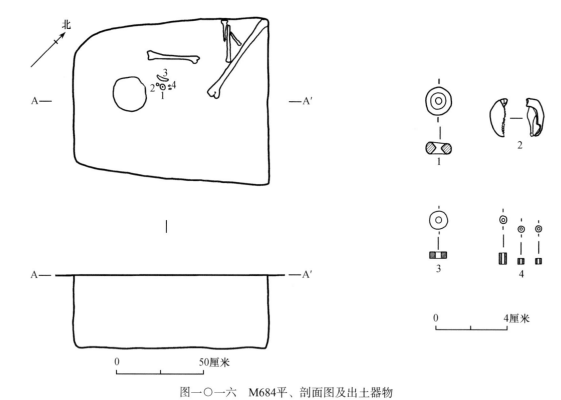

图一〇一六　M684平、剖面图及出土器物

1. 玉髓串珠（M684：1）　2. 绿松石串珠（M684：2）　3. 海贝（M684：3）　4. 滑石串珠（M684：4）

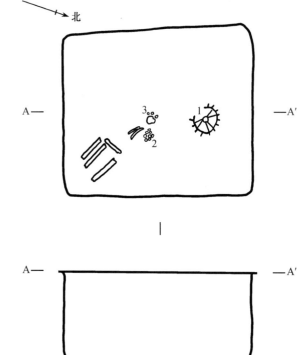

图一〇一七　M685平、剖面图

1. 铜牌饰（M685：1）　2. 铜珠（M685：2）

3. 铜泡（M685：3）

M685

（一）形制结构

长方形竖穴土坑墓。墓向341°。墓口长0.8米，宽0.68米，墓坑残深0.36米。墓圹底部放置人骨1具，保存较差，仅存部分骨骼，分布散乱（图一〇一七）。

（二）出土遗物

共15件。铜器15件，其中铜牌饰1件（M685：1），出土于墓坑北部；铜珠13件（M685：2），出土于墓坑中部；铜泡1件（M685：3），出土于墓坑中部。

M685：1，铜牌饰。1件。圆形，背部有桥形纽，以纽为中心有数道镂空呈辐射状分布，外侧有一周间隔圆形突起。直径9.4厘米（图一〇一八，1；图版七二八，6）。

M685：2，铜珠。13件。算珠形，折腹，中部有孔。厚0.3～0.6厘米，直径0.9厘米，重1.11克（图一〇一八，2；图版七二九，1）。

M685：3，铜泡。1件。圆泡状，背部有桥纽。直径3.9厘米，重14.43克（图一〇一八，3；图版七二九，2）。

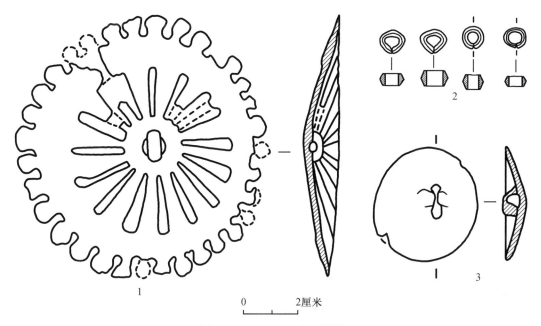

图一〇一八 M685出土器物

1. 铜牌饰（M685：1） 2. 铜珠（M685：2） 3. 铜泡（M685：3）

M686

长方形竖穴土坑墓。打破M693，东部被M665打破。墓向40°。墓口残长1.4米，残宽1.04米，墓坑深0.52米。墓圹底部为长方形土坯椁室，椁室四壁均平砌多层土坯，土坯块数和层数不明。椁室内周长0.74米，残宽0.46米。椁室底部放置人骨1具，保存较差，仅存零星骨骼，分布散乱（图一〇一九）。

无出土遗物。

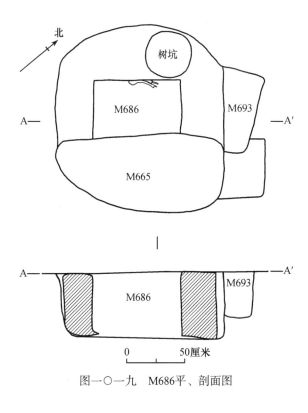

图一〇一九 M686平、剖面图

M687

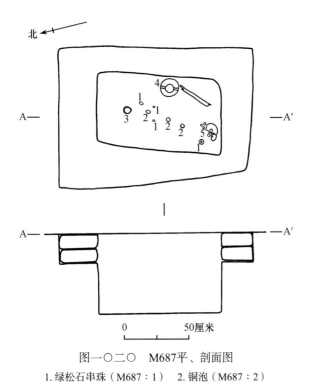

图一〇二〇　M687平、剖面图
1. 绿松石串珠（M687：1）　2. 铜泡（M687：2）
3. 铜泡（M687：3）　4. 单耳陶罐（M687：4）
5. 铜耳环（M687：5）

（一）形制结构

长方形竖穴土坑墓。墓向195°。墓口距地表0.4米，长1.5米，宽1.08米，墓坑深0.6米。墓圹底部四周设生土二层台，二层台上不错缝平砌2层土坯。椁室内周长0.96米，宽0.54米；土坯宽0.16～0.24米，厚0.1米。椁室底部放置人骨1具，保存较差，仅存零星骨骼，分布散乱（图一〇二〇；图版七二九，3）。

（二）出土遗物

共14件。陶器1件，为单耳陶罐（M687：4），出土于椁室东部。铜器6件，其中铜泡4件（M687：2、M687：3），出土于椁室中部；铜耳环2件（M687：5），出土于人骨耳部。石器7件，均为绿松石串珠（M687：1），出土于人骨头骨前。

1. 陶器

M687：4，单耳陶罐。1件。夹细砂红陶，手制，口部略残。侈口，方唇，短束颈，颈肩单耳，鼓腹，平底。口沿内绘短线纹，颈部绘竖列水波纹，肩部绘一周弦纹附短线纹，腹部绘两周不连续的横列水波纹，中间为竖列水波纹，耳部绘竖列水波纹。通高17.2厘米，口径9.7厘米，腹径16.1厘米，底径7.8厘米，重945克（图一〇二一，1；图版七三〇，4）。

2. 铜器

M687：2，铜泡。3件。圆形泡状，背部有纽。直径1.5～2.1厘米，重2.12～4.87克（图一〇二一，5；图版七三〇，2）。

M687：3，铜泡。1件。圆形泡状，背部有纽。直径3.2厘米，重6.26克（图一〇二一，4；图版七三〇，3）。

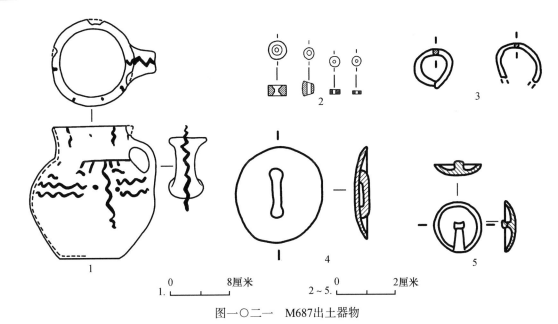

图一〇二一 M687出土器物

1.单耳陶罐（M687：4） 2.绿松石串珠（M687：1） 3.铜耳环（M687：5） 4.铜泡（M687：3） 5.铜泡（M687：2）

M687：5，铜耳环。2件。环状，铜丝绕成。直径1.3厘米，丝径0.2厘米，重0.97克（图一〇二一，3；图版七三〇，5）。

3. 石器

M687：1，绿松石串珠。7件。绿色或白色，大小不一，中部穿孔。厚0.2～1厘米，直径0.5～1.3厘米，孔径0.2～0.7厘米，重0.58～1.91克（图一〇二一，2；图版七三〇，1）。

M688

长方形竖穴土坑墓。位于T1311中部偏南，大部被现代坑打破。墓向44°。墓口距地表0.26米，长1.46米，残宽1.24米，墓坑深0.3米。墓圹底部为长方形土坯椁室，椁室西壁竖立1层土坯，铺设土坯2～3块；东、南、北三壁土坯放置情况不明。椁室内周残长0.54米，残宽0.62米。无人骨（图一〇二二；图版七三一，1）。

无出土遗物。

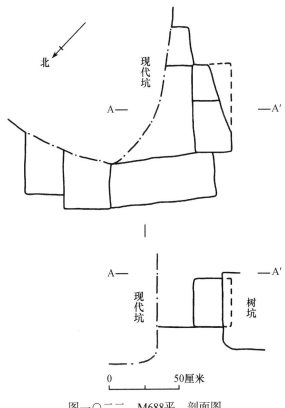

图一〇二二 M688平、剖面图

M689

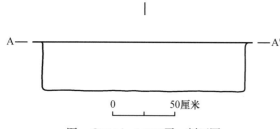

图一〇二三　M689平、剖面图

1. 铜锥（M689：1）　2. 铜刀（M689：2）
3. 铜锥（M689：3）　4. 双耳陶罐（M689：4）

（一）形制结构

长方形竖穴土坑墓。被M691打破。墓向59°。墓口距地表0.22米，长1.62米，宽1.16米，墓坑深0.4米。墓圹底部放置人骨1具，保存较差，仅存零星骨骼，分布散乱（图一〇二三）。

（二）出土遗物

共4件。陶器1件，为双耳陶罐（M689：4），出土于墓坑东南角。铜器3件，其中铜锥2件（M689：1、M689：3），出土于墓坑东部；铜刀1件（M689：2），出土于墓坑东部。

1. 陶器

M689：4，双耳陶罐。1件。夹细砂红陶，手制。大侈口，束颈，颈肩双耳，弧腹，小平底。口沿内绘一周弦纹及四组对称的多重短线纹，口沿处和肩部各绘两周弦纹，其间颈部绘连续的竖向菱格纹，腹部正中绘多重竖线纹，两侧为树草纹，耳部绘横竖短线交错和点状纹。通高10厘米，口径8.8厘米，腹径10.8厘米，底径4.6厘米（图一〇二四，1；图版七三二，1）。

2. 铜器

M689：1，铜锥。1件。四棱锥状，一端尖锐。长6.5厘米，宽0.6厘米，重8.59克（图一〇二四，2；图版七三〇，6）。

M689：2，铜刀。1件。仅存刃尖部，弧刃，截面呈三角形。残长3.4厘米，宽1.3厘米，重2.75克（图一〇二四，3；图版七三一，2）。

M689：3，铜锥。1件。四棱柱状，长12.2厘米，宽0.7厘米（图版七三一，3）。

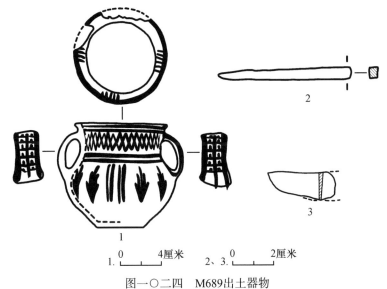

图一〇二四 M689出土器物

1. 双耳陶罐（M689：4） 2. 铜锥（M689：1） 3. 铜刀（M689：2）

M690

（一）形制结构

长方形竖穴土坑墓。墓向198°。墓口距地表0.22米，长0.88米，宽0.44米，墓坑深0.66米。墓圹内填充夹杂砾石的黄色土。无葬具。无人骨（图一〇二五）。

（二）出土遗物

共1件。陶器1件，为双耳陶罐（M690：1），出土于墓坑南部。

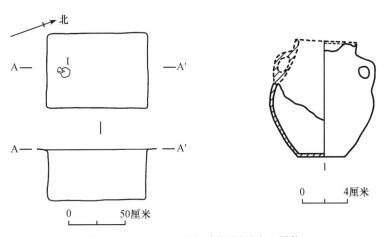

图一〇二五 M690平、剖面图及出土器物

1. 双耳陶罐（M690：1）

M690：1，双耳陶罐。1件。夹细砂红陶，手制，口部及一耳残。直口，方唇，直颈，颈肩双耳，鼓腹，平底。高10.1厘米，口径5.4厘米，腹径9.4厘米，底径4厘米，重215克（图一〇二五，1；图版七三二，2）。

M691

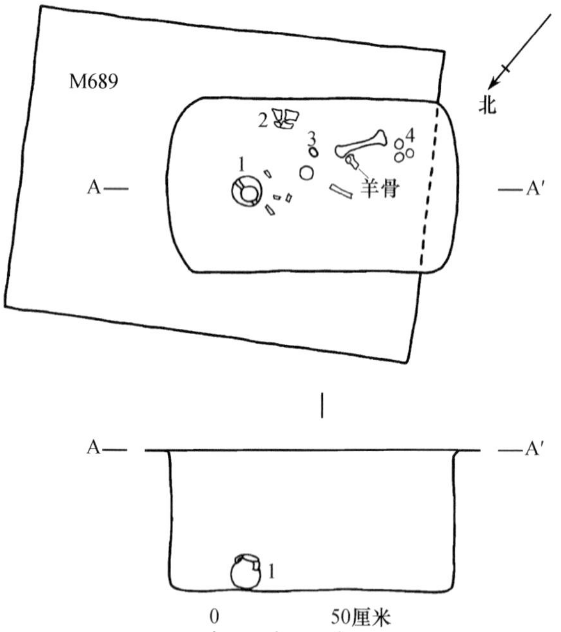

图一〇二六　M691平、剖面图

1. 双耳陶罐（M691：1）　2. 铜牌饰（M691：2）
3. 铜牌饰（M691：3）　4. 铜牌饰（M691：4）

（一）形制结构

长方形竖穴土坑墓。打破M689。墓向49°。墓口距地表0.22米，长1.16米，宽0.66米，墓坑深0.54米。墓圹内填充夹杂砾石的黄色土。墓圹底部放置人骨1具，保存较差，仅存部分骨骼，分布散乱（图一〇二六）。

（二）出土遗物

共7件。陶器1件，为双耳陶罐（M691：1），出土于墓坑北部。铜器5件，均为铜牌饰（M691：2、M691：3、M691：4、M691：5、M691：6），出土于墓坑东侧。羊骨1件，出土于墓坑中部。

1. 陶器

M691：1，双耳陶罐。1件。夹细砂红陶，手制，完整。直口，方唇，直颈，颈肩双耳，鼓腹，小平底。通高9.6厘米，口径6.07厘米，腹径9.5厘米，底径4厘米，重270克（图一〇二七，1；图版七三二，3）。

2. 铜器

M691：2，铜牌饰。1件。残。原应为圆形，一面略弧，近边缘处有一圆形小孔。残径5厘米，孔径0.3厘米，重12克（图一〇二七，6；图版七三二，4）。

M691：3，铜牌饰。1件。原应为圆形，一面略弧，近边缘处有一圆形小孔。残径2.2厘米，孔径0.1厘米，重1克（图一〇二七，2；图版七三二，5）。

M691：4，铜牌饰。1件。残，原应为圆形，一面略弧。残径4.8厘米，重6.83克（图一〇二七，5；图版七三二，6）。

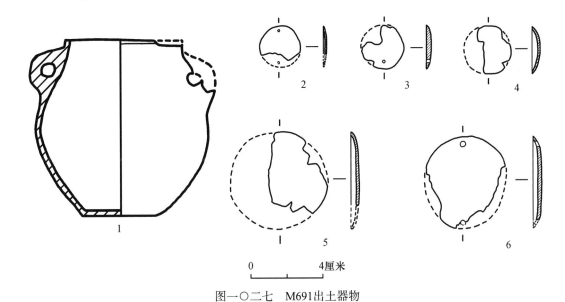

图一〇二七 M691出土器物

1. 双耳陶罐（M691：1）　2. 铜牌饰（M691：3）　3. 铜牌饰（M691：6）　4. 铜牌饰（M691：5）　5. 铜牌饰（M691：4）
6. 铜牌饰（M691：2）

M691：5，铜牌饰。1件。残，原应为圆形，一面略弧。残径2.6厘米，重1.76克（图一〇二七，4；图版七三三，1）。

M691：6，铜牌饰。1件。原应为圆形，一面略弧，近边缘处有一圆形小孔。残径2.4厘米，孔径0.2厘米，重2.19克（图一〇二七，3；图版七三三，2）。

附：M691：3铜牌饰经成分分析，合金类型为Cu-Sn（锡青铜）（梅建军，2002：4）。

M692

（一）形制结构

长方形竖穴土坑墓。墓向41°。墓口距地表0.3米，长1米，宽0.7米，墓坑深0.7米。墓圹内填充夹杂砾石的红黄色土。墓圹底部放置人骨1具，左侧身屈肢，头向东北，面向东南（图一〇二八；图版七三三，3）。

（二）出土遗物

共9件。陶器2件，其中双耳陶罐1件（M692：1），出土于人骨股骨旁；陶片1件（M692：5），出土于填土。铜器5件，其中铜手镯2件（M692：2、M692：8），出土于人骨手腕旁和填土；铜耳环1件（M692：3），出土于人骨耳部；铜管1件（M692：6），出土于人骨腕部；铜泡1件（M692：7），出土于人骨头骨前。石器2件，均为滑石串珠（M692：4），出土于人骨胸部。

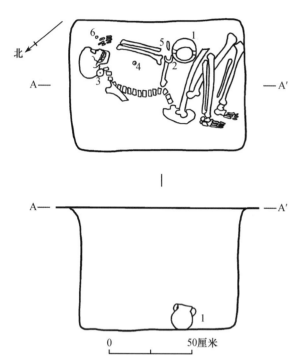

图一〇二八　M692平、剖面图

1. 双耳陶罐（M692：1）　2. 铜手镯（M692：2）

3. 铜耳环（M692：3）　4. 滑石串珠（M692：4）

5. 铜管（M692：6）　6. 铜泡（M692：7）

1. 陶器

M692：1，双耳陶罐。1件。夹细砂红陶，手制，口沿略残。侈口，方唇，短束颈，沿肩双耳，鼓腹，小平底。腹部有一小圆孔。器表有烟熏痕迹。通高17厘米，口径11.6厘米，腹径17.6厘米，底径8.6厘米，重1020克（图一〇二九，1；图版七三四，1）。

M692：5，陶片。1件。夹细砂红陶，手制，口沿残片，器表施红色陶衣。口沿处绘弦纹。残长3.2厘米，壁厚0.2～0.5厘米，重20克（图一〇二九，4；图版七三四，3）。

2. 铜器

M692：2，铜手镯。1件。无绘图、无照片、无文字记录。

M692：3，铜耳环。1件。完整。环形，用细铜丝绕成，接口处尖锐相错。直径3.8厘米，丝径0.2厘米，重2.85克（图一〇二九，3）。

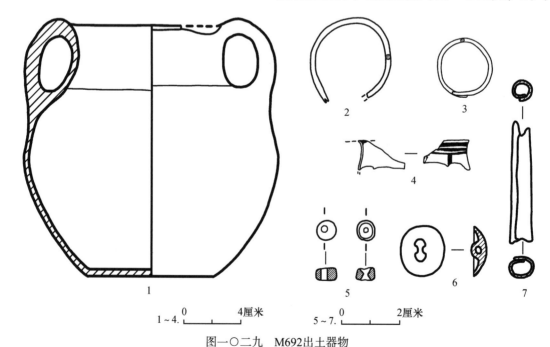

图一〇二九　M692出土器物

1. 双耳陶罐（M692：1）　2. 铜手镯（M692：8）　3. 铜耳环（M692：3）　4. 陶片（M692：5）　5. 滑石串珠（M692：4）

6. 铜泡（M692：7）　7. 铜管（M692：6）

M692：6，铜管。1件。残。管状，用薄铜片卷成，有接缝。残长4.1厘米，直径0.5~0.8厘米，重2.64克（图一〇二九，7；图版七三四，4）。

M692：7，铜泡。1件。残。圆形，泡状，背部有纽。直径1.6厘米，重1.84克（图一〇二九，6；图版七三四，5）。

M692：8，铜手镯。1件。环形，用细铜丝绕成。直径6.4厘米，丝径0.3厘米，重7.9克（图一〇二九，2；图版七三四，6）。

3. 石器

M692：4。滑石串珠。2件。完整。白色，柱状，中部对钻穿孔。长0.4厘米，直径0.6厘米，孔径0.2厘米，重0.24克（图一〇二九，5；图版七三四，2）。

附：M692铜耳环经金相检验和成分分析，其材质为Cu-As（砷青铜），制作技术为热锻（潜伟，2006：44）。

M693

长方形竖穴土坑墓。南部被M686打破，中南部被M666打破。墓向320°。墓口距地表0.3米，残长0.69米，宽0.33米，墓坑残深0.4米。墓圹内填充夹杂砾石的黄色土。无葬具。无人骨（图一〇三〇）。

无出土遗物。

M694

（一）形制结构

长方形竖穴土坑墓。墓向34°。墓口长0.84米，宽0.62米，墓坑深0.6米。无葬具。无人骨（图一〇三一）。

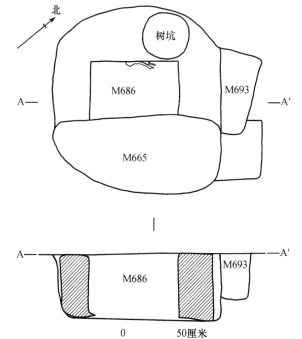

图一〇三〇　M693平、剖面图

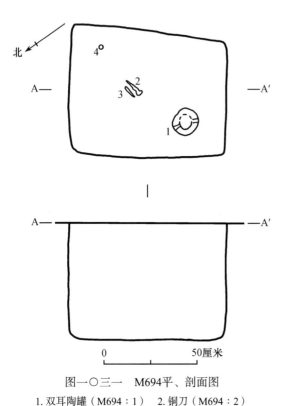

图一〇三一　M694平、剖面图

1. 双耳陶罐（M694：1）　2. 铜刀（M694：2）

3. 铜锥（M694：3）　4. 绿松石串珠（M694：4）

（二）出土遗物

共4件。陶器1件，为双耳陶罐（M694：1），出土于墓坑东北角。铜器2件，其中铜刀1件（M694：2），出土于墓坑中部；铜锥1件（M694：3），出土于墓坑中部。石器1件，为绿松石串珠（M694：4），出土于墓坑西南角。

1. 陶器

M694：1，双耳陶罐。1件。夹细砂红陶，手制，口沿残。微侈口，方唇，束颈，沿肩双耳，鼓腹，平底。器表有烟熏痕迹。通高15.8厘米，口径10.5厘米，腹径14.4厘米，底径6.8厘米，重730克（图一〇三二，1；图版七三五，1）。

2. 铜器

M694：2，铜刀。1件。残。刀尖上翘，弧背，弧刃，柄部残。残长7.2厘米，厚0.2厘米，宽0.8~1.5厘米，重10.87克（图一〇三二，4；图版七三五，2）。

M694：3，铜锥。1件。残。四棱锥状，两端残。残长4.5厘米，宽0.4厘米，重2.84克（图一〇三二，3；图版七三六，1）。

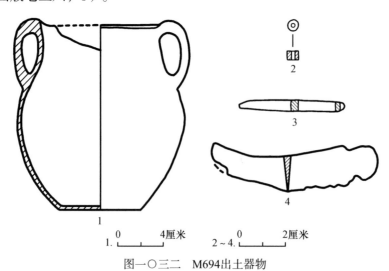

图一〇三二　M694出土器物

1. 双耳陶罐（M694：1）　2. 绿松石串珠（M694：4）　3. 铜锥（M694：3）　4. 铜刀（M694：2）

3. 石器

M694：4，绿松石串珠。1件。完整。柱状，中部穿孔。长0.4厘米，直径0.5厘米，孔径0.15厘米，重0.16克（图一○三二，2；图版七三六，2）。

M695

（一）形制结构

长方形竖穴土坑墓。墓向190°。墓口长1.12米，宽0.85米，墓坑深0.7米。墓圹底部放置人骨1具，右侧身屈肢，头向南，面向东（图一○三三；图版七三五，3）。

（二）出土遗物

共11件。陶器1件，为双耳陶罐（M695：6），出土于墓坑东部。铜器5件，其中铜刀1件（M695：1），出土于墓坑东南角；铜锥1件（M695：2），出土于墓坑东南角；铜牌饰2件（M695：3），出土于人骨股骨间；铜泡1件（M695：4），出土于人骨颈部。骨器4件，均为骨锥（M695：5），出土于墓坑东北角。羊腿骨1件，出土于墓坑东南角。

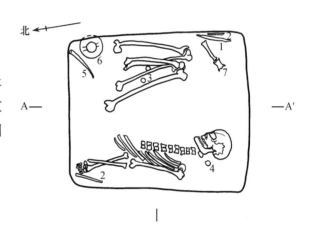

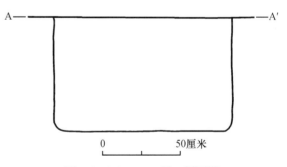

图一○三三　M695平、剖面图

1. 铜刀（M695：1）　2. 铜锥（M695：2）

3. 铜牌饰（M695：3）　4. 铜泡（M695：4）

5. 骨锥（M695：5）　6. 双耳陶罐（M695：6）

7. 羊腿骨

1. 陶器

M695：6，双耳陶罐。1件。夹细砂红陶，手制。侈口，方唇，短束颈，颈肩双耳，鼓腹，平底。通高16.1厘米，口径9.9厘米，腹径18厘米，底径9厘米，重1075克（图一○三四，1；图版七三七，2）。

2. 铜器

M695：1，铜刀。1件。残。刀尖残，弧背，弧刃，直柄，柄两侧有棱，炳刃分界处有明星凸起。残长11厘米，宽1.5厘米，柄长5.5厘米，重40.78克（图一〇三四，3；图版七三六，3）。

M695：2，铜锥。1件。残，四棱锥状（图一〇三四，5；图版七三六，4）。

M695：3，铜牌饰。2件。残。圆形，泡状。直径2.2、2.5厘米，重1.05、1.78克（图一〇三四，4；图版七三六，5）。

M695：4，铜泡。1件。残。圆形，一面平整，一面中部凸起。残径2厘米，重1.26克（图版七三六，6）。

3. 骨器

M695：5，骨锥。4件。残，锥状。残长1.9～4.7厘米，宽0.4～0.7厘米，重0.27～1.1克（图一〇三四，2；图版七三七，1）。

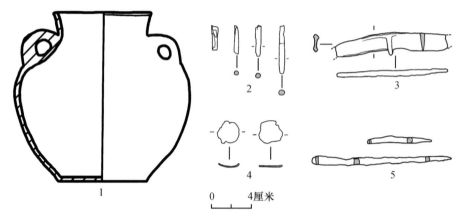

图一〇三四　M695出土器物

1. 双耳陶罐（M695：6）　2. 骨锥（M695：5）　3. 铜刀（M695：1）　4. 铜牌饰（M695：3）　5. 铜锥（M695：2）

M696

（一）形制结构

长方形竖穴土坑墓。墓向240°。墓口长1.22米，宽0.74米，墓坑深1米。墓圹底部东侧设生土二层台。墓圹底部放置人骨1具，右侧身屈肢，头向西南，面向东（图一〇三五；图版七三七，3）。

（二）出土遗物

共72件。陶器1件，为筒形陶罐（M696：2），出土于人骨顶骨。铜器1件，为铜耳环（M696：3），出土于人骨耳部。石器70件，均为串珠（M696：1），出土于人骨颈部。

1. 陶器

M696：2，筒形陶罐。1件。夹细砂红陶，手制，残。微敛口，口沿下有双贯耳，深弧腹，平底。口沿处绘两周弦纹，其间绘一周连续的短竖线纹，其下为三周连续的横向水波纹，腹部通体绘竖线纹，耳部绘块状黑彩。通高15.6厘米，口径12.2厘米，腹径14.4厘米，底径8.8厘米（图一〇三六，1；图版七三八，2）。

2. 铜器

M696：3，铜耳环。1件。残。环形，用细铜丝绕成，接口处一端尖锐。直径3.7厘米，丝径0.3厘米，重3.8克（图一〇三六，4；图版七三八，3）。

3. 石器

M696：1，串珠。70件。M696：1-1，绿松石串珠，2件，淡绿色，扁腰鼓状，中部穿孔。长1、1.7厘米，宽0.9、1.3厘米，孔径0.2厘米，重0.87、1.75克（图一〇三六，3；图版七三八，1）。M696：1-2，滑石串珠，68件，白色，圆饼状，中部穿孔。长0.1～0.2厘米，直径0.5～0.7厘米，孔径0.2厘米。总重5.11克（图一〇三六，2；图版七三八，1）。

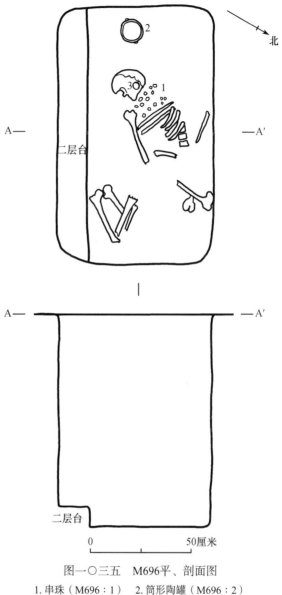

图一〇三五　M696平、剖面图
1. 串珠（M696：1）　2. 筒形陶罐（M696：2）
3. 串珠（M696：3）

M697

（一）形制结构

长方形竖穴土坑墓。位于T1414西北角。墓向42°。墓口长1.44米，宽1.08米，墓坑深0.2米。墓圹内填充夹杂砾石的黄红色土，填土中出土碎陶片。墓圹东壁向外掏挖出长1.07米，宽0.2米的偏室。墓圹底部为长方形土坯椁室，椁室四壁均平砌多层土坯，土坯块数和层数不

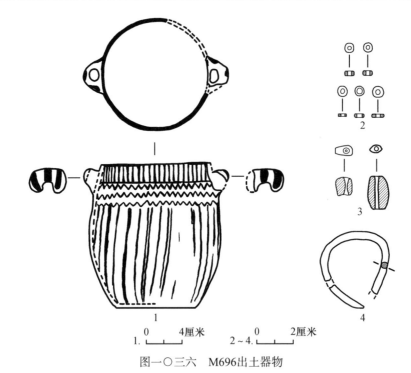

1. 　0　　　4厘米　　　　　　0　　　2厘米
2 ~ 4.

图一〇三六　M696出土器物

1. 筒形陶罐（M696∶2）　2. 滑石串珠（M696∶1-2）　3. 绿松石串珠（M696∶1-1）　4. 铜耳环（M696∶3）

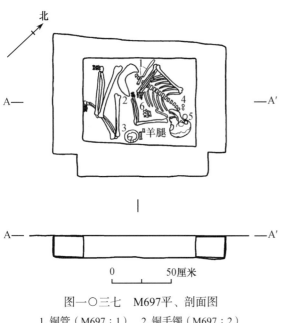

图一〇三七　M697平、剖面图

1. 铜管（M697∶1）　　2. 铜手镯（M697∶2）
3. 双耳陶罐（M697∶7）　4. 玉髓串珠（M697∶4）
5. 铜耳环（M697∶5）　　6. 单耳陶罐（M697∶6）

明。椁室内周长0.94米，宽0.72米；土坯长0.3米，宽0.18 ~ 0.2米，厚0.1米。椁室底部放置人骨1具，左侧身屈肢，头向东，面向南（图一〇三七；图版七三九，1）。

（二）出土遗物

共19件。陶器2件，其中单耳陶罐1件（M697∶6），出土于人骨胸前；双耳陶罐1件（M697∶7），出土于人骨膝部。铜器10件，其中铜管5件（M697∶1），出土于人骨小臂；铜手镯2件（M697∶2），出土于人骨腕部；铜牌饰1件（M697∶3），出土位置不明；铜耳环2件（M697∶5），出土于人骨耳部。石器6件，均为玉髓串珠（M697∶4），出土于人骨颈部。羊腿骨1件，位于人骨东侧。

1. 陶器

M697∶6，单耳陶罐。1件。夹细砂红陶，手制，口沿残。直口，圆唇，长直颈，颈肩单耳，垂腹，平底。通高12.8厘米，口径6厘米，腹径11.3厘米，底径6.7厘米，重440克（图一〇三八，3；图版七四〇，4）。

　　M697：7，双耳陶罐。1件。夹细砂红陶，手制，口部及一耳残。侈口，短束颈，沿肩双耳，鼓腹，平底。口沿处绘一周水波纹，肩部绘一周弦纹，其下为连续的平行线交错三角纹。通高14厘米，口径10厘米，腹径17.3厘米，底径8厘米（图一〇三八，1；图版七四〇，5）。

2. 铜器

　　M697：1，铜管。5件。残。管状，用薄铜片卷成，有接缝。长10.6~16.8厘米，直径0.4~0.6厘米，重20.59~37.2克（图一〇三八，2；图版七三九，2）。

　　M697：2，铜手镯。2件，残。环状，铜丝绕成，接口处尖锐。直径5.5厘米，丝径0.2厘米，重3.05、3.5克（图一〇三八，4；图版七三九，3）。

　　M697：3，铜牌饰。1件。完整。圆形，素面，背部有一桥形纽。直径3.7厘米，重11.56克（图一〇三八，7；图版七四〇，1）。

　　M697：5，铜耳环。2件。其一：环状，用铜丝绕成，接口尖锐，直径3.4厘米，丝径0.35厘米。其二：环状，用铜丝绕成，接口呈马蹄状，直径3.9厘米，丝径0.6厘米（图一〇三八，5；图版七四〇，3）。

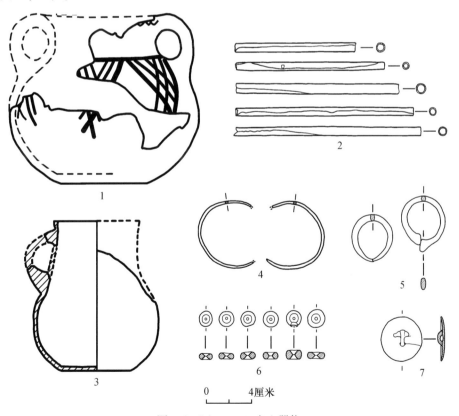

图一〇三八　M697出土器物

1. 双耳陶罐（M697：7）　　2. 铜管（M697：1）　　3. 单耳陶罐（M697：6）　　4. 铜手镯（M697：2）　　5. 铜耳环（M697：5）
6. 玉髓串珠（M697：4）　　7. 铜牌饰（M697：3）

3. 石器

M697：4，玉髓串珠。6件。完整。红色半透明。算珠状，中部对钻穿孔。直径1.1～1.5厘米，厚0.4～0.5厘米。孔径0.6厘米，重2.6克（图一〇三八，6；图版七四〇，2）。

附：M697铜手镯经金相检验和成分分析，其材质为Cu-As（砷青铜），制作技术为铸造后冷加工（潜伟，2006：44）。

M698

（一）形制结构

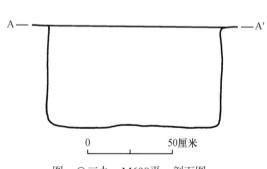

图一〇三九　M698平、剖面图
1. 铜管（M698：1）　2. 铜牌饰（M698：2）
3. 铜牌饰（M698：3）　4. 铜手镯（M698：4）
5. 双耳陶罐（M698：5）

长方形竖穴土坑墓。墓向34°。墓口长1.02米，宽0.7米，墓坑深0.56米。墓圹内填充夹杂砾石的黄色土。墓圹底部放置人骨1具，左侧身屈肢，颅骨缺失（图一〇三九；图版七四一，1）。

（二）出土遗物

共11件。陶器1件，为双耳陶罐（M698：5），出土于人骨膝部。铜器10件，其中铜管3件（M698：1），出土于人骨腹部；铜牌饰1件（M698：2），出土于双耳陶罐周围；铜牌饰5件（M698：3），出土于人骨胸部；铜手镯1件（M698：4），出土于墓坑北部。

1. 陶器

M698：5，双耳陶罐。1件。夹细砂红陶，手制，完整。凹口外侈，圆唇，短束颈，沿肩双扁耳，鼓腹，平底。口沿内外各绘一周弦纹，颈部绘一周连续的横向水波纹，肩部绘一周弦纹，其下为交错的平行线勾勒三角轮廓，间以横向水波纹。通高15.9厘米，口径11.4厘米，腹径20厘米，底径8.5厘米，重1270克（图一〇四〇，1；图版七四二，2）。

2. 铜器

M698：1，铜管。3件。残。管状，用薄铜片卷成，有接缝。长4.5～11.9厘米，直径0.8～1.2厘米，重7.28～12.57克（图一〇四〇，4；图版七四〇，6）。

M698：2，铜牌饰。1件。略残。长方形，中部有棱，不明显，一侧近边缘处有一小孔，边缘处有一周压点纹。长6.6厘米，宽4.9厘米，孔径0.2厘米，重19.6克（图版七四一，2）。

M698：3，铜牌饰。5件。其中1件完整，4件残损。圆形，略弧，近边缘处有两个小孔。直径4.2～4.4厘米，重5.86克（图一〇四〇，2；图版七四二，1）。

M698：4，铜手镯。1件。完整，环状，用铜丝绕成，接口处扁平相错。直径5.3厘米，丝径0.4厘米，重8.19克（图一〇四〇，3；图版七四一，4）。

附：M698铜牌经金相检验和成分分析，其材质为Cu-Sn（锡青铜），制作技术为热锻（潜伟，2006，44）。

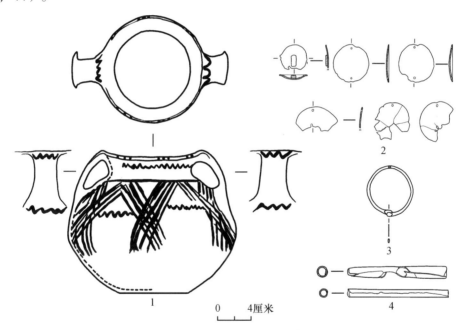

图一〇四〇 M698出土器物

1. 双耳陶罐（M698：5） 2. 铜牌饰（M698：3） 3. 铜手镯（M698：4） 4. 铜管（M698：1）

M699

（一）形制结构

长方形竖穴土坑墓。墓向70°。墓口长1.01米，宽0.66米，墓坑深0.2米。墓圹底部放置人骨1具，保存较差，仅存零星骨骼，分布散乱（图一〇四一）。

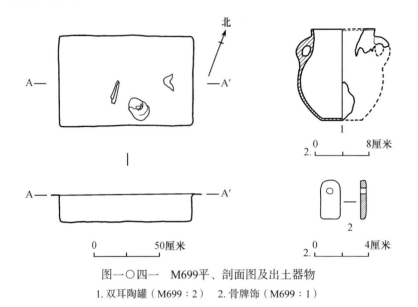

图一〇四一　M699平、剖面图及出土器物
1. 双耳陶罐（M699：2）　2. 骨牌饰（M699：1）

（二）出土遗物

共2件。陶器1件，为双耳陶罐（M699：2），出土位置不明。骨器1件，为骨牌饰（M699：1），出土于人骨头骨处。

1. 陶器

M699：2，双耳陶罐。1件。夹细砂红陶，手制，残。微侈口，圆唇，直颈，颈肩双耳，鼓腹，平底。通高13.2厘米，口径9.4厘米，腹径12.8厘米，底径4.6厘米，重485克（图一〇四一，1；图版七四三，1）。

2. 骨器

M699：1，骨牌饰。1件。完整。长方形，两端锐薄，一端有圆形小孔。长2.8厘米，宽1.5厘米，厚0.3厘米，孔径0.5厘米，重2.77克（图一〇四二，2；图版七四二，3）。

M700

（一）形制结构

长方形竖穴土坑墓。位于T1316，被M655和M703打破。墓向24°。墓口距地表0.6米，长1.22米，宽0.74米，墓坑深0.4米。墓圹内填充夹杂砾石的黄色土。墓圹底部放置人骨1具，左侧身屈肢，头向东北，面向上（图一〇四二；图版七四三，3）。

（二）出土遗物

共9件。石器6件，均为绿松石串珠（M700：2），出土于人骨颈部。骨器1件，为骨牌饰（M700：1），出土于人骨肱骨。贝器2件，均为海贝（M700：3），出土于人骨腹部。

1. 石器

M700：2，绿松石串珠。6件。片状：1件，中部穿孔，直径0.6厘米，厚0.1厘米，孔径0.15厘米；扁圆柱状：5件，大小不一，中部穿孔，长0.3～1.2厘米，宽0.3～1.2厘米，厚0.1～0.4厘米，孔径0.1～0.2厘米，重不足0.1～0.7克（图一〇四二，1；图版七四四，1）。

2. 骨器

M700：1，骨牌饰。1件。完整。梯形，近短边处有穿孔。长2.8厘米，宽1～1.3厘米，厚0.4厘米，孔径0.3厘米，重2.25克（图一〇四二，2；图版七四三，2）。

3. 贝器

M700：3，海贝。2件。完整。卵圆形，表面磨光。长2.1～2.3厘米，宽1.4～1.5厘米，重1.73、2.16克（图一〇四二，3；图版七四四，2）。

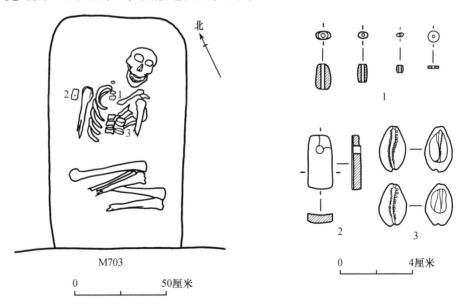

图一〇四二 M700平面图及出土器物

1. 绿松石串珠（M700：2） 2. 骨牌饰（M700：1） 3. 海贝（M700：3）

M701

（一）形制结构

长方形竖穴土坑墓。墓向253°。墓口长1.6米，宽1.1米，墓坑深0.6米。墓圹内填充夹杂砾石的黄色土，出土玉髓串珠1件。墓圹底部为长方形土坯椁室，椁室四壁均平砌多层土坯，土坯块数和层数不明。椁室内周长1.15米，宽0.7米；土坯长0.6米，宽0.22～0.24米。椁室底部放置人骨1具，右侧身屈肢，头向西南，面向东南（图一○四三；图版七四四，3）。

（二）出土遗物

共17件。陶器1件，为双耳陶罐（M701：1），出土于椁室南部。铜器8件，其中铜锥1件（M701：2），出土于人骨颈部；铜牌饰1件（M701：3），出土于人骨头部；铜耳环1件（M701：4），出土于人骨耳部；铜刀1件（M701：8），出土于人骨头骨处；铜泡1件（M701：10），出土于椁室南部；铜珠3件（M701：11），出土位置不明。石器3件，其中滑石串珠1件（M701：5），出土于椁室南部；玉髓串珠2件（M701：6、M701：9），出土于人骨颈部和出土于墓坑填土中。骨器5件，均为骨牌饰（M701：7），出土于人骨胸部。

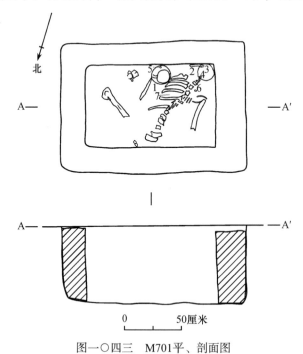

图一○四三　M701平、剖面图

1. 双耳陶罐（M701：1）　2. 铜锥（M701：2）　3. 铜牌饰（M701：3）　4. 铜耳环（M701：4）　5. 滑石串珠（M701：5）
6. 玉髓串珠（M701：6）　7. 骨牌饰（M701：7）

1. 陶器

M701：1，双耳陶罐。1件。夹细砂灰陶，手制，口沿残。侈口，方唇，短束颈，沿肩双耳，鼓腹，小平底。通高13.4厘米，口径10厘米，腹径14.2厘米，底径6厘米，重595克（图一〇四四，1；图版七四五，1）。

2. 铜器

M701：2，铜锥。1件。残。四棱锥状，一端尖锐。残长8.5厘米，宽0.4厘米，重7.95克（图一〇四四，8；图版七四五，2）。

M701：3，铜牌饰。1件。略残。圆形，一面平整，一面有纽。直径3.6厘米，重7.2克（图一〇四四，3；图版七四五，3）。

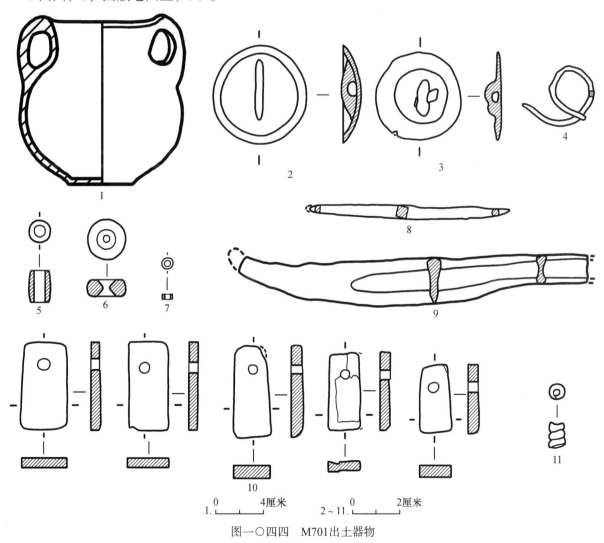

图一〇四四　M701出土器物

1.双耳陶罐（M701：1）　2.铜泡（M701：10）　3.铜牌饰（M701：3）　4.铜耳环（M701：4）　5.玉髓串珠（M701：9）
6.玉髓串珠（M701：6）　7.滑石串珠（M701：5）　8.铜锥（M701：2）　9.铜刀（M701：8）　10.骨牌饰（M701：7）
11.铜珠（M701：11）

M701：4，铜耳环。1件。完整。近椭圆形，用细铜丝绕成，接口处尖锐相错。长径2.2厘米，短径1.7厘米，丝径0.3厘米，重1.93克（图一〇四四，4；图版七四五，4）。

M701：8，铜刀。1件。刀尖略残，尖部上翘，弧背，弧刃，直柄，柄两侧有棱。残长15厘米，宽1.9厘米（图一〇四四，9）。

M701：10，铜泡。1件。完整。圆形，泡状，背部有纽。直径3.9厘米，重17.97克（图一〇四四，2；图版七四六，3）。

M701：11，铜珠。3件。残，锈蚀在一起。环状，中部有孔。残长0.3厘米，直径0.9厘米，孔径0.1厘米，总重2.01克（图一〇四四，11；图版七四六，4）。

3. 石器

M701：5，滑石串珠。1件。残。柱状，中部有孔，内有填充物。厚0.2厘米，直径0.5厘米，孔径0.25厘米，重0.07克（图一〇四四，7；图版七四五，5）。

M701：6，玉髓串珠。1件。完整。红色半透明，算珠状，中部对钻穿孔。厚0.6厘米，直径1.6厘米，孔径0.2厘米，重2.5克（图一〇四四，6；图版七四五，6）。

M701：9，玉髓串珠。1件。略残。红色半透明，腰鼓状，中部对钻穿孔。长1.3厘米，直径1厘米，孔径0.2厘米，重1.83克（图一〇四四，5；图版七四六，2）。

4. 骨器

M701：7，骨牌饰。5件。完整。长方形，短边近边缘处有一圆孔。长2.6～3.6厘米，宽1.3～1.9厘米，孔径0.3～0.5厘米，重12.42克（图一〇四四，10；图版七四六，1）。

M702

（一）形制结构

长方形竖穴土坑墓。墓向70°。墓口长1.32米，宽0.64米，墓坑深0.7米。墓圹底部放置人骨1具，保存较差，仅存零星骨骼，分布散乱（图一〇四五）。

（二）出土遗物

共2件。陶器1件，为筒形陶罐（M702：1），出土于墓坑西部；铜器1件，为铜手镯（M702：2），出土于墓坑西部。

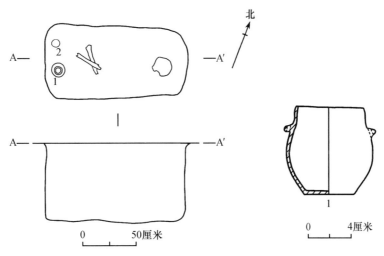

图一〇四五　M702平、剖面图及出土器物
1. 筒形陶罐（M702：1）　2. 铜手镯（M702：2）

1. 陶器

M702：1，筒形陶罐。1件。夹细砂红陶，手制。整体呈筒状，直口，圆唇，口沿下有双贯耳，微鼓腹，平底。通高7.8厘米，口径6厘米，腹径7.8厘米，底径4.8厘米，重140克（图一〇四五，1；图版七四六，5）。

2. 铜器

M702：2，铜手镯。1件。无绘图、无照片、无文字记录。

M703

（一）形制结构

长方形竖穴土坑墓。打破M700南壁。墓向217°。墓口距地表0.2米，长1.5米，宽1.1米，墓坑深0.7米。墓圹内填充夹杂砾石的黄色土。墓圹底部为长方形土坯椁室，椁室四壁均平砌多层土坯，土坯块数和层数不明。椁室内周长0.94米，宽0.6米。椁室底部放置人骨1具，右侧身屈肢，头向南，面向东，性别男（图一〇四六）。

（二）出土遗物

共4件。陶器1件，为双耳陶罐（M703：1），出土于人骨膝盖处。铜器3件，其中铜耳环1件（M703：2），出土于人骨耳部；铜泡2件，1件（M703：3）出土于人骨颈部，1件（M703：4）出土位置不明。

1. 陶器

M703：1，双耳陶罐。1件。夹细砂红陶，手制。大口微侈，方唇，直颈，沿肩双耳，鼓腹，圈足。颈部绘一周连续的折线纹，肩腹部及耳部绘横竖短线交错纹样。通高11.8厘米，口径9.3厘米，腹径12.3厘米，底径6.1厘米，重385克（图一〇四六，1；图版七四六，6）。

2. 铜器

M703：2，铜耳环。1件。残。环形，用细铜丝绕成，接口处一端尖锐。直径3.2厘米，丝径0.3厘米，重2.24克（图一〇四六，2；图版七四七，1）。

M703：3，铜泡。1件。残。圆形，泡状，背部有纽。直径2.6厘米，重5克（图一〇四六，3；图版七四七，2）。

M703：4，铜泡。1件。完整。圆形，泡状，背部有纽。直径2.2厘米，重2.32克（图一〇四六，4；图版七四七，3）。

附：性别鉴定为男（魏东，2009：125）。

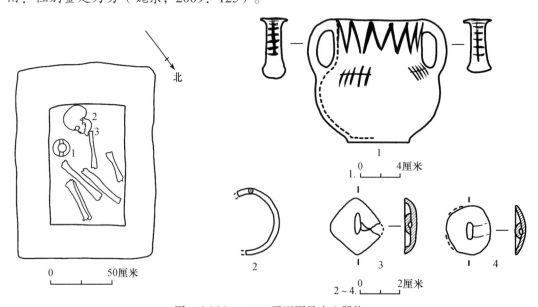

图一〇四六　M703平面图及出土器物

1. 双耳陶罐（M703：1）　2. 铜耳环（M703：2）　3. 铜泡（M703：3）　4. 铜泡（M703：4）

M704

（一）形制结构

长方形竖穴土坑墓。西部被树坑打破。墓向222°。墓口距地表0.22米，长0.92米，宽0.56米，墓坑深0.44米。墓圹内填充夹杂砾石的黄色土。无葬具。无人骨（图一〇四七）。

（二）出土遗物

共1件。陶器1件，为单耳陶罐（M704：1），出土于墓坑西北角。

M704：1，单耳陶罐。1件。夹细砂红陶，手制，耳部及一侧残。直口，方唇，直颈，颈肩单耳，鼓腹，平底。器表有烟熏痕迹。通高13.3厘米，口径8.6厘米，腹径12.4厘米，底径7厘米，重525克（图一〇四七，1；图版七四七，4）。

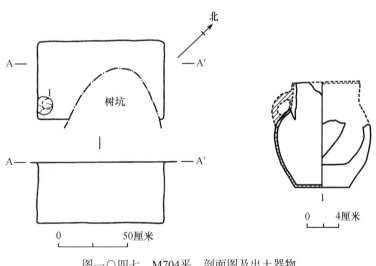

图一〇四七　M704平、剖面图及出土器物
1.单耳陶罐（M704：1）

M705

（一）形制结构

长方形竖穴土坑墓。东部被水管沟打破。墓向23°。墓口长0.94米，宽0.94米，墓坑深0.42米。墓圹内填充夹杂砾石的灰色土。墓圹底部为长方形土坯椁室，椁室南、北、西三壁自下而上错缝平砌3层土坯，每边每层铺设2~3块；东壁土坯情况不明。椁室内周残长0.78米，

宽0.58米；土坯长0.4米，宽0.22~0.3米，厚0.1米。椁室底部放置人骨1具，右侧身屈肢（图一〇四八）。

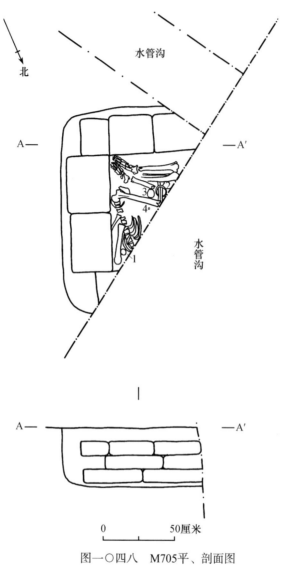

图一〇四八　M705平、剖面图

1.铜泡（M705：1）　2.铜手镯（M705：2）　3.铜牌饰（M705：3）　4.铜管（M705：4）

（二）出土遗物

共5件。铜器4件，其中铜泡1件（M705：1），出土于人骨右肩；铜手镯1件（M705：2），出土于人骨左腕；铜牌饰1件（M705：3），出土于人骨左腕；铜管1件（M705：4），出土于人骨左腕。羊腿骨1件，出土位置不明。

M705：1，铜泡。1件。残。圆形，泡状，背部有纽。直径1.2厘米，重1.16克（图一〇四九，3；图版七四七，5）。

M705：2，铜手镯。1件。完整。环形。直径7.2厘米，丝径0.4厘米，重18.84克（图一〇四九，1；图版七四七，6）。

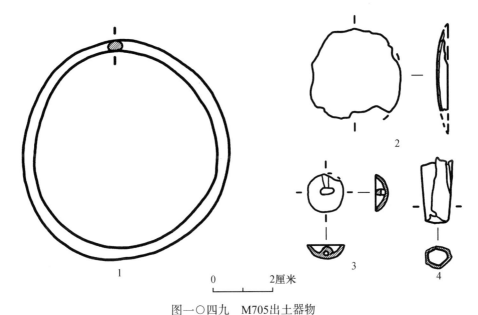

图一〇四九 M705出土器物

1. 铜手镯（M705：2） 2. 铜牌饰（M705：3） 3. 铜泡（M705：1） 4. 铜管（M705：4）

　　M705：3，铜牌饰。1件。残。原应为圆形，一面略弧，一面略凹。残径3.1厘米，重4.16克（图一〇四九，2；图版七四八，1）。

　　M705：4，铜管。1件。残。管状，用薄铜片卷成，有接缝。残长2厘米，直径0.8～1.1厘米，重1.29克（图一〇四九，4；图版七四八，2）。

M706

　　长方形竖穴土坑墓。墓向225°。被M038打破。墓口距地表0.4米，长1.65米，宽1.18米，墓坑深1.2米。墓圹内填充夹杂砾石的黄沙土。墓圹底部四周设熟土二层台，二层台内侧竖立1层土坯，二层台上平砌2层土坯。椁室底部放置人骨1具，保存较差，仅存部分下肢骨和一节椎骨（图一〇五〇）。

　　无出土遗物。

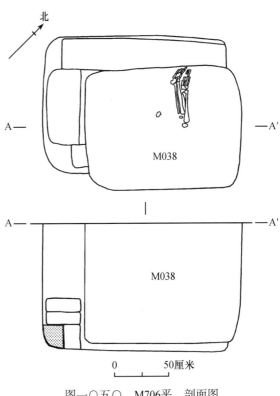

图一〇五〇 M706平、剖面图

采集器物

天山北路墓地共有采集遗物176件，其中陶器73件，陶片5件，铜器49件，骨器30件，石器18件，蚌器1件。

1. 陶器

采集：001，双耳陶罐。1件。夹细砂红陶，手制，完整。微侈口，圆唇，直颈，颈肩双耳，鼓腹，鼓腹处两侧各有一乳突，平底。通高15厘米，口径7.8厘米，腹径14.4厘米，底径6.8厘米（图一○五一，1；图版七四八，3）。

采集：002，双耳陶罐。1件。夹细砂红陶，手制，完整。微侈口，圆唇，直颈，颈肩双耳，鼓腹，鼓腹处两侧各有一乳突，平底。通高13.2厘米，口径7.6厘米，腹径12.4厘米，底径5.3厘米（图一○五一，2；图版七四八，4）。

采集：003，双耳陶罐。1件。夹细砂红陶，手制，完整。微侈口，圆唇，直颈，颈肩双耳，鼓腹，鼓腹处两侧各有一乳突，平底。通高13.2厘米，口径7.6厘米，腹径11.7厘米，底径4.8厘米（图一○五一，3；图版七四八，5）。

采集：004，双耳陶罐。1件。夹细砂红陶，手制，口沿略残。口微侈，方唇，短束颈，沿肩双耳，鼓腹，小平底。通高14.4厘米，口径9.6厘米，腹径13.6厘米，底径7.6厘米（图一○五一，4；图版七四八，6）。

采集：005，双耳陶罐。1件。夹细砂红陶，手制，口沿略残。微侈口，方唇，短直颈，颈肩双耳，鼓腹，小平底。通高12.6厘米，口径9厘米，腹径12.5厘米，底径6.6厘米（图一○五一，5；图版七四九，1）。

采集：006，双耳陶罐。1件。夹细砂红陶，手制，口沿及一耳残。微侈口，方唇，微束颈，颈肩双耳，鼓腹，小平底。腹部有黑色烟炱。通高14.2厘米，口径10.1厘米，腹径13.8厘米，底径6.6厘米（图一○五一，6；图版七四九，2）。

采集：007，双耳陶罐。1件。夹细砂红陶，手制，口沿、腹部、底部及一耳略残。侈口，束颈，颈肩双耳，鼓腹，平底。通高11.8厘米，口径9.4厘米，腹径11.6厘米，底径7.2厘米（图一○五一，7；图版七四九，3）。

采集：008，双耳陶罐。1件。夹细砂灰陶，手制，口沿、腹部及一耳残。微侈口，方唇，束颈，颈肩双耳，斜直腹，平底。通高13.6厘米，口径9.8厘米，腹径10.6厘米，底径5.8厘米（图一○五一，8；图版七四九，4）。

采集：009，双耳陶罐。1件。夹细砂红陶，手制，口沿、腹部、耳部、底部大部分残。侈口，方唇，束颈，颈肩双耳，弧腹，平底。通高11.8厘米，口径9厘米，腹径11.6厘米，底径6.8厘米（图一○五一，9；图版七四九，5）。

采集：010，双耳陶罐。1件。夹细砂红陶，手制，口沿微残。直口，方唇，短颈，颈肩双耳，垂腹，小平底。通高11.2厘米，口径6.4厘米，腹径9.7厘米，底径3.8厘米（图一〇五一，10；图版七四九，6）。

采集：011，双耳陶罐。1件。夹细砂红陶，手制，口沿微残。直口，方唇，短束颈，颈肩双耳，鼓腹，小平底。颈部饰树草纹、耳部饰短线纹、腹部饰树草纹。通高14.8厘米，口径9.8厘米，腹径15.2厘米，底径7.2厘米（图一〇五一，11；图版七五〇，1）。

采集：012，双耳陶罐。1件。夹细砂红陶，手制。直口，方唇，直径，颈肩双耳，鼓腹，平底。通高10.4厘米，口径6.2厘米，腹径9.6厘米，底径5.4厘米（图一〇五一，12；图版七五〇，2）。

采集：013，双耳陶罐。1件。夹细砂红陶，手制。口部微残。侈口，方唇，短束颈，沿肩双耳，鼓腹，平底。肩部绘一周弦纹，其下绘内填斜线的三角纹。通高15.4厘米，口径10厘米，腹径16.8厘米，底径8.1厘米（图一〇五一，13；图版七五〇，3）。

采集：014，双耳陶罐。1件。夹细砂红陶，手制。口部微残。侈口，方唇，短束颈，颈肩双耳，鼓腹，小平底。颈部饰两周弦纹，肩部饰一周弦纹，其下绘内填斜线的三角纹，耳

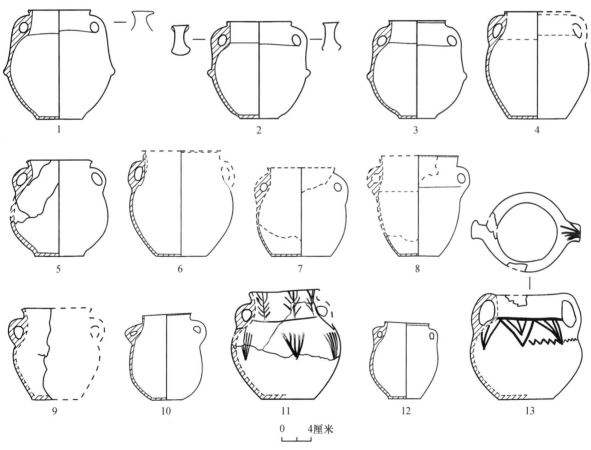

0　　　4厘米

图一〇五一　采集器物（一）

1. 双耳陶罐（采集：001）　2. 双耳陶罐（采集：002）　3. 双耳陶罐（采集：003）　4. 双耳陶罐（采集：004）
5. 双耳陶罐（采集：005）　6. 双耳陶罐（采集：006）　7. 双耳陶罐（采集：007）　8. 双耳陶罐（采集：008）
9. 双耳陶罐（采集：009）　10. 双耳陶罐（采集：010）　11. 双耳陶罐（采集：011）　12. 双耳陶罐（采集：012）
13. 双耳陶罐（采集：013）

部饰网格纹。通高11厘米，口径9.4厘米，腹径15厘米，底径5.8厘米（图一〇五二，1；图版七五〇，4）。

采集：015，双耳陶罐。1件。夹细砂红陶，手制。口部微残。侈口，圆唇，束颈，沿肩双耳，鼓腹，平底。口沿下饰一周波浪纹，肩部饰一周弦纹，其下绘两周波浪纹。通高14.5厘米，口径10.6厘米，腹径15.4厘米，底径7.2厘米（图一〇五二，2；图版七五〇，5）。

采集：016，双耳陶罐。1件。夹细砂红陶，手制。口部、腹部及一耳残。侈口，圆唇，短束颈，沿肩双耳，鼓腹，平底。口沿内绘短斜线纹，颈部绘弦纹和网格菱形纹，腹部绘垂带纹。通高14.4厘米，口径9.6厘米，腹径16.2厘米，底径6厘米（图一〇五二，3；图版七五〇，6）。

采集：017，双耳陶罐。1件。夹细砂红陶，手制。口部、腹部及一耳残。侈口，短束颈，沿肩双大耳，鼓腹，小平底。肩部饰一周弦纹，其下绘内填斜线的三角纹。通高15.8厘米，口径9.4厘米，腹径14.5厘米，底径7.8厘米（图一〇五二，4；图版七五一，1）。

采集：018，双耳陶罐。1件。夹细砂红陶，手制。口部、颈部及一耳残。侈口，短束颈，沿肩双耳，鼓腹，平底。通高14厘米，口径9.6厘米，腹径14厘米，底径6.9厘米（图一〇五二，5；图版七五一，2）。

采集：019，双耳陶罐。1件。夹砂灰陶，手制，口沿微残。侈口，圆唇，束颈，沿肩双耳，鼓腹，平底。通高14.2厘米，口径10.4厘米，腹径14.2厘米，底径5.2厘米（图一〇五二，6；图版七五一，3）。

采集：020，双耳陶罐。1件。夹砂灰陶，手制，口沿微残。侈口，圆唇，束颈，沿肩双耳，鼓腹，平底。通高14.8厘米，口径9.2厘米，腹径14.2厘米，底径6.1厘米（图一〇五二，7；图版七五一，4）。

采集：021，双耳陶罐。1件。夹细砂红陶，手制，口沿微残。侈口，方唇，短束颈，颈肩双扁耳，鼓腹，平底。通高16.2厘米，口径10.2厘米，腹径16.8厘米，底径6.8厘米（图一〇五二，8；图版七五一，5）。

采集：022，双耳陶罐。1件。夹砂灰陶，手制，口沿微残。侈口，圆唇，束颈，沿肩双耳，鼓腹，平底。通高13厘米，口径9.6厘米，腹径12.2厘米，底径7.2厘米（图一〇五二，9；图版七五一，6）。

采集：023，双耳陶罐。1件。夹细砂红陶，手制，口沿及一耳残。侈口，方唇，束颈，沿肩双耳，鼓腹，平底。通高14.2厘米，口径9.4厘米，腹径12.8厘米，底径4.8厘米（图一〇五二，10；图版七五二，1）。

采集：024，双耳陶罐。1件。夹细砂红陶，手制，完整。侈口，方唇，短束颈，溜肩，颈肩双扁耳，鼓腹，平底。耳部饰竖线纹，口沿下饰一周弦纹，其下饰树草纹。通高9.9厘米，口径7.8厘米，腹径11厘米，底径6厘米（图一〇五二，11；图版七五二，2）。

采集：025，双耳陶罐。1件。夹细砂红陶，手制，完整。侈口，方唇，短束颈，颈肩双翘耳，鼓腹，平底。通高13厘米，口径9.2厘米，腹径14.2厘米，底径7.4厘米（图一〇五二，12；图版七五二，3）。

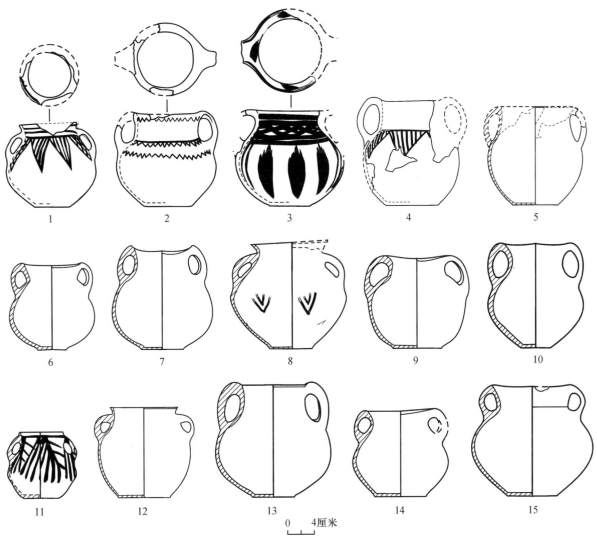

图一〇五二 采集器物（二）

1. 双耳陶罐（采集：014） 2. 双耳陶罐（采集：015） 3. 双耳陶罐（采集：016） 4. 双耳陶罐（采集：017）
5. 双耳陶罐（采集：018） 6. 双耳陶罐（采集：019） 7. 双耳陶罐（采集：020） 8. 双耳陶罐（采集：021）
9. 双耳陶罐（采集：022） 10. 双耳陶罐（采集：023） 11. 双耳陶罐（采集：024） 12. 双耳陶罐（采集：025）
13. 双耳陶罐（采集：026） 14. 双耳陶罐（采集：027） 15. 双耳陶罐（采集：028）

采集：026，双耳陶罐。1件。夹砂灰陶，手制，口沿微残。侈口，圆唇，束颈，沿肩双耳，鼓腹，小平底。通高16厘米，口径9.8厘米，腹径16厘米，底径5.6厘米（图一〇五二，13；图版七五二，4）。

采集：027，双耳陶罐。1件。夹细砂红陶，手制，腹部及一耳略残。侈口，圆唇，短束颈，颈肩双耳，鼓腹，平底。通高12.4厘米，口径9.2厘米，腹径13.6厘米，底径7.2厘米（图一〇五二，14；图版七五二，5）。

采集：028，双耳陶罐。1件。夹砂灰陶，手制，口沿微残。侈口，圆唇，束颈，沿肩双耳，鼓腹，小平底。通高16.1厘米，口径11.4厘米，腹径18厘米，底径7.5厘米（图一〇五二，15；图版七五二，6）。

采集：029，双耳陶罐。1件。夹细砂红陶，手制，口沿、腹部及一耳残。直口，方唇，短斜颈，颈肩双耳，鼓腹，平底。通高12.4厘米，口径7.6厘米，腹径12.4厘米，底径5.6厘米（图一〇五三，1；图版七五三，1）。

采集：030，双耳陶罐。1件。夹细砂红陶，手制，完整。微侈口，圆唇，长直颈，沿肩双耳，鼓腹，假圈足。腹部饰树草纹。通高12.4厘米，口径8.2厘米，腹径13.6厘米，底径6.8厘米（图一〇五三，2；图版七五三，2）。

采集：031，双耳陶罐。1件。夹细砂红陶，手制，完整。直口，方唇，短斜颈，颈肩双耳，鼓腹，平底。通高14.6厘米，口径9.2厘米，腹径15.2厘米，底径7.4厘米（图一〇五三，3；图版七五三，3）。

采集：032，双耳陶罐。1件。夹细砂红陶，手制，口沿、肩部、腹部及一耳微残。侈口，圆唇，束颈，沿肩双耳，鼓腹，平底。通高13.3厘米，口径10.2厘米，腹径13.6厘米，底径8.5厘米（图一〇五三，4；图版七五三，4）。

采集：033，双耳陶罐。1件。夹细砂红陶，手制，口沿、耳部残。微侈口，方唇，肩部双耳，斜直腹，假圈足。通高17厘米，口径12.8厘米，腹径16.2厘米，底径8.7厘米（图一〇五三，5；图版七五三，5）。

采集：034，双耳陶罐。1件。夹细砂红陶，手制，口沿、腹部微残。侈口，圆唇，束颈，沿肩双耳，鼓腹，平底。肩部饰一周弦纹，其下腹部饰倒三角纹。通高13.8厘米，口径9厘米，腹径15.4厘米，底径6.2厘米（图一〇五三，6；图版七五三，6）。

采集：035，双耳陶罐。1件。夹细砂红陶，手制，口沿微残。微侈口，方唇，短直颈，颈肩双耳，鼓腹，小平底。通高16.8厘米，口径10.4厘米，腹径16.2厘米，底径6.9厘米（图一〇五三，7；图版七五四，1）。

采集：036，双耳陶罐。1件。夹细砂红陶，手制，口沿微残。微侈口，方唇，短直颈，颈肩双耳，鼓腹，小平底。通高17.2厘米，口径8.7厘米，腹径16.4厘米，底径7.4厘米（图一〇五三，8；图版七五四，2）。

采集：037，双耳陶罐。1件。夹细砂红陶，手制，口沿微残。侈口，圆唇，微束颈，颈肩双耳，斜直腹，平足。口沿下与肩部各绘两周弦纹，其间颈部绘连续的竖向实心菱格纹，腹部绘手形树草纹，耳部绘三道竖线纹。通高10厘米，口径9厘米，腹径11.6厘米，底径5.2厘米（图一〇五三，9；图版七五四，3）。

采集：038，双耳陶罐。1件。夹细砂红陶，手制，口沿、腹部微残。侈口，方唇，束颈，颈肩双耳，扁圆腹，平底。口沿内部有一周黑色纹饰；颈部上下两周弦纹，肩部绘有一周弦纹，其下腹部绘三个大实心倒三角纹，耳部饰有实心黑色纹饰。通高11.1厘米，口径8.8厘米，腹径12.6厘米，底径4.8厘米（图一〇五三，10；图版七五四，4）。

采集：039，双耳陶罐。1件。夹细砂红陶，手制，口沿微残。侈口，圆唇，束颈，颈肩双耳，鼓腹，平底。肩部及腹部绘有连续"V"形纹，耳部绘有树草纹。通高12.4厘米，口径9厘米，腹径12.2厘米，底径6.6厘米（图一〇五三，11；图版七五四，5）。

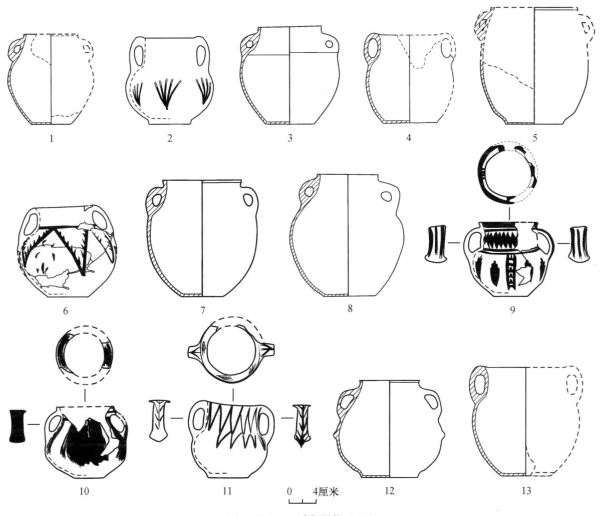

图一〇五三　采集器物（三）

1. 双耳陶罐（采集：029）　2. 双耳陶罐（采集：030）　3. 双耳陶罐（采集：031）　4. 双耳陶罐（采集：032）
5. 双耳陶罐（采集：033）　6. 双耳陶罐（采集：034）　7. 双耳陶罐（采集：035）　8. 双耳陶罐（采集：036）
9. 双耳陶罐（采集：037）　10. 双耳陶罐（采集：038）　11. 双耳陶罐（采集：039）　12. 双耳陶罐（采集：040）
13. 双耳陶罐（采集：041）

采集：040，双耳陶罐。1件。夹细砂红陶，手制，完整。微侈口，方唇，短直颈，颈肩双耳，鼓腹，鼓腹处两侧各有一乳突，假圈足。通高13.8厘米，口径8.3厘米，腹径15.2厘米，底径8.3厘米（图一〇五三，12；图版七五四，6）。

采集：041，双耳陶罐。1件。夹细砂红陶，手制，口沿、颈部、腹部及一耳残。侈口，方唇，束颈，沿肩双耳，斜直腹，平底。通高14.5厘米，口径10厘米，腹径14厘米，底径6.5厘米（图一〇五三，13；图版七五五，1）。

采集：042，双耳陶罐。1件。夹细砂红陶，手制，口沿、颈部、腹部及一耳残。直口，方唇，短直颈，颈肩双耳，鼓腹，平底。通高13厘米，口径8厘米，腹径12.6厘米，底径4.7厘米（图一〇五四，1；图版七五五，2）。

采集：043，双耳陶罐。1件。夹细砂红陶，手制，完整。直口，方唇，短直颈，颈肩双耳，鼓腹，平底。通高14.2厘米，口径9.1厘米，腹径12.6厘米，底径4.7厘米（图一〇五四，2；图版七五五，3）。

采集：044，双耳陶罐。1件。夹细砂灰陶，手制，口沿及一耳残。微侈口，方唇，短直颈，颈肩双耳，斜直腹，平底。通高6.6厘米，口径6.4厘米，腹径8厘米，底径5.5厘米（图一〇五四，8；图版七五五，4）。

采集：045，双耳陶罐。1件。夹细砂红陶，手制，口沿微残。直口，方唇，短直颈，颈肩双耳，鼓腹，平底。通高12.6厘米，口径8.4厘米，腹径12.8厘米，底径7.5厘米（图一〇五四，3；图版七五五，5）。

采集：046，双耳陶罐。1件。夹细砂红陶，手制，口沿、腹部及底部残。侈口，圆唇，束颈，沿肩双耳，球腹，平底。通高13.2厘米，口径9.4厘米，腹径14厘米，底径8.6厘米（图一〇五四，4；图版七五五，6）。

采集：047，双耳陶罐。1件。夹细砂红陶，手制，完整。直口，方唇，粗长颈，沿肩双耳，鼓腹，小平底。口沿绘有一周弦纹，颈部绘有一周十字纹，肩部饰有一周弦纹，其下腹部绘内填网格纹的倒三角纹。通高19.2厘米，口径8.8厘米，腹径14.5厘米，底径7厘米（图一〇五四，6；图版七五六，1）。

采集：048，双耳陶罐。1件。夹细砂红陶，手制，完整。侈口，短束颈，颈肩双耳，肩部有一周连续的小凹窝，垂鼓腹，鼓腹处两侧各有一乳突，平底。口沿内绘方格纹与弦纹的组合纹样，口沿边与肩部绘弦纹，其肩颈部绘连续的网格菱形纹，腹部以"X"形粗线条分区，各单元内填充网格纹和网格菱形纹。通高16厘米，口径8厘米，腹径18.4厘米，底径6.4厘米（图一〇五四，7；图版七五六，2）。

采集：049，双耳陶罐。1件。夹细砂红陶，手制，口沿、颈部、腹部及耳部残。颈肩双耳，鼓腹，假圈足。腹径15厘米，底径7.5厘米（图一〇五四，5；图版七五六，3）。

采集：050，筒形陶罐。1件。夹细砂红陶，手制，完整。整体呈筒状，微敛口，方唇，口沿处有双贯耳，鼓腹，平底。腹部绘竖线纹。通高11.8厘米，口径9.8厘米，腹径13.4厘米，底径6.8厘米（图一〇五四，9；图版七五六，4）。

采集：051，筒形陶罐。1件。夹细砂红陶，手制，口沿、腹部及耳部残。整体呈筒状，微敛口，方唇，口沿下有双贯耳，深腹，平底。口沿下颈部绘一周竖线纹，其下为一周弦纹，弦纹下为10周波浪纹，其下再绘一周弦纹，其下为通底的竖线纹。通高14.5厘米，口径10.6厘米，腹径13.4厘米，底径8.2厘米（图一〇五四，10；图版七五六，5）。

采集：052，筒形陶罐。1件。夹细砂红陶，手制，口沿、腹部及耳部残。整体呈筒状，微敛口，方唇，口沿下有双贯耳，深腹，平底。通体饰有竖向菱形纹。通高14.2厘米，口径10.4厘米，腹径13.4厘米，底径8.2厘米（图一〇五四，12；图版七五六，6）。

采集：053，筒形陶罐。1件。夹细砂红陶，手制，口沿、腹部及耳部残。整体呈筒状，微敛口，方唇，口沿处有双贯耳，深鼓腹，平底。口沿处绘两周弦纹，其下通体饰竖向菱形纹、竖线纹。通高14.8厘米，口径9.8厘米，腹径15.2厘米，底径9.8厘米（图一〇五四，13；图版

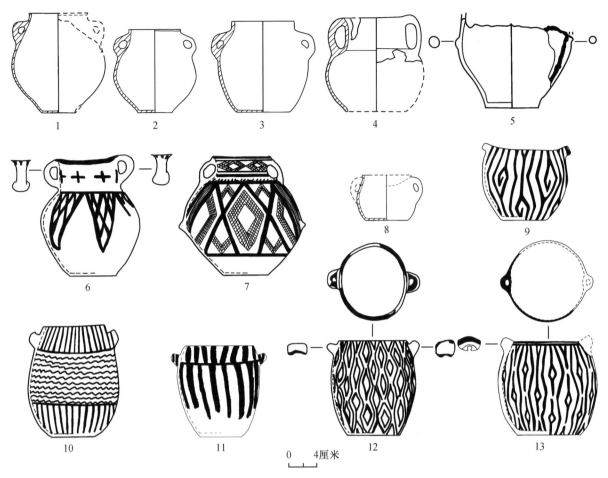

图一〇五四　采集器物（四）

1. 双耳陶罐（采集：042）　2. 双耳陶罐（采集：043）　3. 双耳陶罐（采集：045）　4. 双耳陶罐（采集：046）
5. 双耳陶罐（采集：049）　6. 双耳陶罐（采集：047）　7. 双耳陶罐（采集：048）　8. 双耳陶罐（采集：044）
9. 筒形陶罐（采集：050）　10. 筒形陶罐（采集：051）　11. 筒形陶罐（采集：054）　12. 筒形陶罐（采集：052）
13. 筒形陶罐（采集：053）

七五七，1）。

采集：054，筒形陶罐。1件。夹细砂红陶，手制，口沿微残。整体呈筒状，微敛口，方唇，口沿下有双贯耳，深鼓腹，平底。通体绘竖线纹。通高13.8厘米，口径9.5厘米，腹径11厘米，底径5.5厘米（图一〇五四，11；图版七五七，2）。

采集：055，筒形陶罐。1件。夹细砂红陶，手制，完整。整体呈筒状，微敛口，方唇，口沿处有双贯耳，深鼓腹，平底。通体饰竖向菱形纹、竖线纹。通高10.8厘米，口径9.4厘米，腹径11.1厘米，底径6.2厘米（图一〇五五，1；图版七五七，3）。

采集：056，筒形陶罐。1件。夹细砂红陶，手制，口沿微残。整体呈筒状，微敛口，方唇，口沿下有单立耳，深鼓腹，平底。通体饰有由横弦线和上下交错的短竖线组成的齿带纹。通高15.4厘米，口径12.4厘米，腹径15.8厘米，底径9.2厘米（图一〇五五，2；图版七五七，4）。

采集：057，筒形陶罐。1件。夹细砂红陶，手制，口沿、腹部及一耳微残。整体呈筒状，微敛口，方唇，口沿下有双贯耳，深鼓腹，平底。通高13厘米，口径11.9厘米，腹径14.4厘米，底径7.8厘米（图一〇五五，3；图版七五七，5）。

采集：058，筒形陶罐。1件。夹细砂红陶，手制，口沿、腹部残。整体呈筒状，微敛口，方唇，口沿处有单立耳，深鼓腹，圜底。耳部绘有横线纹，腹部通体绘连体的"Y"形纹。通高16厘米，口径12.4厘米，腹径17.5厘米（图一〇五五，4；图版七五七，6）。

采集：059，筒形陶罐。1件。夹细砂红陶，手制，口沿、腹部微残。整体呈筒状，微敛口，方唇，口沿下有单立耳，深鼓腹，小平底。口沿下绘一周弦纹，弦纹上下均绘有短竖线纹，腹部通体绘连体的"Y"形纹，"Y"形纹间绘竖线纹。通高13.2厘米，口径10.8厘米，腹径14.2厘米，底径8.4厘米（图一〇五五，5；图版七五八，1）。

采集：060，筒形陶罐。1件。夹细砂红陶，手制，口沿、腹部残。整体呈筒状，微敛口，方唇，耳部情况不明，深鼓腹，平底。通体绘竖线纹和变体菱形纹。通高12.2厘米，口径10.6厘米，腹径13.5厘米，底径7.2厘米（图一〇五五，6；图版七五八，2）。

采集：061，筒形陶罐。1件。夹细砂红陶，手制，口沿微残。整体呈筒状，微敛口，方

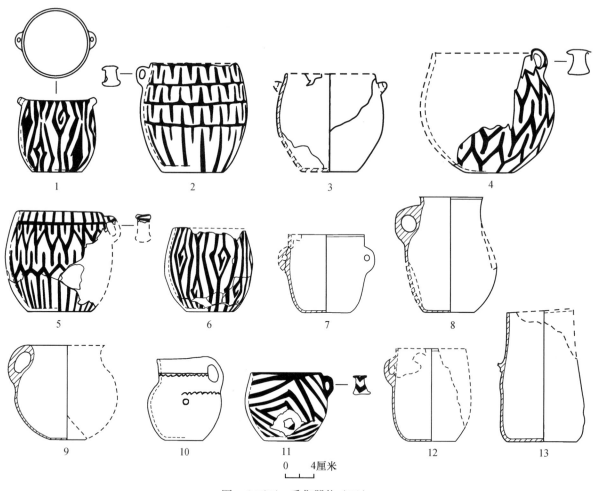

图一〇五五　采集器物（五）

1. 筒形陶罐（采集：055）　　2. 筒形陶罐（采集：056）　　3. 筒形陶罐（采集：057）　　4. 筒形陶罐（采集：058）
5. 筒形陶罐（采集：059）　　6. 筒形陶罐（采集：060）　　7. 筒形陶罐（采集：061）　　8. 单耳陶罐（采集：062）
9. 单耳陶罐（采集：063）　　10. 单耳陶罐（采集：064）　　11. 单耳陶钵（采集：065）　　12. 单耳陶杯（采集：066）
13. 单耳陶杯（采集：067）

唇，口沿下有双立耳，直壁，平底。通高10.3厘米，口径9.8厘米，腹径10.5厘米，底径6.6厘米（图一〇五五，7；图版七五八，3）。

采集：062，单耳陶罐。1件。夹细砂红陶，手制，腹部残。微侈口，方唇，长颈，颈肩单耳，弧腹，平底。通高15.8厘米，口径8.4厘米，腹径12.8厘米，底径7.2厘米（图一〇五五，8；图版七五八，4）。

采集：063，单耳陶罐。1件。夹砂红陶，手制，微侈口，圆唇，束颈，沿肩单耳，鼓腹，平底。通高13.2厘米，口径9.8厘米，腹径13.8厘米，底径5厘米（图一〇五五，9；图版七五八，5）。

采集：064，单耳陶罐。1件。夹砂红陶，手制，侈口，方唇，微束颈，沿肩单耳，鼓腹，腹部有一流，平底。肩部饰一周弦纹，其下绘一周波浪纹，腹部绘有一周波浪纹。通高11.2厘米，口径7.4厘米，腹径11.4厘米，底径5.8厘米（图一〇五五，10；图版七五八，6）。

采集：065，单耳陶钵。1件。夹细砂灰陶，手制，完整。微敛口，方唇，单耳，弧腹，平底。腹部绘多重菱格纹，耳部饰倒三角纹。通高8.6厘米，口径9.6厘米，底径6.2厘米（图一〇五五，11；图版七五九，1）。

采集：066，单耳陶杯。1件。夹细砂灰陶，手制，完整。微敛口，方唇，单耳，直壁略弧，平底。通高12.6厘米，口径9.3厘米，底径6.8厘米（图一〇五五，12；图版七五九，2）。

采集：067，单耳陶杯。1件。夹细砂灰陶，手制，完整。微敛口，方唇，单耳，直壁，平底。通高17.4厘米，口径9.1厘米，底径9.4厘米（图一〇五五，13；图版七五九，3）。

采集：068，陶罐。1件。夹细砂红陶，手制，口部、肩部及腹部残。高直颈，鼓腹，平底。残高14厘米，腹径13厘米，底径6厘米（图一〇五六，1；图版七五九，4）。

采集：069，陶罐。1件。夹细砂红陶，手制，口部、肩部及腹部残。短直颈，鼓腹，平底。残高10厘米，腹径14.6厘米，底径7.4厘米（图一〇五六，2；图版七五九，5）。

采集：070，陶罐。1件。夹细砂红陶，手制，口部、肩部及腹部残。直颈，鼓腹，平底。残高12.8厘米，底径6.8厘米（图一〇五六，3；图版七五九，6）。

采集：071，陶罐。1件。夹细砂红陶，手制，大部分残，仅存腹部和底部。斜直腹，腹部两侧各有1乳突，平底。残高15.4厘米，腹径18.2厘米，底径10厘米（图一〇五六，4；图版七六〇，1）。

采集：072，陶罐。1件。夹细砂红陶，手制，大部分残，仅存腹部和底部。鼓腹，平底。残高12.4厘米，底径8.8厘米（图一〇五六，5；图版七六〇，2）。

采集：073，陶纺轮。1件。夹细砂红陶，手制。平面呈圆形，中部有空。直径4.2厘米，孔径1.3厘米（图一〇五六，6；图版七六〇，3）。

采集：074，陶片。1件。为颈部残片。夹细砂灰陶，手制。颈部有三周刻划纹（图一〇五六，7；图版七六〇，4）。

采集：075，陶片。1件。为口沿残片。夹细砂红陶，手制。（图一〇五六，8；图版七六〇，5）。

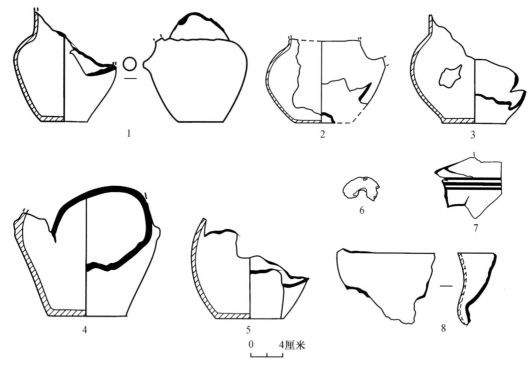

图一〇五六　采集器物（六）

1. 陶罐（采集：068）　2. 陶罐（采集：069）　3. 陶罐（采集：070）　4. 陶罐（采集：071）　5. 陶罐（采集：072）
6. 陶纺轮（采集：073）　7. 陶片（采集：074）　8. 陶片（采集：075）

采集：076，陶片。3件。均为口沿残片。夹细砂红陶，手制。陶片表面分别饰有竖线纹、横向波浪纹等（图版七六〇，6）。

2. 铜器

采集：077，铜牌饰。1件。边缘处残损。平面呈圆角长方形，中部起脊，四周有两圈压点纹，其中短边近边缘处有一圆形穿孔。残长7.9厘米，宽5.12厘米（图一〇五七，1；图版七六一，1）。

采集：078，铜牌饰。1件。边缘处残损。平面呈圆角长方形，短边近边缘处有一圆形穿孔。长8.05厘米，宽3.49厘米（图一〇五七，2；图版七六一，2）。

采集：079，铜牌饰。1件。边缘处残损。平面呈圆角长方形，中部起脊，短边近边缘处有一圆形穿孔。长11.8厘米，宽4.4厘米（图一〇五七，4；图版七六一，3）。

采集：080，铜牌饰。1件。边缘处残损。平面呈圆角长方形，短边近边缘处有一圆形穿孔。长8.8厘米，宽5.3厘米（图一〇五七，5；图版七六一，4）。

采集：081，铜牌饰。1件。残损严重。平面呈圆角长方形。残长5.9厘米，残宽5.2厘米（图一〇五七，3；图版七六一，5）。

采集：082，铜牌饰。1件。略残。平面呈盾形，中部窄，两侧宽，中部有挂孔。残长7.45厘米，宽2.9厘米，厚0.2厘米（图一〇五八，1；图版七六一，6）。

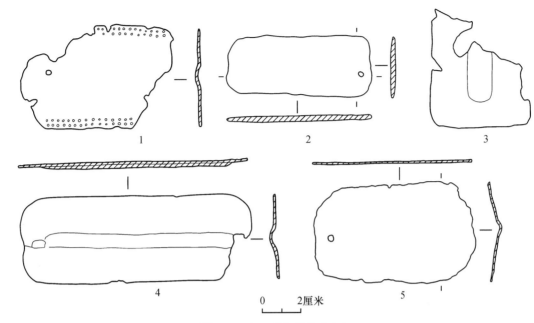

图一〇五七 采集器物（七）

1.铜牌饰（采集：077） 2.铜牌饰（采集：078） 3.铜牌饰（采集：081） 4.铜牌饰（采集：079） 5.铜牌饰（采集：080）

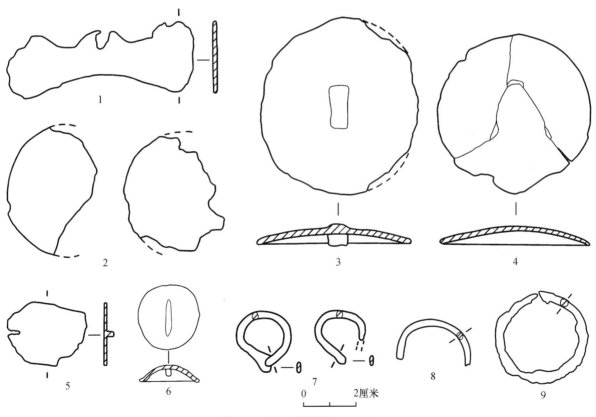

图一〇五八 采集器物（八）

1.铜牌饰（采集：082） 2.铜牌饰（采集：083） 3.铜牌饰（采集：086） 4.铜牌饰（采集：084） 5.铜牌饰（采集：085）
6.铜泡（采集：088） 7.铜耳环（采集：089） 8.铜耳环（采集：090） 9.铜耳环（采集：091）

采集：083，铜牌饰。3件。残损严重。平面呈圆形。直径分别为4.8、4.6厘米（图一○五八，2；图版七六二，1）。

采集：084，铜牌饰。1件。残损，断裂呈三片。平面呈圆形，剖面呈泡状。直径5.7厘米，厚0.2厘米（图一○五八，4；图版七六二，2）。

采集：085，铜牌饰。1件。残损。平面呈圆角方形，短边边缘处有一圆形穿孔，背部有一纽。残长3厘米，宽2.2厘米，厚0.1厘米（图一○五八，5；图版七六二，3）。

采集：086，铜牌饰。1件。残损。平面呈圆形，剖面呈泡状，背部有一桥形纽。直径6.1厘米，厚0.2厘米（图一○五八，3；图版七六二，4）。

采集：087，铜泡。2件。残损严重。平面呈圆形，剖面呈泡状，背部有纽（图版七六二，5）。

采集：088，铜泡。1件。完整。平面呈圆形，剖面呈泡状，背部有纽。直径2.3厘米，厚0.15厘米（图一○五八，6；图版七六二，6）。

采集：089，铜耳环。2件。完整。环形，用细铜丝绕成。其中一件接口处一端被砸平，另一端尖锐；另一件残损，情况不明。直径分别为2.1、1.85厘米（图一○五八，7；图版七六三，1）。

采集：090，铜耳环。1件。仅存一半。环形，用细铜丝绕成。直径2.7厘米（图一○五八，8；图版七六三，2）。

采集：091，铜耳环。1件。完整。环形，用细铜丝绕成，一端尖锐，另一端被砸平。直径2.8厘米（图一○五八，9；图版七六三，3）。

采集：092，铜耳环。1件。完整。环形，用细铜丝绕成，一端尖锐，另一端被砸平。直径3.1厘米（图一○五九，1；图版七六三，4）。

采集：093，铜手镯。1件。仅存一半。环形，用细铜丝绕成。直径4.5厘米（图版七六三，5）。

采集：094，铜手镯。2件。1件完整，1件残损。环形，用细铜丝绕成。直径分别为4.1、6.3厘米（图一○五九，3；图版七六三，6）。

采集：095，铜手镯。1件。残损。环形，用细铜丝绕成（图一○五九，2；图版七六四，1）。

采集：096，铜管。1件。残损。圆柱形，用铜片卷制而成。残高4.5厘米，直径0.9厘米（图一○五九，4；图版七六四，2）。

采集：097，铜管。2件。残损。圆柱形，用铜片卷制而成。残高分别为8.75、4.95厘米，直径0.6厘米（图一○五九，5；图版七六四，3）。

采集：098，铜管。3件。残损。圆柱形，用铜片卷制而成。残高分别为9.35、4.7、2.8厘米，直径0.65厘米（图一○五九，7；图版七六四，4）。

采集：099，铜管。1件。残损为两截。圆柱形，用铜片卷制而成。残高7.4厘米，直径0.65厘米（图一○五九，6；图版七六四，5）。

采集：100，铜管。1件。残损。圆柱形，用铜片卷制而成。残高3.4厘米，直径0.75厘米（图一○五九，8；图版七六四，6）。

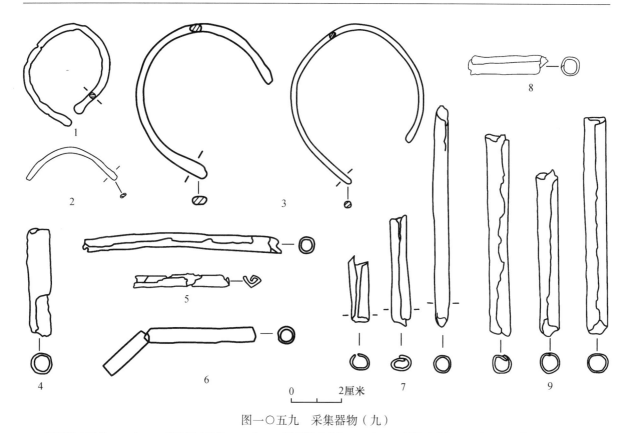

图一○五九 采集器物（九）

1.铜耳环（采集：092） 2.铜手镯（采集：095） 3.铜手镯（采集：094） 4.铜管（采集：096） 5.铜管（采集：097）
6.铜管（采集：099） 7.铜管（采集：098） 8.铜管（采集：100） 9.铜管（采集：101）

采集：101，铜管。3件。残损。圆柱形，用铜片卷制而成。残高分别为8.85、6.7、8.1厘米，直径0.65厘米（图一○五九，9；图版七六五，1）。

采集：102，铜管。1件。残损。圆柱形，用铜片卷制而成。残长16.4厘米，直径0.65厘米（图一○六○，1；图版七六五，2）。

采集：103，铜镞。1件。完整。双翼铜镞，空心圆柱銎，锋部残，中部起脊。长3.85厘米，宽1.6厘米，直径0.7厘米（图一○六○，2；图版七六五，3）。

采集：104，铜珠。7件。完整。呈算珠状，中部穿孔。直径0.8厘米，高0.5厘米，孔径0.15厘米（图一○六○，3；图版七六五，4）。

采集：105，铜丝。1件。完整。残长18.8厘米，直径0.2厘米（图一○六○，5；图版七六五，5）。

采集：106，铜丝。1件。完整。残长12.8厘米，直径0.2厘米（图版七六五，6）。

采集：107，铜器残件。1件。残损。疑似为铜镞的銎部。残长1.5厘米，直径0.5厘米（图一○六○，4；图版七六六，1）。

采集：108，铜渣。1件。残损（图版七六六，2）。

采集：109，铜器残件。1件。残损。为长方形铜片。残长2.9厘米，宽1.1厘米（图版七六六，3）。

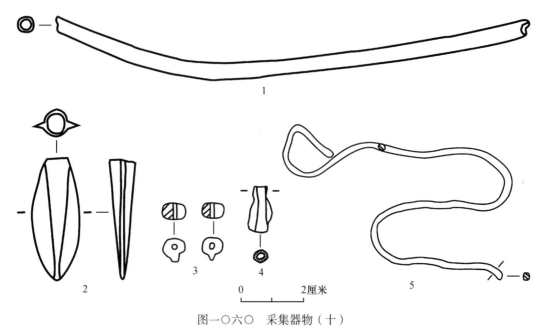

图一〇六〇　采集器物（十）

1. 铜管（采集：102）　2. 铜镞（采集：103）　3. 铜珠（采集：104）　4. 铜器残件（采集：107）　5. 铜丝（采集：105）

3. 石器

　　采集：110，水晶串珠。1件。完整。为算珠状，中部对钻成孔。直径0.6厘米，高0.5厘米，孔径0.15厘米（图一〇六一，1；图版七六六，4）。

　　采集：111，绿松石串珠。1件。完整。为圆柱状，中部对钻成孔。直径0.73厘米，高0.85厘米，孔径0.2厘米（图一〇六一，2；图版七六六，5）。

　　采集：112，绿松石串珠。1件。完整。为圆柱状，中部对钻成孔。直径1厘米，高1.32厘米，孔径0.26厘米（图一〇六一，3；图版七六六，6）。

　　采集：113，绿松石串珠。1件。完整。为圆柱状，中部对钻成孔。直径0.6厘米，高0.7厘米，孔径0.18厘米（图一〇六一，4；图版七六七，1）。

　　采集：114，玉髓串珠。1件。完整。为串珠状，中部对钻成孔。直径1.55厘米，高0.71厘米，孔径0.15厘米（图一〇六一，5；图版七六七，2）。

　　采集：115，玉髓串珠。1件。完整。为串珠状，中部对钻成孔。直径1.3厘米，高0.5厘米，孔径0.2厘米（图一〇六一，6；图版七六七，3）。

　　采集：116，玉髓串珠。1件。完整。为串珠状，中部对钻成孔。直径1.7厘米，高0.65厘米，孔径0.2厘米（图一〇六一，7；图版七六七，4）。

　　采集：117，滑石串珠。2件。完整。为圆柱状，中部对钻成孔。其一直径0.5厘米，高0.4厘米，孔径0.15厘米（图一〇六一，8；图版七六七，5）。

　　采集：118，滑石串珠。1件。完整。为圆柱状，中部对钻成孔。直径0.5厘米，高0.65厘米，孔径0.15厘米；其二直径1厘米，高0.5厘米，孔径0.25厘米（图一〇六一，9；图版七六七，6）。

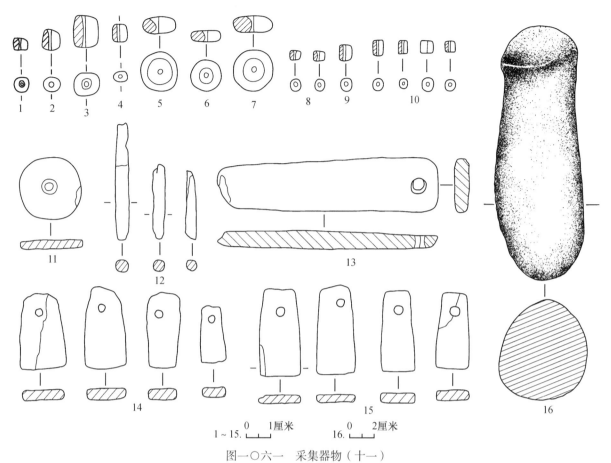

图一〇六一　采集器物（十一）

1. 水晶串珠（采集：110）　2. 绿松石串珠（采集：111）　3. 绿松石串珠（采集：112）　4. 绿松石串珠（采集：113）
5. 玉髓串珠（采集：114）　6. 玉髓串珠（采集：115）　7. 玉髓串珠（采集：116）　8. 滑石串珠（采集：117）
9. 滑石串珠（采集：118）　10. 滑石串珠（采集：119）　11. 蚌饰（采集：122）　12. 骨锥（采集：123）
13. 砺石（采集：121）　14. 骨牌饰（采集：124）　15. 骨牌饰（采集：125）　16. 石杵（采集：120）

采集：119，滑石串珠。6件。完整。为圆柱状，中部对钻成孔。直径0.4～0.6厘米，高0.5～0.6厘米，孔径0.15厘米（图一〇六一，10；图版七六八，1）。

采集：120，石杵。1件。完整。为圆柱状，一侧有使用痕迹。直径6.8厘米，高22.2厘米（图一〇六一，16；图版七六八，2）。

采集：121，砺石。1件。完整。呈铲状，短边边缘处有一圆孔。器表磨制光滑。长9.1厘米，宽1.2～2.2厘米，孔径0.6厘米（图一〇六一，13；图版七六八，3）。

4. 蚌器

采集：122，蚌饰。1件。完整。平面呈圆形，中部有穿孔。直径2.6厘米，厚0.3厘米，孔径0.3厘米（图一〇六一，11；图版七六八，4）。

5. 骨器

采集：123，骨锥。3件。残损。动物骨骼磨制而成，呈锥状，一端较尖。长2.4~4.7厘米，直径5.5厘米（图一〇六一，12；图版七六八，5）。

采集：124，骨牌饰。12件。动物骨骼磨制而成。大致呈长方形，近边缘处有一圆形孔，大小不一。长2.3~3.4厘米，宽1.1~2厘米，孔径0.2~0.35厘米（图一〇六一，14；图版七六九，1）。

采集：125，骨牌饰。15件。大致呈长方形，近边缘处有一圆形孔，大小不一。长3.1~3.4厘米，宽1.1~1.8厘米，孔径0.2~0.4厘米（图一〇六一，15；图版七六九，2）。

第四章 结 语

一、典型器物型式分析

（一）型式分析

天山北路墓地出土遗物种类丰富，尤其以双耳陶罐、单耳陶罐、筒形陶罐、陶壶、陶杯、铜刀等类数量多、形制特征明显。

墓地出土、采集的陶器共687件。其中保存状况较好、可复原辨识器形、开展型式分析的陶器共597件，以下陶器分析的数量与比例统计均以此为准。

1. 双耳陶罐

双耳陶罐共489件，占类型学分析陶器总数的81.9%，依器耳与器身连接部位分为颈肩双耳陶罐、沿肩双耳陶罐两大类。颈肩双耳陶罐指陶罐器耳两端分别连接器身颈部与肩部。此类陶罐器耳最高处一般低于口沿；沿肩双耳陶罐指陶器器耳两端分别连接器身口沿与肩部。此类陶罐的器耳最高处与口沿齐平或翘起高于口沿。

颈肩双耳陶罐共282件，其中夹砂红陶279件，灰陶3件。彩陶51件。根据形态和装饰的差异，可分为六型，其中A型可分二亚型，F型可分三亚型[①]（表三；附表三；图一〇六二）。

A型 微侈口、小耳、鼓腹。早期通体有复杂组合彩绘。根据口部大小及器形比例，可分二亚型。

Aa型 小口高体。

演变趋势：陶器装饰逐渐简化甚至消失；口部向直口演变；垂腹演化为鼓腹；整体制造愈发粗糙。

Ab型 大口矮体。

B型 大口微侈、短颈、小耳、鼓腹。口沿及颈肩处有素面装饰。

---

① 此外，M073、M468各出土1件颈肩双耳陶罐，器表均有彩绘，可归入A型，但因其形态特殊、数量少，不宜单独划分亚型或式别，也不计入具体型式数量统计。

表三　颈肩双耳陶罐型式表

型式	数量（件）		通高（厘米）	特征
	出土	采集		
Aa型Ⅰ式	彩陶4	彩陶1	9~16	小口微侈、短颈、肩部压印小凹窝、双小耳、垂腹、腹径最大处有一对捏塑的乳突、小平底。施红褐色陶衣，通体绘彩，纹样为分区的菱格纹和网格纹，辅以三角纹和线条纹
Aa型Ⅱ式	31	5	12~16	小直口、鼓腹、鼓腹两侧有一对捏塑的乳突、小平底、少量有圈足
Aa型Ⅲ式	75（彩陶3）	10	8~16	直口、高鼓腹、小平底、少量圈足。彩绘集中在颈、腹部，纹样为内填斜线三角纹或树草纹
Ab型	彩陶4		10~16	大口微侈、短颈、肩部压印小凹窝、双大扁耳、折鼓腹、折腹两侧有一对捏塑的乳突、小平底。施黄褐色或红褐色陶衣，通体绘彩，纹样以分区的网格菱形纹和三角纹、方格纹为主题，辅以三角纹、叶脉纹、线条纹
B型Ⅰ式	7		10~14	大口微侈、微束颈、双小耳、鼓腹、小平底。口沿有一圈戳印纹，肩部饰附加堆折线弦纹
B型Ⅱ式	8	2	10~14	高鼓腹、少量圈足。少数颈部篦点纹、肩部凸弦纹或耳下乳突
C型Ⅰ式	彩陶10	彩陶1	8~11	大口卷沿外侈、短束颈、双宽大扁耳、垂腹、小平底。施红褐色陶衣，通体绘彩，纹样主题有三：其一为分区的密集网格纹，辅以宽带纹和菱格纹；其二为垂带纹，辅以弦纹和线条纹；其三为分层的连续内填斜线或网格的三角纹，辅以线条纹和网格纹
C型Ⅱ式	7（彩陶4）	彩陶3	12~15	垂鼓腹。彩绘集中在颈、腹部，纹样主要为弦纹、菱格纹和垂带纹等
C型Ⅲ式	5（彩陶2）		10~13	多为折腹。纹样简单，弦纹和垂带纹
D型Ⅰ式	3		20~23	直口和微侈口、微束颈、鼓腹、小平底。口沿有一周连续的戳印纹，肩部饰附加堆折线纹
D型Ⅱ式	3		18~21	小直口，高鼓腹
D型Ⅲ式	9（彩陶1）		18~26	卷沿侈口、鼓腹和球腹。口沿和肩部绘横向水波纹
E型	彩陶3	彩陶1	10	大口卷沿外侈、双大扁薄耳、圆弧腹、小平底和圈足。施红褐色陶衣，纹样特点为颈部绘连续菱格纹，肩部绘横条带纹，腹部绘对称的树草纹
Fa型Ⅰ式	7（彩陶6）		12~15	卷沿侈口、长颈微束、鼓腹、小平底或圈足。彩绘集中在颈、腹部，一般为分层的内填斜线或网格的三角纹
Fa型Ⅱ式	彩陶2		13~16	颈部稍短、假圈足。纹样主要为树草纹、折线纹和细垂带纹
Fa型Ⅲ式	彩陶4		13~17	球腹、小平底。口沿、肩部或腹部绘横向水波纹
Fb型Ⅰ式	8		11~15	卷沿侈口、颈部稍长、扁鼓腹、小平底和圈足
Fb型Ⅱ式	54	7	8~16	短颈、鼓腹和球腹、小平底
Fc型	8（彩陶2）		8~11	卷沿侈口、短束颈、扁鼓腹和球腹、腹部正中有一流嘴、小平底。肩部和腹部绘横向水波纹

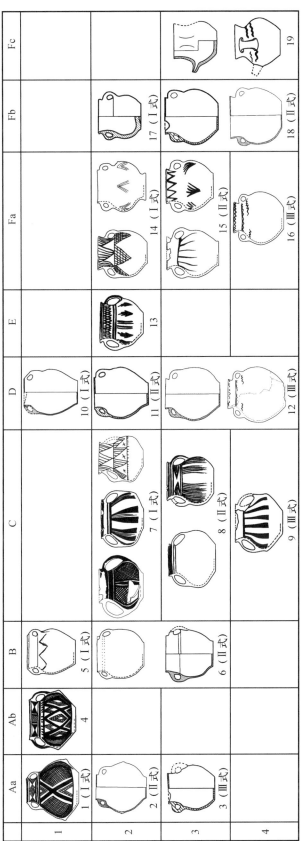

图一〇六二 颈肩双耳陶罐型式分析图

1. M599：1　2. M220：1　3. M132：1　4. M550：2　5. M599：2　6. M284：1和M609：1　7. M48：1，M322：1和M165：8　8. M126：2和M580：11　9. M384：6　10. M525：4
11. M39：1　12. M32：3和M26：1　13. M529：1　14. M620：5和M265：1　15. M608：6和M260：1　16. M558：1　17. M458：1　18. M253：2和M53：10　19. M317：3和M119：3

演变趋势：口沿戳印纹和肩部附加堆折线纹，演变为颈部篦点纹和肩部凸弦纹，或是无装饰；鼓腹向高鼓腹转变；平底演化出圈足，又转变为平底。

C型　大口卷沿外侈、短束颈、大宽扁耳、垂腹。彩绘纹样主要为网格纹、三角纹和垂带纹。

演变趋势：通体复杂的组合纹样彩绘逐渐简化或消失；耳部缩小，扁薄逐渐厚实；垂腹向垂鼓腹，再向折腹转变。

D型　器形与B型相似，不过小口微侈，体态高大。

演变趋势：早期素面装饰逐渐消失，晚期出现写意的横向水波纹彩绘；微侈口和直口逐渐演变为卷沿侈口。

E型　大口卷沿外侈、大扁薄耳、圆弧腹、小平底或圈足。以颈部连续的菱格纹和腹部分区的形似手掌的树草纹彩绘为特征。

F型　卷沿侈口、微束颈、小耳。根据有无陶器装饰和是否带流嘴分三亚型。

Fa型　均有陶器装饰。

演变趋势：乳突、刻划等素面装饰消失，彩绘纹样由多层三角纹、树草纹等演变为写意的横向水波纹；颈部变短；鼓腹、弧腹演化为球腹；圈足消失。

Fb型　均为素面陶，无装饰。

演变趋势：颈部变短；垂腹、扁鼓腹演变为鼓腹和球腹。

Fc型　腹部正中均有流嘴。

沿肩双耳陶罐共207件，其中夹砂红陶174件，灰陶33件。彩陶103件。根据形态和装饰的差异，可分为7型，其中A型和B型均可分2个亚型（表四；附表三；图一〇六三）。

A型　大垂耳、口耳齐平。彩绘纹样以网格纹、各式变体三角纹为主。根据形态比例，分二亚型。

Aa型　器形比例相对矮胖。

Ab型　器形比例相对瘦高。

B型　翘耳、口耳齐平或翘耳高于口沿。彩绘纹样以各式变体三角纹为主。根据形态比例和耳部差异，分二亚型。

Ba型　器形比例相对矮胖，圆翘耳居多。

演变趋势：早期纹饰主题为各式变体三角纹与水波纹、短线纹等纹样的组合，晚期为简单的垂带纹或水波纹。

Bb型　器形比例相对瘦高，扁翘耳居多。

演变趋势：早期纹饰主题为各式变体三角纹，晚期为写意的水波纹。

C型　夹砂灰陶为主。凹口外侈、耳部翘起与凹口弧度形似马鞍状。晚期马鞍口形愈甚。

D型　小竖窄耳、口耳齐平。彩绘纹样以网格或内填斜线三角纹为主。

E型　耳部稍大、口耳齐平、扁鼓腹。彩绘纹样以三角纹为主。

F型　大圆耳、口耳齐平。

G型　大翘耳、耳部高出口沿、折鼓腹。彩绘纹样为叶脉纹。

表四 沿肩双耳罐型式表

型式	数量（件）		通高（米）	特征
	出土	采集		
Aa型	31（彩陶27）	彩陶3	12~15	平口、短束颈、双大垂耳、鼓腹、小平底。纹饰多样，集中在腹部，主题一般为各式变体三角纹、网格纹、手形树草纹、垂带纹、口沿内外、颈部、耳部辅绘线条纹、弦纹、三角纹、水波纹等
Ab型	7（彩陶4）		14~17	器形比例相对瘦高。腹部绘网格纹、垂带纹、水波纹，口沿内和耳部绘短线纹和三角纹
Ba型Ⅰ式	36（彩陶24）	1	8~18	平口、卷沿外侈、短束颈、耳微翘、鼓腹和球腹、小平底。纹饰多样，集中在腹部，主要为各式变体三角纹，个别菱格纹和树草纹，口沿内和耳部还绘有短线纹和树草纹
Ba型Ⅱ式	15（彩陶3）		10~17	口微凹、小圆耳。纹饰简化，腹部绘垂带纹或不连续的水波纹
Bb型Ⅰ式	16（彩陶12）		12~18	器形比例相对Ba型更高、扁翘耳、鼓腹。彩绘纹样集中在腹部，主要为各式变体三角纹和水波纹，口沿和耳部还绘有短线纹和树草纹
Bb型Ⅱ式	13（彩陶2）	1	12~18	纹饰简化，腹部绘水波纹和垂带纹，耳部绘重叠三角纹和对顶三角纹
C型	33（彩陶2）	5	10~16	凹口外侈、短束颈、双耳翘起与凹口弧度形似马鞍状、鼓腹和球腹、小平底。灰陶居多。个别腹部绘叶脉三角纹
D型	19（彩陶10）	3（彩陶1）	12~16	大平口、竖窄耳、鼓腹、小平底和圈足。纹饰主要集中在颈部和腹部，为内填斜线或网格的三角纹
E型	13（彩陶7）	4（彩陶3）	10~14	大口卷沿外侈、大圆耳、扁鼓腹、小平底和圈足。主要在颈部和腹部绘空心或网格三角纹、水波纹和短线纹
F型	3（彩陶2）	2（彩陶1）	14~15	大口卷沿外侈、大圆耳、鼓腹、小平底。纹样集中在颈、腹部，主要为网格纹、三角纹和圆点纹
G型	彩陶2		10~15	大口卷沿外侈、短束颈、大翘耳、折鼓腹、小平底。口沿一周绘水波纹，肩部绘弦纹，其下为叶脉三角纹

2. 单耳陶罐

单耳陶罐数量仅次于双耳陶罐，共55件，均为夹砂红陶。依耳部位置分为颈肩单耳陶罐（30件，彩陶3件）、沿肩单耳陶罐（25件，彩陶6件）两大类。两者均可分二型（表五；附表三；图一〇六四）。

颈肩单耳罐A型 小口、直口微侈。

演变趋势：直口向侈口过渡；颈部逐渐变短；颈肩折棱、圆鼓腹向鼓腹演变。

颈肩单耳罐B型 大口、卷沿外侈、短颈。

演变趋势：鼓腹向扁鼓腹演变。

沿肩单耳罐除耳部位置不同外，两型的形态特点及演变趋势与颈肩单耳罐相一致。

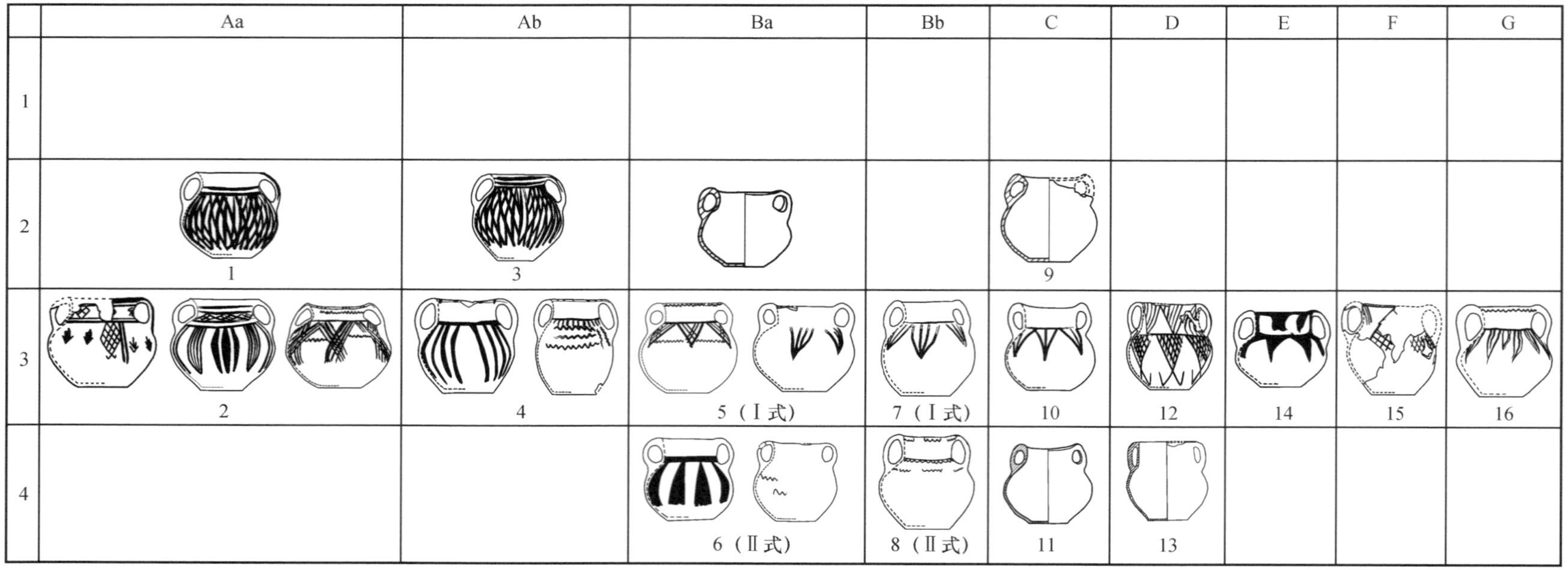

图一〇六三　沿肩双耳陶罐型式分析图

1. M483：31　2. M125：1、M111：2和M698：5　3. M400：1　4. M354：1和M330：1　5. M268：1、M500：7和M546：8　6. M80：3和M363：1　7. M267：1　8. M298：1　9. M289：1
10. M358：1　11. M662：1　12. M597：1　13. M159：1　14. M431：2　15. M280：1　16. M51：1

表五 单耳陶罐及其他陶器形式表

型式	数量（件）		通高（厘米）	特征
	出土	采集		
颈单A型Ⅰ式	10		7~23	直口、颈部稍长、大耳、颈肩折楞、圆鼓腹、小平底
颈单A型Ⅱ式	8（彩陶2）	1	10~15	卷沿侈口、颈部稍短、鼓腹。纹样集中在颈、腹部，主要为横竖水波纹和实心倒三角纹
颈单A型Ⅲ式	4		13~18	直口、短颈、高鼓腹
颈单B型Ⅰ式	4		11~13	大口卷沿外侈、小耳、鼓腹、小平底
颈单B型Ⅱ式	3（彩陶1）		9~12	短颈、扁鼓腹。纹样为竖列水波纹
沿单A型Ⅰ式	3		7~12	直口微侈、大耳、颈肩折棱，圆鼓腹、小平底
沿单A型Ⅱ式	9（彩陶2）	彩陶1	9~17	卷沿微侈口、鼓腹。纹样为实心倒三角纹与横竖水波纹的组合
沿单A型Ⅲ式	8（彩陶2）	1	12~20	卷沿侈口、短束颈、鼓腹。纹样为简化的横列水波纹
沿单B型	3（彩陶1）		10~11	大侈口、短束颈、大耳、扁鼓腹、小平底。纹样为短线纹和竖列水波纹
筒形陶罐Ⅰ式	13（彩陶11）	11（彩陶10）	8~18	整体呈筒状、多敛口、双横贯耳，个别单立耳、直筒腹或微鼓腹、小平底。通体施彩，纹样为多重横列水波纹和竖线纹、竖列水波纹的组合，或是竖列折线菱格纹
筒形陶罐Ⅱ式	5（彩陶1）	1	12~16	双立耳或无耳。纹样简化，腹部绘多重竖线纹
陶壶A型	5（彩陶2）		10~15	卷沿侈口、短束颈、鼓腹、最大腹径处有双耳、耳上部有乳突、小平底。彩绘纹样为横向水波纹
陶壶B型	2		16~20	直口、鼓腹、鼓腹处两侧有乳突作鋬、小平底
陶杯A型	彩陶6		7~9	直口和侈口、沿肩单大耳、折腹、小平底。通体施彩，绘分区的内填斜线三角纹、网格纹或宽带纹、竖线纹
陶杯B型	7（彩陶1）	2	9~14	单腹耳、腹略微向内收、小平底。纹样为简化的横向水波纹
陶杯C型	2		6~9	直口、无耳、杯腹呈直壁、小平底

3. 筒形陶罐

共30件，根据器身形态和纹饰发展演变特征可分二式（表五；附表三；图一〇六四）。

4. 陶壶

共7件，根据形态特征分为双腹耳陶壶（5件）、双乳钉陶壶（2件）二型①（表五；附表三；图一〇六四）。

----

① 此外，M018出土了墓地中唯一1件双颈耳陶壶，因其形态特殊、数量过少，不再单独划分型式，计入型式数量统计。

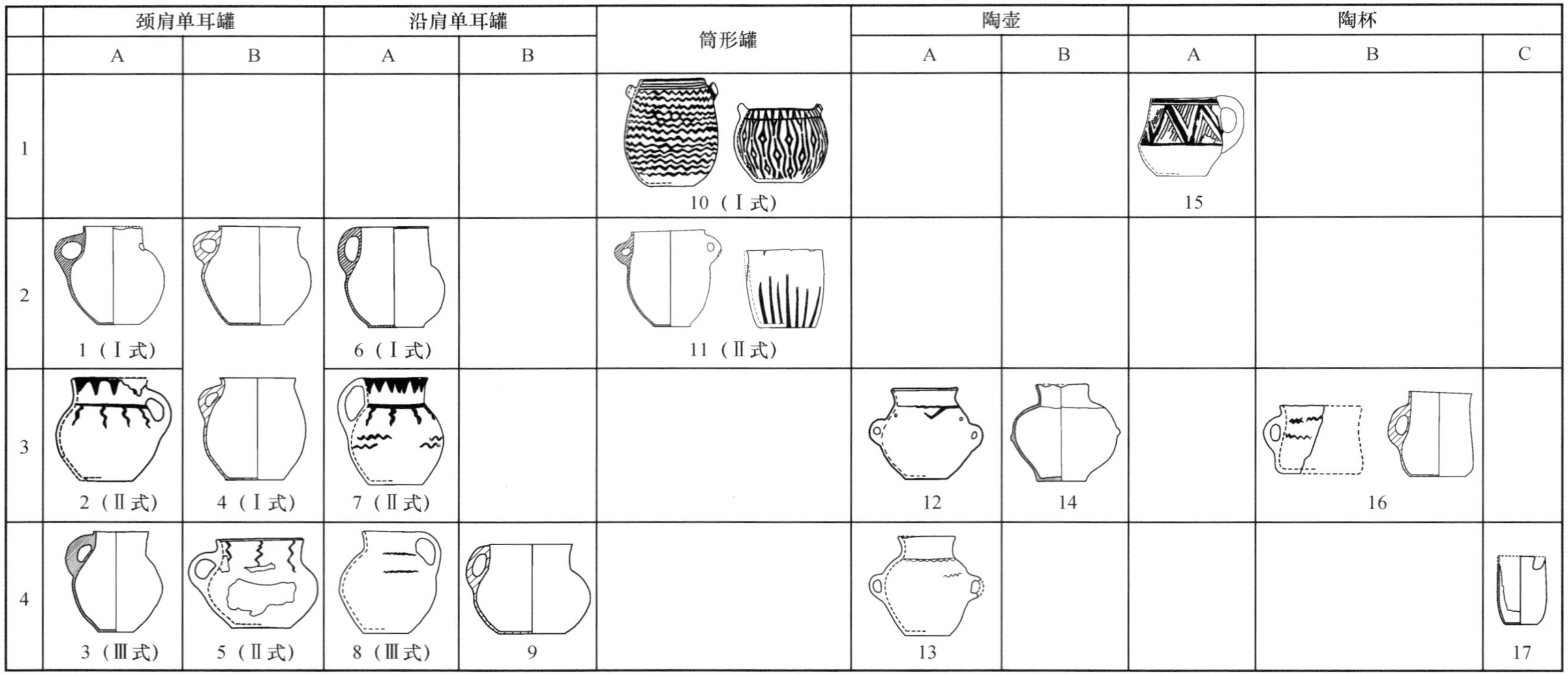

图一〇六四　单耳陶罐、筒形陶罐、陶壶和陶杯型式分析图

1. M219：1　2. M658：1　3. M527：1　4. M476：1和M486：1　5. M648：5　6. M217：1　7. M472：1　8. M13：12　9. M429：1　10. M221：1和M375：2　11. M196：1和M452：1
12. M252：1　13. M682：1　14. M353：1　15. M411：2　16. M277：6和M473：2　17. M138：1

5. 陶杯

共16件，根据形态和纹饰差异分为三型[①]（表五；附表三；图一〇六四）。

6. 铜刀

墓地中出土、采集的铜刀共73件，其中保存较完好、形态特征明显的共46件，依据刀柄、刀背和刀刃的形态差异，可分六型（表六；附表三；图一〇六五）。

表六 铜刀型式表

型式	数量（件）	刀长（厘米）	特征
A型	3	15	宽凸刃、刃尖上翘、凸背、刀背带两个凸起的脊
B型	5	12~20	宽直刃、刃尖弯曲上翘、背微凸、直柄
C型	3	10~17	窄刃、刃尖微翘、微弧背、弧度较小、短柄、柄末端有系孔
D型	3	7~11	整体较为短小、凸刃、刃尖上翘、凹背、柄部残
Ea型	7	11~16	凸刃、刃尖上翘弧度较大、凹背、刀背与刀柄较平直、短柄舌
Eb型Ⅰ式	8	10~19	凸窄刃、平直背或凹背、长直柄、柄末端或中部有系孔
Eb型Ⅱ式	7	12~24	凸窄刃、凹背、长柄、柄末端有环首
F型Ⅰ式	3	13~18	窄直刃、凸背、长柄、柄末端有系孔
F型Ⅱ式	7	13~20	窄直刃和凹刃、凸背弧度较小、长柄、柄末端有环首

（二）陶器分组

墓地中的354组墓葬打破关系（涉及墓葬413座）可为了解陶器的演化与分组提供有益参考。

墓葬间打破的地层关系与墓葬出土陶器的关系存在多种情况，可为判断陶器间相对年代提供科学依据的主要有以下两类：

（1）墓葬随葬陶器均保留在原始出土位置，晚期墓葬随葬陶器的埋藏时间晚于被其打破的早期墓葬中随葬陶器的埋藏时间。

（2）晚期墓葬打破早期墓葬，导致早期墓葬的随葬陶器混入了晚期墓葬填土中。如M047填土中出土的双耳彩陶罐，原应属于被M047打破的早期墓葬M049，由此可以判断这件陶器最初随葬在M049的年代早于M047中随葬陶器的埋藏时间。

下表对出土典型陶器墓葬的打破关系频次进行了统计（表七），与上文同型不同式别陶器的划分结果基本吻合，也为判断不同类型陶器间的相对年代提供了重要参考。

[①] 此外，M112出土了墓地中唯一1件双耳陶杯，因其形态特殊、数量过少，不再单独划分型式，计入型式数量统计。

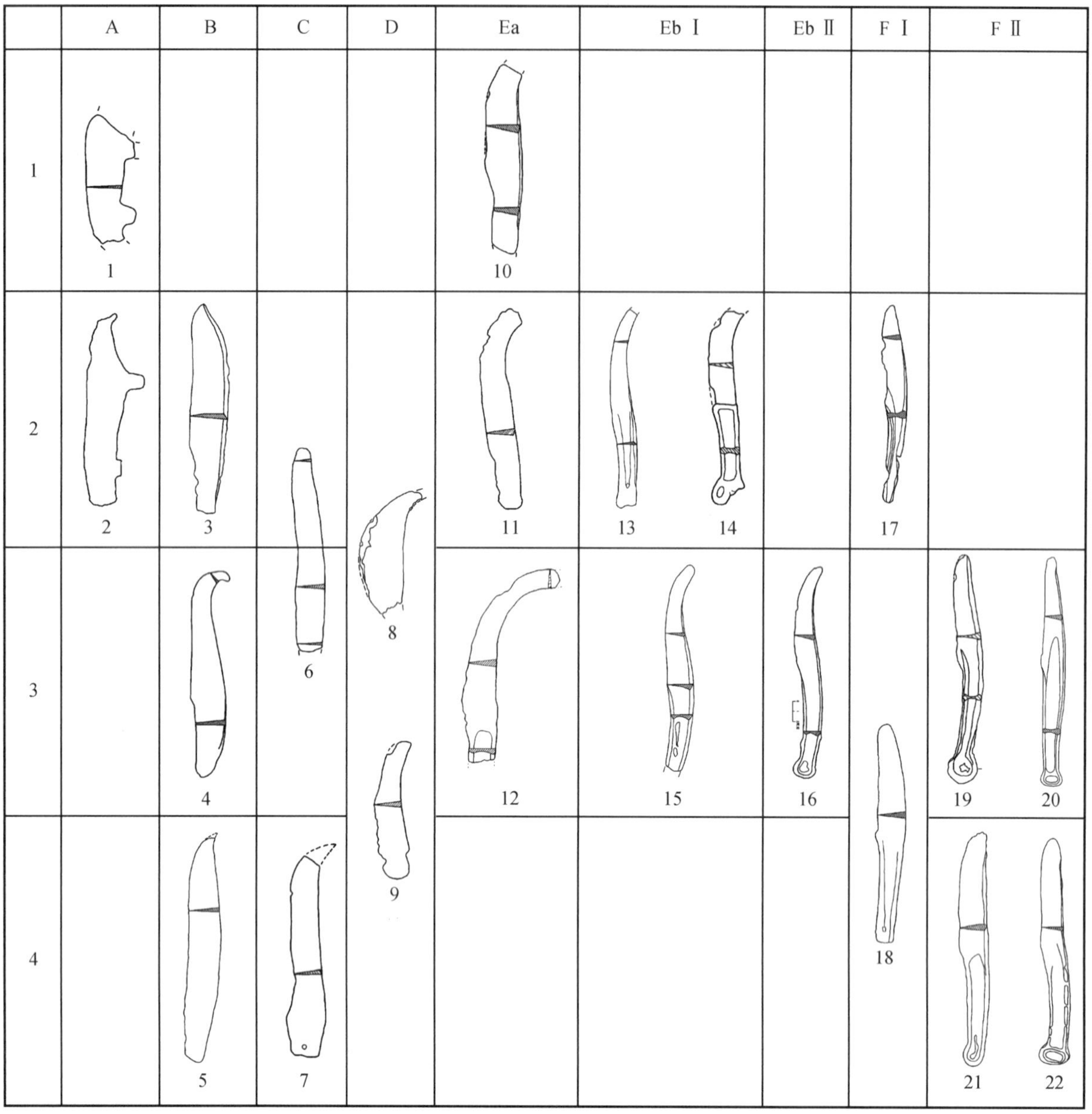

	A	B	C	D	Ea	Eb I	Eb II	F I	F II
1	1				10				
2	2	3	6		11	13	14	17	
3	4			8	12	15	16	18	19 20
4	5	7		9					21 22

图一〇六五　铜刀型式分析图

1. M375：9　2. M683：10　3. M71：2　4. M471：1　5. M384：4　6. M342：4　7. M339：1　8. M197：3　9. M694：2
10. M325：5　11. M263：2　12. M120：1　13. M315：4　14. M131：3　15. M85：3　16. M641：1　17. M362：9　18. M385：4
19. M441：3　20. M66：4　21. M72：2　22. M53：8

　　天山北路墓地中22座墓葬出土2件及以上数量陶器，可以为了解典型陶器相对共时关系，开展陶器分组提供重要依据（表八）。

　　其中，M461陶器数量最多，共5件；M525有4件；M579有3件；其余均为2件。总的来看，Aa型Ⅰ式、Ab型、B型Ⅰ式、D型Ⅰ式颈肩双耳罐之间以及它们和A型陶杯、Ⅰ式筒形罐、陶钵的组合关系最为常见（共12组），其次为双耳罐和单耳罐之间的组合（共3组）。此外，Ⅱ式筒形罐与陶钵、颈肩双耳罐与B型陶杯、沿肩双耳罐与四耳陶罐、颈肩双耳罐与沿肩双耳罐、颈肩双耳罐A型与F型、单耳罐与陶钵、颈肩双耳罐与A型陶壶的组合各有1组。

表七 墓葬打破关系与典型陶器形式统计表

出土典型陶器墓葬间的打破关系	频次	出土典型陶器墓葬间的打破关系	频次	出土典型陶器墓葬间的打破关系	频次
颈双AaⅡ→筒形陶罐Ⅰ （M24→M28、M220→M221）	2	颈双FbⅡ→沿双BbⅠ （M224→M225）	1	沿双BbⅠ→颈双FbⅡ （M15→M14）	1
颈双AaⅢ→颈双AaⅠ （M412→M404、 M623→M599）	2	颈双Fc→沿双Aa （M19→M5）	1	沿双BbⅡ→沿双BbⅠ （M298→M303）	1
颈双AaⅢ→颈双BⅠ （M412→M404、 M623→M599）	2	颈双Fc→沿双BaⅠ （M359→M398）	1	沿双BbⅡ→沿双Ab （M399→M400）	1
颈双AaⅢ→颈双DⅠ （M412→M404）	1	沿双Aa→颈双AaⅡ （M125→M131）	1	沿双BbⅠ→筒形陶罐Ⅰ （M303→M306）	1
颈双AaⅢ→颈双E （M691→M689）	1	沿双Aa→颈双AaⅢ （M11→M226、M76→M84、 M125→M134、M149→M151、 M190→M191、M341→M342）	6	沿双C→颈双AaⅡ （M17→M228、M96→M101、 M105→M107）	3
颈双AaⅢ→沿双C （M288→M289）	1	沿双Aa→颈双CⅡ （M125→M126）	1	沿双C→颈双AaⅢ （M195→M197、M199→M202、 M201→M203、M241→M244）	4
颈双AaⅢ→筒形陶罐Ⅰ （M324→M325）	1	沿双Aa→颈双FaⅠ （M149→M150）	1	沿双C→颈双CⅠ （M42→M43）	1
颈双CⅡ→颈双AaⅡ （M126→M131）	1	沿双Aa→沿双C （M11→M17）	1	沿双C→颈双E （M140→M145）	1
颈双CⅡ→颈双AaⅢ （M144→M186）	1	沿双Aa→沿双BaⅠ （M76→M77）	1	沿双C→颈双FaⅠ （M555→M586）	1
颈双CⅡ→颈双FbⅡ （M86→M87）	1	沿双Ab→颈双AaⅡ （M153→M154）	1	沿双C→颈双FbⅠ （M457→M458）	1
颈双CⅡ→沿双BbⅠ （M374→M378）	1	沿双Ab→沿双BaⅠ （M330→M367）	1	沿双C→颈双FbⅡ （M662→M668）	1
颈双CⅢ→沿双D （M118→M120）	1	沿双BaⅠ→颈双AaⅡ （M32→M37、M122→M131、 M397→M402）	3	沿双C→沿双Aa （M394→M393）	1
颈双DⅢ→颈双AaⅡ （M32→M37）	1	沿双BaⅠ→颈双AaⅢ （M89→M91、M261→M263、 M406→M497）	3	沿双C→沿双BaⅠ （M394→M398、M445→M455）	2
颈双DⅢ→沿双E （M481→M480）	1	沿双BaⅠ→颈双CⅠ （M47→M49）	1	沿双C→筒形罐Ⅱ （M195→M196）	1
颈双FaⅠ→颈双AaⅢ （M150→M151）	1	沿双BaⅠ→颈双FbⅡ （M15→M14）	1	沿双D→颈双AaⅠ （M597→M599）	1
颈双FaⅢ→颈双AaⅡ （M198→M200）	1	沿双BaⅠ→沿双C （M127→M117）	1	沿双D→颈双AaⅡ （M123→M131、M159→M167）	2
颈双FaⅢ→颈双AaⅢ （M198→M207、 M569→M623）	2	沿双BaⅠ→筒形罐Ⅰ （M210→M221）	1	沿双D→颈双AaⅢ （M159→M185、M182→M185、 M178→M181、M366→M395）	4

续表

出土典型陶器墓葬间的打破关系	频次	出土典型陶器墓葬间的打破关系	频次	出土典型陶器墓葬间的打破关系	频次
颈双Fb I →沿双Ba I （M104→M114）	1	沿双Ba II →颈双C I （M64→M65）	1	沿双D→颈双B I （M597→M599）	1
颈双Fb I →颈双Aa II （M103→M107、M315→M321）	2	沿双Bb I →颈双Aa I （M303→M306、M475→M525）	2	沿双D→颈双Fb II （M129→M132）	1
颈双Fb II →筒形陶罐 I （M33→M36、M222→M221）	2	沿双Bb I →颈双Aa III （M66→M71、M311→M323）	2	沿双E→颈双Aa I （M301→M306）	1
颈双Fb II →颈双Aa I （M526→M550）	1	沿双Bb I →颈双B I （M475→M525）	1	沿双E→颈双Aa III （M451→M542、M451→M553）	2
颈双Fb II →颈双Aa II （M56→M59、M222→M220）	2	沿双Bb I →颈双C I （M311→M322）	1	沿双E→沿双Bb I （M301→M303）	1
颈双Fb II →颈双Aa III （M10→M226、M56→M78、M132→M133、M209→M215、M292→M293）	5	沿双Bb I →颈双D I （M475→M525）	1	沿双E→筒形陶罐 I （M301→M306）	1
颈双Fb II →颈双E （M556→M529）	1	沿双Aa→沿单A II （M369→M388）	1	沿双F→颈双B II （M280→M284）	1
颈双Fb II →颈双Fa I （M557→M627）	1	颈单A III →颈双Fb II （M527→M528）	1	颈双Aa II →颈单A I （M101→M102）	1
颈双Fb II →颈双Fa III （M557→M569）	1	沿单A II →颈双C III （M382→M384）	1	沿双Ba II →壶B （M338→M353）	1
沿双C→沿单A II （M358→M388）	1	沿双Ba I →颈单A I （M377→M376）	1		

注：→代表打破；颈双=颈肩双耳陶罐；沿双=沿肩双耳陶罐；颈单=颈肩单耳陶罐；沿单=沿肩单耳陶罐；表中省略了"型""式"字样

表八　陶器组合关系表

	双耳陶罐	单耳陶罐	筒形陶罐	陶壶	陶杯	其他
M036			I		A	
M306	颈肩Aa I		I			
M375			I 2件			
M404	颈肩B I 、D I		I			
M411	颈肩Ab				A	
M444	颈肩Ab、D I					
M446			I			单耳陶钵
M461	颈肩Ab、B I				A	陶钵
M525	颈肩Aa I 、B I 、D I					单耳陶钵
M550	颈肩Aa I 、Ab					
M579	颈肩B I				A	

	双耳陶罐	单耳陶罐	筒形陶罐	陶壶	陶杯	其他
M599	颈肩AaⅠ、BⅠ					
M244	颈肩AaⅢ	颈肩BⅠ				
M452			Ⅱ			单耳陶钵
M508	颈肩AaⅢ				B	
M109	沿肩D					四耳陶罐
M051	颈肩AaⅢ；沿肩G					
M155	颈肩AaⅢ、FbⅡ					
M486		颈肩BⅠ				单耳陶钵
M697	沿肩BaⅠ	颈肩AⅡ				
M013	颈肩Fc	沿肩AⅢ				
M682	颈肩FbⅡ			A		

注：表中省略"型""式"字样

根据上述典型陶器、铜刀型式特征共时、历时关系的分析，可以将天山北路墓地典型陶器分为4组，分别代表了墓地物质文化发展的4个不同阶段（表九）。部分器物沿用时间较长，可能跨越两个发展阶段的，我们也将其单独列出，以供参考。

通过数量统计，可以直观了解各类典型器物在墓地各个发展阶段中数量变化的情况（图一〇六六）。陶器组合共存的现象也多出现在墓地早期发展阶段。

表九　器物分组表

	双耳陶罐	单耳陶罐	其他	铜刀
第1组	颈肩：AaⅠ、Ab、BⅠ、DⅠ		筒形陶罐：Ⅰ 陶杯：A	A、Ea
第2组	颈肩：AaⅡ、AaⅢ、BⅡ、CⅠ、DⅡ、E、FaⅠ 沿肩：A、BaⅠ、C	颈肩：AⅠ、BⅠ 沿肩：AⅠ	筒形陶罐：Ⅱ	A、B、Ea、EbⅠ、FⅠ
第3组	颈肩：AaⅢ、BⅡ、CⅡ、DⅢ、FaⅡ、FbⅡ、Fc 沿肩：A、BaⅠ、BbⅠ、C、D、E、F、G	颈肩：AⅡ、BⅠ 沿肩：AⅡ	陶壶：A、B 陶杯：B	B、Ea、Eb、FⅡ
第4组	颈肩：CⅡ、CⅢ、DⅢ、FaⅢ、FbⅡ、Fc 沿肩：BaⅡ、BbⅡ、C、D	颈肩：AⅢ、BⅡ 沿肩：AⅢ、B	陶壶：A 陶杯：C	B、C、FⅡ

通过对形态特征较为接近的典型陶器的数量统计（图一〇六七），可以更加直观反映出它们所代表的不同文化因素在墓地不同阶段的发展趋势：筒形罐是第一阶段最流行的器类，在第二阶段大幅减少直至消失。颈肩双耳罐是天山北路墓地延续时间最长的器类，主要受到了来自河西走廊文化因素的影响，在第一阶段与筒形罐流行程度接近，在第二阶段发展成为最流行的器类。此后在第三阶段数量逐渐减少，一直沿用至第四阶段。其中，以西城驿文化因素为代表的A、B、D三型主要流行于第一至第三阶段，以四坝文化因素为代表的C、F两型流行于稍晚的第二、三阶段，基本与两支文化在河西走廊西部演化的趋势相当。

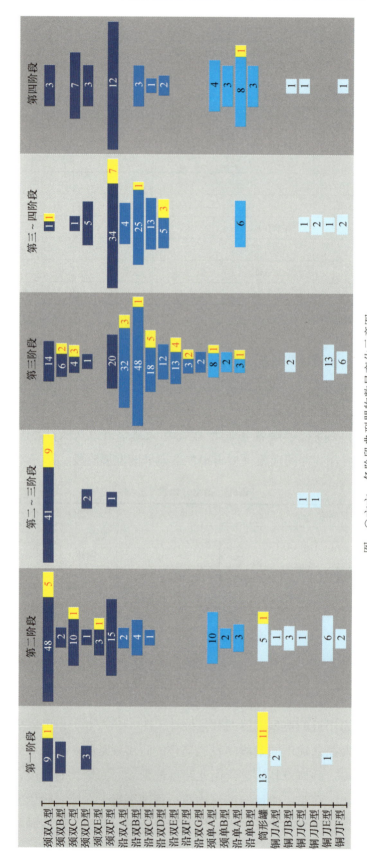

图一〇六六　各阶段典型器物数量变化示意图

（黄色为墓地采集；蓝色为墓葬出土）

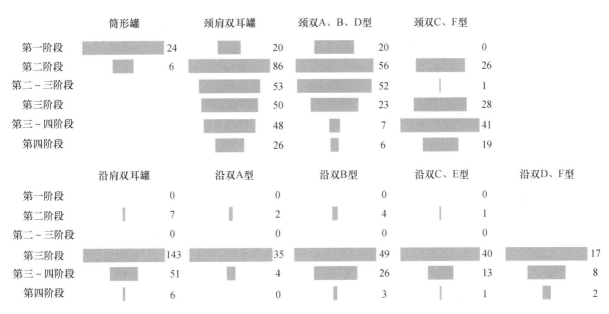

图一〇六七　典型陶器战舰曲线图

沿肩双耳罐在第二阶段少量出现，在第三阶段数量急剧增加，又在第四阶段急剧减少。其中，主体继承了四坝文化特点的A型流行于第三阶段，晚期鲜有发现。具有磨沟式陶器和寺洼文化特征的C、E两型，以及与卡约文化比较接近的D、F两型，同样流行于第三阶段，衰落于第四阶段。融合了四坝文化、磨沟式陶器等特征的B型是第二至第四阶段沿肩双耳罐中数量最多的一型。天山北路墓地从早到晚的四个阶段中，整体呈现出筒形罐、颈肩双耳罐、沿肩双耳罐兴衰相继的发展趋势。前两个阶段反映了以河西走廊西部西城驿文化、四坝文化的强烈影响，第三阶段则表现为以磨沟式陶器、寺洼文化和卡约文化为代表的甘青地区新文化因素涌入和盛行。各类文化因素在哈密盆地的融汇、逐渐形成了天山北路墓地独特的区域文化[①]。

二、墓地的年代

天山北路墓地发掘之初，多位研究者通过陶器、铜器的考古类型学分析，比较考古学文化谱系相对完善的河西走廊地区，对墓地的年代进行了推断。发掘者常喜恩认为墓地年代的上限早于焉不拉克墓地[②]。水涛、李水城、吕恩国、韩建业、邵会秋等学者，多认为墓地可早至青铜时代，年代上限在公元前两千纪初，与河西走廊马厂文化、西城驿文化、四坝文化等考古学

---

① 此处关于与河西走廊及甘青地区相关文化关系的详细论述见本章第四节"文化属性与源流"。

② 常喜恩：《哈密市雅满苏矿、林场办事处古代墓葬》，《中国考古学年鉴》（1989年），文物出版社，1990年，第274页。

文化联系密切；年代下限约在公元前13世纪，与焉不拉克文化同时[①]。

1996年，中国社会科学院考古研究所实验室公布了天山北路墓地1989年发掘的6座墓葬的[14]C测年数据。6例测年数据均采自人骨，其中M198C数据偏差过大（校正后公元前6118~前5887年），其余5例数据的年代都集中在公元前一千纪以内，与研究者的判断存在较大出入[②]。为此，本报告整理项目组于2016年新选择、送测样品39例，获取数据37例，结合2017年王婷婷论文发表的4例数据[③]，共得到41例新测年数据（附表一）。经牛津大学OxCal程序校正，新测41例样品的年代集中在公元前1950~前950年之间，与以往考古类型学研究结论基本吻合。数据的连续也表明墓地在千年间一直沿用，并未间断[④]。利用Oxcal程序"Boundary"函数，可推测墓地开始使用的时间在公元前2022~前1802年之间，中位数为公元前1934年；废弃的时间在公元前1093~前707年，中位数为公元前861年（图一〇六八）。

其中，有6例测年数据与墓葬间的打破关系存在不一致现象，分别是M249（距今3320年±30年）打破M244（距今3250年±30年）、M76（距今3170年±30年）打破M84（距今3130年±30年）、M125（距今3080年±30年）打破M126（距今3050年±30年）。将这3组6例数据的地层关系参数加入OxCal程序"Sequence"模型进行校正，可得到天山北路墓地41例新测数据图表（图一〇六八）。

我们再将41例测年数据分别归入上述墓地划分的4个阶段中，使用OxCal V4.3.2 程序内置"phase"函数和IntCal13校正曲线对测年数据进行贝叶斯建模，可对每阶段的年代区间进行校准。每阶段设为一个"phase"，使用"boundary"函数校正后得到各阶段的时间范围（图一〇六九）：第一阶段：公元前2011~前1672年；第二阶段：公元前1660~前1408年；第三阶段：公元前1385~前1256年；第四阶段：公元前1214~前1029年。

---

① 水涛：《新疆青铜时代诸文化的比较研究》，《国学研究》1993年第1期，第447~490页；李水城：《从考古发现看公元前二千年东西文化的碰撞和交流》，《新疆文物》1999年第1期，第53~65页；吕恩国、常喜恩、王炳华：《新疆青铜时代考古文化浅论》，《苏秉琦与当代中国考古学》，科学出版社，2001年，第172~193页；李水城：《西北与中原早期冶铜业的区域特征及交互作用》，《考古学报》2005年第3期，第239~275页；李水城：《天山北路墓地一期遗存分析》，《俞伟超先生纪念文集·学术卷》，文物出版社，2009年，第193~202页；李水城：《"过渡类型"遗存与西城驿文化》，《早期丝绸之路暨早期秦文化国际学术研讨会论文集》，文物出版社，2014年，第9~21页；韩建业：《新疆的青铜时代和早期铁器时代文化》，文物出版社，2007年，第99~101页；邵会秋：《新疆史前时期文化格局的演进及其与周邻地区文化的关系》，吉林大学博士学位论文，2007年，第28~31页。

② 中国社会科学院考古研究所实验室：《放射性碳素测定年代报告（二三）》，《考古》1996年第7期，第70页。

③ Wang Tingting, Wei Dong, Chang Xien, et al. Tianshanbeilu and the Isotopic Millet Road: Reviewing the late Neolithic/Bronze Age radiation of human millet consumption from north China to Europe. *National Science Review*, 2019, 6 (5): 1024-1039.

④ Tong Jianyi, Ma Jian, Li Wenying, et al. Chronology of the Tianshanbeilu cemetery in Xinjiang, Northwestern China. *Radiocarbon*, 2021, 63 (1): 343-356.

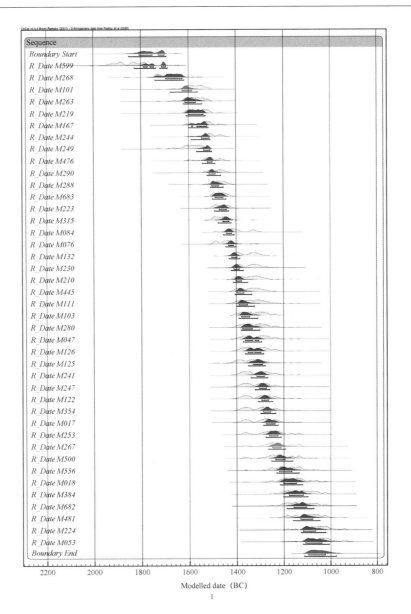

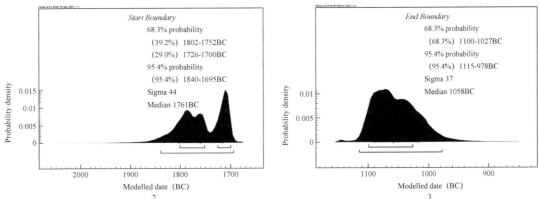

图一〇六八　天山北路墓地¹⁴C测年数据图

（使用OxCal程序4.4.4版本校正）

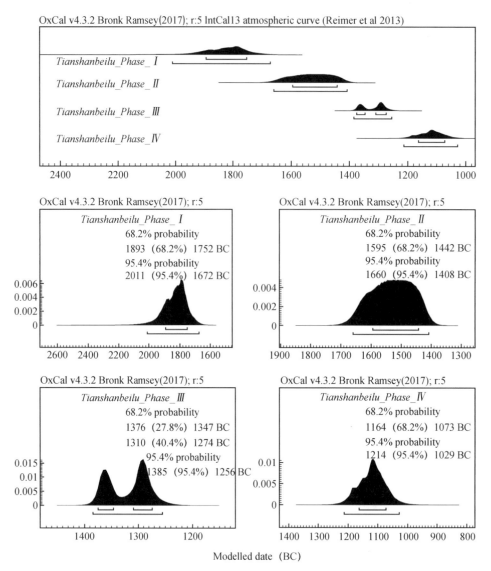

图一〇六九　天山北路墓地各阶段绝对年代边界概率区间校正

参照这一结果，本报告建议将天山北路各发展阶段的年代推定为：

第一阶段：公元前2000～前1700年；

第二阶段：公元前1700～前1400年；

第三阶段：公元前1400～前1200年；

第四阶段：公元前1200～前1000年。

同时，结合测年数据、墓葬间打破关系、典型器物出土的情况，可将天山北路墓地中530座墓葬归入到不同发展阶段中。对于无法准确判断为某一发展阶段，但可以推断在两个相继阶段的墓葬，本报告也将其单独列出，以供参考（表一〇～表一二）。

表一〇　天山北路墓地各阶段墓葬数量统计表

阶段	测年数据	典型器物与地层关系	典型器物	地层关系
第一阶段	1座	10座	8座	
	M599	M028；M036；M073；M221；M306；M325；M404；M525；M550；M696	M193；M375；M411；M442；M444；M446；M461；M579	
第二阶段	13座	54座	38座	9座
	M101；M167；M219；M223；M244；M249；M263；M268；M288；M290；M315；M476；M683	M024；M037；M043；M048；M049；M059；M065；M071；M077；M078；M091；M102；M104；M107；M114；M131；M133；M137；M145；M150；M151；M154；M166；M196；M200；M202；M211；M220；M228；M235；M254；M265；M269；M284；M289；M319；M320；M321；M322；M323；M362；M376；M400；M402；M415；M416；M458；M483；M529；M583；M586；M621；M627；M689	M001；M003；M041；M158；M177；M178；M217；M286；M297；M327；M328；M335；M346；M360；M392；M420；M421；M423；M432；M435；M440；M443；M452；M567；M572；M612；M613；M618；M620；M624；M629；M630；M632；M638；M650；M659；M674；M702	M204；M208；M227；M271；M272；M326；M387；M412；M413
第二至三阶段		28座	21座	7座
		M029；M030；M031；M094；M134；M181；M185；M186；M191；M197；M226；M248；M270；M342；M353；M395；M407；M453；M508；M511；M542；M547；M553；M598；M611；M623；M680；M691	M039；M115；M162；M176；M188；M192；M287；M334；M357；M381；M396；M422；M426；M491；M510；M568；M573；M594；M626；M678；M690	M012；M090；M112；M180；M184；M243；M304
第三阶段	20座	80座	69座	9座
	M017；M047；M076；M084；M103；M111；M122；M125；M126；M132；M210；M230；M241；M247；M253；M267；M280；M354；M445；M500	M005；M011；M014；M015；M016；M034；M042；M058；M066；M070；M087；M089；M106；M109；M110；M117；M119；M120；M123；M127；M128；M144；M146；M149；M153；M155；M179；M182；M190；M195；M199；M201；M203；M207；M215；M225；M233；M246；M252；M261；M266；M293；M295；M301；M303；M311；M330；M341；M350；M358；M367；M369；M374；M377；M378；M388；M393；M394；M397；M398；M406；M448；M451；M455；M457；M471；M473；M475；M480；M486；M495；M507；M528；M555；M595；M596；M597；M668；M681；M697	M035；M038；M045；M051；M052；M068；M081；M085；M093；M136；M142；M148；M169；M206；M214；M216；M260；M275；M277；M279；M281；M305；M312；M316；M349；M371；M383；M409；M428；M430；M431；M441；M460；M463；M493；M497；M501；M519；M530；M532；M546；M549；M560；M561；M562；M571；M580；M589；M591；M593；M602；M606；M608；M609；M610；M614；M635；M640；M641；M644；M649；M658；M661；M670；M679；M687；M695；M698；M703	M023；M100；M113；M229；M231；M234；M237；M345；M390

阶段	测年数据	典型器物与地层关系	典型器物	地层关系
		27座	74座	10座
第三至四阶段		M010；M032；M033；M054；M069；M074；M075；M096；M099；M105；M129；M140；M209；M212；M222；M259；M276；M292；M314；M324；M338；M339；M399；M540；M604；M665；M666	M002；M004；M026；M040；M044；M055；M056；M062；M064；M072；M082；M088；M092；M097；M098；M175；M183；M187；M194；M262；M274；M283；M296；M302；M309；M332；M333；M340；M359；M365；M373；M379；M380；M385；M414；M434；M436；M447；M462；M466；M472；M477；M488；M498；M502；M503；M512；M518；M521；M522；M526；M539；M541；M544；M545；M551；M554；M605；M628；M631；M633；M645；M647；M654；M655；M657；M660；M664；M667；M676；M692；M694；M699；M701	M009；M020；M021；M022；M057；M143；M168；M258；M294；M639
	7座	31座	9座	5座
第四阶段	M018；M053；M224；M384；M481；M556；M682	M006；M013；M019；M046；M086；M118；M121；M139；M159；M198；M242；M298；M317；M337；M361；M366；M382；M468；M474；M496；M527；M548；M557；M558；M569；M570；M574；M625；M643；M648；M677	M080；M171；M363；M427；M429；M478；M490；M662；M704	M007；M008；M138；M257；M467

表一一　天山北路墓地各阶段墓葬、陶器统计表[①]

阶段	第1阶段	第2阶段	第2~3阶段	第3阶段	第3~4阶段	第4阶段
墓葬数量	19座	114座	56座	178座	102座	51座
陶器总数	41件	107件	48件	196件	101件	52件
陶器组合	12组	2组	1组	5组		2组
颈肩双耳陶罐	19件	79件	44件	45件	41件	25件
沿肩双耳陶罐		7件		128件	49件	6件
筒形陶罐	13件	5件				
单耳陶罐		15件		13件	6件	18件
陶壶			2件	3件	1件	2件

① 本表仅统计了墓葬出土典型陶器，不包含墓地采集陶器。

续表

阶段	第1阶段	第2阶段	第2~3阶段	第3阶段	第3~4阶段	第4阶段
陶杯	6件		2件	4件	2件	2件
陶钵	3件	1件		2件		
四耳陶罐				1件		
陶埙					1件	

表一二 天山北路墓地各阶段墓葬形制、葬具统计表

阶段	竖穴土坑	带生土二层台	土坯椁
第1阶段	19座	5座	无
第2阶段	114座	4座	48座
第2~3阶段	54座	5座	17座
第3阶段	175座	5座	143座
第3~4阶段	112座	4座	91座
第4阶段	51座	1座	40座

三、墓地发展的阶段性特征

（一）天山北路墓地第一发展阶段（公元前2000~前1700年）

可判断属于本阶段的墓葬共19座，均为竖穴土坑、无葬具，其中5座墓葬在墓坑底部一侧留设生土二层台（M028、M036、M306、M375、M404）。流行侧身屈肢葬，仰身直肢葬仅见1例（M599）。

流行第一组陶器，包括双颈肩耳彩陶罐、筒形陶罐、素面陶罐、单耳陶杯四大类。双颈肩耳彩陶罐直口，通体饰彩、装饰分区菱格纹、三角纹、网格纹，腹部多饰一对乳钉。此类陶罐有小口高体（图一〇七〇，1、2）、大口矮体（图一〇七〇，3、4）两类，两者组合的情况见于天山北路墓地M550；素面陶罐共10件，都有一对颈肩宽带耳，口沿多饰附加堆压印纹、肩部多饰附加堆波折三角纹（图一〇七〇，5、6）。此类陶罐也有小口高体、大口矮体两类，两者组合的现象见于天山北路M525；单耳陶杯共6件，多为沿腹宽带耳、折腹，器表满饰内填平行斜线的三角纹（图一〇七〇，13、14），少数直口直壁（图一〇七〇，15、16），1件器表满饰杉针纹（图一〇七〇，16）。双耳彩陶罐、素面陶罐组合发现于M599、M525、M444等3座墓葬，单耳陶杯与双耳彩陶或素面陶罐的组合发现于天山北路M579、M461、M411等3座墓葬。

筒形陶罐共24件（含11件采集品），多为双贯耳（20件），少数为单竖耳（3件）或无耳（1件），通体装饰杉针纹、平行垂带纹、平行水波纹（图一〇七〇，7~10）。2件筒形陶罐

共出（M375）（图一〇七〇，7、8）、1件筒形陶罐与1件单耳陶杯组合（M036）、1件筒形陶罐与1件双颈肩耳彩陶罐组合（M306）的现象各见1例。

此外，本阶段还发现少量陶钵（图一〇七〇，11、12），器表也施彩或有单贯耳。

第一阶段铜刀有宽刃背部带双脊（图一〇七〇，26）、窄卷刃（图一〇七〇，25）两类，均有柄舌，应为刀身和骨、木质刀柄分制组装的复合型铜刀。铜刀多与筒形罐组合，共发现3例（M193、M325和M375）。铜、金耳环和圆形铜牌饰等人身装饰品占绝大多数，此外，另有少量铜锥。

金属及各类石、骨、蚌贝制妆容用品，以及人身佩戴或衣物装饰品比较流行，如铜镜、石化妆棒、铜、金质耳环、铜泡、蚌饰、海贝，另有绿松石、肉红石髓、滑石串珠。

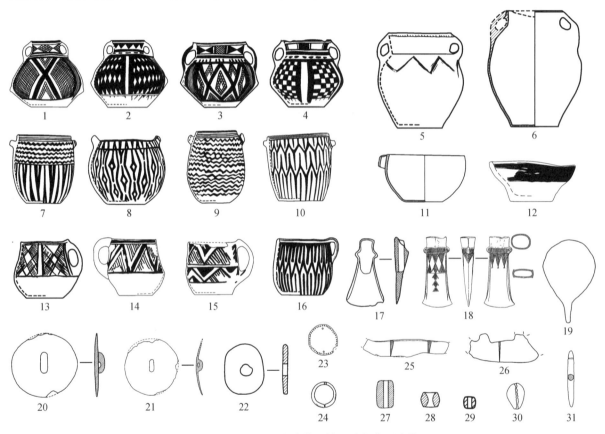

图一〇七〇　天山北路墓地第一阶段典型遗物

1. 颈肩双耳陶罐（M599：1）　2. 颈肩双耳陶罐（M550：1）　3. 颈肩双耳陶罐（M550：2）　4. 颈肩双耳陶罐（M411：1）
5. 颈肩双耳陶罐（M599：2）　6. 颈肩双耳陶罐（M525：4）　7. 筒形陶罐（M375：1）　8. 筒形陶罐（M375：2）
9. 筒形陶罐（M211：1）　10. 筒形陶罐（M325：1）　11. 陶钵（M525：1）　12. 陶钵（M461：1）　13. 陶杯（M579：2）
14. 陶杯（M411：2）　15. 陶杯（M461：4）　16. 陶杯（M036：1）　17. 铜斧（M325：31）　18. 塞伊玛墓地出土[1]
19. 铜镜（M036：2）　20. 铜镜（M073：4）　21. 铜泡（M073：7）　22. 蚌饰（M073：9）　23. 铜泡（M411：3）
24. 金耳环（M375：3）　25. 铜刀（M325：5）　26. 铜刀（M375：9）　27. 绿松石串珠（M442：2）　28. 玉髓串珠（M036：6）
29. 滑石串珠（M446：6）　30. 海贝（M073：2）　31. 石化妆棒（M221：3）

① 刘翔：《塞伊玛-图宾诺时期的欧亚草原与中国》，北京大学，2019年，第137页，图3.3-1。

M036除桥纽镜外，还出土了墓地中唯一一件具柄铜镜，是中国境内目前发现最早的具柄铜镜之一（图一〇七〇，19）。M325出土铜斧1件（图一〇七〇，17）。天山北路墓地铜器材质以锡青铜为主，红铜次之，有一定数量砷铜①。

（二）天山北路墓地第二发展阶段（公元前1700～前1400年）

可判断属于本阶段的墓葬共114座，测年墓葬13座。出现用土坯垒砌的椁室的现象（48座），少数墓葬在墓坑底部四周留设生土二层台（4座）。

这一阶段，流行第二组器物，器类逐渐丰富，形态与装饰特征也发生着变化：颈肩双耳彩陶罐装饰趋于简化、器表不再施彩、制作粗糙，部分腹部留有一对乳突（图一〇七一，1～3）。素面陶罐口沿的三角纹、肩部波折三角消失。折腹单耳陶杯消失。筒形陶罐数量大幅度减少、很少施彩，体型变小，贯耳消失，双竖耳或无耳（图一〇七一，16、17）。

颈肩双宽带耳彩陶罐（图一〇七一，7、8）、沿肩双耳陶罐（图一〇七一，14、15）、单耳陶罐（图一〇七一，18～20）的出现与流行是这一阶段陶器的显著特征。颈肩双宽带耳彩陶罐，卷沿，颈腹饰垂带纹，网格纹或简化的三角纹。颈部装饰菱格纹、条带纹，腹部饰分区树草纹的卷沿双耳彩陶罐，数量很少，但制作精良（图一〇七一，11）。沿肩双耳彩陶罐饰网格纹（图一〇七一，14）。同时，这一阶段还出现沿肩圆翘耳的陶器（图一〇七一，15）。此外，本阶段陶器组合共出的现象显著减少，仅发现3组：颈肩双耳罐与单耳陶罐（M244）、与单耳陶杯（M508），筒形陶罐与单耳陶钵（M452）。

本阶段天山北路墓地出土的金属器仍以人身装饰品和小型工具为主，种类更为丰富，数量更多。除与第一阶段相同的两类复合型铜刀（图一〇七一，22、25）外，新出现弧背宽刃铜刀（图一〇七一，27）、刀柄一体铸造的窄卷刃铜刀（图一〇七一，23）和窄刃弧背铜刀（图一〇七一，24、26）。人身装饰品有盾形（图一〇七二，30）、长方形（图一〇七二，33）、圆形铜牌饰，以及铜手链、手镯、铜耳环、铜管、圆形或双联铜泡、铅别针等类。新出现辐射状纹样桥纽镜（图一〇七一，29）、铜短剑（图一〇七一，40）、柳叶形双翼銎孔铜镞（图一〇七一，41）等。

（三）天山北路墓地第三发展阶段（公元前1400～前1200年）

可判断属于本阶段的墓葬有175座，测年墓葬20座，少数墓葬在墓圹底部设生土二层台（5座），土坯椁葬具流行（140座）。

流行第三组器物。颈肩双耳陶器数量减少（46件），沿肩双耳陶器显著增多（128年），单耳罐较前一阶段数量稍有减少（13件），新出现少量腹耳陶壶（2件；图一〇七二，28）、

① 潜伟：《新疆哈密地区史前时期铜器及其与邻近地区文化的关系》，知识产权出版社，2006年，第60～62页。

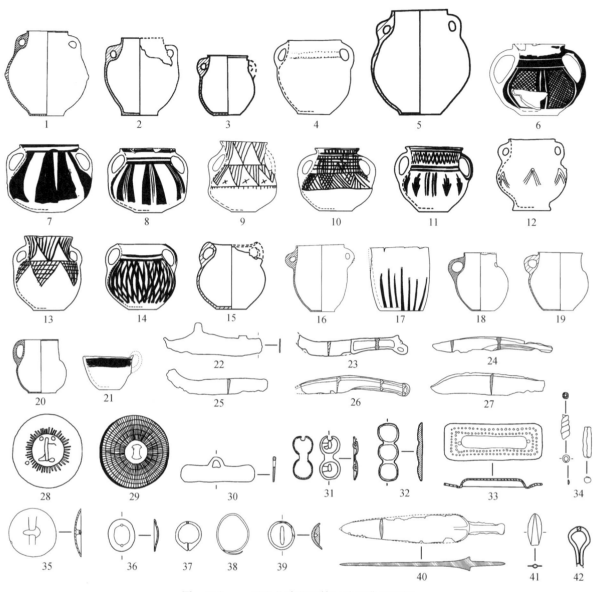

图一〇七一　天山北路墓地第二阶段典型遗物

1. 陶器（M220：1）　2. 陶器（M263：1）　3. 陶器（M244：1）　4. 陶器（M659：1）　5. 陶器（M435：1）　6. 陶器（M48：1）

7. 陶器（M178：2）　8. 陶器（M322：1）　9. 陶器（M65：8）　10. 陶器（M416：1）　11. 陶器（M529：1）

12. 陶器（M265：1）　13. 陶器（M620：5）　14. 陶器（M483：31）　15. 陶器（M289：1）　16. 陶器（M196：1）

17. 陶器（M452：1）　18. 陶器（M219：1）　19. 陶器（M476：1）　20. 陶器（M217：1）　21. 陶器（M452：2）

22. 铜刀（M683：10）　23. 铜刀（M131：3）　24. 铜刀（M362：9）　25. 铜刀（M263：3）　26. 铜刀（M1：1）

27. 铜刀（M71：2）　28. 铜镜（M483：1）　29. 铜镜（M400：5）　30.（M683：8）　31. 铜泡（M483：26）

32. 铜泡（M529：3）　33. 铜牌饰（M200：2）　34. 铜管（M200：6）　35. 铜泡（M200：1）　36. 铜泡（M683：5）

37. 铜耳环（M263：2）　38. 铜手镯（M400：28）　39. 铜泡（M43：4）　40. 铜短剑（M626：2）　41. 铜镞（M315：3）

42. 铅别针（M150：7）

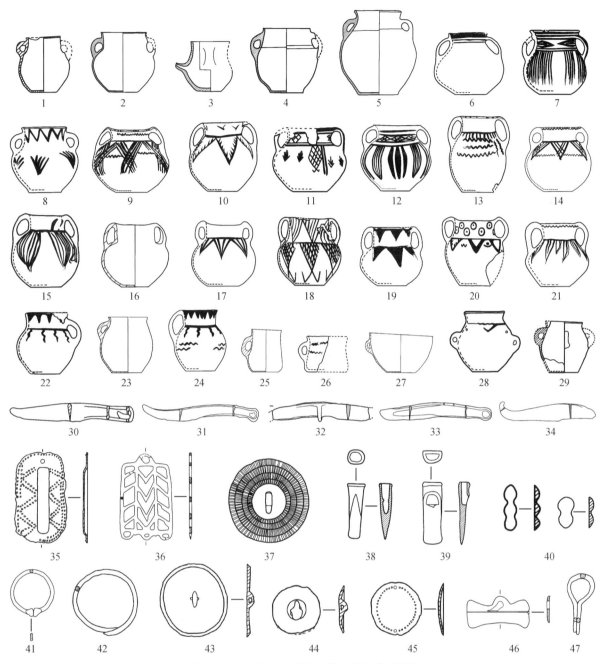

图一〇七二 天山北路墓地第三阶段典型遗物

1. 双耳陶罐（M132：1） 2. 双耳陶罐（M230：1） 3. 双耳陶罐（M317：3） 4. 双耳陶罐（M609：1） 5. 双耳陶罐（M350：1）
6. 双耳陶罐（M126：3） 7. 双耳陶罐（M580：11） 8. 双耳陶罐（M260：1） 9. 双耳陶罐（M698：5） 10. 双耳陶罐（M644：1）
11. 双耳陶罐（M125：1） 12. 双耳陶罐（M111：2） 13. 双耳陶罐（M330：1） 14. 双耳陶罐（M500：7） 15. 双耳陶罐（M475：3）
16. 双耳陶罐（M445：1） 17. 双耳陶罐（M555：1） 18. 双耳陶罐（M597：1） 19. 双耳陶罐（M281：1） 20. 双耳陶罐（M635：3）
21. 双耳陶罐（M51：1） 22. 单耳陶罐（M658：1） 23. 单耳陶罐（M486：1） 24. 单耳陶罐（M472：1） 25. 陶杯（M473：2）
26. 陶杯（M277：6） 27. 陶钵（M486：2） 28. 腹耳陶壶（M252：1） 29. 四耳陶罐（M109：6） 30. 铜刀（M457：5）
31. 铜刀（M679：4） 32. 铜刀（M695：1） 33. 铜刀（M341：22） 34. 铜刀（M471：1） 35. 铜牌饰（M109：8）
36. 铜牌饰（M207：3） 37. 铜镜（M266：28） 38. 铜凿（M341：13） 39. 铜锛（M341：14） 40. 铜泡（M148：4）
41. 铜耳环（M5：3） 42. 铜手镯（M5：4） 43. 圆形铜牌饰（M125：10） 44. 圆形铜牌饰（M125：19）
45. 圆形铜牌饰（M125：2） 46. 盾形铜牌饰（M640：2） 47. 铅别针（M16：5）

筒形单耳陶杯（2件，图一〇七二，25、26）、四耳陶罐（1件；图一〇七二，29）、带流陶罐（1件；图一〇七二，3）。其中，颈肩双耳陶罐较前一阶段更为简化、腹部乳突消失（图一〇七二，1、2），素面占大宗，彩陶流行自由写意的垂带纹、树草纹、波折纹（图一〇七二，6、8）。

沿肩双耳陶器类型丰富、装饰纹样丰富。口沿、颈部、腹部流行装饰三角纹、网格纹、树草纹、波折纹、垂带纹等，纹样风格自由写意（图一〇七二，9~21）。许多陶器双耳翘起，高于口沿（图一〇七二，9、15~17、20）。同时，这一阶段还出现素面灰陶、双圆翘耳、马鞍口的陶器造型（图一〇七二，16）。

单耳陶罐除素面外，有部分彩陶流行在口沿、颈部装饰连续的实心倒三角纹、在肩、腹部饰波折纹（图一〇七二，22、24），部分单耳陶杯也在腹部饰横向波折纹（图一〇七二，26）。

这一阶段墓葬随葬铜器种类最为丰富、数量最多，仍以装饰品和小型工具为主，形制与特征仍然延续前段（图一〇七二，30~47）。背部有双脊的宽刃铜刀消失不见，窄卷刃和弧背的一体型环首刀流行（图一〇七二，30、31、33）。新出现铜锛（图一〇七二，39）、铜凿（图一〇七二，38）、凸字形镂空铜牌饰（图一〇七二，36）等。另外，M571出土的一件圆形铜牌饰经测试发现含有高放射性铅，高放铅为商代铜器的特征，这是目前发现的分布最靠西的高放铅铜器[①]。

（四）天山北路墓地第四发展阶段（公元前1200~前1000年）

可判断属于本阶段的墓葬有51座，数量较前一阶段大幅减少，其中测年墓葬7座，流行土坯椁葬具（40座）。

流行第四组器物。颈肩双耳陶器（26件）、沿肩双耳陶器（6件）显著减少，单耳陶罐较前一阶段数量稍有增加（17件），陶器类别相较前一阶段显著减少、装饰纹样主要为简化的水波纹、垂带纹（图一〇七三，2、4~7）。

本阶段随葬铜器的主流器类仍然延续前一阶段。铜刀种类和数量大幅减少，刀尖上翘的铜刀消失，主要流行窄直刃直背的一体型环首刀（图一〇七三，18），宽刃弧背复合型铜刀仅见1例（图一〇七三，17），新见双面刃铜刀（图一〇七三，26）、铜海贝（图一〇七三，21）、镂空铜铃（图一〇七三，25）等。

---

① Liu Cheng, Liu Ruiliang, Zhou Pengcheng, et al. Metallurgy at the crossroads: new analyses of copper-based objects at Tianshanbeilu, eastern Xinjiang, China. *Acta Geologica Sinica*, 2020, 94 (3): 594-602.

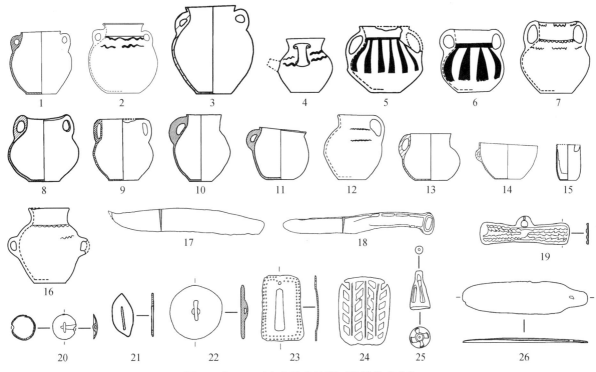

图一〇七三 天山北路墓地第四阶段典型遗物

1. 双耳陶罐（M53∶11） 2. 双耳陶罐（M198∶11） 3. 双耳陶罐（M481∶1） 4. 双耳陶罐（M13∶13）

5. 双耳陶罐（M384∶6） 6. 双耳陶罐（M80∶3） 7. 双耳陶罐（M298∶1） 8. 双耳陶罐（M662∶2） 9. 双耳陶罐（M159∶1）

10. 单耳陶罐（M527∶1） 11. 单耳陶罐（M548∶1） 12. 单耳陶罐（M13∶12） 13. 单耳陶罐（M429∶1）

14. 单耳陶钵（M486∶2） 15. 陶杯（M138∶1） 16. 腹耳陶壶（M682∶1） 17. 铜刀（M384∶4） 18. 铜刀（M53∶8）

19. 盾形铜牌饰（M625∶3） 20. 铜泡（M224∶1） 21. 铜海贝（M363∶4） 22. 铜牌饰（M53∶2） 23. 铜牌饰（M159∶2）

24. 铜牌饰（M604∶2） 25. 铜铃（M361∶7） 26. 双刃铜刀（M384∶2）

四、文化属性与源流

在构建起天山北路墓地物质文化发展时空框架的基础上，通过与周邻区域考古学文化的比较，可以对该墓地文化的来源及其在各阶段发展过程中与周邻区域互动交流的状况做进一步探讨：

（一）西城驿文化对天山北路墓地的强烈影响（公元前2000~前1700年）

第一阶段，天山北路墓地的双颈肩耳彩陶罐、素面陶罐、单耳陶杯，在类别、形态、纹样与组合随葬特征等方面均与西城驿文化接近。如装饰分区菱格纹、三角纹、网格纹，腹部饰一对乳钉的双颈肩耳彩陶罐，以李水城为代表的学者都关注到该类陶器与西城驿文化典型陶器高度相似[①]。这类陶罐小口高体、大口矮体两种形态组合随葬的现象不仅见于天山北路墓地M550，也见于民乐五坝M26、M47[②]、张掖西城驿遗址H309[③]（图一〇七四）；口沿饰附加堆压印纹、肩部饰附加堆波折三角纹的素面陶罐，以及该类陶罐小口高体、大口矮体两种形态组合的情况，也在天山北路墓地与西城驿文化流行（如天山北路M525、民乐五坝M47）。该阶段出土的6件沿肩耳单耳折腹彩陶杯，4件装饰分区的斜线三角纹、网格纹（M411、M442、M461、M579），1件装饰条带纹（M477），1件装饰筒形陶罐流行的松针纹（M036）。这种类型的单耳陶杯在半山、马厂文化中流行[④]，后被西城驿文化继承，西城驿遗址M4曾出土过1件[⑤]（图一〇七四）。单耳陶杯与双耳彩陶或素面陶罐的组合随葬的情况在天山北路墓地（M579、M461、M411）、敦煌潘家庄、民乐五坝都有发现。

筒形陶罐是天山北路墓地独具特色的一类陶器，以往研究者推测其形态和装饰纹样或与南西伯利亚、阿尔泰山南下的切木尔切克文化或安德罗诺沃文化存在一定联系，这种影响可能向南波及塔里木盆地罗布泊周缘的小河、古墓沟墓地[⑥]。在与天山北路墓地第一阶段同时或稍早的南西伯利亚、阿尔泰山一带，阿凡纳谢沃文化（公元前3000～前2500年）流行随葬尖底、圜底的橄榄形陶罐，器表刻划、戳印杉针纹、网格纹、三角纹、折线纹等丰富纹样[⑦]。奥库涅夫文化（公元前2500～前1700年）流行随葬平底筒形陶罐，器表刻划杉针纹、篦点纹、折线纹[⑧]。切木尔切克文化（公元前2600～前1800年）流行圜底橄榄形石、陶罐、器表刻划杉针纹、内填斜线的三角纹、也出土平底石罐或陶罐[⑨]。以上几支文化流行随葬的橄榄形或平底陶、石罐虽然在器形上与天山北路筒形陶罐存在一定程度的相似，但前者陶、石器均为刻划、戳印纹、均无器耳、也无彩绘传统，与天山北路墓地筒形罐流行装饰的彩绘杉针纹还存在不小差距。小河墓地、古墓沟墓地流行随葬的草编小篓口沿两侧穿系提梁毛绳的小环与天山北路

① 李水城先生曾将天山北路墓地此类彩陶与河西走廊安西潘家庄、敦煌西土沟、民乐五坝、张掖西城驿等遗址归入西城驿文化第二组陶器。参见李水城：《"过渡类型"遗存与西城驿文化》，《早期丝绸之路暨早期秦文化国际学术研讨会论文集》，文物出版社，2014年，第9～21页。

② 韩翀飞、马智全、王永安等：《甘肃民乐五坝史前墓地发掘简报》，《考古与文物》2012年第4期，第3～13页。

③ 陈国科、王辉、李延祥等：《甘肃张掖市西城驿遗址》，《考古》2014年第7期，第3～17页。

④ 李水城：《半山与马厂彩陶研究》，北京大学出版社，1998年。

⑤ 陈国科、王辉、李延祥等：《甘肃张掖市西城驿遗址》，《考古》2014年第7期，第3～17页。

⑥ 水涛：《新疆青铜时代诸文化的比较研究》，《国学研究》1993年第1期，第447～490页；李水城：《天山北路墓地一期遗存分析》，《俞伟超先生纪念文集·学术卷》，文物出版社，2009年，第193～202页。

⑦ 李水城：《从新疆阿依托汗一号墓地的发现谈阿凡纳谢沃文化》，《新疆文物》2018年第1、2期，第105～121页。

⑧ L.A.索科洛娃：《地层学视角下的奥库涅夫文化传统》，《新疆文物》2018年第1、2期，第132～143页；牧金山：《青铜时代到早期铁器时代阿尔泰山考古交互作用圈》，南京大学硕士学位论文，2019年。

⑨ A.A.科瓦列夫、Д.额尔德涅巴特尔、邵会秋等：《蒙古青铜时代文化的新发现》，《边疆考古研究》（第8辑），科学出版社，2009年，第246～269页；王泽祥：《切木尔切克文化研究》，中山大学博士学位论文，2019年；李叶雨：《切木尔切克文化研究》，西北大学，2019年。

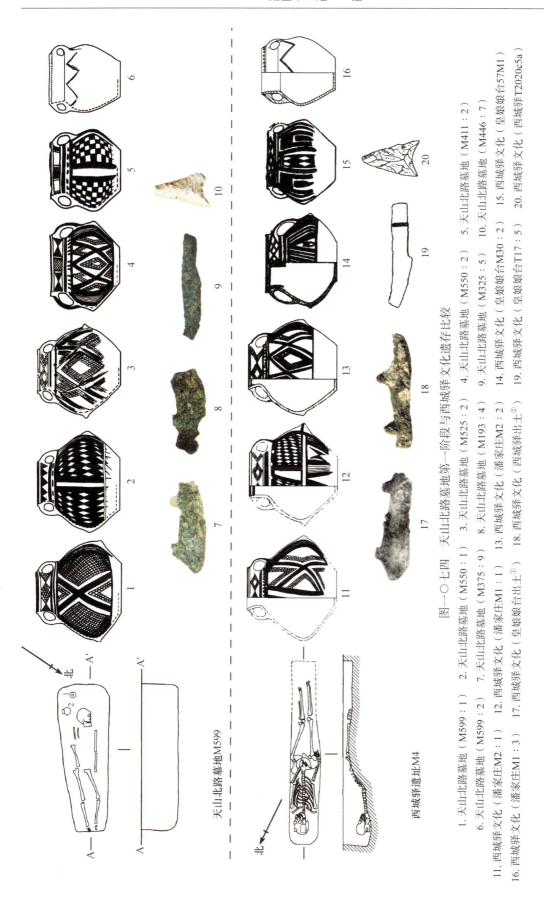

图一〇七四 天山北路墓地第一阶段与西城驿文化遗存比较

1. 天山北路墓地（M599：1） 2. 天山北路墓地（M550：1） 3. 天山北路墓地（M525：2） 4. 天山北路墓地（M550：2） 5. 天山北路墓地（M411：2）
6. 天山北路墓地（M599：2） 7. 天山北路墓地（M375：9） 8. 天山北路墓地（M325：5） 9. 天山北路墓地（M193：4） 10. 天山北路墓地（M446：7）
11. 西城驿文化（潘家庄M2：1） 12. 西城驿文化（潘家庄M1：1） 13. 西城驿文化（潘家庄M2：2） 14. 西城驿文化（皇娘娘台M30：2） 15. 西城驿文化（皇娘娘台57M1）
16. 西城驿文化（潘家庄M1：3） 17. 西城驿遗址（皇娘娘台出土[1]） 18. 西城驿遗址（西城驿出土[2]） 19. 西城驿文化（皇娘娘台T17：5） 20. 西城驿文化（西城驿T2020c5a）

[1] 陈国科：《甘肃早期单刃铜刀初步研究》，《南方文物》2017年第2期，第78页。
[2] 陈国科：《甘肃早期单刃铜刀初步研究》，《南方文物》2017年第2期，第78页。

筒形陶罐双贯耳在功能结构方面更为接近，小篓上部纬草编出的绳纹条带也与部分筒形陶罐上部装饰的多道平行波折纹组成的装饰带相似①。而草编小篓流行装饰的直角三角纹、阶梯纹不见于哈密绿洲。另外，值得注意的是，这一阶段在墓坑底部一侧留设生土二层台的5座墓葬（M028、M036、M306、M375、M404）都随葬了彩陶筒形陶罐。2019年，新疆文物考古研究所、西北大学、哈密市文博院、兰州大学等机构联合在哈密市以西50千米白杨河流域的卡拉亚墓地也调查发现了双贯耳、彩绘筒形陶罐，墓葬经^{14}C测年校正后在绝对年代区间在公元前1900～前1700年，筒形陶罐特征及其年代均与天山北路墓地一致②。可知，此类陶器在公元前两千纪初已在哈密绿洲广泛流行。

因此，天山北路墓地筒形陶罐的形态特征和装饰纹样应是在哈密绿洲彩陶制作基础上吸纳、融合其他文化因素基础上形成的。尽管其来源和传播路径还需要进一步的考古发现逐步揭示，但从陶器组合关系来看，在天山北路墓地第一阶段，以双颈肩耳彩陶罐、素面陶罐、单耳陶杯为代表和以筒形陶罐为代表的两类陶器共存、纹饰模仿的现象已比较常见，表明两种文化因素已经有机融合在一起。比如筒形陶罐与单耳陶杯的组合发现于M036、M452，其中M036的单耳陶杯装饰了筒形陶罐流行的杉针纹（图一〇七〇，16）；筒形陶罐与双耳彩陶罐的组合在M306中发现；筒形陶罐与单耳陶钵的组合见于M446，其中的单耳陶钵也装饰了与筒形陶罐一致的杉针纹。

天山北路墓地第一阶段流行的铜、金耳环和圆形铜牌饰等金属制人身装饰品与铜刀等工具，类别与形态也与西城驿文化基本一致。西城驿文化是当时河西走廊及周边地区的冶金中心，以出土小型器物为特点，主要有刀、锥等工具和耳环、管、泡、镜等装饰品和妆容用具，材质以红铜为主，砷铜次之，另有少量锡青铜。天山北路墓地铜器材质以锡青铜为主，红铜次之，有一定数量砷铜③，虽然与西城驿文化存在一定差异，然而其冶铜技术，主体应来自西城驿文化④。除河西走廊外，天山北路墓地M325出土的塞伊玛-图尔宾诺式的铜斧，表明哈密绿洲先民也吸纳了少量来自北方欧亚草原的文化因素（图一〇七〇，17、18）。

天山北路墓地第一阶段测年时代最早的M599，墓主人呈仰身直肢葬式，这也是墓地中唯一一座采用这种葬姿的墓葬，其余可辨识的葬姿均为侧身屈肢葬式。这种埋葬习俗在河西走廊西部的西城驿文化较为流行，如安西潘家庄、民乐五坝等墓地。由于西城驿文化墓地并未被大规模发掘过，目前还不好断定该文化是否只流行一种葬俗。而侧身屈肢葬在甘青地区稍早的

---

① 刘学堂、李文瑛：《中国早期青铜文化的起源及其相关问题新探》，《藏学学刊》（第3辑），四川大学出版社，2007年，第1～63页；习通源：《青铜时代至早期铁器时代东天山地区聚落遗址研究》，西北大学博士学位论文，2014年，第35页。

② 调查考古资料正在整理，尚未发表，此信息由新疆文物考古研究所王永强提供。

③ 潜伟：《新疆哈密地区史前时期铜器及其与邻近地区文化的关系》，知识产权出版社，2006年，第60～62页。

④ 陈国科：《西城驿——齐家冶金共同体——河西走廊地区早期冶金人群及相关问题初探》，《考古与文物》2017年第5期，第37～44页。

马厂文化中则较为流行①，在稍晚的四坝文化中也有少量发现。在欧亚草原，南西伯利亚阿凡纳谢沃文化、奥库涅夫文化流行单人仰身屈肢葬、阿尔泰山地区的切木尔切克文化流行多人葬、扰乱葬，耶鲁尼诺文化（公元前2600～前1500年）、门海尔汗文化（公元前1800～前1500年）、安德罗诺沃文化（公元前1800～前1500年）虽然流行单人屈肢葬，但墓葬结构和随葬品均与天山北路墓地差别较大，不会是其直接来源。天山北路墓地成排密集分布、反复使用的布局结构与甘青地区新石器以来定居农业或农牧混合经济人群的氏族公共墓地更为接近，如乐都柳湾墓地②、民和阳山③、河西走廊民乐东灰山墓地④（图一〇七五）。

另外，体质人类学、遗传学研究的结果，也都表明这一时期河西走廊人群已进入哈密绿洲盆地并与欧亚草原人群发生了融合⑤。

整体看来，在第一阶段天山北路墓地陶器类型、形态特征、组合关系、装饰纹样，铜器类别、形态等方面主要表现为河西走廊西城驿文化特征和以筒形陶罐为代表的文化因素有机融合的特点。他们经营种植小麦、粟、黍等作物的绿洲农业⑥。

（二）四坝文化与天山北路墓地人群的互动与交流（公元前1700～前1400年）

四坝文化典型的颈肩双宽带耳彩陶罐和各种类型的青铜器，都大量出现在天山北路墓地，以往水涛⑦、李水城⑧、韩建业⑨、邵会秋⑩、任瑞波⑪等多位学者已反复论及，此不赘述。据李水城先生对四坝文化的研究，双宽带耳彩陶罐腹部装饰的分区网格纹、条带纹分别在四坝文化

---

① 青海省管理处考古队、中国社会科学院考古研究所：《青海柳湾——乐都柳湾原始社会墓地》，文物出版社，1984年；青海省文物考古研究所：《民和阳山》，文物出版社，1990年。

② 青海省管理处考古队、中国社会科学院考古研究所：《青海柳湾——乐都柳湾原始社会墓地》，文物出版社，1984年。

③ 青海省文物考古研究所：《民和阳山》，文物出版社，1990年。

④ 甘肃省文物考古研究所、吉林大学北方考古研究室：《民乐东灰山考古——四坝文化墓地的揭示与研究》，科学出版社，1998年。

⑤ 魏东：《新疆哈密地区青铜—早期铁器时代居民人种学研究》，吉林大学博士学位论文，2009年；魏东：《青铜时代至早期铁器时代新疆哈密地区古代人群的变迁与交流模式研究》，科学出版社，2017年；Gao Shizhu, Zhang Ye, Wei Dong, et al. Ancient DNA Reveals a Migration of the Ancient Di-Qiang Populations into Xinjiang as Early as the Early Bronze Age. *American Journal of Physical Anthropology*, 2014, 157 (1): 71-80.

⑥ 张全超、常喜恩、刘国瑞：《新疆哈密天山北路墓地出土人骨的稳定同位素分析》，《西域研究》2010年第2期，第38～43页；Wang Tingting, Wei Dong, Chang Xien, et al. Tianshanbeilu and the isotopic millet road: reviewing the late Neolithic/Bronze Age radiation of human millet consumption from north China to Europe. *National Science Review*, 2019, 6 (5): 1024-1039.

⑦ 水涛：《新疆青铜时代诸文化的比较研究》，《国学研究》1993年第1期，第447～490页。

⑧ 李水城：《从考古发现看公元前二千年东西文化的碰撞和交流》，《新疆文物》1999年第1期，第53～65页。

⑨ 韩建业：《新疆的青铜时代和早期铁器时代文化》，文物出版社，2007年。

⑩ 邵会秋：《新疆史前时期文化格局的演进及其与周邻地区文化的关系》，吉林大学博士学位论文，2007年。

⑪ 任瑞波：《西北地区彩陶文化研究》，吉林大学博士学位论文，2016年。

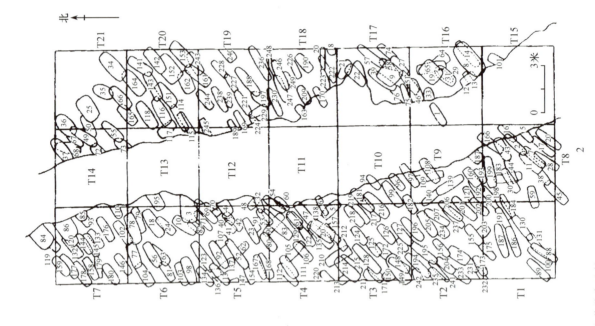

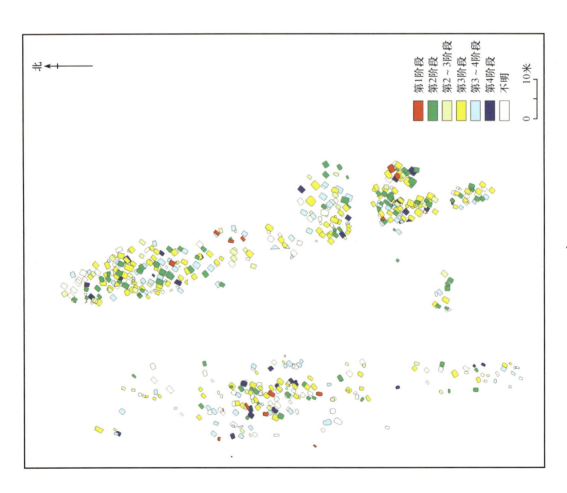

图一〇七五　天山北路墓地与东灰山墓地墓葬分布比较

1. 天山北路墓地　2. 东灰山墓地

不同时期流行（图一〇七六，1、2）^①。装饰这两种纹样的陶器在天山北路墓地这一阶段均有发现，表明哈密绿洲与河西走廊一直保持着密切的文化交流。同时，沿肩宽带双耳陶罐、单耳陶罐的出现也应是受到了四坝文化的影响（图一〇七六）。

随着西城驿文化在河西走廊的衰落，其对哈密绿洲的影响也逐渐减弱，天山北路墓地第一阶段流行的颈肩双耳彩陶罐装饰趋于简化、器表不再施彩，制作粗糙，有的腹部还保留着一对乳突。西城驿文化陶器流行装饰的三角纹、网格纹则被承袭、简化，装饰在四坝文化器形陶器的表面（图一〇七一，9~11）。同时，筒形陶罐数量大幅度减少、很少施彩，体型变小，贯耳消失，双竖耳或无耳。

这一阶段天山北路墓地人群对河西走廊陶器类别、形态和装饰风格并非全盘吸纳，四坝文化丰富的器类与装饰纹样仅有少部分见于天山北路墓地。双耳罐仍是墓地中占比最多的器类，对外来文化因素的选择性接受和创新性融合的倾向，在本阶段天山北路墓地陶器制作和装饰方面更为显著，表明哈密绿洲区域文化传统正逐步形成与发展。比如颈部装饰菱格纹，腹部饰分区树草纹的卷沿双耳彩陶罐，以往在周邻其他区域鲜有发现，可能是天山北路人群的创新（图一〇七一，11）。

铜器类别与形态特征与四坝文化十分接近（图一〇七六）。四坝文化是西城驿文化冶金技术的直接继承者，也对天山北路墓地这一阶段铜器的制作、流行起到了重要影响^②。另外，M400还出土了墓地中最早的重圈放射线纹的桥纽镜（图一〇七一，29）。潘静、井中伟等研究者认为此类铜镜后来向东传播至甘青、中原和中国北方地区^③。刘成、刘睿良等学者对天山北路墓地出土铜器的合金元素、微量元素和铅同位素最新的分析研究表明，天山北路墓地的铜器原料有多种来源，其中大多数与中原和河西走廊的铜矿明显不同，但与当地矿石高度一致^④。这表明天山北路墓地出土铜器大多可能在本地制造。

这一阶段，天山北路墓地仍流行竖穴土坑单人侧身屈肢葬，但出现用土坯垒砌的椁室，其中少数墓葬在墓坑底部四周留设生土二层台（如M41、M268、M650）。一侧设生土二层台者仅1例（M420），无土坯椁，也未出筒形罐。至少在公元前3500年前，中国黄河流域、中亚、西亚地区就开始制作土坯作为建筑材料。东西方土坯制作与建筑分属两种技术体系：前者土坯夯打、错缝垒砌；后者土坯为日晒泥砖，不经夯打、叠砌。在公元前2000~前1500年，河西走廊西城驿文化、四坝文化、柴达木盆地诺木洪文化均发现两种技术体系交流融合的现象^⑤。天山北路墓地土坯为日晒泥砖，有平置、竖置，叠砌和错缝垒砌等多种砌筑方式，或许也是两种

① 甘肃省文物考古研究所、北京大学考古文博学院：《酒泉干骨崖》，文物出版社，2016年。

② 陈国科：《西城驿-齐家冶金共同体——河西走廊地区早期冶金人群及相关问题初探》，《考古与文物》2017年第5期，第37~44页；陈国科：《甘肃早期单刃铜刀初步研究》，《南方文物》2017年第2期，第78页。

③ 潘静、井中伟：《中国早期铜镜的类型、流布和功能》，《西域研究》2020年第2期，第37~57页。

④ Liu Cheng, Liu Ruiliang, Zhou Pengcheng, et al. Metallurgy at the crossroads: new analyses of copper-based objects at Tianshanbeilu, eastern Xinjiang, China. *Acta Geologica Sinica*, 2020, 94 (3): 594-602.

⑤ 李晓扬：《中国早期土坯建筑发展概述》，《草原文物》2016年第1期，第78~86页。

技术体系融合的结果。

与此同时，哈密绿洲与欧亚草原也保持着一定的文化联系，天山北路墓地M200出土的费昂斯串珠，据研究是用富含碱和苏打的植物制作而成，可能是在北方草原或北高加索生产，传播而来[①]。M626还出土了塞伊玛-图尔宾诺式的铜短剑（图一〇七一，40）[②]。

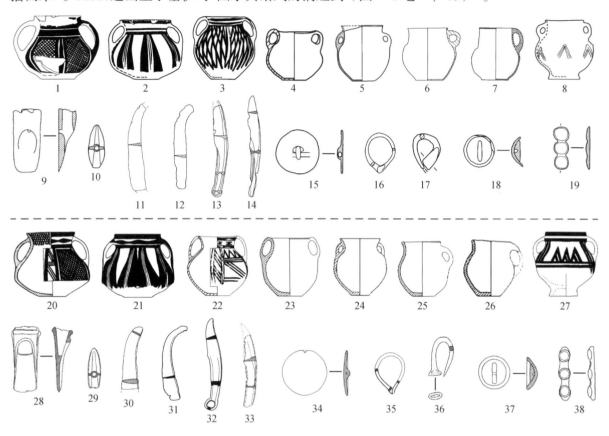

图一〇七六　天山北路墓地第二阶段与四坝文化典型遗物比较

1. 天山北路墓地（M48：1）　2. 天山北路墓地（M322：1）　3. 天山北路墓地（M400：1）　4. 天山北路墓地（M268：1）

5. 天山北路墓地（M621：1）　6. 天山北路墓地（M476：1）　7. 天山北路墓地（M217：1）　8. 天山北路墓地（M265：1）

9. 天山北路墓地（M29：5）　10. 天山北路墓地（M627：5）　11. 天山北路墓地（M220：2）　12. 天山北路墓地（M263：3）

13. 天山北路墓地（M1：1）　14. 天山北路墓地（M362：9）　15. 天山北路墓地（M315：2）　16. 天山北路墓地（M90：2）

17. 天山北路墓地（M90：3）　18. 天山北路墓地（M43：4）　19. 天山北路墓地（M529：3）　20. 四坝文化遗物（火烧沟M47：8）

21. 四坝文化遗物（干骨崖M81：1）　22. 四坝文化遗物（火烧沟M47：9）　23. 四坝文化遗物（干骨崖M91：2）

24. 四坝文化遗物（干骨崖M57：1）　25. 四坝文化遗物（干骨崖M93：2）　26. 四坝文化遗物（干骨崖M32：2）

27. 四坝文化遗物（干骨崖M102：2）　28. 四坝文化遗物（干骨崖M19：4）　29. 四坝文化遗物（干骨崖M100：5）

30. 四坝文化遗物（干骨崖M50：17）　31. 四坝文化遗物（火烧沟出土[③]）　32. 四坝文化遗物（干骨崖M74：7）

33. 四坝文化遗物（干骨崖M100：2）　34. 四坝文化遗物（干骨崖M79：5）　35. 四坝文化遗物（干骨崖M50：9）

36. 四坝文化遗物（干骨崖M73：4）　37. 四坝文化遗物（干骨崖M79：4）　38. 四坝文化遗物（干骨崖M55：t1）

---

① Lin Yixian, Rehren Thilo, Wang Hui, et al. The beginning of faience in China: A review and new evidence. *Journal of Archaeological Science*, 2019, 105: 97-115.

② 参见刘翔：《塞伊玛-图宾诺时期的欧亚草原与中国》，北京大学博士学位论文，2019年，第147～150页。

③ 陈国科：《甘肃早期单刃铜刀初步研究》，《南方文物》2017年第2期，第78页。

（三）天山北路墓地的发展与甘青地区文化因素的融汇（公元前1400～前1200年）

天山北路墓地陶器形态、装饰纹样在承袭传统的基础上，积极吸纳、融合甘青地区磨沟式陶器、寺洼文化、卡约文化的因素，区域文化特色更加鲜明。陶器特征主要表现在以下三个方面：

（1）西城驿文化、四坝文化因素的颈肩双耳陶器逐渐简化。西城驿文化因素的直口颈肩双耳陶罐进一步简化、素面、无乳突，制作粗糙，数量减少（14件，占本阶段陶器总数7%）（图一〇七二，1、2、4、5）。四坝文化因素的卷沿颈肩双耳陶罐仍大量流行（29件，占本阶段陶器总数14.9%），但大部分为素面陶器，仅8件在口沿、肩腹部饰简单的垂带纹、菱格纹、树草纹、折线纹（图一〇七二，6、7）。M109还发现了四坝文化流行的四耳陶罐。

（2）磨沟式陶器、寺洼文化、卡约文化因素的涌入。磨沟式陶器发现于甘肃临潭磨沟遗址，2008年起，甘肃省文物考古研究所与西北大学在该遗址清理墓葬1500余座，揭示出该墓地从齐家文化向寺洼文化的发展过程[①]。孙治刚发现，该墓地在齐家文化至寺洼文化之间，还存在一种遗存，以夹砂灰陶沿肩双耳罐为代表，器类较齐家文化大幅减少，流行双耳罐的组合，双耳罐早期平口、平底，晚期口沿中部微微下凹，该类遗存因首次发现于磨沟遗址而被暂命名为磨沟式陶器[②]。研究者并未说明磨沟式陶器流行的年代，墓地出土铁器的M444，出土典型磨沟式陶器，经科学测年为公元前1400年前后[③]。磨沟式陶器的年代应在此前后。该类遗存往后在洮河流域发展成为马鞍口陶罐为代表的寺洼文化（公元前1300～前500年）[④]。同时具有磨沟式陶器灰陶特征与寺洼文化典型马鞍口特色的双耳罐，在天山北路墓地第三阶段大量出现（18件，占本阶段陶器9.2%）（图一〇七二，14～16）。这可能是磨沟式陶器与寺洼文化陶器在哈密融合演变的结果。沿肩双耳陶器的流行是天山北路墓地这一阶段的典型特征。与磨沟式陶器形态接近的平口或口沿中部微凹的沿肩双耳罐出现于第二阶段末，融合了四坝文化陶器宽带耳、垂腹等器形特点，在第三阶段逐渐流行（80件，占本阶段陶器41%）（图一〇七二，8～16）。

卡约文化（公元前1600～前800年）承齐家文化在青海东部河湟谷地不断发展、西进，晚

---

① 谢焱、钱耀鹏、毛瑞林等：《甘肃临潭县磨沟齐家文化墓地》，《考古》2009年第7期，第10～17页；毛瑞林、谢焱、钱耀鹏等：《甘肃临潭磨沟墓地寺洼文化墓葬2009年发掘简报》，《文物》2014年第6期，第24～38页；钱耀鹏、王玥、毛瑞林等：《甘肃临潭磨沟墓地齐家文化墓葬2009年发掘简报》，《文物》2014年第6期，第4～23页；周静：《磨沟齐家文化墓地分期分区及相关问题研究》，西北大学硕士学位论文，2010年。

② 孙治刚：《磨沟式陶器研究》，西北大学硕士学位论文，2011年。

③ 陈建立、毛瑞林、王辉等：《甘肃临潭磨沟寺洼文化墓葬出土铁器与中国冶铁技术起源》，《文物》2012年第8期，第45～53页。

④ 孙治刚：《磨沟式陶器研究》，西北大学硕士学位论文，2011年。

期吸收了唐汪式陶器文化因素[①]。其向西可能沿祁连山南北麓进入新疆东部，对哈密绿洲白杨河流域青铜时代晚期至早期铁器时代的焉不拉克文化产生深远影响[②]。天山北路墓地这一阶段出现的平口、高鼓腹、平底或假圈足的沿肩双窄耳陶罐在陶器形态特征上与卡约文化第一期遗存接近，两者部分陶器在颈肩装饰的简单三角纹、折线纹也非常接近（图一○七七，1~8）。

从时代来看，甘青地区三类文化因素在哈密绿洲出现的时间与其流行时代基本相当。诚然，这些文化因素流行的区域与哈密绿洲相隔很远，卡约文化沿祁连山南麓西进新疆东部的证据仍不充足，与哈密绿洲之前联系最为紧密的河西走廊在这一阶段已接近四坝文化的尾声，与其后流行的骟马文化（公元前700~前400年）之间还存在数百年文化序列的断层，其间也尚未发现磨沟式陶器、寺洼、卡约等大量典型遗存进入的情况，表明此时河西走廊未发生大规模的文化迁徙和融合。然而，考古资料表明，祁连山南北、河西走廊东西的文化交流并未间断。四坝文化不仅发现有齐家文化的因素，还发现卡约文化腹耳小口壶、折耳彩陶罐、陶勺。卡约文化应可沿湟水上溯、穿越祁连山扁都口与四坝文化交流[③]。另外，吐鲁番洋海墓地也追缴过典型寺洼文化马鞍口陶罐[④]。由此，我们推测天山北路墓地这一阶段发现的磨沟式陶器、寺洼文化、卡约文化因素很有可能是沿祁连山北麓向西，经河西走廊传入哈密绿洲的。

（3）沿肩双耳彩陶罐数量显著增加（88件，占本阶段彩陶90%）。部分陶器形态继承了四坝文化宽带耳，垂腹的特点（图一○七二，8~13），也有部分融合了甘青地区口沿微凹、小翘耳的特点（图一○七二，14~20）。装饰纹样在继承菱格纹、网格纹、条带纹、树草纹的基础上，发展并流行以简约粗犷的三角纹、横向波折纹、竖线纹为代表的自由写意装饰风格。其中，颈部饰条带或横向波折纹、肩部装饰三角纹的陶器数量最多，共发现50件。三角纹又有叶脉三角纹、平行斜线交错三角纹、网格三角纹、内缘锯齿三角纹等丰富变体。四坝文化因素的垂带纹和分区间隔的条带纹也简化为竖线纹，相较前两个阶段造型规整、装饰精致的陶器，天山北路墓地这一阶段的陶器造型和装饰风格已表现出鲜明的区域文化特征。

（四）天山北路墓地的衰落（公元前1200~前1000年）

天山北路墓地彩陶数量大幅度减少（仅17件，占本阶段陶器总数32.7%），仍以素面双耳陶罐居多。纹样种类进一步简化，主要保留了颈、肩部的波折纹。

---

① 许新国：《西陲之地的东西方文明》，北京燕山出版社，2006年；水涛：《甘青地区青铜时代的文化结构和经济形态研究》，《中国西北地区青铜时代考古论集》，科学出版社，2001年。

② 水涛：《新疆青铜时代诸文化的比较研究》，《国学研究》1993年第1期，第447~490页。

③ 水涛：《新疆青铜时代诸文化的比较研究》，《中国西北地区青铜时代考古论集》，科学出版社，2001年；李水城：《西北与中原冶铜业的区域特征及交互作用》，《东风西渐——中国西北史前文化之进程》，文物出版社，2009年。

④ 李水城：《洋海墓地新见文物引出的问题》，《东风西渐——中国西北史前文化之进程》，文物出版社，2009年。

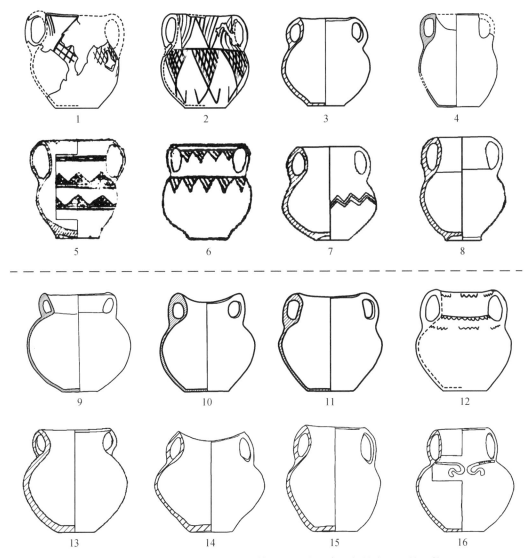

图一〇七七 天山北路墓地第三、四阶段陶器与甘青地区的比较

1. 天山北路墓地（M280：1） 2. 天山北路墓地（M597：1） 3. 天山北路墓地（M296：2） 4. 天山北路墓地（M647：3）
5. 卡约文化（苏呼撒墓地M12：3） 6. 卡约文化（阿哈特拉墓地M51：2） 7. 卡约文化（半主洼墓地M9：2） 8. 卡约文化
（半主洼墓地M161：1） 9. 天山北路墓地（M316：1） 10. 天山北路墓地（M665：1） 11. 天山北路墓地（M366：2）
12. 天山北路墓地（M298：1） 13. 磨沟墓地（M281：A4） 14. 磨沟墓地（M720：B6） 15. 磨沟墓地（M720：B1）
16. 磨沟墓地（M696：11）

　　西城驿文化因素的颈肩双耳直口陶罐仍有少量（3件）。沿袭四坝文化因素的颈肩双耳陶罐数量较多（23件），8件装饰简单条带纹、网格纹和水波纹。寺洼文化的马鞍口罐（1件）、卡约文化平口罐仍然有少量（2件）。陶器组合关系有1例，为单耳陶罐与双耳带流陶罐（M013）、双耳罐和腹耳壶的组合（M682）。大口圜底矮体的单耳陶罐出现3例，与白杨河流域焉不拉克文化同类陶器形制接近。

　　这一阶段随葬铜器的器类仍然延续前一阶段。铜刀种类和数量大幅减少，刀尖上翘的卷刃铜刀消失，主要流行窄直刃直背的一体型环首刀（图一〇七三，18），宽刃弧背复合型铜刀仅见1例（图一〇七三，17），新见双面刃铜刀1件（图一〇七三，26）。新出现的铜海贝曾在洋海墓地发现（图一〇七三，21），镂空铜铃也曾在哈密五堡墓地、洋海墓地发现（图一〇七三，25）。埋葬习俗方面，仍流行单人侧身屈肢葬，流行土坯椁室。

综上，河西走廊西部的西城驿文化、四坝文化在天山北路墓地考古学文化的早期形成与发展中起到了重要作用，奠定了该墓地人群以双耳陶罐、日用工具和装饰类铜器为主体的制作、装饰体系的基础。该文化传统形成后，一直被传承、沿袭，并积极吸纳、融汇甘青地区新生的文化因素，不断创新、发展，直至衰落。总体来看，天山北路墓地虽然时间跨度很长，但埋葬习俗、物质文化在千年间是延续不断、一脉相承的。

（五）天山北路墓地与焉不拉克文化的关系

天山北路墓地地处哈密绿洲腹心位置，该墓地人群的物质文化与埋葬习俗，对哈密绿洲文明的产生与发展都起到了重要的推动作用和深远影响。其西部白杨河流域的焉不拉克文化，以往张平、陈戈、李文瑛、常喜恩、水涛、李水城、韩建业、邵会秋、任瑞波等研究者多有论述，争论最多的是该文化的年代、来源和流向问题，争论的焦点是陶器。限于篇幅，本章节仅就焉不拉克墓地与天山北路墓地的关系做简要讨论。

该文化资料刊布最多的焉不拉克墓地早年刊布的十个 ^{14}C 测年数据多采自木样，时代跨度最大者超过1500年。在以往的研究中，时代早的数据往往被不同程度舍弃。在此，先不论早年的测年数据是否精确，但从出土遗物的情况推断，多数学者将其判定在青铜时代晚期至早期铁器时代，其年代上限晚于天山北路墓地的观点基本可信。该墓地范围大、延续时间长，墓葬数量众多，至少数百座，以往仅发掘91座，其中1957年黄文弼先生带队发掘的14座墓葬面积不详，1986年发掘的76座墓葬仅分布在325平米内，发掘面积和墓葬数量难以揭示墓地全貌和发展过程。

从有限刊布的资料来看，墓地中也存在墓葬成排成列密集分布、常见晚期墓葬打破早期墓葬的现象（18例），并有同坑多次埋葬的现象（M75）。墓地布局、墓地长期沿用、打破现象，以及墓地流行的单人侧身屈肢葬式、土坯椁葬具、铜器类别、形态均与天山北路墓地接近（图一〇七八）。焉不拉克墓地中20座墓底留设生土二层台、垒砌土坯椁室，绝大部分二层台是在墓坑底部四周留设（如M31）。同样的建筑结构在天山北路墓地中共发现16例，从第二阶段就已经出现。

铜器方面，两者都流行在人身装饰铜泡、耳环、牌饰、铜管等饰品，使用铜刀、锥等工具，形制也非常接近。陶器方面，除单耳豆外，焉不拉克墓地绝大部分器类都见于天山北路墓地。两者的差别也很明显，主要表现在流行器类上：前者主要流行双腹耳壶、单耳豆、钵和杯，后者流行颈肩、沿肩双耳罐，前者陶器组合的情况也多于后者。装饰纹样方面，前者流行的风格自由写意的波折纹、竖线纹、三角纹在后者第三阶段流行、第四阶段衰落。而前者在彩陶豆上流行的十字双钩纹和少量双耳罐装饰的粗线条式山羊纹不见于后者。如何理解两者流行陶器器类、纹样的差异是以往研究者对两者文化联系和归属争论最集中的部分。

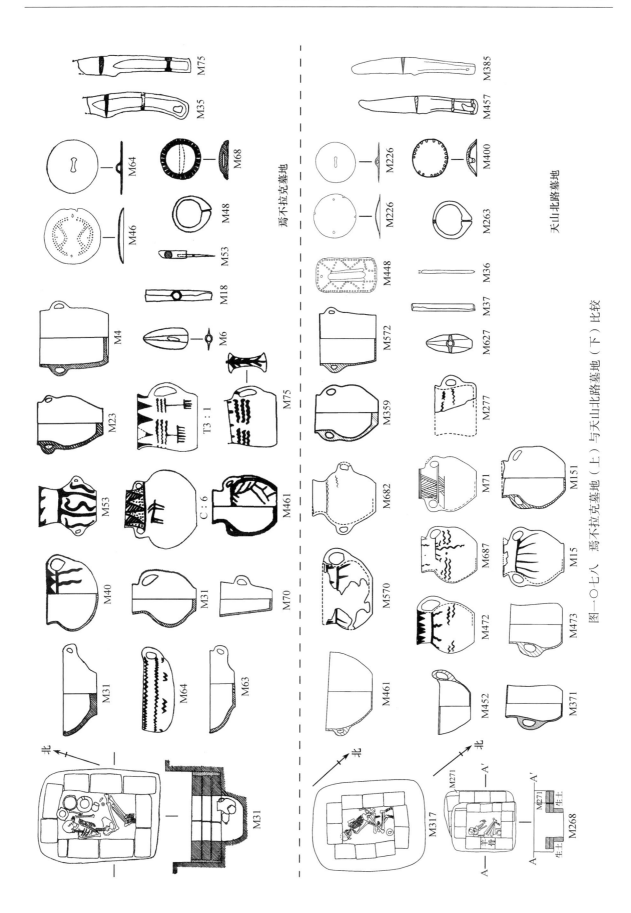

图一〇七八　焉不拉克墓地（上）与天山北路墓地（下）比较

考虑到两者在墓地布局、墓葬结构、葬具、葬式、随葬品器类、装饰纹样等绝大部分考古学文化因素方面都表现出高度相似的特点，我们认为他们应归入同一考古学文化。流行陶器器类的差异可以理解为同一文化在不同区域形成的地方类型。因此，我们建议遵循考古学文化命名的传统，沿用命名最早的焉不拉克文化，将以天山北路墓地为代表的哈密河流域、以焉不拉克墓地为代表的白杨河流域的物质文化归入该文化下不同地方类型，分称焉不拉克类型、天山北路类型。

任瑞波注意到焉不拉克类型代表性的器类和纹样都可在四坝文化中找到来源，包括天山北路墓地不见的彩陶豆[①]。对此我们非常赞同。前文提到四坝文化对天山北路墓地的发展产生过重大影响，其文化因素很可能在第二阶段或稍晚的第三阶段，随着天山北路类型向西的拓展进入白杨河流域，对四坝文化因素不同类别陶器的继承与发展，逐步分化、形成了焉不拉克类型，该类型陶器文化传统在天山北路类型发展阶段的后半段逐步繁盛，一直延续至早期铁器时代。在两者共存的时间里，两地人群一直保持着密切的交流与联系，表现在墓葬型制、埋葬习俗、陶器的装饰风格等方面。并且，这种联系是双向的，比如天山北路墓地第四阶段新出现的大口矮扁的单耳圜底罐（M40），应是受到了白杨河流域陶器传统的影响。与此同时，公元前1600～前1000年，哈密绿洲早期文明也在积极向北拓展，推动着东天山南北麓文明的进程[②]。

综上，以天山北路墓地为代表的哈密绿洲史前文明，主要是在与河西走廊西部西城驿文化的互动与交流中形成的，具体表现在墓地布局、埋葬习俗、陶器、铜器的制作与装饰等方面。在随后千年的发展历程中，该人群始终与甘青地区保持密切文化联系，先后吸纳、融汇了四坝文化、磨沟式陶器、寺洼文化、卡约文化等多种文化因素，发展出独特的区域文化传统，并对哈密绿洲西部、东天山地区文明的发展产生了重要推动和深远影响。

---

① 任瑞波：《试论焉不拉克文化的分期、年代和源流》，《边疆考古研究》（第28辑），科学出版社，2017年，第125～140页。

② 任萌：《公元前一千纪东天山地区考古学文化遗存研究》，西北大学博士学位论文，2012年；习通源：《青铜时代至早期铁器时代东天山地区聚落遗址研究》，西北大学博士学位论文，2014年。

附　表

附表一　典型器物统计表

颈肩双耳罐	A型	Aa型Ⅰ式	M306：2、M525：2、M550：1、M599：1、采048
		Aa型Ⅱ式	M003：1、M024：1、M037：1、M059：1、M101：1、M107：1、M131：1、M154：5、M166：6、M167：1、M200：3、M220：1、M228：1、M286：1、M297：1、M321：1、M328：1、M335：1、M346：1、M365：8、M392：1、M402：1、M420：1、M440：6、M496：9、M567：1、M568：1、M583：1、M613：1、M630：1、M683：1、采001、采002、采003、采040、采049
		Aa型Ⅲ式	M030：1、M034：11、M051：6、M053：11、M071：1、M078：1、M084：1、M091：1、M094：1、M106：1、M110：1、M115：1、M132：1、M133：1、M134：1、M144：8、M146：1、M151：1、M155：5、M158：1、M162：1、M176：1、M181：1、M185：1、M186：1、M188：1、M191：1、M192：1、M197：1、M202：1、M203：3、M207：1、M215：1、M226：8、M244：1、M248：2、M249：2、M263：1、M287：1、M288：1、M290：1、M293：1、M323：1、M324：1、M334：1、M342：1、M357：2、M381：2、M395：1、M396：1、M407：2、M412：4、M421：1、M422：1、M443：1、M453：1、M491：1、M508：1、M510：1、M511：1、M540：1、M542：1、M547：2、M553：1、M573：1、M594：1、M611：1、M623：1、M626：8、M678：1、M680：1、M690：1、M691：1、M695：6、采004、采010、采011、采012、采029、采031、采035、采036、采043、采045
		Ab型	M411：1、M444：1、M461：5、M550：2
	B型	B型Ⅰ式	M404：3、M461：2、M461：3、M525：3、M579：1、M579：3、M599：2
		B型Ⅱ式	M169：2、M216：1、M284：1、M448：4、M501：1、M560：1、M609：1、M659：1、采008、采033
	C型	C型Ⅰ式	M043：12、M048：1、M049：1、M065：8、M178：2、M322：1、M327：1、M416：1、M612：2、M638：1、采038
		C型Ⅱ式	M072：1、M086：1、M126：2、M139：1、M148：8、M374：1、M580：11、采014、采021、采024
		C型Ⅲ式	M118：1、M384：6、M427：1、M625：5、M171：1
	D型	D型Ⅰ式	M404：1、M444：2、M525：4
		D型Ⅱ式	M039：1、M426：3、M435：1
		D型Ⅲ式	M026：1、M032：3、M262：1、M337：1、M350：1、M481：1、M522：1、M574：1、M645：6
	E型		M145：9、M529：1、M689：4、采037

续表

颈肩双耳罐	F型	Fa型Ⅰ式	M150：1、M223：1、M265：1、M432：1、M586：1、M620：5、M627：1
		Fa型Ⅱ式	M260：1、M608：6
		Fa型Ⅲ式	M198：11、M496：1、M558：1、M569：1
		Fb型Ⅰ式	M315：1、M458：1、M632：8、M674：5、M104：1、M362：1、M618：6、M621：1
		Fb型Ⅱ式	M010：1、M014：1、M016：4、M033：1、M053：10、M056：1、M070：1、M082：1、M087：1、M103：1、M132：3、M155：4、M155：9、M183：9、M187：1、M209：1、M212：1、M222：1、M224：3、M230：1、M253：2、M292：1、M317：7、M361：1、M365：1、M365：2、M379：2、M428：1、M436：1、M447：1、M448：7、M466：1、M471：3、M477：3、M488：1、M502：1、M503：1、M507：1、M526：2、M528：3、M528：5、M539：1、M556：1、M598：1、M557：2、M605：1、M631：1、M655：3、M657：2、M664：1、M666：1、M668：1、M682：2、M699：2、采005、采006、采007、采009、采025、采042
		Fc型	M013：13、M019：3、M069：1、M074：6、M075：1、M317：3、M359：3、M414：1
沿肩双耳罐	A型	Aa型	M005：2、M011：2、M013：17、M044：1、M076：1、M085：4、M111：2、M119：1、M125：1、M128：1、M142：1、M144：7、M149：1、M190：10、M214：4、M274：3、M277：5、M341：26、M369：1、M393：1、M441：5、M483：31、M498：6、M519：1、M606：7、M644：1、M649：1、M653：2、M676：4、M679：7、M698：5、采013、采016、采034
		Ab型	M034：5、M042：1、M121：1、M153：4、M330：1、M354：1、M400：1
	B型	Ba型Ⅰ式	M015：1、M032：1、M038：1、M045：2、M047：1、M052：2、M066：1、M077：1、M114：3、M122：1、M127：1、M210：1、M211：1、M246：1、M261：1、M268：1、M279：1、M349：2、M367：1、M377：2、M383：1、M397：1、M398：1、M406：5、M430：1、M455：1、M500：7、M546：8、M561：1、M571：1、M593：3、M595：3、M602：2、M681：1、M682：3、采027
		Ba型Ⅱ式	M062：3、M064：1、M080：3、M097：1、M099：3、M194：1、M283：1、M338：1、M363：1、M373：1、M380：2、M462：1、M554：3、M633：1、M667：1
		Bb型Ⅰ式	M089：1、M110：5、M206：1、M225：1、M266：21、M267：1、M275：4、M277：1、M295：1、M303：3、M305：1、M311：7、M316：23、M317：6、M378：1、M475：3
		Bb型Ⅱ式	M040：1、M092：1、M296：2、M298：1、M302：1、M333：1、M340：3、M385：3、M399：1、M541：1、M544：1、M647：3、M692：1、采023
	C型		M002：1、M017：2、M042：3、M054：1、M068：1、M088：1、M096：1、M098：1、M105：1、M117：1、M140：1、M195：6、M199：4、M201：4、M241：1、M276：2、M298：1、M311：5、M316：1、M358：1、M394：2、M445：1、M457：8、M473：1、M495：2、M512：4、M518：1、M521：5、M532：5、M555：1、M662：1、M665：1、M701：1、采019、采020、采022、采026、采028
	D型		M081：1、M109：1、M120：4、M123：1、M129：1、M136：1、M159：1、M175：1、M179：2、M182：1、M366：2、M409：2、M545：1、M589：1、M597：1、M614：3、M641：2、M654：6、M694：1、采032、采041、采047
	E型		M058：1、M148：1、M246：7、M281：1、M301：1、M431：2、M451：1、M460：1、M480：1、M493：2、M591：2、M661：1、M703：1、采015、采030、采039、采046
	F型		M280：1、M428：2、M635：3、采017、采018
	G型		M051：1、M312：1

颈肩单耳罐	A型Ⅰ式	M041：1、M102：3、M137：1、M219：1、M235：1、M376：10、M415：1、M572：2、M624：1、M629：1
	A型Ⅱ式	M035：1、M093：1、M463：1、M497：1、M658：1、M670：1、M687：4、M697：6、采062
	A型Ⅲ式	M474：3、M490：1、M527：1、M704：1
	B型Ⅰ式	M244：2、M476：1、M486：1、M530：1
	B型Ⅱ式	M478：1、M548：1、M648：5
沿肩单耳罐	A型Ⅰ式	M177：1、M217：1、M360：1
	A型Ⅱ式	M004：1、M259：1、M309：1、M332：1、M382：1、M388：1、M434：1、M472：1、M635：1、M660：1、采064
	A型Ⅲ式	M006：1、M013：12、M046：1、M242：1、M574：2、M643：3、M677：1、采063
	B型	M317：8、M429：1、M570：1
筒形罐	Ⅰ式	M028：1、M036：5、M178：1、M193：1、M221：1、M306：1、M325：1、M375：1、M375：2、M404：2、M446：5、M696：2、M702：1、采050、采051、采052、采053、采054、采055、采056、采057、采058、采059、采060
	Ⅱ式	M196：1、M423：5、M452：1、M572：1、M650：1、采061
陶壶	A型	M252：1、M610：1、M628：1、M640：1、M682：1
	B型	M031：1、M353：1
陶杯	A型	M036：1、M411：2、M442：1、M461：4、M477：4、M579：2
	B型	M277：6、M314：1、M371：1、M473：2、M478：2、M508：2、M562：1、采066、采067
	C型	M121：1、M138：1
铜刀	A型	M193：4、M375：9、M683：10
	B型	M059：5、M071：2、M319：1、M384：4、M471：1、M539：2
	C型	M269：2、M339：1、M342：4
	D型	M197：3、M539：2、M694：2
	E型 Ea型	M091：5、M120：1、M215：5、M220：2、M263：2、M325：5、M327：3
	E型 Eb型Ⅰ式	M085：3、M131：3、M136：2、M279：2、M281：8、M302：2、M315：4、M471：4
	E型 Eb型Ⅱ式	M144：3、M146：2、M295：2、M457：5、M641：1、M649：2
	F型Ⅰ式	M001：1、M362：9、M385：4
	F型Ⅱ式	M053：8、M066：4、M072：2、M233：4、M341：22、M441：3、M679：4、M695：1

墓号	墓向	墓圹				葬具						数量	位置	埋葬特征	性别
		长	宽	深	二层台	数量	材质	盖板	长	宽	高				
M001	30°	1.12	0.92	0.32	无	1	土坯椁	无	0.85	0.4	0.12	1	椁室内	零星或缺失严重	不明
M002	45°	1.9	1.32	0.1	无	1	土坯椁	无	1.45	0.9	0.12	1	椁室内	局部缺失或位移	女
M003	205°	1.34	1.16	0.14	无	1	土坯椁	无	0.76	0.56	0.12	1	椁室内	基本完整且有序	不明
M004	221°	0.85	0.63	0.36	无	1	土坯椁	土坯	0.5	0.36	0.25	2	填土中	零星或缺失严重	不明
													椁室内	基本完整且有序	不明
M005	30°	1.64	1.1	0.63	三侧熟土二层台	1	土坯椁	无	0.96	0.56	0.45	2	填土中	零星或缺失严重	女
													椁室内	基本完整且有序	女
M006	45°	1.38	1.1	0.8	四周生土二层台	1	土坯椁	无	0.82	0.6	0.36	2	填土中	零星或缺失严重	男
													椁室内	基本完整且有序	男
M007	222°	1.52	1.2	0.42	四周熟土二层台	1	土坯椁	无	0.94	0.66	0.36	1	椁室内	基本完整且有序	男
M008	37°	0.71	0.58	0.28	无	1	土坯椁	无	0.38	0.24	0.22	1	椁室内	零星或缺失严重	不明
M009	28°	1.26	1.18	0.48	无	1	土坯椁	无	0.8	0.56	0.52	1	椁室内	位移且摆放凌乱	男
M010	12°	0.97	0.68	0.34	无	1	土坯椁	无	0.68	0.46	0.24	1	椁室内	局部缺失或位移	不明
M011	35°	1.62	1.36	0.36	一侧熟土二层台	1	土坯椁	无	1	0.86	0.34	1	椁室内	基本完整且有序	男
M012	44°	1.46	1.15	0.5	无	1	土坯椁	无	0.88	0.5	0.42	1	椁室内	基本完整且有序	不明
M013	42°	1.67	1.36	0.9	无	1	土坯椁	无	1.06	0.76	0.6	2	椁室内	局部缺失或位移	不明
													椁室内	基本完整且有序	女
M014	53°	1.1	0.76	1.06	无	0						1	墓坑底部	基本完整且有序	女
M015	25°	1.86	1.48	0.83	无	1	土坯椁	无	1.06	0.8	0.6	1	椁室内	基本完整且有序	女
M016	37°	1.43	1.15	0.37	无	1	土坯椁	无	0.86	0.66	0.4	1	椁室内	基本完整且有序	女
M017	38°	1.55	1.28	0.95	四周熟土二层台	1	土坯椁	无	0.9	0.7	0.48	1	椁室内	基本完整且有序	女
M018	50°	1.5	1.16	0.85	无	1	土坯椁	无	0.9	0.66	0.4	1	椁室内	基本完整且有序	女
M019	47°	1.3	1.16	0.78	无	1	土坯椁	无	0.8	0.7	0.4	1	椁室内	基本完整且有序	女
M020	35°	1.1	0.98	1.05	无	1	土坯椁	无			0.6	0			
M021	45°	1.4	1.07	0.8	四周生土二层台	1	土坯椁	无			0.36	1	椁室内	零星或缺失严重	不明
M022	47°	1.6	1.22	0.74	两侧生土二层台	1	土坯椁	无			0.42	0			
M023															
M024	62°	1.16	0.86	0.98	无	0						1	墓坑底部	零星或缺失严重	不明
M025	40°	1.68	1.3	1.24	无	1	土坯椁	无	0.9	0.6	0.5	1	椁室内	零星或缺失严重	女
M026	264°	1.44	1.14	0.96	四周熟土二层台	1	土坯椁	无	0.76	0.56	0.4	1	椁室内	零星或缺失严重	不明
M027	70°	0.84	0.62	0.92	无	0						1	墓坑底部	零星或缺失严重	男
M028	10°	1.44	0.9	1.12	一侧生土二层台	0						1	墓坑底部	零星或缺失严重	不明
M029	35°	1.74	1.6	1.25	无	1	土坯椁	无	1	0.76	0.35	不明			
M030	49°	1.5	1.16	0.74	无	0						1	墓坑底部	基本完整且有序	不明
M031	36°	1.16	0.52	1.04	无	0						1	墓坑底部	零星或缺失严重	不明

墓葬登记表

人骨						出土器物										备注
年龄	头向	面向	埋葬姿势	是否扰乱	扰乱部位	陶器	铜器	骨器	玉石器	铅器	金器	贝器	蚌器	植物	动物牺牲	
未成年	不明	不明	不明	是	全身		4		1							
不明	东北	东南	左侧身屈肢	是	上半身	1	1								羊腿骨	
未成年	东北	东	左侧身屈肢	否		1									羊腿骨	
未成年	不明	不明	不明	是	全身	1										
未成年	西南	东	右侧身屈肢	否												
不明	不明	不明	不明	是	全身	1	2	57							羊腿骨	
不明	东北	东	左侧身屈肢	否												
不明	不明	不明	不明	是	全身	1	6		14							
成年	东北	下	左侧身屈肢	否												
成年	西南	东南	右侧身屈肢	否												
未成年	不明	不明	不明	是	全身											
成年	不明	不明	不明	是	全身										羊腿骨	
成年	西北	东北	左侧身屈肢	是	上半身	1									羊腿骨	
成年	东北	东南	左侧身屈肢	否		1			1						羊腿骨、羊肩胛骨	
成年	东北	东南	左侧身屈肢	否												
未成年	东北	东南	左侧身屈肢	是	上半身	3	16	2	61						羊腿骨、羊肩胛骨	
成年	东北	东南	左侧身屈肢	否												
成年	东北	东南	左侧身屈肢	否		1		29	1						羊腿骨	
成年	东北	东南	左侧身屈肢	否		1	27		64							
成年	东北	东南	左侧身屈肢	否		1	9		2	1						
成年	东北	东南	左侧身屈肢	否		1	2		13						羊腿骨	
成年	东南	东南	左侧身屈肢	否		1	2		9							
成年	东北	东南	左侧身屈肢	否		1	2		2							
不明	不明	不明	不明	是	全身											
																原始资料缺失
不明	不明	不明	不明	是	全身	1	1		1							
成年	东北	东南	不明	是	全身	1	2		33							
不明	不明	不明	不明	是	全身	1	2									
不明	不明	不明	不明	是	全身	3			2							
不明	不明	不明	不明	是	全身	1			89							
							6		1			3				
成年	东北	东南	左侧身屈肢	否		1		58	1							
不明	不明	不明	不明	是	全身	1										

墓号	墓向	墓圹				葬具						数量	位置	埋葬特征	性别
		长	宽	深	二层台	数量	材质	盖板	长	宽	高				
M032	52°	1.38	1.18	0.58	四周熟土二层台	1	土坯樽	无	0.76	0.5	0.4	2	填土中	零星或缺失严重	不明
													樽室内	基本完整且有序	女
M033	48°	1.42	1.16	0.6	无	1	土坯樽	无	0.88	0.58	0.25	0			
M034	43°	1.6	1.35	1.06	四周熟土二层台	1	土坯樽	无	0.8	0.8	0.45	1	樽室内	局部缺失或位移	女
M035	215°	1.28	0.76	1.06	无	0						1	墓坑底部	基本完整有序	男
M036	37°	1.52	1.16	0.74	一侧生土二层台	0						1	墓坑底部	零星或缺失严重	不明
M037	29°	1.39	1.05	0.4	无	0						1	墓坑底部	零星或缺失严重	不明
M038	218°	1.42	1.14	1.06	四周熟土二层台	1	土坯樽	无	0.96	0.76	0.62	2	填土中	零星或缺失严重	不明
													樽室内	基本完整有序	不明
M039	71°	1.26	0.89	0.58	无	0						1	墓坑底部	零星或缺失严重	不明
M040	221°	1.55	1.37	1.26	无	1	土坯樽	无	0.96	0.6	0.4	1	樽室内	基本完整且有序	不明
M041	53°	1.68	1.2	0.84	四周生土二层台	1	土坯樽	无	0.6	0.4	0.42	1	樽室内	零星或缺失严重	不明
M042	246°	1.78	1.2	1.1	四周熟土二层台	1	土坯樽	无	0.94	0.54	0.7	1	樽室内	基本完整且有序	男
M043	222°	1.85	1.4	1.04	四周熟土二层台	1	土坯樽	无				1	墓坑底部	零星或缺失严重	男
M044	42°	1.8	1.2	0.9	四周熟土二层台	1	土坯樽	无	0.84	0.64	0.44	4	填土中	零星或缺失严重	女
													填土中	零星或缺失严重	男
													樽室内	零星或缺失严重	不明
													樽室内	基本完整且有序	女
M045	52°	1.72	1.36	0.8	四周生土二层台	1	土坯樽	无			0.68	1	樽室内	基本完整且有序	不明
M046	232°	1.02	0.64	0.4	无	1	土坯樽	无	0.68	0.44	0.27	1	樽室内	局部缺失或位移	不明
M047	67°	1.62	1.34	0.96	四周熟土二层台	1	土坯樽	无	0.8	0.58	0.5	1	樽室内	基本完整且有序	女
M048	44°	1.4	0.94	0.64	无	0						1	墓坑底部	零星或缺失严重	不明
M049	67°	0.9	0.85	1.03	无	1	土坯樽	无	0.74	0.64	0.44	1	樽室内	零星或缺失严重	不明
M050	50°	1.54	1.27	0.47	无	1	土坯樽	无	0.88	0.6	0.33	1	樽室内	零星或缺失严重	不明
M051	218°	1.3	1.26	0.94	无	1	土坯樽	无	1	0.6	0.4	3	填土中	零星或缺失严重	不明
													填土中	零星或缺失严重	不明
													樽室内	基本完整且有序	不明
M052	48°	1.53	1.1	1.06	四周熟土二层台	1	土坯樽	无	0.9	0.52	0.4	1	樽室内	局部缺失或位移	不明
M053	209°	1.54	1.28	0.76	一侧生土二层台	1	土坯樽	无	0.9	0.66	0.5	2	樽室侧板	零星或缺失严重	女
													樽室内	基本完整且有序	不明
M054	34°	1.54	1.2	1.46	四周生土二层台	1	土坯樽	无	0.96	0.48	0.5	1	樽室内	基本完整且有序	男
M055	210°	0.6	0.6	0.32	无	0						1	墓坑底部	基本完整且有序	不明
M056	222°	1.28	1.16	0.92	四周熟土二层台	1	土坯樽	无	0.78	0.6	0.42	1	樽室内	基本完整且有序	不明
M057	44°	1.45	1.27	1.07	无	1	土坯樽	无	0.9	0.74	0.4	1	樽室内	零星或缺失严重	不明
M058	37°	1.22	1.3	0.56	无	1	土坯樽	无	0.9	0.8	0.4	1	樽室内	零星或缺失严重	不明
M059	211°	1.9	1.44	1.19	无	1	土坯樽	无	1.08	0.84	0.5	1	樽室内	零星或缺失严重	不明

| 人骨 | | | | | | 出土器物 | | | | | | | | | | 备注 |
年龄	头向	面向	埋葬姿势	是否扰乱	扰乱部位	陶器	铜器	骨器	玉石器	铅器	金器	贝器	蚌器	植物	动物牺牲	
不明	不明	不明	不明	是	全	3	4		58							
成年	东北	东南	左侧身屈肢	否												
						1	2		38							
成年	东北	东南	左侧身屈肢	是	上半身	2	1		51						羊肩胛骨	
成年	西北	西南	右侧身屈肢	否		1										
不明	不明	不明	不明	是	全身	2	2		151							
不明	不明	不明	不明	是	全身	1	18									
不明	不明	不明	不明	是	全身	1				1						
成年	西南	东南	右侧身屈肢	否												
不明	不明	不明	不明	是	全身	1	3									
成年	西南	东南	右侧身屈肢	否		1	2		2							
不明	不明	不明	不明	是	全身	2	1		3							
成年	西南	东南	右侧身屈肢	是		2	5		2							
成年	西南	不明	不明	是	全身	1	25		9			1	2			
成年	不明	不明	不明	是	全身	1		3	6							
成年	不明	不明	不明	是	全身											
未成年	不明	不明	不明	是	全身											
成年	东北	东南	左侧身屈肢	否												
成年	东北	东南	左侧身屈肢	否		1	3		4							
未成年	西南	东南	右侧身屈肢	是	上半身	1			3							
成年	东北	东南	左侧身屈肢	否		1	2		3							
不明	不明	不明	不明	是	全身	1	32		1			4	5			
不明	不明	不明	不明	是	全身	1										
不明	不明	不明	不明	是	全身		4		2							
不明	不明	不明	不明	是	全身	3	2		2							
不明	不明	不明	不明	是	全身											
成年	西南	东南	右侧身屈肢	否												
成年	东北	上	右侧身屈肢	是	下半身	1	1		13							
不明	不明	不明	不明	是	全身	2	4									
成年	西南	东南	右侧身屈肢	否												
成年	东北	东南	左侧身屈肢	否		1	24		7							
未成年	西南	东南	左侧身屈肢	否		1	2									
成年	西南	东南	右侧身屈肢	否		1	3		2							
不明	不明	不明	不明	是	全身											
不明	不明	不明	不明	是	全身	1	1		1	1						
不明	不明	不明	不明	是	全身	1	1		3							

墓号	墓向	墓圹				葬具						数量	位置	埋葬特征	性别
		长	宽	深	二层台	数量	材质	盖板	长	宽	高				
M060	0°	0.45	0.41	0.4	无	0		土坯				1	墓坑底部	零星或缺失严重	不明
M061	27°	0.7	0.56	0.34	无	1	土坯椁	土坯	0.4	0.24	0.22	1	椁室内	基本完整且有序	不明
M062	47°	1.52	1.2	0.56	无	1	土坯椁	无	0.96	0.74	0.4	1	椁室内	基本完整且有序	不明
M063															
M064	215°	1.64	1.24	0.56	四周生土二层台	1	土坯椁	无	1	0.52	0.62	1	椁室内	零星或缺失严重	男
M065	48°	1.53	1.15	0.5	无	0						1	墓坑底部	零星或缺失严重	不明
M066	238°	1.58	1.24	0.93	无	1	土坯椁	无	1	0.74	0.4	1	椁室内	零星或缺失严重	不明
M067	236°	1.4	0.48	0.8	无	1	土坯椁	无	0.8		0.4	1	椁室内	零星或缺失严重	不明
M068	213°	1.62	1.18	1.28	无	1	土坯椁	无	0.98	0.58	0.4	1	椁室内	零星或缺失严重	不明
M069	229°	0.8	0.6	0.34	无	1	土坯椁	土坯	0.56	0.32	0.3	1	椁室内	零星或缺失严重	不明
M070	38°	0.88	0.76	0.4	无	0						1	墓坑底部	基本完整且有序	不明
M071	216°	1.38	1.2	1.04	无	0						1	墓坑底部	基本完整且有序	不明
M072	202°	1.07	0.95	0.54	无	0						1	墓坑底部	零星或缺失严重	不明
M073	35°	1.5	1.22	0.9	无	0						1	墓坑底部	零星或缺失严重	不明
M074	230°	1.3	1.06	0.38	无	1	土坯椁	无	0.9	0.64	0.4	1	椁室内	基本完整且有序	不明
M075	25°	1.52	1.05	0.41	无	1	土坯椁	无	1	0.6	0.3	2	椁室内	零星或缺失严重	女
													椁室内	基本完整且有序	不明
M076	24°	1.52	1.32	0.58	无	1	土坯椁	无	0.8	0.7	0.44	1	椁室内	基本完整且有序	不明
M077	208°	1.98	1.6	1.25	无	0						1	墓坑底部	零星或缺失严重	不明
M078	201°	1.6	1.3	0.7	无	0						1	墓坑底部	基本完整且有序	不明
M079	227°	0.68	0.5	0.28	无	1	土坯椁	无	0.28	0.15		1	椁室内	位移且摆放凌乱	不明
M080	47°	1.2	1.02	0.44	无	1	土坯椁	无	0.8	0.6	0.3	1	椁室内	局部缺失或位移	不明
M081	202°	1.46	1.06	0.54	无	1	土坯椁	无	0.8	0.56	0.4	1	椁室内	基本完整且有序	不明
M082	225°	0.72	0.61	0.2	无	1	土坯椁	无	0.44	0.4	0.2	1	椁室内	零星或缺失严重	不明
M083	315°	1.16	0.9	0.42	无	1	土坯椁	无	0.6	0.46	0.3	1	椁室内	零星或缺失严重	不明
M084	205°	1.63	1.18	1.11	无	1	土坯椁	无	0.96	0.62	0.5	1	椁室内	基本完整且有序	男
M085	225°	1.5	1.14	0.72	两侧熟土二层台	1	土坯椁	无	0.84	0.52	0.4	1	椁室内	基本完整且有序	不明
M086	232°	1.42	1.14	0.54	四周熟土二层台	1	土坯椁	无	0.9	0.6	0.56	1	椁室内	零星或缺失严重	不明
M087	218°	1.64	1.3	0.5	无	1	土坯椁	无	0.76	0.54	0.3	1	椁室内	零星或缺失严重	不明
M088	35°	1.5	1.08	0.54	四周熟土二层台	1	土坯椁	无	0.8	0.5	0.3	1	椁室内	零星或缺失严重	不明
M089	276°	1.5	1	0.87	四周生土二层台	1	土坯椁	无	0.9	0.64		1	椁室内	局部缺失或位移	不明
M090	205°	0.8	1.1	0.89	无	1	土坯椁	无				1	椁室内	零星或缺失严重	不明
M091	232°	1.7	1.34	1.1	无	0						1	墓坑底部	零星或缺失严重	不明
M092	253°	1.13	0.88	0.48	无	0						1	墓坑底部	零星或缺失严重	不明
M093	240°	1.5	1.02	0.54	无	0						1	墓坑底部	零星或缺失严重	不明

人骨						出土器物										备注
年龄	头向	面向	埋葬姿势	是否扰乱	扰乱部位	陶器	铜器	骨器	玉石器	铅器	金器	贝器	蚌器	植物	动物牺牲	
未成年	不明	不明	不明	是	全身				1							
未成年	西北	西南	右侧身屈肢	否					1							
未成年	东北	东南	左侧身屈肢	否		1	1		2							
																原始资料 缺失
成年	不明	不明	不明	是	全身	1	3		4							
不明	不明	不明	不明	是	全身	1	6		1				3			
不明	不明	不明	不明	是	全身	1	4		3							
不明	不明	不明	不明	是	全身	1			7							
不明	不明	不明	不明	是	全身	2	3		4							
不明	不明	不明	不明	是	全身	1										
成年	东北	东南	左侧身屈肢	否		1			2							
成年	西南	东南	右侧身屈肢	否		1	15		5						羊腿骨	
不明	不明	不明	不明	是	全身	1	2		2							
不明	东北	不明	不明	是	全身	1	2		1			2	7			
未成年	西南	东南	右侧身屈肢	否		2	3		1						羊腿骨	
成年	不明	不明	不明	是	全身	1	5		5							
未成年	东北	东南	左侧身屈肢	否												
成年	东北	东南	左侧身屈肢	否		1	3		8						不明	
不明	不明	不明	不明	是	全身	1			3				1			
成年	西南	东南	右侧身屈肢	否		1			1						羊腿骨	
未成年	不明	不明	不明	是	全身											
成年	东北	东南	左侧身屈肢	是	上半身	1	4		7							
成年	西南	东南	右侧身屈肢	否		1	3		5	1					羊腿骨	
未成年	不明	不明	不明	是	全身	1	11	1	2							
不明	不明	不明	不明	是	全身											
成年	南	东南	右侧身屈肢	否		1	2	1							羊腿骨	
成年	西南	东南	右侧身屈肢	否		1	2		8							
不明	不明	不明	不明	是	全身	1										
不明	不明	不明	不明	是	全身	1	1									
不明	不明	不明	不明	是	全身	1	2		2							
成年	西南	东南	右侧身屈肢	是	上半身	1										
不明	不明	不明	不明	是	全身		2		1							
不明	不明	不明	不明	是	全身	1	11		2							
不明	不明	不明	不明	是	全身	1	1		4							
不明	不明	不明	不明	是	全身	1	6		1							

墓号	墓向	墓圹				葬具						数量	位置	埋葬特征	性别
		长	宽	深	二层台	数量	材质	盖板	长	宽	高				
M094	225°	1.48	0.64	0.44	四周熟土二层台	1	土坯椁	无	0.92	0.44	0.3	1	椁室内	基本完整且有序	不明
M095	48°	0.68	0.62	0.44	无	1	土坯椁	无	0.28	0.3		1	椁室内	零星或缺失严重	不明
M096	20°	1.37	1	0.58	无	1	土坯椁	无	0.9	0.7	0.34	1	椁室内	基本完整且有序	不明
M097	54°	1.3	1.06	0.3	无	1	土坯椁	无	0.9	0.6	0.36	1	椁室内	基本完整且有序	不明
M098	81°	0.98	0.76		无	0						1	墓坑底部	基本完整且有序	不明
M099	55°	1.3	1.03	0.3	四周熟土二层台	1	土坯椁	无	0.76	0.54	0.35	1	椁室内	局部缺失或位移	不明
M100	40°	1.28	0.99	0.35	无	1	土坯椁	无	0.9	0.5		1	椁室内	零星或缺失严重	不明
M101	227°	1.56	1.14	0.3	无	0						1	墓坑底部	基本完整且有序	不明
M102	39°	1.54	1.2	0.24	无	0						1	墓坑底部	基本完整且有序	不明
M103	234°	1.24	1.08		无	1	土坯椁	无	0.88	0.64	0.42	1	椁室内	基本完整且有序	不明
M104	185°	1.3	1.12		无	1	土坯椁	无	0.86	0.6		1	椁室内	零星或缺失严重	不明
M105	218°	1.5	1.1		四周熟土二层台	1	土坯椁	无	0.96	0.6	0.3	1	椁室内	基本完整且有序	不明
M106	206°	1.12	0.84		无	1	土坯椁	无	0.78	0.46	0.3	1	椁室内	基本完整且有序	不明
M107	211°	1.04	0.66	0.56	无	0						1	墓坑底部	基本完整且有序	不明
M108	196°	0.86	0.6	0.5	无	0						1	墓坑底部	基本完整且有序	不明
M109	237°	1.25	1.05	0.34	无	1	土坯椁	无	0.64	0.44	0.3	1	墓坑底部	基本完整且有序	不明
M110	14°	1.24	0.72	0.46	无	0						1	墓坑底部	基本完整且有序	不明
M111	48°	1.55	1.21	0.37	无	1	土坯椁	无	0.92	0.62	0.2	1	椁室内	基本完整且有序	女
M112	200°	1.57	1.3	0.56	无	1	土坯椁	无	0.86	0.62	0.3	1	椁室内	基本完整且有序	男
M113															
M114	48°	1.68	1.4	0.76	无	1	土坯椁	无	0.84	0.58	0.6	1	椁室内	基本完整且有序	不明
M115	33°	1.83	1.28	0.68	四周生土二层台	1	土坯椁	无	0.82	0.68	0.36	1	椁室内	零星或缺失严重	不明
M116	234°	1.28	0.88	0.55	无	1	土坯椁	无				1	椁室内	零星或缺失严重	不明
M117	213°	1.12	0.76	0.4	无	1	土坯椁	无	0.68	0.42	0.3	1	椁室内	零星或缺失严重	不明
M118	70°	1.3	0.94	0.48	无	0						1	墓坑底部	基本完整且有序	男
M119	55°	1.67	1.16	0.34	无	1	土坯椁	无	0.76			1	椁室内	零星或缺失严重	不明
M120	197°	1.95	1.26	0.56	无	0						1	墓坑底部	零星或缺失严重	不明
M121	40°	1.4	1.26	0.52	四周熟土二层台	1	土坯椁	无	0.72	0.5	0.36	1	椁室内	基本完整且有序	女
M122	220°	1.46	1.08	0.38	两侧熟土二层台	1	土坯椁	无	0.6	0.64	0.36	1	椁室内	基本完整且有序	不明
M123	43°	1.82	1.32	0.42	无	1	土坯椁	无	0.82	0.6	0.3	1	椁室内	基本完整且有序	不明
M124	223°	1.58	1.32	0.4	无	1	土坯椁	无	0.8	0.5	0.3	2	椁室内	基本完整且有序	不明
													椁室内	零星或缺失严重	不明
M125	38°	1.82	1.5	0.74	无	1	土坯椁	无	1.24	0.9	0.12	1	椁室内	基本完整且有序	不明
M126	239°	1.64	1.12	0.28	无	1	土坯椁	无	1.04	0.68	0.36	1	椁室内	基本完整且有序	女

续表

人骨						出土器物										备注
年龄	头向	面向	埋葬姿势	是否扰乱	扰乱部位	陶器	铜器	骨器	玉石器	铅器	金器	贝器	蚌器	植物	动物牺牲	
成年	西南	东南	右侧身屈肢	否		1										
不明	不明	不明	不明	是	全身											
成年	东北	东南	左侧身屈肢	否		1	1		1							
成年	东北	东南	左侧身屈肢	否		1										
成年	东北	东南	左侧身屈肢	否		1	1		1							
未成年	东北	东南	左侧身屈肢	是	上半身	1	2		2							
不明	不明	不明	不明	是	全身	1										
成年	西南	东南	右侧身屈肢	否		1	3		1							
成年	东北	东南	左侧身屈肢	否		1	1	14								
成年	西南	东南	右侧身屈肢	否		1										
不明	西南	不明	不明	是	全身	1										
成年	西南	东南	右侧身屈肢	否		1	1		6							
成年	西南	东南	右侧身屈肢	否		1				1						
成年	西南	东南	右侧身屈肢	否		1									羊腿骨	
成年	西南	东南	右侧身屈肢	否												
成年	西南	东南	右侧身屈肢	否		3	4		1							
成年	东北	东南	左侧身屈肢	否		2	2	56								
成年	东北	东南	左侧身屈肢	否		1	3		6						羊腿骨	
成年	西南	东南	右侧身屈肢	否		1	7		6			5				
																原始资料缺失
成年	东北	东南	左侧身屈肢	否		1	3		2							
成年	不明	不明	不明	是	全身	1										
不明	不明	不明	不明	是	全身		1		11							
不明	不明	不明	不明	是	全身	1	2		1							
成年	东北	东南	左侧身屈肢	否		1	1		1						羊腿骨	
不明	不明	不明	不明	是	全身	1										
不明	不明	不明	不明	是	全身	1	1		3			1			羊腿骨	
成年	东北	东南	左侧身屈肢	否		2										
成年	西南	东南	右侧身屈肢	否		1										
不明	东北	东南	左侧身屈肢	否		1	41		3							
成年	西南	东南	右侧身屈肢	否		1	1		19							
不明	不明	不明	不明	是	全身											
成年	东北	东南	左侧身屈肢	否		1	113		7			1				
成年	西南	东南	右侧身屈肢	否		1	21		7							

墓号	墓向	墓圹				葬具						数量	位置	埋葬特征	性别
		长	宽	深	二层台	数量	材质	盖板	长	宽	高				
M127	33°	2.6	1.66	0.6	无	0						2	填土中	零星或缺失严重	不明
													墓坑底部	基本完整且有序	女
M128	31°	1.3	1.2	0.46	无	1	土坯椁	无	0.7	0.52	0.3	1	椁室内	基本完整且有序	不明
M129	225°	1.58	1.2	0.54	四周熟土二层台	1	土坯椁	无	0.74	0.48	0.36	1	椁室内	基本完整且有序	不明
M130	66°	1.06	0.76	0.7	无	0						1	墓坑底部	基本完整且有序	不明
M131	195°	1.62	1.32	0.78	无	0						1	墓坑底部	基本完整且有序	不明
M132	20°	1.44	1.24	0.44	无	1	土坯椁	无	0.92	0.51	0.4	1	椁室内	基本完整且有序	不明
M133	25°	1.32	0.92	0.6	无	0						1	墓坑底部	基本完整且有序	女
M134	223°	1.42	1.02	0.6	无	0						1	墓坑底部	基本完整且有序	不明
M135	44°	1.65	1.14	0.76	无	0						1	墓坑底部	零星或缺失严重	不明
M136	251°	1.42	1.25	0.42	无	1	土坯椁	无	0.85	0.56	0.3	1	椁室内	基本完整且有序	不明
M137	68°	1.49	1.16	0.3	无	0						1	墓坑底部	基本完整且有序	不明
M138	236°	0.82	0.74	0.45	无	1	土坯椁	无	0.24	0.2	0.4	1	椁室内	零星或缺失严重	不明
M139	236°	1.94	1.21	0.45	无	1	土坯椁	无	0.96	0.56	0.4	1	椁室内	零星或缺失严重	不明
M140	64°	1.56	1.41	0.37	三侧熟土二层台	1	土坯椁	无	0.9	0.52	0.56	1	椁室内	基本完整且有序	不明
M141	68°	1.37	1.12	0.34	无	1	土坯椁	无	1	0.65	0.3	1	椁室内	零星或缺失严重	不明
M142	48°	1.63	1.33	0.4	四周熟土二层台	1	土坯椁	无	0.84	0.56	0.52	0			
M143	352°	0.83	0.63	0.21	无	1	土坯椁	无	0.58	0.32	0.26	1	椁室内	零星或缺失严重	不明
M144	220°	1.4	1.24	0.56	四周熟土二层台	1	土坯椁	无	0.96	0.72	0.36	1	椁室内	局部缺失或位移	不明
M145	195°	1.7	1.12	0.95	无	0						1	墓坑底部	基本完整且有序	不明
M146	225°	1.66	1.1	0.6	无	0						1	墓坑底部	零星或缺失严重	不明
M147	222°	1.54	1.18	0.5	无	1	土坯椁	无	1	0.6	0.32	1	椁室内	零星或缺失严重	不明
M148	244°	1.7	1.2	0.58	两侧生土二层台	1	土坯椁	无	1.14	0.74	0.44	1	椁室内	零星或缺失严重	不明
M149	65°	1.34	0.9	0.56	无	0						1	墓坑底部	局部缺失或位移	男
M150	225°	1.45	1.05	0.58	无	1	土坯椁	无	0.84	0.5	0.3	1	椁室内	基本完整且有序	男
M151	270°	1.31	0.9	0.14	无	0						1	墓坑底部	零星或缺失严重	不明
M152	250°	1.47	0.87	0.84	无	1	土坯椁	无				1	椁室内	局部缺失或位移	不明
M153	0°	2	0.96	0.84	无	0						1	墓坑底部	局部缺失或位移	女
M154	242°	1.7	1.25	0.9	无	0						1	墓坑底部	基本完整且有序	男
M155	45°	1.53	1.22	0.5	无	1	土坯椁	无	0.92	0.6	0.35	1	椁室内	零星或缺失严重	不明
M156	85°	0.91	0.41	0.64	四周熟土二层台	1	土坯椁	无	0.75	0.4	0.29	0			
M157	115°	0.52	1.02	0.96	无	1	土坯椁	无		0.84	0.4	0			
M158	199°	1.32	1.02	1.33	无	1	土坯椁	无				1	椁室内	基本完整且有序	不明
M159	42°	1.52	1.3	0.72	无	1	土坯椁	无	0.84	0.6	0.4	1	椁室内	基本完整且有序	不明
M160	248°	0.68	0.6	0.34	无	1	土坯椁	无	0.4	0.34	0.2	1	椁室内	零星或缺失严重	不明
M161	19°	1.42	1.14	0.63	无	1	土坯椁	无	0.86	0.56	0.4	1	椁室内	零星或缺失严重	不明

续表

人骨						出土器物										备注
年龄	头向	面向	埋葬姿势	是否扰乱	扰乱部位	陶器	铜器	骨器	玉石器	铅器	金器	贝器	蚌器	植物	动物牺牲	
不明	不明	不明	不明	是	全身	1	15	1	7							
成年	东北	东南	左侧身屈肢	否												
成年	东北	东南	左侧身屈肢	否		1	5		6							
成年	西南	东南	右侧身屈肢	否		1	1		2							
不明	东北	东南	左侧身屈肢	否		1	2		1							
成年	西南	东南	右侧身屈肢	否		1	1		3							
成年	东北	东南	左侧身屈肢	否		2	2	2	4							
成年	东北	东南	左侧身屈肢	否		1										
成年	西南	东南	右侧身屈肢	否		1			2				1			
不明	不明	不明	不明	是	全身		1	1	2							
成年	西南	东南	右侧身屈肢	否		1	2	1	1							
成年	东北	东南	左侧身屈肢	否		1	29		2							
不明	不明	不明	不明	是	全身	1										
不明	不明	不明	不明	是	全身	1	1									
成年	东北	东南	左侧身屈肢	否		1	3		13							
不明	不明	不明	不明	是	全身	2			2							
						1										
不明	不明	不明	不明	是	全身	1	1									
成年	西南	东南	右侧身屈肢	是	上半身	3	3		8	1						
成年	西南	东南	右侧身屈肢	否		1	11		5		5					
不明	不明	不明	不明	是	全身	1	2		3							
不明	不明	不明	不明	是	全身	1	1		2							
不明	不明	不明	不明	是	全身	2	11		2			1				
成年	东北	东南	左侧身屈肢	是	上半身	1			6							
成年	西南	东南	右侧身屈肢	否		1	5		6	3						
成年	不明	不明	不明	是	全身	1	1		1							
成年	西南	东南	右侧身屈肢	是	上半身	1	4		1						羊腿骨	
成年	东北	东南	左侧身屈肢	是	上半身	1	15						6			
成年	西南	东南	右侧身屈肢	否		1	6		18							
成年	不明	不明	不明	是	全身	4	2		3	1						
成年	西南	东南	右侧身屈肢	否		1										
成年	东北	东南	左侧身屈肢	否		1	2					2				
未成年	不明	不明	不明	是	全身											
成年	不明	不明	不明	是	全身				2	1						

墓号	墓向	墓圹				葬具						数量	位置	埋葬特征	性别
		长	宽	深	二层台	数量	材质	盖板	长	宽	高				
M162	56°	1.71	1.28	0.48	无	1	土坯椁	无	0.86	0.6	0.3	1	椁室内	零星或缺失严重	不可
M163	40°	1.62	1.3	1.1	无	1	土坯椁	无				0			
M164	35°	1.6	1.12	0.75	无	1	土坯椁	无	0.8	0.62	0.4	1	椁室内	零星或缺失严重	不可
M165	36°	1.5	1.18	1.05	无	1	土坯椁	无	0.9	0.62	0.4	0			
M166	41°	1.36	1.22	1.6	无	0						1	墓坑底部	局部缺失或位移	不可
M167	23°	1	0.73	1.27	无	0						1	墓坑底部	基本完整且有序	不可
M168	1°	1.2	1.02	0.8	一侧熟土二层台	1	土坯椁	无	0.78	0.6	0.26	1	椁室内	零星或缺失严重	不可
M169	44°	1.35	0.98	0.87	无	1	土坯椁	无	0.8	0.5	0.2	1	椁室内	零星或缺失严重	不可
M170	46°	1.74	1.16	1.02	无	1	土坯椁	无	0.78	0.3	0.4	0			
M171	9°	1.4	1.2	1.11	无	1	土坯椁	无	0.76	0.56	0.4	1	椁室内	局部缺失或位移	女
M172	25°	1.52	1.48	1.22	四周生土二层台	1	土坯椁	无				0			
M173	47°	1.25	0.95	0.93	无	1	土坯椁	无				1	椁室内	零星或缺失严重	不可
M174	56°	1.73	1.23	1.04	无	1	土坯椁	无				0			
M175	73°	1.4	1.2	0.56	无	1	土坯椁	无	0.64	0.44	0.39	0			
M176	230°	1.36	1.2	0.4	四周熟土二层台	1	土坯椁	无	0.9	0.6		1	椁室内	基本完整且有序	不可
M177	225°	1.6	1.2	0.3	无	1	土坯椁	无	0.86	0.58	0.3	1	椁室内	零星或缺失严重	不可
M178	225°	1.3	0.95	0.48	两侧熟土二层台	1	土坯椁	无	0.84	0.58	0.4	1	椁室内	零星或缺失严重	不可
M179	30°	1.6	1.2	0.7	无	1	土坯椁	无	0.9	0.58	0.4	1	椁室内	基本完整且有序	女
M180	220°	1.31	1	0.8	无	1	土坯椁	无	0.9	0.52		1	椁室内	零星或缺失严重	不可
M181	244°	1.21	0.84	0.46	无	0						1	墓坑底部	基本完整且有序	男
M182	34°	1.86	1.53	0.64	四周熟土二层台	1	土坯椁	无	0.8	0.54	0.4	1	椁室内	基本完整且有序	不可
M183	50°	1.7	1.2	0.89	无	1	土坯椁	无	0.8	0.53	0.4	1	椁室内	基本完整且有序	不可
M184	34°	1.2	1.16	0.54	四周熟土二层台	1	土坯椁	无		0.48	0.32	1	椁室内	零星或缺失严重	不可
M185	15°	1.72	1.2	1.35	无	0						1	墓坑底部	基本完整且有序	女
M186	45°	1.54	1.12	1.24	无	0						1	墓坑底部	零星或缺失严重	不可
M187	230°	0.92	0.56	0.36	四周熟土二层台	1	土坯椁	无	0.42	0.22	0.26	0			
M188	45°	1.7	0.94	0.6	无	0						0			
M189	15°	1	0.62	0.72	无	0						0			
M190	37°	1.72	1.4	1.48	无	1	土坯椁	无	0.98	0.72	0.5	1	椁室内	基本完整且有序	女
M191	55°	1	1.22	0.9	无	0						0			
M192	198°	1.46	1.1	1	无	0						1	墓坑底部	零星或缺失严重	不可
M193	228°	1.28	0.8	0.55	无	0						1	墓坑底部	零星或缺失严重	不可
M194	214°	1.42	1.1	0.8	无	1	土坯椁	无	0.96	0.64	0.4	1	椁室内	基本完整且有序	不可
M195	44°	1.57	1.24	0.4	无	1	土坯椁	无	0.9	0.6	0.4	1	椁室内	基本完整且有序	男
M196	40°	1.54	1.2	0.44	无	1	土坯椁	无	0.9	0.62	0.3	1	椁室内	基本完整且有序	女

人骨						出土器物										备注
年龄	头向	面向	埋葬姿势	是否扰乱	扰乱部位	陶器	铜器	骨器	玉石器	铅器	金器	贝器	蚌器	植物	动物牺牲	
成年	不明	不明	不明	是	全身	1	1		1							
成年	不明	不明	不明	是	全身	1			1							
									1							
成年	东北	东南	左侧身屈肢	是	上半身	1	11		7							
成年	东北	东南	左侧身屈肢	否		1		9	1							
成年	不明	不明	不明	是	全身				1	1						
成年	不明	不明	不明	是	全身	2			3							
成年	东北	东南	左侧身屈肢	是	上半身	1			1							
成年	不明	不明	不明	是	全身		2									
						1										
成年	西南	东南	右侧身屈肢	否		1										
成年	不明	不明	不明	是	全身	1										
成年	不明	不明	不明	是	全身	2										
成年	东北	东南	左侧身屈肢	否		1	2		1	1						
成年	不明	不明	不明	是	全身				1							
成年	西南	东南	右侧身屈肢	否		1									羊腿骨	
成年	东北	东南	左侧身屈肢	否		1	3		1	1						
成年	东北	东南	左侧身屈肢	否		1	39	2	5	2						
成年	不明	不明	不明	是	全身											
成年	东北	东南	左侧身屈肢	否		1	76								羊腿骨	
成年	不明	不明	不明	是	全身	1	4		2							
						1										
						1			1							
						1			1							
成年	东北	东南	左侧身屈肢	否		1	176		14			1				
						1	2								羊腿骨	
成年	不明	不明	不明	是	全身	1										
成年	不明	不明	不明	是	全身	1	1	1	45						牛距骨	
成年	西南	东南	右侧身屈肢	否		1	2									
成年	东北	东南	左侧身屈肢	否		1	17		12						羊腿骨	
成年	东北	东南	左侧身屈肢	否		1	4		12						羊腿骨	

墓号	墓向	墓圹				葬具						数量	位置	埋葬特征	性别
		长	宽	深	二层台	数量	材质	盖板	长	宽	高				
M197	185°	1.34	1.06	1.06	四周生土二层台	0						1	墓坑底部	基本完整且有序	女
M198	50°	1.42	1.08	0.56	四周熟土二层台	1	土坯椁	无	0.9	0.58	0.54	1	椁室内	基本完整且有序	不明
M199	56°	1.44	1.18	0.28	无	1	土坯椁	无	0.6	0.62	0.2	2	椁室内	基本完整且有序	女
													椁室内	零星或缺失严重	不明
M200	50°	1.32	1.06	0.66	无	0						1	墓坑底部	基本完整且有序	女
M201	61°	1.58	1.26	0.35	四周熟土二层台	1	土坯椁	无	1.46	1.16	0.34	1	椁室内	局部缺失或位移	女
M202	44°	1.1	0.8	0.52	无	0						1	墓坑底部	基本完整且有序	男
M203	24°	1.05	0.71	0.47	无	0						1	墓坑底部	基本完整且有序	女
M204	50°	1.5	1.3		四周熟土二层台	1	土坯椁	无			0.5	1	墓坑底部	基本完整且有序	不明
M205	148°	0.62	0.48	0.2	无	0						1	墓坑底部	基本完整且有序	不明
M206	57°	1.52	1.28	0.5	四周熟土二层台	1	土坯椁	无	0.9	0.64	0.36	1	椁室内	基本完整且有序	不明
M207	30°	1.07	1.12	0.36	无	1	土坯椁	无	0.62	0.58	0.3	1	椁室内	零星或缺失严重	不明
M208	50°	0.6	0.72	0.5	无	0						1	墓坑底部	基本完整且有序	不明
M209	49°	1.62	1.26	0.38	四周熟土二层台	1	土坯椁	无	0.9	0.6	0.34	1	椁室内	基本完整且有序	不明
M210	52°	1.68	1.32	1	四周生土二层台	1	土坯椁	无	0.88	0.6	0.3	1	椁室内	基本完整且有序	不明
M211	12°	1.32	1.2		无	1	土坯椁	无	0.88	0.6	0.3	1	椁室内	零星或缺失严重	不明
M212	35°	1.56	1.16	0.3	四周熟土二层台	1	土坯椁	无	1.06	0.72	0.28	1	椁室内	基本完整且有序	不明
M213	10°	1.08	0.5		四周熟土二层台	1	土坯椁	无	0.72		0.3	1	椁室内	基本完整且有序	不明
M214	45°	1.6	1.24	1	四周生土二层台	1	土坯椁	无	0.92	0.62	0.46	1	椁室内	基本完整且有序	不明
M215	208°	1.42	1.1	0.52	无	1	土坯椁	无	0.92	0.54	0.4	1	椁室内	局部缺失或位移	男
M216	241°	1.2	0.76	0.48	无	1	土坯椁	无	0.94	0.52	0.4	1	椁室内	基本完整且有序	不明
M217	40°	1.36	1.16	0.48	四周熟土二层台	1	土坯椁	无	0.84	0.6	0.34	2	椁室内	零星或缺失严重	不明
													椁室内	基本完整且有序	不明
M218	231°	0.92	0.6		无	0						1	墓坑底部	基本完整且有序	不明
M219	231°	1.04	0.9		无	0						1	墓坑底部	基本完整且有序	女
M220	227°	1.1	0.9	1.41	无	0						1	墓坑底部	基本完整且有序	女
M221	41°	1.22	1	1.41	无	0						1	墓坑底部	基本完整且有序	不明
M222	220°	1.32	1.14		一侧熟土二层台	1	土坯椁	无	0.94	0.62	0.3	1	椁室内	基本完整且有序	男
M223	14°	1.52	1.08	0.26	无	1	土坯椁	无	0.88	0.74	0.3	1	椁室内	基本完整且有序	不明
M224	213°	1.48	1.2	0.52	无	1	土坯椁	无	0.82	0.6	0.5	1	椁室内	基本完整且有序	不明
M225	30°	1.44	1.2		无	1	土坯椁	无	0.93	0.6	0.4	1	椁室内	基本完整且有序	女
M226	30°	1.4	1	0.6	无	0						1	墓坑底部	基本完整且有序	不明
M227	30°	1.6	0.76	0.36	无	0						1	墓坑底部	基本完整且有序	不明
M228	36°	1.14	0.9	0.6	无	0						1	墓坑底部	基本完整且有序	不明
M229	21°	1.46	1.14	0.32	无	1	土坯椁	无	0.9	0.6	0.2	1	椁室内	基本完整且有序	女

人骨						出土器物										备注
年龄	头向	面向	埋葬姿势	是否扰乱	扰乱部位	陶器	铜器	骨器	玉石器	铅器	金器	贝器	蚌器	植物	动物牺牲	
成年	西南	东南	右侧身屈肢	否		1	1		2						羊腿骨	
成年	东北	东南	左侧身屈肢	否		1	23	2	132						羊腿骨	
成年	东北	东南	左侧身屈肢	否		1	2		5							
未成年	不明	不明	不明	是	全身											
成年	东北	东南	左侧身屈肢	否		1	1	1	8							
成年	东北	东南	左侧身屈肢	是	上半身	1	4	3	2							
成年	东北	东南	左侧身屈肢	否		1	5					1			羊腿骨	
未成年	东北	东南	左侧身屈肢	否		1	2		2			1			羊距骨	
成年	东北	东南	左侧身屈肢	否			1									
不明	东南	下	俯身屈肢	否											羊腿骨	
成年	东北	东南	左侧身屈肢	否		1	4		8							
未成年	不明	不明	不明	是	全身	1	2									
成年	东北	东南	左侧身屈肢	否												
成年	东北	东南	左侧身屈肢	否		1	2		1							
成年	东北	东南	左侧身屈肢	否		1	4		5						羊腿骨	
成年	不明	不明	不明	是	全身	1										
成年	东北	东南	左侧身屈肢	否		1	1								羊腿骨	
成年	东北	东南	左侧身屈肢	否			1									
成年	东北	东南	左侧身屈肢	否		1	4		4						羊腿骨	
成年	西南	东南	右侧身屈肢	是	不明	1	4		11			4			羊腿骨	
成年	西南	东南	右侧身屈肢	否		1									羊腿骨	
未成年	不明	不明	不明	是	全身	2									羊距骨	
未成年	东北	东南	左侧身屈肢	否												
成年	西南	东南	右侧身屈肢	否					1						羊腿骨	
成年	西南	东南	右侧身屈肢	否		1									羊腿骨	
成年	西南	东南	右侧身屈肢	否		1	1		1							
成年	西南	东南	左侧身屈肢	否		1	1		23							
成年	西南	东南	右侧身屈肢	否		1				2						
成年	东南	东南	左侧身屈肢	否		1			1						羊腿骨	
成年	西南	东南	右侧身屈肢	否		1	6		2							
成年	东北	东南	左侧身屈肢	否		1	5	1	1							
成年	东南	东南	左侧身屈肢	否		1	49	187	5			1				
成年	东北	东南	左侧身屈肢	否					232						羊腿骨	
成年	东北	东南	左侧身屈肢	否		1									羊腿骨	
成年	东北	东南	左侧身屈肢	否		1	16		4						羊腿骨	

| 墓号 | 墓向 | 墓圹 | | | | 葬具 | | | | | | 数量 | 位置 | 埋葬特征 | 性别 |
		长	宽	深	二层台	数量	材质	盖板	长	宽	高				
M230	210°	1.66	1.5	0.8	四周熟土二层台	1	土坯椁	无	1	0.5	0.45	5	填土中	零星或缺失严重	男
													填土中	零星或缺失严重	男
													填土中	零星或缺失严重	不明
													填土中	零星或缺失严重	不明
													椁室内	基本完整且有序	女
M231	194°	0.4	0.6	0.46	无	1	土坯椁	无	0.26	0.34	0.34	1	椁室内	零星或缺失严重	不明
M232	209°	1.1	0.63	1.1	无	0						1	墓坑底部	局部缺失或位移	不明
M233	201°	1.65	1.3	1.11	无	1	土坯椁	无	1	0.66	0.5	1	椁室内	基本完整且有序	女
M234	196°	1.42	0.5	0.55	一侧熟土二层台	1	土坯椁	无	0.2	0.36	0.4	0			
M235	25°	1.5	0.85	0.6	无	1	土坯椁	无	0.95	0.4	0.4	1	椁室内	局部缺失或位移	女
M236	31°	0.94	0.62	0.35	无	1	土坯椁	无	0.35	0.45	0.1	1	椁室内	零星或缺失严重	不明
M237	不明	0.35	1.3	0.52	无	1	土坯椁	无	0.35	0.25	0.1	0			
M238	26°	1.6	1.25	0.43	无	1	土坯椁	无	0.38	0.3	0.3	1	椁室内	零星或缺失严重	不明
M239	不明	0.31	0.25	0.65	四周熟土二层台	1	土坯椁	无		0.3	0.1	0			
M240	24°	1.1	0.27	0.6	一侧熟土二层台	1	土坯椁	无	0.4	0.25	0.1	0			
M241	205°	1.42	1.28	0.4	三侧熟土二层台	1	土坯椁	无	1.38	0.88	0.5	1	椁室内	基本完整且有序	不明
M242	27°	1.48	1.12	0.68	四周熟土二层台	1	土坯椁	无	0.9	0.6	0.5	2	椁室内	零星或缺失严重	不明
													椁室内	基本完整且有序	不明
M243	208°	1.4	1.04	0.48	两侧熟土二层台	1	土坯椁	无	0.9	0.62	0.4	1	椁室内	基本完整且有序	不明
M244	208°	1.1	0.8	0.68	无	0						1	墓坑底部	基本完整且有序	不明
M245	24°	1.16	1.1	0.28	无	1	土坯椁	无	0.84	0.64	0.26	2	椁室内	零星或缺失严重	不明
													椁室内	零星或缺失严重	不明
M246	28°	1.48	1.22		四周熟土二层台	1	土坯椁	无	1	0.66	0.38	1	椁室内	基本完整且有序	不明
M247	206°	1.82	1.44	0.54	无	1	土坯椁	无	0.94	0.6	0.4	1	椁室内	基本完整且有序	不明
M248	35°	1.48	1.18	0.48	无	1	土坯椁	无	0.94	0.6		1	椁室内	基本完整且有序	不明
M249	209°	2.4	2	1	无	0						1	墓坑底部	基本完整且有序	不明
M250	45°	0.82	0.72		无	1	土坯椁	无	0.5	0.36	0.1	1	椁室内	基本完整且有序	不明
M251	201°	0.74	0.6		无	1	土坯椁	无	0.4	0.3	0.1	1	椁室内	基本完整且有序	不明
M252	209°	1.6	1.36	0.5	四周熟土二层台	1	土坯椁	无	0.98	0.66	0.58	1	椁室内	基本完整且有序	男
M253	210°	1.5	1.3	0.5	四周熟土二层台	1	土坯椁	无	0.88	0.66	0.52	1	椁室内	基本完整且有序	男
M254	210°	1.02	1.22	0.24	无	1	土坯椁	无	0.74	0.66	0.2	1	椁室内	基本完整且有序	男
M255	29°	1.4	1.2	0.26	无	1	土坯椁	无	0.46	0.3	0.1	1	椁室内	零星或缺失严重	不明
M256	27°	1.35	1.3	0.4	四周熟土二层台	1	土坯椁	无				0			
M257	190°	0.37-0.66	0.76	0.2	无	1	土坯椁	无				1	椁室内	基本完整且有序	男
M258	35°	1.5	0.74	0.12	无	1	土坯椁	无				0			

人骨						出土器物										备注
年龄	头向	面向	埋葬姿势	是否扰乱	扰乱部位	陶器	铜器	骨器	玉石器	铅器	金器	贝器	蚌器	植物	动物牺牲	
成年	不明	不明	不明	是	全身											
成年	不明	不明	不明	是	全身											
未成年	不明	不明	不明	是	全身	1	3		2							
成年	不明	不明	不明	是	全身											
成年	西南	东南	右侧身屈肢	否												
未成年	不明	不明	不明	是	全身											
成年	西南	东南	右侧身屈肢	是	上半身	1	7		2							
成年	西南	东南	右侧身屈肢	否			13									
成年	东北	东南	左侧身屈肢	是	上半身	1	3	42	1							
未成年	不明	不明	不明	是	全身	1										
未成年	不明	不明	不明	是	全身											
成年	西南	东南	右侧身屈肢	否		1	2		2							
成年	不明	不明	不明	是	全身	1	4		10							
成年	东北	东南	左侧身屈肢	否												
成年	西南	东南	右侧身屈肢	否		1	1		2			1				
成年	西南	东南	右侧身屈肢	否		2									羊腿骨	
成年	不明	不明	不明	是	全身				8							
成年	不明	不明	不明	是	全身											
成年	东北	东南	左侧身屈肢	否		2	3	5	5							
成年	西南	东南	右侧身屈肢	否		1	5		14							
成年	东北	东南	左侧身屈肢	否		1	18		2						羊腿骨	
成年	西南	西北	左侧身屈肢	否		1				1						
未成年	东北	东南	左侧身屈肢	否												
未成年	西南	东南	右侧身屈肢	否												
成年	西南	东南	右侧身屈肢	否		1	2									
成年	西南	东南	右侧身屈肢	否		1	2									
成年	西南	东南	右侧身屈肢	否			6		7	1					羊腿骨	
不明	不明	不明	不明	是	全身											
成年	西南	东南	右侧身屈肢	否			3		1							

墓号	墓向	墓圹				葬具						数量	位置	埋葬特征	性
		长	宽	深	二层台	数量	材质	盖板	长	宽	高				
M259	39°	0.64	0.38	0.18	无	1	土坯椁	无				2	椁室内	零星或缺失严重	不■
													椁室内	零星或缺失严重	女
M260	189°	1.36	1.16	0.26	无	1	土坯椁	无	0.78	0.56	0.2	1	椁室内	零星或缺失严重	不■
M261	35°	1.6	1.2	0.2	无	1	土坯椁	无	1.12	0.84	0.1	1	椁室内	基本完整且有序	不■
M262	203°	1.48	1.05	0.54	无	1	土坯椁	无	0.96	0.53	0.5	1	椁室内	基本完整且有序	男
M263	222°	1.46	0.86	0.1	无	0						1	墓坑底部	基本完整且有序	男
M264	33°	1.64	1.2	0.92	四周熟土二层台	1	土坯椁	无	1.02	0.54	0.46	1	椁室内	零星或缺失严重	不■
M265	21°	1.5	1.16	0.4	无	1	土坯椁	无	0.9	0.68	0.4	1	椁室内	零星或缺失严重	不■
M266	34°	1.78	1.26	0.98	无	1	土坯椁	无	0.96	0.66	0.5	2	填土中	零星或缺失严重	男
													椁室内	基本完整且有序	女
M267	38°	1.66	1.4	0.44	四周熟土二层台	1	土坯椁	无	0.98	0.7	0.44	2	填土中	零星或缺失严重	不■
													椁室内	基本完整且有序	女
M268	218°	1.66	1.23	0.76	四周生土二层台	1	土坯椁	无	0.9	0.6	0.44	1	椁室内	基本完整且有序	不■
M269	223°	1.54	1.22	0.85	无	1	土坯椁	无	0.94	0.6	0.5	1	椁室内	基本完整且有序	男
M270	34°	1.8	1.56	0.7	四周熟土二层台	1	土坯椁	无				0			
M271	218°	1.82	1.22	0.5	无	1	土坯椁	无	0.9	0.6	0.2	0			
M272	218°	1.78	1.24	0.66	无	1	土坯椁	无	0.95		0.3	0			
M273	30°	1.18	1.02		无	1	土坯椁	无	0.7	0.4	0.3	0			
M274	203°	1.32	1	0.8	四周生土二层台	1	土坯椁	无	0.8	0.6	0.34	1	椁室内	基本完整且有序	女
M275	218°	1.44	1.3	0.6	四周熟土二层台	1	土坯椁	无	0.9	0.74	0.56	1	椁室内	基本完整且有序	男
M276	211°	1.55	1.34	0.5	四周生土二层台	1	土坯椁	无	0.92	0.64	0.48	1	椁室内	基本完整且有序	男
M277	34°	1.62	1.44	0.46	无	1	土坯椁	无	0.88	0.56	0.4	1	椁室内	基本完整且有序	不■
M278	230°	1.42	1.14	0.44	无	1	土坯椁	无	0.82	0.56	0.4	1	椁室内	零星或缺失严重	不■
M279	47°	1.48	1.2		无	1	土坯椁	无	0.98	0.64	0.4	0			
M280	221°	1.6	1.29	0.61	无	1	土坯椁	无	0.95	0.64	0.3	1	椁室内	基本完整且有序	男
M281	214°	1.64	1.2	0.77	无	1	土坯椁	无	1.5	0.8	0.4	1	椁室内	基本完整且有序	女
M282															
M283	242°	2	1.75	0.63	无	1	土坯椁	无	1.15	0.75	0.4	1	椁室内	基本完整且有序	男
M284	210°	1.5	1	1.3	无	0						1	墓坑底部	基本完整且有序	男
M285	205°	1.5	1.18	0.31	无	1	土坯椁	无	0.9	0.7	0.3	1	椁室内	基本完整且有序	不■
M286	29°	1.04	0.67	0.46	无	0						1	墓坑底部	基本完整且有序	女
M287	45°	2	1.4	0.94	无	0						1	墓坑底部	基本完整且有序	男
M288	192°	1.78	0.65	1.6	无	0						1	墓坑底部	基本完整且有序	不■
M289	54°	0.78	0.56	1.1	无	0						1	墓坑底部	基本完整且有序	不■
M290	44°	1.48	1.1	0.7	无	1	土坯椁	无	1.04	0.68	0.24	1	椁室内	基本完整且有序	不■

人骨						出土器物										备注
年龄	头向	面向	埋葬姿势	是否扰乱	扰乱部位	陶器	铜器	骨器	玉石器	铅器	金器	贝器	蚌器	植物	动物牺牲	
未成年	不明	不明	不明	是	全身	1										
成年	不明	不明	不明	是	全身											
不明	不明	不明	不明	是	全身	1	1								羊距骨	
成年	东北	东南	左侧身屈肢	否		1	8		21						羊腿骨	
成年	西南	东南	右侧身屈肢	否		1										
成年	西南	东南	右侧身屈肢	否		1	3								羊蹄骨	
不明	不明	不明	不明	是	全身	2										
不明	不明	不明	不明	是	全身	1	1									
成年	不明	不明	不明	是	全身	1	112		78						羊肩胛骨	
成年	东北	东南	左侧身屈肢	否												
不明	不明	不明	不明	是	全身	1	26		11						羊腿骨	
成年	东北	东南	左侧身屈肢	否												
成年	西南	东南	右侧身屈肢	否		1	1		1							
成年	西南	东南	右侧身屈肢	否			2									
						2										
成年	西南	东南	右侧身屈肢	否		1	1		1						羊腿骨	
成年	西南	东南	右侧身屈肢	否		1	6		11						羊距骨	
成年	西南	东南	右侧身屈肢	否		1	1		3							
成年	东北	东南	左侧身屈肢	否		3	2		4						羊腿骨	
不明	不明	不明	不明	是	全身		1								羊距骨	
						1	4		1							
成年	西南	东南	右侧身屈肢	否		1	6								羊腿骨	
成年	西南	东南	右侧身屈肢	否		1	7		5							
																原始资料缺失
成年	西南	东南	右侧身屈肢	否		1	1		11							
成年	西南	东南	右侧身屈肢	否		2	1		1						羊腿骨	
成年	西南	东南	右侧身屈肢	否		1										
成年	东北	东南	左侧身屈肢	否		1	3	79	4			2				
成年	东北	东南	左侧身屈肢	否		1	9		1						羊腿骨	
成年	南	东	右侧身屈肢	否		1									羊腿骨	
成年	东北	东南	左侧身屈肢	否		1	7		1							
成年	东北	东南	左侧身屈肢	否		1										

墓号	墓向	墓圹				葬具						数量	位置	埋葬特征	性别
		长	宽	深	二层台	数量	材质	盖板	长	宽	高				
M291															
M292	230°	1.42	1.26	0.64	无	1	土坯椁	无				1	椁室内	基本完整且有序	不
M293	234°	1.35	1.01	0.84	无	0						1	墓坑底部	基本完整且有序	不
M294	17°	0.83	0.6	0.16	无	1	土坯椁	无	0.68	0.36	0.23	1	椁室内	零星或缺失严重	不
M295	231°	1.54	1.31	0.3	无	1	土坯椁	无	0.88	0.48	0.2	1	椁室内	基本完整且有序	不
M296	40°	1.62	0.94	0.6	四周熟土二层台	1	土坯椁	无	0.86		0.44	1	椁室内	基本完整且有序	女
M297	22°	0.89	0.46	0.55	无	0						0			不
M298	34°	1.54	1.28	0.34	四周熟土二层台	1	土坯椁	无	0.94	0.6	0.44	3	填土中	零星或缺失严重	不
													填土中	零星或缺失严重	不
													椁室内	基本完整且有序	女
M299	234°	1.14	0.7	0.25	无	0						1	墓坑底部	基本完整且有序	不
M300	39°	1.56	1.37	0.52	四周熟土二层台	1	土坯椁	无	0.9	0.78	0.3	1	椁室内	基本完整且有序	不
M301	59°	1.95	1.34	0.74	无	0						1	墓坑底部	基本完整且有序	不
M302	223°	1.65	1.72	0.57	四周熟土二层台	1	土坯椁	无				2	椁室内	零星或缺失严重	不
													椁室内	基本完整且有序	不
M303	35°	1.6	1.3	0.4	无	1	土坯椁	无	1	0.7	0.4	1	椁室内	零星或缺失严重	女
M304	43°	1.38	1	0.1	无	1	土坯椁	无	1	0.66	0.12	1	椁室内	零星或缺失严重	不
M305	211°	2.04	1.42	0.79	无	1	土坯椁	无	1.08	0.64	0.5	1	椁室内	基本完整且有序	不
M306	68°	1.34	1.24	0.83	一侧生土二层台	0						1	墓坑底部	基本完整且有序	女
M307	220°	1.6	1.37	0.6	无	1	土坯椁	无	0.9	0.6	0.52	1	椁室内	基本完整且有序	女
M308	70°	1.24	0.66	0.71	无	0						1	墓坑底部	零星或缺失严重	不
M309	52°	0.98	0.8	0.61	无	0						1	椁室内	零星或缺失严重	不
M310	223°	1.58	1.26	1.26	一侧生土二层台	0						1	墓坑底部	基本完整且有序	不
M311	38°	1.9	1.86	0.93	一侧生土二层台；三侧熟土二层台	1	土坯椁	无	1.18	0.76	0.5	1	椁室内	基本完整且有序	女
M312	212°	1.72	1.43	0.47	四周熟土二层台	1	土坯椁	无	0.96	0.76	0.61	1	椁室内	基本完整且有序	男
M313	43°	1.6	1.4	0.38-0.46	四周熟土二层台	1	土坯椁	无	1.18	0.62	0.47	1	椁室内	基本完整且有序	不
M314	221°	1.12	0.88	0.46	四周熟土二层台	1	土坯椁	无	0.54	0.52	0.31	1	椁室内	局部缺失或位移	不
M315	221°	1.3	0.9	0.5	无	0						1	墓坑底部	基本完整且有序	女
M316	53°	2.04	1.4	1	无	1	土坯椁	无	1.18	0.6	0.4	1	椁室内	基本完整且有序	女
M317	221°	2.08	1.74	0.93	四周熟土二层台	1	土坯椁	无	1	0.7	0.58	1	椁室内	基本完整且有序	不
M318	220°	1.87	1.14	0.7	无	1	土坯椁	无	0.94	0.54	0.4	1	椁室内	局部缺失或位移	不
M319	188°	1.42	1.26	0.75	无	1	土坯椁	无	0.52	0.36	0.5	0			

人骨						出土器物										备注
年龄	头向	面向	埋葬姿势	是否扰乱	扰乱部位	陶器	铜器	骨器	玉石器	铅器	金器	贝器	蚌器	植物	动物牺牲	
																原始资料缺失
成年	西南	东南	右侧身屈肢	否		1	3								羊腿骨	
成年	西南	东南	右侧身屈肢	否		1										
不明	不明	不明	不明	是	全身											
成年	西南	东南	右侧身屈肢	否		1	1								羊肩胛骨	
成年	东北	东南	左侧身屈肢	否		1	12		15							
						1										
成年	不明	不明	不明	是	全身											
未成年	不明	不明	不明	是	全身	1	5		126						羊腿骨	
成年	东北	东南	左侧身屈肢	否												
成年	西南	东南	右侧身屈肢	否		1									羊腿骨	
成年	东北	东南	左侧身屈肢	否		1	1		1						羊肩胛骨	
成年	东北	东南	左侧身屈肢	否		1	43		21							
成年	不明	不明	不明	是	全身	1	1		3							
成年	东北	东南	左侧身屈肢	否												
成年	不明	不明	不明	是	全身	1	2								羊腿骨	
成年	不明	不明	不明	是	全身										羊腿骨	
成年	西南	东南	右侧身屈肢	否		1	3		1							
成年	东北	东南	左侧身屈肢	否		2			334							
成年	西南	东南	右侧身屈肢	否		1	14	1	5							
成年	不明	不明	不明	是	全身											
未成年	不明	不明	不明	是	全身	1										
成年	西南	东南	右侧身屈肢	否		1	1		1						羊腿骨	
成年	东北	东南	左侧身屈肢	否		2	92	15	111							
成年	西南	东南	右侧身屈肢	否		2	9		5							
未成年	东北	东南	左侧身屈肢	否			3		6							
未成年	西南	东南	右侧身屈肢	是	上半身	1										
成年	西南	东南	右侧身屈肢	否		1	14	2	26						羊腿骨	
成年	东北	东南	左侧身屈肢	否		2	15	7	48							
成年	西南	东南	右侧身屈肢	否		4	12	5	11			1			羊腿骨	
成年	西南	东南	右侧身屈肢	是	上半身		1	1				3			羊椎骨	
						1	2								羊腿骨、羊肩胛骨	

墓号	墓向	墓圹				葬具						数量	位置	埋葬特征	性
		长	宽	深	二层台	数量	材质	盖板	长	宽	高				
M320	221°	2.08	1.16	0.57	无	0						1	墓坑底部	零星或缺失严重	不
M321	57°	1.98	1.06	0.89	无	0						1	墓坑底部	基本完整且有序	女
M322	25°	1.82	1.47	0.44	无	0						1	墓坑底部	局部缺失或位移	女
M323	48°	1.14	100/76	0.93	无	0						1	墓坑底部	基本完整且有序	女
M324	60°	0.8	0.98	1	无	0						1	墓坑底部	局部缺失或位移	不
M325	235°	2.05	1.45	1.72	无	0						1	墓坑底部	基本完整且有序	不
M326	30°	0.66	0.38	0.24	无	1	土坯椁	无			0.16	1	椁室内	零星或缺失严重	不
M327	238°	1.54	1.34	0.68	无	0						1	墓坑底部	零星或缺失严重	不
M328	223°	1.6	1.26	0.76	四周熟土二层台	1	土坯椁	无				0			
M329	215°	1.68	1.34	1.04	四周生土二层台	1	土坯椁	无	0.9	0.68	0.36	1	椁室内	基本完整且有序	男
M330	210°	1.9	1.3	1.4	无	1	土坯椁	无	1.04	0.52	0.5	1	椁室内	基本完整且有序	不
M331	40°	1.24	0.9	0.42	四周生土二层台	1	土坯椁	无	0.9	0.62	0.34	1	椁室内	零星或缺失严重	不
M332	214°	1.4	1.1	0.8	无	1	土坯椁	无	0.68	0.46	0.3	1	椁室内	零星或缺失严重	不
M333	37°	1.61	1.43	0.96	无	1	土坯椁	无	0.88	0.62	0.3	1	椁室内	基本完整且有序	女
M334	196°	1.36	0.86	0.8	一侧生土二层台	0						1	墓坑底部	零星或缺失严重	不
M335	238°	1.25	1.06	0.5	无	0						0			
M336	208°	1.6	1.38	1.32	无	1	土坯椁	无	1.2	0.78	0.3	1	椁室内	零星或缺失严重	不
M337	211°	1.62	1.1	0.9	四周熟土二层台	1	土坯椁	无	1	0.56	0.36	1	椁室内	基本完整且有序	男
M338	240°	1.6	1.35	1.1	一侧熟土二层台	1	土坯椁	无	1	0.6	0.46	1	椁室内	局部缺失或位移	不
M339	212°	2.05	1.5	1.2	无	1	土坯椁	无	1.1	0.66	0.36	1	椁室内	局部缺失或位移	不
M340	205°	1.86	1.4	1.26	无	1	土坯椁	无	0.84	0.62	0.4	1	椁室内	零星或缺失严重	不
M341	212°	1.69	1.44	1.36	无	0						1	墓坑底部	基本完整且有序	男
M342	31°	1.5	1.04	1	无	0						1	墓坑底部	基本完整且有序	女
M343	217°	1.42	0.66	0.8	无	1	土坯椁	无			0.3	1	椁室内	零星或缺失严重	不
M344	38°	1.14	0.81	1.06	无	0						1	墓坑底部	局部缺失或位移	不
M345	197°	0.76	0.58	0.45	无	1	土坯椁	无	0.34	0.3	0.34	0			
M346	53°	1.46	1.12	1	无	0						1	墓坑底部	基本完整且有序	女
M347	250°	0.66	0.5	0.42	无	1	土坯椁	无	0.5	0.2	0.2	1	椁室内	零星或缺失严重	不
M348	205°	0.77	0.57	0.45	无	1	土坯椁	无	0.48	0.32	0.12	0			
M349	47°	2.12	1.92	1.5	无	1	土坯椁	无	0.96	0.72	0.55	1	椁室内	基本完整且有序	不
M350	41°	2.3	2.06	1.56	四周熟土二层台	1	土坯椁	无	1.16	0.84	0.33	1	椁室内	基本完整且有序	女
M351	45°	0.7	0.63	0.39	无	1	土坯椁	无				0			
M352	45°	1.5	1.1	1.3	无	0						1	墓坑底部	零星或缺失严重	不
M353	240°	0.66	0.8	1.1	无	0						1	墓坑底部	基本完整且有序	不
M354	203°	1.5	1.2	1.04	无	1	土坯椁	无	1.02	0.68		1	椁室内	基本完整且有序	男
M355	252°	1.3	0.88	1.2	无	0						1	墓坑底部	基本完整且有序	女

人骨						出土器物										备注
年龄	头向	面向	埋葬姿势	是否扰乱	扰乱部位	陶器	铜器	骨器	玉石器	铅器	金器	贝器	蚌器	植物	动物牺牲	
成年	不明	不明	不明	是	全身		2		1						羊椎骨	
成年	东北	东南	左侧身屈肢	否		1	2		169			1				
成年	东北	东南	左侧身屈肢	是	上半身	1	1	2	1							
成年	东北	东南	左侧身屈肢	否		1	1		1						羊腿骨	
成年	东北	东南	左侧身屈肢	是	上半身	1		1							羊腿骨	
成年	西南	东南	右侧身屈肢	否		1	3		134		2				牛腿骨	
未成年	不明	不明	不明	是	全身											
成年	不明	不明	不明	是	全身	1	4		2							
						1	2									
成年	西南	东南	右侧身屈肢	否			5		3							
成年	西南	东南	右侧身屈肢	否		1	3		9						羊肩胛骨	
不明	不明	不明	不明	是	全身											
不明	不明	不明	不明	是	全身	1										
成年	东北	东南	左侧身屈肢	否		1	3		7							
成年	不明	不明	不明	是	全身	1	1							1		
						1										
不明	不明	不明	不明	是	全身											
成年	西南	东南	右侧身屈肢	否		1	2		2							
成年	西南	东南	右侧身屈肢	是	上半身	1	1		4						羊腿骨	
成年	西南	东南	右侧身屈肢	是	上半身		7									
成年	不明	不明	不明	是	全身	1	4		3							
成年	西南	东南	右侧身屈肢	否		1	31		21						羊肩胛骨	
成年	东北	东南	左侧身屈肢	否		1	3		2							
成年	不明	不明	不明	是	全身											
成年	东北	东南	左侧身屈肢	是	上半身											
							1									
成年	东北	东南	左侧身屈肢	否		1			2							
未成年	不明	不明	不明	是	全身											
成年	东北	东南	左侧身屈肢	否		1	26		7							
成年	东北	东南	左侧身屈肢	否		1	5		19							
不明	不明	不明	不明	是	全身				25							
成年	西南	东南	右侧身屈肢	否		1										
成年	西南	东南	右侧身屈肢	否		1	4		1							
成年	西南	东南	右侧身屈肢	否		1									羊腿骨	

墓号	墓向	墓圹				葬具						数量	位置	埋葬特征	性别
		长	宽	深	二层台	数量	材质	盖板	长	宽	高				
M356	77°	0.69	0.6	0.5	无	1	土坯椁	无	0.39	0.32	0.15	1	椁室内	零星或缺失严重	女
M357	222°	1.35	0.9	0.78	无	0						1	墓坑底部	零星或缺失严重	不
M358	221°	1.48	1.24	0.46	四周熟土二层台	1	土坯椁	无	0.94	0.54	0.44	1	椁室内	基本完整且有序	男
M359	208°	1.3	0.96	0.66	四周生土二层台	1	土坯椁	无	0.6	0.36	0.48	1	椁室内	零星或缺失严重	不
M360	60°	1.02	0.64	0.3	无	1	土坯椁	无	0.86	0.42	0.2	0			
M361	32°	1.62	1.34	1.02	四周熟土二层台	1	土坯椁	无	0.9	0.56	0.4	1	椁室内	基本完整且有序	女
M362	220°	1.41	1.22	0.64	无	1	土坯椁	无	0.98	0.66	0.5	1	椁室内	零星或缺失严重	不
M363	40°	1.76	1.36	0.89	无	1	土坯椁	无	1.1	0.72	0.5	1	椁室内	零星或缺失严重	不
M364	185°	0.86	0.82	0.3	无	1	土坯椁	无	0.4	0.38	0.1	0			
M365	35°	1.6	1.23	1.37	无	1	土坯椁	无	0.8	0.51	0.4	3	填土中	零星或缺失严重	不
													填土中	零星或缺失严重	不
													椁室内	基本完整且有序	
M366	225°	1.82	1.38	0.92	无	1	土坯椁	无	1	0.66	0.6	1	椁室内	基本完整且有序	男
M367	25°	1.43	1.26	1.33	四周熟土二层台	1	土坯椁	无	0.86	0.68	0.4	1	椁室内	局部缺失或位移	女
M368	47°	1.86	1.38	0.9	无	1	土坯椁	无	1.02	0.6	0.5	1	椁室内	零星或缺失严重	不
M369	224°	1.48	0.95	0.7	两侧生土二层台	1	土坯椁	无	0.84	0.58	0.43	1	椁室内	基本完整且有序	不
M370	206°	0.87	0.63	0.41	无	1	土坯椁	无	0.4	0.26	0.39	1	椁室内	零星或缺失严重	不
M371	19°	1.22	1.04	0.7	四周熟土二层台	1	土坯椁	无	0.84	0.58	0.3	1	椁室内	基本完整且有序	女
M372	65°	1.44	1.08	0.84	无	0						1	墓坑底部	零星或缺失严重	不
M373	222°	1.68	1.28	1	无	1	土坯椁	无	1	0.58	0.4	1	椁室内	零星或缺失严重	女
M374	18°	1.2	1.2	0.5	一侧熟土二层台	1	土坯椁	无	0.86	0.58	0.44	1	椁室内	零星或缺失严重	不
M375	338°	1.72	1.1	1.14	一侧生土二层台	0						2	墓坑底部	零星或缺失严重	不
													墓坑底部	零星或缺失严重	不
M376	29°	1.58	1.22	0.41	四周生土二层台	1	土坯椁	无	0.92	0.6	0.4	1	椁室内	零星或缺失严重	不
M377	42°	1.5	1.18	0.63	四周生土二层台	1	土坯椁	无	0.9	0.6	0.54	1	椁室内	基本完整且有序	女
M378	40°	1.6	1.28	1.2	无	1	土坯椁	无	0.84	0.56	0.5	1	椁室内	基本完整且有序	不
M379	30°	1.54	1.4	0.5	四周熟土二层台	1	土坯椁	无	0.84	0.68	0.44	1	椁室内	局部缺失或位移	不
M380	43°	1.74	1.42	0.6	无	1	土坯椁	无	0.94	0.62	0.4	1	椁室内	零星或缺失严重	不
M381	224°	1.1	0.74	0.81	无	0						1	墓坑底部	零星或缺失严重	不
M382	216°	0.92	0.88	0.42	四周生土二层台	1	土坯椁	无	0.37	0.3	0.34	1	椁室内	局部缺失或位移	不
M383	38°	1.7	1.38	1.06	四周熟土二层台	1	土坯椁	无	0.96	0.6	0.32	1	椁室内	基本完整且有序	不
M384	235°	1.52	1.34	0.79	无	0						1	墓坑底部	基本完整且有序	男
M385	202°	1.84	1.34	1.5	无	1	土坯椁	无	1.02	0.6	0.6	1	椁室内	局部缺失或位移	女
M386	32°	1.16	1.02	0.8	四周熟土二层台	1	土坯椁	无	0.56	0.42	0.34	1	椁室内	基本完整且有序	不
M387	22°	1.36	1.24	1.02	四周熟土二层台	1	土坯椁	无	0.8	0.6	0.54	1	椁室内	基本完整且有序	不
M388	230°	1.54	1.3	0.98	四周生土二层台	1	土坯椁	无	0.82	0.56	0.4	1	椁室内	基本完整且有序	

人骨						出土器物										备注
年龄	头向	面向	埋葬姿势	是否扰乱	扰乱部位	陶器	铜器	骨器	玉石器	铅器	金器	贝器	蚌器	植物	动物牺牲	
未成年	不明	不明	不明	是	全身											
不明	不明	不明	不明	是	全身	1	1									
成年	西南	东南	右侧身屈肢	否		1	2		1						羊腿骨	
未成年	不明	不明	不明	是	全身	1	3									
						1										
成年	东北	东南	左侧身屈肢	否		1	1		136							
不明	不明	不明	不明	是	全身	1	6		2							
不明	不明	不明	不明	是	全身	1	2		1							
不明	不明	不明	不明	是	全身											
不明	不明	不明	不明	是	全身	3	4		38							
成年	东北	东南	左侧身屈肢	否												
成年	西南	东南	右侧身屈肢	否		1	6		3						羊肩胛骨	
成年	东北	东南	左侧身屈肢	是	上半身	1	24		3							
不明	不明	不明	不明	是	全身		1		39							
成年	西南	东南	右侧身屈肢	否		1	2		3						羊腿骨	
不明	不明	不明	不明	是	全身											
成年	东北	东南	左侧身屈肢	否		1	4		3							
不明	不明	不明	不明	是	全身		1		272							
成年	不明	不明	不明	是	全身	1			1						羊腿骨	
成年	不明	不明	不明	是	全身	1	8		5							
不明	不明	不明	不明	是	全身	2	2		618		4				羊骨	
不明	不明	不明	不明	是	全身											
成年	不明	不明	不明	是	全身	1	25		5							
成年	东北	东南	左侧身屈肢	否		1	1		4	2						
成年	东北	东南	左侧身屈肢	否		1	23		8							
成年	东北	东南	左侧身屈肢	是	全身	1	3		38						羊腿骨	
成年	不明	不明	不明	是	全身	1	2	8	6	2						
不明	不明	不明	不明	是	全身	1	1									
未成年	西南	东南	右侧身屈肢	否		1	1		1						羊腿骨	
成年	东北	东南	左侧身屈肢	否		1	3		44							
成年	西南	东南	右侧身屈肢	否		1	8		4							
成年	西南	东南	右侧身屈肢	是	上半身	1	13		7						羊肩胛骨	
成年	东北	东南	左侧身屈肢	否			1									
成年	东北	东南	左侧身屈肢	否			2		9							
成年	西南	东南	右侧身屈肢	否		1	2		2							

墓号	墓向	墓圹				葬具						数量	位置	埋葬特征	性别
		长	宽	深	二层台	数量	材质	盖板	长	宽	高				
M389	45°	1.2	0.83	1.1	无	0						1	墓坑底部	零星或缺失严重	不明
M390	50°	1.5	0.96	1.28	无	0						1	墓坑底部	局部缺失或位移	不明
M391	37°	1.8	1.48	0.4	无	1	土坯椁	无	1	0.88	0.3	1	椁室内	基本完整且有序	不明
M392	53°	1.16	1.08	1.04	无	0						1	墓坑底部	基本完整且有序	不明
M393	50°	1.2	0.86	0.95	无	0						0			
M394	254°	1.89	1.4	1.2	四周熟土二层台	1	土坯椁	无	1.06	0.68	0.32	1	椁室内	基本完整且有序	不明
M395	35°	0.95	0.86	1.2	无	0						1	墓坑底部	基本完整且有序	不明
M396	48°	1.3	1.1	1.18	无	0						1	墓坑底部	基本完整且有序	不明
M397	42°	1.7	1.36	1.15	无	1	土坯椁	无	0.86	0.6	0.5	1	椁室内	基本完整且有序	女
M398	53°	1.03	0.94	0.65	无	0						0			
M399	23°	1.94	1.66	0.94	无	1	土坯椁	无	1.04	0.6	0.4	1	椁室内	基本完整且有序	不明
M400	14°	1.96	1.5	1.5	无	0						1	墓坑底部	基本完整且有序	不明
M401	212°	0.97	0.79	0.84	无	0						1	墓坑底部	零星或缺失严重	不明
M402	42°	1.42	0.5	1.2	无	0						0			
M403	55°	1.38	1.16	0.25	四周熟土二层台	1	土坯椁	无	1.1	0.58		1	椁室内	零星或缺失严重	不明
M404	223°	1.55	1.04	0.92	一侧生土二层台	0						1	墓坑底部	零星或缺失严重	不明
M405	50°	1.52	1.13	0.08	无	1	土坯椁	无				0			
M406	42°	1.9	1.52	0.48	四周熟土二层台	1	土坯椁	无	1	0.6	0.4	1	椁室内	零星或缺失严重	不明
M407	219°		1.47	0.34	无	1	土坯椁	无	0.72	0.7	0.1	1	椁室内	零星或缺失严重	不明
M408	220°	1.16	0.79	0.53	无	1	土坯椁	无	0.74	0.34	0.26	1	椁室内	零星或缺失严重	不明
M409	31°	1.66	1.3	0.4	无	1	土坯椁	无	0.98	0.63	0.3	0			
M410	76°	1.2	0.96	0.23	无	1	土坯椁	无	0.9	0.68	0.2	1	椁室内	局部缺失或位移	不明
M411	47°	0.97	0.84	0.3	无	0						0			
M412	218°	1.74	1.2	0.12	无	0						1	墓坑底部	基本完整且有序	不明
M413	42°	1.2	1.24	0.1	无	1	土坯椁	无				1	椁室内	零星或缺失严重	不明
M414	220°	1.46	1.12	0.22	四周熟土二层台	1	土坯椁	无	0.84	0.5	0.1	1	椁室内	零星或缺失严重	不明
M415	47°	1.68	1.35	0.64	无	1	土坯椁	无	1.04	0.68	0.4	1	椁室内	局部缺失或位移	不明
M416	225°	1.4	1.1	0.72	无	0						1	墓坑底部	基本完整且有序	男
M417															
M418															
M419															
M420	27°	1.16	1.06	0.34	一侧生土二层台	0						1	墓坑底部	零星或缺失严重	不明
M421	89°	1.04	0.58	0.3	无	0						1	墓坑底部	零星或缺失严重	不明
M422	229°	0.95	0.74	0.46	无	0						0			

人骨						出土器物										备注
年龄	头向	面向	埋葬姿势	是否扰乱	扰乱部位	陶器	铜器	骨器	玉石器	铅器	金器	贝器	蚌器	植物	动物牺牲	
不明	不明	不明	不明	是	全身											
成年	东北	东南	左侧身屈肢	是	上半身				1						羊肩胛骨	
成年	东北	东南	左侧身屈肢	否				22	1						羊腿骨	
成年	东北	东南	左侧身屈肢	否		1									羊腿骨	
						1				1		1				
成年	西南	东南	右侧身屈肢	否		1	1		1							
成年	东北	东南	左侧身屈肢	否		1									羊腿骨	
成年	东北	东南	左侧身屈肢	否		1										
成年	东北	东南	左侧身屈肢	否		1	19		48							
						1										
成年	东北	东南	左侧身屈肢	否		1	5	4	86						羊腿骨	
成年	东北	东南	左侧身屈肢	否		1	67		33		1				羊肩胛骨	
不明	不明	不明	不明	是	全身											
						1										
不明	不明	不明	不明	是	全身		1		1							
不明	不明	不明	不明	是	全身	3			2							
不明	不明	不明	不明	是	全身	1	4									
不明	不明	不明	不明	是	全身	1	1		1						羊腿骨	
未成年	不明	不明	不明	是	全身											
						1	1									
成年	东北	东南	左侧身屈肢	是	上半身	1	2		2						羊腿骨	
						2	5		76							
成年	西南	南	右侧身屈肢	否		1	3									
成年	不明	不明	不明	是	全身											
成年	不明	不明	不明	是	全身	1	2									
成年	东北	东南	左侧身屈肢	是	上半身	1	15		2		1					
成年	西南	东南	右侧身屈肢	否		1	4		3							
																原始资料缺失
																原始资料缺失
																原始资料缺失
不明	不明	不明	不明	是	全身	1										
不明	不明	不明	不明	是	全身	1										
						1										

墓号	墓向	墓圹				葬具						数量	位置	埋葬特征	性
		长	宽	深	二层台	数量	材质	盖板	长	宽	高				
M423	5°	1.3	1	0.7	无	0						1	墓坑底部	局部缺失或位移	不
M424	167°	1	0.96	0.2	无	0						0			
M425	226°	1.86	1.46	0.7	无	1	土坯椁	无	1.2	0.8	0.5	3	椁室内	零星或缺失严重	不
													椁室内	零星或缺失严重	不
													椁室内	零星或缺失严重	不
M426	205°	1.34	1.2	0.78	四周生土二层台	1	土坯椁	无	1	0.72	0.46	1	椁室内	基本完整且有序	男
M427	90°	1.1	0.86	0.58	无	0						1	墓坑底部	零星或缺失严重	不
M428	300°	1.6	1	0.4	无	0						1	墓坑底部	零星或缺失严重	不
M429	218°	1	1	0.45	无	1	土坯椁	无	0.65	0.44	0.44	1	椁室内	基本完整且有序	男
M430	225°	1.38	1.2	0.68	四周熟土二层台	1	土坯椁	无	1	0.6	0.68	1	椁室内	零星或缺失严重	不
M431	355°	1.4	1.04	0.5	无	0						1	墓坑底部	零星或缺失严重	不
M432	315°	1.1	0.7	0.3	无	0						1	墓坑底部	零星或缺失严重	不
M433	197°	1.16	0.74	0.36	无	0						0			
M434	50°	0.9	0.82	0.32	无	1	土坯椁	无	0.68	0.56	0.3	1	椁室内	基本完整且有序	男
M435	210°	1.06	0.76	0.6	无	0						0			
M436	48°	0.9	0.6	0.3	无	1	土坯椁	无	0.68	0.34	0.3	2	椁室内	零星或缺失严重	女
													椁室内	基本完整且有序	不
M437	27°	1.4	1	0.3	无	1	土坯椁	无				1	椁室内	基本完整且有序	不
M438	40°	1.04	0.94	0.2	无	0						1	墓坑底部	基本完整且有序	不
M439	20°	1.32	1	0.2	无	0						1	墓坑底部	基本完整且有序	不
M440	40°	1.14	0.86	0.7	无	0						1	墓坑底部	基本完整且有序	不
M441	320°	1.44		0.2	四周熟土二层台	1	土坯椁	无	0.9	0.54	0.1	1	椁室内	局部缺失或位移	不
M442	210°	0.96	0.42	0.36	无	0						1	墓坑底部	零星或缺失严重	不
M443	47°	0.96	0.96	0.42	无	1	土坯椁	无				1	椁室内	基本完整且有序	女
M444	176°	0.57	0.34	0.2	无	0						0			
M445	27°	1.46	1.26	0.68	四周熟土二层台	1	土坯椁	无	1	0.7	0.48	1	椁室内	基本完整且有序	不
M446	185°	1.66	0.82	0.68	无	0						1	墓坑底部	基本完整且有序	不
M447	5°	1.16	0.78	0.62	无	0						1	墓坑底部	局部缺失或位移	不
M448	34°	1.4	1.2	0.36	无	1	土坯椁	无				1	椁室内	基本完整且有序	女
M449	330°	0.9	0.62	0.35	无	0						1	墓坑底部	零星或缺失严重	不
M450	85°	1.24	0.8	0.2	无	0						1	墓坑底部	基本完整且有序	女
M451	46°	1.42	0.96	0.16	无	1	土坯椁	无	1.1	0.84	0.2	1	椁室内	基本完整且有序	不
M452	30°	1.3	0.8	0.4	无	0						0			
M453	10°	1.07	0.82	0.84	无	0						1	墓坑底部	局部缺失或位移	不
M454	34°	1.06	1.02	0.26	无	0						1	墓坑底部	零星或缺失严重	不
M455	35°	1.2	1.04	0.4	无	1	土坯椁	无	0.66	0.68	0.2	1	椁室内	局部缺失或位移	男

人骨						出土器物										备注
年龄	头向	面向	埋葬姿势	是否扰乱	扰乱部位	陶器	铜器	骨器	玉石器	铅器	金器	贝器	蚌器	植物	动物牺牲	
成年	东北	东南	左侧身屈肢	是	上半身	1	9		1							
						1										
未成年	不明	不明	不明	是	全身											
未成年	不明	不明	不明	是	全身		2		1						羊腿骨、羊距骨	
成年	不明	不明	不明	是	全身											
成年	西南	东南	右侧身屈肢	否		2	1									
不明	不明	不明	不明	是	全身	1										
不明	不明	不明	不明	是	全身	2										
成年	西南	东南	右侧身屈肢	否		1			2							
成年	不明	不明	不明	是	全身	1	1		4							
不明	不明	不明	不明	是	全身	1	1									
不明	不明	不明	不明	是	全身	1	3									
成年	东北	东南	左侧身屈肢	否		2			21							
						1	5									
成年	不明	不明	不明	是	全身											
未成年	东北	东南	左侧身屈肢	否		1			1	1						
成年	东北	东南	左侧身屈肢	是	上半身	1	83	24	4							
成年	东北	东南	左侧身屈肢	否		1			3							
成年	西南	东南	右侧身屈肢	否		1	2		3							
成年	东北	东南	左侧身屈肢	否		1	66		3							
成年	西南	南	右侧身屈肢	是	上半身	1	5		2							
不明	不明	不明	不明	是	全身	1			9			11				
成年	东北	东南	左侧身屈肢	否		1	2									
						2										
成年	东北	东南	左侧身屈肢	否		1	2		4							
成年	西南	东南	右侧身屈肢	否		2			148		2					
成年	东北	东南	左侧身屈肢	是	上半身	1	38		4							
成年	东北	东南	左侧身屈肢	否		2	3		1	1					羊腿骨	
不明	不明	不明	不明	是	全身											
成年	东北	东南	左侧身屈肢	否			2									
成年	东北	东南	左侧身屈肢	否		1										
						2			2							
成年	东北	东南	左侧身屈肢	是	上半身	1										
不明	不明	不明	不明	是	全身											
成年	西南	东南	右侧身屈肢	是	上半身	1	1									

墓号	墓向	墓圹				葬具						数量	位置	埋葬特征	性别
		长	宽	深	二层台	数量	材质	盖板	长	宽	高				
M456	50°	0.9	0.56	0.32	无	1	土坯椁	无	0.9	0.64	0.1	1	椁室内	局部缺失或位移	不明
M457	125°	1.44	1.36	0.8	无	1	土坯椁	无	0.8	0.64	0.5	1	椁室内	局部缺失或位移	不明
M458	125°	1.4	0.94	0.44	无	1	土坯椁	无	0.66	0.66	0.2	0			
M459	196°	1.18	0.9	0.5	无	1	土坯椁	无	0.92	0.58	0.2	1	椁室内	基本完整且有序	女
M460	222°	1.4	1.04	0.7	四周生土二层台	1	土坯椁	无	0.94	0.7	0.42	1	椁室内	局部缺失或位移	男
M461	10°	0.6	0.6	0.54	无	0						0			
M462	34°	1.56	1.2	0.52	无	1	土坯椁	无				1	椁室内	零星或缺失严重	不明
M463	45°	1.4	0.96	0.2	无	1	土坯椁	无	0.86	0.58	0.2	1	椁室内	零星或缺失严重	不明
M464	47°	0.76	0.54	0.2	无	0						1	墓坑底部	零星或缺失严重	不明
M465	25°	0.84	0.56	0.64	无	0						1	墓坑底部	基本完整且有序	不明
M466	60°	1.16	1.1	0.3	无	1	土坯椁	无	0.6	0.6	0.2	1	椁室内	零星或缺失严重	不明
M467	35°	1.53	1.2	0.34	无	1	土坯椁	无	0.96	0.68	0.1	1	椁室内	零星或缺失严重	不明
M468	55°	0.86	0.6	0.34	无	1	土坯椁	无	0.88	0.62	0.1	1	椁室内	零星或缺失严重	不明
M469	105°	1.36	0.85	0.25	无	0						1	墓坑底部	基本完整且有序	男
M470	5°	1.4	1	0.24	无	1	土坯椁	无	0.94	0.48	0.1	1	椁室内	零星或缺失严重	不明
M471	195°	1.02	0.8	0.7	无	0						1	墓坑底部	局部缺失或位移	男
M472	60°	1.48	1.2	0.52	无	1	土坯椁	无	1	0.64	0.2	1	椁室内	零星或缺失严重	不明
M473	38°	1.46	1.22	0.8	四周熟土二层台	1	土坯椁	无	0.96	0.68	0.54	2	填土中	零星或缺失严重	女
													椁室内	基本完整且有序	男
M474	60°	1.1	1.16	0.2	无	0						1	墓坑底部	零星或缺失严重	不明
M475	40°	1.4	1.2	1.62	无	1	土坯椁	无	0.88	0.66	0.2	1	椁室内	基本完整且有序	不明
M476	44°	1.48	1.08	0.4	无	1	土坯椁	无	1	0.68	0.26	1	椁室内	基本完整且有序	不明
M477	50°	1.52	1.14	0.24	无	1	土坯椁	无	0.98	0.64	0.1	1	椁室内	零星或缺失严重	不明
M478	50°	1.56	1	0.28	无	1	土坯椁	无	1.12	0.62	0.1	1	椁室内	零星或缺失严重	不明
M479	70°	1.2	1.2	0.4	无	0						1	墓坑底部	基本完整且有序	女
M480	231°	1.4	1	0.3	无	1	土坯椁	无	1	0.66	0.1	1	椁室内	局部缺失或位移	不明
M481	不明	1.5	1.36	0.46	无	1	土坯椁	无	1.04	0.76	0.3	1	椁室内	基本完整且有序	男
M482	215°	0.88	0.52	0.4	无	0						1	墓坑底部	零星或缺失严重	不明
M483	50°	1.5	1.1	0.54	无	1	土坯椁	无	1.04	0.72	0.4	1	椁室内	基本完整且有序	不明
M484	315°	1.18	0.58	0.34	无	0						1	墓坑底部	零星或缺失严重	不明
M485	315°	0.5	0.48	0.42	无	0						1	墓坑底部	零星或缺失严重	不明
M486	47°	1.28	0.8	0.54	无	0						0			
M487	222°	1.76	0.9	0.2	无	1	土坯椁	无	0.76	0.5	0.1	1	椁室内	零星或缺失严重	女
M488	42°	1.1	0.98	0.3	无	1	土坯椁	无	1	0.74	0.1	1	椁室内	基本完整且有序	女
M489	357°	1.38	0.7	0.06	无	0						0			
M490	55°	1.3	1.1		无	1	土坯椁	无	0.74	0.58	0.1	0			

续表

人骨						出土器物										备注
年龄	头向	面向	埋葬姿势	是否扰乱	扰乱部位	陶器	铜器	骨器	玉石器	铅器	金器	贝器	蚌器	植物	动物牺牲	
成年	东北	东南	左侧身屈肢	是	上半身	1	27		2							
成年	东北	东南	左侧身屈肢	是	不明	1	12		2							
						1										
成年	西南	东南	右侧身屈肢	否			1									
成年	西南	东南	右侧身屈肢	是	上半身	1	2		1							
						5										
不明	不明	不明	不明	是	全身	1	2		13							
不明	不明	不明	不明	是	全身	1										
不明	不明	不明	不明	是	全身											
不明	东北	东南	左侧身屈肢	否												
不明	不明	不明	不明	是	全身	1										
不明	不明	不明	不明	是	全身							1				
不明	不明	不明	不明	是	全身	1	6		4							
成年	西南	东南	右侧身屈肢	否		1	3									
不明	不明	不明	不明	是	全身	1			1	2						
成年	西南	东南	右侧身屈肢	是	上半身	1	2		1						羊腿骨	
不明	不明	不明	不明	是	全身	1	4		3							
不明	不明	不明	不明	是	全身	2										
成年	东北	东南	左侧身屈肢	否												
不明	不明	不明	不明	是	全身	2	3		4							
成年	东北	东南	左侧身屈肢	否		1	2	4	2							
成年	东北	西北	右侧身屈肢	否		1		6								
不明	不明	不明	不明	是	全身	2	2		1							
不明	不明	不明	不明	是	全身	2										
成年	东北	东南	左侧身屈肢	否		1	13	67	5							
成年	西南	东南	右侧身屈肢	是	上半身	1	1									
成年	西南	东南	右侧身屈肢	否		1		1								
不明	不明	不明	不明	是	全身		2		1							
成年	东北	东南	左侧身屈肢	否		1	112		86						羊距骨	
不明	不明	不明	不明	是	全身											
不明	不明	不明	不明	是	全身											
						2										
成年	不明	不明	不明	是	全身		1		1							
成年	东北	东南	左侧身屈肢	否		1										
							2		2			9				
						1	13		1							

墓号	墓向	墓圹				葬具						数量	位置	埋葬特征	性...
		长	宽	深	二层台	数量	材质	盖板	长	宽	高				
M491	47°	1.22	0.68	0.5	无	0						1	墓坑底部	零星或缺失严重	不...
M492	220°	1.2	1	0.42	四周熟土二层台	1	土坯椁	无	0.84	0.72	0.24	1	椁室内	基本完整且有序	不...
M493	210°	1.36	0.92	0.22	无	1	土坯椁	无	0.9	0.54	0.1	1	椁室内	零星或缺失严重	不...
M494	225°	1.6	1.2	0.16	无	1	土坯椁	无	1.02	0.6	0.1	1	椁室内	基本完整且有序	不...
M495	223°	1.5	1.2	0.2	无	1	土坯椁	无	0.9	0.72	0.26	1	椁室内	基本完整且有序	不...
M496	257°	1.4	1	0.42	四周熟土二层台	1	土坯椁	无	0.84	0.52	0.36	1	椁室内	基本完整且有序	男...
M497	38°	1.46	0.84	0.36	无	1	土坯椁	无	0.84	0.62	0.1	1	椁室内	零星或缺失严重	不...
M498	29°	1.34	0.88	0.74	一侧生土二层台	1	土坯椁	无	0.96	0.64	0.52	1	椁室内	基本完整且有序	男...
M499	223°	1.6	1.6	0.4	无	1	土坯椁	无				1	椁室内	零星或缺失严重	不...
M500	45°	1.46	1.15	0.48	无	1	土坯椁	无	0.88	0.56		1	椁室内	基本完整且有序	不...
M501	20°	0.98	0.8	0.7	无	0						1	墓坑底部	零星或缺失严重	不...
M502	57°	1.22	0.9	0.7	无	1	土坯椁	无	0.74	0.52		1	椁室内	零星或缺失严重	不...
M503	53°	1.32	1.16	0.5	四周生土二层台	1	土坯椁	无				1	墓坑底部	基本完整且有序	不...
M504	85°	0.9	0.55	0.52	无	0						1	墓坑底部	基本完整且有序	不...
M505	85°	1.04	0.84	0.72	无	0						1	墓坑底部	基本完整且有序	男...
M506	39°	1.34	0.94	0.15	无	1	土坯椁	无	1.12	0.78		1	椁室内	基本完整且有序	不...
M507	333°	1.14	0.74	0.68	无	0						1	墓坑底部	基本完整且有序	不...
M508	13°	0.84	0.7	0.62	无	0						1	墓坑底部	零星或缺失严重	不...
M509	5°	0.9	0.77	0.38	无	0						1	墓坑底部	零星或缺失严重	不...
M510	13°	1.3	0.8	1	无	0						1	墓坑底部	局部缺失或位移	不...
M511	7°	1	0.7	0.78	无	0						1	墓坑底部	基本完整且有序	男...
M512	25°	0.76	0.54	0.5	无	0						1	墓坑底部	零星或缺失严重	不...
M513	75°	0.9	0.46	0.38	无	0						1	墓坑底部	零星或缺失严重	不...
M514	50°	1.68	1.14	0.32	四周熟土二层台	1	土坯椁	无	1.26	0.72	0.24	1	椁室内	基本完整且有序	不...
M515	48°	0.34	1.08	0.28	无	1	土坯椁	无				0			
M516	48°	0.68	1.28	0.24	无	1	土坯椁	无				1	椁室内	零星或缺失严重	不...
M517	38°	0.73	1.01	0.26	无	1	土坯椁	无				1	椁室内	零星或缺失严重	不...
M518	35°	1.40	1.20	1.1	无	1	土坯椁	无				1	椁室内	零星或缺失严重	不...
M519	40°	1.54	1.2	0.6	无	1	土坯椁	无	0.9	0.64	0.3	1	椁室内	局部缺失或位移	不...
M520	51°	1.52	1.38	0.18	无	1	土坯椁	无				1	椁室内	零星或缺失严重	不...
M521	49°	1.7	1.24	0.56	无	1	土坯椁	无	1.06	0.76	0.26	1	椁室内	零星或缺失严重	不...
M522	25°	0.9	0.6	0.2	无	0						1	墓坑底部	局部缺失或位移	不...
M523	47°	1.3	1.2	0.28	无	1	土坯椁	无	0.88	0.76	0.1	1	椁室内	基本完整且有序	不...
M524	205°	0.92	0.8	0.2	无	0						1	墓坑底部	局部缺失或位移	不...
M525	210°	1.8	1.16	1.3	无	0						1	墓坑底部	零星或缺失严重	不...
M526	220°	1.2	1.02	0.25	无	1	土坯椁	无	0.81	0.64	0.26	1	椁室内	局部缺失或位移	不...

续表

人骨						出土器物										备注
年龄	头向	面向	埋葬姿势	是否扰乱	扰乱部位	陶器	铜器	骨器	玉石器	铅器	金器	贝器	蚌器	植物	动物牺牲	
不明	不明	不明	不明	是	全身	1	3	2	1							
成年	西南	东南	右侧身屈肢	否			1									
不明	不明	不明	不明	是	全身	1	2									
成年	东北	东南	左侧身屈肢	否		1	1		1						羊腿骨	
成年	西南	东南	右侧身屈肢	否		1	1		1							
成年	西南	东南	右侧身屈肢	否		2	4		5							
不明	不明	不明	不明	是	全身	1										
成年	东北	东南	左侧身屈肢	否		1	15		2							
不明	不明	不明	不明	是	全身											
成年	东北	东南	左侧身屈肢	否		1	42		9							
不明	不明	不明	不明	是	全身	1										
不明	不明	不明	不明	是	全身	1	5		1							
成年	东北	东南	左侧身屈肢	否		1									羊腿骨	
未成年	东北	东南	左侧身屈肢	否			1									
成年	东北	东南	左侧身屈肢	否												
成年	东北	东南	左侧身屈肢	否		1	2									
成年	东北	东	左侧身屈肢	否		1										
不明	不明	不明	不明	是	全身	2										
不明	不明	不明	不明	是	全身	1										
成年	东北	东南	左侧身屈肢	是	上半身	1										
未成年	东北	东南	左侧身屈肢	否		1	4									
不明	不明	不明	不明	是	全身	1	4		2							
不明	不明	不明	不明	是	全身		2		4							
成年	东北	东南	左侧身屈肢	否		1	2		16							
不明	不明	不明	不明	是	全身											
不明	不明	不明	不明	是	全身										羊距骨	
不明	东北	东南	不明	是	全身	1	11		16							
成年	西南	东南	右侧身屈肢	是	上半身	1										
不明	不明	不明	不明	是	全身	1	3		1							
不明	不明	不明	不明	是	全身	1	4		1	1						
成年	西南	东南	右侧身屈肢	是	上半身	1	1		5							
成年	东北	东南	左侧身屈肢	否												
成年	西南	东南	右侧身屈肢	是	上半身	1	1									
不明	不明	不明	不明	是	全身	4			28							
成年	西南	东南	右侧身屈肢	是	上半身	1	3	3								

墓号	墓向	墓圹				葬具						数量	位置	埋葬特征	性别
		长	宽	深	二层台	数量	材质	盖板	长	宽	高				
M527	233°	1.3	1.1	0.2	无	1	土坯椁	无	0.86	0.58	0.1	1	椁室内	基本完整且有序	不明
M528	219°	1	0.76	0.46	无	0						1	墓坑底部	局部缺失或位移	不明
M529	233°	1.54	1.4	0.34	四周熟土二层台	1	土坯椁	无	1.02	0.7	0.2	1	椁室内	基本完整且有序	女
M530	232°	1.36	0.92	0.38	无	1	土坯椁	无	1.06	0.58	0.16	1	椁室内	基本完整且有序	男
M531	232°	1.4	0.96	0.16	无	1	土坯椁	无				0			
M532	233°	1.5	1.26	1.22	无	1	土坯椁	无	0.86	0.68	0.5	1	椁室内	基本完整且有序	女
M533	233°	1.54	0.96	0.92	四周熟土二层台	1	土坯椁	无	1.04			0			
M534	80°	1.26	1.2	0.4	无	1	土坯椁	无	0.8	0.74	0.26	1	椁室内	零星或缺失严重	不明
M535	200°	0.97	0.72	0.8	无	0						1	墓坑底部	基本完整且有序	不明
M536	8°	0.88	0.4	0.41	无	0						1	墓坑底部	零星或缺失严重	不明
M537	16°	0.86	0.6	0.52	无	0						1	墓坑底部	零星或缺失严重	不明
M538	2°	0.81	0.56	0.61	无	0						1	墓坑底部	基本完整且有序	不明
M539	35°	0.8	0.48	0.58	无	0						1	墓坑底部	零星或缺失严重	不明
M540	29°	1.08	1	0.52	无	1	土坯椁	无	0.66	0.56	0.6	1	椁室内	零星或缺失严重	不明
M541	26°	1.44	0.86	0.9	无	0						1	墓坑底部	基本完整且有序	不明
M542	38°	0.92	0.6	0.4	无	0						1	墓坑底部	基本完整且有序	不明
M543															
M544	36°	1.6	1.3	0.5	无	1	土坯椁	无	0.92	0.54	0.24	1	椁室内	零星或缺失严重	不明
M545	185°	0.66	0.6	0.6	无	0						1	墓坑底部	零星或缺失严重	不明
M546	48°	1.74	1.16	0.66	四周生土二层台	1	土坯椁	无	0.74	0.46	0.6	1	椁室内	基本完整且有序	不明
M547	210°	1.13	0.95	0.69	无	0						1	墓坑底部	基本完整且有序	不明
M548	30°	1.58	1.3	0.69	无	1	土坯椁	无	0.98	0.68		1	椁室内	基本完整且有序	不明
M549	230°	1.57	1.26	0.34	无	1	土坯椁	无	0.84	0.7		1	椁室内	基本完整且有序	不明
M550	0°	1.35	1	0.3	无	0						0			
M551	53°	1.44	1.02	0.32	无	1	土坯椁	无				1	椁室内	局部缺失或位移	不明
M552	225°	1.8	1.08	0.98	无	0						1	墓坑底部	基本完整且有序	不明
M553	46°	1.48	0.8	0.18	无	1	土坯椁	无	0.92	0.48	0.1	1	椁室内	局部缺失或位移	不明
M554	37°	1.64	1.28	0.7	无	1	土坯椁	无	0.94	0.62	0.4	1	椁室内	基本完整且有序	不明
M555	212°	1.58	1.3	0.64	无	1	土坯椁	无	0.94	0.8	0.5	1	椁室内	基本完整且有序	不明
M556	196°	1.48	1.18	0.7	无	1	土坯椁	无	0.94	0.56	0.3	1	椁室内	基本完整且有序	不明
M557	30°	1.68	1.2	0.4	无	1	土坯椁	无	0.92	0.56		1	椁室内	基本完整且有序	不明
M558	73°	0.9	0.76	0.58	无	0						1	墓坑底部	零星或缺失严重	不明
M559	44°	0.88	0.68	0.1	无	1	土坯椁	无	0.64	0.42	0.1	1	椁室内	零星或缺失严重	不明
M560	242°	1.50/1.10	1.18	0.6	无	0						1	墓坑底部	基本完整且有序	不明
M561	30°	1.61	1.16	0.48	无	1	土坯椁	无	0.84	0.62		1	椁室内	零星或缺失严重	不明

人骨					出土器物										备注
年龄	头向	面向	埋葬姿势	是否扰乱	扰乱部位	陶器	铜器	骨器	玉石器	铅器	金器	贝器	蚌器	植物	动物牺牲	
成年	西南	东南	右侧身屈肢	否		1	3	1	6							
未成年	西南	东南	右侧身屈肢	是	上半身	2	2		1					42		
成年	西南	东南	右侧身屈肢	否		1	11		1			4			羊腿骨	
成年	西南	东南	右侧身屈肢	否		1	2		1							
成年	西南	东南	右侧身屈肢	否		1	3		1							
不明	不明	不明	不明	是	全身		1		1							
成年	西南	不明	仰身右屈肢	否												
不明	不明	不明	不明	是	全身		3		24			3				
不明	不明	不明	不明	是	全身	1										
成年	东北	东	左侧身屈肢	否												
不明	不明	不明	不明	是	全身	1	1									
不明	不明	不明	不明	是	全身	1	1									
成年	东北	东南	左侧身屈肢	否		1			3							
成年	东北	西北	右侧身屈肢	否		1	4								羊腿骨	
																原始资料 缺失
不明	不明	不明	不明	是	全身	1	3		1							
不明	不明	不明	不明	是	全身	1										
成年	东北	东南	左侧身屈肢	否		1	2	1	33							
成年	西南	东南	右侧身屈肢	否		1	1								羊腿骨	
成年	东北	东南	左侧身屈肢	否		1			1							
成年	西南	东南	右侧身屈肢	是	上半身	1										
						3	2		55	1						
成年	东北	东南	左侧身屈肢	是	上半身	1			1	1						
成年	西南	东南	右侧身屈肢	否		1	1									
成年	东南	东南	左侧身屈肢	是	上半身	1										
成年	东北	东南	左侧身屈肢	否		1	11		23							
成年	西南	东南	右侧身屈肢	否		1			1							
成年	西南	东南	右侧身屈肢	否		1										
成年	东北	东南	左侧身屈肢	否		1			1						羊骶骨	
不明	不明	不明	不明	是	全身	1			2							
不明	东北	东南	不明	是	全身		2		1							
成年	西南	北	左侧身屈肢	否		1										
不明	不明	不明	不明	是	全身	1	3	1								

墓号	墓向	墓圹				葬具						数量	位置	埋葬特征	性别
		长	宽	深	二层台	数量	材质	盖板	长	宽	高				
M562	25°	1.22	0.96	0.6	无	1	土坯椁	无	0.76	0.5	0.28	1	椁室内	基本完整且有序	不明
M563	54°	1	0.6	0.66	无	0						1	墓坑底部	基本完整且有序	不明
M564	12°	1.10	0.8	0.57	无	0						1	墓坑底部	局部缺失或位移	不明
M565	350°	0.72	0.56	0.3	无	0						1	墓坑底部	零星或缺失严重	不明
M566	30°	1.14	1		无	0						1	墓坑底部	零星或缺失严重	不明
M567	50°	1.06	0.88	0.58	无	0						1	墓坑底部	零星或缺失严重	不明
M568	204°	0.98	0.76	1.02	无	0						1	墓坑底部	基本完整且有序	不明
M569	67°	1.6	1.32	0.42	无	1	土坯椁	无	0.98	0.74		1	椁室内	基本完整且有序	不明
M570	236°	0.86	0.64	0.42	无	0						1	墓坑底部	基本完整且有序	不明
M571	60°	1.44	1.02	0.54	四周熟土二层台	1	土坯椁	无	0.74	0.58	0.36	1	椁室内	基本完整且有序	不明
M572	220°	1.18	1.08	0.6	无	0						1	墓坑底部	零星或缺失严重	不明
M573					无	不明						1	墓坑底部	局部缺失或位移	不明
M574	213°	1.16	0.64	0.74	无	0						1	墓坑底部	基本完整且有序	不明
M575	93°	1.36	1.06	0.4	无	1	土坯椁	无	1	0.66	0.1	1	椁室内	局部缺失或位移	不明
M576															
M577	0°	1.5	1.14	0.56	无	1	土坯椁	无	1	0.48	0.1	1	椁室内	基本完整且有序	不明
M578															
M579	153°	0.8	0.62	0.36	无	0						0			
M580	38°	1.2	1.2	0.6	四周熟土二层台	1	土坯椁	无	0.76	0.56	0.2	1	椁室内	局部缺失或位移	不明
M581	26°	0.8	0.56	0.22	无	0						0			
M582	30°	1	1.04	0.6	无	1	土坯椁	无	0.92	0.6		1	椁室内	基本完整且有序	不明
M583	40°	1.52	1.3	0.78	四周熟土二层台	1	土坯椁	无	0.94	0.62	0.46	1	椁室内	基本完整且有序	不明
M584	260°	1.46	1.06	0.4	无	1	土坯椁	无	0.92	0.7		1	椁室内	基本完整且有序	不明
M585	10°	1	0.8	1	无	0						1	墓坑底部	零星或缺失严重	不明
M586	210°	1.22	0.64	0.74	无	0						1	墓坑底部	基本完整且有序	女
M587	205°	1.6	1.1	0.5	四周生土二层台	1	土坯椁	无	1.06	0.83		1	椁室内	基本完整且有序	男
M588	205°	0.84	0.56	0.6	无	0						1	墓坑底部	零星或缺失严重	不明
M589	57°	1.24	1.12	0.26	无	1	土坯椁	无	0.76	0.64	0.2	1	椁室内	局部缺失或位移	不明
M590	43°	1.48	1.06	0.18	无	1	土坯椁	无	0.82	0.5	0.1	1	椁室内	零星或缺失严重	不明
M591	46°	1.32	1	0.46	无	1	土坯椁	无	0.76	0.5		1	椁室内	零星或缺失严重	不明
M592	15°	0.94	0.72	0.2	无	0						1	墓坑底部	零星或缺失严重	不明
M593	23°	1.58	1.24	0.6	无	1	土坯椁	无	1	0.6		1	椁室内	基本完整且有序	男
M594	30°	1.4	1.12	0.44	无	0						0			
M595	37°	1.26	1.06	0.6	无	1	土坯椁	无	0.86	0.54	0.26	1	椁室内	零星或缺失严重	不明

人骨						出土器物										备注
年龄	头向	面向	埋葬姿势	是否扰乱	扰乱部位	陶器	铜器	骨器	玉石器	铅器	金器	贝器	蚌器	植物	动物牺牲	
成年	东北	西	右侧身屈肢	否		1										
成年	东北	东南	左侧身屈肢	否												
成年	东北	东南	左侧身屈肢	是	上半身				1							
不明	不明	不明	不明	是	全身											
不明	不明	不明	不明	是	全身		2		3							
不明	不明	不明	不明	是	全身	1										
成年	西南	东南	右侧身屈肢	否		1										
成年	东北	东南	左侧身屈肢	否		1	1		8							
成年	西南	东南	右侧身屈肢	否		1										
成年	东北	东南	左侧身屈肢	否		1	6		6							
不明	不明	不明	不明	是	全身	2			1							
不明	不明	不明	左侧身屈肢	是	上半身	1										
成年	西南	西北	左侧身屈肢	否		2										
成年	东北	东南	左侧身屈肢	是	上半身		3	2								
																原始资料缺失
成年	东北	东南	左侧身屈肢	否			11	44	4			4			羊距骨	
																原始资料缺失
						3	1					1				
成年	东北	东南	左侧身屈肢	是	上半身	1	25	65	2			14	1			
						1										
成年	东北	东南	左侧身屈肢	否		1	3									
成年	东北	东南	左侧身屈肢	否		1	2									
成年	西南	东南	右侧身屈肢	否		1										
不明	不明	不明	不明	是	全身		16		6							
成年	西南	东南	右侧身屈肢	否		1										
成年	西南	东南	右侧身屈肢	否		1	1									
不明	不明	不明	不明	是	全身											
成年	东北	东南	左侧身屈肢	是	上半身	1	3		3							
不明	不明	不明	不明	是	全身	1	1									
不明	不明	不明	不明	是	全身	1										
不明	不明	不明	不明	是	全身	1										
成年	东北	东南	左侧身屈肢	否		1	6		12							
						1										
不明	不明	不明	不明	是	全身	1	1	1	1							

墓号	墓向	墓圹				葬具						数量	位置	埋葬特征	性别
		长	宽	深	二层台	数量	材质	盖板	长	宽	高				
M596	195°	1.52	1.26	0.52	无	1	土坯椁	无	0.84	0.56		1	椁室内	基本完整且有序	不明
M597					无	1	土坯椁	无				1	椁室内	局部缺失或位移	
M598				0.52	无	0						不明			
M599	237°	1.96	0.7	0.5	无	0						1	墓坑底部	基本完整且有序	
M600															
M601	355°	1.54		0.3	无	1	土坯椁	无	0.76	0.38	0.3	1	椁室内	零星或缺失严重	不明
M602	355°	1.3	1.4	0.3	无	1	土坯椁	无	0.86	0.77	0.3	1	椁室内	基本完整且有序	不明
M603	63°	1.14	0.98	0.24	无	1	土坯椁	无	0.84	0.72		1	椁室内	局部缺失或位移	不明
M604	52°	1.62	1.22	0.26	无	1	土坯椁	无	0.86	0.56	0.2	1	椁室内	局部缺失或位移	不明
M605	220°	1.1	0.9	0.16	无	1	土坯椁	无	0.56	0.48	0.1	0			
M606	235°	1.5	1.16	0.16	无	1	土坯椁	无	0.94	0.54	0.1	1	椁室内	基本完整且有序	不明
M607	35°	1.24	0.9	0.42	无	0						1	墓坑底部	基本完整且有序	
M608	38°	1.94	1.28	0.32	无	0						1	墓坑底部	零星或缺失严重	
M609	90°	1.1	0.82	0.5	无	0						1	墓坑底部	零星或缺失严重	
M610	54°	1.52	1.3		无	1	土坯椁	无	0.9	0.7		1	椁室内	零星或缺失严重	不明
M611	248°	1.12	0.78	0.48	无	0						1	墓坑底部	基本完整且有序	
M612	224°	1.6	1.12		无	1	土坯椁	无	1.2	0.65		1	椁室内	零星或缺失严重	不明
M613	47°	0.9	0.54	0.36	无	0						1	墓坑底部	零星或缺失严重	不明
M614	40°	1.44	1.2	0.6	无	1	土坯椁	无	0.9	0.64	0.26	1	椁室内	零星或缺失严重	不明
M615	45°	1.38	1.2	0.6	无	1	土坯椁	无	0.8	0.6	0.26	1	椁室内	零星或缺失严重	不明
M616	130°	0.71	0.51	0.3	无	0						0			
M617	60°	0.69	0.6	0.2	无	0						0			
M618	61°	1.52	1.14	0.6	无	1	土坯椁	无	1.02	0.74		1	椁室内	基本完整且有序	不明
M619	43°	1.32	0.8	0.4	无	1	土坯椁	无	0.8	0.56		1	椁室内	零星或缺失严重	不明
M620	25°	1.04	0.7	0.9	无	0						1	墓坑底部	基本完整且有序	女
M621	235°	1.4	0.74	0.3	无	1	土坯椁	无	1	0.56		1	椁室内	基本完整且有序	不明
M622	235°	0.8	0.58	0.3	无	1	土坯椁	无	0.6	0.44		1	椁室内	零星或缺失严重	不明
M623	250°	0.87	0.69	0.58	无	0						1	墓坑底部	基本完整且有序	不明
M624	73°	1.38	1.2	0.34	四周熟土二层台	1	土坯椁	无	0.84	0.6	0.36	1	椁室内	零星或缺失严重	不明
M625	352°	0.92	0.58	0.74	无	0						1	墓坑底部	零星或缺失严重	不明
M626	207°	1.34	0.72	0.42	无	0						1	墓坑底部	基本完整且有序	不明
M627	117°	1	0.88		无	1	土坯椁	无	0.88	0.6		0			
M628	179°	0.6	0.64	0.12	无	0						2	墓坑底部	零星或缺失严重	不明
													墓坑底部	零星或缺失严重	不明

续表

人骨						出土器物										备注
年龄	头向	面向	埋葬姿势	是否扰乱	扰乱部位	陶器	铜器	骨器	玉石器	铅器	金器	贝器	蚌器	植物	动物牺牲	
成年	东北	西北	右侧身屈肢	否		1	2		1							
成年	不明	不明	左侧身屈肢	是	上半身	1	5									
						1										
成年	西北	上	仰身直肢	否		2			2							
																原始资料缺失
成年	不明	不明	不明	是	全身											
成年	东北	东南	左侧身屈肢	否		1	2									
成年	东北	东南	左侧身屈肢	是	上半身		3									
成年	东北	东南	左侧身屈肢	是	上半身		18		2							
						1	1									
成年	西南	东南	右侧身屈肢	否		1	4		8							
成年	东北	东南	左侧身屈肢	否												
不明	不明	不明	不明	是	全身	1	5									
不明	不明	不明	不明	是	全身	1										
不明	不明	不明	不明	是	全身	1	4		1							
成年	西南	东南	右侧身屈肢	否		1									羊腿骨、羊距骨	
不明	不明	不明	不明	是	全身	1	1						1			
不明	不明	不明	不明	是	全身	1										
不明	东北	不明	不明	是	全身	1	1		14							
不明	东北	不明	不明	是	全身				8							
成年	东北	西北	右侧身屈肢	否		1	3		2							
成年	东北	不明	不明	是	全身											
成年	东北	东南	左侧身屈肢	否		1	22	65	71			3	27			
成年	西南	西北	左侧身屈肢	否		1									羊腿骨	
不明	不明	不明	不明	是	全身											
成年	西南	东南	右侧身屈肢	否		1										
不明	不明	不明	不明	是	全身	1										
不明	不明	不明	不明	是	全身	1	4		5						羊腿骨	
成年	西南	东南	右侧身屈肢	否		3	5		2							
						1	3	4	1						羊距骨	
不明	不明	不明	不明	是	全身	1										
不明	不明	不明	不明	是	全身											

墓号	墓向	墓圹				葬具						数量	位置	埋葬特征	性别
		长	宽	深	二层台	数量	材质	盖板	长	宽	高				
M629	20°	1.36	1.08	0.42	四周生土二层台	1	土坯椁	无	0.8	0.62	0.1	1	椁室内	基本完整且有序	不明
M630	215°	0.62	0.72	0.5	无	0						1	墓坑底部	零星或缺失严重	不明
M631	204°	1.52	1.14	0.62	无	1	土坯椁	无	0.82	0.46	0.26	1	椁室内	基本完整且有序	不明
M632	230°	1.1	1.17	0.36	无	0						1	墓坑底部	基本完整且有序	不明
M633	275°	1.46	0.94		无	1	土坯椁	无	1.06	0.66		1	椁室内	基本完整且有序	不明
M634	190°	1.28	1		无	0						1	墓坑底部	零星或缺失严重	不明
M635	214°	1.14	0.96	0.44	无	1	土坯椁	无	0.76	0.66		1	椁室内	基本完整且有序	不明
M636	52°	1.32	1.07	0.44	四周生土二层台	1	土坯椁	无	0.82	0.62		1	椁室内	零星或缺失严重	不明
M637	78°	0.72	0.42	0.36	无	0						0			
M638	60°	1.06	0.92	0.5	无	1	土坯椁	无	0.82	0.52		0			
M639	55°	0.96	0.88	0.2	无	1	土坯椁	无	0.6	0.46		1	椁室内	零星或缺失严重	不明
M640	60°	1.2	1.06	0.16	无	1	土坯椁	无	0.7	0.56		1	椁室内	零星或缺失严重	不明
M641	214°	1.52	1.2	0.48	无	1	土坯椁	无	1	0.6	0.4	1	椁室内	零星或缺失严重	不明
M642	36°	1.26	1.06	0.1	无	1	土坯椁	无	0.86	0.62		1	椁室内	零星或缺失严重	不明
M643	30°	1.54	1.28	0.7	无	1	土坯椁	无	0.96	0.66	0.6	1	椁室内	基本完整且有序	女性
M644	47°	1.46	1.2	0.4	无	1	土坯椁	无	0.92	0.38	0.4	1	椁室内	基本完整且有序	不明
M645	40°	1.54	1.2	0.4	无	1	土坯椁	无				1	椁室内	零星或缺失严重	不明
M646	22°	1.05	0.66	0.54	无	0						0			
M647	207°	1.56	1.16	0.4	四周生土二层台	1	土坯椁	无	1	0.76	0.2	1	椁室内	基本完整且有序	不明
M648	75°	0.88	0.72	0.4	无	0						1	墓坑底部	基本完整且有序	不明
M649	205°	1	0.76	0.4	无	0						1	墓坑底部	零星或缺失严重	不明
M650	65°	1.5	1.2	0.52	四周生土二层台	1	土坯椁	无	0.96	0.76	0.3	1	椁室内	基本完整且有序	不明
M651	72°	1.1	0.8	0.1	无	1	土坯椁	无	0.7	0.54		1	椁室内	零星或缺失严重	不明
M652	57°	0.98	0.68	0.73	无	0						1	墓坑底部	基本完整且有序	不明
M653	38°	1.6	1.3	0.2	无	1	土坯椁	无	1.06	0.72		1	椁室内	基本完整且有序	女性
M654	22°	1.4	1.14	0.3	无	1	土坯椁	无	1	0.68		1	椁室内	基本完整且有序	女性
M655	210°	1.34	1.2	0.34	无	1	土坯椁	无	0.88	0.62		1	椁室内	基本完整且有序	女性
M656	188°	0.55	0.98	0.16	无	0						1	墓坑底部	零星或缺失严重	不明
M657	19°	1.14	0.5	0.52	无	0						1	墓坑底部	局部缺失或位移	不明
M658	233°	1.08	0.58	0.66	无	0						1	墓坑底部	基本完整且有序	不明
M659	212°	1.14	0.6	1	无	0						1	墓坑底部	基本完整且有序	不明
M660	36°	1.04	0.66	0.8	无	0						1	墓坑底部	基本完整且有序	不明
M661	34°	0.92	0.8	0.64	无	0						1	墓坑底部	局部缺失或位移	不明
M662	52°	0.89	1.1		无	1	土坯椁	无	0.6	0.64		1	椁室内	基本完整且有序	不明
M663	35°	1.25	1.2	0.6	四周生土二层台	1	土坯椁	无	0.8	0.76		1	椁室内	零星或缺失严重	不明
M664	10°	0.94	0.58	0.52	无	0						1	墓坑底部	基本完整且有序	不明

人骨						出土器物										备注
年龄	头向	面向	埋葬姿势	是否扰乱	扰乱部位	陶器	铜器	骨器	玉石器	铅器	金器	贝器	蚌器	植物	动物牺牲	
成年	东北	东南	左侧身屈肢	否		1	1									
不明	不明	不明	不明	是	全身	1										
成年	西南	东南	右侧身屈肢	否		1	4		1							
成年	西南	东南	右侧身屈肢	否		1	8		6						羊腿骨	
成年	西南	东南	右侧身屈肢	否		1	1		3							
不明	不明	不明	不明	是	全身	1	35	1								
成年	西南	东南	右侧身屈肢	否		2	1									
不明	不明	不明	不明	是	全身		3		2			1				
						1										
						1		1								
不明	不明	不明	不明	是	全身	1										
不明	不明	不明	不明	是	全身	1	7		4						羊腿骨	
不明	不明	不明	不明	是	全身	1	4		1							
不明	不明	不明	不明	是	全身	1										
成年	东北	东南	左侧身屈肢	否		1	18	5	65						羊腿骨	
成年	东北	东南	左侧身屈肢	否		1	1									
不明	不明	不明	不明	是	全身	1	7		28							
						1										
成年	西南	东南	右侧身屈肢	否		1	2		1							
成年	东北	东南	左侧身屈肢	否		1	2	5	13							
不明	不明	不明	不明	是	全身	1	2									
成年	东北	东南	左侧身屈肢	否		1										
不明	不明	不明	不明	是	全身		1									
成年	东北	东南	左侧身屈肢	否		1	8		7							
成年	东北	西北	右侧身屈肢	否		1	3		1							
成年	东北	西北	右侧身屈肢	否		1	13		2							
成年	西南	东南	右侧身屈肢	否		1	3									
不明	不明	不明	不明	是	全身											
成年	东北	东南	左侧身屈肢	是	上半身	2			4							
成年	西南	东南	右侧身屈肢	否		1										
成年	西南	东南	右侧身屈肢	否		1										
成年	东北	上	仰身右屈肢	否		1	1		1							
成年	东北	东南	左侧身屈肢	是	上半身	1	1	5	7							
成年	东北	东南	左侧身屈肢	是		1			2							
不明	不明	不明	不明	是	全身		1		7							
成年	东北	东南	左侧身屈肢	否		1										

| 墓号 | 墓向 | 墓圹 | | | | 葬具 | | | | | | 数量 | 位置 | 埋葬特征 | 性别 |
		长	宽	深	二层台	数量	材质	盖板	长	宽	高				
M665	25°	1.4	0.9	0.54	无	0						1	墓坑底部	零星或缺失严重	不明
M666	230°	1.5	1.12	0.3	无	1	土坯椁	无	1.02	0.6	0.3	1	椁室内	基本完整且有序	不明
M667	213°	1.1	0.92	0.4	无	1	土坯椁	无	0.74	0.4		1	椁室内	零星或缺失严重	不明
M668	50°	1.48	1.14	0.3	无	1	土坯椁	无	0.84	0.58	0.3	1	椁室内	基本完整且有序	不明
M669	51°	1.36	1.14	0.48	无	1	土坯椁	无	0.6	0.6	0.3	0			
M670	53°	1.42	1.16	0.3	无	1	土坯椁	无	0.92	0.58	0.22	1	椁室内	基本完整且有序	不明
M671	65°	1.56	1.34	0.3	无	1	土坯椁	无	1.1	0.78	0.25	1	椁室内	基本完整且有序	不明
M672	40°	1.26	0.98	0.3	无	1	土坯椁	无	0.7	0.54		1	椁室内	零星或缺失严重	不明
M673	65°	1.6	1.24	0.46	无	1	土坯椁	无	0.98	0.64	0.4	1	椁室内	基本完整且有序	不明
M674	65°	1.34		0.3	无	1	土坯椁	无	0.76	0.54	0.22	1	椁室内	基本完整且有序	不明
M675	40°	0.9		0.1	无	1	土坯椁	无	0.72	0.58	0.1	1	椁室内	零星或缺失严重	不明
M676	353°	1.9	1.68	0.4	无	1	土坯椁	无	1.06	0.78	0.4	1	椁室内	局部缺失或位移	不明
M677	226°	0.98	0.72	0.56	无	0						1	墓坑底部	基本完整且有序	不明
M678	210°	1.3	0.76	1.14	无	0						1	墓坑底部	局部缺失或位移	不明
M679	214°	1.44	1.1	0.52	无	1	土坯椁	无	0.92	0.6	0.22	1	椁室内	基本完整且有序	男
M680	48°	1	0.7	0.22	无	0						1	墓坑底部	零星或缺失严重	不明
M681	215°	1.64	1.3	0.5	四周生土二层台	1	土坯椁	无	1.1	0.66	0.44	1	椁室内	基本完整且有序	不明
M682	42°	1.5	1.2	0.6	四周生土二层台	1	土坯椁	无	0.94	0.74	0.22	2	填土中	零星或缺失严重	不明
													椁室内	基本完整且有序	女
M683	43°	1.1	0.76	0.5	无	0						1	墓坑底部	基本完整且有序	不明
M684	225°	1.1	0.86	0.4	无	0						1	墓坑底部	零星或缺失严重	不明
M685	350°	0.8	0.68	0.36	无	0						1	墓坑底部	零星或缺失严重	不明
M686	40°	0.7	0.43	0.52	无	1	土坯椁	无	0.74	0.22	0.24	1	椁室内	零星或缺失严重	不明
M687	195°	0.74	0.48	0.6	四周生土二层台	1	土坯椁	无	0.96	0.54	0.44	1	椁室内	零星或缺失严重	不明
M688	44°	0.72	0.58	0.3	无	1	土坯椁	无	0.54	0.58	0.22	0			
M689	59°	1.62	1.16	0.4	无	0						1	墓坑底部	零星或缺失严重	不明
M690	198°	0.88	0.64	0.66	无	0						1	墓坑底部	零星或缺失严重	不明
M691	49°	1.16	0.66	0.76	无	0						1	墓坑底部	零星或缺失严重	不明
M692	41°	1	0.7	0.7	无	0						1	墓坑底部	基本完整且有序	不明
M693	210°	0.14	0.33	0.4	无	0						0			
M694	34°	0.84	0.62	0.6	无	0						0			
M695	190°	1.12	0.98	0.7	无	0						1	墓坑底部	基本完整且有序	不明
M696	240°	1.22	0.74	1	一侧生土二层台	0						1	墓坑底部	基本完整且有序	不明
M697	50°	1.44	1.08	0.2	无	1	土坯椁	无	0.94	0.72	0.24	1	椁室内	基本完整且有序	不明
M698	34°	1.02	0.7	0.56	无	0						1	墓坑底部	局部缺失或位移	不明
M699	70°	1.01	0.66	0.2	无	0						1	墓坑底部	零星或缺失严重	不明

人骨						出土器物										备注
年龄	头向	面向	埋葬姿势	是否扰乱	扰乱部位	陶器	铜器	骨器	玉石器	铅器	金器	贝器	蚌器	植物	动物牺牲	
不明	不明	不明	不明	是	全身	1										
成年	西南	东南	右侧身屈肢	否		1			2						马牙	
不明	不明	不明	不明	是	全身	1										
成年	东北	东南	左侧身屈肢	否		1	2	5	51							
成年	东北	不明	左侧身屈肢	否		1	3		1						羊腿骨	
成年	东北	东南	左侧身屈肢	否												
不明	不明	不明	不明	是	全身				1							
成年	东北	东南	左侧身屈肢	否			2									
成年	东北	东南	左侧身屈肢	否		1	36									
不明	不明	不明	不明	是	全身		5		3							
成年	东北	东南	左侧身屈肢	是	上半身	2	16	18	1							
成年	西南	东南	右侧身屈肢	否		1	2		3							
成年	西南	西北	左侧身屈肢	是	上半身	1	1									
成年	西南	东南	右侧身屈肢	否		1	6		11							
不明	不明	不明	不明	是	全身	1	1	2	1							
成年	西南	东南	右侧身屈肢	否		1	3		1							
不明	不明	不明	不明	是	全身	3	1		5							
成年	东北	东南	左侧身屈肢	否												
成年	东北	东南	左侧身屈肢	否		1	25	13	12							
不明	不明	不明	不明	是	全身				5			1				
不明	不明	不明	不明	是	全身		15									
不明	不明	不明	不明	是	全身											
不明	不明	不明	不明	是	全身	1	6		7							
不明	不明	不明	不明	是	全身	1	3									
不明	不明	不明	不明	是	全身	1										
不明	不明	不明	不明	是	全身	1	5								羊腿骨	
成年	东北	东南	左侧身屈肢	否		1	5		2							
						1	2		1							
成年	西南	东南	右侧身屈肢	否		1	5	4							羊腿骨	
成年	西南	东南	右侧身屈肢	否		1	1		7							
成年	东北	东南	左侧身屈肢	否		2	1		6						羊腿骨	
成年	东北	东南	左侧身屈肢	是	上半身	1	1									
不明	不明	不明	不明	是	全身	1		1								

墓号	墓向	墓圹				葬具						数量	位置	埋葬特征	性别
		长	宽	深	二层台	数量	材质	盖板	长	宽	高				
M700	24°	1.22	0.74	0.4	无	0						1	墓坑底部	基本完整且有序	不明
M701	253°	1.6	1.1	0.64	无	1	土坯椁	无	1.04	0.7	0.24	1	椁室内	基本完整且有序	不明
M702	70°	1.32	0.64	0.7	无	0						1	墓坑底部	零星或缺失严重	不明
M703	217°	1.5	1.1	0.7	无	1	土坯椁	无				1	椁室内	基本完整且有序	男
M704	222°	0.92	0.56	0.44	无	0						0			
M705	23°	1.44	0.7	0.42	无	1	土坯椁	无	0.64	0.82	0.3	1	椁室内	基本完整且有序	不明
M706	218°	1.65	1.18	1.1	四周熟土二层台	1	土坯椁	无				1	椁室内	零星或缺失严重	不明

人骨						出土器物										备注
年龄	头向	面向	埋葬姿势	是否扰乱	扰乱部位	陶器	铜器	骨器	玉石器	铅器	金器	贝器	蚌器	植物	动物牺牲	
成年	东北	东南	左侧身屈肢	否				1	6			2				
成年	西南	东南	右侧身屈肢	否		1	8	5	3							
不明	不明	不明	不明	是	全身	1	1									
成年	西南	东南	右侧身屈肢	否		1	3									
						1										
成年	东北	西北	右侧身屈肢	否			4								羊腿骨	
不明	不明	不明	不明	是	全身											

附表三

墓号	陶器															铜器																						
	双耳陶罐	单耳陶罐	筒形陶罐	四耳陶罐	形制不明陶罐	双乳钉陶壶	双腹耳陶壶	双颈耳陶壶	单耳陶杯	陶钵	双耳陶钵	单耳陶钵	陶盆	陶埙	小计	铜耳环	铜手镯	铜镜	铜泡	双联铜泡	三联铜泡	铜刀	盾形铜牌饰	圆形铜牌饰	方形铜牌饰	铜锥	铜管	铜环	铜锛	铜凿	铜短剑	铜铃	铜镞	铜指环	铜珠	铜别针	铜片	铜测贝
M001															0							1		3														
M002	1														1	1																						
M003	1														1																							
M004		1													1																							
M005	1														1	1	1																					
M006		1													1	3											2											
M007															0																							
M008															0																							
M009															0																							
M010	1														1																							
M011	1														1																							
M012															0																							
M013	1	1		1											3	4	2		2																8			
M014	1														1																							
M015	1														1	2		3	15	4					1		2											
M016	1														1										1										8			
M017	1														1	2																						
M018							1								1	2																						
M019	1														1	2																						
M020															0																							
M021															0																							
M022															0																							
M024	1														1												1											
M025	1														1	1	1																					
M026	1														1	1			1																			
M027															0				2								1											
M028		1													1																							
M029															0				3					1							1	1						
M030	1														1																							
M031			1												1																							
M032	2												1		3	2	2																					
M033	1														1				1								1											
M034	2														2	1	1								4	1									3			
M035		1													1																							
M036		1						1							2			1									1											
M037	1														1														10	7							1	

器物登记表

铜器				骨器									玉石器																铅器				金器		贝器		蚌器		植物
铜饰件	铜斧	铜丝	小计	骨牌饰	骨锥	骨纺轮	骨管	骨带扣	骨针	羊距骨	骨器	小计	玉髓串珠	滑石串珠	绿松石串珠	水晶串珠	黑石串珠	费昂斯珠	石化妆棒	石杵	石砺石	石镞	石球	石饰件	石磨盘	石磨棒	石器	小计	铅别针	铅耳环	铅手镯	小计	金耳环	小计	海贝	小计	蚌饰	小计	糜子
			4									0	1															1				0		0		0		0	
			1									0																0				0		0		0		0	
			0									0																0				0		0		0		0	
			0									0																0				0		0		0		0	
			2	57								57																0				0		0		0		0	
		1	6									0		14														14				0		0		0		0	
			0									0															0				0		0		0		0		
			0									0																0				0		0		0		0	
			0									0																0				0		0		0		0	
			0									0	1															1				0		0		0		0	
			0									0																0				0		0		0		0	
			16	2								2	1		60													61				0		0		0		0	
			0		29							29	1															1				0		0		0		0	
			27									0	3		61													64				0		0		0		0	
			9									0	1		1													2	1			1		0		0		0	
			2									0		12	1													13				0		0		0		0	
			2									0	2	7														9				0		0		0		0	
			2									0	1	1														2				0		0		0		0	
			0									0																0				0		0		0		0	
			0									0																0				0		0		0		0	
			1									0												1				1				0		0		0		0	
			2									0	1	32														33				0		0		0		0	
			2									0																0				0		0		0		0	
			3									0	2															2				0		0		0		0	
			0									0	1	88														89				0		0		0		0	
			6									0		5	3									2				10				0		0		0	3	3	0
			0	58								58		1														1				0		0		0		0	
			0									0																0				0		0		0		0	
			4									0		58														58				0		0		0		0	
			2									0		37	1													38				0		0		0		0	
			10									0	1	45	5													51				0		0		0		0	
			0									0																0				0		0		0		0	
			2									0	4	26	38	82	1											151				0		0		0		0	
			18									0																				0		0		0		0	

墓号	陶器																铜器																						
	双耳陶罐	单耳陶罐	筒形陶罐	四耳陶罐	形制不明陶罐	双乳钉陶壶	双腹耳陶壶	双颈耳陶壶	单耳陶杯	陶杯	双耳陶钵	单耳陶钵	陶钵	陶盆	陶埙	小计	铜耳环	铜手镯	铜镜	铜泡	双联铜泡	三联铜泡	铜刀	盾形铜牌饰	圆形铜牌饰	方形铜牌饰	铜锥	铜管	铜环	铜锈	铜凿	铜短剑	铜铃	铜镞	铜指环	铜珠	铜别针	铜片	铜…
M038	1															1																							
M039	1															1				3																			
M040	1															1	1								1														
M041		1		1												2												1											
M042	2															2	1			2			1					1											
M043	1															1				4					1				5							15			
M044	1															1																							
M045	1															1	2	1																					
M046		1																																					
M047	1															1		2																					
M048	1															1										1			3							28			
M049	1															1																							
M050																0				1									1					1	1				
M051	2			1												3	2																						
M052	1															1	1																						
M053	2															2									4														
M054	1															1	2	3							1				1							17			
M055		1														1	2																						
M056	1															1	2																						
M057																0																							
M058	1															1									1														
M059	1															1							1																
M060																0																							
M061																0																							
M062	1															1	1																						
M064	1															1	2											1											
M065	1															1			2	2							1	1											
M066	1															1				1			1					1											
M067	1															1																							
M068	1			1												2				1					2														
M069	1															1																							
M070	1															1																							
M071	1															1				2			1													12			
M072	1															1							1					1											
M073	1															1			1	1																			
M074	2															2	1				1																	1	

铜器			骨器									玉石器																铅器				金器		贝器		蚌器		植物
铜斧	铜丝	小计	骨牌饰	骨锥	骨纺轮	骨管	骨带扣	骨针	羊距骨	骨器	小计	玉髓串珠	滑石串珠	绿松石串珠	水晶串珠	黑石串珠	费昂斯珠	石化妆棒	石杵	砺石	石镞	石球	石饰件	石磨盘	石磨棒	石器	小计	铅别针	铅耳环	铅手镯	小计	金耳环	小计	海贝	小计	蚌饰	小计	糜子
		0									0																0					1	1		0		0	0
		3									0																0						0		0		0	0
		2									0		2														2						0		0		0	0
		1									0		2	1													3						0		0		0	0
		5									0	1							1								2						0		0		0	0
		25									0			9													9					0	0	1	1	2	2	
		0	3								3		5	1													6						0		0		0	0
		3									0	1	2	1													4						0		0		0	0
		0									0		2	1													3						0		0		0	0
		2									0	1	1	1													3						0		0		0	0
		32									0			1													1					0	0	4	4	5	5	
		0									0																0						0		0		0	0
		4									0		2														2						0		0		0	0
		2									0		2														2						0		0		0	0
		1									0		7	6													13						0		0		0	0
		4									0																0						0		0		0	0
		24									0		7														7						0		0		0	0
		2									0																0						0		0		0	0
1		3									0		2														2						0		0		0	0
		0									0																0						0		0		0	0
		1									0		1														1	1			1		0		0		0	0
		1									0	2		1													3						0		0		0	0
		0									0			1													1						0		0		0	0
		0									0			1													1						0		0		0	0
		1									0		1	1													2						0		0		0	0
		3									0	1	3														4						0		0		0	0
		6									0	1															1						0		0		3	3
		4									0		2									1						3						0		0		0	0
		0									0		6			1	1										7						0		0		0	0
		3									0		4														4						0		0		0	0
		0									0																0						0		0		0	0
		0									0		1														2						0		0		0	0
		15									0			5													5						0		0		0	0
		2									0	2															2						0		0		0	0
		2									0			1													1						0	2	2	7	7	
		3									0		1														1						0		0		0	0

墓号	陶器																铜器																						
	双耳陶罐	单耳陶罐	筒形陶罐	四耳陶罐	形制不明陶罐	双乳钉陶壶	双腹耳陶壶	双颈耳陶壶	单耳陶杯	陶杯	双耳陶钵	单耳陶钵	陶钵	陶盆	陶埙	小计	铜耳环	铜手镯	铜镜	铜泡	双联铜泡	三联铜泡	铜刀	盾形铜牌饰	圆形铜牌饰	方形铜牌饰	铜锥	铜管	铜环	铜锛	铜凿	铜短剑	铜铃	铜镞	铜指环	铜珠	铜别针	铜片
M075	1															1	2				2				1													
M076	1															1	2	1																				
M077	1															1																						
M078	1															1																						
M079																0																						
M080	1															1									1	3												
M081	1															1				1					2													
M082	1															1	3	2				1														5		
M083																0																						
M084	1															1									2													
M085	1															1							1			1												
M086	1															1																						
M087	1															1									1													
M088	1															1	2																					
M089	1															1																						
M090																0	2																					
M091	1															1				6			1			4												
M092	1															1										1												
M093		1														1	1																			5		
M094	1															1																						
M095																0																						
M096	1															1	1																					
M097	1															1																						
M098	1															1																					1	
M099	1															1									1	1												
M100			1													1																						
M101	1															1				1						1												1
M102		1														1																				10		
M103	1															1																						
M104	1															1																						
M105	1															1	1																					
M106	1															1																						
M107	1															1																						
M108																0																						
M109	1			1	1											3					2				1	1												
M110	2															2											1	1										

续表

铜斧	铜丝	小计	骨牌饰	骨锥	骨纺轮	骨管	骨带扣	骨针	羊距骨	骨器小计	玉髓串珠	滑石串珠	绿松石串珠	水晶串珠	黑石串珠	费昂斯珠	石化妆棒	石杵	砺石	石镞	石球	石饰件	石磨盘	石磨棒	石器小计	铅别针	铅耳环	铅手镯	小计	金耳环	小计	海贝	小计	蚌饰	小计	糜子
		5								0		4	1												5				0		0		0		0	
		3								0	2	4	2												8				0		0		0		0	
		0								0		2							1						3				0		0		0	1	1	
		0								0			1												1				0		0		0		0	
		0								0															0				0		0		0		0	
		4								0		7													7				0		0		0		0	
		3								0		3	1						1						5	1			1		0		0		0	
		11	1							1	2														2				0		0		0		0	
		0								0															0				0		0		0		0	
		2	1							1															0				0		0		0		0	
		2								0		7						1							8				0		0		0		0	
		0								0															0				0		0		0		0	
		1								0															0				0		0		0		0	
		2								0	1	1													2				0		0		0		0	
		0								0															0				0		0		0		0	
		2								0	1														1				0		0		0		0	
		11								0		1	1												2				0		0		0		0	
		1								0	2	1	1												4				0		0		0		0	
		6								0			1												1				0		0		0		0	
		0								0															0				0		0		0		0	
		0								0															0				0		0		0		0	
		1								0		1													1				0		0		0		0	
		0								0															0				0		0		0		0	
		1								0		1													1				0		0		0		0	
		2								0	1			1											2				0		0		0		0	
		0								0															0				0		0		0		0	
		3								0			1												1				0		0		0		0	
		10	14							14															0				0		0		0		0	
		0								0															0				0		0		0		0	
		0								0															0				0		0		0		0	
		1								0		6													6				0		0		0		0	
		0								0															0	1			1		0		0		0	
		0								0															0				0		0		0		0	
		0								0															0				0		0		0		0	
		4								0	1														1				0		0		0		0	
		2	56							56															0				0		0		0		0	

| 墓号 | 陶器 | | | | | | | | | | | | | | | | 铜器 | | | | | | | | | | | | | | | | | | | | | |
---	双耳陶罐	单耳陶罐	筒形陶罐	四耳陶罐	形制不明陶罐	双乳钉陶壶	双腹耳陶壶	双颈耳陶壶	单耳陶杯	陶杯	双耳陶钵	单耳陶钵	陶钵	陶盆	陶埙	小计	铜耳环	铜手镯	铜镜	铜泡	双联铜泡	三联铜泡	铜刀	盾形铜牌饰	圆形铜牌饰	方形铜牌饰	铜锥	铜管	铜环	铜镞	铜凿	铜短剑	铜铃	铜镦	铜指环	铜珠	铜别针	铜片
M111	1															1	2											1										
M112					1											1	1				2	1			3													
M114	1															1	1								2													
M115	1															1																						
M116																0	1																					
M117	1															1	2																					
M118	1															1																						1
M119	1															1																						
M120	1															1								1														
M121	1											1				2																						
M122	1															1																						
M123	1															1									1													40
M124	1															1	1																					
M125	1															1			4	1					16	1		7										84
M126	1															1				1		18	1		1													
M127	1															1	2	1							2	1											1	8
M128	1															1												1	1									3
M129	1															1	1																					
M130	1															1								2														
M131	1															1								1														
M132	2															2		1							1													
M133	1															1																						
M134	1															1																						
M135																0																					1	
M136	1															1								1														
M137		1														1	2								3			4										20
M138				1												1																						
M139		1														1																						
M140	1															1	2	1																				
M141																0																						2
M142	1															1																						
M143			1													1																				1		
M144	2											1				3									1							1						1
M145	1															1	1				4		1		4	1												
M146	1															1								1				1										
M147	1															1	1																					

			骨器									玉石器																铅器				金器		贝器		蚌器		植物
铜斧	铜丝	小计	骨牌饰	骨锥	骨纺轮	骨管	骨带扣	骨针	羊距骨	骨器	小计	玉髓串珠	滑石串珠	绿松石串珠	水晶串珠	黑石串珠	费昂斯珠	石化妆棒	石杵	砺石	石镞	石球	石饰件	石磨盘	石磨棒	石器	小计	铅别针	铅耳环	铅手镯	小计	金耳环	小计	海贝	小计	蚌饰	小计	糜子
		3									0	1	5														6				0		0		0		0	
		7									0	5		1													6				0		0	5	5		0	
		3									0	1		1													2				0		0		0		0	
		0									0																0				0		0		0		0	
		1									0	11															11				0		0		0		0	
		2									0	1															1				0		0		0		0	
		1									0			1													1				0		0		0		0	
		0									0																0				0		0		0		0	
		1									0	3															3				0		0		0	1	1	
		0									0																0				0		0		0		0	
		0									0																0				0		0		0		0	
		41									0			3													3				0		0		0		0	
		1									0	1	18														19				0		0		0		0	
		113									0	1	5	1													7				0		0		0		0	
		21									0	2		5													7				0		0		0		0	
		15	1								1	1	3	3													7				0		0		0		0	
		5									0		4	2													6				0		0		0		0	
		1									0		2														2				0		0		0		0	
		2									0			1													1				0		0		0		0	
		1									0	2	1														3				0		0		0		0	
		2	2								2			3												1	4				0		0		0		0	
		0									0																0				0		0		0		0	
		0									0			1				1									2				0		0		0	1	1	
		1	1								1	1		1													2				0		0		0		0	
		2								1	1	1															1				0		0		0		0	
		29									0	1		1													2				0		0		0		0	
		0									0																0				0		0		0		0	
		1									0																0				0		0		0		0	
		3									0	1	12														13				0		0		0		0	
		2									0		2														2				0		0		0		0	
		0									0																0				0		0		0		0	
		1									0																0				0		0		0		0	
		3									0	1	7														8				0		0		0		0	
		11									0	3		2													5				0		0	5	5		0	
		2									0	2		1													3				0		0		0		0	
		1									0	1	1														2				0		0		0		0	

墓号	陶器																铜器																					
	双耳陶罐	单耳陶罐	筒形陶罐	四耳陶罐	形制不明陶罐	双乳钉陶壶	双腹耳陶壶	双颈耳陶壶	单耳陶杯	陶杯	双耳陶钵	单耳陶钵	陶钵	陶盆	陶埙	小计	铜耳环	铜手镯	铜镜	铜泡	双联铜泡	三联铜泡	铜刀	盾形铜牌饰	圆形铜牌饰	方形铜牌饰	铜锥	铜管	铜环	铜镑	铜凿	铜短剑	铜铃	铜镞	铜指环	铜珠	铜别针	铜片
M148	2															2			2		2	2	1		3		1											
M149	1															1																						
M150	1															1									3		2											
M151	1															1													1									
M152	1															1									4													
M153	1															1									6		1		8									
M154	1															1									3				3									
M155	3	1														4	1		1																			
M156																0																						
M157																0																						
M158	1															1																						
M159	1															1											1		1									
M160																0																						
M161																0																						
M162	1															1																					1	
M163																0																						
M164			1													1																						
M165																0																						
M166	1															1				1					5											5		
M167	1															1																						
M168																0																						
M169	1											1				2																						
M170																0																						
M171	1															1																						
M172																0																						
M173																0													2									
M174																0																						
M175	1															1																						
M176	1															1																						
M177		1														1																						
M178	1	1														2																						
M179	1															1											1		1									
M180																0																						
M181	1															1																						
M182	1															1													2								1	
M183	1															1											1		5							33		

铜器			骨器									玉石器																铅器				金器		贝器		蚌器		植物
铜斧	铜丝	小计	骨牌饰	骨锥	骨纺轮	骨管	骨带扣	骨针	羊距骨	骨器	小计	玉髓串珠	滑石串珠	绿松石串珠	水晶串珠	黑石串珠	费昂斯珠	石化妆棒	石杵	砺石	石镞	石球	石饰件	石磨盘	石磨棒	石器	小计	铅别针	铅耳环	铅手镯	小计	金耳环	小计	海贝	小计	蚌饰	小计	糜子
		11									0			2													2				0		0	1	1		0	
		0									0	1	4	1													6				0		0		0		0	7
		5									0		6														6	3			3		0		0		0	
		1									0		1														1				0		0		0		0	
		4									0	1															1				0		0		0		0	
		15									0																0				0		0		0	6	6	
		6									0	1	3	14													18				0		0		0		0	
		2									0	2		1													3	1			1		0		0		0	
		0									0																0				0		0		0		0	
		0									0																0				0		0		0		0	
		2									0																0	2			2		0		0		0	
		0									0																0				0		0		0		0	
		0									0		1	1													2	1			1		0		0		0	
		1									0			1													1				0		0		0		0	
		0									0																0				0		0		0		0	
		0									0	1															1				0		0		0		0	
		11									0	1	2	4													7				0		0		0		0	
		0		9							9		1														1				0		0		0		0	
		0									0													1			1				0		0		0		0	
		0									0	3															3				0		0		0		0	
		0									0																0				0		0		0		0	
		0									0			1													1				0		0		0		0	
		0									0																0				0		0		0		0	
		2									0																0				0		0		0		0	
		0									0																0				0		0		0		0	
		0									0																0				0		0		0		0	
		0									0																0				0		0		0		0	
		0									0																0				0		0		0		0	
		2									0			1													1	1			1		0		0		0	
		0									0		1														1				0		0		0		0	
		0									0																0				0		0		0		0	
		3									0	1															1	1			1		0		0		0	
		39	2								2	1		4													5	2			2		0		0		0	

墓号	陶器																铜器																					
	双耳陶罐	单耳陶罐	筒形陶罐	四耳陶罐	形制不明陶罐	双乳钉陶壶	双腹耳陶壶	双颈耳陶壶	单耳陶杯	陶杯	双耳陶钵	单耳陶钵	陶钵	陶盆	陶埙	小计	铜耳环	铜手镯	铜镜	铜泡	双联铜泡	三联铜泡	铜刀	盾形铜牌饰	圆形铜牌饰	方形铜牌饰	铜锥	铜管	铜环	铜锛	铜凿	铜短剑	铜铃	铜镞	铜指环	铜珠	铜别针	铜片
M184																0																						
M185	1															1																						
M186	1															1										1			3									
M187	1															1																						
M188	1															1																						
M189				1												1																						
M190	1															1	4	2	2	1	11				8	1			6							141		
M191	1															1								2														
M192	1															1																						
M193		1														1							1															
M194	1															1																						
M195	1															1	1	1		1						1			1							12		
M196		1														1																				4		
M197	1															1								1														
M198	1															1	2	2		2						1										16		
M199	1															1	2																					
M200	1															1				2						1			5							2		
M201	1															1	2								1	1												
M202	1															1										1			4									
M203	1															1				2																		
M204																0	1																					
M205																0																						
M206	1															1	3												1									
M207	1															1									1	1												
M208																0																						
M209	1															1	2																					
M210	1															1	2																			2		
M211	1															1																						
M212	1															1																					1	
M213																0	1																					
M214	1															1	2	1											1									
M215	1															1	1							1		1	1											
M216	1															1																						
M217	1	1														2																						
M218																0																						
M219		1														1																						

铜器			骨器								玉石器																铅器				金器		贝器		蚌器		植物
铜斧	铜丝	小计	骨牌饰	骨锥	骨纺轮	骨管	骨针	羊距骨	骨器	小计	玉髓串珠	滑石串珠	绿松石串珠	水晶串珠	黑石串珠	费昂斯珠	石化妆棒	石杵	石砺石	石镞	石球	石饰件	石磨盘	石磨棒	石器	小计	铅别针	铅耳环	铅手镯	小计	金耳环	小计	海贝	小计	蚌饰	小计	麋子
		0								0																0				0		0		0		0	
		0	76							76																0				0		0		0		0	
		4								0	1	1														2				0		0		0		0	
		0								0																0				0		0		0		0	
		0								0			1													1				0		0		0		0	
		0								0		1														1				0		0		0		0	
		176								0	11	16	77													104				0		0	1	1		0	
		2								0																0				0		0		0		0	
		0								0																0				0		0		0		0	
		1							1	1		44	1													45				0		0		0		0	
		2								0																0				0		0		0		0	
		17								0	1	7	4													12				0		0		0		0	
		4								0	2	8	2													12				0		0		0		0	
		1								0		2														2				0		0		0		0	
		23	2							2	1	112	19													132				0		0		0		0	
		2								0	1		4													5				0		0		0		0	
		10							1	1		1	3			4										8				0		0		0		0	
		4	3							3		2														2				0		0		0		0	
		5								0																0				0		0	1	1		0	
		2								0	1		1													2				0		0	1	1		0	
		1								0																0				0		0		0		0	
		0								0																0				0		0		0		0	
		4								0		79	1													80				0		0		0		0	
		2								0																0				0		0		0		0	
		0								0																0				0		0		0		0	
		2								0			1													1				0		0		0		0	
		4								0		3	2													5				0		0		0		0	
		0								0																0				0		0		0		0	
		1								0																0				0		0		0		0	
		1								0																0				0		0		0		0	
		4								0	1	3														4				0		0		0		0	
		4								0	1	10														11				0		0	4	4		0	
		0								0																0				0		0		0		0	
		0								0		1														1				0		0		0		0	
		0								0																0				0		0		0		0	

墓号	陶器																铜器																					
	双耳陶罐	单耳陶罐	筒形陶罐	四耳陶罐	形制不明陶罐	双乳钉陶壶	双腹耳陶壶	双颈耳陶壶	单耳陶杯	陶杯	双耳陶钵	单耳陶钵	陶钵	陶盆	陶埙	小计	铜耳环	铜手镯	铜镜	铜泡	双联铜泡	三联铜泡	铜刀	盾形铜牌饰	圆形铜牌饰	方形铜牌饰	铜锥	铜管	铜环	铜锛	铜凿	铜短剑	铜铃	铜镞	铜指环	铜珠	铜别针	铜片
M220	1															1								1														
M221			1													1										1												
M222	1															1																						
M223	1															1																						
M224	1															1				1				1				1	1									2
M225	1															1	1	2							1				1									
M226	1															1			1							2		6										40
M227																0																						
M228	1															1																						
M229			1													1		1								1		3										11
M230	1															1	3																					
M231																0																						
M232			1													1				2																		1
M233																0	2			6			2					3										
M234																0																						
M235		1														1			1	1						1												
M236	1															1																						
M237																0																						
M238																0																						
M239																0																						
M240																0																						
M241	1															1				2																		
M242		1														1	3			1																		
M243		1														1	1																					
M244	1	1														2																						
M245																0																						
M246	2															2	2	1																				
M247			1													1	2			3																		
M248	1															1												1										17
M249	1															1																						
M250																0																						
M251																0																						
M252						1										1	2																					
M253	1															1	2																					
M254																0											1	4		1								
M255																0																						

			骨器									玉石器																铅器				金器		贝器		蚌器		植物
铜斧	铜丝	小计	骨牌饰	骨锥	骨纺轮	骨管	骨带扣	骨针	羊距骨	骨器	小计	玉髓串珠	滑石串珠	绿松石串珠	水晶串珠	黑石串珠	费昂斯珠	石化妆棒	石杵	砺石	石镞	石球	石饰件	石磨盘	石磨棒	石器	小计	铅别针	铅耳环	铅手镯	小计	金耳环	小计	海贝	小计	蚌饰	小计	糜子
		1									0	1															1				0		0		0		0	
		1									0		214	15				1									230				0		0		0		0	
		0									0																0		2		2		0		0		0	
		0									0		1														1				0		0		0		0	
		6									0			2													2				0		0		0		0	
		5	1								1		1														1				0		0		0		0	
		49	187								187			5													5				0		0	1	1		0	
		0									0		209	23													232				0		0		0		0	
		0									0																0				0		0		0		0	
		16									0	1		3													4				0		0		0		0	
		3									0	1		1													2				0		0		0		0	
		0									0																0				0		0		0		0	
		7									0		2														2				0		0		0		0	
		13									0																0				0		0		0		0	
		0									0																0				0		0		0		0	
		3	42								42			1													1				0		0		0		0	
		0									0																0				0		0		0		0	
		0									0																0				0		0		0		0	
		0									0																0				0		0		0		0	
		0									0																0				0		0		0		0	
		2									0		2														2				0		0		0		0	
		4									0	1	2	6					1								10				0		0		0		0	
		1									0		2														2				0		0	1	1		0	
		0									0																0				0		0		0		0	
		0									0	1	7														8				0		0		0		0	
		3	4	1							5		1	4													5				0		0		0		0	
		5									0	1	4	9													14				0		0		0		0	
		18									0	2															2				0		0		0		0	
		0									0																0				0		0		0		0	
		0									0																0				0		0		0		0	
		2									0																0				0		0		0		0	
		2									0																0				0		0		0		0	
		6									0		3	4													7				0		0		0		0	
		0									0																0				0		0		0		0	

墓号	陶器																铜器																					
	双耳陶罐	单耳陶罐	筒形陶罐	四耳陶罐	形制不明陶罐	双乳钉陶壶	双腹耳陶壶	双颈耳陶壶	单耳陶杯	陶杯	双耳陶钵	单耳陶钵	陶钵	陶盆	陶埙	小计	铜耳环	铜手镯	铜镜	铜泡	双联铜泡	三联铜泡	铜刀	盾形铜牌饰	圆形铜牌饰	方形铜牌饰	铜锥	铜管	铜环	铜锛	铜凿	铜短剑	铜铃	铜镞	铜指环	铜珠	铜别针	铜片
M256																0																						
M257																0	2		1																			
M258																0																						
M259		1														1																						
M260	1															1									1													
M261	1															1	2	1			3				1		1											
M262	1															1																						
M263	1															1	2								1													
M264																0	1								1													
M265	1															1									1													
M266	1															1	2	2	4	23	4				6		1									70		
M267	1															1	2			18	2			1			3											
M268	1															1	1																					
M269																0								1	1													
M270																0				1				1														
M271																0																						
M272																0																						
M273																0																						
M274	1															1	1																					
M275	1															1	2				2	1				1												
M276	1															1																						
M277	2			1												3	1	1																				
M278																0											1											
M279	1															1					2	1		1														
M280	1															1					1				1		2									1		1
M281	1															1	2		1	2				1			1											
M283	1															1				1																		
M284	1			1												2								1														
M285				1												1																						
M286	1															1																1	2					
M287	1															1				6																		
M288	1															1																						
M289	1															1	2		3													1	1					
M290	1															1																						
M292	1															1																1	1					1
M293	1															1																						

续表

铜斧	铜丝	小计	骨牌饰	骨锥	骨纺轮	骨管	骨带扣	骨针	羊距骨	骨器	小计	玉髓串珠	滑石串珠	绿松石串珠	水晶串珠	黑石串珠	费昂斯珠	石化妆棒	石杵	砺石	石镞	石球	石饰件	石磨盘	石磨棒	石器	小计	铅别针	铅耳环	铅手镯	小计	金耳环	小计	海贝	小计	蚌饰	小计	糜子
		0									0																0				0		0		0		0	0
		3									0		1														1				0		0		0		0	0
		0									0																0				0		0		0		0	0
		0									0																0				0		0		0		0	0
		1									0																0				0		0		0		0	0
		8									0	1	13	7													21				0		0		0		0	0
		0									0																0				0		0		0		0	0
		3									0																0				0		0		0		0	0
		2									0																0				0		0		0		0	0
		1									0																0				0		0		0		0	0
		112									0	1		77													78				0		0		0		0	0
		26									0	1		10													11				0		0		0		0	0
		1									0			1													1				0		0		0		0	0
		2									0																0				0		0		0		0	0
		2									0																0				0		0		0		0	0
		0									0																0				0		0		0		0	0
		0									0																0				0		0		0		0	0
		0									0																0				0		0		0		0	0
		1									0	1															1				0		0		0		0	0
		6									0		9	2													11				0		0		0		0	0
		1									0		3														3				0		0		0		0	0
		2									0		4														4				0		0		0		0	0
		1									0																0				0		0		0		0	0
		4									0							1									1				0		0		0		0	0
		6									0																0				0		0		0		0	0
		7									0	1	4														5				0		0		0		0	0
		1									0		10	1													11				0		0		0		0	0
		1									0			1													1				0		0		0		0	0
		0									0																0				0		0		0		0	0
		3	79								79	3		1													4				0		0		0		0	0
		9	.								0			1													1				0		0	2	2		0	0
		0									0																0				0		0		0		0	0
		7									0	1															1				0		0		0		0	0
		0									0																0				0		0		0		0	0
		3									0																0				0		0		0		0	0
		0									0																0				0		0		0		0	0

墓号	陶器																铜器																					
	双耳陶罐	单耳陶罐	筒形陶罐	四耳陶罐	形制不明陶罐	双乳钉陶壶	双腹耳陶壶	双颈耳陶壶	单耳陶杯	陶杯	双耳陶钵	单耳陶钵	陶钵	陶盆	陶埙	小计	铜耳环	铜手镯	铜镜	铜泡	双联铜泡	三联铜泡	铜刀	盾形铜牌饰	圆形铜牌饰	方形铜牌饰	铜锥	铜管	铜环	铜锛	铜凿	铜短剑	铜铃	铜镞	铜指环	铜珠	铜别针	铜片
M294																0																						
M295	1															1								1														
M296	1															1	2	1																		9		
M297	1															1																						
M298	1															1	2		3																			
M299	1															1																						
M300	1															1													1									
M301	1															1	2	2	4	10								2	1		8					14		
M302	1															1								1														
M303	1															1																1			1			
M304																0																						
M305	1															1								1				1	1									
M306	1		1													2																						
M307	1															1	2			6				1			1				3				1			
M308																0																						
M309		1														1																						
M310														1		1											1											
M311	2															2	4	2	3	3	5						12	1			5					57		
M312	1			1												2	2			3	1		1				1	1										
M313																0																				3		
M314					1											1																						
M315	1															1			3				1								8	1			1			
M316	2															2	2	2		8							1	1			1							
M317	3	1														4	3			4																5		
M318																0																						
M319																0							1															
M320																0				1																	1	
M321	1															1											4	1								14		1
M322	1															1				1																		
M323	1															1										1												
M324	1															1																						
M325		1														1								1														1
M326																0																						
M327	1															1				1			1				1	1										
M328	1															1				1							1											
M329																0	3			1			1															

续表

				骨器									玉石器																铅器				金器		贝器		蚌器		植物
铜饰件	铜斧	铜丝	小计	骨牌饰	骨锥	骨纺轮	骨管	骨带扣	骨针	羊距骨	骨器	小计	玉髓串珠	滑石串珠	绿松石串珠	水晶串珠	黑石串珠	费昂斯珠	石化妆棒	石杵	砺石	石镞	石球	石饰件	石磨盘	石磨棒	石器	小计	铅别针	铅耳环	铅手镯	小计	金耳环	小计	海贝	小计	蚌饰	小计	糜子
			0									0																0				0		0		0		0	
			1									0																0				0		0		0		0	
			12									0		14	1													15				0		0		0		0	
			0									0																0				0		0		0		0	
			5									0	4	118	4													126				0		0		0		0	
			0									0																0				0		0		0		0	
			1									0																0				0		0		0		0	
			43									0	1	9	11													21				0		0		0		0	
			1									0		3														3				0		0		0		0	
			2									0																0				0		0		0		0	
			0									0																0				0		0		0		0	
			3									0								1								1				0		0		0		0	
			0									0		57	3			274										334				0		0		0		0	
			14				1					1	3	1							1							5				0		0		0		0	
			0									0																0				0		0		0		0	
			0									0																0				0		0		0		0	
			1									0		1														1				0		0		0		0	
			92	15								15	1		110													111				0		0		0		0	
			9									0	1		3							1						5				0		0		0		0	
			3									0		5	1													6				0		0		0		0	
			0									0																0				0		0		0		0	
			14			2						2	1	21	4													26				0		0		0		0	
			15	7								7	2	17	29													48				0		0		0		0	
			12	5								5	1	10														11				0		0	1	1		0	
			0						10			10	1	9														10				0		0	3	3		0	
			1					2				2																0				0		0		0		0	
			2									0			1													1				0		0		0		0	
			20									0	2	167														169				0		0	1	1		0	
			1		2							2		1														1				0		0		0		0	
			1									0			1													1				0		0		0		0	
			0	1								1																0				0		0		0		0	
1			3									0	1	127	6													134				0	2	2		0		0	
			0									0																0				0		0		0		0	
			4									0			2													2				0		0		0		0	
			2									0																0				0		0		0		0	
			5									0	2											1				3				0		0		0		0	

墓号	双耳陶罐	单耳陶罐	筒形陶罐	四耳陶罐	形制不明陶罐	双乳钉陶壶	双腹耳陶壶	双颈耳陶壶	单耳陶杯	陶杯	双耳陶钵	单耳陶钵	陶体	陶盆	陶埙	小计	铜耳环	铜手镯	铜镜	铜泡	双联铜泡	三联铜泡	铜刀	盾形铜牌饰	圆形铜牌饰	方形铜牌饰	铜锥	铜管	铜环	铜锛	铜凿	铜短剑	铜铃	铜镞	铜指环	铜珠	铜别针	铜片
M330	1															1	2				1																	
M331																0																						
M332		1														1																						
M333	1															1	2								1													
M334	1															1									1													
M335	1															1																						
M336																0																						
M337	1															1									1													
M338	1															1	1																					
M339																0				6			1															
M340	1															1				1	1						1											
M341	1															1	4	2		8	2		1		10		1				1	1						1
M342	1															1	1								1			1										
M343																0																						
M344																0																						
M345																0	1																					
M346	1															1																						
M347																0																						
M348																0																						
M349	1															1				1				2	1		2									18		2
M350	1															1	2										1									1		
M351																0																						
M352																0																						
M353				1												1																						
M354	1															1	2								2													
M355		1														1																						
M356																0																						
M357	1															1									1													
M358	1															1	2																					
M359	1															1	1			1					1													
M360		1														1																						
M361	1															1	2	1		1																1		5
M362	1															1	1			1				1	3													
M363	1															1	1																					
M364																0																						
M365	3															3	2	1							1													

铜布件	铜斧	铜丝	小计	骨牌饰	骨锥	骨纺轮	骨管	骨带扣	骨针	羊距骨	骨器	小计	玉髓串珠	滑石串珠	绿松石串珠	水晶串珠	黑石串珠	费昂斯珠	石化妆棒	石杵	石砺石	石镞	石球	石饰件	石磨盘	石磨棒	石器	小计	铅别针	铅耳环	铅手镯	小计	金耳环	小计	海贝	小计	蚌饰	小计	糜子
			3									0	1	5							3							9				0		0		0		0	
			0									0																0				0		0		0		0	
			0									0																0				0		0		0		0	
			3									0		70														70				0		0		0		0	
			1									0																0				0		0		0	1	1	
			0									0																0				0		0		0		0	
			0									0																0				0		0		0		0	
1			2									0			2													2				0		0		0		0	
			1									0		3	1													4				0		0		0		0	
			7									0																0				0		0		0		0	
1			4									0		3														3				0		0		0		0	
			31									0	1		20													21				0		0		0		0	
			3									0	2															2				0		0		0		0	
			0									0																0				0		0		0		0	
			0									0																0				0		0		0		0	
			1									0																0				0		0		0		0	
			0									0	1		1													2				0		0		0		0	
			0									0																0				0		0		0		0	
			0									0																0				0		0		0		0	
			26									0		5	2													7				0		0		0		0	
1			5									0		19														19				0		0		0		0	
			0									0																0				0		0		0		0	
			0									0		19	6													25				0		0		0		0	
			0									0																0				0		0		0		0	
			4									0	1															1				0		0		0		0	
			0									0																0				0		0		0		0	
			0									0																0				0		0		0		0	
			1									0																0				0		0		0		0	
			2									0			1													1				0		0		0		0	
			3									0																0				0		0		0		0	
			0									0																0				0		0		0		0	
			10									0	1	127	7	1												136				0		0		0		0	
			6									0	1		1													2				0		0		0		0	
			2									0				1												1				0		0		0		0	
			0									0																0				0		0		0		0	
			4									0	1	17	20													38				0		0		0		0	

墓号	双耳陶罐	单耳陶罐	筒形陶罐	四耳陶罐	形制不明陶罐	双乳钉陶壶	双腹耳陶壶	双颈耳陶壶	单耳陶杯	陶杯	双耳陶钵	单耳陶钵	陶钵	陶盆	陶埙	小计	铜耳环	铜手镯	铜镜	铜泡	双联铜泡	三联铜泡	铜刀	盾形铜牌饰	圆形铜牌饰	方形铜牌饰	铜锥	铜管	铜环	铜锛	铜凿	铜短剑	铜铃	铜镞	铜指环	铜珠	铜别针	铜片
M366	1															1	2		3			1																
M367	1															1	1																			23		
M368																0																				1		
M369	1															1	2																					
M370																0																						
M371									1							1	1	1										1								1		
M372																0	1																					
M373	1															1																						
M374	1															1									1			5								2		
M375			2													2							1	1														
M376		1														1											4	1	1							19		
M377	1															1																						1
M378	1															1	3	4		3				1				1								11		
M379	1															1	2											1										
M380	1															1	2																					
M381	1															1				1																		
M382		1														1	1																					
M383	1															1	2	1																				
M384	1															1				2		2						1	2			1						
M385	1															1				6	3		1	1					1		1							
M386																0				1																		
M387																0	1	1																				
M388		1														1	1																					
M389																0																						
M390																0																						
M391																0																						
M392	1															1																						
M393	1															1																						
M394	1															1	1																					
M395	1															1																						
M396	1															1																						
M397	1															1	1	2										5								11		
M398	1															1																						
M399	1															1	2	1											1									1
M400	1															1	2	1		7	3						13	3		8						29		
M401																0																						

铜饰	铜斧	铜丝	小计	骨牌饰	骨锥	骨纺轮	骨管	骨带扣	骨针	羊距骨	骨器	小计	玉髓串珠	滑石串珠	绿松石串珠	水晶串珠	黑石串珠	费昂斯珠	石化妆棒	石杵	砺石	石镞	石球	石饰件	石磨盘	石磨棒	石器	小计	铅别针	铅耳环	铅手镯	小计	金耳环	小计	海贝	小计	蚌饰	小计	糜子
			6									0	1		2													3						0		0		0	0
			24									0	1	2														3						0		0		0	0
			1									0		27	12													39						0		0		0	0
			2									0		3														3						0		0		0	0
			0									0																0						0		0		0	0
			4									0		3														3						0		0		0	0
			1									0		268	4													292						0		0		0	0
			0									0	1															1						0		0		0	0
			8									0	2	2	1													5						0		0		0	0
			2									0		551	66				1									618						0		0	4	4	0
			25									0	5															5						0		0		0	0
			1									0		3	1													4						0		0		0	0
			23									0		6	2													8						0		0		0	0
			3									0		36	2													38						0		0		0	0
			2	8								8	1	5														6			2	2		0		0		0	0
			1									0																0						0		0		0	0
			1									0			1													1						0		0		0	0
			3									0		43	1													44						0		0		0	0
			8									0	1		3													4						0		0		0	0
			13									0	1	2	1									1		1	1	7						0		0		0	0
			1									0																0						0		0		0	0
			2									0		9														9						0		0		0	0
		1	2									0	1	1														2						0		0		0	0
			0									0																0						0		0		0	0
			0									0			1													1						0		0		0	0
			0		22							22	1														1						0		0		0	0
			0									0															0						0		0		0	0
			0									0															0	1			1		0	1	1		0	0
			1									0		1														1						0		0		0	0
			0									0															0						0		0		0	0
			0									0															0						0		0		0	0
			19									0	1	39	8													48						0		0		0	0
			0									0															0						0		0		0	0
			5			4						4	1	7	78												86						0		0		0	0
			67									0	3		30												33						0		0	1	1	0
			0									0															0						0		0		0	0

墓号	陶器																铜器																					
	双耳陶罐	单耳陶罐	筒形陶罐	四耳陶罐	形制不明陶罐	双乳钉陶壶	双腹耳陶壶	双颈耳陶壶	单耳陶杯	陶杯	双耳陶钵	单耳陶钵	陶钵	陶盆	陶埙	小计	铜耳环	铜手镯	铜镜	铜泡	双联铜泡	三联铜泡	铜刀	盾形铜牌饰	圆形铜牌饰	方形铜牌饰	铜锥	铜管	铜环	铜锛	铜凿	铜短剑	铜铃	铜镞	铜指环	铜珠	铜别针	铜片
M402	1															1																						
M403																0																				1		
M404	2		1													3																						
M405																0																						
M406	1															1	2	1										1										
M407	1															1	1																					
M408																0																						
M409	1															1	1																					
M410	1															1	1																			1		
M411	1								1							2				5																		
M412	1															1				1	1				1													
M413																0																						
M414	1															1	2																					
M415		1														1									8			7										
M416	1															1					1				3													
M420	1															1																						
M421	1															1																						
M422	1															1																						
M423			1													1	2								1											6		
M424					1											1																						
M425																0	1			1																		
M426	1				1											2	1																					
M427	1															1																						
M428	2															2																						
M429		1														1																						
M430	1															1	1																					
M431	1															1		1																				
M432	1															1										1		2										
M433																0																						
M434		1													1	2																						
M435	1															1												5										
M436	1															1																						
M437					1											1		1	1						3	1		8	52							16		
M438	1															1																						
M439		1														1									2													
M440	1															1				2					2	1		9								52		

铜饰件	铜斧	铜丝	小计	骨牌饰	骨锥	骨纺轮	骨管	骨带扣	骨针	羊距骨	骨器	小计	玉髓串珠	滑石串珠	绿松石串珠	水晶串珠	黑石串珠	费昂斯珠	石化妆棒	石杵	砺石	石镞	石球	石饰件	石磨盘	石磨棒	石器	小计	铅别针	铅耳环	铅手镯	小计	金耳环	小计	海贝	小计	蚌饰	小计	糜子
			0									0																0				0	0		0		0		0
			1									0	1															1				0		0		0		0
			0									0			2													2				0		0		0		0
			0									0																0				0		0		0		0
			4									0																0				0		0		0		0
			1									0	1															1				0		0		0		0
			0									0																0				0		0		0		0
			1									0																0				0		0		0		0
			2									0	1	1														2				0		0		0		0
			5									0		75	1													76				0		0		0		0
			3									0																0				0		0		0		0
			0									0																0				0		0		0		0
			2									0																0				0		0		0		0
			15									0			2													2				0	1	1		0		0
			4									0			3													3				0		0		0		0
			0									0																0				0		0		0		0
			0									0																0				0		0		0		0
			9									0	1															1				0		0		0		0
			0									0																0				0		0		0		0
			2									0		1														1				0		0		0		0
			1									0																0				0		0		0		0
			0									0																0				0		0		0		0
			0									0																0				0		0		0		0
			0									0												1				1	2				0		0		0		0
			1									0	3		1													4				0		0		0		0
			1									0																0				0		0		0		0
			3									0																0				0		0		0		0
			0									0																0				0		0		0		0
			0									0		17										4				21				0		0		0		0
			5									0																0				0		0		0		0
			0									0		1														1	1			1		0		0		0
			83	24								24	2		2													4				0		0		0		0
			0									0	3															3				0		0		0		0
			2									0		3														3				0		0		0		0
			66									0	2		1													3				0		0		0		0

墓号	陶器																铜器																						
	双耳陶罐	单耳陶罐	筒形陶罐	四耳陶罐	形制不明陶罐	双乳钉陶壶	双腹耳陶壶	双颈耳陶壶	单耳陶杯	陶杯	双耳陶钵	单耳陶钵	陶钵	陶盆	陶埙	小计	铜耳环	铜手镯	铜镜	铜泡	双联铜泡	三联铜泡	铜刀	盾形铜牌饰	圆形铜牌饰	方形铜牌饰	铜锥	铜管	铜环	铜锛	铜凿	铜短剑	铜铃	铜镞	铜指环	铜珠	铜别针	铜片	铜…
M441	1															1	1	2					1				1										1		
M442									1							1																							
M443	1															1				1					1														
M444	2															2																							
M445	1															1	1	1																					
M446			1								1					2																							
M447	1															1				1					7	1	5									24			
M448	2															2	1									1	1												
M449																0																							
M450																0	1																				1		
M451	1															1																							
M452		1									1					2																							
M453	1															1																							
M454																0																							
M455	1															1									1														
M456	1															1	2	2									1									21		1	
M457	1															1	2			5	1		1	2			1												
M458	1															1																							
M459																0				1																			
M460	1															1				1							1												
M461	3								1				1			5																							
M462	1															1	1			1																			
M463		1														1																							
M464																0																							
M465																0																							
M466	1															1																							
M467																0																							
M468	1															1												1				3				2			
M469			1													1				3																			
M470		1														1																							
M471	1															1								2															
M472		1														1	2		1				1																
M473	1							1								2																							
M474		1	1													2	1												1									1	
M475	1															1	2																						
M476		1														1																							

续表

铜器				骨器									玉石器																铅器				金器		贝器		蚌器		植物
铜饰件	铜斧	铜丝	小计	骨牌饰	骨锥	骨纺轮	骨管	骨带扣	骨针	羊距骨	骨器	小计	玉髓串珠	滑石串珠	绿松石串珠	水晶串珠	黑石串珠	费昂斯珠	石化妆棒	石杵	砺石	石镞	石球	石饰件	石磨盘	石磨棒	石器	小计	铅别针	铅耳环	铅手镯	小计	金耳环	小计	海贝	小计	蚌饰	小计	糜子
			5									0		2														2				0		0		0		0	
			0									0	2	6	1													9				0		0	11	11		0	
			2									0																0				0		0		0		0	
			0									0																0				0		0		0		0	
			2									0	1	3														4				0		0		0		0	
			0									0		140	4							4						148				0			2	2		0	
			38									0	4															4				0		0		0		0	
			3									0	1															1				0		0		0		0	
			0									0																0				0		0		0		0	
			2									0																0				0		0		0		0	
			0									0																0				0		0		0		0	
			0									0		2														2				0		0		0		0	
			0									0																0				0		0		0		0	
			0									0																0				0		0		0		0	
			1									0																0				0		0		0		0	
			27									0		1	1													2				0		0		0		0	
			12									0		2														2				0		0		0		0	
			0									0																0				0		0		0		0	
			1									0																0				0		0		0		0	
			2									0													1			1				0		0		0		0	
			0									0																0				0		0		0		0	
			2									0		11	2													13				0		0		0		0	
			0									0																0				0		0		0		0	
			0									0																0				0		0		0		0	
			0									0																0				0	1	1		0		0	
			0									0																0				0		0		0		0	
			6									0		4														4				0		0		0		0	
			3									0																0				0		0		0		0	
			0									0			1													1	2			2		0		0		0	
			2									0													1			1				0		0		0		0	
			4									0		3														3				0		0		0		0	
			0									0																0				0		0		0		0	
			3									0	3		1													4				0		0		0		0	
			2	4								4			2													2				0		0		0		0	
			0		6							6																0				0		0		0		0	

墓号	陶器 双耳陶罐	单耳陶罐	筒形陶罐	四耳陶罐	形制不明陶罐	双乳钉陶壶	双腹耳陶壶	双颈耳陶壶	单耳陶杯	陶杯	双耳陶钵	单耳陶钵	陶钵	陶盆	陶埙	小计	铜器 铜耳环	铜手镯	铜镜	铜泡	双联铜泡	三联铜泡	铜刀	盾形铜牌饰	圆形铜牌饰	方形铜牌饰	铜锥	铜管	铜环	铜锛	铜凿	铜短剑	铜铃	铜镞	铜指环	铜珠	铜别针	铜片	铜…（残）
M477	1								1							2	2																							
M478		1							1							2																								
M479			1													1			1	1					2	1		8											
M480	1															1	1																						
M481	1															1																							
M482																0									2														
M483	1															1			4	4	3	1			22	2		4								72			
M484																0																							
M485																0																							
M486		1										1				2																							
M487																0			2	3	3	1			1														
M488	1															1																							
M489																0	1	1																					
M490		1														1	1				2							10											
M491	1															1									1			2											
M492																0	1																						
M493	1															1	2																						
M494	1															1	1																						
M495	1															1	1																						
M496	2															2	1	1			2																		
M497		1														1																							
M498	1															1	1	2			3	1						8											
M499																0																							
M500	1															1	2	2		14					1			1								22			
M501	1															1																							
M502	1															1			1						2			1							1				
M503	1															1																							
M504																0				1																			
M505																0																							
M506	1															1												1					1						
M507	1															1																							
M508	1									1							2																							
M509	1															1																							
M510	1															1																							
M511	1															1												2	2										
M512	1															1	2	2																					

				骨器									玉石器																铅器				金器		贝器		蚌器		植物
铜饰件	铜斧	铜丝	小计	骨牌饰	骨锥	骨纺轮	骨管	骨带扣	骨针	羊距骨	骨器	小计	玉髓串珠	滑石串珠	绿松石串珠	水晶串珠	黑石串珠	费昂斯珠	石化妆棒	石杵	砺石	石镞	石球	石饰件	石磨盘	石磨棒	石器	小计	铅别针	铅耳环	铅手镯	小计	金耳环	小计	海贝	小计	蚌饰	小计	糜子
			2									0			1													1				0		0		0		0	
			0									0																0				0		0		0		0	
			13	67								67	2		3													5				0		0		0		0	
			1									0																0				0		0		0		0	
			0	1								1																0				0		0		0		0	
			2									0	1															1				0		0		0		0	
			112									0	3	7	76													86				0		0		0		0	
			0									0																0				0		0		0		0	
			0									0																0				0		0		0		0	
			10									0	1															1				0		0		0		0	
			0									0																0				0		0		0		0	
			2									0			1												1	2				0		0	9	9		0	
			13									0			1													1				0		0		0		0	
			3	2								2			1													1				0		0		0		0	
			1									0																0				0		0		0		0	
			2									0																0				0		0		0		0	
			1									0			1													1				0		0		0		0	
			1									0		1														1				0		0		0		0	
			4									0	1	4														5				0		0		0		0	
			0									0																0				0		0		0		0	
			15									0		2														2				0		0		0		0	
			0									0																0				0		0		0		0	
			42									0		5	4													9				0		0		0		0	
			0									0																0				0		0		0		0	
			5									0			1													1				0		0		0		0	
			0									0																0				0		0		0		0	
			1									0																0				0		0		0		0	
			0									0																0				0		0		0		0	
			2									0																0				0		0		0		0	
			0									0																0				0		0		0		0	
			0									0																0				0		0		0		0	
			0									0																0				0		0		0		0	
			0									0																0				0		0		0		0	
			4									0																0				0		0		0		0	
			4									0		2														2				0		0		0		0	

墓号	陶器																铜器																						
	双耳陶罐	单耳陶罐	筒形陶罐	四耳陶罐	形制不明陶罐	双乳钉陶壶	双腹耳陶壶	双颈耳陶壶	单耳陶杯	陶杯	双耳陶钵	单耳陶钵	陶钵	陶盆	陶塸	小计	铜耳环	铜手镯	铜镜	铜泡	双联铜泡	三联铜泡	铜刀	盾形铜牌饰	圆形铜牌饰	方形铜牌饰	铜锥	铜管	铜环	铜锈	铜凿	铜短剑	铜铃	铜镞	铜指环	铜珠	铜别针	铜片	铜泡贝
M513																0																					1	1	
M514			1													1	1											1											
M515																0																							
M516																0																							
M517																0																							
M518	1															1	2	3		3						1		2											
M519	1															1																							
M520	1															1																					1	2	
M521	1															1	2			2																			
M522	1															1			1																				
M523																0																							
M524					1											1	1																						
M525	3											1				4																							
M526	1															1	2			1																			
M527		1														1	1				1					1													
M528	2															2										2													
M529	1															1					5	4				2													
M530		1														1	2																						
M531																0																							
M532	1															1				3																			
M533																0																							
M534																0										1													
M535																0																							
M536																0									1	2													
M537			1													1																							
M538																0																							
M539	1															1						1																	
M540	1															1	1																						
M541	1															1																							
M542	1															1	1								1	1											1		
M544	1															1	2	1																					
M545	1															1																							
M546	1															1	2	3		2																13			
M547	1															1										1													
M548		1														1																							
M549	1															1																							

铜器				骨器									玉石器																铅器				金器		贝器		蚌器		植物
铜饰件	铜斧	铜丝	小计	骨牌饰	骨锥	骨纺轮	骨管	骨带扣	骨针	羊距骨	骨器	小计	玉髓串珠	滑石串珠	绿松石串珠	水晶串珠	黑石串珠	费昂斯珠	石化妆棒	石杵	砺石	石镞	石球	石饰件	石磨盘	石磨棒	石器	小计	铅别针	铅耳环	铅手镯	小计	金耳环	小计	海贝	小计	蚌饰	小计	糜子
			2									0		1	3													4				0		0		0		0	
			2									0		13	3													16				0		0		0		0	
			0									0																0				0		0		0		0	
			0									0																0				0		0		0		0	
			11									0	1	15														16				0		0		0		0	
			0									0																0				0		0		0		0	
			3									0			1													1				0		0		0		0	
			4									0		1														1	1			1		0		0		0	
			1									0		5														5				0		0		0		0	
			0									0																0				0		0		0		0	
			1									0																0				0		0		0		0	
			0									0		28														28				0		0		0		0	
			3	3								3																0				0		0		0		0	
			3					1				1	1	5														6				0		0		0		0	
			2									0	1															1				0		0		0		0	42
			11									0		1														1				0		0	4	4		0	
			2									0		1														1				0		0		0		0	
			0									0																0				0		0		0		0	
			3									0	1															1				0		0		0		0	
			0									0																0				0		0		0		0	
			1									0	1															1				0		0		0		0	
			0									0																0				0		0		0		0	
			3									0	3	20	1													24				0		0	3	3		0	
			0									0																0				0		0		0		0	
			0									0																0				0		0		0		0	
			1									0																0				0		0		0		0	
			1									0																0				0		0		0		0	
			0									0		3														3				0		0		0		0	
			4									0																0				0		0		0		0	
			3									0			1													1				0		0		0		0	
			0									0																0				0		0		0		0	
			20	1								1	1	11	21													33				0		0		0		0	
			1									0																0				0		0		0		0	
			0									0	1															1				0		0		0		0	
			0									0																0				0		0		0		0	

墓号	陶器																铜器																							
	双耳陶罐	单耳陶罐	筒形陶罐	四耳陶罐	形制不明陶罐	双乳钉陶壶	双腹耳陶壶	双颈耳陶壶	单耳陶杯	陶杯	双耳陶钵	单耳陶钵	陶钵	陶盆	陶埙	小计	铜耳环	铜手镯	铜镜	铜泡	双联铜泡	三联铜泡	铜刀	盾形铜牌饰	圆形铜牌饰	方形铜牌饰	铜锥	铜管	铜环	铜锛	铜凿	铜短剑	铜铃	铜镞	铜指环	铜珠	铜别针	铜片	铜泡贝
M550	3															3	2																						
M551		1														1																							
M552	1															1									1														
M553	1															1																							
M554	1															1	2	2			1				2			2								2			
M555	1															1																							
M556	1															1																							
M557	1															1																							
M558	1															1																							
M559																0	2																						
M560	1															1																							
M561	1															1					1				1				1										
M562						1										1																							
M563																0																							
M564																0																							
M565																0																							
M566																0											1		1										
M567	1															1																							
M568	1															1																							
M569	1															1	1																						
M570		1														1																							
M571	1															1	1	1		1					1	1		1											
M572		1	1													2																							
M573	1															1																							
M574	2															2																							
M575																0		1										1											
M577																0			1								4			1	5								
M579	2							1								3									1														
M580	1															1	2	1							5											17			
M581			1													1																							
M582			1													1	1						1	1															
M583	1															1	2																						
M584	1															1																							
M585																0	1		3																	12			
M586	1															1																							
M587			1													1	1																						

				骨器									玉石器																铅器				金器		贝器		蚌器		植物
铜饰件	铜斧	铜丝	小计	骨牌饰	骨锥	骨纺轮	骨管	骨带扣	骨针	羊距骨	骨器	小计	玉髓串珠	滑石串珠	绿松石串珠	水晶串珠	黑石串珠	费昂斯珠	石化妆棒	石杵	砺石	石镞	石球	石饰件	石磨盘	石磨棒	石器	小计	铅别针	铅耳环	铅手镯	小计	金耳环	小计	海贝	小计	蚌饰	小计	糜子
			2									0		55														55	1			1		0		0		0	
			0									0	1														1	1			1		0		0		0	
			1									0															0				0		0		0		0	
			0									0															0				0		0		0		0	
			11									0	1	14	8												23				0		0		0		0	
			0									0	1														1				0		0		0		0	
			0									0															0				0		0		0		0	
			0									0	1														1				0		0		0		0	
			2									0			1												1				0		0		0		0	
			0									0															0				0		0		0		0	
			3		1							1															0				0		0		0		0	
			0									0															0				0		0		0		0	
			0									0															0				0		0		0		0	
			0									0															0			1	1		0		0		0	
			0									0															0				0		0		0		0	
			2									0	2		1												3				0		0		0		0	
			0									0															0				0		0		0		0	
			0									0															0				0		0		0		0	
			1									0		7	1												8				0		0		0		0	
			0									0															0			1	1		0		0		0	
			6									0		6													6				0		0		0		0	
			0									0															0				0		0		0		0	
			0									0															0				0		0		0		0	
			0									0															0				0		0		0		0	
1			3	2								2																0				0		0		0		0	
			11		44							44	1		1												2	4				0		0	4	4		0	
			1									0																0				0		0	1	1		0	
			25		65							65	2															2				0		0	14	14	1	1	
			0									0																0				0		0		0		0	
			3									0																0				0		0		0		0	
			2									0																0				0		0		0		0	
			16									0	1	1	4													6				0		0		0		0	
			0									0																0				0		0		0		0	
			1									0																0				0		0		0		0	

墓号	双耳陶罐	单耳陶罐	筒形陶罐	四耳陶罐	形制不明陶罐	双乳钉陶壶	双腹耳陶壶	双颈耳陶壶	单耳陶杯	陶杯	双耳陶钵	单耳陶钵	陶钵	陶盆	陶埙	小计	铜耳环	铜手镯	铜镜	铜泡	双联铜泡	三联铜泡	铜刀	盾形铜牌饰	圆形铜牌饰	方形铜牌饰	铜锥	铜管	铜环	铜镲	铜凿	铜短剑	铜铃	铜镞	铜指环	铜珠	铜别针	铜片
M588																0																						
M589	1															1	2									1												
M590		1														1	1																					
M591	1															1				1																		
M592	1															1																						
M593	1															1	2	2								1		1										
M594	1															1																						
M595	1															1	1																					
M596	1															1	2																					
M597	1															1		2		1						1		1										
M598	1															1																						
M599	2															2																						
M601																0																						
M602	1															1	1	1																				
M603																0	2	1																				
M604																0					4				1			4								9		
M605	1															1									1													
M606	1															1			1						1												1	1
M607																0																						
M608	1															1				2	1				10	1		5								31		
M609	1															1																						
M610			1													1	2											2										
M611	1															1																						
M612	1															1									1													
M613	1															1																						
M614	1															1	1																					
M615																0																						
M616																0																						
M617																0																						
M618	1															1	2									1												
M619																0																						
M620	1															1			1	2						1	1	17										
M621	1															1																						
M622																0																						
M623	1															1																						
M624		1														1																						

铜斧	铜丝	小计	骨牌饰	骨锥	骨纺轮	骨管	骨带扣	骨针	羊距骨	骨器	小计	玉髓串珠	滑石串珠	绿松石串珠	水晶串珠	黑石串珠	费昂斯珠	石化妆棒	石杵	砺石	石镞	石球	石饰件	石磨盘	石磨棒	石器	小计	铅别针	铅耳环	铅手镯	小计	金耳环	小计	海贝	小计	蚌饰	小计	糜子
		0									0																0				0		0		0		0	0
		3									0	1		2													3				0		0		0		0	0
		1									0																0				0		0		0		0	0
		1									0																0				0		0		0		0	0
		0									0																0				0		0		0		0	0
		6									0		6	6													12				0		0		0		0	0
		0									0																0				0		0		0		0	0
		1	1								1	1		1													1				0		0		0		0	0
		2									0			1													1				0		0		0		0	0
		5									0																0				0		0		0		0	0
		0									0																0				0		0		0		0	0
		0									0													1	1		2				0		0		0		0	0
		0									0																0				0		0		0		0	0
		2									0																0				0		0		0		0	0
		3									0																0				0		0		0		0	0
		18									0	2															2				0		0		0		0	0
		1									0																0				0		0		0		0	0
		4									0	1		7													8				0		0		0		0	0
		0									0																0				0		0		0		0	0
		50									0																0				0		0		0		0	0
		0									0																0				0		0		0		0	0
		4									0			1													1				0		0		0		0	0
		0									0																0				0		0		0		0	0
		1									0																0				0		0	1	1		0	0
		0									0																0				0		0		0		0	0
		1									0		14														14				0		0		0		0	0
		0									0		8														8				0		0		0		0	0
		0									0																0				0		0		0		0	0
		3									0	1		1													2				0		0		0		0	0
		0									0																0				0		0		0		0	0
		22	65								65	2	54	15													71				0		0	3	3	27	27	
		0									0																0				0		0		0		0	0
		0									0																0				0		0		0		0	0
		0									0																0				0		0		0		0	0
		0									0																0				0		0		0		0	0

表中"陶器"包括"双耳陶罐"至"小计"各栏，"铜器"包括"铜耳环"至"铜片"各栏。

墓号	双耳陶罐	单耳陶罐	筒形陶罐	四耳陶罐	形制不明陶罐	双乳钉陶壶	双腹耳陶壶	双颈耳陶壶	单耳陶杯	陶杯	双耳陶钵	单耳陶钵	陶钵	陶盆	陶埙	小计	铜耳环	铜手镯	铜镜	铜泡	双联铜泡	三联铜泡	铜刀	盾形铜牌饰	圆形铜牌饰	方形铜牌饰	铜锥	铜管	铜环	铜锛	铜凿	铜短剑	铜铃	铜镞	铜指环	铜珠	铜别针	铜片
M625	1															1	2							2														
M626	1	2														3				2				2								1						
M627	1															1				1							1									1		
M628				1												1																						
M629		1														1	1																					
M630	1															1																						
M631	1															1	2					1					1											
M632	1															1									7											1		
M633	1															1									1													
M634			1													1																2						33
M635	1	1														2	1																					
M636																0									2													1
M637	1															1																						
M638	1															1																						
M639			1													1																						
M640							1									1	1	1	1						2	2												
M641	1															1				1			1			1	1	1										
M642			1													1																						
M643		1														1	1																					17
M644	1															1	1																					
M645	1															1	2	2														1						1
M646			1													1																						
M647	1															1	1						1															
M648		1														1	1	1																				
M649	1															1							1			1												
M650			1													1																						
M651																0	1																					
M652	1															1	2	3														1			2			
M653	1															1	2																					1
M654	1															1		1		1												6	1		3			1
M655	1															1	2																		1			
M656																0																						
M657	2															2																						
M658		1														1																						
M659	1															1																						
M660		1														1																			1			

铜饰	铜斧	铜丝	小计	骨牌饰	骨锥	骨纺轮	骨管	骨带扣	骨针	羊距骨	骨器	小计	玉髓串珠	滑石串珠	绿松石串珠	水晶串珠	黑石串珠	费昂斯珠	石化妆棒	石杵	砺石	石镞	石球	石饰件	石磨盘	石磨棒	石器	小计	铅别针	铅耳环	铅手镯	小计	金耳环	小计	海贝	小计	蚌饰	小计	糜子
			4									0	4	1														5				0		0		0		0	
			5									0		1										1				2				0		0		0		0	
			3	3						1		4																1	1				0		0		0		0	
			0									0																0				0		0		0		0	
			1									0																0				0		0		0		0	
			0									0																0				0		0		0		0	
			4									0	1															1				0		0		0		0	
			8									0	4		2													6				0		0		0		0	
			1									0		3														3				0		0		0		0	
			35	1								1																0				0		0		0		0	
			1									0																0				0		0		0		0	
			3									0	1		1													2				0		0		0	1	1	
			0	1								1																0				0		0		0		0	
			0									0																0				0		0		0		0	
			7									0	3		1													4				0		0		0		0	
			4									0	1															1				0		0		0		0	
			0									0																0				0		0		0		0	
			18		5							5		65														65				0		0		0		0	
			1									0																0				0		0		0		0	
			7									0			28													28				0		0		0		0	
			0									0																0				0		0		0		0	
			2									0	1															1				0		0		0		0	
			2		5							5		13														13				0		0		0		0	
			2									0																0				0		0		0		0	
			0									0																0				0		0		0		0	
			1									0																0				0		0		0		0	
			8									0		1	2	4													7				0		0		0		0	
			3									0			1														1				0		0		0		0	
			13									0	1		1														2				0		0		0		0	
			3									0																0				0		0		0		0	
			0									0		4														4				0		0		0		0	
			0									0																0				0		0		0		0	
			0									0																0				0		0		0		0	
			1									0												1				1				0		0		0		0	

墓号	陶器																铜器																					
	双耳陶罐	单耳陶罐	筒形陶罐	四耳陶罐	形制不明陶罐	双乳钉陶壶	双腹耳陶壶	双颈耳陶壶	单耳陶杯	陶杯	双耳陶钵	单耳陶钵	陶钵	陶盆	陶埙	小计	铜耳环	铜手镯	铜镜	铜泡	双联铜泡	三联铜泡	铜刀	盾形铜牌饰	圆形铜牌饰	方形铜牌饰	铜锥	铜管	铜环	铜锛	铜凿	铜短剑	铜铃	铜镞	铜指环	铜珠	铜别针	铜片
M661	1															1												1										
M662	1															1																						
M663																0	1																					
M664	1															1																						
M665	1															1																						
M666	1															1																						
M667	1															1																						
M668	1															1	1								1													
M669																0																						
M670		1														1	2																			28		
M671																0																						
M672																0																						
M673																0	2																					
M674	1															1	1										1	10								24		
M675																0						1						4										
M676	1		1													2										1	1	14										
M677		1														1	2																					
M678	1															1							1															
M679	1															1			1					1		2	1										1	
M680	1															1							1															
M681	1															1	3																					
M682	2			1												3	1																					
M683	1															1								1	1	4										18		
M684																0																						
M685																0				1					1											13		
M686																0																						
M687		1														1	2			4																		
M688																0																						
M689	1															1								1		2												
M690	1															1																						
M691	1															1									5													
M692	1															1	1	2		1								1										
M693																0																						
M694	1															1								1								1						
M695	1															1				1				1		2						1						
M696		1														1	1																					

铜斧	铜丝	小计	骨牌饰	骨锥	骨纺轮	骨管	骨带扣	骨针	羊距骨	骨器	小计	玉髓串珠	滑石串珠	绿松石串珠	水晶串珠	黑石串珠	费昂斯珠	石化妆棒	石杵	砺石	石镞	石球	石饰件	石磨盘	石磨棒	石器	小计	铅别针	铅耳环	铅手镯	小计	金耳环	小计	海贝	小计	蚌饰	小计	糜子
		1		5							5	7															7				0		0		0		0	
		0									0	1		1													2				0		0		0		0	
		1									0		3	4													7				0		0		0		0	
		0									0																0				0		0		0		0	
		0									0																0				0		0		0		0	
		0									0		2														2				0		0		0		0	
		0									0																0				0		0		0		0	
		2		5							5		51														51				0		0		0		0	
		0									0																0				0		0		0		0	
		30									0	1															1				0		0		0		0	
		0									0																0				0		0		0		0	
		0									0			1													1				0		0		0		0	
		2									0																0				0		0		0		0	
		36									0																0				0		0		0		0	
		5									0	3															3				0		0		0		0	
		16	18								18	1															1				0		0		0		0	
		2									0	2		1													3				0		0		0		0	
		1									0																0				0		0		0		0	
		6									0			11													11				0		0		0		0	
		1	20								20			1													1				0		0		0		0	
		3									0		1														1				0		0		0		0	
		1									0	1	4														5				0		0		0		0	
		25	13								13	7	5														12				0		0	1	1		0	
		0									0	1	3	1													5				0		0		0		0	
		15									0																0				0		0		0		0	
		0									0																0				0		0		0		0	
		6									0			7													7				0		0		0		0	
		0									0																0				0		0		0		0	
		3									0																0				0		0		0		0	
		0									0																0				0		0		0		0	
		5									0																0				0		0		0		0	
		5									0		2														2				0		0		0		0	
		0									0																0				0		0		0		0	
		2									0			1													1				0		0		0		0	
		5			4						4																0				0		0		0		0	
		1									0		68	2													70				0		0		0		0	

墓号	陶器														铜器																				
	双耳陶罐	单耳陶罐	筒形陶罐	四耳陶罐	形制不明陶罐	双乳钉陶壶	双腹耳陶壶	双颈耳陶壶	单耳陶杯	陶钵	双耳陶钵	单耳陶钵	陶盆	陶埙	小计	铜耳环	铜手镯	铜镜	铜泡	双联铜泡	三联铜泡	铜刀	盾形铜牌饰	圆形铜牌饰	方形铜牌饰	铜锥	铜管	铜环	铜锛	铜凿	铜短剑	铜铃	铜镞	铜指环	铜珠	铜别针	铜片
M697	1	1													2	2	2							1			5										
M698	1														1		1							5	1		3										
M699	1														1																						
M700															0																						
M701	1														1	1			1			1		1		1									3		
M702			1												1		1																				
M703	1														1	1			2																		
M704		1													1																						
M705															0		1		1					1			1										
M706															0																						
总计	468	62	18	1	32	2	5	1	13	4	0	4	2	2	1	615	339	116	54	295	73	28	71	18	341	72	43	353	62	2	3	1	2	9	1	1257	13	18

续表

			骨器									玉石器																铅器				金器		贝器		蚌器		植物
铜斧	铜丝	小计	骨牌饰	骨锥	骨纺轮	骨管	骨带扣	骨针	羊距骨	骨器	小计	玉髓串珠	滑石串珠	绿松石串珠	水晶串珠	黑石串珠	费昂斯珠	石化妆棒	石杵	砺石	石镞	石球	石饰件	石磨盘	石磨棒	石器	小计	铅别针	铅耳环	铅手镯	小计	金耳环	小计	海贝	小计	蚌饰	小计	糜子
		10									0	6															6				0		0		0		0	
		10									0																0				0		0		0		0	
		0		1							1																0				0		0		0		0	
		0		1							1			6													6				0		0	2	2		0	
		8		5							5	2	1														3				0		0		0		0	
		1									0																0				0		0		0		0	
		3									0																0				0		0		0		0	
		0									0																0				0		0		0		0	
		4									0																0				0		0		0		0	
		0									0																0				0		0		0		0	
1	3	3190	1045	29	1	2	2	1	2	3	1085	269	3913	1284	3	356	4	5	11	13	4	4	3	2	1	7	5879	26	6	3	35	8	8	97	97	54	54	42

附　　录

附录一　天山北路墓地¹⁴C测年数据

实验室编号	墓号	¹⁴C年代（BP）	校正年代（BC，95.4%）	样本材料	备注
ZK-2789[①]	M128	2038 ± 170	181BC—AD235	人骨	
ZK-2788[②]	M081	2398 ± 135	752BC—200BC	人骨	
ZK-2791[③]	M214	2618 ± 101	807BC—430BC	人骨	
ZK-2794[④]	M416	2790 ± 83	919BC—803BC	人骨	
ZK-2792[⑤]	M228	2902 ± 86	1111BC—845BC	人骨	
ZK-2790[⑥]	M198	7385 ± 110	5435BC—5226BC	人骨	
Beta-429482[⑦]	M599	3530 ± 30	1940—1765	人骨	
Beta-442006	M268	3390 ± 30	1745—1620	人骨	
Beta-442002	M249	3320 ± 30	1685—1520	人骨	
Beta-441985	M101	3310 ± 30	1660—1505	人骨	
Beta-442004	M263	3310 ± 30	1660—1505	人骨	
Beta-441995	M219	3290 ± 30	1630—1500	人骨	
Beta-441993	M167	3270 ± 30	1620—1460	人骨	
Beta-442000	M244	3250 ± 30	1610—1450	人骨	
Beta-442011	M476	3250 ± 30	1610—1450	人骨	

①②③④⑤⑥　中国社会科学院考古研究所考古科技实验研究中心：《放射性碳素测定年代报告》（二三），《考古》1996年第7期，第70页。

⑦　Wang Tingting, et al. Tianshanbeilu and the Isotopic Millet Road: reviewing the late Neolithic/Bronze Age radiation of human millet consumption from north China to Europe. *National Science Review*, 2019, 6 (5): 1024-1039.

续表

实验室编号	墓号	¹⁴C年代（BP）	校正年代（BC，95.4%）	样本材料	备注
Beta-416251[①]	M290	3230±30	1605—1435	人骨	
Beta-442008	M288	3210±30	1530—1425	人骨	
Beta-442016	M683	3200±30	1525—1420	人骨	
Beta-416252[②]	M315	3190±30	1505—1415	人骨	
Beta-441996	M223	3190±30	1505—1415	人骨	
Beta-441983	M076	3170±30	1500—1405	人骨	
Beta-441984	M084	3130±30	1450—1305	人骨	
Beta-441991	M132	3100±30	1430—1280	人骨	
Beta-441998	M230	3090±30	1425—1265	人骨	
Beta-441989	M125	3080±30	1420—1260	人骨	
Beta-441994	M210	3080±30	1420—1260	人骨	
Beta-442010	M445	3080±30	1420—1260	人骨	
Beta-441987	M111	3070±30	1415—1235	人骨	
Beta-441986	M103	3060±30	1410—1225	人骨	
Beta-442007	M280	3060±30	1410—1225	人骨	
Beta-441980	M047	3050±30	1405—1220	人骨	
Beta-441990	M126	3050±30	1405—1220	人骨	
Beta-441999	M241	3050±30	1405—1220	人骨	
Beta-442001	M247	3050±30	1405—1220	人骨	
Beta-419186[③]	M354	3040±30	1395—1215	人骨	
Beta-441988	M122	3040±30	1395—1215	人骨	
Beta-441978	M017	3030±30	1390—1210	人骨	
Beta-442003	M253	3010±30	1380—1130	人骨	
Beta-442005	M267	3000±30	1370—1125	人骨	
Beta-442013	M500	2990±30	1365—1120	人骨	
Beta-442014	M556	2970±30	1265—1110	人骨	
Beta-441979	M018	2950±30	1260—1050	人骨	

①②③　Wang Tingting, et al. Tianshanbeilu and the Isotopic Millet Road: reviewing the late Neolithic/Bronze Age radiation of human millet consumption from north China to Europe. *National Science Review*, 2019, 6 (5): 1024-1039.

续表

实验室编号	墓号	¹⁴C年代（BP）	校正年代（BC，95.4%）	样本材料	备注
Beta-442009	M384	2930±30	1220—1020	人骨	
Beta-442015	M682	2930±30	1220—1020	人骨	
Beta-442012	M481	2910±30	1210—1010	人骨	
Beta-441997	M224	2880±30	1155—975	人骨	
Beta-441981	M053	2870±30	1120—940	人骨	

附录二 天山北路墓地相关研究参考书目

（一）综合研究

［1］ 常喜恩：《哈密市雅满苏矿、林场办事处古代墓葬》，《中国考古学年鉴》（1989），文物出版社，1990年。

［2］ 吕恩国、常喜恩、王炳华：《新疆青铜时代考古文化浅论》，《苏秉琦与中国当代考古学》，科学出版社，2001年，第179～184页。

［3］ 水涛：《新疆青铜时代诸文化的比较研究》，《中国西北地区青铜时代考古论集》，科学出版社，2001年，第6～49页。

［4］ 韩建业：《新疆的青铜时代和早期铁器时代文化》，文物出版社，2007年，第19、40～43、99～100页。

［5］ 刘学堂、李文瑛：《中国早期青铜文化的起源及其相关问题新探》，《藏学学刊》（第3辑），四川大学出版社，2007年，第28～32页。

［6］ 李水城：《天山北路墓地一期遗存分析》，《东风西渐——中国西北史前文化之进程》，文物出版社，2009年。

［7］ Lin Yixian, Rehren Thilo, Wang Hui, et al. The beginning of faience in China: A review and new evidence. *Journal of Archaeological Science*, 2019, 105: 97-115.

［8］ Tong Jianyi, Ma Jian, Li Wenying, et al. Chronology of the Tianshanbeilu Cemetery in Xinjiang, Northwestern China. *Radiocarbon*, 2021, 63 (1): 343-356.

［9］ 马健、佟建一：《天山北路墓地的发展与甘青地区文化交流》，《考古学研究》（十三），科学出版社，2022年。

（二）金属器研究

［1］ 潜伟、孙淑云、韩汝玢等：《新疆哈密天山北路墓地出土铜器的初步研究》，《文物》2001年第6期，第79～88页。

［2］ 梅建军、刘国瑞、常喜恩：《新疆东部地区出土早期铜器的初步分析和研究》，《西域研究》2002年第2期，第1～10页。

［3］ 潜伟：《新疆哈密地区史前时期铜器及其与邻近地区文化的关系》，知识产权出版社，2006年，第40～65页。

［ 4 ］ 杨曾欣：《哈密天山北路墓地出土铜器的科学分析》，西北大学硕士学位论文，2018年。

［ 5 ］ 杨曾欣、刘成、周鹏程等：《哈密天山北路墓地出土铜器的病害调查和科学分析》，《西部考古》（第15辑），科学出版社，2018年，第252～264页。

［ 6 ］ Liu Cheng, Liu Ruiliang, Zhou Pengcheng, et al. Metallurgy at the Crossroads: New Analyses of Copper-based Objects at Tianshanbeilu, Eastern Xinjiang, China. *Acta Geologica Sinica*, 2020, 94 (3): 594-602.

（三）体质人类学与古DNA

［ 1 ］ 王博、常喜恩、崔静：《天山北路墓地出土人颅的种族研究》，《新疆师范大学学报》2003年第1期，第97～106页。

［ 2 ］ 高诗珠：《中国西北地区三个古代人群的线粒体DNA研究》，吉林大学博士学位论文，2009年，第55～67页。

［ 3 ］ 魏东、邵会秋：《哈密天山北路墓地古代居民人口学研究》，《边疆考古研究》（第11辑），科学出版社，2012年，第463～470页。

［ 4 ］ 魏东、赵永生、常喜恩：《哈密天山北路墓地出土颅骨的测量性状》，《人类学学报》2012年第4期，第395～406页。

［ 5 ］ 魏东：《青铜时代至早期铁器时代新疆哈密地区古代人群的变迁与交流模式研究》，科学出版社，2017年，第12～34页。

（四）同位素研究

［ 1 ］ 张全超、常喜恩、刘国瑞：《新疆哈密天山北路墓地出土人骨的稳定同位素分析》，《西域研究》2010年第2期，第38～43页。

［ 2 ］ Wang Tingting, Wei Dong, Chang Xien, et al. Tianshanbeilu and the Isotopic Millet Road: Reviewing the late Neolithic/Bronze Age radiation of human millet consumption from north China to Europe. *National Science Review*, 2019, 6 (5): 1024-1039.

［ 3 ］ 董惟妙：《哈密盆地史前居民食谱》，复旦大学出版社，2021年，第177～197页。

Abstract

This report, jointly compiled by the Xinjiang Institute of Cultural Relics and Archaeology, the School of Cultural Heritage of Northwest University, the Cultural Relics Bureau of Hami City, the Hami Museum, and the School of History of Nanjing University, comprehensively presents the data of the Tianshan North Road Cemetery from the joint archaeological excavations conducted by the Xinjiang Institute of Cultural Relics and Archaeology, the Cultural Relics Management Office of Hami City, and other units in 1988, 1989, 1992, 1993, and 1997. The book is divided into the following sections:

Chapter One, Overview of Tombs, provides a summary of the natural environment and historical evolution of the area where the Tianshan Northern Road Cemetery is located. It introduces the process of tomb discovery, excavation, data organization, and report writing, along with the explanation of the methodology.

Chapter Two, Summary of Tombs, presents an overall overview of the distribution of tombs within the cemetery, the stratigraphic relations between tombs, the structural forms of tombs, burial methods, animal sacrifices, as well as the quantity and form features of various relics, such as pottery, bronze, lead, gold, jade, bone, and shell objects buried alongside the deceased.

Chapter Three, Detailed Description of Tombs, systematically describes the structural form, burial methods, and all accompanying burial items in numerical order. Textual descriptions are supplemented with plan and section drawings of the tombs, as well as line drawings of the relics. Where applicable, results from previous physical anthropology, metallurgical archaeology, and other analytical tests and research are integrated, so as to enable readers to fully grasp and understand the overall characteristics of each tomb.

Chapter Four, Conclusions, presents a preliminary analysis of the cemetery. while considering the inter-tomb disturbance relations and the coexistence of artifacts, a typological study is conducted on typical artifacts, such as double-eared pottery jars, single-eared pottery jars, cylindrical pottery jars, bronze knives, etc. The cemetery is divided into four development stages based on these findings. Through the analysis of 41 newly acquired dating data, the absolute chronology range of the cemetery and its various development stages is estimated. The development and evolution of material culture features in the cemetery are introduced in stages, as well as its cultural exchanges with neighboring regions, such as the Hexi Corridor.

At the end of the report, there are appendices, including the carbon-14 dating report of the Tianshan North Road Cemetery, a bibliography of related research, tomb registration forms, artifact registration forms, a statistical table of typical artifact types, and color plates of various relics.

This report strives to present various information objectively, comprehensively, and accurately for researchers' reference and consultation.

本书的出版得到

国家重点文物保护专项补助经费资助

科技部中国-中亚人类与环境"一带一路"联合实验室、文化遗产研究与保护技术教育部重点实验室专项经费资助

新疆文物考古研究所丛刊之十二

西北大学考古学系列报告 第5号

新疆哈密天山北路墓地

（下册）

新疆维吾尔自治区文物考古研究所

西北大学文化遗产学院

哈密市文化体育广播电视和旅游局

哈密市博物馆

南京大学历史学院

编著

科 学 出 版 社

北 京

内 容 简 介

本报告由新疆维吾尔自治区文物考古研究所、西北大学文化遗产学院、哈密市文化体育广播电视和旅游局、哈密市博物馆、南京大学历史学院共同编著，是对1988年、1989年、1992年、1993年和1997年新疆维吾尔自治区文物考古研究所等单位联合发掘的天山北路墓地资料的全面公布。天山北路墓地是迄今为止哈密绿洲发现的年代最早、规模最大的青铜时代墓地，共发掘墓葬706座，出土彩陶、铜器、玉器、石器等各类人工制品万余件，为研究中国西北地区早期青铜时代文化发展、技术传播、文化交流等问题提供了翔实的资料。

本报告适合从事考古学、博物馆学、历史学等研究的专家、学者及大专院校相关专业的师生阅读、参考。

图书在版编目（CIP）数据

新疆哈密天山北路墓地：全3册 / 新疆维吾尔自治区文物考古研究所等编著. -- 北京：科学出版社，2024.10. --（新疆文物考古研究所丛刊）（西北大学考古学系列报告）. -- ISBN 978-7-03-079274-7

Ⅰ. K878.85

中国国家版本馆CIP数据核字第2024R4W814号

责任编辑：孙　莉　赵　越 / 责任校对：邹慧卿
责任印制：肖　兴 / 封面设计：张　放

封面题签：罗　丰

科学出版社 出版
北京东黄城根北街 16 号
邮政编码：100717
http://www.sciencep.com
北京汇瑞嘉合文化发展有限公司印刷
科学出版社发行　各地新华书店经销

*

2024年10月第　一　版　开本：889×1194　1/16
2024年10月第一次印刷　印张：82　插页：388
字数：3 700 000

定价：1280.00元（全三册）
（如有印装质量问题，我社负责调换）

1. 天山北路墓地

2. 天山北路墓地

天山北路墓地全景

1.天山北路墓地

2.天山北路墓地发掘区

天山北路墓地发掘区（一）

1. 天山北路墓地发掘区

2. 天山北路墓地发掘区

天山北路墓地发掘区（二）

1. 发掘现场工作照

2. 发掘现场工作照

天山北路墓地工作现场 (一)

1. 发掘现场工作照

2. 发掘现场工作照

天山北路墓地工作现场（二）

1. 发掘现场工作照

2. 发掘现场工作照

天山北路墓地工作现场（三）

1.发掘现场工作照

2.发掘现场工作照

天山北路墓地工作现场（四）

1. 铜牌饰（M001：2）

2. 铜刀（M001：1）

3. 玉髓串珠（M001：3）

4. 双耳陶罐（M002：1）

5. 铜耳环（M002：2）

6. 双耳陶罐（M003：1）

M001、M002、M003出土器物

1. 双耳陶罐（M004：1）

2. 双耳陶罐（M005：2）

3. 骨牌饰（M005：1）

M004、M005出土器物

1. 骨牌饰（M005：1）

2. 铜手镯（M005：3）

3. 铜耳环（M005：4）

M005出土器物

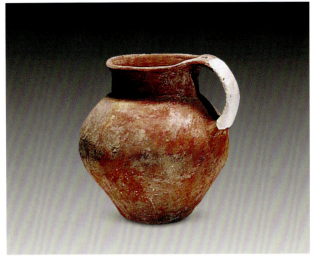

1. 单耳陶罐（M006：1）

2. 铜管（M006：2）

3. 铜耳环（M006：3）

4. 铜耳环（M006：4）

5. 滑石串珠（M006：5）

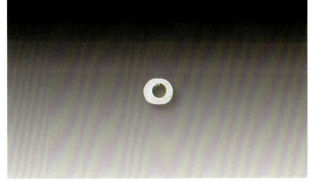

6. 滑石串珠（M006：6）

M006出土器物

1. 铜丝（M006：7）

2. 铜丝（M006：7）

3. M007

M006出土器物及M007

1. 双耳陶罐（M010：1）

2. 玉髓串珠（M011：1）

3. M013

M010、M011出土器物及M013

1. 双耳陶罐（M011：2）

2. 单耳陶罐（M013：12）

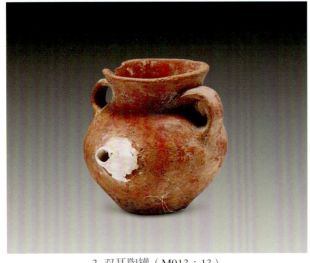

3. 双耳陶罐（M013：13）

4. 残陶罐（M013：17）

5. 铜耳环（M013：1）

6. 铜耳环（M013：2）

M011、M013出土器物

1.绿松石串珠（M013：3）

2.铜手镯（M013：4）

M013出土器物

1. 绿松石串珠（M013：5）

2. 铜耳环（M013：6）

3. 铜耳环（M013：7）

4. 绿松石串珠（M013：8）

5. 绿松石串珠（M013：9）

6. 铜泡（M013：10）

M013出土器物

1.铜泡（M013：11）

2.铜珠（M013：14）

3.玉髓串珠（M013：15）

4.骨牌饰（M013：16）

5.双耳陶罐（M014：1）

6.玉髓串珠（M014：3）

M013、M014出土器物

1.骨牌饰（M014：2）

2.双耳陶罐（M015：1）

3.铜镜（M015：2）

M014、M015出土器物

1. 铜泡（M015：3、M015：4、M015：5、M015：8、M015：9、M015：10、M015：14、M015：16、
M015：21、M015：23、M015：24、M015：25）

2. 铜泡（M015：6）

3. 铜泡（M015：7）

M015出土器物

1. 铜镜（M015：11）

2. 铜泡（M015：12）

3. 铜镜（M015：13）

4. 双联铜泡（M015：15）

5. 双联铜泡（M015：17）

6. 铜管（M015：18）

M015出土器物

1. 铜牌饰（M015：19）

2. 铜耳环（M015：22）

3. 串珠（M015：20）

M015出土器物

1. 玉髓串珠（M016：1）

2. 铜珠（M016：2）

3. 铜牌饰（M016：3）

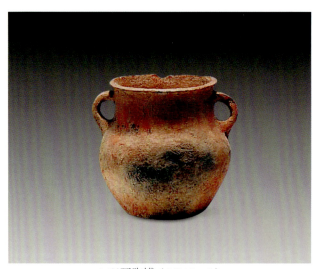

4. 双耳陶罐（M016：4）

5. 铅别针（M016：5）

6. 绿松石串珠（M016：6）

M016出土器物

1. 铜耳环（M017：1）

2. 双耳陶罐（M017：2）

3. 滑石串珠（M017：3）

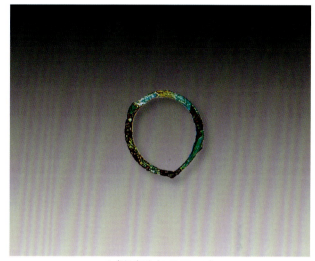

4. 铜耳环（M017：4）

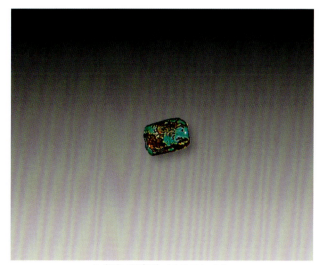

5. 绿松石串珠（M017：5）

6. 陶片（M017：6）

M017出土器物

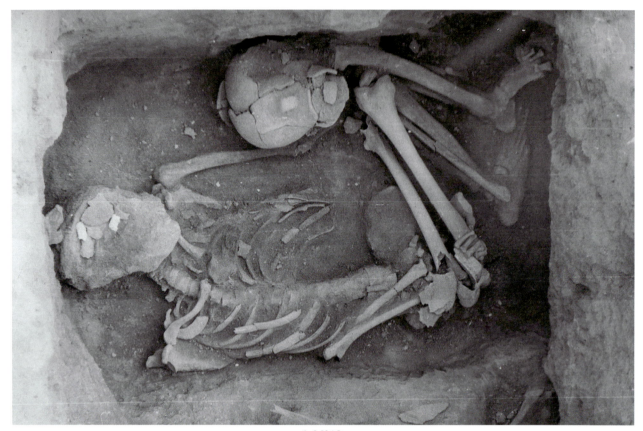

1. M018

2. 铜耳环（M018：1）

3. 双颈耳陶壶（M018：2）

M018及M018出土器物

1.串珠（M018：3）

2.铜耳环（M019：1）

3.滑石串珠（M019：2）

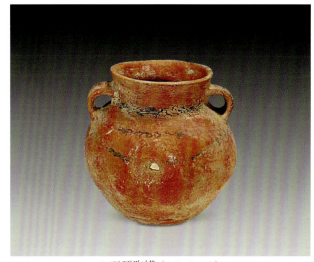

4.双耳陶罐（M019：3）

5.铜耳环（M019：4）

6.玉髓串珠（M019：5）

M018、M019出土器物

1. 双耳陶罐（M024：1）

2. 石化妆棒（M024：2）

3. 铜耳环（M025：1）

4. 玉髓串珠（M025：2）

5. 铜手镯（M025：4）

6. 双耳陶罐（M025：5）

M024、M025出土器物

1. 滑石串珠（M025 : 3）

2. M026

M025出土器物及M026

1. 双耳陶罐（M026：1）

2. 铜耳环（M026：2）

3. 铜泡（M026：3）

4. 铜泡（M027：1）

5. 铜管（M027：2）

6. 玉髓串珠（M027：3）

M026、M027出土器物

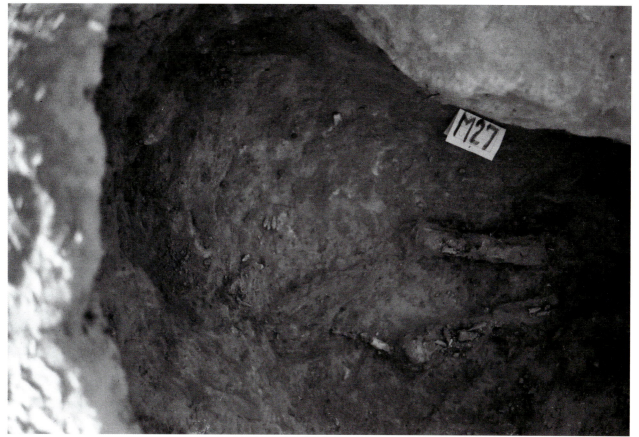

1. M027

2. 滑石串珠（M028：3）

M027及M028出土器物

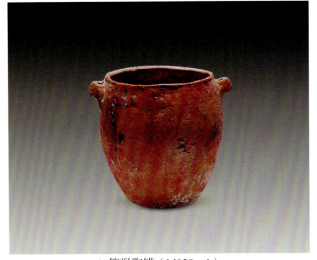

1. 筒形陶罐（M028：1）

2. 玉髓串珠（M028：2）

3. 串珠（M029：1）

4. 铜泡（M029：2）

5. 海贝（M029：3）

6. 铜牌饰（M029：4）

M028、M029出土器物

1. 铜锛（M029：5）

2. 铜凿（M029：6）

3. 石杵（M029：7）

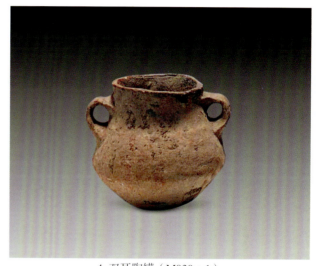

4. 双耳陶罐（M030：1）

5. 绿松石串珠（M030：3）

6. 双乳钉陶壶（M031：1）

M029、M030、M031出土器物

1. M030

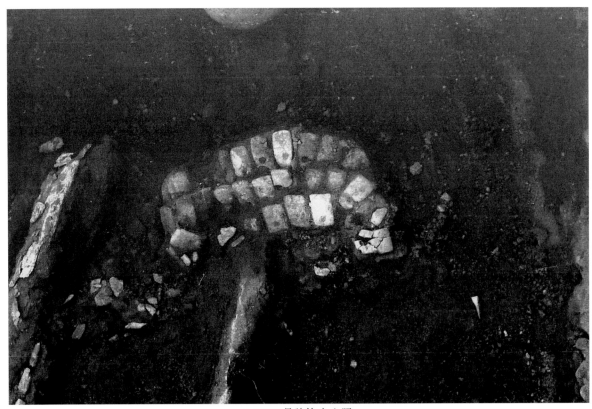

2. M030骨牌饰出土照

M030

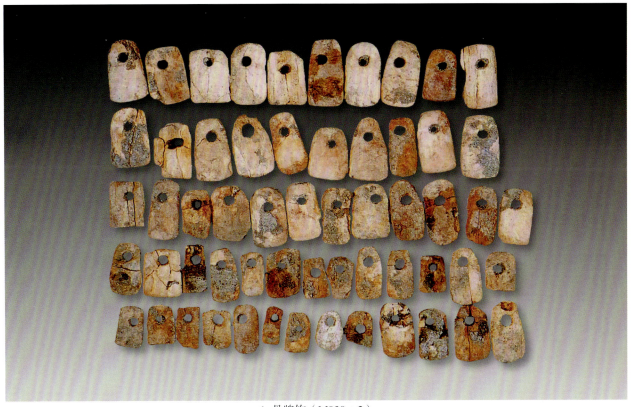

1. 骨牌饰（M030：2）

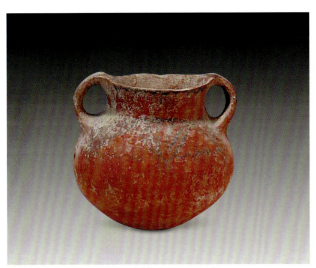

2. 双耳陶罐（M032：1）

3. 双耳陶盆（M032：2）

M030、M032出土器物

1. 双耳陶罐（M032：3）

2. 铜耳环（M032：4）

3. 滑石串珠（M032：5）

M032出土器物

1. 滑石串珠（M032：7）

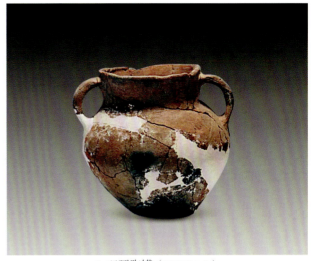

2. 双耳陶罐（M033：1）

3. 滑石串珠（M033：2）

4. 铜泡（M033：3）

5. 铜管（M033：4）

6. 绿松石串珠（M033：5）

M032、M033出土器物

1. 滑石串珠（M033：6）

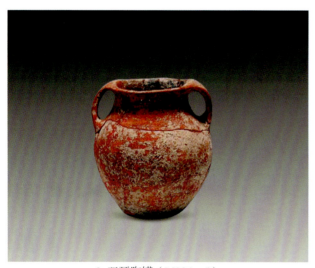

2. 双耳陶罐（M034：5）

3. 双耳陶罐（M034：11）

M033、M034出土器物

1. 铜手镯（M034：1）

2. 铜牌饰（M034：2）

3. 铜牌饰（M034：3）

4. 铜耳环（M034：6）

5. 铜牌饰（M034：7）

6. 铜牌饰（M034：8）

M034出土器物

1. 铜珠（M034：9）

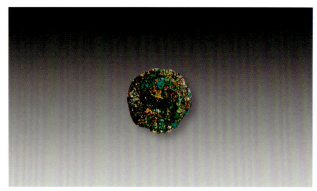

2. 铜牌饰（M034：10）

3. 串珠（M034：4）、玉髓串珠（M034：12）

M034出土器物

1. 单耳陶罐（M035：1）

2. 单耳陶杯（M036：1）

3. 铜镜（M036：2）

4. 石化妆棒（M036：3）

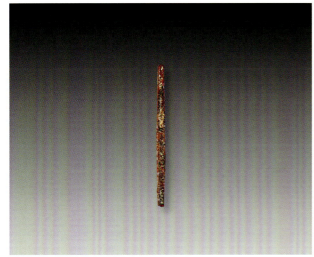

5. 铜锥（M036：4）

6. 筒形陶罐（M036：5）

M035、M036出土器物

1. 串珠（M036：6）

2. 串珠（M036：7）

3. 串珠（M036：8）

M036出土器物

1. 双耳陶罐（M037：1）

2. 铜管（M037：2-1）

3. 铜管（M037：2-2）

4. 铜环（M037：2-3）

5. 铜珠（M037：2-4）

6. 双耳陶罐（M038：1）

M037、M038出土器物

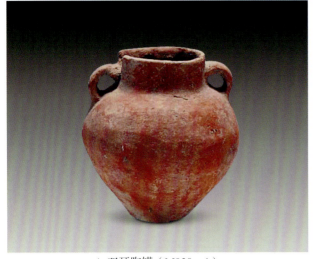

1. 双耳陶罐（M039：1）

2. 铜泡（M039：2）

3. 双耳陶罐（M040：1）

4. 铜耳环（M040：2）

5. 铜牌饰（M040：3）

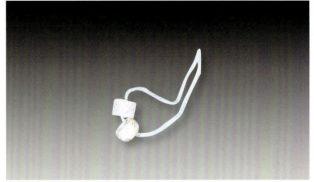

6. 滑石串珠（M040：4）

M039、M040出土器物

1. 单耳陶罐（M041：1）

2. 滑石串珠（M041：2）

3. 铜锥（M041：3）

4. 绿松石串珠（M041：4）

5. 陶罐（M041：5）

6. 双耳陶罐（M042：1）

M041、M042出土器物

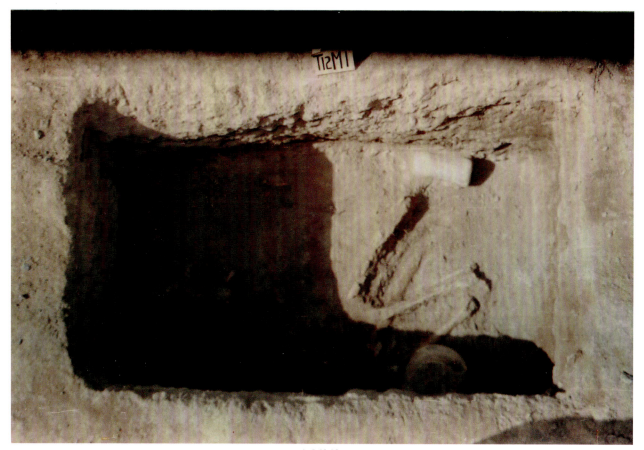

1. M042

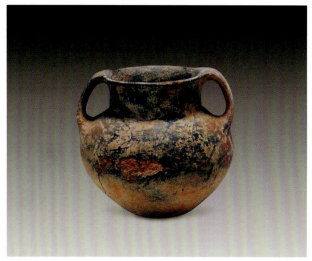

2. 双耳陶罐（M042：3）

3. 石杵（M042：5）

M042及M042出土器物

1. 铜管（M043：1）

2. 铜泡（M043：3、M043：4）

3. 铜珠（M043：2）

M043出土器物

1. 海贝（M043：5）

2. 绿松石串珠（M043：6）

3. 绿松石串珠（M043：7）

4. 绿松石串珠（M043：8、M043：9）

5. 铜牌饰（M043：10）

6. 蚌饰（M043：11）

M043出土器物

1. M044

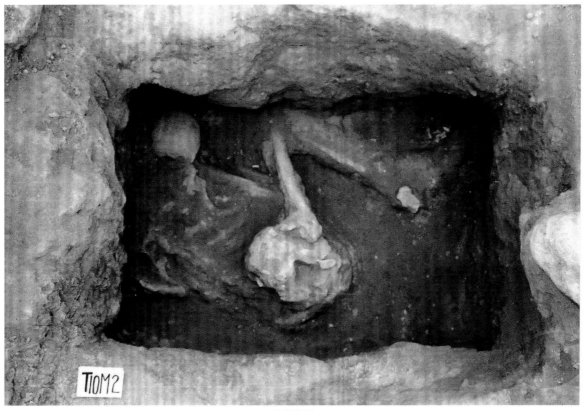

2. M044

M044

1. 双耳陶罐（M043：12）

2. 双耳陶罐（M044：1）

3. 滑石串珠（M044：2）

4. 绿松石串珠（M044：3）

5. 滑石串珠（M044：4）

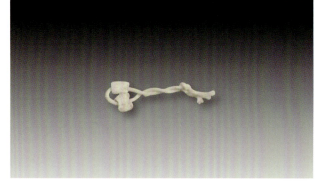

6. 滑石串珠（M045：1）

M043、M044、M045出土器物

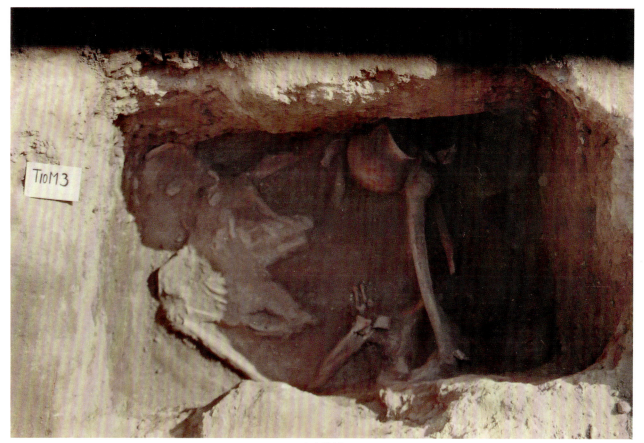

1. M045

2. 双耳陶罐（M045：2）

3. 铜手镯（M045：3）

M045及M045出土器物

1. 铜耳环（M045∶4）

2. 玉髓串珠（M045∶5）

3. 绿松石串珠（M045∶6）

4. 铜耳环（M045∶7）

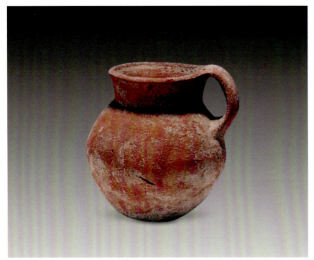

5. 单耳陶罐（M046∶1）

6. 滑石串珠（M046∶2）

M045、M046出土器物

1. M046

2. 绿松石串珠（M046：3）

3. 双耳陶罐（M047：1）

M046及M046、M047出土器物

1. M047土坯椁室

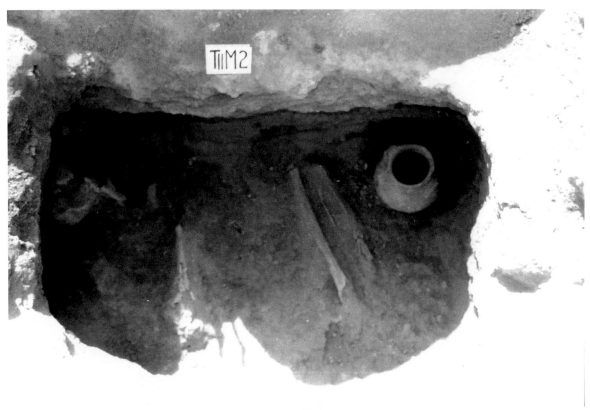

2. M047椁室

M047

1. 铜耳环（M047：2）

2. 玉髓串珠（M047：3）

3. 绿松石串珠（M047：4）

4. 滑石串珠（M047：5）

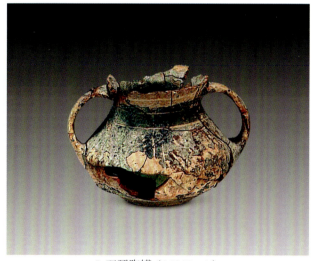

5. 双耳陶罐（M048：1）

6. 蚌饰（M048：2）

M047、M048出土器物

1. M048

2. 蚌饰（M048：3）

3. 铜珠（M048：5）

M048及M048出土器物

1. 铜珠（M048：4）

2. 蚌饰（M048：6）

3. 海贝（M048：7）

M048出土器物

1. 绿松石串珠（M048：8）

2. 铜牌饰（M048：9）

3. 铜管（M048：10）

4. 双耳陶罐（M049：1）

5. 铜管（M050：1）

6. 铜珠（M050：2）

M048、M049、M050出土器物

1. 滑石串珠（M050：3）

2. 铜镞（M050：4）

3. 铜泡（M050：5）

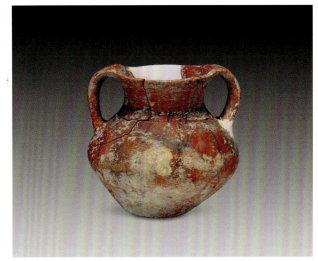

4. 双耳陶罐（M051：1）

5. 滑石串珠（M051：2）

6. 铜耳环（M051：3）

M050、M051出土器物

1. 铜耳环（M051：4）

2. 滑石串珠（M051：5）

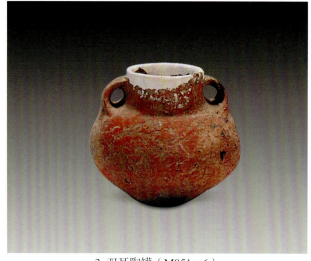

3. 双耳陶罐（M051：6）

4. 陶罐（M051：7）

5. 滑石串珠（M052：1）

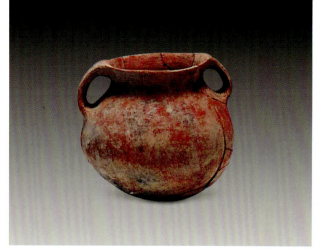

6. 双耳陶罐（M052：2）

M051、M052出土器物

1. M051

2. M052

M051、M052

1. 绿松石串珠（M052：3）

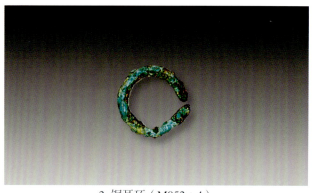

2. 铜耳环（M052：4）

3. 绿松石串珠（M052：5）

4. 滑石串珠（M052：6）

5. 铜牌饰（M053：1）

6. 铜牌饰（M053：2）

M052、M053出土器物

1. M053

2. M053头部特写

M053

1. 铜牌饰（M053：3）

2. 绿松石串珠（M053：5）

3. 铅别针（M053：6）

4. 铅别针（M053：7）

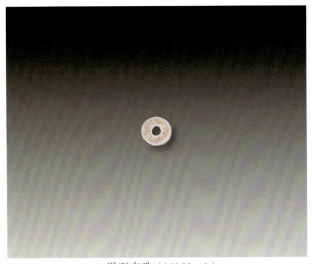

5. 滑石串珠（M053：9）

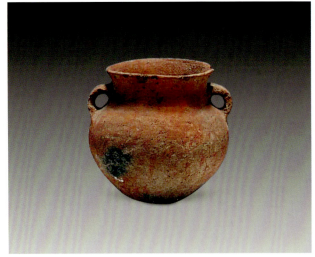

6. 双耳陶罐（M053：10）

M053出土器物

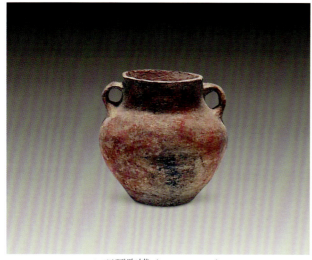

1. 双耳陶罐（M053：11）

2. 双耳陶罐（M054：1）

3. M054

M053、M054出土器物及M054

1. 铜珠（M054：2）

2. 铜手镯（M054：3）

3. 铜手镯（M054：4）

M054出土器物

1. 铜耳环（M054：5）

2. 铜牌饰（M054：6）

3. 铜管（M054：7）

4. 滑石串珠（M054：8）

5. 单耳陶罐（M055：1）

6. 铜耳环（M055：2）

M054、M055出土器物

1. M055

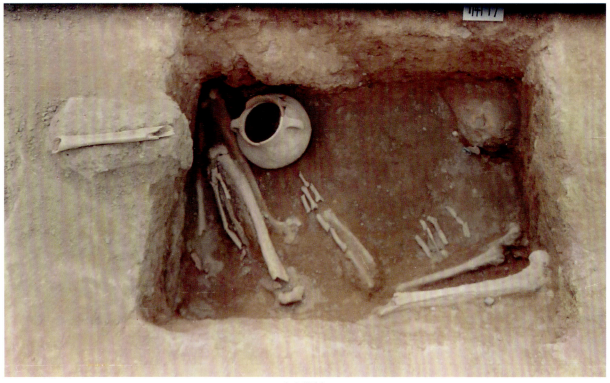

2. M056

M055、M056

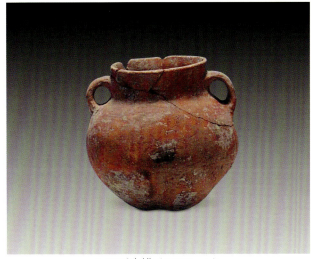

1. 双耳陶罐（M056：1）

2. 滑石串珠（M056：2）

3. 铜耳环（M056：3）

4. 铜耳环（M056：4）

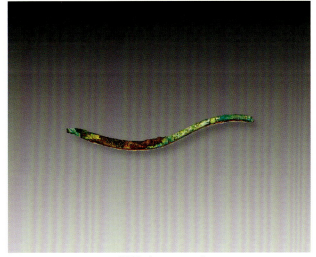

5. 铜丝（M056：5）

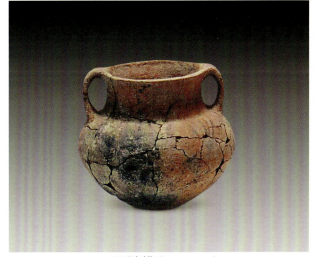

6. 双耳陶罐（M058：1）

M056、M058出土器物

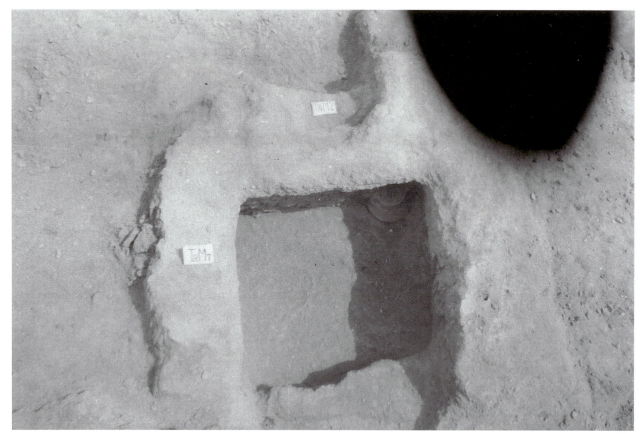

1. M058

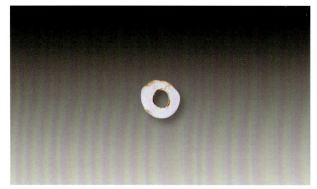

2. 滑石串珠（M058∶2）

3. 铅别针（M058∶3）

M058及M058出土器物

1. 铜牌饰（M058：4）

2. 双耳陶罐（M059：1）

3. 玉髓串珠（M059：2、M059：3）

4. 绿松石串珠（M059：4）

5. 铜刀（M059：5）

6. 绿松石串珠（M060：1）

M058、M059、M060出土器物

1. 绿松石串珠（M061：1）

2. 铜耳环（M062：1）

3. M062

M061、M062出土器物及M062

1. 绿松石串珠（M062：2）

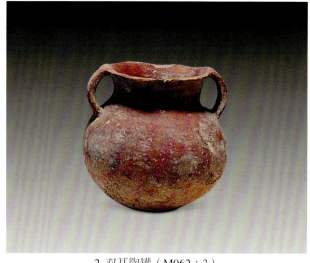

2. 双耳陶罐（M062：3）

3. 滑石串珠（M062：4）

4. 双耳陶罐（M064：1）

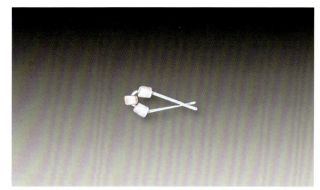

5. 滑石串珠（M064：2）

6. 玉髓串珠（M064：3）

M062、M064出土器物

1. M064

2. 铜锥（M064：4）

3. 铜耳环（M064：5）

M064及M064出土器物

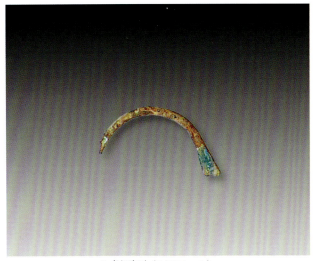

1. 铜耳环（M064：6）

2. 铜镜（M065：1）

3. 铜镜（M065：2）

4. 玉髓串珠（M065：3）

5. 铜管（M065：4）

6. 铜手镯（M065：5）

M064、M065出土器物

1. 铜手镯（M065：6）

2. 铜牌饰（M065：7）

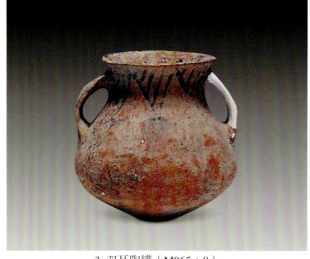

3. 双耳陶罐（M065：8）

4. 蚌饰（M065：9）

5. 蚌饰（M065：10）

6. 蚌饰（M065：11）

M065出土器物

1. 双耳陶罐（M066：1）

2. 滑石串珠（M066：2）

3. 砺石（M066：3）

4. 铜刀（M066：4）

5. 铜锥（M066：5）

6. 铜牌饰（M066：6）

M066出土器物

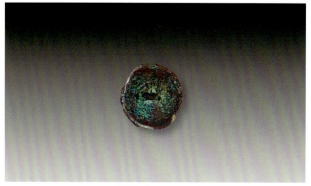

1. 铜泡（M066：7）

2. 滑石串珠（M067：2）

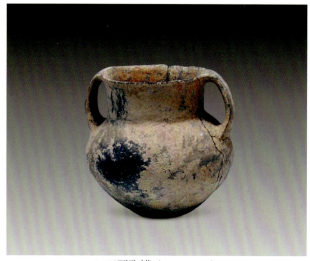

3. 双耳陶罐（M068：1）

4. 铜泡（M068：2）

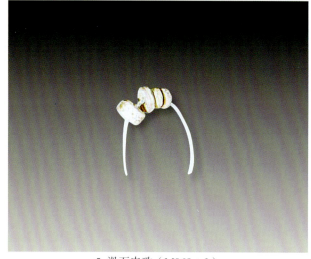

5. 滑石串珠（M068：3）

6. 陶罐（M068：4）

M066、M067、M068出土器物

1. M069

2. M069人骨

M069

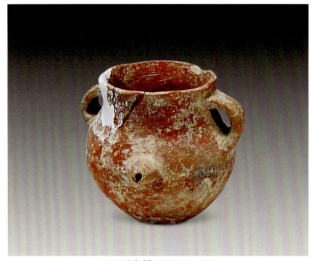

1. 双耳陶罐（M069：1）

2. 双耳陶罐（M070：1）

3. M070

M069、M070出土器物及M070

1. 滑石串珠（M070：2）

2. 石饰件（M070：3）

3. M071

M070出土器物及M071

1. 双耳陶罐（M071：1）

2. 铜刀（M071：2）

3. 铜管（M071：4、M071：7、M071：9、M071：11）

M071出土器物

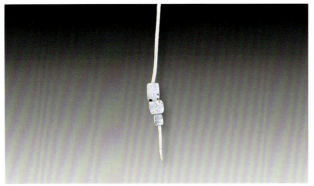

1. 绿松石串珠（M071：3）

2. 绿松石串珠（M071：5）

3. 铜泡（M071：6）

4. 绿松石串珠（M071：8）

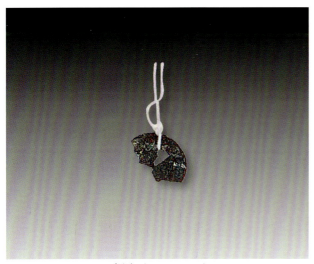

5. 铜泡（M071：10）

6. 双耳陶罐（M072：1）

M071、M072出土器物

1. 铜刀（M072：2）

2. 铜锥（M072：3）

3. 玉髓串珠（M072：4）

4. 双耳陶罐（M073：1）

5. 海贝（M073：2）

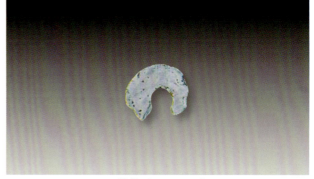

6. 蚌饰（M073：3）

M072、M073出土器物

1. 铜镜（M073：4）

2. 蚌饰（M073：5）

3. 蚌饰（M073：6）

4. 铜泡（M073：7）

5. 绿松石串珠（M073：8）

6. 蚌饰（M073：9）

M073出土器物

1. 陶片（M073）

2. 双耳陶罐（M074：1）

3. M074

M073、M074出土器物及M074

1. 铜耳环（M074：2）

2. 滑石串珠（M074：3）

3. 双联铜泡（M074：4）

4. 铜片（M074：5）

5. 双耳陶罐（M074：6）

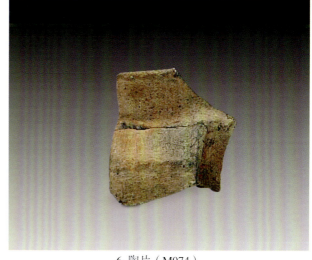

6. 陶片（M074）

M074出土器物

1. M075

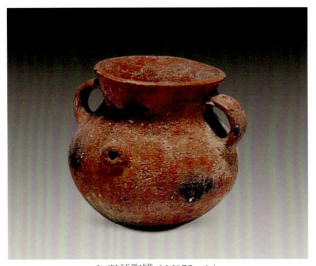

2. 双耳陶罐（M075：1）

3. 双联铜泡（M075：2）

M075及M075出土器物

1. 铜牌饰（M075：3）

2. 滑石串珠（M075：4）

3. 铜耳环（M075：5）

4. 绿松石串珠（M075：6）

5. 双耳陶罐（M076：1）

6. 玉髓串珠（M076：2）

M075、M076出土器物

1. 滑石串珠（M076：3）

2. 铜手镯（M076：4）

3. 铜耳环（M076：5）

4. 绿松石串珠（M076：6）

5. 铜耳环（M076：7）

6. 绿松石串珠（M076：8）

M076出土器物

1. 玉髓串珠（M076：9）

2. 双耳陶罐（M077：1）

3. 滑石串珠（M077：2）

4. 蚌饰（M077：3）

5. 双耳陶罐（M078：1）

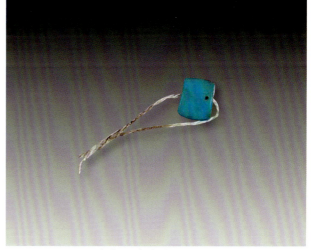

6. 绿松石串珠（M078：2）

M076、M077、M078出土器物

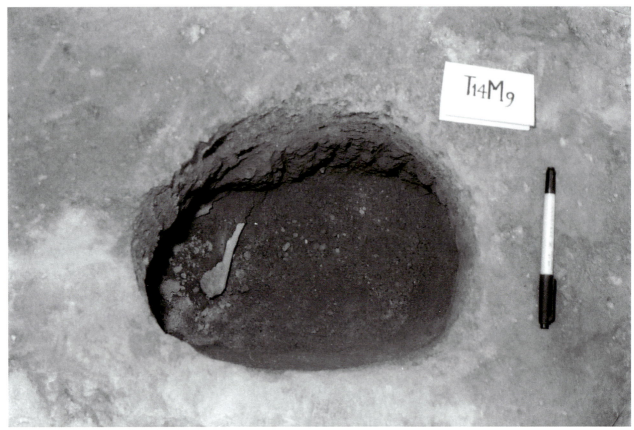

1. M079

2. 铜管（M080：1）

3. 铜牌饰（M080：2）

M079及M080出土器物

1. M080

2. 双耳陶罐（M080：3）

3. 滑石串珠（M080：4）

M080及M080出土器物

1. 铜管（M080：5）

2. 滑石串珠（M080：6）

3. 双耳陶罐（M081：1）

4. 铜泡（M081：2）

5. 铅别针（M081：3）

6. 绿松石串珠（M081：4）

M080、M081出土器物

1. 滑石串珠（M081：5）

2. 铜牌饰（M081：6）

3. 铜牌饰（M081：7）

4. 双耳陶罐（M082：1）

5. 铜手镯（M082：2）

6. 铜耳环（M082：3）

M081、M082出土器物

1. M082

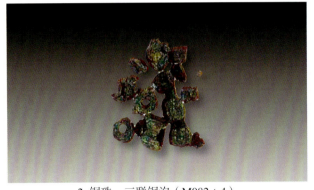

2. 铜珠、三联铜泡（M082：4）

3. 铜耳环（M082：5）

M082及M082出土器物

1. 滑石串珠（M082：6）

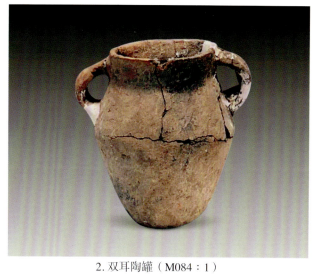

2. 双耳陶罐（M084：1）

3. 铜牌饰（M084：2）

4. 骨牌饰（M084：3）

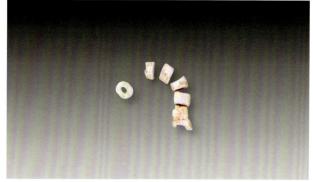

5. 滑石串珠（M085：1）

6. 砺石（M085：2）

M082、M084、M085出土器物

1. M083

2. M084

M083、M084

1. M084

2. M085

M084、M085

1. 铜刀（M085：3）　　　　　　　　2. 双耳陶罐（M085：4）

3. 铜锥（M085：5）　　　　　　　　4. 双耳陶罐（M086：1）

5. 双耳陶罐（M087：1）　　　　　　6. 铜牌饰（M087：2）

M085、M086、M087出土器物

1. M086

2. M087

M086、M087

1. M088

2. 双耳陶罐（M088：1）

3. 铜耳环（M088：2）

M088及M088出土器物

1. 玉髓串珠（M088：3）

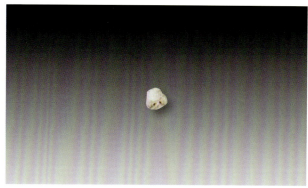
2. 滑石串珠（M088：4）

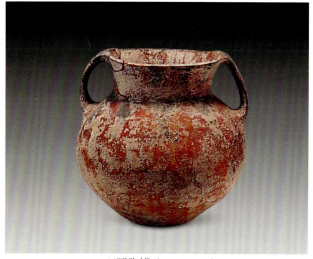
3. 双耳陶罐（M089：1）

4. 玉髓串珠（M090：1）

5. 铜耳环（M090：2）

6. 铜耳环（M090：3）

M088、M089、M090出土器物

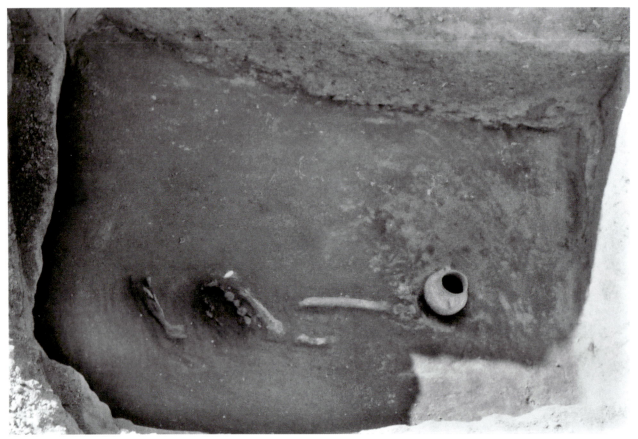

1. M091

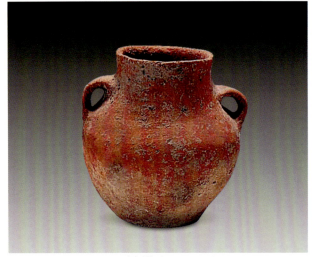

2. 双耳陶罐（M091：1）

3. 绿松石串珠（M091：2）

M091及M091出土器物

1. 铜泡（M091：3）

2. 铜管（M091：4）

3. 铜刀（M091：5）

M091出土器物

1. 玉髓串珠（M091：6）

2. 双耳陶罐（M092：1）

3. 铜锥（M092：2）

4. 玉髓串珠（M092：3）

5. 滑石串珠（M092：4）

6. 绿松石串珠（M092：5）

M091、M092出土器物

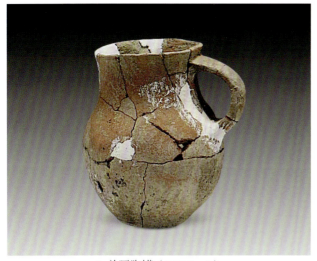

1. 单耳陶罐（M093：1）

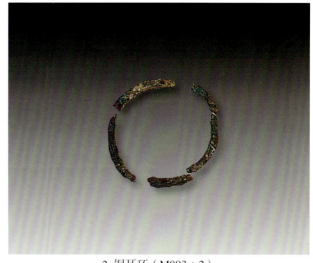

2. 铜耳环（M093：2）

3. 铜珠（M093：3）

4. 绿松石串珠（M093：4）

5. 双耳陶罐（M094：1）

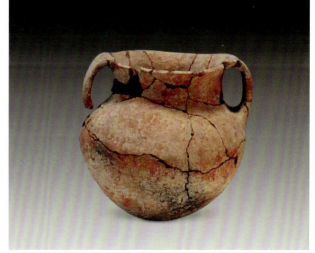

6. 双耳陶罐（M096：1）

M093、M094、M096出土器物

1. M094

2. 铜耳环（M096：2）

3. 滑石串珠（M096：3）

M094及M096出土器物

1. M097

2. 双耳陶罐（M097∶1）

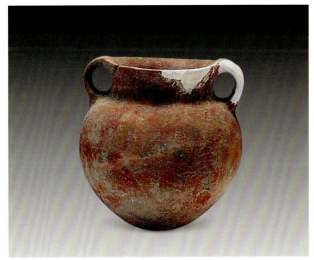

3. 双耳陶罐（M098∶1）

M097及M097、M098出土器物

1. 绿松石串珠（M098：2）

2. 铜珠（M098：3）

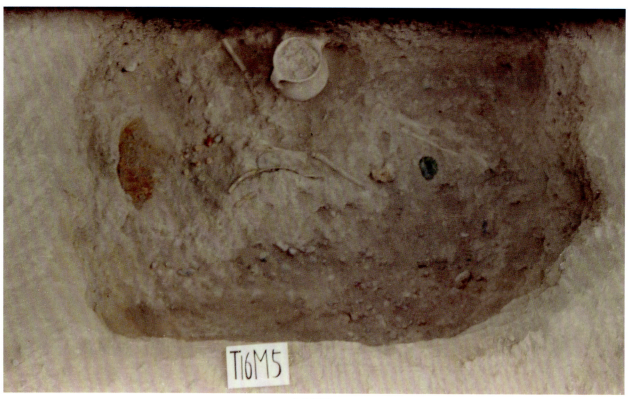

3. M099

M098出土器物及M099

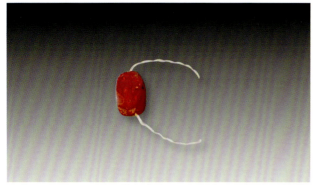

1. 玉髓串珠（M099：1）

2. 铜牌饰（M099：2）

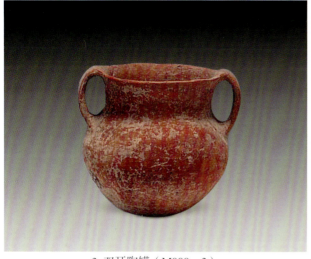

3. 双耳陶罐（M099：3）

4. 铜牌饰（M099：4）

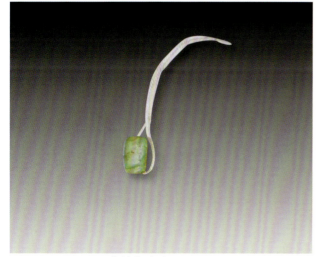

5. 水晶串珠（M099：5）

6. 双耳陶罐（M101：1）

M099、M101出土器物

1. 铜泡（M101：2）

2. 绿松石串珠（M101：3）

3. 铜锥（M101：4）

4. 铜片（M101：5）

5. 铜珠（M102：1）

6. 单耳陶罐（M102：3）

M101、M102出土器物

1. 骨牌饰（M102 : 2）

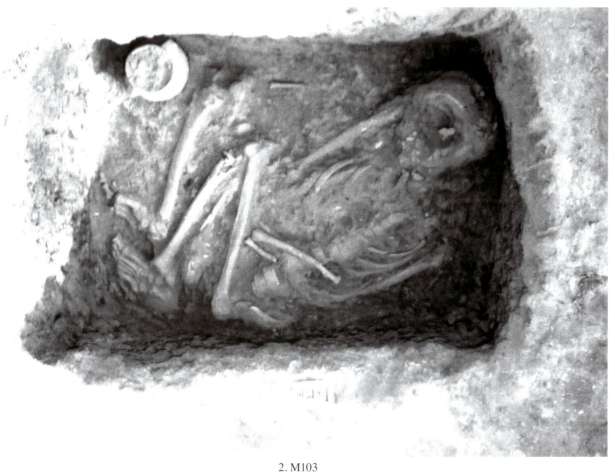

2. M103

M102出土器物及M103

1. 双耳陶罐（M103：1）

2. 双耳陶罐（M105：1）

3. M105

M103、M105出土器物及M105

1. 滑石串珠（M105：2）

2. 铜耳环（M105：3）

3. M106

M105出土器物及M106

1. 双耳陶罐（M106：1）

2. 铅别针（M106：2）

3. M107

M106出土器物及M107

1. 双耳陶罐（M107：1）

2. 双耳陶罐（M109：1）

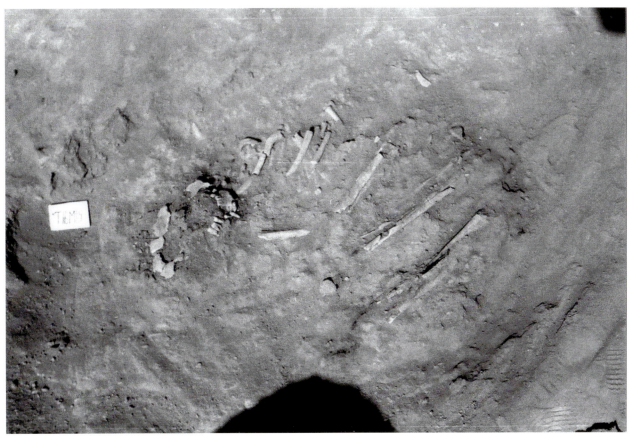

3. M108

M107、M109出土器物及M108

1. M109

2. 双联铜泡（M109：2）

3. 铜牌饰（M109：3）

M109及M109出土器物

1. 双联铜泡（M109：4）

2. 玉髓串珠（M109：5）

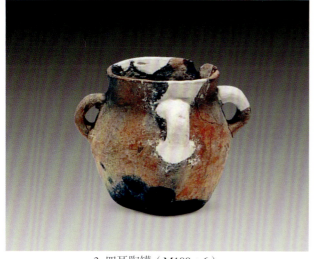

3. 四耳陶罐（M109：6）

4. 铜牌饰（M109：8）

5. 双耳陶罐（M110：1）

6. 铜牌饰（M110：3）

M109、M110出土器物

1. M110

2. 铜管（M110：4）

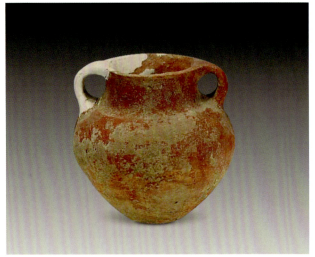

3. 双耳陶罐（M110：5）

M110及M110出土器物

1. 骨牌饰（M110∶2）

2. 铜管（M111∶1）

3. 双耳陶罐（M111∶2）

M110、M111出土器物

1. M111

2. 玉髓串珠（M111：3）

3. 铜耳环（M111：4）

M111及M111出土器物

1. 滑石串珠（M111：5）

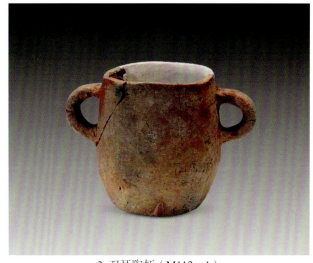

2. 双耳陶杯（M112：1）

3. 铜牌饰（M112：2）

4. 三联铜泡（M112：3）

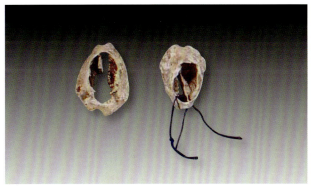

5. 海贝（M112：4）

6. 铜牌饰（M112：5）

M111、M112出土器物

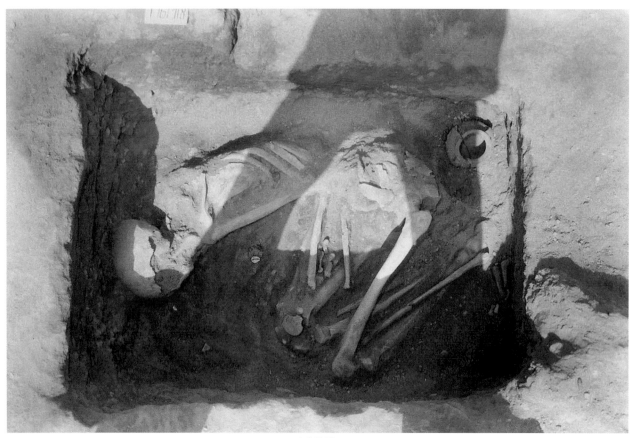

1. M112

2. 双联铜泡（M112：6）

3. 双联铜泡（M112：7）

M112及M112出土器物

1.铜牌饰（M112：8）

2.玉髓串珠（M112：9）

3.铜耳环（M112：10）

4.海贝（M112：11）

5.绿松石串珠（M112：12）

6.绿松石串珠（M114：1）

M112、M114出土器物

1. M114

2. 铜管（M114：2）

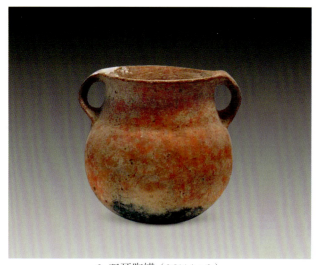

3. 双耳陶罐（M114：3）

M114及M114出土器物

1. 铜耳环（M114：4）

2. 玉髓串珠（M114：5）

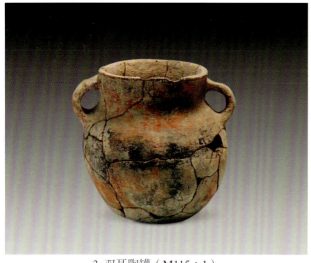

3. 双耳陶罐（M115：1）

4. 玉髓串珠（M116：1）

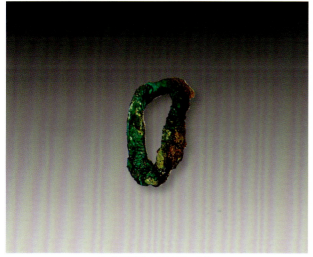

5. 铜耳环（M116：2）

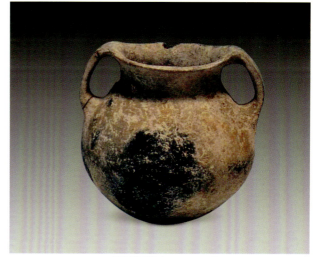

6. 双耳陶罐（M117：1）

M114、M115、M116、M117出土器物

1. 铜耳环（M117：2）

2. 玉髓串珠（M117：3）

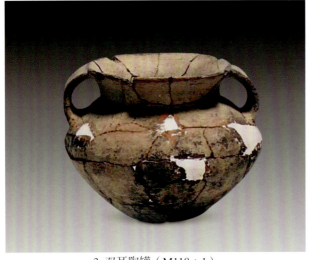

3. 双耳陶罐（M118：1）

4. 铜珠（M118：2）

5. 绿松石串珠（M118：3）

6. 双耳陶罐（M119：1）

M117、M118、M119出土器物

1. M118

2. 铜刀（M120：1）

3. 海贝（M120：2）

M118及M120出土器物

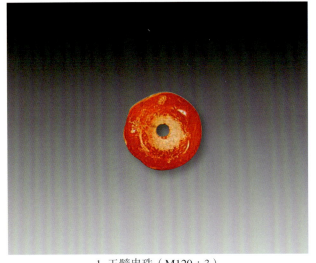

1. 玉髓串珠（M120：3）

2. 双耳陶罐（M120：4）

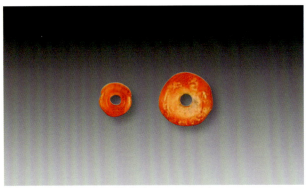

3. 玉髓串珠（M120：5）

4. 双耳陶罐（M121：1）

5. 陶杯（M121：2）

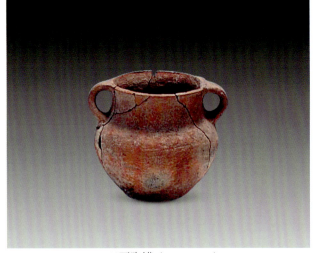

6. 双耳陶罐（M122：1）

M120、M121、M122出土器物

1. M121

2. M122

M121、M122

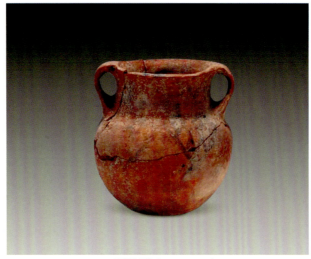

1. 双耳陶罐（M123：1）

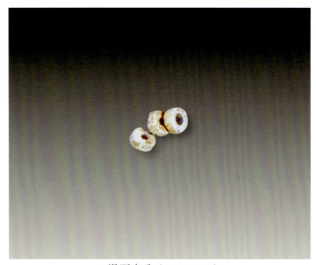

2. 滑石串珠（M123：3）

3. 铜珠（M123：2）

M123出土器物

1. 铜牌饰（M123：4）

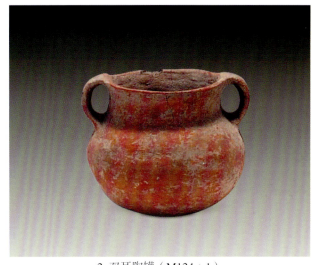

2. 双耳陶罐（M124：1）

3. 玉髓串珠（M124：2）

4. 滑石串珠（M124：3）

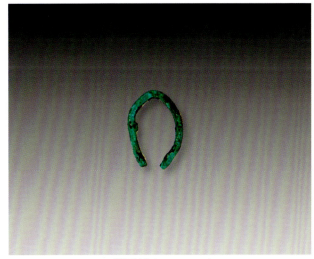

5. 铜耳环（M124：4）

6. 双耳陶罐（M125：1）

M123、M124、M125出土器物

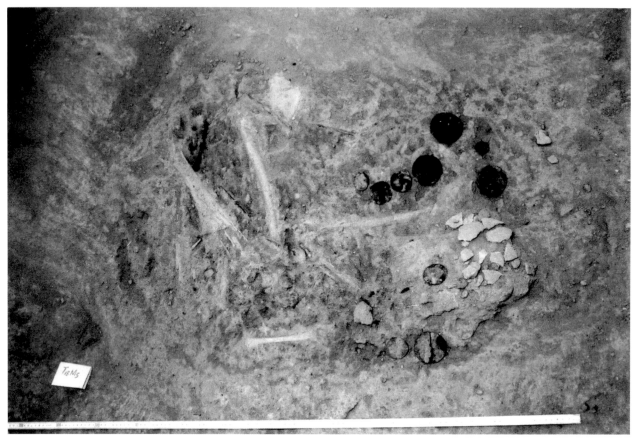

1. M125

2. 铜牌饰（M125：2）

3. 铜泡（M125：3）

M125及M125出土器物

1. 铜牌饰（M125：4）

2. 铜牌饰（M125：5）

3. 铜牌饰（M125：6）

4. 铜牌饰（M125：7）

5. 铜牌饰（M125：8）

6. 铜牌饰（M125：9）

M125出土器物

1. 铜镜（M125：10）

2. 铜牌饰（M125：11）

3. 铜镜（M125：12）

4. 铜牌饰（M125：13）

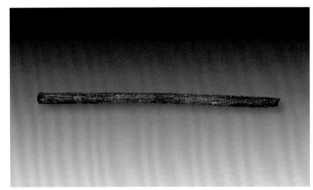

5. 铜管（M125：14）

6. 铜管（M125：15）

M125出土器物

1. 铜管（M125：16）

2. 滑石串珠（M125：17）

3. 铜牌饰（M125：18）

4. 铜牌饰（M125：19）

5. 铜牌饰（M125：20）

6. 铜牌饰（M125：21）

M125出土器物

1. 铜牌饰（M125：22）

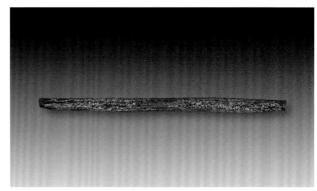

2. 铜管（M125：23）

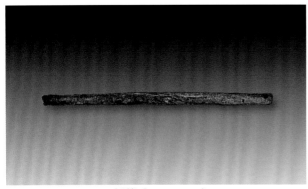

3. 铜管（M125：24）

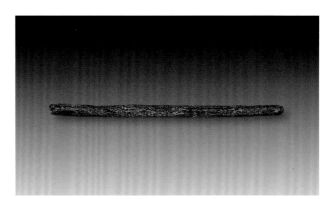

4. 铜管（M125：25）

5. 铜管（M125：26）

6. 铜珠（M125：28）

M125出土器物

1. 铜珠（M125：27）

2. 铜牌饰（M125：29）

3. 铜牌饰（M125：30）

M125出土器物

1. 铜镜（M125：31）

2. 海贝（M125：32）

3. 玉髓串珠（M125：33）

4. 绿松石串珠（M125：34）

5. 铜镜（M125：36）

6. 铜牌饰（M125：37）

M125出土器物

1. 铜珠（M125：35）

2. 三联铜泡（M126：3）

M125、M126出土器物

1. 铜镜（M126：1）

2. 双耳陶罐（M126：2）

3. 三联铜泡（M126：5）

M126出土器物

1.绿松石串珠（M126：4）

2.玉髓串珠（M126：6）

3.铜牌饰（M126：7）

4.铜刀（M126：8）

5.绿松石串珠（M126：9）

6.绿松石串珠（M126：10）

M126出土器物

1. M127

2. 双耳陶罐（M127：1）

3. 铜牌饰（M127：2）

M127及M127出土器物

1. 铜手镯（M127：3）

2. 铜镞（M127：4）

3. 铜牌饰（M127：5）

4. 骨牌饰（M127：6）

5. 绿松石串珠（M127：7）

6. 铜耳环（M127：8）

M127出土器物

1. 铜珠（M127：9）

2. 玉髓串珠（M127：10）

3. 滑石串珠（M127：12）

4. 铜牌饰（M127：14）

5. 绿松石串珠（M127：15）

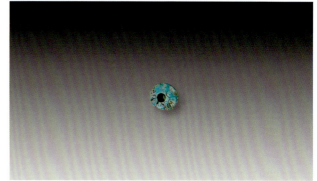

6. 绿松石串珠（M127：16）

M127出土器物

1.滑石串珠（M127∶17）

2.滑石串珠（M127∶18）

3.双耳陶罐（M128∶1）

4.铜管（M128∶2）

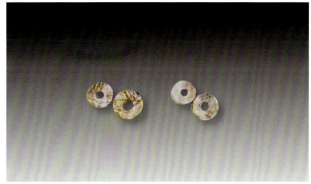

5.滑石串珠（M128∶3）

6.铜珠（M128∶4）

M127、M128出土器物

1. M128

2. 铜牌饰（M128：5）

3. 绿松石串珠（M128：6）

M128及M128出土器物

1. 双耳陶罐（M129：1）

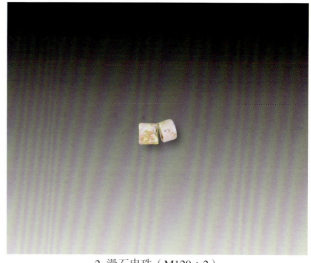

2. 滑石串珠（M129：2）

3. 铜耳环（M129：3）

4. 双耳陶罐（M130：1）

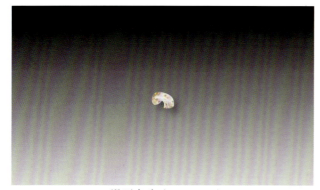

5. 滑石串珠（M130：2）

6. 铜牌饰（M130：3）

M129、M130出土器物

1. M130

2. 铜牌饰（M130：4）

3. 双耳陶罐（M131：1）

M130及M130、M131出土器物

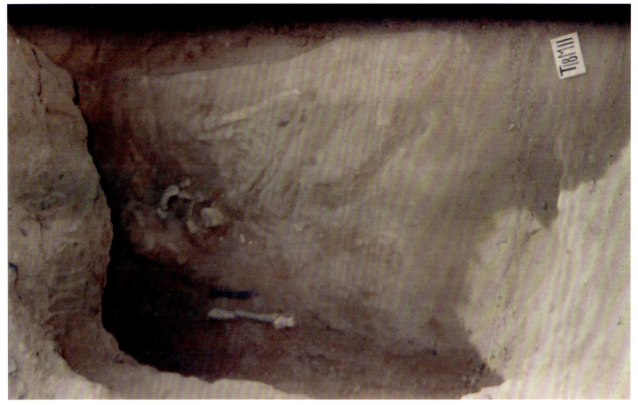

1. M131

2. 滑石串珠（M131：2）

3. 铜刀（M131：3）

M131及M131出土器物

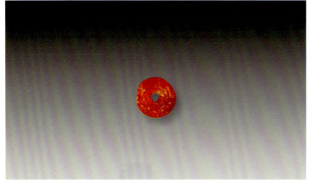

1. 玉髓串珠（M131：4）

2. 玉髓串珠（M131：5）

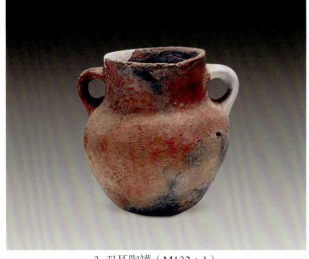

3. 双耳陶罐（M132：1）

4. 骨牌饰（M132：2）

5. 双耳陶罐（M132：3）

6. 铜手镯（M132：4）

M131、M132出土器物

1. M132

2. 铜牌饰（M132：5）

3. 骨牌饰（M132：6）

M132及M132出土器物

1. 滑石串珠（M132：7）

2. 滑石串珠（M132：8）

3. 石器（M132：9）

4. 双耳陶罐（M133：1）

5. 双耳陶罐（M134：1）

6. 蚌饰（M134：2）

M132、M133、M134出土器物

1. M133

2. M134

M133、M134

1. 石杵（M134：3）

2. 绿松石串珠（M134：4）

3. 铜珠（M135：1）

4. 玉髓串珠（M135：2）

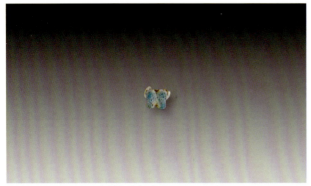

5. 绿松石串珠（M135：3）

6. 骨牌饰（M135：4）

M134、M135出土器物

1. M136

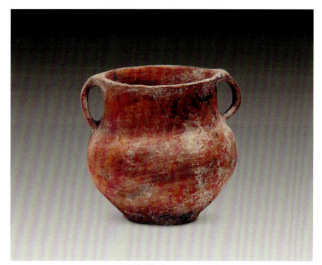

2. 双耳陶罐（M136：1）

3. 铜刀（M136：2）

M136及M136出土器物

1. 骨器（M136：3）

2. 铜饰件（M136：4）

3. 玉髓串珠（M136：5）

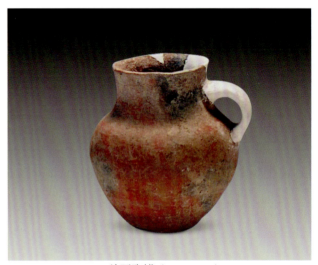

4. 单耳陶罐（M137：1）

5. 铜牌饰（M137：2）

6. 铜牌饰（M137：3）

M136、M137出土器物

1. M137

2. 铜管（M137：4）

3. 铜耳环（M137：6）

M137及M137出土器物

1. 铜珠（M137：5）

2. 铜牌饰（M137：8）

3. 玉髓串珠（M137：9）

M137出土器物

1. 绿松石串珠（M137：10）

2. 陶杯（M138：1）

3. M139

M137、M138出土器物及M139

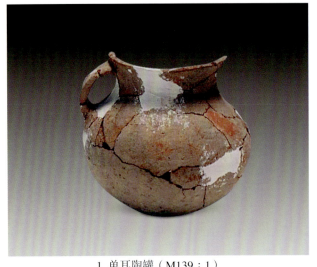

1. 单耳陶罐（M139：1）

2. 铜牌饰（M139：2）

3. 双耳陶罐（M140：1）

4. 铜耳环（M140：2）

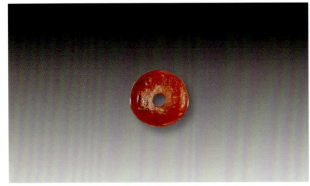

5. 玉髓串珠（M140：3）

6. 铜耳环（M140：4）

M139、M140出土器物

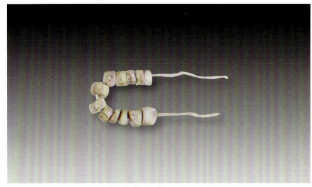

1. 滑石串珠（M140：5）

2. 铜手镯（M140：6）

3. 滑石串珠（M141：1）

4. 铜片（M141：2）

5. 双耳陶罐（M142：1）

6. 陶片（M142：2）

M140、M141、M142出土器物

1. 铜镞（M143：2）

2. 铅别针（M144：1）

3. 玉髓串珠（M144：2）

4. 铜刀（M144：3）

5. 铜锥（M143：4）

6. 滑石串珠（M144：5）

M143、M144出土器物

1.滑石串珠（M144：6）

2.双耳陶罐（M144：7）

3.铜别针（M144：9）

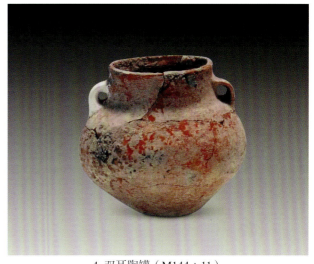

4.双耳陶罐（M144：11）

5.铜牌饰（M145：1）

6.海贝（M145：2）

M144、M145出土器物

1. 铜牌饰（M145：3）

2. 玉髓串珠（M145：4）

3. 绿松石串珠（M145：5）

4. 铜牌饰（M145：6）

5. 铜泡（M145：7）

6. 铜泡（M145：8）

M145出土器物

1. 双耳陶罐（M145：9）

2. 铜刀（M145：10）

3. 铜锥（M145：11）

4. 铜泡（M145：12）

5. 铜耳环（M145：13）

6. 铜牌饰（M145：14）

M145出土器物

1. M146

2. 双耳陶罐（M146：1）

3. 铜刀（M146：2）

M146及M146出土器物

1. 绿松石串珠（M146：3）

2. 玉髓串珠（M146：4）

3. 铜管（M146：5）

4. 玉髓串珠（M146：6）

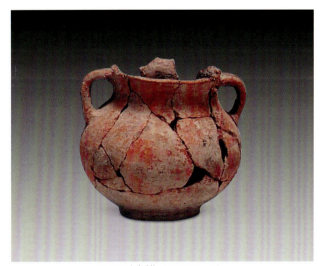

5. 双耳陶罐（M147：1）

6. 滑石串珠（M147：2）

M146、M147出土器物

1. 玉髓串珠（M147：3）

2. 铜耳环（M147：4）

3. M148

M147出土器物及M148

1. 双耳陶罐（M148：1）

2. 铜锥（M148：3）

3. 铜牌饰、铜镜（M148：2）

M148出土器物

1. 铜泡（M148：4）

2. 绿松石串珠（M148：5）

3. 海贝（M148：6）

4. 双耳陶罐（M148：8）

5. 绿松石串珠（M148：9）

6. 双耳陶罐（M149：1）

M148、M149出土器物

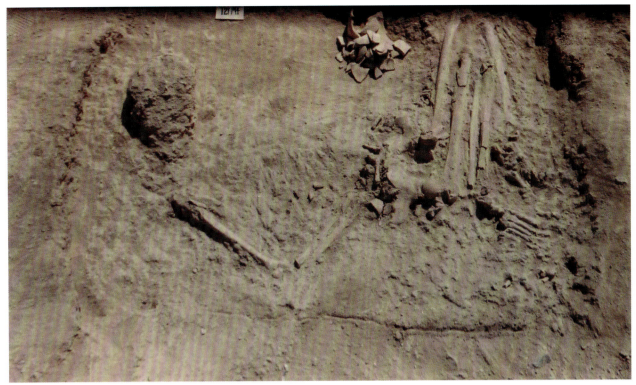

1. M149

2. 双耳陶罐（M150：1）

3. 滑石串珠（M150：2）

M149及M150出土器物

1. 铜牌饰（M150：3）

2. 铜锥（M150：4）

3. 铅别针（M150：5）

4. 铅别针（M150：6）

5. 铅别针（M150：7）

6. 铜牌饰（M150：8）

M150出土器物

1. 铜牌饰（M150：9）

2. 双耳陶罐（M151：1）

3. 滑石串珠（M151：2）

4. 铜环（M151：3）

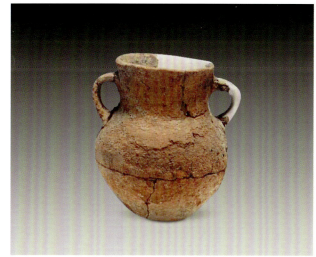

5. 双耳陶罐（M152：1）

6. 玉髓串珠（M152：3）

M150、M151、M152出土器物

1. 铜牌饰（M152：2）

2. M152

M152出土器物及M152

1. M153

2. 铜牌饰（M153：1）

3. 铜牌饰（M153：1）

M153及M153出土器物

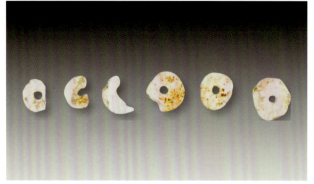

1. 蚌饰（M153：2）

2. 铜管（M153：3）

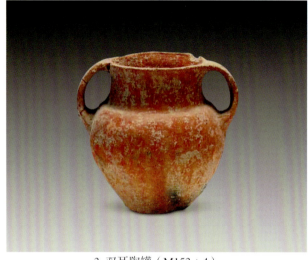

3. 双耳陶罐（M153：4）

4. 铜牌饰（M153：5）

5. 铜管（M153：6）

6. 滑石串珠（M154：1）

M153、M154出土器物

1. M154

2. 铜管（M154：2）

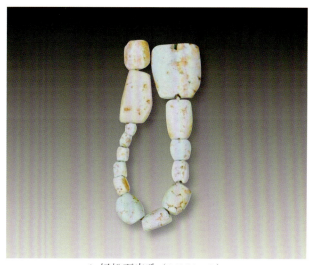

3. 绿松石串珠（M154：3）

M154及M154出土器物

1. 铜牌饰（M154：4）

2. 双耳陶罐（M154：5）

3. 玉髓串珠（M154：6）

4. 铅别针（M155：2）

5. 玉髓串珠（M155：3）

6. 双耳陶罐（M155：4）

M154、M155出土器物

1. 双耳陶罐（M155：5）

2. 玉髓串珠（M155：6）

3. 绿松石串珠（M155：7）

4. 铜泡（M155：8）

5. 双耳陶罐（M155：9）

6. 单耳陶罐（M155：10）

M155出土器物

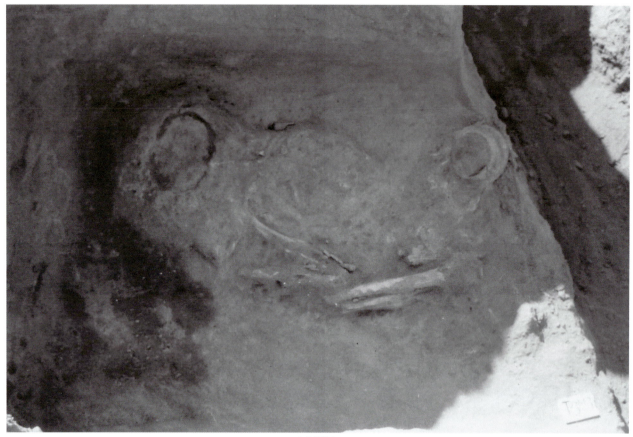

1. M158

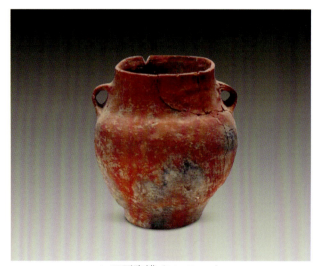

2. 双耳陶罐（M158：1）

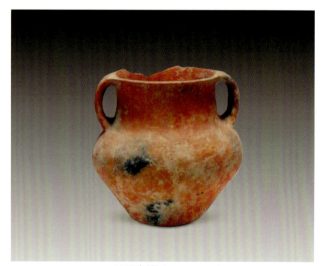

3. 双耳陶罐（M159：1）

M158及M158、M159出土器物

1. 铜牌饰（M159：2）

2. 铜管（M159：3）

3. 铅别针（M159：4）

4. 铅别针（M161：1）

5. 绿松石串珠（M161：2）

6. 滑石串珠（M161：3）

M159、M161出土器物

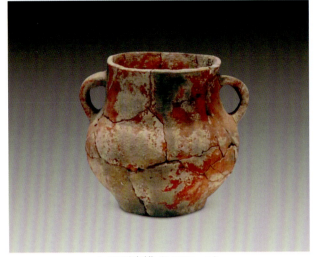

1. 双耳陶罐（M162：1）

2. 绿松石串珠（M162：2）

3. 铜别针（M162：3）

4. 陶罐（M164：1）

5. 铅别针（M164：2）

6. 玉髓串珠（M165：1）

M162、M164、M165出土器物

1. M166

2. 铜牌饰（M166：1）

3. 铜牌饰（M166：2）

M166及M166出土器物

1. 铜牌饰（M166：3）

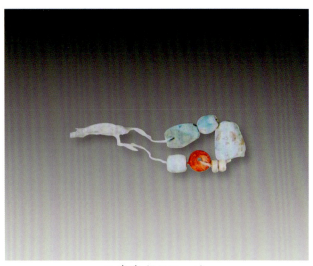

2. 串珠（M166：4）

3. 铜牌饰（M166：5）

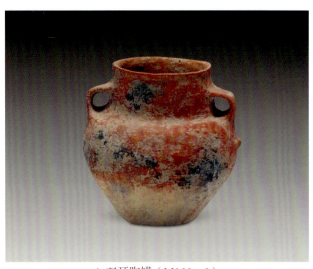

4. 双耳陶罐（M166：6）

5. 铜牌饰（M166：7）

6. 铜泡（M166：8）

M166出土器物

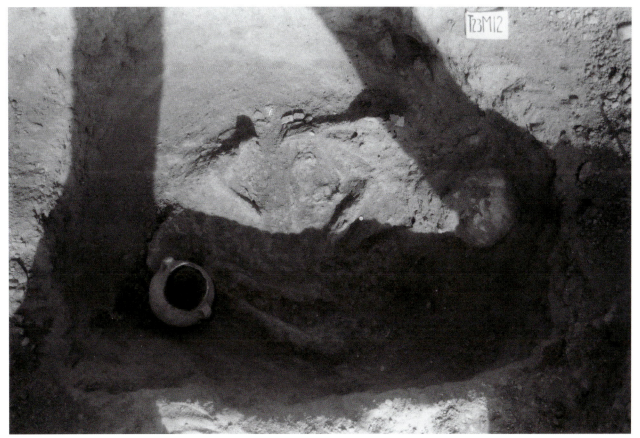

1. M167

2. 铜珠（M166：9）

3. 双耳陶罐（M167：1）

M167及M166、M167出土器物

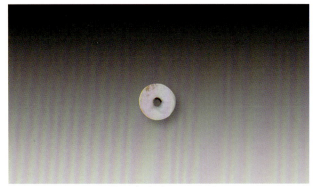

1. 滑石串珠（M167：2）

2. 铅别针（M168：2）

3. 骨牌饰（M167：3）

M167、M168出土器物

1. M169

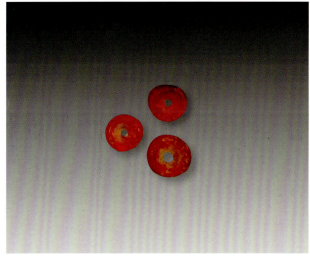

2. 玉髓串珠（M169：1）

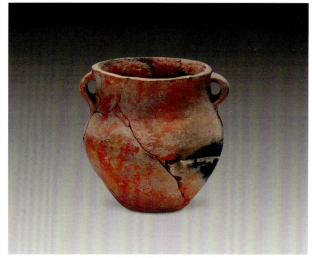

3. 双耳陶罐（M169：2）

M169及M169出土器物

1. M171

2. 陶钵（M169：3）

3. 双耳陶罐（M171：1）

M171及M169、M171出土器物

1. 绿松石串珠（M171：2）

2. 铜管（M173：1）

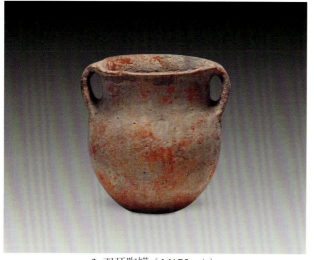

3. 双耳陶罐（M175：1）

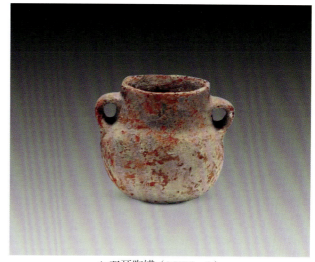

4. 双耳陶罐（M176：1）

5. 单耳陶罐（M177：1）

6. 筒形陶罐（M178：1）

M171、M173、M175、M176、M177、M178出土器物

1. M175

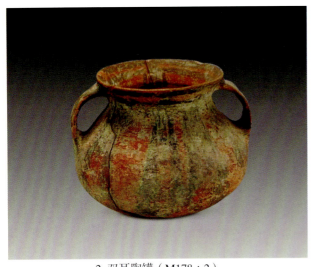

2. 双耳陶罐（M178：2）

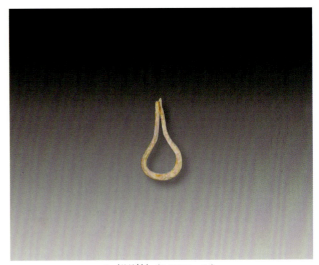

3. 铅别针（M179：1）

M175及M178、M179出土器物

1. M179

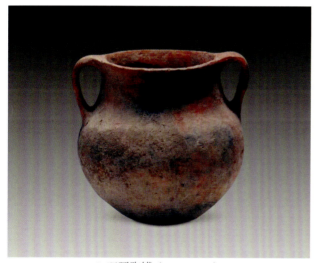

2. 双耳陶罐（M179：2）

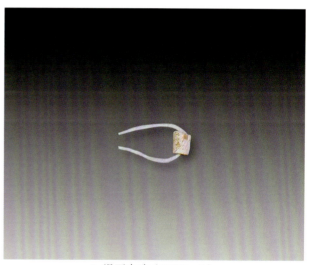

3. 滑石串珠（M179：3）

M179及M179出土器物

1. 铜管（M179：4）

2. 铜牌饰（M179：5）

3. 滑石串珠（M180：1）

4. 双耳陶罐（M181：1）

5. 双耳陶罐（M182：1）

6. 铜别针（M182：2）

M179、M180、M181、M182出土器物

1. M181

2. 玉髓串珠（M182：3）

3. 铜管（M182：4）

M181及M182出土器物

1. 铅别针（M182：5）

2. 铅别针（M183：1）

3. 玉髓串珠（M183：2）

4. 绿松石串珠（M183：3）

5. 铜珠（M183：5）

6. 铜管（M183：6）

M182、M183出土器物

1. 铜珠（M183：4、M183：10）

2. 铜牌饰（M183：7）

3. 双耳陶罐（M183：8）

M183出土器物

1. 骨牌饰（M183：9）

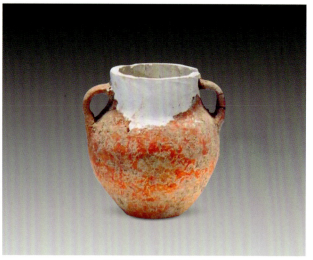

2. 双耳陶罐（M185：1）

3. 骨牌饰（M185：2）

M183、M185出土器物

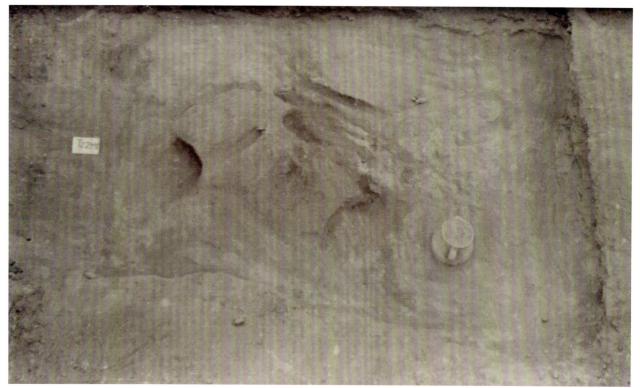

1. M186

2. 双耳陶罐（M186：1）

3. 滑石串珠（M186：2）

M186及M186出土器物

1. 铜管（M186：3）

2. 铜牌饰（M186：4）

3. 玉髓串珠（M186：5）

4. 双耳陶罐（M187：1）

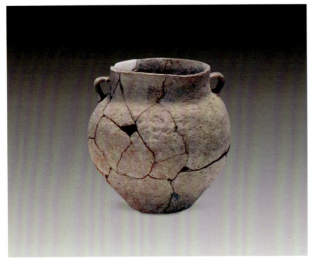

5. 双耳陶罐（M188：1）

6. 绿松石串珠（M188：2）

M186、M187、M188出土器物

1. 滑石串珠（M189：2）

2. 铜耳环（M190：1）

3. 铜牌饰（M190：2）

4. 铜牌饰（M190：3）

5. 海贝（M190：4）

6. 铜牌饰（M190：5）

M189、M190出土器物

1.串珠（M190：6）

2.铜牌饰（M190：7）

3.铜牌饰（M190：8）

M190出土器物

1. 双联铜泡（M190：9）

2. 双耳陶罐（M190：10）

3. 铜管（M190：11）

M190出土器物

1. 铜珠（M190：13）

2. 铜镜（M190：12）

3. 铜镜（M190：14）

M190出土器物

1. 铜牌饰（M190：15）

2. 铜耳环（M190：16）

3. 铜泡（M190：17）

4. 铜牌饰（M190：18）

5. 双耳陶罐（M191：1）

6. 铜牌饰（M191：2）

M190、M191出土器物

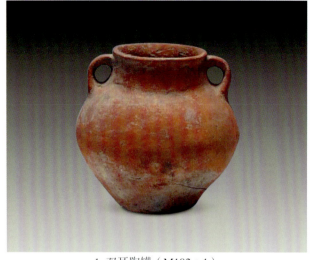

1. 双耳陶罐（M192：1）

2. 筒形陶罐（M193：1）

3. 绿松石串珠（M193：3）

4. 铜刀（M193：4）

5. 骨器（M193：5）

6. 双耳陶罐（M194：1）

M192、M193、M194出土器物

1. 滑石串珠（M193：2）

2. 铜饰（M194：2）

3. 铜耳环（M195：1）

M193、M194、M195出土器物

1. M195

2. 玉髓串珠（M195：2）

3. 滑石串珠（M195：3）

M195及M195出土器物

1. 铜珠（M195：3）

2. 铜手镯（M195：4）

3. 绿松石串珠（M195：5）

4. 双耳陶罐（M195：6）

5. 铜牌饰（M195：7）

6. 铜管（M195：8）

M195出土器物

1. 铜泡（M195：9）

2. 铜珠（M195：10）

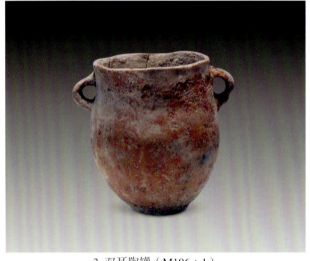

3. 双耳陶罐（M196：1）

4. 玉髓串珠（M196：2）

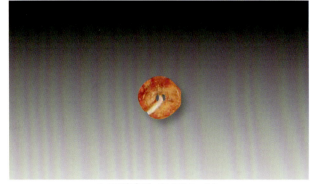

5. 玉髓串珠（M196：3）

6. 铜珠（M196：4）

M195、M196出土器物

1. 滑石串珠（M196：5）

2. 绿松石串珠（M196：6）

3. 双耳陶罐（M197：1）

4. 滑石串珠（M197：2）

5. 铜刀（M197：3）

6. 铜泡（M198：2）

M196、M197、M198出土器物

1. 滑石串珠（M198：1）

2. 铜耳环（M198：3）

3. 铜手镯（M198：4）

M198出土器物

1.绿松石串珠（M198：5）

2.铜珠（M198：6）

M198出土器物

1. 铜牌饰（M198：7）

2. 玉髓串珠（M198：8）

3. 骨牌饰（M198：9）

4. 绿松石串珠（M198：10）

5. 双耳陶罐（M198：11）

6. 铜耳环（M199：1）

M198、M199出土器物

1. 玉髓串珠（M199∶2）

2. 滑石串珠（M199∶3）

3. 双耳陶罐（M199∶4）

4. 铜泡（M200∶1）

5. 铜牌饰（M200∶2）

6. 双耳陶罐（M200∶3）

M199、M200出土器物

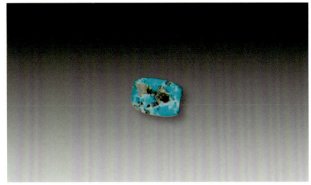

1. 绿松石串珠（M200：4）

2. 费昂斯串珠（M200：5）

3. 铜管（M200：6）

M200出土器物

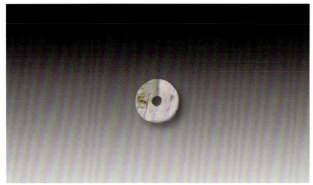

1.绿松石串珠（M200：7）

2.滑石串珠（M200：8）

3.骨牌饰（M200：9）

4.铜耳环（M201：1）

5.铜牌饰（M201：2）

6.滑石串珠（M201：3）

M200、M201出土器物

1. 双耳陶罐（M201：4）

2. 铜牌饰（M201：5）

3. 骨牌饰（M201：6）

4. 骨牌饰（M201：7）

5. 陶片（M201：8）

6. 双耳陶罐（M202：1）

M201、M202出土器物

1. M202

2. 铜牌饰（M202：2）

3. 铜管（M202：3）

M202及M202出土器物

1. 海贝（M202：4）

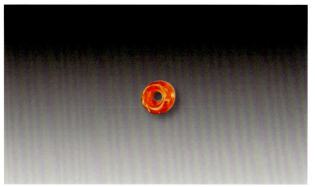

2. 玉髓串珠（M203：1）

3. M203

M202、M203出土器物及M203

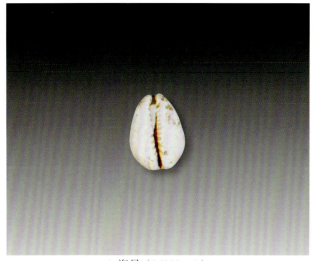

1.海贝（M203：2）

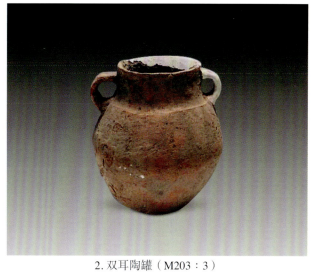

2.双耳陶罐（M203：3）

3.绿松石串珠（M203：4）

4.铜泡（M203：5）

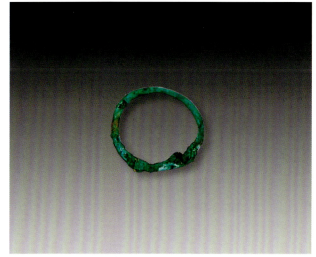

5.铜耳环（M204：1）

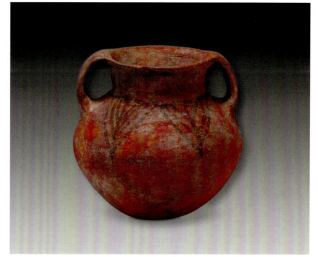

6.双耳陶罐（M206：1）

M203、M204、M206出土器物

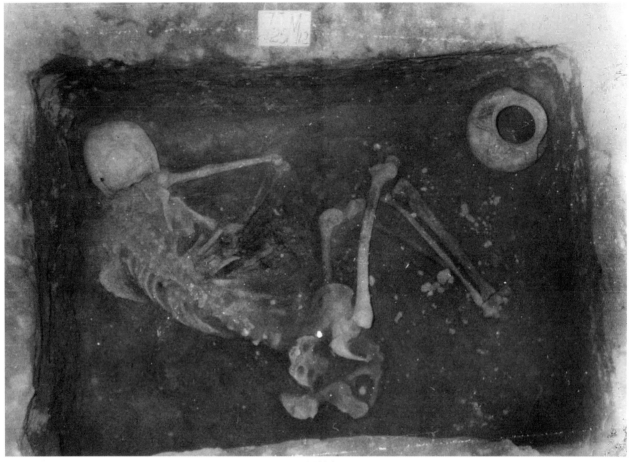

1. M206

2. 铜耳环（M206：2）

3. 铜管（M206：4）

M206及M206出土器物

1. 滑石串珠（M206：3）

2. 绿松石串珠（M206：5）

3. 铜耳环（M206：6）

M206出土器物

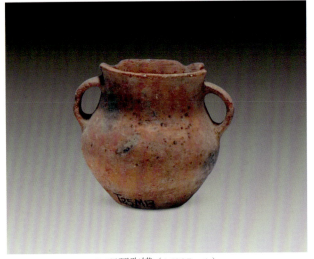

1. 双耳陶罐（M207：1）

2. 铜牌饰（M207：2）

3. 铜牌饰（M207：3）

4. 双耳陶罐（M209：1）

5. 铜耳环（M209：2）

6. 铜耳环（M209：3）

M207、M209出土器物

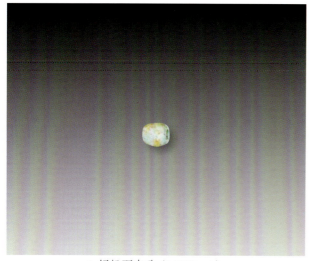

1. 绿松石串珠（M209：4）

2. 双耳陶罐（M210：1）

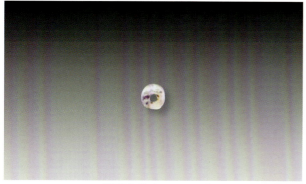

3. 滑石串珠（M210：2）

4. 铜珠（M210：3）

5. 滑石串珠（M210：4）

6. 绿松石串珠（M210：5）

M209、M210出土器物

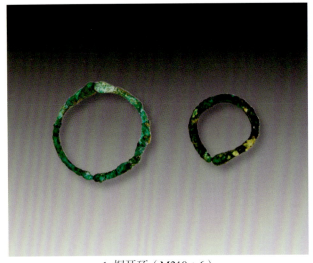

1. 铜耳环（M210：6）

2. 双耳陶罐（M211：1）

3. M212

M210、M211出土器物及M212

1. 双耳陶罐（M212：1）

2. 铜别针（M212：2）

3. 铜耳环（M213：1）

4. 铜耳环（M214：1）

5. 铜手镯（M214：2）

6. 铜管（M214：3）

M212、M213、M214出土器物

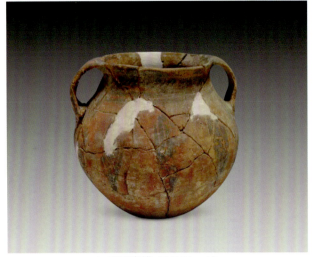

1. 双耳陶罐（M214：4）

2. 滑石串珠（M214：5）

3. 玉髓串珠（M214：6）

4. 双耳陶罐（M215：1）

5. 海贝（M215：2）

6. 滑石串珠（M215：3）

M214、M215出土器物

1. 铜牌饰（M215：4）

2. 铜刀（M215：5）

3. 铜锥（M215：6）

4. 铜耳环（M215：7）

5. 玉髓串珠（M215：8）

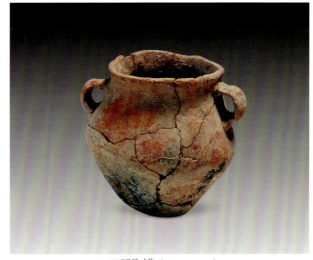

6. 双耳陶罐（M216：1）

M215、M216出土器物

1. M217

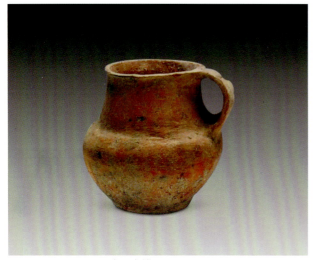

2. 单耳陶罐（M217∶1）

3. 双耳陶罐（M217∶2）

M217及M217出土器物

1. 单耳陶罐（M219：1）

2. 双耳陶罐（M220：1）

3. 铜刀（M220：2）

4. 玉髓串珠（M220：3）

5. 双耳陶罐（M221：1）

6. 铜锥（M221：2）

M219、M220、M221出土器物

1. 石化妆棒（M221：3）

2. 绿松石串珠（M221：4）

3. 滑石串珠（M221：5）

M221出土器物

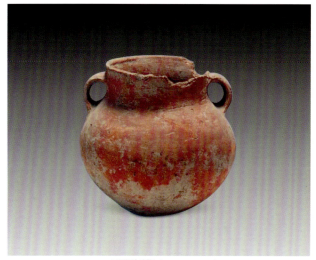

1. 双耳陶罐（M222：1）

2. 铅耳环（M222：2）

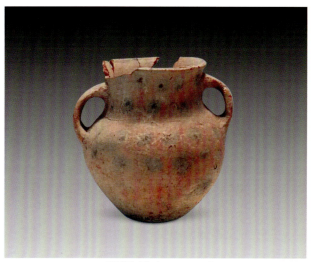

3. 双耳陶罐（M223：1）

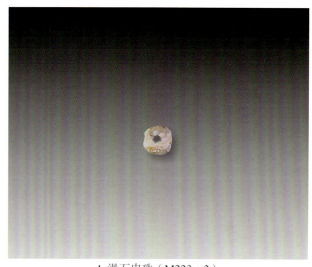

4. 滑石串珠（M223：2）

5. 铜泡（M224：1）

6. 铜刀、铜锥（M224：2）

M222、M223、M224出土器物

1. M224

2. 双耳陶罐（M224：3）

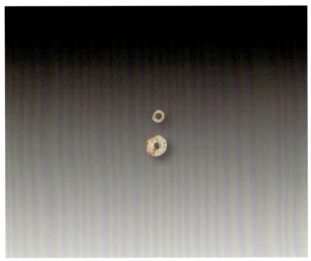

3. 绿松石串珠（M224：4）

M224及M224出土器物

1. 铜管（M224∶5）

2. 铜珠（M224∶6）

3. 双耳陶罐（M225∶1）

4. 铜手镯（M225∶2）

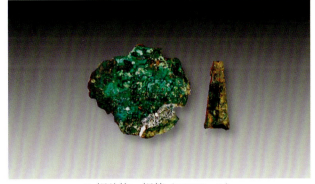

5. 铜牌饰、铜管（M225∶3）

6. 铜耳环（M225∶4）

M224、M225出土器物

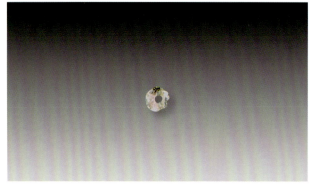

1. 滑石串珠（M225：5）

2. 骨牌饰（M225：6）

3. 铜牌饰（M226：1）

4. 铜镜（M226：2）

5. 铜牌饰（M226：5）

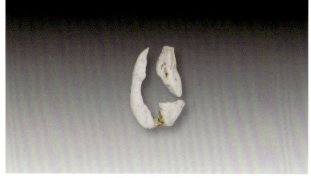

6. 海贝（M226：6）

M225、M226出土器物

1. 骨牌饰（M226：4）

2. 绿松石串珠（M226：7）

3. 双耳陶罐（M226：8）

M226出土器物

1. 铜管（M226：9）

2. 滑石串珠（M227：1）

M226、M227出土器物

1.绿松石串珠（M227：2）

2.双耳陶罐（M228：1）

3.陶罐（M229：1）

M227、M228、M229出土器物

1. 铜珠（M229：3）

2. 铜手镯（M229：2）

3. 铜牌饰（M229：4）

M229出土器物

1. 铜管（M229：5）

2. 绿松石串珠（M229：6）

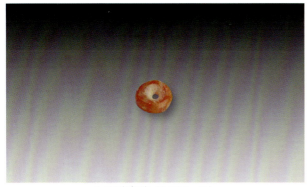

3. 玉髓串珠（M229：7）

4. 绿松石串珠（M229：8）

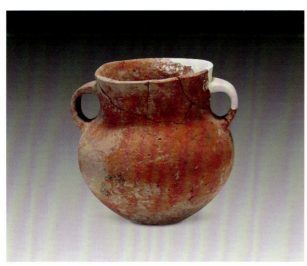

5. 双耳陶罐（M230：1）

6. 铜耳环（M230：2）

M229、M230出土器物

1. 串珠（M230：3）

2. 铜泡（M232：2）

3. 滑石串珠（M232：3）

4. 铜饰件（M232：4）

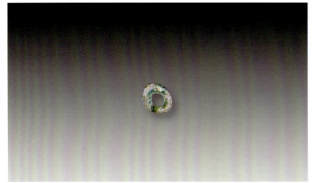

5. 铜珠（M232：5）

6. 铜泡（M233：1）

M230、M232、M233出土器物

1. 铜耳环（M233：2）

2. 铜泡（M233：3）

3. 铜刀（M233：4）

4. 铜管（M233：5）

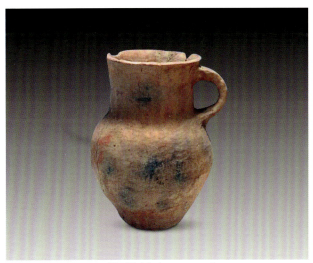

5. 单耳陶罐（M235：1）

6. 铜镜（M235：2）

M233、M235出土器物

1. 铜牌饰（M235：3）

2. 绿松石串珠（M235：5）

3. 骨牌饰（M235：4）

M235出土器物

1. 铜泡（M235：6）

2. 双耳陶罐（M236：1）

3. M241

M235、M236出土器物及M241

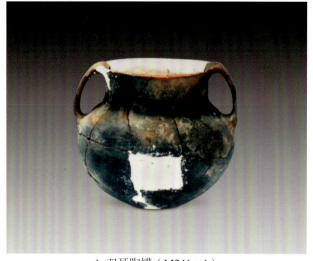

1. 双耳陶罐（M241：1）

2. 铜泡（M241：2）

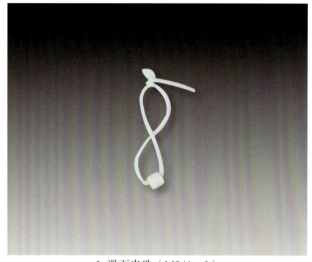

3. 滑石串珠（M241：3）

4. 单耳陶罐（M242：1）

5. 铜泡（M242：2）

6. 滑石串珠（M242：3）

M241、M242出土器物

1.绿松石串珠（M242：5）

2.玉髓串珠（M242：6）

3.绿松石串珠（M242：7）

4.铜耳环（M242：8）

5.铜耳环（M242：9）

6.铜耳环（M242：10）

M242出土器物

1. 单耳陶罐（M243：1）

2. 铜耳环（M243：2）

3. 滑石串珠（M243：3）

4. 海贝（M243：4）

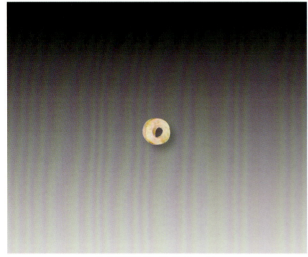

5. 滑石串珠（M243：5）

6. 双耳陶罐（M244：1）

M243、M244出土器物

1. 单耳陶罐（M244：2）

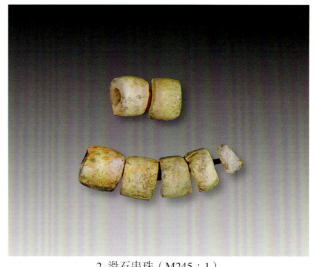

2. 滑石串珠（M245：1）

3. 玉髓串珠（M245：2）

4. 双耳陶罐（M246：1）

5. 串珠（M246：2）

6. 铜手镯（M246：3）

M244、M245、M246出土器物

1. 铜耳环（M246：4）

2. 骨锥（M246：5）

3. 铜耳环（M246：6）

4. 双耳陶罐（M246：7）

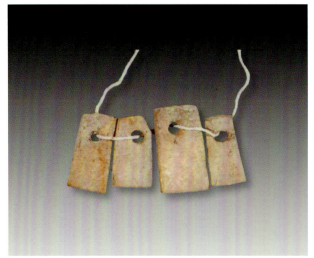

5. 骨牌饰（M246：8）

6. 陶罐（M247：1）

M246、M247出土器物

1. 铜耳环（M247：2）

2. 滑石串珠（M247：3）

3. 铜耳环（M247：4）

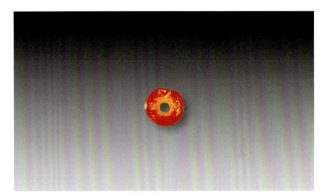

4. 玉髓串珠（M247：5）

5. 铜泡（M247：6）

6. 绿松石串珠（M247：7）

M247出土器物

1. 铜珠（M248：1）

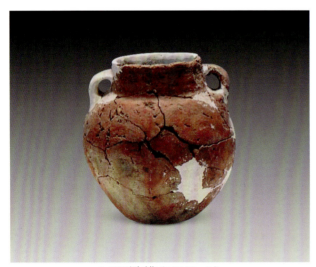

2. 双耳陶罐（M248：2）

3. 玉髓串珠（M248：3）

M248出土器物

1. 铜牌饰（M248：4）

2. 铅别针（M249：1）

3. 双耳陶罐（M249：2）

4. 双腹耳陶壶（M252：1）

5. 铜耳环（M252：2）

6. 铜耳环（M253：1）

M248、M249、M252、M253出土器物

1. 双耳陶罐（M253：2）

2. 铜牌饰（M254：1）

3. 铜牌饰（M254：2）

4. 铜牌饰（M254：3）

5. 铜锥（M254：4a）、铜刀（M254：4b）

6. 绿松石串珠（M254：5a～M254：5d）

M253、M254出土器物

1. 滑石串珠（M254∶6）

2. 铅别针（M254∶7）

3. 铜耳环（M257∶1）

4. 铜泡（M257∶2）

5. 滑石串珠（M257∶3）

6. 单耳陶罐（M259∶1）

M254、M257、M259出土器物

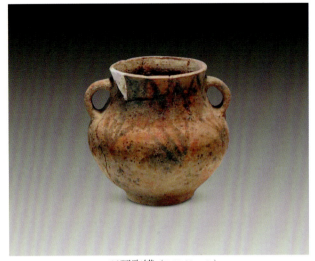

1. 双耳陶罐（M260：1）

2. 铜牌饰（M260：2）

3. 双耳陶罐（M261：1）

4. 铜耳环（M261：2）

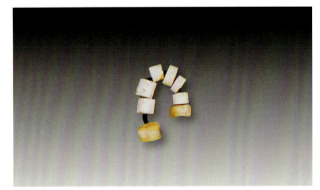

5. 滑石串珠（M261：3）

6. 铜手镯（M261：4）

M260、M261出土器物

1. 串珠（M261：6）

2. 铜管（M261：5）

3. 铜耳环（M261：7）

M261出土器物

1. 双联铜泡（M261：8）

2. 双联铜泡（M261：9）

3. 双耳陶罐（M262：1）

4. 双耳陶罐（M263：1）

5. 铜耳环（M263：2）

6. 铜刀（M263：3）

M261、M262、M263出土器物

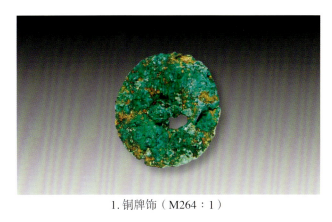

1. 铜牌饰（M264：1）

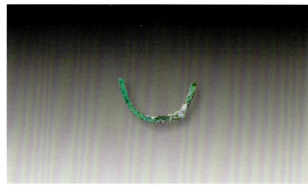

2. 铜耳环（M264：2）

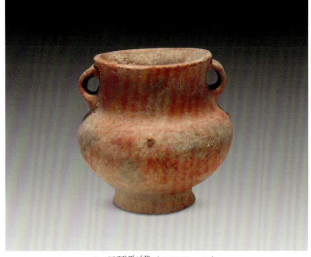

3. 双耳陶罐（M265：1）

4. 铜牌饰（M265：2）

5. 铜耳环（M266：1）

6. 铜泡（M266：2）

M264、M265、M266出土器物

1. 铜牌饰（M266：3）

2. 铜牌饰（M266：4）

3. 铜镜（M266：5）

4. 铜牌饰（M266：7）

5. 铜牌饰（M266：8）

6. 双联铜泡（M266：9）

M266出土器物

1. 双联铜泡（M266：10）

2. 铜泡（M266：11）

3. 铜泡（M266：12）

4. 铜泡（M266：13）

5. 铜泡（M266：14）

6. 铜泡（M266：15）

M266出土器物

1. 铜手镯（M266：16）

2. 铜管（M266：17）

3. 铜泡（M266：18）

4. 铜泡（M266：19）

5. 双耳陶罐（M266：21）

6. 铜泡（M266：22）

M266出土器物

1. 串珠（M266：20）

2. 铜泡（M266：23）

3. 铜泡（M266：24）

M266出土器物

1. 铜泡（M266：25）

2. 铜泡（M266：26）

3. 铜泡（M266：27）

4. 铜镜（M266：28）

5. 铜泡（M266：29）

6. 铜泡（M266：30）

M266出土器物

1. 双联铜泡（M266：31）

2. 铜牌饰（M266：32）

3. 铜泡（M266：33）

4. 铜镜（M266：34）

5. 铜牌饰（M266：35）

6. 铜泡（M266：36）

M266出土器物

1. 双联铜泡（M266：37）

2. 铜手镯（M266：38）

3. 铜珠（M266：39）

M266出土器物

1. 双耳陶罐（M267：1）

2. 铜耳环（M267：2）

3. 铜泡（M267：4）

4. 双联铜泡（M267：5）

5. 铜泡（M267：8）

6. 双联铜泡（M267：10）

M267出土器物

1. 铜刀（M267：11）

2. 铜管（M267：12）

3. 铜泡（M267：13）

4. 铜泡（M267：14）

5. 铜泡（M267：15）

6. 铜泡（M267：19）

M267出土器物

1. 绿松石串珠（M267：20）

2. 铜泡（M267：21）

3. 铜耳环（M267：22）

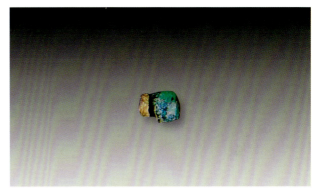

4. 绿松石串珠（M267：23）

5. 玉髓串珠（M267：23）

6. 铜泡（M267：24）

M267出土器物

1. 铜泡（M267：25）

2. 铜泡（M267：26）

3. 铜泡（M267：28）

4. 铜管（M267：29）

5. 双耳陶罐（M268：1）

6. 铜耳环（M268：2）

M267、M268出土器物

1.绿松石串珠（M268：3）

2.铜牌饰（M269：1）

3.铜泡（M270：1）

4.铜刀（M270：2）

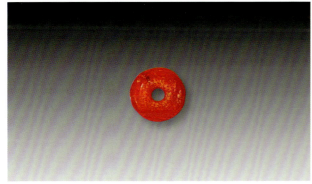

5.玉髓串珠（M274：1）

6.铜耳环（M274：2）

M268、M269、M270、M274出土器物

1. 双耳陶罐（M274∶3）

2. 串珠（M275∶1）

3. 铜耳环（M275∶2）

4. 铜泡（M275∶3）

5. 双耳陶罐（M275∶4）

6. 双联铜泡（M275∶5）

M274、M275出土器物

1. 铜锥（M275：6）

2. 滑石串珠（M276：1）

3. 双耳陶罐（M276：2）

4. 铜耳环（M276：3）

5. 双耳陶罐（M277：1）

6. 滑石串珠（M277：2）

M275、M276、M277出土器物

1. 铜耳环（M277：3）

2. 铜手镯（M277：4）

3. 双耳陶罐（M277：5）

4. 单耳陶杯（M277：6）

5. 铜牌饰（M278：1）

6. 双耳陶罐（M279：1）

M277、M278、M279出土器物

1.铜刀（M279：2）

2.双联铜泡（M279：4）

3.铜泡（M279：5）

4.双耳陶罐（M280：1）

5.铜别针（M280：2）

6.铜镞（M280：3）

M279、M280出土器物

1. 铜锥（M280：4）

2. 双联铜泡（M280：5）

3. 铜锥（M280：6）

4. 铜牌饰（M280：7）

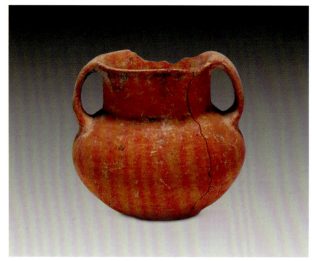

5. 双耳陶罐（M281：1）

6. 铜耳环（M281：3）

M280、M281出土器物

1. 滑石串珠（M281∶4）

2. 铜镜（M281∶5）

3. 玉髓串珠（M281∶6）

4. 铜泡（M281∶7）

5. 铜刀（M281∶8）、铜锥（M281∶9）

6. 双耳陶罐（M283∶1）

M281、M283出土器物

1. 滑石串珠（M283：2）

2. 铜泡（M283：3）

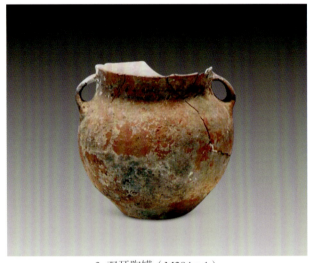

3. 双耳陶罐（M284：1）

4. 绿松石串珠（M284：2）

5. 铜刀（M284：3）

6. 陶罐（M284：4）

M283、M284出土器物

1. 陶片（M284：5）

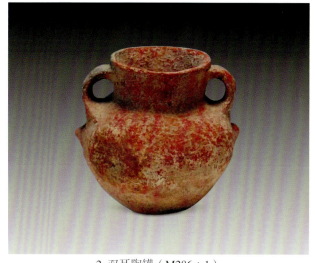

2. 双耳陶罐（M286：1）

3. 绿松石串珠（M286：2）

4. 玉髓串珠（M286：3）

5. 铜牌饰（M286：4）

6. 铜管（M286：6）

M284、M286出土器物

1.骨牌饰（M286：5）

2.海贝（M286：7）

3.双耳陶罐（M287：1）

M286、M287出土器物

1. 铜泡（M287：2）

2. 铜耳环（M287：3）

3. 铜牌饰（M287：4）

M287出土器物

1. 铜泡（M287：5）

2. 铜耳环（M287：6）

3. 绿松石串珠（M287：7）

4. 双耳陶罐（M288：1）

5. 双耳陶罐（M289：1）

6. 铜牌饰（M289：2）

M287、M288、M289出土器物

1. 铜管（M289：3）

2. 铜手镯（M289：4）

3. 铜手镯（M289：5）

4. 玉髓串珠（M289：6）

5. 铜耳环（M289：7）

6. 双耳陶罐（M290：1）

M289、M290出土器物

1. M292

2. 双耳陶罐（M292：1）

3. 铜牌饰（M292：2）

M292及M292出土器物

1. 铜片（M292:3）

2. 铜刀（M292:4）

3. M293

M292出土器物及M293

1. 双耳陶罐（M293：1）

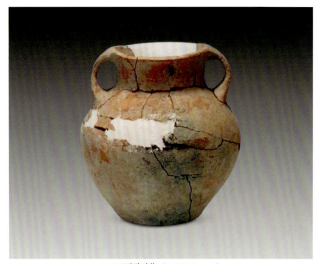

2. 双耳陶罐（M295：1）

3. M296

M293、M295出土器物及M296

1. 铜刀（M295：2）

2. 双耳陶罐（M296：1）

3. 铜耳环（M296：6、M296：2）

4. 铜手镯（M296：4）

5. 铜珠（M296：5）

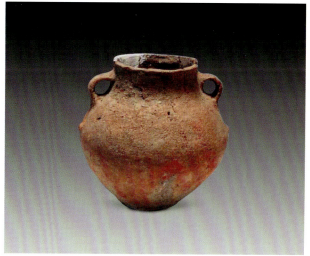

6. 双耳陶罐（M297：1）

M295、M296、M297出土器物

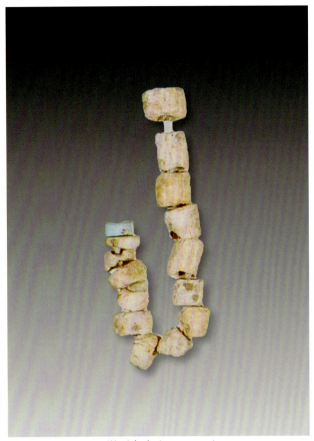

1. 滑石串珠（M296：3）

2. 双耳陶罐（M298：1）

3. 铜手镯（M298：2）

M296、M298出土器物

1. M298

2. 玉髓串珠（M298：3）

3. 铜耳环（M298：4）

M298及M298出土器物

1. 滑石串珠（M298：5）

2. 铜手镯（M298：6）

3. 双耳陶罐（M299：1）

M298、M299出土器物

1. M299

2. 双耳陶罐（M300：1）

3. 铜管（M300：2）

M299及M300出土器物

1. 滑石串珠（M300：3）

2. 双耳陶罐（M301：1）

3. M301

M300、M301出土器物及M301

1. 滑石串珠（M301：2）

2. 铜牌饰、铜管（M301：5）

3. 铜管（M301：4）

M301出土器物

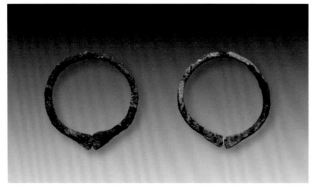

1. 铜耳环（M301：6）

2. 铜牌饰、铜镜（M301：7）

3. 铜泡（M301：9）

M301出土器物

1. 铜镜、铜泡（M301：8）

2. 铜手镯（M301：10）

3. 铜手镯（M301：11）

4. 铜镜、铜泡（M301：12）

5. 铜管（M301：14）

6. 铜牌饰（M301：15）

M301出土器物

1. 铜泡（M301：16）

2. 铜珠（M301：17）

3. M302

M301出土器物及M302

1. 双耳陶罐（M302：1）

2. 铜刀（M302：2）

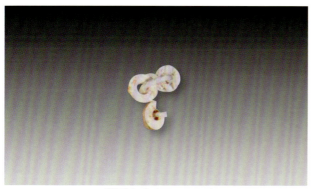

3. 滑石串珠（M302：3）

4. 铜牌饰（M303：1）

5. 铜管（M303：2）

6. 双耳陶罐（M303：3）

M302、M303出土器物

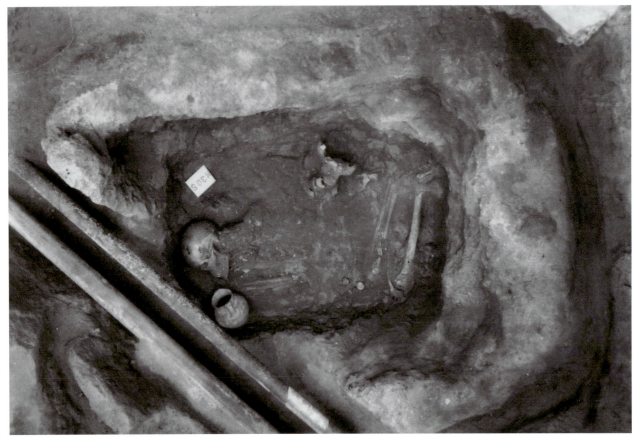

1. M305

2. 双耳陶罐（M305：1）

3. 砺石（M305：2）

M305及M305出土器物

1. 铜刀（M305：3）

2. 铜锥（M305：4）

3. M306

M305出土器物及M306

1. M306墓室

2. 铜牌饰（M305：5）

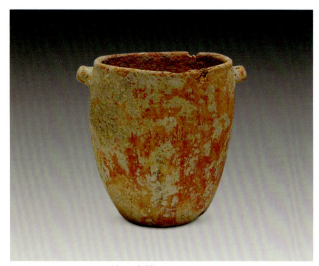

3. 筒形陶罐（M306：1）

M306及M305、M306出土器物

1. 双耳陶罐（M306：2）

2. 滑石串珠（M306：3）、绿松石串珠（M306：5）

3. 黑石串珠（M306：4）

M306出土器物

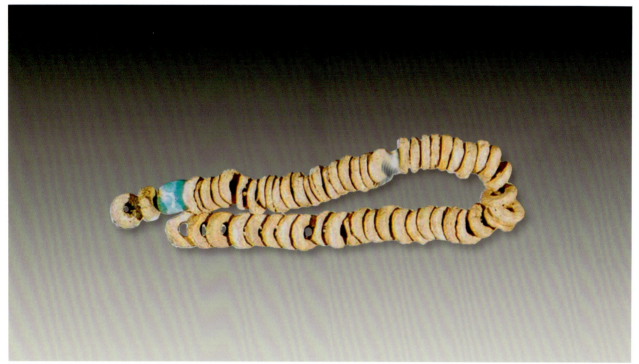

1. 滑石串珠、绿松石串珠（M306：4）

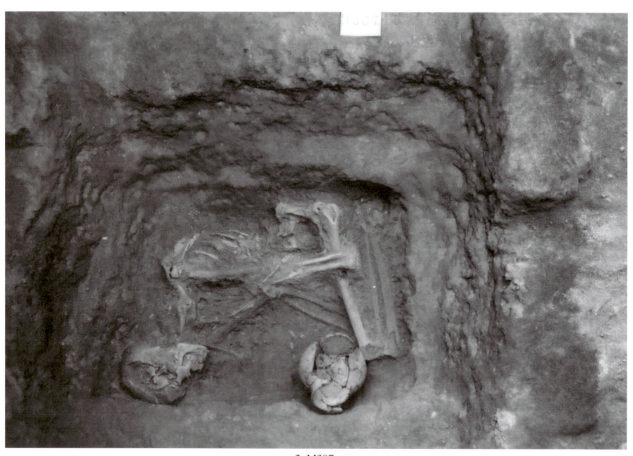

2. M307

M306出土器物及M307

1. 铜泡（M307：2）

2. 砺石（M307：3）

3. 砺石（M307：3）

4. 铜刀（M307：4）

5. 铜牌饰（M307：5）

6. 铜管（M307：6）

M307出土器物

1. 铜耳环（M307：7）

2. 骨针（M307：8）

3. 玉髓串珠（M307：9）

4. 铜耳环（M307：10）

5. 铜泡（M307：11）

6. 铜泡（M307：12）

M307出土器物

1. 滑石串珠（M307：13）

2. 铜管（M307：14）

3. 铜镞（M307：15）

4. 铜管（M307：16）

5. 单耳陶罐（M309：1）

6. 陶盆（M310：1）

M307、M309、M310出土器物

1. M308

2. M310

M308、M310

1. 铜牌饰（M310：2）

2. 滑石串珠（M310：3）

3. M311

M310出土器物及M311

1. M311

2. 骨牌饰（M311：1）

M311及M311出土器物

1. 铜珠（M311：2）

2. 铜耳环（M311：3）

3. 双耳陶罐（M311：5）

4. 铜牌饰（M311：6）

5. 双耳陶罐（M311：7）

6. 铜牌饰（M311：8）

M311出土器物

1.铜管（M311：9）

2.铜泡（M311：10）

3.绿松石串珠（M311：11）

M311出土器物

1. 串珠（M311：12）

2. 铜牌饰（M311：13）

3. 铜牌饰（M311：14）

4. 铜牌饰（M311：15）

5. 双联铜泡（M311：16）

6. 铜牌饰（M311：17）

M311出土器物

1. 铜珠（M311：19）

2. 铜耳环（M311：21）

3. 铜牌饰（M311：22）

M311出土器物

1. 双联铜泡（M311：23）

2. 铜镜（M311：24）

3. 铜镜、铜牌饰（M311：25）

M311出土器物

1. 铜牌饰（M311：26）

2. 铜泡（M311：27）

3. 双联铜泡（M311：28）

4. 铜耳环（M311：29）

5. 铜泡（M311：30）

6. 滑石串珠（M311：31）

M311出土器物

1. 铜泡（M311：32）

2. 铜耳环（M311：33）

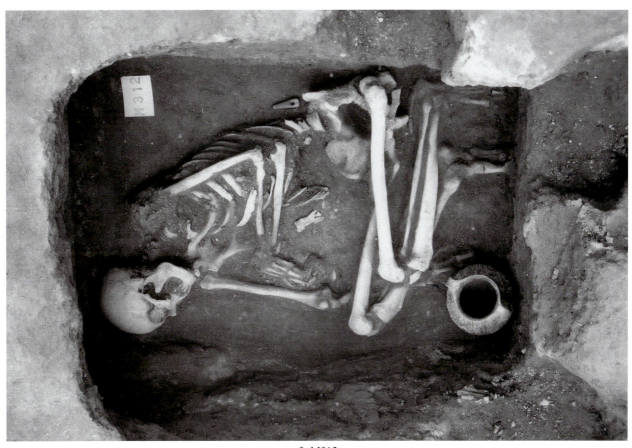

3. M312

M311出土器物及M312

1. 双耳陶罐（M312：1）

2. 铜泡（M312：2）

3. 铜泡（M312：3）

4. 砺石（M312：4）

5. 铜刀（M312：5）

6. 铜锥（M312：6）

M312出土器物

1. 双联铜泡（M312：7）

2. 铜耳环（M312：8）

3. 铜牌饰（M312：9）

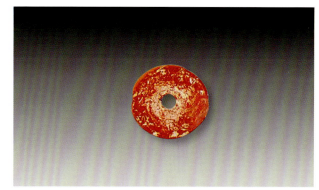

4. 玉髓串珠（M312：10）

5. 绿松石串珠（M312：11）

6. 铜泡（M312：12）

M312出土器物

1. 铜泡（M312：13）

2. 陶罐（M312：14）

3. M313

M312出土器物及M313

1. 铜珠（M313：1）

2. 串珠（M313：2）

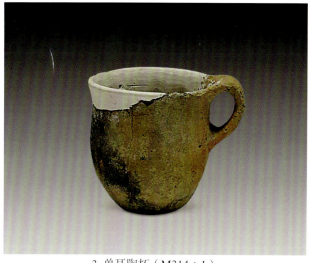

3. 单耳陶杯（M314：1）

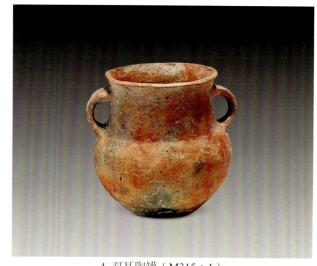

4. 双耳陶罐（M315：1）

5. 铜牌饰（M315：2）

6. 铜镞（M315：3）

M313、M314、M315出土器物

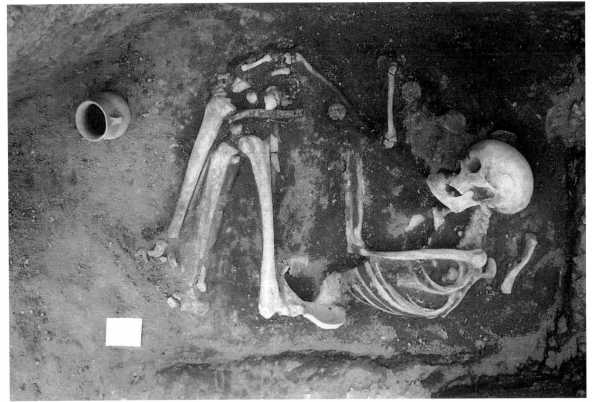

1. M315

2. M315

M315

1. 铜刀（M315：4）

2. 铜锥（M315：5）

3. 铜泡（M315：6）

4. 绿松石串珠（M315：7）

5. 铜牌饰（M315：8）

6. 铜牌饰（M315：9）

M315出土器物

1. 铜牌饰（M315：10）

2. 铜镜（M315：11）

3. 铜牌饰（M315：12）

4. 铜镜（M315：13）

5. 骨管（M315：15）

6. 铜牌饰（M315：16）

M315出土器物

1.串珠（M315：14）

2.陶片（M315：17）

3.双耳陶罐（M316：1）

M315、M316出土器物

1. M316

2. 滑石串珠（M316：2）

3. 骨牌饰（M316：3）

M316及M316出土器物

1. 铜管（M316：4）

2. 铜手镯（M316：5）

3. 铜手镯（M316：6）

4. 铜泡（M316：7）

5. 铜泡（M316：8）

6. 铜泡（M316：9）

M316出土器物

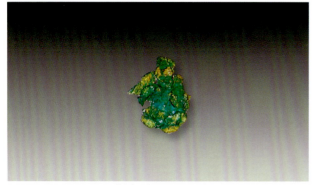

1. 铜泡（M316：10）

2. 铜泡（M316：11）

3. 铜泡（M316：12）

4. 铜泡（M316：13）

5. 铜牌饰（M316：14）

6. 铜耳环（M316：15）

M316出土器物

1. 铜泡（M316：16）

2. 玉髓串珠（M316：18）

3. 串珠（M316：19）

M316出土器物

1. 铜牌饰（M316：20）

2. 滑石串珠（M316：21）

3. 骨牌饰（M316：22）

4. 双耳陶罐（M316：23）

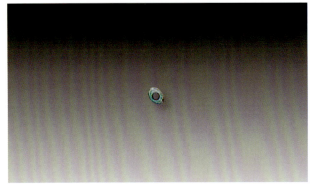

5. 绿松石串珠（M317：1）

6. 铜珠（M317：2）

M316、M317出土器物

1. M317

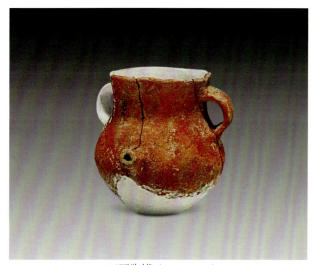

2.双耳陶罐（M317：3）

3.骨牌饰（M317：4）

M317及M317出土器物

1. 铜耳环（M317：5）

2. 双耳陶罐（M317：6）

3. 双耳陶罐（M317：7）

4. 单耳陶罐（M317：8）

5. 铜耳环（M317：9）

6. 铜耳环（M317：10）

M317出土器物

1. 绿松石串珠（M317：11）

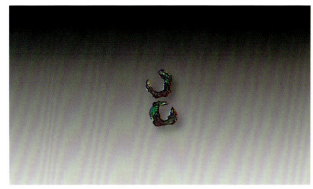

2. 铜珠（M317：12）

3. 串珠（M317：13）

4. 绿松石串珠（M317：14）

5. 铜泡（M317：15）

6. 骨牌饰（M317：18）

M317出土器物

1. 铜泡（M317：19）

2. 绿松石串珠（M317：20）

3. 海贝（M317：21）

4. 绿松石串珠（M317：22）

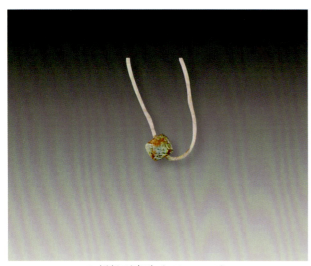

5. 绿松石串珠（M317：23）

6. 骨牌饰（M318：2）

M317、M318出土器物

1. M318

2. 骨牌饰（M318：3）

3. 海贝（M318：4）

M318及M318出土器物

1. 滑石串珠（M318：5）

2. 玉髓串珠（M318：6）

3. 铜刀（M319：1）

4. 骨牌饰（M319：2）

5. 铜镞（M320：1）

6. 绿松石串珠（M320：2）

M318、M319、M320出土器物

1. M319

2. 铜泡（M320：3）

3. 双耳陶罐（M321：1）

M319及M320、M321出土器物

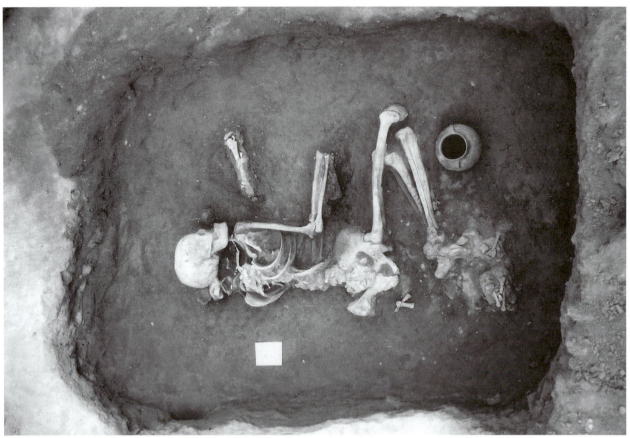

1. M321

2. 铜牌饰（M321：2）

3. 铜牌饰（M321：3）

M321及M321出土器物

1. 铜牌饰（M321：4）

2. 铜牌饰（M321：5）

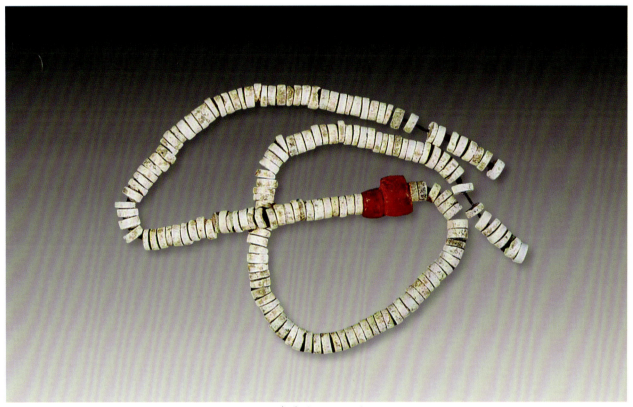

3. 串珠（M321：8）

M321出土器物

1.海贝（M321：6）

2.铜牌饰（M321：10）

3.铜珠（M321：9）

M321出土器物

1. M322

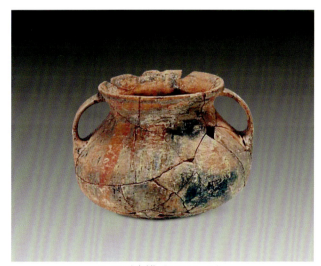

2. 双耳陶罐（M322：1）

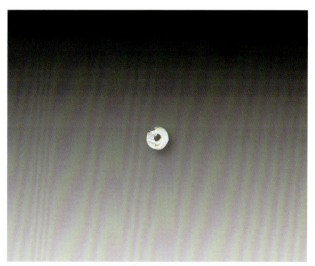

3. 滑石串珠（M322：2）

M322及M322出土器物

1. 铜泡（M322：3）

2. 骨牌饰（M322：4）

3. 骨牌饰（M322：5）

4. 双耳陶罐（M323：1）

5. 铜牌饰（M323：2）

6. 绿松石串珠（M323：3）

M322、M323出土器物

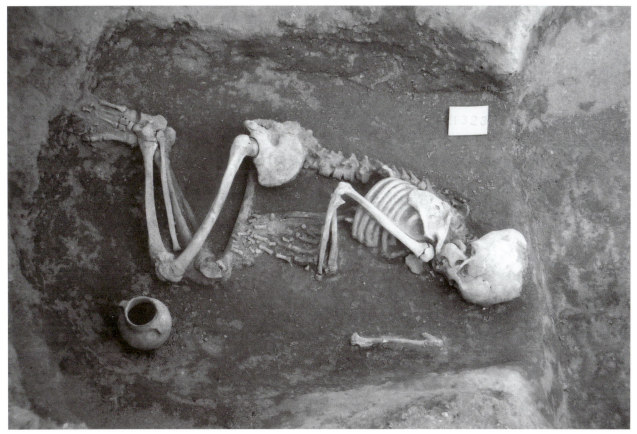

1. M323

2. 双耳陶罐（M324：1）

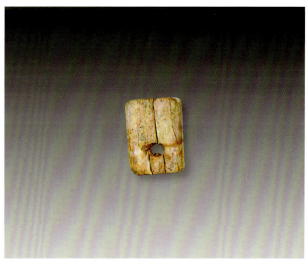

3. 骨牌饰（M324：2）

M323及M324出土器物

1. M325

2. 筒形陶罐（M325∶1）

3. 金耳环（M325∶2）

M325及M325出土器物

1. 串珠（M325：4）

2. 铜斧（M325：3）

3. 铜片（M325：5）

M325出土器物

1. 串珠（M325：7）

2. 串珠（M325：6）

3. 金耳环（M325：8）

M325出土器物

1. 铜刀（M325：9）

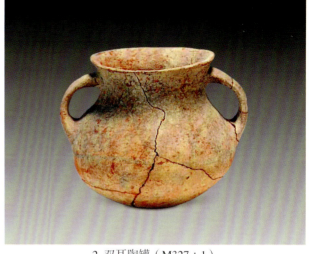

2. 双耳陶罐（M327：1）

3. M327

M325、M327出土器物及M327

1. 铜锥（M327：2）

2. 铜刀（M327：3）

3. 绿松石串珠（M327：4）

4. 绿松石串珠（M327：5）

5. 铜泡（M327：6）

6. 铜牌饰（M327：7）

M327出土器物

1. M328

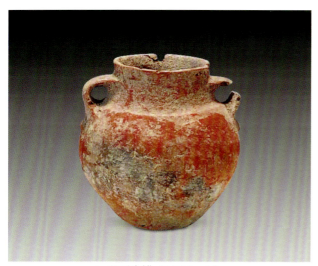

2. 双耳陶罐（M328：1）

3. 铜牌饰（M328：2）

M328及M328出土器物

1. 铜泡（M328：3）

2. 陶片（M329：1）

3. M329

M328、M329出土器物及M329

1. 玉髓串珠（M329：2）

2. 铜泡（M329：3）

3. 铜耳环（M329：4）

4. 玉髓串珠（M329：5）

5. 石杵（M329：6）

6. 铜耳环（M329：7）

M329出土器物

1. M330

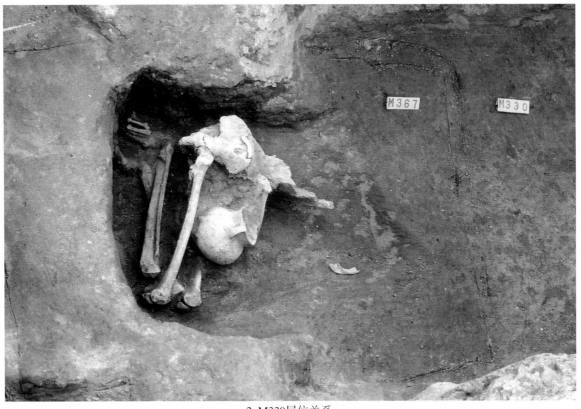

2. M330层位关系

M330

1. 双耳陶罐（M330：1）

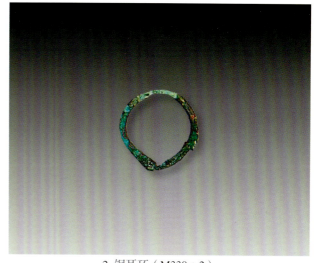

2. 铜耳环（M330：2）

3. 砺石（M330：4）

4. 砺石（M330：7）

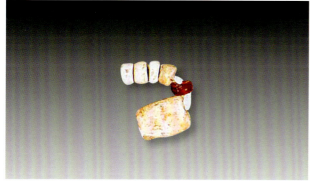

5. 串珠（M330：5）

6. 铜耳环（M330：6）

M330出土器物

1. 砺石（M330：3）

2. 铜刀（M330：8）

3. M331

M330出土器物及M331

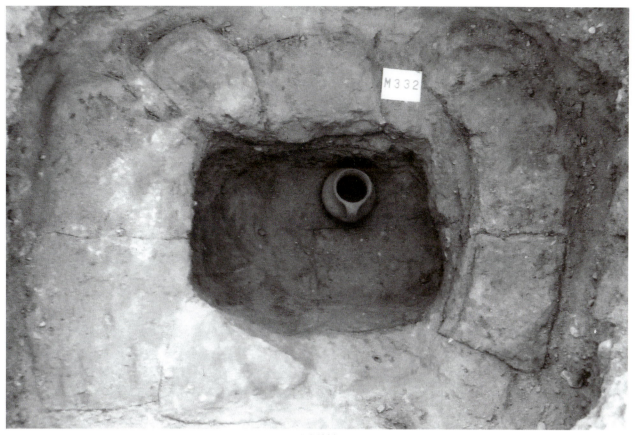

1. M332

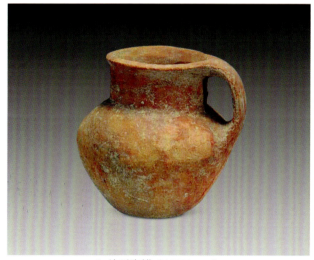

2. 单耳陶罐（M332：1）

3. 铜耳环（M333：3）

M332及M332、M333出土器物

1. M333

2. 滑石串珠（M333:4）

M333及M333出土器物

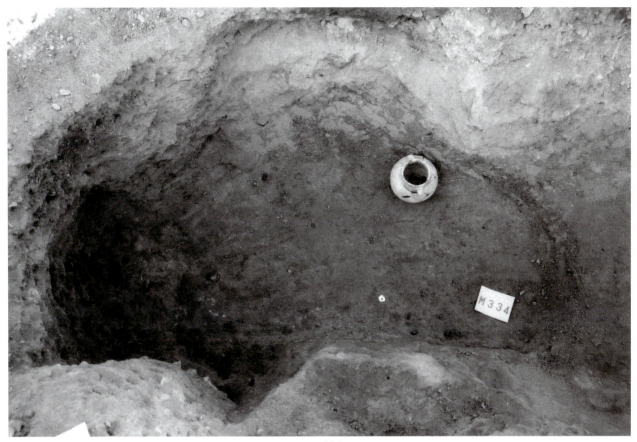

1. M334

2. 双耳陶罐（M334：1）

3. 铜牌饰（M334：2）

M334及M334出土器物

1. 蚌饰（M334：3）

2. 双耳陶罐（M335：1）

3. M337

M334、M335出土器物及M337

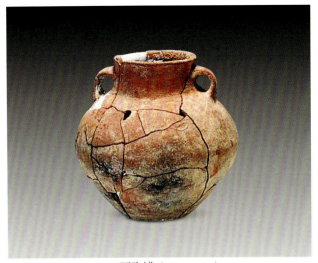

1. 双耳陶罐（M337：1）

2. 铜牌饰（M337：2）

3. 绿松石串珠（M337：4）

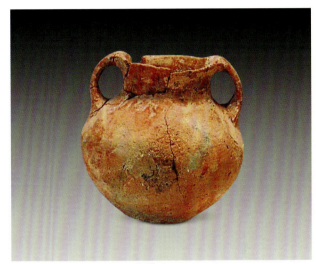

4. 双耳陶罐（M338：1）

5. 滑石串珠（M338：2）

6. 铜耳环（M338：3）

M337、M338出土器物

1. M338

2. M339

M338、M339

1.铜刀（M339：1）

2.铜泡（M339：2）

3.铜泡（M339：3）

4.铜泡（M339：4）

5.铜泡（M339：5）

6.铜泡（M339：7）

M339出土器物

1. 铜泡（M339：8）

2. 滑石串珠（M340：1）

3. M340

M339、M340出土器物及M340

1. 铜泡（M340：2）　　　　　　2. 双耳陶罐（M340：3）

3. 铜刀（M340：5）　　　　　　4. 铜管（M340：6）

5. 铜牌饰（M341：1）　　　　　6. 双联铜泡（M341：2）

M340、M341出土器物

1. 双联铜泡（M341：3）

2. 铜耳环（M341：4）

3. 串珠（M341：5）

M341出土器物

1. 铜泡（M341：6）

2. 铜泡（M341：7）

3. 铜镜（M341：8）

4. 铜牌饰（M341：9）

5. 铜牌饰（M341：10）

6. 铜泡（M341：11）

M341出土器物

1. 铜牌饰（M341：12）

2. 铜凿（M341：13）

3. 铜锛（M341：14）

4. 铜牌饰（M341：16）

5. 铜牌饰（M341：17）

6. 铜牌饰（M341：18）

1. 铜泡（M341：19）

2. 铜牌饰（M341：20）

3. 铜牌饰（M341：21）

4. 铜刀（M341：22）

5. 铜泡（M341：23）

6. 铜锥（M341：24）

M341出土器物

1. 铜镜、铜泡（M341∶25）

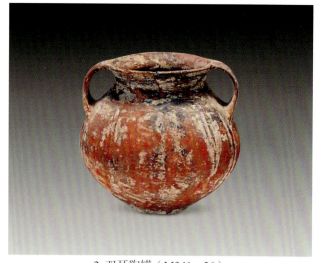

2. 双耳陶罐（M341∶26）

3. 铜泡（M341∶27）

4. 铜耳环（M341∶28）

5. 铜泡（M341∶29）

6. 双耳陶罐（M342∶1）

M341、M342出土器物

1. 铜牌饰（M342：2）

2. 铜耳环（M342：3）

3. 铜刀（M342：4）

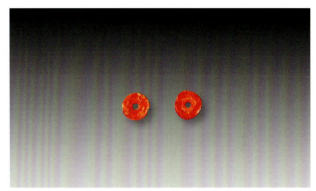

4. 玉髓串珠（M342：5）

5. 铜耳环（M345：1）

6. 双耳陶罐（M346：1）

M342、M345、M346出土器物

1. M344

2. M346

M344、M346

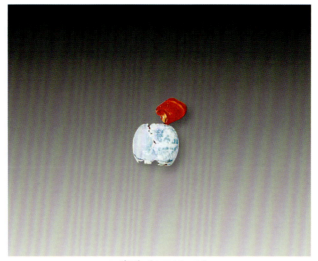

1. 串珠（M346：2）

2. 双耳陶罐（M349：2）

3. 铜珠（M349：1）

M346、M349出土器物

1. 铜片（M349：3）　　　　　　　2. 铜泡（M349：4）

3. 铜管（M349：5）　　　　　　　4. 串珠（M349：6）

5. 铜牌饰（M349：8）　　　　　　6. 铜牌饰（M349：9）

M349出土器物

1. 铜管（M349：10）

2. 铜牌饰（M349：11）

3. M350

M349出土器物及M350

1. M350

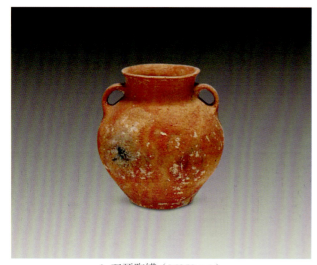

2. 双耳陶罐（M350：1）

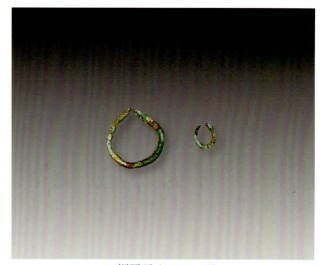

3. 铜耳环（M350：3）

M350及M350出土器物

1.滑石串珠（M350：2）

2.铜珠（M350：6）

3.双乳钉陶壶（M353：1）

M350、M353出土器物

1. 绿松石串珠（M352:1）、滑石串珠（M352:2）

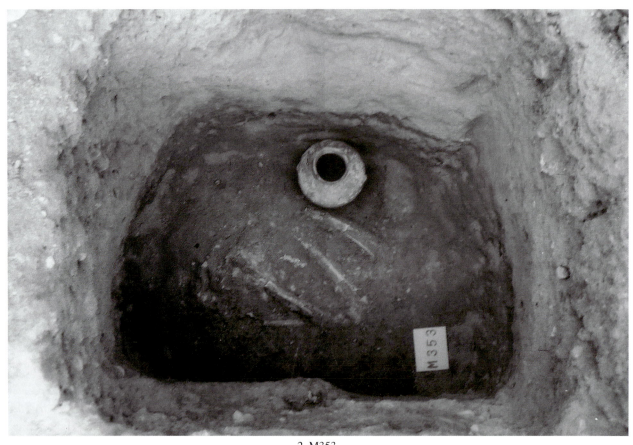

2. M353

M352出土器物及M353

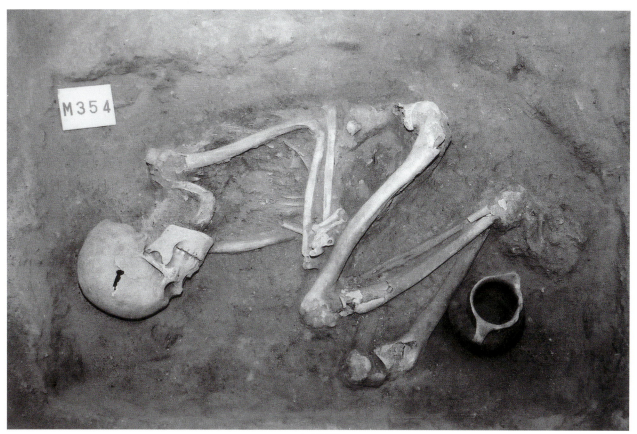

1. M354

2. 双耳陶罐（M354：1）

3. 铜牌饰（M354：2）

M354及M354出土器物

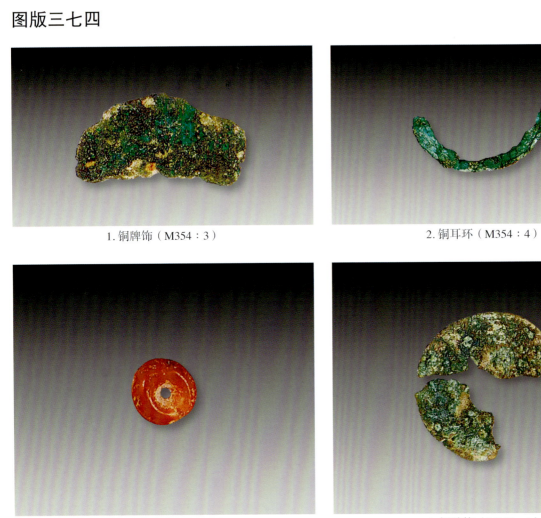

1. 铜牌饰（M354：3）

2. 铜耳环（M354：4）

3. 玉髓串珠（M354：6）

4. 铜牌饰（M357：1）

5. 双耳陶罐（M357：2）

6. 双耳陶罐（M358：1）

M354、M357、M358出土器物

1. M355

2. M357

M355、M357

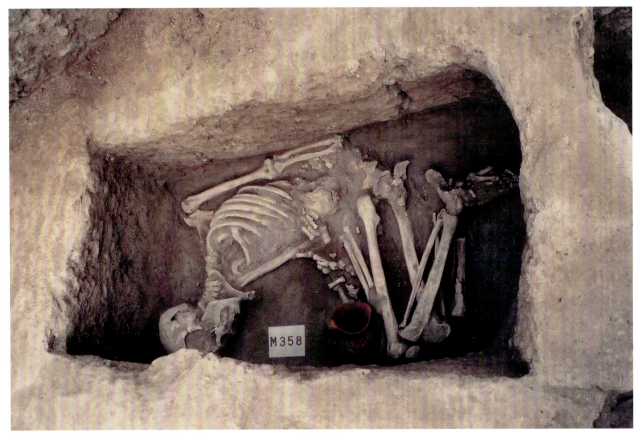

1. M358

2. 绿松石串珠（M358：2）

3. 铜耳环（M358：3）

M358及M358出土器物

1. 铜耳环（M358：4）

2. 铜牌饰（M359：1）

3. 铜牌饰（M359：2）

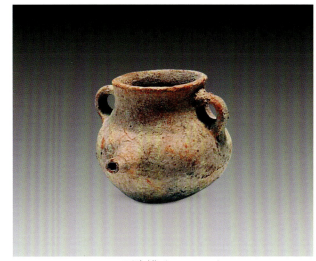

4. 双耳陶罐（M359：3）

5. 铜耳环（M359：4）

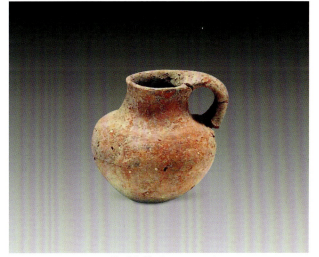

6. 单耳陶罐（M360：1）

M358、M359、M360出土器物

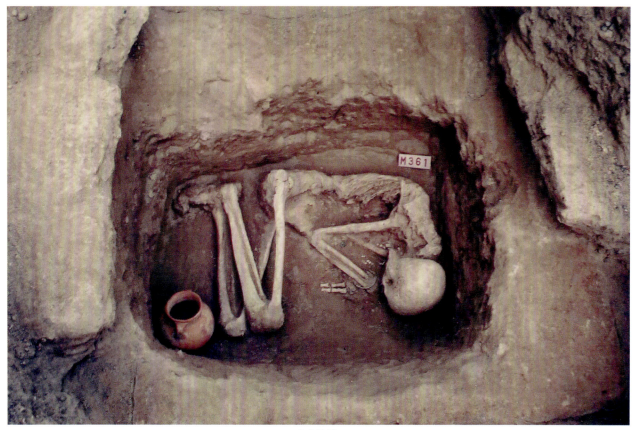

1. M361

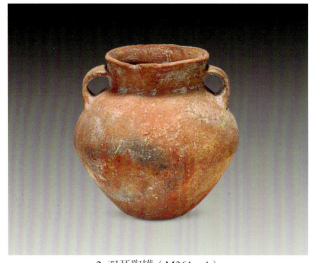

2. 双耳陶罐（M361:1）

3. 滑石串珠（M361:2）

M361及M361出土器物

1. 铜泡（M361：3）

2. 铜手镯（M361：4）

3. 串珠（M361：5）

M361出土器物

1. 铜铃（M361：7）

2. 铜耳环（M361：8）

3. 铜片（M361：9）

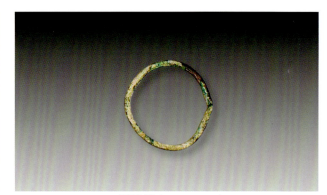

4. 铜耳环（M361：10）

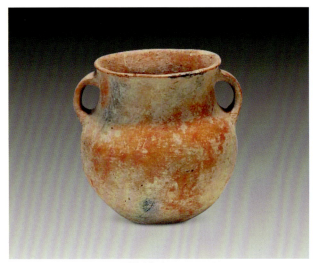

5. 双耳陶罐（M362：1）

6. 铜泡（M362：2）

M361、M362出土器物

1. M362

2. 铜耳环（M362：3）

3. 铜牌饰（M362：4）

M362及M362出土器物

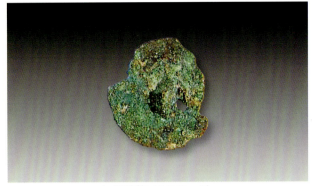

1. 铜牌饰（M362：5）

2. 玉髓串珠（M362：6）

3. 铜牌饰（M362：7）

4. 绿松石串珠（M362：8）

5. 铜刀（M362：9）

6. 双耳陶罐（M363：1）

M362、M363出土器物

1. 水晶串珠（M363：2）

2. 铜耳环（M363：3）

3. 铜海贝（M363：4）

4. 双耳陶罐（M365：1）

5. 双耳陶罐（M365：2）

6. 铜手镯（M365：3）

M363、M365出土器物

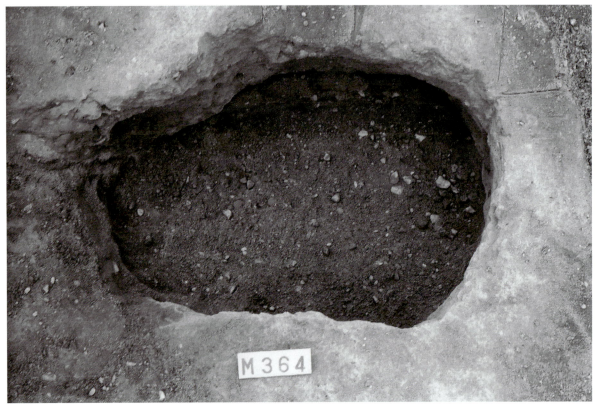

1. M364

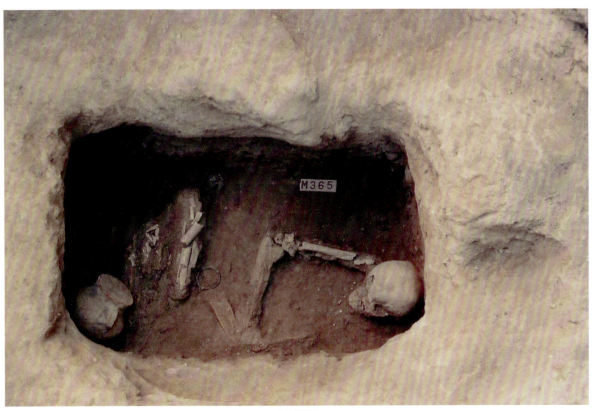

2. M365

M364、M365

1. 铜牌饰（M365：4）

2. 铜耳环（M365：6）

3. 串珠（M365：5）

M365出土器物

1. 铜耳环（M365：7）

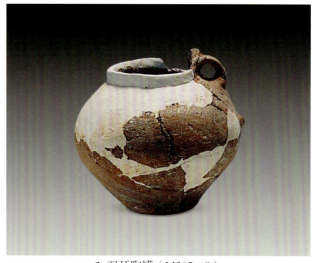

2. 双耳陶罐（M365：8）

3. 玉髓串珠（M366：1）

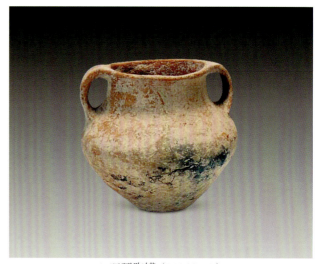

4. 双耳陶罐（M366：2）

5. 绿松石串珠（M366：3）

6. 铜泡（M366：4）

M365、M366出土器物

1. M366

2. 铜刀（M366：5）

3. 铜耳环（M366：6）

M366及M366出土器物

1. 铜泡（M366：7）

2. 铜耳环（M366：8）

3. 双耳陶罐（M367：1）

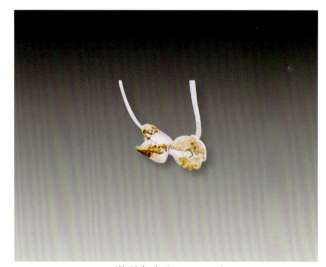

4. 滑石串珠（M367：2）

5. 玉髓串珠（M367：3）

6. 铜耳环（M367：5）

M366、M367出土器物

1. M367

2. 铜珠（M367：4）

M367及M367出土器物

1. M368

2. 铜珠（M368：2）

3. 双耳陶罐（M369：1）

M368及M368、M369出土器物

1. 串珠（M368：1）

2. M369

M368出土器物及M369

1. 滑石串珠（M369：2）

2. 铜耳环（M369：3）

3. M370

M369出土器物及M370

1. M371

2. 单耳陶罐（M371：1）

3. 铜耳环（M371：2）

M371及M371出土器物

1. 铜珠（M371：3）

2. 铜耳环（M371：4）

3. 滑石串珠（M371：5）

4. 铜管（M371：6）

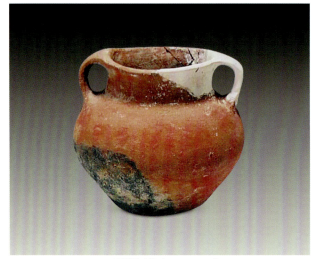

5. 双耳陶罐（M373：1）

6. 玉髓串珠（M373：2）

M371、M373出土器物

1. M372

2. 串珠（M372:1）

M372及M372出土器物

1. M373

2. M374

M373、M374

1. 双耳陶罐（M374：1）

2. 铜管（M374：2）

3. 铜管（M374：3）

4. 铜牌饰（M374：4）

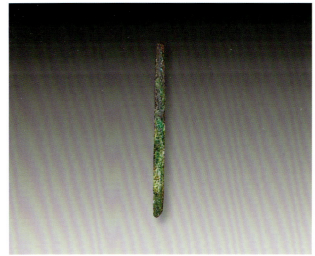

5. 铜管（M374：5）

6. 铜管（M374：6）

M374出土器物

1. 铜管（M374：7）

2. 铜珠（M374：8）

3. 串珠（M374：9）

4. 滑石串珠（M374：10）

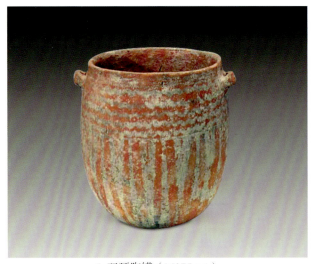

5. 双耳陶罐（M375：1）

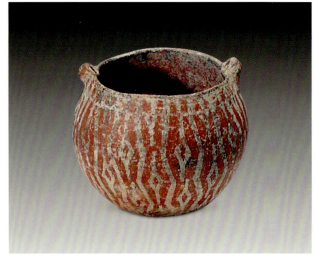

6. 双耳陶罐（M375：2）

M374、M375出土器物

1. M375

2. 金耳环（M375：3、M375：4）

3. 石化妆棒（M375：6）

M375及M375出土器物

1.铜牌饰（M375：7）

2.铜刀（M375：9）

3.串珠（M375：8）

M375出土器物

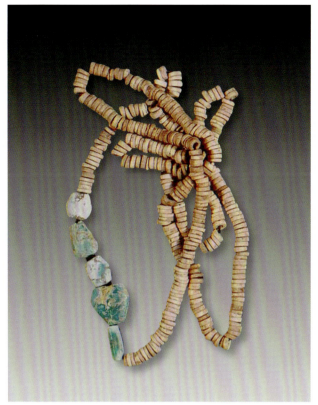

1. 串珠（M375：10）

2. 铜牌饰（M376：1）

3. 铜管（M376：6）

M375、M376出土器物

1. M376

2. 铜牌饰（M376：7）

3. 单耳陶罐（M376：10）

M376及M376出土器物

1. 铜珠（M376：2、M376：4）

2. 铜牌饰（M376：8、M376：9、M376：3）

3. 玉髓串珠（M376：5）

M376出土器物

1. M377打破关系

2. M377

M377

1. 铜别针（M377：1）

2. 双耳陶罐（M377：2）

3. 绿松石串珠（M377：3）

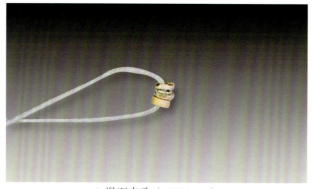

4. 滑石串珠（M377：4）

5. 铅耳环（M377：5）

6. 铅耳环（M377：6）

M377出土器物

1. M378

2. 双耳陶罐（M378：1）

3. 串珠（M378：2）

M378及M378出土器物

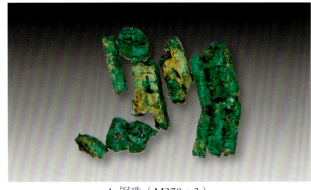

1. 铜珠（M378：3）

2. 铜泡（M378：4）

3. 铜泡（M378：5）

4. 铜耳环（M378：6）

5. 铜牌饰（M378：7）

6. 铜手镯（M378：8）

M378出土器物

1. 铜耳环（M378：9）

2. 铜泡（M378：10）

3. 铜珠（M378：11）

4. 铜管（M378：12）

5. 铜牌饰（M379：1）

6. 双耳陶罐（M379：2）

M378、M379出土器物

1. M379

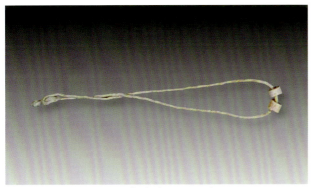

2. 滑石串珠（M379：3）

3. 铜耳环（M379：5）

M379及M379出土器物

1. 串珠（M379∶4）

2. 铜耳环（M379∶6）

3. 骨牌饰（M380∶1）

M379、M380出土器物

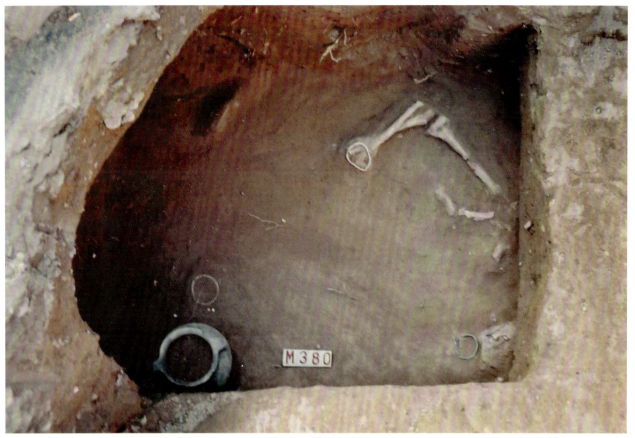

1. M380

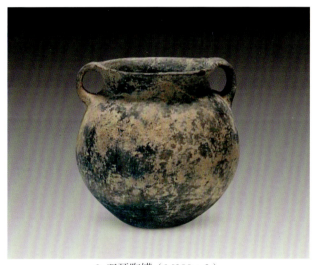

2. 双耳陶罐（M380：2）

3. 铅手镯（M380：3）

M380及M380出土器物

1. 滑石串珠（M380：4）

2. 铜耳环（M380：5）

3. 铅手镯（M380：6）

4. 铜耳环（M380：7）

5. 滑石串珠（M380：8）

6. 玉髓串珠（M380：9）

M380出土器物

1. 滑石串珠（M380：10）

2. 双耳陶罐（M381：2）

3. M381

M380、M381出土器物及M381

1. M382

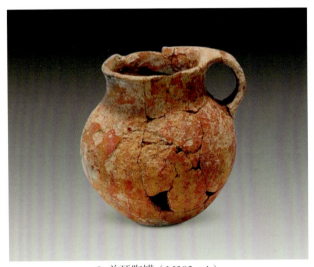

2. 单耳陶罐（M382：1）

3. 铜耳环（M382：2）

M382及M382出土器物

1. 绿松石串珠（M382：3）

2. 双耳陶罐（M383：1）

3. M383

M382、M383出土器物及M383

1. 铜手镯（M383：2）

2. 铜耳环（M383：3）

3. 串珠（M383：4）

M383出土器物

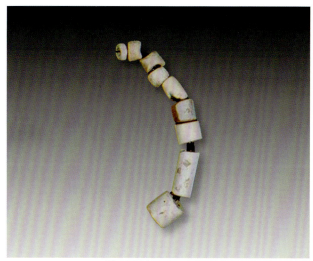

1. 滑石串珠（M383：5）

2. 铜耳环（M383：6）

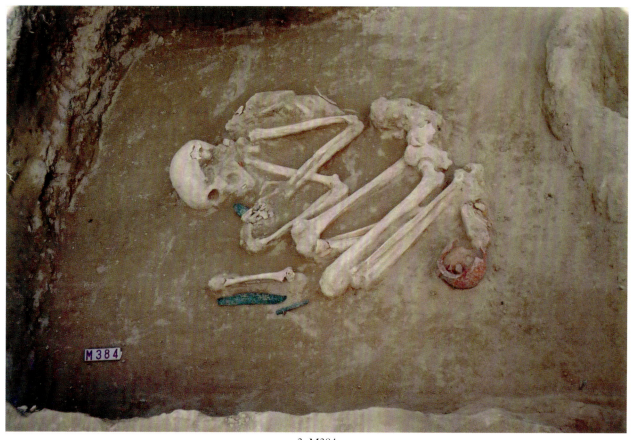

3. M384

M383出土器物及M384

1. 玉髓串珠（M384：1）

2. 铜刀（M384：2）

3. 铜泡（M384：3）

4. 铜刀（M384：4）

5. 铜凿（M384：5）

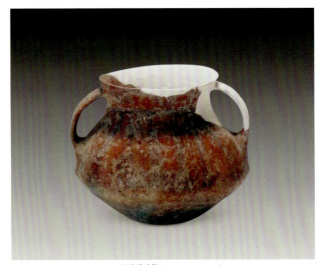

6. 双耳陶罐（M384：6）

M384出土器物

1. 绿松石串珠（M384：7）

2. 铜管（M384：8）

3. 铜管（M384：9）

4. 绿松石串珠（M384：10）

5. 铜锥（M384：11）

6. 铜泡（M385：1）

M384、M385出土器物

1. M385墓坑填土

2. M385墓室

M385

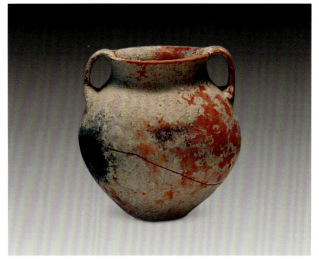

1. 双耳陶罐（M385：3）

2. 铜刀（M385：4）

3. 石器（M385：5）

4. 铜锥（M385：6）

5. 滑石串珠（M385：7）

6. 铜泡（M385：8）

M385出土器物

1. 绿松石串珠（M385：9）

2. 双联铜泡（M385：10）

3. 双联铜泡（M385：11）

4. 铜泡（M385：12）

5. 石磨盘（M385：13）

6. 砺石（M385：14）

M385出土器物

1. 铜牌饰（M385：15）

2. 玉髓串珠（M385：16）

3. 双联铜泡（M385：17）

4. 铜泡（M385：18）

5. 铜泡（M386：1）

6. 铜手镯（M387：1）

M385、M386、M387出土器物

1. M386

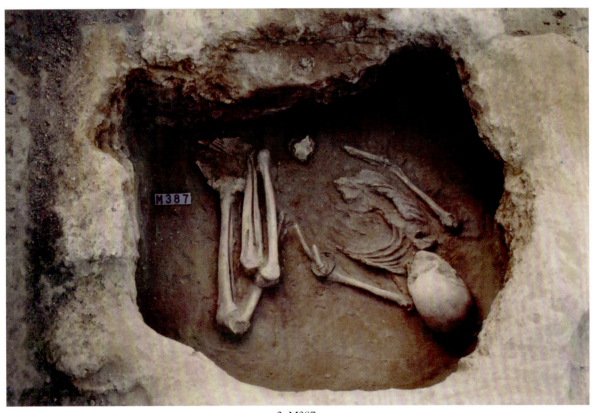

2. M387

M386、M387

1. 滑石串珠（M387：2）

2. 滑石串珠（M387：3）

3. 铜耳环（M387：4）

4. 滑石串珠（M387：5）

5. 单耳陶罐（M388：1）

6. 铜丝（M388：2）

M387、M388出土器物

1. M388

2. 串珠（M388：3）

3. 铜耳环（M388：4）

M388及M388出土器物

1. M390

2. M391

M390、M391

1. 绿松石串珠（M390∶1）

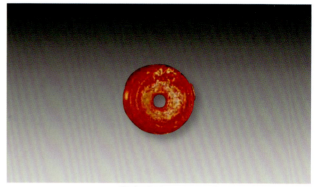

2. 玉髓串珠（M391∶1）

3. 骨牌饰（M391∶2）

M390、M391出土器物

1. M392

2. 双耳陶罐（M392∶1）

3. 双耳陶罐（M393∶1）

M392及M392、M393出土器物

1. M393

2. 铅别针（M393：2）

3. 海贝（M393：3）

M393及M393出土器物

1. M394

2. 滑石串珠（M394：1）

3. 双耳陶罐（M394：2）

M394及M394出土器物

1. M395

2. 铜耳环（M394：3）

3. 双耳陶罐（M395：1）

M395及M394、M395出土器物

1. M396

2. 双耳陶罐（M396：1）

3. 双耳陶罐（M397：1）

M396及M396、M397出土器物

1. M397

2. 铜牌饰（M397∶2）

3. 铜手镯（M397∶4）

M397及M397出土器物

1. 串珠（M397：3）

2. 铜牌饰（M397：5）

3. 铜耳环（M397：7）

M397出土器物

1. 铜珠（M397：6）

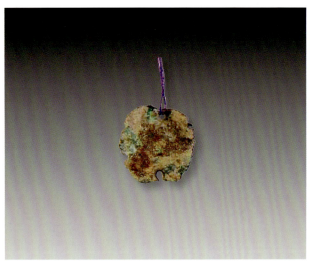

2. 铜牌饰（M397：8）

3. 铜牌饰（M397：9）

M397出土器物

1. 铜牌饰（M397∶10）

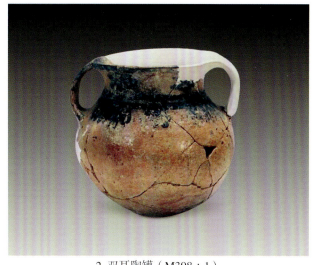

2. 双耳陶罐（M398∶1）

3. 双耳陶罐（M399∶1）

4. 铜手镯（M399∶2）

5. 骨锥（M399∶4）

6. 铜耳环（M399∶5）

M397、M398、M399出土器物

1. M399

2. 铜牌饰（M399：6）

3. 铜片（M399：7）

M399及M399出土器物

1. 串珠（M399：3）

2. 骨锥（M399：8）

3. 双耳陶罐（M400：1）

M399、M400出土器物

1. M400

2. 铜镜（M400:2）

3. 铜牌饰（M400:3）

M400及M400出土器物

1. 铜泡（M400：4）

2. 铜镜（M400：5）

3. 铜镜（M400：6）

4. 绿松石串珠（M400：7）

5. 铜牌饰（M400：8）

6. 铜泡（M400：9）

M400出土器物

1. 铜镜（M400：10）

2. 铜牌饰（M400：11）

3. 铜牌饰（M400：12）

4. 铜镜（M400：13）

5. 铜牌饰（M400：14）

6. 铜牌饰（M400：15）

M400出土器物

1. 铜管（M400：16）

2. 铜管（M400：17）

3. 铜牌饰（M400：18）

4. 铜管（M400：19）

5. 铜管（M400：20）

6. 铜管（M400：21）

M400出土器物

1. 铜珠（M400：22）

2. 铜管（M400：23）

3. 铜管（M400：24）

4. 铜管（M400：25）

5. 铜牌饰（M400：26）

6. 铜牌饰（M400：27）

M400出土器物

1. 铜手镯（M400：28）

2. 铜牌饰（M400：29）

3. 铜牌饰（M400：30）

4. 铜牌饰（M400：33）

5. 铜耳环（M400：34）

6. 铜镜（M400：35）

M400出土器物

1. 铜铢（M400：31）

2. 铜牌饰（M400：36）

3. 铜牌饰（M400：37）

M400出土器物

1. 铜镜（M400：38）

2. 铜泡（M400：39）

3. 铜牌饰（M400：41）

4. 铜耳环（M400：42）

5. 铜牌饰（M400：43）

6. 铜牌饰（M400：44）

M400出土器物

1. 串珠（M400：40）

2. 海贝（M400：41）

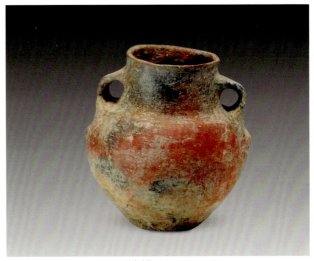

3. 双耳陶罐（M402：1）

M400、M402出土器物

1. M403

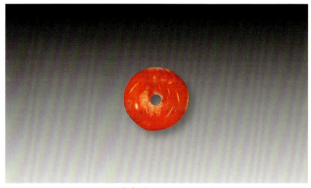

2. 玉髓串珠（M403：1）

3. 铜珠（M403：2）

M403及M403出土器物

1. M404

2. 双耳陶罐（M404∶1）

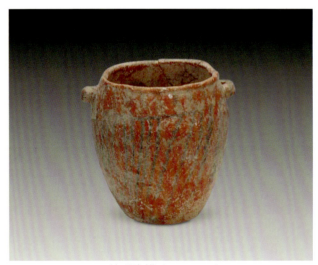

3. 筒形陶罐（M404∶2）

M404及M404出土器物

1. 双耳陶罐（M404：3）

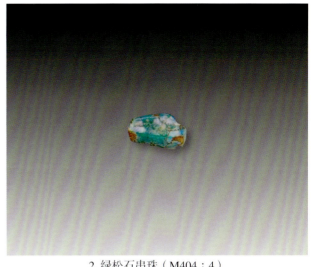

2. 绿松石串珠（M404：4）

3. 绿松石串珠（M404：5）

4. 陶片（M404：6）

5. 铜耳环（M406：1）

6. 铜耳环（M406：2）

M404、M406出土器物

1. M406

2. 铜手镯（M406：3）

3. 铜管（M406：4）

M406及M406出土器物

1. 双耳陶罐（M406：5）

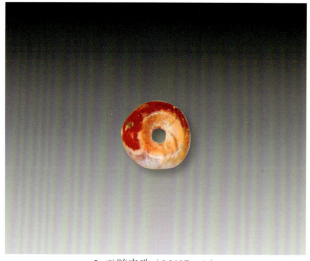

2. 玉髓串珠（M407：1）

3. M407

M406、M407出土器物及M407

1. 双耳陶罐（M407：2）

2. 铜耳环（M407：3）

3. 铜耳环（M409：1）

4. 双耳陶罐（M409：2）

5. 双耳陶罐（M410：1）

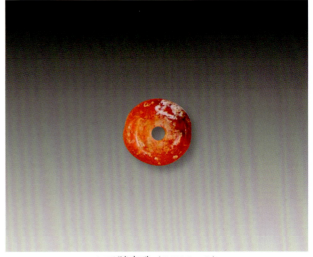

6. 玉髓串珠（M410：2）

M407、M409、M410出土器物

1. M409

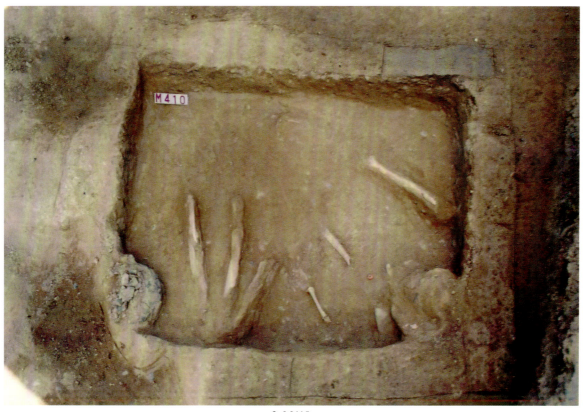

2. M410

M409、M410

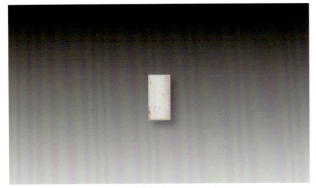

1. 滑石串珠（M410：3）

2. 铜铢（M410：4）

3. 铜耳环（M410：5）

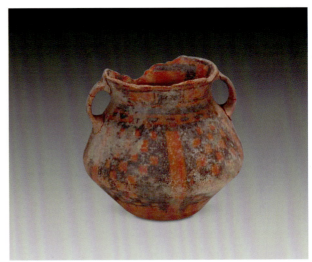

4. 双耳陶罐（M411：1）

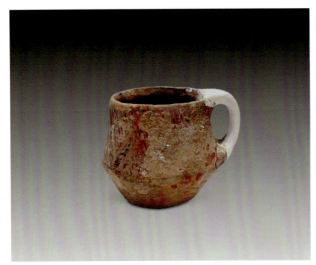

5. 单耳陶杯（M411：2）

6. 铜泡（M411：3）

M410、M411出土器物

1. M411

2. 串珠（M411：4）

M411及M411出土器物

1. M412

2. 铜牌饰（M412：1）

3. 双联铜泡（M412：2）

M412及M412出土器物

1. 铜泡（M412：3）

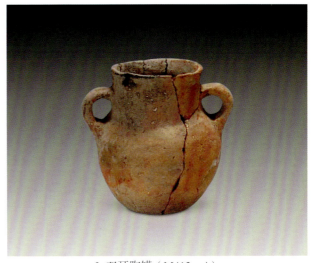

2. 双耳陶罐（M412：4）

3. M414

M412出土器物及M414

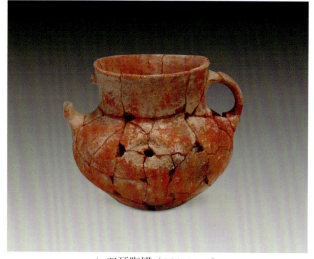

1. 双耳陶罐（M414：1）

2. 铜耳环（M414：2）

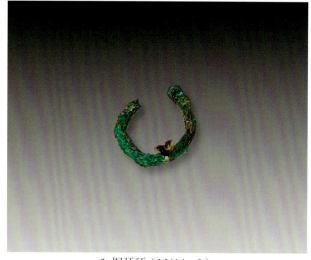

3. 铜耳环（M414：3）

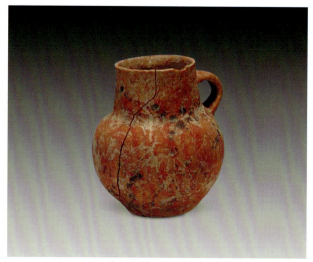

4. 单耳陶罐（M415：1）

5. 铜管（M415：2）

6. 铜管（M415：3）

M414、M415出土器物

1. M415

2. 铜管（M415：4）

3. 铜管（M415：5）

M415及M415出土器物

1. 铜牌饰（M415：6）

2. 铜牌饰（M415：7）

3. 铜牌饰（M415：8）

4. 铜牌饰（M415：9）

5. 铜牌饰（M415：10）

6. 铜牌饰（M415：11）

M415出土器物

1. 铜牌饰（M415：12）

2. 铜管（M415：13）

3. 绿松石串珠（M415：14）

4. 海贝（M415：15）

5. 铜牌饰（M415：16）

6. 双耳陶罐（M416：1）

M415、M416出土器物

1. M416

2. 铜牌饰（M416：2）

3. 绿松石串珠（M416：3）

M416及M416出土器物

1. 铜牌饰（M416：4）

2. 铜牌饰（M416：5）

3. 双联铜泡（M416：6）

4. 双耳陶罐（M420：1）

5. 双耳陶罐（M421：1）

6. 双耳陶罐（M422：1）

M416、M420、M421、M422出土器物

1. M423

2. 铜耳环（M423：1）

3. 铜牌饰（M423：2）

M423及M423出土器物

1. 玉髓串珠（M423：3）

2. 铜珠（M423：4）

3. 筒形陶罐（M423：5）

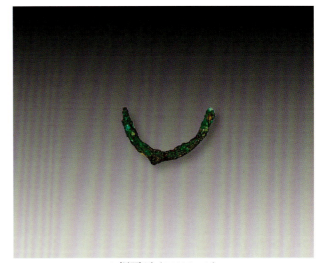

4. 铜耳环（M425：1）

5. 铜泡（M425：2）

6. 滑石串珠（M425：3）

M423、M425出土器物

1. M426

2. 铜耳环（M426：1）

3. 双耳陶罐（M426：3）

M426及M426出土器物

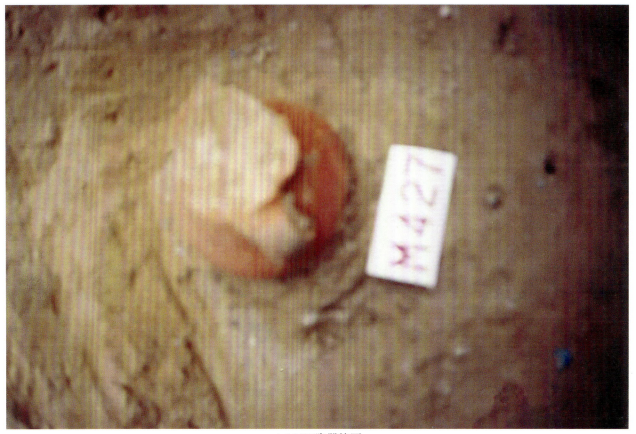

1. M427陶器特写

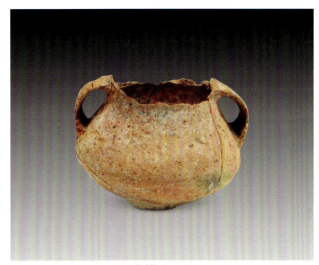

2. 双耳陶罐（M427：1）

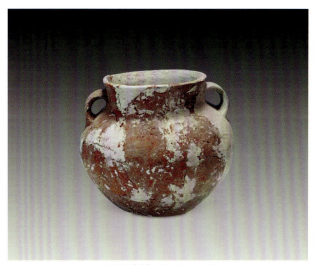

3. 双耳陶罐（M428：1）

M427及M427、M428出土器物

1. 双耳陶罐（M428：2）

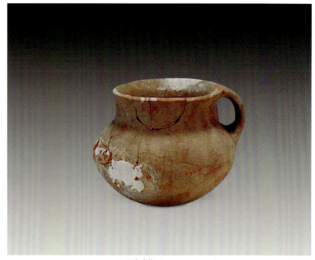

2. 双耳陶罐（M429：1）

3. M429

M428、M429出土器物及M429

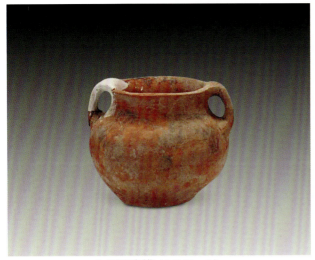

1. 双耳陶罐（M430：1）

2. 串珠（M430：2）

3. 铜耳环（M430：3）

4. 铜手镯（M431：1）

5. 双耳陶罐（M431：2）

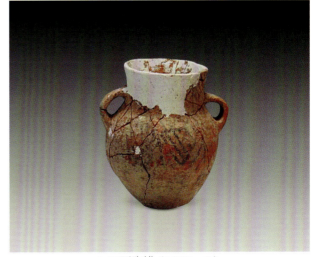

6. 双耳陶罐（M432：1）

M430、M431、M432出土器物

1. M432

2. 铜牌饰（M432：2）

3. 铜管（M432：3）

M432及M432出土器物

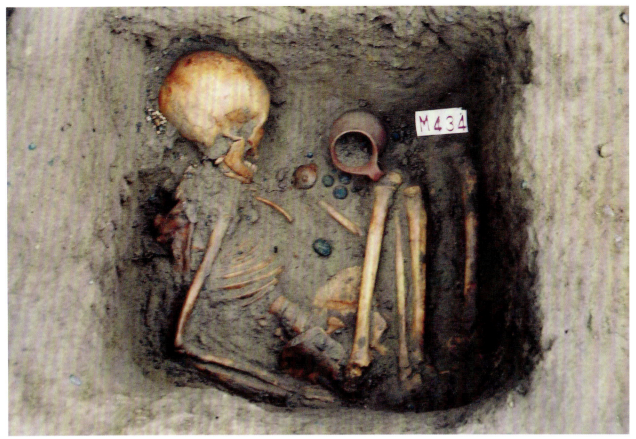

1. M434

2. 铜管（M432：4）

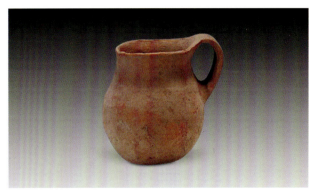

3. 单耳陶罐（M434：1）

M434及M432、M434出土器物

1. 陶埙（M434 : 2）

2. 石球（M434 : 4）

3. 滑石串珠（M434 : 3）

M434出土器物

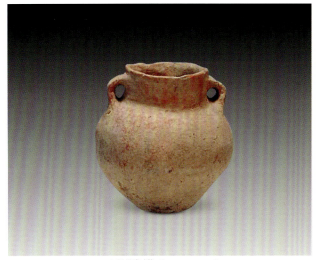

1. 双耳陶罐（M435：1）

2. 铜管（M435：2）

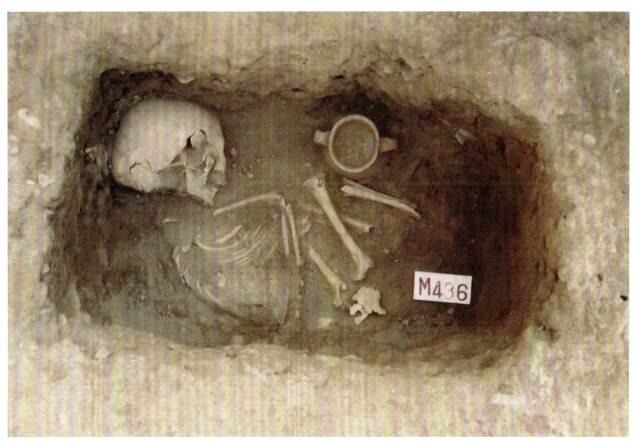

3. M436

M435出土器物及M436

1. 双耳陶罐（M436：1）

2. 铅耳环（M436：2）

3. M437

M436出土器物及M437

1. 滑石串珠（M436：3）

2. 铜饰件（M437：1）

3. 铜环（M437：2）

4. 铜镜（M437：3）

5. 串珠（M437：4）

6. 铜牌饰（M437：5）

M436、M437出土器物

1. 铜管（M437：6）

2. 铜牌饰（M437：7）

3. 铜牌饰（M437：8）

M437出土器物

1. 骨牌饰（M437：9）

2. 骨牌饰（M437：9）

3. 铜牌饰（M437：10）

4. 铜管（M437：11）

5. 铜手镯（M437：14）

6. 双耳陶罐（M438：1）

M437、M438出土器物

1. 铜珠（M437：12）

2. 铜珠（M437：15）

M437出土器物

1. 玉髓串珠（M438：2）

2. 铜牌饰（M439：1）

3. 双耳陶罐（M439：2）

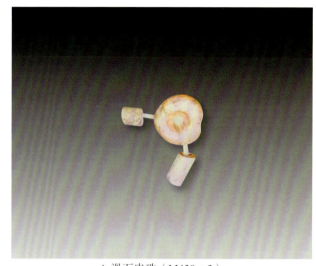

4. 滑石串珠（M439：3）

5. 玉髓串珠（M440：1）

6. 铜管（M440：2）

M438、M439、M440出土器物

1. M440

2. 铜管（M440∶3）

3. 双耳陶罐（M440∶6）

M440及M440出土器物

1. 铜泡（左1、左2）、铜牌饰（左3、左4）（M440：4）

2. 铜牌饰（M440：7）

3. 绿松石串珠（M440：8）

M440出土器物

1. 铜珠（M440：5）

2. 铜管（M440：5）

M440出土器物

1. 玉髓串珠（M440：9）

2. 铜泡（M441：1）

3. M441

M440、M441出土器物及M441

1. 铜镜（M441：2）

2. 铜刀（M441：3）

3. 铜锥（M441：4）

4. 双耳陶罐（M441：5）

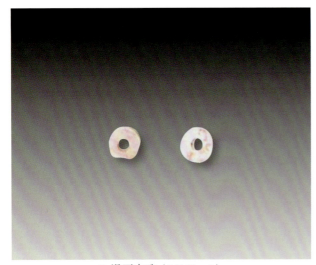

5. 滑石串珠（M441：6）

6. 单耳陶罐（M442：1）

M441、M442出土器物

1. 绿松石串珠（上排左）、玉髓串珠（上排中）、滑石串珠（上排右）、海贝（中、下排）（M442∶2）

2. 双耳陶罐（M443∶1）

3. 铜牌饰（M443∶2）

M442、M443出土器物

1. M443

2. 铜泡（M443：3）

3. 双耳陶罐（M444：1）

M443及M443、M444出土器物

1. 双耳陶罐（M444：2）

2. 双耳陶罐（M445：1）

3. M445

M444、M445出土器物及M445

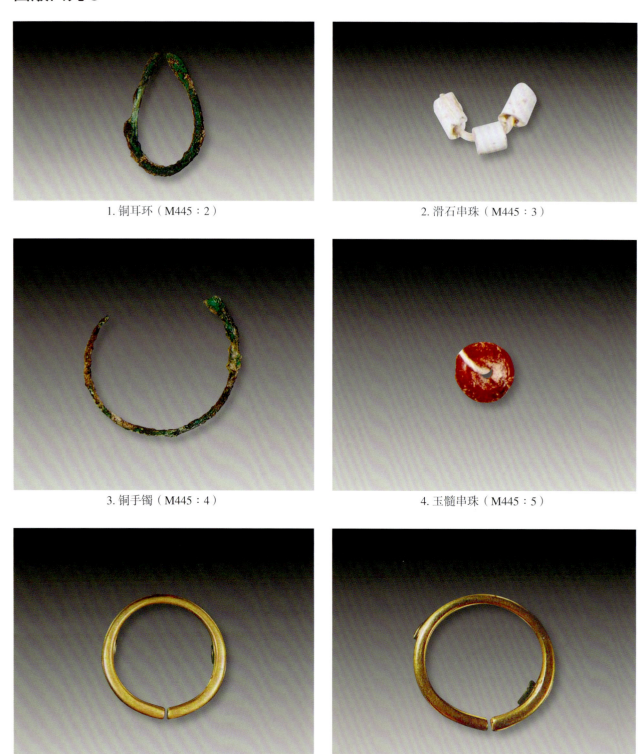

1. 铜耳环（M445：2）

2. 滑石串珠（M445：3）

3. 铜手镯（M445：4）

4. 玉髓串珠（M445：5）

5. 金耳环（M446：1）

6. 金耳环（M446：2）

M445、M446出土器物

1. M446

2. 绿松石串珠（M446：3）

3. 单耳陶罐（M446：4）

M446及M446出土器物

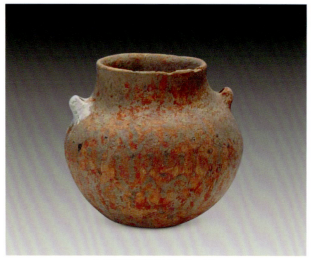

1. 筒形陶罐（M446：5）

2. 石镞（M446：7）

3. 滑石串珠（M446：6）

M446出土器物

1. 双耳陶罐（M447∶1）

2. 铜牌饰（M447∶3）

3. 铜管（M447∶2）

M447出土器物

1. 铜牌饰（M447：4）

2. 铜牌饰、铜泡（M447：4）

3. 铜珠（M447：6）

M447出土器物

1. 玉髓串珠（M447：5）

2. 铜牌饰（M448：1）

3. M448

M447、M448出土器物及M448

1. 铜管（M448∶2）

2. 铅耳环（M448∶3）

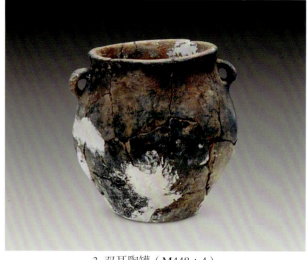

3. 双耳陶罐（M448∶4）

4. 玉髓串珠（M448∶5）

5. 铜耳环（M448∶6）

6. 双耳陶罐（M448∶7）

M448出土器物

1. 铜别针（M450：1）

2. 铜耳环（M450：2）

3. 双耳陶罐（M451：1）

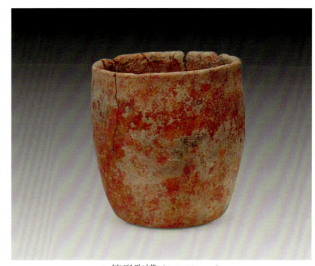

4. 筒形陶罐（M452：1）

5. 单耳陶钵（M452：2）

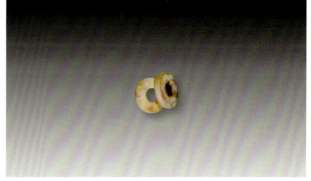

6. 滑石串珠（M452：3）

M450、M451、M452出土器物

1. 双耳陶罐（M453：1）

2. 双耳陶罐（M455：1）

3. M455

M453、M455出土器物及M455

1. M456

2. 双耳陶罐（M456：1）

3. 铜手镯（M456：2）

M456及M456出土器物

1. 铜管（M456：3）

2. 铜耳环（M456：4）

3. 玉髓串珠（M456：5）

4. 绿松石串珠（M456：6）

5. 铜手镯（M456：7）

6. 铜片（M456：9）

M456出土器物

1. 铜铢（M456：8）

2. 铜泡（M457：1）

3. 铜耳环（M457：2）

M456、M457出土器物

1. 铜牌饰（M457：3）

2. 滑石串珠（M457：4）

3. 铜刀、铜锥、双联铜泡（M457：5）

M457出土器物

1. 铜耳环（M457：6）

2. 铜泡（M457：7）

3. 双耳陶罐（M457：8）

4. 双耳陶罐（M458：1）

5. 铜泡（M459：1）

6. 双耳陶罐（M460：1）

M457、M458、M459、M460出土器物

1. M459

2. M460

M459、M460

1. 砺石（M460：2）

2. 铜泡（M460：3）

3. 铜管（M460：4）

4. 陶钵（M461：1）

5. 双耳陶罐（M461：2）

6. 双耳陶罐（M461：3）

M460、M461出土器物

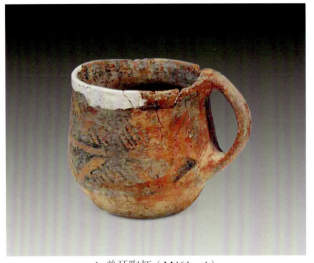

1. 单耳陶杯（M461：4）

2. 双耳陶罐（M461：5）

3. 双耳陶罐（M462：1）

4. 绿松石串珠（M462：2）

5. 铜泡（M462：3）

6. 铜耳环（M462：4）

M461、M462出土器物

1. 串珠（M462：5）

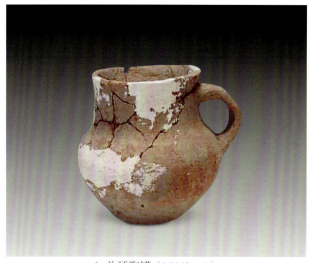

2. 单耳陶罐（M463：1）

3. M466

M462、M463出土器物及M466

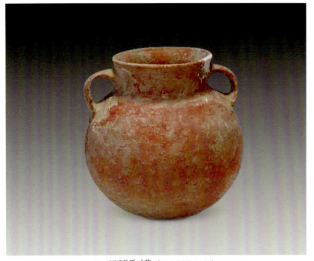

1. 双耳陶罐（M466：1）

2. 海贝（M467：1）

3. M467

M466、M467出土器物及M467

1. M468打破关系

2. M468

M468

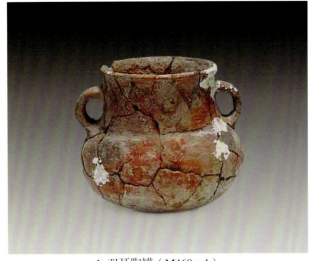

1. 双耳陶罐（M468：1）

2. 滑石串珠（M468：2）

3. 铜牌饰（M468：3）

4. 铜管（M468：4）

5. 铜管（M468：5）

6. 铜珠（M468：6）

M468出土器物

1. 铜管（M468：7）

2. 铜珠（M468：8）

3. 铜泡（M469：1）

4. 铜泡（M469：2）

5. 铜泡（M469：3）

6. 铅别针（M470：1）

M468、M469、M470出土器物

1. 绿松石串珠（M470：2）

2. 铜刀（M471：1）

3. 砺石（M471：2）

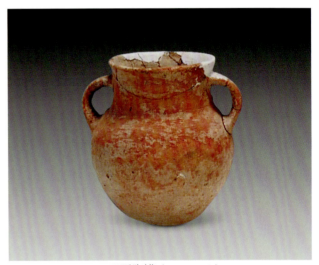

4. 双耳陶罐（M471：3）

5. 铜刀（M471：4）

6. 单耳陶罐（M472：1）

M470、M471、M472出土器物

1. 铜耳环（M472：2）

2. 滑石串珠（M472：3）

3. M473

M472出土器物及M473

1. 铜刀（M472：4）

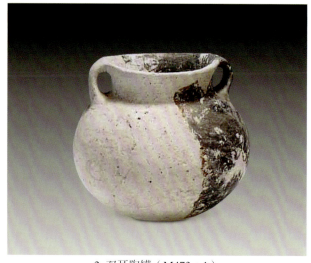

2. 双耳陶罐（M473：1）

3. 单耳陶杯（M473：2）

4. 铜别针（M474：1）

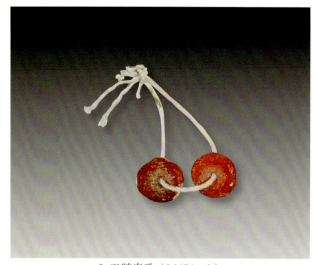

5. 玉髓串珠（M474：2）

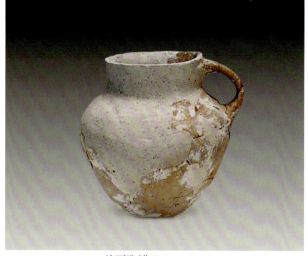

6. 单耳陶罐（M474：3）

M472、M473、M474出土器物

1. 绿松石串珠（M474：4）

2. 玉髓串珠（M474：5）

3. 铜牌饰（M474：6）

4. 铜耳环（M474：7）

5. 陶罐（M474：8）

6. 铜耳环（M475：1）

M474、M475出土器物

1. M475

2. 绿松石串珠（M475：2）

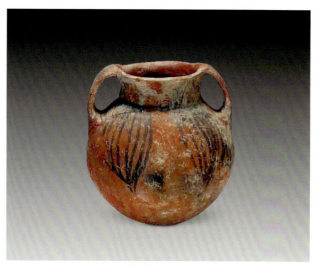

3. 双耳陶罐（M475：3）

M475及M475出土器物

1. 骨牌饰（M475：4）

2. 铜耳环（M475：5）

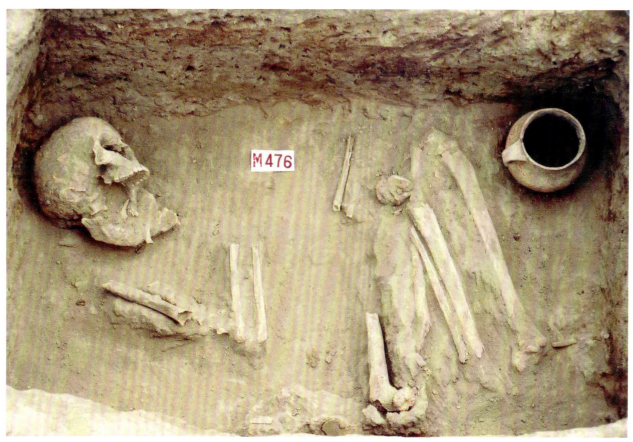

3. M476

M475出土器物及M476

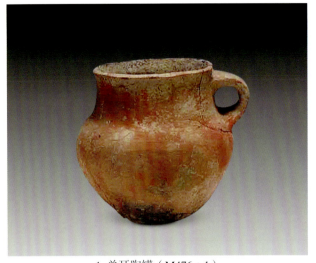

1. 单耳陶罐（M476：1）

2. 骨牌饰（M476：2）

3. 铜耳环（M477：1）

4. 绿松石串珠（M477：2）

5. 双耳陶罐（M477：3）

6. 单耳陶杯（M477：4）

M476、M477出土器物

1. 单耳陶罐（M478：1）

2. 单耳陶杯（M478：2）

3. M479

M478出土器物及M479

1. 铜牌饰（M479：1）

2. 铜管（M479：2）

3. 铜管（M479：4）

4. 铜泡（M479：6）

5. 铜镜（M479：9）

6. 铜管（M479：11）

M479出土器物

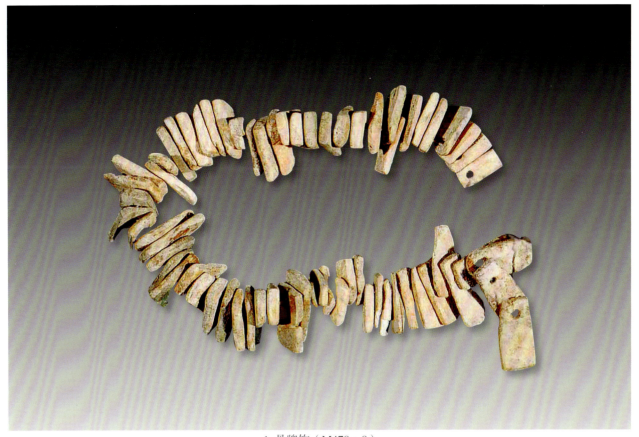

1. 骨牌饰（M479：8）

2. 串珠（M479：10）

3. 双耳陶罐（M480：1）

M479、M480出土器物

1. M480、M481

2. M480

M480、M481

1. 铜耳环（M480：2）

2. 双耳陶罐（M481：1）

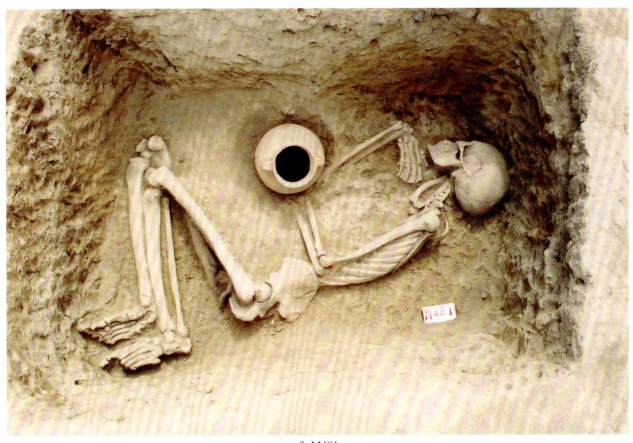

3. M481

M480、M481出土器物及M481

1. 骨牌饰（M481：2）

2. 铜牌饰（M482：1）

3. M482

M481、M482出土器物及M482

1. 铜牌饰（M482：2）

2. 玉髓串珠（M482：3）

3. M483

M482出土器物及M483

1. M483

2. 铜镜（M483∶1）

3. 铜手镯（M483∶2）

M483及M483出土器物

1. 铜泡（M483：3）

2. 铜牌饰（M483：4）

3. 铜牌饰（M483：5）

4. 铜手镯（M483：6）

5. 滑石串珠（M483：10）

6. 铜牌饰（M483：11）

M483出土器物

1. 铜珠（M483：7）

2. 玉髓串珠（M483：8）、绿松石串珠（M483：9）

M483出土器物

1. 铜牌饰（M483：12）

2. 铜泡（M483：13）

3. 铜牌饰（M483：14）

4. 铜牌饰（M483：15）

5. 铜牌饰（M483：16）

6. 铜牌饰（M483：17）

M483出土器物

1. 铜镜（M483：18）　　　　　　　2. 铜牌饰（M483：19）

3. 铜镜（M483：20）　　　　　　　4. 铜牌饰（M483：21）

5. 铜手镯（M483：22）　　　　　　6. 铜牌饰（M483：24）

M483出土器物

1. 铜管（M483：23）

2. 双联铜泡（M483：26）

3. 铜牌饰（M483：27）

M483出土器物

1. 铜牌饰（M483：28）

2. 绿松石串珠（M483：29）

3. 铜牌饰（M483：30）

4. 双耳陶罐（M483：31）

5. 铜手镯（M483：33）

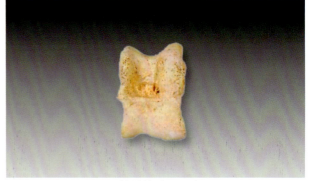

6. 羊距骨（M483）

M483出土器物

1. 绿松石串珠、玉髓串珠（M483∶32）

2. 单耳陶罐（M486∶1）

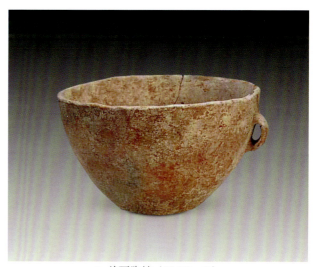

3. 单耳陶钵（M486∶2）

M483、M486出土器物

1. M484

2. 铜手镯（M487：1）

3. 玉髓串珠（M487：2）

M484及M487出土器物

1. M487、M488

2. 铜泡（M487：3）

3. 铜牌饰（M487：4）

M487、M488及M487出土器物

1. 铜泡（M487：5）

2. 双耳陶罐（M488：1）

3. M488

M487、M488出土器物及M488

1. M489

2. 石器（M489：1）

3. 铜手镯、铜耳环（M489：2）

M489及M489出土器物

1. 海贝（M489：3）

2. 绿松石串珠（M489：4）

3. M490

M489出土器物及M490

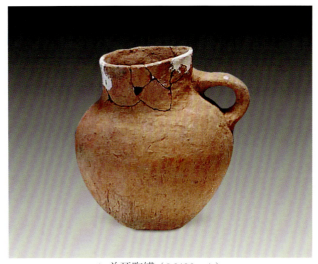

1. 单耳陶罐（M490：1）

2. 铜管（M490：2）

3. 铜耳环（M490：3）

4. 铜管（M490：4）

5. 双联铜泡（M490：5）

6. 双联铜泡（M490：5）

M490出土器物

1. 绿松石串珠（M490：6）

2. 双耳陶罐（M491：1）

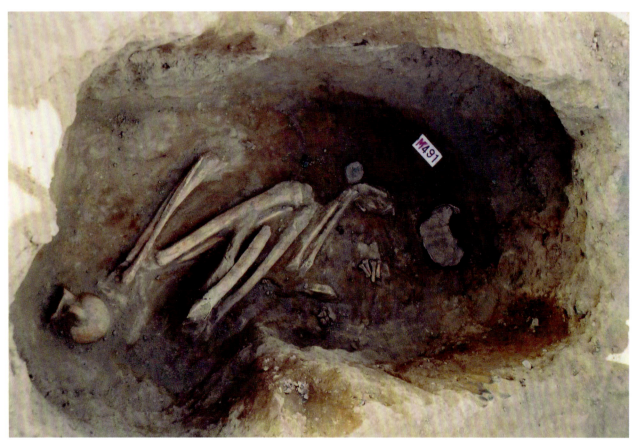

3. M491

M490、M491出土器物及M491

1. 双联铜泡（M491：2）

2. 铜牌饰（M491：3）

3. 铜牌饰（M491：4）

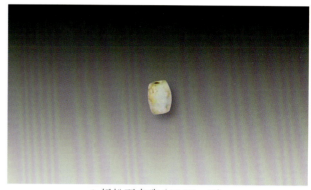

4. 绿松石串珠（M491：5）

5. 骨牌饰（M491：6）

6. 铜耳环（M492：1）

M491、M492出土器物

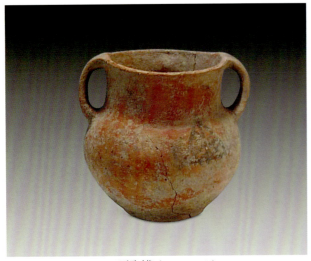

1. 双耳陶罐（M493：2）

2. 铜耳环（M495：1）

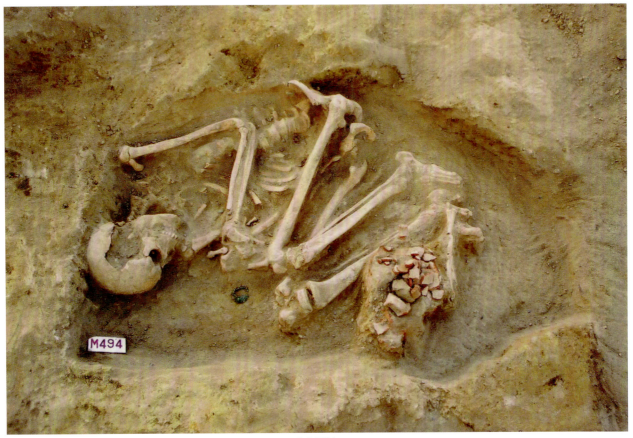

3. M494

M493、M495出土器物及M494

1. M495

2. 双耳陶罐（M495：2）

3. 滑石串珠（M495：3）

M495及M495出土器物

1. M496

2. 双耳陶罐（M496：1）

3. 铜手镯（M496：2）

M496及M496出土器物

1. 滑石串珠（M496：3）

2. 滑石串珠（M496：4）

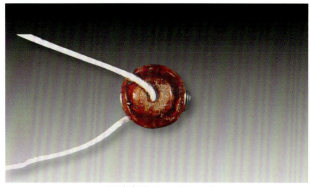

3. 玉髓串珠（M496：5）

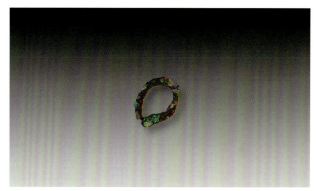

4. 铜耳环（M496：6）

5. 铜泡（M496：7）

6. 铜泡（M496：8）

M496出土器物

1. 双耳陶罐（M496：9）

2. 单耳陶罐（M497：1）

3. M498

M496、M497出土器物及M498

1. 铜耳环（M498：1）

2. 铜泡（M498：2）

3. 滑石串珠（M498：3）

4. 铜管（M498：5）

5. 双耳陶罐（M498：6）

6. 铜手镯（M498：7）

M498出土器物

1. 铜泡（M498：8）

2. 双联铜泡（M498：9）

3. M500

M498出土器物及M500

1. 铜耳环（M500：1）

2. 铜耳环（M500：2）

3. 铜泡（M500：3）

M500出土器物

1. 铜手镯（M500：4）

2. 铜泡（M500：5）

3. 串珠（M500：8）

M500出土器物

1. 铜牌饰（M500：6）

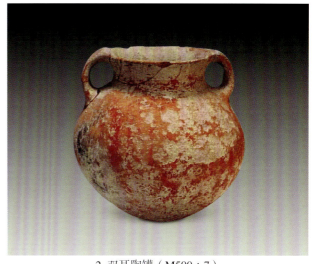

2. 双耳陶罐（M500：7）

3. 铜珠（M500：9）

M500出土器物

1. 铜管（M500：10）

2. 双耳陶罐（M501：1）

3. M502

M500、M501出土器物及M502

1. 双耳陶罐（M502：1）

2. 铜牌饰（M502：2）

3. 铜管（M502：4）

M502出土器物

1. 绿松石串珠（M502：6）

2. 双耳陶罐（M503：1）

3. M503

M502、M503出土器物及M503

1. M504

2. 铜泡（M504：1）

3. 双耳陶罐（M506：1）

M504及M504、M506出土器物

1. M505

2. M506

M505、M506

1. 铜牌饰（M506:2）

2. 铜管（M506:3）

3. M507、M508

M506出土器物及M507、M508

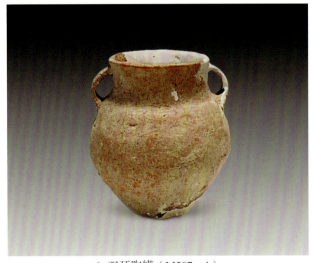

1. 双耳陶罐（M507：1）

2. 双耳陶罐（M509：1）

3. M508、M509

M507、M509出土器物及M508、M509

1. M510

2. 双耳陶罐（M510：1）

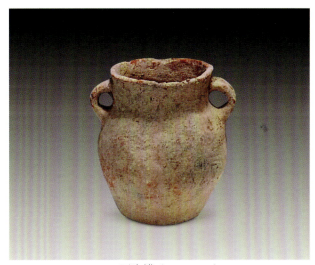

3. 双耳陶罐（M511：1）

M510及M510、M511出土器物

1. M511

2. 铜牌饰（M511：2）

3. 铜牌饰（M511：3）

M511及M511出土器物

1. M512

2. 铜耳环（M512：1）

3. 铜手镯（M512：2）

M512及M512出土器物

1. 滑石串珠（M512：3）

2. 双耳陶罐（M512：4）

3. 铜别针（M513：1）

4. 绿松石串珠（M513：2）

5. 串珠（M513：3）

6. 铜珠（M513：4）

M512、M513出土器物

1. M514

2. 铜耳环（M514：1）

3. 滑石串珠（M514：2）

M514及M514出土器物

1. 铜管（M514：3）

2. 绿松石串珠（M514：4）

3. M518

M514出土器物及M518

1. 陶罐（M514：5）

2. 双耳陶罐（M518：1）

3. 铜手镯（M518：3）

4. 铜泡（M518：4）

5. 铜耳环（M518：5）

6. 玉髓串珠（M518：6）

M514、M518出土器物

1. 铜管（M518：7）

2. 铜牌饰（M518：8）

3. 滑石串珠（M518：9）

M518出土器物

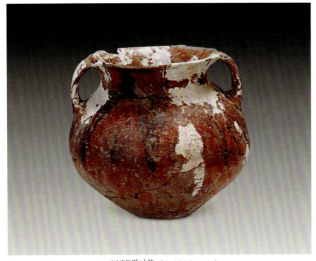

1. 双耳陶罐（M519：1）

2. 铜别针（M520：2）

3. 铜珠（M520：3）

4. 绿松石串珠（M520：4）

5. 铜泡（M521：1）

6. 铜泡（M521：2）

M519、M520、M521出土器物

1. 铜耳环（M521：3）

2. 铜耳环（M521：3）

3. 铅别针（M521：4）

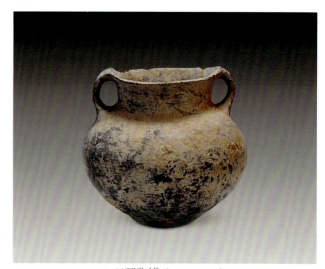

4. 双耳陶罐（M521：5）

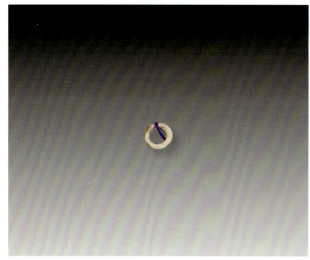

5. 滑石串珠（M521：6）

6. 双耳陶罐（M522：1）

M521、M522出土器物

1. 铜手镯（M522：2）

2. 滑石串珠（M522：3）

3. 铜耳环（M524：1）

4. 单耳陶钵（M525：1）

5. 双耳陶罐（M525：2）

6. 双耳陶罐（M525：3）

M522、M524、M525出土器物

1. M525

2. 双耳陶罐（M525：4）

3. 滑石串珠（M525：6）

M525及M525出土器物

1. 滑石串珠（M525：7）

2. 人骨牙齿（M525）

3. 铜耳环（M526：1）

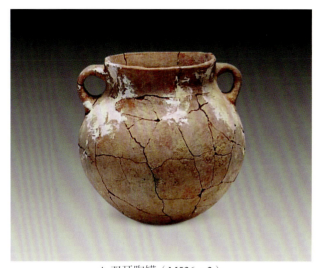

4. 双耳陶罐（M526：2）

5. 骨牌饰（M526：3）

6. 铜泡（M526：4）

M525、M526出土器物

1. M526

2. M527

M526、M527

1. 双耳陶罐（M527：1）

2. 羊距骨（M527：2）

3. 玉髓串珠（M527：3）

4. 铜耳环（M527：4）

5. 滑石串珠（M527：5）

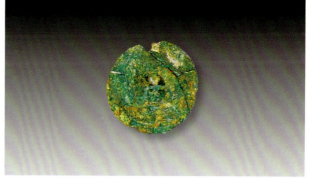

6. 铜牌饰（M527：6）

M527出土器物

1. 双联铜泡（M527：7）

2. 铜牌饰（M528：1）

3. M528

M527、M528出土器物及M528

1. 糜子（M528：2）

2. 双耳陶罐（M528：3）

3. 玉髓串珠（M528：4）

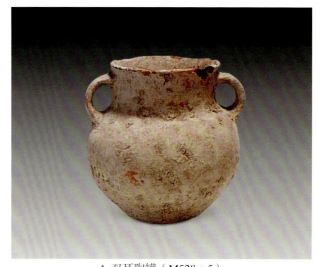

4. 双耳陶罐（M528：5）

5. 双耳陶罐（M529：1）

6. 铜牌饰（M529：2）

M528、M529出土器物

1. M529

2. 三联铜泡（M529：3）

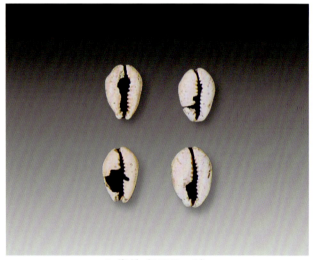

3. 海贝（M529：5）

M529及M529出土器物

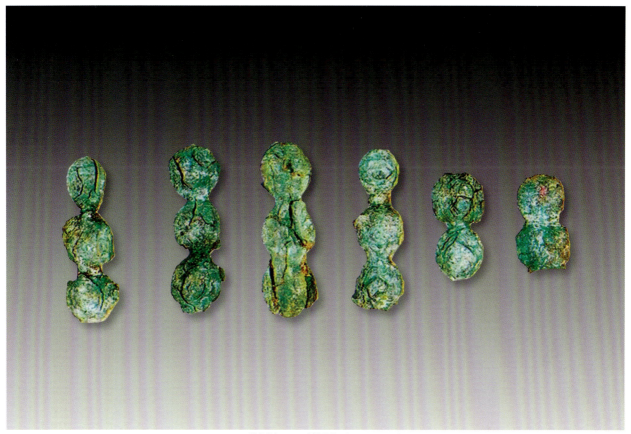

1. 双联铜泡、三联铜泡（M529：4）

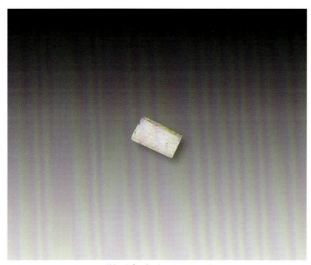

2. 滑石串珠（M529：6）

3. 单耳陶杯（M530：1）

M529、M530出土器物

1. M530

2. 铜耳环（M530：2）

3. 滑石串珠（M530：3）

M530及M530出土器物

1. M532

2. M532、M533

M532、M533

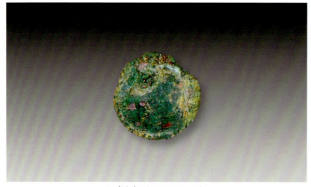

1. 铜泡（M532∶1）

2. 铜泡（M532∶2）

3. 铜泡（M532∶3）

4. 玉髓串珠（M532∶4）

5. 双耳陶罐（M532∶5）

6. 玉髓串珠（M534∶1）

M532、M534出土器物

1. M534

2. 铜牌饰（M534：2）

3. 铜牌饰（M536：1）

M534及M534、M536出土器物

1. M535

2. 海贝（M536：2）

3. 铜牌饰（M536：3）

M535及M536出土器物

1. 玉髓串珠（M536：4）

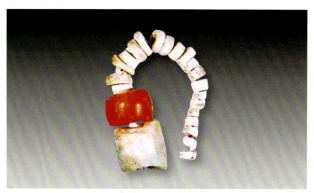

2. 串珠（M536：5）

3. M539

M536出土器物及M539

1. 双耳陶罐（M539：1）

2. 铜刀（M539：2）

3. M540

M539出土器物及M540

1. 双耳陶罐（M540：1）

2. 双耳陶罐（M541：1）

3. M542

M540、M541出土器物及M542

1. 双耳陶罐（M542：1）

2. 铜耳环（M542：2）

3. 铜指环（M542：3）

4. 铜牌饰（M542：4）

5. 双耳陶罐（M544：1）

6. 铜手镯（M544：2）

M542、M544出土器物

1. M544

2. 绿松石串珠（M544:3）

3. 铜耳环（M544:4）

M544及M544出土器物

1. M545

2. 双耳陶罐（M545：1）

3. 骨牌饰（M546：1）

M545及M545、M546出土器物

1. M546

2. 铜泡（M546：2）

3. 铜手镯（M546：3）

M546及M546出土器物

1. 铜手镯（M546：4）

2. 玉髓串珠（M546：6）

3. 铜手镯、铜珠（M546：5）

M546出土器物

1. 串珠（M546：7）

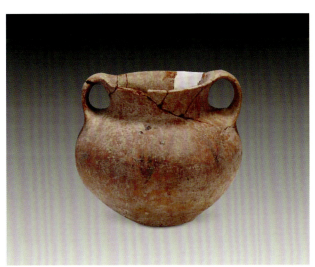

2. 双耳陶罐（M546：8）

3. 铜耳环（M546：9）

M546出土器物

1. M547

2. 铜牌饰（M547：1）

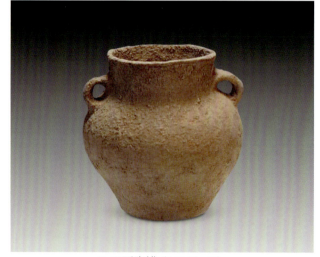

3. 双耳陶罐（M547：2）

M547及M547出土器物

1. M548

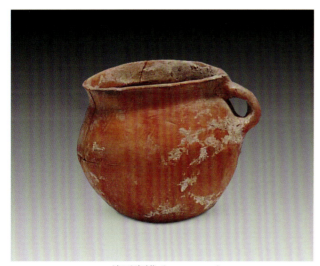

2. 单耳陶罐（M548∶1）

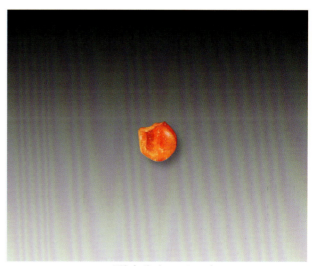

3. 玉髓串珠（M548∶2）

M548及M548出土器物

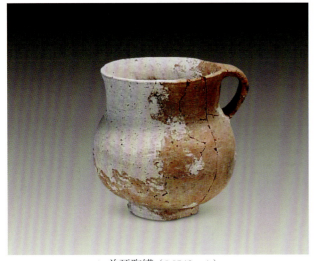

1. 单耳陶罐（M549：1）

2. 双耳陶罐（M550：1）

3. M550

M549、M550出土器物及M550

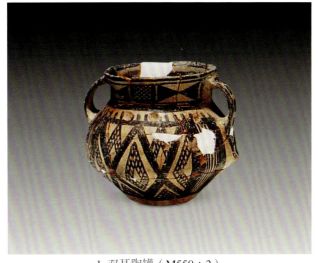

1. 双耳陶罐（M550：2）

2. 铜耳环（M550：4）

3. 滑石串珠（M550：5）

M550出土器物

1. 滑石串珠（M550：6）

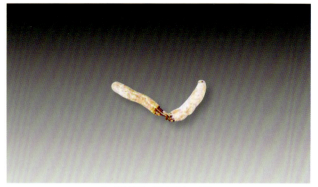

2. 铅别针（M550：7）

3. M551

M550出土器物及M551

1. M551

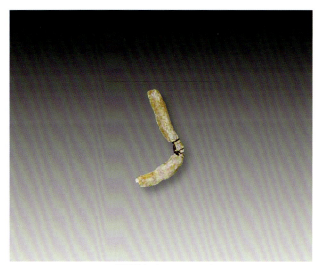

2. 铅别针（M551：1）

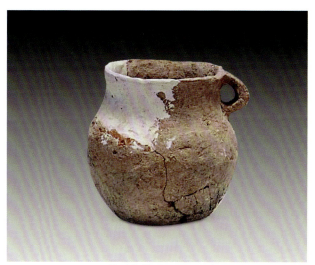

3. 单耳陶罐（M551：2）

M551及M551出土器物

1. 滑石串珠（M551：3）

2. 铜牌饰（M552：1）

3. M552

M551、M552出土器物及M552

1. M553

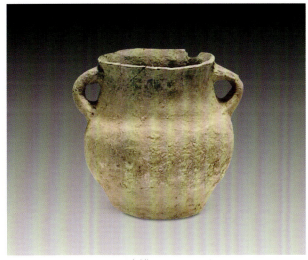

2. 双耳陶罐（M553∶1）

3. 铜手镯（M554∶2）

M553及M553、M554出土器物

1. M553

2. M554

M553、M554

1. 串珠（M554：1）

2. 双耳陶罐（M554：3）

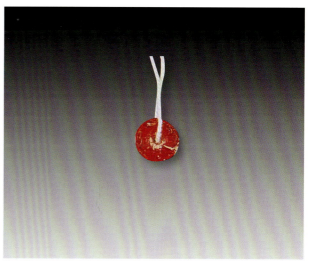

3. 玉髓串珠（M554：4）

M554出土器物

1. 铜牌饰（M554：5）

2. 铜耳环（M554：6）

3. 铜牌饰（M554：7）

4. 铜管（M554：8）

5. 铜珠（M554：9）

6. 双耳陶罐（M555：1）

M554、M555出土器物

1. M555

2. 玉髓串珠（M555：2）

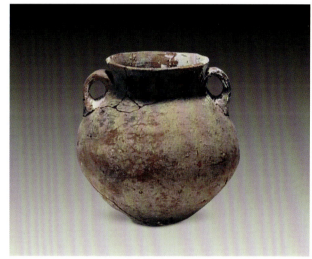

3. 双耳陶罐（M556：1）

M555及M555、M556出土器物

1. M556

2. 玉髓串珠（M557：1）

3. 双耳陶罐（M557：2）

M556及M557出土器物

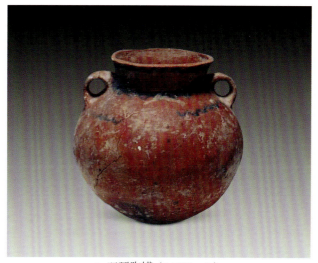

1. 双耳陶罐（M558：1）

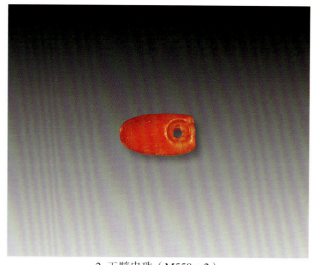

2. 玉髓串珠（M558：2）

3. 铜耳环（M559：1）

4. 绿松石串珠（M559：2）

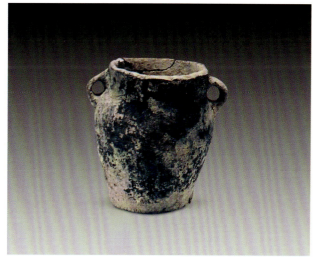

5. 双耳陶罐（M560：1）

6. 双耳陶罐（M561：1）

M558、M559、M560、M561出土器物

1. M560

2. M561

M560、M561

1. 骨纺轮（M561：2）

2. 铜饰件（M561：3）

3. M562

M561出土器物及M562

1. 双联铜泡、铜环（M561∶4）

2. 单耳陶杯（M562∶1）

3. M563

M561、M562出土器物及M563

1. M564

2. 石器（M564：2）

3. 铜牌饰（M566：1）

M564及M564、M566出土器物

1. 铜管（M566：2）

2. 玉髓串珠（M566：3）

3. M567

M566出土器物及M567

1. 滑石串珠（M566：4）

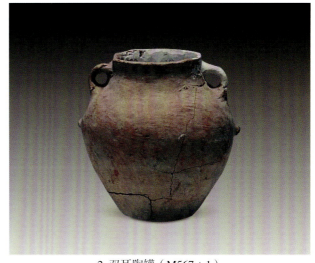

2. 双耳陶罐（M567：1）

3. 双耳陶罐（M568：1）

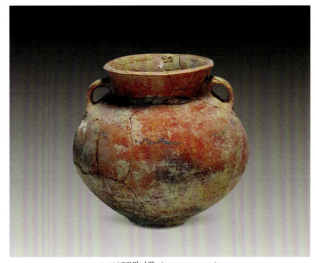

4. 双耳陶罐（M569：1）

5. 滑石串珠（M569：2）

6. 铜耳环（M569：3）

M566、M567、M568、M569出土器物

1. M569、M599

2. 滑石串珠（M569∶4）

3. 单耳陶罐（M570∶1）

M569、M599及M569、M570出土器物

1. M570

2. 双耳陶罐（M571：1）

3. 铜牌饰（M571：2）

M570及M571出土器物

1. M571

2. 铜手镯（M571:3）

3. 铜耳环（M571:4）

M571及M571出土器物

1. 铜牌饰（M571：5）

2. 铜泡（M571：6）

3. 滑石串珠（M571：7）

4. 筒形陶罐（M572：1）

5. 单耳陶罐（M572：2）

6. 石器（M572：3）

M571、M572出土器物

1. M573

2. 双耳陶罐（M573：1）

3. 双耳陶罐（M574：1）

M573及M573、M574出土器物

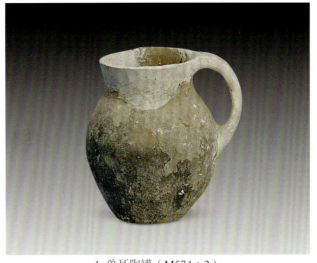

1. 单耳陶罐（M574：2）

2. 铜手镯（M575：1）

3. 铜管（M575：2）

4. 骨牌饰（M575：4）

5. 铜牌饰（M577：1）

6. 铜牌饰（M577：2）

M574、M575、M577出土器物

1. M577

2. 铜牌饰（M577：3）

3. 铜管（M577：4）

M577及M577出土器物

1. 铜泡（M577：5）

2. 铜锥（M577：7）

3. 铜管（M577：6）

M577出土器物

1. 玉髓串珠（M577：8）

2. 海贝（M577：10）

3. 骨牌饰（M577：9）

M577出土器物

1. 绿松石串珠（M577：11）

2. 石饰件（M577：12）

3. 双耳陶罐（M579：1）

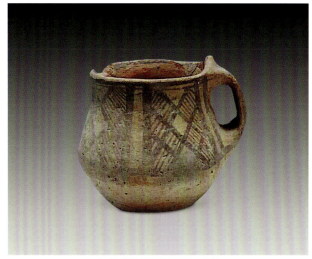

4. 单耳陶杯（M579：2）

5. 双耳陶罐（M579：3）

6. 海贝（M579：4）

M577、M579出土器物

1. 铜牌饰（M579：5）

2. 铜牌饰（M580：1）

3. 铜牌饰（M580：2）

4. 铜耳环（M580：3）

5. 玉髓串珠（M580：4）

6. 铜牌饰（M580：6）

M579、M580出土器物

1. 海贝（M580∶5）

2. 铜牌饰（M580∶7）

3. 铜手镯（M580∶8）

M580出土器物

1. 蚌饰（M580：9）

2. 铜牌饰（M580：10）

3. 骨牌饰（M580：12）

M580出土器物

1. 双耳陶罐（M580：11）

2. 陶罐残片（M581：1）

3. 铜珠（M580：13）

M580、M581出土器物

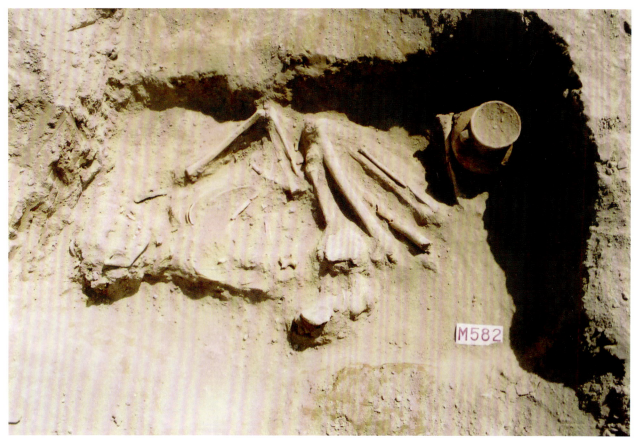

1. M582

2. 铜刀（M582：1）

3. 铜牌饰（M582：2）

M582及M582出土器物

1. 铜耳环（M582：4）

2. 双耳陶罐（M583：1）

3. 铜耳环（M583：2）

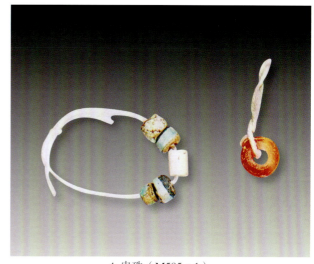

4. 串珠（M585：1）

5. 铜耳环（M585：2）

6. 铜手镯（M585：3）

M582、M583、M585出土器物

1. 铜珠（M585：5）

2. 铜手镯（M585：4）

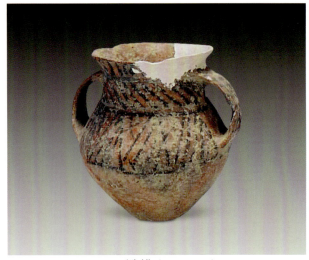

3. 双耳陶罐（M586：1）

M585、M586出土器物

1. 陶片（M587：1）

2. 铜耳环（M587：2）

3. M589

M587出土器物及M589

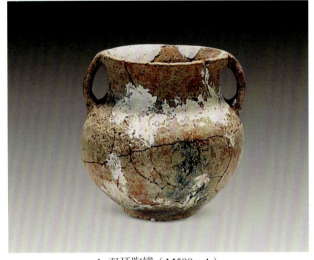

1. 双耳陶罐（M589：1）

2. 铜别针（M589：2）

3. 玉髓串珠（M589：3）

4. 绿松石串珠（M589：4）

5. 铜牌饰（M589：5）

6. 铜耳环（M590：1）

M589、M590出土器物

1. M590

2. 单耳陶罐（M590：2）

3. 铜泡（M591：1）

M590及M590、M591出土器物

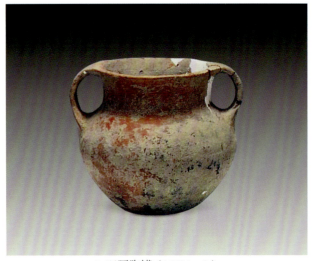

1. 双耳陶罐（M591：2）

2. 双耳陶罐（M592：1）

3. M593

M591、M592出土器物及M593

1. 铜耳环（M593：1）

2. 铜手镯（M593：2）

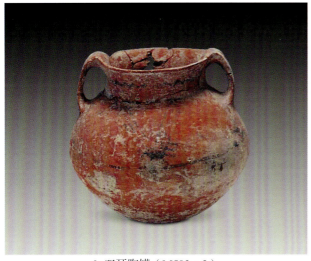

3. 双耳陶罐（M593：3）

4. 串珠（M593：4）

5. 铜管（M593：5）

6. 铜牌饰（M593：6）

M593出土器物

1. 绿松石串珠（M593：7）

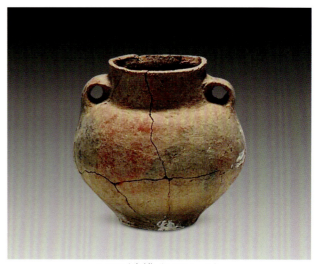

2. 双耳陶罐（M594：1）

3. M595

M593、M594出土器物及M595

1. 骨牌饰（M595：1）

2. 绿松石串珠（M595：2）

3. 双耳陶罐（M595：3）

4. 铜耳环（M595：4）

5. 绿松石串珠（M596：1）

6. 双耳陶罐（M596：2）

M595、M596出土器物

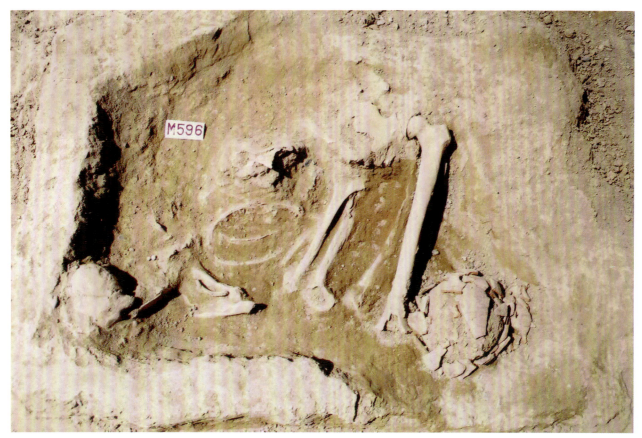

1. M596

2. 铜耳环（M596：3）

3. 铜耳环（M596：4）

M596及M596出土器物

1. M597

2. 双耳陶罐（M597：1）

3. 铜管（M597：2）

M597及M597出土器物

1. 铜牌饰（M597：4）

2. 双耳陶罐（M598：1）

3. M599

M597、M598出土器物及M599

1. 双耳陶罐（M599：1）

2. 双耳陶罐（M599：2）

3. 铜手镯（M602：1）

4. 双耳陶罐（M602：2）

5. 铜耳环（M602：3）

6. 铜耳环（M603：1）

M599、M602、M603出土器物

1. M603、M604

2. M603

M603、M604

1. 铜手镯（M603：2）

2. 玉髓串珠（M604：1）

3. M604

M603、M604出土器物及M604

1. 铜珠、双联铜泡（M604：2）

2. 铜牌饰（M604：3）

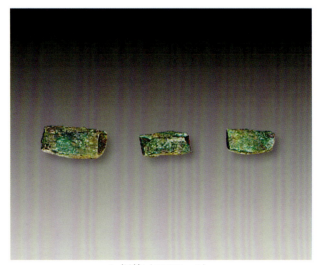

3. 铜管（M604：4）

M604出土器物

1. 铜管（M604：5）

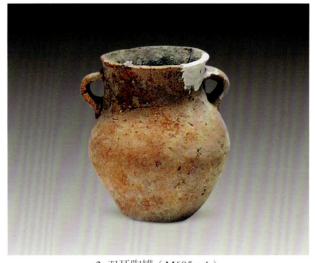

2. 双耳陶罐（M605：1）

3. M605

M604、M605出土器物及M605

1. 铜牌饰（M605：2）

2. 铜别针（M606：1）

3. M606

M605、M606出土器物及M606

1. 绿松石串珠（M606：2）

2. 铜牌饰（M606：3）

3. 玉髓串珠（M606：4）

4. 铜镜（M606：5）

5. 双耳陶罐（M606：7）

6. 双联铜泡（M608：4）

M606、M608出土器物

1. M607

2. 铜管（M608：5）

3. 双耳陶罐（M608：6）

M607及M608出土器物

1. 铜牌饰（M608：1）

2. 铜牌饰（M608：2）

M608出土器物

1. 铜珠（M608：3）

2. 铜牌饰（M608：7）

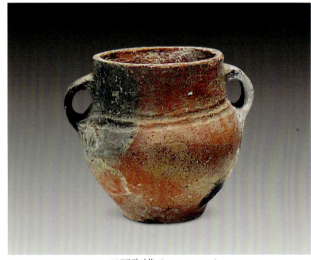

3. 双耳陶罐（M609：1）

M608、M609出土器物

1. 双腹耳陶壶（M610：1）

2. 铜耳环（M610：2）

3. 绿松石串珠（M610：3）

4. 铜管（M610：4）

5. 双耳陶罐（M611：1）

6. 铜牌饰（M612：1）

M610、M611、M612出土器物

1. M611

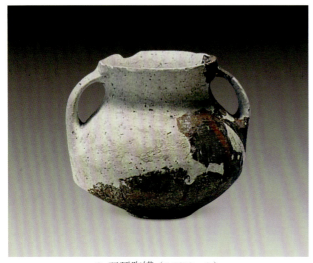

2. 双耳陶罐（M612：2）

3. 海贝（M612：3）

M611及M612出土器物

1. M613

2. 双耳陶罐（M613：1）

3. 滑石串珠（M614：1）

M613及M613、M614出土器物

1. M614

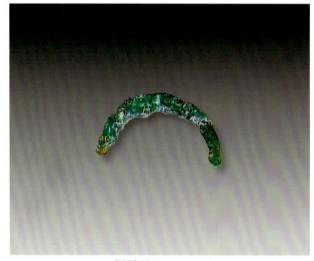

2. 铜耳环（M614：2）

3. 双耳陶罐（M614：3）

M614及M614出土器物

1. M615

2. M616

M615、M616

1. M618

2. 滑石串珠（M615：1）

3. 铜耳环（M618：1）

M618及M615、M618出土器物

1. 绿松石串珠（M618：2）

2. 铜耳环（M618：3）

3. 铜牌饰（M618：4）

4. 玉髓串珠（M618：5）

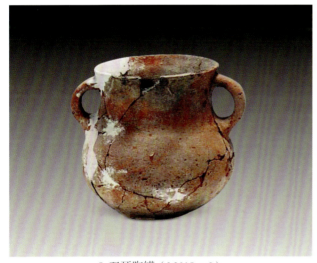

5. 双耳陶罐（M618：6）

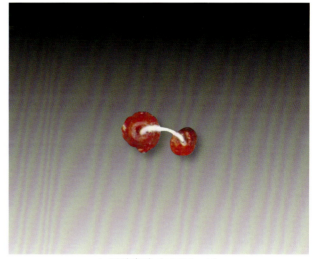

6. 玉髓串珠（M620：1）

M618、M620出土器物

1. 骨牌饰（M620：2）

2. 铜管（M620：3）

3. 铜管（M620：4）

M620出土器物

1. 双耳陶罐（M620：5）

2. 海贝（M620：6）

3. 蚌饰（M620：8）

M620出土器物

1. 铜镜（M620：7）

2. 铜泡（M620：9）

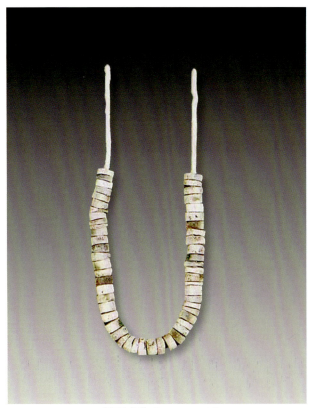

3. 滑石串珠（M620：12）

M620出土器物

1. 铜牌饰（M620：10）

2. 铜牌饰（M620：11）

3. 绿松石串珠（M620：13）

M620出土器物

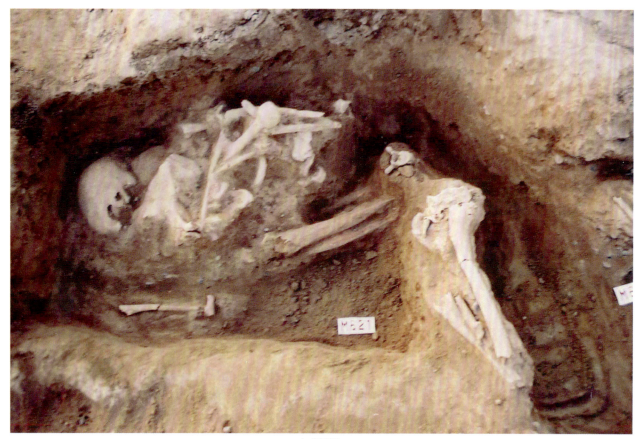

1. M621

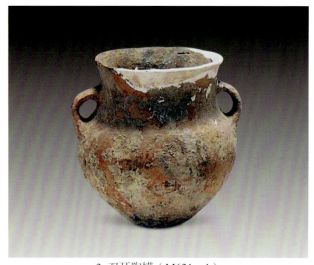

2. 双耳陶罐（M621：1）

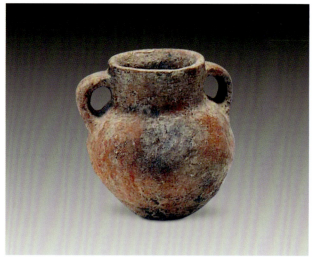

3. 双耳陶罐（M623：1）

M621及M621、M623出土器物

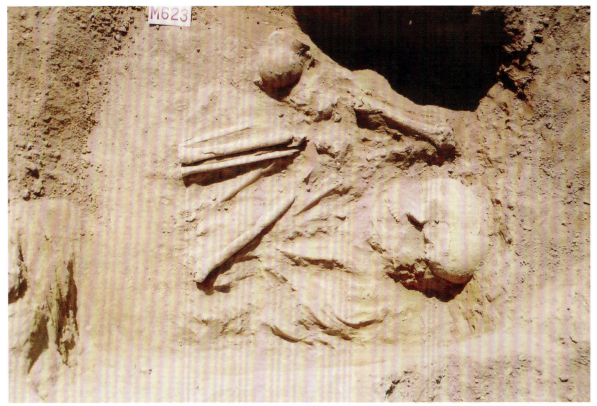

1. M623

2. M624

M623、M624

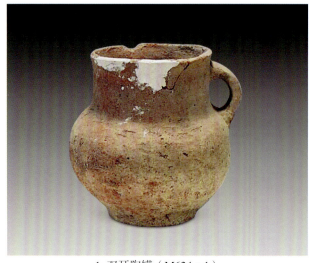

1. 双耳陶罐（M624：1）

2. 铜耳环（M625：1）

3. M625

M624、M625出土器物及M625

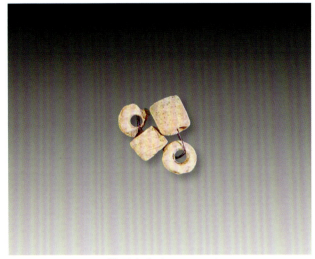

1. 滑石串珠（M625：2）

2. 铜牌饰（M625：3）

3. 绿松石串珠（M625：4）

4. 双耳陶罐（M625：5）

5. 单耳陶罐（M626：1）

6. 铜剑（M626：2）

M625、M626出土器物

1. M626

2. 砺石（M626：3）

3. 铜牌饰（M626：4）

M626及M626出土器物

1. 铜牌饰（M626：4）

2. 铜泡（M626：5）

3. 铜泡（M626：6）

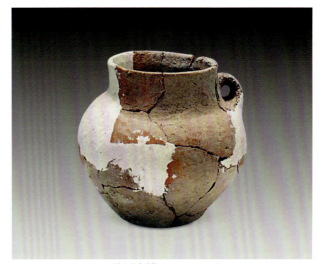

4. 单耳陶罐（M626：7）

5. 双耳陶罐（M626：8）

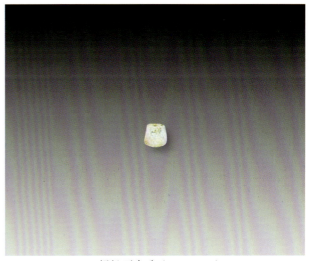

6. 绿松石串珠（M626：9）

M626出土器物

1. M627

2. 双耳陶罐（M627：1）

3. 双联铜泡（M627：2）

M627及M627出土器物

1. 骨牌饰（M627：3）

2. 铜锥（M627：4）

3. 铜镞（M627：5）

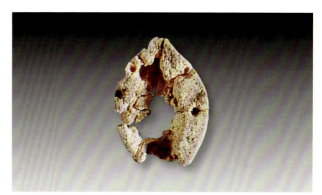

4. 骨牌饰（M627：6）

5. 骨牌饰（M627：7）

6. 双腹耳陶壶（M628：1）

M627、M628出土器物

1. M628

2. M629

M628、M629

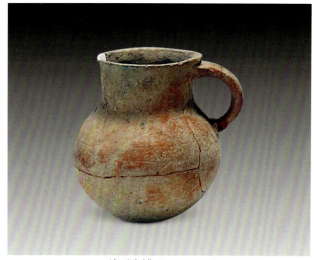

1. 单耳陶罐（M629：1）

2. 铜耳环（M629：2）

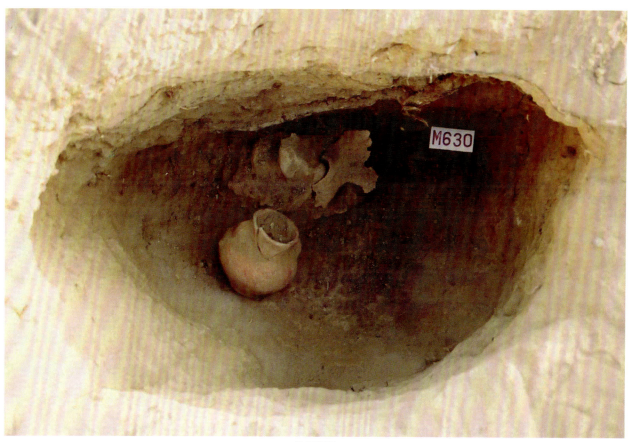

3. M630

M629出土器物及M630

1. 双耳陶罐（M630：1）

2. 双耳陶罐（M631：1）

3. M631

M630、M631出土器物及M631

1. 铜刀（M631：2）

2. 铜锥（M631：3）

3. 铜耳环（M631：4）

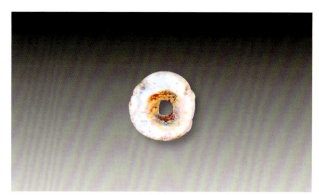

4. 玉髓串珠（M631：5）

5. 铜牌饰（M632：1）

6. 铜牌饰（M632：2）

M631、M632出土器物

1. M632

2. 铜牌饰（M632：3）

3. 玉髓串珠（M632：4）

M632及M632出土器物

1. 绿松石串珠（M632：5）

2. 绿松石串珠（M632：6）

3. 铜镞（M632：7）

4. 双耳陶罐（M632：8）

5. 铜牌饰（M632：9）

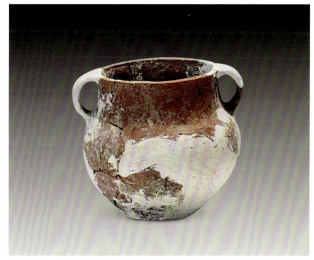

6. 双耳陶罐（M633：1）

M632、M633出土器物

1. 铜牌饰（M633：2）

2. 滑石串珠（M633：3）

3. 铜珠（M634：4）

M633、M634出土器物

1. 铜管（M634∶2）

2. 铜管（M634∶3）

3. M635

M634出土器物及M635

1. 骨牌饰（M634：5）

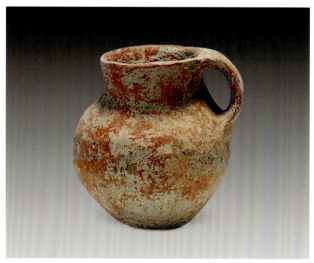

2. 单耳陶罐（M635：1）

3. 铜耳环（M635：2）

4. 双耳陶罐（M635：3）

5. 铜牌饰（M636：1）

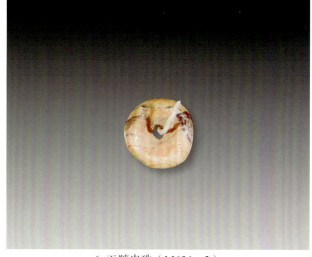

6. 玉髓串珠（M636：2）

M634、M635、M636出土器物

1. 海贝（M636：3）

2. 绿松石串珠（M636：4）

3. 铜珠（M636：5）

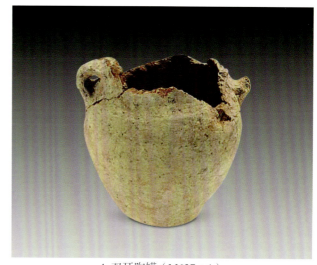

4. 双耳陶罐（M637：1）

5. 双耳陶罐（M638：1）

6. 骨牌饰（M638：2）

M636、M637、M638出土器物

1. 陶罐（M639：1）

2. 双腹耳陶壶（M640：1）

3. M640

M639、M640出土器物及M640

1. 铜牌饰（M640：2）

2. 铜手镯（M640：3）

3. 绿松石串珠（M640：4）

4. 玉髓串珠（M640：5、M640：6）

5. 铜耳环（M640：7）

6. 玉髓串珠（M640：8）

M640出土器物

1. 铜牌饰（M640：9）

2. 铜牌饰（M640：10）

3. 铜镜（M640：11）

4. 铜刀（M641：1）

5. 双耳陶罐（M641：2）

6. 玉髓串珠（M641：3）

M640、M641出土器物

1. 铜泡（M641：4）

2. 铜牌饰（M641：5）

3. M643

M641出土器物及M643

1. 铜牌饰（M641：5）

2. 铜耳环（M643：1）

3. 滑石串珠（M643：2）

M641、M643出土器物

1. 单耳陶罐（M643：3）

2. 骨锥（M643：4）

3. 铜珠（M643：5）

M643出土器物

1. M644

2. 双耳陶罐（M644：1）

3. 铜耳环（M644：2）

M644及M644出土器物

1. M645

2. 铜耳环（M645：2）

3. 铜管（M645：4）

M645及M645出土器物

1. 绿松石串珠（M645：1）

2. 铜手镯（M645：5）

3. 双耳陶罐（M645：6）

M645出土器物

1. 铜泡（M645：7）

2. 陶罐（M646：1）

3. M647

M645、M646出土器物及M647

1. 铜刀（M647∶1）

2. 铜耳环（M647∶2）

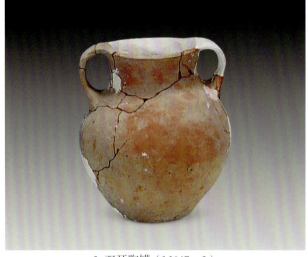

3. 双耳陶罐（M647∶3）

4. 玉髓串珠（M647∶4）

5. 滑石串珠（M648∶1）

6. 铜耳环（M648∶3）

M647、M648出土器物

1. 骨锥（M648∶2）

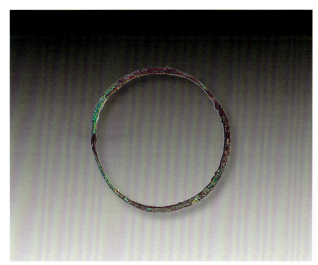

2. 铜手镯（M648∶4）

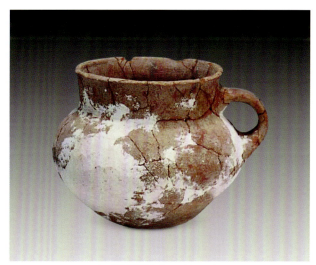

3. 单耳陶罐（M648∶5）

M648出土器物

1. 双耳陶罐（M649：1）

2. 铜刀（M649：2）

3. M650

M649出土器物及M650

1. 铜锥（M649：3）

2. 筒形陶罐（M650：1）

3. M652

M649、M650出土器物及M652

1. 铜耳环（M652:1）

2. 串珠（M652:2）

3. 玉髓串珠（M652:3）

4. 绿松石串珠（M652:4）

5. 铜管（M652:5）

6. 铜手镯（M652:7）

M652出土器物

1. 铜牌饰（M652:8）

2. 铜手镯（M652:9）

3. M653

M652出土器物及M653

1. 铜耳环（M653：1）

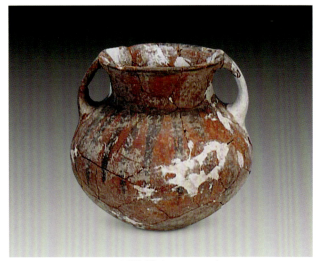

2. 双耳陶罐（M653：2）

3. M654

M653出土器物及M654

1. 铜珠（M653∶4）

2. 铜手镯（M654∶1）

3. 铜牌饰（M654∶2）

4. 铜管（M654∶3）

5. 串珠（M654∶4）

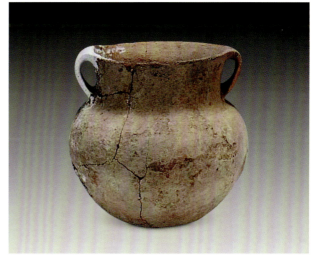

6. 双耳陶罐（M654∶6）

M653、M654出土器物

1. 铜牌饰（M654：5）

2. 铜珠（M654：7）

3. 铜耳环（M655：1）

M654、M655出土器物

1. M655

2. 铜环（M655：2）

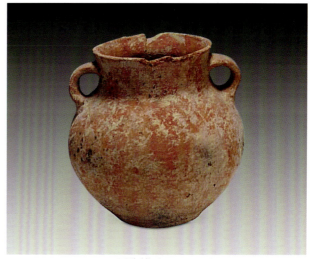

3. 双耳陶罐（M655：3）

M655及M655出土器物

1. M657

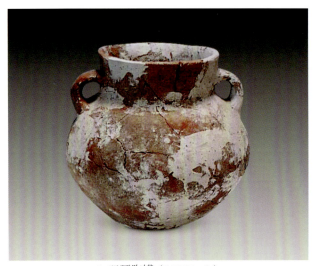

2. 双耳陶罐（M657：2）

3. 滑石串珠（M657：3）

M657及M657出土器物

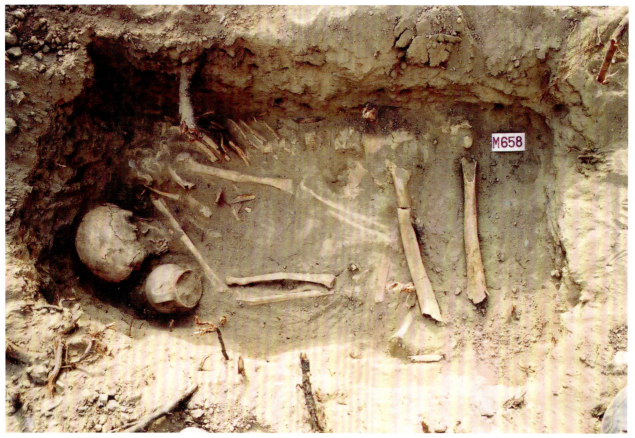

1. M658

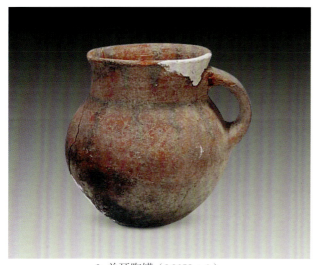

2. 单耳陶罐（M658：1）

3. 双耳陶罐（M659：1）

M658及M658、M659出土器物

1. 单耳陶罐（M660：1）

2. 砺石（M660：2）

3. 铜管（M660：3）

4. 双耳陶罐（M661：1）

5. 骨锥（M661：2）

6. 滑石串珠（M661：3、M661：5）

M660、M661出土器物

1. 铜管（M661：4）

2. 双耳陶罐（M662：1）

3. M662

M661、M662出土器物及M662

1.绿松石串珠（M662：2）

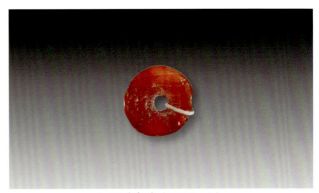

2.玉髓串珠（M662：3）

3. M663

M662出土器物及M663

1. 铜耳环（M663：1）

2. 串珠（M663：2）

3. M665

M663出土器物及M665

1. 双耳陶罐（M664：1）

2. 双耳陶罐（M665：1）

3. M666

M664、M665出土器物及M666

1. 双耳陶罐（M666：1）

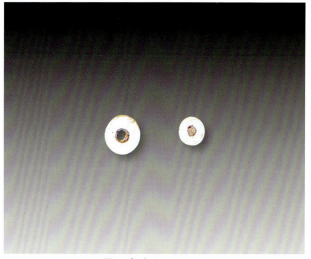

2. 滑石串珠（M666：2）

3. M667

M666出土器物及M667

1. 动物牙齿（M666）

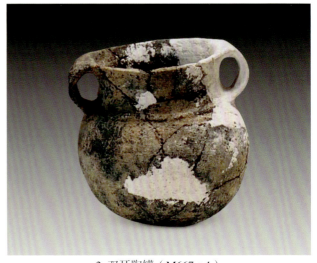

2. 双耳陶罐（M667：1）

3. M668

M666、M667出土器物及M668

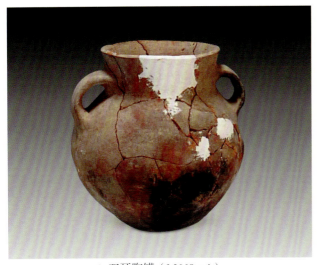

1. 双耳陶罐（M668:1）

2. 骨锥（M668:3）

3. 滑石串珠（M668:2）

M668出土器物

1. 铜耳环（M668：4）

2. 铜牌饰（M668：5）

3. M669

M668出土器物及M669

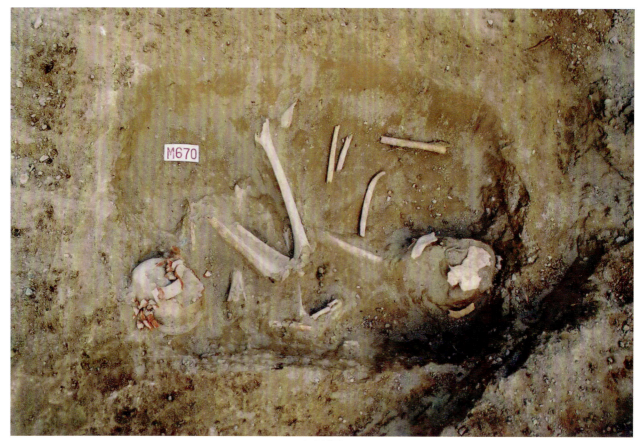

1. M670

2. 单耳陶罐（M670∶1）

3. 玉髓串珠（M670∶3）

M670及M670出土器物

1. 铜珠（M670：2）

2. 铜耳环（M670：4）

3. 绿松石串珠（M672：1）

M670、M672出土器物

1. M671

2. M673

M671、M673

1. 铜耳环（M673：1）

2. 铜耳环（M674：1）

3. M674

M673、M674出土器物及M674

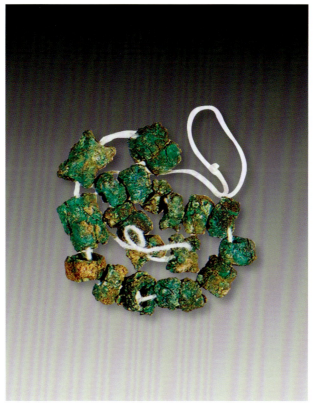

1. 铜珠（M674：2）

2. 铜牌饰（M674：4）

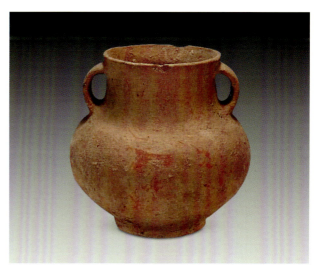

3. 双耳陶罐（M674：5）

M674出土器物

1. 铜管（M674：3）

2. 玉髓串珠（M675：1）

3. 铜管（M675：2）

M674、M675出土器物

1. M675

2. 铜牌饰（M675：3）

3. 铜管（M675：4）

M675及M675出土器物

1. M676

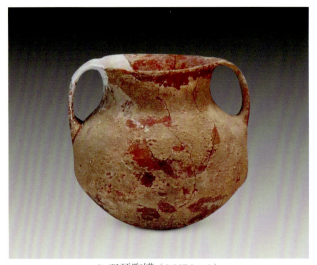

2. 双耳陶罐（M676∶4）

3. 陶罐（M676∶8）

M676及M676出土器物

1. 单耳陶罐（M677：1）

2. 铜耳环（M677：2）

3. 玉髓串珠（M677：3）

4. 绿松石串珠（M677：4）

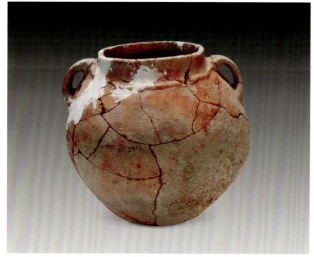

5. 双耳陶罐（M678：1）

6. 铜刀（M678：2）

M677、M678出土器物

1. M678

2. M679

M678、M679

1. 铜牌饰（M679：1）

2. 绿松石串珠（M679：3）

3. 铜刀（M679：4）

4. 铜锥（M679：5）

5. 绿松石串珠（M679：6）

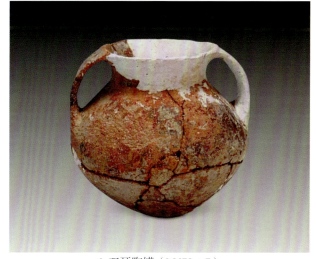

6. 双耳陶罐（M679：7）

M679出土器物

1. 铜别针（M679:9）

2. 双耳陶罐（M680:1）

3. M680

M679、M680出土器物及M680

1. 骨牌饰（M680：2）

2. 三联铜泡（M680：3）

3. 绿松石串珠（M680：4）

M680出土器物

1. M681

2. 双耳陶罐（M681：1）

3. 铜耳环（M681：2）

M681及M681出土器物

1. 滑石串珠（M681：3）

2. 双耳陶罐（M682：1）

3. M682

M681、M682出土器物及M682

1. 双耳陶罐（M682：2）　　　　　2. 双耳陶罐（M682：3）

3. 铜耳环（M682：4）　　　　　4. 玉髓串珠（M682：5）

5. 滑石串珠（M682：6）　　　　　6. 双耳陶罐（M683：1）

M682、M683出土器物

1. M683

2. 铜牌饰（M683：2）

3. 滑石串珠（M683：3）

M683及M683出土器物

1. 绿松石串珠（M683：4）

2. 铜牌饰（M683：5）

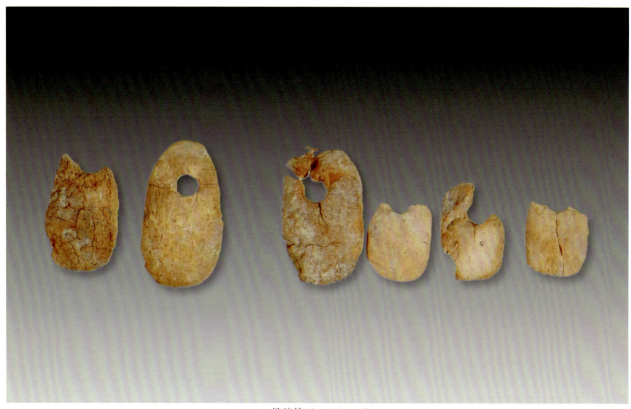

3. 骨牌饰（M683：6）

M683出土器物

1. 铜管（M683：7）

2. 铜牌饰（M683：8）

3. 铜饰件（M683：9）

M683出土器物

1. 铜刀（M683：10）

2. 玉髓串珠（M684：1）

3. 绿松石串珠（M684：2）

4. 海贝（M684：3）

5. 滑石串珠（M684：4）

6. 铜牌饰（M685：1）

M683、M684、M685出土器物

1. 铜珠（M685：2）

2. 铜泡（M685：3）

3. M687

M685出土器物及M687

1. 绿松石串珠（M687∶1）

2. 铜泡（M687∶2）

3. 铜泡（M687∶3）

4. 单耳陶罐（M687∶4）

5. 铜耳环（M687∶5）

6. 铜锥（M689∶1）

M687、M689出土器物

1. M688

2. 铜刀（M689∶2）

3. 铜锥（M689∶3）

M688及M689出土器物

1. 双耳陶罐（M689：4）

2. 双耳陶罐（M690：1）

3. 双耳陶罐（M691：1）

4. 铜牌饰（M691：2）

5. 铜牌饰（M691：3）

6. 铜牌饰（M691：4）

M689、M690、M691出土器物

1. 铜牌饰（M691：5）

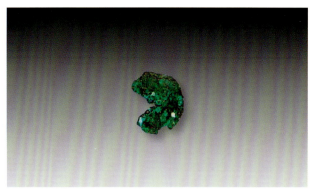

2. 铜牌饰（M691：6）

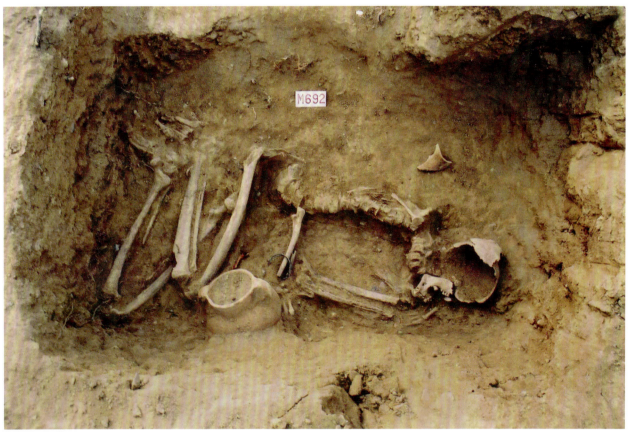

3. M692

M691出土器物及M692

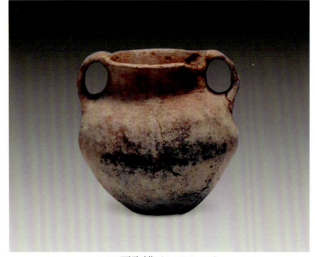

1. 双耳陶罐（M692：1）

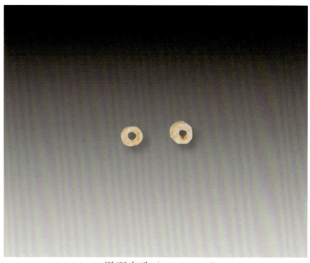

2. 滑石串珠（M692：4）

3. 陶片（M692：5）

4. 铜管（M692：6）

5. 铜泡（M692：7）

6. 铜手镯（M692：8）

M692出土器物

1. 双耳陶罐（M694：1）

2. 铜刀（M694：2）

3. M695

M694出土器物及M695

1. 铜锥（M694：3）

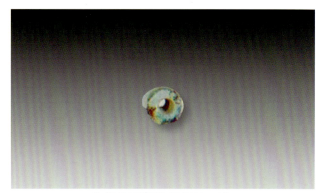

2. 绿松石串珠（M694：4）

3. 铜刀（M695：1）

4. 铜锥（M695：2）

5. 铜牌饰（M695：3）

6. 铜泡（M695：4）

M694、M695出土器物

1. 骨锥（M695：5）

2. 双耳陶罐（M695：6）

3. M696

M695出土器物及M696

1. 串珠（M696：1）

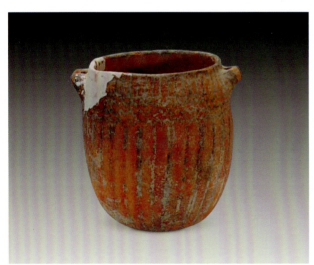

2. 筒形陶罐（M696：2）

3. 铜耳环（M696：3）

M696出土器物

1. M697

2. 铜管（M697：1）

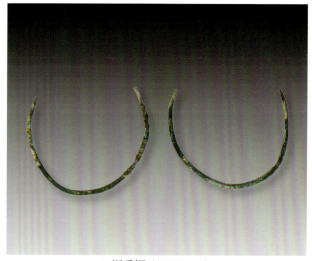

3. 铜手镯（M697：2）

M697及M697出土器物

1. 铜牌饰（M697：3）

2. 玉髓串珠（M697：4）

3. 铜耳环（M697：5）

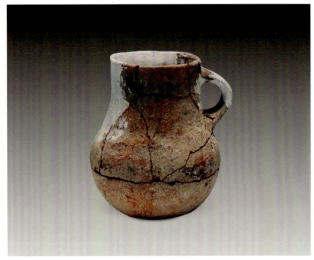

4. 单耳陶罐（M697：6）

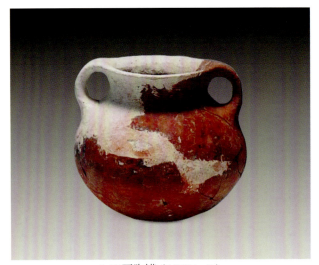

5. 双耳陶罐（M697：7）

6. 铜管（M698：1）

M697、M698出土器物

1. M698

2. 铜牌饰（M698：2）

3. 铜手镯（M698：4）

M698及M698出土器物

1. 铜牌饰（M698：3）

2. 双耳陶罐（M698：5）

3. 骨牌饰（M699：1）

M698、M699出土器物

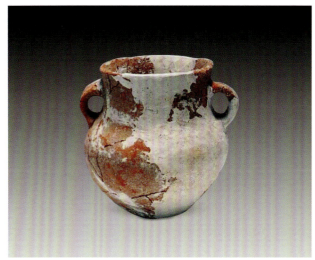

1. 双耳陶罐（M699：2）

2. 骨牌饰（M700：1）

3. M700

M699、M700出土器物及M700

1. 绿松石串珠（M700:2）

2. 海贝（M700:3）

3. M701

M700出土器物及M701

1. 双耳陶罐（M701：1）

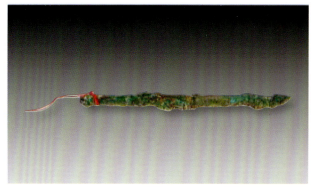

2. 铜锥（M701：2）

3. 铜牌饰（M701：3）

4. 铜耳环（M701：4）

5. 滑石串珠（M701：5）

6. 玉髓串珠（M701：6）

M701出土器物

1. 骨牌饰（M701：7）

2. 玉髓串珠（M701：9）

3. 铜泡（M701：10）

4. 铜珠（M701：11）

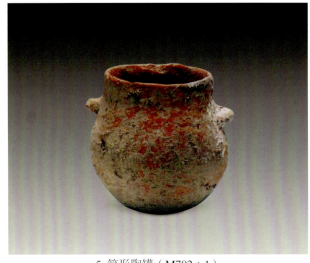

5. 筒形陶罐（M702：1）

6. 双耳陶罐（M703：1）

M701、M702、M703出土器物

1. 铜耳环（M703：2）

2. 铜泡（M703：3）

3. 铜泡（M703：4）

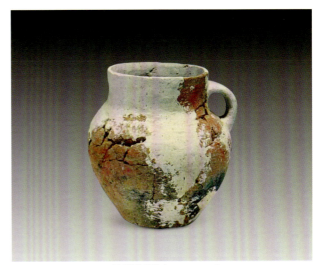

4. 单耳陶罐（M704：1）

5. 铜泡（M705：1）

6. 铜手镯（M705：2）

M703、M704、M705出土器物

1. 铜牌饰（M705：3）

2. 铜管（M705：4）

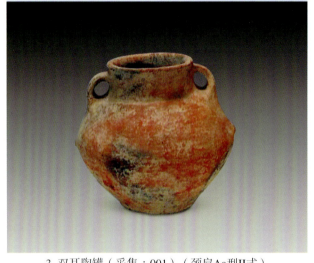

3. 双耳陶罐（采集：001）（颈肩Aa型II式）

4. 双耳陶罐（采集：002）（颈肩Aa型II式）

5. 双耳陶罐（采集：003）（颈肩Aa型II式）

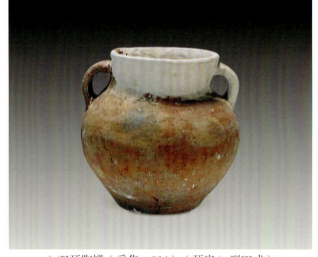

6. 双耳陶罐（采集：004）（颈肩Aa型III式）

M705出土器物、采集器物

1. 双耳陶罐（采集：005）（颈肩Fb型II式）

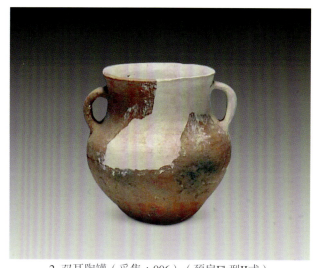

2. 双耳陶罐（采集：006）（颈肩Fb型II式）

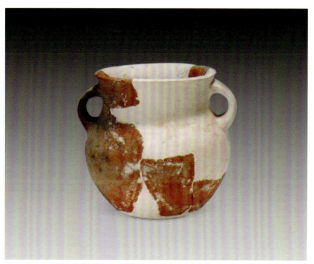

3. 双耳陶罐（采集：007）（颈肩Fb型II式）

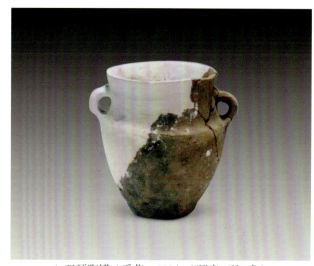

4. 双耳陶罐（采集：008）（颈肩B型II式）

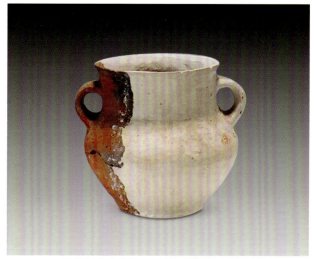

5. 双耳陶罐（采集：009）（颈肩Fb型II式）

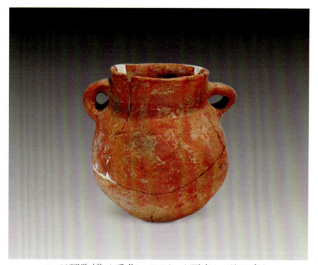

6. 双耳陶罐（采集：010）（颈肩Aa型III式）

采集器物（一）

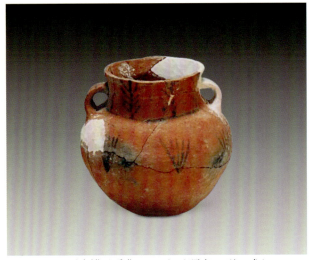

1. 双耳陶罐（采集：011）（颈肩Aa型III式）

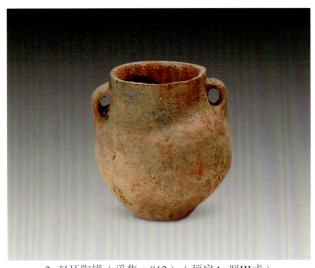

2. 双耳陶罐（采集：012）（颈肩Aa型III式）

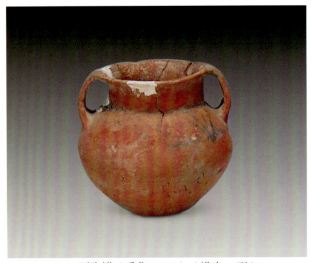

3. 双耳陶罐（采集：013）（沿肩Aa型）

4. 双耳陶罐（采集：014）（颈肩C型II式）

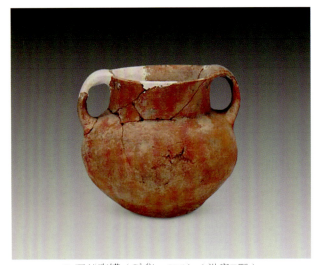

5. 双耳陶罐（采集：015）（沿肩E型）

6. 双耳陶罐（采集：016）（沿肩Aa型）

采集器物（二）

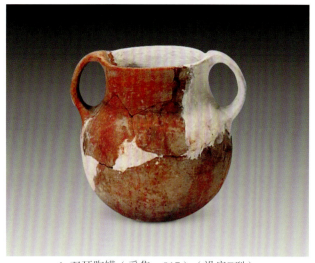

1. 双耳陶罐（采集：017）（沿肩F型）

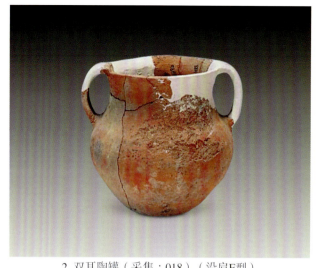

2. 双耳陶罐（采集：018）（沿肩F型）

3. 双耳陶罐（采集：019）（沿肩C型）

4. 双耳陶罐（采集：020）（沿肩C型）

5. 双耳陶罐（采集：021）（颈肩C型II式）

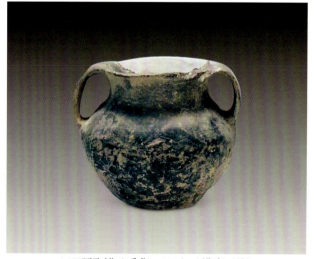

6. 双耳陶罐（采集：022）（沿肩C型）

采集器物（三）

1. 双耳陶罐（采集：023）（沿肩Bb型II式）

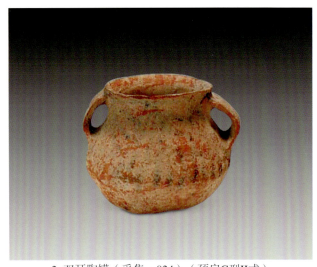

2. 双耳陶罐（采集：024）（颈肩C型II式）

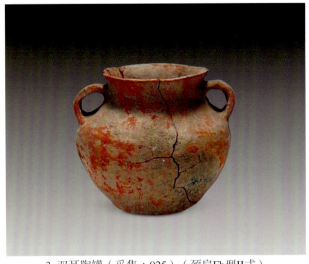

3. 双耳陶罐（采集：025）（颈肩Fb型II式）

4. 双耳陶罐（采集：026）（沿肩C型）

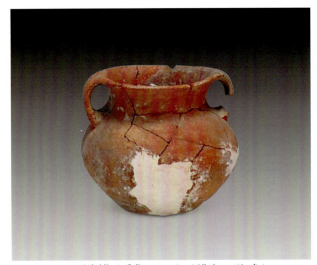

5. 双耳陶罐（采集：027）（沿肩Ba型I式）

6. 双耳陶罐（采集：028）（沿肩C型）

采集器物（四）

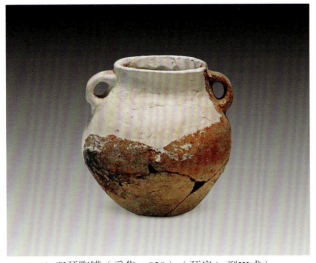

1. 双耳陶罐（采集：029）（颈肩Aa型III式）

2. 双耳陶罐（采集：030）（沿肩E型）

3. 双耳陶罐（采集：031）（颈肩Aa型III式）

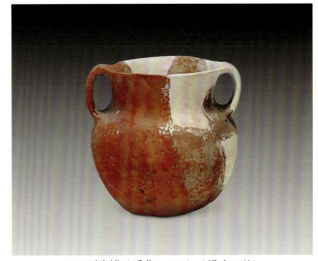

4. 双耳陶罐（采集：032）（沿肩D型）

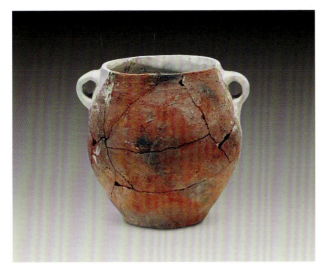

5. 双耳陶罐（采集：033）（颈肩B型II式）

6. 双耳陶罐（采集：034）（沿肩Aa型）

采集器物（五）

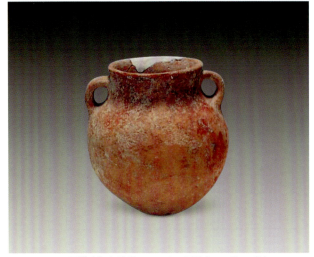

1. 双耳陶罐（采集：035）（颈肩Aa型III式）

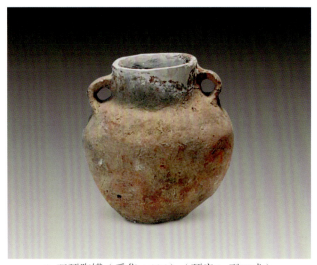

2. 双耳陶罐（采集：036）（颈肩Aa型III式）

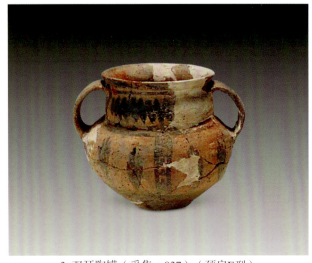

3. 双耳陶罐（采集：037）（颈肩E型）

4. 双耳陶罐（采集：038）（颈肩C型I式）

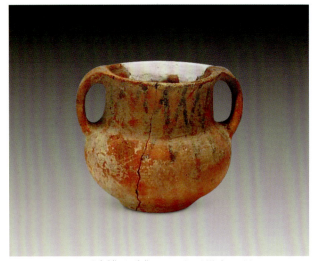

5. 双耳陶罐（采集：039）（沿肩E型）

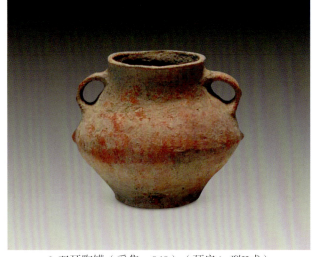

6. 双耳陶罐（采集：040）（颈肩Aa型II式）

采集器物（六）

1. 双耳陶罐（采集：041）（沿肩D型）

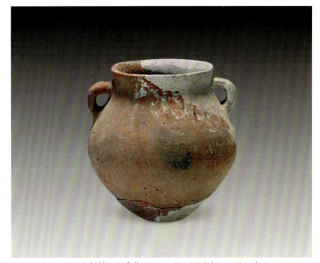

2. 双耳陶罐（采集：042）（颈肩Fb型II式）

3. 双耳陶罐（采集：043）（颈肩Aa型III式）

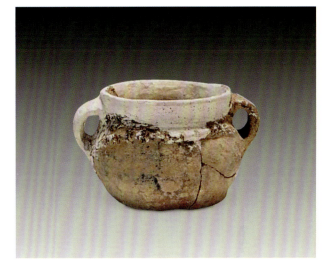

4. 双耳陶罐（采集：044）（颈肩F型）

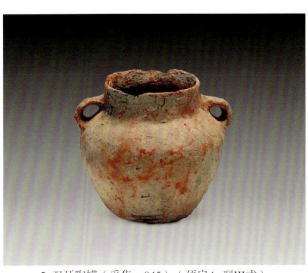

5. 双耳陶罐（采集：045）（颈肩Aa型III式）

6. 双耳陶罐（采集：046）（沿肩E型）

采集器物（七）

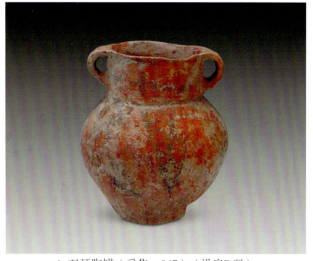

1. 双耳陶罐（采集：047）（沿肩D型）

2. 双耳陶罐（采集：048）（颈肩Aa型I式）

3. 双耳陶罐（采集：049）（颈肩Aa型II式）

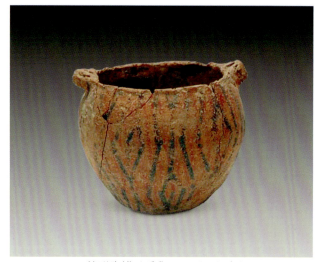

4. 筒形陶罐（采集：050）（I式）

5. 筒形陶罐（采集：051）（I式）

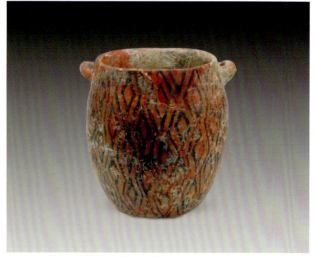

6. 筒形陶罐（采集：052）（I式）

采集器物（八）

1. 筒形陶罐（采集：053）（I式）

2. 筒形陶罐（采集：054）

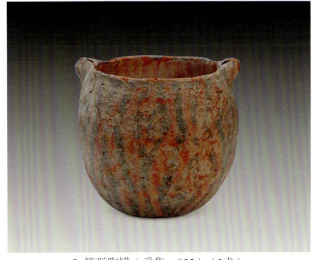

3. 筒形陶罐（采集：055）（I式）

4. 筒形陶罐（采集：056）（I式）

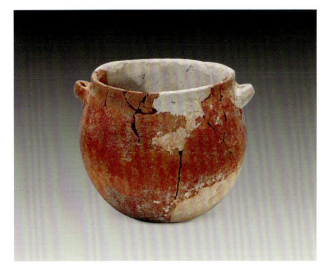

5. 筒形陶罐（采集：057）（I式）

6. 筒形陶罐（采集：058）（I式）

采集器物（九）

1. 筒形陶罐（采集：059）（Ⅰ式）

2. 筒形陶罐（采集：060）（Ⅰ式）

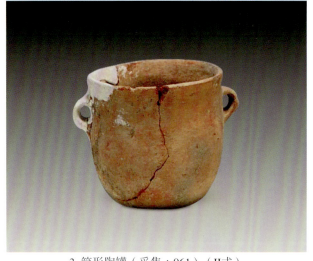

3. 筒形陶罐（采集：061）（Ⅱ式）

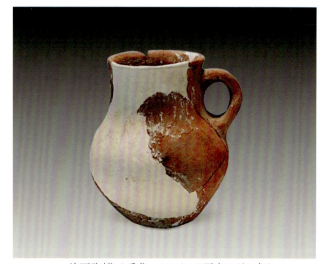

4. 单耳陶罐（采集：062）（颈肩A型Ⅱ式）

5. 单耳陶罐（采集：063）（沿肩A型Ⅲ式）

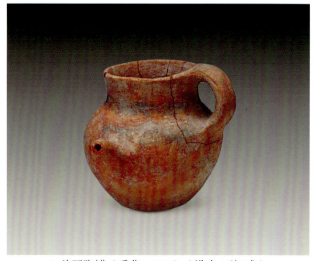

6. 单耳陶罐（采集：064）（沿肩A型Ⅱ式）

采集器物（十）

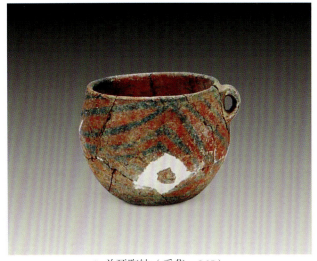

1. 单耳陶钵（采集：065）

2. 单耳陶杯（采集：066）

3. 单耳陶杯（采集：067）

4. 陶罐（采集：068）

5. 陶罐（采集：069）

6. 陶罐（采集：070）

采集器物（十一）

1. 陶罐（采集：071）

2. 陶罐（采集：072）

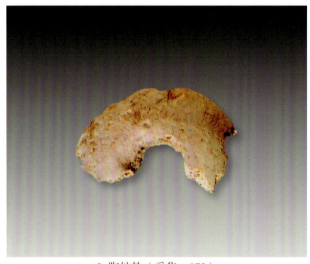

3. 陶纺轮（采集：073）

4. 陶片（采集：074）

5. 陶片（采集：075）

6. 陶片（采集：076）

采集器物（十二）

1. 铜牌饰（采集：077）

2. 铜牌饰（采集：078）

3. 铜牌饰（采集：079）

4. 铜牌饰（采集：080）

5. 铜牌饰（采集：081）

6. 铜牌饰（采集：082）

1. 铜牌饰（采集：083）

2. 铜牌饰（采集：084）

3. 铜牌饰（采集：085）

4. 铜牌饰（采集：086）

5. 铜泡（采集：087）

6. 铜泡（采集：088）

采集器物（十四）

1. 铜耳环（采集：089）

2. 铜耳环（采集：090）

3. 铜耳环（采集：091）

4. 铜耳环（采集：092）

5. 铜手镯（采集：093）

6. 铜手镯（采集：094）

1.铜手镯（采集：095）

2.铜管（采集：096）

3.铜管（采集：097）

4.铜管（采集：098）

5.铜管（采集：099）

6.铜管（采集：100）

采集器物（十六）

1. 铜管（采集：101）

2. 铜管（采集：102）

3. 铜镞（采集：103）

4. 铜珠（采集：104）

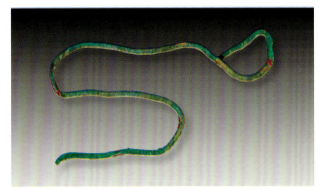

5. 铜丝（采集：105）

6. 铜丝（采集：106）

1. 铜器残件（采集：107）

2. 铜渣（采集：108）

3. 铜器残件（采集：109）

4. 水晶串珠（采集：110）

5. 绿松石串珠（采集：111）

6. 绿松石串珠（采集：112）

1. 绿松石串珠（采集：113）

2. 玉髓串珠（采集：114）

3. 玉髓串珠（采集：115）

4. 玉髓串珠（采集：116）

5. 滑石串珠（采集：117）

6. 滑石串珠（采集：118）

1. 滑石串珠（采集：119）

2. 石杵（采集：120）

3. 砺石（采集：121）

4. 蚌饰（采集：122）

5. 骨锥（采集：123）

1. 骨牌饰（采集：124）

2. 骨牌饰（采集：125）